예화와 보화

예화와 보화

1판 1쇄 인쇄 2018년 9월 15일
1판 1쇄 발행 2018년 9월 20일

지은이 오성춘
발행인 한동인
펴낸곳 (주)기독교문사
등 록 제1- c0062호
주 소 서울 종로구 율곡로 19가길 5
　　　　출판부 T. 741-5183 F. 744-1634
　　　　특판부 T. 744-1633 F. 744-1635
　　　　도매부 T. 741-5181, 5 F. 762-2234
직영서점 기독교문사
　　　　서울 종로40길 18
　　　　T. 2266-2117~9 F. 2266-6397

책값은 뒤표지에 있습니다.
ISBN 978-89-466-2552-5

www.kclp.co.kr

기독교문사는 독자와 함께 기독교 출판문화를 이끌어 가겠습니다.
공급처 기독교문사 도매부 T. 741-5181~3 F. 762-2234

예화와 보화

오성춘

기독교문사

머리말

보물과 폐품과의 차이

산속에 사는 한 남자에게 거대한 석상이 하나 있었습니다. 석상은 집 앞 진흙구덩이 속에 누워 있었는데, 그에게 이 석상은 단지 돌에 불과했습니다. 어느 날 한 학자가 이곳을 지나다가 석상을 발견하고는 그 남자에게 석상을 팔 생각이 없는지 물었습니다. 그 말에 웃음을 터뜨린 남자는 의구심이 들어 되물었습니다. "당신이 정녕 이 더럽고 냄새 나는 돌을 사겠다고요? 나는 그동안 이것을 치우기 위해 얼마나 고심했는지 모릅니다." "그럼 내가 은화 한 냥에 이 석상을 사서 깨끗하게 치워드리겠소." 산속에 사는 남자는 은화 한 냥도 생기고 석상도 치울 수 있어 매우 기뻤습니다. 석상을 치우고 난 뒤 환하게 트일 앞마당을 생각하니 흐뭇한 마음이 들었습니다.

학자는 석상을 성 안으로 운반해 갔습니다. 몇 달 후 산속에 사는 남자가 성으로 들어갔습니다. 그는 큰길에서 한가로이 구경하며 거닐다가 화려하고 웅장한 집 앞에 사람들이 모여 있는 것을 보았습니다. 그중 한 사람이 큰 소리로 외쳤습니다. "어서 와서 세상에서 가장 섬세하고 아름다우며 기묘하기까지 한 조각상을 감상해 보세요. 단돈 은화 두 냥이면 됩니다. 이것은 세계 최고의 걸작입니다."

산속에 사는 남자는 잠깐이나마 눈을 즐겁게 할 요량으로 은화 두 냥을 내고 그 집으로 들어갔습니다. 그런데 이게 웬일입니까! 그의 눈앞에 펼쳐

진 것은 자신이 은화 한 냥에 팔아버린 바로 그 석상 앞에 사람들이 모여 감탄을 연발하고 있는 모습이었습니다. 자기에게는 쓸모없이 마당만 가리는 폐품에 불과했던 그 석상이 세계에서 가장 정교하고 아름답고 기묘한 보물이었다니! 이처럼 보는 사람에 따라 그 석상은 폐품이 되기도 하고 세계적인 보물이 되기도 합니다. 진정으로 가치 있는 것을 보지 못하는 사람은 세상을 폐품 세상으로 만들어버립니다. 이것은 우리가 사용하는 예화의 비유입니다.

환난 가운데 역사하시는 하나님

캐나다에 이민을 간 한 형제의 간증입니다. "저는 누님 부부의 초청을 받아 캐나다에 건너가 돈을 많이 벌었는데, 술과 도박과 음행을 일삼는 방탕한 생활을 하다가 탕진하고 말았습니다. 누님이 늘 예수를 믿으라고 전도했지만 마이동풍 격으로 들은 척도 안 하고 지내던 중 공장에서 일을 하다가 700kg이나 되는 큰 쇠파이프가 발등에 떨어져 발등의 뼈가 으스러지는 부상을 입고 병원에 입원했습니다. 병원에서는 어느 정도 부기가 빠지면 발목을 잘라야 된다며 발을 침대에 묶어놓았는데, 저는 눈앞이 캄캄했습니다. 침대에 누워 지내자 누님은 얼씨구나 좋다고 설교 테이프를 가지고 와서 하루에 다섯 개씩 들려주었습니다. 처음에는 반발하고 욕까지 했지만 자꾸 듣다 보니 마음이 점점 깨달아지더니 한 달 동안 마음이 변화됨과 동시에 발도 깨끗이 나았습니다. 병원에서는 기적이라면서 모두 깜짝 놀랐습니다. 저는 이제 영혼이 구원받은 것을 확신하며 하나님의 능력을 체험한 것에 감사하면서 이 글을 씁니다."

이 간증은 사용하는 사람에 따라 보화가 될 수 있지만 단순한 예화로 끝이 날 수도 있습니다. 이 예화는 단순하게 이민을 가서 돈을 벌었으나 방탕한 생활로 헛된 인생을 살았던 한 형제가 예기치 않은 사고를 당하면서 예수님을 믿게 된 이야기로 소개할 수 있습니다. "그 형제는 험악한 사고를 당하고 저주에 빠졌지만 오히려 그것이 기회가 되어 예수님을 믿을 수 있게 되었다. 어떤 일을 겪더라도 예수님을 믿으면 새 인생의 문이 열리고 새로운 축복의 문이 열린다"라는 식으로 이 예화를 소개할 수 있습니다. 그러면 이 이야기는 단순한 예화의 차원을 넘어서지 못합니다.

하나님의 말씀과 접목하면 이 예화는 보화로 변할 수 있습니다. 첫째로 이 예화를 말씀에 접목하여 단순한 인간의 이야기를 하나님의 이야기로 변화시킬 때 이 예화는 보화가 될 수 있습니다. 로마서 8장 35-37절 말씀은 사람들에게는 예기치 않는 사고와 문제와 환난과 고난이 찾아온다는 것을 이야기하고 있습니다. 이것은 인간으로서는 피할 수 없습니다. 그러나 우리를 사랑하시는 주님이 언제든지 함께하시기 때문에 어떤 환난과 고난도 우리를 그리스도의 사랑에서 끊을 수 없을 뿐 아니라 모든 일에서 우리를 사랑하시는 이로 말미암아 넉넉히 이기게 될 것입니다. 그 청년은 예기치 않는 사고를 당하여 절망에 빠졌지만 그를 이처럼 사랑하시는 하나님이 찾아오셔서 새 인생, 새 축복의 문이 열리게 된 것입니다. 단순히 고난을 당한 청년의 이야기가 아니라 말씀과 접목하여 우리를 이처럼 사랑하시는 하나님의 이야기로 변화시킬 때에 그 예화는 보화로 변할 것입니다.

    둘째로 예화를 믿음의 공동체와 성령님께 연결시킬 때 단순한 예화는 보화로 변합니다. 연구 조사에 따르면, 회심을 체험한 사람들은 세 가지 필수 요소가 있다고 합니다. 첫째, 회심한 사람들은 큰 위기를 당하거나 환난을 당하거나 문제가 생겨 외적인 도움을 갈망합니다. 갈망이 없는 사람들은 길가와 같아서 복음의 씨가 떨어지면 즉시 마귀가 빼앗아가버립니다. 둘째, 회심한 사람들은 복음을 전하는 믿음의 사람을 만납니다. 복음을 전파하는 사람들을 만나지 못하면 아무리 큰 갈망이 있다고 해도 회심에 이르지 못합니다. 셋째, 성령님이 복음을 전하는 사람과 복음을 듣는 사람 가운데 임하여 믿음을 창조하십니다. 모든 믿음의 사람은 사람을 뛰어넘는 존재가 거기에 개입하여 자기로 하여금 믿을 수 있게 했다고 말합니다. 보이지 않는 제3자인 성령님이 거기 오셔서 믿음의 기적을 일으키시는 것입니다. 그 청년도 발등을 상하는 위기를 만나면서 자기를 뛰어넘는 어떤 존재의 도움을 갈망하게 되었고, 그의 누나가 끊임없이 복음을 전했고, 그러는 동안 성령님의 역사로 기적을 체험하고 믿음의 사람으로 변화되었습니다.

하나님은 우리를 이처럼 사랑하셔서 환난과 고통과 위기를 만나는 사람들을 찾아와 구원하시고 축복의 문을 열어주십니다. 그러나 하나님은 혼자서 그것을 하실 수 없습니다. 환난을 당한 사람들을 사랑하는 사람들과 공동체를 사용하여 복음의 말씀을 전하게 하고 복음의 말씀을 들을 때 하나님께서 놀라운 기적의 문을 여시는 것입니다. 예화는 한 사람의 이야기이지만 그 이야기를 말씀과 접목하고 믿음의 공동체와 연결시킬 때 하나님의 사랑 이야기로 변하고 사람들을 구원하는 하나님의 통로를 계시하는 보화로 변화됩니다.

'예화와 보화'는 저자가 설교하면서 사용했던 수많은 예화를 말씀에 적용하고 그 예화에 믿음의 공동체의 역동성을 부여해 보화로 만들고자 한 노력의 결과입니다. 예화를 단순히 사람들의 이야기나 세상 이야기로 선포한다면 하나님의 계시의 말씀을 심화시키고 믿음을 더하게 하는 말씀이기보다는 인본주의적인 노력을 조장하는 이야기로 끝나고 말 것입니다.

제가 기도하며 간절히 하나님께 간구하는 바는 수많은 예화가 말씀과 접목되고, 그 예화들에 공동체의 역동성을 더함으로써 폐품이 보화로 변화되는 기적이 일어나는 것입니다.

 이 책이 나오기까지 협력하고 기도하며 수고한 모든 분께 깊은 감사를 드립니다.

장로회신학대학교 **오성춘** 교수

차 례

머리말 004

Part 1 하나님과의 관계
Chapter 1 믿음과 만남의 체험   014
Chapter 2 성령 안에서의 교제   069
Chapter 3 말씀과 기도   177

Part 2 대적자들과 믿음의 승리
Chapter 1 죄성과 범죄, 습관성(중독)으로부터의 해방   240
Chapter 2 세상(구조, 문화, 억압과 폭력)을 이기는 믿음   299
Chapter 3 질병 치료와 마귀를 물리침   321

Part 3 신앙생활
Chapter 1 개인생활 : 순종과 헌신, 인격의 변화   360
Chapter 2 사회생활 : 아름다운 세상, 선교, 직장의 축복   431
Chapter 3 교회생활 : 예배와 책임, 사명, 공동체   458

Part 4 지혜로운 생활

Chapter 1 자기발견 508

Chapter 2 생활의 지혜 661

Chapter 3 믿음의 비유 740

Part 5 이웃사랑

Chapter 1 인격적 교제 : 사랑과 존중, 섬김 784

Chapter 2 친밀한 관계 895

relationship with Jesus

1 하나님과의 관계

1
믿음과 만남의 체험

예수님을 영접하셨습니까?

예화 1

한 젊은 자매님이 신앙 상담을 하러 찾아왔습니다. 그녀는 전신이 쑤시고 아프다 보니 매사가 귀찮기만 하고 여러 병원을 전전했지만 아무런 효과가 없으니 어쩌면 좋겠느냐고 하소연했습니다.

그러자 목사님이 "자매님은 예수님을 믿습니까?"라고 물었습니다. 그녀는 이렇게 대답했습니다. "목사님, 저는 부모님이 다 하나님을 믿는 기독교 가정에서 자랐으며 어릴 때부터 지금까지 주일에 하루도 빠지지 않고 교회에서 예배를 드렸습니다. 그리고 육체적 고통이 너무 심한 가운데서도 하나님께 열심히 기도하고, 금식기도까지 했지만 아무런 차도가 없습니다."

그 자매님과 신앙 상담을 하고 있을 때 성령님이 목사님의 마음속에 들어오셔서 '이 자매는 예수님을 구세주와 주님으로 영접하지 않았다'라고 말씀하셨습니다. 그래서 목사님이 "예수 그리스도를 자매님의 구주로 영접하신 일이 있습니까?"라고 물었더니 그 자매는 목사님의 말이 무슨 뜻인지 이해하지 못한 채 고개만 갸우뚱거렸습니다. 목사님은 다시 물었습니다. "자매님은 예수님을 만난 체험이 있습니까?" 그러자 그 자매는 고개를 숙힌 채 얼굴을 붉히면서 대답했습니다. "저는 교회에만 열심히 다녔지 예수님을 영접한 체험이 없는 것 같습니다."

목사님은 그 자매에게 예수님을 소개했습니다. "예수님은 우리를 구원하기 위해 성육신하신 하나님의 아들입니다. 그분은 우리 죄를 위해 십자가에 죽으시고 그 보혈로 우리 죄를 씻으시고 우리의 상처와 질병을 치료하여 주십니다. 예수님은 '내가 온 것은 양으로 생명을 얻게 하고 더 풍성히 얻게 하려는 것이라' 고 말씀하셨습니다. 우리가 예수님을 우리 안에 영접하면 예수님은 우리 안에 계시면서 생수의 강을 흐르게 하시고, 우리의 죄를 용서해주시고, 질병과 상처를 치료해주십니다. 예수님은 지금도 우리 안에 들어오고 싶어 우리의 마음 문 밖에 서서 두드리고 계십니다. 자매님이 그 예수님을 영접하면 그분은 자매님에게 들어오셔서 하늘의 평화와 사랑과 복을 주실 것입니다. 예수님을 진심으로 영접하기를 원하십니까?"

그 자매님은 즉시 예수님을 구주로 영접하겠다고 고백했습니다. 그러자 목사님은 하나님께 그 자매님을 위해 간절히 기도를 드렸습니다. 기도를 마치고 나자 그 자매님의 눈에서는 눈물이 흐르고 있었으며, 그녀의 얼굴은 마치 짙은 안개 속에서 햇빛이 비추듯 밝은 빛이 흘러나오기 시작했습니다. 예수님을 영접할 때 예수님은 그 자매님의 삶 속에 들어오셔서 그녀에게 하늘의 평화와 복을 부어주시기 시작한 것입니다. 예수님은 우리의 중심이 되기를 원하십니다. 당신의 중심에는 예수님이 계십니까?

말씀에 접목하기: 요 1:9-14

사도 바울은 세상에는 '자기의 의를 세우려는 사람' 과 '하나님의 의를 세우려는 사람'이 있다고 말합니다. "내가 증언하노니 그들(이스라엘)이 하나님께 '열심'이 있으나 올바른 지식을 따른 것이 아니니라 하나님의 의를 모르고 자기의 의를 세우려고 힘써 하나님의 의에 복종하지 아니하였느니라"(롬 10:2, 3). 이스라엘은 율법을 지키고 선을 행함으로써 하나님께 자기의 의를 보이려고 했습니다. 그러나 하나님은 의롭게 되는 것은 사람의 행위로 불가능하기에 예수님을 보내셨습니다. 누구든지 예수님을 영접하면 예수님은 하나님의 의를 행할 수 있게 만들어주십니다. 사랑하고 기뻐하고 평화를 누리고 오래 참는 등의 성품은 그리스도의 영이신 성령님이 우리 안에 오셔서 열리게 하는 성령님의 열매입니다. 믿음은 우리가 무엇을 하는 것이 아니라 우리가 영접한 예수님이 우리 안에 이루시는 하나님의 선물입니다. 우리에게 오신 주님은 우리를 구원하시고 우리를 사용하여 하나님의 나라를 이 땅에 세우고자 하십니다.

"나는 믿습니다!"

예화 2

어느 날 이웃에 사는 의사 한 분이 찾아왔습니다. "목사님, 제 집 옆에 노인 환자가 있는데 함께 가서 그를 위해 기도해주지 않으시겠습니까? 그 노인이 예수님을 모른 채 세상을 떠날 것 같아서 걱정스럽습니다. 목사님이면 그에게 영적으로 도움을 주실 수 있을 것 같은데요." 그래서 나는 "당연히 가야죠. 제가 할 일을 선생님이 대신 하시네요"라고 대답했습니다.

부목사 한 명을 데리고 그 의사와 함께 노인 환자의 집으로 찾아갔습니다. 나는 차를 타고 그의 집으로 가면서 이렇게 기도를 드렸습니다. "주님, 죽음이 임박한 이 노인이 영의 눈을 열어 오직 예수님만 바라보게 하여 주시옵소서! 이 세상을 떠나기 전에 주님을 만나는 감격을 얻게 하시옵소서!"

나는 노인이 누워 있는 침상으로 다가가 이렇게 말했습니다. "기뻐하세요, 나의 형제여! 오늘 형제에게 전달할 영원한 소망을 가지고 왔습니다. 형제를 극진히 사랑하는 우리 주 예수님을 모시고 왔습니다." 그 순간 그 노인의 눈에 눈물이 가득 차올랐습니다. 그의 목소리는 가늘게 떨리고 있었습니다. "목사님, 나는 예수님 만날 소망을 버린 지 오랩니다. 40년 동안 교회에 나갔지만 아직도 예수님을 만나지 못했습니다. 그러니 더 이상 헛수고하지 마세요."

나는 "걱정하지 마세요. 예수님을 만나도록 해드릴게요"라고 그를 위로하면서 침대 옆에 앉아서 성경을 펼쳤습니다. 그리고 "예수님을 어떻게 만날 수 있는지 말씀드릴게요"라고 말한 뒤 요한일서 1장 9절 말씀과 이사야 45장 22절 말씀을 펴서 읽었습니다. "우리가 우리의 죄를 자백하면 그는 미쁘시고 의로우사 우리 죄를 사하시며 우리를 모든 불의에서 깨끗하게 하실 것이요." "땅의 모든 끝이여 내게로 돌이켜 구원을 받으라 나는 하나님이라 다른 이가 없느니라."

"이제 우리는 형제의 침대 바로 옆에 무릎을 꿇고 우리의 죄를 자백하겠습니다. 형제는 침상에 누운 그대로 예수께 형제의 죄를 자백하세요. 형제는 하나님께 기도드리면서 예수님의 은혜로 하나님이 형제의 죄를 용서하고 깨끗하게 씻으신 것을 믿는다고 고백하세요. 이것은 매우 중요합니다. 베드로는 예수님의 이름을 믿는 믿음으로 앉은뱅이가 온전케 되었다고 말했습니다. 형제도 예수님의 이름을 믿는 믿음으로 깨끗함을 받고 온전하게 될 것입니다. 예수님은 믿는 자에게 약속하신 용서와 씻음과 평안을 주실 것입니다." 이렇게 말씀을 전한 뒤 나는 마음속으로 기도했습니다. '주님, 이 형제에게 예수님의 이름을 믿는 믿음을 주시옵소서. 그리고 영적으로 앉은뱅이가 되어 있는 이 형제를 온전하게 만들어주시옵소서.'

그리고 나는 침대 옆에 앉아 그 노인이 들을 수 있도록 "형제여, 이제는 형제의 죄를 용서하고 깨끗하게 씻으시는 예수님만 바라볼 때입니다. 이제 하나님께 기도드립시다"라고 말한 뒤 기도하기 시작했습니다. "주님, 저를 용서하시옵소서. 저는 날마다 하나님의 사랑을 강조하고 실천하라고 입으로 외쳤지만 이렇게 외롭고 아픈 형제가 홀로 누워 있는데도 한 번도 찾아와 보지 못했습니다. ……."

우리의 자백 기도를 듣고 있던 그 노인은 드디어 하나님께 기도하기 시작했습니다. 그는 과거에 하나님을 바라보지 않고 사람만 바라보았음을 자백했습니다. 또한 사람의 죄와 잘못을 바라보면서 그들을 비판하고 정죄했던 것을 자백했습니다. 자기 죄와 실수를 아뢰고 많은 사람을 가슴 아프게 하고 그들에게 상처 입힌 일을 자백했습니다. 그리고 나서 그는 더 이상 교회 다니는 형제자매의 잘못을 보지 않겠다고 기도했습니다. 더 이상 교사나 정치가, 이웃의 죄와 잘못을 보지 않고 오직 자기 죄와 잘못을 바라보겠다고 기도했습니다. 하나님을 바라보면서 자기의 죄와 잘못을 용서해 달라고 진심을 다해 기도 드렸습니다.

그러면서도 그 노인은 하나님이 자신의 모든 죄와 허물을 용서하고 깨끗이 씻으심을 믿는다고 고백하지 못했습니다. 사실 "내가 믿습니다!"라는 말은 아주 쉬워 보이지만 고백하기 어려운 말입니다. 그는 자기의 모든 죄와 잘못을 자백하기는 했지만 "주님, 주님의 보혈로 나를 용서하신 것을 믿습니다"라는 고백을 하지 못했습니다. 그래서 나는 그를 향하여 이렇게 말했습니다. "형제여, 우리가 무릎을 펴기 전 우리 주 예수께 '내가 믿습니다' 라고 먼저 고백하길 바랍니다."

믿음의 고백은 매우 중요합니다. 히브리서 4장 2절 말씀은 이렇게 가르칩니다. "들은 바 그 말씀이 그들에게 유익하지 못한 것은 듣는 자가 믿음과 결부시키지 아니함이라." 애굽을 떠난 이스라엘 백성이 젖과 꿀이 흐르는 아름다운 땅의 약속을 받았음에도 하나님의 약속의 땅을 차지하지 못한 이유는 하나님의 약속의 말씀을 그들의 믿음과 결부시키지 못했기 때문입니다. 이것은 하나님의 약속의 말씀이라는 손바닥과 우리의 믿음이라는 손바닥이 함께 마주쳐야 손뼉을 칠 수 있는 것과 같은 이치입니다.

그래서 그 노인에게 "형제여, 이제는 믿음을 고백해야 합니다. 혼자 하기 어렵다면 저를 따라 말씀하세요. 주님, 내가 믿습니다"라고 말했습니다. 그는 잠시 생각에 잠긴 듯하더니 진심에서 우러나오는 음성으로 "내가 믿습니다"라고 고백했습니다. 나는 즉시 그를 격려했습니다. "형제여, 놀랍지 않습니까? 형제의 눈은 지금 예수님만 바라보고 있습니다. 다시 한 번 더 큰 소리로 하나님께 고백하세요. 형제가 믿음을 고백할 때 하나님은 이곳에 오셔서 형제를 만나실 것입니다." 그 노인은 큰 소리로 "예수님, 제가 주님을 믿습니다"라고 고백한 뒤 울음을 터뜨렸습니다.

나는 바닥에서 일어난 뒤 이렇게 격려했습니다. "형제여, 이제 형제는 예수님을 발견했습니다. 형제는 예수님이 형제의 죄와 잘못을 용서하신 것을 믿게 되었습니다. 그렇지요? 이제 우리 주님은 형제의 모든 불의를 깨끗하게 씻으셨습니다. 이제 형제의 눈은 주님만 바라보고 있습니다. 그렇지요?" 이 물음에 그 노인은 확신에 찬 목소리로 "그렇습니다. 나는 믿습니다"라고 고백하면서 다시 눈물을 흘렸습니다.

나는 마지막으로 그에게 요청했습니다. "우리가 이 집을 떠나기 전에 다시 한 번 주 예수님과 우리에게 예수님이 형제를 위하여 행하신 것과 형제가 하나님의 자녀가 되었다는 사실을 확인하시고 '나는 믿습니다!' 라고 말씀하세요." 그는 똑바로 나를 쳐다보더니 그의 심령 밑바닥에서부터 울려나오는 확신에 찬 목소리로 울먹이며 대답했습니다. "하나님이 저의 모든 죄와 허물을 용서하시고 저의 모든 불의를 깨끗케 하시고 저 같은 자를 자녀 삼으신 것을 확신합니다. 나는 믿습니다!" 그의 말을 듣고 나서 "형제는 이제 하나님의 아들이 되었습니다. 사탄이 찾아와서 형제를 시험하겠지만 두려워하지 마세요. 마귀의 속삭임을 들을 때마다 '예수 그리스도는 나를 씻으시고 나를 용서하셨다. 나는 예수님만 바라볼 것이다. 나는 하나님의 아들이다. 나는 하나님의 능력으로 이미 구원함을 받았다. 사탄아, 내게서 떠나가라!' 고 힘 있게 고백하세요"라고 말했습니다. 우리가 그 집을 떠날 때 그의 얼굴은 주님의 은혜로 빛나고 있었습니다.

그는 예수 그리스도를 믿음으로써 하나님의 자녀가 되고 진정한 평안을 얻었습니다. 나는 이 세상의 여정을 마무리 지으려고 하는 외로운 그 노인에게 구원의 주 예수님을 소개할 수 있는 영광을 얻었습니다. 나는 그가 자기 눈을 높이 들어 오직 예수님만 바라보게 되어 너무 기뻤습니다.

며칠 후 그가 평안한 얼굴로 세상을 떠났다는 소식을 들었습니다. 나는 예수님이 재림하실 때 거기서 그를 만날 것이라고 믿습니다. 그는 40년 동안 교회에 등록하여 신자로 살았지만 눈을 들어 예수님을 바라보지 못하고 세상과 세상 사람들, 그들의 죄와 허물만 바라보면서 저주와 고통의 삶을 살아왔습니다. 그러나 이제는 먼저 자기와 세상과 죄인을 사랑하시고 구원하시는 예수님을 바라봄으로써 평화를 얻을 수 있었습니다. 오직 예수님을 바라보며 그분을 믿는 사람은 이 세상에 살면서도 하늘의 평화와 기쁨을 맛보게 될 것입니다.

말씀에 접목하기: 요일 1:5-10

당신은 무엇을 보고 있습니까? 세상에는 윤리적 잣대를 갖고 다른 사람을 바라보는 사람이 있는가 하면, 사랑하는 마음을 가지고 다른 사람을 바라보는 사람도 있습니다. 우리나라의 전통적 사상을 이루는 한 가지인 유교의 가르침은 덕을 세우는 인간, 의로운 인간, 예의를 갖춘 있는 인간이 되어야 한다고 가르칩니다. 이런 가르침을 받은 사람은 행함과 성취에 중점을 두고 다른 사람을 바라보게 됩니다. 그래서 사람의 중심을 보지 않고 외모를 보면서 비교하고 평가하고 판단 내리는 일을 쉽게 합니다. 성경에 나오는 바리새인도 이런 인간관을 가지고 있어 사람을 구별하고 차별하다 보니 어떤 사람과는 교제하는 것조차 금지했습니다.

그러나 예수님은 사람의 중심을 보고 그들을 이해하고 공감하며 그들의 아픔을 치료하시는 분입니다. 예수님은 사랑의 마음으로 사람을 보시고, 사람을 존중하고 소중히 여기는 삶을 사셨습니다. 또한 예수님은 실패와 약함과 질병과 죄악 때문에 저주의 삶을 사는 사람에게 하나님이 약속하신 풍성한 삶을 나눠주려고 하셨습니다. 예수님은 우리에게 세상에 살면서도 하늘의 기쁨과 평화를 맛보게 하려고 오신 분입니다. 우리 그리스도인은 예수님의 마음을 품은 사람입니다. 그러므로 우리는 사랑의 눈으로 사람을 보고 그들의 아픔을 치료하며 그들의 저주를 하나님의 복으로 바꾸는 사람이어야 합니다. 우리는 이 세상에 살고 있는 사람을 초청하여 예수님이 마련하신 하늘의 평화와 기쁨을 맛보도록 부름 받은 사람입니다.

앞서 언급한 노인은 40년 동안 교회에 나왔지만 예수님을 인격적으로 만나지 못했습니다. 그의 기독교는 예수님과 교제하며 하나님의 생명으로 사는 신앙이 아니라 이론적으로 예수님을 배우고 가르침에 따라 무엇인가 행하는 것이었습니다. 진정한 신앙은 예수님과의 인격적 만남이 있어야 합니다. 이것은 우리의 지성으로나 감성으로 도달할 수 있는 것이 아니라 오직 성령님의 감동만으로 되는 것입니다. 믿음의 선물을 받으려고 하면 믿음의 사람이 하나님의 복음을 전달해줘야 합니다. 예수님의 이야기를 전달하는 사람을 만나서 예수님의 이야기를 들을 때 성령님은 거기 임하여 믿음의 기적을 일으키십니다. 그 노인은 예수님의 복음을 진솔하게 증거하는 목사님을 만나 복음의 말씀을 들었고, 그때 성령님이 임하여 그에게 믿음의 기적을 일으키셨습니다.

어떻게 하나님을 만날까요?

예화 3

미국 월터리드 육군병원에서 아이젠하워 대통령이 임종 순간을 맞이하기 얼마 전에 빌리 그레이엄 목사님이 병원을 방문했습니다. 30분의 면회 시간을 얻은 빌리 그레이엄 목사님이 예정된 시간이 되어 나가려고 하자 아이젠하워 대통령은 좀 더 있기를 원했습니다. 빌리 그레이엄 목사님이 "혹시 하고 싶은 말이 남아 있나요?"라고 묻자 아이젠하워 대통령은 이렇게 말했습니다. "제게는 하나님을 어떻게 만나야 할지 확신이 없습니다. 도와주십시오. 저의 마지막 부탁입니다."

그러자 빌리 그레이엄 목사님은 주머니 속에서 성경을 꺼내 어떻게 죄 사함을 받고, 어떻게 하나님의 자녀가 될 수 있는지에 대해 진지하게 설명해주었습니다. "구원은 무슨 업적을 세웠다거나 많은 선행을 쌓아서 얻을 수 있는 것이 아닙니다. 우리의 노력으로는 죄의 문제를 해결할 수 없기 때문에 하나님이 독생자 예수를 보내주셨습니다. 나 중심의 인생에서 돌이켜서 예수 그리스도를 우리의 구주와 주님으로 영접하면 예수님은 당신을 하나님의 자녀라는 새로운 신분을 가지게 하시고 구원을 얻게 하실 것입니다."

아이젠하워 대통령은 빌리 그레이엄 목사님의 인도로 예수 그리스도를 구주와 주님으로 영접했습니다. 영접 기도를 마쳤을 때 성령님이 임하여 아이젠하워를 평안하게 만들어주셨습니다. 그러자 그는 확신에 찬 목소리로 "목사님, 감사합니다. 나는 이제 준비가 되었습니다"라고 했습니다. 믿음은 자신을 열고 예수님을 영접하는 순간 임한 성령님이 주시는 선물입니다. 예수님은 이미 우리에게 오셔서 구원의 기적을 베풀 준비가 되어 계십니다. 예수님을 영접하면 그분은 우리의 내면에 있는 더러움을 씻고 하늘의 생수로 채우실 뿐 아니라 우리를 흑암의 권세에서 건져내어 그분의 사랑의 나라로 옮겨주십니다(골 1:13). 즉 마귀의 종에서 하나님의 자녀로 신분을 완전히 바꾸어주시는 것입니다.

말씀에 접목하기: 요 1:9-14

믿음은 세 가지 요소가 만날 때 생깁니다. 첫째는 믿음의 사람을 만나는 것입니다. 둘째는 복음의 말씀을 듣는 것입니다. 셋째는 성령님의 역사입니다. 믿음은 들음에서 나기 때문에 전파하는 사람이 없으면 들을 수가 없습니다. 아이젠하워 대통령은 믿음의 사람, 빌리 그레이엄을 만났습니다. 아무리 믿음의 사람을 만난다고 할지라도 복음의 말씀을 듣지 못하면 믿음이 생겨나지 않습니다. 믿음은 들음에서 나며 "들음은 그리스도의 말씀으로 말미암았기"(롬 10:17) 때문입니다. 믿음의 사람을 만나 복음의 말씀을 들을 때 성령님이 역사하시어 믿음을 선물로 주시는 것입니다. "제자들이 나가 두루 전파할새 주께서 함께 역사하사 그 따르는 표적으로 말씀을 확실히 증언하시니라"(막 16:20).

구원받은 날짜를 아십니까?

예화 4

주님을 영접한 그리스도인 가운데도 언제 구원받았는지 기억하지 못하는 성도가 많습니다. 어떤 사람의 경우 기독교 가정에서 자라 극적 전환의 계기가 없었기 때문인지도 모릅니다. 그러나 그들 역시 예수님을 사랑하고 믿기는 마찬가지입니다. 마귀는 이들 가운데 연약한 사람을 골라 자신의 구원을 의심하도록 유혹할지도 모릅니다. 영적으로 태어난 날을 기억하지 못하는 것은 구원받은 게 아니라고 구실을 삼아서 말입니다.

이 문제를 어떻게 처리했는지 어떤 사람의 이야기를 소개하겠습니다. 마귀는 사람을 훼방 놓을 길만 있다면 붙잡기에 혈안이 되어 있습니다. 마귀가 찾아와서 "당신은 언제 구원받았는지도 모르지 않습니까? 자기가 구원받은 날도 알지 못하면서 구원받았다고 말하는 것은 아직도 구원받지 못했다는 증거입니다. 어떻게 생일 없는 사람이 있습니까?"라고 말하면 그는 이렇게 대답한다고 합니다. "아프리카에 살고 있는 수많은 사람이 자기 생일을 기억하지 못할 뿐 아니라 자신이 몇 살인지도 모르고 살고 있습니다. 그렇다고 해서 그들이 아직 태어나지 못한 사람일까요? 생일을 아는 것보다 자신이 어떻게 살고 있는가 하는 것이 더 중요하지요."

구원받았다는 것은 구원받은 날짜를 기억하는 데 있는 것이 아니라 우리의 죄를 대신 지고 돌아가신 예수님을 믿고 영접하여 그분을 모시고 사는 데 있습니다. 사도 바울은 "너희는 믿음 안에 있는가 너희 자신을 시험하고 너희 자신을 확증하라 예수 그리스도께서 너희 안에 계신 줄을 너희가 알지 못하느냐 그렇지 않으면 너희가 버림받은 자니라"(고후 13:5)라고 말했습니다. 구원받은 사람은 예수님을 영접하여 모신 자입니다. 예수님을 모시고 산다면 그는 구원받은 자입니다.

> 말씀에 접목하기: 롬 6:3, 4

구원을 죄 용서와 동일시하거나 구원에 가장 중요한 요소를 죄 용서라고 생각하는 사람이 많습니다. 그들은 구원에 대한 논의를 예수님의 죽음에 집중하고, 그리스도의 십자가의 죽음이 어떻게 우리 죄를 용서하고 정결하게 하는지에 초점을 맞춥니다. 예수님의 십자가가 인간의 죄를 대속하기 위해 대신 짊어지신 고난의 십자가인 것은 사실이지만 구원은 이보다 더 큰 의미를 가집니다. 예수님 자신과 제자들의 메시지는 죄의 용서뿐 아니라 하나님께로부터 오는 새 생명에 집중되어 있습니다. 물론 우리 죄를 위해 예수님이 십자가에서 죽으셨다는 것도 강조되기는 하지만 예수님 안에서 시작된 새 생명의 삶이 더욱 강조됩니다. 구원받았다는 것은 골로새서 1장 13절 말씀대로 "그가 우리를 흑암의 권세에서 건져내사 그의 사랑의 아들의 나라로 옮기셨으니"라는 것입니다. 구원받았다는 것은 새 생명(그리스도 안에 있는 하나님의 생명)을 받는 것이고, 새로운 신분(order)으로 변화를 받는 것이고, 새로운 세상(하나님의 나라)에서 사는 것이고, 흑암의 권세가 지배하던 사탄의 질서에서 해방되어 하나님이 다스리는 하나님의 나라의 질서 속으로 들어가는 것입니다. 구원은 과거 어느 시점에서의 체험이 아니라 오늘 예수님과 생명의 관계를 가지고 살아가고 있느냐 하는 것입니다. 지금 당신은 예수님을 주님과 구세주로 믿고 그분을 모시고 살고 있습니까?

그리스도의 초상

예화 5

슈테른베르크가 그리스도의 초상을 그리게 된 동기는 다음과 같습니다. 어느 날 그는 거리에서 어린 집시 소녀를 만났습니다. 그 매력과 아름다움에 매혹당한 그는 소녀를 그리기 위해 자기의 화실로 데리고 왔습니다. 모델이 되어 의자에 앉아 있던 소녀는 벽에 걸린 십자가상의 그리스도의 초상화에서 시선을 떼지 못했습니다. 아무것도 모르는 집시 소녀는 누구냐고 물었습니다. 화가는 그리스도라고 가르쳐주었습니다. 그러자 소녀는 "십자가에 못 박히기까지 했으니 무척 나쁜 사람이었나 봐요?"라고 물었습니다. 이 말을 들은 화가는 그리스도는 어느 누구보다 좋은 사람이며, 다른 사람을 살리기 위해 십자가에서 돌아가신 분이라고 말해주었습니다.

이 말을 듣고 나서 소녀는 "그분이 아저씨를 위해 돌아가셨나요?"라고 물었습니다. 슈테른베르크는 이 소녀의 "그분이 당신을 위해 돌아가셨느냐?"는 질문에 마음이 찔렸습니다. 그는 예수님을 알기는 해도 그분을 주님으로 영접하지는 않았던 것입니다. 소녀의 질문에 마음과 양심이 찔리면서 그는 큰 충격을 받았습니다. 그 질문은 밤낮없이 그의 마음에서 떠나지 않은 채 번민하게 만들었습니다. 그러다가 드디어 그는 예수님의 십자가 앞에 무릎을 꿇고 "예수님, 예수님은 나의 주님이시요 구원자이십니다. 내가 주님을 영접합니다"라고 고백했습니다. 그는 예수님의 십자가의 희생이 자신을 위한 것임을 확신하고 나서야 그리스도의 초상화를 그릴 수 있었습니다.

말씀에 접목하기: 롬 10:13-15

믿음은 "하나님의 선물"(엡 2:8)입니다. 이 말씀을 처음 들었을 때는 이해가 가지 않았습니다. 믿는다고 할 때는 우리 결심이 중요한 역할을 합니다. 우리가 예수님을 받아들이고 믿겠다고 결심하지 않으면 어떻게 예수님을 믿을 수 있습니까? 믿음은 내면에서 일어나는 우리의 정신적 기능 가운데 하나가 아닙니까? 이런 생각을 가졌기 때문에 믿음이 하나님의 선물이라는 말을 받아들이는 게 어려웠습니다.

그런데 알고 보니 믿음은 관계적 용어였습니다. 다른 사람과의 관계에서 그 사람을 믿느냐 하는 것은 우리가 믿겠다고 해서 믿어지는 것이 아닙니다. 그 사람이 우리에게 믿을 수 있게 해야 믿을 수 있지 그가 사기나 치고 폭력을 일삼고 신실하지 못하면 어떻게 그에 대한 믿음이 생겨나겠습니까? 상대는 우리를 믿게 할 수도 있고 믿지 못하게 만들 수도 있습니다. 이처럼 예수님이 믿을 수 있게 무엇인가 보여주시지 않으면 우리는 믿을 수가 없습니다. 먼저 우리를 찾으시고 사랑과 섬김을 베푸시고(물론 그리스도의 몸인 교회를 통해서이지만) 성령님이 우리 마음을 움직이시지 않는다면 어떻게 우리가 예수님을 믿을 수 있겠습니까?

자비는 자격 없는 자를 위한 것입니다

예화 6

나폴레옹이 이끄는 병사들 가운데 한 사람이 탈영했다가 붙들려 왔습니다. 이번이 두 번째 탈영이었기 때문에 그 병사는 최고형인 사형을 언도 받았습니다. 그런데 그의 어머니가 나폴레옹에게 달려와 아들을 살려 달라고 탄원했습니다. 그러나 나폴레옹은 "두 번씩이나 탈영한 아들을 위해 이런 탄원을 하는 것은 의롭지 못한 일이다"라고 거절했습니다. 나폴레옹의 거절에 그 어머니는 이렇게 말했습니다. "황제시여, 저는 의를 베풀어 달라고 탄원하는 것이 아니라 자비를 구하고 있는 것입니다. 저는 자비를 탄원하는 것이지 의를 탄원하는 것이 아닙니다." 이에 대해 나폴레옹은 또다시 단호하게 "한 번도 아닌 두 번씩이나 탈영한 당신의 아들은 그럴 만한 자격이 없다"라고 뿌리쳤습니다.

그러나 그 어머니는 단념하지 않고 다시 엎드려 간절하게 빌었습니다. "황제시여, 제 아들이 자격이 없기 때문에 긍휼을 구하는 것입니다. 자격이 없기 때문에 자비를 구하는 것입니다. 자격이 있다면 제가 왜 긍휼과 자비를 구하겠습니까? 그러니 폐하, 제 아들에게 당신의 자비를 베풀어주십시오."

말씀에 접목하기: 호 6:6

하나님은 의의 하나님인 동시에 자비의 하나님입니다. 자비가 없는 의는 죄에 대한 대가를 지게 하는 것으로 끝나지만 자비를 가지게 되면 대가를 지불하고 벌을 받도록 하는 의가 아니라 의로운 사람으로 변화시키고자 하는 창조적 의가 됩니다. 하나님은 긍휼의 하나님이시기 때문에 자격 없는 자에게도 긍휼을 베푸시고, 죄를 지어 벌을 받아 마땅한 사람에게도 긍휼을 베푸십니다. 긍휼이 있는 자의 의는 죽이는 의가 아니라 살리는 의입니다. 또한 대가를 지불하게 하지만 새 사람으로 변화시켜 진정한 의로 재창조하는 의입니다. 하박국은 창조적 의를 베푸시는 하나님을 보고 놀랐습니다. "여호와여 내가 주께 대한 소문을 듣고 놀랐나이다 여호와여 주는 주의 일을 이 수년 내에 부흥하게 하옵소서 이 수년 내에 나타내시옵소서 진노 중에라도 긍휼을 잊지 마옵소서"(합 3:2).

영의 눈이 열려야…

예화 7

일본 오키나와에서 목회하던 목사님의 이야기입니다. 그는 냉철하고 학식이 풍부한 사람으로 자유주의 신학교에서 수련을 받는 도중 자신이 지녔던 신앙까지 포기하기에 이르렀습니다. 왜냐하면 자유주의 신학에서는 성령님을 부인하고 인간적 지식을 중심으로 고등비평과 역사와 고고학으로 성경을 판단하기 때문입니다. 이런 자유주의 신학을 공부하다 보니 창세기부터 요한계시록까지 성경에 기록된 기사를 믿을 수 없게 되고, 날이 갈수록 신앙심이 약해지더니 급기야 예수님의 존재까지 믿을 수 없게 되어 결국 목회의 꿈마저 포기하기에 이르렀습니다.

그런데 신앙적으로 방황할 때부터 시력이 점점 나빠지더니 안경을 쓰고도 사물을 제대로 분간하지 못할 정도로 아주 나빠졌습니다. 그의 눈을 치료하던 의사도 "의학적으로는 도저히 시력을 회복할 수 없습니다"라고 절망적인 진단을 내렸습니다.

시력을 잃어가는 절망적인 상황에 이르자 그는 다시 하나님께 나아가서 "하나님, 만일 하나님이 살아계신다면 제 눈을 고쳐주시옵소서"라고 기도했습니다. 그런데 놀랍게도 그때부터 눈이 다시 밝아지기 시작했습니다. 이 일을 통해 그는 비로소 살아계신 하나님의 역사를 깨닫고 회개했으며 성령님을 마음에 모셔 들였습니다. 그 후 그는 인간적인 지식을 던져버리고 성령님을 통한 하나님의 계시의 말씀인 성경을 하나님 말씀으로 받아들이고 그 말씀에 순종하는 충성스러운 목사가 되었습니다.

말씀에 접목하기: 요 7:37-39

믿음은 하나님의 생명이 예수님을 통해 우리에게 들어오는 것입니다. 예수님 안에서 우리에게 들어온 하나님의 생명은 우리에게 생명의 감격을 줄 뿐 아니라 옛 사람을 새 사람으로 변화시키는 기적을 일으킵니다. 지성만을 사용한 신학 연구는 지식적으로 하나님을 알게 하지만 히브리어 '야다'가 의미하는 생명의 교제에는 이르게 하지 못합니다. 지성으로 배우는 것은 믿음의 시작은 될지언정 진정한 믿음에 이르게 하지 못합니다. 간절한 기도를 통해 하나님과의 대화 창구를 열고 성도들과 믿음의 교제를 나누지 않으면 하나님을 만날 수 없고, 하나님의 생명을 받을 수 없습니다. 믿음은 하나님을 지식적으로 아는 것이 아니라 인격적으로 만나는 것입니다. 모든 정신적 기능을 다하고 몸의 행동을 다하여 믿음의 사람과 교제를 나누며 기도할 때 하나님은 우리를 만나시고 우리 안에서 하나님의 생명을 강물처럼 흐르게 하십니다.

주님을 인격적으로 영접한 날

예화 8

대학교 2학년 때 UBF 겨울 수련회에 참석했는데, 당시 그 수련회는 광주에 소재한 호남신학교에서 있었습니다. 고등학교 1학년 때부터 교회에 다니기 시작한 나는 교회에 다니면서부터 예수님이 좋았습니다. 하나님은 나에게 예수님을 믿어야 한다는 강한 열정을 주셨습니다. 그래서 부모님이 그렇게 반대하는 것도 견딜 수 있었습니다. 그러나 중생 체험과 같은 뜨거운 예수 체험을 한 적이 없었습니다. 그러다가 그 UBF 수련회에 참석해 예수님을 인격적으로 만나게 되었습니다.

낯선 환경에서 전혀 알지 못하는 대학생들과의 만남이 마음속의 긴장감을 불러일으켰고 무엇인가 일어나리라는 기대감에 한껏 부풀어 있었습니다. 사람과 이야기를 나눌 때마다 그들은 '예수님을 만난 이야기'를 했고, 언제 어떻게 예수님이 자기를 찾아오셨다고 구체적으로 이야기했습니다. 당시 나에게는 약간 생소한 이야기였지만, 내 마음속에 예수님이 나에게도 찾아와 만나주시고 말씀해주신다면 좋겠다는 갈망이 생기기 시작했습니다. 예수님의 이야기를 들으면서 예수님을 만나고 싶은 갈망이 강하게 일어난 것입니다.

그 수련회의 강사는 당시 상도동 교회에서 시무하던 엄두섭 목사님이었는데, 그는 처음부터 끝까지 한 가지 주제로 말씀을 전했습니다. 예수님이 우리에게 오셔서 우리를 어떤 사람으로 만들어주시는가 하는 것이었습니다. 목사님은 이런 비유를 들었습니다. "무정란은 아무리 품고 있어도 병아리가 태어나지 않습니다. 닭이 유정란을 품을 때 그 계란 속에서 생명이 생겨나고 병아리가 생겨납니다. 예수님을 모시지 않는 인생은 무정란 인생입니다. 예수님을 모시면 그분의 생명이 우리 가운데 오십니다. 예수님이 오시면 우리는 유정란이 되어 하나님의 생명을 얻습니다. 여러분은 무정란 인생을 살고 싶습니까, 아니면 예수님을 모시고 하나님의 생명이 약동하는 기쁨과 행복이 가득한 인생을 살고 싶습니까?"

당시 나는 이런 기도를 했습니다. "예수님, 나에게 오십시오. 예수님이 필요합니다. 나에게 오셔서 예수님을 사랑하는 사람으로 만들어주세요. 예수님을 따라 살고 싶습니다. 이제 오시옵소서!" 이 기도를 드리는 순간 내 가슴이 젖어들고 온몸이 주님의 은혜로 씻기는 경험을 했습니다. 주님이 나에게 오신 것입니다. 나의 고백은 한 가지였습니다. "주님만 사랑하겠습니다. 주님을 사랑하며 살겠습니다." 그럼에도 매일같이 그런 마음으로 살지 못했음을 고백합니다. 그러나 그 처음 사랑이 그때처럼 매일같이 강렬하게 임하기를 항상 기도하며 살고 있습니다.

> 말씀에 접목하기: 요 1:9-14

예수님을 인격적으로 만나는 사건은 내 삶에 결정적 변화를 가져왔습니다. 이제까지 내가 중심이 되어 내 노력으로 미래를 만들어 오던 내가 죽고, 주 예수 그리스도께서 내 중심이 되고 주님이 나에게 미래의 꿈을 심어주시고 새 삶을 살도록 능력을 주셨습니다. 그러나 시도 때도 없이 악한 영들이 나를 시험하여 나 중심의 삶을 살도록 유혹하고 억압했습니다. 그때마다 교회와 믿음의 이웃들이 성령님의 인도를 받도록 하나님 말씀으로, 기도로, 권면으로 나를 도와주었습니다. 하나님은 믿음의 공동체를 통해 나를 인도하셨고, 교회 공동체의 인도와 지도를 받을 때마다 성령님이 나에게 임하여 주님 중심으로 다시 돌아오게 만들어주셨습니다.

만남의 체험을 갈망하는 신학생

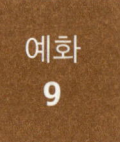
예화 9

대만에서 목회하던 주연화 목사님의 이야기입니다. 그는 중국 본토가 공산당에게 점령당하기 전 상하이에서 신학교를 다니고 있었습니다. 중국이 공산당 세력에게 점령당하기 전

평화로울 때는 교수와 신학생이 신학에 대한 이론을 가르치고 공부했지만 중국 본토가 공산당의 발에 짓밟힐 위기에 처하자 교수와 신학생은 학업을 전폐하고 강의실에 모여 온종일 "살아계신 하나님을 만날 수 있도록 도와주시옵소서"라고 간절히 부르짖으며 기도했다고 합니다. 공산당 세력이 강해져 위기에 처하자 신학적 이론은 뒷전이고 하늘과 땅과 세계를 지으시고 죽은 자를 살리시는 하나님을 직접 만나야겠다는 절박한 심정이 되었다고 합니다. 이렇게 교수와 신학생이 한자리에 모여 일심으로 부르짖으며 기도하자 그곳에 성령님의 불이 임하여 모인 대부분의 사람이 성령 충만함을 받고 은사를 받고 하나님의 영광과 능력으로 충만하게 되었다고 합니다. 그리고 그때 성령님의 충만함을 받고 살아계신 하나님을 만나는 체험을 했기에 공산당이 중국 본토를 점령하고 그리스도인에게 말할 수 없는 핍박을 가해도 그 시련을 능히 이기고 복음의 불씨를 간직했다가 지하교회의 구역 예배를 통해 복음의 불길이 번질 수 있었다고 합니다.

만약 그들이 학문적인 예수, 철학적인 예수, 인식적인 예수만 알았다면 공산당에게 점령당한 중국 대륙에서 기독교는 사라졌을 것입니다. 그러나 그들이 성령 충만함을 받고 죽은 자를 살리는 살아계신 하나님을 만난 체험을 했기에 복음의 불씨를 간직할 수 있었습니다.

말씀에 접목하기: 요 7:37-39

성령님의 충만함을 받고 살아계신 하나님을 만나는 체험을 하고 하나님의 은혜의 생수를 마신 사람은 어떤 핍박과 시련도 능히 이기고 복음의 불씨를 간직할 수 있습니다. 만약 우리가 학문적인 예수, 철학적인 예수, 인식적인 예수만 알고 있다면 핍박과 시험을 당할 때마다 넘어질 것입니다. 주연화 목사님과 신학생은 성령 충만함을 받고 죽은 자를 살리시는 살아계신 하나님을 만나는 체험을 하고 하나님의 놀라운 생수의 은혜를 받았기 때문에 무자비한 공산당의 핍박 아래서도 복음의 불씨를 간직할 수 있었습니다. 신학은 그릇을 준비하는 것입니다. 그릇이 비어 있으면 어느 누구에게도 생명을 줄 수가 없습니다. 신학의 그릇은 언제나 생명이신 삼위 하나님으로 채워져 있어야 합니다. 신학 함은 그릇만을 준비하는 것이 아닙니다. 신학 함은 그릇에 하나님의 생명을 넘치게 채우는 것입니다.

행복의 비결이 무엇입니까?

예화 10

개인적으로 조슈 맥다월이 쓴 책들을 읽으면서 큰 감동을 받았습니다. 그의 책들은 예수님이 살아계심을 생생하게 증거 하고 있습니다. 대학을 다닐 때 그는 예수님을 믿지 않았습니다. 학생 지도자로서 모든 사람에게 행복과 자유를 누리게 하고 싶었던 그는 행복과 자유의 원천이 어디 있는지를 연구했습니다. 진정한 행복이 어디서 오는지 찾고 있을 때 그 학교에 소속된 일부 학생과 교수의 얼굴에 언제나 행복한 미소가 있는 것을 발견했습니다. 그는 그들을 찾아가서 "늘 행복하게 사는 비결이 무엇입니까?"라고 물었습니다. 이 질문에 대한 그들의 대답은 한결같았고 간단했습니다. 그들의 대답은 "예수 그리스도입니다" 였습니다.

그는 이 대답에 도전을 받고 도대체 그리스도가 어떻게 사람에게 행복을 줄 수 있는지를 이성적으로 연구하기 시작했습니다. 오랜 시간을 투자하여 연구한 결과, 그는 십자가에 달려 죽었다가 사흘 만에 부활하신 예수 그리스도가 믿는 사람에게 행복을 준다는 결론을 내렸습니다. 그는 예수 그리스도가 십자가에 매달려 죽은 지 사흘 만에 부활하셨으며, 그 예수님을 믿고 영접하는 자는 행복을 얻을 수 있다는 사실을 부인할 수가 없었습니다. 그러나 그는 머리로, 이성적으로 그 사실을 인정했다고 해도 가슴으로는 그 사실을 받아들일 수가 없었습니다. 그는 예수님을 영접하는 어리석은 짓을 하지 않겠다고 결심한 뒤 그분에게서 도망치려고 애를 썼습니다. 그는 예수님을 받아들이는 것이 예수에게 자기 인생을 침략당하는 것처럼 느껴지고, 예수를 믿으면 자아가 깨어져 자기 인생의 죽음이 다가올 거라고 생각했습니다.

그러던 어느 날 밤 10시쯤 잠자리에 들었는데 4시까지 잠을 이룰 수가 없었습니다. 침대에 누워 그는 머릿속에서 예수님을 지우려고 노력했습니다. 예수를 자기 머리에서 지우든가, 머리 밖으로 자기가 나가든가 양자택일을 해야겠다고 마음먹었습니다. 그러나 부활하신 예수님이 집요하게 그를 찾아와 문을 두드리셨습니다. 더 이상 예수님을 자기 마음에서 몰아낼 수 없었던 그는 드디어 "나의 주님, 나의 예수님!"이라고 외친 뒤 예수님을 영접했습니다. 그 순간 마음의 평화를 찾았습니다. 그는 예수님을 영접한 뒤 그동안 미워하던 아버지를 찾아가서 "아버지, 제가 아버지를 사랑합니다!"라고 말했습니다. 그리고 그는 미국의 어떤 교수보다 더 많은 학생에게 예수님의 복음을 증거 하는 예수님의 전도자가 되었습니다.

말씀에 접목하기: 롬 10:13-15, 17

믿음은 어떻게 우리를 찾아옵니까? 성경은 "믿음은 들음에서 나며 들음은 그리스도의 말씀으로 말미암았느니라"(롬 10:17)고 말씀합니다. 믿음의 첫 단계는 갈망하는 마음입니다. 지금 상태에서 만족을 얻지 못하고 아름다운 미래를 바라는 갈망이 크면 클수록 믿음에 더 가까이 나아가는 것입니다. 믿음의 두 번째 단계는 예수 그리스도의 말씀, 즉 복음의 말씀을 전하는 사람을 만나 복음의 말씀을 받아야 합니다. 사도 바울은 "듣지도 못한 이를 어찌 믿으리요"(롬 10:14)라고 말했습니다. 믿음의 세 번째 단계는 성령님의 역사입니다. 복음의 말씀을 전할 때 성령님은 거기 임하여 전하는 사람에게 믿음을 더하게 하시고, 듣는 사람에게 믿음을 창조하게 하십니다. 그 말씀을 전하는 자는 믿음의 사람이지만 그 말씀을 믿게 하고 받아들이게 하고 하나님을 만나게 하시는 이는 성령님입니다. 조슈 맥다월은 진정한 행복에 대한 깊은 갈망이 있었으며, 그리스도인의 삶을 통해 전달되는 복음을 받았습니다. 그리고 믿음의 사람이 전하는 복음을 받는 가운데 성령님이 임하여 그를 만나주시고 그를 믿음의 사람이 되게 만들어주셨습니다.

아! 하나님은 정말 살아계시구나

예화 11

시골 교회에 다니는 어느 집사님의 간증입니다. 그녀는 시골에서 농사를 지으면서 종갓집 종부로서 아들 하나와 딸 다섯을 키우며 행복하게 살고 있었습니다. 그런데 남편이 갑자기 혈압으로 쓰러져 그대로 세상을 떠나고 말았습니다. 남편이 세상을 떠난 뒤 앞이 캄캄했지만 아들에게 모든 희망을 걸고 열심히 살았습니다. 그 아들이 서른 넘어 장가를 가게 되자 집사님은 이제부턴 기쁨만 있으리라고 기대했습니다. 그런데 그 아들이 결혼식을 며칠 앞두고 남편처럼 심장마비로 갑작스레 세상을 떠나고 말았습니다. 아들마저 그렇게 되자 그녀는 제정신이 아니었습니다. 그렇게 의지하고 기대했던 아들이 죽자 자신의 모든 것이 무너졌다고 생각해 그때부터는 오로지 죽을 생각만 했습니다. 그리고 매일 밤 술 기운을 빌려 겨우 잠들곤 했습니다.

그러던 어느 날 교회에 한 번만 가 보자는 이웃의 전도를 받고 우리 교회에 나오게 되었습니다. 교회가 처음이라서 설교를 들어도 무슨 말인지 잘 모르겠고 모든 것이 낯설었지만 한 가지 놀라운 것은 교회에 다녀온 날 그 집사님은 술의 힘을 빌리지 않고 처음으로 잠을 이룰 수가 있었다는 것입니다. 자신이 그렇게 잠을 잘 수 있다는 사실에 '아! 하나님은 살아계시구나!' 라는 사실을 깨달았다는 것입니다. 그렇게 집사님들의 도움을 받으면서 교회에 나오는 동안 차츰 믿음이 자리 잡기 시작했습니다. 그녀는 이렇게 자기 간증을 끝마쳤습니다. "남편과 아들을 잃고 이 세상에 아무런 소망이 없어 오로지 죽겠다는 생각밖에 없던 제가 하나님을 만나고 나니 이제 주님의 위로가 있고, 소망이 생기고, 활기를 되찾았습니다. 이제부터 하나님만을 의지한 채 저처럼 외롭고 험악한 인생을 살아 온 사람을 섬기며 한평생을 살기로 결심했습니다. 이제까지 살아 온 모든 것이 주님의 은혜였습니다."

말씀에 접목하기: 막 2:1-12

이 세상에는 말할 수 없는 어려움 속에서 살아가는 수많은 사람이 있습니다. 그런데 그런 사람은 누구를 만나느냐에 따라 전혀 다른 인생을 만들어 갑니다. 앞서 간증한 성도는 전도자를 만났습니다. 그 전도자는 예수님을 만나 생명의 활기를 찾고, 전도에 열정을 가진 집사님이었습니다. 한 사람의 중풍병자를 네 사람이 메고 데려왔을 때 예수님이 그 중풍병자의 죄를 용서하고 병을 고쳐주신 것처럼 그 집사님은 어려움을 당한 성도를 교회로 데리고 왔습니다. 그리스도의 몸인 교회는 그리스도의 영인 성령님이 거하시는 전입니다. 그 성도는 교회에서 여러 사람의 영접과 사랑과 섬김과 기도를 받는 가운데 성령님의 강력한 역사로 살아계신 주님을 만났습니다. 성도들은 불신자에게 믿음을 가지게 도와줄 수 없다고 할지라도 성령님의 전인 교회에 데려와서 예배를 드리며 믿음의 사람과 교제를 나누게 할 수는 있습니다. 이렇게 할 때 불신자는 성령님의 역사로 믿음에 이르게 됩니다.

"막 쪄낸 찐빵이구려!"

예화 12

한 성도가 예수님을 처음 만난 순간을 다음과 같이 고백했습니다.

"1990년 4월 29일 주일 아침, 하나님은 성전에서 저를 기다리고 계셨습니다. 성전에 들어선 순간 지금껏 경험해 보지 못한 평화를 느꼈습니다. 그 순간 하나님은 굳게 닫힌 마음의 빗장을 풀고 온몸을 열어젖히게 만드셨습니다. 그곳에는 누구도 꼼짝하지 못할 '사랑'이 있었습니다. 오래전부터 탕아의 귀가를 기다려 오신 주님의 잔잔한 미소가 전율의 혈액형인 양 제 온몸을 감싸고 한없이 흘러내림을 느꼈습니다. 난생처음 겪는 경험이었습니다. 예전 같으면 '정말 우습지 않아, 이래 뵈도 내가 누군데……'라고 했을 것입니다. 그날 온종일 줄 끊긴 풍선처럼 붕붕 떠서 새로운 세상을 내려다보며 하루를 보냈습니다. 그리고 많이 생각했습니다. 세상 사람은 믿지 않겠지만 그날부터 주일 아침이 은근한 설렘으로 기다려지기 시작했고, 그날 밤부터 오랜 고질이던 불면증이 거짓말처럼 씻은 듯이 사라졌습니다. 저를 아는 누가 이런 사실을 믿을 수 있을까요? 며칠 뒤 저의 이런 얘기를 들은 신앙 선배 한 분이 이렇게 말했습니다. '하하하! 막 쪄낸 찐빵이구려! 바로 그때가 따끈따끈해서 가장 맛있죠.' 선배의 말이 가슴에 와 닿았습니다. 마침내 저는 막 쪄낸 찐빵으로 새로 태어난 것입니다. 쯧쯧! 교회 몇 번 나간 죄로 이 나이에 찐빵이라…… 찐빵은 어쩐지 카스테라보다 품위가 떨어지는 듯싶기도 했지만 저는 마냥 즐거웠습니다. 끝없이 즐거웠습니다. 비로소 저에게도 믿음이라는 의자가 생겼기 때문입니다. 거기에 예수님이 저의 왕으로 앉으셨습니다. '생명의 주님보다 더 큰 빽이 세상천지 어디에 있을까? 그 많고 많던 세상 걱정은 다 어디로 가버렸는가?' 수줍게 깃발을 들어 하나님 앞에 그렇게 항복해버리기를 참 잘했습니다."

말씀에 접목하기: 사 6:1-7

믿음은 자신이 무엇인가를 깨달아 알고, 최선을 다해 무엇을 하기로 결단하고, 세상과 다른 거룩한 인격의 사람이 되는 것만을 의미하지 않습니다. 믿음은 우리로부터 시작되는 것이 아니라 초월하신 하나님으로부터 시작됩니다. 놀라우신 하나님, 우리의 지각과 생각을 뛰어넘는 하나님이 우리 가운데 침투해 들어오셔서 우리에게 새로운 지각과 생각과 결단을 주시고, 하나님이 원하시는 일을 행하게 하시는 것이 믿음의 시작입니다. 그러나 이런 초월적인 하나님의 신비는 교회 공동체라는 매개체를 통해 우리에게 전달됩니다. 성전 자체가 하나님의 말씀일 수도 있습니다. 목사님의 설교나 가르침이 하나님의 신비의 통로일 수도 있습니다. 예배를 드리거나 주의 이름으로 모이는 성도들의 교제가 성령님 임재의 장이 될 수도 있습니다. 그 통로가 무엇이든지 간에 하나님의 신비한 능력은 그리스도의 몸인 교회를 통해 우리에게 전달됩니다. 믿음은 들음에서 납니다. 들음은 예수 그리스도의 말씀으로 말미암습니다. 들음은 교회 공동체를 통해 옵니다. 예수 그리스도의 말씀에는 성경 말씀, 가르치는 말씀, 설교 말씀, 인격적으로 나타나는 그리스도인의 삶과 행위, 성도의 교제, 여러 상징이 포함됩니다.

저주의 사람에게 임하는 새 생명의 감격

예화 13

막가파라고 들어본 적이 있을 겁니다. 모든 사람을 놀라게 했던 범죄조직 막가파. 막가파 두목은 정말 사회적으로 용납할 수 없는 범죄자였습니다. 그러나 하나님은 그에게도 찾아오셔서 새 생명의 기적을 일으키셨습니다. 그가 한 간증의 일부를 소개합니다.

"죽을 생각만 하며 주변의 냉담 속에서 하루하루 지내던 중 끊임없이 다가와 말씀을 전해주신 교도관님과 종종 찾아오시는 목사님을 통해 믿음이 성장한 저는 용기를 내어 생활하고 있는 좁은 방에서 주일 예배를 드리기 시작했습니다. 그러던 어느 주일 동료 몇 명과 함께 예배를 드리던 중 주님이 찾아오셨습니다. 평소 주일은 오전 예배만 드렸는데 그날따라 이상하게 저녁예배를 드리고 싶다는 생각이 들었습니다. 예배를 마치고 마지막 기도를 드리며 여태까지 살아오면서 지은 저의 죄를 고백하는데 갑자기 주체할 수 없는 눈물이 한없이 흘러내렸습니다. 그때 제 마음속에서는 하나님에 대한 깊은 감동과 함께 주홍같이 붉은 죄, 이 세상 법에서는 도저히 용서 받을 수 없는 제가 저지른 흉악한 죄를 하나님이 모두 용서하신다는 확신이 들었습니다. 또한 그 예배 시간에 우리 주님이 그분을 향한 간절한 저의 마음을 보고 불쌍히 여겨 믿음의 확신을 주려고 찾아오신 것을 깨달았습니다. 그날 제가 있던 거실은 울음바다가 되었고, 모두 주님의 사랑을 확인할 수 있었습니다. 지금까지 수형 생활을 하면서 딱 두 번 울었습니다. 불편하신 몸을 이끌고 찾아오신 할머니를 뵈었을 때와 지금 말씀드린 순간이었습니다. 재판 도중 사형 선고를 받고도 눈물을 흘리지 않던 흉악한 죄인이었지만 지금도 그분의 사랑을 생각하면 절로 눈물이 흐릅니다. 그런 체험을 하고 난 뒤 하나님이 저 같은 죄인도 용서해주셨다는 확신과 그토록 무섭게 짓누르던 죽음에 대한 공포, 제가 저지른 흉악한 죄에 대한 죄책감에서 벗어나게 되었습니다. 할렐루야!"

1976년 12월 28일 사형이 집행된 김대두는 일곱 명을 살해한 살인마라는 별명이 붙은 사람이었습니다. 그는 예수를 믿지 않는 사람이었습니다. 그러나 그는 형무소에서 전도를 받고 예수님을 영접했습니다. 그는 사형 선고를 받은 뒤 사형을 기다리며 형을 사는 동안 수갑을 찬 채 조그만 성경을 가지고 이 방 저 방을 다니면서 전도했습니다. 사형수였기 때문에 그의 손에는 항상 수갑이 채워져 있었습니다.

성경을 들고 방을 돌아다니면서 "사랑하는 형제님, 제가 진작 예수를 믿었다면 이렇게 되지 않았을 것입니다. 여러분은 늦지 않았습니다. 저처럼 되기 전에 예수를 믿으십시오! 제가 왜 진작 예수를 알지 못했는지 후회스럽습니다"라고 전도했습니다. 드디어 사형을 집행하는 날이 왔습니다. 1976년 12월 29일, 그는 서대문 형무소에서 사형을 당했습니다. 그날 그는 문을 열고 형 집행 장소에 들어서면서 "할렐루야! 여러분! 다 예수 믿고 먼 훗날 천국에서 만납시다!"라고 외쳤습니다. 하얀 저고리에 쥐색 바지를 입고 나타난 김대두의 얼굴에는 평화와 기쁨과 뿌듯함이 묻어나 있었습니다. 이것이 새 생명의 감격입니다. 이것이 바로 하나님이 우리를 위해 준비하신 새 생명의 축제입니다. 이런 새 생명의 기적이 우리에게도 일어날 것입니다. 우리 교회에 이런 새 생명의 감격이 넘쳐나기를 간절히 기원합니다.

말씀에 접목하기: 행 9:1-22

사울은 하나님의 구원을 받을 만한 자격이 없었습니다. 그는 예수님을 위하는 자가 아니라 오히려 사탄의 사자가 되어 예수님의 이름을 이 땅에서 없애려고 작정하고 노력한 사람이었습니다. 그런데 예수님은 그에게 너무나 많은 것을 선물해주셨습니다. 예수님은 하늘의 빛으로 그를 둘러 비추셨습니다. 어둠의 자식에게 하나님의 빛을 비추어 그 어둠을 몰아내고 하나님의 빛의 사람으로 만들어주신 것입니다. 예수님은 좌우에 날선 어떤 검보다 예리하여 인간의 영과 혼과 관절과 골수를 찔러 쪼개는 말씀을 주셔서 그의 굳은 마음의 밭을 기경하셨습니다. 예수님은 말씀으로 사울의 모든 굳은 것을 깨고 새 사람으로 만드셨습니다. 또한 사울이 맹인이 되어 갈 길을 알지 못할 때 다메섹으로 가라는 지시의 말씀을 주어 그를 인도하셨습니다. 그뿐 아니라 친히 다메섹에 찾아가 아나니아를 만나 그를 사울에게 보내셨습니다. 하나님의 구원은 믿음의 사람이라는 통로를 거쳐 우리에게 옵니다. 하나님이 아나니아를 불러 사울을 새 사람으로 만드신 것처럼 하나님은 수많은 믿음의 사람을 불러 막가파 두목 최정수, 연쇄살인마 김대두를 구원하여 옥중 전도자로 세우셨습니다.

어느 배교자의 중생

예화 14

미국에서 목회하고 있을 때의 이야기입니다. 대학원에 다니는 성도의 가정에 저녁식사 초대를 받았습니다. 그 성도의 집에 갔더니 생일잔치를 한다고 많은 사람이 모여 있었습니다. 서로 인사를 나눌 때 핵공학 박사 과정을 공부하고 있던 사람과 통성명을 하게 되었습니다. 그 타운에 있는 한인 교회의 목사라고 소개하자 그는 내 얼굴을 가소롭다는 듯이 빤히 쳐다보더니 자기도 한국에 있을 때 교회에 다녔고 성가대원으로 봉사했지만 예수 믿는 사람들 가운데 믿을 수 있는 사람이 한 명도 없다고 말하는 것이었습니다. 그리고 그는 단호하게 자기는 절대 예수를 믿지 않을 것이라고 말했습니다. 분위기가 이상해진 것을 눈치 챈 성도가 얼른 개입해 더 이상 대화를 나눌 기회는 없었습니다.

그로부터 3개월 뒤 시무하는 교회에서 부흥회가 있었는데 예배 중간쯤 그가 예배당으로 들어오더니 "친구놈 때문에 붙들려 왔단 말이야!"라고 하면서 맨 뒷자리, 내 옆에 와서 앉는 것이었습니다. 그리고 예배가 끝날 때까지 부흥사 목사님의 말씀을 경청했습니다. 예배가 끝난 뒤 부흥 강사의 사모님이 간증하는 시간이 있었는데, 신기하게도 그가 그 자리에 계속 앉아 있는 것이었습니다.

사모님은 자기의 실패 경험을 이야기하면서 하나님의 미련한 것이 사람의 지혜보다 더 지혜롭다는 것을 깨달은 뒤 교회가 성장하기 시작했다는 말씀을 하셨습니다. 강사 목사님은 미국에서 신학교를 다녔는데 예수님을 인격적으로 영접한 경험 없이 목회를 시작했다는 것입니다. 그래서 성경에 나온 기적을 믿지 못하여 이성적으로 비판하고 합리적으로 해석하여 인본주의적 목회를 했는데, 그러다 보니 목회가 점점 힘들어지고 교인이 하나둘 떠나가고 목회를 접어야 하는 위기 상황에 이르렀다는 것입니다. 목사님과 사모님은 무릎을 꿇고 하나님께 부르짖기 시작했는데, 그때 "하나님의 어리석음이 사람보다 지혜롭고 하나님의 약하심이 사람보다 강하니라"(고전 1:25)는 말씀을 받았다고 합니다.

이 말씀이 목사님과 사모님을 찔러 쪼개는 기적을 일으켰을 때 그들은 이제까지 믿지 않던 성경 말씀을 하나님의 말씀으로 그대로 받아들일 수 있었다고 합니다. 모든 기적과 표적을 있는 그대로 믿을 수 있게 되었고, 성경의 어리석어 보이는 말씀을 그대로 믿을 때 하나님의 지혜에 이르게 된다는 것을 깨달아 알게 되었다고 합니다. 그러고 나서 목사님과 사모님은 예수님을 주님으로 영접하고 성령님의 능력으로 목회를 하게 되었다고 간증했습니다.

사모님은 이 말씀을 마치고 나서 통성기도를 시켰습니다. 그런데 그가 내 옆에서 무릎을 꿇고 기도하기 시작했습니다. 얼마 지나지 않아 갑자기 "와다다" 하는 소리와 함께 방언이 터지면서 그는 눈물을 쏟으며 회개기도를 하기 시작했습니다. 그는 기도를 끝내고 나서 "3개월 전 목사님 앞에서 다시는 예수님을 믿지 않겠다고 맹세했는데, 오늘 친구들에게 이끌려 교회에 나왔다가 하나님의 음성을 들었습니다. 하나님은 저 같은 자에게도 성령님으로 충만하게 하여 예수님을 다시 믿게 하시고 중생의 기적을 일으키셨습니다. 하나님을 찬양합니다. 하나님, 감사합니다"라고 간증했습니다. 그리고 369장 찬송을 드렸습니다.

귀국하여 장로회신학대학교 교수로 재직하면서 신대원 중창단을 인솔하여 미주 순회공연을 하던 중 뉴저지에 머물고 있을 때 그에게서 전화가 왔습니다. 핵공학 박사학위를 받은 뒤 뉴욕 주의 작은 도시에 소재한 기관에 취직했는데, 그곳에 한인 교회가 없어 거기 살고 있는 한인들이 예배드리는 데 불편해하는 것을 보고 한인 교회를 세우고 목사님을 초청하여 교회를 섬기는 중이라고 했습니다. 그러면서 기회가 되면 자기 교회에도 오라고 했습니다. 이것이 바로 성령님의 역사입니다. 어떤 사람이라도 성령님이 임하시면 예수님을 고백하고 믿음의 반석이 되어 하나님의 교회를 세울 수 있습니다.

말씀에 접목하기: 슥 4:6-9

스룹바벨은 커다란 장벽에 부딪혔습니다. 그는 하나님 백성들과 함께 바벨론 포로에서 예루살렘으로 돌아와 하나님의 성전을 지으려고 했지만 내적 저항과 외적 방해로 그 일을 진행할 수가 없었습니다. 어떻게 해야 거스르는 사람의 마음을 돌아오게 할 수 있을까요? 어떻게 해야 악한 마음으로 하나님을 거역하는 사람을 변화시킬 수 있을까요? 나약한 인간인 그가 어떻게 해야 하나님이 계획하신 그분의 일을 수행할 수 있을까요? 그는 더 이상 이 일을 진행할 수 없다고 생각해 자포자기에 빠졌습니다.

절망에 빠져 있던 바로 그 순간 스룹바벨은 하나님이 보여주시는 환상과 함께 말씀을 받았습니다. "이는 힘으로 되지 아니하며 능력으로 되지 아니하고 오직 나의 영으로 되느니라"(슥 4:6). 하나님이 계획하신 그분의 일은 사람의 힘이나 능력으로 이룰 수 없습니다. 오직 하나님이 보내신 성령님만이 그 일을 하실 수 있습니다. 나는 그가 예수님을 믿으리라고 상상도 하지 못했습니다. 단호하게 여러 사람 앞에서 공언했음에도 복음의 말씀을 듣는 가운데 임한 성령님의 감동을 거절할 수가 없었던 것입니다. 성령님은 예배드리는 공동체에 강하게 역사하시며 복음의 말씀을 들을 때에 복음의 기적을 일으키십니다. 그러므로 아무리 불가능하게 보일지라도 성령님의 전인 교회로 인도하는 노력을 계속해야 할 것입니다.

"사람으로서는 더 이상 바랄 것이 없는 가운데서도 새 일을 시작하시는 하나님, 굳어버린 마음 밭을 기경하여 거기에 아름다운 꽃을 피우시는 하나님, 메마르고 멍든 나의 가슴에 오시옵소서. 나의 마음 밭을 기경하여 주시옵소서. 나의 절망을 바꾸어 하나님의 소망으로 만들어주시옵소서. 그리고 수많은 닫힌 마음들 가운데 임하여 복음의 기적을 일으키시옵소서. 미래의 문을 여시는 하나님을 바라보며 살게 하시옵소서."

하나님은 전혀 빈틈이 없으십니다

예화 15

고구마 전도왕의 이야기입니다. 과천교회 집사 김기동 성도는 교회에 다니면서도 예수님을 만난 분명한 체험 없이 건성으로 다니고 있었습니다. 어느 주일날 가족과 함께 교회에 가서 예배를 드리고 용평 스키장에 가기로 하고 집을 나섰습니다. 그러나 그는 교회와 고속도로 방향이 갈리는 지점에서 우회전을 하지 않고 좌회전하여 중부고속도로 쪽으로 차를 몰았습니다. 부인은 남편을 바라보며 "집에서 한 약속과 다르잖아요. 교회에 가서 예배를 드리고 나서 용평으로 간다고 하지 않았나요?"라고 따졌습니다. 그러자 그는 "신정 휴가가 며칠이나 된다고 이것저것 다 해요. 갔다 와서 다음 주부터 열심히 다니면 될 텐데……. 과천교회만 교회도 아니고 하나님이 과천교회에만 계신 것도 아닌데 꼭 먼 길을 돌아 과천교회까지 갈 이유가 없지 않아요? 그냥 가다가 예배 시간이 되면 가까운 예배당에 들어가 예배드리면 될 것 아니겠어요"라면서 용평 스키장으로 차를 몰았습니다.

그런데 용평 근처에서 교회를 찾지 못했고, 예배를 드리지 못하고 곧장 스키장으로 가게 되었습니다. 스키장에 거의 도착할 때쯤 미끄러운 비탈길을 내려오는 유조차와 만났고, 두 차는 정면으로 충돌하고 말았습니다. 그 사고로 차는 형체를 알아보기 어려울 정도로 망가졌고 가족들은 온몸에 붕대를 감고 누워 있었습니다. 가족 모두 중상이긴 했지만 죽은 사람은 없었습니다. 그들이 병원에 누워 있는 동안 사업도 망하고 돈도 떨어졌습니다. 석 달이 지난 뒤 한 사람씩 퇴원했습니다. 그는 바닥에서부터 다시 시작해야 했습니다. 그들에게 남은 것은 하나님밖에 없었습니다. 그들은 하나님이 자신들의 생명을 살리셨으니 아무것도 없는 삶이지만 하나님이 인도하시는 삶을 살기로 했습니다.

그는 초심으로 돌아가 체면 불구하고 열심히 일하기 시작했습니다. 그런 가운데서도 성수주일과 십일조를 철저히 지켰으며, 가정예배와 금식기도 등을 열심히 하면서 하나님 중심으로 사업을 했습니다. 그가 그렇게 한 것은 하나님께 무엇을 해드림으로써 그분의 복을 받고자 해서가 아니라 하나님 중심의 삶을 살기로 했기 때문입니다. 그는 하나님이 주시는 만큼밖에 받을 수도, 할 수도 없음을 배웠던 것입니다. 아주 적은 돈으로 시작한 사업이 번창하면서 그는 하나님의 복을 경험했습니다. 그는 이제 하나님이 살아계시며 자기 생명을 지켜주어 여분의 삶을 살게 하신다는 사실을 확신하게 되었습니다. 그는 앞으로 자기처럼 하나님이 없다고 어리석은 짓을 하다가 패망으로 달려가는 사람들을 한 사람이라도 건지겠다고 결단했습니다. 그러기 위해 그는 전도에 온 힘을 쏟아붓고 있으며, 고구마 전도왕이라는 별명까지 얻었습니다.

다음은 그의 간증입니다. "하나님은 빈틈이 전혀 없으시고 공짜가 없으시고 외상이 없으십니다. 하나님은 사랑하는 사람을 아무렇게나 내버려두지 않으시고 눈 깜짝하는 사이에도 보호해주시고 숨을 쉬는 순간에도 놓지 않으십니다. 저는 값비싼 등록금을 내고 복잡한 입학 절차를 밟아 예수님을 믿고 있습니다. 지옥은 아무나 가는 곳이 아닙니다. 하나님 손에 한 번 붙들린 사람은 절대로 지옥에 갈 수 없습니다."

말씀에 접목하기: 행 1:6-8

하나님은 우리를 조성하셨고, 이 세상에 태어나게 하셨습니다. 그리고 우리가 자신에 대해 아는 것보다 더 확실하고 분명하게 우리에 대해 아십니다. 하나님은 우리를 사랑하시며, 우리를 위한 놀라운 계획을 가지고 계십니다. 우리가 하나님의 사랑과 계획을 알지 못하여 그분을 떠난 삶을 살아갈 때 하나님은 우리 삶 속으로 들어오셔서 우리를 고치고 새롭게 만드십니다.

고구마 전도왕 김기동 성도는 자동차 사고를 당하여 병원에 누워 있는 동안 자기를 조성하고 자기를 세상에 내고 자기를 사랑하여 놀라운 계획을 가지고 계신 하나님을 만났습니다. 그는 하나님을 만나는 순간 그분이 자기를 얼마나 사랑하셨으며, 자기를 얼마나 찾았는지를 깨달았습니다. 하나님을 만나는 순간 그분이 자기를 통하여 이 땅에서 이루기를 원하시는 하나님 자신의 꿈을 발견하고 그 꿈에 참여하기로 했습니다. 지금 그는 하나님이 주신 여러분의 삶을 살아가며 하나님이 자기를 부르시고 계획하신 뜻을 이루기 위해 헌신과 충성의 삶을 살고 있습니다.

에드워드 모트의 예수님 이야기

예화 16

영국인 에드워드 모트는 캐비닛을 만드는 가구 제조업자였습니다. 그는 날마다 망치로 양철을 두드리는 일을 했지만 자신의 일에 의미를 찾지 못하고 열등의식과 반항심, 원망을 품은 채 불평불만이 가득한 삶을 살았습니다. 그는 '겨우 이런 공장에서 양철을 두들기며 가구나 만들며 살다니…… 나는 왜 이처럼 가난한 집안에서 태어났을까!' 라고 생각했습니다. 이런 생각을 하다 보니 실의와 낙담과 고통과 절망 가운데서 하루하루를 보낼 분이였습니다.

37세가 되는 해 추운 겨울날, 그는 런던 거리를 배회하고 있었습니다. 그러다가 길가의 조그만 예배당에 아무 생각 없이 들어갔습니다. 교회 강단에서는 존 화이트 목사님이 요한복음 3장 말씀을 전하면서 거듭나는 중생의 도리에 대해 설교하고 있었습니다. 그 설교를 듣던 에드워드의 심령 깊은 곳에서 '그렇다. 나는 거듭나야 한다. 예수님만이 나의 주님이 되어야 한다' 는 강한 충동이 일어나기 시작했습니다. 그 순간 성령님이 그의 마음을 열어주어 말씀을 깨닫게 하시고 예수님을 구주로 영접하게 하셨습니다. 그리고 오직 주만 바라보며 예수님 안에서 진정한 행복을 발견하게 하셨습니다.

이렇게 거듭난 에드워드 모트는 자기 일기장에 이렇게 썼습니다. "내 망치는 이제 노래하기 시작했다. 내 망치는 이제 춤을 추기 시작했다. 내 눈에 생기가 돌고 내 마음속에 생수가 솟으니 이는 예수님이 내 마음에 오신 증거다. 나는 정말 거듭났다."

에드워드는 더 이상 고독한 사람이 아니었습니다. 그는 더 이상 삶의 함정에 빠져 우울과 불안에 몸부림치는 자가 아니었습니다. 예수님이 그에게 오실 때 그는 행복한 헌신자, 기쁨의 봉사자가 되었습니다. 성격이 변하고 삶의 질이 달라지기 시작했습니다. 그는 여전히 망치로 양철을 두들기며 캐비닛 만드는 일을 하고 있지만 그 안에 오신 예수님은 그의 입으로 기쁨의 찬송을 부르게 하셨습니다. 그는 항상 기뻐하며 감사하는 삶을 살았습니다. 그가 달라지자 공장 내에서 그의 신임도 두터워지고 사업도 더욱 번창하게 되었습니다. 에드워드는 그 공장을 인수하게 되었고, 머지않아 공장을 크게 확장하고 돈도 많이 벌었습니다. 그리고 예수께 더욱 헌신하고, 교회 봉사에 힘썼습니다.

57세 되던 해, 그는 자신을 거듭나게 해주신 주님의 은혜가 너무나 크고 놀라워 공장을 정리하고 전 재산을 주께 바치기로 했습니다. 공장을 판 돈으로 동네 언덕에 아름다운 예배당을 건축한 그는 신학을 공부하여 목사 안수를 받아 그 교회에서 사역했습니다.

에드워드는 37세에 중생케 하신 주님의 은총이 크고 놀라워 20년이 지난 57세에 산 소망을 주신 하나님을 노래하는 감사의 시를 지었는데, 그 시는 우리가 즐겨 부르는 찬송가 488장입니다.

1 이 몸의 소망 무언가 우리 주 예수뿐일세 우리 주 예수밖에는 믿을 이 아주 없도다
2 무섭게 바람 부는 밤 물결이 높이 설렐 때 우리 주 크신 은혜에 소망의 닻을 주리라
3 세상에 믿던 모든 것 끊어질 그날 되어도 구주의 언약 믿사와 내 소망 더욱 크리라
4 바라던 천국 올라가 하나님 앞에 뵈올 때 구주의 의를 힘입어 어엿이 바로 서리라
후렴 : 굳건한 반석이시니 그 위에 내가 서리라 그 위에 내가 서리라

말씀에 접목하기: 롬 8:12-17

그리스도인의 꿈은 이 세상에서 무엇을 성취할 것이냐에 있지 않고 우리의 생명이신 그리스도가 우리 가운데 오셔서 그분의 놀라운 은혜의 일을 행하는 것입니다. 우리는 얼마나 많은 지식을 가지고 있느냐를 묻기 전에

얼마나 하나님의 은혜를 많이 경험하며 살고 있느냐를 묻습니다. 우리는 진리를 얼마나 많이 깨달았느냐를 묻지 않고 하늘의 신비한 은혜와 복을 얼마나 많이 받고 있느냐를 묻습니다. 우리의 행복은 우리가 얼마나 성취했느냐에 달려 있지 않고 하나님이 얼마나 우리와 함께하셔서 그분의 은혜를 나누어주고 있느냐에 달려 있습니다. 우리는 땅에 있는 것을 얼마나 가졌느냐를 자랑하지 않고 생명이신 그리스도를 얼마나 사랑하고 있으며, 그분의 사랑을 얼마나 받았느냐를 증거 해야합니다.

예수님이 우리에게 오셔서 하나님의 은혜와 평강을 부어주시고, 하늘의 신령한 양식으로 채워주실 때 우리는 진정한 기쁨과 행복을 누릴 수 있습니다. 주님이 함께 계시는 동안 우리는 진정한 삶의 보람과 의미를 발견합니다. 예수님은 우리 삶의 반석이요 소망이요 자랑이요 영광입니다. 에드워드 모트는 예수님을 만남으로써 그분 안에 있는 진정한 행복을 발견하고 그것을 전달하기 위해 새 인생을 산 믿음의 모델이 되었습니다.

하나님의 임재의 체험

예화 17

존 플라벨은 청교도였습니다. 그는 하나님의 말씀 위에 바로 서 있는 평신도였습니다. 어느 날 그는 말을 타고 여행을 떠났습니다. 말을 타고 한참을 가는데 갑자기 그리스도의 사랑에 대한 감정이 주체할 수 없을 정도의 힘으로 그를 사로잡았습니다. 그 힘이 점점 강하게 밀려들자 급기야는 말을 타고 가면서 모든 것을 잊어버렸습니다. 그는 자기가 어디에 있는지조차 알지 못했습니다. 주인이 잠잠하니 말도 가던 걸음을 멈추었습니다.

플라벨은 불현듯 이상한 느낌이 들어 정신을 차리고 보니 자기 얼굴에 피가 흐르고 있었습니다. 주인이 말을 몰지 않으니까 말이 제멋대로 돌아다녀 여기저기 나무에 찔려 플라벨의 얼굴이 찢어졌던 것입니다. 시내를 발견한 그는 말에서 내려 얼굴을 씻고 다시 길을 나섰는데, 그때의 느낌을 이렇게 표현했습니다. "만약 말 등에서 그리스도의 사랑에 깊이 젖어 있던 그 순간이 천국이 아니었다면 설령 다른 데 천국이 있다고 해도 내가 체험한 그것만큼은 좋지 않을 것이다."

은혜가 충만했던 날 저녁, 플라벨은 저녁 식탁 앞에 앉았지만 음식을 먹고 싶다는 생각이 들지 않았습니다. 계속 하나님의 사랑이 그를 사로잡았던 것입니다. 침실에 들어가 잠을 자려고 해도 잠이 오지 않았습니다. 그는 하나님이 자신과 함께하신다는 놀라운 임재에 사로잡혀 뜬눈으로 밤을 샜습니다. 훗날 그는 그날의 일을 이렇게 기록했습니다. "나는 여지껏 그곳에서 보낸 그날 밤만큼 푹 쉰 날이 없었다. 이전에 알지 못했던 것들을 내 영혼이 믿음으로 보고 들은 밤이었다." 그는 자신이 받은 은혜에 감사했는데, 이런 것이 체험입니다.

말씀에 접목하기: 욥 2:7-10, 42:5, 6

믿음은 초월하신 하나님을 만날 때 흔들림 없는 반석 위에 서게 됩니다. 욥기에서는 두 가지 유형의 신앙을 보여줍니다. 한 가지 신앙의 유형은 욥의 아내에게서 보는 신앙으로 초월하신 하나님을 만나지 못한 신앙입니다. 욥의 아내는 무언가 손에 쥐어졌을 때만 하나님 신앙을 가집니다. 욥의 아내는 모든 것을 가졌을 때는 하나님을 찬양하고 하나님께 예배를 드렸습니다. 그러나 자녀와 재물을 잃고 남편의 건강이 나빠지자 하나님을 원망했습니다.

또 다른 신앙의 유형은 초월하신 하나님과 교제하며 사는 신앙입니다. 이것은 욥에게서 볼 수 있는 신앙입니다. 욥은 자녀와 재물과 자신의 건강을 잃고 목숨이 위태로운 지경에 처했지만 하나님에 대한 신앙이 흔들리지 않았습니다. 그는 이렇게 고백합니다. "내가 모태에서 알몸으로 나왔사온즉 또한 알몸이 그리로 돌아가올지라 주신 자도 여호와시요 거두신 이도 여호와시오니 여호와의 이름이 찬송을 받으실지니이다"(욥 1:21). "우리가 하나님께 복을 받았은즉 화도 받지 아니하겠느냐"(욥 2:10). 욥의 신앙은 하나님을 만나는 체험적 신앙에 기초합니다. "내가 주께 대하여 귀로 듣기만 하였사오나 이제는 눈으로 주를 뵈옵나이다 그러므로 내가 스스로 거두어들이고 티끌과 재 가운데서 회개하나이다"(욥 42:5, 6).

오 헨리의 지옥과 천국, 오 헨리

예화 18

오 헨리는 기독교 가정에서 자랐지만 은행에 취직하면서 믿지 않는 친구들과 어울려 다니다가 도박에 손을 댔습니다. 그러다가 많은 빚을 지고 남미로 피신해 있던 중 아내가 중병이라는 소식을 듣고 뉴욕으로 돌아와 몇 개월 아내 곁에서 간병을 했습니다. 그때 헨리는 신심이 두터운 아내에게 깊은 감명을 받고 경찰에 자수해 재판을 받고 감옥에 들어갔습니다. 수감 생활 중 단편 〈양배추와 임금님〉이 입선되면서 소설가로 알려지게 되었는데, 그의 전기 가운데 이런 글이 있습니다. "하나님을 무시하고 허랑방탕하게 지냈던 그때가 지옥이었고, 지금은 세상을 떠났지만 병상에 누워 있던 아내와 신앙적인 대화를 나누며 몇 개월 같이 지냈던 때가 바로 천국이었다."

말씀에 접목하기: 요 1:14

성경은 천국의 기쁨이 예수님 안에 있는 기쁨이라고 말씀합니다. "말씀이 육신이 되어 우리 가운데 거하시매 우리가 그의 영광을 보니 아버지의 독생자의 영광이요 은혜와 진리가 충만하더라"(요 1:14). 예수님 안에는 하나님의 영광과 은혜와 진리가 충만하게 거합니다. 누구든지 예수님을 만나면 하늘의 영광과 은혜와 진리가 함께하는 기쁨의 사람이 됩니다. 오 헨리는 자기의 욕망대로 살면서 세상의 쾌락을 즐기고 세상의 행복을 구했지만 믿음의 사람과 교제 가운데 임한 성령님이 주시는 기쁨보다 더한 기쁨을 만나지 못했습니다. 예수님 안에서 나누는 교제 가운데 성령님은 충만하게 임하여 하늘의 기쁨을 충만하게 하십니다.

흑암을 밝히는 하나님의 빛

예화 19

어느 화가가 하얀 눈에 덮인 대지와 소나무 가지가 들어간 겨울 풍경을 그리고 있었습니다. 밤이 되어 모든 풍경은 어둠에 휩싸였고 그 어둠 때문에 통나무집도 어렴풋이 보일 뿐이었습니다. 한 마디로 전체 풍경이 우울했습니다. 그래서 그 화가는 밝은 노란색을 사용해 통나무집 창틀로부터 새어나오는 등불을 그려 넣었습니다. 하얀 눈에 반사된 노란색 빛 줄기는 그림을 인상 깊게 변화시켰습니다. 수풀 주위의 차갑고 어두웠던 광경과 대조를 이루며 창틀의 빛은 사랑과 안정감을 주었습니다.

인류 역사 가운데 가장 극적인 사건이 이 조그마한 화폭에 옮겨졌습니다. 아기 예수님이 베들레헴의 한 마구간에서 태어났을 때 세상은 죄의 어둠으로 가득해 모든 것이 우울하기 그지없었습니다. 특히 마구간은 냄새와 더러움과 짐승들로 말미암아 음산한 분위기를 자아냈습니다. 그런데 거기에 아기 예수님이 오셨습니다. 그 순간 창틀에서 광명한 빛이 비추기 시작했습니다. 이사야 선지자가 예언한 것처럼 그 창틀에서 흘러나온 빛은 세상을 사랑과 평화의 나라로 만들기 시작했습니다. "흑암에 행하던 백성이 큰 빛을 보고 사망의 그늘진 땅에 거주하던 자에게 빛이 비치도다"(사 9:2). 예수님이 계신 곳에서부터 빛이 비추어 나옵니다. 예수님은 "세상에 와서 각 사람에게 비추는 빛"(요 1:9)이 되셨습니다. "죄의 흑암으로 어둠에 쌓인 이 세상에, 참 빛으로 오신 예수님, 하나님의 영광의 빛으로 이 어둠을 낮의 태양처럼 비추어 주시옵소서."

> 말씀에 접목하기: 눅 2:6, 7, 13, 14

　　예수님이 태어나신 마구간은 영원한 축복의 상징입니다. 마구간은 마리아와 요셉을 아프게 했습니다. 처음으로 태어나는 아기, 그것도 천사가 예언하고 성령님으로 잉태된 아기는 태어날 곳이 없어 냄새나고 더러운 마구간에서 태어났습니다. 마리아와 요셉은 이렇게 냄새나는 초라한 곳에 첫 아기를 누이면서 안타깝고 아픈 마음을 갖지 않았을까요? 그러나 예수님이 태어나심으로써 그곳은 천사들의 찬송으로 가득 차고 하늘에는 영광 땅에는 평화의 중심이 되었습니다. 동방 박사를 인도하던 별이 머물고 빛이 비치는 곳으로 변했습니다. 동방 박사가 경배하는 장소로 변했습니다. 예수님으로 말미암아 모든 것이 변했습니다. 예수님은 더러운 것도, 초라한 것도, 보잘것없는 것도 아름답고 찬란하고 놀라운 축복으로 바꾸셨습니다. 이것이 예수님 안에 있는 구원의 상징입니다. 예수님 안에 있는 자는 이런 축복의 기적을 경험할 것입니다.

로버트 슐러 목사님의 간증

예화 20　하나님은 나를 절벽 가까이로 부르셨습니다. 절벽 끝으로 오라고 하셔서 더 가까이 다가갔습니다. 그랬더니 절벽에 겨우 발을 붙이고 서 있는 나를 절벽 아래로 밀어버리시는 것이었습니다. 물론 나는 그 절벽 아래로 떨어졌습니다. 그런데 나는 그때까지 자신이 날 수 있다는 사실을 몰랐습니다.

> 말씀에 접목하기: 약 1:2-5

　　그렇습니다. 우리는 무한한 잠재성을 가지고 태어났습니다. 탄탄대로의 인생길을 걸어갈 때는 그 잠재성을 모르다가 인생 행로를 바꿔야 하는 절박한 상황에서 자신도 모르고 있던 숨겨진 능력을 발견하고 하늘로 날아오를 때가 있습니다. 인생은 바닥에 떨어질 때 새로운 인생을 발견하고 새로운 인생을 설계하고 새 출발하는 경우가 많습니다.

그리스도께서 당신의 죗값을 지불했습니다

예화 21

캘리포니아의 리버사이드 교회에는 감옥 선교부가 있어서 여기에 소속된 사람은 매주 구치소를 방문해 전도 집회를 열었습니다. 열심을 다했지만 그다지 효과가 나타나지 않았습니다. 그러던 어느 날 전도 집회에 공지라는 사람이 나타나 뒷좌석에 앉는 것이었습니다. 공지는 뉴멕시코 시의 시경국장을 살해한 사람으로 150년 징역형을 받았습니다. 그는 감옥에 들어와서도 두 명이나 살해했으며, 전도 집회에 참석하는 사람을 조롱하기도 했습니다. 그런 그가 전도 집회에 참석해 조용히 복음을 경청하고 있었습니다.

한 사역자가 그에게 가까이 다가가서 "오늘 밤 그리스도를 영접하시겠습니까?"라고 물었습니다. 그러자 공지는 "난 영접할 수가 없소. 성경에 보면 살인자는 천당에 가지 못한다고 하던데, 나 같은 사람에게 무슨 희망이 있겠소!"라고 대답했습니다. 그의 대답에 사역자는 이렇게 말했습니다. "그러나 성경은 동시에 그리스도께서 당신의 죗값을 지불했다고 말씀합니다. 그리스도를 구주로 영접하면 그리스도는 당신을 대신해 살인자가 되고 당신은 용서받고 구원받게 됩니다." 이 말에 공지는 깜짝 놀라 "이런 이야기를 한 번도 들은 적이 없는데, 예수님을 주님으로 영접하면 그리스도께서 저를 대신해 살인자가 되고 저는 자유인이 된다는 말입니까? 제가 오랫동안 짊어졌던 죄 짐을 벗는다는 말입니까?" 이렇게 말한 뒤 공지는 눈물을 흘리며 뒷좌석에서 앞으로 걸어 나왔습니다. 그 모습을 지켜본 다른 죄수들 가운데 열일곱 명이 공지가 걸어 나가는 것을 보고 '저 친구가 용서 받을 수 있다면 나도 용서 받을 수 있다'라는 생각으로 함께 걸어 나왔습니다.

말씀에 접목하기: 롬 3:21-24

놀랍지 않습니까? 시경국장을 살해하고 감옥에 갇힌 상태에서도 두 명이나 죽였던 공지의 죄를 용서하고 구원해주신 하나님의 뜨거운 긍휼, 이 뜨거운 사랑! 참으로 놀랍지 않습니까? 찰스 스펄전 목사님은 이런 말씀을 하셨습니다. "주님은 자기 원수들을 사랑하셨습니다. 주님은 자기 원수들을 위해 일생을 사셨습니다. 그리고 주님은 자기 원수들을 위해 죽으셨습니다. 주님의 가슴에는 긍휼이 꿀처럼 쌓여 있습니다. 용서가 그분의 입술로부터 그 단물을 떨어뜨리고 있습니다."

신앙과 과학

예화 22

신앙과 과학은 대상을 보는 관점부터가 다릅니다. 신앙은 대상을 볼 때 '왜'라는 의문에서 시작하여 대상의 존재 이유와 가치에 대해 말하고, 과학은 '어떻게'라는 방법에서 시작하여 대상의 분석과 현상을 논합니다. 신앙은 사물을 믿음의 눈으로 보고, 과학은 이성의 눈으로 봅니다. 이처럼 두 영역은 출발부터가 다르기 때문에 신앙을 비이성적이라고 단정해서도 안 되고 과학을 비신앙적이라고 매도해서도 안 됩니다. 이 둘은 서로의 약점을 보완해 나갈 수 있습니다. 하나님을 과학적 이성으로 분석한다면 그분에 대해 알 수 없을 것입니다.

소련 우주 비행사 티토프가 시애틀에 와서 기자 회견을 하던 중에 "내가 지구 위에 올라가서 지구를 몇 바퀴 돌아보았지만 하나님은 보이지 않았습니다"라고 말했습니다. 그러나 얼마 후 같은 장소에서 미국의 우주 비행사 글렌은 이렇게 말했습니다. "나는 우주여행을 하면서 우주의 찬란한 광경을 구경했는데 지구 위에서나 이 공간에서나 똑같은 자연법칙이 운행되어 우주여행을 마치고 무사히 돌아온 것을 보니 과연 하나님은 계십니다." 두 사람은 똑같이 우주여행을 했지만 한 사람은 과학적인 이성을 가지고 보았기 때문에 하나님이 없다고 선언하고, 다른 한 사람은 존재의 이유와 가치를 보면서 생각했기 때문에 하나님이 계시다고 고백할 수 있었습니다. 이성은 알고 믿기를 원하지만 신앙은 믿고 아는 것입니다. 하나님은 우리의 이성 너머에 계십니다. 우리는 그분을 믿음의 눈으로만 볼 수 있습니다. 믿음의 눈은 성령님이 우리에게 오셔서 열어주는 것입니다.

말씀에 접목하기: 고전 2:12-16

과학적 이성은 보이는 것에 관심을 갖지만 신앙은 보이지 않는 것에 관심을 가집니다. 과학은 보이는 세상에 관심을 갖지만 신앙은 세상을 아름답게 만들고 살맛나게 만드시는 하나님에 관심을 갖고 있습니다. 과학은 우리가 무엇을 하는 것에서 시작하지만 믿음은 하나님이 무엇을 해주시는 것에서부터 시작합니다. 성령님이 임하여 영의 눈을 열어주시고 마음을 열어 깨닫게 하시고 하늘의 능력을 주지 않으시면 어느 누구도 믿을 수 없습니다. 하나님의 신비가 임하는 곳에서만 믿음의 문이 열립니다.

예화 23

갈급한 심령에 오시는 예수님

미국의 갱 두목으로 악명 높았던 니키 쿠르즈는 지금 유명한 부흥사로 활동하고 있습니다. 뉴욕의 갱 두목이었을 때 그는 주지육림 속에서 돈과 술과 여자를 원하는 대로 손에 넣을 수 있었고, 온갖 나쁜 짓을 일삼고 폭력을 휘둘렀습니다. 그렇다 보니 잠을 잘 때는 자기 방문을 몇 중으로 잠그고 권총을 베개 밑에 놓고서야 잠을 잘 수 있었습니다. 그는 밤마다 마음속 깊은 곳에서 울리는 양심의 소리에 몸부림쳐야 했습니다.

쿠르즈는 조용히 혼자 있을 때마다 이렇게 자문했습니다. "인생이 무엇일까? 수없이 많은 사람을 위협하고 그들에게 폭력을 휘두르고 온갖 쾌락을 맛보면서도 이렇게 불안하고 두려운 것은 무엇 때문일까? 나는 좀 더 의롭고 올바르게 살 수 없을까? 나에게 참된 삶이란 무엇일까? 도대체 어디에 평안하고 복된 삶이 숨어 있을까?" 갱으로서 악명이 높아질수록 그는 점점 불안해졌고, 평안을 원하는 내적 갈망은 더 커져갔습니다.

어느 날 뉴욕의 거리를 지나다가 쿠르즈는 "예수님은 당신을 사랑하십니다. 예수님을 믿으십시오"라고 큰 목소리로 외치며 전도하는 윌커슨 목사님을 만났습니다. 그는 자기가 지나가는데도 비키지 않고 큰 소리로 외치며 앞을 막아서자 몹시 화가 났습니다. 그래서 윌커슨 목사님을 발로 차고 구타했습니다. 다음 날 쿠르즈는 그 길을 지나가다가 어제 본 그 목사가 팔에 붕대를 감고 얼굴에 멍이 든 채로 여전히 "예수님은 당신을 사랑하십니다. 예수를 믿으시오"라며 전도하는 것을 보았습니다. 이 모습을 보고 깜짝 놀란 그는 "야, 너는 지옥에나 가거라!"라며 침을 뱉었습니다. 그러자 목사님은 그의 바지춤을 붙잡은 채로 "지금 회개하지 않으면 나중에 어떻게 그리스도 앞에 서겠습니까?"라며 그를 올려다보고 있었습니다.

바로 이때 성령님이 쿠르즈에게 강력히 역사하시기 시작했습니다. 그는 가슴 깊이 부딪쳐 오는 강력한 진동에 굴복하고 말았습니다. '아, 여기에 진정한 길이 있었구나!' 라고 생각하면서 그는 그 자리에서 무릎을 꿇고 예수님을 믿겠다고 말한 뒤 회개하고 자복했습니다. 그 후 그는 갱 생활을 청산하고 미국과 유럽을 오가면서 열심히 예수님을 증거 하는 부흥사가 되었습니다.

> 말씀에 접목하기: 행 10:44-48

하나님은 우리 마음의 갈망을 아십니다. 비록 쿠르즈는 하나님을 거역하는 일을 하고 있지만 그 심령은 하늘의 평화를 구하고 있었습니다. 하나님은 윌커슨 목사님의 전도를 통해 그에게 오시고 그를 만나시고 그를 변화시키셨습니다. 하나님을 만나고 변화의 기적을 이루는 데는 세 가지 필수 요소가 있습니다. 하나는 인간의 갈망입니다. 병이나 큰 환난, 해결하기 어려운 문제를 만나거나 악한 세상을 살며 당하는 고난과 고통에서 벗어나기를 갈망하는 것이 구원의 기적을 만나는 첫 번째 요소입니다. 믿음과 구원의 두 번째 요소는 믿음의 사람을 만나 복음을 듣고 하나님의 사랑을 받는 것입니다. 세 번째는 성령님이 임하여 역사하시는 것입니다. 니키 쿠르즈는 갱 생활을 하면서도 내면의 불안 때문에 평화를 갈망했으며, 주님을 위해 생명을 아끼지 않는 윌커슨 목사님을 만나 복음의 말씀을 받았습니다. 그때 성령님이 거기 임하여 믿음을 선물로 주시고 만남의 감격을 얻게 하셨습니다. 이 세 가지 요소 가운데서도 주님의 복음을 전하기 위해 생명을 건 윌커슨 목사님과 같은 믿음의 사람을 만나는 것이 믿음과 구원의 중심 요소입니다.

전도지 한 장을 통한 하나님의 역사

예화 24

캄캄한 밤에 어떤 사람이 영국 콜체스터 근방을 걷고 있을 때 마차 한 대가 다가왔습니다. 그가 손을 들자 마차가 멈추더니 타라고 했습니다. 두 사람은 말없이 한참을 달려갔습니다. 그는 집 앞에 이르러 감사하다는 인사를 한 뒤 내렸습니다. 그로부터 16년이 지났습니다.

한 노인이 임종하기 전 그에게 와 달라고 청했습니다. 그가 방에 들어서자 노인은 유심히 그를 쳐다보다가 입을 열었습니다. "저를 기억 하겠습니까?" 그는 순간 당황해 머뭇거렸습니다. 그 노인은 당연하다는 듯이 고개를 끄덕거리더니 이렇게 말했습니다. "그러면 지금으로부터 16년 전 어둔 밤 콜체스터를 걸었던 일을 기억합니까? 그리고 마차에 태워 달라고 손을 들었던 것도 기억하나요?" 그는 "너무 오래전의 일이라서 기억이 확실치는 않지만 어렴풋이……"라고 대답했습니다. "그럴 겁니다. 그러면 집 앞에서 내릴 때 저에게 전도지 한 장을 준 것을 기억하실 수 있나요?" 그는 이 일 역시 기억이 나지 않았습니다.

또다시 머뭇거리자 노인은 "그때 주신 전도지가 저를 그리스도께로 인도했습니다. 그 후 저는 구원을 받았고 이제 주님 앞으로 가게 되었습니다. 그때 저는 당신을 세상의 마차에 태워드렸지만 선생은 나를 천국행 마차에 태워주었으니 얼마나 감사한지 모릅니다. 오늘은 세상에서 마지막으로 선생에게 감사인사를 하기 위해 부른 것입니다." 그는 자신도 기억하지 못할 정도로 오래전 복음의 씨앗을 뿌렸고, 그것이 발아해서 주님의 은혜 속에 자라 결실을 맺었던 것입니다. 하나님은 보잘것없는 전도지 한 장을 통해서도 크게 역사하시는 분입니다.

말씀에 접목하기: 히 4:12

사람은 불행한 이야기를 가지고 살면서 불행한 인생을 살고 있습니다. 사람에게는 누구나 숨겨놓은 불행한 이야기가 있습니다. 용서하지 못한 이야기, 배반당한 이야기, 속상한 이야기, 실패한 이야기, 자존심 상하게 한 이야기 등등. 이들 이야기는 하나님의 말씀을 받을 때 복의 이야기로 바뀌기 시작합니다. 하나님의 말씀에는 우리가 겪은 불행의 이야기를 행복의 이야기로 바꿔주는 신비가 들어 있습니다. 하나님의 말씀을 받을 때 그 말씀과 함께 성령님이 역사하십니다. 성령님이 그 말씀 가운데서 역사하실 때 기적이 일어납니다. 성령님은 하나님의 말씀이 있는 곳에서 역사하여 생명의 기적을 창조하시고, 저주의 이야기를 축복의 이야기로 바꾸는 기적을 일으키십니다. 그 말씀이 전도지 한 장에 기록된 말씀일지라도 성령님이 역사하시면 기적의 말씀이 됩니다.

환난 가운데 역사하시는 하나님

예화 25

캐나다로 이민을 간 어느 형제의 간증입니다. "저는 누님 부부의 초청을 받아 캐나다로 건너가 돈을 많이 벌었는데, 술과 도박과 음행을 일삼는 방탕한 생활을 하다가 탕진하고 말았습니다. 누님이 늘 예수를 믿으라고 전도했지만 마이동풍 격으로 들은 척도 안 하고 지내던 중 공장에서 일을 하다가 700kg이나 되는 큰 쇠파이프가 발등에 떨어져 발등의 뼈가 으스러지는 부상을 입고 병원에 입원했습니다. 병원에서는 부기가 빠지면 발목을 잘라야 된다며 발을 침대에 묶어놓았는데, 저는 눈앞이 캄캄했습니다. 침대에 누워 지내자 누님은 얼씨구나 하고 설교 테이프를 가지고 와서 하루에 다섯 개씩 들려주었습니다. 처음에는 반발하고 욕까지 했지만 자꾸 듣다 보니 마음이 점점 깨달아지더니 한 달 동안 마음이 변화됨과 동시에 발도 깨끗이 나았습니다. 병원에서는 기적이라면서 모두 깜짝 놀랐습니다. 저는 이제 영혼이 구원받은 것을 확신하며, 하나님의 능력을 체험한 것에 감사하면서 이 글을 씁니다."

말씀에 접목하기: 롬 8:35-37

연구 조사에 따르면 회심을 체험한 사람은 세 가지 필수 조건이 있다고 합니다. 첫째로 회심한 사람은 큰 위기를 당하거나 환난을 당하거나 문제가 생기면 외부로부터의 도움을 갈망한다고 합니다. 갈망이 없는 사람은 길가와 같아서 복음의 씨가 떨어지면 즉시 마귀가 빼앗아갑니다. 둘째로 회심한 사람은 복음을 전하는 믿음의 사람을 만나야 합니다. 복음을 전하는 사람을 만나지 못하면 아무리 큰 갈망이 있다고 해도 회심에 이르지 못합니다. 셋째로 성령님이 복음을 전하는 사람과 복음을 듣는 사람 가운데 임하여 믿음을 창조하시는 것입니다. 모든 믿음의 사람은 사람을 뛰어넘는 존재가 거기에 개입해서서 자신이 믿을 수 있게 되었다고 말합니다. 보이지 않는 제3자인 성령님이 거기 오셔서 믿음의 기적을 일으키셔야 합니다. 캐나다에 이민 간 청년도 발등을 다치는 위기에서 자기를 뛰어넘는 어떤 존재를 갈망했고, 그의 누나가 끊임없이 복음을 전하면서 성령님의 역사로 믿음을 가지게 된 것입니다.

누가 천국에 와 있습니까?

예화 26

어느 날 감리교회의 창설자이자 기독교 지도자인 존 웨슬리가 꿈을 꾸었습니다. 그는 천국 문에 올라가 거기서 천사를 만났습니다. 그 천사는 천국 문을 지키고 있었습니다. 웨슬리가 천사에게 물었습니다. "천주교 신자들이 천국에 와 있습니까?" 천사는 큰 책의 페이지를 조심스럽게 펼쳐보고 나서 대답했습니다. "천국에 천주교 신자는 한 사람도 없다!" 웨슬리는 천주교 신자가 천국에 없다는 것이 당연하다는 듯 고개를 끄덕였습니다. 그래서 그는 다시 물었습니다. "그러면 장로교인들은 천국에 와 있습니까?" 웨슬리의 질문에 천사는 다시 책을 펼쳐보고 나서 이렇게 대답했습니다. "장로교인 역시 한 사람도 없다!" 웨슬리는 천사의 대답을 듣고 크게 놀라지 않았습니다. 이 두 교파에 속한 사람이 천국에 오지 못하는 것이 당연하다고 생각했기 때문입니다.

웨슬리는 이 세상에 있는 여러 종파에 대하여 질문을 계속했습니다. 천사의 대답은 그들 종파에 속한 사람도 없다는 것이었습니다. '그러면 그렇지! 감리교도 외에 누가 천국에 오겠어?'라고 생각한 웨슬리는 "그렇다면 감리교인은 천국에 얼마나 와 있습니까?"라고 물었습니다. 그러자 천사는 단호한 어조로 대답했습니다. "웨슬리, 미안한 이야기지만 감리교인 역시 천국에 한 사람도 없네!" 웨슬리는 너무 놀라서 멍하니 그냥 서 있었습니다. 그러다가 이렇게 물었습니다. "천국에 천주교인도 없고 장로교인도 없고 침례교인도 없고 게다가 감리교인도 없다면 도대체 누가 천국에 들어와 있다는 말입니까?" 그러자 천사는 빙그레 웃으면서 "천국에는 주 예수님을 사랑하는 사람만 와 있다네! 어느 교파에 속해 있느냐 하는 것은 전혀 관계가 없네!"

말씀에 접목하기: 요 15:1-7

믿음은 하나님과의 관계입니다. 하나님의 의이신 예수님을 영접하면 우리는 예수님 안에서 하나님의 생명을 받습니다. 하나님의 생명은 인격적으로 예수님의 성품을 닮아가게 하시며, 하나님의 나라와 의를 구하게 하십니다. 믿음은 하나님의 은혜와 진리와 영광의 삶을 살게 하시는 우리 주 예수님과 교제하며 사는 삶입니다. 포도나무 가지가 포도나무에 붙어 있으면 줄기로부터 끊임없이 수분과 영양을 공급 받아 열매를 많이 맺듯이 우리도 포도나무이신 예수님 안에 있으면 하나님의 생명을 끊임없이 공급 받아 풍성한 은혜와 축복의 삶을 살게 됩니다. 생명은 오직 예수님 안에서만 공급됩니다. 우리가 어떤 교단에 소속되었든, 어떤 교회에 출석하든, 어떤 공동체에서 신앙생활을 하든 간에 하나님의 생명은 오직 예수님 안에서만 공급됩니다. 구원은 이 세상의 어떤 공동체에 소속되었느냐에 달려 있지 않고 예수님을 영접하여 예수님 안에 있느냐에 달려 있습니다. 오직 믿음만이 구원의 길입니다.

왕자가 된 거지

예화 27

어느 날 임금님이 궁궐 밖으로 나가 암행 시찰을 하게 되었습니다. 임금님은 이곳저곳을 돌아다니다가 다리 밑에서 한 거지 소년을 보았습니다. 임금님이 보기에 그 소년의 모습은 너무 더럽고 꾀죄죄해서 애처롭기 그지없었습니다. 임금님은 그 소년을 궁궐로 데려가 모든 신하 앞에서 왕자로 삼겠노라고 공포했습니다. 이제 소년은 더 이상 거지 신분이 아니라 왕자의 신분이 되었습니다. 그 소년은 여기저기 찢어져 누더기가 된 옷을 벗어던지고 화려한 장식과 좋은 옷감으로 만든 왕자의 옷을 걸쳤습니다. 또한 예전처럼 구걸하지 않아도 맛있는 음식을 실컷 먹을 수 있었습니다.

그런데 소년은 자신이 왕자라는 사실을 믿을 수 없었고, 모든 환경이 낯설고 어색하고 불편하기만 했습니다. 이튿날이 되자 소년은 급히 일어나 밖으로 나가려고 했습니다. 그러자 시중을 들던 신하가 당황하며 "왕자님, 어디 가십니까?"라고 물었습니다. 그랬더니 왕자가 된 소년은 "저 다리 밑에 가면 제가 세수할 수 있는 곳이 있답니다"라고 말하는 것이었습니다.

이 얼마나 황당한 말입니까! 왕자는 아직도 자신의 신분이 거지라는 생각에서 벗어날 수 없었던 것입니다. 그는 이미 왕의 아들로 입양되었고 왕자의 신분이 되었지만 아직도 과거의 거지 생활에서 벗어나지 못한 채 거지와 같은 행동을 하고 있습니다. 지금 그가 과거의 거지 생활에서 벗어나지 못했다고 해도 이미 왕의 아들로 입양되어 왕자의 신분이 되었기 때문에 그 자신이 왕자라는 사실에는 변함이 없습니다.

이것이 세례의 진정한 의미입니다. 세례를 받는다는 것은 과거 마귀의 세상에서 마귀의 종 노릇을 하며 살던 사람이 예수님을 영접하고 믿음으로 세례를 받아 하나님의 자녀라는 신분을 가지게 된 것입니다. 과거 세상에서 살던 성격과 습관, 행동이 변하지 않았고 과거와 같이 실수하고 범죄하고 넘어질 수 있지만 그것 때문에 하나님의 자녀라는 신분은 절대 변하지 않습니다. 세례를 받는 것은 마치 포도나무 가지가 포도나무에 붙어 있는 것처럼 예수께 소속되는 것입니다. 그러므로 이제는 예수님으로부터 영양을 공급 받아 튼튼한 가지가 되고 풍성한 열매를 맺게 될 것입니다. 믿음은 선한 행위를 하는 것이 아니라 예수께 붙어 있어서 예수로부터 하늘 양식을 받고 성장하며 풍성한 열매를 맺는 것입니다.

말씀에 접목하기: 고전 2:12-16

성경은 믿지 않는 사람을 "육에 속한 사람"(고전 2:14. 푸쉬케코스, 혼의 사람)이라고 말씀합니다. 이들은 세상의 영을 받고 세상의 지혜가 가르치는 말을 합니다. 누구든지 예수님을 믿고 영접하면 하나님의 자녀가 되는데 성경은 믿음의 사람을 "신령한 자"(고전 2:15. 프뉴마티코스, 성령님의 사람)라고 말합니다. 이들은 하나님의 영을 받고 성령님이 가르치는 대로 은혜의 일을 합니다. 그런데 성경은 또 하나의 유형에 대해 말씀합니다. 이 유형에 속한 사람들은 "육신에 속한 자"(고전 3:1, 3. 유아기적 신자)입니다. 이들은 예수님을 영접했지만 아직도 유아기적 신앙에서 벗어나지 못해 밥을 먹지 못하고 젖을 먹는 신자입니다. 이들은 하나님의 자녀가 되었지만 아직도 안 믿을 때처럼 시기와 분쟁을 일삼고 세상적 욕망으로부터 벗어나지 못했습니다. 앞서 언급한 거지 소년이 왕의 아들로 입양되어 왕자의 신분이 되었지만 거지 근성을 버리지 못해 풍성한 왕자의 삶을 누리지 못하는 것처럼 육신에 속한 사람은 하나님의 자녀로 입양되었지만 하나님의 풍성한 생명을 누리지 못하고 세상의 욕심과 습관을 버리지도 못했습니다.

자녀의 특권

예화 28

월버 채프먼은 유명한 전도자이자 목사님입니다. 그 목사님의 교회에 나오던 한 교인이 13세 때 가출한 아들을 찾기 위해 백방으로 수소문하고 다녔답니다. 이곳저곳을 찾아 헤매던 중 18년 만에 우연히 필라델피아 기차역에서 아들을 발견했습니다. 그 기차역에서 막 나오려고 하는데 남루한 옷차림을 한 청년이 초점 없는 눈으로 구걸하고 있었습니다. 마약환자처럼 보이는 청년이 다가와 "25센트만 주세요"라고 말했을 때 그는 구걸하는 청년이 자기 아들인 것을 단번에 알아볼 수 있었습니다.

"너 톰 아니냐. 내가 네 아버지다." 그러나 청년은 그 말에 아랑곳하지 않고 여전히 초점 없는 눈으로 "아저씨, 25센트만 주세요"라고 말했습니다. 아버지는 아들을 덥석 껴안으며 큰 소리로 말했습니다. "이제 25센트가 문제가 아니다. 내가 바로 네 아버지다. 너는 내 아들이고. 이제 내 집과 내 돈, 내 농장은 모두 네 것이다. 내 생명조차도 네 것이란다. 내가 가진 모든 것이 네 것이야. 가자, 집으로 가자. 그리고 나와 함께 살자."

말씀에 접목하기: 사 49:15

아버지와 아들의 관계는 행함의 관계가 아니라 소속의 관계입니다. 18년간 헤어져 사는 동안 아들이 마약중독자가 되고 허름한 옷차림에 초점 없는 눈을 가지고 심지어 아버지를 알아보지 못한다고 할지라도 그가 이 아버지의 아들이라는 사실은 변하지 않습니다. 그의 외모와 행동이 비록 가출하기 전 아들과 같지 않을지라도 그가 아버지의 아들로서 아버지의 기업을 상속하는 것은 당연한 일입니다. 그리스도인은 예수님을 믿고 영접하여 세례를 받음으로써 하나님의 자녀로 신분이 변했습니다. 하나님은 이렇게 말씀하십니다. "여인이 어찌 그 젖 먹는 자식을 잊겠으며 자기 태에서 난 아들을 긍휼히 여기지 않겠느냐 그들은 혹시 잊을지라도 나는 너를 잊지 아니할 것이라"(사 49:15). 예수님을 믿은 뒤에도 우리의 행동이나 성격, 삶에서 하나님의 자녀로서 합당하지 않은 것이 있을지라도 그것 때문에 하나님의 자녀라는 신분은 변하지 않을 것이고, 믿는 사람은 모두 구원을 받게 될 것입니다.

주의 자비하심을 바라나이다

예화 29

"하나님이 큰일을 해주실 것을 기대하라. 하나님을 위해 큰일을 하라"는 말을 남기고 인도 선교사로 떠났던 윌리엄 캐리는 병상에 누워 임종을 맞게 되었습니다. 간호사는 캐리 선교사가 회복이 불가능하다는 사실을 알고 있어 이렇게 물었습니다. "선교사님, 병이 낫지 않는다면 장례식에서 성경 어디를 읽는 것이 좋겠습니까?" 그러자 캐리 선교사는 이렇게 대답했습니다. "나같이 죄 많은 인간을 무어라 말해준다는 것은 너무 과분한 일입니다. 그러나 꼭 말하라면 '하나님이여 주의 인자를 따라 내게 은혜를 베푸시며 주의 많은 긍휼을 따라 내 죄악을 지워주소서'(시 51:1)라는 구절을 읽어주시오."

캐리 선교사는 비문에 새길 글도 다음과 같이 유언했습니다. "윌리엄 캐리. 1761년 생. 죄 많으며 약하고 능력 없는 벌레인 나는 당신의 긍휼하신 성수에 기대고 잠드나이다."

말씀에 접목하기: 고전 2:12, 13

교만한 사람은 하나님 없는 사람입니다. 불신자는 세상의 영을 받고 세상의 지혜가 가르치는 대로 가르치는 사람(고전 2:12, 13)입니다. 세상의 영을 받은 사람은 하나님이 없기 때문에 자기의 뛰어남을 자랑하며 세상의 지혜를 사랑합니다. 성경은 이런 사람을 교만한 사람이라고 부릅니다. 믿음의 사람은 모두 하나님의 영을 받고 성령님이 가르치시는 대로 은혜의 일을 말하는 사람(고전 2:12, 13)이기 때문에 하나님 앞에서 자기 모습을 봅니다. 그러므로 믿음의 사람은 한없이 작은 자기 모습을 알며, 하나님의 은혜 없이 자기는 아무것도 아님을 알고 있습니다. 캐리는 성령님을 받았기 때문에 하나님 앞에서 자기 모습을 보며 한없이 작은 자기 모습과 한없이 큰 하나님의 은혜를 알게 된 것입니다.

굿나잇과 굿바이

예화 30

미국 남부 도시에 살던 네 아들을 둔 어머니가 병원에서 임종을 맞게 되었습니다. 그 어머니는 아들들이 침대 주위에 둘러앉아 있는 것을 보고 마지막으로 한 명씩 이름을 부르면서 엄마에게 작별인사를 하라고 했습니다. 첫째, 둘째, 셋째 아들들에게는 "굿나잇"이라고 인사했는데, 넷째 아들 앤디에게는 "굿바이"라고 했습니다. 앤디가 물었습니다. "엄마는 왜 형들에게는 '굿나잇'이라고 말하고 나에게는 '굿바이'라고 하는 거예요?" 어머니는 마지막 힘을 내어 이렇게 말했습니다. "형들은 천국에서 다시 만날 수 있기에 '굿나잇'이지만 너는 예수를 믿지 않으니 오늘 이별이 영원한 이별이기 때문에 '굿바이'라고 말한 거란다. 너에게 여러 번 예수님을 증거 했으나 네 고집대로 믿지 않으니 이제 너와는 영원한 이별이구나!" 이 말을 들은 막내 앤디는 눈물을 흘리면서 "어머니, 이제 예수님을 믿겠으니 저에게도 굿나잇이라고 인사해주세요"라고 말하더니 예수님을 영접했습니다.

말씀에 접목하기: 요 3:16

예수님을 구주로 믿고 사는 우리는 천국의 주인공입니다. 사도 요한은 확신을 가지고 우리에게 선포합니다. "하나님이 세상을 이처럼 사랑하사 독생자를 주셨으니 이는 그를 믿는 자마다 멸망하지 않고 영생을 얻게 하려 하심이라." 믿음은 예수 그리스도의 말씀을 들음에서 납니다. 복음의 말씀을 들을 때 성령님이 거기에 임하여 믿음을 창조하십니다. 임종을 앞둔 어머니는 '굿나잇' 과 '굿바이' 라는 단순한 인사말을 했지만, 그 말 속에는 복음의 메시지가 들어 있었습니다. 그 메시지를 들을 때 성령님이 막내아들에게 임하여 믿음의 사람으로 만들어주신 것입니다. 우리는 때를 얻든지 못 얻든지 복음의 말씀을 증거 하면 성령님의 기적을 볼 것입니다.

절망의 사람을 구원하시는 하나님

예화 31

하나님은 우리가 어떤 상황에 있든지 그곳에 역사하여 그분의 선한 뜻을 이루시는 분입니다. 시카고에 사는 여성이 한국에 나와서 한 청년과 맞선을 보고 결혼했습니다. 그 청년은 자기 아내의 초청으로 미국 영주권을 받고 미국으로 가게 되었습니다. 그의 아내가 한국에서 보았을 때 그 청년은 그녀의 마음을 사로잡을 만큼 매력적인 남성이었습니다. 그러나 미국에서 사는 동안 아내는 남편이 진짜로 별 볼일 없는 사람이라는 생각을 하게 되었습니다. 그녀는 도저히 남편과 같이 살 수 없다는 결론을 내리고 변호사를 구해 이혼했습니다.

도무지 상상할 수 없는 일이 그 청년에게 일어났습니다. '어떻게 여자가 남자를 쫓아낼 수 있을까? 어떻게 결혼한 부부가 해로하지 못하고 중도에서 헤어져야 하는가?' 그는 이혼당하면서 가슴에 커다란 상처를 입었을 뿐 아니라 절망하여 자포자기에 빠졌습니다. 미래의 문이 완전히 닫힌 것 같앉습니다. 이렇게 혼란에 빠져 좌절하는 그에게 하나님은 관심을 가지고 접근하셨습니다. 하나님은 그 청년에 대해 알고 있는 목사를 통해 권고하셨습니다. "미국에 유학을 오고 싶어 하는 사람도 많은데 이미 영주권까지 받아 미국에서 마음 편히 자유롭게 살 수 있게 되었으니 자신이 원한다면 무슨 일이든 할 수 있는 길이 열려 있지 않은가." 그 목사는 청년에게 대학원에서 공부할 것을 권했고, 그 청년은 일리노이 대학교에 들어가 광고경영학을 공부했습니다.

그러나 그 청년은 그때까지도 예수 믿을 마음이 없었습니다. 그의 머릿속은 열심히 공부해서 사회적으로 성공해 자기를 쫓아낸 아내에게 자기가 어떤 사람인지 보여주고 싶다는 생각으로 가득 차 있었습니다. 그는 일리노이 대학교 대학원에 들어가 이를 악물고 공부했습니다. 그런데 그와 같은 기숙사에 살고 있는 대학원생이 줄기차게 그를 쫓아다니며 전도하기 시작했습니다. 그에게는 교회에 갈 시간이 없었고, 교회에 가봐야 그리 좋은 일도 없을 거라고 생각했습니다. 그래서 이런저런 핑계를 대고 교회에 나가기를 거절했지만 그 학생은 교회에 갈 시간이 없다면 함께 성경을 공부하자고 제의했습니다. 그는 계속 거절했지만, 전도자는 결코 포기하지 않았습니다.

전도자가 너무 귀찮았던 그 청년은 전도자가 딴소리를 하지 못하도록 하기 위해 새벽 5시에 오면 시간을 낼 수 있다고 했습니다. 아주 이른 시간이라 전도자가 와서 성경공부를 하자는 말을 안 할 거라고 생각했던 것입니다. 청년의 예상과 달리 전도자는 다음날 새벽 5시에 찾아와서 함께 성경공부를 하자고 했습니다. 그는 더 이상 끈질긴 전도자의 전도를 피할 수가 없었습니다.

하나님은 그 청년이 절망 가운데 있을 때 목사님을 통해 대학원에 진학하게 역사하셨고, 대학원에 입학하고 나서는 한 사람의 영혼을 진심으로 아끼는 성령 충만한 전도자를 보내주어 성경을 공부하지 않을 수 없게 하셨습니다. 하나님은 절망 가운데 있는 청년에게 믿음의 사람을 보내시고 그들을 통하여 그를 예수께로 인도하셨습니다. 그가 대학원에 들어가고 믿음이 돈독한 전도자를 만나고 그와 함께 성경공부를 하고 드디어 예수님을 받아들인 이 모든 것은 하나님 자신의 역사였습니다.

말씀에 접목하기: 고전 1:21

하나님은 독생자를 세상에 보내어 우리의 죄와 허물을 구속하십니다. 그러나 복음의 말씀을 듣지 못한다면 어떻게 예수님을 믿고 구원받을 수 있겠습니까. 하나님은 예수님의 성육신과 십자가와 부활을 통하여 복음의 터전을 놓으시지만 동시에 그 복음을 전하는 사람을 우리에게 보내 복음을 듣게 하시고 그 복음을 믿고 예수님을 받아들이게 하십니다. 하나님은 구원의 알파와 오메가입니다.

하나님은 절망 가운데 있는 사람에게 믿음의 사람을 보내 예수님을 만나게 하시고 하나님의 일꾼으로 세우십니다. 오늘도 이 땅 위에는 절망에 빠져 큰 고통 가운데 있는 사람이 너무 많습니다. 절망의 사람을 사랑하고 구원하고자 하시는 은혜의 하나님이 지금 그들에게 믿음의 사람을 보내고자 하십니다. 하나님은 마음이 굳어 있는 우리에게 주님의 복음이 필요한 절망에 빠진 사람을 볼 수 있는 눈을 열어주시고, 그들에게 예수님을 전달하는 전도자가 되게 해주십니다. 이제 우리는 주님을 사랑하는 열망으로 절망의 사람을 사랑하게 해달라고 기도해야 합니다. 그래서 절망의 사람에게 하나님의 은혜를 전달하는 통로가 되어야 합니다.

2
성령 안에서의 교제

크고 비밀스러운 일을 네게 보이리라

예화 1

한 권사님의 간증입니다. 그 권사님 내외는 사업을 하다가 파산해 더 이상 희망을 갖기 어려울 정도로 큰 빚더미에 올라앉게 되었답니다. 하루는 남편이 공장에서 일하다가 먼지 투성이가 되어 집에 돌아오더니 씻지도 않고 방으로 들어가 방문을 걸어 잠그고 나오지 않더랍니다. 가까스로 문을 열고 들어가 지쳐 누워 있는 남편에게 그동안 여러 약국을 돌아다니며 모은 수면제를 보이며 이렇게 말했답니다. "여보, 우리 이 약 먹고 자살합시다!" 이 말에 남편이 "아이들은 어떻게 하고?"라고 물었다고 합니다. 그래서 권사님이 "아이들은 예뻐하는 사촌동생에게 맡기고 죽읍시다"라고 했더니 "오늘 교회 부흥회 날이니 죽기 전에 그동안 몸담았던 교회에 다녀와서 죽읍시다"라고 하더랍니다. 이렇게 해서 권사님 내외는 부흥회에 참석했는데, 평소 많은 관심과 사랑을 베풀어주시던 한 권사님의 안내를 받아 장로님이 앉는 앞쪽 자리에 앉게 되었다고 합니다. 그런데 강사 목사님이 설교 도중에 그 권사님을 가리키면서 예레미야 33장 3절에 나오는 "너는 내게 부르짖으라 내가 네게 응답하겠고 네가 알지 못하는 크고 은밀한 일을 네게 보이리라"는 말씀을 하셨습니다. 그 말씀을 듣는 순간 성령님의 불이 내려오더니 몸이 부들부들 떨리고 혀가 꼬부라지면서 방언이 나오는데 절제하려고 아무리 자기 몸을 세게 끌어안아도 생각대로 되지 않았다고 합니다. 그런데 옆을 보니 남편도 같은 은혜를 받고 있었다고 합니다. 바로 그날 권사님 내외는 죽음의 절망 속에서 하나님의 은혜를 깊이 체험했다고 합니다. 그 일이 있고 난 뒤 권사님 내외는 자살도 안 하고 영적으로 일어서게 되고 하나님의 복을 받아 회복되어 두 사람 모두 하나님의 몸 된 교회에 충성을 다했다고 합니다.

말씀에 접목하기: 고전 3:16; 렘 33:3

교회는 그리스도의 몸입니다. 그리스도의 영인 성령님은 그리스도의 몸인 교회에 거하십니다. 사도 바울은 고린도 교회에 편지하면서 이렇게 말했습니다. "너희는 너희가 하나님의 성전인 것과 하나님의 성령이 너희 안에 계시는 것을 알지 못하느냐"(고전 3:16). 이는 고린도 교회의 성도들에게 하시는 말씀이 아니라 고린도 교회에게 하시는 말씀입니다. 고린도 교회는 하나님의 성전이요, 고린도 교회 안에 성령님이 계시다는 것입니다. 몸에서 영이 떠나면 몸은 죽습니다. 그리스도의 영(성령님)이 거하시지 않으면 그리스도의 몸(교회)은 죽습니다. 모든 생명의 교회는 성령님의 전이요 성령님이 계십니다. 세상을 보며 자기의 실패와 막막함을 보며 죽음을 생각하던 사람도 성령님의 전인 교회에 나와 예배를 드리고 섬김을 받으며 하나님의 말씀을 듣는 가운데 성령님의 놀라운 은혜를 받을 수 있습니다. 교회에는 보이는 조직이나 사람만 있는 것이 아니라 살아계신 하나님의 영, 성령님이 계십니다.

너는 내게 부르짖으라

예화 2

미국 독립전쟁 당시 유럽에서 온 두 사람이 워싱턴에 대한 얘기를 주고받고 있었습니다. "이번 전쟁에서 누가 이길 것 같습니까?" "워싱턴이 반드시 이길 겁니다." "어떻게 그런 확신을 가지게 되었습니까?" "얼마 전 몹시 추운 날 워싱턴이 이끄는 부대 부근을 지나는데 숲속에서 말소리가 들렸습니다. 가까이 가보니 워싱턴이 눈 덮인 땅에 얼굴을 대고 기도하고 있었습니다. 저는 그때 워싱턴이 반드시 승리하리라고 확신했습니다."

하나님은 "너는 내게 부르짖으라 내가 네게 응답하겠고 네가 알지 못하는 크고 은밀한 일을 네게 보이리라"(렘 33:3)고 말씀하셨습니다. 하나님은 열심히 그분을 찾는 자의 부르짖음을 들으시고 그에게 임하여 하늘의 기적을 베푸시는 분입니다.

해변가에서 인명구조 대원으로 일하는 사람에게 누군가 물었습니다. "해변은 시끄럽습니다. 파도 소리와 사람들의 재잘거리는 소리, 웃음소리, 고함 소리로 시끌벅적한데도 당신은 물속에 빠져 살려 달라는 사람의 소리가 들립니까?"라고 물었습니다. 인명구조 대원은 이렇게 대답했습니다. "물론입니다. 물에 빠진 사람이 외치는 고함 소리와 떠드는 소리는 같지 않습니다. 저는 물에 빠진 사람의 고함 소리와 물을 휘젓는 손놀림을 듣고 볼 수 있습니다." 그렇습니다. 하나님은 우리의 부르짖는 기도 소리를 들으시고 우리의 손놀림과 아우성을 듣고 응답하시는 분입니다.

말씀에 접목하기: 렘 29:13, 14

하나님은 응답하시는 하나님입니다. "너희가 내게 부르짖으며 내게 와서 기도하면 내가 너희들의 기도를 들을 것이요 너희가 온 마음으로 나를 구하면 나를 찾을 것이요 나를 만나리라"(렘 29:12, 13). 하나님은 기도하는 자에게 응답하시며 기도하는 사람을 만나주십니다. 우리는 환경이 얼마나 열악하고 위험하고 심각한 문제를 가졌는지를 묻습니다. 그러나 하나님께는 우리의 환경이 문제가 되지 않습니다. 우리가 아무리 위험한 일 가운데 있더라도 하나님께 기도하면 얼마든지 우리에게 미래의 문을 열어 주실 것입니다. 기도하는 자에게는 결코 절망이 없습니다. 하나님이 만나주고 응답하여 주시는데 무엇을 두려워하겠습니까? 아무리 엄청난 대적을 만난다고 해도 우리가 기도할 때 하나님은 거기 임재하여 모든 대적을 이기게 하실 것입니다.

풍성한 기쁨과 평안의 비밀은?

예화 3

미국에서 발행되는 잡지에 이런 기사가 났습니다. 미국 사우스웨스트 주니어 대학에 안젤라 마두마세라는 여학생이 있었습니다. 어느 날 등교해 보니 학교가 온통 떠들썩했습니다. 학원 폭동이 일어났을 때 열등의식과 좌절감에 사로잡힌 남부의 흑인 단체들이 기물을 닥치는 대로 쳐부수며 학교까지 쳐들어왔기 때문입니다. 그런데 그 학교에 들어온 단체는 블랙판쵸, 즉 흑표범이라고 불리는 가장 난폭한 단체였습니다.

그 여학생이 강의실에 들어가려고 할 때 무리 가운데 한 사람이 그녀의 팔을 잡아채고는 "왜 나를 보며 싱글벙글 웃으면서 들어오는 거요?"라고 시비를 걸었습니다. 그러나 그녀는 그를 보고 웃은 기억이 없었습니다. 그녀는 성령님으로 충만한 생활을 해서 항상 얼굴에서 미소가 떠나지 않았습니다. 이런 위기 상황에서 기도했더니 마음속에서 '무지막지한 이 사람을 전도하라'는 음성이 들려왔습니다.

그래서 그 여학생은 그를 쳐다보면서 "내가 당신을 보고 웃지는 않았지만 내 마음속에 다른 사람이 갖지 못한 평안과 기쁨이 있어서인지 사람들이 항상 웃는 모습이라고 하더군요"라고 말했습니다. 그 흑인이 "무엇 때문에 다른 사람보다 더 큰 평안과 기쁨을 갖게 되었지?"라고 묻자 그녀는 2천 년 전 이 세상에 오셔서 우리 인간의 모든 죄악과 불의와 절망과 저주를 대신 짊어지고 죽었다가 부활하신 예수님을 구주로 믿기 때문이라고 대답했습니다. 그러자 그는 또다시 "나도 예수님을 영접하면 당신과 같이 항상 평안과 기쁨을 얻을 수 있는 거요?"라고 물었습니다. 그녀는 이렇게 대답했습니다. "이제 집에 돌아가 잠자리에 들기 전 죄를 자백하고 예수님을 구주로 영접하면 구원을 얻을 뿐 아니라 당신에게 오신 예수님이 나와 같은 평안과 기쁨을 주실 것입니다."

그 흑인은 여학생의 말을 듣고 그 자리에서 예수님을 영접했습니다. 마음에 변화가 일어난 그는 그 즉시 동료들을 모아 학교에서 물러나게 하고, 하루 만에 그 단체의 간부 세 사람을 주께 인도하여 예수 그리스도를 영접하고 주 안에서 평안과 기쁨을 얻게 했습니다.

말씀에 접목하기: 요 14:27; 고후 4:7-9

그리스도인은 "이 보배를 질그릇에 가진"(고후 4:7) 사람입니다. 그리스도인의 능력은 보배이신 그리스도의 능력입니다. 그래서 사도 바울은 "이는 심히 큰 능력은 하나님께 있고 우리에게 있지 아니함을 알게 하려 함이라"(고후 4:7)고 선포했습니다. 우리 안에 계신 그리스도께서 우리가 사방으로 욱여쌈을 당하여도 싸이지 않게 하시고, 답답한 일을 당하여도 낙심하지 않게 하시며, 박해를 받아도 버린 바 되지 않게 지키시고, 거꾸러뜨림을 당해도 망하지 않게 하십니다. 기독교 복음은 인간이 무엇을 할 것인지 이야기하기 전에 예수님이 오셔서 우리에게 무엇을 해주시는지를 이야기합니다. 예수님을 영접한 자는 예수님이 공급하시는 하늘의 사랑과 평화를 받을 것입니다.

예수님은 방문객이 아닙니다

예화 4

영국 빅토리아 여왕이 지은 양로원에는 의지할 곳 없는 노인들이 모여 살고 있었습니다. 한번은 어떤 예수 믿는 사람이 양로원을 방문해 노인들에게 물었습니다. "이곳을 누가 지었습니까?" 그러자 노인들이 곧바로 대답했습니다. "빅토리아 여왕이 지었습니다." 예수 믿는 사람이 "그러면 그 여왕이 한 번이라도 이 양로원에 오셨습니까?"라고 묻자 노인들은 "한 번이 아니라 가끔 오셨습니다"라고 대답했습니다.

"그러면 만왕의 왕이 되시는 예수님은 여기 오셨습니까?" 그러자 노인 한 명이 깜짝 놀란 표정으로 말했습니다. "아니, 예수님이 왜 오십니까? 예수님은 오시는 분이 아닙니다. 처음부터 여기 계셨습니다."

그렇습니다. 예수님은 방문객이 아닙니다. 처음부터 우리와 함께 계셨습니다. 우리 생활 속에 함께 계시며 세상 끝날까지 함께하실 분입니다. 성 버나드는 "예수님이 문을 열고 들어오신다거나 걸어오시는 것은 못 봤지만 예수님은 항상 내 곁에 계셨다"라고 고백했습니다. 또한 웨슬리는 항상 빈 의자를 곁에 놔두었는데 "그 빈 의자는 예수님의 자리였다"라고 고백했습니다. 믿음은 우리와 함께 계시는 주님과 교제하는 삶입니다.

말씀에 접목하기: 마 28:20

요셉에게 나타난 천사는 태어날 예수님의 이름을 '임마누엘', 곧 "하나님이 우리와 함께 계시다"(마 1:23)라고 했습니다. 그리고 마태복음 28장 20절에서 예수님은 "세상 끝날까지 너희와 항상 함께 있으리라"고 약속하셨습니다. 우리가 예수님을 믿고 영접할 때 그분은 우리에게 영으로 오십니다. 예수님은 세상 끝날까지 항상 우리와 함께 계시는 임마누엘의 하나님이십니다. 그분은 우리가 기도할 때나 우리가 어려움을 당할 때 가끔씩 방문하시는 분이 아니라 우리와 항상 함께 계시는 분입니다. "쉬지 말고 기도하라"는 말씀은 우리와 늘 함께하시는 하나님과의 교제를 쉬지 말라는 뜻입니다. 하나님과 함께 있으면서 그분을 소홀히 대함으로써 영적 능력을 상실하지 않도록 해야 할 것입니다.

예수님은 결코 손님이 아니라 제 주인이십니다

예화 5

신앙심이 좋고 선정을 펼친 영국의 빅토리아 여왕은 종종 궁궐을 빠져나가 서민들과 사귀고 대화하는 것을 즐겼습니다. 한번은 한 과부의 집을 찾아갔는데 마침 이 과부도 믿음이 좋은 사람이라서 같이 기도하고 신앙 이야기를 나누게 되었습니다. 대화하면서 여인의 믿음에 감동한 여왕은 "당신을 찾아온 손님들 가운데 가장 고귀한 손님이 누구입니까?"라고 물었습니다. 여왕은 그녀가 "당연히 예수님입니다"라고 대답할 것을 기대하고, 그렇게 대답하면 자신도 "나도 그렇답니다"라고 맞장구를 치려고 했는데 전혀 뜻밖의 대답이 나왔습니다. "저에게 가장 귀한 손님은 두말할 것도 없이 여왕 폐하입니다. 제 생애의 최고 손님입니다."

그러자 실망한 여왕은 "당신을 찾아와주신 최고 손님은 예수님이 아닌가요?"라고 물었습니다. 이 말에 과부는 빙그레 웃으면서 대답했습니다. "폐하, 예수님은 결코 손님이 아닙니다. 그분은 이 집의 주인이십니다. 예수님은 제 집에 처음부터 계셨습니다. 저는 그분을 위해 존재할 뿐입니다. 그리고 저는 그분의 종에 불과합니다."

말씀에 접목하기: 갈 2:20

유대인은 예수님이 자기 땅에 오셨지만 영접하지 않고 오히려 그분을 핍박하고 십자가에 못 박으라고 고함을 질렀습니다. 그 뒤로 그들은 계속해서 그 대가를 치러야 했습니다. 삭개오는 예수님을 만나고 나서 재산의 절반을 가난한 이웃에게 나누어주었는데, 예수님을 만나기 전까지 그에게는 돈이 주인이었습니다. 그러나 예수님을 영접한 뒤에는 예수님이 그의 주인이 되셨습니다. 그는 예수님의 영향을 받아 가난한 이웃을 사랑하는 마음이 생겨나 그들을 위해 재산의 절반을 나누어줄 수 있었던 것입니다. 예수님은 우리의 최고 손님이 아닙니다. 그분은 우리의 주인이시며, 우리는 그분의 종이요 사자입니다.

곁에 있고 싶어요

예화 6

한 소녀가 아버지 서재로 살며시 들어왔습니다. 아무 말 없이 그 아이는 아버지 옆에 조용히 앉아서 일하는 아버지의 모습을 지켜보았습니다. 얼마 뒤 아버지가 물었습니다. "얘야, 뭐 원하는 것이 있니?" "아니요." 그 소녀는 이렇게 대답한 뒤 "그냥 여기 앉아서 아버지를 사랑하고 있는 거예요"라고 했습니다. 그리고 소녀는 들어올 때와 똑같이 조용히 방을 나갔습니다. 그 소녀는 아버지에게 무엇인가 해달라고 온 것이 아니었습니다. 그 소녀는 그저 아버지 곁에 있고 싶었으며, 아버지를 사랑하고 싶었던 것입니다.

딸이 나간 뒤 아버지는 이런 생각을 했습니다. '나는 얼마나 자주 하나님의 임재하심 가운데 시간을 보내면서 그저 하나님을 사랑하고 하나님과 좀더 친해지는 시간을 가졌던가?' 하나님은 우리가 그분께 간구하기를 원하실 뿐 아니라 함께 시간 보내기를 원하십니다. 그러나 우리는 너무 바쁘고 필요한 것이 많아서 종종 하나님께 급히 달려가 간구한 뒤 하나님으로부터 충분히 듣지도 않고 다시 급하게 달려 나옵니다. "너희는 가만히 있어 내가 하나님 됨을 알지어다"(시 46:10).

말씀에 접목하기: 갈 5:16-18

믿음은 하나님과의 교제입니다. 하나님은 임마누엘(마 1:23), 우리와 함께 계신 하나님이십니다(마 28:20). 예수님은 세상 끝날까지 항상 우리와 함께하겠다고 약속하셨습니다. 성령님은 우리 안에 오신 하나님의 영 또는 그리스도의 영입니다(롬 8:9). 삼위 하나님은 영으로 우리와 함께하시는 분입니다. 우리가 주 예수님을 영접할 때 성령님이 우리 안에 오시는 것이요, 아버지 하나님은 임마누엘의 하나님으로 우리와 함께 계십니다. 믿음은 주 예수님을 영접하는 것이요, 우리 안에 오신 성령님의 인도를 받는 것이요, 성령님의 인도를 받으며 하나님의 나라와 의를 구하며 사는 삶입니다. 우리 인간의 몸과 영의 분리가 인간의 죽음이듯 우리 안에 오신 성령님과의 교제가 끊어지는 것은 하나님과의 관계의 죽음, 곧 영적 죽음입니다. 믿음의 공동체인 교회 안에서 믿음의 사람과 교제를 나누면서 개인적으로 묵상의 시간을 가지지 않으면 우리는 영적으로 죽은 사람이 되고 맙니다. 삼위 하나님과 끊임없는 영적 교제를 나눌 때 믿음의 사람은 영적 생명으로 넘치게 됩니다.

불면증을 치료하시는 보혜사 성령님

예화 7

파라클레이토스라는 이름으로 불리는 성령님은 우리 안에 오셔서 우리와 함께 거하면서 우리의 모든 외로움을 영원히 사라지게 만드시는 분입니다. 모든 친구 가운데 가장 좋은 친구인 보혜사 성령님은 늘 우리와 함께하며 우리의 상담자가 되어주십니다.

어느 목사님이 두 해 동안 불면증에 시달렸습니다. 그는 날마다 거의 초주검이 되어서야 잠이 들곤 했습니다. 밤이 되어 잠을 자야 하는데도 잠을 잘 수가 없었습니다. 그리고 이 년 동안 이루 말할 수 없는 괴로움에 시달러야 했습니다! 그러다가 목사님은 그 지긋지긋하던 불면증에서 벗어나 그 후로 몇 년 동안 언제 불면증에 시달렸는가 싶게 단잠을 잘 수 있었습니다. 그러던 어느 늦은 밤 목사님은 방에 들어가 자리에 누웠습니다. 다른 때처럼 단잠에 빠져들기를 기대했지만 머리에 베개의 촉감이 거의 느껴지질 않았습니다. 그때 그는 다시 불면증이 시작된 것을 알았습니다. 불면증을 경험해 본 사람이라면 그 괴로움을 잊어버리거나 혼동할 수가 없습니다. 불면증이 침대 발치에 앉아 비웃으며 이런 말을 하는 것 같았습니다. "2년 만에 내가 다시 돌아왔다!" 그는 이 년 이상 자신을 괴롭혔던 악몽과 같은 불면증이 생각났습니다.

바로 그 순간 그는 그날 배운 성령님을 떠올렸습니다. 성령님은 인격을 가진 분이요, 언제나 함께하는 우리의 상담자이시라고 배웠습니다. 그는 이 불면증에 대해 보혜사 성령님께 상담하기로 작정했습니다. "당신은 복되신 하나님의 성령님이십니다. 당신은 여기 계십니다. 저는 지금 불면증의 공격을 받고 있습니다. 지금 저에게 무슨 말씀이든지 들려주십시오"라고 두 손을 가슴에 모은 채 함께 계시는 보혜사 성령님께 말씀드렸습니다. 성령님은 "나는 너를 사랑한다. 나는 항상 너와 함께 있을 것이고 너를 떠나지 않을 것이다"라고 말씀하면서 예수님의 구원의 이야기들을 생각나게 하시고 그의 손을 잡아주시는 것 같았습니다. 어느새 그는 잠이 들었고, 잠에서 깨어 보니 다음 날 아침이었습니다. 그 후로 불면증이 찾아올 때마다 보혜사 성령님께 상담을 요청했습니다. 그는 성령님께 자신의 상태를 있는 그대로 말씀드리고, 성령님이 가르쳐주시도록 자신의 마음을 열고 기다리기만 하면 되었습니다. 그러면 성령님은 주님의 사랑과 구원에 대한 이야기를 들려주면서 잠을 주셨습니다.

말씀에 접목하기: 요 14:26, 27

예수님은 마지막 날 저녁 보혜사의 약속을 주셨습니다. "보혜사 곧 아버지께서 내 이름으로 보내실 성령 그가 너희에게 모든 것을 가르치고 내가 너희에게 말한 모든 것을 생각나게 하리라 평안을 너희에게 끼치노니 곧 나의 평안을 너희에게 주노라 내가 너희에게 주는 것은 세상이 주는 것과 같지 아니하니라 너희는 마음에 근심하지도 말고 두려워하지도 말라"(요 14:26, 27). 성령님은 우리에게 오셔서 우리 주 예수님을 기억나게 하시고 증언하시고(요 15:26), 우리를 모든 진리 가운데로 인도하시며(요 16:13), 주님의 영광을 나타내실 것입니다(요 16:14). 성령님으로 충만하면 우리 마음은 예수님으로 충만하게 됩니다. 성령님은 주 예수님의 사랑 이야기로 가득하게 하여 우리 속에서 자신을 괴롭게 하던 불안한 이야기, 우울한 이야기, 두려운 이야기를 쫓아내고 주님의 평안으로 넘치게 할 것입니다.

진리 가운데로 인도하시는 성령님

예화 8

목회 사역 초기에 목사님은 설교 준비로 몹시 힘들어했습니다. 그는 설교하기 위해 설교문을 작성한 뒤 그것을 보지 않고도 잘 전달할 수 있을 때까지 일어서서 괜히 단추를 비틀어 돌리면서 설교문을 외운 다음 한 주간 설교 준비를 끝마쳤다는 안도감으로 강대상 의자에 풀썩 주저앉아 버렸습니다. 목회를 시작한 지 얼마 지나지 않았을 때라 이루 말할 수 없는 부담감과 불안과 두려움을 경험했던 것입니다.

그러던 그가 설교하는 일과 목회에 감격과 기쁨을 가지게 되었습니다. 그것은 보혜사 성령님을 알고부터입니다. 그는 보혜사 성령님이 항상 우리와 함께하시는 분이고, 우리의 설교와 목회를 지도하시는 분이며, 우리를 진리 가운데로 인도하시는 분임을 알게 되었습니다. "그러나 진리의 성령이 오시면 그가 너희를 모든 진리 가운데로 인도하시리니"(요 16:13). 그는 설교하러 올라갈 때마다 이렇게 기도했습니다. "진리의 성령님이여, 제가 설교할 때 진리의 성령님이 종의 입으로 진리의 말씀을 선포하게 하시고, 그 말씀을 듣는 사람을 진리 가운데로 인도하여 예수님을 믿고 사랑할 수 있게 하시옵소서!"

그 목사님은 설교하기 위해 서 있는 자기 곁에 성령님이 함께하시며, 성도들이 설교가 진행되는 동안 자기만 보지 않고 자기와 함께하시는 성령님을 보고 있다는 확신을 가지게 되었습니다. 그는 함께하시는 성령님이 자신이 설교하는 동안 설교의 모든 책임을 지시고 성도들의 영혼을 풍성하게 충족시켜 주실 것을 믿었습니다. 또한 성도들을 돌보시며 그들을 진리 가운데로 인도하시는 성령님의 역사를 믿고 감사했습니다. 그러면서 설교하는 것을 더 이상 두려워하지 않게 되었습니다. 설교가 그의 삶의 큰 기쁨이 되었습니다. 그는 설교하기 위해 일어설 때 성령님이 그곳에 자신과 함께하심을 깨달았습니다. 성령님이 설교의 모든 책임을 지신다는 것을 알기에 큰 소리로 외치면서 기쁜 마음으로 설교를 준비하게 되었습니다. 그는 보혜사 성령님이 늘 함께하시면서 자신의 사역에 복을 주시고 모든 사람을 진리 가운데로 인도하신다고 믿기에 항상 자신감을 가지고 설교하며 목회에 임하고 있습니다.

말씀에 접목하기: 요 16:12-15

교회는 그리스도의 몸이요 성령님은 그리스도의 영입니다. 몸인 교회가 무엇을 할 때 영이신 성령님이 임하여 축복하십니다. 목사는 교회의 위임을 받은 자입니다. 또한 그리스도의 몸을 대표하는 자입니다. 목사가 설교하는 것은 몸의 일입니다. 목사가 설교할 때 그리스도의 영이신 성령님이 목사의 설교 말씀을 변화시켜 하나님의 음성이 되게 하십니다. 마치 갈릴리 가나의 혼례에서 하인들이 물을 준비하여 연회장으로 가져갈 때 예수님이 그 물을 포도주로 변화시킨 것처럼 목사의 설교는 하인들이 준비한 물과 같지만 설교하는 동안 성령님이 임하여 그 설교를 하나님의 음성으로 변화시켜 주시는 것입니다. 그러므로 설교자는 자신이 준비한 물을 자랑할 것이 아니라 자신이 준비한 물을 포도주로 변화시키시는 주님에 의지한 채 자신감을 가지고 설교해야 할 것입니다.

죄를 깨닫게 하시는 성령님

예화 9

유능한 전도사가 한 청년을 데리고 목사님을 찾아왔습니다. "목사님, 이 청년에게 인간이 왜 죄인인지 설명해주셨으면 합니다. 제가 두 시간 동안 이 청년과 함께 이야기했지만 여전히 인간이 죄인임을 부정하고 있습니다." 목사님은 성경을 펼친 뒤 청년 옆에 앉았습니다. 그리고 10분도 되지 않아서 청년은 목사님 앞에 무릎을 꿇고 자신이 죄인임을 고백하고, 하나님의 용서를 구하는 기도를 해달라고 요청했습니다.

전도사가 두 시간이 넘게 설명했는데, 청년은 왜 죄인임을 부정했을까요? 전도사는 자기의 지식으로 청년을 설득하려고 했기 때문에 그를 설득하지 못한 것입니다. 반면 목사님은 자기 능력으로는 어느 누구에게도 자신이 죄인임을 깨닫도록 설명할 수 없다는 것을 알았습니다. 성령님이 오셔서 자신이 죄인임을 깨닫게 해주시기까지는 어느 누구도 스스로 죄인임을 깨닫지 못합니다. 전도사는 성경을 들고 성경 말씀을 읽으면서 지혜로운 말로 청년을 설득하려고 했지만, 목사님은 청년을 앞에 두고 이렇게 기도했습니다. "하나님, 이 청년을 사랑하여 독생자 예수님을 아낌없이 선물로 주신 것을 믿습니다. 저는 이 청년의 마음을 움직여 자신에게 예수님이 필요하다는 것을 알게 할 수 없습니다. 그리고 이 청년이 죄인이요 예수님의 보혈이 필요하다는 것도 알게 할 수 없습니다. 지금 성령님이 이 청년에게 임하여 자신이 죄인임을 깨닫게 하시옵소서!" 이렇게 기도한 뒤 목사님은 성령님이 청년을 진리 가운데로 인도하실 것을 믿고 복음의 말씀을 전했습니다. 그리고 성령님은 청년을 예수께로 인도하셨습니다.

> 말씀에 접목하기: 요 16:7-9

그리스도의 몸인 교회와 그리스도의 영인 성령님은 분리할 수 없는 하나입니다. 사람의 몸과 영이 분리되면 죽는 것처럼 몸인 교회와 영인 성령님을 분리하면 교회는 인본주의가 되며, 성령님은 공허하게 됩니다. 앞서 언급한 전도사는 몸인 교회가 죄를 회개하게 만들고 믿음을 줄 수 있으리라고 생각했습니다. 그리스도의 영인 성령님 없이 그리스도의 몸인 교회의 가르침과 설득으로 청년을 회개하게 하고 예수님을 믿게 할 수 있다고 생각했습니다. 그러나 성령님의 역사 없는 교회의 가르침은 인본주의적 노력에 불과합니다. 한편 목사님은 청년을 가르칠 때 성령님이 임재하여 역사하시리라는 것을 믿고 기도하며 가르쳤습니다. 성령님은 교회의 가르침을 통해 복음의 말씀을 주님의 음성으로 받게 하시고, 믿음의 주님이요 우리를 온전하게 하시는 예수님을 믿게 만드십니다. 우리는 그리스도의 몸인 교회입니다. 우리의 모든 가르침과 노력을 주님의 이름으로 기도하면서 행할 때 성령님이 임하여 신비와 기적을 일으키실 것입니다.

과연 내가 너희를 버리지 아니하고

예화 10

우리는 버림을 받았다고 느낄 때 불안함을 느낍니다. 목사님은 남에게 버림받았다는 느낌이 얼마나 뼈아픈 경험인지를 이야기하고 있습니다. "어느 주일 아침 예배를 드리고 혼자서 집으로 돌아왔습니다. 일곱 살 난 딸은 교회학교에 둔 채로 말입니다. 저는 딸이 엄마와 함께 있을 거라 믿었고, 아내는 제가 딸아이와 함께 있을 거라고 믿었습니다. 그래서 아이는 교회에 혼자 남겨지게 되었습니다. 우리 두 사람은 교회 일을 끝마친 뒤 따로 집에 도착하고 나서야 이 사실을 알았고, 서둘러 다시 교회로 갔습니다. 저는 혼자서 울고 있는 딸을 보았습니다. 딸아이는 저를 보자마자 '아빠가 나를 잊었어요!'

라고 하면서 원망스러운 목소리로 말했습니다. 이 일이 딸아이에게 얼마나 깊은 상처가 되었는지 어른이 된 이후에도 가끔 그때 일을 이야기하면서 원망의 눈초리로 저를 쳐다보곤 합니다."

우리는 이따금 다른 사람을 잊어버리거나 모르고 지나칠 때가 있습니다. 우리 역시 다른 사람에게 잊히거나 다른 사람이 우리를 모른 체하고 지나칠 때가 있습니다. 그때 우리는 그것 때문에 심각해지고 상처를 입기까지 합니다. 그러나 우리를 절대 잊지 않는 한 분이 계십니다. 그분은 바로 우리의 하나님 아버지이십니다.

말씀에 접목하기: 히 13:5

시편 기자는 이렇게 말합니다. "여호와의 눈은 의인을 향하시고"(시 34:15). 히브리서는 이렇게 선언합니다. "그가 친히 말씀하시기를 내가 결코 너희를 버리지 아니하고 너희를 떠나지 아니하리라 하셨느니라"(히 13:5). 친구들이 당신을 잊어버렸다거나 어려운 시험을 당하면 어쩔 줄 몰라 당황할 때가 있습니다. 그때 주님이 우리를 위로해주고 지켜보고 계신다는 확신을 가져야 합니다. 주님은 우리의 형편을 아시고 도와주십니다. 주님은 어딜 가든지 동행하시며 우리를 떠나지 아니하십니다.

가려진 복

예화 11

우리는 시련이나 괴로움, 대단히 어려운 일에 대해서는 하나님께 감사기도를 하지 않습니다. 우리는 하나님의 선하심에 대해서는 즐거운 마음으로 찬양하려고 하지만 당면하고 있는 역경도 '가려진 축복'이라는 사실을 깨달아 알지 못할 때가 많습니다. 우리 하나님은 괴로운 시련을 만날 때도 행복한 일을 만날 때와 마찬가지로 우리와 함께하셔서 모든 것을 합력하여 선을 이루어주겠다고 약속하셨습니다.

한 목사님에게도 이런 문제가 있었습니다. 그는 일이 잘못되어 갈 때면 일이 잘 되어 갈 때처럼 하나님을 찬양하고 감사하지 못했습니다. 그런데 그의 시력이 점점 나빠져 결국 시력을 잃게 되었을 때 성령님이 그에게 충만히 임하셨습니다. 성령님은 그가 이제까지의 생각을 바꾸고 다음과 같이 기도하도록 만드셨습니다. "하나님 아버지, 그동안 저는 시련에 대하여 감사기도를 드린 적이 한 번도 없습니다. 모든 일이 잘 되어 갈 때 수천 번 하나님을 찬양하고 감사하는 기도를 드렸습니다. 저는 시련과 고난을 당할 때마다 십자가의 능력으로 이런 시련과 고민을 물리쳐 달라고 간구했습니다. 그러나 그 시련과 고난 자체가 하나님이 저에게 주시는 가려진 축복이요 하나님의 영광임을 깨닫지 못했습니다."

말씀에 접목하기: 고후 12:10

우리는 복을 헤아릴 때 자신이 당면하고 있는 약점과 고난, 괴로운 짐, 시련도 거기에 포함시켜야 합니다. 하나님은 이런 것들을 통하여 우리를 영적으로 성장하게 하시며, 예수님의 십자가의 영광을 몸으로 체험하게 하시며, 하나님께 더 가까이 나아가도록 하십니다. 이제 쓰라린 시련에 감사합시다. 하나님이 이 시련을 통하여 우리에게 강한 믿음을 주시고 있다는 사실에 감사하며 찬양합시다. 시련을 하나님의 복으로 만드는 자가 누구입니까? 그 시련이 가려진 하나님의 축복임을 깨닫고 그분께 감사하며 찬양하는 자가 아닙니까? "그러므로 내가 그리스도를 위하여 약한 것들과 능욕과 궁핍과 박해와 곤고를 기뻐하노니 이는 내가 약한 그때에 강함이라"(고후 12:10).

반드시 밀물 때가 온다

예화 12

강철왕 카네기가 어느 도시의 시장 사무실에 들어갔는데 잘 보이는 위치에 큰 그림 하나가 걸려 있었습니다. 모래밭 위에 노가 놓여 있는 낡은 거룻배가 그려진 그림이었습니다. 그림의 분위기는 절망스럽고 쓸쓸했습니다. 그런데 그 그림 밑에 "반드시 밀물 때가 온다"라는 글귀가 있었습니다. 카네기는 시장에게 그림에 대한 사연을 물었습니다. 그는 젊은 시절 거듭되는 실패로 말할 수 없는 절망 속에서 허덕이고 있을 때 한 사무실에서 지금 시장실에 걸린 그림을 보았다고 합니다. 이 그림을 본 순간 말로 표현하기 어려운 진한 감동이 있었다고 합니다. 지금은 실패자이지만 자기에게도 반드시 밀물 때가 올 거라는 희망이 생긴 것입니다. 그래서 이 그림을 얻어 와 날마다 그림을 들여다보며 절망적인 생각에서 소망적인 생각으로 바꿔 살았기에 오늘의 그가 되었다고 말했습니다.

그렇습니다. 우리는 소망으로 구원을 얻었습니다. 소망은 우리를 견디게 하며 우리로 참되게 하며 하나님의 미래를 기다리게 하며 그것을 위해 인내하게 합니다. 예수님의 십자가는 완전한 절망을 의미하지만 바로 그것이 인류를 구속하시는 하나님의 사랑이요 인류에게 새 역사를 창조케 하신 구원의 능력입니다. 예수님의 마음을 품은 사람은 십자가에 달리신 예수님을 날마다 바라보며 십자가의 절망 속에 숨겨진 희망을 보는 자입니다.

말씀에 접목하기: 히 12:1, 2

사탄은 우리 마음의 눈을 과거에 고정시켜 사람의 행위를 판단하고 비판하고 비난하게 합니다. 그러나 성령님은 우리 눈을 우리 가운데 임재하여 우리를 위해 새 일을 창조하시는 하나님께 고정하도록 만드십니다. 믿음은 하나님이 과거에 우리를 위해 행하신 일에 근거하여 우리가 받은 하나님의 은혜입니다. 사랑은 지금 바로 여기에 임한 하나님이 우리 가운데서 행하시는 일을 이야기합니다. 반면 소망은 하나님이 앞으로 우리를 위해 행하실 그 일에 우리 마음을 기울이게 만듭니다.

세상과 사람과 그들의 행위에 관심을 기울일 때 우리는 절망하고 좌절합니다. 그러나 우리가 영의 눈을 열고 그 눈을 하나님께 고정시키면 그분의 은혜와 힘이 넘칩니다. 성령님은 지금도 우리 가운데 오셔서 우리 영의 눈을 열어주십니다. 영의 눈이 열린 자는 우리 가운데 임재하신 하나님을 보며, 하나님이 이루실 미래를 보면서 감사하고 찬양하며 즐거워합니다.

은혜를 받을수록 양심의 가책이…

예화 13

평소 알고 지내는 한 의사가 긴급하게 상담을 요청했습니다. 그는 원래 기독교 신자가 아니었지만 뇌성마비 아들을 낳고 나서 아이를 위해 기도하면서 신앙을 갖게 되었고, 새로 발견한 기독교 진리를 더 깊이 알기 위해 틈나는 대로 신앙 관련 책을 읽으면서 기도하고 있는 사람입니다. 나는 아내와 함께 그의 집으로 찾아가 이야기를 나누게 되었습니다. 그는 당혹스러워하며 자기 아내와 꼭 상담을 해달라고 부탁했습니다. 그 부부는 강남에서도 은혜로운 교회라고 소문이 난 B교회에 2년간 출석하고 있었는데, 어느 날 갑자기 아내가 더 이상 교회에 나갈 수 없다고 하면서 기독교 주요 교단이 이단이라고 정죄한 집단의 모임에 나가고 있다는 것입니다. 그의 아내는 부부간에 신앙이 다르면 사이도 좋지 못하게 된다고 하면서 남편도 B교회를 그만두고 자신이 속한 모임에 함께 나가야 한다고 강력히 요구하는 중이라는 것입니다. 그의 아내는 남편에게 최후통첩(?)이라면서 이번 주말까지 결단을 내리라고 했답니다. 의사는 이 이야기를 하면서 이 문제를 갖고 자기 아내와 상담해 달라고 했습니다.

먼저 의사의 아내에게 그 모임에 나가게 된 과정을 이야기해 달라고 부탁했습니다. 그녀의 첫 마디는 2년간 B교회에 나가면서 너무 큰 은혜를 받아서 양심의 가책이 심해 더 이상 그 교회에 나갈 수 없다고 했습니다. 나는 이 말을 듣고 깜짝 놀라 눈을 크게 뜨고 그녀의 얼굴을 쳐다보았습니다. 너무 큰 은혜를 받았기 때문에 양심의 가책을 받아 더 이상 그 교회에 나갈 수 없다는 말이 전혀 이해되지 않았기 때문입니다.

그녀는 이렇게 설명했습니다. B교회의 담임목사님은 설교할 때 설득력이 탁월해 무슨 주제를 갖고 설교하든지 교인들이 감동을 받아서 "아멘"으로 화답하고 설교 말씀대로 살기로 결단한다는 것입니다. 예를 들면 '전도하라'는 제목으로 설교하면 그녀는 이제까지 전도하지 못한 것을 회개하고 이제부터는 전도하는 사람이 되어 하나님께 영광을 돌리겠다고 약속하게 된다는 것입니다. 그러나 집에 돌아오면 집안일에 바쁘고 세상살이에 바빠서 하나님께 약속한 전도를 하지 못하고 다음 주일 교회에 나갑니다. 그 주에 목사님이 다시 '사랑은 허물을 덮어주는 것이다'라는 주제로 설교하면 이 말씀을 듣고 이제까지 덮어주지 못한 죄, 비판하고 비난한 죄, 정죄했던 모든 죄를 회개하고 이제부터는 덮어주는 사람이 되겠다고 하나님께 약속합니다. 그러나 일주일 사는 동안 덮어주기보다 비판하고 정죄하는 삶을 살다가 다시 주일 예배에 참석합니다. 그녀는 2년 동안 교회에 나갈 때마다 하나님께 약속한 대로 살지 못해 양심의 가책을 받다가 이제는 그것이 견딜 수 없을 정도로 큰 스트레스가 되어 자기 마음을 짓눌러 고통스럽게 만들고 있다는 것입니다.

그러던 중 가까운 친구의 강권으로 이단이라고 정죄 받은 집단 모임에 처음 참석했는데, 그곳에 가니 "하라!" "살아라!"라고 성경을 가르치지 않고 상처받은 마음을 위해 뜨겁게 기도해주고 하나님은 명령하는 분이 아니라 돌보고 지탱해주고 감싸주고 위로해주는 분이라고 가르쳤다는 것입니다. 그녀는 이곳에서 스트레스가 몸에서 빠져나가고, 하나님의 사랑이 자신을 가득 채우는 기쁨을 맛보았습니다. 그러다 보니 이 집단의 모임에 참석할 때마다 평화와 기쁨을 얻게 되었다고 합니다. 그녀는 이렇게 질문했습니다. "예수님이 정말로 사랑과 용서와 평화의 하나님이시라면 바로 그 집단이 예수님이 살아계신 곳이지 않을까요?"

　의사의 아내는 끊임없이 좋은 말씀을 받아 하나님의 뜻에 따라 살고자 하는 마음이 가득했습니다. 그녀는 하나님의 법을 즐거워하고, 하나님의 선을 행하고자 하는 열망이 넘쳤습니다. 그러나 선을 행하기 원하는 그녀의 마음속에 악이 함께 있어 자기 마음의 법과 싸워 그녀를 자꾸 죄의 법 아래로 끌어내리는 것을 보면서도 속수무책으로 당하고만 있었던 것입니다. 그로 말미암아 그녀는 끊임없이 스트레스를 받고 양심의 가책에 빠져 부르짖었습니다. "오호라 나는 곤고한 사람이로다!"

　사도 바울은 이런 성도들을 위해 이렇게 말했습니다. "예수를 죽은 자 가운데서 살리신 이의 영이 너희 안에 거하시면 그리스도 예수를 죽은 자 가운데서 살리신 이가 너희 안에 거하시는 그의 영으로 말미암아 너희 죽을 몸도 살리시리라"(롬 8:11). 사도 바울은 인간의 자아가 어떤 것을 깨달아 결심하고 그것을 실천하고자 노력한다고 해도 우리는 하나님의 일을 행할 수 없다고 선언하고 있습니다. 그래서 하나님은 성령님을 보내어 우리 안에 거하게 하시고 우리가 할 수 없는 그것을 할 수 있게 하십니다. 그리스도의 몸이신 교회를 이 땅에 세워 교회를 통해 성령님을 받을 수 있게 하신 것입니다. 교회를 통해 주시는 하나님의 성령님이 그 성도에게 주는 해답입니다.

말씀에 접목하기: 롬 8:9-11

　사도 바울은 하나님이 우리에게 보내주신 성령이 죄와 사망의 몸에서 우리를 건져낼 수 있다고 선언했습니다. "그러므로 이제 그리스도 예수 안에 있는 자에게는 결코 정죄함이 없나니 이는 그리스도 예수 안에 있는 생명의 성령의 법이 죄와 사망의 법에서 너를 해방하였음이라"(롬 8:1, 2). 죄악의 몸, 선을 행할 수 없는 몸, 끊임없이 육체의 소욕에 따라 사는 몸, 죄와 사망의 법 아래 매어 있는 몸을 해방시키는 분은 하나님이 우리에게 보내

주신 성령님입니다. 우리 속에 하나님의 영(성령)이 거하시면 우리는 육신에 있지 않고 영에 거합니다. 성령님은 먼저 우리 속에 있는 영을 해방시키십니다. 성령님은 이제까지 죄악의 법 때문에 하나님의 법을 따르지 못하던 영을 해방시켜 하나님을 갈망할 뿐 아니라 그분을 만나고 그분의 신비를 체험하면서 하나님의 생명의 삶에 참여하는 영의 몸으로 우리를 회복시키십니다. "예수를 죽은 자 가운데서 살리신 이의 영이 너희 안에 거하시면 그리스도 예수를 죽은 자 가운데서 살리신 이가 너희 안에 거하시는 그의 영으로 말미암아 너희 죽을 몸도 살리시리라"(롬 8:11). 성령님은 죄와 사망의 법에 사로잡힌 인생을 해방시켜 하나님의 생명과 평안으로 인도하신다는 말씀입니다. 성령님으로 충만하고 성령님의 인도를 많이 받아서 성령님께 더 철저히 순종하면 할수록 우리는 영적으로 변화될 것입니다. 그리스도와 함께 십자가에 못 박혀 죽고 그리스도의 영이 우리 안에 살면서 우리를 지배하는 성령 충만의 삶 속에서만 하나님의 풍성한 생명의 삶이 우리 가운에 이뤄질 것입니다. 그러므로 진정한 영성은 성령님이 우리 안에 오셔서 이루어 가는 하나님의 삶입니다.

두려움을 정복하는 길

예화 14

20세기 전반기에 활약했던 위대한 설교자들 가운데 한 명인 조지 투루엘 목사님이 많은 사람을 만나면서 얻은 경험에 대해 말한 적이 있습니다. 그는 두려움의 문제에 대해 더 많은 설교를 할 필요가 있다고 했습니다. 어느 명문대학으로부터 강연 요청을 받은 목사님은 학생들이 어떤 문제에 관심을 가지고 있는지를 먼저 조사했습니다. 그 결과 절대 다수의 학생은 '어떻게 해야 공포를 이겨낼 수 있는가?'라는 주제로 강연하기를 원한다는 사실을 알았습니다.

오늘날 많은 사람이 두려움 때문에 자기 능력을 제대로 발휘하지 못하고 있습니다. "나는 과연 성공할 수 있을까?" "나는 사랑받을 만한 존재인가?" "나는 그 일을 해낼 수 있을까?" "내 앞에는 어떤 미래가 기다리고 있을까?" "나는 사람에게 존중받는 존재가 될 수 있을까?" "나는 실패한 삶을 살지 않을까?" "사람들이 나를 어떻게 생각할까?" "내 외모를 보고 사람들이 나를 어떻게 대할까?" 등등. 두려워하는 사람은 한 가지 공통점을 가지고 있습니다. 그것은 바로 '나'입니다. 자신에게 집착하는 동안 두려움은 우리를 떠나지 않습니다.

말씀에 접목하기: 빌 4:6, 7

예수님은 우리에게 "두려워 말라"고 말씀하십니다. 두려워 말라고 말씀하시는 예수님을 영접하고 그분을 중심에 모시면 예수님은 우리를 모든 두려움에서 건지십니다. 그분은 우리의 걱정과 근심과 두려움을 맡으시고 우리를 돌보시는 분입니다. 그분은 우리와 함께 미래를 향하여 나아가시는 분입니다. 그분은 우리를 하나님의 보석으로 만드시고 존중받으며 사랑받게 만드십니다. 예수님을 모시고 그분께 우리의 모든 두려움을 맡겨야 합니다. 그러면 예수님은 우리를 두려움에서 건져내실 것입니다.

나의 하나님, 나는 당신을 사랑합니다

예화 15

동양 선교에 커다란 업적을 남긴 스페인의 프란치스코 자비에르 신부는 예수 그리스도 사랑을 다음과 같은 시로 표현했습니다.

나의 하나님! 나는 당신을 사랑합니다.
그러나 하늘에 오르고자 당신을 사랑하는 것은 아닙니다.

또한 당신을 사랑하지 않으면 영원히 죽을까 두려워하여 사랑하는 것도 아닙니다.

나의 예수님! 당신은 십자가 위에서 나를 껴안아주셨나이다.

나를 위하여 못에 박히셨고 창에 찔리셨으며 많은 부끄러움을 당하셨나이다.

그러하신 당신을 어찌 사랑치 않을 수 있을까요?

축복을 받으신 예수 그리스도시여! 그러므로 당신을 사랑하는 나의 사랑은 천당이 그립거나 지옥이 무서워하는 사랑이 아닙니다.

당신에게 무엇을 얻거나 상급을 받으려는 야심이 아니라

당신이 나를 사랑하신 까닭에 나도 당신을 사랑하나이다.

영원한 사랑이신 주여! 그러므로 나는 당신을 사랑하며 당신을 찬송하오리다.

사랑하는 주님이시여! 당신은 나의 하나님이시요 나의 영원하신 왕이시니이다.

말씀에 접목하기: 요 5:4, 5

사랑은 관계에서 옵니다. 만나지 않고 사귐이 없다면 사랑은 생겨나지 않습니다. 처음부터 사랑을 가지고 사람을 만날 수는 없습니다. 누군가와의 만남을 통해 사랑을 경험하고, 그 사랑으로 마음을 채운 후에 다른 사람을 만났을 때 그 사랑으로 사람을 대할 수 있는 것입니다. 하나님이 우리를 이처럼 사랑하신다는 것을 경험한 사람은 조건을 내세워 사랑하지 않습니다. 사랑은 조건적인 관계를 무조건적인 관계로 만드는 능력을 갖고 있습니다. 자비에르 신부는 하나님을 만나고 하나님께로부터 엄청난 사랑을 받았기 때문에 모든 조건적인 관계가 깨어지고 무조건적인 사랑의 관계로 변할 수 있었습니다. 사랑의 관계를 만들기 전에는 사랑이 생겨나지 않습니다.

주님의 도우심이 아니면 이길 수 없습니다

예화 16

일본 경찰의 신사참배 강요에도 굴복하지 않고 십여 년을 견디며 옥중에서 고생하다가 순교한 주기철 목사님의 기도에 대한 가르침 가운데 다음과 같은 말씀이 있습니다. "단번에 받는 고난은 이겨낼 수 있지만 오래 끄는 장기간의 고난은 참기가 어렵습니다. 칼로 베고 불로 지지는 형벌이라도 한두 번에 죽어진다면 그래도 이겨낼 수 있지만 한 달, 두 달, 1년, 10년 계속되는 고난은 견디기가 어렵습니다. 그것도 절대로 면할 수 없는 형벌이라면 할 수 없이 당하지만, 한 걸음만 양보하면 그 무서운 고통을 면하고 도리어 상을 준다는 말에 많은 사람이 넘어갑니다. 말 한 마디만 타협하면 살려준다는 회유에 용감한 신자도 넘어지게 됩니다. 하물며 나 같은 약졸이 어떻게 장기간의 고난을 견딜 수 있겠습니까? 우리의 연약한 것을 다 경험하시고 우리의 아픔을 친히 경험하신 우리 대제사장 예수님께 의지할 뿐입니다."

말씀에 접목하기: 마 19:26

믿음은 삶입니다. 한순간의 결심이나 느낌이나 행동도 믿음의 일부분이기는 하지만 믿음은 주님과 교제를 나누며 사는 관계요, 성령님의 인도를 받으며 사는 삶입니다. 그러므로 그리스도인은 환난을 당하든지 좋은 일을 만나든지 성령님의 인도를 받으면서 하나님이 하시고자 하는 그 일을 최선을 다해 행하며 살아가는 믿음을 훈련해야 합니다. 성도의 견인은 우리가 하는 것 같지만 하나님이 교회를 통하여 또는 여러 방법을 통하여 역사하시고, 성령님의 감동으로 되는 은혜의 선물입니다. 우리가 기도하면서 인내로 행하는 인간의 일인 동시에 하나님이 성령님을 통해 주시는 은혜의 선물이 성도의 견인입니다.

유일한 고민, 하나님 편에 서 있는가

예화 17

미국에서 남북전쟁이 일어나 북군의 전세가 불리하게 돌아갈 때였습니다. 한 참모가 와서 링컨에게 물었습니다. "각하! 하나님은 우리 북군 편에 계실까요, 남군 편에 계실까요?" 이 질문에 링컨은 이렇게 대답했습니다. "나는 하나님이 우리 편에 계신가, 적의 편에 계신가 하는 것을 가지고 고민하지 않네. 나의 유일한 고민은 내가 하나님 편에 서 있는가 하는 것이네."

말씀에 접목하기: 마 6:33

우리는 모두 하나님의 도우심과 축복을 바라고 있지만, 어떻게 해야 하나님의 도우심을 받을 만한 합당한 사람이 될 수 있는지에 대해서는 고민하지 않습니다. 우리가 진정으로 하나님 편에 서 있는지를 고민하며 그분의 나라와 그분의 의를 먼저 구한다면 하나님은 이 모든 것을 더하여 주실 것입니다.

주님의 은혜를 항상 기억하라

예화 18

우리는 하나님이 우리를 어떤 곳에서 건져내어 지금의 자신을 만들어주셨는지 잊어버릴 때가 많습니다. 나의 나 된 것은 하나님의 은혜로 된 것이라고 바울과 함께 고백하면서도 자신의 과거를 잊어버릴 때가 많습니다. 과거의 나를 기억하는 것은 바로 하나님의 은혜에 더 크게 감사하고, 그분의 은혜를 기뻐하는 방법 가운데 하나입니다.

이런 이야기가 있습니다. 양 치던 목동이 스코틀랜드 왕으로부터 큰 명예와 지위를 받았습니다. 과거 그는 아무것도 없는 가난한 목동이었지만 지금은 왕궁에서 높은 지위와 명예와 부와 권력을 누리고 있습니다. 그런데 그는 아무도 몰래 어떤 방에 자주 드나들었습니다. 이를 알게 된 왕은 혹시 목동이 음모를 꾸미고 있는 것이 아닌지 의심해 비밀의 방을 조사하게 했습니다. 조사해 보니 놀랍게도 그 방에는 찌그러진 걸상 하나와 목동이 사용했던 오래된 막대기 하나와 격자무늬의 목도리만 있었습니다.

왕은 목동에게 "도대체 이것들이 무엇이냐?"라고 물었습니다. 그러자 그는 "폐하께서 저를 승진시켜 주시기 전에 저는 양을 치는 비천한 목자였습니다. 저는 과거 신분을 상기시켜 주는 이 구부러진 지팡이와 목도리를 보기 위해 이 방에 들어옵니다. 그리고 이 방에 들어올 때마다 아무것도 아닌 제가 폐하의 은혜로 이렇게 되었다는 것을 떠올리고 더 큰 충성을 다짐합니다"라고 대답했습니다.

말씀에 접목하기: 딤전 1:14; 고전 15:10, 11

사도 바울은 언제나 주님의 첫사랑을 기억했습니다. 사실 그는 주님의 놀라운 사랑을 받을 만한 존재가 아니었습니다. 그는 수많은 그리스도인에게 해를 끼쳤을 뿐 아니라 그들을 핍박했습니다. 사도 바울은 자기가 죄인들 가운데 괴수였지만 오직 예수님의 은혜로 구원받고 하나님의 종이 되었다는 것을 기억하면서 주께 감사하며 그분을 위해 최선을 다했습니다. "나는 사도 중에 가장 작은 자라 나는 하나님의 교회를 박해하였으므로 사도라 칭함을 받기를 감당하지 못할 자니라 그러나 내가 나 된 것은 하나님의 은혜로 된 것이니 내게 주신 그의 은혜가 헛되지 아니하여 내가 모든 사도보다 더 많이 수고하였으나 내가 한 것이 아니요 오직 나와 함께하신 하나님의 은혜로라"(고전 15:9, 10).

에베소 교회는 아주 훌륭한 교회였지만 한 가지 흠이 있어서 회개하도록 촉구 받았습니다. "그러나 너를 책망할 것이 있으니 처음 사랑을 버렸느니라 그러므로 어디서 떨어졌는지를 생각하고 회개하여 처음 행위를 가지라 만일 그리하지 아니하고 회개하지 아니하면 내가 네게 가서 네 촛대를 그 자리에서 옮기리라"(계 2:4, 5). 첫사랑을 잃어버린 것은 촛대를 옮길 만큼 치명적인 잘못입니다. 지금 최선을 다하고 있어도 언제나 첫사랑의 감격이 그 밑바탕에 반석이 되어야 할 것입니다.

지금 어떤 짐을 지고 비틀거리고 있는가

예화 19

무거운 짐을 지고 비틀거려 본 적이 있습니까? 여덟 살 때 조 짚단을 지고 바람이 세차게 부는 길을 걸은 적이 있습니다. 그때 동쪽에서 서쪽으로 짚단을 지고 걸어가는데, 원래 바람이 많고 센 제주도의 겨울 하늬바람은 어린 아이가 감당할 수 없을 정도였습니다. 바람은 북에서 남으로 강하게 불고 있었습니다. 그냥 걸어가는 것은 그런대로 견딜 만했지만 가볍지만 부피가 큰 조 짚을 등에 지고 가는 길은 너무 힘들고 고됐습니다. 바람이 등에 지고 있는 짚단에 부딪히면서 짚과 함께 내 몸을 날려 보내려고 했습니다. 나는 그 바람을 이겨내느라 온몸에 힘을 준 채 다리로 버티면서 쓰러지는 몸을 가누려고 발버둥쳤습니다. 60여 년이 훨씬 더 지난 일이지만 얼마나 무거웠는지 결코 잊을 수 없는 기억으로 남아 있습니다. 무거운 짐은 생각과 감정과 의지를 한 곳으로 모으게 할 뿐 아니라 무거운 짐을 견디는 데 온몸을 집중시키고 머리는 다른 어떤 것도 생각하지 못하게 만들었습니다.

중학교에 다니면서 휴일이나 방학 때마다 나무하러 다녔습니다. 내가 살던 집에서 망 오름까지 1시간 거리인데, 아침에 오름에 가서 나무를 하고 집에 오면 거의 저녁때가 되었습니다. 하루에 한 번밖에 갈 수 없어서 지게에 쌓을 수 있는 데까지 나무를 해서 내려옵니다. 갈 때는 한 시간 길이지만 올 때는 두세 시간의 길이 됩니다. 나무가 너무 무거워 조금 걷다가 쉬고, 조금 걷다가 쉬고를 반복해야 하기 때문입니다. 당시 다니던 길에는 사람들이 무거운 짐을 지고 가다가 지게를 받쳐놓고 쉬는 소위 '팡'이라는 것이 군데군데 있었습니다. 나는 무거운 나무 짐을 지고 이 팡에서 출발하여 다음 팡까지 쉬지 않고 가려고 애썼습니다. 땀이 계속 흘러내리고 다리가 후들거려 견디기 힘들었지만 참고 견디며 다음 팡까지 갑니다. 그리고 다음 팡에 도착해서 무거운 짐을 내려놓고 쉴 때의 그 기분, 그 시원함, 그 맛은 경험해 본 사람만이 알 수 있을 것입니다. 다시 그 짐을 등에 지고 가야 하는 길이 한참 남았지만 팡에 도착해 쉴 때는 하늘을 날아다니는 기분이었습니다.

예수님은 우리의 짐을 내려놓고 쉬게 하실 뿐 아니라 다시 그 무거운 짐을 지지 않게 만드시고 쉽고 가벼운 짐만 지고 평안히 살게 하시는 분입니다. 예수께 오는 자는 무거운 짐을 내려놓고 편히 쉬면서 하늘을 올려다보며 살 수 있습니다. 당신은 지금 어떤 무거운 짐을 지고 있습니까? 그 짐을 예수님 앞에 와서 내려놓고 편히 쉬지 않겠습니까?

어느 날 밤 나는 사람들 앞에서 설교하는 꿈을 꾸었습니다. 무슨 제목이었는지, 무슨 내용이었는지 기억나지 않지만 분명한 것 한 가지는 잠에서 깨어난 뒤 그 꿈이 나를 짓누르는 짐이 되었다는 점입니다. 나는 꿈속에서 설교를 해야 하는데 어떤 말씀을 해야 듣는 사람들이 감동 받을까 조바심을 내곤 했습니다. 그리고 사람들 앞에서 설교하는데 그다지 들을 것이 없다고 하면서 어떤 사람이 예배당을 나가버리더니 설교가 끝났을 때는 한 사람도 자리에 남아 있지 않았습니다. 나는 '감동을 주지 못하는 설교로 사람의 귀만 더럽혔구나!' 라는 생각이 들어 땀까지 흘리면서 어쩔 줄 몰라 하다가 잠에서 깨어났습니다.

잠에서 깨어난 뒤 나는 마음이 답답하고 무거웠습니다. '어떻게 하면 감동을 주는 설교를 할 수 있을까? 무슨 예화를 찾아야 할까? 어떤 소재로 말씀을 전할까?' 라는 생각이 머릿속을 떠나지 않고, 사람이 교회를 떠나버리는 꿈 내용 때문에 마음이 무거웠습니다. 그러던 중 문득 '이것이 나의 무거운 짐이구나!' 라는 깨달음을 얻었습니다. 이제까지 살아오면서 설교하거나 강의하면서 듣는 사람을 감동시키고 잘했다는 칭찬을 듣고자 하는 마음을 가지고 있었다는 것을 알게 되었습니다. '이것이 나의 무거운 짐이었구나! 예수님이 나에게 가지고 오라는 나의 무거운 짐이 이것이었구나!'라는 깨달음을 얻은 뒤 나 자신이 얼마나 하나님을 무시하고 사람을 기만했는지 알게 되었습니다.

나는 하나님의 말씀을 전한다고 하면서 그분의 말씀을 바르게 전달하고자 하는 마음보다 듣는 사람들에게 감동을 주고자 하는 데 더 관심을 기울이고 있었던 것입니다. 이것은 듣는 사람을 위한 것처럼 보일지 모르지만 사실은 내 자존심을 세우려는 것이요, 나 자신이 사람의 관심의 초점이 되려는 자기중심의 노력이요, 나의 영광을 추구하려는 것이었습니다. 여기에는 하나님의 말씀을 전한다는 마음도, 하나님의 영광을 구한다는 생각도, 하나님의 성령께서 역사하신다는 믿음도, 우리 주님을 소개하여 그들에게 하나님의 사랑을 경험하게 하려는 갈망도 녹아 없어져 버렸습니다. 다만 '나'가 있을 뿐이었습니다.

그때 하나님 앞에 나를 회개하면서 간절한 마음으로 기도를 드렸습니다. "하나님, 제 마음속에 뭉쳐 있는 죄의 덩어리를 주님의 피로 녹여주시옵소서. 그동안 사람을 감동시키려는 무거운 짐을 지고 살아왔습니다. 주님이 저의 무거운 짐을 가져오라고 하셨으니 이 짐을 가져왔습니다. 이 짐을 맡으시옵소서. 주님이 그 말씀을 축복하시고 그 말씀을 사용하여 듣는 사람에게 역사하실 것을 믿습니다. 주님만이 모든 것을 이루신다는 믿음이 곧 가벼운 멍에임을 깨닫게 하소서. 주님의 가벼운 멍에를 메고 주님을 따르게 하소서!"

말씀에 접목하기: 마 11:28-30

예수님은 설교의 무거운 짐 진 자들을 부르시고 있습니다(마 11:28-30). 우리 주님은 설교자에게 사람을 감동시키고자 애써야 한다는 멍에를 지우지 않으십니다. 예수님은 사람의 마음에 감동을 주라고 하지도 않으십니다. 예수님의 짐은 하나님의 사랑을 전달하는 것이요, 하나님의 평강을 사람 가운데 넘치게 하는 것이요, 하나님의 치료와 위로와 격려와 새 소망을 전하여 사람에게 하늘의 기쁨을 맛보게 하는 것입니다.

예수님은 사람을 만날 때마다, 사람에게 말씀하고 가르칠 때마다 먼저 하나님을 바라보면서 그분의 것들을 받아 그것을 전달하는 데만 마음을 집중하셨습니다. 예수님은 낮은 곳으로 오시며 약한 자들을 찾으시며 하나님의 도움이 필요한 자들을 만나 그들에게 하나님의 생명을 전하셨습니다. 예수님은 하나님을 사랑하는 일과 사람에게 하나님의 사랑을 전하고 그들을 구원하는 일에 모든 것을 거셨습니다. 이것이 예수님의 겸손이요 온유의 멍에였습니다.

이제 우리가 지고 있던 짐, 이기고자 하는 짐, 자존심의 짐, 다른 사람보다 먼저 가고자 하는 짐, 사람을 감동시켜 칭찬 받으려는 짐, 정욕의 짐을 예수께 드려야 합니다. 예수님은 이런 무거운 짐을 받으시고 그분의 보혈로 씻으시고 예수님 자신의 온유와 겸손의 멍에를 우리에게 주실 것입니다. 예수님은 우리에게 하나님을 사랑하고 그분의 사랑만을 사람에게 전달하려는 열망으로 가득하도록 만드실 것입니다. 우리 삶은 주님의 큰 사랑을 사람들에게 전달하여 사람들이 기쁨과 감격으로 하늘의 평강의 삶을 회복하는 것이어야 합니다.

합력하여 선을 이루시는 하나님

예화 20

영주 중·고등학교 교장과 이사장을 지낸 강경원 장로의 젊은 시절에 대한 이야기입니다. 일제강점기가 끝나갈 무렵 그는 보급대에 끌려가 한 달여 간 채석장에서 폭파 작업을 했습니다. 오전에는 바위에 구멍을 뚫어 폭약을 넣고 폭파한 뒤 점심식사를 하고 나면 오후에는 무거운 돌을 옮기는 중노동을 해야 했습니다.

그날도 오전에 폭파를 마친 뒤 폭파된 돌덩이 위에 앉아 가져온 도시락으로 점심식사를 했습니다. 다른 인부들은 기도하지 않고 그냥 밥을 먹지만 예수님을 믿는 강경원은 도시락을 앞에 놓아두고 식사기도를 했습니다. 그런데 바로 그때 어디서 왔는지 누런 개 한 마리가 나타나 그의 도시락을 물고 저만치 달아나는 것이었습니다. 이 광경을 본 다른 인부들이 소리 내어 웃으며 한 마디씩 비아냥거렸습니다. "강형, 지금 개가 점심 도시락을 물고 가!" "기도하다가 점심을 빼앗기는군." "예수님은 도시락을 못 지켜주시나?" 이 모습을 본 다른 인부들도 한 마디씩 거들었습니다. "오늘 그 개 포식하는 날이네." "개 팔자가 상팔자군!" "배고픈데 기도는 무슨 기도야, 밥부터 먼저 먹어야지."

강경원은 도시락을 물고 도망가는 개를 좇아갔습니다. 개는 자기를 따라오는지 확인하듯 뒤를 힐끗힐끗 보면서 뛰어갔습니다. 그러면서 그를 놀리듯 빨리 따라가면 빨리 가고 천천히 쫓아가면 천천히 가면서 은근히 약을 올렸습니다. 사람들은 그 모습을 보면서 혀를 끌끌 차며 "허허, 참, 그 개가 사람 욕보이네!"라고 말했습니다.

그런데 개를 따라 한참을 달려갔을 때 뒤에서 "꽈다당" 하는 큰 폭음이 들렸습니다. 뒤돌아보니 채석장에서 나온 폭음이었습니다. 다 터진 줄로만 알았는데 폭약 한 개가 불발로 남아 있다가 뒤늦게 터진 것이었습니다. 채석장 돌덩이 위에서 도시락을 먹으면서 강경원이 개를 따라가는 모습을 보며 한 마디씩 던지던 인부들이 그 폭발로 많이 다쳤습니다. 멀리서 폭음을 듣고 그는 도시락도 잊어버리고 하나님께 감사기도를 드렸습니다. 하나님을 사랑하는 자들에게는 모든 것이 합력하여 선을 이룹니다. 식사기도를 하는 중에 개가 도시락을 물고 도망쳐서 다른 사람들의 비웃음을 받으며 쫓아가야 했는데, 그 일이 강경원을 살리는 하나님의 선을 이루었습니다.

> 말씀에 접목하기: 롬 8:26-28

하나님은 예레미야 선지자가 엄청난 박해와 고통을 당할 때 부르짖어 기도하면 응답하여 주실 뿐 아니라 크고 은밀한 일을 보여주겠다(렘 33:3)고 약속하셨습니다. 하나님은 기도에 응답하실 뿐 아니라 크고 은밀한 일들을 보여주십니다. 환난이 다가오거나 큰 고난을 당할 때 우리는 어떻게 해야 할지를 알지 못합니다. 그러나 성령님은 그것을 아시고 우리를 위해 말할 수 없는 탄식으로 기도해주시기 때문에 하나님이 모든 것을 합력하여 선을 이루는 놀라운 기적을 행하십니다(롬 8:26-28). 세상 끝날까지 항상 함께하시는 주님이 우리를 돌보고 지키시므로 우리가 볼 때는 신비한 일이 항상 일어납니다.

지금 하늘에 무엇을 쌓고 있습니까?

예화 21

다음은 반다이크(Van Dyke)가 한 이야기입니다. 로마의 어떤 부자가 천국에 갔는데 한 천사의 안내를 받아 이곳저곳을 구경하게 되었습니다. 천국을 구경하던 중 정말 아름다운 집을 발견했습니다. 그 집은 근사하고 멋있었습니다. 부자는 부러움이 섞인 말투로 "도대체, 이 아름다운 집의 주인은 누구인가요?"라고 물었습니다. 그러자 천사는 "이 집은 당신이 종으로 부렸던 사람의 집입니다"라고 대답했습니다. 부자는 어이없다는 표정으로 "아니, 어떻게 그 사람이 천국에서 이런 멋진 집을 소유할 수 있습니까?"라며 불평을 늘어놓았습니다. 그의 불평에 천사는 이렇게 대답했습니다. "천국은 실수가 없고 오류가 있을 수 없는 곳입니다. 우리는 땅에서 그가 보낸 재료로 이 집을 지었을 뿐입니다."

천사의 단호한 대답에 더 이상 우기지 못하고 부자는 천국의 다른 장소로 가게 되었습니다. 한참 가다 보니 이번에는 낡고 허술한 집 한 채가 보였습니다. 부자는 천국에 어떻게 이런 초라한 집이 있는지 의아한 생각이 들어 천사에게 "도대체 저 집은 누구의 집입니까?"라고 물었습니다. 그러자 천사는 "당신 집입니다"라고 대답했습니다. "아니, 어떻게 이런 더럽고 누추한 곳이 내 집일 수 있습니까?" 천사가 말했습니다. "천국에는 절대 오류가 없습니다. 실수도 없습니다. 착각도 전혀 없습니다. 이 집은 당신이 세상에 살면서 보낸 재료로 지어진 집입니다."

말씀에 접목하기: 마 6:20, 21

지금 우리의 물질은 무엇을 위해, 어떤 일에 쓰이고 있습니까? 예수님은 "오직 너희를 위하여 보물을 하늘에 쌓아두라 거기는 좀이나 동록이 해하지 못하며 도적이 구멍을 뚫지도 못하고 도둑질도 못 하느니라 네 보물 있는 그곳에는 네 마음도 있느니라"(마 6:20, 21)고 말씀합니다. 또 성경은 이런 약속을 주십니다. "스스로 속이지 말라 하나님은 업신여김을 받지 아니하시나니 사람이 무엇으로 심든지 그대로 거두리라 자기의 육체를 위하여 심는 자는 육체로부터 썩어질 것을 거두고 성령을 위하여 심는 자는 성령으로부터 영생을 거두리라"(갈 6:7, 8). 지금 우리의 재물은 하나님의 나라와 의를 위해 사용되고 있습니까, 아니면 자신을 위해 사용되고 있습니까? 하나님께서 돌보기를 원하시는 바로 그 사람들을 위해 사용될 재물이 하늘에 쌓이고 있습니다.

우리가 심으면 하나님이 싹을 나게 하고 자라게 하신다

예화 22

어느 목사님이 아주대 공과대학에서 사역하고 있었을 때의 일입니다. 그 목사님이 성경공부 모임을 주관하여 인도하고 있는데, 그 모임에 교수 내외가 참석했습니다. 사모님은 신앙이 매우 좋은 데 반해 교수님은 그렇지 않아서 그분을 위해 따로 시간을 내야만 했습니다. 사실 목사님은 성경공부를 인도해 달라는 요청에 시간이 없어 가지 못할 형편이었는데, 그 사모님의 열성 때문에 교수님 집으로 직접 찾아가서 사정사정해 가며 끈질기게 성경공부를 인도했습니다. 그러나 교수님의 태도는 여전히 냉담해 실망한 적이 한두 번이 아니었습니다. 그럼에도 포기하지 않고 계속 성경공부를 하다가 무슨 이유에서인지 연락이 끊어지게 되었습니다.

그런데 3년 전 어느 날 갑자기 그 교수님이 목사님에게 전화를 했습니다. 전화 내용은 자기 집에 꼭 한 번 들러 달라는 것이었습니다. 기쁜 마음으로 시간을 내어 찾아갔더니 그 완고하던 교수님이 완전히 변해 있었습니다. 목사님은 너무 놀랍고 반가워 어떻게 예수님을 믿게 되었는지 동기를 물었습니다. 그 교수님은 "어떤 특별한 동기는 없었어요. 다만 예전에 목사님과 성경공부를 할 때 별 관심 없이 보고들은 것이 나중에서야 깨달아지더군요. 그 뒤로 예수님을 믿겠다는 결심을 하게 되었고, 그때부터 전도도 열심히 하고 있답니다" 라고 말했습니다.

목사님은 예전에 그 교수의 행동을 보고 절대로 예수님을 믿지 않을 거라고 생각해 깨끗이 단념했었다고 합니다. 그런데 그가 예수님을 영접하고 신앙생활도 아주 뜨겁게 하는 사람이 되어 있었던 것입니다. 지금 그는 선교사가 되어 C국에서 사역하고 있습니다. 목사님은 그 교수님 집에서 돌아오면서 다음과 같은 말씀이 생각났다고 합니다. "우리가 선을 행하되 낙심하지 말지니 포기하지 아니하면 때가 이르매 거두리라" (갈 6:9). 남을 돕고 격려하는 것은 보람된 일이지만 정말 피곤하고 힘든 일입니다. 열매를 맺는 경우도 극히 드뭅니다. 그러나 일단 심어놓기만 하면 하나님은 그 씨에서 싹이 나게 하고 자라게 하셔서 언젠가는 반드시 영광스러운 열매를 맺게 하실 것입니다.

> 말씀에 접목하기: 갈 6:7-9

 말씀을 증거 하는 자나 가르치는 자는 그 일 가운데 임재하여 역사하시는 하나님을 신뢰해야 할 것입니다. 우리는 자신에게 '그 일을 얼마나 성공적으로 행하고 있는가?'를 묻곤 합니다. 그러나 하나님의 일은 그분이 계획하신 일이므로 하나님이 이루실 것입니다. 하나님의 일꾼은 얼마나 성공적으로 그 일을 수행했는가 생각하기 전에 거기에 임재하여 역사하시는 하나님을 믿고 그분을 의지해야 합니다. 하나님은 우리가 성령을 위해 심을 때 거기에 오셔서 성령으로부터 영생을 거두게 하십니다. 우리가 선을 행하면서 낙심치 않는 것은 그 일을 완벽하게 준비하고 실천하기 때문이 아니라 비록 부족하고 실수가 있을지라도 그 일을 하는 가운데 임재하시는 하나님이 그것을 합력하여 선을 이루어주시기 때문입니다.

 하나님은 우리가 완벽하게 준비하고 성공적으로 끝맺은 일뿐 아니라 우리가 실수하고 실패한 일에도 임재하여 역사하십니다. 하나님의 일을 하는 사람은 선한 일을 할 때 결코 낙심하지 말아야 합니다. 하나님은 우리의 실패한 사랑까지도 사용하고 우리의 실수까지도 사용하고 우리가 심었는데 열매가 없다고 생각하는 일에도 역사하여 하나님의 선을 이루시는 분이기 때문입니다.

하나님은 한 번도 실망시키시지 않았습니다

예화 23

 1896년 글래스고 대학은 아프리카에 선교사로 가서 희생적인 선교 활동을 한 리빙스턴 목사에게 법학박사 학위를 수여했습니다. 학위 수여 연설을 하기 위해 나오는 선교사는 열대 지역에서 많은 고생을 해서인지 수척해 보였고, 사자의 공격으로 다친 왼팔은 상당히 불편해 보였습니다. 그러나 그는 다시 한 번 아프리카로 돌아갈 결심을 공포하며 이렇게 말했습니다. "언어도 모르고 태도는 항상 미심쩍으며 때로는 절망적인 사람들 가운데서 지금까지 지내올 수 있었던 것은 '볼지어다 내가 세상 끝날까지 너희와 항상 함께 있으리라' 고 하신 하나님 말씀 때문입니다. 바로 이 말씀에 모든 것을 걸었으며, 그 말씀은 한 번도 나를 낙심케 한 적이 없습니다." 그는 이렇게 덧붙였습니다. "아프리카에서 나의 생을 보낸 것을 희생이라고 말하는 사람이 종종 있습니다. 그러나 그것은 도저히 갚을 길이 없는 하나님에 대한 빚을 그저 조금 갚은 것으로, 어찌 희생이라는 고귀한 단어로 표현할 수 있겠습니까? 건강한 활동, 좋은 일을 한다는 생각, 마음의 평화, 앞으로 누리게 될 영광스러운 운명의 밝은 소망 등을 안겨준 것들인데 어찌 희생이라고 할 수 있겠습니까? 나는 한 번도 희생한 일이 없습니다."

말씀에 접목하기: 롬 14:7-9

아프리카라는 흑암의 대륙에 최초로 들어간 리빙스턴 선교사는 수십 번 죽음의 고배를 넘기면서 의료, 전도 사업으로 생명을 구원하시는 하나님의 일을 했습니다. 그가 아프리카 전도 30주년을 맞았을 때 영국 교회는 즉시 돌아올 것을 통보했습니다. 그의 육체가 극도로 쇠약해졌기 때문입니다. 그러나 리빙스턴 선교사는 돌아오지 않았습니다. 그로부터 몇 달 뒤 그는 제단에 엎드려 기도하는 모습으로 하나님의 부르심을 받았습니다. 그의 마지막 일기에는 이렇게 쓰여 있었습니다. "3월 19일, 내 생일이다. 나의 모든 것인 예수께 나를 다시 바친다. 주님, 나의 헌신을 받아주소서." 그는 죽음을 예감하고 마치 잠들 때 다음 날을 위해 기도하듯 새 출발의 헌신을 다짐하고 있었습니다. 그는 살든지 죽든지 예수님을 존귀하게 하려는 마음으로 살았습니다.

외모는 변해도 중심 가치는 변하지 않는다

예화 24

명강사로 소문난 사람이 있었습니다. 수많은 사람이 모인 세미나에서 그는 호주머니에서 100달러짜리 지폐를 꺼내 들고 말했습니다. "여러분 가운데 이 돈을 가지고 싶은 사람, 손 한번 들어보십시오." 대부분의 사람이 손을 들었습니다. "여러분 가운데 한 사람에게 이 돈을 드리겠습니다."

그러더니 강사는 100달러짜리 지폐를 구겨버리는 게 아닙니까. "여러분, 아직도 이 돈을 갖기를 원하십니까?" 강사의 갑작스러운 행동에 놀라면서도 대부분의 사람이 또다시 손을 들었습니다. 그러자 그는 100달러짜리 지폐를 땅바닥에 집어던진 뒤 구둣발로 밟으며 있는 대로 더럽히더니 아직도 그 돈을 가지고 싶은지 물었습니다. 이번에도 대부분의 사람이 손을 들었습니다.

이때 강사는 힘찬 어조로 말했습니다. "제가 100달러짜리 지폐를 구기고 발로 짓밟고 더럽게 해도 그 가치는 전혀 줄어들지 않습니다. 100달러짜리 지폐는 언제나 100달러의 가치를 지니고 있습니다. 여러분도 인생이라는 무대에서 여러 번 바닥에 넘어지고 밟히고 더러워지는 경험을 했을 것입니다. 실패와 패배, 절망이라는 아픔을 겪으면 대부분의 사람은 자신을 평가 절하하게 됩니다. 그러나 기억하십시오. 어떤 실패를 하더라도 여러분의 본래 가치는 여전하다는 것을……."

말씀에 접목하기: 벧전 2:9

그렇습니다. 탕자의 경우 자신이 지은 죄를 인식하고 회개하면서 스스로 아들 됨을 거절했습니다. 다만 거지 생활을 면하여 굶어죽지만 않으면 된다고 생각했습니다. 그러나 아버지는 그를 끌어안고 더러워진 목에 입까지 맞추면서 크게 기뻐했습니다. 우리의 지은 죄가 아무리 크고 무거워도 우리는 여전히 하나님의 아들입니다. 한때 불순종하고 반항하며 아버지의 집을 뛰쳐나갔지만 아버지는 아들의 권세를 박탈하지 않았고 아들의 신분과 권세는 변함없이 유효했습니다. 현재의 모습이 어떠하든지 간에 우리는 여전히 "택하신 족속이요 왕 같은 제사장들이요 거룩한 나라요 그의 소유된 백성"(벧전 2:9)입니다.

글을 모르는 것도 하나님의 뜻

예화 25

지중해 연안에 위치한 그리스에 집안이 너무 어려워 학교도 다니지 못하고 겨우 자기 이름만 쓸 줄 아는 사람이 있었습니다. 어느 날 한 은행에서 수위를 모집한다는 것을 알고 응시했지만 겨우 자기 이름밖에 쓸 줄 몰랐던 그는 떨어지고 말았습니다. 크게 낙심한 그는 교회에 가서 엎드린 채 "하나님, 저는 어쩌다 가난한 집안에 태어나 공부를 제대로 하지 못해 수위 시험에도 떨어져야 합니까?"라고 통곡하면서 기도했습니다. 그러자 "내 계획과 네 계획은 다르다. 너는 이제 미국으로 이민을 가라"는 계시가 있었습니다. 그는 이 계시를 하나님의 음성으로 알고 곧 이삿짐을 싸서 그리스를 떠나 미국으로 갔습니다. 뉴욕에 도착한 그는 자기 후손에게는 자신처럼 배우지 못한 아픔을 주지 않겠다는 각오로 이를 악물고 열심히 일했습니다. 밤낮을 가리지 않고 열심히 일한 덕분에 많은 돈을 모은 그는 사업을 시작했고 사업이 날로 번창하여 중년을 넘어섰을 때는 월가에서도 알아주는 인물이 되었습니다.

그 사람의 60회 생일 파티에 저명한 재계 인사가 많이 참석했습니다. 그 파티에 참석했던 한 기자가 그에게 말했습니다. "선생님, 자서전을 내십시오. 선생님이야말로 자서전을 낼 만한 분입니다. 선생님의 이야기를 읽고 나면 사람들이 많은 도전을 받고 힘을 얻을 것입니다." 이 말에 그는 싱긋 웃으면서 "나는 내 이름밖에 쓸 줄을 모른답니다. 나처럼 배움이 없는 사람이 어떻게 자서전을 씁니까?" 그 말을 들은 기자는 깜짝 놀라면서 "그렇습니까? 만약 선생님이 글을 알았다면 지금보다 더 훌륭한 일을 했을 텐데요!"라고 애석해했습니다.

그러자 그는 이렇게 말했습니다. "그건 잘 모르는 말입니다. 글을 알았다면 나는 기껏해야 그리스에 있는 한 은행의 수위장이 되었을 것입니다. 글을 몰라서 수위 채용 시험에 떨어졌기 때문에 지금의 내가 될 수 있었습니다. 이제 생각해 보니 내가 글을 모르는 것이 하나님의 계획을 실현하는 데 꼭 필요했던 것 같습니다. 어떻게 보면 내가 글을 모른 것도 하나님의 뜻이었다는 생각이 듭니다."

말씀에 접목하기: 롬 8:26-28

성령님은 우리의 연약함을 도우시는 분입니다. 은행의 수위 시험에 떨어져 "하나님, 저는 어쩌다가 가난한 집안에 태어나 공부를 제대로 하지 못해 수위 시험에도 떨어져야 합니까?"라고 통곡하며 기도할 때 성령님은 말할 수 없는 탄식으로 절망에 빠진 그를 위해 중보의 간구를 하셨습니다. 그는 글을 알지 못했기 때문에 수위 시험에 떨어졌지만 그 일로 말미암아 통곡하며 기도했습니다. 그리고 기도하는 중에 성령님의 중보로 응답을 받아 미국으로 이민 가게 되었고 열심히 일해 크게 성공할 수 있었습니다. 그가 글을 모른 것이 하나님의 뜻이 아니라 성령님의 중보기도로 글을 모른 것도 합력하여 선을 이루게 된 것입니다. 어떤 장애와 문제와 상처를 가지고 있더라도 하나님께 엎드려 기도하면 성령님이 우리와 함께 중보기도를 드리고, 하나님은 그 기도에 응답해 합력하여 선을 이루는 기적을 행하실 것입니다.

먼저 하나님의 사랑으로 채우라

예화 26

우리는 남에게 사랑을 베푸는 사람이 되어야 하지만 동시에 사랑 받을 줄도 알아야 합니다. 김씨 부부는 '거듭난 그리스도인'이었습니다. 그들은 보기 드문 헌신적인 성도였습니다. 교회 일에 열심을 다했지만 사실 그들은 사랑의 마음으로 교회 일을 했던 것이 아니라 의무감에서 했습니다. 부부는 하나님의 무조건적인 사랑, 즉 어떤 인간의 행동과 업적에 관계없이 거저 주시는 사랑을 경험하지 못했습니다. 그들은 하나님의 사랑이 자기들 속에 흘러 들어오게 하지 못했던 것입니다. 그래서 그들의 사랑에는 기복이 심했고, 종종 탈진 상태에 빠지곤 했습니다.

우리는 가지고 있지 않은 것을 줄 수가 없습니다. 사람들에게 어떤 사랑을 베풀까 하는 질문을 하기 전에 우리 주 예수 그리스도께서 우리를 위해 죽으심으로써 우리에게 값없이 주신 하나님의 사랑과 용서를 어떻게 받을까 먼저 물어야 합니다. 우리가 구원을 얻고 하나님의 사랑을 받는 것은 우리가 이룬 업적의 결과가 아니라 하나님이 거저 주신 선물입니다. 그것은 우리의 노력이나 선행의 대가가 아니라 거저 주시는 하나님의 선물입니다. 이것을 분명하게 깨달을 때 우리는 부드러운 인격으로 변화됩니다. 우리의 가치는 우리에게서 난 것이 아니라 하나님의 용서와 사랑에 근거한 것임을 알기에 우리의 행동이나 삶을 엄격한 가치 기준에 따라 평가하기보다는 하나님의 사랑으로 더 채워야 합니다. 그래야 우리는 받은 사랑을 이웃에게 나눠줄 수 있습니다.

말씀에 접목하기: 요일 4:9-11

예수님의 계명을 알고 있습니까? 우리는 예수님의 말씀을 들어야 합니다. "내 계명은 곧 내가 너희를 사랑한 것같이 너희도 서로 사랑하라 하는 이것이니라"(요 15:12). 예수님의 계명은 새 계명입니다. 예수님이 우리를 이처럼 사랑한 그 사랑을 받고 우리가 받은 그 사랑으로 서로 사랑해야 합니다. 서로 사랑은 인간관계에서 서로 베푸는 사랑입니다. 그러나 우리는 서로 베푸는 사랑을 하기 전에 베풀어야 할 사랑을 주님으로부터 받아야 합니다.

그런데 하나님의 사랑은 그분으로부터 직접 오지 않습니다. 하나님은 믿음의 이웃을 통해 우리에게 사랑을 전달해주십니다. 먼저 하나님의 사랑을 받은 이웃이 그 사랑을 우리에게 전달할 때 성령님이 거기 임하여 그 사랑을 하나님의 사랑으로 바꿔주시는 것입니다. 그러므로 이웃을 향하여 마음을 열고 그들을 통해 우리에게 전달되는 사랑을 받지 않으면 우리는 하나님으로부터 오는 사랑을 받을 수 없습니다. 우리 그리스도인은 하나님을 향해 자신을 열어 그분의 사랑을 받을 준비를 하는 동시에 사람들을 향해 자신을 열어 사람을 통해 오는 하나님의 사랑을 받아야 합니다.

조지 워싱턴 카버의 이야기

예화 27

천대받는 흑인으로 태어나 전 세계에 명성을 떨친 조지 워싱턴 카버의 이야기는 아름다운 삶이 어떤 것인지를 보여줍니다. 하나님은 그분을 의지하고 사는 사람들에게 아름답고 멋진 인생을 선물하시는 분입니다.

카버는 흑인 노예의 아들로 태어났습니다. 그는 태어날 때부터 몸이 허약했는데 종종 열이 나고 기침병에 잘 걸렸습니다. 그가 아직 어린 아기였을 때 하루는 노예 납치범들이 그의 집을 습격해 어머니와 어린 카버를 끌고 갔습니다. 돈을 받고 어머니를 팔아넘긴 사람들은 어린 아이가 기침병에 걸렸으니 별 쓸모없다고 생각해 길에다 버렸습니다. 그래서 그는 살아남을 수 있었습니다. 기침병이 그를 살린 것입니다.

카버는 믿음의 사람이 데려다 키웠습니다. 그는 양부모에게 세 가지를 배웠습니다. 첫 번째는 날마다 하나님께 기도하는 것이요, 두 번째는 남을 도우면서 사는 것이요, 세 번째는 아무리 어렵고 힘든 환경에 처하더라도 거기에 임하시는 하나님을 발견하고 그분의 능력으로 사는 것입니다. 이것은 조지 워싱턴 카버의 인생을 아름답게 만든 결정적 요인이었습니다. 믿음의 사람을 만난다는 것은 크나큰 복입니다. 그에게 믿음을 배워 하나님을 의지하는 삶을 살아간다면 그것은 더욱 큰 복입니다. 당신은 복된 사람입니까?

카버는 초등학교에 입학하려고 했지만 흑인이라고 받아주지 않아서 집에서 멀리 떨어진 시골 학교에 다녀야 했습니다. 그러나 그는 흑인이라고 차별을 당하거나 학교가 멀다는 사실에 신경을 쓰지 않았습니다. 자기와 같은 흑인도 공부할 수 있게 해주신 하나님께 감사했으며, 차별당하는 흑인들을 위해 무언가 할 수 있는 사람이 되고자 결심했습니다.

초등학교에 다니면서부터 카버는 다른 사람의 빨래를 해주고 음식 만드는 일을 거들어주고 자수를 놓아 돈을 벌었습니다. 고등학교에 다니면서는 세탁소를 만들어 대신 빨래를 해주고 돈을 벌었습니다. 그는 자신이 할 수 있는 일이면 무엇이든 하면서 그 돈으로 고등학교까지 졸업했습니다. 그는 자기가 바라던 대학에 지원하여 입학 허가를 받았을 때 너무 기뻐서 눈물을 흘리며 이렇게 말했습니다. "어머니, 저 성공했습니다. 지하에서라도 기뻐해주세요." 그러나 학장과의 면접 때 카버가 흑인인 것을 본 학장은 깜짝 놀라 이렇게 말했습니다. "아니, 네가 흑인이었다니! 나는 백인인 줄 알고 입학을 허가했는데, 이는 잘못된 결정이었다. 이 학교는 너 같은 흑인을 받을 수 없다!"

그러나 카버는 하나님이 한쪽 문을 닫으면 다른 문을 열어주신다고 믿었습니다. 그는 이 대학의 문이 자기에게 닫힌 것이지 다른 대학의 문도 닫혔다고 생각하지 않았습니다. 그래서 흑인들이 다니는 기독교 대학에 입학한 그는 그곳에서 하나님께 기도하는 일과 사람들을 섬기는 일에 열심을 다했습니다. 아무리 어려운 상황에 처해도 하나님이 길을 열어주신다는 신앙을 확고히 다졌습니다. 그는 오하이오 주립대학원에서 화학 박사 학위를 취득했습니다.

 학교에서 카버의 우수한 성적을 인정해 교수로 채용하려고 했지만 그는 이 제안을 거절했습니다. "이 대학이 참으로 훌륭하고 누구나 부러워하는 대학이지만 교수직을 사양하겠습니다. 이곳에서 교수를 한다면 내 이름과 영광을 위해서는 너무 멋진 일이 되겠지만 하나님과 약속한 일이 있어서 그 일을 해야 합니다." 그는 자기와 같은 흑인을 위해 살기로 하나님과 약속했기 때문에 이름 없는 흑인 대학의 교수로 일하면서 소외당한 사람들에게 용기를 주고 희망을 주고 그들을 섬기는 일에 헌신했습니다.

 카버는 일생 동안 땅콩, 피칸, 고구마 등 농사와 관련된 연구를 했습니다. 그는 땅콩 속에서 우유, 버터, 치즈, 밀가루, 비누, 잉크 등 250여 종류의 물질을 발견했습니다. 또한 고구마 속에서 밀가루, 식초 등 100여 가지 물질을 발견했습니다. 당시 미국 남부 지역의 목화 생산에 문제가 생겨 대체 식물이 절실히 필요했는데 그가 연구한 땅콩, 피칸, 고구마 등이 인정을 받아서 남부의 농업 생산에 일대 전환이 일어나기도 했습니다. 그는 조그만 것들 속에 하나님이 엄청난 것을 숨겨놓으셨음을 실험을 통해 밝혀냈습니다. 하나님은 놀라운 것들을 숨겨놓으셨지만 우리가 그것을 찾아내지 않아서 보잘것없는 것으로 남아 있습니다. 그는 조그만 땅콩을 연구해 이 사실을 전 세계에 알렸습니다.

말씀에 접목하기: 눅 10:25-37

 진정으로 아름다운 삶이 무엇입니까? 그것은 하나님께 기도하면서 소외된 이웃을 섬기며 열악한 환경 가운데서도 하늘의 복을 주시는 하나님을 발견하는 일이라고 생각합니다. 조지 워싱턴 카버는 땅콩과 같이 어느 누구도 주목하지 않은 인생이었습니다. 그러나 하나님은 땅콩 속에 수백 가지 물질을 숨겨놓은 것처럼 조지 워싱턴 카버 속에도 엄청난 것들을 숨겨놓으셨습니다. 그는 일생 하나님이 자기 속에 오셔서 작은 것 속에 숨겨놓은 엄청난 것을 찾아내어 세상에 드러나게 하는 삶을 살았습니다.

그러나 카버에게 아름다운 삶을 살도록 한 것은 납치범들조차 별 쓸모가 없다고 생각해 길에다 버린 기침병 환자를 데려다 키운 믿음의 사람이었습니다. 믿음의 사람은 카버에게 아주 중요한 세 가지 믿음을 가르쳤습니다. 첫 번째는 날마다 하나님께 기도하는 것이요, 두 번째는 남을 도우면서 사는 것이요, 세 번째는 아무리 어렵고 힘든 상황에 처하더라도 거기에 임하시는 하나님을 발견하고 그분의 능력으로 사는 것입니다. 이것이 조지 워싱턴 카버의 인생을 아름답게 만든 결정적 요인이었습니다. 믿음의 사람을 만난다는 것은 크나큰 복입니다. 그에게 믿음을 배워 하나님을 의지하는 삶을 살아가는 것은 더욱 큰 복입니다. 하나님은 보잘것없는 사람들에게 믿음의 사람을 보내어 섬기고 돌보게 하고 진실한 믿음을 가르쳐 이 세상을 아름답게 만드십니다.

캐리 선교사의 감사

예화 28

인도에서 사역한 캐리 선교사는 언어학자이기도 했습니다. 성경을 인도의 34개 방언으로 번역한 사람이 바로 캐리 선교사입니다. 그는 원래 구두를 수선하는 사람이었는데 열심히 공부해 신학교에 가서 목회자가 되었고, 하나님의 뜻에 따라 선교사가 되었습니다.

이런 캐리 선교사를 아주 미워하고 싫어하는 사람이 있었습니다. 그는 인도에서 열리는 어떤 파티에 참석해 많은 사람에게 존경받는 캐리 선교사를 망신 주고 싶어서 큰 소리로 "캐리 선교사님, 당신은 젊은 시절에 구두 짓는 일을 하지 않았나요?"라고 물었습니다. 이 질문에 캐리 선교사는 "아닙니다. 잘못 알고 있는 것입니다"라고 대답했습니다. 그 사람은 캐리 선교사가 말을 다 끝마치기도 전에 황당하다는 식으로 소리를 질렀습니다. "거짓말하지 마시오. 내가 알기로는 구두 짓던 사람이 분명한데 무얼 잘못 알고 있다는 말입니까?" 그러자 캐리 선교사는 정중하게 말했습니다. "아니, 난 정직한 사람입니다. 사실 나는 구두 짓는 사람이 아니라 헌 구두를 수선하던 사람이었습니다."

구두 짓는 사람은 그래도 구두를 만드는 공장에서 직공으로 일하는 직장인이지만 남이 신고 다니던 헌 구두를 수선하는 사람은 당시 비천한 계층에 속해 있었습니다. 구두 직공도 되지 못한 자기의 과거를 조금도 부끄러워하지 않고 솔직히 이야기하는 캐리 선교사의 모습이 오히려 그를 존경받는 선교사로 만들어주었습니다.

말씀에 접목하기: 고전 1:26, 27

성경은 이렇게 말씀합니다. "형제들아 너희를 부르심을 보라 육체를 따라 지혜로운 자가 많지 아니하며 능한 자가 많지 아니하며 문벌 좋은 자가 많지 아니하도다 그러나 하나님께서 세상의 미련한 것들을 택하사 지혜 있는 자들을 부끄럽게 하려 하시고 세상의 약한 것들을 택하사 강한 것들을 부끄럽게 하려 하시며 하나님께서 세상의 천한 것들과 멸시받는 것들과 없는 것들을 택하사 있는 것들을 폐하려 하시나니"(고전 1:26-28). 하나님은 세상의 약한 자들을 택하여 존귀한 자로 세우시는 분입니다. 하나님이 오늘 우리를 부르고 계십니다. 우리는 전능하신 하나님을 바라보고 기도하며 그분께 자신을 드려야 합니다. 그러면 아무리 미련하고 약하고 비천하고 없는 자일지라도 하나님이 지혜 있는 자들과 강한 자들과 존귀한 자들을 부끄럽게 하시고, 우리를 이 세상에서 존귀한 자로 우뚝 서게 만들어주실 것입니다. 가슴을 크게 열고 하나님께 자신을 드려야 합니다. 그러면 하나님의 영광을 볼 것입니다.

시기와 질투를 누르는 축복의 힘

예화 29

과거 영국 런던에 아주 유명한 목사님 세 명이 있었습니다. 한 명은 그리스도 교회의 F.B. 마이어 목사님으로, 책을 여러 권 쓰셨습니다. 다른 한 명은 기독교 역사상 가장 설교를 잘하시는 침례교회의 스펄전 목사님입니다. 그리고 마지막 한 명은 웨스트민스터 교회의 캠벨 모건 목사님입니다.

그런데 이 세 사람 가운데 모건 목사님이 잠시 미국에 가서 사역을 한 적이 있습니다. 모건 목사님과 친구 사이였던 마이어 목사님은 미국에 있는 친구를 위해 열심히 기도했습니다. 그러다가 모건 목사님이 다시 영국으로 돌아와 웨스트민스터 교회를 담임하게 되었을 때 마이어 목사님은 이런 고백을 했습니다. "모건 목사님이 미국이 있을 때는 기도하기가 좋았는데, 같은 도시에서 일하게 되자 그를 위해 기도하지 않게 되더군요." 이 말의 뜻은 세탁소에서 일하는 사람이 보석상하는 사람을 위해 기도하기는 쉽지만 같은 직종에 있는 사람을 위해 축복하며 기도한다는 게 쉽지 않다는 것이었습니다.

어느 날부터인가 자꾸 마이어 목사님의 마음에 다른 목사님에 대한 시기심이 일었습니다. '나는 스펄전 목사님처럼 설교를 잘해 큰 인기를 얻지도 못하고 모건 목사님처럼 권위 있는 목회를 하지도 못하는구나' 라는 생각이 자꾸 들어 하나님께 "하나님, 저의 마음에서 이 시기와 질투를 없애주시옵소서"라고 기도했습니다. 그러나 아무리 기도해도 시기하는 마음이 사라지지 않았습니다.

그러던 어느 날 열심으로 기도하는 마이어 목사님에게 하나님의 인자한 음성이 들려왔습니다. "네 기도를 바꿔라. 질투를 없애 달라고 기도하지 말고, 그들을 위해 축복하는 기도를 하라." 주님의 음성을 듣고 난 뒤부터 마이어 목사님은 이렇게 기도를 바꾸었습니다. "하나님, 스펄전 목사님과 그 교회를 축복하여 주시옵소서. 캠벨 모건 목사님과 웨스트민스터 교회를 축복하여 주시옵소서"라고 기도하니 마음에 진정한 평안과 기쁨과 자유가 샘솟기 시작했습니다. 어느 날 자신이 담임하는 교회의 공개기도 석상에서 마이어 목사님은 이런 기도를 했습니다. "하나님, 모건 목사님이 사역하는 교회를 축복해주셔서 사람으로 가득 차게 해주시옵소서. 그래서 들어갈 자리가 없어 사람들이 다른 교회로 가야 한다면 그들을 우리 교회로 보내주시옵소서." 그 후 세 목사님은 아주 가까운 친구가 되었고, 이 세 교회 모두 크게 성장했습니다. 그리고 세 목사님 모두 아름답게 주를 위해 사역했습니다.

말씀에 접목하기: 롬 8:26, 27

기도를 시작할 때 사람들은 자신이 처한 현재 상황이나 급박한 문제, 위기, 욕망 때문에 기도합니다. 사실 이런 기도는 할 필요가 없습니다. 이런 것들은 우리에게 꼭 있어야 하는 것이기 때문입니다. 예수님은 "그러므로 그들을 본받지 말라 구하기 전에 너희에게 있어야 할 것을 하나님 너희 아버지께서 아시느니라"(마 6:8)고 말씀하셨습니다. 이는 이방인의 기도이기 때문에 기도할 필요가 없다는 뜻입니다. 그럼에도 우리는 환난에 처하거나 위기 상황에 맞닥뜨리거나 시기와 질투에 사로잡혀 있을 때 기도하지 않을 수 없습니다. 그런 기도를 드릴 때도 기적은 일어납니다. 우리가 마땅히 해야 하는 기도를 드리지 못할 때도 성령님은 말할 수 없는 탄식으로 우리와 함께 기도하면서 우리의 기도를 하나님이 받으시는 기도로 바꿔주시기 때문입니다(롬 8:26-28). 기도의 응답만이 응답이 아닙니다. 기도하는 동안 성령님이 거기 임하여 우리의 기도를 바꿔주시는 것이 더 큰 응답일 때도 있습니다.

돌아갈 고향이 있습니까?

예화 30

커다란 발자취를 남긴 실존주의 철학자 장 폴 사르트르(Jean Paul Sartre)는 1980년 3월 프랑스 파리의 부르세 병원에 폐수종으로 입원했습니다. 그는 한 달 동안 이 병원에서 발악을 하며 보냈습니다. 소리를 지르고 찾아온 사람들을 향하여 고함을 치며 절규했습니다. 그러면서도 그는 죽음에 대한 불안과 공포 때문에 자기 병명이 무엇인지 곁에 있는 아내에게조차 묻지 못했습니다. 그는 현대인에게 깊은 감동을 주었고 '자유'에 대한 수많은 글을 남겼지만 그의 마지막은 실로 비참했습니다. 1980년 4월 16일 입원한 지 한 달 만에 그는 몹시 괴로워하다가 병원에서 세상을 떠났습니다.

사르트르가 세상을 떠나고 나서 프랑스의 신문들은 그의 죽음에 대하여 떠들기 시작했습니다. 죽음으로부터의 자유를 외쳤던 그의 말로가 이렇게 비참했던 이유에 대해 어떤 독자는 신문에 이렇게 투고했습니다. "사르트르의 말로가 그토록 비참했던 이유는 그에게 돌아갈 고향이 없었기 때문이다." 사르트르에게는 돌아갈 고향이 없어 두려웠던 것입니다.

반면 독일의 고백교회 신학자 디트리히 본회퍼(Dietrich Bonhoeffer)는 세계대전 중 독일의 수용소에서 나치에게 항거하다가 죽음을 맞았습니다. 어느 날 한 간수가 문을 두드리고 들어오는데, 그는 직감적으로 이것이 자기의 마지막이라는 것을 알았습니다. 그는 벌떡 일어나 감방에 있던 사람들에게 이렇게 작별 인사를 했습니다. "여러분, 이제 나에게 죽음이 다가왔습니다. 그러나 기억하십시오. 이것은 마지막이 아니라 시작입니다. 주님이 나를 위해 예비하신 아버지의 집에서 만날 때까지 여러분 안녕히 계십시오." 마지막 인사를 하고 감방을 나서는 그에게 놀라운 평안과 기쁨이 넘쳐났습니다. 그 감옥에 있던 사람들은 하나님을 신뢰하는 사람의 마지막 모습에 충격과 함께 큰 감동으로 받았습니다. 본회퍼에게는 돌아갈 고향이 있었기에 그처럼 의연할 수 있었던 것입니다.

말씀에 접목하기: 고후 5:17-19

예수님의 제자들은 죽음이 끝이라고 생각했습니다. 그들은 죽으면 다시 살 수 없다고 믿었기 때문입니다. 예수님은 죽은 지 사흘 만에 부활할 것을 예고하셨지만 제자들은 그분의 이야기를 잊어버리고 고난은 고난일 뿐이라고 생각했습니다. 그러나 예수님은 그들의 생각을 바꾸셨습니다. "그리스도가 이런 고난을 받고 자기의 영광에 들어가야 할 것이 아니냐"(눅 24:26). 고난은 끝이 아니라 영광에 이르는 길이라는 것입니다. "한 알의 밀알이 땅에 떨어져 죽지 아니하면 한 알 그대로 있고 죽으면 많은 열매를 맺느니라"(요 12:24). 한 알의 밀알 땅에 떨어져 죽으면 30배, 60배, 100배의 열매를 맺습니다.

암으로 죽어가고 있는 사람이 예수님을 영접했습니다. 젊은 그는 돈도 많고 문학을 하는 사람이었습니다. 그는 예수님을 믿고 영접했을 때 이렇게 고백했습니다. "과거 제 인생이 고달프고 힘겹고 괴로웠던 것은 주님을 몰랐기 때문입니다. 이제 주님을 알기에 저에게 암은 아무런 문제도 되지 않았으며, 죽음을 아주 기쁘게 맞이할 수 있게 되었습니다." 그는 살아 있는 동안 찬송하며 감사하며 살았습니다. 그가 영접한 예수님은 죽음의 저주로 고통당하는 그에게 기쁨의 찬송을 선물하셨습니다.

양의 교회의 유래

예화 31

노르웨이의 어느 도시에 '양의 교회'라는 크고 유명한 교회가 있는데, 그 교회의 종탑 밑 부분을 보면 양 한 마리가 새겨져 있습니다. 이 교회는 양과 관련된 사연을 갖고 있습니다. 교회를 건축하고 종탑을 세울 때 종탑 꼭대기 십자가 공사를 하던 인부가 그만 추락하는 사고가 일어난 것입니다. 그런데 마침 그곳을 지나가던 양 떼 위로 떨어져 인부는 기적적으로 살아났고, 그 인부를 살려준 셈이 된 어미 양은 즉사하고 말았습니다. 그 교회의 교인들은 인부를 대신해 죽은 어미 양을 기억하기 위해 그 종탑 밑부분에 양의 모습을 새겼고, 그 교회의 이름을 '양의 교회' 라고 명명했습니다.

예수님은 우리를 살리기 위해 대신 죽은 양이셨습니다. 예수님은 지금도 우리를 살리기 위해 죽음을 원하십니다. 예수님은 자기 몸인 교회가 자신처럼 양이 되어 사람들을 살리기 위해 죽기를 원하십니다. 교회에 임재하신 성령님은 지금도 믿음의 사람들을 인도하여 화목제의 양인 예수님의 삶을 따라 살게 하십니다.

말씀에 접목하기: 히 9:11-15

예수님은 우리의 대제사장일 뿐 아니라 친히 속죄 양이 되어 자신을 제단에 드림으로써 피를 흘리셨습니다. 그분은 우리가 당할 죽음을 대신하여 우리를 살리셨습니다. 우리 삶은 그분으로 말미암아 다시 받은 여분의 삶이요, 새로운 삶입니다. 그분이 아니었다면 우리는 저주와 죽음과 조롱의 인생을 살아야 했을 것입니다. 예수님이 우리가 당할 저주와 조롱과 죽음을 대신 지시고 건져주셨기 때문에 우리는 지금 이렇게 하나님의 은혜를 누리는 삶을 살 수 있게 된 것입니다. 그분은 우리를 위해 대신 죽으신 하나님의 어린 양입니다.

마지막으로 한 마디 하겠습니까?

예화 32

독일에서 있었던 일입니다. 한 사람이 혀에 생기는 설암으로 혀를 절단하는 수술을 받게 되었습니다. 수술대에 누웠을 때 그를 수술하게 될 의사가 물었습니다. "이제 수술을 받고 나면 당신의 혀로 다시는 말을 할 수 없게 됩니다. 수술을 받기 전에 마지막으로 한 마디를 하겠습니까?" 만약 우리에게 이런 순간이 와서 이 세상에 마지막 한 마디를 남겨야 한다면 무슨 말을 하겠습니까? 우리는 그런 순간이 오면 우리 마음에 있는 가장 중요한 한 마디를 할 것입니다. 그 말은 마음의 소원과 열망을 한데 모은 말일 것입니다. 당신의 가장 깊은 한 마디 소원은 무엇입니까? 그 환자는 이렇게 말하고 수술을 받았습니다. "하나님, 감사합니다. 제가 사랑하는 모든 사람을 축복하시옵소서!"

말씀에 접목하기: 눅 24:50-53

예수님은 공생애를 마치고 승천하시는 마지막 순간 제자들을 '축복' 하면서 승천하셨습니다(눅 24:49-53). 예수님이 이 세상에 마지막 남기신 말씀은 축복입니다. 예수님은 제자들과 이 세상 사람이 축복의 사람이 되기를 바라셨습니다. 예수님이 세상에 오신 목적도 축복이고, 예수님이 이 세상에서 행하신 모든 일도 축복을 위한 것이고, 승천하는 마지막 순간에도 축복하면서 승천하셨습니다. 예수님은 하나님의 복을 세상에 가져오신 분이며, 하나님의 복이 세상에 가득하기를 위해 기도하시는 분입니다. 예수님을 따르는 것은 그분처럼 축복하는 사람이 되는 것입니다. 예수님을 닮아간다는 것은 사람들을 끊임없이 축복하여 그들에게 하나님의 복이 넘치게 하는 것입니다.

하나님, 저 사람에게도 소망의 문을 열어주소서

예화 33

교인 한 사람이 자기 아내와 자녀를 버리고 가까운 다른 도시에 아파트를 얻어 살고 있었습니다. 그 교회의 장로 한 사람이 목사를 찾아와 그 사실을 알려주면서 강경한 어조로 그 성도를 정죄했습니다. 장로는 교회가 그런 성도를 곧바로 치리하지 않으면 교회의 기강이 무너질 것이라고 주장했습니다.

목사는 장로에게 그 교인의 거처와 전화번호를 받은 뒤 그에게 전화해 어떤 도움을 줄 수 있는지 알아보겠다고 약속했습니다. 그러자 장로는 불신이 섞인 어조로 "전화로 약속하겠다고요? 도대체 무슨 소리를 하시는 겁니까? 그런 사람이 목사님을 만나주겠습니까? 호랑이 굴에 갑자기 뛰어 들어가 호랑이를 잡듯이 갑자기 아파트를 찾아가서 그를 붙잡아야 합니다"라고 말했습니다.

그러나 목사는 무릎을 꿇고 "너희 중에 누구든지 지혜가 부족하거든 모든 사람에게 후히 주시고 꾸짖지 아니하시는 하나님께 구하라 그리하면 주시리라"(약 1:5)고 약속하신 하나님께 기도했습니다. 기도하는 가운데 목사는 하나님이 주시는 지혜로 그 성도를 위한 성경 말씀의 약속을 발견했습니다. "누구든지 형제가 사망에 이르지 아니하는 죄 범하는 것을 보거든 구하라 그리하면 …… 그에게 생명을 주시리라"(요일 5:16). 목사는 하나님의 약속을 믿고 기도한 뒤 그 성도에게 전화를 걸었습니다. "형제여, 저는 새로 부임한 목사입니다. 형제에게 놀라운 소식을 전하고 싶은데, 이 소식을 들으면 형제도 무척 기쁠 것입니다. 그러나 저는 형제를 홀로 만나고 싶군요. 어둔 밤에 제 차에서 만나면 어떨까요? 그래야 비밀을 지킬 수 있지 않겠어요?" 그 성도는 즉시 "그럼 오늘 밤 목사님 차에서 뵙겠습니다"라고 대답했습니다. 장로가 불가능하다고 했지만 하나님은 기회를 만들어 사람들을 두려워하는 그 성도에게 비밀리에 만날 수 있도록 배려했습니다. 이렇게 배려하는 사랑의 마음과 행동을 통해 하나님은 역사하십니다.

어두컴컴한 시간 그 성도는 목사의 차가 세워져 있는 곳으로 와서 조용히 문을 열고 앞자리에 탔습니다. 목사는 기도하면서 자신이 가진 최대한의 열정을 가지고 말했습니다. "형제여, 전화에서 말씀드린 대로 저는 정말로 놀라운 소식을 전할 일이 있습니다. 이것은 경제적인 이야기가 아니라 죄를 이기시는 예수님의 능력에 대한 것입니다." 그러자 그 성도는 의자 깊숙이 앉아 고개를 숙인 채 얼굴을 가리고 흘끔흘끔 목사를 쳐다보면서 '이 목사가 과연 나를 위해 만나자고 한 것인지, 아니면 나중에 써먹을 자료를 수집하여 나를 몰아세우기 위해 만나자고 한 건지 알 수가 없네!' 라고 생각하는 것 같았습니다. 그 성도는 옆에 앉아 있는 목사를 똑바로 바라보지 않고 아무 말도 하지 않고 흘끔흘끔 쳐다볼 뿐이었습니다. 그는 여전히 '당신을 믿어야 할지 말아야 할지 모르겠네요. 혹시 나를 사로잡을 덫을 만들고 있는 건 아닌가요?'라는 무언의 메시지를 보내는 것 같았습니다. 그렇게 그는 한 마디도 하지 않았습니다.

목사는 계속 기도하면서 하나님께 지혜를 구했습니다. "형제여, 나는 당신을 돕고 싶습니다"라고 말한 뒤 15~20분쯤 조용히 그 성도가 알아듣도록 자신은 그에게 관심을 가지고 있으며, 지금껏 사람들과 나눈 대화를 비밀로 지켜왔다는 사실을 말하고 나서 "어느 누구도 내가 형제를 만난다는 사실을 모릅니다"라고 덧붙였습니다.

그러면서 그 성도와 비슷한 경우를 예로 들어 이야기했습니다. 그들이 어떻게 죄에서 승리하여 예수님을 증거 하는 사람이 되었으며, 어떻게 하나님께 영광을 돌리고 있는지 이야기해주었습니다. 그들 가운데 목사가 된 사람도 있다고 하면서 "만약 내가 비밀을 지키지 않았다면 어떻게 그들이 헌신된 그리스도인이 될 수 있었겠습니까?"라고 말했습니다. 목사는 아직도 그 성도에게 희망이 있으며, 하나님은 희망을 주시기 위해 여기 임재하여 계신다는 사실을 전달하려고 노력했습니다.

그 성도는 여전히 앞만 쳐다보며 '이 목사는 나에게 고백을 받아내어 나를 치리할 때 증거로 삼으려고 하겠지'라는 생각으로 아무런 대답도 하지 않았습니다. 목사는 계속 그 성도에게 사랑의 마음으로 하나님의 용서와 구원과 희망을 전달하려고 했지만 전혀 응답이 없었습니다. 바로 그때 사탄이 목사에게 속삭이기 시작했습니다. "소용없어! 소용없다고! 저런 자는 비난을 받아 마땅하고 정죄를 받아야 해! 더 이상 쓸데없는 짓 하지 말고 그만두는 게 어때? 할 만큼 했잖아." 바로 그때 다른 쪽에서 성령의 음성이 들려왔습니다. "누구든지 형제가 사망에 이르지 아니하는 죄 범하는 것을 보거든 구하라 그리하면 사망에 이르지 아니하는 범죄자들을 위하여 그에게 생명을 주시리라"(요일 5:16). 목사는 사탄의 음성을 물리치고 성령의 음성에 순종하기로 결정했습니다. 그는 다시 한 번 기도하면서 10여 분간 예수님의 사랑과 용서에 대해 이야기했습니다. 그런데 갑자기 그 성도가 자기 머리를 두 손으로 감싸고 머리를 숙인 채 "목사님, 저에게는 희망이 없습니다"라고 흐느끼는 것이었습니다. 그 성도는 이제까지 사탄의 설교만 들어왔습니다. 그는 비난하고 정죄하고 비웃는 사람만 만나왔습니다. 교인 가운데 어느 누구도 겟세마네의 험한 길을 가는 그 성도에게 격려와 소망을 주지 못했습니다. 그에게 소망을 주시고자 오신 우리 주님은 소망의 격려자가 없으므로 그 성도에게 아무것도 줄 수가 없었던 것입니다.

목사는 흐느끼는 그 성도의 어깨를 팔로 감싸 안으면서 희망을 주는 성경 구절을 인용하기 시작했습니다. "우리가 우리 죄를 자백하면 그는 미쁘시고 의로우사 우리 죄를 사하시며 우리를 모든 불의에서 깨끗하게 하실 것이요"(요일 1:9). 그리고 목사는 계속해서 "형제여, 여호와께서 이렇게 말씀하십니다. '오라 우리가 서로 변론하자 너희의 죄가 주홍 같을지라도 눈과 같이 희어질 것이요 진홍같이 붉을지라도 양털같이 희게 되리라'(사 1:18). 예수님은 이런 말씀도 하십니다. '내게 오는 자는 내가 결코 내쫓지 아니하리라'(요 6:37). 또한 예수님은 '수고하고 무거운 짐 진 자들아 다 내게로 오라 내가 너희를 쉬게 하리라'(마 11:28)고 말씀하십니다. 예수님은 지금 형제를 찾아오셨습니다. 우리 주님은 지금 형제를 용서하시고자 합니다. 주 예수님을 바라보세요." 이 말씀을 전하는 동안 마음이 뜨거워지면서 목사는 눈물을 흘리기 시작했습니다. 그 말씀을 들으면서 그 성도 역시 눈물을 흘렸습니다. 그곳에 용서의 주님이 임재하여 역사하시기 시작했습니다.

목사는 이제 확신을 가지고 그 성도에게 이야기했습니다. "형제는 지금 중생을 체험하고 있습니다. 하나님이 당신 안에 들어오셨습니다. 예수님이 형제를 승리하게 하실 것입니다. 이제 형제는 하나님의 자녀가 되었습니다. 형제는 악한 길에서 돌아서서 하나님께로 돌아왔습니다. 하나님은 분명히 약속하셨습니다. '하나님이여 상하고 통회하는 마음을 주께서 멸시하지 아니하시리이다'(시 51:17). '지극히 존귀하며 영원히 거하시며 거룩하다 이름 하는 자가 이와 같이 말씀하시되 내가 높고 거룩한 곳에 있으며 또한 통회하고 마음이 겸손한 자와 함께 있나니 이는 겸손한 자의 영을 소생시키며 통회하는 자의 마음을 소생시키려 함이라'(사 57:15). 하나님은 마음이 상하고 통회하는 형제를 받으시고 용서하셨습니다."

그리고 나서 목사는 그 성도가 주님을 위해 해야 할 큰일에 대해 말하기 시작했습니다. 얼마 뒤 그 성도는 갑자기 머리를 들더니 확신에 찬 표정으로 "목사님, 이제 집으로 돌아가겠습니다"라고 말했습니다. 목사는 이 말을 듣고 가슴에 전기가 통하는 듯한 전율을 느꼈습니다. 그는 자신도 의식하지 못하는 사이에 입이 벌어지면서 "하나님을 찬양합니다"라고 감사했습니다. 목사는 그 성도에게 "언제 돌아가겠습니까?"라고 물었습니다. 그 성도는 "내일 돌아가려고 합니다"라고 대답했습니다. 목사는 이 말을 듣고 빨리 그 성도의 아내를 만나 준비시켜야 하겠다는 생각이 들어 그를 위해 하나님께 기도하고 나서 작별 인사를 했습니다.

다음 날 아침, 목사는 그 성도의 아내를 만나서 그녀에게도 하나님의 소망을 전달하기로 작정했습니다. 그는 그녀에게 남편이 지난밤에 중생했다고 전한 뒤 오늘 남편이 돌아올 거라고 말해주었습니다. 그러자 그녀는 냉소적으로 쏘아붙였습니다. "그래요? 그 작자가 중생했다고요? 당연히 그래야지요. 하지만 그 작자가 정말 그럴 것 같아요? 웃기는 이야기네요." 그녀는 목사의 말을 비웃으며 믿지 않으려고 했습니다. 바로 그 순간 다시 사탄이 목사를 공격하기 시작했습니다. "저 바리새인 같은 여자! 그러니까 당신 남편이 집을 나가고 범죄하는 거라고! 저런 여자는 소망이 없어. 그냥 돌아가는 게 낫겠어!" 목사는 강퍅한 그 여자의 얼굴을 보면서 마음속으로 '하나님, 감사합니다. 저런 아내와 살지 않게 해주신 하나님께 감사합니다'라고 생각했습니다. 이런 생각을 하는 동안 사탄은 계속 목사를 설득하려고 했습니다. "당신은 할 만큼 했다고! 저 바리새인 같은 여자에게는 소망이 없어. 자기밖에 모르는 오만하고 자기만 의로운 체하는 사람에게는 결코 소망이 없어!"

그러나 하나님의 성령은 아직도 거기서 역사하고 계셨습니다. "사탄에게 속지 말게나. 어젯밤 하나님이 그녀의 남편에게 역사하셨던 것처럼 오늘 저 여자에게도 소망의 문을 여실 수 있어. 아무리 어려워 보이는 일이라도 하나님은 하실 수 있어!" 목사는 사탄의 속삭임을 물리치고 하나님께 기도하면서 이 불가능해 보이는 상황 가운데서 하나님의 지혜와 소망을 구했습니다.

"자매님, 나는 당신의 남편이 집에 돌아왔을 때 당신이 무슨 일을 할지 알 수 있어요. 내가 예언하건대 남편이 돌아오면 당신은 얼른 문으로 달려가 두 팔로 그를 껴안고 뜨거운 환영을 할 거예요. 당신의 남편은 지금 그것을 갈구하고 있으니까요." 이 말을 들은 그녀는 놀랍게도 "나는 그렇게 할 거예요"라고 대답했습니다. 목사는 그처럼 짧은 시간에 그녀가 변화할 거라고 예상하지 못했습니다. 그녀의 갑작스러운 변화는 목사에게도 실로 충격이었습니다. 어쨌든 그녀에게도 하나님은 소망을 불어넣어 주셨습니다. 목사는 그녀와 함께 무릎을 꿇고 사랑과 친절을 베푸시고 소망을 주시는 하나님께 기도를 드리면서 그녀의 마음을 사랑으로 열어주심에 감사했습니다.

며칠 뒤 목사는 그 성도의 어린 아들을 만났을 때 "요사이 너의 집이 평안하냐?"라고 물었습니다. 아이는 기쁜 표정으로 "아빠가 집에 돌아왔어요!"라고 대답했습니다. 목사는 사탄의 속삭임을 이기게 하시고 그 성도와 그의 아내에게 소망을 주신 하나님께 감사 찬송을 드렸습니다.

말씀에 접목하기: 겔 37:11-14

어떤 별명을 가졌느냐에 따라 사람의 행동도 그 별명을 따라갑니다. 이스라엘 백성은 하나님의 도성 예루살렘이 훼파되고 하나님의 전이 완전히 무너지고 예루살렘 거민이 포로가 되어 바벨론에 잡혀갔을 때 자신들의 처지가 에스골 골짜기에 뒹굴고 있는 마른 뼈처럼 생각되었을 것입니다. 그래서 자기들에게 마른 뼈라는 별명을 붙였습니다(겔 37:11). 그러자 그들은 점점 마른 뼈같이 변화되어 갔습니다. 자신들의 처한 상황이 마른 뼈라는 별명을 붙이게 만들었지만 스스로 마른 뼈라는 별명으로 부르기 시작하자 그들은 점점 더 마른 뼈의 저주를 받았습니다.

하나님은 에스겔을 통하여 그들의 별명을 바꾸셨습니다. 그들은 에스골 골짜기의 마른 뼈가 아니라 하나님의 군대로 이스라엘을 재건하고 하나님의 영광을 다시 이 땅에 빛나게 하는 사명자가 되리라고 했습니다. 하나님은 자기들을 마른 뼈라고 부르는 사람에게 하나님의 군대, 하나님의 영광을 빛나게 하는 하나님의 사자, 이스라엘 민족을 재건할 하나님의 사명자라고 명명하셨습니다.

하나님은 새 이름을 주시는 분입니다. 그리고 새 이름에 합당한 사람으로 만들어주십니다. 하나님은 아브람에게 아브라함이라는 이름을 주셨을 뿐 아니라 그 이름에 걸맞게 여러 민족의 조상으로 만들어주셨습니다. 또한 예수님은 시몬에게 베드로라는 이름을 주셨고, 흔들바위 같던 시몬을 반석 베드로로 만들어주셨습니다. 하나님은 지금도 절망의 땅에 오셔서 희망을 심고 계십니다. 하나님은 할 수 없다고 하는 바로 그곳에서 새 일을 시작하십니다.

하나님은 마른 뼈들을 일으켜 하나님의 백성으로 삼으시는 분입니다. "또 내게 이르시되 인자야 이 뼈들은 이스라엘 온 족속이라 그들이 이르기를 우리의 뼈들이 말랐고 우리의 소망이 없어졌으니 우리는 다 멸절되었다 하느니라 그러므로 너는 대언하여 그들에게 이르기를 주 여호와께서 이같이 말씀하시기를 내 백성들아 내가 너희 무덤을 열고 너희로 거기에서 나오게 하고 이스라엘 땅으로 들어가게 하리라 내 백성들아 내가 너희 무덤을 열고 너희로 거기에서 나오게 한즉 너희는 내가 여호와인 줄을 알리라"(겔 37:11-13).

하나님은 우리와 대화하길 원하십니다

예화 34

아프리카 선교사 스탠리 존스의 이야기입니다. 그는 소년 시절에 신문 배달을 했습니다. 그때 존스를 가르치던 선생님은 종종 길모퉁이에서 그가 파는 신문을 사주었습니다. 물론 선생님은 집에서 신문을 구독하고 있지만 존스를 위해 신문을 사고 그와 이야기를 나눴습니다. 선생님은 짧은 시간이지만 존스를 생각하고 있다는 것, 그를 위해 기도하고 있다는 것, 희망을 가지고 열심히 살아가야 한다는 것, 하나님이 그를 사랑하고 있다는 사실을 이야기해주었습니다.

태어난 지 일곱 달 만에 아버지를 여읜 존스는 선생님을 통해 아버지의 모습을 그려 볼 수 있었고, 하나님 아버지에 대한 신앙을 가질 수 있었다고 고백합니다. 하나님은 선생님처럼 언제나 자신을 위하시고 자신과 사랑의 대화를 나누고 싶어 하신다는 사실을 깨달은 것입니다. 존스는 소년 시절 길모퉁이에서 자신을 기다리고 신문을 사주고 이야기를 나누며 사랑을 전달하던 선생님의 모습 가운데서 그를 기다리시며 하늘의 사랑을 전달하시며 대화하기를 원하시는 하나님을 만났습니다. 그는 평생 자기를 찾아오신 하나님을 만나는 시간을 정하고, 하나님과의 대화를 쉬지 않았습니다. 그는 자신의 모든 능력이 하나님과 대화하는 가운데서 받은 것이었다고 고백합니다.

말씀에 접목하기: 딤후 1:5-8

하나님은 영이시기 때문에 우리는 직접적으로 그분을 알 수 없습니다. 그래서 성경은 "옛적에 선지자들을 통하여 여러 부분과 여러 모양으로 우리 조상들에게 말씀하신 하나님이 이 모든 날 마지막에는 아들을 통하여 우리에게 말씀하셨으니"(히 1:1, 2)라고 말씀합니다. 구약시대에는 선지자를 통해 단편적으로 하나님을 알았는데, 신약시대에는 예수님을 통해 온전하게 하나님을 알 수 있게 되었다는 말씀입니다. 그러면 지금 우리는 어떻게 하나님을 알 수 있습니까? 예수님의 영을 받은 사람은 하나님을 비춰주는 거울입니다. 예수 그리스도의 영으로 충만한 선생님은 스탠리 존스에게 하나님을 비춰주는 거울이었습니다. 이 세상의 모든 그리스도인은 하나님을 비춰주는 거울로 부름을 받았습니다. 예수님처럼 사람을 존중하고 소중히 여기며 사람들을 공감적으로 이해하고 하나님의 말씀과 사랑으로 섬길 때 우리는 하나님을 비추는 거울이 되어 수많은 사람을 주께로 인도할 것입니다.

결단코 그리스도만은 포기할 수 없다

예화 35

13세기 스페인의 귀족이며 명문대학의 교수였던 라몬 럴은 자신의 유망한 장래를 포기하고 이슬람교도를 복음화하기 위해 이슬람 국가에 들어갔습니다. 그는 두 번이나 그 나라에서 추방당했고, 감옥에서 일 년 반 감금당한 채 지내야 했습니다. 그는 노인이 될 때까지 이슬람교도를 복음화하는 일을 쉬지 않았습니다. 그러다가 성벽으로 끌려가 돌에 맞아 순교했습니다. 그는 순교하면서 이런 말을 남겼습니다. "사랑하지 않는 사람은 살아 있으나 죽은 것이요, 그리스도로 인하여 사는 사람은 결코 죽지 않는다. 오직 예수님!"

겔런드 물러는 목사 안수를 받을 때 "오, 주 하나님! 당신께 나 자신과 나의 아내, 나의 자녀, 나의 모든 소유를 드립니다"라고 말했습니다. 그리고 죽는 날까지 그리스도만을 향한 독점적인 사랑을 취소하지 않았습니다. 당시 네덜란드에서 기독교에 대한 핍박이 심해져 물러 목사는 믿음을 버리고 성경 읽기를 포기하지 않으면 화형을 당할 거라는 경고까지 받았습니다. 그에게는 사랑하는 아내와 네 자녀가 있었습니다. 재판관이 "당신은 아내와 자녀를 사랑하느냐?"라고 물었습니다. 그러자 그는 이렇게 대답했습니다. "만약 하늘이 진주이고 땅이 금덩어리이고 내가 그 모든 것의 소유자임에도 불구하고 빵과 물만 먹고 살게 된다고 할지라도 나는 내 가족을 위해 그 모든 것을 포기할 것입니다. 하나님도 그것을 아십니다. 그럼에도 나는 결단코 그리스도만은 포기할 수 없습니다." 결국 그는 교살되어 화장되었습니다.

말씀에 접목하기: 마 16:24

주기철 목사님은 신사참배를 거절하고 항일운동을 계속했는데, 순교를 당하기 직전 자식들을 위해 이런 기도를 드렸습니다. "세상에 제 자식을 돌보지 않는 자 어디 있으며, 자기 아버지를 의지하지 아니하는 자식이 어디 있겠습니까. 저도 네 명의 아들이 있고, 어린것도 있습니다. 아버지로서 자식을 키우고 가르칠 의무를 다하지 못하고 울부짖는 어린것을 놔두고 갇혀 지내는 마음 또한 애처롭기 그지없습니다. …… 연약한 자식 같은 제자들을 뒤에 두고 골고다로 향하신 주께 제 자식들을 부탁합니다." 주기철 목사님은 예수님의 말씀대로 "자기를 부인하고 자기 십자가를 지고" 예수님을 따랐습니다. 그는 자기 목숨보다 귀한 자식들의 목숨을 포기하고 주님을 따랐습니다. 목사님은 자기 목숨을 예수님을 위해 잃어버림으로써 다시 찾은 참 믿음의 사람이 되었습니다.

부시 정부의 기초는 기독교 가치관이다

예화 36

미국의 43대 대통령 부시가 가진 확신 가운데 하나는 모든 사람이 하나님의 형상대로 지음을 받았기 때문에 사람은 누구나 존귀하고 평등하며 자유를 누릴 권리가 있다고 하는 것이었습니다. 또한 그는 사랑과 참여와 용기가 있는 곳에 정의 실현이 가능하다고 믿으며, 정의 없는 곳에 평화도 없다고 믿었습니다. 이것은 성경적인 가치입니다. 그는 성경의 가치는 영원하다고 믿었기 때문에 신앙에 기초를 둔 정치를 하고자 했습니다.

백악관에서 부시 대통령의 하루는 기도로 시작되었습니다. 기도가 끝나면 성경 본문과 함께 간단한 설교문이 있는 오스왈드 챔버스의 묵상집을 읽었습니다. 그러고 나서 집무실로 내려가 대통령으로서의 업무를 시작했습니다. 매일매일 기도하고 성경을 읽은 뒤에야 보고서를 읽기 시작한 것입니다. 부시 대통령은 중요한 결정을 내리거나 결재를 할 때도 늘 먼저 기도했습니다. 그래서 당시 백악관 내에서 대통령의 기도하는 모습을 보기란 그리 어렵지 않은 일이었다고 알려져 있습니다.

백악관 내에 성경공부 모임을 허용한 것은 아이젠하워 대통령 때이지만 케네디 대통령 이후 자취를 감추었다가 부시 대통령 임기 중 다시 활성화 되었습니다. 자유진보 언론이 이것을 문제 삼자 대통령이 되고 나서 이 모임을 시작했다면 문제가 되겠지만 정계 진출 전부터 오랫동안 해왔는데 대통령이 되었다고 라이프스타일을 바꿔야 하느냐고 지혜롭게 답해 여론을 잠재웠습니다. 그는 이 모임에 참석하는 직원들에게 성경공부가 주일 예배를 대체하는 게 아니라고 강조하기도 했습니다.

부시 대통령은 성공회 신부가 있었던 가문에서 태어나 비교적 자유진보적인 신앙을 가졌다가 가족 별장에 방문한 빌리 그레이엄 목사를 만나 거듭난 신앙을 가지게 되었습니다. 결혼하고 나서도 로라 부시 여사와 함께 복음주의 신앙을 지키면서 다른 신앙을 가진 사람들을 존중하고 폭넓게 포용했습니다.

말씀에 접목하기: 마 6:9, 10

영성의 목표는 현 상태에서 하나님이 원하시는 상태로 변화시키는 것입니다. 이것은 교회에만 적용되는 것이 아니라 정치, 경제, 사회, 문화, 교육

등 모든 분야에 똑같이 적용되어야 하는 진리입니다. 모든 사람은 하나님의 형상대로 지음을 받았기 때문에 누구나 존귀하고 평등하며 자유를 누릴 권리가 있습니다. 또한 사랑과 참여와 용기가 있는 곳에 정의 실현이 가능하다고 믿으며 정의 없는 곳에 평화도 없다고 믿는 것이 성경적 가치라는 말은 이것이 하나님이 원하시는 상태라는 뜻입니다. 부시 대통령은 기독교의 영성적 가치를 정치에서 실현하고자 하는 믿음의 꿈을 가졌습니다.

부시 대통령이 기도와 말씀으로 하루 업무를 시작하고 백악관에서 성경 공부를 부활시킨 것은 기도하는 동안 하나님이 거기 임재하여 영적으로 교제하시며, 말씀 가운데서 하나님의 뜻을 받을 수 있기 때문입니다. 그는 기도와 말씀을 통해 끊임없이 하나님이 원하시는 상태가 무엇인지 알고자 했으며, 하나님이 원하시는 상태로 변화시킬 방법과 능력을 찾고자 했습니다. 이런 지도자들이 현재의 상태를 하나님이 원하는 상태로 변화시키려고 노력하는 곳에 하나님의 나라가 이 땅에 임할 것입니다.

큰일을 할 수 있었던 비결은?

예화 37

어떤 사람이 아시시의 프랜시스에게 어떻게 해서 그처럼 큰일을 할 수 있었는지 물었습니다. 프랜시스는 한참 동안 생각하더니 이렇게 대답했습니다. "아마 이 때문일 겁니다. 주께서 하늘에서 땅을 내려다보면서 이렇게 말씀하셨습니다. '땅에서 가장 약하고 비천한 사람이 어디 있는가?' 그러고 나서 주는 나를 발견하고 이렇게 말씀하셨습니다. '내가 그를 발견했노라. 내가 그를 통하여 일하리라. 그는 그것을 자랑하지 않을 것이다. 왜냐하면 그는 자신이 보잘것없는 것 때문에 내가 그를 들어 쓰고 있다는 것을 알 터이니까' 라고 말입니다."

말씀에 적용하기: 고전 15:8, 9

　하나님의 큰일을 하는 사람은 능력과 재능을 가졌기 때문이 아니라 하나님이 말씀하고 보여주시는 것만을 행하고자 하는 신앙을 가졌기 때문입니다. 하나님의 큰일을 하고 싶습니까? 그런데 능력과 재능이 모자라다고 생각하며 좌절하고 있습니까? 하나님이 하시고자 하는 그 일만을 그분을 대신해 하고자 하는 믿음이 있으면 하나님은 우리를 통해 큰일을 행하실 것입니다.

나는 가장 보잘것없는 자다!

예화 38

　어떤 유망한 청년이 영국의 유명한 신학자 플래처 목사에게 "선생님, 제가 어떻게 하면 가장 유력한 전도자가 되겠습니까?"라는 내용의 편지를 보냈습니다. 플래처 목사는 청년에게 "만약 진심으로 자신을 영국에서 가장 보잘것없는 자라고 생각한다면 하나님은 반드시 당신을 들어 써주실 것입니다"라고 대답했습니다.

말씀에 접목하기: 마 19:26

　하나님의 일을 하는 종은 자기로서는 할 수 없지만 하나님으로서는 다 하실 수 있다는 믿음을 가진 사람입니다. 자기를 완전히 비우고 오직 하나님이 자기를 통하여 그분의 일을 하시도록 간절히 사모하는 사람을 통해 하나님은 크게 역사하십니다.

　다음은 김정준 목사의 시입니다.

내가 죽는 날

내가 죽는 날
그대들은 '저 좋은 낙원 이르니' 라는 찬송을 불러주시오.
또 계시록 20장 이하를 끝까지 읽어주오.
그리고 내 묘비에는
'임마누엘' 이란 단 한 마디 말만 새겨주오.

내가 죽는 날
비가 와도 좋다
그것은
내 죽음을 상징하는 슬픈 눈물이 아니라
주의 보혈로 죄 씻음을 받은 감격의 눈물이다.

내가 죽는 날은
바람이 불어도 좋다
그것은
내 모든 시름을 없애고
천국 가는 길을 준비함이라.

내가 죽는 날은
눈이 부시도록 햇빛이 비춰도 좋다
그것은
영광의 주님 품에 안긴
내 얼굴의 광채를 보여줌이라.

내가 죽는 시간은
밤이 되어도 좋다

캄캄한 하늘이 내 죽음이라면
저기 빛나는 별의 광채는
새 하늘에 옮겨진 내 눈동자이리라.

오, 내가 죽는 날
나를 완전히 주의 것으로 부르시는 날
나는 이 날이 오기를 기다리노라
이 순간에라도 닥쳐오기를
번개처럼 왔다가 번개처럼 데려가기를.

그다음은 내게 묻지 말아 다오
내가 옮겨 간 그 나라에서만
내 소식을 알 수 있을 터이니
내 얼굴을 볼 수 있을 터이니.

말씀에 접목하기: 딤후 4:7, 8

정신분석학자 에릭 에릭슨(Erik Erikson)은 인간발달 단계 가운데 마지막 노인기의 과제를 '거룩함을 몸에 담는 것'이라고 했습니다. 그는 이 세상에 속한 인간이 하늘에 속한 거룩함을 맛보고 자기도 이제 그 거룩함의 일부가 되어 세상의 겉옷을 벗어버려야 한다는 확신을 준비하는 기간을 노인기라고 보았습니다. 김정준 목사는 거룩함을 맛보고 있습니다. 그 거룩함과 친밀한 관계를 맺고 있습니다. 그 거룩함에 참여하는 감격을 기대하고 있습니다. 그는 노인기의 과제를 거의 완성했습니다. 노인기는 새로운 세계의 문을 여는 시기입니다.

마음에 품은 것을 손으로 그린다.

예화 39

유명한 화가가 되기를 꿈꾸는 소년 몇 명이 레오나르도 다빈치를 방문했습니다. 소년들이 화실에 들어섰을 때 그는 아주 조용한 가운데 예수님의 얼굴을 그리는 작업에 열중하고 있었습니다. 그때 한 소년이 실수로 화판 더미에 걸려 넘어지고 말았습니다. 평소 성격이 예민한 다빈치는 작업에 방해가 되자 기분이 상한 나머지 붓을 집어던지고 화를 내며 소년을 심하게 꾸짖었습니다. 소년은 어쩔 줄을 몰라 하다가 울면서 화실 밖으로 뛰어나갔습니다.

다빈치는 다시 붓을 들고 예수님의 얼굴을 완성시켜 보려고 애썼지만 그림을 그릴 수가 없었습니다. 화를 내고 난 뒤 창의력을 잃고 영감이 전혀 떠오르지 않았기 때문입니다. 그는 자신의 행동이 지나쳤음을 깨닫고 울고 있는 소년에게 다가가 이렇게 말했습니다. "얘야, 미안하구나. 내 말이 너무 지나쳤다면 용서해 다오. 너는 그저 화판에 걸려 넘어진 것뿐인데, 공연히 화를 내어 내 생명 안으로 흘러드는 하나님의 영감을 막았구나. 나와 함께 다시 화실로 들어가지 않겠니?" 소년에게 용서를 구하고 나서야 다빈치는 예수님의 얼굴을 그릴 수 있었습니다.

말씀에 접목하기: 마 5:8

예수님은 "마음이 청결한 자는 복이 있나니 그들이 하나님을 볼 것임이요"(마 5:8)라고 선포하셨습니다. 마음이 청결하다는 것은 하나님과 코드를 맞춰 사는 것을 뜻합니다. 우리 마음이 하나님과 코드가 맞았을 때 그분의 생명이 우리에게 흘러 들어옵니다. 반면에 감정이나 생각, 욕망이 마음을 지배하면 우리는 하나님으로부터 떠나 자기를 향하게 됩니다. 그러면 하나님께로부터 오는 생명의 문이 막혀버립니다. 다빈치는 예수께 집중하여 그림을 그리고 있을 때 한 소년이 실수로 화판을 넘어뜨려 방해를 받자 소년에게 마음이 집중되어 하나님과의 코드가 끊어졌습니다. 그래서 더 이상 예수님의 얼굴을 제대로 그릴 수가 없었습니다. 우리는 무슨 일을 하든지 그 일에 집착하면 그것으로 말미암아 하나님과의 코드가 끊어지고 영감이 막혀버립니다. 무슨 일을 하든지 그때마다 하나님께 자신을 드리고 끊어진 코드를 다시 맞춰야 합니다. 그래야 하나님의 생명이 우리를 통해 이 세상에 흘러넘치게 됩니다.

믿음의 사람이라는 자부심

예화 40

현대 선교의 아버지라 불리는 윌리엄 캐리(William Carrey)는 구두 수선공으로 일하면서 독학했습니다. 독학하면서도 그는 여러 나라의 언어를 꾸준히 공부하여 능숙하게 구사할 수 있는 능력을 키웠습니다.

어느 날 캐리의 친척 동생이 자신이 입학하게 될 옥스퍼드의 단과대학에 그를 데리고 갔습니다. 그들은 단과대학의 유명한 어학 교수를 찾아가 이야기를 나누었습니다. 대화를 나누던 중 그 교수는 캐리의 어학 실력에 주목하게 되었습니다. 그 교수는 캐리에게 "당신이 이 학교에 들어오면 이 나라의 역사에 큰 영향을 미칠 거요. 그리고 이 나라의 여왕도 기뻐하실 거요"라고 말했습니다.

그 교수의 말을 듣고 캐리는 이렇게 거절했습니다. "교수님은 영국이라는 나라의 여왕을 말씀하셨는데, 저에게는 이미 전 생애를 내건 한 나라가 있습니다. 그 나라는 바로 하나님의 나라입니다. 저는 여왕보다 더 높은 분의 부르심을 받았고, 그분을 향한 제 충성은 절대로 변하지 않을 것입니다." 결국 캐리는 그 교수의 제안을 거절하고 세계 선교를 위해 인도로 떠났습니다.

> 말씀에 접목하기: 갈 2:20

성경은 "내가 그리스도와 함께 십자가에 못 박혔나니 그런즉 이제는 내가 사는 것이 아니요 오직 내 안에 그리스도께서 사시는 것이라 이제 내가 육체 가운데 사는 것은 나를 사랑하사 나를 위하여 자기 자신을 버리신 하나님의 아들을 믿는 믿음 안에서 사는 것이라"(갈 2:20)고 말씀합니다. 그리스도인의 정체성은 그리스도께서 하시고자 하는 그 일을 행하며 사는 사람입니다. 그리스도인은 국가나 직장, 가정 등 세상의 그 어떤 것보다 먼저 주 예수 그리스도를 섬기고 순종하고 하나님께 영광 돌리며 사는 사람입니다.

그렇지! 하나님은 살아계시지

예화 41

유명한 종교개혁자 마르틴 루터(Martin Luther)도 개혁 말기에 정신적으로 지쳐 모든 것을 포기하고 싶은 유혹에 빠졌습니다. 그래서 모든 것을 포기하고 자리에 누워 '모든 것이 끝났어' 라고 하며 넋두리를 늘어놓았습니다. 그때 지혜로운 그의 아내가 상복을 입고 방으로 들어왔습니다. 상복을 입은 아내를 본 그는 깜짝 놀라 "아니 누가 죽었소?" 라고 다급히 물었습니다.

아내는 "예, 하나님이 돌아가셨습니다" 라고 말했습니다. 아내의 황당한 대답에 루터는 어이없다는 표정으로 "하나님이 돌아가시다니, 무슨 소리요?" 라고 소리쳤습니다. 루터의 아내는 정색하고 말했습니다. "하나님이 안 돌아가셨으면 당신이 그렇게 누워 있을 리가 없잖아요." 아내의 말 한 마디가 루터를 흔들어 깨웠습니다. "그렇지! 하나님은 살아계시지." 그는 벌떡 일어나 다시 자신의 사명을 수행하기 시작했습니다.

> 말씀에 접목하기: 벧전 5:8, 9

우리는 "대적 마귀가 우는 사자같이 두루 다니며 삼킬 자를 찾는"(벧전 5:8) 세상에 살고 있습니다. 수많은 믿음의 사람이 넘어지고 또 넘어지는 이유는 마귀의 시험 때문입니다. 심지어 마르틴 루터도 마귀의 시험으로 넘어질 뻔했습니다. 그러나 하나님은 믿음의 사람을 보내 시험에서 이기게 하십니다. 지금 시험에 빠져 흔들리고 있습니까? 그렇다면 하나님께 구해야 합니다. 그러면 그리스도의 몸인 교회와 그리스도의 지체인 믿음의 사람을 보내 시험을 이기게 하실 것입니다.

빵 속에 들어 있는 희망을 먹는다

예화 42

2차 세계대전이 끝난 후 이탈리아에서 〈빵과 사랑과 소망〉이라는 제목의 영화가 제작되었습니다. 패전한 이탈리아는 실직과 가난, 질병 등으로 힘겨운 시간을 보내야 했습니다. 한 노인이 시골 길가에 앉아 무언가를 먹고 있었습니다. 마침 자전거를 타고 지나가던 파출소장이 노인에게 "영감님, 무엇을 먹고 계십니까?"라고 묻자 노인은 빙그레 웃으면서 "곰보빵입니다"라고 대답했습니다.

파출소장은 빵 속에 아무것도 넣지 않은 딱딱한 빵을 먹고 있는 노인을 안쓰럽다는 듯이 쳐다보며 "빵 속에 아무것도 들어 있지 않는 것 같은데요?"라고 말했습니다. 그러자 그 노인은 손에 쥐고 있던 빵을 반으로 잘라 보여주면서 "여기에 아무것도 들어 있지 않은 것 같지요? 하지만 이 빵 속에는 내 꿈이 들어 있습니다"라고 대답했습니다.

그 빵에는 고기도 야채도 치즈도 들어 있지 않았지만 노인은 희망과 꿈을 잃지 않았습니다. 그는 딱딱한 빵을 먹고 있지만 그저 빵만 먹고 있는 것이 아니라 그 빵과 함께 미래의 희망과 꿈도 먹고 있었던 것입니다. 아무리 어렵고 힘들고 참기 어려운 일을 당했더라도 희망과 꿈을 잃지 않으면 그는 행복한 사람입니다.

> 말씀에 접목하기: 고전 10:31-33

성경은 "너희가 먹든지 마시든지 무엇을 하든지 다 하나님의 영광을 위하여 하라"(고전 10:31)고 말씀합니다. 지금 아무것도 들어 있지 않은 딱딱한 곰보빵을 먹고 있을지라도 그 빵 속에 하나님의 영광을 담으라는 말씀입니다. 고린도전서 10장 32절과 33절을 보면 자기가 먹는 빵 한 조각 속에, 마시는 물 한 잔 속에, 무엇을 하고 있든지 그 속에 이웃의 기쁨과 유익과 구원을 담으면 하나님이 거기 임하여 하늘의 영광으로 가득차게 하겠다고 약속하십니다. 오늘 자신의 밥그릇에 밥만 담고 있습니까, 아니면 그 속에 이웃사랑을 담고 있습니까? 예수님처럼 이웃사랑을 위해 십자가를 지는 곳에 하나님의 영광이 빛날 것입니다.

소망의 사람 마르틴 루터 킹 목사

예화 43

미국의 흑인들이 인종차별 문제로 깊은 좌절과 절망을 느끼고 폭력과 증오로 가득 차 있을 때 마틴 루터 킹 목사는 워싱턴 시가행진을 계획했습니다. 그는 〈우리는 이기리라〉는 노래를 20만 군중과 함께 부르면서 노예 해방을 선언한 링컨 대통령 기념관을 향해 행진했습니다. 아직은 인종차별의 벽을 넘어서지 못하고 있지만 반드시 그 벽이 깨어질 것이라고 믿으면서 힘차게 〈우리는 이기리라〉를 불렀습니다. 하나님은 모든 인간을 평등하게 지으셨습니다. 하나님은 모든 인간이 피부색이나 외모로 차별 받지 않고 인간이기에 존중 받고 사랑 받는 날이 오게 하실 것입니다.

마르틴 루터 킹 목사는 링컨 대통령의 동상 앞에서 '나에게는 꿈이 있습니다' 라는 명연설을 했습니다. "오늘도 내일도 우리 앞에 장애물이 첩첩이 쌓여 있습니다. 그러나 나는 꿈을 가지고 있습니다. 언젠가는 인종차별의 사막, 미시시피 주에서 자유와 정의의 생수가 흘러 나오리라는 꿈을 가지고 있습니다. 나는 나의 네 자녀가 피부 색깔 때문에 차별 받지 않고 하나님이 창조하신 인간의 평등함에 근거하여 존중 받는 시대가 오리라는 꿈을 꾸고 있습니다. 나는 저 남쪽 인종차별의 땅 앨라배마 주에서도 검은 피부색을 가진 아이들과 흰 피부색을 가진 아이들이 서로 손을 잡고 하나로 뭉치게 되리라는 꿈을 꾸고 있습니다. 이런 꿈만 버리지 않는다면 우리는 절망의 동산에서도 희망의 금을 캐어낼 수 있습니다. 이 꿈만 포기하지 않는다면 미국에 가득한 인종차별의 불협화음이 아름다운 하나님의 심포니로 변화될 수 있을 것입니다. 나는 꿈을 가지고 있습니다. 하나님은 우리를 하나 되게 하신다는 꿈을 가지고 있습니다."

이 연설은 오랜 시간이 흐른 지금까지도 전 세계인의 가슴속에 남아 있습니다. 가장 암담하고 어둔 시절에 비록 실낱처럼 작고 희미하지만 희망을 노래하고 복된 미래를 노래했기 때문입니다. 역사의 큰 획을 그었던 위인들은 어둠과 암울한 현실 너머에 있는 희망을 노래하며, 어둔 시대에 잘못된 길로 가기 쉬운 역사의 방향을 바로 제시해주었습니다. 킹 목사는 어둔 역사 가운데서도 쉬지 않고 역사하시는 하나님의 구원 사역을 바라보고 선포했습니다.

말씀에 접목하기: 롬 8:24, 25

희망은 이루어질 때도 있지만 그렇지 못할 때가 더 많습니다. 희망은 자기의 소원, 인간 자신의 바람이기 때문입니다. 그러나 소망은 반드시 이루어집니다. 소망은 하나님의 약속의 말씀에 근거하기 때문입니다. 하나님은 우리에게 성경 말씀을 통하여 수많은 약속을 주셨습니다. 인간이 피부

색으로 차별 받지 않고, 하나님의 형상을 하고 있기에 모든 인간은 평등하며, 똑같이 존중 받을 수 있다는 것은 성경의 약속입니다. 인종차별이 심했지만 마르틴 루터 킹 목사는 하나님의 약속의 말씀을 그대로 믿었습니다. 하나님이 약속하신 말씀은 그대로 이루어져 지금 미국에서 인종의 장벽은 무너지고 인종차별은 철폐되었습니다. 하나님은 그분의 약속을 믿고 행동하는 사람에게 그 약속의 말씀을 이루게 하십니다. 지금 우리는 하나님의 약속의 말씀을 붙들고 있습니까? 그 말씀을 그대로 믿고 행동하고 있습니까? 하나님의 약속은 반드시 이루어질 것입니다. 하나님의 약속의 말씀을 믿고 행동하는 사람에게는 언제나 소망이 있습니다.

내 최고의 해, 최선의 해는?

예화 44

미국에서 카운슬러로 유명한 앤 맨더스 부인이 많은 사람에게 질문서를 보냈습니다. 그 질문의 내용은 다음과 같습니다. "당신의 생애에서 최고의 해, 최선의 해라고 말할 수 있는 십 년을 이야기하라면 언제입니까? 그리고 왜 그렇게 생각합니까?" 그녀가 받은 답장들 가운데 몇 가지를 소개하겠습니다.

미니애폴리스에 사는 한 노인은 이런 답장을 보내왔습니다. "나의 최선, 최고의 해는 지금이다. 지금 내 나이는 80세다. 나는 과거 속에서 살기를 원치 않는다. 나의 모든 희망은 이제부터다." 80세 노인이 "나에게 있어 최고의 해는 바로 지금입니다. 나는 과거 속에서 살기를 원치 않습니다. 나는 현재를 살기 원합니다"라고 대답한 것입니다. 얼마나 멋진 대답입니까!

볼티모어에 사는 70세의 한 할머니는 이렇게 대답했습니다. "나의 최고, 최선의 해는 23세부터 33세까지 십 년이었다고 생각합니다. 그 시기는 결혼한 뒤였습니다. 결혼하고 나서 나는 계속해서 아이 셋을 낳았습니다. 그런데 남편과 나는 확실한 직장이 없다 보니 지독하게 가난했습니다. 아이 셋을 먹이고 입히는 게 너무나 버거웠습니다. 우리 부부는 그 십 년 동안 세계를 향하여 전쟁을 벌이고 있다는 느낌이었습니다. 얼마나 바쁘고 피곤했는지 어느 때는 공포를 느낄 정도였습니다. 그러나 오늘에 와서 생각해 보니 그때 가장 보람 있고 힘찬 희망 속에 살았다는 생각이 듭니다." 고난 가운데 미래를 바라보고 투쟁한 젊은 부부의 생활 고백이라고 하겠습니다.

마이애미에 사는 어떤 노인은 "내 생애 최고의 십 년은 40세부터 50세까지라고 생각합니다. 그 십 년간 사업에서 가장 큰 실패를 맛보았습니다. 사업에 실패해서 많은 빚을 지게 되었는데, 당시 자녀의 대학 학비를 감당하기가 버거웠습니다. 얼마나 비관했고 좌절했는지 모릅니다. 그러나 사업 실패라는 절망의 구름다리 밑에서 용하게 빠져 나와 오늘을 살고 있다고 생각하면 40~50세에 겪은 실패와 절망이 나에게는 일생의 가장 보람 있는 때였다고 생각합니다"라고 대답했습니다. 그는 이렇게 부언했습니다. "내 나이는 금년 70세입니다. 바라는 것이 있다면 십 년 뒤에 또다시 이 같은 질문을 받았으면 합니다." 그는 지금 70세이지만 아직도 자기에게 최고의 해가 남아 있을 거라는 기대감을 가지고 있는 것입니다.

말씀에 접목하기: 행 2:17

우리는 고난과 실패 가운데서도 불사조처럼 새 소망을 가지고 날마다 재기하고 새 하늘과 새 땅을 바라보면서 전진하는 사람, 새 비전과 새 희망 속에서 생기 있게 인생의 폭을 넓게 살아가는 사람이 되고자 합니다. 하나님은 지금 우리 가운데 임하여 하늘의 신비와 기적을 주실 준비를 갖추고 계시기 때문입니다.

소망은 세 가지 측면이 있습니다. 첫째는 하나님이 약속하시는 미래의 축복을 말씀하는 것이요, 둘째는 하나님이 약속하신 미래가 반드시 우리에게 이루어질 것이라는 확신이요, 셋째는 하나님이 약속하신 미래가 우리 가운데 성취되기 위해 오늘 우리가 해야 할 일은 최선을 다해 실행해야 한다는 것입니다. 예를 들면 성경은 "네 아버지와 어머니를 공경하라 이것은 약속이 있는 첫 계명이니 이로써 네가 잘되고 땅에서 장수하리라"(엡 6:2, 3)고 말씀합니다. 하나님은 부모를 공경하는 사람에게 반드시 잘되는 복과 땅에서 장수하는 복을 주실 것입니다. 그러므로 이제 우리는 어떤 환난과 어려움이 닥쳐도 최선을 다해 부모님을 공경하는 삶을 살아야 합니다. 그러면 하나님은 부모를 공경하는 자에게 잘되는 복과 땅에서 반드시 장수하는 복을 내려주실 것입니다. 이것이 소망입니다. 소망은 우리를 부끄럽지 않게 만들어줍니다(롬 5:5). 소망은 반드시 이루어집니다. 아무리 큰 환난과 어려움이 닥쳐도 주님의 약속을 소망하면서 말씀에 순종하는 사람에게는 약속하신 축복을 풍성하게 베풀어주실 것입니다.

희망을 심는 사람, 유진 랭

예화 45

얼마 전 잡지 《퍼레이드》에 뉴욕 할렘 가에서 가난하게 살고 있는 초등학교 6학년 학생들의 삶을 바꿔놓은 유진 랭에 대한 기사가 난 적이 있습니다. 그는 자수성가한 백만장자입니다. 그는 59명의 초등학교 6학년 학생들에게 연설을 해달라는 요청을 받았습니다. 그 학교의 학생들 대부분은 초등학교를 졸업하고 진학을 포기했습니다. 그는 이런 학생들을 일깨울 수 있는 말을 하고 싶었습니다. 그들이 초등학교를 졸업한 후에도 학업을 포기하지 말고 계속할 수 있기를 바랬기 때문입니다. 그는 가난한 할렘 가에서 초등학교에 다니는 다양한 민족의 학생들, 그들 가운데 대다수가 흑인이었는데 그들에게 미래의 희망을 불어넣고 싶었습니다. 그는 고심 끝에 자기의 생각을 솔직하게 털어놓기로 했습니다.

"학업을 포기하지 말고 계속하라!" 그는 강한 어조로 말했습니다. 그리고 학생들에게 이런 약속을 했습니다. "진학하면 내가 대학 등록금을 보조하겠다!" 그러자 거기 있던 모든 학생의 마음에 큰 충동이 일었습니다. 그들은 처음으로 희망을 갖게 되었습니다. 한 학생이 나중에 이렇게 말했습니다. "나는 내 앞에 무엇인가 바라볼 수 있게 되었으며, 무엇이 나를 기다리고 있다고 느꼈습니다." 그것은 참된 소망이었습니다. 유진 랭의 연설을 들은 학생 가운데 90퍼센트가 고등학교를 졸업했습니다. 이는 가난한 할렘 가에서는 기적 같은 일이었습니다.

말씀에 접목하기: 히 11:1, 2

소망이 없는 사람은 죽은 사람입니다. 소망이 되살아나면 생명도 되살아납니다. 예수님은 우리에게 소망을 주기 위해 오신 분입니다. 하나님은 우리를 이처럼 사랑하시고 우리 한 사람, 한 사람을 위해 놀라운 축복의 계획을 갖고 계십니다. 예수님은 하나님의 독생자로서 하나님이 세우신 구원과 축복의 계획을 가지고 이 세상에 오셨습니다. 누구든지 예수님을 만나면 하나님의 축복의 계획이 이루어집니다. 예수님을 영접한 사람은 예수님이 만들어 가시는 새로운 삶에 참여하게 됩니다. 예수님은 지금 우리 안에서 참 소망을 창조하십니다. 예수님은 당신 안에서 어떤 소망을 만들고 계십니까? 영의 눈을 열어 보는 자는 예수님과 함께 미래를 만드는 자가 될 것입니다.

딸의 마음, 아버지의 마음

예화 46

어느 학교 선생님에게 열두 살 된 딸이 있었습니다. 아내가 세상을 떠나자 그는 딸에게 어머니 역할까지 해주어야 했습니다. 그러나 학교 일 때문에 딸에게 충분한 시간을 내주지 못했습니다. 그는 딸과 많은 시간을 보내지 못하는 것을 가슴 아파했습니다. 그래서 크리스마스 휴가가 빨리 오기를 기다렸습니다.

그런데 크리스마스 휴가 때가 되자 딸은 자기 방에 들어가 나오지 않았습니다. 아버지는 크리스마스를 혼자 쓸쓸하게 보내야 했습니다.

크리스마스 아침에 일어나 보니 크리스마스트리에 손수 뜬 양말 한 켤레가 걸려 있었습니다. 딸은 눈을 반짝이면서 말했습니다. "아빠, 크리스마스가 되기 전에 이걸 완성하기 위해 얼마나 마음을 졸였는지 몰라요. 제가 방에 들어가 나오지 않은 건 바로 이 양말을 완성하고 싶었기 때문이었어요. 다행히 양말을 다 짰어요. 아빠, 이 양말 어때요?" "아무럼 좋고말고. 얘야, 정말 예쁘구나. 고맙다." 아빠는 눈물을 보이지 않으려고 딸아이를 품에 안았습니다.

그러나 마음속으로는 이렇게 말하고 있었습니다. '철없는 딸아, 양말은 시장에 가서 사면 되지 않니? 난 양말을 원한 게 아니라 너와 함께 시간을 보내고 싶었단다. 난 너와 함께 시간을 보내며 너의 사랑을 받고 나의 사랑을 나누고 너의 관심을 받고 싶었어!' 그렇습니다. 우리는 하나님을 위해 무언가 하려고 합니다. 그러나 하나님은 우리가 그분을 위해 무엇을 하기보다는 그분과 교제하며 그분의 사랑을 받아 채우며 그분이 주시는 복을 세상에 전달하기를 원하십니다.

말씀에 접목하기: 눅 10:38-42

마르다는 예수님을 초청하여 자기 집에서 대접하고 싶었습니다. 예수님을 잘 대접하기 위해 그녀는 분주하게 움직였습니다. 그런데 동생 마리아는 예수님의 발치에 앉아 그분의 말씀을 들으며 교제를 나누고 있었습니다. 이를 본 마르다는 동생의 행동이 못마땅해 "주여 내 동생이 나 혼자 일하게 두는 것을 생각하지 아니하시나이까"라고 말했습니다. 이때 예수님의 대답은 아주 분명했습니다. "마르다야 마르다야 네가 많은 일로 염려하고 근심하나 몇 가지만 하든지 혹은 한 가지만이라도 족하니라 마리아는 이 좋은 편을 택하였으니 빼앗기지 아니하리라."

예수님은 대접 받기 위해 오신 분이 아닙니다. 우리에게 하나님의 말씀을 전하고 치료하고 용서하고 축복하고 구원하기 위해 오셨습니다. 예수님은 우리가 무엇을 준비해 그분께 드리는 것보다 마리아처럼 예수님과 교제하면서 하나님의 말씀을 받고 치료와 용서와 축복과 구원받기를 원하십니다. 지금 당신은 무엇 때문에 분주합니까? 예수님을 기쁘시게 하려고 애쓰고 있습니까? 그렇다면 예수님을 오해하고 있는 것입니다. 예수님을 기쁘시게 하려면 그분의 말씀을 받아야 합니다. "인자가 온 것은 섬김을 받으려 함이 아니라 도리어 섬기려 하고 자기 목숨을 많은 사람의 대속물로 주려 함이니라"(막 10:45).

희망이 있기에 나는 멀리 항해한다

예화 47

한 여성이 양팔을 잃었습니다. 그러나 그녀는 이 일로 쓰러지지 않았습니다. 발로 글자를 쓰며 우수한 성적으로 대학 과정을 마쳤고, 장애인 올림픽에 출전하여 금메달을 따는 등 놀라운 의지를 보여주었습니다. 그녀는 인생이란 30퍼센트의 재능과 30퍼센트의 달관과 40퍼센트의 노력이라고 생각했습니다. 그녀가 자주 하는 말은 "희망이 있기에 나는 비로소 멀리 항해한다" 입니다. 그녀가 가장 신봉하는 신조는 "생명은 오직 앞으로만 나아갈 수 있고 되돌아올 수 없는 길이다" 라는 것입니다. 사람은 즐거운 일도 겪어야 하고, 불쾌한 일도 겪어야 합니다. 그때 거기에 빠져버리면 더 이상 전진할 수가 없습니다. 거기에서 빠져나와 그것을 뛰어넘어 앞으로 나아갈 방향과 길을 찾아야 합니다. 우리는 그것을 영의 능력이라고 부릅니다. 영의 눈이 열린 사람은 거기에 빠지지 않고 창조적인 미래를 향해 힘차게 나아갈 수 있습니다.

말씀에 접목하기: 고전 2:12-15

우리는 절망적인 일을 만났을 때 거기에 빠지지 않고 자기 밖으로 나와서 자기를 들여다보며 자기에게 아직 남아 있는 자원을 발견하고 그 자원을 수습하고 미래를 향해 새 출발할 수 있는 능력을 영적 능력이라고 말합니다. 앞서 언급한 여성은 절망적인 상황에서 "생명은 오직 앞으로만 나아갈 수 있고 되돌아올 수 없는 길이다"라는 말을 기억했습니다. 탕자가 돼지우리에서 아버지를 기억하고 아버지에게로 돌아온 것처럼 지혜의 말을 기억하면서 그녀는 절망의 늪에서 빠져나올 수 있었습니다. 그 지혜의 말은 어디서 왔을까요? 그녀가 만났던 아름다운 이웃, 그녀가 경험했던 공동체 속에서 그런 지혜의 말을 받고 마음에 새겼습니다. 태어날 때 그런 지혜의 말을 가지고 태어나지는 않습니다. 우리는 이웃으로부터, 자신이 생활했던 공동체로부터 기억할 만한 아름다운 말을 받습니다. 지혜로운 이웃, 사랑의 공동체는 우리에게 새로운 미래의 문을 열어주는 소중한 열쇠입니다. 당신은 혼자가 아닙니다. 당신의 주위에는 하나님이 보내신 아름다운 이웃과 공동체가 있습니다. 그 안에서 새로운 미래의 문을 열어 가기를 바랍니다.

레그손 카라일의 '과연 미국으로'

예화 48

레그손 칼라일은 아프리카 내륙의 작은 마을인 북니아사랜드 출신입니다. 그는 험난한 길을 뚫고 미국 유학의 길을 올랐습니다. 그의 어머니는 미국이 어디에 있는지조차도 알지 못했습니다. 그가 "어머니, 미국에 가고 싶은데 가도 되나요?"라고 물었을 때 그녀는 미국이 얼마나 먼 곳인지도 모르고 "좋지, 좋고 말고. 언제 떠날 거니?"라고 물었습니다. 칼라일은 미국이 아주 멀다는 사실을 알게 되면 어머니의 마음이 변할지도 모른다고 생각해 "내일이요"라고만 대답했습니다. 어머니는 "옥수수라도 몇 개 삶아줄 테니 가는 길에 먹으렴"이라고 말했습니다.

다음 날 칼라일은 북니야사랜드의 집을 떠났습니다. 옷은 입고 있는 카키색 셔츠와 바지뿐이었습니다. 그는 자신의 두 가지 보물을 챙기는 것을 잊지 않았습니다. 그것은 성경과 존 버니언의 《천로역정》이었습니다. 그는 어머니가 바나나 껍질에 싸준 옥수수를 들고 길을 떠났습니다. 성경은 사랑의 하나님과 자신을 이어주는 연결 고리였고,《천로역정》은 신앙 선배들이 전해준 삶의 지혜였으며, 바나나 껍질에 싸준 옥수수는 사랑의 공동체를 나타내는 상징이었습니다. 그는 혼자서 험한 길을 출발했지만 사랑의 하나님과 함께 선배들이 알려주는 지혜의 도움을 받으면서 따뜻한 사랑의 공동체를 가슴에 품고 가는 것이었습니다.

칼라일의 목적지는 대양 건너 아메리카 대륙이었고, 그는 반드시 그곳에 도착하리라고 믿었습니다. 그는 자신의 나이가 몇 살인지 정확히 몰랐습니다. 열여섯 살인지 열여덟 살이었을 것입니다. 아버지는 그가 어렸을 때 돌아가셨습니다. 어머니가 전도사의 이야기를 듣고 나서 그의 집안은 예수님을 받아들였습니다. 하나님은 아버지의 고리를 잃어버린 칼라일에게 전도사를 만나게 함으로써 그분과의 새로운 고리를 갖게 하셨습니다. 사람은 혼자가 아니라 이처럼 하나님이 연결시켜 주시는 고리에 연결되어 함께 미래로 나아갑니다.

교회 전도사로부터 칼라일은 자신이 환경의 희생자가 아니라 그 주인공이라는 사실을 배웠습니다. 그는 자신의 재능을 다른 사람의 행복을 위해 사용할 의무가 있다고 믿었고, 그것을 위해서는 교육을 받을 필요가 있다고 생각했습니다. 그는 미국에 대해 공부했습니다. 링컨 대통령의 전기를 읽고 미국의 노예 해방을 위해 전력을 다했다는 사실을 알고 존경하게 되었습니다. 또 노예의 몸으로 태어나 입신출세하여 훌륭한 교육자로서 명성을 날린 부커 워싱턴의 자서전을 읽었습니다. 그는 이런 사람들에게 져서는 안 된다고 생각했습니다. 미래에 어떤 사람도 될 수 있다고 생각했고, 그러기 위해서는 미국에 가서 공부해야겠다고 결심했습니다. 우리는 수많은 생각과 신념과 확신을 가지고 미래를 향해 나아가지만 그 모든 생각과 신념과 확신은 하나님이 보내주신 이웃으로부터 받은 것입니다. 혼자서 그런 마음을 가진 것이 아니라 하나님이 보내주신 아름다운 이웃이 칼라일에게 그런 마음을 갖게 해주었습니다. 그는 인생을 혼자 만들어가는 것이 아니라 하나님과 이웃과 자신이 함께 만들어갔습니다.

칼라일은 우선 카이로로 가 그곳에서 미국행 배를 탈 생각이었습니다. 카이로까지는 4,830킬로미터 거리였는데, 그는 걸어서 4~5일 정도 걸릴 거라고 생각했습니다. 그런데 4~5일을 부지런히 걸었지만 집에서 고작 40킬로미터쯤 떨어진 곳이었습니다. 며칠 지나지 않아서 먹을 음식이 떨어졌고 돈도 다 써버려 오직 앞으로 나아가는 것 외에 어떻게 하면 좋을지 알 수 없었습니다.

일 년쯤 지났을 무렵 칼라일의 여행에는 한 가지 유형이 생겼습니다. 아프리카의 마을들은 보통 8~9킬로미터마다 있었습니다. 오후에 마을에 도착하면 그는 일을 찾고, 일하면서 먹을 것과 잠잘 곳도 찾았습니다. 그리고 다음 날 아침 다음 마을로 떠나는 것이었습니다. 그는 수풀 속의 동물들에 대해 무방비 상태였지만 다행히 접근해 오지 않았습니다. 다만 말라리아모기는 여행의 동반자가 되어 그를 여러 번 괴롭혔습니다. 그 험난하고 멀고 먼 여정 가운데서 하나님은 그에게 마을을 만나게 하시고, 마을 주민으로부터 도움을 받게 하셨습니다.

칼라일은 일 년 만에 1,610킬로미터를 걸어 우간다에 도착했습니다. 그곳에서는 어떤 가정에서 신세를 지게 되었는데, 그 집에서 벽돌 만드는 일거리를 얻었습니다. 그 일을 하면서 그는 6개월을 보냈고, 거기서 번 돈 대부분을 어머니에게 송금했습니다. 그는 캄파라에서 우연히 미국 대학의 일람을 입수했습니다. 그는 그 일람을 한 장 한 장 정독해 나가다가 워싱턴의 스카키트 벌리 대학을 찾아냈습니다. 그는 현재 자신의 상황을 자세히 이야기하고 자기의 결심과 공부하고자 하는 열정을 자세히 적은 편지를 그 학교에 보내면서 입학허가서와 장학금을 신청했습니다. 엄청난 어려움과 장애를 두려워하지 않고 미국 유학을 위해 노력한 그의 열정과 굳은 결심을 높이 평가한 스카키트 벌리 대학은 입학허가서를 보내면서 장학금까지 주겠다고 했습니다. 그는 대단히 기뻐하며 미국 기관으로 찾아가 어떻게 해야 미국에 갈 수 있는지 물었습니다. 하나님은 그에게 미래를 향한 뜨거운 열정을 주셨을 뿐 아니라 미래를 향해 몸부림칠 때 함께 역사하여 때마다 필요를 공급하시고 나아갈 길을 인도하셨습니다.

칼라일은 그 기관의 책임자로부터 이야기를 듣고 나서야 미국에 가기 위해서는 여권과 비자가 필요하다는 것을 알게 되었습니다. 그리고 비자를 받기 위해서는 미국 왕복 여비가 있어야 한다는 것도 처음 알았습니다. 그는 자기 나라의 정부에 편지를 써서 여권을 발행해주도록 요청했지만 그에 대한 기록이 없기 때문에 여권을 만들어줄 수 없다고 했습니다. 그는 자기를 지도해주고 자기에게 유학의 열정을 불어넣어 주었던 전도사에게 여권을 받을 수 있도록 도와 달라고 요청했습니다. 전도사의 도움으로 그는 드디어 여권을 받을 수 있었습니다. 이처럼 인생은 혼자 만들어가는 것이 아닙니다. 그는 사랑이 가득한 이웃들의 도움으로 막힌 담을 헐고 새로운 길을 찾을 수 있었습니다.

그러나 왕복 여비가 없어서 칼라일은 비자를 받을 수 없었습니다. 도저히 자신의 계획을 포기할 수 없었던 칼라일은 다시 걸어 미국을 향한 여행을 계속했습니다. 그의 신념은 매우 강했고 열정은 뜨거웠습니다. 그는 남은 돈을 털어 구두 한 켤레를 샀는데, 그 구두를 대학에 들어갈 때 신을 생각이었습니다. 그래서 구두가 닳지 않도록 손에 들고 맨발로 걸었습니다. 우간다를 지나서 그는 수단에 들어갔습니다. 수단의 마을과 마을 사이는 훨씬 멀었고 사람들도 이전만큼 친절하지 않았습니다. 그는 먹을 것과 잠 잘 곳을 구하기 위해 하루에 32~48킬로미터를 걸어야 했고, 드디어 카툼에 도착했습니다.

칼라일은 그곳에 있는 미국 영사관을 찾아갔습니다. 영사관에 가서 미국 대학에서 받은 입학 허가서와 장학금 이야기를 하자 영사관에서는 그가 지금 어떤 형편인지 미국에 있는 스카키트 벌리 대학에 알렸습니다. 그러자 그의 사정은 그 학교를 다니는 학생들에게 알려졌고, 학생들은 바자회를 열어 1,700달러를 모아 보내주었습니다. 그는 지금까지 한 번도 만져 보지 못한 엄청난 금액을 받고 감격했습니다. 하나님은 칼라일에게 구하고 찾고 두드리게 하실 뿐 아니라 수많은 이웃과 공동체를 통해 도움을 받고 갈 길을 찾고 열리게 만드셨습니다.

칼라일이 미국에 유학하기 위해 북니야사랜드를 출발해 2년에 걸쳐 4,023킬로미터를 걸어 카툼까지 왔다는 사실이 뉴스에 보도되었습니다. 이 뉴스를 보고 한 공산주의자가 찾아와서 전액 국비로 장학금을 주고 유고슬라비아의 학교에 입학시켜 주겠다고 제안했습니다. 그는 이 제안을 받고 이렇게 대답했습니다. "나는 그리스도인이므로 하나님이 없는 학교에는 들어가고 싶지 않습니다." 이 말에 공산주의자는 "당신 같은 흑인은 미국에서 인종차별을 받을 거야"라고 말한 뒤 돌아갔습니다. 그 공산주의자는 생명을 소중히 여기지 않는 사람으로 단지 칼라일의 이름을 이용하고자 했던 것입니다. 성령님은 그에게 분별의 영을 주어 진정으로 생명 사랑의 길을 찾아가게 하셨습니다.

몇 달 뒤 칼라일은 두 권의 책을 안고 처음으로 양복을 입고 구두를 신고 스카키트 벌리 대학에 도착했습니다. 그는 여비를 보내준 학생들에게 감사하고, 하나님이 자기 가슴에 넣어주신 꿈을 이룰 때까지 쉬지 않을 것이라고 말했습니다. 나중에 그는 케임브리지 대학의 정치학 교수가 되었습니다. 그는 하나님이 자기가 어떤 사람이 되기를 원하여 꿈과 열정을 자기 가슴에 심어주셨다고 믿었습니다. 그래서 하나님이 주신 꿈을 이루기 위해 그분이 주신 열정으로 최선을 다했습니다. 하나님은 드디어 그에게서 놀라운 사랑의 계획을 완성하셨습니다. 이 이야기는 그가 쓴 《과연 미국으로》라는 책을 통해 세상에 널리 알려졌습니다.

말씀에 접목하기: 행 8:26-40

칼라일의 인생은 전적으로 그 자신의 끈질긴 노력과 순수한 믿음, 흔들리지 않는 신념의 산물이었습니다. 그러나 그는 결코 혼자가 아니었습니다. 그는 소중한 사람을 만나면서 믿음과 신념과 열정을 받았고, 수많은 이웃이 관심을 가지고 그를 도왔고 섬겼습니다. 사랑하는 사람, 지혜의 사람, 섬기고 돕는 이웃이 없었다면 그는 결코 자신의 소망을 이룰 수 없었을 것입니다. 그리고 그를 이처럼 사랑하시는 하나님이 언제나 그의 길을 인도하시고 힘이 되시고 방패가 되어 그를 지키시지 않았다면 축복의 문은 열리지 않았을 것입니다. "하나님, 오늘도 칼라일과 같이 외롭고 험난한 삶을 사는 사람에게 소중한 이웃과 지혜로운 멘토를 보내주시옵소서. 그리고 믿음과 열정을 가지고 끊임없이 노력할 수 있도록 은총을 베풀어주시옵소서. 그래서 약한 자가 강한 자를 부끄럽게 하는 하나님의 사랑을 보여주시옵소서. 감사와 찬양을 드립니다."

하나님은 내 편입니다

예화 49

미국 텔레비전 장수 프로그램인 〈위험!〉의 주역을 맡고 있는 아트 플레밍은 어떤 일을 만나도 하나님을 신뢰하고 '하나님이 나의 편이시니 누구를 무서워하리요' 라는 신앙을 가지고 승리한 사람입니다. 교회의 집사였던 그는 정신적 괴로움을 극복하는 방법을 알고 있었는데, 어떤 일에도 하나님을 의지하고 그분이 하실 때까지 기다렸습니다. 그는 인기 많은 퀴즈 프로를 진행하고 있었고, 이 프로가 롱런해서 명성이 날로 올라가고 있었습니다. 그런데 경쟁 방송에서 이보다 신선한 프로그램을 방영하기 시작하면서 그가 진행하는 프로그램의 시청률이 뚝 떨어지고 말았습니다.

플레밍은 신문과 인터뷰를 하면서 이렇게 말했습니다. "나는 조금도 흔들리지 않습니다. 사실 하나님이 나를 위해 다음에 무엇을 준비하고 계시는지 빨리 보고 싶어 견디기 어려울 정도입니다. 이상하게 들릴지 모르겠지만 나는 하나님이 한쪽 문을 닫으면 더 훌륭한 다른 문을 열어주신다고 마음속으로부터 믿고 있습니다. 내 인생은 항상 하나님의 손에 맡겨져 있어 거기에 따라 긍정적인 마음가짐을 갖게 되었습니다. 나는 하나님이 준비하시는 어떤 일이라도 받아들일 마음의 준비가 되어 있습니다. 하나님은 내 편입니다. 그러니 두려울 일이 있겠습니까? 내가 텔레비전 프로그램에서 하고 있는 것은 하나님과 대화하는 데서 나오는 것입니다. 나는 언제나 하나님을 생각하고 있습니다. 무슨 일이 생기더라도 말입니다."

그런데 플레밍은 갑자기 아버지를 여의고 슬픔에 빠져 한동안 사람이 없는 캐나다 광야로 잠적한 적이 있습니다. 당시 유명한 방송국에서 새로운 프로그램을 만들기 위해 그를 찾았지만 연락이 닿지 않아서 좋은 조건의 그 프로그램은 다른 사람에게로 돌아갔습니다. 플레밍은 돌아와서야 그 사실을 알고 안타까워했습니다. 그러나 그는 하나님이 또 다른 계획을 가지고 계신다는 사실을 믿었습니다. 그의 믿음대로 얼마 뒤 〈위험!〉이라는 새로운 프로그램의 제의를 받았고, 그 프로는 롱런하는 인기 프로그램이 되었습니다. 그는 이렇게 말했습니다. "하나님은 우리를 계속 지켜보고 계십니다. 무슨 일이 잘 되어 나가지 않을 때는 하나님이 당신을 단련시키고 계시는 것입니다. 그러니 낙심하지 말고 기다리십시오. 하나님은 당신을 이처럼 사랑하십니다. 하나님은 당신을 위해 놀라운 계획을 세우시는 분입니다. 그분은 그 계획을 머지않아 실행에 옮기실 것입니다."

말씀에 접목하기: 롬 8:31, 32

아트 플레밍은 지혜의 사람이요 하나님을 전적으로 신뢰하는 믿음의 사람이었습니다. 그 지혜는 과연 어디서 왔을까요? 그의 흔들리지 않는 믿음은 어디서 왔을까요? 세상은 사탄이 그 종(귀신)을 통해 지배하는 세상입니다. 사탄은 사람에게 자기중심적이고 이기적인 마음을 가지게 하고 자기와 경쟁하는 사람을 끊임없이 공격하여 상처와 저주와 죽음을 만들어갑니다. 그뿐 아니라 사탄은 우리 내면의 정욕과 탐욕을 부채질하여 죄를 범하게 만듭니다. 그러므로 아무리 선하고 믿음이 좋은 사람이라도 그리스도의 몸인 교회와의 관계가 끊어지면 포도나무에서 잘려 나간 가지와 같이 말라 갈 것입니다. 하나님은 믿음의 사람들과 교회를 통해 끊임없이 믿음과 사랑과 소망을 공급하여 신실한 믿음의 사람으로 살게 하십니다. 교회는 보이지 않는 하나님이 임재하여 역사하시는 그리스도의 몸이요 성령님의 전입니다.

당신의 삶에 찬송이 있습니까?

예화 50

찬송은 하나님으로부터 받은 축복이며 상처 난 가슴을 달래 주는 좋은 약입니다. 또 우리가 그리스도를 위해 살도록 자극을 주며, 하나님을 찬양하도록 우리의 마음을 드높여 줍니다. 찬송의 선물이 없었다면 우리 삶은 삭막하고 메말랐을 것입니다.

유대인의 전설에 따르면 하나님은 천지를 창조하신 뒤 천사들을 앞에 모으시고 그들의 의견을 물으셨습니다. 한 천사가 창조주를 찬양하는 음악이 없다고 말했습니다. 그래서 하나님은 음악을 만드셔서 바람의 속삭임에도, 새들의 지저귐에도 깃들게 하셨습니다. 사람들에게 음악의 선물을 주셔서 모든 세대를 통해 많은 사람이 하나님을 찬송하는 축복을 주셨다는 것입니다. 그렇습니다. 우리는 음악을 선물로 주시고 우리 마음을 높여 하나님을 찬송하게 하시는 그분께 감사를 드려야 합니다.

말씀에 접목하기: 시 105:1-3

당신에게는 어떤 노래가 있습니까? 당신의 마음에는 하나님을 찬양하는 노래가 있습니까? 하나님을 찬양할 수 있는 것은 하나님이 당신의 마음을 하늘을 향해 열어놓으셨기 때문입니다. 찬송을 부를 때 당신은 하나님께 감사해야 합니다. 그 찬송은 하나님이 당신을 사랑하고 있다는 증거요 하나님이 지금 당신에게 가장 값진 선물 가운데 하나인 찬양의 은사를 주셨다는 것을 의미합니다. "하나님을 찬양하세. 내 영혼이여 하나님께 영광을! 찬송 소리 천지에 울려 퍼지도록! 온 하늘이여 일어나서 찬양하세." 마음에서 우러나는 성도들의 찬송보다 하나님을 더 기쁘시게 하는 것은 없습니다.

찬송을 부를 수 있게 해주세요

예화 51

규모가 작은 역에서 교통부 철도청의 철도 신호 경비원으로 수십 년간 일해 온 사람이 있었습니다. 아내를 여의고 그 역시 60세가 훌쩍 넘었습니다. 그래도 늦게 본 열다섯 살짜리 딸이 밥을 해주어 그럭저럭 지낼 수 있었습니다. 그는 나이가 들어 몸이 약해졌는데, 철도 사고까지 나는 바람에 중상을 입었습니다. 그래서 그는 병원 침상에 의식불명인 채로 누워 있어야 했습니다.

그와 딸은 신앙이 좋았는데, 특히 찬송 부르는 것을 좋아했습니다. 딸은 아버지가 의식을 회복하지 못하고 세상을 떠나지 않을까 두려웠습니다. 그녀는 아버지가 세상을 떠나기 전에 함께 찬송을 부르고 싶었습니다. 그래서 침상 옆에 무릎을 꿇고 아버지가 의식을 회복하여 함께 찬송을 부를 수 있게 해달라고 기도를 드렸습니다. 의사는 그런 딸의 모습을 보며 대단히 안타까워했습니다. 의사는 아버지는 가망이 없으니 그만 포기하는 것이 좋겠다고 했습니다. 그러나 그녀는 계속 기도했습니다. "아버지를 데려가시는 것은 괜찮은데, 마지막으로 함께 찬송을 부르고 싶어요." 그렇게 기도하기를 나흘째 되던 날, 아버지가 눈을 뜨고 딸의 이름을 부르며 "네가 여기 있었구나! 함께 찬송을 부르자"라고 말했습니다. 두 사람은 "하늘 가는 밝은 길이 내 앞에 있으니 슬픈 일을 많이 보고 늘 고생하여도 하늘 영광 밝음이 어둔 그늘 해치니 예수 공로 의지하여 항상 빛을 보도다……"
"만세 반석 열리니 내가 들어갑니다 창에 허리 상하여 물과 피를 흘린 것 내게 효험되어서 정결하게 하소서"라는 찬송을 함께 불렀습니다. 그리고 아버지는 "주님, 내 딸을 부탁드립니다"라고 기도한 뒤 세상을 떠났습니다. 아버지까지 잃고 이제 혼자 남겨진 딸은 외롭고 슬픈 마음에서 벗어날 수가 없었습니다. 그러나 찬송 가운데 임한 하나님이 그녀에게 세상이 알지 못하는 평안을 주고 감격을 주셨습니다. 그녀는 자기와 함께하셔서 자기의 길을 인도하실 하나님을 굳게 믿을 수 있었습니다.

말씀에 접목하기: 시 103:1, 2

여호와 하나님은 이스라엘의 찬송 가운데 계시는 주님입니다(시 22:3). 시편 103편 1절과 2절을 보면 "내 영혼아 여호와를 송축하라 내 속에 있는 것들아 다 그의 거룩한 이름을 송축하라 내 영혼아 여호와를 송축하며 그의 모든 은택을 잊지 말지어다"라며 여호와를 찬양하라고 말씀합니다. 시편 기자는 우리의 모든 죄악을 사하시며, 모든 병을 고치고, 우리 생명을 파멸에서 속량하시고, 인자와 긍휼로 관을 씌우시고, 좋은 것으로 우리 소원을 만족하게 하시고, 우리 청춘을 독수리같이 새롭게 하시는(시 103:3-5) 모든 은택은 여호와를 송축할 때 우리에게 임하는 하늘의 축복이라고 말씀하고 있습니다. 우리는 이 모든 은택을 주시는 하나님의 거룩한 이름을 송축하지 않을 수 없습니다. 찬양과 은혜는 동전의 양면과 같습니다. 은혜가 임할 때 소리 높이 찬양하며, 은혜가 없을 때라도 찬양하면 은혜가 임할 것입니다.

내 눈물이 찬송이 되게 하시옵소서!

예화 52

어느 어머니의 고백입니다.

"딸이 죽을 때 저는 아브라함이 이삭을 바쳤던 말씀을 떠올리며 '주여! 우리 입에서 어느 순간, 어떤 경우라도 주님께 영광을 돌리고 감사하고 찬송할 수 있게 해주시기를 바랍니다' 라고 기도했습니다. 딸은 우리 심장 속에 글씨를 또박또박 새겨놓듯 확실한 언어로 기도하고 갔습니다. '사랑하는 주님이여! 내 눈물과 고통과 죽음이 감사가 되고 기도가 되고 찬송이 되게 해주시옵소서. 어떤 경우에도 주님을 찬송하게 해주시옵소서.' 그녀는 도저히 그 말을 할 수가 없었습니다. 딸의 죽음 앞에서 큰 슬픔을 느꼈으며 말할 수 없이 외로웠고 하늘이 텅 비고 땅은 꺼지는 것 같았습니다. 자신이 열 번 죽는 것보다 더 힘들고 아팠습니다. 그녀 자신만 겪는 일처럼 느껴졌습니다. 그러나 한 가지 기도가 있었습니다. '주여 이런 와중에도 내 마음에 감사와 찬송을 심어주시옵소서. 내 영혼, 내 심장 속에 구멍이 뚫린 것 같습니다.' 죽은 딸의 손목을 잡고 한 시간 동안 앉아 있었는데, 깊이 뚫린 그 영혼의 구멍 속에서 맑은 샘물이 솟아나기 시작했습니다. 그전에 부른 찬송가와는 의미가 달랐습니다. 깊이와 질이 완전히 달랐습니다. 주님의 상처에서 흐르는 피와 같았습니다. 찬송을 온 마음을 다해 불렀습니다. 감사하다는 말을 몇 번이고 반복했습니다. 주님이 새 일을 시작하게 하셨습니다. 새 하늘과 새 땅이 열렸습니다. 새 막이 열렸습니다. 부활하신 주님을 새롭게 만날 수 있었습니다. 지금도 그 어머니는 이런 기도를 드립니다. '주님, 제가 어쩌다가 갑자기 죽게 된다면 5분간 의식이 다시 돌아오게 하셔서 찬송을 부르고 감사하고 다른 사람에게 주님을 나타내고 영광을 돌린 후에 다시 데려가시기를 바라나이다.' 이 기도가 응답되기를 바랍니다."

말씀에 접목하기: 살전 5:18

성경은 불가능한 것을 우리에게 명하십니다. "범사에 감사하라 이것이 그리스도 예수 안에서 너희를 향하신 하나님의 뜻이니라"(살전 5:18). 지식의 차원에서는 범사에 감사하는 것이 예수 그리스도를 믿는 우리에게 주시는 하나님의 뜻임을 알고, 범사에 감사해야 한다는 것도 알고 있습니다. 그러나 누가 범사에 감사할 수 있겠습니까. 암으로 사형선고를 받은 젊은 이와 그를 자신처럼 사랑하는 어머니를 떠올려 봅니다. 불의의 사고를 만나 남편을 먼저 보낸 젊은 아내를 떠올려 봅니다. 갑자기 집에 불이 나서 모든 재산을 잃은 아버지를 떠올려 봅니다. 그것이 하나님의 뜻이라 믿고 과연 하나님께 감사하며 그분께 영광을 돌릴 수 있을까요? 그렇게 할 수 있는 것은 미쳤거나 성령님으로 충만한 경우일 것입니다. 죽은 딸의 손을 잡은 채 감사할 수 있는 힘은 어디서 올까요? 성령님이 임하여 찬송을 그 마음에, 그 입에 넣어주셨기 때문입니다. 성령님으로 충만하면 한편으로는 이해가 안 되고 뼈가 시리는 아픔을 당하면서도 다른 한편으로는 하나님께 감사하며 찬송할 수 있습니다. 찬송은 성령님의 선물입니다.

믿음의 찬송은 치료의 통로입니다

예화 53

어느 목사님은 20년 동안 아무리 약을 먹어도 계속 배가 아파서 수술까지 받았지만 그다지 효과가 없었습니다. 위가 뒤틀리고 음식을 먹을 수가 없어 그는 죽음의 문턱까지 갔습니다. 낫게 해달라고 기도했지만 낫지 않았습니다. "믿나이다"라는 고백을 수천 번 해도 병이 낫지 않았습니다.

그래서 목사님은 찬송을 하기로 작정했습니다. 찬송한다는 것은 온몸으로 하나님을 고백하고 감사하는 것입니다. 그는 하나님께 감사하면서 있는 힘을 다해 찬송했습니다. "하나님의 영광을 위해 찬송합니다. 죽어도 좋습니다. 당신의 뜻이 있을 것을 생각하고 감사합니다. 주님의 뜻에 순종하겠습니다. 주님만 영광을 받으소서"라고 찬송했습니다. 그런데 찬송하는 도중 자신의 병이 나은 것을 알았습니다.

> 말씀에 접목하기: 시 22:3

찬송은 양면성이 있습니다. 하나님이 기쁨과 행복을 선물로 주셨을 때 우리는 자신도 모르게 찬송하게 됩니다. 우리가 찬송할 때 하나님은 놀라운 기적을 주십니다. 우리 하나님은 찬송 중에 거하시는 주님입니다(시 22:3). 찬송을 부르는 동안 주님이 거기에 임재하여 기적을 베푸십니다. 찬송은 사전 감사입니다. 하나님이 선물을 주시기 전에 찬송하면 놀라운 선물을 주십니다. 사실 사전 감사는 우리의 믿음입니다. 아직 받지 못했지만 찬송하는 동안 하나님이 주실 것을 믿는 믿음입니다.

찬송 가운데 역사하시는 하나님

예화 54

어떤 부부가 화해하기 위해 별짓을 다했다고 합니다. 술을 먹고 싸우기도 하고 같이 여행도 가 보고 자살하려고 수면제를 먹기도 했는데 도저히 화해가 되지 않아서 별거를 했습니다. 별거는 이혼하기 위한 것이었습니다. 이 부부는 헤어지기 전 마지막으로 '우리 가정에 불화가 생긴 것은 잘못된 것이지만 아무리 해도 인간의 힘으로 안 되니 이제 이 상황을 있는 그대로 하나님께 맡기고 찬송해야겠구나!' 라고 결단하고 하나님께 고백했습니다. 하나님은 그들의 기도를 받으시고 그의 마음을 변화시키셨습니다. 그 남편의 마음에 아내를 사랑하는 마음이 생겼습니다. 용서할 마음이 생겼던 것입니다. 아내에게로 돌아갈 마음이 생겼던 것입니다. 그래서 아내에게 편지를 썼는데 아내도 마음의 변화를 받아 두 사람이 똑같은 시간에 편지를 썼다고 합니다. 그래서 이 부부는 재결합하여 함께 하나님을 찬송했습니다.

> 말씀에 접목하기: 빌 4:6, 7

찬송은 사전 감사입니다. 감사에는 두 가지 감사가 있습니다. 좋은 일을 만났을 때 감사하는 것은 사후 감사입니다. 아직 기도 응답을 받지 못한 채 고난이 중첩되고 있지만 하나님은 언약의 말씀을 반드시 이루실 것이고, 모든 것이 합력하여 선을 이루는 것을 반드시 보게 되리라 믿고 먼저 감사드리는 것은 사전 감사입니다. 사전 감사는 믿음의 감사입니다. 사전 감사는 소망의 감사입니다. 하나님을 찬송하는 가운데 그분을 찬송할 일이 반드시 오게 될 것입니다. 지금 눈물을 흘리고 한숨을 쉬고 있습니까? 감사하며 찬송해야 합니다. 하나님은 반드시 감사하며 찬송할 일을 만들어주실 것입니다.

화해를 만든 찬송의 힘

예화 55
1차 세계대전 때의 일입니다. 영국군과 독일군이 플랜더스에서 대치한 채 치열한 전쟁을 벌였습니다. 영국군은 많은 독일 군인을 쏘아 죽였고 독일군도 많은 영국 군인을 쏘아 죽였습니다. 그런 가운데 크리스마스 새벽이 되었습니다. 두 나라는 기독교를 믿었기 때문에 어느 쪽도 성탄절 아침에 먼저 총을 쏘지 않고 상대편이 어떻게 나오는지 동정만 살피고 있었습니다.

날이 밝아 오면서 해가 떠오르려고 할 때 독일 군 참호에서 세 명의 병사가 총을 들지 않고 비무장 상태로 나오면서 〈기쁘다 구주 오셨네〉를 불렀습니다. 독일어로 불렀지만 익숙한 곡이라 금방 알아들을 수 있었습니다.

아무리 전쟁 중이라지만 어느 군인이 찬송을 부르며 비무장 상태로 걸어오는 사람에게 총을 쏘겠습니까? 그들이 중간쯤 오자 영국군 측에서도 몇 명의 군인이 비무장 상태로 뛰어나와 영어로 〈기쁘다 구주 오셨네〉를 불렀습니다. 한쪽에서는 독일어로 부르고 다른 한쪽에서는 영어로 불렀지만 같은 찬송이었습니다. 그렇게 마주보며 찬송하며 걸어가다가 만나는 순간 적군임에도 서로 안고 악수를 나눴습니다. 그리고 언어는 다르지만 〈고요한 밤 거룩한 밤〉을 함께 불렀습니다. 그러자 두 나라의 참호 속에 있던 사람들 모두가 일어나 찬송을 불렀습니다. 치열하게 죽이고 싸우던 사이였지만 예수님의 탄생을 축하하는 찬송 소리에 서로를 받아들일 수 있는 마음을 갖게 된 것입니다.

말씀에 접목하기: 삼상 16:23

여호와의 영이 사울에게서 떠나간 뒤에 그는 여호와께서 부리시는 악령 때문에 번뇌하게 되었습니다. 신하들은 수금을 잘 타는 다윗을 데려와 악령이 왕에게 이를 때 왕 앞에서 수금을 타게 하여 악령을 물리치게 했습니다. "하나님께서 부리시는 악령이 사울에게 이를 때에 다윗이 수금을 들고 와서 손으로 탄즉 사울이 상쾌하여 낫고 악령이 그에게서 떠나더라"(삼상 16:23).

악령은 사람들과 국가를 번뇌하게 하고 폭력적으로 변하게 만들어 결국 전쟁까지 일으켜 세상을 파멸로 몰아넣는 사탄의 종입니다. 그 영이 사울을 지배했지만 다윗이 수금으로 찬양할 때에 악령이 떠나가고 사울의 마음은 상쾌해졌습니다. 이것은 우리에게 주시는 예언의 말씀입니다. 마귀가 아무리 악하게 역사할지라도 하나님을 찬양하면 마귀는 더 이상 힘을 쓸 수 없다는 것입니다. 찬양은 마귀를 물리치는 하나님의 능력입니다.

감사의 기적

예화 56

미국의 한 그리스도인 가정의 딸이 정신 이상으로 병원에 입원했습니다. 부모는 열심히 기도하며 하나님께 매달리고, 교회에서 여러 차례 기도회도 가졌지만 나아질 기미가 보이지 않았습니다. 의사는 절망적이라고 했습니다. 어느 날 아버지는 그들이 유지해 온 하나님과의 관계를 하나하나 점검해 보았는데, 하나님께 감사하는 생활을 하지 못한 것이 가장 마음에 걸렸습니다. 그는 아내를 불러놓고 마음에 걸렸던 일을 말했습니다. 이 이야기를 듣던 어머니는 딸이 미쳐 병원에 입원해 있는데 어떻게 항상 기뻐하며, 어떻게 항상 감사할 수 있느냐고 항의했습니다. 그래도 남편은 "하나님이 하라고 하시는 것을 우리가 해야 그다음에 하나님이 일하시지 않겠소? 하나님이 책임지지 않을 말씀을 그분의 종들을 통해 말씀하셨겠소? 그러니 지금부터 무조건 하라는 대로 합시다."

그리고 나서 남편은 눈물로 기도를 드렸습니다. "하나님, 우리 딸이 미친 것도 감사드립니다. 의사가 고칠 수 없다고 한 것도 감사드립니다. 절망적인 상태에 있게 하심도 감사드립니다. 우리가 딸을 사랑하는 것과 비교도 안 될 정도로 주님이 그 딸을 사랑하심도 감사합니다. 항상 기뻐할 수 있는 믿음을 주시고 감사하며 찬양하는 마음을 주시옵소서." 그 기도를 드리고 기적이 일어났습니다. 다음 날 아침 의사로부터 전화가 왔습니다. 밤사이에 딸의 병세가 놀랄 만큼 좋아졌다는 것입니다. 감사와 찬양이 기적을 가져왔습니다. 하나님은 그 말씀을 그대로 따르는 자들에게 하늘의 기적을 베푸시는 분입니다.

말씀에 접목하기: 빌 1:20, 21

성령님으로 충만한 사도 바울은 이렇게 고백합니다. "나의 간절한 기대와 소망을 따라 아무 일에든지 부끄러워하지 아니하고 지금도 전과 같이 온전히 담대하여 살든지 죽든지 내 몸에서 그리스도가 존귀하게 되게 하려 하나니 이는 내게 사는 것이 그리스도니 죽는 것도 유익함이라"(빌 1:20, 21). 예수님이 보내신 보혜사 성령님은 예수님을 기억나게 하시고 그분께로 우리를 인도하시고 예수님을 본받아 살게 하시고 그분께 영광을 돌리게 하시는 분입니다. 그리스도인은 성령님으로 충만하여 그리스도를 존귀하게 하는 사람입니다. 성령님으로 충만하면 우리가 어떤 상황을 만나고 어떤 절망적인 상태에 있을지라도 성령님이 이 모든 것 가운데 합력하여 선을 이루시는 하나님을 바라보게 하시고 범사에 감사하며 찬양하게 하실 것입니다. 또한 하나님은 감사하며 찬양하는 사람에게 감사한 일과 찬양할 일을 선물하십니다.

하나님이 주시는 평화

예화 57

중환자실에 입원한 환자의 표정이 언제나 평안해 보여 이를 이상하게 여긴 의사가 물었습니다. "당신의 병이 무슨 병인지 알고 있습니까?" "예, 알고 있습니다. 생사를 가늠하기 어려운 중병이지요." 의사는 매우 놀랐습니다. 자신이 중병인 줄 알면서도 어떻게 그처럼 평안할 수 있는지 이해되지 않았습니다. 분명 비결이 있을 거라는 생각에 평안한 이유를 물었습니다. 그는 미소를 지으며 이렇게 대답했습니다. "내 병에 대해서는 나보다 주님이 더 잘 알고 계시지요. 그는 전능자이십니다. 전능자가 알고 계시는 한 내가 염려할 일이 있겠습니까?"

의사는 그 환자의 평안과 신앙이 부러워 어떻게 하면 그런 평화를 가질 수 있는지 물었습니다. 그는 이렇게 대답했습니다. "내 병에 대하여 나는 아무것도 못하지만 그 병을 고치는 의사에게 맡기듯, 우리는 죄와 허물로 죽을 수밖에 없지만 이를 고치시고 깨끗하게 하시는 영혼의 의사 예수께 맡기면 그분이 모든 것을 책임져 주실 것입니다." 너무나 단순한 대답이었습니다. 그러나 의사인 자기 경험에 비춰 볼 때 틀림없는 진리였습니다. 그 환자로부터 마음의 병을 고침 받은 의사는 기쁜 마음으로 그 중환자실을 나갔습니다.

> 말씀에 접목하기: 요 14:27

예수님은 이방인을 본받지 말라고 하시면서 "구하기 전에 너희에게 있어야 할 것을 하나님 너희 아버지께서 아시느니라"(마 6:8)고 말씀하셨습니다. 믿는 사람도 고난과 질병과 문제를 피해 갈 수 없습니다. 우리는 믿는 자라도 넘어뜨리려고, 우는 사자와 같이 삼킬 자를 찾는 사탄의 세상에 살고 있기 때문입니다. 그래서 예수님은 질병과 환난과 문제 때문에 근심하고 두려워하는 자들에게 이렇게 선포하십니다. "평안을 너희에게 끼치노니 곧 나의 평안을 너희에게 주노라 내가 너희에게 주는 것은 세상이 주는 것과 같지 아니하니라 너희는 마음에 근심하지도 말고 두려워하지도 말라"(요 14:27). 의사가 환자의 질병을 고치듯 평안을 주시고 풍성한 생명을 얻게 하시는 분은 예수님입니다.

죽음의 건너편에는 무엇이 있을까?

예화 58 1976년 《리더스 다이제스트》 8월호에 엘리자베스 퀴블러 로스 박사는 오랫동안 죽음에 대해 연구하고 수집한 자료와 통계를 발표했습니다. 죽음 건너편에 영원한 삶이 있다고 말한 퀴블러 로스 박사는 종교가나 철학가가 아닌 냉철한 과학자이자 의학 박사입니다. 그의 주장에 따르면 죽었다가 살아난 사람들은 자신이 죽은 줄 모르고 깊은 잠에 빠졌다고 생각한답니다. 그러다가 시끌벅적한 소리에 깨어 보면 그는 긴 터널을 지나온 느낌과 함께 어느 틈엔가 자신이 자기 몸속에서 빠져나와 있고 죽은 자기 몸을 붙들고 우는 가족들에게 말을 걸어도 전혀 알아듣지 못한다고 합니다. 그때 갑자기 밝은 빛이 비치고 어떤 사람 앞에 서게 되는데, 그 앞에서 자기의 일생이 주마등처럼 펼쳐지는 것을 보다가 다시 몸으로 돌아온다고 합니다.

그러나 성경은 죽음 이후의 일을 분명히 보여주고 있습니다. 퀴블러 로스 박사가 말한 어떤 사람은 바로 예수님이시며, 그분 앞에서 구원받은 사람과 그렇지 않은 사람으로 구분되어 구원받은 사람은 천국으로 가고 구원받지 못한 사람은 지옥으로 가게 됩니다. 주님은 우리의 죽음 건너편에 이미 영원한 생명을 예비해 놓으셨습니다. 그러므로 죄를 지었음에도 불구하고, 못났음에도 불구하고 우리가 주님을 구주로 모시기만 하면 주님은 언제나 영생을 주십니다.

말씀에 접목하기: 고전 15:50-54

기독교의 종말론은 영혼불멸이 아니라 부활입니다. 예수님이 몸으로 부활하신 것처럼 우리도 예수님이 재림하실 때 부활하여 새로운 몸을 가지게 됩니다. 예수님의 부활은 오늘 우리에게 새로운 인생의 의미를 가지게 합니다. 예수님이 부활하심으로써 저주의 십자가의 사건은 세상을 구원하는 축복의 사건으로 변화되었습니다. 예수님의 십자가는 불법 중의 불법이었지만 예수님의 부활로 그 십자가는 용서와 하나님의 의가 되었습니다. 예수님의 부활로 십자가는 저주 받은 사람에게 축복을 전달하는 하나님의 은혜의 통로가 되었습니다. 이제 십자가는 고통으로 괴로워하는 사람들에게 기쁨과 감격을 주는 하나님의 구원의 십자가가 되었습니다. 이처럼 부활은 저주를 축복으로 바꾸고 불법을 용서로 바꾸고 고통을 기쁨으로 바꾸는 하나님의 기적이 되었습니다. 저주 받던 사람은 축복 받는 사람으로 변하고, 고통 받던 사람은 하나님의 기쁨으로 가득하고, 불의와 불법 때문에 괴로워하던 사람은 하나님의 정의와 사랑으로 용서 받게 됩니다. 이는 우리가 부활할 때 일어날 사건의 예시입니다. 부활할 때 우리는 완전히 새로운 존재로서 새로운 축복의 생수가 강같이 흐르는 새 하늘과 새 땅의 주민이 될 것입니다.

이 세상의 부귀영화가 무엇인가?

예화 59

빌 허버트 목사는 70세 노인이지만 자신의 나이가 6세라고 말하곤 했습니다. 그 이유는 지금으로부터 6년 전 허버트 목사님이 피지 섬에 있을 때 심장마비로 쓰러져 의사가 사망 진단을 내렸고, 그 후 시체실에 45분간 안치되었다가 깨어난 일이 있었기 때문입니다. 남들이 죽었다고 생각했던 45분간 목사님은 천사의 인도로 천국 구경을 했다고 합니다. 천국을 다녀온 그는 "하나님이 예비해 놓으신 새 예루살렘 성의 형언할 수 없는 아름다운 영광을 보고 나니 이 세상의 부귀영화가 분토만도 못하다는 생각이 들더라"고 했습니다.

성경은 이렇게 기록하고 있습니다. "모든 육체는 풀과 같고 그 모든 영광은 풀의 꽃과 같으니 풀은 마르고 꽃은 떨어지되"(벧전 1:24).

말씀에 접목하기: 벧전 1:21-25

하나님은 무덤을 열고 부활하게 하시는 분입니다. 예수님은 처참하게 십자가에서 죽음을 당하고 무덤에 묻히셨습니다. 예수님이 무덤에 묻히셨을 때 어느 누구도 거기서 살아 나오리라고 생각하지 못했습니다. 마귀들도 자기들이 하나님의 아들을 죽이고 무덤에 묻었다고 축배를 들었을 것입니다. 그러나 하나님은 무덤을 열고 예수님을 거기서 나오게 하셨습니다. 하나님은 예수님을 죽은 자 가운데서 다시 살리셨습니다. 예수님의 부활에서 기독교 신앙은 시작되었습니다. 예수님이 무덤 문을 열고 나오시지 않았다면 기독교 신앙은 없었을 것입니다. 우리는 무덤을 열고 나오게 하시는 하나님을 믿습니다. 지금 우리가 보는 것이 아무리 암담하고 에스겔 골짜기의 메마른 뼈 같을지라도 하나님은 거기서 부활의 기적을 일으키실 것입니다. 우리의 소망은 하나님입니다. 부활의 때에 세상은 아름다운 천국으로 화할 것입니다.

천국 갈 기쁨이 솟구쳐 도저히 견딜 수가 없네

예화 60

성 프랜시스의 임종이 임박하자 수많은 사람이 그 모습을 지켜보고 있었습니다. 그때 성 프랜시스는 갑자기 큰 목소리로 찬송을 부르기 시작했습니다. 그 찬송 소리가 너무 커서 밖에서 기다리던 사람들에게는 실성한 사람이 소리 지르는 것같이 들렸습니다. 그러자 성 프랜시스의 침상 옆에서 시중을 들던 신부가 엄숙하게 주의를 주었습니다. "지금 밖에 수많은 사람이 모여 있으니 좀 신중하게 처신하는 것이 좋겠습니다. 신부님을 향한 저들의 존경심에 금이 가지 않도록 말입니다."

이 말을 들은 성 프랜시스는 빙긋이 웃으면서 "주책을 떨어 미안하네. 하지만 나는 도저히 참을 수가 없네. 천국 갈 기쁨이 솟구쳐 도저히 견딜 수가 없네"라고 대답했습니다. 그는 마음 가득 예수님을 모시고 있었기 때문에 죽음의 침상에서도 예수님 안에 있는 그 기쁨이 너무 커서 가만히 있을 수 없었던 것입니다.

> 말씀에 접목하기: 살전 4:13-18

그리스도인은 죽음을 감사와 축복으로 받는 사람입니다. 우리는 세례 받을 때 예수님과 함께 십자가에 못 박혀 죽고 부활의 주 예수 안에서 하나님의 생명을 받습니다. 이것이 그리스도인의 첫 번째 죽음입니다. 그리스도인은 예수님과 함께 죽고 자기 안에 그리스도께서 사신 것을 기뻐하며 감사합니다. 그리스도인은 세상에서 하나님이 하시고자 하는 그 일을 하다가 세상을 떠납니다. 이것이 두 번째 죽음입니다. 그러나 우리는 이 죽음을 죽음이라 말하지 않고 그리스도 안에서 잠을 자는 것이라고 고백합니다. "마지막 나팔 소리"(고전 15:51, 52)로 말미암아 순식간에 하늘에 속한 자로 부활하여 영원에 속한 사람이 됩니다. 우리는 이것을 기대하고 바랍니다. 그러므로 우리는 사도 바울과 함께 선포합니다. "모든 육체는 풀과 같고 그 모든 영광은 풀의 꽃과 같으니 풀은 마르고 꽃은 떨어지되……우리 주 예수 그리스도로 말미암아 우리에게 승리를 주시는 하나님께 감사하노니"(고전 15:55-57).

영생의 선물

예화 61

미국에서 있었던 일입니다. 미국인의 가슴을 울리고 그리스도인에게는 신앙의 도전을 안겨주었던 한 어린 소년에 대한 이야기입니다.

그 소년의 이름은 라이언 화이트(Ryan White)입니다. 라이언은 열세 살 때 혈우병을 앓아 수술을 받았는데 수혈을 잘못해 그만 에이즈에 걸리고 말았습니다. 자신의 잘못도 아닌 어른의 부주의로 소년의 인생은 죽음의 길에 놓이게 되었습니다. 그런데 그는 자신이 곧 죽으리라는 것을 알면서도 누구도 원망하지 않고 너무나 밝게 학교생활을 했습니다. 다른 사람에게 언제나 친절했고, 그를 염려하는 부모님을 위로하면서 기쁘게 지냈습니다.

이런 사실이 신문 기자들에게 알려지면서 소년의 이야기는 신문에 기사화되었고, 텔레비전 등의 매체를 통해 보도되어 많은 사람에게 큰 감동을 안겨주었습니다. 레이건 대통령, 도널드 트럼프, 마이클 잭슨 등 유명인사들과 많은 사람이 소년을 찾아와 선물도 주고 위로하며 큰 관심을 보여주었습니다. 그럼에도 죽음은 그를 놓아주지 않았습니다. 라이언은 5년 뒤 결국 열여덟 살에 죽었습니다.

소년이 죽기 전 그의 아버지와 마지막으로 나눈 대화 내용이 한 크리스천 잡지에 실렸습니다. "아들아, 미안하다. 이제는 너에게 아무것도 해줄 것이 없구나. 아빠가 더 이상 어떤 선물도 해줄 수 없는 것을 용서해 다오." "아빠, 저는 지금까지 많은 선물을 받았지만 아무도 아빠가 준 선물처럼 귀한 것을 준 사람은 없었어요. 아빠는 저에게 죽어서도 천국에 갈 수 있는 티켓을 선물로 주었잖아요. 바로 예수님을 소개해주었어요. 아빠 때문에 교회에 나가 예수님을 믿고 영생을 선물로 얻었는걸요. 이보다 더 위대한 선물은 없을 거예요."

과학기술처 장관을 지낸 정근모 박사는 이렇게 간증했습니다. "나는 내 아버지에게 불효자입니다. 나는 20대에 사법고시와 행정고시에 합격하고 미국에서 공학박사 학위를 받고 교수가 되었습니다. 나는 아버지에게 많은 영광을 안겨드렸습니다. 우리 신체는 부모에게 받은 것이니 우리 몸을 건강하게 보전하고 영광을 얻으면 부모에게 효도한 것이라고 했지만 그것만으로는 진짜 효도가 안 됩니다. 제가 예수님을 전도하기 전에 아버지는 돌아가셨습니다. 아버지에게 복음을 전하지 못하고 지옥에 가게 한 아들이 어떻게 효자가 될 수 있겠습니까? 저는 불효자입니다. 그러나 내 아들은 엄청난 효자입니다. 그는 나를 얼마나 괴롭혔는지 모릅니다. 몹쓸 병에 걸려 나를 괴롭히고 사춘기에는 온갖 문제를 일으켜 집안에 어려움을 안겨주었습니다. 그러나 우리 부부는 그 아들 때문에 하나님을 찾게 되었고 열심히 기도했습니다. 그리고 예수님을 만나게 되었습니다. 그 아들이 우리에게 영생의 선물을 준 것이지요. 우리에게 영생의 선물을 준 그 아들은 정말 효자입니다. 당신은 누구에게 영생을 선물하고 있습니까?"

말씀에 접목하기: 요 3:16

영생의 선물은 하나님이 주시는 것입니다. 그러나 그 영생의 선물은 반드시 사람들을 통해 전달됩니다. 하나님이 주시는 영생의 생수는 사람을 통로로 하여 이 세상에 들어오고 이웃에게로 흘러갑니다. 최초의 전도자는 세례 요한입니다. 그는 예수님이 지나가심을 보고 자신의 제자들에게 "보라 세상 죄를 지고 가는 하나님의 어린 양이로다"(요 1:29)라고 예수님을 증거 했습니다. 그러자 그의 제자들 가운데 두 사람이 예수님을 따라가 그분의 제자가 되었습니다. 그 후 수많은 전도자의 물결을 따라 영생의 강은 전 세계로 흘러갔고, 이제 당신에게 영생의 강물이 도착했습니다. 당신 차례입니다. 당신은 영생의 통로가 되어 주위 사람에서부터 시작하여 영생의 생수를 전달해야 할 것입니다.

영생의 약속

예화 62

한 목사님을 너무 사랑해주셨던 나이 많은 권사님이 병원에 입원하셨습니다. 목사님은 그분이 아무래도 오래 사시지 못할 것 같아서 구원받았는지 확인하기 위해 병원을 방문했습니다. 평생 동안 교회에 출석한 권사님이었지만 목사님의 마음에 그 권사님이 정말 영생의 확신이 있는지 확인하고 싶어 견딜 수 없는 무언가가 있었다고 합니다. 병원을 방문한 목사님은 권사님과 여러 가지 이야기를 나누는 도중 이런 질문을 던졌습니다. "권사님, 이 세상을 떠나면 하늘나라에서 하나님을 만날 거라는 확신이 있습니까?"

이 질문에 권사님은 뜻밖에도 "확신이라뇨? 목사님, 저는 자신 없어요. 저 같은 죄인이 어떻게 하나님을 만날 수 있습니까?"라고 하는 것이었습니다. 그 목사님은 권사님에게 요한복음 3장 16절을 암송해 보라고 했습니다. 권사님은 "하나님이 세상을 이처럼 사랑하사 독생자를 주셨으니 이는 저를 믿는 자마다 멸망하지 않고 영생을 얻게 하려 하심이라"고 한 구절도 틀리지 않고 또박또박 암송했습니다. 목사님은 권사님에게 "하나님은 세상을 사랑하셨습니다. 그렇다면 이 세상 가운데 권사님이 포함되어 있다는 사실은 믿습니까?"라고 물었습니다. 그러자 "네, 당연히 믿죠"라고 대답했습니다.

"그러면 이렇게 바꿔 천천히 읽어 보세요. 하나님이 나를 이처럼 사랑하사 독생자 예수를 주셨으니 내가 예수 그리스도를 믿으면 멸망치 않고 영생을 얻을 것이라. 권사님, 이 말씀이 누구의 약속이지요?" "예수님의 약속이지요." "그렇다면 이 약속이 진실이라고 믿나요?" "믿지요." "그러면 이 약속처럼 권사님이 예수님을 믿으면 어떻게 될까요?" 대화를 나누다가 갑자기 권사님이 이렇게 외쳤습니다. "영생을…… 멸망치 않네요! 그렇다면 저는 천국 가는 거죠?"

그렇습니다. 하나님은 우리를 이처럼 사랑하십니다. 하나님은 우리가 멸망하는 것을 원치 않으십니다. 하나님은 우리를 구원하기 위해 예수님을 보내셨습니다. 우리가 마음을 열고 예수님을 받아들인다면 하나님은 예수님 때문에 우리를 구원하고 영생으로 인도하실 것입니다. 믿음은 예수님을 구주와 주님으로 받아들이는 것입니다. 그러면 그리스도의 영이신 성령님이 우리에게 오셔서 우리를 하나님의 자녀로 새로운 신분을 갖도록 만들어주십니다.

말씀에 접목하기: 요 3:13-17

믿음은 새로운 신분을 받는 것입니다. 이제까지 세상에 속하여 자기중심의 인생을 살아왔지만 예수님을 영접하면 하나님 나라의 시민으로 하나님의 자녀가 됩니다. 믿음은 하나님의 자녀로 관계가 변하는 것입니다. 우리는 아직도 세상의 습관화된 행위를 벗어버리지 못해 하나님의 자녀가 된 다음에도 가끔 죄를 짓고 실수하고 넘어집니다. 그러나 하나님의 자녀라는 신분은 변하지 않습니다. 죽어서 하나님의 나라에 가려면 하나님의 자녀라는 신분을 가져야 합니다. 이는 우리가 얼마나 선한 행동을 했느냐에 대한 문제가 아니라 하나님께 속하여 그분의 자녀가 되었느냐의 문제입니다.

세례는 교회를 통해 전달하는 하나님의 선포입니다. 예수님을 믿고 영접하여 세례 받은 자는 하나님의 자녀입니다. 세례는 하나님의 자녀가 되었다는 선포입니다. 구원의 확신을 갖지 못했다고 해서 영생의 사람이 아니라는 뜻이 아닙니다. 영생은 하나님의 선물입니다. 사람이 확신하느냐와는 상관이 없습니다. 예수님을 믿고 영접하여 세례 받고 교회에 다니며 봉사했다면 그가 아직 어린아이 신앙이라고 할지라도 하나님의 자녀인 것은 틀림없는 사실이고, 그는 영생의 사람입니다.

외로운 철학자의 염세주의 철학

예화 63
독일에 쇼펜하우어라는 염세주의 철학자가 있었습니다. 젊은 시절 그는 유명한 베를린 대학에서 학생들을 가르치는 인기 있는 교수였습니다. 그런데 그도 늙었습니다. 알고 지내던 교수들 가운데 많은 사람이 세상을 떠났습니다. 그는 인기있는 교수여서 찾아오는 학생도 많았는데, 찾아오던 학생도 하나둘 줄더니 이제는 없습니다. 그는 자주 외로움에 빠졌습니다. 어느 날 베를린 대학 구내에 있는 공원을 산책하다가 벤치에 쓸쓸히 앉아 사색에 잠겼습니다. 시간이 한참 지나 저녁때가 되었습니다.

벤치에 앉아 있는 쇼펜하우어를 발견한 공원 관리자는 문 닫을 시간이 되었으니 밖으로 나가 달라고 말했습니다. 그러나 아무런 반응이 없었습니다. 공원 관리자는 쇼펜하우어의 어깨를 흔들며 "당신, 어디서 온 사람이요? 당신 무엇 하는 사람이요?"라고 물었습니다. 그러나 역시 대답이 없었습니다. 공원 관리자는 다시 한 번 큰 소리로 쇼펜하우어를 깨우며 "당신은 어디로 가야 할 사람이요?"라고 물었습니다. 그러자 비로소 정신을 차린 쇼펜하우어는 "예, 나는 죽음을 향해 한 발자국 나가고 있소!"라고 대답했습니다. 쇼펜하우어의 유명한 염세주의적 철학은 바로 이런 외로운 처지에서 생겨났습니다. 그의 철학은 자신이 처한 약한 자리에서 태어난 것입니다.

말씀에 접목하기: 고전 15:50-57

지금 무엇을 보고 있습니까? 같은 자리에 서 있어도 태양을 향해 서 있는 사람은 밝은 빛을 보고 밝은 빛을 받지만 태양을 등지고 서 있는 사람은 그림자만 보면서 어둠을 보고 있습니다. 외로움의 고통 가운데서 그 외로움을 깊이 바라보는 자는 염세주의적 철학을 할 수밖에 없습니다. 그러나 외로움 가운데 있더라도 거기에 임재하시는 하나님을 만난다면 거기서 하나님의 나라를 보게 될 것입니다.

태양을 등지고 서 있는 사람은 스스로 돌이켜 태양을 향해 설 수가 없습니다. 돌이켜 세워주는 이웃이 없으면 그는 영원히 그림자 인생을 살아갈 수밖에 없습니다. 이 세상에는 태양을 등지고 그림자 인생을 살아가는 사람이 참으로 많습니다. 하나님은 우리를 그런 사람들에게 복음의 기쁜 소식을 전하고 진정한 빛이신 주님을 향해 돌아서도록 하는 전도의 사명을 주셨습니다. 돌아서는 것은 성령님의 역사로 되는 것이기 때문에 우리가 관여할 바가 아니지만 성령님이 역사하실 수 있게 그들에게 복음을 증거하는 것은 우리가 해야 할 일입니다. 당신 주위에 쇼펜하우어처럼 죽음을 향해 발걸음을 내디디는 사람이 있습니까? 하나님은 바로 그 사람에게 당신을 파송하고 있습니다.

종말론적 관점에 서면 세상이 다르게 보인다

예화 64

알고 지내는 한 집사님이 어느 날 몸이 이상해 병원에 가서 검사를 받게 되었습니다. 검사를 받고 병실에 누워 있는데 병실 밖에서 가족들이 하는 이야기가 들렸습니다. 검사 결과가 나왔는데 병명은 암이고 몇 달밖에 살지 못한다는 것이었습니다. 집사님은 무척 놀랐지만 신앙이 있었기 때문에 자신의 죽음을 담담히 받아들였습니다. 그때부터 집사님은 자기의 삶을 하나하나 정리하기 시작했습니다. 그동안 못 만났던 사람을 만나고, 해결해야 할 문제를 해결하기도 하고, 용서를 구해야 할 사람에게는 용서를 구했습니다. 심지어는 자기의 전 재산을 털어 불우한 이웃에게 나눠주고 유서까지 써놓았습니다.

그런데 병원에서 암을 선고한 지 여섯 달이 지났는데도 몸이 멀쩡했습니다. 너무 이상해 다른 큰 병원에 가서 검사를 해보았습니다. 그랬더니 놀랍게도 전 병원의 암 진단이 오진으로 밝혀졌습니다. 얼마나 황당합니까! 주변사람들은 그가 병원의 오진인지 모르고 그동안 모아놓은 재산을 거의 써버린 것에 대해 아까워하며 집사님의 심정을 물어보았습니다. 예상과 달리 집사님은 이렇게 고백했습니다. "6개월 동안의 시한부 인생이 제 삶에 있어 가장 진지하고 보람에 찬 순간이었습니다."

말씀에 접목하기: 마 25:31-40

불신자와 그리스도인의 중요한 차이 가운데 하나는 종말론적 관점입니다. 그리스도인은 어떤 일을 하고자 할 때 시간 속에서 성취할 목표를 고려할 뿐 아니라 이 세상의 모든 잘못과 왜곡과 죄를 바로잡는 eschaton, 즉 종말에 이루어질 것까지 고려합니다. 그래서 그리스도인은 계획이 좌절되고 더 큰 장애를 만난다고 해도 하나님이 합력하여 선을 이루게 하실 뿐 아니라 종말에 하나님이 약속하신 말씀대로 완전히 성취될 것을 믿고 끝까지 좌절하지 않고 노력할 수 있습니다. 앞서 말한 집사님은 앞으로 곧 죽을 거라는 말을 들었을 때 종말론적 관점에 서게 되었습니다. 그래서 삶을 진지하고 보람 차게 살 수 있었습니다. 그리스도인은 시한부 인생을 선고 받지 않았더라도 항상 종말론적 관점에서 삶을 진지하게 살아가는 믿음의 사람입니다.

당신은 진정한 주님의 일꾼입니까?

예화 65

그리스도인은 하나님의 일을 열심히 해야 합니다. 그러나 아무리 하나님의 일이 중요하다고 해도 그 일이 정말로 하나님이 원하시는 것인가 하는 것은 끊임없이 물어야 하는 중요한 질문입니다. 우리는 주님과 나만의 시간을 가지고 경건 훈련을 해야 하며, 하나님의 말씀을 묵상하며 하나님의 뜻을 분별하는 일도 열심히 해야 합니다.

마르다는 주님을 섬기는 데 있어 너무 '걱정하고 염려한 나머지' 주님과 친밀하게 단 둘이서 대화할 시간적 여유가 없었습니다. 그래서 예수님은 마르다의 동생 마리아가 주님의 말씀을 듣는 더 나은 선택을 한 것을 지적하며 칭찬하셨습니다. 주님을 섬기고자 하는 마르다의 열성은 훌륭했지만 그녀는 무엇이 삶의 우선순위인지 잘 분별하지 못했습니다. 오늘날에도 많은 신자가 이처럼 우선순위를 생각하지 않고 마르다와 같이 주님께 경배하고 주님의 말씀을 듣는 것보다 다른 일을 더 중시하고 그것 때문에 마음이 분주하고 분노하고 좌절하고 있습니다.

위노나 캐럴은 우선순위에 대한 혼동을 자기 경험을 통해 이야기하고 있습니다. 그는 식당을 경영하고 있었는데, 어느 날 새로운 요리사를 채용했습니다. 그 요리사는 열심히 일했지만 주인의 마음에 들지 않는 부분이 있었습니다. 캐럴은 이렇게 말했습니다. "새로 들어온 요리사에게 지시할 일이 있어 이야기하려고 하면 그는 '미안하지만 바빠서 차분히 이야기를 들을 시간이 없습니다' 라고 하면서 내 말을 가로막기도 합니다. 그래서 그의 일을 중단시키고 이렇게 말했습니다. '당신은 지금 누구의 식당에서 누구의 일을 하고 있는 겁니까? 당신이 내 식당에서 일하고자 한다면 주인인 내 이야기를 듣는 것이 먼저 아닌가요? 당신이 아무리 바쁘다고 해도 주인의 지시를 받는 것이 먼저 아닌가요?' 요리사가 자기 생각대로 일하고 싶다면 이 식당을 그만두어야 할 것입니다."

말씀에 접목하기: 요 14:10, 11

주님의 사명을 받은 사역자 가운데 주님의 사명을 수행하는 데 너무 바빠서 주님의 말씀을 조용히 들을 시간적 여유가 없는 사람이 많습니다. 조용한 시간을 만들고 주께 귀를 기울이는 시간을 갖지 않는 사역자들에게 주님은 이렇게 물으실 것입니다. "너는 지금 누구의 종인가? 너는 지금 누구의 일을 하고 있는가? 먼저 내 생각과 뜻과 계획을 받고 그대로 하는 것이 네가 받은 사명이 아니야?" 주님의 사명을 받은 주님의 사역자들은 바빠도 주님과 조용한 시간을 마련하여 그분의 뜻을 받아야 합니다. 그렇게 하지 않는다면 그는 진정한 의미에서 주님의 일꾼이 아닙니다.

아들에게 보내는 편지, 글래드스턴

예화 66

영국의 이름난 정치가들 가운데 한 사람인 윌리엄 글래드스턴(William E. Gladstone)은 옥스퍼드 대학에서 공부하는 자기 아들에게 다음과 같은 글을 썼습니다. "하여간 내가 말하려는 것은 언제나 마음속으로 하나님을 생각하는 버릇을 갖는 일이 유익하다는 것이다. 그리고 이런 습관을 갖는 것이 그다지 어려운 일도 아니라는 것이다. 그리하면 모든 일에 있어 하나님의 도우심과 인도하심을 받게 될 것이다."

글래드스턴은 아들이 열심히 공부해서 세상 사람들로부터 찬사와 존경을 받는 사람이 되기를 원하기보다 하나님의 도우심과 인도하심을 받기를 원했습니다. 그는 '아들이 어떤 사람이 되기를 원하는가?'를 끊임없이 생각했고, 하나님의 사랑을 받는 사람이 되는 것이 가장 중요하다고 믿었습니다. 사실 이것이 가장 귀한 것입니다. 그러기 위해 언제나 마음속으로 하나님을 생각하는 버릇을 가져야 합니다. 항상 하나님께 마음을 기울이는 사람이 되라고 권면하는 이유는 그것이 하나님의 사랑을 받는 통로이기 때문입니다.

말씀에 접목하기: 히 12:1, 2

믿음의 삶은 마치 경주하는 것과 같다는 말을 하곤 합니다. 믿음의 사람이 가진 목표는 아주 분명합니다. 바로 예수 그리스도입니다. 그분은 믿음의 주님이시요, 우리를 온전케 하시는 분입니다. 예수 그리스도는 이미 믿음의 경주에서 승리하여 우리의 모델이 되신 분입니다. 그분은 십자가의 경주가 얼마나 영광스러운 경주요 멋진 경주인지를 자기 몸으로 보여주셨습니다. 그분은 경주에 승리하여 이미 하나님의 보좌 우편에 앉아 계십니다. 우리가 그 예수님을 바라보고 그분을 향하여 달릴 때 그분과 함께 승리의 영광에 참여하게 될 것입니다. 이것은 우리 삶의 목표일 뿐 아니라 자녀교육의 규범이 되어야 하며, 신앙생활의 모델이 되어야 합니다. 이것을 자녀교육의 규범으로 삼은 사람들은 예수님의 승리에 동참할 수 있습니다.

3
말씀과 기도

하나님 말씀의 찔러 쪼갬을 받아 말씀의 사람으로

예화 1

고아의 아버지가 불리는 조지 뮐러는 시편 68편 5절의 "거룩한 처소에 계신 여호와는 고아의 아버지시며 과부의 재판장이이시라"는 말씀을 읽고 고아들을 위해 자신의 일생을 바쳤습니다.

영국의 리빙스턴은 사도행전 16장 31절의 "이르되 주 예수를 믿으라 그리하면 너와 네 집이 구원을 받으리라"는 말씀을 읽고 아프리카로 가서 선교와 봉사 사업에 헌신했습니다.

구세군 창설자 윌리엄 부스는 고린도전서 15장 2절의 "너희가 만일 내가 전한 그 말을 굳게 지키고 헛되이 믿지 아니하였으면 그로 말미암아 구원을 받으리라"는 말씀을 읽고 구세군을 창설하여 전 세계에 복음을 전하는 사명을 감당했습니다.

앨버트 슈바이처는 누가복음 16장에 있는 부자와 거지 나사로에 대한 말씀을 읽다가 크게 깨달아 불행에 시달리는 아프리카 흑인과 같이하기로 결심하고 그들의 아버지가 되었습니다.

하나님의 말씀은 살아있고 운동력이 있어 우리 인간의 인격을 변화시키고 근본적으로 새롭게 해주십니다.

말씀에 접목하기: 히 4:12

히브리서 4장 12절을 보면 "하나님의 말씀은 살아 있고 활력이 있어 좌우에 날선 어떤 검보다도 예리하여 혼과 영과 및 관절과 골수를 찔러 쪼개기까지 하며 또 마음의 생각과 뜻을 판단하나니"라고 말씀합니다. 하나님의 말씀을 받은 사람은 그 말씀의 찔러 쪼갬을 받아 말씀의 사람으로 변화를 받습니다. 자기 뜻에 따라 판단하며 살아가던 사람이 하나님의 말씀을 받으면 자기 뜻을 포기하고 그분의 뜻을 자기 뜻으로 받아들여 하나님의 뜻에 따라 판단하며 살아갑니다. 성경에 등장하는 주인공들은 하나님의 말씀을 받은 사람입니다. 그래서 하나님의 뜻에 따라 살아가는 사람이 되었습니다. 오늘 우리도 하나님의 말씀을 받을 때 뜻이 하늘에서 이루어진 것과 같이 우리 가운데서도 이루어지기를 기도하고 실천하며 이 땅에 하나님의 나라를 만들어가는 하나님의 동역자가 되어야 하겠습니다.

하나님의 말씀이 우리를 찔러 쪼갤 때

예화 2

영국의 유명한 설교자 스펄전 목사님이 들려준 이야기입니다. 어떤 목사님이 한 교회에서 설교하고 있었습니다. 그날 저녁 아주 방탕하게 살아가던 두 젊은이가 무시무시한 죄악을 저지르기로 약속하고 그 교회 옆을 지나가게 되었습니다. 그런데 교회를 지나가다가 그중 한 사람이 "야, 교회에는 시계가 있을 테니 들어가서 시간을 확인한 뒤 계획한 시간에 맞춰 작업을 개시하자. 일단 네가 교회에 들어가 시계 좀 보고 와라"고 말했습니다. 당시는 시계가 아주 귀해서 아무나 가질 수 있는 물건이 아니었습니다. 한 청년이 그 교회로 들어갔는데, 시계가 뒤에 설치되어 있는 게 아니라 설교자 앞까지 가야 그 시계를 볼 수 있었습니다. 그래서 그는 설교자 앞자리까지 가서 시간을 확인해야 했습니다. 그가 시간을 확인하는 순간에도 목사님의 설교는 계속되고 있었습니다. 그는 시계를 올려다보다가 무심결에 목사님의 설교를 듣게 되었습니다. 그런데 그 설교가 그 청년의 가슴을 치고 들어왔습니다. 그는 그 자리에 얼어붙어 도무지 움직일 수가 없었습니다. 그 설교가 이 청년을 찔러 쪼갠 것입니다.

한편 밖에서 기다리던 청년은 들어간 친구가 나올 때가 됐는데도 나오지 않자 '분명히 무슨 문제가 생겼나 보다. 내가 직접 확인하고 데리고 나와야지'라고 생각했습니다. 교회 안으로 들어가 시계를 마주보며 가만히 서 있는 친구에게 가까이 다가가려고 하는 순간 목사님의 설교가 그의 귀에 들려왔습니다. 그때 그 말씀이 그를 찔러 쪼개기 시작했습니다. 두 청년은 그날 그 교회에서 회개하고 하나님의 일꾼이 되었습니다. 두 사람 가운데 두 번째로 교회에 들어간 청년이 존 윌리엄스였는데, 그는 나중에 선교사가 되어 에로망가로 가서 사역하다가 순교했습니다.

도무지 태어날 수 없는 시점에서 하나님의 백성으로 태어난 존재, 이것이 바로 하나님의 은혜입니다. 하나님의 말씀은 언제 어느 시점에서 우리에게 다가와 우리를 찔러 쪼갤지 알 수 없습니다. 하나님의 말씀을 가까이 하고 그 말씀을 듣는 자에게 하나님은 오늘도 성령님을 보내어 새로운 존재로 태어나게 하실 것입니다. 심지어 자신이 계획한 것이 아닐지라도 억지로라도 하나님의 말씀을 받으면 그 말씀은 우리를 찔러 쪼개는 하나님의 능력이 되어 우리를 새 사람으로 만들 것입니다.

말씀에 접목하기: 막 1:41, 42

하나님의 말씀은 하나님으로부터 나오는 말씀입니다. 하나님의 모든 말씀에는 그분의 의지와 능력과 뜻이 들어 있습니다. 그러므로 하나님의 말씀이 선포될 때 그 말씀은 살아 있는 능력의 말씀이 되어 그대로 이루어집니다. "너희는 세상의 소금이다"라는 말씀을 받은 제자들은 세상의 소금이 되었습니다. "내 증인이 되리라"는 말씀을 받은 사람은 그 말씀대로 예수님의 증인이 되었습니다. 하나님의 말씀을 받을 때 우리는 그 말씀과 함께 그분의 의지와 능력과 뜻을 받습니다. 그래서 하나님의 말씀을 받은 사람은 변화될 수밖에 없습니다. 우리는 하나님의 말씀을 받을 때마다 그 말씀과 함께 하나님의 변화의 기적을 체험하게 될 것입니다. 주님은 오늘도 말씀을 주시며 "네 믿은 대로 될지어다"(마 8:13)라고 말씀하십니다.

능력 주시는 자 안에서

예화 3

영국의 청교도 정치가 크롬웰의 이야기입니다. 사랑하는 아내가 세상을 떠난 뒤 하는 일마저 뜻대로 되지 않자 그는 마음의 위안을 얻기 위해 성경을 읽기 시작했습니다. 그는 빌립보서 4장을 읽으면서 하나님의 음성을 듣기 시작했습니다. "내가 궁핍하므로 말하는 것이 아니니라 어떠한 형편에든지 내가 자족하기를 배웠노니 내가 비천에 처할 줄도 알고 풍부에 처할 줄도 알아 모든 일에……"(빌 4:11, 12). 이 말씀을 읽는 가운데 성령님이 그의 마음에 갈망을 일으키셔서 "하나님이여, 나도 이런 사람이 되기를 원합니다"라고 결심하게 되었습니다. 그리고 "내게 능력 주시는 자 안에서 내가 모든 것을 할 수 있느니라"(빌 4:13)는 말씀을 읽을 때 그에게 그 말씀이 하나님의 음성으로 들렸습니다. 그는 자리에서 벌떡 일어나 소리 쳤습니다. "사도 바울의 그리스도는 오늘날 나의 그리스도도 되실 수 있다! 나도 그리스도 안에서 강해질 수 있다!" 그는 말씀 안에서 용기를 얻었고, 청교도의 지도자로 설 수 있었습니다.

> 말씀에 접목하기: 빌 4:11-13

하나님의 말씀은 살아 움직이는 생명의 말씀입니다. 그 말씀에는 하나님의 뜻과 의지와 능력이 들어 있을 뿐 아니라 성령님이 그 말씀과 함께 움직이십니다. 그 말씀을 받을 때 성령님이 거기 임하여 말씀의 기적을 일으키십니다. 크롬웰은 낙심하고 절망할 수밖에 없는 상황 가운데 있었지만 하나님의 말씀을 읽을 때 성령님이 그에게 임하여 영의 눈을 열어주셨습니다. 그러자 사도 바울을 도우며 인도하셨던 주님을 볼 수 있게 되었고, 사도 바울을 인도하셨던 것처럼 자기도 인도하실 주님을 만나게 되었습니다. 성령님은 주님 안에서 그 역시 무엇이든 할 수 있다는 것을 깨닫게 하시고, 그 깜깜한 절망의 그늘에서 다시 일어서서 힘차게 주님의 일을 할 수 있게 하셨습니다.

살아 있는 하나님의 말씀

예화 4

성경에 가장 많이 나오는 낱말을 컴퓨터로 검색해 보면 '여호와' 7,020회, '하나님' 4,068회, '이스라엘' 2,468회, '예수' 1,331회, '사랑하다' 가 357회 순입니다. 이는 성경이 어떤 책인지를 확실하게 보여주고 있습니다. 즉 성경은 1,500년간 40여 명이 쓴 것으로 하나님이 인간을 사랑하신다는 사실을 드러내고자 하는 한 가지 목적을 가지고 기록되었습니다. 그 말씀의 요약은 "하나님이 세상을 이처럼 사랑하사 독생자를 주셨으니 이는 그를 믿는 자마다 멸망하지 않고 영생을 얻게 하려 하심이니라"(요 3:16)입니다. 이는 생명이 있고 능력이 있어서 죄로 죽어가는 수많은 영혼을 구원하는 하나님의 말씀입니다.

영국의 무신론자 로버트 볼테르는 자기 능력과 권력과 모든 재산을 동원하여 성경을 없애려고 했지만 그가 죽은 뒤 그의 집은 성서 인쇄소가 되었습니다. 미국의 한 무신론자는 성경을 차츰 없애기 시작해 그가 사는 동안 5권 이내로 줄여 박물관에 전시하겠다고 했습니다. 그러나 지금 미국의 크리스천 가정에 평균 5권 이상의 성경이 있을 뿐 아니라 일반 사람도 많이 읽고 있으니 그들의 망상이 얼마나 잘못된 것인지 알 수 있습니다. 하나님은 어제나 오늘이나 앞으로도 이 성경을 통해 우리에게 말씀하고 우리를 구원하십니다.

말씀에 접목하기: 롬 10:17

성경은 "믿음은 들음에서 나며 들음은 그리스도의 말씀으로 말미암았느니라"(롬 10:17)고 말씀합니다. 그런데 우리는 들음이라는 말씀만 생각할 때가 있습니다. 성경은 이렇게 말씀합니다. "듣지도 못한 이를 어찌 믿으리요 전파하는 자가 없이 어찌 들으리요"(롬 10:14). 복음의 말씀을 들어야 믿는 것이지 전하는 자에게 복음을 듣지 않으면 어떻게 믿을 수 있겠습니까? 그러므로 들음은 복음을 전달하는 믿음의 사람, 믿음의 사람이 전달하는 복음, 그 복음을 들을 때 임하여 믿음의 기적을 창조하시는 성령님을 함께 말씀하고 있습니다. 성경 말씀은 이론이 아니라 실제 상황을 이야기하는 말씀입니다.

이론적으로는 들음만 이야기할 수 있지만 실제 상황에서는 이야기하는 사람, 듣는 사람, 이야기하는 내용, 거기에 작용하는 여러 가지 상황 등이 함께 어우러져야 합니다. 하나님의 말씀을 반대하고 그분의 말씀을 세상에서 없애려는 사람이 아무리 강할지라도 복음을 전하고 듣는 사람이 있으면 그들보다 더 강하신 성령님의 역사로 말미암아 그들을 넉넉히 이길 수 있습니다.

하나님 말씀의 능력

예화 5

1871년 가을 무디는 브루클린의 어느 교회에서 목회를 시작했습니다. 그는 열심과 열성을 다해 설교했습니다. 그러나 교인이 하나둘 떠나기 시작하더니 몇 명밖에 남지 않았습니다. 그는 큰 충격을 받았고 패배감과 좌절감으로 괴로워했습니다. 어느 날 예배가 끝난 뒤 여자 성도 한 명이 무디에게 다가오더니 "무디 선생님, 세상 이야기를 하지 말고 하나님의 말씀을 이야기해주세요"라고 말했습니다. 그 후부터 무디는 하나님의 말씀만 설교하기로 결심했습니다. 그러자 설교에 능력이 생기고 교인들이 힘을 얻었으며 교회가 부흥하기 시작했습니다. 빌리 그레이엄 역시 비슷한 체험을 했습니다. 그가 성경만 이야기하겠다고 결심하자 말씀에 큰 능력이 나타났습니다. 그는 설교할 때마다 같은 말을 여러 차례 반복하는데 바로 "성경이 말씀하기를"이라는 말입니다.

말씀에 접목하기: 고전 1:21-25

말씀을 사모하고 말씀만을 전하려는 자에게 하나님의 능력이 나타납니다. 말씀을 전하는 자에게 하나님의 능력이 함께하는 것은 하나님의 말씀 자체에 능력이 있기 때문입니다. 하나님의 말씀은 살아있고 운동력이 있어 날선 어떤 검보다 예리한 하나님의 능력입니다. 복음의 능력, 말씀 자체의 능력을 확신하는 것은 설교자의 기본 자격입니다. 오늘 같은 과학문명 시대에 성경 말씀을 그대로 믿고 설교하는 것은 미련한 짓이고 나약한 목사의 변명이라고 생각하는 사람이 있을지 모르지만 하나님은 전도의 미련한 것으로 사람들을 구원하기를 기뻐하시는 분입니다(고전 1:21). 하나님의 말씀은 멸망하는 자들에게는 미련한 것이나 구원받은 우리에게는 하나님의 능력입니다(고전 1:18).

말씀의 능력

예화 6

하나님의 말씀에는 놀라운 능력이 있습니다. 스펄전 목사님이 하신 이야기에는 이 진리가 잘 나타나 있습니다. 무신론자들의 모임인 소위 '지옥불 클럽'에 속한 한 사람이 호기심으로 화이트필드 목사님의 예배에 참석해 설교를 들은 뒤 자신들의 클럽 모임에서 목사님의 억양과 몸짓을 흉내 내면서 설교 내용을 경박스럽게 따라했습니다. 이런 행동을 하던 도중 성령님이 이 사람을 감화시키셨습니다. 그는 갑자기 자기가 경박하게 흉내 내던 설교 내용에 감동해 자기 죄를 고백하고 바로 그 자리에서 예수님을 영접했습니다. 그리고 '지옥불 클럽' 모임은 즉시 와해되었습니다. 그리고 그 사람은 많은 사람을 그리스도께로 인도하는 열성적인 신자가 되었습니다.

말씀에 접목하기: 사 55:10, 11

스펄전 목사님이 이런 이야기를 했습니다. "당신이 성경을 비웃는 마음을 갖고 읽더라도 전혀 읽지 않는 것보다 나으며, 비록 증오심을 갖더라도 하나님의 말씀을 듣는 것이 아예 듣지 않는 것보다 바람직하다." 하나님의 영은 말씀을 깨우치기 위해 말씀을 사용하십니다. 비록 우리가 그 말씀을 신실하지 못하게 읽고 듣는다고 할지라도 말씀이 들려질 때 성령님이 거기에 찾아와 역사하실 수 있기 때문입니다. 사도 바울은 복음이 "구원을 주시는 하나님의 능력"(롬 1:16)이라고 선언했습니다. 이사야서를 보면 이렇게 말씀합니다. "내 입에서 나가는 말도 이와 같이 헛되이 내게로 되돌아오지 아니하고 나의 기뻐하는 뜻을 이루며 내가 보낸 일에 형통함이니라"(사 55:11). 마가복음은 이렇게 말씀하고 있습니다. "제자들이 나가 두루 전파할새 주께서 함께 역사하사 그 따르는 표적으로 말씀을 확실히 증언하시니라"(막 16:20). 그러므로 우리는 하나님의 말씀을 전할 때 그 말씀의 능력을 믿고 자신 있게 증거 해야 합니다. 우리의 능력이 아니라 말씀 가운데 임하시는 성령님의 능력으로 그 말씀을 증거 해야 할 것입니다.

로고스와 레에마

예화 7

어느 형제가 전화로 이런 상담을 해왔습니다. "저는 하나님의 은혜를 깊이 체험한 적이 있는 성도입니다. 그런데 지금 고혈압에다 심장까지 나빠져 위험한 상황에 처해 있습니다. 병원에서는 장기 입원을 하라고 독촉합니다. 성경에 보면 '우리의 연약한 것을 친히 담당하시고 병을 짊어지셨도다' (마 8:17), '그가 채찍에 맞으므로 우리가 나음을 입었도다' (사 53:5)라고 말씀하셨는데 이 말씀은 예수님이 우리의 병을 짊어지셨기 때문에 하나님을 의지하고 기도하면 고쳐주신다는 뜻이 아닙니까? 그래서 저는 이 말씀에 의지한 채 밀고 나가고 싶습니다."

그러자 목사님은 이렇게 대답했습니다. "형제여, 성경에 기록된 말씀은 로고스입니다. 이 말씀은 하나님이 이런 일을 하실 수 있다는 것을 의미하는 말씀입니다. 이것은 하나님이 어떤 분인지를 우리에게 계시해주며 하나님이 지금 인간들 가운데서 어떤 일을 하실 수 있는지 가르쳐주시는 말씀입니다. 이것은 모든 사람을 위해 주신 하나님의 말씀입니다. 그러나 그 말씀을 읽을 때 마치 섶을 태우는 불같이, 바위를 쳐서 깨뜨리는 몽둥이같이 우리 가슴에 부딪쳐 오는 말씀이 있습니다. 이것은 하나님이 바로 우리에게 주시는 말씀입니다. 이것을 '레에마' 라고 합니다. 말씀을 읽으면서 그 말씀이 하나님이 주시는 말씀으로 가슴을 찌르고 감동을 준다면 그 말씀을 따라야 합니다. 그러나 그전에는 아무리 예수님이 '우리 연약한 것을 친히 담당하시고 병을 짊어지셨도다' 라는 말씀이 성경에 있더라도 그것은 아직 로고스입니다. 로고스가 변하여 레에마가 되기 전에는 병원을 찾아가서 진찰도 받고 약도 먹어야 합니다. 하나님은 이런 의학 세계도 주관하시는 분이기 때문입니다."

오늘날 성경에 있는 모든 진리의 말씀은 로고스입니다. 로고스는 하나님에 대한 지식을 가르쳐주고 하나님이 행하시는 일들을 깨우쳐주며 우리의 영의 양식이 됩니다. 우리가 그 로고스의 말씀을 받을 때 성령님이 임하여 찔러 쪼개는 역사를 하시면 그 말씀은 생활에 변화와 기적을 일으키는 말씀, 레에마의 말씀으로 변합니다. 막연하게 성경을 읽어 나가는 것보다 깊은 영적 호흡을 하기 위해, 하나님의 음성을 듣기 위해 우리는 끊임없이 성령님의 인도를 간구하며 성경을 읽어야 합니다.

말씀에 접목하기: 시 19:7-10

말씀 훈련에는 두 가지 방법이 있습니다. 지식 훈련(information-centered reading)과 생명 훈련(transformation-centered reading)입니다. 지식 훈련은 '내'가 성경을 읽습니다. 우리는 성경을 읽을 때 거기에서 진리와 정보와 지식을 발견하여 유익을 얻고자 합니다. 이 방법은 우리의 이성을 활용하고 과학적으로 분석하고 연구하면서 성경을 읽게 하며, 거기서 우리는 유익한 정보와 지식과 진리를 얻습니다. 그러나 생명 훈련은 하나님의 말씀이 우리를 분석하고 가르치고 새롭게 할 수 있게 기도하며, 성령님이 말씀 가운데 임재하여 그 말씀으로 우리를 찔러 쪼개어 그 마음의 생각과 뜻을 감찰하는 훈련입니다. 우리는 지식 훈련을 통해 로고스의 말씀을 받으며 생명 훈련을 통해 레에마의 말씀을 받습니다. 지식 훈련은 말씀 안에서 삶의 길과 목적과 방법을 찾는 훈련입니다. 생명 훈련은 그 목적과 길과 방법에 따라 살아갈 수 있도록 하나님의 능력을 받는 훈련입니다. 로고스를 발견하는 지식 훈련을 그릇에 비유한다면, 생명 훈련을 통해 받는 레에마는 그릇을 채우는 생수에 비유할 것입니다.

고아의 아버지 조지 뮐러

예화 8

독일인 조지 뮐러는 선교사가 되기 위해 영국으로 건너가 영어를 공부했습니다. 당시 영국은 농경시대에서 산업사회로 바뀌는 산업혁명시대였기 때문에 거리에는 거지와 고아가 가득했습니다. 어느 날 조지 뮐러는 시편 말씀을 읽고 있었습니다. "하나님은 고아의 아버지이시며 과부의 재판장이시라"(시 68:5). 그는 이 말씀에서 '어느 부모가 자식을 먹이고 입히지 않겠는가? 하나님은 고아의 아버지이므로 그들을 먹이고 입히고 교육시키는 것은 하나님 아버지께서 하실 일이다. 그렇다면 나는 고아원의 총무를 하면 되겠구나. 이렇게 하나님의 일을 하면 되겠구나!' 라고 생각하게 되었습니다. 조지 뮐러는 선교사가 되려던 계획을 변경해 오갈 데 없는 고아들을 돌보기 시작했습니다. 그 결과 영국 브리스톨에 역사상 가장 큰 고아원을 세우고 2천 명의 고아를 돌보며 교육시키고 결혼까지 시킨 고아의 아버지가 되었습니다. 성경을 읽다가 얻은 아이디어로 그는 런던 거리를 방황하던 고아 문제를 해결한 것입니다.

오늘날에도 성경을 통해 문제를 해결하기 위한 아이디어를 얻을 수 있습니다. 나아가 우리가 기도할 때 하나님은 우리 마음속에 소원을 두고 그것을 행하도록 역사하실 것입니다. 하나님의 말씀을 통해 그분이 하고 싶은 일을 발견하고, 열심으로 그 일을 할 때 우리는 하나님의 천사가 됩니다.

말씀에 접목하기: 딤후 3:15-17

성경 말씀은 성령님의 감동으로 된 것으로 그리스도 예수 안에 있는 믿음으로 말미암아 구원에 이르는 지혜를 받게 하며, 교훈과 책망과 올바름과 의로 교육하기에 유익할 뿐 아니라 선을 행할 수 있는 능력을 받게 하며, 하나님의 사람을 온전하게 만드는 하나님의 말씀입니다(딤후 3:15-17).

성경 말씀을 읽는 사람과 듣는 사람과 지키는 사람은 하나님께 복을 받아 인생의 목적과 방향과 사는 방법을 배울 뿐 아니라 성령님의 능력으로 하나님의 뜻에 따라 살 수 있습니다. 오늘과 같이 미혹과 혼란과 문제가 많은 세상에 사는 사람은 성경 말씀을 통해 하늘의 지혜를 받고, 흔들리지 않는 믿음을 받으며, 세상을 이기는 능력을 받아야 할 것입니다.

성경 말씀이 하나님의 음성이 되어 들려올 때

예화 9

방사선학을 전공한 일본의 작가 나가이 다카시는 《만리무영》을 썼습니다. 다카시는 2차 세계대전 당시 의학자로, 전 세계가 전쟁에 휩싸여 있을 때도 연구에만 몰두한 채 현실과 무관한 삶을 살았습니다. 오직 사랑하는 아내와 연구실만이 삶의 전부였습니다. 그러던 어느 날 연구실에서 연구하고 있을 때 커다란 폭음과 함께 건물이 무너져 내렸습니다. 다카시가 살고 있던 나가사키에 원자폭탄이 투하된 것입니다. 얼마 후 의식을 차린 그는 아내 생각이 나서 집으로 달려갔습니다. 집은 가랑잎처럼 폭삭 주저앉아 있었습니다. 미친 듯이 아내를 부르며 건물 더미를 헤집던 그는 새까맣게 타버린 사랑하는 아내의 시체를 발견했습니다. 그는 아내의 시신을 모아 양지 바른 언덕에 묻고 기절해버렸습니다. 먼동이 틀 무렵 뼈가 시린 추위를 느끼고 눈을 떠 보니 어디선가 세미한 주님의 음성이 들려왔습니다. "이 세상은 없어져도 내 말은 영원하리라."

자신이 소중히 여기고 사랑했던 모든 것을 잃고 나서 다카시는 이 세상에서 영원한 것은 아무것도 없다는 사실을 깨달았습니다. 그런데 바로 그 순간 과거에 듣기는 했지만 심각하게 생각하지 못했던 성경 말씀이 하늘에서 들리는 하나님의 음성처럼 그에게 들려온 것입니다. 그 말씀은 과거에도 그 안에 있었습니다. 그러나 절망의 순간에, 이 세상의 장막집이 무너지는 순간에 그 말씀은 하나님의 음성이 되어 들린 것입니다. 하나님은 꼭 필요한 순간을 아십니다. 그리고 그 순간 우리에게 필요한 것을 주십니다. 다카시는 가장 필요한 순간에 들려온 하나님의 음성으로 새 삶을 시작할 수 있었습니다.

말씀에 접목하기: 계 1:3; 딤후 3:16

사도 요한은 "이 예언의 말씀을 읽는 자와 듣는 자와 그 가운데에 기록한 것을 지키는 자는 복이 있나니 때가 가까움이라"(계 1:3)고 말했습니다. 성경 말씀은 성령님의 감동으로 된 것으로, 교훈과 책망과 올바름과 의로 교육하기에 유익한 하나님의 말씀입니다(딤후 3:16). 그래서 그 말씀을 읽는 사람, 듣는 사람, 지키며 사는 사람은 하나님의 복을 받습니다. 그 말씀을 읽거나 듣거나 지킬 때, 성령님의 특별한 감동을 받을 때 그 말씀은 하나님이 들려주시는 음성으로 올 때가 있습니다. 그때 그 말씀을 받는 사람은 하나님을 만난 것처럼 혼과 관절과 골수가 찔러 쪼갬을 받는 경험을 하며, 마음의 생각과 뜻을 감찰 받아 새 사람으로 변하게 됩니다. 그러므로 우리는 말씀을 읽거나 듣거나 지킬 때 하나님께 기도하면서 하나님이 우리에게 들려주시는 그분의 음성으로 그 성경 말씀을 받을 수 있게 해야 할 것입니다.

하나님의 약속을 삶 속에 오게 하라

예화 10

적극적 사고의 주창자 로버트 슐러 목사는 아내와 함께 교회를 개척하면서 한 가지 분명한 목표를 세웠습니다. 교회에 출석하는 사람은 누구나 하나님이 약속하신 것을 받도록 하겠다는 것이었습니다. 하나님은 약속만 하시는 분이 아니라 그 약속을 반드시 지키시는 분입니다. 하나님이 약속하신 것을 받았다는 체험은 그리스도인이 신앙을 세우는 데 매우 중요합니다.

슐러 목사는 개척교회에 모인 25명의 성도에게 담대히 말씀을 전했습니다. "하나님은 우리에게 수많은 약속을 주셨습니다. 믿음의 사람은 하나님의 약속을 받는 사람입니다. 앞으로 우리 교회는 하나님이 약속하신 것을 받는 교회가 될 것입니다. 그러기 위해서는 우리가 해야 할 것을 반드시 해야 합니다. 하나님의 약속에는 우리가 해야 할 일과 하나님이 하셔야 할 일이 분명하게 구별되어 있습니다. 우리가 자신의 일을 할 때 하나님은 약속대로 하늘의 풍성한 것으로 채우실 것입니다."

그리고 나서 슐러 목사는 말라기 3장 10절을 읽었습니다. "너희의 온전한 십일조를 창고에 들여 나의 집에 양식이 있게 하고 그것으로 나를 시험하여 내가 하늘 문을 열고 너희에게 복을 쌓을 곳이 없도록 붓지 아니하나 보라." 사실 이것은 처음 교회에 나오는 사람에게는 감당하기 어려운 요구였습니다. 그러나 슐러 목사는 확신을 갖고 있었습니다. 누구든지 하나님의 약속을 받기 위해서는 사람이 해야 할 바로 그 일을 해야 하며, 그렇게 할 때 하나님은 틀림없이 약속을 지키십니다.

슐러 목사는 말라기 3장 10절 말씀의 약속대로 성도들에게 갚으실 것을 믿고 성도들을 위해 열심히 기도를 드렸습니다. 슐러 목사는 이렇게 고백합니다. "25명 모두가 십일조를 드리기 시작했고, 그들 모두 하나님이 약속하신 풍성한 보답을 받았습니다. 하나님은 반드시 약속을 지키십니다."

말씀에 접목하기: 말 3:10

하나님의 말씀을 받을 때 그분을 만나는 것과 같은 감동이 있고 기쁨과 감사가 있습니다. 말씀은 하나님의 입에서 나오는 것이므로 그 말씀에는 하나님의 사랑과 의와 능력이 있습니다. 하나님의 말씀을 받으면 그분을 만난 것처럼 사랑과 의가 넘치고 큰 능력을 받습니다. 그러나 그 말씀의 열매는 열리지 않습니다. 말씀의 열매는 그 말씀을 실천할 때에 열립니다. 말씀을 받을 때 감동과 감격이 아무리 클지라도 그것은 말씀의 열매가 주는 감동과 감격에 비할 수가 없습니다. 모세는 하나님께 부르짖어 기도할 때마다 그분의 말씀을 받고 감동과 감격을 받았습니다. 그러나 하나님의 기적은 말씀과 함께 오는 것이 아니라 그 말씀을 행할 때에 옵니다. 호렙산 반석에서 생수가 터져 나오는 감격과 감동을 무엇에 비할 수 있겠습니까! 그 감동과 감격은 하나님께 받은 말씀을 그대로 행할 때 왔습니다. 말씀을 받고 그대로 행함으로써 오는 말씀의 축복을 기대하기 바랍니다.

행함 속에 임하는 말씀의 기적

예화 11

성실한 그리스도인 청년이 아버지와의 관계 때문에 상담을 요청해 왔습니다. 그는 알코올 중독자인 자기 아버지를 오랫동안 미워해 왔다고 했습니다. 그의 아버지는 술을 마셔야 제정신이 드는데, 그러다가 술이 지나치면 보기 흉한 일을 너무 쉽게 해버린다는 것입니다. 청년은 그런 아버지를 보면서 심한 수치와 모멸감을 느껴 왔다고 했습니다. 그런데 신앙이 성숙해 가면서 청년의 마음에 심각한 갈등이 일어나기 시작했습니다. 아버지에 대한 분노와 미움과 원망의 감정이 마음의 한구석에 도사리고 앉아 떠나지를 않는 것이었습니다. 새로 형성되기 시작한 그리스도인의 성품은 아버지를 향한 자기 태도가 잘못되었다고 호되게 책망하고 있는데 말입니다. 그래서 마음의 갈등이 일어 상담을 요청한 것이었습니다.

우리는 단순한 결론을 내렸습니다. 하나님의 말씀은 "네 아버지와 어머니를 공경하라 이것은 약속이 있는 첫 계명이니"(엡 6:2)라고 가르치고 있습니다. 우리는 함께 기도하면서 성령님이 청년에게 임하여 그 말씀을 실천할 수 있는 힘을 주시기를 구했습니다. 그리고 청년은 하나님의 말씀에 따라 살겠다고 언약을 맺었습니다.

그 청년은 집으로 돌아가서 엉망으로 망가져 가는 아버지의 모습을 보면서 또다시 자신과 갈등해야 했습니다. 아버지를 향해 소리치고 싶은 마음이 목구멍까지 올라왔지만 하나님과의 언약을 기억하면서 기도한 뒤 아버지의 손을 꼭 잡고 "아버지 사랑합니다. 지금까지 아들로서 아버지를 제대로 사랑하지 못한 죄를 용서해주세요"라고 말했습니다. 그 순간 하나님의 기적이 거기에 임했습니다. 아버지는 아들의 모습을 물끄러미 쳐다보다가 팔을 벌려 껴안고 이렇게 말했습니다. "네가 나를 멸시하고 무시한다고 생각해서 심한 마음의 상처를 입고 있었단다. 나도 나의 잘못된 행동을 고치고 싶지만 어떻게 할 수가 없어 괴로워하고 있었는데 너의 말에 내 마음이 열리는 것 같구나!" 청년은 아버지를 사랑하고 있음을 표현하고 깊은 염려와 관심을 가지고 아버지를 공경하고 사랑하기 시작했습니다. 그의 아버지는 지금 예수님을 영접하고 아들과 함께 기도하면서 알코올 중독과 싸우고 있습니다. 말씀을 행하는 동안 하나님은 거기 임하여 기적을 행하셨습니다.

말씀에 접목하기: 롬 8:1-4

우리는 사도 바울의 말씀처럼 "내 속사람으로는 하나님의 법을 즐거워하되 내 지체 속에서 한 다른 법이 내 마음의 법과 싸워 내 지체 속에 있는 죄의 법으로 나를 사로잡는 것"(롬 7:22, 23)을 봅니다. 마음에 들지 않고 상처를 주는 부모님일지라도 우리는 하나님의 말씀대로 공경하기를 간절히 원해야 합니다. 그러나 우리 지체 속에 있는 한 다른 법이 부모님을 공경하지 못하게 가로막습니다. 이처럼 우리는 율법이 명하는 선을 행하지 못하는 존재인 것입니다. 그러나 성경은 우리에게 율법이 명하는 선을 행할 수 있는 길을 가르쳐줍니다. "육신을 따르지 않고 그 영을 따라 행하는 우리에게 율법의 요구가 이루어지게 하려 하심이니라"(롬 8:4). 우리가 그 영, 즉 성령님을 따라 행하면 율법이 명하는 선을 행할 수 있다는 말씀입니다.

성령님을 따라 행하는 것이 무엇인지 알고 있습니까? 앞서 언급한 청년은 목사를 찾아가 상담을 받고 목사의 말에 따라 율법이 명하는 말씀을 실천했습니다. 그때 기적이 일어났습니다. 교회(목사님, 믿음의 사람, 교회의 지도 등)의 가르침을 따르는 것이 성령님을 따르는 것입니다. 교회의 가르침을 따를 때 성령님이 거기 임하여 하늘의 기적을 일으키시기 때문입니다. 성령님은 교회를 매개체로 하여 우리를 인도하십니다. 우리가 교회의 가르침을 받을 때 성령님은 우리를 인도하여 율법이 명하는 선을 행하게 하실 것입니다.

거듭난 사람

예화 12

이름 있는 사업가요, 지성을 갖춘 그리스도인임을 자처하는 한 장로님과 중생에 대하여 대화를 나누게 되었습니다. 그 장로님은 중생했다고 주장하는 신자들 모두가 마음이 좁고 자기 신앙만 내세워 다른 사람을 정죄하고 잘난 체하는 자라고 분노를 터뜨렸습니다. 그는 이렇게 말했습니다. "나는 중생 체험을 한 적이 없지만 수십 년간 하나님을 믿어 왔습니다. 솔직히 말해 나는 중생에 대해 전혀 관심이 없습니다. 교회는 중생보다는 다른 문제에 관심을 가져야 합니다."

우리는 요한복음 3장을 펴고 함께 읽기 시작했습니다. 거기에는 오직 한 가지 종류의 그리스도인만 있을 뿐입니다. "진실로 진실로 네게 이르노니 사람이 물과 성령으로 나지 아니하면 하나님의 나라에 들어갈 수 없느니라"(요 3:5). 과거에 초가지붕을 뜯어내면서 많은 굼벵이를 본 적이 있습니다. 땅 위를 걸어도 굼벵이 걸음을 걷고 썩은 지붕 속에 숨어 지내는 징그러운 벌레가 굼벵이입니다. 그러나 이 굼벵이는 고치를 만들고 그 속에 들어가 얼마 지나면 고치에 구멍을 뚫고 나와 매미가 되어 하늘을 날아오릅니다. 다시 지저분한 지붕 속이나 땅 속, 먼지 속을 기어 다니지 않고 하늘을 날고 나무 위에 앉아 사람들을 즐겁게 해주는 노래를 부릅니다. 굼벵이와 매미는 같은 생명이지만 삶의 차원은 완전히 다릅니다. 새로운 차원의 삶은 고치를 만들고 들어간 뒤에 고치 속에서 생겨납니다.

장로님은 함께 성경 말씀을 읽고 거듭난 사람에 대하여 이야기를 나누는 동안 생각을 달리하기 시작했습니다. 그는 이제까지 예수님을 믿는다고 하면서 자기의 최선을 다해 예수님을 위해 살려고 노력해 왔다는 것입니다. 장로님은 이제 새로운 삶에 대해 눈을 뜨기 시작했습니다. 그것은 예수님이 그에게 임하여 그를 거듭나게 하시고 하나님을 사랑할 힘을 주시고 다른 사람을 존중하며 사랑할 수 있는 힘을 공급하시는 예수님의 삶이었습니다. 그는 지금 자기의 최선을 다하기 전에 예수님을 만나고 그분의 거듭나게 하시는 능력을 받고 성령 안에서 새 삶을 살고자 전심으로 기도하고 있습니다.

말씀에 접목하기: 요 3:1-8

성령님은 성경 말씀을 기록할 때 감동을 주어 기록하게 하셨습니다. 또한 그 말씀을 읽는 사람과 듣는 사람, 지키는 사람에게 임하여 교훈을 주시며, 책망하며 바르게 행하도록 하는 등 의로 교육하십니다. 예수님은 보혜사 성령님의 약속을 주면서 보혜사 성령님이 "오시면 그가 너희를 모든 진리 가운데로 인도하시리니"(요 16:13)라고 말씀하셨습니다. 그 장로님이 목사님의 지도를 받으며 성경 말씀을 읽을 때 성령님이 그에게 임재하셨고, 성령님은 그 장로님을 진리 가운데로 인도하셨습니다. 그래서 그는 중생의 진리를 깨달아 알게 되고 자기에게 임하신 성령님을 체험하게 된 것입니다. 로마서 10장 17절은 이렇게 말씀합니다. "그러므로 믿음은 들음에서 나며 들음은 그리스도의 말씀으로 말미암느니라."

한 장의 전도지를 통한 구원의 기적

예화 13

미국 루이지애나 대학교의 성경 교수인 니콜라이 알렉산드렌코 박사의 이야기입니다. 그는 원래 소련 사람으로 어렸을 때 학교 선생님들이 성경에 나오는 이야기 모두 우화라고 가르쳤기 때문에 그대로 믿고 자랐습니다. 그는 학교 성적이 좋아 오데사 육군사관학교에 들어갈 수 있었고, 그의 나이 19세에 장교로 임관했습니다. 2차 세계대전 때 그는 세 번이나 부상을 당했고 마침내 독일군의 포로가 되었습니다. 독일군은 그의 부상을 치료해주지 않고 겨우 연명할 정도의 야채국만 먹였습니다. 세계대전이 끝나자 그는 미군에게 인계되었습니다. 그는 소련으로 귀국하는 것을 거절하고 독일의 뮌헨에 있는 연합군 수용소에 수감되었습니다.

어느 날 휴지를 주워서 난로를 피우려고 하는데 꾸깃꾸깃하고 지저분한 종이에 '그리스도'라는 단어가 쓰여 있었습니다. 전도지였습니다. 그는 그 전도지를 펴서 거기에 적힌 글을 자세히 읽었습니다. 전도지에는 "수고하고 무거운 짐 진 자들아 다 내게로 오라 내가 너희를 쉬게 하리라"(마 11:28)는 말씀이 있었습니다. 그 말씀을 읽는 순간 니콜라이는 마음에 큰 감동을 받았습니다. 성령님이 그의 마음에 선한 일을 시작하신 것입니다. 니콜라이는 '그리스도는 누구인가? 그는 과연 하나님의 아들인가?'라는 의문을 갖게 되었고, 그것을 꼭 알아야 하겠다는 생각을 가졌습니다. 그는 연합군에 속한 군인에게서 성경을 얻어 열심히 읽고 나서 예수님을 주님으로 받아들였습니다. 그 후 그는 미국으로 건너가서 신학을 공부하고 성경을 가르치는 교수가 되었습니다. 한 장의 전도지에 쓰인 말씀일지라도 하나님의 말씀은 읽는 사람의 심령 골수를 쪼개어 믿음의 사람으로 변화시킵니다.

> 말씀에 접목하기: 사 55:11, 11

　성경 말씀은 영적인 진리의 말씀, 곧 로고스의 말씀입니다. 그 말씀은 하나님과 사람, 죄와 사탄, 저주와 축복, 타락과 구원 등 영적 진리를 알게 하는 지식의 책입니다. 예수님을 믿지 않았던 인도의 간디도 성경 말씀을 읽으면서 많은 것을 깨닫고 큰 도움을 받았다고 했습니다. 우리는 성경을 읽는 동안 지식을 얻으며 새로운 정보를 발견하며 유익한 진리를 깨달을 수 있습니다.

　그러나 성경 말씀을 읽는 동안 성령님이 임하여 역사하시면 그 말씀이 하나님의 말씀임을 깨달아 알게 되고, 그 말씀을 통해 하나님의 음성을 받으며, 그 말씀을 통해 오시는 하나님을 만날 수 있습니다. 성령님이 함께하시면 성경 말씀은 레에마의 말씀으로 변화되어 우리를 주 예수께로 인도하여 구원받게 하며, 주님과 함께 하나님의 나라를 이 땅에 임하게 하는 능력과 기적의 말씀이 됩니다. 단순히 한 장의 전도지에 기록된 말씀일지라도 성령님이 임하시면 그 말씀은 이 세상을 구원하시는 하나님의 말씀, 곧 레에마의 말씀이 됩니다.

이상재 선생의 회심 이야기

예화 14

　월남 이상재 선생은 구한말과 일제강점기에 살았던 민족지도자였습니다. 그는 기독교청년회(YMCA)의 총무로 있으면서 기독교 복음화 운동과 민족정신을 일깨우는 데 많은 노력을 기울였고, 조선일보 사장과 신간회 회장 등을 역임하며 민족 독립을 위해 온 힘을 기울였습니다. 그는 처음에 서재필과 이승만으로부터 예수를 믿으라는 권유를 수차례 받았지만 자신이 숭배해 온 유학의 도리와 거리가 너무 멀어 마음이 내키지 않는다는 핑계로 번번이 거절했습니다.

그랬던 그가 독립운동을 하다가 감옥에 갇혀 힘겨운 시간을 보내던 중 감방 마루 틈새에 끼어 있는 종이쪽지 하나를 발견했습니다. 거기에는 이런 말씀이 적혀 있었습니다. "또 눈은 눈으로, 이는 이로 갚으라 하였다는 것을 너희가 들었으나 나는 너희에게 이르노니 악한 자를 대적하지 말라 누구든지 네 오른편 뺨을 치거든 왼편도 돌려 대며"(마 5: 38, 39). 이 말씀을 읽을 때 성령님이 그에게 역사하시기 시작했습니다. 그는 이 말씀을 이해할 수도, 잊을 수도 없었습니다. 그는 혼자 생각했습니다. '원수인 일본과 끈질기게 싸워 나가야 할 우리에게 원수를 사랑하라니, 이건 일본에게 우리를 잡아먹으라고 내맡기는 것과 같지 않는가?' 그런데 이 말씀이 계속 그의 마음을 울렸고, 꼭 자기에게 하는 말씀인 것 같았습니다. 그는 이 말씀의 진리 속에 점점 빠져 들어가 마침내 회개하고 예수님을 받아들였습니다. 하나님의 말씀은 살아 있고 운동력이 있어 좌우에 어떤 날선 검보다 예리하여 우리의 혼과 영, 관절과 골수를 찔러 쪼갭니다.

말씀에 접목하기: 마 5:38-41

예수님은 씨 뿌리는 농부의 비유에서 길가에 뿌린 씨는 새들이 와서 먹어버렸다고 말씀하셨습니다. 길가에 뿌려졌다는 것은 말씀을 들었을 때 즉시 사탄이 나타나 그들에게 뿌려진 말씀을 빼앗아가는 것입니다(막 4:15). 이상재 선생님은 길가와 같은 사람이었습니다. 예수님이 말씀하시는 길가는 우리가 생각하는 도로변이 아닙니다. 밭 사이에 난 길로, 사람들이 자주 그곳을 다니다 보니 밭의 땅이 굳어져 길처럼 변해버린 것을 말합니다. 길이 생기는 이유는 사람들이 자주 그 길을 왔다갔다 했기 때문입니다. 길가와 같은 사람은 어떤 사상이나 문화적 가치, 전통, 진리를 반복적으로 들으면서 마음이 굳어진 사람입니다. 이상재 선생님은 유학의 도리를 반복해 듣고 공부하고 행동했기 때문에 길가처럼 굳은 땅이 되었습니다. 그래서 서재필과 이승만 등 동료로부터 예수를 믿으라는 권유를 받았을 때 즉시 거절하고 받아들이지 않았던 것입니다.

그런데 독립운동을 하면서 많이 힘들고 감옥에 들어가 고생하는 동안 마음이 약해졌습니다. 마치 비가 많아 와서 밭 사이에 난 길이 물렁물렁해지고 부드러워진 것과 같습니다. 그곳에서 그는 전도지 한 장에 있는 하나님의 말씀을 깊이 묵상하게 되었고, 그 말씀이 물렁물렁해진 그의 마음 밭에서 싹이 나게 되었습니다. 길가와 같이 굳은 사람일지라도 여러 가지 이유로 물렁물렁해질 때가 있습니다. 그때 말씀의 씨를 뿌리면 싹이 나고 자라서 30배, 60배, 100배의 결실을 맺게 될 것입니다.

주님만 섬기게 하소서!

예화 15

많은 사람이 그릇된 신을 믿기 때문에 슬픈 종말을 맞습니다. 세속적 향락을 자기의 신으로 모시는 사악한 사람도 있지만 그중에는 좋은 사람도 많습니다. 그러나 이들 역시 그릇된 신을 믿고 있습니다. 한 젊은 농부가 농사를 짓다가 실패하자 자살했습니다. 그 농부의 아내는 이런 말을 했습니다. "농사짓는 일은 남편에게 직업 이상의 의미였습니다. 그것은 남편의 자존심이었고, 그가 충성해야 하는 국가와 같았으며, 그가 섬기는 종교였습니다. 밭에서 일할 때 우리 둘은 절대자와 교통하는 것 같은 기분이 들었습니다. 남편이 농사에 실패한 것은 단순한 실패가 아니었습니다. 그것은 자존심에 상처를 입는 것이요, 믿음을 잃어버리는 것이요, 충성하던 절대자에 배신당한 것과 마찬가지였습니다. 그래서 남편이 자살한 것입니다."

그 농부는 교회에도 출석하고 하나님의 나라에 대해서도 알고 있었습니다. 그러나 그는 자기의 농사일에 세상의 그 어떤 것보다 큰 비중을 두고 거기에 인생을 걸었습니다. 하나님 외의 어떤 것에 삶의 비중을 크게 둔다면 그것은 그 사람의 신이요 우상이 되고 맙니다. 그래서 사도 요한은 이렇게 권면했습니다. "이 세상이나 세상에 있는 것들을 사랑하지 말라 누구든지 세상을 사랑하면 아버지의 사랑이 그 안에 있지 아니하니 이는 세상에 있는 모든 것이 육신의 정욕과 안목의 정욕과 이생의 자랑이니……"(요일 2:15, 16). 이는 세상적인 것을 자기 인생의 제일로 삼는 사람을 향한 말씀입니다.

만약 성경에서 계시한 참되시고 살아계신 하나님보다 다른 것을 더 사랑하고 있다면 그것을 신으로 받아들이고 경배하고 있는 것입니다. 그것이 무엇이든지 간에 그것은 오래가지 않습니다. 마음이 흔들릴 때나 건강을 해쳤을 때, 자살의 유혹을 받을 때, 위기와 문제를 만났을 때 이것은 결코 우리를 도울 힘이 없습니다. 우리를 위해 자기 아들을 아끼지 아니하고 내어주신 분, 우리에게 필요한 모든 것을 은사로 주시는 하나님만이 우리를 진정으로 구원하실 수 있습니다. 오늘 당신의 마음을 사로잡고 있는 것은 무엇입니까?

말씀에 접목하기: 창 3:1-6

에덴 동산의 중앙에는 생명의 나무와 선악을 알게 하는 나무가 있었습니다. 선악을 알게 하는 나무는 하나님과 하나님의 말씀을 기억나게 하는 에덴동산의 성소였습니다. 아담과 하와는 선악을 알게 하는 나무를 볼 때마다 하나님의 말씀을 기억하고 하나님께 감사했습니다. 사탄은 그 나무를 봐도 하나님의 말씀을 기억나지 않게 하려고 하와를 시험했습니다. 마귀의 시험을 받은 뒤 그들은 선악과를 볼 때 하나님을 기억하지 못하고, "먹음직도 하고 보암직도 하고 지혜롭게 할 만큼 탐스럽기도 한"(창 3:6) 나무로만 보였습니다. 하나님이 그들의 마음에서 사라져버린 것입니다. 이제까지 그들은 하나님을 섬기면서 감사하고 행복했습니다. 그런데 마귀의 시험을 받고 나서는 하나님이 아니라 그 나무의 열매가 자기들을 행복하게 만들 것이라고 믿었습니다. 이것이 우상숭배입니다. 행복이 하나님과 하나님의 말씀에 있는 것이 아니라 세상의 어떤 것에 있다고 믿는 것입니다.

그래서 하나님과 하나님의 말씀보다 세상의 어떤 것을 더 소중히 여기고 사랑하고 섬기게 됩니다. 우상숭배는 자기를 행복하게 만들고자 하는 탐욕의 결과입니다.

성경은 하나님이 인간에게 주신 최고의 선물입니다

예화 16

2차 세계대전 때 미군 병사들이 태평양의 남해 섬에 상륙했습니다. 그때 그 섬 사람이 성경을 보이며 자랑하는 것이었습니다. 미군 병사는 별로 흥미 없다는 듯이 "그까짓 케케묵은 것에는 별로 흥미가 없소!"라고 하자 그 섬 사람은 미소를 지어 보이면서 "이 케케묵은 책이 아니었다면 당신은 이미 우리 밥상에 올라와 있었을 거요!"라고 했습니다. 어둠 속에 살던 그 무시무시한 식인종은 이 성경을 통해 그리스도를 만난 뒤 악습을 버리고 새로운 피조물이 된 것입니다. 성경은 이토록 인간을 변화시킵니다.

미국의 3대 대통령 토머스 제퍼슨은 "꾸준히 성경을 읽으므로 훌륭한 시민, 훌륭한 아버지, 훌륭한 남편이 된다"라고 했습니다. 에이브러햄 링컨은 "성경은 하나님이 인간에게 주신 것 중에 가장 큰 선물이라"고 했습니다. 조지 워싱턴은 "하나님과 성경을 모르고 바른 정치를 한다고 하는 것은 불가능하다"고 했으며, 토머스 칼라일은 "성경은 인간의 언어로 된 것 중에 가장 진실한 것으로 하나님을 향해 열린 창문처럼 모든 사람은 이것을 통하여 영원한 고요를 느낄 수 있다"라고 했습니다. 그 성경이 우리 속에 얼마나 큰 보물인지!

말씀에 접목하기: 딤후 3:15-17

예수 그리스도의 복음이 전해지는 곳마다 놀라운 변화가 일어나고 세상과 문화가 달라졌습니다. 복음이 사마리아에 전파되자 "많은 사람에게 붙었던 더러운 귀신들이 크게 소리를 지르며 나가고 또 많은 중풍병자와 못 걷는 사람이 나으니 그 성에 큰 기쁨"(행 8:7, 8)이 있었습니다. 복음이 고넬료의 집에서 선포될 때에 "성령이 말씀 듣는 모든 사람에게 내려"(행 10:44) 오셨습니다. 바울이 에베소에서 열두어 사람에게 복음을 증거 할 때 "성령이 그들에게 임하시므로 방언도 하고 예언도 하는"(행 19:6) 기적이 일어났습니다. 복음의 말씀은 믿음을 일으킵니다. 복음의 말씀은 구원의 말씀입니다. 성경 말씀을 '아멘' 으로 받고 그 말씀대로 사는 사람에게는 놀라운 일이 일어나고 축복의 생수가 넘칠 것입니다.

어떻게 말씀을 읽고 있는가?

예화 17

어떤 사람이 말씀을 읽는 세 단계에 대해 이야기했습니다. 첫 단계는 자기 몸을 고치기 위해 약처럼 말씀을 읽는 사람입니다. 이런 사람은 입에 쓴 약이 몸에 좋다고 하면서 억지로 성경을 읽습니다. 두 번째 단계는 자기 몸에 영양이 필요하기 때문에 음식을 먹듯 성경을 읽습니다. 이런 사람은 성경을 읽지 않으면 영혼이 메말라 죽을 것을 알기 때문에 죽지 않기 위해 열심히 성경을 읽습니다. 세 번째 단계는 그 말씀을 하나님이 자기에 보낸 축복의 편지로 알고 즐기면서 읽는 단계입니다. 말씀을 읽는 가운데 기쁨이 넘치고 하나님의 은혜와 생명이 넘치는 것을 경험하면서 즐거운 마음으로 성경 말씀을 읽는 것입니다.

메이어 씨는 다음과 같이 권고합니다. "성경을 신문처럼 읽지 말고 사랑하는 사람에게서 온 편지처럼 읽어야 합니다. 그 말씀 가운데는 약속의 말씀이 백지수표로 들어 있을 것입니다. 그 수표를 현금으로 바꿔야 합니다. 그 말씀 가운데는 기도가 들어 있습니다. 그것을 읽을 때는 그 말씀을 당신의 기도로 만들어 기도를 드려야 합니다. 거기에 하나님의 약속의 말씀이

들어 있으면 그것을 간구의 화살로 만들어 하나님께 다시 올려 보냅니다. 거기에 거룩함의 본보기가 빛을 발하고 있으면 당신은 그 빛 앞에 나아가서 그 빛을 받아 자신을 그 빛으로 가득 채워야 합니다. 그 말씀을 읽는 동안 하나님의 음성을 듣기를 기대하고 하나님이 그 말씀을 통해 당신에게 오시도록 간구하며 읽어야 합니다."

 어린 소년이 주일 날 아파서 교회에 나가지 못했습니다. 그는 자기 방에서 성경을 읽었습니다. 평소답지 않게 조용히 있자 아이의 어머니는 어떤 일을 저지르고 있지 않나 걱정스러웠습니다. 마침내 어머니는 방으로 올라가 아이가 무엇을 하느라 그처럼 조용한지 방문을 살짝 열어 보았습니다. 소년은 성경 말씀을 듣고 읽다가 눈을 감고 다시 읽다가 눈을 감곤 했습니다. 그래서 어머니는 "지금 무얼 하고 있니?"라고 물었습니다. 그러자 소년은 이렇게 대답했습니다. "예수님이 죽은 나사로를 일으키시는 것을 보고 있어요." 얼마나 아름다운 대답입니까! 소년은 요한복음 11장을 읽고 있었으며, 그의 순진한 믿음은 그 장면을 살아 움직이게 만들고 있었습니다. 소년에게 성경 말씀은 진수성찬처럼 즐겁고 기쁜 하늘의 양식이 되었던 것입니다.

말씀에 접목하기: 시 1:2, 3

 성경을 읽을 때 읽는 사람에 따라 세 가지 방법으로 읽을 수 있습니다. 첫째는 백과사전식으로 읽는 것입니다. 자신에게 닥친 문제와 어려움과 혼란에 대한 대답을 얻기 위해 성경을 읽는 것으로, 성경 속에서 자신에게 필요한 대답을 구하기 위해 성경을 읽습니다. 두 번째 방법은 보물찾기식으로 성경을 읽는 것입니다. 성경에는 수많은 지식과 정보, 진리, 영적 보화가 숨어 있습니다. 보물찾기식은 성경을 읽으면서 성경 속에서 유익한 보물을 발견하여 자기성장과 이웃 섬김의 자원으로 사용하고자 성경을 읽는 것입니다. 세 번째 방법은 공감적으로 성경을 읽는 것입니다. 성경은 하나님의 말씀이고 성경을 읽는 가운데 성령님이 보이지 않는 제3자로 거기 임하여 성경과 읽는 사람 사이에서 역사하시는 것을 믿기 때문에 성경을 읽으면서 성경이 말씀하는 것을 듣고자 하며, 성경의 정서를 함께 느끼고자 하며, 성경의 소원을 받아 함께 실천하고자 합니다. 거기 임재하신 성령님은 그 성경 말씀을 통해 성경 읽는 사람들과 함께 이야기하고 싶어 하시며, 함께 감정을 나누고 싶어 하시며, 그 말씀을 실천하여 이 땅에 하나님의 나라를 이루고자 하십니다.

성경은 사람들이 기록한 문서들 가운데 하나이기 때문에 역사적 상황과 배경이 있고, 기록한 사람들의 목적과 계획이 있고, 전달하고자 하는 진리가 담겨져 있습니다. 성경도 다른 책들과 똑같이 인쇄 절차와 제본 절차와 분배 절차에 따라 우리의 손에 들어왔습니다. 성경은 이런 역사적 차원을 가지고 있는 문서들 가운데 하나입니다. 그래서 성경을 읽을 때 분석적으로 읽을 수 있습니다. 성경을 읽으면서 자기가 주체가 되어 성경 가운데서 자신이 가진 문제의 해답을 얻을 수도 있고, 성경에 숨겨져 있는 수많은 보물을 찾아 유익하게 사용할 수도 있습니다.

그러나 성경은 성령님의 감동으로 기록된 영적인 책이며, 성경을 읽는 동안 성령님이 임하여 역사하시기 때문에 일반문서와 다른 영적 생명의 책입니다. 성령님은 성경을 통해 우리와 교제하며 하나님께 속한 것을 우리와 함께 나누시고자 합니다. 그러므로 우리는 성경을 읽으면서 공감적으로 읽어야 합니다. 성경을 읽을 때 성경을 통해 우리와 말씀을 나누시는 성령님과 교제하고 있다는 사실을 분명히 알고 성령님이 말씀하시는 것을 들으려고 하며, 성령님이 느끼시는 감정을 공감하려고 하며, 성령님이 하시고자 하는 것을 받아 그분과 함께 실천해야 합니다. 백과사전식으로 읽을 수 있고 보물찾기식으로 읽을 수 있지만 공감적으로 읽을 때만 성경은 진정한 성경이 될 것입니다.

마지막 말씀

예화 18

하나님은 우리를 위한 어떤 계획을 가지고 계실까요? 우리는 성경의 마지막 말씀에서 하나님이 우리를 향하신 뜻을 발견할 수 있습니다. 요한계시록 22장 20, 21절 말씀은 신구약 성경 말씀의 마지막입니다. 이는 하나님이 우리에게 주시는 모든 말씀 가운데 마지막 말씀이요 하나님이 우리를 향하신 뜻이 무엇인지를 분명히 밝혀 보여줍니다. "이것들을 증언하신 이가 이르시되 내가 진실로 속히 오리라 하시거늘 아멘 주 예수여 오시옵소서 주 예수의 은혜가 모든 자들에게 있을지어다."

이것은 예수님이 세상에 오시고 구속의 대사역을 이루고 승천하시는 순간에 마지막으로 주신 말씀과도 그 맥을 같이합니다. "예수께서 그들을 데리고 베다니 앞까지 나가사 손을 들어 그들에게 축복하시더니 축복하실 때에 그들을 떠나 하늘로 올려지시니"(눅 24:50, 51). 예수님은 승천하시면서 제자들을 향하여 마지막 말씀을 주셨습니다. 예수님은 지금까지 이야기한 모든 말씀과 지금까지 행한 모든 사역을 종합하는 말씀으로 축복을 말씀하셨습니다. 예수님은 우리가 하나님의 복을 받아 하나님의 나라의 백성으로 행복하기를 원하셨고 그것을 위해 세상에 오셨고 행하셨고 죽으셨습니다. 예수님은 우리의 행복을 원하십니다. 예수님은 우리가 복 받기를 원하십니다.

말씀에 접목하기: 눅 24:50-53

하나님이 사람을 지으시고 첫 번째 하신 일은 "그들에게 복을 주시며 하나님이 그들에게 이르시되 생육하고 번성하여 땅에 충만하라"(창 1:28)고 말씀하신 것입니다. 하나님이 사람에게 하신 첫 번째 일은 복을 주시고 풍성한 생명을 명하신 것이었습니다. 인간이 타락하여 풍성한 생명을 잃고 저주에 빠졌을 때 아브라함을 불러 새로운 구원의 역사를 시작하면서도 그에게 "너는 복이 될지라"(창 12:2)고 명하시며 "땅의 모든 족속이 너로 말미암아 복을 얻을 것이라"(창 12:3)는 언약의 말씀을 하셨습니다. 그리고 신구약 성경의 마지막 말씀은 모든 사람에게 주 예수의 은혜를 선포하는 것이었으며, 예수님이 지상 사역을 마치고 승천하실 때 마지막 말씀은 '축복'이었습니다. 성경은 이 처음과 마지막 말씀 사이에 있습니다. 그 내용은 모두 우리가 하나님의 복으로 넘치는 것입니다. 예수님이 말씀하신 대로 생명을 넘치고 더 넘치게 하는 것이 하나님의 목적입니다. 생명 존중, 생명 사랑, 생명 축복이 성경의 중심입니다. 성경을 읽으면서 풍성한 생명의 축복을 받기를 바랍니다.

말씀에 따라 행하라

예화 19

어떤 사람이 1968년형 오펠 자동자의 4기통 엔진을 차체에서 들어내려고 애쓰고 있었습니다. 언뜻 보기에는 쉬운 일처럼 보였습니다. 그는 엔진에 연결되어 있는 호스, 전선, 철사, 엔진 냉각기, 나사로 고정된 볼트 등을 모두 떼어내고 빼낸 다음 쇠사슬로 들어 올리면 엔진이 차체에서 쉽게 떨어질 거라고 생각했습니다. 그는 나름 한다고 애썼지만 엔진은 차체에서 좀체 떨어져 나오지 않았습니다. 그래서 그 차를 판매한 곳을 찾아가서 '정비 수선 지침서'를 얻어 왔습니다. 그것을 잘 읽어 보니 엔진을 위로 끌어올릴 수 없고 밑으로 떼어내야 한다는 것을 알게 되었습니다. 그 책에 쓰인 순서대로 따라 했더니 엔진이 쉽게 분리되었습니다. 책에 쓰인 대로 하느냐 안 하느냐가 성공과 실패를 판가름하는 열쇠였던 것입니다.

성경은 우리 인생의 지침서로 우리의 창조주이며 구원자이신 하나님으로부터 영감을 받은 사람들을 통해 쓰여졌습니다. 우리 인간을 속속들이 잘 아시는 하나님은 우리가 어떻게 하면 세상적 기준에 따르지 않고 하나님의 기준에 따라 성공적으로 살 수 있는지 이 성경을 통해 가르쳐주십니다. 성경은 인간의 근본 문제가 죄에 있으며, 그 해결책으로 예수를 구주로 영접하는 것이 죄에서 벗어나는 길임을 가르쳐줍니다. 성경은 예수님이 우리 죗값을 치르기 위해 십자가에서 돌아가시고 부활하셨다고 알려줍니다. 그리고 우리가 주께 모든 것을 맡길 때 성령님이 우리에게 충만해서 예수님을 닮아가도록 변화시켜 주신다고 약속하고 있습니다.

성경은 인간 삶의 전체를 세부적 원칙과 계율로 가르쳐 우리가 그대로 실천에 옮겨 지혜롭게 살도록 도와줍니다. 하나님의 말씀은 영원한 진리입니다. 성경은 장마다 진실로 가득 차 있습니다. 하나님은 성경을 통해 젊을 때는 인도해주시고 나이 들었을 때는 지탱해주십니다. 그 말씀을 순종하는 동안 우리는 하나님의 신비와 기적을 볼 것입니다.

말씀에 접목하기: 시 119:9-16

성경은 사람이 기록한 문서들 가운데 하나입니다. 그러므로 성경에는 역사적 상황과 배경이 있고, 기록한 사람의 목적과 계획이 있고, 전달하고자 하는 진리가 담겨져 있습니다. 성경도 다른 책과 똑같이 인쇄와 제본과 분배의 절차에 따라 우리 손에 들어왔습니다. 이런 인간적 차원을 강조하는 사람은 성경이라 하지 않고 성서라고 부릅니다. 이 단어는 성경의 인간적인 차원을 더 강조할 때 사용하는 단어입니다.

성경은 인간적 차원만 있는 것이 아니라 신비적 차원도 있습니다. 성경 말씀은 하나님의 음성을 듣게 하는 통로가 되기도 합니다. 성경 말씀은 죄를 회개하게 하고 예수님을 만나게 하는 영적 차원을 가지고 있습니다. 수많은 사람은 성경 말씀을 읽고 듣고 묵상하며 실천하는 가운데 하나님의 신비한 계획을 발견하기도 하고 하나님의 능력을 받기도 하고 옛 사람이 변하여 새 사람이 되기도 합니다. 성경 말씀에는 하늘의 보화와 능력이 숨겨져 있으며, 성경을 통해 하나님의 생명에 참여하고 영생의 복을 받으며 하늘의 감격과 기쁨과 축복을 받기도 합니다. 성경을 읽는 이유는 이 성경 말씀을 읽는 동안 하나님의 신비를 경험하며 영생의 축복을 받기 위해서입니다. 성경 말씀을 읽으면서 거기서 단순히 어떤 진리를 발견하고 삶의 지혜를 얻으며 세상이 줄 수 없는 지식과 정보를 얻는 것으로 만족해서는 안 됩니다. 이 성경 말씀을 읽으면서 자기를 발견하고 하나님의 음성을 들으며 예수님을 만나며 하나님이 주시는 놀라운 생명의 축복을 받아야 합니다. 성경은 하나님이 우리에게 오시는 통로입니다. 성경은 우리가 하나님께 나가는 고속도로입니다. 성경은 영생에 이르는 왕도입니다. 이 말씀을 통해 놀라운 영적 복을 받기를 바랍니다.

예수님과 그 은혜의 말씀을 전달하는 교사

예화 20

어느 신사가 교회에 가던 중 시궁창에서 주먹질을 하며 싸우고 있는 소년 네 명을 보았습니다. 그는 이들을 데리고 가서 목욕시킨 후에 음식을 먹였습니다. 그리고 교회에 데리고 가서 목사님께 부탁해 교회학교에 이들을 위해 반을 만들어주면 자신이 교사가 되어 가르치겠다고 했습니다. 주일마다 그 신사는 이들 소년을 가르쳤습니다. 네 소년은 자라서 도시로 나갔습니다. 세월이 흘러 1932년에 신사는 그 교회학교의 교사 은퇴식을 맞게 되었습니다. 많은 제자가 그 자리에 참석했는데, 그 네 명은 나타나지 않았습니다.

은퇴식 도중에 네 통의 축하 엽서가 도착했습니다. 한 통은 중국 선교사에게서 온 것이었습니다. 한 통은 미국 연방은행 총재에게서 온 것이었습니다. 한 통은 대통령 비서실장에게서 온 것이었습니다. 그리고 마지막 한 통은 대통령 후버에게서 온 것이었습니다. 이 네 통의 편지를 쓴 주인공은 바로 과거 시궁창에서 싸우던 소년들이었습니다.

미국 아이오와 주의 어느 시골에서 제멋대로 자란 소년 네 명은 예수님을 잘 믿는 사람을 만나 하나님의 계획을 이루는 사람이 되었습니다. 당신은 누구를 만나고 있습니까? 하나님은 당신을 통해 이 땅에 놀라운 일을 이루어 나가실 것입니다.

> 말씀에 접목하기: 시 119:1-8

우리가 사람들에게 줄 수 있는 가장 큰 선물은 예수 그리스도와 그분의 말씀입니다. 누구든지 예수님을 선물로 받을 때 그는 예수님의 놀라운 사랑을 경험하기 시작합니다. 누구든지 하나님의 말씀을 받을 때 그 말씀은 그 사람 속에서 역사하여 그 영과 혼과 골수와 관절을 찔러 쪼개고, 그 사람의 마음과 생각을 감찰하여 그를 든든히 세우고 거룩하게 만들어주십니다. 우리가 만나는 사람들이 진정으로 하나님의 영광을 이 땅 위에 전달하는 하나님의 은혜의 통로가 되기를 갈망한다면 그들에게 예수님과 그분의 은혜의 말씀을 전해야 합니다. 그들이 예수님과 그 은혜의 말씀을 통해 새롭게 되고 변화되기를 기도해야 합니다.

성경 100독 사관학교 조현주 장로의 이야기

예화 21

조현주 장로는 원래 방계회사를 여러 개 가진 재벌 총수로 국내외에 이름을 날리다가 그만 연쇄 부도로 이곳저곳으로 피신하며 숨어 지내다가 결국 감옥에 갇히는 신세가 되었습니다. 사업이 망하기 전까지 그는 기독교에 대해 전혀 알지 못했습니다. 감옥에 들어가서야 같은 방의 수감자로부터 전해 받은 성경을 읽으면서 예수님을 영접하여 믿게 되었습니다. 2년 남짓 수감 생활을 하면서 그는 성경을 무려 100독을 했고 출소 후 정독 500독, 속독 1만 3,000독을 했고 집중력 개발이라는 속독 방법으로 '성경 100독 사관학교'를 운영하면서 국내외 33개국에서 900회 세미나를 개최하여 10만 여교역자와 평신도, 특히 청소년에게 깊은 감화를 주고 감동을 끼치고 있습니다. 다음은 어느 초등학교 학생의 체험담입니다.

"조현주 장로님께
안녕하세요. 저는 전남 순천의 ○○교회에 다니고 있는 황충만입니다. 저는 1학년 말에 '성경 100독 사관학교'를 경험했는데, 지금까지 성경을 52번 읽었습니다. 게으름을 피우지 않았으면 100독을 할 수 있었을 텐데 그렇게 하지 못한 것이 참 부끄럽습니다. 그러나 장로님과 약속한 대로 TV는 보지 않았고 책도 속독법으로 많이 읽었습니다. 3학년 초 회장 선거 때 제 소견 발표를 들은 친구들이 대통령 선거 유서 같다면서 칭찬을 많이 해주었습니다. 제가 성경을 많이 읽어 다른 후보들보다 연설을 잘했다고 생각했나 봅니다. 저는 과외 학습을 받기 위해 학원에 가 본 적이 없습니다. 100독 사관학교에서 배운 것처럼 반복 학습으로 2학년 때 중학교 1학년 영어책을 전부 외웠고, 지금은 중학교 2학년 영어책을 외우고 있습니다. 이 모두가 하나님의 은혜입니다. 감사합니다.
황충만 드림"

말씀에 접목하기: 시 1:2, 3

하나님의 말씀은 우리 발에 등이요 우리 길에 빛이십니다(시 119:105). 또한 고난 중에 위로가 되시며 우리를 살리는 하나님의 능력이십니다(시 119:50). 성경을 읽는 동안 성령님의 인도를 받고 그분의 새롭게 하시는 은혜를 경험합니다. 누구든지 성경 말씀을 가까이 하고 그 말씀을 열심히 훈련하면 하늘의 기적을 볼 것입니다. 시편 1편 2, 3절 말씀대로 여호와의 율법을 즐거워하여 그 율법을 주야로 묵상하는 사람들은 시냇가에 심은 나무의 복을 받을 것입니다. 말씀을 가까이 함으로 축복의 생수를 강같이 흐르게 하는 인생을 살기를 바랍니다.

가필드 대통령과 성경

예화 22

미국의 20대 대통령이었던 제임스 A. 가필드의 이야기입니다. 그는 대통령 취임식 때 대법관 앞에서 성경 위에 손을 올리려고 하다가 멈추더니 "제 주머니에 지금 이 성경만은 못하지만 어머님이 물려주신 늘 읽던 성경이 있는데 거기에다 선서를 하겠습니다"라고 말한 뒤 주머니에서 성경을 꺼냈습니다. 조그마한 성경을 꺼내 그 위에 손을 올려놓고 이렇게 말했습니다. "오늘 제가 대통령이 된 것은 우리 어머니 덕택입니다."

가필드의 집이 너무 가난해서 돈을 벌기 위해 나갈 때 어머니는 성경을 주시면서 "네가 어딜 가든지 이 말씀을 지키라"고 했습니다. 그는 집을 떠나와 증기선의 일꾼으로 들어갔습니다. 그 자리가 가장 구하기 쉬웠기 때문입니다. 그는 시간이 날 때마다 배에서 성경을 읽었습니다. 열심히 읽었습니다. 성경은 그에게 지식의 눈을 갖게 하고 지혜의 눈을 갖게 했습니다. 성경은 그에게 소망을 주고 많은 선원이 타락한 생활을 할 때도 지켜주었습니다. 하나님은 말씀을 통해 그에게 큰 은혜를 주셨습니다. 그는 하나님의 말씀에 따라 기도하고 소망을 가지고 믿음의 닻을 주께 던지고 끊임없이 공부하며 전진해 나아갔습니다. 그리고 마침내 미국의 대통령이 되었습니다.

말씀에 접목하기: 시 119:105

하나님의 말씀은 "내 발의 등이요 내 길에 빛"(시 119:105)이십니다. 이 세상은 어둠의 세상입니다. 죄의 욕망과 사탄의 시험과 세상이 주는 수많은 고난은 세상을 어둡게 만들고 사람들에게 혼란과 저주를 가져다줍니다. 어둠의 세상에서 등을 들고 빛을 보며 사는 것은 축복입니다. 하나님의 말씀은 죄의 욕망을 이기게 하고 사탄의 시험을 물리치고 세상이 주는 고

난들 가운데서도 하나님을 바라보며 믿음 가운데 살게 하는 하나님의 능력입니다. 말씀을 가까이 하면 성령님이 가까이서 인도하고 지키실 것입니다. 가필드 대통령은 주의 말씀으로 어둠의 세상을 이기고 승리했습니다.

기도는 하나님과의 직통전화입니다

예화 23

이른 아침 연세 드신 목사님이 교회를 향해 걷고 있는데 사업을 하는 한 교인이 차를 타고 지나가다가 목사님을 발견하고 교회까지 모셔다 드리겠다고 했습니다. 목사님은 교회로 가는 길에 잠깐 그 교인의 사무실에 들렀습니다.

목사님은 넓은 사무실에 배치되어 있는 정밀한 기계 설비를 보고 신기해 했습니다. 그 교인은 몇 군데 전문을 보내고 한 군데 장거리 전화를 걸고 중요한 고객 두 명과 간단히 얘기를 나눴습니다. 목사님은 사무실을 떠날 때 감명을 받았지만 약간 기가 죽었습니다. 교인의 사무실을 보고 '내 나이의 절반밖에 되지 않는데 이처럼 좋은 사무실과 훌륭한 설비를 갖추고 세계 어느 곳과도 자유롭게 통화할 수 있는 능력을 가졌구나. 나는 좋은 시설도 별로 없고 세상에 큰 영향력도 미치지 못하는 작은 교회로 돌아가야 하는데……' 라고 생각했던 것입니다.

목사님은 교회에 돌아와서 늘 그렇듯 서재에 들어가 무릎을 꿇고 기도했습니다. 그 순간 갑자기 목사님은 우주를 창조하신 하나님과 통화하기 위해 전화선을 연결하거나 직원 또는 정밀한 기계가 필요 없다는 생각이 떠올라 용기를 얻었습니다. 서재를 떠나지 않고도 자신은 외국에 있는 사랑하는 신자들을 위해 하나님의 특별한 돌보심을 위해 기도할 수도 있고, 그 도시의 여기저기 흩어져 사는 교인들을 위해 즉시 하나님께 부탁할 수도 있었습니다. 기도는 하나님과의 직통전화입니다.

말씀에 접목하기: 렘 33:3

우리는 하나님과 직접 통화할 수 있는 특권을 받았습니다. 성경은 우리의 연약함을 동정하시는 대제사장 예수님에 의지해 긍휼하심을 받고 때를 따라 돕는 은혜를 얻기 위해 "은혜의 보좌 앞에 담대히 나아갈 것이니라"고 말씀합니다(히 4:15, 16). 과거에 은혜의 보좌는 오직 대제사장만이 1년에 한 번씩, 그것도 짐승의 피를 가지고 나아가도록 엄격히 제한되었습니다. 그러나 우리 대제사장이신 예수님이 그분의 십자가로 성전 휘장을 찢고 나서는 누구든지, 언제든지 예수님의 이름으로 은혜의 보좌에 나아가서 하나님의 긍휼하심을 받고 돕는 은혜를 받을 수 있습니다. 이제 우리는 은혜의 보좌에 언제든지 나아갈 수 있습니다. 하나님과 직접 통화할 수 있는 특권을 받았다는 뜻입니다. 사도 야고보는 "의인의 간구는 역사하는 힘이 큼이니라"(약 5:16)고 말했습니다. 직통전화를 사용해 하나님과 교제하는 자는 하늘의 생수가 강같이 흐르는 삶을 살 것입니다. 주님의 이름으로 기도하는 성도는 하늘 나라의 권세를 누리게 될 것입니다.

할머니의 신앙과 기도의 기적

예화 24

황해도 봉산군 당포에 거의 1세기 전에 세워진 교회가 있는데, 이 교회를 다니는 신앙심 깊은 노부부가 있었습니다. 교회의 청년들 모두 자식이 없는 그 노부부를 '어머니' '아버지'라고 불렀으며, 종종 일도 도와주기도 했습니다. 이렇게 주위 사람들로부터 도움을 받으며 노부부는 불편함 없이 즐거운 나날을 보냈습니다. 어느 여름날 교회 청년들과 언덕 너머에 있는 밭에서 김을 매고 있는데, 한 소년이 헐레벌떡 달려오며 "할머니, 할머니 집에 불이 났어요"라고 소리쳤습니다. 청년들은 호미를 내던지고 불을 끄기 위해 달려가는데, 할머니는 조금도 당황하지 않고 밭이랑에 무릎을 꿇더니 소리 내어 하나님께 기도했습니다. "하나님, 여때껏 하나님이 잘 먹여주고 입혀주며 잘 살게 해주셨으니 그 집이 불에 탄다고 해도 하나님이 돌봐주실 거라고 믿습니다"라고 기도하는 것이었습니다.

먼저 달려가던 청년들이 언덕에 올라서자마자 갑자기 강풍이 불어오더니 불붙은 이엉만 돌돌 말아 집 앞의 개울물 속으로 내던지는 것이었습니다. 이 광경을 본 청년들은 깜짝 놀랐습니다. 무슨 요술을 보는 것 같았습니다. 그런 기적이 일어난 뒤 그 할머니는 기도의 할머니로 통하게 되었습니다. 우리는 하나님이 언제 어디서 어떤 일을 행하실지 알 수 없습니다. 다만 하나님이 우리를 사랑하시고 우리와 함께하시며 우리를 지키신다는 것을 믿고 기도할 뿐입니다.

말씀에 접목하기: 요 14:13, 14

우리는 살아가면서 갖가지 어려움과 위기를 만납니다. 육체적으로 병들거나 사고를 당하거나 장애를 당하기도 합니다. 경제적으로 어려움을 당하기도 하고 직장에서 명예퇴직을 당하기도 하고 부도를 맞기도 하고 취직을 하지 못해 방황하기도 합니다. 가정에 걱정과 근심이 끊이지 않아서 고민하고 부르짖는 사람도 있습니다. 부부간에 갈등의 골이 깊어 해소될 기미가 보이지 않고, 부모와 자녀 간에 의사소통이 제대로 안 되어 문제가 점점 커지고, 나이 많은 부모님을 모시는 문제로 형제간의 불화로 고민하는 사람도 있습니다.

그리스도인은 이런 일을 당해도 찾아가 부르짖고 기도할 분이 계십니다. 곧 우리 하나님이십니다. 이것이 그리스도인의 행복입니다. 복음 찬송가에 이런 찬송이 있습니다. "기도할 수 있는데 왜 걱정하십니까? 기도하면서 왜 염려하십니까? 기도할 수 있는데 왜 실망하십니까? 기도하면서 왜 방황하십니까? 주님 앞에 무릎 꿇고 간구해 보세요. 마음을 정결하게 뜻을 다하여 기도할 수 있는데 왜 걱정하십니까? 기도하면서 왜 염려하십니까?" 예수님은 약속하셨습니다. 그리고 우리는 예수님의 약속을 믿습니다.
"내 이름으로 무엇이든지 내게 구하면 내가 행하리라"(요 14:14).

산을 옮기는 믿음

예화 25

미국 알래스카에 사는 스티브라는 청년이 처음으로 교회에 출석했습니다. 그날 목사는 마태복음 17장 20절을 본문으로 겨자씨만 한 믿음이 있으면 산을 옮길 수 있다는 내용의 설교를 했습니다. 겨울이면 자신이 사는 집의 뒷산에서 눈사태가 일어나 골치를 앓던 스티브는 그 설교를 듣고 눈이 확 뜨이는 듯했습니다. 그 일을 해보겠다고 마음먹은 그는 믿음을 얻기 위해 기도를 시작했습니다.

이 소식이 설교를 한 목사의 귀에 들어갔습니다. 목사는 은근히 걱정이 되었습니다. 성경에 있는 말씀이라서 설교를 하긴 했지만 아직까지 산을 옮겼다는 기록이 없기 때문입니다. 목사는 스티브의 기도가 응답 받지 못할 거라 생각했고, 기도 응답을 받지 못하면 낙심하지 않을까 걱정되었습니다. 그래서 자기 힘으로는 어찌할 수 없으니 하나님께 뒤처리를 해달라고 기도했습니다.

목사의 예상대로 스티브의 기도는 응답되지 않았지만, 그는 열흘이 지나도 스무날이 지나도 기도를 쉬지 않았습니다. 그런데 40일째 되던 날 스티브가 벙긋벙긋 웃으며 목사실로 들어오더니 "목사님, 20세기에는 하나님이 산을 번쩍 들어 옮기는 것이 아니라 기계로 옮기시더군요"라고 말했습니다. 새로 생긴 고속도로에 흙이 필요하다고 하면서 큰 트럭이 와서 그 산의 흙을 계속 퍼가서 자기 집 뒷산이 거의 없어진 것을 보고 왔다고 했습니다. 어떤 방법으로 우리의 기도에 응답하실지 모르지만 하나님은 믿음의 기도에 반드시 응답해주실 것입니다.

말씀에 접목하기: 마 17:20

신앙생활은 하나님의 임재요 하나님과의 교제입니다. 그래서 사도 바울은 "쉬지 말고 기도하라"(살전 5:17)고 말했습니다. 기도가 곧 응답이 되어 오는 경우는 많지 않습니다. 그러나 모든 기적은 기도로부터 시작됩니다. 모세는 어떤 일을 당하든지 하나님께 먼저 기도했습니다. 그는 기도하는 가운데 응답을 받은 건 아니었습니다. 기도하는 가운데 하나님이 임재하여 모세에게 말씀하셨습니다. 말씀을 받은 모세가 그 말씀대로 행할 때 기적이 일어났습니다. 기도할 때 하나님은 거기에 임재하십니다. 그리고 교제하면서 기도자가 반드시 해야 할 말씀을 주십니다. 그 말씀을 받을 때 감동과 기쁨은 오지만 기적은 일어나지 않습니다. 하나님이 기도 가운데 주신 말씀을 그대로 실천할 때 기적이 일어납니다. 스티브는 설교를 듣는 가운데 자기 문제에 대한 해결 방법을 받았고, 그 말씀대로 실천했습니다. 그리고 그 말씀을 실천하는 가운데 산을 옮기는 기적이 일어났습니다.

기도의 줄을 가지고 있는가?

예화 26

미국 캔자스 엠포리아에 사는 얼터 베일 여사는 어떻게 하면 쉬지 않고 기도할 수 있을지 생각했습니다. 가정주부인 그녀는 식사 준비도 해야 하고 설거지도 해야 하고 때로는 빨래와 다림질도 해야 하는데, 주로 부엌에서 하는 일이 많았습니다. 그래서 부엌 한 모퉁이에서 건너편 모퉁이까지 이어주는 줄을 맸습니다. 그리고는 그날 기도해야 할 것들을 하나하나 카드에 적어 집게핀을 사용해 걸었습니다. 먼저 기도해야 할 이웃의 이름을 적었고 목회자와 교회의 여러 기관도 하나하나 적어 걸었습니다. 그리고 틈이 날 때마다 카드에 적힌 사람들의 이름을 불러 가며 기도한 뒤 기도가 끝날 때마다 줄에 걸려 있는 카드를 기도한 쪽으로 옮겨놓고 다시 반대쪽에서 기도를 시작했습니다. 이 일이 알려지자 저마다 사랑의 기도를 해달라고 요청해 왔습니다. 이렇게 쉬지 않고 하나님께 드리는 사랑의 기도를 하나님이 이뤄주시지 않겠습니까? 기도하지 않는 곳에는 하나님의 능력이 나타나지 않습니다. 하나님은 불청객이 되기를 원치 않으시기 때문입니다.

> 말씀에 접목하기: 빌 4:6, 7

기도는 하나님과의 대화 창구입니다. 기도는 하나님의 임재요 하나님과의 교제입니다. 기도할 때 하나님과 사람 사이에 대화 창구가 열립니다. 성경이 기도하라고 그처럼 강조하는 이유는 환난을 당하거나 마귀의 시험을 당하거나 죄악의 욕망이 끓어오르거나 세상의 공격과 폭력을 당하면 영의 눈이 닫혀 하나님을 바라보지 못하고 대화 창구가 막혀버리기 때문입니다. 신앙생활은 하나님과의 대화 창구를 열어놓고 그분과 교제하며 하나님으로부터 끊임없이 생명을 공급 받으며 사는 것입니다. 베일 여사처럼 쉬지 않고 기도하는 방법을 구하면 하나님의 생수가 강물같이 당신을 통해 세상에 흘러 들어올 것입니다.

은밀한 기도의 응답

예화 27

아프리카 출신 흑인 한 사람이 영국 런던을 방문했습니다. 큰 석조 건물을 건설하는 현장을 구경하던 그는 석공에게 "돌로 이토록 큰 건물을 짓는 것은 참으로 고상한 일이군요. 그러나 영혼의 구속 사업은 이보다 훨씬 더 고상한 일이지요"라고 했습니다. 이 말을 들은 석공은 깜짝 놀라며 "어디서 그것을 배웠소?"라고 물었습니다. 그 흑인은 "저는 아프리카에서 태어난 이방인입니다. 그런데 영국 그리스도인이 우리에게 복음을 보내주어 그리스도를 알게 되었고 믿게 되어 이제는 그리스도를 따르는 자가 되었죠"라고 대답했습니다. 그 석공은 벌떡 일어나 손을 털고 그 흑인의 손을 꼭 잡으며 "형제여, 형제는 내가 25년간 기도한 기도의 결실이군요"라고 말한 뒤 감격한 표정으로 얼싸안았습니다. 그 석공은 고된 노동을 하며 아프리카 선교를 위해 기도하면서 선교 헌금을 보내던 사람이었습니다. 낙망하지 않고 우리가 해야 할 일을 감당하면 그곳이 어디든 성령님은 일하고 계십니다.

말씀에 접목하기: 마 18:18-20

하나님은 이 세상을 이처럼 사랑하셔서 독생자를 세상에 보내셨습니다. 하나님은 아무도 멸망하지 않고 다 회개하여 예수님을 믿고 영생의 사람이 되기를 원하십니다(요 3:16; 벧후 3:9). 그러나 하나님은 영이시기 때문에 그분의 생명을 사람들에게 직접 전해줄 수가 없습니다. 하나님은 몸이 필요해서 이 땅에 그리스도의 몸인 교회를 세우셨습니다. 우리 성도들은 그리스도의 지체입니다. 하나님은 우리를 하나님의 생명을 전달하는 그분의 사자로 부르셨습니다. 지금 무엇을 하든지 간에 하나님의 부르심에 응답하여 복음 전도에 동참하면 하나님은 우리를 통해 놀라운 생명의 기적을 일으키실 것입니다.

너는 내게 부르짖으라

예화 28

영국의 한 전원도시에 사는 성도의 이야기입니다. 그는 목사님을 찾아가 상담을 했습니다. "오늘 목사님을 찾아온 것은 조언을 구하고 싶어서입니다. 우리 부부는 잘살아 보려고 무척 애썼는데도 실패를 거듭하다가 빚더미 위에 올라앉게 되었습니다. 하나님께 열심히 기도했지만 응답이 없었습니다. 잘살기 위해 갖은 고생을 했음에도 왜 빚만 지게 되었는지 그 이유를 알고 싶어 상담을 요청한 것입니다. 게다가 빚을 갚기 위해 집을 내놓았는데도 팔리지 않으니 형편이 점점 더 어려워지고 있습니다. 목사님, 무엇이 잘못되었을까요?"

그 성도의 말을 듣는 가운데 목사님은 그 부부의 문제가 무엇인지 알게 되었습니다. 그 부부는 하나님께 열심히 기도했지만, 하나님을 중심에 모시고 그분의 뜻에 따라 살고자 부르짖은 것이 아니라 자신의 빚을 갚고 삶이 편안해지기만을 구했습니다. 자기중심적인 사고에서 벗어나지 못한 채 하나님을 자신의 생활을 위해 도움을 주는 존재 정도로만 인식하고 있었습니다. 그러니 그들의 삶은 부정적이 될 수밖에 없었습니다. 그 부부는 기도해도 안 되고 노력해도 안 되고 열심히 해도 안 된다고 부정적으로 자기 인생을 그리고 있었던 것입니다.

말씀에 접목하기: 마 6:33

하나님은 우리를 위해 모든 좋은 것을 마련하시고 우리의 행복을 원하시는 분입니다. 사도 바울은 힘 있게 "자기 아들을 아끼지 아니하시고 우리 모든 사람을 위하여 내주신 이가 어찌 그 아들과 함께 모든 것을 우리에게 주시지 아니하겠느냐"(롬 8:32)라고 선언했습니다. 하나님은 구하기 전에 우리에게 필요한 것을 다 아십니다. 그래서 예수님은 무엇을 먹을까 무엇을 입을까 어떻게 살까 하는 기도를 드리지 말고 먼저 하나님의 나라와 의를 구하라고 말씀하셨습니다(마 6:33). 하나님께 부르짖는 것은 우리에게 필요한 것을 얻기 위해서가 아니라 하나님의 나라와 의를 위해 살고자 하기 때문입니다. 그러면 하나님은 우리에게 필요한 것을 알아서 채워주실 것입니다. 그런데 앞서 언급한 성도 부부는 자신들의 필요를 먼저 구하고, 하나님의 나라와 의를 구하지 않았습니다. 이런 기도는 응답 받기를 기대할 수 없습니다.

어머니의 기도

예화 29

고대 이탈리아의 밀라노 성당에서 일어난 일입니다. 어느 날 예배 시간도 아닌데 한 부인이 성당에 와서 예배실 뒤편에 앉아 고개를 숙이자마자 통곡하기 시작했습니다. 시간이 10분, 20분, 30분이 지나도록 통곡 소리는 멈추지 않았습니다. 그때 그 성당을 담임했던 암브로시우스 감독이 곁으로 다가가서 들썩이는 그녀의 어깨를 토닥거리며 이렇게 물었습니다. "부인, 뭐 어려운 일이 있습니까?"

그때 부인은 "감독님, 제 아들이 이단에 빠져 허랑방탕한 생활을 하고 있는데 어떡하면 좋겠습니까"라며 계속 흐느껴 울었습니다. 그 말을 들은 암브로시우스 감독은 "걱정하지 마세요, 부인. 기도의 자식은 결코 망하지 않습니다"라고 위로했습니다. 그 말에 용기를 얻은 부인은 15년간 아들을 위해 꾸준히 기도했습니다. 마침내 이단(마니교)에 빠졌던 아들이 회개하고 돌아섰는데, 그가 바로 그 유명한 성 어거스틴이고 아들을 위해 기도한 어머니는 모니카였습니다. 성 어거스틴은 영적 신앙 훈련에서 깊은 체험을 하여 교회 역사에서 신학적으로 분수령이 되는 큰 인물이 되었습니다. 기도는 불가능에 도전하는 최대의 기회이며 최선의 방법이자 최후의 수단입니다.

말씀에 접목하기: 요 15:7

예수님은 포도나무 비유를 말씀하시면서 이런 약속을 주셨습니다. "너희가 내 안에 거하고 내 말이 너희 안에 거하면 무엇이든지 원하는 대로 구하라 그리하면 이루리라"(요 15:7). 이 얼마나 놀라운 약속입니까! 무엇을 구하든지 다 이루어지는 기도를 머릿속으로 상상해 봅니다. 이 말씀은 우리에게 주시는 변할 수 없는 하나님의 언약입니다. 이 말씀대로 우리가 무엇을 구하든지 하나님이 반드시 이루어주실 것입니다.

그런데 이 언약에는 전제가 있습니다. 첫 번째, 우리가 예수님 안에 있는 것입니다. 두 번째, 예수님의 말씀이 우리 안에 거하시는 것입니다. 거한다는 것은 주인이 되어 거주한다는 뜻입니다. 예수님의 말씀이 우리의 주인이 되어 우리 안에 거하면 무엇이든지 구하는 바에 대해 응답하신다는 것입니다. 우리 안에 하나님의 말씀이 주인이 되어 거주한다고 하면 우리의 입을 주관하고 우리의 기도를 주관하는 것은 하나님의 말씀입니다. 하나님의 말씀이 우리의 기도를 주관한다는 것은 우리가 무엇을 구하든지 하나님의 말씀대로 구한다는 것입니다. 예수님은 우리가 하나님의 말씀대로 무엇이든지 구하면 이루어주시겠다고 말씀하신 것입니다. 주님을 멀리 떠난 사람들을 위해 중보기도를 하는 것은 하나님의 뜻에 따라 구하는 것입니다. 지금 누구를 위해 중보기도를 하고 있습니까? 그 기도는 반드시 이루어질 것입니다.

하늘 문을 여는 기도

예화 30

한국 교육계에 신선한 새 모델로 자극과 도전을 준 고등학교의 모델, 거창고등학교 교장이었던 전영창 선생의 이야기입니다. 그는 미국 유학을 마치고 돌아와 부채가 많아 쓰러져 가는 거창고등학교를 맡게 되었습니다. 그는 학교 부채를 갚으려고 노력했지만 도저히 그의 힘만으로 해결할 도리가 없었습니다. 결국 1958년 4월 학교가 넘어가게 되었습니다.

전영창 선생은 성경과 찬송, 담요 하나를 가지고 거창읍에서 40리 떨어진 웅안현의 어떤 산마루 언덕에 있는 굴속에 들어가 자리를 펴고 일주일간 금식 기도를 시작했습니다. "하나님, 제가 미국 유학을 갔다와서 이 나라에서 새로운 고등학교 교육을 해 보려고 하는데, 학교 하나도 제대로 움직이지 못하는 제가 어떻게 해야 하겠습니까? 하나님, 해결할 길을 열어주십시오." 그는 사흘 동안 주야로 매달려 부르짖으며 기도했습니다.

그런데 사흘이 지나도 아무런 응답도 없자 가슴이 너무 답답해 사흘째 밤에는 이런 기도를 했습니다. "하나님, 아무리 기도해도 마음이 답답합니다. 응답의 확신이 없습니다. 하나님이 응답하지 않으시면 저도 생각이 있습니다. 일주일간 금식 기도를 마치면 서울에 올라가 동아일보에다가 하나님이 안 계신다고 광고를 내겠습니다." 그는 하나님을 협박할 수 있는 담대함으로 기도하고 나자 가슴이 뻥 뚫린 것같이 시원해져 찬양을 부르기 시작했습니다.

일주일 금식기도를 마치고 산에서 내려와 보니 학교 서무과로 편지 한 통이 와 있었습니다. 조우복이라는 미국에 사는 성도가 수표를 보내왔는데, 그 수표에 놀랍게도 2,050달러라고 쓰여 있었습니다. 2,050달러는 당시 부채를 갚을 수 있는 액수였습니다. 그 뒤로 그가 학교 강당 건립을 위해 다시 한 번 엎드려 기도했을 때 하나님의 도움이 유명한 미국의 수정교회 로버트 슐러 목사님을 통해 이루어졌습니다.

말씀에 접목하기: 눅 11:9-13

예수님은 "너희가 내 안에 거하고 내 말이 너희 안에 거하면 무엇이든지 원하는 대로 구하라 그리하면 이루리라"(요 15:7)고 말씀하셨습니다. 예수님은 지금 무엇이든 원하는 것을 구하면 응답 받는 기도의 비밀을 말씀하고 있습니다. 믿음은 예수님 안에 거하는 것입니다. 우리 그리스도와 함께 죽고 우리 안에 그리스도께서 사신다는 말씀은 우리가 완전히 예수님 안에 있어서 예수님의 뜻대로, 말씀대로 사는 믿음을 의미합니다. 그런 사람들은 무엇을 원하든지 하나님의 뜻을 구하고 하나님의 영광을 구하며 사람들의 유익과 행복을 구합니다. 전영창 선생은 하나님의 뜻과 영광을 위해 간절히 기도했고, 하나님은 그의 기도에 응답해주셨습니다.

기도는 응답된다

예화 31

영국 침례교 목사 F.B. 마이어는 배를 타고 대서양을 건널 때 살롱에서 주일 예배를 인도했습니다. 당시 그의 설교 제목이 '기도는 응답된다' 였습니다. 그 집회에 한 무신론자가 참석했는데, 설교가 끝난 뒤 한 성도가 그에게 "마이어 목사님의 설교를 어떻게 생각하십니까?"라고 묻자 그는 "한 마디도 못 믿겠습니다"라고 대답했습니다.

오후가 되자 마이어 목사는 3등 선객을 위해 설교하러 갔습니다. 그러자 1, 2등 선객도 그를 따라갔는데, 그 무신론자 역시 심심하기도 하고 비웃을 만한 거리를 찾기 위해 3등 선객 사이를 지나 마이어 목사님을 따라나섰습니다. 걸어가는 도중 눈을 감고 무릎 위에 손을 모은 채 잠자고 있는 듯한 백발 노파가 눈에 띄었습니다. 그의 주머니 속에는 귤 두 개가 있었는데, 그것을 꺼내 그 노파의 무릎 위에 살며시 놓았습니다. 얼마 후 눈을 뜬 노파는 귤 한 개의 껍질을 벗기기 시작했습니다.

이것을 본 마이어 목사가 "귤이 참 맛있어 보입니다"라고 하자 노파는 "예, 제 아버지는 실로 친절하십니다"라고 했습니다. 그때 그 무신론자가 물었습니다. "예? 아버지라고요? 아직까지 아버지가 살아계신단 말입니까?" 그러자 노파는 "하나님 아버지를 말씀하는 것입니다. 그분은 실로 살아계십니다." "도대체 할머니는 무슨 말을 하고 있는 겁니까! 그 귤은 제가 드린 겁니다. 하나님이 주신 게 아닙니다." "아, 그런가요! 사실 나는 며칠 동안 배멀미로 고생하고 있었어요. 그래서 하나님께 '어떻게 해서든지 귤을 주십시오' 라고 기도했습니다. 계속 기도하다가 잠시 낮잠이 들었던 것 같은데 눈을 떠 보니 하나님이 귤을 하나가 아니라 두 개나 주시지 않았겠습니까! 누구를 통해 주셨든지 간에……." 이 말에 그 무신론자는 깨어졌습니다. 그는 하나님을 믿고 당장에 구원의 기쁨을 체험했습니다.

말씀에 접목하기: 요 14:13, 14

하박국 선지자는 하나님의 백성이 세상과 짝하고 폭력과 불의, 부정, 죄악이 만연하자 하나님이 이방 갈대아인을 일으켜 징계하시는 것을 보고 불평을 토로했습니다. 그러자 하나님은 그에게 "의인은 그의 믿음으로 말미암아 살리라"(합 2:4)는 말씀을 주셨습니다. 지금 보이는 것이 전부가 아니라는 것입니다. 세상이 아무리 험악하고 더러워도 믿음의 눈으로 그 세상을 보면 하나님이 모든 것을 합력하여 선을 이루신다는 사실을 알 수 있다는 뜻입니다. 불의와 죄악이 이기는 것 같지만 하나님이 바르게 하실 것이요, 불신자들이 힘을 얻는 것 같지만 하나님의 정의와 사랑이 결국 실현될 것입니다. 불신자는 하나님이 없는 것처럼 행동하지만 하나님은 그의 행동까지도 합력하여 그분의 뜻을 이루게 하십니다.

위기 전용 전화번호

예화 32

휠체어를 타고 다니는 여인이 있었습니다. 그녀의 얼굴에는 웃음이 떠나지 않았습니다. 이 모습을 오랫동안 지켜본 어떤 사람이 물었습니다. "당신은 저와 여러 사람에게 큰 감동을 주고 있습니다. 육신이 불편함에도 항상 명랑하시고 활기가 넘치니 말입니다. 당신은 기쁨을 전염시키는데, 기쁨 전염병을 퍼뜨리는 비결이 무엇입니까?" 그러자 여인은 이렇게 대답했습니다. "저에게는 항상 사용하는 전화번호가 있습니다. 거기에 전화하면 그분이 언제나 피할 길을 내시고 놀라운 평화와 기쁨을 선물하십니다." 이 대답에 깜짝 놀란 사람이 다시 질문했습니다. "전화번호라니요? 누구한테 몇 번으로 전화를 겁니까? 나도 그분의 도움을 받고 싶습니다."

여인은 "예레미야 33:3입니다"라고 대답했습니다. "너는 내게 부르짖으라 내가 네게 응답하겠고 네가 알지 못하는 크고 은밀한 일을 네게 보이리라." 여인이 가진 육체의 질병과 아픔은 그대로 남아 있지만 여호와를 신뢰하여 부르짖을 때 하나님이 신비한 은총의 기쁨을 그녀에게 부어주셨습니다. 그래서 그녀는 자신의 역경을 극복하고 기쁨과 감사의 삶을 살 수 있었던 것입니다.

> 말씀에 접목하기: 렘 33:3

　예수님은 우리에게 놀라운 평안의 약속을 주셨습니다. "평안을 너희에게 끼치노니 곧 나의 평안을 너희에게 주노라 내가 너희에게 주는 것은 세상이 주는 것과 같지 아니하니라 너희는 마음에 근심하지도 말고 두려워하지도 말라"(요 14:27). 예수님은 불법으로 체포를 당하고 거짓 증거로 소송을 당하고 불법적인 심문과 채찍질과 천하에 다시없는 불의의 재판으로 십자가에 죽을 것을 내다보면서 이 말씀을 하셨습니다. 예수님은 엄청난 위기와 고난과 저주 앞에서 염려하고 두려워하는 제자들에게 놀라운 하나님의 평안을 약속하신 것입니다. 주님은 놀라운 평안을 주시는 분입니다. 지금 염려하며 두려워하고 있습니까? 당신에게는 위기용 전화번호가 있습니다. 그 번호로 주께 부르짖어 구하면 됩니다. 그러면 약속하신 평안을 주고 모든 염려와 근심과 두려움을 이기게 하실 것입니다.

기도의 확실한 응답

예화 33 기도의 성자라고 불리는 조지 밀러는 사는 동안 구체적으로 기도 응답을 받았다고 했는데, 생생하게 기억할 수 있는 사건만 해도 무려 5만 가지라고 말했습니다. 그런 그가 가장 시간을 많이 들여 한 기도 제목이 있습니다. 그것은 어렸을 때부터 같이 삶을 나누었던 다섯 친구의 구원 문제였습니다. 밀러는 다섯 명의 친구를 위해 오랜 시간 기도했습니다. 한두 사람이 믿기 시작해 세 명은 구원받았지만 끝까지 믿지 않는 친구가 두 명 있었습니다. 뮐러는 두 친구의 구원을 위해 무려 52년 동안이나 기도했지만 헛수고였습니다.

노년이 되어 병석에 누운 뮐러는 자기 인생의 마지막 날이 다가오고 있음을 느꼈습니다. 어느 날 그는 인생의 마지막 남은 힘을 가지고 사랑하는 교회에서 마지막으로 설교하기를 간청했습니다. 마지막 설교를 하던 그날 믿지 않던 친구가 우연히 예배에 참석했다가 뮐러 목사의 설교를 들은 뒤 회개하고 예수님을 믿게 되었습니다.

그러나 나머지 한 친구의 구원을 보지 못하고 뮐러는 세상을 떠났습니다. 마지막까지 믿지 않던 그 친구는 뮐러 목사가 세상을 떠났고, 친구가 자기를 위해 무려 52년간이나 기도했다는 이야기를 듣게 되었습니다. 뮐러가 죽은 바로 그해 그 친구는 결국 예수님을 믿게 되었습니다. 믿고 나서 그 친구는 전 영국을 순회하면서 이런 간증을 했습니다. "뮐러 목사의 기도는 모두 응답 받았습니다. 그 최후의 응답이 바로 저입니다."

말씀에 접목하기: 요일 5:14, 15

성경은 응답 받는 기도에 대해 이렇게 말씀합니다. "그를 향하여 우리가 가진 바 담대함이 이것이니 그의 뜻대로 무엇을 구하면 들으심이라 우리가 무엇이든지 구하는 바를 들으시는 줄을 안즉 우리가 그에게 구한 그것을 얻은 줄을 또한 아느니라"(요일 5:14, 15). 하나님은 그분의 뜻에 따라 구하는 것은 무엇이든지 응답하십니다. 하나님은 사람들을 이처럼 사랑하시고 아무도 멸망하지 않고 회개에 이르기를 원하시는 분입니다(벧후 3:9). 우리가 생명을 구하기 위해 기도하는 것은 하나님의 뜻대로 기도하는 것이요 이 기도는 반드시 응답 받을 것입니다. 지금 이 시간 꼭 구원받기를 원하는 사람이 있습니까? 낙심하지 말고 뮐러 목사님처럼 기도해야 합니다. 그러면 하나님의 구원을 볼 것입니다.

주기철 목사님의 가족을 위한 기도

예화 34

일본 경찰의 신사 참배 강요에 굴복하지 않고 십여 년을 견디며 옥중에서 갖은 고생을 하다가 순교한 주기철 목사님은 위기에 처했을 때 다음과 같은 기도로 가족 모두를 주께 맡겼습니다.

"80이 넘은 어머님이 계시고 병든 아내가 있고 어린 자식들이 있습니다. 아들로서의 의무도 지극히 중하고 가장과 아비 된 책임도 무겁습니다. 자식을 아끼지 아니하는 부모가 어디 있으며, 부모를 생각지 아니하는 자식이 어디 있겠습니까! …… 오! 당신 어머니를 요한에게 부탁하신 주께 제 어머니도 부탁합니다. 불효한 이 자식의 봉양보다 무소불능하신 주께 제 어머니를 부탁하고 저는 주님의 자취를 따라갑니다. 남편이 아내를 사랑하고 아내가 남편을 연모하는 것은 인지상정입니다. 아내는 병약한 사람으로 일생을 저에게 바쳤지만 저는 남편의 의무를 다하지 못했습니다. 병약한 아내를 두고 잡혀 다니는 이 마음 또한 애처롭습니다. 오! 당신의 신부 되는 어린 교회를 뒤에 남겨두고 골고다로 나아가시는 주님의 심정은 어떠했습니까? 병든 아내를 주께 부탁하고 불초 이 몸은 주님의 자취, 주님의 눈물 자취를 따라가렵니다. 연약한 저를 붙들어주시옵소서! 세상에 제 자식을 돌보지 않는 자 어디 있으며, 자기 아버지를 의지하지 아니하는 자식이 어디 있겠습니까! 저에게도 네 명의 아들이 있는데 어린것도 있습니다. 아버지로서 자식을 키우고 가르칠 의무를 다하지 못하고 우는 어린것을 뒤에 두고 잡혀 다니는 마음 또한 애처롭기 끝없습니다. …… 연약한 자식 같은 제자들을 뒤에 두고 골고다로 향하신 주께 제 자식들을 부탁합니다. 저에게는 주께서 맡기신 양 떼, 저의 사랑하는 교회가 있습니다. 그런데 저는 그들을 뒤에 두고 다시 돌아오지 못할 길을 떠나야만 합니다. 험한 세대, 악한 세상인 이리 떼 가운데 어린 양들을 두고 가야만 합니다. 이 어린 양들을 대목자장 되신 예수님의 손에 맡기나이다."

말씀에 접목하기: 눅 11:9-13

하나님의 종은 무엇을 먹을까 무엇을 마실까 무엇을 입을까 걱정하는 사람이 아닙니다. 오직 하나님의 나라와 의를 먼저 구하는 사람입니다. 하나님이 원하시는 그 일을 위해 자기를 십자가에 못 박은 사람입니다. 그러나 인간으로서의 생각과 감정과 의지가 다 죽어버린 시체는 아닙니다. 오직 하나님의 말씀에 순종하여 자기를 죽일 뿐입니다. 아프고 힘들고 가슴이 찢어지는 슬픔 없이는 하나님의 나라와 의를 먼저 구할 수 없지만 오직 성령님이 인도하시는 대로, 성령님이 은혜 주시는 대로 주님만 따르기로 작정하면 그다음 일은 모두 하나님이 책임을 져주실 것입니다.

기도의 기적을 경험하고 있습니까?

예화 35

뉴욕 시 중심가에 있는 대부분의 교회들은 숫자적으로 성장하지 못하고 있습니다. 흑인의 숫자가 증가하면서 한적한 교외 지역으로 백인들이 계속 나가버리기 때문입니다. 주일이 되면 많은 상점이 문을 닫고 거리는 다른 날에 비해 한산합니다. 그러나 노먼 필 목사가 시무하고 있는 마블 교회는 다릅니다. 주일 아침 예배에 참석하려면 일찍부터 줄을 서서 기다려야 합니다. 좀 늦게 도착하면 다음 2부 예배에 참석하기 위해 줄을 선 채 오래 기다려야 합니다.

필 목사의 교회가 차고 넘치는 이유가 무엇일까요? 그는 기도를 통해 우리 인생의 어려운 문제를 해결할 수 있다는 사실을 믿습니다. 그는 이렇게 말합니다. "인생은 변화될 수 있는 유연한 존재입니다. 인생은 기도로 바뀝니다. 하나님은 인생을 바꿀 수 있는 기도를 선물로 주셨습니다. 기도는 인생을 변화시키는 하나님의 능력입니다." 그렇습니다. 기도는 불가능을 가능케 합니다. 사람이 모이지 못하는 환경 속에서도 차고 넘치게 모일 수 있는 힘은 기도에 있습니다. 하나님이 기도를 통해 거기 오셔서 하늘의 기적을 베푸시기 때문입니다. 우리는 하나님께 바라야 합니다. 그러면 하나님이 하실 것입니다.

말씀에 접목하기: 요 14:13, 14

　예수님은 우리에게 놀라운 기도의 약속을 주셨습니다. "너희가 내 이름으로 무엇을 구하든지 내가 행하리니 이는 아버지로 하여금 아들로 말미암아 영광을 받으시게 하려 함이라 내 이름으로 무엇이든지 내게 구하면 내가 행하리라"(요 14:13, 14). 그러나 모든 기도가 다 이루어지는 것은 아닙니다. "그를 향하여 우리가 가진 바 담대함이 이것이니 그의 뜻대로 무엇을 구하면 들으심이라 우리가 무엇이든지 구하는 바를 들으시는 줄을 안즉 우리가 그에게 구한 그것을 얻은 줄을 또한 아느니라"(요일 5:14, 15).
　예수님은 포도나무 비유를 들어 응답 받는 기도의 비밀을 이렇게 말씀합니다. "너희가 내 안에 거하고 내 말이 너희 안에 거하면 무엇이든지 원하는 대로 구하라 그리하면 이루리라"(요 15:7). 이 얼마나 놀라운 약속입니까! 우리가 예수님 안에 있고, 예수님의 말씀이 우리 안에 거하면 무엇이든지 원하는 것을 다 받습니다. 자신을 먼저 주께 드리고 말씀을 받아 그 말씀대로 기도해야 합니다. 그러면 무엇이든지 원하는 것을 받는 기적을 볼 수 있습니다.

기도는 교회 부흥의 비밀

예화 36

평양 남문교회에 무식한 목사가 부임해 왔다는 소문이 났습니다. 많이 배우지 못해서 유식한 설교를 하지 못하는데도 교회는 계속 부흥되었습니다. 그러자 몇몇 교인이 "무식한 목사님이 목회해도 이렇게 교회가 부흥되는데 미국 유학을 다녀온 유식한 목사님을 모셔 오면 더 크게 부흥되지 않겠소"라고 말했습니다. 그렇게 해서 새로운 목사님을 모셔 왔습니다. 새로 온 목사는 그전 목사에 비해 학식도 높고 설교도 잘하고 모든 것에 뛰어났지만 무슨 이유 때문인지 교회 분위기는 냉랭하기만 했습니다. 이를 안타깝게 여긴 새로 온 목사는 사찰에게 예전 목사와 자신의 차이가 무엇이냐고 물었습니다. 그러자 "예전 목사님은 강단에서나 지하실에서나 엎드려 있는 것을 많이 보았는데 목사님은 한 번도 그러지 않으셨습니다"라고 대답했습니다.

이 말을 들은 새로 온 목사는 시간 나는 대로 강단, 지하실, 어디에서나 엎드려 하나님께 간절히 기도했습니다. 그러자 교회가 달라지기 시작했습니다. 교인들이 변화되고 교회가 차츰 부흥하기 시작하더니 큰 교회가 되었습니다. 큰 교회를 담임하고 있는 어떤 목사님이 "목회는 무릎으로 하는 것이다"라고 말했습니다. 이는 자신의 경험에서 나온 말입니다. 하나님은 재주 있는 목회자보다, 학식 있는 목회자보다, 개인적으로 능력 있는 목회자보다 조용히 무릎 꿇는 목회자를 쓰십니다.

말씀에 접목하기: 엡 3:14-21

기도는 하나님의 임재입니다. 기도했기 때문에 기도의 기적이 일어나는 것이 아닙니다. 이것은 기도를 믿는 신앙이지 하나님의 신앙이 아닙니다. 우리는 기도하는 동안 임재하신 하나님이 그 기도를 축복하사 구하는 것이나 생각하는 것에 넘치게 응답하신다는 것을 믿습니다. 교회는 그리스도의 몸이요 성도는 그리스도의 지체입니다. 교회에는 그리스도의 영이신 성령님이 계십니다. 그러므로 교회가 부흥하고 성장하는 것은 사람의 힘으로 되는 것이 아니라 하나님이 하시는 일인 것입니다. 기도는 우리의 최선을 하나님께 드리는 것이고, 기도하는 동안 임재하신 하나님이 우리가 최선을 다해 심은 것에 30배, 60배, 100배의 결실을 맺게 하십니다. 우리가 기도하는 동안 성령님이 거기 임하십니다. 그리하여 성령님은 우리가 최선을 다한 것을 축복하여 30배, 60배, 100배의 큰 열매를 맺게 하실 것입니다.

전갈에 물려도 상해를 입지 않고

예화 37

호성기 목사님이 시무하는 미국의 한인교회에서 축구 선교팀을 구성해 아프리카에 단기 선교를 갔습니다. 2002년 월드컵 때 4강에 진출했던 한국 교포라고 하니 관심을 많이 가져주었습니다. 10일간 축구 경기를 하면서 숱한 사람에게 복음을 전했는데, 한번은 마사이 부족 마을에서 경기를 하게 되었습니다. 그날 큰 환대를 받았고 전도도 잘했습니다.

그런데 행사를 마치고 난 다음 날 새벽, 팀원 중 한 명이 텐트에서 자다가 전갈에 허벅지를 쏘이는 큰 사고를 당했습니다. 8년여 동안 수많은 오지 선교를 다녔던 호 목사이지만 이런 일은 처음이었습니다. 마사이족 사람이 살펴보더니 팀원을 쏜 전갈은 강한 독을 가진 종류로 심하면 죽을 수도 있고 최소한 근육이 마비된다고 말했습니다. 그런데 그곳에는 의사도, 해독제도 없었습니다. 부족 사람들은 그 전갈을 불에 태운 뒤 가루를 내어 상처에 뿌리면 된다고 했지만 불에 태우려다 놓치고 말았습니다. 이른 새벽 아프리카의 오지 중에서 오지인 그곳에서 그들이 할 수 있는 일은 아무 것도 없었습니다. 하나님께 기도하는 것뿐이었습니다. 호 목사님과 그 일행은 간절히 기도했습니다. 그 결과 전갈에 쏘인 청년은 죽지 않았고 근육도 마비되지 않았습니다. 다음 날 바로 일어나 언제 전갈에 물렸냐는 듯이 펄쩍펄쩍 뛰어다니며 축구를 했습니다. 이처럼 하나님은 우리의 기도에 응답하시는 분입니다.

> 말씀에 접목하기: 마 18:19, 20

예수님은 놀라운 약속을 하셨습니다. "진실로 다시 너희에게 이르노니 너희 중의 두 사람이 땅에서 합심하여 무엇이든지 구하면 하늘에 계신 내 아버지께서 그들을 위하여 이루게 하시리라"(마 18:19). 이 말씀은 교회의 형제가 죄를 범하고 나서 개인적 권면도 듣지 않고, 친구들의 말도 듣지 않고, 교회의 지도도 받지 않을 때 그 사람을 위해 합심하여 기도하라고 주신 것입니다. 사람의 힘으로는 아무것도 할 수 없는 상황에 처했을 때 합심하여 하늘의 하나님께 기도하면 반드시 응답하시겠다는 약속입니다. 호 목사님이 이끌던 선교팀은 아프리카 오지에서 한 형제가 전갈에 물려 사람의 힘으로는 아무것도 할 수 없는 상황에서 합심 기도를 드림으로써 기도의 기적을 보았습니다. 예수님의 말씀대로 "사람으로는 할 수 없으나 하나님으로서는 다 하실 수"(마 19:26) 있습니다. 기도는 사람이 손을 들어버리는 순간 하나님이 시작하신다는 것을 의미합니다.

장군의 기도

예화 38

옛날 한 장군이 군사들을 이끌고 싸움터로 나갔습니다. 그는 자기 군대보다 열 배나 많은 적군과 전쟁을 벌여야 했습니다. 전진하던 도중 그는 말에서 내려 길가에 있는 성전에 들어갔습니다. 기도를 마친 뒤 그는 사람들에게 동전을 꺼내 보이며 말했습니다. "지금 나는 동전을 던져 승패를 알아보라는 신의 음성을 들었다. 앞면이 나오면 우리 군대가 대승할 것이고, 뒷면이 나오면 우리 군은 전멸할 것이다."

이 말을 하고 장군은 동전을 땅에 던졌는데, 동전의 앞면이 위를 향해 있었습니다. 이 결과를 지켜본 군사들은 사기충천해서 용감하게 앞으로 나아갔습니다. 다음 날 결전이 벌어졌습니다. 적군은 싸움에서 참패하여 뿔뿔이 흩어졌습니다. 전쟁에 이겨 돌아오는 길에 한 부하가 장군에게 말했습니다. "신의 뜻은 누구도 바꿀 수 없군요." 그러자 장군은 싱긋 웃으면서 그 동전을 꺼내 보여주었습니다. 그런데 동전의 양면을 살펴보니 모두 앞면이었습니다.

기필코 성공하고야 말겠다고 굳은 결심을 하면 자신 안에 숨어 있는 잠재력을 끌어내어 기적을 만들어낼 수 있습니다. 우리는 자신이 생각하는 것보다 더 엄청난 것을 우리 속에 가지고 있습니다. 신념을 가지고 나아가면 우리 속에 숨어 있는 가능성이 튀어나와 그 일을 이루게 합니다.

말씀에 접목하기: 삿 7:2

윌리엄 제임스가 말한 대로 인간의 가능성은 엄청납니다. 우리는 하나님께 받은 가능성의 10퍼센트만 사용하고, 나머지는 무덤에 가지고 갑니다. 잠재력을 발휘하게 하는 데는 여러 가지가 필요합니다. 그 가운데 하나는 흔들림 없는 신념입니다. 신념을 가진 사람은 자신이 생각하는 것보다 엄청나게 큰 것을 행할 수 있습니다.

그러나 믿음은 신념과 다릅니다. 믿음은 하나님과 코드를 맞춰 하나님의 생명을 흘러 들어오게 하는 것입니다. 기드온은 300명의 군대로 미디안 대군을 물리쳤습니다. 성경은 이렇게 말씀합니다. "여호와께서 기드온에게 이르시되 너를 따르는 백성이 너무 많은즉 내가 그들의 손에 미디안 사람을 넘겨주지 아니하리니 이는 이스라엘이 나를 거슬러 스스로 자랑하기를 내 손이 나를 구원하였다 할까 함이니라"(삿 7:2). 기드온의 군대가 미디안과 싸우긴 했지만 승리는 여호와께서 행하신 것이라는 말씀입니다. 기드온이 하나님의 말씀에 순종해 그대로 행했을 때 여호와의 손이 기드온 군대와 함께하여 미디안을 물리치셨습니다.

하나님이 우리에게 엄청난 가능성을 주셨기 때문에 흔들림 없는 신념은 엄청난 일을 할 테지만, 이것은 어디까지나 인간의 가능성입니다. 하나님은 인간으로서 할 수 없는 것을 행하시는 분입니다. 믿음은 하나님의 능력을 이 땅에 들어오게 하는 통로입니다.

예수께 대적하는 자들을 위해 기도합시다

예화 39

시편 2편을 보면 하나님과 그분의 기름 부음 받은 자에게 대적하는 사람들에 대해 말씀하고 있습니다. 시편 기자는 하나님이 그런 사람들을 보며 웃으실 거라고 표현하고 있습니다. 하나님께 도전하는 사람은 결국 하나님의 심판대 아래 서게 될 것이기 때문입니다. 핍박자 사울을 만나 구원하신 것처럼 하나님은 그분께 대적하는 자들도 사랑하십니다. 그러나 대적하는 자들 가운데는 끝까지 돌이키지 않고 하나님을 비웃으며 고집을 피우는 사람도 있습니다.

한 역사가가 그리스도인을 핍박하고 수많은 성도를 죽이고서도 회개하지 않은 로마의 관원 30여 명을 조사한 적이 있습니다. 그들 가운데 한 사람은 잔학무도한 행동을 한 뒤 정신착란증을 일으켰고, 또 한 사람은 자기 아들에게 살해당했고, 또 한 사람은 맹인이 되었고, 다른 사람은 물에 빠져 죽었고, 또 한 사람은 목매달아 죽었고, 또 한 사람은 비참한 포로생활을 하다가 죽었고, 두 사람은 자살했고, 다섯 사람은 자기와 가까운 사람과 종에게 살해됐고, 또 다른 다섯 사람은 처참한 죽음을 당했고, 나머지 여덟 명은 전쟁 중 포로로 잡혀가 죽었습니다.

그들 가운데 줄리안은 하나님을 섬기던 사람이었는데, 후에 배신자가 되어 하나님께 대적했습니다. 그는 한창 잘 나가던 시절 단도를 들어 하늘을 가리키면서 하나님의 아들 예수가 그리스도이신 것을 부인하며 "갈릴리 촌놈"이라고 불렀습니다. 그러나 그는 전쟁터에서 부상을 입은 뒤 모든 일이 끝났다는 것을 알고 "오! 갈릴리 사람이시여, 당신이 이겼습니다!"라고 부르짖었습니다. 그러므로 우리 그리스도인은 하나님께 대적하는 사람을 그냥 두어서는 안 됩니다. 그들에게는 비참한 결말이 있을 것입니다. 우리는 하나님께 대적하는 사람을 위해 기도하고, 그들이 회개하여 하나님의 구원을 받을 수 있도록 하나님의 은총을 구해야 할 뿐이라는 것을 알기 때문입니다.

말씀에 접목하기: 겔 33:11

에스겔은 악한 길에서 떠나지 않고 멸망을 향해 달려가는 이스라엘 백성에게 외쳤습니다. "주 여호와의 말씀이니라 나의 삶을 두고 맹세하노니 나는 악인이 죽는 것을 기뻐하지 아니하고 악인이 그의 길에서 돌이켜 떠나 사는 것을 기뻐하노라 이스라엘 족속아 돌이키고 돌이키라 너희 악한 길에서 떠나라 어찌 죽고자 하느냐"(겔 33:11). 사도 베드로 역시 하나님은 아무도 멸망치 않고 회개에 이르기를 원하신다고 선포합니다. "주의 약속은 어떤 이들이 더디다고 생각하는 것같이 더딘 것이 아니라 오직 주께서는 너희를 대하여 오래 참으사 아무도 멸망하지 아니하고 다 회개하기에 이르기를 원하시느니라"(벧후 3:9).

하나님께 대적하는 사람에게는 비참한 결말이 있을 뿐입니다. 이것은 어느 누구도 막을 수 없습니다. 에스겔은 우리의 사명에 대해 회개를 외치는 파수꾼이라고 말했습니다. 파수꾼을 외칠 뿐입니다. 그러나 외치지 않으면 파수꾼의 사명을 다하지 못한 책임을 져야 합니다(겔 33:7-9). 우리가 대적하는 사람을 위해 간절히 기도할 때 하나님이 거기에 회개의 영을 보내실 것을 믿습니다. 주께 대적하던 사울에 대해 우리 주님은 스데반의 생명을 건 중보기도에 응답하여 그를 변화시켜 그리스도의 종 바울이 되게 하셨습니다.

멜로이의 기도

예화 40

제임스 디 멜로이가 쓴 글에 이런 이야기가 나옵니다. 수피 바야지드는 자기 자신에 대해 다음과 같이 고백했습니다.

"나는 젊었을 때 혁명가였습니다. 그래서 하나님께 드리는 기도는 항상 이런 것이었습니다. '주여, 세상을 뒤엎을 힘을 주시옵소서. 세상을 한번 바꿔놓아야 하겠습니다. 그럴 수 있는 힘을 주시옵소서!' 시간이 흘러 중년에 이른 나는 내 인생의 절반이 덧없이 흘러갔음을 깨닫고 기도를 바꿨습니다. '주여, 나와 만나는 모든 사람을 변화시킬 수 있는 힘을 주시옵소서. 세상이 아니라 나와 만나는 모든 사람을 변화시킬 수 있는 힘을 주시옵소서!' 그리고 좀 더 나이가 들자 이렇게 기도했습니다. '내 가족들과 친구들과 나를 변화시키는 것으로 만족하겠습니다. 그럴 수 있는 힘을 주시옵소서.' 그런데 늙고 얼마 안 남은 생을 헤아리고 있는 지금에 와서야 지난날의 우둔함을 깨닫고 '이렇게 어리석은 사람이 어디 있을까?'라며 나 자신을 꾸짖고 있습니다. 그리고 이제는 이렇게 기도합니다. '주여, 나 자신을 변화시킬 수 있는 힘을 주시옵소서. 이제는 단 하나, 나 자신을 변화시킬 수 있는 힘을 주시옵소서!' 나는 비로소 깨달았습니다. 내 기도가 진작 이러했다면 나의 일생이 적어도 지금처럼 허무한 결과가 되지 않았을 것이라는 사실을……."

말씀에 접목하기: 롬 12:1, 2

기도가 잘못되면 아무것도 응답 받을 수가 없습니다. 이 사람은 하나님께 능력과 힘을 구하고 있습니다. 변화시키는 것은 자신이 하겠다는 것입니다. 세상을 변화시키는 것도, 자신과 만나는 사람들을 변화시키는 것도, 심지어 자기 자신을 변화시키는 것도 스스로의 힘으로 할 수 없습니다. 기도는 하나님께 힘과 능력을 구하는 것이 아니라 자기 자신을 온전히 산 제물로 하나님께 드리는 것입니다. 그러면 하나님은 우리를 사용해 그분의 계획과 뜻을 이루십니다. 누구도 아닌 하나님이 하셔야 됩니다. 우리는 오로지 하나님의 종이 되어야 합니다. 하나님이 우리를 사용하여 세상과 이웃과 우리 자신을 변화시키실 것입니다. 세상과 이웃과 자신을 변화시키고자 하는 사람은 하나님께 자신을 드려야 합니다. 그리고 하나님이 우리를 들어 쓰시도록 해야 합니다.

우리가 드려야 할 한 가지 기도

예화 41

어느 날 토레이 목사에게 어떤 부인이 찾아와 상담을 하고 싶다고 했습니다. "목사님, 저는 집회에 많이 참석하고 기도도 많이 하는데 하나님의 은혜가 실감나지 않습니다. 구원받았다는 사실도 실감나지 않는데, 왜 그럴까요?" 이 말을 듣고 있던 토레이 목사는 고민하는 부인에게 기도하는 법을 가르쳐주었습니다. "부인, 오늘부터 집에 가서 다른 기도는 하지 말고 한 가지 기도만 하십시오. 하나님께 부인 자신의 모습을 보여 달라고 일주간만 열심을 내어 기도하십시오."

목사님의 충고에 따라 그 부인은 집에 돌아가서 이 기도만 계속했습니다. "하나님, 제 모습을 보여주세요. 제가 하나님 앞에서 어떤 사람인지를 보여주세요." 이 기도를 계속하던 그녀는 마침내 자신의 모습을 깨닫기 시작했습니다. 하나님 앞에서 추하고 불결하고 머리부터 발끝까지 더러운 자신의 모습을 발견했습니다. 자기의 죄악을 보고 난 부인은 절망스러워 하다가 일주일 만에 토레이 목사를 다시 찾아와서 "목사님, 이제는 죽어버리고 싶습니다"라고 고백했습니다. 그러자 목사님은 "이제부터는 주님의 십자가를 보여 달라고 기도하십시오"라고 말했습니다. 그 부인은 다시 집에 돌아가 두 번째 기도를 시작했습니다. "주님, 주께서 지신 십자가를 보여주십시오." 이 기도를 하면서 부인은 점차 십자가의 진정한 의미를 깨닫기 시작했습니다. 자신의 죄 문제를 스스로 해결할 수 없다고 완전히 포기하고 절망을 선언했을 때 하나님이 그녀를 사랑하셔서 독생자 예수 그리스도를 보내셨고, 그분을 통해 십자가에서 피 흘려 돌아가시게 함으로써 그녀의 죄에 대한 대가를 치르셨으며, 그로 말미암아 그녀가 깨끗하게 용서받았다는 사실을 깨닫게 해주신 것입니다.

말씀에 접목하기: 고전 2:1-5

예수님이 잡히시던 날 밤에 가룟 유다는 예수님을 팔았고 베드로는 예수님을 세 번이나 부인하다가 마지막에는 저주까지 했습니다. 유다와 베드로는 모두 예수께 엄청난 죄를 지었습니다. 그런데 가룟 유다는 영원한 배신자가 되고, 베드로는 교회의 기둥이 되었습니다. 그 이유가 무엇일까요? 가룟 유다는 예수님이 정죄 됨을 보고 스스로 뉘우쳐 예수님을 판 대가로 받은 은 삼십을 대제사장들과 장로들에게 다시 가져다주었습니다. 그리고 "내가 무죄한 피를 팔고 죄를 범하였도다"(마 27:4)라고 공적으로 자기 죄를 고백하고, 자기 죄에 대한 책임을 지고 목매어 죽었습니다. 이처럼 그는 자신의 죄와 잘못과 그 결과를 보았습니다. 한편 성경을 보면 베드로가 세 번째 예수님을 부인하면서 "주께서 돌이켜 베드로를 보시니 베드로가 주의 말씀 …… 생각나서 밖에 나가서 심히 통곡하니라"(눅 22:61, 62)고 말씀합니다.

그렇다면 가룟 유다와 베드로의 차이는 무엇입니까? 그들이 범한 죄의 무게에서 차이가 난 것은 아니었습니다. 그들이 자신의 죄를 깨달았을 때 가룟 유다는 자기 자신을 보고 뉘우친 뒤 자기가 저지른 죄의 결과가 얼마나 처참한지를 보았지만, 베드로는 예수님을 보았고(물론 예수님이 먼저 보셨지만) 그분의 말씀을 기억했습니다. 범죄의 순간에 자기를 보고 자기 죄의 결과만을 보는 자는 망하고, 범죄의 순간에도 예수님을 바라보고 그분의 말씀을 기억하는 자는 생명을 얻을 것입니다.

relationship with Jesus

2
대적자들과 믿음의 승리

1
죄성과 범죄,
습관성(중독)으로부터의 해방

예수의 피가 우리를 모든 죄에서 깨끗하게 하실 것이요

예화 1

프랜시스 해버갈(Frances Havergal) 여사가 작곡한 많은 찬송가가 신자들에게 큰 은혜를 주고 있습니다. 그녀는 우리가 자주 부르는 찬송가 〈누가 주를 따라 섬기려는가〉〈주 없이 살 수 없네〉〈영광을 받으실 만유의 주여〉〈내 너를 위해〉 등 수많은 찬송가를 작사했습니다.

그러나 해버걸 여사는 행복한 그리스도인이 아니었습니다. 휴겔(F.J. Huegel)이《승리는 영원히》에서 지적했듯이 그녀는 한때 절망 속에서 살았습니다. 그녀는 자기 죄와 허물에 대해 지나치게 신경을 쓴 나머지 하나님께 용서받은 신자이면 누구나 누리고 사는 기쁨을 누리지 못했습니다. 그녀는 낙오자처럼 살았습니다. 휴겔은 이렇게 표현했습니다. "해버갈 여사는 항상 고개를 숙이고 다녔는데, 로마서 7장은 그분의 삶의 자세를 말씀해주고 있는 것 같았습니다."

그러던 어느 날 해버갈 여사는 큰 전환점을 맞게 되었습니다. 그녀는 로마서 7장의 절망적인 삶에서 로마서 8장의 기쁨과 은혜로운 삶으로 변화를 받았습니다. 그녀는 늘 하던 대로 헬라어 신약성경을 읽는 중이었는데, 그날은 요한일서 1장 말씀을 읽었습니다. 그런데 7절 말씀을 읽다가 "깨끗하게 하실 것이요"라는 동사가 진행형이라는 사실을 알게 되었습니다. 7절 말씀은 예수님의 피가 우리를 모든 죄에서 계속해서 깨끗하게 씻어주고 있다는 말씀이었습니다. 즉 빛이 한 번만 비치는 것이 아니라 계속해서 비치는 것처럼 예수님의 피는 우리가 세례 받을 때나 크게 회개했을 때만 우리를 깨끗하게 씻어주시는 것이 아니라 햇빛이 계속하여 비쳐 낮을 밝게 하듯 예수님의 피가 계속 임하여 우리 죄를 깨끗이 씻는 중이라는 뜻입니다.

해버갈 여사는 이 말씀을 읽다가 갑자기 큰 충격을 받은 것처럼 깊은 깨달음을 얻었습니다. 그녀는 예수님이 과거에 자신을 씻어주셨을 뿐 아니라 지금 이 순간도 예수님의 피가 자신을 깨끗이 씻고 있음을 깨닫고 크게 감격했습니다. 그렇습니다. 가끔 손이 더러워지기는 하지만 더러워질 때마다 우리가 손을 깨끗이 씻는 것처럼 예수님도 우리가 죄를 지어 더러워질 때마다 그분의 피로 우리를 깨끗이 씻어주십니다. 예수님은 우리의 빛이십니다. 예수님은 빛이 되어 우리가 죄를 지을 때마다 우리를 깨끗이 씻어주십니다. 그러므로 예수님을 모시고 사는 동안 우리는 언제나 죄 용서를 받으며 살 것입니다.

말씀에 접목하기: 요일 1:7

사도 요한은 하나님과 우리와의 관계를 비유적으로 "빛 가운데 행하는 것"이라고 말합니다. "그가 빛 가운데 계신 것같이 우리도 빛 가운데 행하면 우리가 서로 사귐이 있고 그 아들 예수의 피가 우리를 모든 죄에서 깨끗하게 하실 것이요"(요일 1:7). 빛이 비친다는 것은 계속해서 비치고 있음을 뜻합니다. 한순간이라도 빛이 끊어지면 세상은 어둠으로 변할 것입니다.

고대 신조들은 성령님의 사역을 조명에 비유해 설명합니다. 아무리 어둔 방일지라도 빛이 비치면 그 어둠은 곧 사라지고 밝음으로 변하지만 잠시만이라도 빛이 비치지 않으면 밝음은 즉시 사라지고 어둠이 지배한다는 뜻입니다. 인간은 죄와 사탄의 세상에 살기 때문에 잠시라도 성령님이 떠나면 어둠의 지배를 받습니다. 죄를 용서한다는 것은 주님의 빛이 우리를 비추어 어둠이 우리에게서 떠나가고, 우리는 주님의 밝음 가운데 있는 것을 뜻합니다. 한순간이라도 주님을 떠나면 우리는 죄 아래 있어야 합니다. 비유적으로 말하면 주님의 용서는 주님의 빛 안에 있는 것입니다. 그것은 계속 진행형을 말합니다. "그러므로 이제 그리스도 예수 안에 있는 자에게는 결코 정죄함이 없나니"(롬 8:1). 누구든지 주님의 빛을 받으면 어둠은 사라지고 빛이 됩니다.

속박의 사슬을 풀어주시는 예수님

예화 2

주님을 영접하고 두 해가 지나도록 진 제일러는 줄담배 피우는 습성을 버리지 못하고 있었습니다. 불행하게도 금연 시도는 번번이 실패로 돌아가고 말았습니다. 마침내 그녀는 "예수님의 십자가 발 아래쪽에 내 담배를 놓아두면 되겠지"라고 말한 뒤 이를 실천에 옮겼습니다. 그때부터 흡연에 대한 욕구를 그다지 느끼지 않은 채 석 달이 흘러갔습니다. 그러던 어느 화창한 아침, 그녀에게 또다시 시험이 닥쳐왔습니다. 부엌에 막 들어섰을 때 남편의 담배 한 갑이 식탁 위에 놓여 있었던 것입니다. 순간적으로 흡연에 대한 강렬한 충동이 끓어올랐습니다. 그날의 기억을 그녀는 다음과 같이 이야기하고 있습니다.

"어느새 식탁으로 다가가 그 담배를 피우려 한다는 걸 인지하고 그 갈망 때문에 괴로워 어린애처럼 흐느껴 울기 시작했어요. 그러다가 무릎을 꿇고 앉아서 '오, 사랑하는 주님! 제 힘으로는 감당할 수가 없사오니 부디 힘을 주시옵소서!' 라고 간절히 주께 기도했습니다. 집에서 키우던 개도 나에게 무슨 일이 일어났음을 감지한 듯 내 곁에 와 앉았습니다. 이윽고 나는 개를 부둥켜안고 가슴이 찢어지도록 울었습니다. 그리고 나자 이상스러울 만큼 고요한 평온이 마음에 찾아왔습니다. 바닥에서 일어나 주위를 둘러보니 모두가 그대로였습니다. 담배도 여전히 테이블 위에 놓여 있었습니다. 그런데 그토록 몸부림치게 했던 흡연에 대한 욕구가 완전히 사라졌습니다. 나는 "오, 주님. 감사합니다!" 라고 감격하여 외치는 것밖에 아무것도 할 수 없었습니다. 그리고 나서 지금 28년의 세월이 흘렀지만 담배를 피우고 싶다는 생각이 들지 않습니다. 주께서 나를 담배의 속박에서 해방시켜 주신 것입니다."

말씀에 접목하기: 엡 4:21-24

하나님은 단 한 번에 욕망을 사라지게 해서 승리를 안겨주실 수도 있지만 때로는 길고 어려운 투쟁을 통해 우리를 인도하실 수도 있습니다. 그러나 연약한 우리의 의지를 하나님께 모두 맡긴다면 십자가에 우리의 죄성을 장사 지낸 그분은 어떤 습관에 얽매인 채 살아가는 속박의 사슬도 풀어 우리를 자유롭게 하실 수 있습니다. 그러나 죄의 습관에서 벗어나는 것은 쉽고 단순한 일이 아닙니다. 첫 번째, 그 죄를 끊어버리고자 하는 강한 열망이 있어야 합니다. 그 죄에서 벗어나 거룩한 사람이 되고자 하는 갈망은 성령님이 주시는 것이지만 동시에 자기 의지로 그 죄에서 해방되고자 하는 결단을 해야 합니다. 두 번째, 교회와 믿음의 사람들의 가르침과 인도, 지도를 받아야 합니다. 성령님은 교회를 통해 역사하십니다. 교회가 가르치고 인도하고 지도할 때 성령님이 거기 임하여 놀라운 하늘의 기적을 일으키십니다. 세 번째, 기도와 말씀과 훈련으로 하나님께 순종해야 합니다. 얍복 강가에서 야곱이 씨름하는 믿음의 씨름이 따를 때 죄에서 진정한 해방을 얻게 됩니다.

그리스도의 보혈의 공로

예화 3

영국의 파워스코트 백작 부인에게 임종이 다가오고 있었습니다. 그녀의 임종이 임박했다는 소식을 듣고 친구가 찾아왔습니다. 그녀는 걱정스러운 표정으로 "부인, 좀 어떠십니까?"라고 물었습니다. 그러나 백작 부인은 환한 얼굴로 이렇게 말했습니다. "세상을 살아가기 위해선 많은 성경 말씀이 필요합니다. 그러나 죽을 때는 오직 한 말씀만 필요하군요. 그 한 말씀은 하나님의 아들 예수 그리스도의 보혈이 우리의 죄를 모두 흰 눈같이 씻어주신다는 말씀입니다(요일 1:7. 참고 히 9:14; 사 1:18). 이 말씀이 내 영혼에 그처럼 감미롭고 힘을 주고 위안이 될 줄 여태껏 모르고 살았어요."

그렇습니다. 죽음의 순간 우리에게 필요한 것은 예수님의 보혈의 공로뿐입니다. 이는 예수님 안에서 우리가 끝까지 붙들어야 할 소망입니다.

말씀에 접목하기: 요일 1:7-10; 사 1:18

예수님은 우리의 더러운 그릇을 씻으시기 위해 십자가에 달리시고 그 피로 우리를 정결하게 씻으시는 분입니다. 우리 그릇이 더러우면 더러울수록 예수님은 그 그릇을 더 열심히 씻으실 것입니다. 더러운 그릇을 볼 때 "이 더러운 그릇아, 어째서 그렇게 더럽게 되었느냐? 너를 보면 부끄러워서 못 살겠다"라고 말합니까? 이런 사람이 있다면 정신 나간 사람일 겁니다. 주인은 자기 그릇이 더러워지면 세제를 사용해 깨끗이 씻을 것입니다. 당신의 그릇이 더럽습니까? 예수님은 그분의 보혈로 깨끗이 씻으실 것입니다. 우리가 더러우면 더러울수록 예수님 앞에 나아와 그분 앞에 우리를 드려야 합니다. 그러면 예수님이 우리를 정결하게 씻어 하나님이 쓰시기에 합당한 그릇으로 만들어주실 것입니다.

하나님은 그를 변화시키셨습니다

예화 4

프레디 게이지 목사는 미국의 '십대 해방자들'이라는 선교회를 이끌고 있습니다. 그는 청소년 시절 얼마나 많은 범죄를 저질렀는지 부모가 '도둑고양이'라고 불렀을 정도입니다. 중학교 3학년 때 마리화나를 피우고 16세에는 마약 사범이 되었습니다. 그는 마약 비용을 대기 위해 차량 절도를 비롯해 여러 범죄를 저질러 17세에 이미 전과 17범이 되었습니다. 그는 텍사스 갱생학교로 보내졌지만 아버지의 보증으로 가출옥해 18세에 16세 소녀와 결혼했습니다. 그러나 그가 살던 아파트는 갱의 소굴이 되었고, 이를 견디다 못해 아내는 집을 나가버렸습니다.

어느 날 그리스도인 그의 아버지가 아들과 집을 나간 며느리를 데리고 부흥회에 참석했습니다. 부흥사는 그날 밤 최후 심판에 대한 설교를 했습니다. 젊은 부부는 마음에 큰 찔림을 받고 앞에 나가 무릎을 꿇고 처절한 회개의 눈물을 흘렸습니다. 성령님은 두 젊은이를 재결합시켜 주셨고, 프레디를 마약과 갱의 사슬로부터 완전히 해방시켜 주셨습니다. 성령님의 능력을 체험한 그는 자신을 부르신 하나님의 소명이 무엇인지를 깨닫고 대학에 들어가 신학 공부를 한 뒤 침례교 목사가 되었습니다.

프레디는 술과 마약에서 찌들어 사는 젊은이들을 불쌍히 여겨 그들을 구원하기 위한 '십대 해방자들'이라는 선교회를 조직하고 청소년 선교에 힘을 기울이고 있습니다. 하나님은 어떤 사람도 변화시키실 수 있습니다. 사울을 변화시켜 바울이 되게 하신 주님은 회복 불가능한 사람도 건져내어 사용하시고, 하나님의 기적을 이루는 사람으로 만드실 것입니다.

말씀에 접목하기: 욘 4:10, 11

하나님은 악의 소굴인 니느웨에 요나를 보내어 사랑의 씨를 심으셨습니다. 절대로 니느웨를 용서할 수 없다고 부르짖으며 하나님을 거역하여 다시스로 도망치던 요나의 가슴에 사랑의 씨를 심고 니느웨를 구원하는 사명자로 삼으셨습니다. 미움과 원한, 죄악과 더러움, 나약함과 아집, 혈기와 자존심으로 똘똘 뭉친 요나에게 사랑의 씨를 심어 회개하도록 하시고 하나님의 사랑의 열매를 맺게 하시는 하나님의 이야기는 오늘 우리 가운데서도 계속되고 있습니다. 하나님은 막가파 주범 최정수와 희대의 살인마라고 불린 김대두도 회개시켜 감옥 전도자로 삼으셨습니다. 오늘도 하나님은 우리 가슴에 사랑의 씨를 심고 계십니다. 하나님은 우리 가정, 우리 직장, 우리 이웃, 우리나라에도 사랑의 씨를 심어 이 세상을 아름답게 만드는 하나님의 사명을 수행하도록 하실 것입니다.

하나님은 그래도 당신을 사랑하십니다

예화 5

어느 날 절망에 빠져 고통 가운데 신음하고 있는 자매님과 이야기를 나눈 적이 있습니다. 그 자매는 좋은 대학을 나온 엘리트로 외모도 출중했습니다. 그러나 그 얼굴에 웃음 한 점 없고, 석고상처럼 차가운 기운만 서려 있었습니다. 그녀는 이렇게 하소연했습니다.

"목사님, 저는 불행한 여자입니다. 저는 중학교 때부터 열심히 교회에 다녔고 대학 시절에 예수님을 영접하기도 했습니다. 그런데 대학 다닐 때 어떤 남자를 알게 되었고, 그의 감언이설에 속아서 몸까지 허락하게 되었습니다. 그 남자를 진심으로 사랑한 저는 결혼할 날만 손꼽아 기다렸습니다. 남자가 결혼을 차일피일 미루어 이상한 생각이 들어 알아봤는데, 청천벽력 같은 사실을 알게 되었습니다. 그는 아기까지 둔 한 가정의 가장이었습니다. 그것도 모르고 그와 동거생활을 하고 있던 나는 이러지도 저러지도 못한 채 방황하기 시작했습니다. 제 얼굴에서 웃음이 사라지고 부모와 형제, 친구들도 피해 다녔습니다. 이런 더러운 몸으로 교회에 나올 수도 없었습니다. 결국 그 남자와도 헤어졌습니다. 그런데 나중에 알고 보니 본부인과도 이혼하고 다른 여자와 결혼식을 올렸다는 것입니다. 이렇게 철면피 같은 인간을 사랑해 몸까지 허락하고 동거생활을 했다는 것이 너무 부끄럽습니다. 저에게는 더 이상 미래가 없습니다. 제 인생은 끝났습니다. 지금 가슴에 칼을 품고 다니고 있는데, 그 칼로 그 남자를 찔러 죽이고 저도 죽어버리면 그만이라고 생각하고 있습니다. 저는 이런 여자입니다. 저 같은 여자에게도 과연 희망이 있을까요?"

그 자매의 눈빛에는 살기가 등등했습니다. 분노와 실망이 걷잡을 수 없이 얽혀 있었습니다. 그 자매의 말대로 파국으로 치달을 일만 남아 있는 것 같았습니다. 목사님은 조용히 그 자매의 눈을 쳐다보다가 이렇게 말했습니다.

"자매님, 자매님이 자신을 미워하고 그 남자를 저주하고 세상을 비관해도 하늘과 땅은 변하지 않고 그대로 있습니다. 그리고 자매님이 아무리 칼을 품고 살아도 세상 사람은 그것에 관심을 기울이지 않습니다. 오직 한 분 하나님은 자매님에게 관심을 가지고 계십니다. 그분은 자매님을 사랑하셔서 자기의 외아들 예수님을 아끼지 않고 세상에 보내시고 십자가에서 죽게 하셨습니다. 그분은 자매님을 이처럼 사랑하십니다. 이제 자매님에게 이 절망에서 벗어날 수 있는 한 가지 길을 알려줄 테니, 꼭 그대로 해보길 바랍니다. 집에 돌아가 잠자리에 들기 전 화장대 앞에 앉아 자기 얼굴을 똑바로 쳐다보면서 이렇게 소리를 내어 이야기하세요. '하나님은 그래도 너를 사랑한다.' 억지로라도 거울에 보이는 얼굴을 향해 그렇게 외치는 겁니다. 그리고 아침에 일어나서도 화장대 앞에 앉아 거울에 비친 얼굴을 향해 '이 못난 인간아, 이 가련한 인간아, 그래도 하나님은 너를 사랑하신다' 라고 말합니다. 눈물이 나면 그냥 울면 됩니다. 울음소리가 커지면 마음껏 크게 외쳐도 됩니다. 그런 다음 조용히 눈을 감고 십자가에 달린 예수님을 바라보면서 당신을 향해 무슨 말씀을 하시는지 들어 보세요."

그 후로 얼마의 시간이 흘렀습니다. 다시 만난 그 자매는 이렇게 이야기했습니다.

"목사님, 이제 이 칼을 내어놓겠습니다. 저는 제 인생이 너무 불쌍하고 가련해서 밑져야 본전이라는 생각으로 그날부터 목사님이 시키신 대로 했습니다. 아침저녁으로 화장대 앞에 앉아 눈물을 흘리면서 거울에 비친 얼굴을 향해 '그래도 하나님은 너를 사랑한다'라고 말한 뒤, 주께 묵상했습니다. 예수님은 구겨지고 추악한 제 인생을 다림질하듯 차근차근 펴시고 깨끗이 씻어주는 모습을 보여주셨습니다. 어느 날 갑자기 그 남자가 불쌍해지기 시작했습니다. 이제는 그 남자도 회개하고 하나님 앞에 나오기를 간절히 기도하고 있습니다. 그러자 이 칼이 무섭다는 생각이 들었습니다. 그러니 목사님이 버려주세요."

배신당한 자, 더럽혀진 자, 악한 사람의 마수에 걸린 자, 세상으로부터 버림받은 자, 체면과 자존심을 잃어버린 자, 가족에게 버림받은 자, 죽어 마땅한 자. 그러나 하나님은 이런 사람을 사랑하고 계십니다. 그녀는 자신의 모든 것을 용서하고 받아주고 씻어주고 새 사람을 만들어주고 하나님의 보석과 그분의 형상으로 다시 세워주시는 하나님의 사랑을 보았습니다. 그녀는 그 사랑으로 자신을 다시 보게 되었습니다. 그녀는 그 사랑으로 세상을 보고, 심지어 자기를 배신한 그 남자를 보면서 불쌍히 여기는 마음을 가지게 되었습니다.

말씀에 접목하기: 롬 8:38, 39

어느 날 노먼 빈센트 필 목사가 시카고 오헤어 공항에서 비행기를 타려고 서두를 때 어떤 남자가 다가왔습니다. 그는 심장마비나 큰 충격을 받은 사람처럼 맥이 빠진 걸음걸이로 그를 향해 걸어왔습니다. "필 박사님, 저를 도와주시겠습니까? 제 인생은 엉망이 되었습니다. 저는 어찌해야 좋을지 모르겠습니다. 모든 게 절망적입니다. 제가 탈 비행기가 몇 분 후에 떠날 겁니다. 저를 위해 딱 한 마디만 해주시겠습니까? 무엇이든 말입니다."

그 순간 아무런 생각도 떠오르지 않아서 필 목사는 하나님께 도움을 구했고, 주님은 그에게 지혜를 주고 입을 열게 해주셨습니다. "저는 당신의 일이 어떻게 엉망이 되었는지 알지 못합니다. 그러나 한 가지 분명한 사실을 말씀드릴 수 있습니다. 하나님은 당신을 이처럼 사랑하십니다. 그리고 형제에게 필요한 모든 것을 은사로 주실 것입니다. 그것을 꼭 기억하십시오." 그리고 필 목사는 이런 말을 덧붙였습니다. "나도 당신을 사랑합니다." 그 순간 그 사람은 눈물이 글썽이면서 이렇게 말했습니다. "고맙습니다. 그 말을 믿어 보겠습니다. 그 말에 의지해 한번 해보겠습니다." 그러고 나서 그는 허겁지겁 비행기를 타기 위해 달려갔는데, 그 모습이 힘찬 새 미래를 향해 달려가는 것 같았습니다.

하나님은 우리를 이처럼 사랑하십니다. 하나님은 우리를 위해 아들을까지 내어주신 분입니다. 하나님은 우리에게 필요한 모든 것을 은사로 주실 것입니다. 그러므로 하나님의 말씀을 받아야 합니다. "내가 확신하노니 사망이나 생명이나 천사들이나 권세자들이나 현재 일이나 장래 일이나 능력이나 높음이나 깊음이나 다른 어떤 피조물이라도 우리를 우리 주 그리스도 예수 안에 있는 하나님의 사랑에서 끊을 수 없으리라"(롬 8:38-39).

다 갚아주신 예수님

예화 6

미국 미시시피 주 정부가 어려운 문제에 부딪힌 적이 있습니다. 유럽의 은행들이 700만 달러의 지불 청구를 해온 것인데, 그 채무는 무려 146년 전에 발생한 것이었습니다. 그동안 미시시피 주는 그 채무를 잊어버렸습니다. 오랜 시간이 지나 그 빚을 청산하려고 하니 원금과 이자를 합해 5,000만 달러에 달했습니다. 개인 소득이 낮은 미시시피 주로서는 그런 거액의 돈을 지불할 능력이 없었습니다. 이미 146년이나 묵은 채무는 미시시피 주 사람들에게 지나간 역사와 같은 것이었습니다. 그러나 그 빚을 받고자 하는 유럽의 은행들은 그 채무가 어제 일처럼 느껴졌을 것입니다. 주 정부의 한 관리

자는 이렇게 말했습니다. "유럽의 은행들은 절대 그 빚을 잊어버리지 않을 것입니다."

> 말씀에 접목하기: 요 19:30

갚지 못한 빚은 언젠가는 반드시 청산하지 않으면 안 됩니다. 이는 인간과 하나님과의 관계에서 더욱 분명해집니다. 성경은 하나님이 우리의 선행을 결코 잊지 않으시는 것과 마찬가지로 아직 청산되지 못한 지난날의 죗값도 결코 잊지 않으신다고 가르치고 있습니다. 이 우주의 심판자가 관리하는 기록부는 시간이 흘렀다고 해도 결코 지워지지 않습니다. 그 기록부가 펼쳐지고 우리의 행위 하나하나를 절대 공의와 의로우심 앞에서 심판받아야 할 날이 다가오고 있습니다. 분명한 사실은 주님은 아무것도 그냥 지나치지 않으신다는 사실입니다.

당신은 과거의 죄와 행위를 하나님 앞에서 청산했습니까? 빚을 갚기 전에는 우리가 잊어버렸다고 해도 그대로 남아 원금과 함께 불어난 이자를 물어야 하는 것처럼 우리가 잘못했다고 해서 하나님의 기록부에 기록된 죄악이 없어지지 않습니다. 우리는 반드시 그 빚을 갚아야 합니다. 그러나 우리 죄의 빚을 우리의 힘만으로 갚기란 불가능합니다.

예수님은 이 세상에 오셔서 십자가를 지고 우리 죄의 채무를 다 갚으셨습니다. 예수님은 십자가상에서 죽기 직전 "다 이루었다"고 말씀하셨습니다. 이 말씀은 완전한 성취를 뜻하는 말이지만 동시에 죄의 채무를 다 갚았다는 말씀도 됩니다. 예수님은 우리가 갚을 수 없는 죄의 채무를 대신 갚기 위해 세상에 오신 그리스도이십니다. 그러므로 누구든지 그리스도 안에 있는 자에게는 정죄함이 없습니다(롬 8:1). 이제 우리는 죄의 채무를 지고 지옥을 선택하든지 아니면 다 갚아주신 예수님을 선택하는 길만 남았습니다. 당신은 어느 길을 선택하겠습니까? "주 예수를 믿으라 그리하면 너와 네 집이 구원을 받으리라"(행 16:31).

중독을 끊게 하는 말씀의 힘

예화 7

기독교 청년 모임에 참석하여 이야기를 나누는데, 유독 눈에 띄는 청년 한 명이 있었습니다. 그의 얼굴은 유난히 밝고 환하게 빛나고 있었습니다. 그에게는 자석처럼 사람들의 시선을 끌어당기는 힘이 있었습니다. 한 할머니가 그가 어떤 사람인지 알려주었습니다. "저 청년이 고등학생 때였을 거야. 당시 그는 자신이 왜 살아야 하는지 알지 못했지. 살아야 할 이유가 뭔지 몰랐던 게지. 그러다 보니 공부는 해서 뭐하냐고 생각했던 거야. 그러다가 마약 중독에 빠졌던 모양이야. 나중에 그만두려고 했지만 그게 어디 쉬운 일인가. 심각한 중독 상태까지 갔나 봐. 결국 자기 부모한테도, 형제들한테도 버림을 받고 말았지. 결국에는 감옥에 들어가게 됐고. 그런데 어느 날 어떤 할아버지가 감옥으로 찾아와 성경을 선물로 주었지. 그 할아버지는 청년에게 성경을 주면서 '이걸 읽다 보면 네가 찾던 삶의 의미와 목적을 발견할 수 있을 게다. 온 세상이 널 버린다고 해도 하나님은 너와 함께해 주실 거야' 라고 말씀하셨지. 청년은 그 할아버지 말씀대로 성경을 열심히 읽었데. 그리고 저 청년에게 어떤 일이 일어났는지 알겠지? 보다시피 예수님을 영접하게 되었다네. 그 후로 비록 감옥 안이지만 모범적인 생활을 했어. 그런데 기침하고 사랑은 숨길 수 없다는 말처럼 청년의 변화도 숨길 수 없었지. 원래는 감옥에서 좀 더 있어야 했는데 빨리 내보내주더라는 거야. 저 청년의 꿈이 뭔지 알겠나? 지금 저 청년의 인상이 어떤가? 무척 건강해 보이지. 하나님이 주신 건강한 몸을 가지고 일하기로 결심했대. 옛날의 자기처럼 갈 길을 몰라 헤매는 어린 청소년이 많은 게 안타까워 그들에게 하나님을 알려주는 전도자가 되는 게 저 청년의 꿈이라네. 참 기특하고 대견한 노릇이지."

그 청년은 밝고 평안한 얼굴을 한 채 가슴에 커다란 성경을 안고 있었습니다. 바로 그 성경이 하나님의 말씀이 되어 그를 변화시킨 것입니다. 그 청년은 지금도 그 성경을 읽고 전하면서 하나님의 말씀이 살아 있고 운동력 있는 말씀임을 경험하고 있습니다.

> 말씀에 접목하기: 눅 4:18-21

성경은 "하나님의 말씀은 살아 있고 활력이 있어 좌우에 날선 어떤 검보다도 예리하여 혼과 영과 및 관절과 골수를 찔러 쪼개기까지 하며 또 마음의 생각과 뜻을 판단하나니"(히 4:12)라고 말씀합니다. 모든 성경은 하나님의 감동으로 이루어진 것이므로 그 말씀을 읽을 때, 들을 때, 지킬 때 성령님이 임하여 영과 혼과 관절과 골수를 찔러 쪼개는 기적과 신비를 일으키십니다. 하나님의 말씀은 우리를 깨닫게 하고 길을 가르쳐주고 영감을 주고 결단하게 만들지만 거기서 끝나는 것이 아니라 거기서 시작됩니다. 그 말씀은 우리를 찔러 쪼개어 믿음을 가지게 만들고, 죄와 중독을 깨뜨리고, 사탄의 시험을 물리치며, 세상을 이기게 만듭니다. 말씀을 읽고 듣고 지킬 때 성령님이 임하여 하나님의 권능을 행사하십니다.

당신이 그 샘 존스입니까?

예화 8

조지아 주 카테스빌의 샘 존스는 활력 넘치던 감리교의 복음 전도자였습니다. 청년이었을 때 존스는 거칠고 무분별하며 죄악에 깊이 빠진 술주정꾼이었습니다. 그러나 그의 아버지가 임종할 때 존스는 아버지 앞에 무릎을 꿇고 마지막 유언을 들었습니다. 그는 아버지의 유언을 들으면서 그리스도께 마음을 드리기로 결심했습니다. 훗날 그는 하나님께 부름을 받고 전도자가 되어 미국 전역을 다니면서 수많은 사람에게 예수님을 증거 했습니다.

어느 날 고향 교회에서 설교하고 있을 때였습니다. 예배가 끝났을 때 불신자 한 사람이 그에게 와서 물었습니다. "당신이 노상 술을 퍼마시며 카테스빌을 저주하고 다니던 바로 그 샘 존스란 말이오?" 존스는 그렇다고 대답했습니다. 그리고 자기 같은 사람도 하나님이 이렇게 변화시켜 주셨다고 간증했습니다. 이 간증을 듣고 불신자는 이렇게 말했습니다. "아하!

하나님이 사악한 죄인을 구원하는 능력을 지니신 분이라는 게 참으로 사실이군요! 당신을 구원하신 하나님이 나도 구원해주시기를 원합니다. 이제 내 모든 것을 맡기고 예수님을 영접합니다."

말씀에 접목하기: 요 3:34-36

우리는 온갖 위기와 문제와 죄악으로 고난을 당하고 있습니다. 결혼생활에 권태를 느끼고 혼란에 빠져 지내기도 하고, 직업에서 위기를 맞기도 하고, 자녀들이 일으킨 성가신 문제 때문에 고민하기도 하고, 되풀이되는 생활의 지겨움에서 벗어나고 싶어 발버둥치기도 하고, 남편의 몰이해와 아내의 잔소리에 괴로워하기도 하고, 바쁘게 몰아치는 직장생활에 지치기도 하고, 기대감을 무너뜨리고 허탈과 허망함을 느끼게 하는 사건에 둘러싸여 허우적거리는 등 우리에게 다가와 우리의 행복을 빼앗아가는 것이 너무도 많습니다. 어떤 이는 다른 사람들을 착취하고 권력으로 사람들을 억압하고 속임수와 폭력을 행사하는 등 용서받지 못할 죄를 지어 사람들의 혐오 대상이 되어 있기도 할 것입니다. 당신은 이런 현실에 어떻게 대처하고 있습니까? 도망가고 싶습니까? 그런데 하나님은 이런 현실과 위기, 조건, 지겨움 속에 기적을 숨겨놓으셨습니다. 예수님을 만나면 그분은 이 모든 것을 변화시켜 축복의 문을 열어주실 것입니다.

담배를 끊기 위한 금식기도

예화 9

Y씨가 성경공부를 하면서 예수님을 만나고 주님으로 영접하고 나서 가장 먼저 한 일은 술을 끊는 것이었습니다. 이것은 별다른 어려움 없이 할 수 있었습니다. 그러나 담배를 끊는 것은 쉬운 일이 아니었습니다. 그가 아무리 노력해도 담

배를 끊을 수가 없었습니다. 담배는 이미 Y씨에게 습관성의 멍에가 되어 있었습니다. Y씨가 이 문제로 고민한다는 사실을 알게 된 그의 친구들이 금식기도를 권면했습니다. 하나님이 기뻐하시는 금식은 결박과 멍에를 풀어주는 힘이 있습니다(사 58:6). 금식하는 동안 하나님은 우리의 결박을 풀어주시며 우리의 멍에도 풀어주실 것입니다. 믿음의 친구들은 그에게 금식하기를 권했고, 금식하는 동안 자기들도 그를 위해 기도하기로 약속했습니다.

그러나 금식은 결코 쉬운 일이 아니었습니다. 금식을 시작하고 하루가 지났을 때 머리가 지끈지끈 아파 오는 것을 경험했습니다. 그리고 담배를 피우지 않자 머리가 터질 것 같았습니다. 이것은 중독 상태가 심각한 사람이 금식할 때 흔히 일어나는 현상입니다. 중독성이 그에게 작용하여 머리를 아프게 만들고 좌절하게 만들었습니다. 그는 이런 것을 알지도 못했지만, 설령 알았다고 해도 어떻게 할 수 없었을 것입니다. 그는 할 수 없이 다시 담배를 피웠습니다. 담배를 피우지 않으면 약속한 3일 금식을 할 수 없었기 때문입니다. 그는 담배를 피워 물고 이렇게 생각했습니다. '담배를 끊기 위해 금식한다고 하면서 다시 담배를 피우고 있으니 어떻게 담배를 끊을 수 있겠는가? 그래도 하나님께 약속을 했으니 사흘은 채우기로 하자.'

Y씨는 계속 담배를 피우면서 금식했습니다. 믿음의 친구들은 이 사실을 알면서도 그의 금연을 위해 계속 기도했습니다. 금식의 마지막 날이 왔습니다. 그날 오후 Y씨는 기도하다가 깜박 졸았는데, 그 잠깐 사이에 꿈까지 꾸었습니다. 담배 한 보루를 사다놓은 것이 있었는데, 그것을 꺼내어 담배갑을 열고 담배 한 개비씩 잘라 양손으로 비볐습니다. 그는 비몽사몽간에 담배 한 보루를 모두 비벼 쓰레기통에 던져버렸습니다. 그러고 나서 잠에서 깨어났습니다. 정신을 차리고 보니 그것이 꿈속의 일인 줄 알았는데 실제로 담배 한 보루가 다 비벼진 채로 쓰레기통에 들어가 있는 것이었습니다. 그는 속으로 좀 아깝다고 생각하면서도 꿈과 현실을 구별하지 못하는 것을 이상하게 생각했습니다.

그날 저녁 금식을 끝내고 옆방 친구에게 갔습니다. 거기에 여러 사람이 모여 있었는데, 담배 연기가 가득 차 있었습니다. 담배 연기를 마시자 재채기가 나와 견딜 수가 없었습니다. Y씨는 아직 금식에 적응이 되지 않아서 그런 거라고 여긴 채 자기 방으로 돌아왔습니다. 다음 날 아침 그는 무의식 중에 담배를 찾았습니다. 남아 있는 것을 모두 비벼 던져버렸기 때문에 할 수 없이 꽁초를 찾았습니다. 그것을 입에 물고 한 모금 빨았는데 속에 있는 것이 모두 기침과 함께 밖으로 나왔습니다. 그러고 나서 그는 더 이상 담배를 피울 수 없었습니다.

말씀에 접목하기: 사 58:6-12

하나님은 우리가 지고 사는 습관성의 멍에가 얼마나 단단하며 풀어 완전히 없애는 게 얼마나 어려운 일인지 아십니다. 그래서 하나님은 우리에게 금식 훈련을 선물하셨습니다. 하나님은 놀라운 금식의 약속을 주셨습니다. "그리하면 네 빛이 새벽같이 비칠 것이며 네 치유가 급속할 것이며 네 공의가 네 앞에 행하고 여호와의 영광이 네 뒤에 호위하리니 네가 부를 때에는 나 여호와가 응답하겠고 네가 부르짖을 때에는 내가 여기 있다 하리라"(사 58:8, 9). 하나님은 진실한 금식을 하는 사람에게 임하여 습관성의 멍에를 깨뜨리십니다.

오늘 이 땅에는 너무나 많은 사람이 흉악의 결박과 멍에의 줄에 시달리며 하나님이 약속하신 행복을 잃어버리고 저주의 삶을 살고 있습니다. 하나님은 우리를 습관성의 노예 생활에서 해방시키시기 위해 우리 가운데 임하여 역사하십니다. 우리가 금식하며 하나님께 부르짖는 가운데 성령님이 거기 임하여 놀라운 기적을 베푸십니다. Y씨는 담배를 피우면서 담배를 끊기 위한 금식을 했지만 그러한 금식기도 가운데서도 성령님이 임재하여 담배를 끊을 수 있게 역사하셨습니다. 하나님은 우리가 생각하는 방법뿐 아니라 안 될 것이라고 생각하는 그 방법 속에도 역사하여 흉악의 결박을 풀어주며 멍에의 줄을 풀어주시는 분입니다.

하나님이 도와주시면 누구나 새사람이 된다

예화 10 미국에서 있었던 일입니다. 10세 전후로 보이는 삼남매가 고아가 되었습니다. 부모가 죽었기 때문입니다. 삼촌이 삼남매를 입양하려고 했지만 법원은 입양을 허락하지 않았습니다. 그 삼촌은 동네가 다 아는 알코올 중독자였기 때문입니다. 삼촌은 판사 앞에 무릎을 꿇고 눈물을 흘리며 말했습니다. "판사님께 두 가지 약속을 하겠습니다. 첫째는 오늘부터 술을 끊겠습니다. 둘째는 이 아이들 셋과 내 아이 셋을 위해 매일 저녁 기도하며 하나님의 도움을 구하겠습니다."

판사는 이 약속을 듣고 우선 30일을 시험 기간으로 아이들을 맡기기로 했습니다. 그런데 그 삼촌이 정말로 변했습니다. 모든 고통과 싸우면서 술을 끊었습니다. 저녁마다 여섯 아이를 모아놓고 기도했습니다. 공장에도 결근하지 않고 잔업까지 하며 열심히 일했습니다.

그 삼촌은 결국 자기 아이 셋, 조카 셋을 모두 대학까지 졸업시켰습니다. 큰 조카의 졸업식장에서 삼촌은 장한 아버지로 소개되었습니다. 그는 이렇게 말했습니다. "하나님이 도와주시면 누구나 새사람으로 거듭날 수 있습니다. 하나님은 그분 앞에 무릎 꿇고 기도하는 사람을 결코 실망시키지 않으시는 분입니다. 그리고 한 사람이 거듭나면 많은 사람이 행복해질 수 있습니다."

말씀에 접목하기: 엡 5:15-21

술에 절어 살던 사람이 변하여 성령 충만한 사람이 될 수 있을까요? 수많은 사람이 알코올에 중독되어 술의 지배를 받으며 노예의 삶을 살고 있습니다. 그들 가운데는 진심으로 알코올에서 해방되어 성결한 삶을 살고 싶어 하는 사람이 있습니다. 그들은 어떻게 해야 술에서 해방되어 자유함을 얻을 수 있는지 그 방법을 찾고 있습니다. 성령님으로 충만하여 시와 찬미와 신령한 노래로 서로 화답하고 온 마음을 다해 주를 찬양하며 그리스도 예수님을 섬기는 삶을 살고자 하는 사람에게 주시는 하나님의 말씀은 "성령의 충만을 받으라" 입니다.

성령의 충만은 여러 통로를 통해 우리에게 옵니다. 그 한 가지 통로는 복음의 말씀을 받고, 믿음의 사람들이 합심하여 하나님께 기도드리며, 하나님의 사랑을 실천하는 것입니다. 복음의 말씀을 받을 때 성령님이 임재하여 역사하기 시작하시고, 자기의 약함과 무능을 절감하여 하나님께 무릎을 꿇을 때 성령님이 우리를 도우시며, 하나님의 사랑을 실천할 때 성령님이 충만케 역사하십니다. 성령의 충만을 받기 원합니까? 복음의 말씀을 받고 하나님 앞에 무릎을 꿇어야 합니다. 그리고 하나님이 당신을 통해 하시고 싶어 하는 일을 사람들 가운데 실천해야 합니다. 그러면 성령님을 만날 수 있습니다.

술주정뱅이가 대전도자로

예화 11

"5년 전에 저는 술주정뱅이였으며, 저와 아내는 예수님을 믿거나 어떤 종교를 갖겠다는 생각을 해본 적이 없습니다. 그리고 당시 저는 미국에서 규모가 큰 린넨 회사의 매니저로 화려한 경력을 쌓아가고 있었습니다." 그는 자신이 술주정뱅이였다가 예수님을 모시고 행복한 인생을 살게 된 이야기를 다음과 같이 증거 했습니다.

"저는 하나님도 없고 소망도 없는 술주정뱅이였는데, 시간이 흐를수록 알코올 중독이 점점 악화되고 있었습니다. 그때 회사는 그래도 친절을 베풀어 술버릇이 고쳐지기를 희망하며 기다려주었습니다. 저를 이곳저곳으로 전출시키면서 거기서 새로워지기를 바라고 있었지요. 그러나 그런 노력도 아무 소용이 없었습니다."

회사는 결국 그에게 더 이상 매니저로 일할 수 없다고 통보했습니다. 그것은 그와 그의 아내에게 치명타를 안겼습니다. 친한 사람이 갑자기 죽었다는 소식보다 더 큰 충격을 받았습니다. 그러나 회사는 희망을 아주 버리지 않고 일반 세일즈맨으로 일하라고 배려해주었습니다. 그는 다른 직장을 구할 수 없어 자존심이 상하지만 세일즈맨으로 일하기로 했습니다. 그것은 그의 자존심에 상처를 안겨주었습니다.

그제야 그는 정신을 차리기 시작했습니다. 그와 그의 아내는 의논한 끝에 하나님이 자신들을 도와주지 않으시면 더 이상 희망이 없다는 결론을 얻었습니다. 어려서 신앙의 가정에서 자란 두 사람은 우리 인간이 할 수 없는 그것을 하나님은 하실 수 있다는 말씀이 생각났습니다. 그들은 다음 일요일부터 교회에 나가기로 결정했습니다. 세 번 교회에 출석한 뒤 그들은 예수님을 영접했습니다. 그는 술을 끊었지만 계속 칵테일을 마시고 담배를 피우고 극장에 가고 댄스홀에 다녔습니다. 이렇게 약간의 변화를 경험하면서 그 부부는 3년간 교회에 다녔습니다.

그러다가 새로운 전기가 맞게 되었습니다. 어느 주일 아침에 목사님의 설교를 듣고 마음에 큰 감동을 받아 하나님의 말씀에 순종하기로 작정한 것입니다. 목사님은 사람들이 한 중풍병자를 네 사람에게 메워 가지고 예수님 앞에 데려와서 예수님의 치료와 구원을 받았다는 말씀을 증거 했습니다. 목사님은 침상의 한 귀퉁이를 들고 있는 사람들이 그 중풍병자를 고칠 수도 없었고, 그에게 하나님의 진리를 가르칠 능력도 없었고, 찬송하거나 기도하거나 설교할 능력도 없었지만 예수님 앞으로 데려옴으로써 예수님이 그를 고칠 수 있었다고 했습니다.

그는 이 말씀을 들으면서 마음속으로 이렇게 기도했습니다. '주님, 침상의 한 귀퉁이를 들고 온 사람이 바로 저입니다. 저는 설교를 할 수도 없습니다. 기도할 줄도 모릅니다. 찬양할 줄도 모릅니다. 대중 앞에서 예수님을 증거 할 수도 없습니다. 그러나 기꺼이 침상의 한 귀퉁이를 들고 사람들을 교회와 교회학교로 데리고 오겠습니다. 그렇게 하면 그들은 거기서 예수님을 만날 수 있을 것입니다.'

예배를 마치고 나서 그는 목사님을 찾아가 이렇게 말했습니다. "목사님이 저와 약속하고 그 약속을 지킨다면 예수님을 필요로 하는 사람들이 누운 침상 드는 일을 하겠습니다. 그러니 제 얘기를 잘 듣고 꼭 그대로 하겠다고 약속해줘야 합니다. 목사님은 저에게 공중기도를 시키거나, 예수님을 증거 하라고 하거나, 말씀을 증거 하라고 하거나, 찬양하라고 하지 마십시오. 저는 이런 요구들 가운데 어느 것도 할 수 없습니다. 목사님이 앞서 말한 네 가지 가운데 어느 것 하나라도 시키면 약속을 지키지 않은 것으로 생각하고 다시는 침상 드는 일을 하지 않겠습니다." 그의 이야기를 듣고 난 목사는 그 약속을 지키겠다고 말했습니다.

그는 백화점에 가서 큰 공을 하나 샀습니다. 그리고 그 공을 교회에 가지고 가서 놀고 있는 청소년에게 주면서 일주일 동안 마음대로 사용하되 한 가지만 해주면 된다고 했습니다. "이 공을 가지고 놀면서 교회에 가고 싶지만 누가 데려다주지 않아서 나오지 못하는 친구의 이름을 하나씩만 적어주면 내가 그 친구를 교회에 데리고 오겠다." 이 계획을 들은 스포츠 전문매장 매니저가 자기도 공을 하나 내놓겠다고 해서 그는 청소년 두 명에게 공 두 개를 나눠주었습니다.

다음 주에 그는 청소년 두 명을 자기 차에 태우고 교회에 왔습니다. 그러나 얼마 지나지 않아 그는 자기 차로 두 번 왕복해야 했고, 다른 친구도 그 일을 하기 시작했습니다. 이 사역은 머지않아 교회 성도들의 관심을 받게 되었습니다. 그와 뜻을 같이하는 사람들이 모여 단체를 만들고 드디어 버스를 구입하기에 이르렀습니다. 그 버스 노선을 따라 그는 열심을 다해 사람들을 전도했고, 얼마 후에는 또 다른 노선을 위해 버스 한 대를 더 구입했습니다. 그와 함께 많은 사람이 그 버스 노선을 따라 예수님을 증거 하고 많은 사람을 교회로 초청했습니다. 그는 그들에게 자기 경험을 이야기하면서 예수님이 어떤 일을 해주셨는지 간절한 마음으로 전했습니다. 그는 목사님과의 약속을 자기가 먼저 깨면서도 그 사실을 알지 못했습니다. 얼마 후 그 단체는 또 다른 버스를 구입해야 했습니다. 그리고 또 다른 버스 노선을 개발하고 또다시 버스를 구입하고 이렇게 해서 버스 열 대를 구입하고 많은 믿지 않는 사람을 교회로 인도하게 되었습니다.

그는 환등기, 영사기, 오디오 세트 등을 구입하여 놀라운 일을 행하시는 예수님을 더 효과적으로 전달하기 위해 애썼습니다. 이 기계는 그가 할 수 없는 일을 할 수 있게 해주었습니다. 그는 자신도 알지 못하는 가운데 힘 있는 설교자가 되어 있었습니다. 그가 수용소를 방문했을 때의 일입니다. 친구들이 수용소에 있는 사람들에게 그의 경험을 이야기해 보라고 권했습니다. 그는 처음에 주저하는 듯하더니 사람들에게 자기가 만난 예수님을 열정적으로 전달했고, 사람들은 그의 이야기를 듣고 크게 응답했습니다. 이 일은 그가 예수님을 본격적으로 증거 하기 시작한 계기가 되었습니다. 그는 영사기를 들고 다니면서 사람이 많이 모여 있는 곳, 특히 기다리면서 지루함을 달래고 있는 곳에 가서 영사기를 설치하고 예수님을 증거 했습니다. 그는 린넨 회사를 다니면서 배운 판매 전략을 활용했습니다. 그는 어떤 사람이 마음을 비우고 말을 들어주는지 알고 있었던 것입니다. 그는 최대 175명에게 예수님을 증거 한 적이 있습니다. 그는 필름을 보여주고 나서 말로 예수님을 증거 했습니다. 하나님은 그에게 큰 복을 주셔서 그의 말을 듣고 많은 사람이 예수님을 찾도록 해주셨습니다. 그는 과거에 술주정뱅이였지만 예수님을 증거 하는 대전도자가 되었습니다.

"2년 전 목사님의 설교를 듣고 침상의 한 귀퉁이를 들기로 작정했을 때 하나님께 이렇게 기도 드렸습니다. '주님, 제가 계속 담배를 피우고, 칵테일을 마시고, 극장에 가고, 댄스홀에 다닌다면 사람들을 예수께로 초청할 수 없을 것입니다. 이제 그런 것들을 십자가 밑에 버리겠습니다. 저를 새사람으로 만들어주시옵소서.' 그날 이후로는 결코 세상적인 것에 빠지지 않았습니다. 하나님이 저를 정결케 해주신 것입니다. 그래서 지금은 어디를 가든지 예수님을 모시고 다니며, 그분을 증거 하고 있습니다." 그는 550명의 사람을 매 주일 교회에 데려오고 있으며, 지금까지 2,000명 넘는 사람을 회심시킬 수 있었다고 말했습니다.

예수님은 아무런 희망 없이 살던 술주정뱅이를 치료하고 변화시켜 대전도자로 만드셨습니다. 그는 이전에 맛을 잃어버려 사람들의 발에 밟히는 소금과 같았습니다. 그는 사망의 그늘에 앉아 한숨만 쉬던 저주의 백성 가운데 한 사람이었습니다. 그러나 우리 예수님은 그를 받아 세상을 아름답게 만들고 어둠을 밝게 비치는 하나님의 빛에 참여하도록 하셨습니다. 자기 힘으로 아무것도 할 수 없다는 절망감에 빠져 지내던 한 사람이 예수께로 돌아설 때 하나님의 놀라운 능력이 그를 통해 이 땅에 강물같이 흘러 들어온 것입니다.

말씀에 접목하기: 행 4:10-12

하나님은 건축하는 사람들이 버린 돌을 모퉁이의 머릿돌로 사용하시는 분입니다. 건축하는 사람들이 내다버린 돌은 전문가의 눈에 쓸모없는 돌입니다. 전문가가 가치가 없다고 판정하면 그것은 그냥 돌이 되고 맙니다. 그러나 우리 주님은 그 돌을 모퉁이의 머릿돌이 되게 만드십니다. 이 세상에서 어떤 실패자나 가치가 없다고 판정을 받은 사람일지라도 하나님 앞에 무릎을 꿇으면 존귀하고 꼭 필요한 모퉁이의 머릿돌로 변화 받을 수 있습니다.

성경과 우리의 경험 가운데 이런 사실을 증명해주는 이야기가 너무 많습니다. 베드로는 "주여 나를 떠나소서 나는 죄인이로소이다"(눅 5:8)라고 고백했으나 예수님은 그를 대사도로 변화시키셨습니다. 이사야는 "화로다 나여 망하게 되었도다"(사 6:5)라고 부르짖었으나 하나님은 그를 불러 대선지자로 만드셨습니다. 예레미야는 "나는 아이라 말할 줄을 알지 못하나이다"(렘 1:6)라고 하나님의 부르심을 거절했으나 하나님은 그를 눈물의 선지자로 만들어 대대로 그분의 계시를 우리에게 전하는 종이 되게 하셨습니다. 다니엘은 "나의 아름다운 빛이 변하여 썩은 듯하였고 나의 힘이 다

없어졌으나"(단 10:8)라고 부르짖었으나 하나님은 아직도 그를 통해 새 시대의 비전을 전달하고 계십니다. 바울은 "죄인 중에 내가 괴수라"(딤전 1:15)고 탄식했으나 하나님은 그를 불러 대전도자로 삼으셨습니다.

하나님 안에서는 '내가 어떤 사람이냐'가 중요한 것이 아니라 하나님이 불러 사용하시느냐가 더 중요합니다. 누구든지 예수님을 따르는 자는 그분의 놀라운 기적을 몸으로 경험하게 될 것입니다.

예수님의 피는 하나님의 사랑의 증거다

예화 12

동양의 어떤 여왕에게 세 아들이 있었습니다. 그 여왕이 세상을 떠나자 세 아들은 그 어머니에 대한 자기들의 사랑을 경쟁적으로 표현했습니다. 세 아들은 어머니의 무덤 위에 누가 최고의 선물을 가져다놓느냐를 두고 경쟁했는데, 많은 구경꾼이 지켜보는 가운데 한 아들이 그 위에 자기 피를 바쳤습니다. 그러자 구경꾼들은 그것이 최고의 사랑이라고 했습니다. 어머니를 위해 자신의 피 몇 방울을 바쳐도 위대하다고 칭송 받는데 하물며 죄인이고 원수인 우리를 위해 예수님은 자신의 피를 한 방울도 남기지 않고 화목제물로 바치셨습니다. 예수 그리스도의 십자가를 통해 나타난 하나님의 사랑, 그것을 달리 어떻게 표현할 수 있겠습니까? 여기 사랑이 있다는 말 외에 더 이상 표현할 방법이 없습니다.

크롬웰이 통치하던 때 한 병사는 저녁 종이 울리면 사형에 처한다는 판결을 받았습니다. 그 병사는 아름다운 여성과 약혼한 상태였습니다. 약혼녀는 재판장과 크롬웰을 찾아가 간청했습니다. "제발 사면을 내려주십시오." 그러나 허사였습니다. 처형을 위한 모든 준비가 끝났고, 저녁 종이 울리기만 기다리고 있습니다. 종치기는 귀먹은 할아버지였습니다. 그는 항상 하던 대로 종의 줄을 잡아 종을 쳤지만 종소리가 들리지 않았습니다. 병사의 약혼녀가 종각 위에 올라가 사력을 다해 종추를 붙잡고 있었기 때문입니다. 그러나 노인은 종을 다 친 줄 알고 종 줄을 놓아버렸습니다.

그 병사의 약혼녀는 피를 흘리면서 종각에서 내려와 크롬웰을 찾아갔습니다. 시간이 한참 흐른 뒤 크롬웰은 왜 종이 울리지 않았는지 물었습니다. 그때 그는 사람들 사이에서 사형수의 약혼녀를 보게 됐습니다. 그녀의 몸은 상처와 핏자국으로 얼룩져 있었습니다. 종추를 움직이지 않게 하려고 애쓰다가 여기저기 부딪치면서 상처를 입은 것이었습니다. 그 모습을 본 크롬웰은 순간적으로 동정심이 일었습니다. 눈물로 촉촉하게 젖은 그 약혼녀의 눈을 보면서 "당신의 약혼자는 살아 있습니다. 저녁 종은 다시 울리지 않을 것입니다"라고 말했습니다.

예수님은 종추를 잡아 몸을 조금 다치신 정도가 아니었습니다. 예수님은 십자가에서 피와 물을 다 쏟으시고 우리의 죄 때문에 돌아가셨습니다. 그분은 우리를 위한 화목제물이 되셨습니다. 이런 사랑을 어디서 찾겠습니까! 예수님을 영접할 때 이 사랑의 피가 우리 속으로 흘러 들어와 우리를 치료하고 씻으십니다.

말씀에 접목하기: 눅 23:34; 요 19:30

십자가의 고통을 압니까? 사람들은 예수님을 십자가에 못 박고 그 십자가를 똑바로 세웠습니다. 예수님의 몸을 세 개의 못이 지탱하고 있었습니다. 몸은 무거워 자연스럽게 밑으로 처지지만 손과 발에 못이 박혀 있어 몸이 십자가에 고정되어 있습니다. 이때 몸이 처지면 먼저 팔이 당겨지고 옆구리까지 당겨집니다. 그러면 숨을 쉴 때마다 올라갔다 내려왔다 하는 횡경막이 위로 올라가 오목 가슴에 붙어버립니다. 그러면 숨이 막혀 숨을 쉴 수 없게 됩니다. 그러면 무의식중에 숨을 쉬기 위해 손을 잡아당겨 올라가려고 합니다. 그러나 손에 못이 박혀 힘을 낼 수 없습니다. 그러면 발목에 힘을 주어 몸을 밀어서 위로 올리려고 합니다. 이 모습을 상상해 봅니다. 손목과 발목에 못이 박혀 있는데 손을 잡아당기고 발목을 밀어 올리려고 하면 온몸이 뒤틀리면서 으드득거리고 전신이 고통으로 찢어지는 것 같습니다. 그래서 몸을 약간 올리면서 숨을 쉽니다. 그러다 다시 몸이 처지면 숨을 쉴 수 없어 다시 끌어올리면서 전신이 뒤틀리는 고통을 당하고……. 예수님은 아침 9시에 십자가에 못 박혀 오후 3시까지 6시간 동안 이런 고통을 당하셨습니다.

머릿속이 하얗게 되는 이런 고통 가운데서도 예수님의 첫 번째 기도는 그분을 위한 것이 아니었습니다. "아버지 저들을 사하여 주옵소서 자기들이 하는 것을 알지 못함이니이다"(눅 23:34). 예수님의 마음은 우리가 자신이 지은 죄를 용서받고 구원받는 것이었습니다. 예수님은 이런 고통 속에서 죽을지언정 우리가 그 보혈로 씻김 받고 용서받기를 원하셨습니다. 그 십자가의 고통 가운데서 마지막 기도는 "다 이루었다"는 것이었습니다. 성경은 "예수께서 신 포도주를 받으신 후에 이르시되 다 이루었다 하시고 머리를 숙이니 영혼이 떠나가시니라"(요 19:30)고 말씀합니다. "다 이루었다"는 말씀은 헬라어로 '테 텔레스타이' 인데, 이 단어는 '다 완성했다' 는 뜻도 있지만 '다 갚았다' 는 뜻도 있습니다. 예수님은 고통 가운데서 모든 사람이 지은 죄의 대가를 다 갚고 구원을 이루었다고 말씀하셨습니다. 예수님의 마음 가운데는 오직 우리가 용서받고 구원받아 하나님이 약속하시는 복을 누리기를 바라는 소망이 있었습니다. 예수님의 십자가 고통은 사랑하는 우리를 구원하시기 위한 사랑의 고통이었습니다. 예수님은 지금 우리에게 오셔서 "나는 너희를 대신해 그 고통을 당했고 너희의 죗값을 다 갚았다. 누구든지 나에게 오면 너희는 나의 자녀가 되고 하늘의 영광을 받을 것이다"라고 말씀하고 있습니다.

과연 변할 수 있을까?

예화 13

번스는 20대 후반의 청년으로 직장을 잃고 난 뒤 취직하려고 애썼지만 실패하고 좌절의 시간을 보냈습니다. 그는 친구와 함께 강도짓을 하기 시작했습니다. 그러다가 목사님을 만나 보조 수위직으로 일하게 되었습니다. 그는 수위를 하면서 사회봉사관 청소하는 일을 했습니다. 그는 목사님에게 더 이상 술을 마시지 않고 새사람이 되겠다고 약속했습니다. 그는 예수님을 믿고 믿음으로 살기로 결심했습니다. 그러나 결심한다고 해서 단숨에 생활이 변하고 성격이 바뀌고 술을 끊을 수 있는 것은 아닙니다.

그는 취직한 첫날 오후에 사회봉사관 현관 계단을 청소하고 있었습니다. 그러다가 허리를 쭉 펴고 일어나 주변을 둘러보았습니다. 그때 그의 눈에 골목 건너편에 내걸려 있는 맥주 간판이 눈이 들어왔습니다. 그 간판은 손에 든 빗자루를 한껏 뻗으면 닿을 만큼 가까이 걸려 있었습니다. 뻔히 보이는 길 건너편에는 제법 큰 술집이 두 곳이나 있었고, 좀 더 아래쪽으로 그런 술집이 세 곳이나 있었습니다. 그의 눈에는 술집 간판만 크게 확대되어 들어왔습니다.

그중 가장 가까이 있는 술집 문이 열리더니 안에서 남자 한 명이 나왔습니다. 그와 동시에 남자 두 명이 그 술집 안으로 들어갔습니다. 강렬한 맥주 냄새가 계단에 서 있는 번스의 코를 찔렀습니다. 그는 빗자루를 힘껏 쥐고 다시 바닥을 쓸기 시작했습니다. 그러나 그의 발은 무의식중에 술집 있는 쪽으로 한 계단씩 내려가고 있었습니다. 문득 자기의 행동을 의식한 그는 발길을 멈췄습니다. 이마에서 땀이 나기 시작했습니다. 사내 아이 한 명이 커다란 맥주 통을 들고 맥주 집에서 나와 배달을 나가고 있었습니다. 아이가 번스 옆을 지나가자 맥주 냄새가 다시 그의 코를 찔렀습니다. 그는 빗질을 계속하며 아래 계단으로 내려섰습니다. 빗자루를 얼마나 세게 움켜잡았던지 손가락 피부가 자줏빛으로 변했습니다.

번스는 갑자기 한 계단 올라서서 방금 깨끗이 청소한 곳에 다시 빗질을 했습니다. 그런 식으로 비틀거리며 가까스로 계단을 다 올라가 술집에서 가장 먼 쪽에 있는 현관 구석을 쓸었습니다. "오, 하나님! 목사님이 빨리 돌아오셔서 흔들리는 제 마음을 붙잡도록 해주시옵소서!" 그날따라 외출한 목사님이 늦게 오는 것 같았습니다.

번스는 2~3분쯤 현관 구석에서 빗질을 했습니다. 그의 얼굴은 갈등으로 말미암아 일그러졌습니다. 그는 점점 계단 쪽으로 다가가더니, 이윽고 계단을 내려가기 시작했습니다. 얼핏 보도 쪽을 쳐다보니 빗질을 하지 않은 계단이 눈에 띄었습니다. 그 계단은 그에게 아래로 내려가 맥주 집과 한 발 더 가까이 다가갈 구실을 만들어주는 듯했습니다.

이제 번스는 보도로 내려가 사회봉사관 쪽을 바라보면서 골목 바로 건너 술집 쪽으로 등을 비스듬히 향한 채 맨 아래 계단을 쓸고 있었습니다. 계단을 벌써 열두 번도 더 쓸었습니다. 얼굴에 맺힌 땀이 방울져서 발끝에 떨어졌습니다. 그는 맨 아래 계단과 가까이 있는 술집 쪽으로 자신이 끌려가고 있음을 깨달았습니다. 맥주 냄새가 풍겼습니다. 이제 맥주 거품이 부글부글 끓어오르는 듯한 착각에 빠졌습니다. 그 거품은 마치 지옥 밑바닥에서 끓어오르는 유황 같았습니다. 그것이 거인의 손아귀처럼 뻗어 나와 자신을 낚아채어 끌고 가는 듯했습니다.

이윽고 번스는 보도 한가운데까지 가서 마구 빗질을 하고 있었습니다. 사회봉사관 현관 앞 공터까지 말끔히 쓸었고, 심지어 도랑 속으로 들어가 그곳도 말끔히 쓸었습니다. 그런 다음 모자를 벗더니 옷소매로 얼굴을 닦았습니다. 입술이 창백해지고 이빨 맞닿는 소리가 났습니다. 마치 중풍환자처럼 온몸을 떨면서 이미 만취한 사람이 걷듯 앞뒤로 비틀거렸습니다. 그의 영혼도 몸속에서 흔들리고 있었습니다.

마침내 번스는 골목을 가로질러 돌덩이 하나를 지나 술집 앞에 바싹 다가섰습니다. 술집 간판을 쳐다본 뒤 창문을 통해 보니 술집 안에 위스키 병과 맥주 병이 산더미처럼 쌓여 있었습니다. 혀로 입술을 축인 채 한 걸음 앞으로 나아갔습니다. 주위를 두리번거리며 살폈습니다. 다시 술집 문이 확 열리고 몇 사람이 밖으로 나왔습니다. 또다시 코를 찌르는 술 냄새가 풍겨 나오더니 차가운 대기 속으로 퍼졌습니다. 그는 방금 나온 술꾼을 뒤로 하고 닫혀버린 술집 문으로 향해 또 한 걸음 다가섰습니다. 문 앞에 서서 손으로 손잡이를 잡으려는 순간 덩치 큰 사람이 길모퉁이에서 걸어 나왔습니다. 목사님이었습니다.

목사님은 한쪽 팔로 번스의 목덜미를 잡은 뒤 보도로 끌어냈습니다. 한 잔 마시고 싶어 거의 미치다시피 한 그는 몹쓸 욕을 퍼부으며 자기를 끌어내는 목사님을 후려쳤습니다. 그는 누가 자기를 파멸에서 낚아채서 끌어내주는지조차 모르는 듯했습니다. 주먹이 목사의 얼굴을 강타했고 뺨에 큰 상처가 났습니다. 목사님은 한 마디도 하지 않았습니다. 그는 번스를 어린 아이 다루듯 번쩍 들고 계단을 올라가 사회봉사관으로 들어갔습니다. 번스를 홀에 팽개치고는 되돌아가 현관문을 닫고 그 문에 등을 기대고 섰습니다.

번스는 무릎을 꿇고 흐느끼면서 기도하고 있었습니다. 목사님은 거칠게 숨을 몰아쉬면서 그대로 서 있었습니다. "기도하세요, 번스. 여태껏 한 번도 해보지 않은 그런 기도를 하세요! 당신을 구해줄 수 있는 건 그것뿐입니다!" 이 말에 번스는 "오, 하나님! 제 기도를 받아주시고 저를 구해주소서! 제가 자초한 이 지옥에서 제발 구해주소서!"라고 울부짖었습니다. 목사님도 번스 곁으로 다가와 무릎을 꿇고 온 마음을 다해 간절히 기도했습니다. 치열한 투쟁과 목사님의 도움으로 번스는 술을 끊고 하나님의 사람으로 변모되어 갔습니다.

말씀에 접목하기: 갈 5:16-18

갈라디아서 5장 18절 말씀은 "너희가 만일 성령의 인도하시는 바가 되면 율법 아래 있지 아니하리라"고 선포합니다. 성령님의 인도를 받는 사람은 죄의 충동과 습관성의 억압을 이기고 승리할 수 있다는 말씀입니다. 그런데 알코올 중독이나 약물 중독, 죄의 습관성에 빠져 지낸 경험이 있는 사람은 누구나 죄의 충동과 습관성의 억압에서 해방되는 것이 결코 쉽지 않는 일임을 알고 있을 것입니다. 그러면 성령님의 인도를 받는다는 것은 무슨 뜻일까요?

번스의 이야기는 우리에게 구체적인 몇 가지 방법을 제시해줍니다. 첫째, 번스는 습관성의 노예가 되어 방황할 때 믿음의 사람을 만나 복음과 섬김을 받았습니다. 모든 죄의 습관성에서 혼자 힘으로 해방될 수 없습니다. 성령님은 믿음의 사람들을 통해 그들에게 역사하시기 시작합니다. 번스는 목사님에게 복음을 받고 사랑의 섬김을 받았습니다. 둘째, 번스는 그 습관성에서 해방되고자 하는 강한 열망을 가졌습니다. 이 열망 역시 믿음의 사람이 전하는 복음과 사랑의 섬김을 통해 주어지지만 그래도 번스 자신의 의지와 결단으로 습관성과 싸우기 위해 노력해야 합니다. 셋째, 번스에게는 목사님의 중보기도가 있었고 그는 목사님과 함께 합심기도도 드렸습니다. 자기의 약함과 습관성의 악함과 그로 말미암아 당하는 모든 괴로움을 하나님께 아뢰는 기도, 중보자의 간절한 기도, 중보자들과 합심하여 드리는 기도를 통해 성령님은 신비하게 역사하여 습관성으로부터 해방을 얻게 하십니다.

횡재는 파선을 몰고 다닙니다

예화 14

미국 조지아 주에서 자동차 수리공으로 일하는 폴 쿠니라는 청년이 있었습니다. 1988년 어느 날, 그 청년은 어머니로부터 복권 한 장을 선물 받았습니다. 그런데 이것이 특등에 당첨돼 무려 240억 원의 당첨금을 받았습니다. 사람들은 쿠니에게 '불행 끝, 행복 시작'이라며 부러워했습니다. 쿠니는 방송과의 인터뷰에서 성실한 대답을 해서 박수갈채를 받았습니다. "저는 지금 하고 있는 일을 계속해 나갈 것입니다."

그러나 많은 돈은 쿠니를 가만 놔두지 않았습니다. 그는 일 년 뒤 자신이 일하던 자동차 회사를 인수했고, 아내가 점원으로 일하던 도너츠 가게를 매입해 사장이 되었습니다. 그리하여 돈을 물 쓰듯 하며 달콤한 향락에 젖어들기 시작했습니다. 결국 쿠니가 운영하던 회사는 모두 부도가 났고, 부부는 이혼하고 말았습니다.

쿠니는 6억 원이 넘는 큰 빚을 지고 옛날보다 더 비참한 삶을 살고 있다고 합니다. 성경은 쿠니의 이런 상황을 염두에 두고 말씀하신 것처럼 "부하려 하는 자들은 시험과 올무와 여러 가지 어리석고 해로운 욕심에 떨어지나니 곧 사람으로 파멸과 멸망에 빠지게 하는 것이라 돈을 사랑함이 일만 악의 뿌리가 되나니 이것을 탐내는 자들은 미혹을 받아 믿음에서 떠나 많은 근심으로써 자기를 찔렀도다"(딤전 6:9-10)라고 꾸짖고 있습니다.

말씀에 접목하기: 딤전 6:9-10

사도 바울은 우리 몸을 거룩한 산 제물로 하나님께 드리라고 권면합니다. 이것은 우리의 재물에도 해당되는 말입니다. 모든 것이 하나님의 선물이고 은혜이기 때문에 우리는 그 재물을 받은 하나님의 청지기가 되어야 합니다. 하나님의 청지기로서 하나님이 그 재물을 가지고 사용하기를 원하시는 바로 그곳에 사용해야 할 것입니다. 그러므로 우리가 가진 모든 재물을 하나님께 산 제물로 드리고, 그분의 선하고 기뻐하고 온전하신 뜻에 따라 그 재물을 사용해야 합니다. 아무리 작은 재물일지라도 하나님께 드리고, 하나님의 영광을 위해 사람들에게 유익하도록 사용하고, 그 재물로 세상을 아름답게 변화시키고 사람들에게 하나님의 축복을 전하는 재물이 되어야 할 것입니다. 하나님의 뜻에 따라 재물을 사용할 때 그 재물은 축복을 강같이 흐르게 하는 축복의 통로가 될 것입니다.

조상의 저주에 빠진 사람

예화 15

미국의 어느 유명한 연극배우가 자살했습니다. 장례식에 참석한 이 배우의 어머니는 슬프게 울면서 이렇게 부르짖었습니다. "얘야, 너를 죽인 것은 이 어미다. 네 아버지가 나를 때리고 물건을 집어던지고 욕설을 퍼부을 때마다 받은 상처를 나도 모르게 너에게 쏟아붓곤 했었지. 너를 기르면서 나도 모르게 너를 때리고 욕설을 퍼부었어. 알고 보면 네 아버지도 네 할머니의 희생자였는데 말이야. 내가 너에게 그렇게 하지 않았다면 네가 죽음을 선택하지 않았을 텐데……."

그 연극배우는 어머니의 말대로 부모에게 사랑과 인정을 받지 못했습니다. 성장하는 동안 공허감은 그의 정신을 갉아먹고 있었습니다. 이 공허감을 잊기 위해 그는 연극에 몰두했고 미국에서 알아주는 유명한 배우가 되었습니다. 그러나 유명해지자 또다시 공허감이 찾아왔고, 그것을 견디지 못해 죽음을 선택한 것입니다.

말씀에 접목하기: 출 20:5, 6

하나님은 계명을 주시면서 "나를 미워하는 자의 죄를 갚되 아버지로부터 아들에게로 삼사 대까지 이르게 하거니와 나를 사랑하고 내 계명을 지키는 자에게는 천 대까지 은혜를 베푸느니라"(출 20:5, 6)고 말씀하셨습니다. 부모의 죄는 여러 경로를 통해 3대, 4대까지 영향을 미칩니다. 앞서 언급한 배우도 할아버지, 아버지, 어머니를 거쳐 그에게까지 이른 폭력의 죄로 말미암아 결국 자살하고 말았습니다. 우리는 태어나면서 조상의 축복과 저주를 함께 받았습니다. 예수님이 오신 이유 가운데 하나는 이처럼 조상으로부터 이어져 내려오는 죄악의 고리를 끊어내고, 축복 받는 가문의 문을 열어주기 위해서입니다. 예수님을 믿는 자는 하나님의 생명을 받습니다. 예수님을 믿을 때 우리 안에 하나님의 생명이 임하여 조상으로부터 이어져 내려오는 저주의 고리를 끊어버리고 축복의 문을 열어주실 것입니다.

대를 잇는 저주의 사슬을 끊으시는 예수님

예화 16

남다른 문제로 고민하는 한 남자가 있었습니다. 그는 한 여인을 사랑하게 되었는데 만남이 잦아지고 사귐이 깊어질수록 무슨 이유인지 불안하고 두려운 생각이 드는 것이었습니다. 함께 있을 때면 사랑스러워서 어쩔 줄 모르면서도 왠지 서늘하고 불안했습니다. 그 남자는 어렸을 적 어머니를 피투성이가 되도록 때리던 아버지의 모습을 기억해냈습니다. 그날 밤 그는 문 밖에서 엄마를 도울 수 없다는 자책감과 두려움에 떨고 있었습니다. 당시의 모습이 떠오르자 그는 심하게 몸을 떨기 시작했습니다. 그리고 그 상처가 무의식 속에서 자신을 지배하고 있다는 사실을 깨달았습니다. 지금까지 그 상처가 자신의 꿈과 사랑을 깨뜨리고 현실을 헤쳐 나가는 모든 에너지를 빼앗아가고 있었다는 사실도 깨달았습니다.

말씀에 접목하기: 출 20:4-6

우리를 저주에 빠지게 하는 것은 자신이 지은 죄 때문만이 아닙니다. 어떤 사람은 귀신 들려 고통을 당합니다. 어떤 사람은 이웃의 무시와 따돌림, 폭력, 거짓 등으로 큰 상처를 받습니다. 어떤 사람은 천재지변으로 상해를 입고 고통을 당합니다. 예수님은 이 모든 상처와 아픔과 고통을 치료하고 씻어주기 위해 십자가의 보혈을 흘리셨을 뿐 아니라 우리에게 상처와 고통을 준 모든 사람을 용서하고 고치기 위해 오셨습니다. 예수님 안에서 과거의 모든 저주가 축복으로 변화를 받습니다. 예수님이 우리 안에 오셔서 이 모든 놀라운 일을 행하실 것입니다. 예수님은 행복의 문을 열어주기 위해 우리에게 오셨습니다.

부모의 영향이 자식의 인격을 좌우한다

예화 17

인류학자 애슐리 몬터규 박사는 "어린 아이의 인생관은 주로 부모와의 관계를 통해 이루어지며, 부모의 자유로운 또는 사나운 태도에 따라 아이는 세상을 사랑하거나 저주하게 된다"고 했습니다. 전 세계를 뒤흔들었던 2차 세계대전의 원흉인 히틀러의 손에 무려 600만 명의 유대인이 희생되었습니다. 그런 끔찍한 일이 일어나게 된 것은 히틀러의 어린 시절이 불우했기 때문입니다.

장사를 했던 히틀러의 아버지는 자주 집을 비웠습니다. 한번 장사를 나가면 한 달 내지 두 달 동안 히틀러는 아버지의 얼굴을 볼 수 없었습니다. 그런데 아버지가 없을 때 이웃에 사는 유대인이 그의 집에 놀러 오곤 했습니다. 그러다가 히틀러의 어머니는 그 유대인과 불륜의 관계를 맺게 되었습니다. 이를 눈치 챈 히틀러는 어릴 때부터 유대인과 여자를 증오하게 되었고, 늘 복수심으로 가득 차 있었습니다. 부정한 어머니 때문에 히틀러는 순결한 여인의 이미지를 가질 수 없었던 것입니다. 그는 여성 편력의 모습을 보여주었지만 단 한 번도 진정한 사랑을 해본 적이 없었다고 합니다. 히틀러의 비정상적인 성장 환경으로 말미암아 인류사상 600만 명의 유대인이 비명 속에 죽어가는 비참한 일이 일어났던 것입니다. 부모의 태도가 자식에게 주는 영향이 이렇게 큽니다.

이와 반대의 이야기도 있습니다. 복음 전도자 무디는 9남매 중 여섯째로 태어났는데, 어느 날 갑자기 아버지가 돌아가셨습니다. 그의 어머니는 남편을 잃은 슬픔보다 혼자서 아홉 명의 자녀를 양육해야 한다는 생각에 앞이 캄캄했습니다. 장례식을 치르고 난 뒤 힘없이 앉아 있는 무디의 어머니에게 친척들이 찾아와서 "혼자 아홉 명의 자녀를 키우려면 너무 힘들 테니 몇 명을 고아원이나 친척집에 보내 식구 수를 줄여야 하지 않겠소"라고 말했습니다. 그러자 무디의 어머니는 소맷자락을 걷어붙이고 두 팔을 앞으로 내밀면서 "내 두 팔에는 아직 살이 붙어 있습니다. 내 팔에 살이 붙어 있는 한 절대 내 자식을 고아원이나 친척집으로 보낼 수 없습니다. 엄마만큼 자식을 생각하고 자녀를 위해 기도해줄 사람은 없어요. 내 힘이 다할 때까지 자식들은 내 품 안에서 키우겠어요"라고 대답했습니다.

무디의 어머니는 이른 새벽부터 밤늦게까지 뼈가 으스러지도록 일하면서 혼자 아홉 자녀를 길렀습니다. 그녀는 자녀들에게 고등교육을 시키지는 못했습니다. 그러나 자녀들을 주님 안에서 신앙으로 길러 미국과 영국을 복음으로 뒤흔든 위대한 주의 종을 키워낼 수 있었습니다.

말씀에 접목하기: 신 6:1-3

하나님은 아비의 악을 자손 삼사 대까지 보응하겠다고 말씀하셨습니다. 당신은 현재 어떤 고난을 겪고 있습니까? 당신 집안에 어떤 일이 있었는지 과거를 거슬러올라가 봅니다. 그러면 십중팔구 그릇된 선택의 결과가 눈에 들어올 것입니다. 나쁜 습관, 부정적 태도, 중독, 질병, 그릇된 사고방식 등의 죄는 후대까지 오염시킵니다. 그것이 당신의 집안뿐 아니라 이 세상을 고난과 저주의 세상으로 만들어 왔습니다. 우리 조상으로부터 내려오는 악의 고리를 끊어버리지 않는다면 우리 후대도, 앞으로 오는 세상도 같은 고난을 당할 것입니다.

우리 가운데는 이런 변명을 하며 사는 사람이 있습니다. "나는 이럴 수밖에 없다고. 옛날부터 가난과 질병이 우리 가문을 괴롭혀 왔어. 우리 할아버지도 고혈압으로 고통당했고 아버지도 같은 병으로 고통당했고 젊은 나이지만 나도 고혈압이야! 이건 모두 조상 탓이야!" 그러나 예수님이 오셨습니다. 예수님은 조상으로부터 전해져 내려온 악의 전통을 끊기 위해 오셨습니다. 우리는 나쁜 패턴에 종지부를 찍겠다고 굳게 결심하고, 예수님의 이름으로 조상한테서 물려받은 패배의식과 중독, 비관적 태도를 물리쳐야 합니다. 오늘 하나님은 우리에게 집안의 역사와 이 세상의 역사를 새로 쓸 수 있는 기회를 주셨습니다. 지금 좋은 선택을 내리기만 하면 됩니다. 그래서 우리 후대가 새로운 전통, 사랑의 전통, 축복의 전통, 감사의 전통, 찬양의 전통을 세우도록 해야 합니다. 우리 후손에게 하나님의 복을 흐르게 해야 합니다. 이 땅에 축복의 생수가 흐르도록 해야 합니다.

차든지 덥든지 하라

예화 18

예수님은 라오디게아 교회를 향해 "네가 차든지 뜨겁든지 하기를 원하노라"(계 3:15)고 말씀하셨습니다. 예수님은 미적지근한 것을 싫어하십니다. 그러면 왜 주님은 미적지근한 것보다 찬 것이 좋다고 말씀하셨을까요? 성경학자들은 이렇게 말합니다. 라오디게아 근처에 유명한 온천장 두 곳이 있었다고 합니다. 히에라볼리에는 뜨거운 온천장이 있었고 골로새에는 찬 냉수욕장이 있었습니다. 뜨거운 온천장은 병을 고치는 약효가 있었고, 찬 냉수욕장은 생기를 불어넣어 주는 효과가 있었다고 합니다. 예수님이 라오디게아 교회를 향해 차든지 덥든지 하라고 말씀한 이유는 이 두 온천장을 예로 들어 라오디게아 교회가 영적으로 병든 사람에게 믿음의 확신을 주지 못했으며, 심신이 피곤한 사람에게 평안의 안식도 주지 못하고 있음을 지적하신 것입니다. 그들의 믿음은 미적지근하여 어느 누구에게도 도움을 주지 못하고 있었습니다.

> 말씀에 접목하기: 계 3:15

　예수님의 영을 받은 그리스도인은 예수님과 함께 이웃을 위한 존재가 됩니다. 그런데 그리스도인들 가운데 "육신에 속한 자"(고전 3:1, 3)가 있습니다. 육신에 속한 자는 전기 스위치가 내려져 전류의 흐름이 차단되어서 빛을 잃어버린 전등처럼 성령님과의 접촉이 끊어져 자기의 생각과 감정에 근거하여 판단을 내리고 선택하기 때문에 시기와 분쟁을 일삼습니다. 이런 사람은 차지도 않고 덥지도 않아서 이웃에게 전혀 도움이 되지 않을 뿐 아니라 오히려 해를 끼치고 거친 돌이 됩니다. "당신은 온천과 같이 영혼이 피곤한 자들에게 위로와 기쁨과 희망을 불어넣어 새로운 힘을 주고 있습니까? 냉수욕장과 같이 관심에 도전하고 잘못을 고치며 냉담한 마음을 일깨워주고 마음의 상처를 치료해주고 있습니까?" 내려간 스위치를 다시 올려 전등에 전류가 흐르게 해야 밝은 빛을 비칠 수 있습니다. 지금은 성령님과 코이노니아를 회복해 하나님의 사랑과 그분의 빛을 발하여, 예수님처럼 이웃을 위한 존재로 다시 서야 할 때입니다.

어느 쪽을 보고 있습니까?

예화 19

　영국 런던 근교에서 부유하게 살던 노부부에게 자선 기부금을 걷기 위해 방문한 사람이 있었습니다. 노부인은 그에게 "그리스도를 믿기 시작한 후로 우리는 꽤 많은 손해를 보았습니다. 연보하고 구제하는 것 외에도…… 이런 사실은 제 남편이 더 잘 알고 있습니다. 그렇지요?"라고 말했습니다.
　남편은 한참 말없이 앉아 있다가 이렇게 대답했습니다. "맞소. 예수님을 믿고 나서 우리는 많은 것을 잃어버렸다오. 그리스도를 믿기 전에는 낡은 모자를 쓰고 헌 외투를 입었고 수선한 구두와 양말을 신고 있었는데, 지금은 그런 것들을 다 잃어버렸다오. 그리고 예전에 얼마나 가난했던지 매일

1 죄성과 범죄, 습관성(중독)으로부터의 해방

술에 절어 지내며 밤낮 부부싸움을 했었지. 내 아내도 아마 당시의 일을 잘 기억하고 있을 거요. 그런데 지금은 그것을 다 잃어버렸다오. 게다가 나는 나쁜 마음으로 수많은 죄를 범하고 그로 말미암아 항상 두려운 마음을 품고 살았는데 지금은 다 없어져버렸소. 마치 맷돌을 깊은 바다에 던져버린 것처럼…… 당신도 나 정도까지는 아니겠지만 많은 것을 잃어버렸을 거요. 그리스도를 믿기 전에 당신은 남의 빨래를 해주기 위해 빨래 통을 가지고 있었는데, 지금은 그것을 잃어버리지 않았소? 그리고 쓸 수 없을 만큼 더러운 모자와 옷을 가지고 있었지만 지금 모두 없어졌을 거요. 이 외에도 많은 괴로움을 겪어야 했는데, 지금은 그럴 필요가 없어졌소. 이 얼마나 큰 손해요."

말씀에 접목하기: 살전 5:18

그렇습니다. 예수 그리스도를 믿는 성도들 가운데서도 앞서 언급한 부인처럼 하나님이 부유하게 복 주신 것은 생각지 못하고 하나님께 감사할 줄 모르는 사람이 많습니다. 그러나 남편처럼 하나님이 비천한 데서 이끌어 귀하게 만들어주신 것을 보면서 감사해하는 사람이 더 많습니다. 당신은 어느 쪽을 보고 있습니까?

금덩어리를 강물에 던진 형제

예화 20

한 마을에 우애 좋기로 소문난 형제가 살았습니다. 어느 날 길을 가다가 형이 금덩이 하나를 발견하고 "야, 저 누렇게 번쩍이는 게 금이 아니냐? 금덩이 맞지?"라고 물었습니다. 그런데 금덩이를 먼저 잡은 사람은 동생이었습니다. 형은 금덩이를 만지면서 눈이 휘둥그레진 동생을 보고 "나도 좀 만져 보자"라고 말했습니다. 한참 동안 번갈아 가며 금덩이를 만지작거리다 보니 이상한 마음이 들었습니다. 금덩이가 동생의 손에 있을 때 그것을 보는 형의 마음이 편치 않았습니다. 번갈아 가며 금덩이를 손에 쥐는 순간 형과 동생은 자꾸 이상한 생각이 들고 기분이 나빠지더니 가슴까지 두근거렸습니다.

나룻배를 타고 가다 강 한가운데 이르렀을 때 갑자기 형이 그 금덩이를 물속으로 던져버렸습니다. 그러자 동생이 황급하게 "내가 주운 건데 왜 형 마음대로 물 속에 던지는 거야?"라고 소리를 질렀습니다. 이때 형은 조용히 "우리 둘은 우애가 깊어 동네 사람들로부터 칭찬을 받았는데, 한낱 돌덩이 하나 때문에 서로 마음이 괴로워서야 되겠느냐?"라고 말한 뒤 동생을 껴안았습니다.

말씀에 접목하기: 마 6:33

재물과 돈은 하나님이 주신 놀라운 선물 가운데 하나입니다. 돈은 하나님의 일을 하고, 사람들을 행복하게 만드는 데 아주 소중한 도구로 사용되고 있습니다. 그러나 성경은 "돈을 사랑함이 일만 악의 뿌리가 되나니 이것을 탐내는 자들은 미혹을 받아 믿음에서 떠나 많은 근심으로써 자기를 찔렀도다"(딤전 6:10)라고 말씀합니다. 모든 재물과 돈을 먼저 하나님께 드리고 하나님이 원하시는 곳에 사용하겠다는 믿음이 없다면 재물과 돈은 언제든 우리를 미혹하여 근심으로 자기를 찌르게 만드는 힘이 있습니다. 지금 자신에게 재물이나 돈이 있다면 하나님께 드리고 기도하면서 하나님의 뜻에 따라 사용해야 합니다. 그렇지 않으면 그 재물과 돈을 일만 악의 뿌리로 만들고 말 것입니다.

회개하는 자가 큰 자다

예화 21

어떤 사람이 무디를 찾아와서 말했습니다. "예전에 고용주의 돈 1,500달러를 훔친 일이 있는데 지금 저는 그리스도인이 되고 싶습니다. 제가 어떻게 해야 할까요?" 무디는 그에게 훔친 돈 가운데 어느 정도 남아 있는지 물었습니다. 그 사람은 "지금 950달러를 가지고 있는데, 혹시 제가 이 돈으로 장사를 시작해 훔친 돈을 갚을 만큼 벌면 안 될까요?"라고 물었습니다. 그때 무디는 이렇게 대답했습니다. "이 돈은 당신의 것이 아닙니다. 이 950달러를 당신의 고용주에게 반환하지 않으면 안 됩니다." 이 말을 듣고 그 사람은 "하지만 감옥에 가게 될 겁니다"라고 걱정했습니다. 그러나 무디는 "그런 것은 문제가 되지 않습니다. 옳은 일을 행해야만 합니다. 회사로 돌아가 당신의 죄를 고백하고 이 돈을 고용주에게 돌려주십시오"라고 했습니다. 그는 그렇게 하겠노라고 약속했습니다. 무디도 그를 따라 함께 갔습니다. 그 사람은 진실을 털어놓고 950달러를 돌려주면서 열심히 일해 나머지 돈도 갚을 것을 약속했습니다. 이 이야기를 들은 그 고용주의 눈에서 눈물이 글썽거렸습니다. 그는 과거 자신의 직원이었던 사람에게 "우리는 기꺼이 당신을 용서하겠습니다. 그리고 나머지 돈을 갚을 시간을 주겠습니다"라고 말했습니다. 사무실 안에 있던 사람 모두가 무릎을 꿇고 기도했습니다. 회사 돈을 훔친 사람은 자기의 잘못을 바로잡았을 뿐 아니라 영광스러운 구원도 받았습니다. 훗날 그는 그 회사의 중역이 되었습니다.

말씀에 접목하기: 엡 4:22-25

초등학교 때 반에 도난 사건이 있었습니다. 담임선생님이 학생들을 준엄하게 책망했습니다. "남의 것을 훔쳐 일평생 자기 양심을 속이고 사는 비열한 인간이 되어선 안 된다." 담임선생님은 단호한 어조로 더러운 방법으로 출세하는 것보다 최선을 다해 진솔하게 사는 사람이 진짜로 성공한 사람이라고 훈계했습니다.

그날 담임선생님의 인격적 꾸지람에 심한 죄책감을 느낀 돈을 훔쳐간 학생은 도저히 집으로 그냥 돌아갈 수가 없었습니다. 그는 교무실로 선생님을 찾아가 훔친 것을 돌려주고 근처 강가에 가서 결심의 뜻으로 차가운 냇물에 손발을 담갔습니다. 뒤따라온 선생님은 그 학생의 손을 씻어주면서 "깨닫는 것이 은혜요, 깨닫고 회개하는 것이 복 중에 복이다"라고 격려해 주었습니다. 그는 어린 나이였지만 큰 깨달음을 얻었습니다. 도벽이 있었던 그 학생은 그 후로 도적질하고자 하는 마음을 품지 않았으며, 열심히 공부해 공정하고 양심적인 법관이 되었습니다.

우리에게는 몇 가지 귀한 복이 있습니다. 무디와 초등학교 선생님처럼 인격적으로 훈계하고 책망하며 사랑으로 격려해주는 사람을 만나는 것은 복 중의 복입니다. 그리고 책망과 훈계를 받고 회개하여 돌아서는 용기도 귀한 복입니다. 예수님은 우리를 사랑으로 훈계하며 격려하는 우리의 스승이십니다. 그분은 지금도 우리에게 깨닫는 마음과 돌아설 용기를 주실 것입니다.

부자들의 운명

예화 22

1923년 전 세계적으로 가장 성공한 재벌들이 미국 시카고 에지워터비치 호텔에 모여 회합을 가졌습니다. 거기에는 세계 최대의 철강회사 사장인 찰스 슈왑, 세계 최대 전기회사 사장인 사무엘 인설, 세계 최대의 가스회사 사장인 하워드 홉슨, 뉴욕 증권회사 사장인 리처드 휘트니, 내무장관을 지낸 앨버트 폴, 월가의 맥주회사 사장인 제스 리브모어, 국제은행의 은행장이었던 레온 프레이저 등이 있었습니다.

세계의 대부호들이 모여 회합을 하고 헤어진 지 꼭 25년이 되는 1948년에 그들의 운명이 어떻게 달라졌는지 조사한 발표가 나왔습니다. 강철회사 사장이었던 찰스 슈왑은 파산한 뒤 5년 동안 빚을 지고 살다가 죽었고, 전기회사 사장이었던 사무엘 인설은 말년에 재산을 모두 잃고 국외로 도망가 객사했으며, 가스회사 사장이었던 하워드 홉슨은 정신병자가 되고 말았습니다. 증권회사 사장이었던 리처드 휘트니와 내무장관이었던 앨버트 폴은 형무소에 수감되었다가 석방된 뒤 직업 없이 살다가 쓸쓸히 죽었습니다. 맥주회사의 사장이었던 제스 리브모어는 자살했고, 국제은행장이었던 레온 프레이저도 자살로 비참하게 생을 마쳤습니다.

체인 스토어 슈퍼마켓 2,000개 이상을 경영하는 미국의 대기업가 제이시 페니는 55세 때 4,000만 달러의 재산을 잃고 파산하여 실의에 빠졌습니다. 그러나 그는 실패 속에서 다행히 하나님을 만났고, 하나님의 뜻대로 살기로 작정하고 새로운 삶을 살기로 했습니다. 자기 하나만을 위해 돈을 벌겠다는 생각을 버리고, 어떻게 이 사업을 통해 하나님을 영화롭게 하고 이웃을 도울 수 있을지 생각하게 되었습니다. 그리하여 그는 플로리다에 은퇴 교역자들을 위한 집 100채를 짓는 등 선교 사업에 힘쓰게 되었습니다. 그랬더니 사업도 더 번창해 세계적인 기업가로 성공하게 되었습니다. 그는 이렇게 간증했습니다.

"과거 예수님을 만나기 전에는 피땀 흘려 번 돈이니 내 마음대로 쓸 권리가 있다고 생각하며 살다가 결국 실패하고 말았습니다. 그러나 그리스도 안에서 발견한 새로운 가치관에 따라 하나님과 이웃을 위해 봉사한 결과 하나님은 내게 다시 훌륭한 기업을 일구는 축복을 내려주셨습니다."

말씀에 접목하기: 출 40:1-23

세상에는 생명의 꿈을 꾸는 사람과 죽음의 꿈을 꾸는 사람이 있습니다. 보디발의 감옥에 갇힌 왕의 떡 맡은 관원장은 죽음의 꿈을 꾸었습니다. 그러나 술 맡은 관원장은 생명의 꿈을 꾸었습니다. 술 맡은 관원장은 포도나무에 세 가지가 있고 싹이 나서 꽃이 피고 열매를 맺는 꿈을 꾸었습니다. 그는 포도를 짜서 즙을 만들고 그것으로 바로 왕을 대접하는 꿈을 꾸었습니다. 그러나 떡 맡은 관원장은 흰 떡 세 광주리를 자기 머리에 이고 가는 꿈을 꾸었습니다. 한 사람은 열심히 만들어 섬기며 대접하는 꿈을 꾸었고, 다른 사람은 열심히 준비하고 만들어 자기 머리에 이고 가는 꿈을 꾸었던 것입니다.

생명의 꿈은 열심히 만들고 그것을 남에게 대접하는 꿈입니다. 죽음의 꿈은 열심히 만들어 그것을 자기 머리에 이고 가는 꿈입니다. 지금 우리나라의 문화는 죽음의 꿈을 꾸라고 가르칩니다. 능력을 개발하고, 자기를 완성하고 자기를 성취해 사람들에게 모범을 보이는 자랑스러운 사람이 되라고 가르치는 것이 우리나라의 문화가 아닐까요? 시카고 에지워터비치 호텔에 모인 부호들은 자기들의 성공을 머리 위에 이고 자기 자랑을 하며 자기를 높이고자 했습니다. 그러나 제이 시 페니는 모든 재물을 하나님이 주셨다고 믿으며, 하나님이 원하시는 곳에 사용함으로써 이웃을 섬겼습니다. 당신은 예수님처럼 섬기고 종이 되는 생명의 꿈을 꾸고 있습니까? 아니면 자기를 완성해 자랑스러운 인간이 되고자 하는 죽음의 꿈을 꾸고 있습니까?

쉠멜이 가진 지도력의 비밀

예화 23

지금으로부터 100여 년 전 코카서스에 쉠멜이라는 위대한 지도자가 있었습니다. 당시 코카서스는 부정과 부패로 국가의 기강이 해이해져 난세의 위기에 처해 있었습니다. 쉠멜은 이런 위기 상황에서 그 나라의 지도자가 되었습니다. 기울어져 가는 국운을 바로잡기 위해 그는 엄격한 법률을 제정하여 공포했습니다. 모든 국민은 엄격한 법률 때문에 두려움에 떨며 조심했습니다. 그 법률 가운데 예를 한 가지 든다면 나라의 부패와 부정은 정치가들과 관리들이 뇌물을 받는 데서 시작된다고 여겨 뇌물에 대한 강력한 법을 제정했습니다. "누구든지 뇌물을 받은 자는 군중 앞에서 벌거벗기고 등에 백대의 매를 맞아야 한다"는 것이 그중 하나였습니다.

　이 법을 가장 먼저 범한 자가 있었으니, 위대한 지도자 쉠멜의 어머니였습니다. 그의 어머니는 원래 허영심이 강하고 물욕이 많은 여자로 자기 아들 쉠멜의 권력과 지위를 이용해 몰래 뇌물을 받았던 것입니다. 이 사실을 알게 된 쉠멜은 며칠 동안 밤잠을 못 자고 고민했습니다. 이 일이야말로 국가의 특급 비밀에 속하는 것이었습니다. 비밀로 묻어두면 그대로 묻어둘 수도 있는 문제였지만 쉠멜은 마침내 결단을 내렸습니다. 그는 사법부에 명령해서 자기 어머니를 법정에 기소하도록 했습니다. 그리고 법대로 판결하라고 명령했습니다. 그래서 그 어머니는 최고형인 여자 군중 앞에서 벌거벗기고 매 100대를 맞게 되었습니다.

　온 국민과 관리들은 최고 지도자의 어머니가 뇌물을 받아 법률에 따라 처벌을 받는다고 하자 그걸 보기 위해 구름 떼처럼 몰려들었습니다. 형장의 맨 앞자리에는 쉠멜이 정복을 벗고 평복을 입은 채 앉아 있었습니다. 이윽고 어머니의 벗은 몸 위로 채찍이 떨어지기 시작했습니다. 눈을 감고 앉아 있던 아들은 다섯 대를 맞은 뒤 어머니의 등에서 피가 쏟아지기 시작하자 일어나 멈추게 했습니다. 그는 자기 어머니를 끌어안아 자기 자리에 앉히고 자기 옷을 벗어 가린 다음 자신이 그 자리에 가서 엎드렸습니다. 그리고 나머지 95대의 매를 자신이 맞겠다고 했습니다.

　형리들은 감히 최고 지도자의 등을 때릴 수가 없었습니다. 그들은 어쩔 줄 몰라 하며 떨고 있었습니다. 그러자 쉠멜이 큰 소리로 "네 이놈들, 이 나라 최고의 법이 명령하고, 최고의 지도자 쉠멜이 명령하는데 어찌 감히 매를 들지 않느냐? 만일 이 말을 듣지 않으면 너희는 국가의 법을 위반한 자로 처벌을 받을 것이다!"라고 소리쳤습니다. 형리들은 어쩔 수 없이 쉠멜의 등에 나머지 95대의 매를 때렸습니다. 95대의 매를 맞은 쉠멜의 등에서는 피가 쏟아지고 살이 찢겨 기절할 지경에 이르렀습니다. 그때부터 온 국민은 쉠멜을 가장 존경하는 지도자로 떠받들었고, 나라의 기강을 바로 세울 수 있었습니다. 이것은 역사의 기록입니다.

말씀에 접목하기: 롬 3:21-24

간음하다가 현장에서 잡힌 여자, 율법대로 하면 돌에 맞아 죽어야 할 여자가 예수님 앞으로 끌려왔습니다. 그런데 예수님은 그 여자에게 "나도 너를 정죄하지 아니하노니 가서 다시는 죄를 범치 말라"고 말씀하셨습니다. 성경은 "죄의 삯은 사망이요"(롬 6:23)라고 분명히 선언합니다. 죄를 지으면 반드시 그 대가를 지불해야 합니다. 이것이 변할 수 없는 하나님의 법입니다. 죄의 대가를 지불하기 전까지 그 죄는 절대 없어지지 않습니다. 그런데 왜 예수님은 간음한 여인을 정죄하시지 않았던 걸까요? 그 이유는 예수님이 대신해 그 여자의 죄를 갚아주셨기 때문입니다. 예수님은 간음한 여인도 이처럼 사랑하셨습니다. 예수님은 그 여자의 간음한 죄를 대신 짊어지고 십자가에서 죽으셨습니다. 예수님이 그 여자를 정죄하지 않고 용서하신 것은 그 여자를 대신해 십자가에 죽으리라는 예고를 하신 것이었습니다.

우리는 죄를 지으면 반드시 고난과 사망의 대가를 지불해야 합니다. 엄청난 죄를 지었음에도 반드시 받아야 할 고난과 사망의 대가를 지불하지 않고 용서받은 이유는 예수님이 우리를 대신하여 고난과 죽음을 당하셨기 때문입니다. 오늘 이 세상에 가득한 고난과 죄악은 예수님의 이름으로 우리가 예수님의 십자가의 고난과 죽음에 참여할 때마다 하나씩 사라질 것입니다. 쉠멜이 자기 어머니를 위해 대신 벌을 받을 때 그 나라의 죄악이 사함 받은 것처럼 말입니다.

방정환 선생과 도둑

예화 24

어느 날 밤 방정환 선생이 사는 집에 도둑이 들었습니다. 도둑이 든 소리에 잠이 깬 방정환 선생은 도둑이 훔친 물건을 가지고 도망가려고 하자 큰 소리로 멈춰 서게 했습니다. 방정환 선생은 도둑에게 물건을 가져갈 때는 고맙다고 인사하고 가야지 그대로 허겁지겁 도망가면 되겠느냐고 호통을 쳤습니다. 그 도둑은 어이없다는 표정으로 도둑이 물건을 훔쳐 도망가면서 고맙다고 인사하고 가는 것을 보았느냐고 되물었습니다. 그러나 방정환 선생은 고집을 꺾지 않고 하여간 자기 물건을 가지고 가는 것이니 고맙다고 말한 뒤 가라고 요구했습니다. 그 도둑은 웃긴다고 생각하면서도 "야, 고맙다!"라고 말한 뒤 도망갔습니다.

다음 날 아침 경찰관이 그 도둑을 앞세우고 방정환 선생 집을 찾아왔습니다. 경찰은 분명히 방정환 선생의 물건을 도둑질했는데 아니라고 잡아떼고 있다면서 대질 신문을 하러 왔다고 말했습니다. 그러면서 경찰은 도둑이 훔친 물건을 보여주면서 "방 선생의 것이 맞습니까?"라고 물었습니다. 그러자 방정환 선생은 "내가 아끼는 물건 맞소"라고 대답했습니다. 그러자 증거를 잡았다고 생각한 경찰은 도둑을 경찰서로 끌고 가려고 했습니다.

그때 방정환 선생은 경찰을 향해 이렇게 말했습니다. "그 물건이 내가 아끼는 물건인 것은 맞지만 그 사람이 도둑이라는 말은 틀렸습니다. 그가 그 물건을 도둑질한 것이 아니라 내가 그에게 선물로 준 것입니다." 아무래도 이상하다는 생각이 들어 경찰은 도둑을 비호하지 말라고 했습니다. 그러자 방정환 선생은 그 도둑에게 이렇게 물었습니다. "당신은 이 물건을 가지고 가면서 나에게 고맙다는 말을 했습니까?" 그러자 도둑은 고맙다는 말을 했다고 대답했습니다. 그러자 방정환 선생은 경찰을 향해 "어떻게 도둑이 물건을 도둑질해 가면서 고맙다는 말을 하겠소. 나는 그에게 이 물건을 주었고, 그는 나에게 고맙다고 말했으니 도둑이 아니오!"라고 말했습니다. 경찰은 결국 그 도둑을 풀어줄 수밖에 없었습니다. 그 도둑은 방정환 선생의 인격에 감동하여 평생 방정환 선생 집에서 일하면서 그를 섬겼습니다. 방정환 선생의 넓은 마음은 도둑의 마음을 감화시켜 새 삶을 살게 만들었습니다.

말씀에 접목하기: 요 8:10, 11

그리스도인은 하나님으로부터 온 영을 받고 성령님의 가르침을 받아 은혜로운 일을 하는 사람입니다(고전 2:12, 13). 《레미제라블》의 미리엘 신부는 하나님의 영을 받아 은 식기를 도둑질해 벌을 받게 된 장발장에게 은촛대까지 내어주며 그를 변호했습니다. 믿음의 사람 방정환 선생은 자기 물건을 도둑질해 가는 사람에게 억지로 고맙다는 말을 하도록 한 뒤 그것을 이유로 들어 그 도둑을 구해주었습니다. 방정환 선생은 예수님의 사랑으로 그 도둑을 용서하고 포용했으며, 도둑은 방정환 선생이 전달한 하나님의 사랑으로 변화를 받아 섬기는 사람이 되었습니다. 하나님의 사랑을 받은 사람은 그 사랑을 전달함으로써 어둠의 사람을 변화시켜 하늘의 빛이 되게 하는 능력을 갖고 있습니다.

나를 해방시키시옵소서

예화 25

테레사 수녀

존경 받으려는 욕망으로부터
사랑 받으려는 욕망으로부터
명예로워지려는 욕망으로부터
찬양 받으려는 욕망으로부터
선택 받으려는 욕망으로부터

조언 받으려는 욕망으로부터
인정받으려는 욕망으로부터
인기를 끌려는 욕망으로부터
모멸당하는 두려움으로부터
질책당하는 고통의 두려움으로부터
비난당하는 두려움으로부터
잊히지 않을까 하는 두려움으로부터
오류를 범하는 두려움으로부터
우스꽝스러워지는 두려움으로부터
의심 받는 두려움으로부터
나를 해방시키옵소서.
오 주여!
우리 마음도 당신처럼 되게 하소서
나보다 다른 사람이 더 사랑 받게 하소서.
나보다 다른 사람이 더 존경 받게 하소서.
주여, 이런 욕망에서 저에게 은총을 베푸소서.
나는 제쳐두고 다른 사람이 더 선택 받게 하시고
모든 일에서 나보다 다른 사람을 택하여 주시고
내가 성스러워지려고 하는 것만큼
나보다 다른 사람을 더 성스럽게 하소서.

말씀에 접목하기: 빌 2:5-11

예수님은 하나님의 본체이시지만 하나님과 동등 됨을 취하지 않으시고 자기를 비워 사람이 되시고 종의 삶을 사신 분입니다. 예수님의 마음은 사람들을 저주에서 이끌어내어 하나님의 평강과 사랑으로 가득하게 하는 데 집중되어 있었습니다. 예수님은 사람들에게 어떤 존중을 받고 사랑 받느냐 하는 것에 마음을 쓰지 않으셨습니다. 예수님의 마음에는 오직 사람들의 행복과 성장과 완성만 있었습니다. 예수님은 사람들의 질병을 고치시고 그 질병을 자신이 대신 짊어지셨습니다. 또한 우리가 받게 될 질고를 대신 지고 슬픔을 당하셨습니다. 우리의 허물을 고치기 위해 자신이 대신 찔림을 당하셨습니다. 예수님이 채찍에 맞음으로써 우리는 나음을 얻었습니다. 이처럼 예수님의 삶은 자신을 위한 삶이 아니라 이웃을 위한 삶이었습니다.

테레사 수녀는 예수 그리스도의 영을 받아 그분을 따르는 삶을 살고자 했습니다. 그녀의 중심은 예수님으로 가득했으며, 예수님의 삶을 자기 삶으로 알고 살았습니다. 그녀의 삶은 자기를 위한 삶이 아니라 고난과 저주의 사람들을 하나님의 행복으로 초대하고, 자기는 예수님의 고난에 동참하는 삶이었습니다. 예수님을 마음에 받아들이고 예수님의 다른 사람을 위한 삶을 자기 삶으로 살고자 하는 자는 복 있는 사람입니다.

산산이 조각난 슬픈 여인의 사랑

예화 26

서른일곱 살의 남자와 살았던 40대의 여인이 충북 음성 꽃동네 오웅진 신부를 찾았습니다. "신부님, 저는 소망이 없는 여자입니다." 그녀는 일찍이 미모와 지식과 돈을 모두 가졌던 사람입니다. 인생을 맘껏 즐기던 그녀는 절망에 빠져 허우적거리다가 꽃동네를 찾아왔습니다. 자녀가 여덟 명이나 있었지만 성이 제각각이었습니다.

오 신부는 이렇게 위로했습니다. "자매님, 꽃동네에는 앞 못 보는 사람, 몸을 쓰지 못하는 사람이 많습니다. 이제 그들의 눈이 되고, 그들의 손발이 되어 주세요." 그녀는 자신에게도 봉사의 일거리가 있음을 깨닫고 그들의 눈이 되어 주었습니다. 그들의 손과 발이 되어 주었습니다. 그러면서 그녀는 삶의 보람과 기쁨과 소망을 갖게 되었습니다. 그녀는 이 세상을 떠날 때 이런 말을 남겼습니다. "신부님, 앞을 보지 못하는 이에게 내 눈을 기증해주세요." 그녀가 산 인생의 전반부는 실패였습니다. 그러나 그녀가 산 인생의 후반부는 영광이요, 기쁨이요, 보람이요, 천국이요, 상급이었습니다. 하나님은 비천한 사람을 불러 존귀한 자를 부끄럽게 하시는 분입니다.

> 말씀에 접목하기: 고전 1:26-29

산속 옹달샘에 있는 쪽박을 떠올려 봅니다. 그 쪽박은 아무도 부러워하지 않는 평범하고 별 볼일이 없는 그릇입니다. 만약 그 쪽박이 아름답거나 멋졌다면 물을 먹으러 온 사람이 물을 떠먹고 나서 그것을 가지고 가버렸을 것입니다. 쪽박은 어느 누구에게도 부러움을 주지 못하는 그릇이기에 아직도 거기 남아 있는 것입니다. 그럼에도 그 쪽박은 목마른 사람이 옹달샘을 찾았을 때 생수를 떠서 먹을 수 있는 친절한 도우미가 됩니다. 쪽박의 외모는 별 볼일 없지만 그것은 생수를 담아 사람들의 목마름을 해갈하도록 돕는 소중한 그릇입니다.

하나님은 하늘의 생수가 필요한 사람에게 하늘의 생수를 떠먹을 수 있게 하려고 쪽박 같은 우리를 부르셨습니다. 우리는 비록 사람들에게 부러움을 주지 못하지만 영적으로 목마른 사람에게 하늘의 생수이신 예수님을 소개하는 도우미로 부름 받았습니다. 하나님은 아무리 못나고 문제가 있고 실패하고 저주의 삶을 살아왔고 자신은 아무것도 아니라고 고백하는 사람일지라도 부르셔서 하늘의 생수 그릇으로 귀하게 사용하십니다.

사형수 고재봉이 누나에게 보낸 옥중서신

예화 27

"누님, 이 편지가 누구를 통해 누님의 손에 들어갈지 궁금합니다. 다만 그냥 쓰겠습니다. 누님이 재판정에서 울음을 터뜨렸을 때 제 가슴은 갈기갈기 찢어지는 듯했습니다. 누님이 울어 사진기자들이 누님 쪽으로 우르르 몰려가자 제가 소리를 지른 것입니다. 누님은 이 세상을 살아가야 하는데 '고재봉 누나'라고 얼굴이 알려지면 누님 신상에도 크게 누가 될 것이기 때문입니다. 누님, 저는 걱정이 됩니다. 누님도 그렇고 동생도 걱정이 됩니다. 저로 말미암아 시집살이에 걱정거리가 생길까 봐 말입니다. 그러고 보니 저라는 놈은 보통 나쁜 놈이 아닙니다. 사람만 죽인 게 아니라 형제와 친척을 절망시키고 수치 속에 몰아넣은 장본인입니다. 누님, 저는 원한만 갚으면 된다고 생각했지 다른 것은 꿈에도 생각해 보지 않았습니다. 그를 죽이고 나서 나도 죽으면 그만이라고 생각했기에 그런 일이 벌어진 것입니다. 누님, 아무래도 제가 귀신이 들렸던 것 같습니다. 그렇지 않고는 그렇게까지 할 수 없었을 것입니다. 친척들 생각을 하면 붙잡히지 말고 자살했으면 더 좋았으리라는 생각도 듭니다. 그러나 모두 지나간 얘기입니다. 누님, 누님 동네에 교회가 있지요? 교회에 꼭 다니십시오. 요즘 저는 매일 성경을 읽으며 큰 힘을 얻고 있습니다. 매일 이 중령 일가를 위해 참회의 기도를 드리고 있습니다. 그리고 죄를 회개하고 있습니다. 철저히 회개하고 믿음을 가지면 구원을 얻는다고 합니다. 누님, 요즘 저는 구원의 확신을 갖고 있습니다. 믿지 않으면 이런 말이 이상하게 들릴지도 모릅니다. 아무튼 누님, 성경을 구해 읽고 꼭 교회에 나가십시오. 그러고 나면 제 말이 이해되실 것입니다. 누님, 요즘은 하루하루가 아깝습니다. 죽기 전에 성경을 다 알고 갔으면 좋겠는데 시간이 부족합니다. 어제도 한 사람이 'ㅇㅇ 면회!' 소리에 나가서 돌아오지 않았습니다. 그다음은 제 차례일지도 모르겠습니다. 그렇게 생각하니 마음이 다급합니다. 누님, 저는 바깥세상에서 산 27년보다 여기에 들어와서 산 석 달이 더 크고 소중하다고 느껴집니다. 요 석 달 사이에 많은 것을 배웠고 얻었습니다. 구원받았다는 확신이 제게 힘을 주고 있습니다. 마지막으로 이 중령님의 아들에게 속죄의 편지를 쓰고 싶은데, 말처럼 쉽게 문장이 되지 않습니다. 밖에서 살 때는 불만도 많았고 배도 많이 고팠는데 지금은 그렇지 않습니다. 누님, 제가 누님에게 예수 믿으라고 전도할 수 있는 시간이 주어진 것이 얼마나 감사한지 모르겠습니다. 누님은 제가 죽는 걸 가슴 아프게 생각해서는 안 됩니다. 구원의 확신을 갖고 '용서 받은 죄인'으로 가니 한이 될 것은 없습니다. 누님도 저 때문에 울지 말고 예수를 믿으세요. 그러면 제 마음을 충분히 이해하게 될 것입니다. 누님, 누님보다 먼저 가는 이 동생을 용서하기 바랍니다. 누님, 그럼…….
재봉 올림"

말씀에 접목하기: 딤전 1:12-17

　예수님은 죄를 지어 감옥에 간 사람에게도, 멸시 받는 사람에게도, 죄악을 저지른 사람에게도, 고재봉 같은 사람에게도, 다말과 라합, 룻, 우리야의 아내도 구원하여 하나님의 복의 통로로 삼으시고 하나님의 평강의 나라로 인도하셨습니다. 그들도 예수님의 족보에 이름을 올림으로써 우리에게 영감을 주는 빛나는 하나님의 사람이 되었습니다. 우리는 하나님 앞에 어떤 사람입니까? 다른 사람들 앞에 어떤 사람입니까? 우리가 다말과 같고 고재봉과 같아도 예수님은 우리를 구원하실 것입니다. 우리가 라합과 룻 같아도 예수님은 우리를 하나님의 나라로 영접하실 것입니다. 우리가 우리야의 아내 같아도 용서하고 복의 근원을 삼으실 것입니다. 예수님은 우리를 있는 그대로 받고 보혈로 씻어 믿음의 복을 전달하는 통로로 만드시고, 하나님의 나라를 이 땅에 세우는 사명자가 되게 하실 것입니다.

공짜 좋아하는 사람들

예화 28

　미국 텍사스 주 오스틴의 밀리 잭 메이슨 주유소에서 그날 하루 자기 주유소를 찾는 모든 차량에 한해 휘발유를 무료로 가득 채워주겠다고 지방 방송을 했습니다. 그날 메이슨 주유소에는 새벽 5시 30분부터 공짜 기름을 넣으려는 자동차로 장사진을 이루었는데, 아침 9시가 되자 차량이 늘어선 길이가 10킬로미터에 이르렀다고 합니다. 네 시간을 기다렸다가 기름을 넣고 가는 사람들은 공짜 기름인데 기다리는 게 대수냐 하면서 좋아했다고 합니다. 공짜 휘발유 한 탱크를 얻기 위해 새벽 5시 30분부터 줄을 서는 사람들, 휘발유 한 탱크를 넣기 위해 서너 시간을 기다리는 사람들을 떠올려 봅니다. 예수님을 믿으면 하나님의 나라의 복을 받는다고 외쳐도 감동하는 사람이 별로 없는 이유는 무엇일까요? 예수님을 믿는 것이 얼마나 대단한 일인지 실감하지 못하기 때문이 아닐까요? 당신은 정말로 예수님을 믿으면 하나님의 나라의 복을 받을 수 있다고 믿습니까?

말씀에 접목하기: 요 6:67-69

복음의 원어는 유앙겔리온입니다. 이 단어는 전쟁이 잦은 그리스에서 전쟁의 승리를 선포하는 말이었습니다. 당시 전쟁은 전부를 갖느냐 잃느냐를 결정하는 중대한 사건이었습니다. 전쟁에 승리하면 모든 것을 갖지만 전쟁에 패배하면 모든 것을 잃고 노예가 되어 평생 저주 가운데서 살아야 했습니다. 그러다 보니 전쟁에서 승리했느냐 패배했느냐 하는 것은 대단히 중요한 소식일 수밖에 없었습니다. 전쟁에 이겼다고 선포되었을 때의 감격과 기쁨과 행복은 얼마나 대단했을까요? 오늘날 우리가 아무런 감동 없이 읽는 복음은 바로 이런 감격과 기쁨과 축복의 소식입니다. 복음을 복음 되게 하는 기적은 예수님 안에 있습니다. 예수님이 이 놀라운 일을 행하게 하셔야 합니다. 예수님이 복음의 기적을 일으키셔야 합니다. 그래서 예수님의 복음이 선포되는 곳에 엄청난 감격과 기쁨과 축복의 생수가 흐르게 해야 합니다. 이것이 우리가 부르짖고 또 부르짖어야 할 기도 제목입니다.

의는 행복의 요소

예화 29

독일에서 사회적으로 높은 명성을 가진 한 성도의 이야기입니다. 그는 얼마 전 부인이 오랜 투병 끝에 세상을 떠나 슬픔에 잠겨 있었는데, 자신이 병든 부인에게 못할 짓을 했다는 죄책감에 괴로워했습니다. 그는 부인이 입원해 있는 동안 병상을 떠나지 않고 간호했습니다. 그런데 아내를 간호하다가 병원에서 일하는 젊은 간호사에게 유혹을 느꼈습니다. 결국 그 유혹을 뿌리치지 못하고 병상에 누워 있는 아내를 두고 그 간호사와 부적절한 관계를 맺었습니다. 그 간호사와 관계를 가지면 행복할 거라고 생각했습니다. 그러나 그가 생각했던 행복은 짧은 육체적 쾌락에 지나지 않았고, 그 뒤에 찾아온 수치로 말미암아 그는 얼굴을 들 수 없었습니다. 그는 얼굴을 들어 하나님을 바라볼 수 없었고, 자기 양심의 소리에 귀를 기울일 수가 없었습니다. 삶이 얼마 남지 않는 부인에게도 얼굴을 들 수 없었고, 모든 사람이 자신을 손가락질하며 욕하는 것 같았습니다. 그는 죄책감과 불안감으로 견딜 수 없는 지경에 이르렀습니다. 그 간호사와의 관계는 이미 청산했고 부인도 세상을 떠났지만 그의 마음속에 자리한 벌거벗은 수치는 가릴 수 없었습니다. 그는 목사를 찾아가 상담을 요청했습니다.

"목사님, 제 나이가 오십을 넘었습니다. 그동안 인생을 충실하게 살아왔다고 자부했는데 한순간의 과오로 도저히 벗어날 수 없는 정신적 고통에 시달리고 있습니다. 어떻게 해야 이 불안과 죄책감에서 벗어날 수 있을까요? 어떻게 해야 다시 행복을 찾을 수 있을까요? 목사님, 저를 살려주십시오. 그냥 내버려두면 정신적으로 파탄에 이르고 말 것입니다."

목사는 성도의 이야기를 듣고 이렇게 권면했습니다. "성도님, 그새 많이 괴로워한 것 같군요. 그렇습니다. 의로움이 없는 곳에는 순간적 향락이 있을지 몰라도 그 뒤에 따라오는 슬픔과 비애, 죄책감과 수치심을 견디기 어렵습니다. 하나님은 우리가 의롭게 살 때만 진정한 행복을 누리며 살게 만드셨어요. 사람은 누구나 실수하고 괴로워하고 아파하며 살고 있습니다.

그래서 삶의 리듬이 깨어지고 불안과 두려움 가운데 살아가고 있습니다. 저 역시 실수하고 괴로워하며 죄책감이 시달릴 때가 있습니다. 예수님이 오신 목적은 바로 성도님과 저 같은 사람들을 위해서입니다. 예수님은 우리를 심판하기 위해 오신 분이 아니라 우리를 구원하기 위해 오신 분입니다. 그래서 예수님은 '건강한 자에게는 의사가 쓸 데 없고 병든 자에게라야 쓸 데 있느니라 …… 나는 의인을 부르러 온 것이 아니요 죄인을 부르러 왔노라'(마 9:12, 13)고 말씀하셨습니다. 예수님이 십자가에 달리신 이유는 우리가 죗값을 치르지 못하면 죄책감과 수치심에 시달리고 슬픔과 고난으로부터 구원받을 수 없기 때문입니다. 예수님은 십자가의 보혈로 우리를 씻으시고 정결케 하십니다. 이제 예수님을 중심에 모셔야 합니다. 그분께 정결케 씻어주시기를 간구해야 합니다. 그러면 그분이 씻으실 것입니다. 그리고 다시는 죄의 길을 따르지 않고 의로운 길을 따라 살겠다고 말씀드려야 합니다. 결심했다고 해서 의로운 길을 따라갈 수 있는 건 아니지만 우리가 결심할 때 성령님이 오셔서 우리를 인도하실 것입니다."

그 성도와 목사는 함께 손을 잡고 서로의 죄를 하나님께 고하고 그분의 뜻에 따라 살겠다고 약속했습니다. 그리고 목사는 그 성도를 위해 간절히 기도를 드렸습니다. 기도를 드리는 가운데 성령님이 거기에 임하셨습니다. 성령님은 그 성도의 상처를 치료하셨습니다. 그 성도는 자기의 벌거벗은 수치가 씻기고 정결케 되는 확신을 가졌습니다. 그리고 하나님의 뜻에 따라 의롭게 살기로 작정했습니다. 성령님이 자기에게 충만하여 하나님의 삶을 살아가도록 기도했습니다. 오랫동안 그를 짓누르던 불안과 두려움, 죄책감이 사라지고 하나님의 평화가 임했습니다.

말씀에 접목하기: 요 3:16, 17

성경을 보면 "하나님이 그 아들을 세상에 보내신 것은 세상을 심판하려 하심이 아니요 그로 말미암아 세상이 구원을 받게 하려 하심이라"(요

3:17)고 말씀합니다. 사람은 누구나 죄의 욕망을 가지고 있으며, 그 욕망에 불이 붙으면 그것을 이루고자 모든 관심을 집중합니다. 그래서 수많은 사람이 죄에 빠집니다. 마태도 그런 욕망에 빠져 사람들을 착취하고 폭력을 행하는 죄인이 되었습니다. 그는 사람들에게 미움의 대상이 되었고, 친밀한 교제가 금지된 사람이 되었습니다. 그런데 예수님은 그를 부르시고 그의 잔치에 참여하고 그와 친밀한 교제를 나누셨습니다. 바리새인들이 예수님의 제자들에게 "어찌하여 너희 선생은 세리와 죄인들과 함께 잡수시느냐"라고 불평할 때 예수님은 "건강한 자에게는 의사가 쓸 데 없고 병든 자에게라야 쓸 데 있느니라"고 응답하셨습니다(마 9:11, 12). 예수님은 죄인들을 정죄하고 심판하려고 오신 분이 아니라 그들을 품어주고 용서하고 건강한 사람으로 변화시켜 주기 위해 오신 분입니다.

그러나 죄를 용서 받으려면 반드시 몇 가지 단계가 있습니다. 첫째는 자기 죄를 통회하는 것이고, 둘째는 주께 자기를 있는 그대로 드리는 것이고, 셋째는 교회의 용서와 인도를 받는 것입니다. 그 과정에 성령님이 임하여 예수님을 바라보게 하고 예수님의 보혈로 죄를 씻음 받게 하고 죄 용서의 확신을 갖게 하고 다시는 죄를 짓지 않겠다는 마음을 갖게 하고 교회의 인도와 지도를 받게 해주십니다. 그래서 죄에서 승리하게 하십니다.

그리스도인을 죽이는 마음의 부패

예화 30

옛날 로마 황제는 그리스도인이 자꾸 늘어나는 것에 대해 큰 위협을 느껴 신하들을 불러놓고 그리스도인을 없앨 방법에 대해 논의했습니다. 황제가 먼저 로마 법률을 강화시켜 그리스도인을 무조건 죽이는 법을 만들자고 제의했습니다. 그러자 한 신하가 황제의 의견에 반대했습니다. 그 이유는 믿는 자들을 죽여서 순교자로 만들면 그리스도인들이 순교자들을 더욱 추앙하게 되어 역효과가 일어날 수 있다는 것이었습니다. 그 신하는 예수 믿는 사람을 찾아내어 죽이지 말고 잔인하게 고문하는 것이 어떻겠느냐고 대안을 내놓았습니다. 그러자 다른 신하가 "저 예수쟁이들은 심한 고문을 당하면 예수의 십자가 고난에 동참한다고 좋아합니다. 또 고난을 받으면 받을수록 하늘의 상급이 더 많아진다고 기뻐하며 오히려 고문의 흔적을 자랑하고 다닙니다. 그 방법으로는 절대 그리스도인을 없앨 수 없습니다"라며 반대했습니다.

그때 구석에 조용히 앉아 있던 한 신하가 의견을 내놓았습니다. "그리스도인이 편안하게 즐기고 놀 수 있도록 환경을 만들어놓으면 간단합니다. 편안하게 되면 하나님께 기도하지 않을 것입니다. 하나님을 바라보지 않는 사람은 환경의 지배를 받으면 그 환경 속에서 죄를 지을 것이고, 그러면 그리스도인이 아무리 많아도 힘을 발휘하지 못할 것입니다." 그리스도인을 없애는 가장 무서운 것은 외부의 박해가 아니라 내부의 부패입니다. 우리는 마지막 때 주님이 기대하는 거룩함을 지닌 사람이 되어야 합니다.

말씀에 접목하기: 삿 2:11-15

역사가 아널드 토인비는 문명의 흥망성쇠를 내부적 원인으로 분석했습니다. 유명한 세계 문명 21개 가운데 19개의 쇠망이 내부적 원인에 따른 것이라고 합니다. 즉 전쟁과 같은 외부적 파괴가 아니라 정신적 부패 같은 타락성에 거대 문명이 무너졌다는 것입니다. 특히 한 문명이 쇠퇴하기 시작할 때는 사람들의 생각이 부정적이고 희망을 갖지 않는 정신적 쇠퇴가 선행되었다는 분석을 내놓았습니다. 학자들에 따르면 희망은 육체적으로도 심장, 혈액순환, 신진대사, 소화 작용, 뇌와 신경조직에 결정적 활력을 준다고 합니다. 희망이 곧 활력이며 의욕의 씨고 전진의 에너지입니다. 그리스도인의 희망은 하나님을 바라보는 것입니다. 하나님을 바라보지 않는 사람은 결국 환경의 지배를 받게 되어 멸망의 길을 걷게 될 것입니다.

거목을 쓰러뜨린 딱정벌레

예화 31

미국 신학자 해리 에머슨 포스딕의 기록 가운데 거목을 쓰러뜨린 딱정벌레 이야기가 있습니다. 콜로라도의 롱산맥 경사지에 거목 한 그루가 있었는데 말라죽었습니다. 박물학자는 그 나무가 대략 400년을 살았다고 합니다. 그 나무는 콜럼버스가 미 대륙에 상륙했을 때쯤 싹이 나서 자라났고, 청교도가 플리머스에 정착하기 시작했을 때 성목이 되었으며, 그 후 수백 년간 시들지 않고 굳세게 생명을 이어왔습니다. 그동안 열네 번의 벼락을 맞았고 400여 년 동안 눈사태와 폭풍우 등 대자연의 공격에 시달리면서도 그 나무는 푸르고 푸르게 생명을 유지해 왔습니다.

그러나 그 나무의 생명이 다하는 날이 왔습니다. 많은 딱정벌레가 그 나무를 공격한 것입니다. 딱정벌레들은 쉴 새 없이 그 나무를 공격해 껍질을 뚫고 속으로 들어가 갉아먹었습니다. 4세기 동안 자연의 거친 풍파 속에서도 끄떡없이 견뎌낸 그 거목은 우리 손가락으로 누르면 픽 소리와 함께 죽는 연약한 딱정벌레들 앞에서 쓰러지고 말았습니다.

말씀에 접목하기: 약 1:14-16

우리 인생 역시 연약한 벌레 앞에 쓰러진 거목과 같을 때가 있습니다. 우리는 폭풍이나 눈사태, 벼락 등 대자연의 공격에는 끄떡없이 견디면서도 손가락으로 눌러 죽일 수 있는 조그만 벌레 때문에 쓰러질 때가 많습니다. 우리를 찾아오는 조그만 근심, 마음에서 일어나는 조그만 욕심, 사람들과의 관계에서 생겨나는 분노, 환경 때문에 찾아오는 불안감과 스트레스 등은 아무것도 아닌 것처럼 보이지만 그것이 자라나 결국 우리를 파멸에 이르게 합니다. 그래서 성경은 "욕심이 잉태한즉 죄를 낳고 죄가 장성한즉 사망을 낳느니라"(약 1:15)고 경고합니다.

자기를 힘들게 하는 자아

예화 32

린다 클링

내가 참을 수 없는 그 사람
그 이름만 들어도 내 속에 적개심이 불타오르게 하는 그 사람
이상하게도 그 사람이 나의 주인이 되어 나를 지배하고 있다.
그가 나를 해친 그곳에 그를 남겨두지 않고
내 마음의 중심에 그를 영접하여 집으로 데려간다.
나는 그를 내 방으로 데려가서 그와 함께 시간을 보낸다.
그는 내 혀를 자극하여 내가 사랑하는 사람들에게
분노의 채찍을 가하게 만든다.
그는 내 속에 쉼 없이 불을 지른다.
그리고 그는 곧 내 태도와 행동을 지배한다.
나는 그를 쫓아내려고 힘쓰지만 그는 나보다 강하다.
그는 나에게 증오의 불을 붙여
증오하는 나에게 피해를 주는 것이 그 몇 번이던가.
오, 주여! 당신의 사랑을 내 가슴에 부어주소서.
오, 주여! 당신의 사랑으로 증오의 불을 식혀주소서.
제가 품은 모든 증오를 주님 발 앞에 내어놓습니다.

말씀에 접목하기: 갈 5:22, 23

예수님은 "너희가 서로 사랑하면 이로써 모든 사람이 너희가 내 제자인 줄 알리라"(요 13:35)고 말씀하셨지만, 어떻게 원수를 사랑하며 우리를 핍박하는 자를 축복할 수 있겠습니까? 우리는 "악에게 지지 말고 선으로 악

을 이기라"(롬 12:21)는 말씀을 실천하기가 너무 어렵습니다. 원수라고 하면 생각만 해도 마음속에서 불길이 치솟고 증오의 불이 타오릅니다. 어떻게 주님의 말씀에 따라 원수를 사랑하며, 자신을 핍박하는 사람을 축복할 수 있을까요?

사랑은 성령님의 열매입니다. 원수를 사랑하고 핍박하는 자를 축복하고 그들을 구원하기 위해 십자가를 지신 예수 그리스도의 영인 성령님이 우리 안에 충만히 임하면 우리도 예수님처럼 서로 사랑할 수 있습니다. 원수를 사랑하고 핍박하는 사람을 축복하기 전에 예수 그리스도의 영으로 우리를 충만하게 채워야 합니다. 그러면 예수님처럼 서로 사랑할 수 있습니다.

2
세상(구조, 문화, 억압과 폭력)을 이기는 믿음

천둥과 불덩이로 역사하시는 하나님

예화 1

영국의 스튜어트 와트 부부는 아프리카의 키쿠유족 선교사로 갔습니다. 이 종족은 마우마우스 테러 분자들에게 인력을 대주던 사람들로 사나운 기질을 가진 종족이었습니다. 이 종족은 끈질기게 와트 부부와 네 자녀에 대해 위협을 가했습니다. 이런 상황에서 영국 총독이 와트 선교사 가족을 안전한 곳으로 대피시키기 위해 무장한 군인들을 보내겠다고 했지만 와트 선교사는 "끝까지 견뎌 보고 하나님이 가라고 명하신 곳에서 죽겠습니다"라고 거절했습니다.

그리고 얼마 뒤 활로 무장한 토인들이 선교사 집을 둘러싸더니 갖은 협박을 하며 위협하기 시작했습니다. 분노한 토인들은 살기등등해서 당장이라도 활을 당길 기세였습니다. 와트 선교사와 그의 가족들은 무릎을 꿇고 이 절망적인 위기에서 하나님의 구원의 능력이 나타나기를 간절히 기도했습니다. 그들이 열심히 기도하고 있을 때 천둥이 요란하게 치더니 크고 시뻘건 불덩어리가 하늘 위를 지나가며 이글이글 타는 불꽃이 튀는 것이었습니다. 하늘에서 심판의 불이 떨어진다고 믿은 토인들은 겁에 질려 모두 도망쳤습니다. 그리고 다시는 와트 선교사와 그의 가족들 앞에 나타나 위협하지 않았습니다.

말씀에 접목하기: 시 27:1-6

하나님은 긴급한 것은 긴급하게 응답하시고 급하지 않은 것은 서서히 응답하십니다. 중국 어느 도시에 도적 떼의 습격이 있었습니다. 그러자 수백 명의 여성과 어린이가 몬센 선교사의 집으로 피신했습니다. 몬센 선교사는 말라리아에 걸려 누워 있으면서도 고통 가운데 하나님께 간절히 기도했습니다. "주여, 이 불쌍한 사람들을 지켜주시옵소서. 이들은 하나님의 보호를 절대적으로 믿는 사람들입니다. 제가 그렇게 가르쳤습니다. 제가 그들 앞에서 거짓말쟁이가 되지 않게 해주시옵소서." 몬센 선교사는 계속 그들을 위로하며 격려했습니다. 그리고 하나님이 지켜주실 것을 확신하며 말씀을 선포했습니다. 이튿날 도적 떼는 지나가고 몬센 선교사의 집은 무사했습니다. 아침이 되자 살아남은 이웃이 몰려와 몬센 선교사에게 물었습니다. "어제 밤새도록 당신의 집 지붕 위에 세 사람이 앉아 있었습니다. 그리고 또 한 사람은 집 앞을 지키고 있었는데, 그들은 도대체 어떤 사람들입니까?" 이 말을 들은 몬센 선교사는 고개를 갸우뚱거리며 지붕 위에 아무도 세우지 않았다고 말했습니다. 그러자 그들은 이렇게 대답했습니다. "우리가 숨어 밤새껏 똑똑히 지켜보았는데요." 밤새 몬센 선교사의 집을 지켜준 네 사람은 하나님의 사자들이었습니다. 이를 본 도적 떼는 두려워 몬센 선교사의 집에 접근하지 못했던 것입니다. 하나님은 긴급할 때 긴급하게 응답하시고 생명을 지켜주십니다.

하나님의 특별한 보호

예화 2

중앙아메리카의 멕시코 오토미 인디언이 예수님을 믿게 되자 큰 핍박이 일어났습니다. 그들이 지내는 제사에 크리스천들이 참예하지 않았기 때문입니다. 오토미 인디언 크리스천을 이끌던 돈 베난치오 목사는 익스미퀼판 시장 중앙이 내려다보이는 언덕 위에 크리스천 마을을 세우고 교회를 건립했습니다. 이교도들에게는 참으로 눈엣가시 같은 일이었습니다. 베난치오 목사가 외출한 어느 날 오후 많은 사람이 언덕 아래 모여 웅성거렸습니다. 마을 사람 한 명이 목사 부인에게 달려와 "사모님, 큰일났어요"라고 말하며 벌벌 떨었습니다. 자초지종을 들은 부인은 맨발로 오두막집마다 찾아가 "우리 모두 기도해야 합니다"라고 했습니다. 마을 사람 모두가 모여 열심히 기도했고, 그날 밤 평안히 잘 수 있었습니다.

사실 그날 밤 수백 명의 토인이 다이너마이트와 총과 칼로 무장한 채 신호만 떨어지면 크리스천 마을을 공격해 몰살시킬 계획을 세워놓았습니다. 그런데 앞서가던 사람들이 갑자기 걸음을 멈췄습니다. 휘황한 불이 오토미 교회를 둘러싼 채 총을 든 군인들이 그 마을을 지키고 있었기 때문입니다. 게다가 나팔 소리도 울렸습니다. 그들을 모두 겁에 질려 도망쳤습니다. 다음 날 아침 공격에 가담했던 사람이 자신이 본 것을 똑똑히 증언했습니다. 오토미 크리스천들은 하나님의 놀라운 기적을 지금도 감사하고 있습니다.

말씀에 접목하기: 시 46:1-3

시편 기자는 이렇게 찬송하고 있습니다. "하나님은 우리의 피난처시요 힘이시니 환난 중에 만날 큰 도움이시라 그러므로 땅이 변하든지 산이 흔들려 바다 가운데에 빠지든지 바닷물이 솟아나고 뛰놀든지 그것이 넘침으로 산이 흔들릴지라도 우리는 두려워하지 아니하리로다"(시 46:1-3). 우리는 하나님이 그분의 말씀대로 믿음의 사람을 지키고 보호하고 돌보실 것을 믿습니다. 하나님은 만홀히 여김을 받지 않으시는 분입니다. 하나님은 풀무 불 가운데서도 다니엘의 세 친구를 지키셨습니다. 하나님은 사자 굴에서도 다니엘을 지키셨습니다. 우리가 어떤 환난을 당할지라도, 심지어 오토미 인디언 크리스천처럼 솟아날 구멍이 없는 상황일지라도 하나님은 놀라운 방법으로 믿음의 사람들을 지키실 것입니다.

마틴 루터 킹 목사의 간증

예화 3

내 생애 가운데 처음 24년은 성취의 연속이었습니다. 나에겐 근본적 문제도 무거운 짐도 없었습니다. 나를 염려하고 사랑하는 부모님이 내게 필요한 것들을 제공해주었기 때문에 어려움 없이 고등학교, 대학, 신학교, 대학원 과정을 마칠 수 있었습니다. 몽고메리에서 버스승차거부운동에 앞장서기 전까지는 실제로 인생의 시련에 직면해 본 적이 없었습니다.

이 운동의 책임을 떠맡자마자 우리 집에는 협박 전화와 편지가 날아들기 시작했습니다. 처음에는 이따금씩 오더니 시간이 갈수록 협박 전화와 편지가 늘어났습니다. 처음에는 그것이 과격한 몇몇 사람의 짓이고, 우리가 맞서지 않으려 한다는 것을 알면 그들도 풀이 죽을 거라고 여겨 간단하게 넘겨버렸습니다. 그러나 몇 주가 지나면서 그 협박이 심각한 수준임을 깨달았습니다. 나는 머뭇거리게 되었고 점점 두려워졌습니다.

버스승차거부운동이 고조에 달하던 어느 날이었습니다. 아내는 이미 깊은 잠에 빠져 있었고, 나 역시 막 잠자리에 들려고 하는데 전화벨이 울렸습니다. 수화기를 들자 성난 목소리가 들렸습니다. "잘 들어라, 검둥아. 내가 너의 모든 것을 빼앗아버리겠다. 다음 주가 되기 전 네가 몽고메리에 온 걸 후회하게 만들어줄 테다." 전화를 끊고 나서 나는 잠을 잘 수가 없었습니다. 두려움이 나를 짓누르는 것만 같았습니다. 두려움은 커질 대로 커져 포화상태에 이르렀습니다.

나는 침대에서 내려와 서성거리다가 부엌에 가서 커피를 끓였습니다. 나는 포기하려고 했고, 어떻게 해야 비겁한 사람으로 보이지 않을까 머릿속으로 생각했습니다. 극도로 피곤해진 상태에서 도무지 용기가 나지 않아 나의 문제를 하나님께 가져가기로 했습니다. 나는 손으로 머리를 감싸고 부엌 식탁에 엎드려 큰 소리로 기도했습니다. 내가 그날 하나님께 드렸던 기도가 지금도 생생하게 기억납니다. "지금 저는 자신이 옳다고 믿는 것을 위해 싸우고 있습니다. 하지만 두렵습니다. 사람들은 제가 앞장서서 싸워주기를 기대하는데, 힘도 용기도 없이 그들 앞에 선다면 그들 역시 비틀거릴 것입니다. 저는 힘이 다 빠졌습니다. 제겐 아무 힘도 남아 있지 않습니다. 이젠 도저히 혼자서 그 일을 감당할 수가 없습니다."

그 순간 나는 하나님이 임재하심을 체험했습니다. 그것은 이전에 한 번도 느껴 보지 못한 것이었습니다. 그때 마음으로부터 확신에 찬 조용한 음성이 들리는 것 같았습니다. "의를 옹호하라. 진리를 옹호하라. 하나님께서 영원히 너의 편에 서 계실 것이다." 순식간에 두려움이 사라졌습니다. 불신감도 사라졌습니다. 나는 무슨 일이 닥치든 대처할 준비가 되어 있었습니다. 외적 상황은 여전히 똑같았지만, 하나님이 내적 평안을 주셨던 것입니다.

사흘 뒤에 우리 집은 폭파되었는데, 나는 폭파 소식을 덤덤하게 받아들였습니다. 하나님에 대한 체험은 내게 새로운 힘과 믿음을 주었습니다. 그때 나는 하나님이 우리에게 생의 폭풍 같은 문제들에 대처할 내적 힘을 주시는 분이라는 사실을 알았습니다.

말씀에 접목하기: 행 4:5-12

베드로는 예수님이 잡히시던 밤에 마지막으로 예수님을 부인하고 저주하여 예수님의 마음을 아프게 했습니다. 그런데 예수님은 자기를 배반하고 저주한 제자 베드로를 찾아와 만나주시고 말씀하시고 다시 한 번 사명을 주셨습니다. 그리고 성령님으로 충만케 하여 초대교회의 일꾼으로 삼으셨습니다. 베드로는 성령님으로 충만할 때 과거에 예수님을 부인했던 바로 그 공회 앞에서 힘 있게 예수님을 증거 했습니다. "너희와 모든 이스라엘 백성들은 알라 너희가 십자가에 못 박고 하나님이 죽은 자 가운데서 살리신 나사렛 예수 그리스도의 이름으로 이 사람이 건강하게 되어 너희 앞에 섰느니라 이 예수는 너희 건축자들의 버린 돌로서 집 모퉁이의 머릿돌이 되었느니라"(행 4:10, 11).

베드로는 이제 불 시험을 당하는 것을 두려워하지 않는 용기 있는 일꾼이 되었습니다. 그는 그리스도의 고난에 참예하는 것을 즐거워하는 자가 되었고, 하나님의 영광의 날을 기다리며 즐거워하고 기뻐하는 사람이 되었습니다. 그 이유는 영광의 하나님의 영이 그 위에 계시기 때문이었습니다. 하나님은 비겁하고 의지가 약하여 넘어지기 잘하는 사람까지도 사랑하여 그를 만나주시고 하나님의 영광의 영을 보내 용기와 헌신의 사람으로 만드셨습니다. 하나님은 오늘도 넘어지기 잘하는 사람들을 찾으십니다. 하나님은 그들을 만나시고 하늘의 음성을 들려주시고 하나님의 영광의 영을 부어주실 것입니다. 그래서 하늘의 신비와 기적을 이루는 사람으로 만들어 주실 것입니다. 마르틴 루터 킹 목사도 위협과 협박을 받을 때 두려웠지만 기도하는 가운데 임하신 성령님이 그를 말씀으로 굳게 세워주셨습니다. 이제 그는 어떤 것도 두려워하지 않는 하나님의 사명자가 되었습니다.

질그릇 속에 보배를 담은 사람들

18세기 프랑스 사상가 볼테르는 "교회는 가까운 장래에 망할 것이다"라고 예언했습니다. 그러나 그가 예언하던 그곳은 지금 영국 성공회의 사무실이 되어 온 세계에 성경을 반

포하는 중심 역할을 하고 있습니다.

다음은 1875년 달레 선교사가 쓴 《조선교회사》에 로마 교황 피우스 9세가 쓴 서문에 나오는 내용입니다. "주의 교회는 멸망도 영락도 없다. 진리를 위해 증언하고 모든 나라 사람을 구원하기 위해 세운 주의 교회는 어떤 장애가 있을지라도, 어떤 폭군의 면전에서라도 항상 이르는 곳마다 이 두 가지 의무를 다한다. 주의 교회가 들어갈 수 없을 만치 면밀히 봉쇄되어 있는 나라는 없고 또 복음을 전달치 못하고 신자들을 이길 만큼 고립된 민족도 없다."

1956년 T.S. 엘리엇과 그의 동료 선교사 네 명이 아마존 지역의 아우카 인디언 지역 전도를 떠났습니다. 그리고 이틀 후 라디오 방송은 그들 5명 모두가 아우카 인디언들에게 살해되었다는 소식을 전했습니다. 얼마 뒤 엘리엇의 부인 엘리자베스 엘리엇과 마지 세인트 등 선교사 부인 5명이 다시 아우카 인디언 지역으로 선교하기 위해 떠났습니다. 그리고 곧바로 소식이 끊어졌습니다.

그로부터 14년 뒤 엘리자베스 엘리엇과 마지 세인트와 아우카 인디언 한 명이 미국으로 돌아와서 아우카 인디언 지역의 전도 보고를 했습니다. 그 인디언은 5명의 선교사를 살해하는 데 앞장섰던 사람들 가운데 한 명이었습니다. 그는 자기와 같은 살인자에게도 예수님이 찾아와 용서해주시고 구원해주셨다고 눈물로 간증했습니다. 5명의 선교사 부인은 죽음의 위협을 무릅쓰고 아우카 인디언에게 가서 그들에게 사랑과 용서의 예수님을 증거 했고, 드디어 아우카 인디언 전부가 기독교로 개종하는 놀라운 사건이 일어난 것입니다.

하나님의 복음은 십자가의 희생을 요구하지만 그 복음이 뚫고 들어갈 수 없을 만큼 꽉 막힌 곳은 이 세상 어디에도 없습니다. 하나님은 이 세상 모두를 구원하시고자 하기 때문입니다.

말씀에 접목하기: 고후 4:7-10

예수님은 질그릇 같은 우리 안에 오신 하나님의 보배입니다. 예수님의 보배가 우리 안에 있기 때문에 우리에게서 하나님의 신비한 은혜가 나타납니다. 우리가 욱여쌈을 당해도 우리 안에 계신 예수님은 거기서 피할 길을 내시고, 우리가 답답한 일을 당할지라도 우리 주님은 우리를 낙심치 않게 지키시고, 우리가 핍박 받아도 그것을 이길 수 있게 힘을 주고 버림당하지 않게 도우시며, 심지어 우리가 거꾸러뜨림을 당할지라도 망하지 않게 역사하십니다.

그러므로 예수님의 보배를 가진 성도들은 예수님의 생명의 역사를 보기 위해 예수 죽인 것을 몸에 짊어지고 살고자 합니다. 예수님과 함께 고난의 십자가를 질 때에 하나님이 예수님을 부활시킨 그 능력으로 바로 거기서 생명의 감격을 보게 하실 것을 믿기 때문입니다.

자기 백성을 지키시는 하나님

예화 5

나폴레옹 군대는 적국을 통과하면서 그냥 지나가지 않고 갖가지 폭력과 탈취를 일삼아 주민들을 공포에 떨게 했습니다. 어느 날 나폴레옹 군대가 산골 마을을 지나가게 되었습니다. 그 마을에 남편을 여의고 아이들을 데리고 사는 독실한 그리스도인이 살고 있었습니다. 나폴레옹이 그곳을 지나갈 때 그녀는 가정예배를 드리면서 "하나님, 우리 집 주변에 성벽을 쌓아 우리를 적으로부터 지켜주시옵소서"라고 기도했습니다. 다음 날 아침 아이들은 어머니가 기도할 때 성벽을 쌓아 적을 막아 달라고 기도한 뜻을 알게 되었습니다. 하나님은 밤새 눈보라를 치게 해서 그 집 주위를 눈으로 덮어버리셨던 것입니다.

말씀에 접목하기: 시 28:6-9

하나님은 어제나 오늘이나 내일이나 영원히 동일하신 분입니다. 시편 기자의 하나님이 우리의 하나님이시며 3,000여 년 전에 역사하시던 그 하나님은 우리 가운데 임재하시는 하나님입니다. 하나님은 과거 적군이 사방으로 진을 칠지라도 성벽을 쌓아 막아주시는 하나님이시요, 오늘날 우리가 사방으로 욱여쌈을 당해도 피할 길을 내고 승리케 하시는 하나님입니다. 하나님은 다윗이 부르짖을 때도 응답하셨지만 오늘날 우리의 부르짖음에 응답하여 하늘의 신비를 우리에게 보이시는 하나님입니다. "여호와는 나의 빛이요 나의 구원이시니 내가 누구를 두려워하리요 여호와는 내 생명의 능력이시니 내가 누구를 무서워하리요 …… 군대가 나를 대적하여 진 칠지라도 내 마음이 두렵지 아니하며 전쟁이 일어나 나를 치려 할지라도 나는 여전히 태연하리로다 …… 여호와여 내가 소리 내어 부르짖을 때에 들으시고 또한 나를 긍휼히 여기사 응답하소서"(시 27:1, 3, 7)

십자가 이후에는 부활이 있습니다

예화 6 미국의 상담학자 하워드 클라인벨(Howard Clinebell)이 이런 말을 했습니다. "당신은 오늘 누구를 만나든지 그 사람을 정중히 대하고 소중하게 여겨야 합니다. 그 역시 자기 몸에 태인 십자가를 지고 가는 사람입니다." 그렇습니다. 길거리를 지나는 사람들 가운데 아무나 붙들고 물어봐도 자기의 십자가를 지고 가지 않는 사람은 없습니다. 아무리 행복해 보이는 사람이라도 그 나름의 힘겨운 삶을 살고 있습니다.

모든 사람이 고되고 힘겨운 삶을 살아가고 있지만 모두가 세상에서 빛을 발하며 사는 것은 아닙니다. 오직 자기의 십자가를 기꺼이 지고 가려는 마음과 하늘을 향한 소망을 발견한 사람만이 세상의 빛으로 빛나는 삶을 살아갑니다.

　존 밀턴은 그런 사람들 가운데 한 사람입니다. 그는 갑자기 앞을 못 보게 된 사람이었습니다. 가슴에 품었던 야망이 한순간에 물거품이 되고 말았을 것입니다. 그는 뛰어난 작가로 전도유망하던 사람이었는데 그만 실명을 하고 말았으니 그 고통과 상심이 얼마나 컸겠습니까! 그는 실명하고 감옥에 갇히는 신세가 되어 막다른 골목까지 몰렸습니다. 그런데 그 막다른 골목에서 예수님이 그를 기다리고 계셨습니다. 그는 예수님 안에서 새로운 소망의 빛을 보았습니다. 그리하여 예전과는 비교할 수도 없는 훌륭한 글을 쓰게 되었습니다. 실명하고 감옥에 갇힌 동안 그 유명한 《실낙원》을 쓴 것입니다.

말씀에 접목하기: 마 4:12-16

　우리가 끝났다고 해서 하나님도 끝난 것은 아닙니다. 우리가 끝났다고 하는 절망의 땅은 우리 주 예수님이 임하여 역사하시는 땅입니다. 예수님은 십자가의 절망과 무덤의 암흑에서 부활하셨습니다. 예수님은 절망하는 사람들에게 부활이 있음을 보여주실 뿐 아니라 이미 끝났다고 엠마오로 내려가는 사람들을 만나 다시 예루살렘으로 올라가도록 하셨습니다. 그래서 성경은 예수님의 오심을 이렇게 말씀하고 있습니다. "전에 고통 받던 자들에게는 흑암이 없으리로다 옛적에는 여호와께서 스불론 땅과 납달리 땅이 멸시를 당하게 하셨더니 후에는 해변 길과 요단 저쪽 이방의 갈릴리를 영화롭게 하셨느니라 흑암에 행하던 백성이 큰 빛을 보고 사망의 그늘진 땅에 거주하던 자에게 빛이 비치도다"(사 9:1, 2). 예수님이 오셨고, 예수님은 흑암에 앉은 사람들에게 큰 빛을 비추기 시작하셨습니다. 그 빛이 오늘 당신을 비춰줄 것입니다.

목사의 임무

예화 7

어느 용감한 목사님의 이야기입니다. 그 목사님은 복음을 전하는 것이 여러모로 힘겨운 나라에서 살고 있었습니다. 어느 주일날 막 설교를 시작하려고 하는데 한 군인이 화가 잔뜩 나서 앞으로 나오더니 목사님 이마에 총을 갖다 대고 설교를 중지하지 않으면 쏘겠다고 위협했습니다. 위급한 상황에서도 목사님은 조용히 이렇게 대답했습니다. "당신은 군인으로서 당신의 임무를 다하시오. 나도 나의 임무를 다하겠소."

말씀에 접목하기: 고전 15:55-58

하나님은 인간을 인격적인 존재로 만드셨습니다. 그래서 인간은 누구나 자기의 사정이 있고 자기의 입장이 있고 자기의 결정에 따라 실천하며 살 권리가 있습니다. 목사는 목사의 일이 있고 군인은 군인의 일이 있습니다. 각자가 자기의 신념과 선택에 따라 자신의 일에 최선을 다할 책임이 있습니다. 그리스도인은 상대방이 자기와 다른 믿음과 입장을 가지고 있다고 해도 그것을 인정하고 존중해야 합니다. 하나님은 우리가 죄악 가운데서 멸망하는 것을 원치 않으십니다. 그래서 우리가 회개하여 하나님께로 돌아서기를 간절히 원하시고 그것을 위해 사명자를 세우십니다.

과거의 상처를 씻어내는 예수님의 이야기

예화 8

평범한 외모를 가진 흑인 여성으로 미국인들의 사랑을 한 몸에 받고 있는 방송인 오프라 윈프리는 파란만장한 인생을 살아왔습니다. 그녀는 미혼모의 딸로 태어나 성폭행을 당하는 등 불행한 환경 속에서 자랐습니다. 그러나 그녀는 자신의 과거를 부끄러워하지 않고 스스로를 특별한 존재로 여기며 당당하게 세상에 맞서 성공을 이루어냈습니다.

윈프리는 1993년 스펠먼여자대학의 졸업식에 초청을 받아 감동적인 연설로 뜨거운 박수를 받았습니다. "여러분! 여왕이 되십시오. 용감하게 평범함을 넘어서야 합니다. 개척자가 되십시오. 지도자가 되십시오. 어떤 고통이 닥쳐도 삶을 껴안을 줄 알고 두려움 없이 도전할 수 있는 사람이 되십시오. 진실을 찾는 사람이 되십시오. 사랑하는 마음으로 자신을 지배하는 사람이 되십시오. 여왕이 되십시오. 부드러운 여자가 되십시오. 계속 새로운 아이디어를 낳고 여자임을 기뻐할 줄 아는 여자가 되십시오. 여러분이 평범한 여자가 되어 시간을 낭비하지 않도록 기도드리겠습니다. 우리는 하나님의 딸로 온 세상 사람에게 사랑하는 법을 가르쳐주기 위해 이 세상에 왔습니다. 과거에 무슨 일을 겪었는지는 아무런 문제가 되지 않습니다. 어디 출신인지, 부모님이 어떤 사람인지도 문제가 되지 않습니다. 그런 것들은 전혀 상관없습니다. 중요한 것은 여러분이 어떤 사랑을 선택하고, 직장이든 가정이든 여러분이 세상에 공헌하고자 하는 분야에서 어떻게 그 사랑을 표현할 것인가 하는 것입니다. 여왕이 되십시오. 여러분 자신의 힘과 영광을 믿으십시오."

말씀에 접목하기: 롬 6:3-5

오프라 윈프리는 참혹한 경험을 한 사람입니다. 미혼모의 딸이라는 가정환경, 성폭행, 가난과 따돌림 등은 가슴에 분노와 아픔과 한을 품게 합니다. 그럼에도 그녀는 모든 부정적 이야기를 씻어내고 사랑의 이야기를 가슴에 품었습니다. 그녀에게는 과거의 아픔과 자신의 나약함과 세상의 두려움을 쫓아낼 사랑의 이야기가 있었습니다. 그것은 예수님의 이야기입니다. 예수님이 그녀를 이처럼 사랑하여 십자가에 죽으시고 그 보혈로 그녀내면의 분노와 저주와 아픔과 슬픔의 이야기를 씻어내 주셨습니다. 그리고 하나님의 사랑으로 가득 채워주셨습니다. 당신의 가슴에는 어떤 이야기가 있습니까? 예수님을 영접함으로써 그분의 사랑 이야기로 당신의 가슴을 채워야 합니다. 지금 주께 기도하면 주님은 당신에게 신비한 일을 행하실 것입니다.

축복의 증표

예화 9

주님을 신실하게 섬기면 때때로 마귀가 온갖 악한 세력을 동원하여 우리를 공격해 옵니다. 그 결과 우리는 주님으로 말미암아 핍박을 받게 됩니다. 많은 사람에게 용기와 격려를 주었던 유명한 선교사 러셀 에버솔도 윌리엄 페팅길로부터 큰 위로와 격려를 받았습니다. 어느 날 에버솔이 페팅길을 찾아와 해외선교에서 겪은 실망과 시련에 대해 이야기했습니다. 그 말을 들은 페팅길은 "형제여, 그것이 바로 옳은 길로 가고 있다는 증거입니다. 하나님의 사업을 하면서 아무런 반대와 좌절을 경험하지 않는다면 오히려 무릎을 꿇고 주께 무엇을 잘못하고 있는지 보여 달라고 기도해야 할 겁니다"라고 대답했습니다.

마드라스의 주교가 인도를 여행하고 있을 때 그리스도의 복음을 열성적으로 증거 하는 소녀 가정부를 소개 받았습니다. 그 소녀는 예수님과 그분의 사랑을 다른 사람에게 조용하면서도 끈기 있게 증거 함으로써 많은 사람을 주님 앞으로 인도했습니다. 주교가 그 소녀를 유심히 보니 얼굴과 목, 팔 여기저기에 심한 흉터가 있었습니다. 그 흉터는 주님을 증거 하다가 원주민으로부터 매를 맞은 자국이었습니다. 주교가 눈물을 글썽이면서 "얘야, 어떻게 이 잔인한 매를 견딜 수 있었니?"라고 물었을 때 그 소녀는 오히려 놀란 표정으로 "선생님은 주님을 위해 핍박 받는 일이 즐겁지 않으세요?"라고 반문했습니다. 열정에 찬 그 소녀의 대답을 듣고 주교는 큰 감화를 받았습니다.

만약 세상 사람이 당신을 향해 칭찬만 늘어놓는다면 세상과 타협한 채 살고 있지 않는지 반성해야 합니다. 만약 당신이 주님을 위해 핍박 받고 있다면 "기뻐하고 즐거워하라"고 하신 말씀을 기억하길 바랍니다(마 5:12). 하나님의 일을 하면서 직면하는 반대는 축복의 표적이며, 영생의 보상을 약속해줍니다.

말씀에 접목하기: 눅 15:3-7

예수님의 사랑 이야기는 동시에 예수님의 고난 이야기입니다. 양을 발견할 때까지 찾아다니는 목자의 고난과 수고를 알겠습니까? 그 양의 더러움과 냄새를 담당해야 하는 목자의 마음을 알겠습니까? 사랑은 축복이지만 동시에 고난이기도 합니다. 목자의 사랑은 양에게 한없는 축복이지만 목자에게는 한없는 고난의 연속입니다. 예수님처럼 힘들고 어려운 사람을 축복하고 예수님과 함께 고난의 십자가를 지는 것이 우리의 사명이며 우리가 살아야 할 인생입니다. 사람들을 섬기고 축복하고 구원하기 위해 십자가를 지신 예수 그리스도의 영을 받은 그리스도인은 예수님과 함께 사람들을 축복하고 자신은 십자가의 고난을 지고 가면서도 기뻐하며 즐거워해야 합니다.

흔들리지 않는 믿음의 교역자 암브로시우스

예화 10

암브로시우스는 밀라노에서 흔들리지 않는 믿음을 가지고 목회한 사람입니다. 그는 늘 이렇게 말했습니다. "교역자로서 자기 믿음을 자유롭게 말하지 못하는 것처럼 비열한 일은 없을 것이다." 그는 자신의 목회를 통해 이것을 보여주었습니다.

4세의 나이에 황제 자리에 오른 발렌티니아누스 2세의 어머니 유스티나는 아리우스파에 속한 신자였습니다. 그녀는 자기 아들이 황제라는 지위를 내세워 암브로시우스가 감독으로 있는 밀라노의 예배당을 빼앗아 아리우스파 감독에게 넘겨주려고 했습니다. 그 계획을 실행에 옮기기 위해 예배당을 접수하려고 왕의 사자를 대동한 채 암브로시우스를 찾아왔습니다. 그러나 암브로시우스는 단호하게 "감독은 하나님께 바친 집을 황제에게 내어줄 수 없습니다"라고 거절했습니다.

유스티나는 다른 예배당을 접수하려고 했으나 또다시 거절당했습니다. 그때 황제의 특사로 동행했던 내시는 잔뜩 화가 났습니다. 그는 암브로시우스에게 황제의 명령이라고 호통을 쳤지만 "황제라도 하나님의 교회를 마음대로 할 권리가 없습니다"라고 단호히 거절했기 때문입니다. 그때 황제의 특사가 "네가 감히 발렌티니아누스 황실을 멸시한단 말이냐? 나는 네 머리부터 베어버릴 것이다"라고 위협했지만 암브로시우스는 눈 하나 깜짝하지 않고 이렇게 대답했습니다. "내 하나님은 당신이 지금 말한 대로 실행해주시기를 바랄 것입니다. 그러면 나는 참 감독처럼 순교하여 죽고 당신은 내시처럼 살다 죽을 것입니다."

황제의 근위병들이 교회를 둘러쌌을 때 암브로시우스는 예배를 인도하고 있었습니다. 이 사실을 알게 된 한 사람이 그에게 "군대가 쳐들어옵니다!"라고 전했습니다. 그러나 그는 아무 일 없다는 듯이 계속 예배를 드렸습니다. 예배당을 무너뜨리고 군인들이 안으로 들어왔습니다. 예배를 드리던 사람들은 깜짝 놀라 소리를 지르며 도망쳤습니다. 그러나 암브로시우스는 한 치의 동요도 없이 엄숙한 얼굴로 군인들을 쳐다보았습니다. 군인들은 그의 위엄에 눌려 하나둘 암브로시우스 감독 앞에 무릎을 꿇었습니다. 그는 순교를 각오하고 하나님의 성전과 하나님 예배를 지키고자 했습니다. 하나님은 암브로시우스에게 흔들리지 않는 믿음을 주셨을 뿐 아니라 그 믿음으로 승리하게 하셨습니다.

말씀에 접목하기: 히 11:32-40

히브리서는 "세상이 감당하지 못하는" 신앙의 사람들에 대해 말씀합니다. 그들은 믿음으로 나라를 이기고, 사자 굴에도 당당히 들어가고, 불 속에도 서슴지 않고 들어가고, 수많은 적군을 물리치기도 하고, 감옥에 갇히는 것도 두려워하지 않고, 조롱과 채찍에도 흔들리지 않고, 돌로 치는 것과 톱으로 켜는 것까지 참고 견디며, 시험과 칼로 죽임을 당하기도 하고, 양과 염소의 가죽을 입고 유리하여 궁핍에 처한 채 환난과 학대를 받고, 광야와 산과 동굴과 토굴에 유리하면서도 오직 믿음으로 살아간 믿음의 사람들이었습니다. 그들은 믿음으로 증거를 받았으되 약속된 것을 이 세상에서 받지 못했지만 세상은 결코 그들의 믿음을 흔들지 못했습니다(히 11:32-40). 암브로시우스는 성경의 인물 반열에 오른 믿음의 사람이었습니다. 지금 당신은 주님만 바라보며 나아갈 수 있습니까? 성령님이 임하여 권능을 주시면 우리는 흔들리지 않는 믿음의 사람들의 대열에 서서 힘차게 믿음의 길을 걸을 수 있을 것입니다.

어사주도 거절한 나희필 장군

예화 11

1968년경 당시 박정희 대통령이 전방 시찰을 마치고 춘천의 모처에서 사단장급 부대 지휘관들을 위한 만찬을 열었습니다. 그 장소에서 나희필 준장이 대통령께 자기 부대 운영에 대해 직접 보고했는데, 박 대통령은 나 장군이 탁월한 지도력을 발휘해 사단 발전에 큰 공을 세운 데 대해 높이 치하한 뒤 손수 어사주 한 잔을 따라주었습니다. 그러자 나 장군이 "죄송하지만 술 대신 콜라나 사이다를 주십시오"라고 말했습니다.

그 순간 그곳에는 적막만이 가득했습니다. 긴장의 순간이 지난 뒤 박 대통령은 "니가 진짜 크리스천이다"라고 만찬장을 나갔습니다. 그러자 한 선배가 다가와 "이 사람아, 자네는 별 하나 더 달 수 있는 절호의 기회를 놓쳐버렸네. 그러니 부대로 돌아가 책상 정리나 하게"라고 말했습니다.

나 장군은 어린 시절 술을 많이 마시는 할아버지 때문에 어머니가 고생하던 것을 잊지 않았고, 모태신앙을 가진 사람으로 술을 가까이 하면 즐거움보다 후회스러운 일이 더 많이 일어난다는 것을 확신했기 때문에 오히려 편안한 마음으로 상부의 명령을 기다렸습니다. 그런데 문책은커녕 별 하나를 더 달아 육본 작전 참모부장으로 영전되었고, 이어서 3군 사령부 창설의 중요한 임무를 담당했으며, 육대 총장에서 만기 전역했습니다.

민간인으로 옷을 갈아입은 그는 당시 중앙정보부 김재규 부장으로부터 차장보 자리에 추천되었는데, 이 보고를 받고 박 대통령은 "어사주도 거절하는 독실한 신자 나희필이라면 그 어떤 압력과 부정도 거부할 수 있을 것이다"라고 치하했습니다. 그리고 얼마 후에는 장관급인 비상기획 위원장 자리로 영전했습니다. 1993년 그는 새문안교회의 장로로 봉직하다가 하나님의 부르심을 받았습니다.

말씀에 접목하기: 마 6:33, 34

하나님은 여러 가지 통로를 통해 믿음의 사람들에게 역사하십니다. 나 장군은 군인으로서 대통령에게 잘 보일 수 있는 절호의 기회를 맞았습니다. 그러나 그 순간에도 습관화되어 있는 거룩한 성품이 그를 인도했습니다. 그 성품은 자기의 경험과 결심, 교회의 가르침과 훈련을 통해 형성되었습니다. 교회가 끊임없이 성도들을 가르치고 훈련시키는 목적은 나 장군과 같이 세상의 영광을 구할 것인가, 아니면 하나님의 영광을 구할 것인가 하는 결단의 순간 성령님의 인도에 따라 살 수 있게 하려는 것입니다. 지금 교회는 흔들리지 않는 믿음의 사람들을 훈련시키는 데 얼마나 헌신하고 있습니까?

하나님은 너를 버리지 않으신다

예화 12

《이 어두움을 비취이다》와 《먼동이 틀 때까지》는 맹인 양정심이 자기 경험을 소개한 책입니다. 양정심은 어느 가난한 가정에 다섯째 딸로 태어나 미움과 갖은 학대를 받으며 자랐습니다. 그녀는 여섯 살 때 시력을 잃고 장님이 되었는데, 장님이 된 뒤로 그녀의 삶은 더욱 비참해졌습니다. 부모와 친척, 언니들로부터 "저것은 차라리 죽었으면 좋았을 텐데 살아서 집안 망신만 시킨다"라는 말까지 들어야 했습니다. 이 어린 소녀는 도저히 살아갈 용기가 나지 않았습니다. 그때 한 전도사가 어린 맹인 소녀를 붙들고 이런 이야기를 들려주었습니다. "세상 사람과 부모, 형제가 너를 버린다고 해도 하나님은 너를 버리지 않고 함께하실 것이다." 양정심은 그 전도사로부터 귀한 신앙을 배웠습니다. 그 말씀은 그녀가 많은 시련의 가시밭길을 헤치고 능히 살아남을 수 있게 해주었습니다. 살아남는 것뿐 아니라 앞을 보는 사람들이 할 수 없는 큰일을 하게 했습니다.

양정심은 아홉 살 때 평양맹아학교로 옮겨갔습니다. 그 후 숭의자중학교를 졸업한 뒤 다시 일본으로 건너가 미시마의과전문학교를 졸업하고 의사가 되었습니다. 그녀는 하나님께 서약한 것 때문에 결혼도 포기하고 한국으로 돌아와 병원에서 의사로, 간호학교 교수로 일했습니다. 하나님은 자기를 사랑하는 자들을 위해 역사하여 모든 것을 합력하여 선을 이루게 하시는 분입니다.

말씀에 접목하기: 요 1:14

어둠의 마구간에 예수님이 오시자 그곳은 하나님의 영광으로 가득 차게 되었습니다. 마구간은 영원한 믿음의 상징입니다. 어느 곳이나 예수님이 임하면 그곳은 영광의 땅이 됩니다. 어느 사람이든지 예수님을 영접하면 빛의 사람이 됩니다. 아무리 짙은 어둠일지라도 예수님을 만나면 하늘의 영광이 임하고 아름다운 하늘의 빛이 빛납니다. 어둠의 사람이었던 양정심도 예수님을 만나고 나서 수많은 사람의 빛이 되고 하늘의 영광이 되었습니다. 우리 주 예수님은 어둠 속에 찾아와서 하늘의 영광으로 가득 차게 만드시는 분입니다.

화병의 뿌리를 뽑아라

예화 13

17년 동안 머리끝에서 발끝까지 온몸이 송곳으로 찌르는 것처럼 아프다고 통증을 호소하는 여인이 있었습니다. 그녀는 하루 대여섯 알의 진통제를 먹어야 했고, 항상 두통에 시달려야 했습니다. 그동안 자신이 먹은 진통제를 모두 모으면 엄청날 것이라고 말했습니다.

그녀는 왜 오랜 시간 통증에 시달려야 했을까요? 그녀는 두 사람으로 말미암아 항상 분노에 휩싸여 살았습니다. 바로 남편과 시어머니입니다. 가장 가까운 사람이 그녀에게 마음의 상처를 입힌 것입니다. 그녀는 시집 와서 많은 일을 해야 했습니다. 병든 시아버지를 모시고, 호랑이 같은 시어머니의 시중을 들고, 층층시하 시동생들과 시고모들의 시중까지 들어야 했습니다. 그러다 보니 산후 조리 한번 제대로 한 적이 없었습니다. 전신의 뼈마디가 쑤셨지만 하소연할 사람이 없었습니다. 게다가 시어머니는 하는 일마다 잔소리요 야단이니 견딜 수가 없었습니다. 남편마저도 이런 아내를 배려해주지 않고 번번이 소리만 지르자 마음속에 쌓인 분노가 실로 엄청났던 것입니다. 그 분노가 뭉쳐 화가 되고 나중에는 화병이 되어 하루에 여러 알의 진통제를 먹어야 했습니다.

그러던 그녀에게 돌파구가 생겼는데, 옆집에 이사 온 어떤 권사님과의 만남이었습니다. 그 권사님은 그녀에게 예수님을 소개하고 교회로 인도했습니다. 그녀는 그 교회에 다니면서 예수님을 영접하게 되었습니다. 그리고 여러 사람과 함께 합심기도를 드리는 가운데 성령님이 충만하게 임하셨습니다. 그녀는 하나님께 마음속에 쌓인 분노를 있는 그대로 아뢰었습니다. 기도를 드리면서 막혔던 기가 확 뚫리고 쌓였던 화가 풀어지는 것을 경험했습니다. 그날 집에 돌아온 그녀는 남편과 시어머니를 진심으로 용서했습니다.

말씀에 접목하기: 벧전 5:7; 롬 8:31, 32

성경은 "너희 염려를 다 주께 맡기라 이는 그가 너를 돌보심이라"(벧전 5:7)고 말씀할 뿐 아니라 "자기 아들을 아끼지 아니하시고 우리 모든 사람을 위하여 내주신 이가 어찌 그 아들과 함께 모든 것을 우리에게 주시지 아니하겠느냐"(롬 8:32)고 말씀합니다. 세상은 우리 가슴에 응어리를 맺히게 하고 압박하고 억울하게 만들지만 우리 주 예수님은 이 모든 것을 풀어주시고 생명과 축복의 생수로 넘치게 하십니다. 우리가 사람들 앞에서 화풀이를 하려고 하면 오히려 뼛골이 쑤시고 골병만 들 것입니다. 그러나 우리의 막힌 기와 쌓인 분노의 보따리를 예수님의 십자가 앞에 가져와 풀어놓으면 우리 하나님은 거기에 임하사 우리의 화를 풀어주시고 우리의 상처를 만져주십니다. 이것이 화병을 뿌리 뽑는 비밀입니다.

임인택 장로의 예수님의 이야기

예화 14

그는 11세 때 영양실조로 한쪽 눈을 잃었지만 '전교 1등 K중학교 입학'이라는 목표를 내려놓지 않았습니다. 그는 중학교 1학년 때 옆집 아저씨한테 어깨너머로 기타를 배워 기타 연주가들의 등용문인 전국대회에서 2등을 차지했습니다. 이후 세계적인 연주가가 되기 위해 양팔에 150~200그램의 모래주머니를 찬 채 손톱이 빠지고 손끝에 피멍이 들도록 맹연습을 했습니다.

그러나 미8군 기타리스트로 한창 잘나가던 20대 나이에 베체트병으로 남은 한쪽 눈마저 실명하고 말았습니다. 베체트병은 아직까지 그 원인과 치료법을 알지 못하는 무서운 병입니다. 그는 합병증으로 손가락 마디와 팔목 관절 등 안 아픈 곳이 없었으며 엎친 데 덮친 격으로 극심한 피부염과 구내염, 고혈압까지 앓았습니다. 온몸에 상처가 나서 앉아 있거나 눕는 것조차 힘들었으며, 일곱 군데 구멍이 뚫린 혀로는 음식은 물론 물조차 마시기가 고통스러웠습니다. 의사도 그를 포기했고, 가족들 역시 그가 머지않아 죽을 거라고 여겼습니다. 그는 극심한 좌절감에 빠져 실망과 실의의 나날을 보내다가 불행한 현실을 냉정하게 직시한 뒤 결혼도 하면서 재기의 의지를 다졌습니다.

그러던 어느 날 석 달 먼저 다닌 아내의 인도로 난생처음 교회에 가게 되었습니다. 그는 그곳에서 목사님의 설교와 성경공부를 통해 하나님이 자신에게 허락하신 은혜를 깊이 체험했습니다. 하나님의 사랑을 처음으로 깨달았을 때 그는 한없이 울었습니다. 힘들고 지친 지난날의 기억이 밀물처럼 몰려와 서러움이 복받쳐 올랐던 것입니다. 그리고 자신의 죄를 회개했습니다. "하나님, 저는 죄인입니다. 많은 죄를 저지른 저를 용서해주세요. 그리고 저를 버리지 마시고 끝까지 지켜주세요. 하나님의 참된 일꾼이 되겠습니다."

영감 있는 그리스도인이 되어 그는 그토록 좋아하던 대중음악을 끊고 하나님의 영광을 찬양하는 노래만 불렀습니다. 거기에 그치지 않고 피아노와 컴퓨터 음악을 접목시켜 그 분야에서 괄목할 만한 업적을 쌓고, 지난 20여 년간 전국 교회와 기업체를 돌며 4,000여 회의 집회를 인도했습니다. 강연을 통해 그는 사람들에게 삶에 대한 비전과 도전을 심어주고 있습니다. 큰 절망 가운데서 삶의 꿈을 잃고 힘들어하던 사람이 사람들에게 미래를 열게 하는 놀라운 일을 하고 있습니다. 하나님은 가장 비천한 인간을 선택하여 존귀한 사람을 하나님께로 인도하는 놀라운 일을 행하십니다.

> 말씀에 접목하기: 시 139:1-10

사람은 고난을 당할 때 "내가 무엇을 잘못했기에 이런 고난을 주십니까?"라고 부르짖습니다. 그러나 이런 부르짖음은 잘못된 지식에서 온 것입니다. 사람은 자신이 지은 죄 때문에만 고난을 당하는 것이 아닙니다. 악한 구조와 문화를 가진 세상과 폭력적인 이웃, 재앙을 몰고 다니는 마귀와 귀신 때문에 고난당하는 사람이 더 많습니다. 예수님은 죄를 용서하기 위해 십자가를 지셨지만 동시에 악한 구조와 문화와 폭력의 세상을 이기고, 마귀와 귀신을 깨뜨리기 위해 십자가를 지셨습니다. 그러므로 예수님은 고난당하는 사람이 그 어떤 이유로 고난당하든지 간에 누구나 구원하실 것입니다. 누구든지 예수님 앞에 나오기만 하면, 임인택 장로처럼 예수님의 구원의 기적을 볼 것입니다.

그런데 주님을 만나기 위해서는 그리스도의 지체인 믿음의 사람들에게 복음의 말씀을 받아야 하고, 그리스도의 몸인 교회에 나와 교회의 가르침과 인도를 받아야 합니다. 임인택 장로가 고난에서 축복으로 인도를 받은 것은 먼저 믿은 그의 아내와 교회의 가르침과 지도 때문이었습니다. 당신도 그리스도의 지체가 되어 사람들에게 복음의 말씀을 증거 하고 그들을 그리스도의 몸인 교회에 인도할 수 있습니다. 그러면 성령님이 당신과 교회를 통해 구원의 기적을 일으키실 것입니다.

3
질병 치료와 마귀를 물리침

예수님은 마귀를 쫓아내십니다

예화 1

한국전쟁 때 어느 자매가 그녀의 고향에 쳐들어 온 인민군한테 성폭행을 당했습니다. 그때 나이가 아홉 살이었습니다. 얼마나 놀랐던지 밤마다 악몽에 시달렸고 세상의 모든 남성이 짐승처럼 보이고 무서웠습니다. 꽃다운 시절 많은 중매와 청혼이 들어왔지만 연애 감정이 든다거나 결혼에 대한 일말의 기대감도 없었습니다. 오로지 여러 직업에 종사하면서 자립하겠다는 생각뿐이었습니다. 그러나 아무리 모진 마음을 먹었다고 해도 나약한 인간인지라 바람에 날리는 갈대처럼 고독과 외로움에 사로잡힐 때가 한두 번이 아니었고, 그럴 때면 우울증의 깊은 함정에 빠져들었습니다. 우울증에 시달릴 때마다 그녀의 귀에 "쥐약을 먹어라" "동맥을 끊어라" "대들보에 목을 매라"는 마귀의 속삭임이 들려왔습니다. 그리하여 마귀의 음성을 듣고 자살을 시도했지만 번번이 실패하고 말았습니다. 분명히 쥐약을 먹었는데 구토해 살아났고 동맥을 끊었는데도 일찍 발견되어 살아났고 대들보에 목을 매었는데 줄이 끊어져 살아났습니다.

그렇게 우울증에 시달리다가 전도를 받게 되었습니다. 그 자매는 전도자에게 이끌려 교회에 다니며 신앙생활을 했습니다. 예수님은 그 자매를 있는 그대로 받아주고 구원해주셨습니다. 그녀는 감격과 기쁨이 생수같이 속에서 터져 나오는 것을 경험했습니다. 영접한 예수님이 속삭이던 마귀를 쫓아내고 해방시켜 주셨던 것입니다. 그러면서 남성혐오증도 사라졌고 남자들에 대한 생각도 바뀌었습니다. 그녀는 지금 아내와 사별한 남자와 결혼해 남편과 전처의 아이들을 기르면서 신앙생활을 하고 있습니다.

말씀에 접목하기: 약 4:7, 8

구스타프 아울렌 목사님은 《승리자 그리스도》에서 예수님이 십자가를 지신 가장 큰 목적은 마귀와 귀신을 물리치고 마귀와 귀신의 저주로 고통당하는 사람들을 구원하기 위해서라고 했습니다. 수천 년 성경의 역사 가운데서 마귀가 가장 왕성하게 활동한 시기는 예수님의 공생애 3년간입니다. 마귀와 귀신은 예수님이 그들을 멸하기 위해 오신 것을 알았기 때문에 발악하며 예수님께 대항하려고 했습니다. 그러나 예수님은 귀신 들린 자들을 고치셨을 뿐 아니라 십자가에서 마귀와 귀신을 물리치고 그 결박을 푸셨습니다. 이렇게 되자 마귀와 귀신은 예전처럼 강한 힘이 생기지 않았습니다. 세상적 욕심과 죄악에 대한 욕망을 가진 사람은 마귀와 귀신의 시험에 약하지만 예수님의 이름으로 마귀를 대적하면 마귀와 귀신은 도망갑니다. 우리는 성경의 권면을 받아야 합니다. "그런즉 너희는 하나님께 복종할지어다 마귀를 대적하라 그리하면 너희를 피하리라 하나님을 가까이하라 그리하면 너희를 가까이하시리라 죄인들아 손을 깨끗이 하라 두 마음을 품은 자들아 마음을 성결하게 하라"(약 4:7, 8).

예수님의 이름으로 마귀를 묶어라

예화 2

1973년 영국의 북부 지역에서 있었던 일입니다. 그 지방의 공산주의자들과 무신론자들이 공회당을 빌려 좌익계 인사와 명사를 연사로 초청하여 연일 교회와 복음 전도자를 비난하는 강연회를 가졌습니다. 이때 공회당에 모여 그들의 말을 듣던 많은 사람이 그 이야기에 동조하기 시작했습니다.

그러자 그 지역의 가톨릭 신부들과 성공회 신부들, 개신교 목사들은 그냥 두고 볼 수 없어 그에 대한 대책회의를 열었습니다. 여러 가지 의견이 나왔지만 별다른 묘안이 떠오르지 않았습니다. 그런데 한 목사가 회의를 마치고 집으로 돌아와 마태복음 12장 28, 29절 말씀을 읽는 가운데 하나님이 한 가지 아이디어를 주셨습니다. '그렇다. 공산주의자나 무신론자들은 마귀의 조종을 받고 있다. 그러므로 이들을 이기려면 마귀를 먼저 묶어야 한다.'

목사님은 주일 예배를 마치고 나서 영력이 깊은 성도 100명을 따로 모이도록 했습니다. 그리고 그 성경 구절을 읽어주면서 공산주의자들과 무신론자들의 소란을 막으려면 배후에서 그들을 조종하고 있는 마귀를 묶어야 한다고 말했습니다. 그런 뒤 그 자리에 모인 성도들과 합심하여 하나님이 마귀의 세력을 멸해주실 것을 간절히 기도하고 목사님이 먼저 "나사렛 예수의 이름으로 명하노니 이 지방에서 공산주의자들과 무신론자들을 날뛰게 하는 원수 마귀는 묶임을 받을지어다"라고 선창하면 이어서 성도들이 복창하도록 했습니다.

그런데 바로 그 순간 기적이 일어났습니다. 공산주의자들과 무신론자들 사이에서 의견 대립으로 내분이 일어나 강연회가 중도에서 흐지부지되고 말았습니다. 신문은 이 사실을 대서특필했고, 얼마 지나지 않아서 그 강연회를 주관했던 간부들이 다른 사건으로 체포되는 일이 일어났습니다. 이런 일들이 일어나게 된 것은 목사님과 성도들이 합심하여 기도하고 예수님의 이름으로 그들의 배후에 있는 마귀를 묶었기 때문입니다.

말씀에 접목하기: 마 12:28, 29

하나님은 우리에게 복을 주시는 분입니다. 우리는 하나님의 은혜의 선물을 받아 살고 있습니다. 부부, 가족, 친구, 이웃, 직장, 교회, 학교, 국가 등 우리가 살고 있는 세상의 모든 것은 하나님이 우리에게 주시는 복이고 선물입니다. 그런데 마귀는 이 모든 것을 저주로 바꿔버립니다. 얼마나 많은 아내가 하나님이 선물로 주신 남편 때문에 상처 입고 울고 있습니까? 얼마나 많은 남편이 하나님이 선물로 주신 아내 때문에 상처 입고 좌절하고 있습니까? 얼마나 많은 자녀가 축복의 선물인 부모 때문에 상처 입고 고통을 당하고 있습니까? 얼마나 많은 사람이 하나님이 선물로 준 직장 때문에 상처 입고 스트레스를 받고 고통당하고 있습니까? 하나님은 끊임없이 우리에게 은혜의 선물을 주시지만 마귀는 그 모든 것을 저주로 바꿔 우리를 괴롭히고 있습니다. 예수님은 마귀를 물리치기 위해 오셨습니다. 예수님은 십자가에서 마귀를 물리쳤습니다. 이제 누구든지 예수님의 이름으로 마귀를 대적하면 마귀는 물러날 것입니다(약 4:7).

"여기는 만원이요"

예화 3

해적은 빈 배를 공격하지 않습니다. 짐을 가득 실은 배를 공격합니다. 빈 배는 그냥 지나가도록 내버려두고, 짐을 잔뜩 실은 배를 공격하여 돈 되는 물건을 탈취합니다. 마찬가지로 마귀도 허깨비 같은 신자는 건드리지 않습니다. 성령 충만한 자, 은혜 충만한 자를 공격합니다. 그런 사람을 넘어뜨려야 이득이 많기 때문입니다.

좌우로 흔들리지 않고 의연하게 신앙생활을 하는 사람이 있었습니다. 어느 날 젊은 청년들이 그를 찾아왔습니다. "우리 마음을 괴롭히는 시험이 선생님은 찾아오지 않나 봅니다" 그는 미소를 지으며 이렇게 말했습니다.

"천만에요. 마귀가 내게도 와서 유혹의 화살을 던지곤 합니다. 그러나 유혹이 마음 문을 두드릴 때 나는 이렇게 말합니다. '여기는 만원이라 당신이 들어올 만한 공간이 없소' 라고 말이죠."

마귀는 성령 충만한 자에게도 찾아와 시험을 합니다. 그러나 성령 충만한 자는 시험을 물리칩니다. 성령님으로 가득해서 마귀가 들어올 자리가 없기 때문입니다. 성령님의 인도와 능력이 아니라면 누가 마귀를 이길 수 있겠습니까?

말씀에 접목하기: 눅 11:24-26

예수님은 이런 말씀을 하셨습니다. "더러운 귀신이 사람에게서 나갔을 때에 물 없는 곳으로 다니며 쉬기를 구하되 얻지 못하고 이에 이르되 내가 나온 내 집으로 돌아가리라 하고 가서 보니 그 집이 청소되고 수리되었거늘 이에 가서 저보다 더 악한 귀신 일곱을 데리고 들어가서 거하니 그 사람의 나중 형편이 전보다 더 심하게 되느니라"(눅 11:24-26). 비어 있는 집은 마귀의 소굴로 변합니다. 하나님의 말씀으로 가득하고, 믿음의 이야기로 채워진 사람에게는 성령님이 충만하게 임하여 어떤 마귀와 귀신의 시험도 물리치고 하나님의 나라와 의를 구하는 승리의 그리스도인이 되게 하실 것입니다.

마귀의 궤계를 아는가?

예화 4

어느 목사에게 고등교육을 받은 한 청년이 찾아와 불평을 털어놓았습니다. "목사님, 다른 말씀은 다해도 괜찮은데, 마귀가 있다는 말은 제발 하지 말아주시기 바랍니다. 오늘과 같은 과학시대에 마귀가 어디 있습니까! 설령 있다고 해도 마귀 이야기를 하는 것은 바람직하지 않다고 생각합니다."
 그 말을 듣고 목사는 곧장 그 청년을 자기 서재로 데리고 가서 독약이라고 써놓은 작은 병을 꺼내 그 라벨을 떼고 사탕이라 다시 쓰고 나서 그 청년에게 내주었습니다. 그러자 그 청년은 눈이 휘둥그레져 목사를 바라보며 "목사님, 독약이라고 쓴 라벨을 지워버리고 사탕이라고 써놓으면 어떡합니까! 위험합니다"라고 말했습니다.
 그러자 목사는 천천히 말했습니다. "여보게, 성경은 우리에게 밝히 말씀하시기를 이 세상에 마귀가 있다고 했으며, 마귀가 우는 사자같이 두루 다니며 삼킬 자를 찾는다고 했으므로 강단에 선 주의 종들은 분명하게 마귀를 마귀라고 말해야 하지 않겠는가? 자네의 불만을 없애주기 위해 마귀가 없다고 말할 수 있겠는가? 이는 독약을 사탕이라고 해서 먹게 하는 죄를 범하는 것과 같은 것일세."
 성경은 분명하게 이 세상에 마귀가 존재하고 있다는 것과 그 마귀가 우리를 도적질하고 죽이고 멸망시키고 파괴하기 위해 항상 노리고 있다는 사실을 거듭 경고하고 있습니다.

말씀에 접목하기: 계 12:7-9

 요한계시록 12장 7-9절 말씀은 영적 대적자 마귀에 대해 이렇게 말씀합니다. "하늘에 전쟁이 있으니 미가엘과 그의 사자들이 용과 더불어 싸울새 용과 그의 사자들도 싸우나 이기지 못하여 다시 하늘에서 그들이 있을 곳을 얻지 못한지라 큰 용이 내쫓기니 옛 뱀 곧 마귀라고도 하고 사탄이라고도 하며 온 천하를 꾀는 자라 그가 땅으로 내쫓기니 그의 사자들도 그와 함께 내쫓기니라." 마귀, 즉 사탄은 하늘의 천사였으나 하나님을 배반하여 미카엘을 비롯해 다른 천사들과의 싸움에서 이기지 못하고 땅으로 내어쫓김을 당한 자라는 말씀입니다. 그는 이 세상을 지배하는 자로서 그의 사자들은 귀신이 되어 사람을 대적하고 있다는 말씀입니다.

마귀와 그의 사자인 귀신들은 예수님의 공생애 기간 강력하게 역사하여 예수님을 대적하고 사람들을 고통 속에 빠지도록 만들었습니다. 그들은 하나님의 아들 예수님이 세상에 와서 사람들을 구원하고 이 땅에 하나님의 나라를 오게 하는 것을 지극히 싫어하여 갖가지 방법으로 예수님을 대적했습니다. 그러나 예수님은 귀신 들린 사람들에게서 귀신을 쫓아내실 뿐 아니라 마귀를 십자가에서 이기심으로써 세상을 마귀의 권세로부터 구원하셨습니다. 마귀는 예수께 패배했지만 마지막 때가 될 때까지 택함을 받은 자일지라도 넘어뜨리려고 갖가지 방법을 쓰고 있습니다. 그러나 누구든지 예수님의 이름으로 마귀를 대적하면 마귀는 쫓겨날 것입니다.

감당할 시험

예화 5

아버지가 어린 아들을 데리고 쇼핑센터에 갔습니다. 아들이 시장바구니를 들고 졸졸 따라다니면 아빠는 필요한 물건을 골라 아들의 장바구니에 넣었습니다. 한두 개는 거뜬했는데 여러 개를 집어넣자 장바구니가 점점 처지기 시작했습니다. 아들은 무거워 낑낑거리면서도 장바구니를 들고 아빠를 따라다닙니다. 이 모습을 지켜본 한 여성이 '어린 아들에게 저렇게 무거운 짐을 들게 하다니' 라고 생각하며 아이에게 물었습니다. "얘야, 무겁지 않니?" 그러자 꼬마가 뜻밖의 대답을 했습니다. "아니에요. 우리 아빠는 제가 얼마큼 들 수 있는지, 제가 얼마큼 감당할 수 있는지 알아요."

말씀에 접목하기: 고전 10:13

하나님은 우리가 어디까지 견딜 수 있는지 아십니다. 우리가 감당할 수 없는 환난 가운데 빠져 좌절하고 있다면 하나님은 반드시 찾아와서 도와주실 것입니다. 우리는 인생의 절망과 한계 상황에서도 오직 하나님만을 의뢰하고 믿음의 사람으로 일어나도록 도우시는 하나님을 찬양해야 합니다. 성경은 이렇게 약속합니다. "사람이 감당할 시험밖에는 너희에게 당한 것이 없나니 오직 하나님은 미쁘사 너희가 감당치 못할 시험 당함을 허락지 아니하시고 시험 당할 즈음에 또한 피할 길을 내사 너희로 능히 감당하게 하시느니라"(고전 10:13).

무엇을 심고 있는가?

예화 6

한 목사가 성도가 보낸 장문의 편지 한 통을 받았습니다. 거기에는 편지와 함께 초등학교 학생이 사용하는 책받침 하나가 꾸겨진 채로 들어 있었습니다. 그 책받침을 펼쳐 보니 보기에도 끔직한 요괴인간이 그려져 있었습니다. 그 목사는 그 책받침과 함께 들어 있는 편지를 읽기 시작했습니다. 그 편지에는 다음과 같은 내용이 들어 있었습니다.

그 성도의 딸은 매사에 순종하고 얼굴도 예쁘고 착한 소녀였답니다. 그런데 어느 날부터인가 딸의 행동이 바뀌기 시작했다고 합니다. 부모님의 말씀에 순종하고 애교 있고 착하던 딸이 어느 순간부터 말투가 거칠어지고 얼굴 표정이 사나워지고 행실이 나빠졌습니다. 어머니는 아무리 생각해도 무엇이 딸아이의 행동을 변화시켰는지 알 수가 없었습니다. 그러던 어느 날 어머니는 딸의 책가방에서 책받침을 보게 되었습니다.

그 책받침을 본 순간 어머니는 깜짝 놀랐습니다. 그 책받침에는 무서운 뿔이 달린 요괴인간이 그려져 있었습니다. 딸은 그 책받침을 받치고 글을 쓸 때마다 그 요괴인간을 보았던 것입니다. 그 딸아이는 요괴인간을 볼 때마다 무서운 것을 상상했습니다. 요괴인간의 악한 성품과 더러움을 상상하며 무서워했습니다. 그러면서도 글을 쓰고 난 다음에는 그 일을 잊어버렸던 것입니다. 그런데 글을 쓸 때마다 자기 마음을 채웠던 요괴인간의 악한 행동과 두려움과 더러움이 그 소녀의 가슴에 깊이 새겨졌고, 결국 자신이 상상하던 요괴인간을 닮아가기 시작한 것입니다.

어머니는 그 책받침을 없애버리고 아름다운 천사 책받침을 사서 딸에게 선물로 주었습니다. 그리고 나서 딸의 행동은 차츰 부드러워졌습니다. 어머니는 착한 딸을 다시 얻게 되었습니다. 당신은 날마다 무엇을 보며 살고 있습니까? 악마의 얼굴입니까, 천사의 얼굴입니까?

말씀에 접목하기: 빌 3:18-21

우리의 인격과 인생은 우리의 선택입니다. 어디에 채널을 맞추느냐에 따라 TV에 들어오는 화면과 내용이 달라지고, 우리에게 들어오는 지식과 영향이 달라지듯 우리가 무엇을 선택하느냐에 따라 어떤 인격의 사람이 되는가 하는 것이 결정됩니다. 성경의 위대한 인물들의 공통된 특징이 무엇입니까? 아브라함과 이삭, 야곱, 요셉, 모세, 다윗, 이사야, 베드로, 바울…… 이들 모두 하나님을 만났고, 그분과의 교제를 선택했습니다. 그래서 하나님의 성품, 하나님의 형상을 닮은 사람이 되었습니다. 당신은 어떤 책받침을 선택했습니까? 천사의 얼굴이 그려진 책받침입니까, 아니면 요괴인간이 그려진 책받침입니까? 당신은 지금 누구와 교제하고 있습니까? 세상의 영입니까, 아니면 하나님의 영이신 성령님입니까? 당신은 지금 자신의 미래인격을 선택하고 있습니다.

시험에 들지 않는 비결

예화 7

젊은 재상이 왕에게 와서 어떻게 하면 시험에 들지 않고 맡은 일을 잘 감당할 수 있느냐고 물었습니다. 왕은 기름이 가득 찬 잔을 주면서 한 시간 안에 자신이 말한 거리를 돌다가 오라고 했습니다. 기름을 흘리거나 정한 시간에 늦으면 엄벌에 처할 거라고 하면서 칼을 든 군인에게 그를 뒤따르도록 했습니다. 젊은 재상은 땀까지 흘려 가며 기름을 흘리지 않고 제 시간에 도착하기 위해 모든 신경을 기름이 가득 들어 있는 잔에 쏟았습니다. 그는 무사히 제 시간에 한 방울의 기름도 흘리지 않고 돌아왔습니다.

왕은 만족스럽다는 듯이 웃으며 그를 칭찬해주었습니다. 그러고는 질문을 했습니다. "너는 모퉁이의 구둣가게를 보았느냐?" "못 보았습니다." "그러면 그 건너편에 있는 술집은 보았느냐?" "못 보았습니다." "그러며 너는 무엇을 보았느냐?" "저는 아무것도 보지 못했습니다. 오직 기름을 흘리지 않고 시간 내에 도착하기 위해 모든 관심을 기울였을 뿐입니다. 제 마음속에는 오직 기름 병이 있었을 뿐입니다." 왕은 젊은 재상에게 이렇게 말했습니다. "이제 알았느냐? 네가 맡은 그 일에 충성하기 위해 온 정성과 힘을 기울이면 절대 시험에 빠지는 일이 없을 것이다!"

말씀에 접목하기: 벧전 5:7-10

미국 속담에 "마귀는 언제나 빈둥거리는 자들을 찾아다닌다"는 말이 있습니다. 교회가 성도들을 하나님만 바라보게 만든다면 그들은 마귀의 시험을 받지 않을 것입니다. 마귀의 시험을 이기는 길이 여기에 있습니다. 우리 마음을 오직 예수께 전적으로 집중하고 주님을 일심으로 섬기고자 한다면 마귀는 결코 우리를 시험하지 못할 것입니다.

마귀의 시험을 이기려면 각 개인이 집중하고 항상 깨어 자신을 지키는 것만으로는 부족합니다. 거기에 믿음을 더해야 합니다. 예수님이 십자가에서 마귀의 세력을 깨뜨리고 마귀를 물리치고 승리하셨기 때문에 예수님의 이름으로 마귀를 대적하면 언제든 마귀의 시험을 이길 수 있습니다. 어떤 시험이 오든지 바로바로 예수님의 이름으로 그 시험을 물리쳐야 합니다. 그러나 개인적인 믿음만으로는 부족합니다. 믿음의 형제, 자매의 도움을 받고 교회의 인도와 지도와 감독을 받아야 합니다. 그리스도의 몸과 지체의 도움을 받을 때 그리스도의 영이신 성령님이 임하여 마귀를 깨뜨리는 기적을 일으키실 것입니다.

병든 자에게 손을 얹고 기도하라

예화 8

지난여름 윤 목사가 시무하는 교회를 방문했습니다. 그때 윤 목사는 이런 이야기를 들려주었습니다. 하나님께 기도드릴 때 하나님의 음성이 들려왔는데, 병든 자에게 손을 얹고 기도하라는 말씀이었습니다. 그는 자신의 기도를 통해 하나님이 가끔 치유의 기적이 나타나게 하셨지만 일부러 작정하고 병든 자를 위해 기도드린 적은 없다 보니 그 음성이 '내 마음의 소리가 아닐까?' 라고 의심했습니다. 그러나 이것이 하나님의 음성이면 자신이 하나님을 거역하는 일이라 생각하고 다음 날 새벽기도회를 마치고 교회의 성도들 가운데 하나님의 치유가 필요한 사람들을 찾아서 그들의 병든 부위에 손을 얹고 기도했습니다. 그런데 놀랍게도 하나님이 그들의 병을 고쳐주셨다는 것입니다.

윤 목사는 지금 교회에 부임했을 때 장로님들의 나이가 모두 아버지뻘이다 보니 장로님들이 자기를 어리게 봐서 조금 무시하는 경향이 있었다고 합니다. 그런데 하나님은 이 사실을 아시고 자기를 통해 하나님의 치료가 나타나게 해서 자기를 그들 앞에서 세워주셨다는 것입니다. 하나님이 세워주시지 않았다면 자기가 어떻게 이런 교회에서 목회할 수 있었겠느냐고 이야기했습니다. 그는 하나님은 필요한 곳에 자기 종을 보내고 그들이 일할 수 있도록 역사하시는 분이라고 했습니다. 그러므로 목회는 자기의 목회가 아니라 하나님이 자기를 통해 행하시는 하나님의 목회라고 결론을 내렸습니다.

> 말씀에 접목하기: 약 5:14, 15

하나님은 우리의 전인에 관심을 갖고 계십니다. 예수님은 우리 마음의 병을 고치시고 우리의 영적 병인 죄를 사하시는 분이지만 동시에 우리의 병도 고치십니다. 예수님은 우리의 죄를 짊어지고 십자가에 죽으셨지만 동시에 우리 병도 짊어지셨습니다(마 8:18). 하나님은 우리가 죄 때문에 고통당하는 것을 아십니다. 또한 우리가 병으로 얼마나 고통스러워하는지도 아십니다. 그래서 예수님은 세상에 오셨을 때 수많은 병든 자를 고치셨으며, 사도들도 예수님이 승천하신 뒤 아픈 사람들의 병을 고치는 일을 했습니다. 그리고 야고보는 지금 우리에게 병든 자를 위해 기도하라고 권면하고 있습니다.

우리가 병든 자들에게 관심을 가지고, 그들의 고통스러운 신음 소리를 들으며, 그들의 병을 고치는 일에 힘쓰며, 하나님께 그들의 병 낫기를 위해 기도하는 것은 모두 하나님의 뜻입니다. 우리 기도가 병을 고치는 것은 아닙니다. 병 고치는 것은 하나님이 하시는 일입니다. 우리는 다만 하나님의 뜻에 따라 병든 자에게 관심을 가지고 그들을 치료하기 위해 힘쓰며, 하나님께 간절히 기도하는 일을 하면 됩니다. 그 후의 일은 하나님이 책임지실 것입니다.

죽음의 이야기, 생명의 이야기

예화 9

목회자의 아들로 태어난 내 삶은 당연히 교회와 분리해 생각할 수 없었습니다. 부모님이 내 머릿속에 입력시킨 대로 학교에서 장래희망을 물을 때마다 그 대답은 당연히 목사였습니다. 나는 목회자 가정에서 별 어려움이 없이 성장했고, 부모님이 서원한 대로 목사는 당연히 나의 미래였습니다. 그런 내가 가야 할 곳도 당연히 신학교였습니다. 신학교에서도 내 믿음과 미래는 결코 흔들리지 않았습니다. 작은 방황도 있을 수 없었습니다.

그러나 이런 나에게 생각지도 못한 엄청난 회오리가 몰아쳐 왔습니다. 신학교 2학년 때 아버님이 갑자기 췌장암 선고를 받으신 것입니다. 아버지는 중한 병에 걸려 고통스러운 투병생활을 하면서도 믿음만은 흔들리지 않았습니다. "하나님이 더 크게 사용하려면 나를 고쳐 건강하게 만들어주실 것이요, 나를 이대로 죽게 한다면 그것은 내가 해야 할 일이 끝났기 때문이다. 오직 하나님의 결정을 따를 뿐이고, 하나님을 찬송할 뿐이다." 나는 이런 확고한 믿음을 가진 아버지를 하나님이 꼭 살려주실 거라고 믿었지만, 힘겨운 투병생활을 하다가 아버지는 결국 그 병상에서 일어나지 못하고 돌아가셨습니다.

그러자 나는 더 이상 참을 수가 없었습니다. 곧바로 교회 강단 앞으로 달려가 이렇게 외쳤습니다. "하나님, 당신은 이 세상에 존재하지 않습니다." 그리고 내 신앙의 방황은 시작되었습니다. 신학교를 그만두고 야간 업소에 나가 방탕한 생활을 했습니다. 그 생활에서도 아무런 의미를 찾지 못하고 군대로 도망쳤습니다. 헌병 조교 생활을 하면서 신앙의 방황은 더욱 심해졌습니다. 이제 나에게 하나님은 아무런 의미 없는 존재가 되고 말았습니다. 인간의 노력 여하에 따라 인간이 성취하는 인간 세상이 있을 뿐이었습니다.

(청년은 아버지 목사님이 죽는 순간 커다란 충격을 받았습니다. 죽음의 이야기가 그를 지배하기 시작했습니다. 신앙의 방황이 시작되고 방탕한 생활에 빠져 하나님 없는 인생의 문을 열고 저주와 좌절의 인생을 살게 되었습니다. 죽음의 이야기가 청년의 마음을 지배할 때 그의 생각도, 그의 감정도, 그의 의지도 죽음이 지배했습니다. 그는 죽음의 인생을 살게 되었습니다.)

그렇게 방황하던 나는 왼쪽 무릎 연골 파열이라는 육체적 위기를 만나게 되었습니다. 군통합병원에 입원하여 수술을 받게 되었습니다. 여기서 치료를 받는 가운데 사람들의 머리로는 이해할 수 없는 일이 계속 벌어지면서 더 큰 절망에 빠지고 말았습니다. 수술이 아직 끝나지 않았는데 마취에서 깨어나는가 하면, 항생제 부작용으로 힘겨운 치료를 계속해 나가야 했습니다. 심신이 지칠 대로 지쳐 침대에 쓰러져 있었는데, 이른 아침에 찬송가 소리가 들려왔습니다. "주님이 계시므로 나도 있고 주님의 노래가 머물므로 나는 부를 수 있어요. 주여 꽃처럼 향기나는 나의 생활이 아니어도 나는 주님이 좋을 수밖에 없어요. 주 예수 나의 당신이여!"

이 찬송을 듣는 동안 나도 모르는 사이에 눈물이 흘러내리고 있었습니다. 그때 하나님은 나에게 회개의 영을 보내주셨습니다. "주님, 잘못했습니다! 주님, 잘못했습니다! 주님은 나같이 주님을 배반하고 부인하며 방황하는 죄인에게 찾아와 사랑의 음성을 들려주십니다. 하나님, 나를 용서하시옵소서. 나는 죄인입니다. 나를 정결케 하시옵소서. 나는 너무 더럽습니다. 하나님, 나를 받아주시옵소서. 다시 주님의 일을 하고 싶습니다." 그 순간 우리 주님은 이런 말씀을 들려주셨습니다. "내가 결코 너희를 버리지 아니하고 과연 너희를 떠나지 아니하리라"(히 13:5). 하나님은 계시지 않는다고 부인하며 하나님이 계시지 않는 것처럼 배반의 삶을 살았던 그 삶 속에서도 하나님은 여전히 살아계셨던 것입니다. 그 후 방황이 다 지나간 것은 아니었지만 그때마다 하나님은 나와 함께 계심을 보여주시고 나를 여기까지 인도해주셨습니다.

주님을 만나고 하나님의 음성을 들으면 우리의 이야기가 바뀝니다. 엠마오의 두 제자는 예수님을 만나고 나서 죽음의 이야기가 생명의 이야기로 바뀌는 것을 경험했습니다. 앞서 언급한 목사님도 예수님을 만나고 하나님의 음성을 들은 후에 생명의 이야기를 가진 사람이 되었습니다. 그는 이제 긍정적이고 감격과 기쁨과 찬양의 사람의 되었습니다. 예수님을 만나고 하나님의 음성을 듣는 교회가 되기를 바랍니다. 더 이상 죽음의 이야기 때문에 죽음의 인생을 사는 자들이 되지 않기를 바랍니다. 생명의 이야기를 가진 생명의 교회가 되기를 바랍니다.

말씀에 접목하기: 눅 24:13-35

우리는 수많은 이야기를 가지고 있습니다. 심리학자들의 이야기에 따르면 우리의 마음속에는 태어나면서부터 지금까지 살아오면서 경험하고 부딪히고 만났던 모든 이야기가 의식 또는 무의식의 형태로 쌓여 있다고 합니다. 그런데 그 많은 이야기 가운데 어떤 이야기가 우리 마음을 지배하느냐에 따라 우리의 인격이 달라진다는 것입니다. 그 이야기가 우리의 의식 속에서 떠올라 우리의 생각을 지배하고 우리의 감정을 좌우하고 우리의 행동에 영향을 미치면 그 사람은 그 이야기가 이끄는 대로 살아가게 됩니다.

어떤 사람은 상처의 이야기를 가지고 살아갑니다. 어떤 사람은 분노의 이야기를 가지고 살아가며 한 맺힌 이야기, 실패와 좌절의 이야기를 가지고 살아가는 사람도 있습니다. 그들 모두 죽음의 이야기를 가지고 살아가는 것입니다. 그래서 그들은 죽음의 인생을 삽니다. 반면에 어떤 사람은 생명과 감격과 기쁨의 이야기, 하나님의 이야기를 가지고 살아갑니다. 그들은 생명이 넘치는 삶을 살아갑니다. 사람들은 이처럼 자기의 마음을 지배하는 이야기에 따라 불행하기도 하고 행복하기도 합니다.

당신의 마음에는 어떤 이야기가 들어 있습니까? 억울한 이야기입니까? 속상한 이야기입니까? 한 맺힌 이야기입니까? 무시당하고 차별당한 가슴 아픈 이야기입니까? 사랑하는 사람을 잃어버린 이야기입니까? 죽음의 이야기입니까? 주님을 만나고 하나님의 음성을 들으면 우리의 이야기가 바뀝니다. 엠마오의 두 제자는 예수님을 만나고 나서 죽음의 이야기가 생명의 이야기로 바뀌는 것을 경험했습니다. 예수님을 만나고 하나님의 음성을 들으면 생명의 이야기를 가진 사람이 됩니다. 그러면 긍정적이고 감격과 기쁨과 찬양의 사람이 됩니다. 더 이상 죽음의 이야기 때문에 죽음의 인생을 사는 자가 되지 말고 생명의 이야기를 가진 생명의 사람이 되어야 하겠습니다.

그럼 예수님께 고쳐 달라고 기도해야겠어요

예화 10

캐나다의 장로교 목사이며 소설가인 윌리엄 고든은 다음과 같이 말했습니다. "뉴잉글랜드에 사는 한 소녀가 높은 데서 떨어져 팔이 부러졌습니다. 그 소녀의 아버지는 의사였습니다. 그 아버지는 부러진 뼈를 정성껏 맞춰놓았습니다. 이때 소녀가 그 아버지에게 '아버지, 이 부러진 곳을 예전처럼 고칠 수 있어요?' 라고 물었습니다. 그러자 아버지는 '아니! 아버지는 더는 고칠 수가 없구나' 라고 했습니다. 이때 소녀는 '그럼 예수님께 제 다친 팔을 고쳐 달라고 열심히 기도해야겠어요' 라며 방으로 들어가는 것이었습니다. 아버지는 그런 딸을 보며 빙그레 웃었습니다. 그러면서도 마음속으로 '애들은 너무 단순해!' 라고 생각했습니다. 그날 밤 그 어린 소녀는 저녁 기도를 드릴 때 예수님께 자기의 부러진 팔을 낫게 해달라고 간절히 기도했습니다. 이튿날 아침, 일찍 잠에서 깨어난 그 소녀는 기쁨에 넘쳐 아버지에게 가서 완전히 나은 자기 팔을 보여주었습니다. 그의 아버지는 크게 놀랐습니다. 그는 하나님이 단순한 믿음의 기도를 들으시는 분이라는 사실을 확인했습니다."

말씀에 접목하기: 요 14:14

예수님은 "누구든지 하나님의 나라를 어린 아이와 같이 받들지 않는 자는 결단코 그곳에 들어가지 못하리라"(막 10:15)고 말씀하셨습니다. 어린 아이들은 예수님의 만져주심을 바라고 예수께 나왔습니다. 그들은 예수님이 만져주심으로써 하나님의 복을 받게 되리라고 믿었습니다. 어린 아이들은 단순하게 예수님을 하나님과 사람을 잇는 축복의 통로로 믿었습니다. 예수님은 이런 단순한 믿음을 원하십니다. 예수님이 하나님과 우리 사이에 놓인 축복의 통로임을 믿는 사람들은 언제든지 예수님만 바라보며 기도하고, 예수님의 말씀을 받고 그 말씀에 순종하여 살고자 합니다. 이런 사람들은 언제나 영적으로 충만할 것이고, 하나님의 기적을 볼 것입니다.

마음의 상처를 치료하시는 예수님

예화 11

60세가 넘은 농부가 잠을 자다가 밤마다 엄청난 비명을 질러 동네 사람들 모두 오랫동안 그 비명을 들어야 했습니다. 그 농부가 비명을 지르게 된 것은 젊었을 때 나쁜 사람에게 잡혀가 매를 맞았는데 그때 입은 마음의 상처가 계속 남아 있었기 때문입니다. 젊은 시절에 있었던 일이라서 육체적으로 아팠던 기억은 잊어버렸지만 정신적 고통과 억울함은 기억의 필름에 찍힌 채 그 나이가 되도록 생생하게 남아 있었던 것입니다. 평소에는 괜찮다가 잠들기만 하면 그 기억이 되살아나 꿈으로 나타나고, 이 무서운 장면에서는 소름끼치는 비명을 지르지 않을 수 없었던 것입니다.

농부는 전도를 받아 예수님을 만났습니다. 그는 상담자의 도움을 받아 예수님께 과거에 아팠던 기억을 모두 이야기했습니다. 그는 예수님이 자기의 심령에 보혈의 손을 대시는 것을 경험했습니다. 그는 한없는 눈물을 흘렸습니다. 그는 예수님이 자기를 따뜻하게 감싸주신다는 것을 느꼈습니다. 그러고 나서 그의 악몽은 끝이 났습니다. 예수님이 그에게 오셔서 보혈로 그 마음의 상처를 치료하셨기 때문입니다.

말씀에 접목하기: 약 5:13-16

예수님의 구원은 풍성한 생명을 빼앗아가는 모든 대적자를 물리치고 하나님의 생명으로 넘치게 하는 것입니다. 육체의 질병과 마음의 상처는 사람들에게서 풍성한 생명을 빼앗아가는 중요한 대적자입니다. 그래서 예수님은 세상에 와서 병든 자들을 치료하시고 귀신 들린 사람들에게서 귀신을 쫓아내시고 마음의 상처로 고통당하는 사람들을 치유하셨습니다. 특히 무의식에 자리 잡은 마음의 상처는 쉽게 치유되지 않습니다. 어려서 당한 폭력이나 상처는 의식에 그대로 남아 있습니다. 이것이 정신장애나 정신질환으로 나타나 사람들에게서 풍성한 생명을 빼앗아갑니다. 목회자는 이런 상처를 가진 사람을 하나님 앞에 서게 하여 자신을 있는 그대로 하나님께 드리게 하고, 하나님이 그 상처를 치료하실 수 있도록 도와야 할 것입니다. 이런 상처를 치유하는 가장 첫 단계는 깨닫게 하시는 대로 자신의 내면을 있는 그대로 주께 드리는 것입니다.

우울증과 하나님의 치유

예화 12

베티라고 하는 주부가 있었습니다. 이 주부는 우울증에 빠져 늘 눈물을 흘렸습니다. 그래서 가정생활에 금이 가기 시작했습니다. 상담센터에 가서 상담하던 도중 베티는 어린 시절의 모습을 기억해냈습니다. 베티의 아버지와 어머니는 사랑하지 않는 상태에서 억지로 결혼했고 결혼하고 난 뒤 아버지는 다른 여인들과 복잡한 관계를 맺었습니다. 그러다가 어느 날 아버지가 어머니와 심하게 다투고 난 뒤 문을 박차고 나가버렸습니다. 부모님이 이혼한 것입니다.

어린 시절 베티는 아버지와 어머니가 싸우는 것을 볼 때면 너무나 가슴이 아팠고, 아버지가 문을 박차고 나가는 소리가 들리면 "아빠, 제발 나를 버리지 마세요!"라고 울부짖었습니다. 그런데 이 기억이 평생토록 남아 우울증에 빠져 쓸데없이 눈물을 흘리게 만든 것입니다.

상담하던 목사님은 베티에게 하나님의 사랑을 생각해 보라고 말했습니다. 그것이 성경이 가르치는 치료 방법이었습니다. 하나님의 사랑에 대해 묵상하던 베티는 하나님께 사랑의 편지로 고백했습니다. 다음은 그 내용 가운데 일부입니다. "아버지에게 버림받은 아이가 비통한 눈물을 흘리며 울고 있었을 때도 당신은 거기 계셨습니다. 제 마음속에 쌓인 아픔이 있다는 것을 아시고 제게 그 아픔을 극복할 수 있는 능력을 주셨습니다. 제 마음은 얼음장같이 되어 있었는데, 사랑의 빛이 그 얼음장을 서서히 녹이기 시작했습니다. 하나님, 마음을 다해 사랑합니다. 아들을 아끼지 않고 십자가에 내어주시는 그 사랑을 마음으로 경험하고 싶습니다. 그 사랑을 저에게 부어주시옵소서!"

베티는 하나님의 사랑을 경험하면서 우울증에서 해방되었습니다. 그동안 그녀는 아버지와 어머니의 싸움에 대한 이야기를 가지고 눈물을 흘렸지만 이제는 예수님 안에서 자신을 이처럼 사랑하시는 하나님의 이야기를 가지게 되었습니다. 하나님의 사랑 이야기는 그녀에게 끊임없는 기쁨과 감사의 샘이 되었습니다.

말씀에 접목하기: 민 21:4-9

충격적인 과거의 경험은 나무의 나이테처럼 우리의 무의식에 새겨져 비슷한 일을 일어날 때마다 나타나 저 광야의 불뱀과 같이 우리를 물어 상처 입게 만들고 우울하게 만들고 심지어는 자살까지 하게 합니다. 예수님은 장대에 걸린 놋뱀입니다. 예수님을 바라볼 때(믿을 때) 그리스도의 영, 곧 성령님이 우리 안에 오십니다. 성령님은 우리를 이처럼 사랑하시는 하나님의 이야기를 가지게 할 뿐 아니라 우리의 상처를 치료하시고 사랑과 기쁨과 평안의 열매를 맺게 하여 아름다운 삶을 살게 해주십니다. 아무리 과거의 고통과 충격과 저주가 크다고 해도 그리스도의 영이 우리 안에 오시면 우리는 치유를 받고 축복의 생수가 강물같이 흘러넘치는 인생을 살게 될 것입니다.

고통 가운데 받은 은혜

예화 13

다음은 어느 목사님의 간증입니다. "28년 전 폐병을 앓았던 일이 지금 돌이켜보면 얼마나 큰 축복이 되었는지 모릅니다. 그때 폐병으로 피를 토하는 고통과 괴로움을 겪으면서 '하나님이 나에게 이렇게 이러실 수 있단 말인가! 내게 남은 것은 이제 절망과 슬픔뿐이다. 이제 모든 것이 끝났다' 라고 탄식했습니다. 그러나 지난 28년을 돌이켜보면 하나님이 폐병의 홍수를 수레삼아 내 생애에 들어오셨음을 절실히 느낄 수 있습니다. 나는 그 홍수 때문에 회개하고, 예수님을 더 간절히 믿게 되었으며, 목사가 되어 말씀을 증거 하게 되었고, 귀한 천국 백성이 될 수 있었습니다."

말씀에 접목하기: 롬 5:3-5

믿음의 간증은 자신이 당한 환난과 문제와 고통 때문에 하나님을 만나는 축복을 받았다고 말합니다. 우리도 이렇게 간증할 수는 있지만 신학적으로 이런 간증의 위험성도 알아야 합니다. 환난과 문제와 고통은 하나님이 주시는 것이 아니라 죄의 결과이며 세상이 주는 저주이고, 사탄의 역사입니다. 예수님은 죄와 세상과 사탄을 물리치고 우리에게 풍성한 생명을 주시기 위해 오셨습니다. 예수님은 "건강한 자에게는 의사가 쓸 데 없고 병든 자에게라야 쓸 데 있느니라"(마 9:12)고 하면서 마태를 축복하셨습니다. 이것이 하나님의 사랑입니다. 하나님은 오늘도 환난과 문제와 고통으로 아파하는 사람을 찾으십니다. 하나님의 사랑 때문에 우리가 나음을 얻었습니다. 모든 간증은 하나님께 집중되어야 하지 인간의 노력이나 문제에 초점이 맞춰져서는 안 됩니다.

슬픔과 우수를 이기는 방법은?

예화 14

오스트리아의 유명한 작곡가 프란츠 요제프 하이든은 '슬픔과 근심을 어떻게 이길 수 있을까?' 라는 문제로 두 친구와 이야기를 나누고 있었습니다. 그중 한 친구가 이렇게 말했습니다. "슬플 때나 쓸쓸할 때 술을 마시면 기분이 유쾌해지곤 해." 그러자 다른 친구는 "나는 우울할 때 악기를 연주하거나 음악을 들으러 가곤 해"라고 했습니다. 하이든은 두 친구의 이야기를 듣고 나서 이렇게 말했습니다. "나는 그럴 때면 기도를 해. 혼자 하나님과 함께하는 시간을 갖고 나면 기분이 좋아지지."

말씀에 접목하기: 롬 12:2

불행하고 억울한 이야기, 화가 나고 가슴 아픈 이야기가 마음속에 자리 잡으면 그 이야기가 우리 정신을 지배하여 우울하게 만듭니다. 그것은 술이나 다른 어떤 것으로도 사라지지 않습니다. 그 이야기를 씻어낼 축복의 말씀이 없으면 우울하게 만드는 이야기는 사라지지 않고 계속 남아 있습니다. 하나님께 기도해야 하는 이유는 기도하는 동안 성령님이 임하여 우리의 우울한 이야기를 씻어내고, 예수님의 사랑 이야기로 우리 마음을 채우시기 때문입니다.

모든 짐을 하나님께 맡기라

예화 15

어떤 자매가 위장병 때문에 제대로 먹지를 못해 몸이 아주 약했는데 교회에 나와 은혜를 받고 병 고침을 받은 뒤에는 식사도 잘하고 체중도 점점 늘어 건강해졌다고 합니다. 그런데 남에게 돈을 빌려주었다가 못 받게 되자 마음에 근심이 생겨 위장병이 재발하고 말았습니다. 마음의 근심이 생겨 식사를 제대로 못 하다 보니 몸이 다시 약해지기 시작했습니다. 그 자매의 병이 재발한 이유는 무엇일까요? 그것은 빌려주었던 돈을 못 받게 되자 예수님이 그 마음에서 떠나고 오직 받지 못한 돈이 그 마음을 사로잡았기 때문입니다. 예수님이 떠나자 마귀가 그 틈을 타서 그 마음을 억눌러 병이 다시 온 것입니다.

오늘날 의사들은 인간의 질병 가운데 70퍼센트 이상이 영적 압박, 정신적 압박에서 오는 것이라고 말합니다. 그러면 그 압박은 누가 가져오는 것일까요? 바로 우리를 노리는 마귀에게서 온 것입니다. 그러나 마귀도 틈이 없으면 우리를 시험할 수 없습니다. 틈은 우리가 만드는 것입니다. 한순간이라도 예수님을 떠나 세상의 어떤 것에 집착하고 그것을 버리지 못하면 마귀는 틈을 발견하고 우리를 공격해 병들게 만듭니다.

그 자매는 다시 예수님을 중심에 모셨습니다. 돈보다 재산보다 예수님이 더 중요하다는 사실을 깨달았던 것입니다. 그녀는 예수님을 바라보면서 돈에 대해 잊어버렸습니다. 예수님이 그 중심에 들어오자 마귀는 더 이상 그 자매를 억압할 수가 없었습니다. 그 자매가 예수님만 바라보는 동안 마귀는 더 이상 그녀를 괴롭히지 못할 것입니다.

말씀에 접목하기: 딤전 6:10-12

한 심리상담학자가 귀신의 대로라는 이야기를 했습니다. 죄를 짓거나 죄의 유혹을 받는 사람은 귀신의 영향력에 취약해 귀신의 영향을 쉽게 받는다는 뜻입니다. 앞서 말한 자매는 돈을 빌려주었는데 받지 못하게 되자 돈을 사랑하는 마음이 커졌을 것입니다. 돈을 돌려주지 않은 사람에 대해 괘씸한 생각이 들고, 돈을 받지 못하면 큰일이라는 염려와 근심이 마음을 지배하자 그 틈을 타서 귀신이 그에게 다시 영향력을 행사했던 것입니다. 예수님의 말씀대로 먼저 하나님의 나라와 의를 구하여 그의 가슴에 주님의 나라와 의의 갈망이 가득하면 귀신은 영향력을 행사할 수 없습니다. 지금 당신의 마음은 하나님의 말씀으로 가득합니까? 아니면 세상의 일과 자신의 문제에 집중되어 있습니까? 당신의 마음이 세상의 일과 자기 문제로 채워지기 시작하면 귀신은 그 틈을 비집고 들어와서 당신에게 영향력을 행사할 것입니다.

인간의 약함은 하나님의 기회입니다

예화 16

피아노의 시인 프레드릭 쇼팽은 평생을 연약한 몸과 싸워야 했습니다. 그러나 그는 자기 자신을 뜨겁게 헌신해 음악사에 빛나는 업적을 남긴 거성이 되었습니다. 영문학자 나다니엘 호손은 어려서부터 절름발이로 밖에 나가 뛰어놀 수 없는 몸이었지만 문학사에 길이 남을 큰 탑을 세웠습니다. 독일의 시인 하이네는 척추 병으로 마지막 8년 동안 누워 지내야만 했습니다. 그러나 고통의 침상으로부터 혼을 울리는 위대한 시가 흘러 나왔습니다. 사무엘 존슨은 유명한 사전을 만들었고 옥스퍼드 대학의 교수가 되었지만 평생을 혹심한 육체적 고통 속에서 살아야 했습니다. 영문학의 대가 찰스 램은 심하게 말을 더듬어 대학 입학을 거절당했고 그 누이는 정신이상자로 그 어머니를 죽였지만 그 누이를 평생 간호했습니다. 존 밀턴은 44세에 앞을 볼 수 없게 되었지만 불후의 명작 《실낙원》을 남겼습니다. 화니 크로스비는 어렸을 때 의사의 실수로 앞을 볼 수 없게 되었지만 남다른 은사를 받아 8,000여 곡의 찬송시를 썼습니다. 베토벤은 음악가로서 치명적인 청각 장애인이 되었지만 청각을 잃고 나서 전 세계인의 사랑을 받는 불후의 명곡을 남겼습니다.

내 등의 짐 - 작자 미상

내 등에 짐이 없었다면 나는 세상을 바로 살지 못했을 것입니다.
내 등에 있는 짐 때문에 늘 조심하며 바르고 성실하게 살아왔습니다.
이제 보니 내 등의 짐은 나를 바르게 살도록 한 귀한 선물이었습니다.

내 등에 짐이 없었다면 나는 사랑을 몰랐을 것입니다.
내 등에 있는 짐의 무게로 남의 고통을 느꼈고 이를 통해 사랑과 용서도 배웠습니다.
이제 보니 내 등의 짐은 나에게 사랑을 가르쳐준 귀한 선물이었습니다.

내 등에 짐이 없었다면 나는 아직도 미성숙하게 살고 있을 것입니다.
내 등에 있는 짐의 무게가 내 삶의 무게가 되어 내 인생을 지탱케 했습니다.
이제 보니 내 등의 짐은 나를 성숙시킨 귀한 선물이었습니다.

내 등에 짐이 없었다면 나는 겸손, 소박함의 기쁨을 몰랐을 것입니다.
내 등의 짐 때문에 나는 늘 자신을 낮추고 겸손하게 살아왔습니다.
이제 보니 내 등의 짐은 나에게 기쁨을 안겨준 귀한 선물이었습니다.

말씀에 접목하기: 눅 24:26

요셉은 형님들에 의해 팔려 물건처럼, 상품처럼 끌려다니며 밑바닥 인생의 아픔과 설움과 고통을 경험했습니다. 요셉은 보디발의 아내로부터 중상모략을 당해 감옥에 갇히기도 했습니다. 그는 이 경험을 통해 억울한 사람들의 이야기에 귀 기울이게 되었고, 어디서나 억울하고 원통한 사람이 있다는 것을 알게 되었습니다. 요셉은 감옥에서도 하나님이 임하여 평화를 주심으로써 그곳이 평화의 장소가 되는 것을 보았습니다. 하나님은 감옥일지라도 평화의 나라로 만드실 수 있다는 것을 배웠습니다. 요셉은 고난을 통해 영적 지도력을 배웠습니다. 그래서 만민을 구원하는 하나님의 일꾼이 되었습니다. 예수님은 엠마오로 내려가는 두 제자에게 이렇게 말씀하셨습니다. "그리스도가 이런 고난을 받고 자기의 영광에 들어가야 할 것이 아니냐"(눅 24:26).

우리 몸은 성령님이 거하는 성전입니다

예화 17

술과 담배에 중독된 한 성도가 있었습니다. 예수님을 믿기 전에 그는 술과 담배의 포로였는데, 예수님을 믿고 기도하는 가운데 "네 몸은 내가 거하는 거룩한 성전이다. 내 성전을 술독이나 담배 굴뚝으로 만들지 말라. 하나님이 거룩하시니 너도 거룩하라"는 성령님의 음성을 듣고 나서 술과 담배를 끊기로 결심하고 실행에 옮겼습니다. 담배를 끊는 것은 참으로 어려운 일이었습니다. 그래서 기도를 통해 성령님의 도움을 받아 겨우 담배를 끊을 수 있었습니다.

그런데 어느 날 회사 동료가 득남했다고 하면서 주위 사람들에게 담배를 나눠주어 무심코 받아 주머니에 넣었습니다. 한참 일을 하고 있는데 마귀가 "그 담배 냄새 한번 맡아 봐. 냄새 맡는 것은 죄가 아니잖아"라고 유혹했습니다. 냄새를 맡아 보니 정말 향기롭고 좋았습니다. 그러자 이번에 마귀는 "그 담배에 불을 붙이지 말고 입에다 대기만 하고 한번 빨아 봐. 그것은 죄가 아니잖아"라고 유혹합니다. 입에 대고 빨아 보니 기분이 좋아졌습니다. 그러고 나서 다시 주머니에 담배를 넣은 채 일하다가 집으로 돌아왔습니다.

집에서도 마귀는 "너 주머니에 담배 있지? 그 담배를 입에 대고 불을 붙여 한 모금만 빨아 봐. 한 모금만 빨았다고 해서 죄가 되겠어"라고 유혹을 해왔습니다. 마귀의 유혹에 넘어간 그는 담배에 불을 붙이려다가 넘어져 머리를 다치고 말았습니다. 그러나 담배 맛이 어찌나 좋았는지 아픈 줄도 몰랐습니다. 자신도 모르게 담배를 계속 피우다 보니 주위가 담배 연기로 자욱해졌습니다. 그런데 그 자욱한 담배 연기 속에서 갑자기 손이 나타나더니 담배를 확 쳐서 그는 담뱃불에 입술을 데었습니다. 그 순간 그는 성령님을 깨닫고 담배를 버리고 방으로 뛰어 들어가서 "하나님, 당신의 성전을 더럽힌 죄를 용서해주십시오"라고 회개한 다음 다시는 담배를 피우지 않았습니다.

말씀에 접목하기: 고전 6:19, 20

성경은 죄의 욕망을 말할 때 단수로 죄(sin)라 하고, 그 욕망을 행동에 옮겨 죄를 지을 때는 복수(sins)로 표현합니다. 그런데 죄의 욕망을 행동으로 옮겨 범죄를 저지르면 그 범죄가 버릇이 되고 몸에 스며들어 죄의 인격을 만들어냅니다. 일단 죄가 몸에 스며들어 그 죄가 인격화되면 통제할 수 없는 강력한 충동을 일으킵니다. 그 충동은 사도 바울이 "내 속사람으로는 하나님의 법을 즐거워하되 내 지체 속에서 한 다른 법이 내 마음의 법과 싸워 내 지체 속에 있는 죄의 법으로 나를 사로잡는 것을 보는도다"(롬 7:22, 23)라고 선언할 만큼 강력해서 "오호라 나는 곤고한 사람이로다"라고 고백하게 만듭니다. 어떻게 이 사망의 몸, 즉 죄의 습관성이 지배하는 몸에서 해방될 수 있을까요? 하나님의 말씀을 받아야 합니다. "율법이 육신으로 말미암아 연약하여 할 수 없는 그것을 하나님은 하시나니 …… 육신을 따르지 않고 그 영을 따라 행하는 우리에게 율법의 요구가 이루어지게 하려 하심이라"(롬 8:3, 4). 사람으로서는 할 수 없지만 하나님으로서는 할 수 있습니다. 성령님의 인도를 받는 자는 죄의 습관성을 이기고 승리할 수 있습니다. 죄의 지배를 받지 않으려고 기도하며 씨름하는 사람에게 성령님은 놀라운 방법으로 죄를 이기고 승리하게 만들어주십니다. 담배의 중독성에 빠진 성도가 성령님의 놀라운 역사로 강력한 중독성에서 해방되듯이 말입니다.

너희 젊은이는 환상을 보고…

예화 18

하나님은 이렇게 약속하셨습니다. "말세에 내가 내 영을 모든 육체에 부어 주리니 너희의 자녀들은 예언할 것이요 너희의 젊은이들은 환상을 보고 너희의 늙은이들은 꿈을 꾸리라"(행 2:17). 그런데 오늘날 의학계에서는 환상과 꿈을 통해 암을 고치고 있습니다.

《에스콰이어》잡지에 기적적인 암 치료 방법이 발표되었습니다. 그것은 새로운 약이나 수술 방법을 발견한 것이 아니라 의사들이 암 환자들에게 꿈과 환상을 가지게 함으로써 놀라운 결과를 얻고 있다는 것이었습니다. 꿈과 환상은 그들의 몸에 있는 백혈구에 의해 암세포가 몸 밖으로 밀려나 건강해진 모습을 환자 자신에게 바라보도록 하면서 마음속에 건강해진 모습을 그리게 하는 것이라고 합니다. 그 결과 몇 달밖에 살 수 없던 환자가 일 년 넘게 살았고, 암 환자들 가운데 상당수가 건강을 완전히 회복했다는 임상 보고가 있었습니다.

말씀에 접목하기: 행 2:17

성령님으로 충만하면 하나님이 하시는 일을 환상과 꿈으로 볼 수 있습니다. 성령님은 우리 영의 눈을 열어주십니다. 영의 눈이 열리면 하나님이 우리를 위해 이미 해주신 일들을 깨달아 알게 됩니다. 그리고 지금도 하나님이 우리를 위해 놀라운 사랑을 베푸시고 있으며, 우리를 눈동자와 같이 돌보시고 있다는 사실을 볼 수 있습니다. 성령님이 우리 영의 눈을 열어주면 우리는 하나님이 우리에게 행하실 미래의 일도 볼 수 있습니다. 하나님은 우리를 사랑하시기 때문에 우리를 위해 놀라운 계획을 가지고 계실 뿐 아니라 우리를 위해 놀라운 일을 행하실 것입니다. 성령님은 우리에게 이런 환상과 꿈을 꾸게 하십니다. 성령님의 환상과 꿈을 가진 사람은 하나님이 베푸실 미래의 신비에 참여하는 복을 받을 것입니다.

삼류 시인을 통하여 역사하시는 하나님

예화 19

1941년 초라하고 무기력해 보이는 한 남자가 춥고 어두운 런던 거리를 터벅터벅 걷고 있었습니다. 그는 한때 유명한 작곡가로 전 유럽에 명성을 날린 헨델이었습니다. 그는 교회 문 앞에 서서 "하나님! 어찌하여 저에게서 창작의 영감을 거두어 가셨나이까?"라고 하나님을 향하여 부르짖었습니다. 그러고 나서 집에 가 보니 시인 찰스 제넨스가 써 보낸 '예수의 일생'에 대한 성시가 배달되어 있었습니다. 당시 헨델은 몹시 자존심이 상했습니다. '내가 이런 삼류 시인과 어울리는 존재가 되었단 말인가?' 라는 생각이 들었기 때문입니다. 그는 불쾌한 마음으로 그 시를 뒤적거렸습니다. 그때 시 한 구절이 그의 눈길을 사로잡았습니다. "그는 사람에게 버림을 받고 멸시를 받았도다. 그는 아무에게도 위로를 받지 못했도다. 그러나 그는 하나님을 믿었도다. 그분이 내게 안식을 주시리라. 나는 그분이 살아계심을 믿노라. 할렐루야!"

헨델은 이 구절을 읽는 순간 온몸이 전기 충격을 받은 것처럼 전광석화의 뜨거운 전율을 느꼈습니다. 그는 급히 오선지와 펜을 가져와서 떠오르는 영감의 선율을 하나도 놓치지 않고 기록했습니다. 하나님은 절망하고 있는 헨델에게 삼류 시인의 시를 통해 하늘의 영감을 전달하셨습니다. 그는 바깥출입은 물론 식음을 전폐하다시피 하고, 심지어 잠자는 것까지 잊어버리고 작곡에 몰두했습니다. 혼자 방안을 왔다갔다 하며 손으로 벽을 후려치기도 하고, 천장을 향해 "할렐루야. 임마누엘!"을 외치기도 하고, 두 손으로 머리카락을 쥐어뜯기도 했습니다. 그로부터 24일이 지난 뒤 그의 책상 위에는 이 세상에서 가장 위대한 오라토리오 가운데 하나인 〈메시아〉의 악보가 놓여 있었습니다.

헨델이 아일랜드 국왕의 후원으로 공연 연습을 하고 있을 때였습니다. 그 유명한 44번 〈할렐루야〉 대합창의 다음 곡인 45번 〈내 주는 살아계시고〉를 당시 최고의 소프라노 프리마돈나가 연습하고 있었습니다. 헨델은 그녀의 연습을 지켜보다가 지휘봉을 힘차게 두드리면서 노래를 중단시켰습니다. 음정, 박자, 목소리 어느 것 하나 흠잡을 데 없는 노래였는데도 그녀의 독창이 헨델의 마음에 들지 않았습니다. 헨델은 그녀를 뚫어지게 바라보면서 "그대가 지금 부르는 그 노랫말처럼 그분이 진정 살아계심을 믿으며 노래하는 거요?"라고 엄숙하게 물었습니다.

1742년 아일랜드 더블린에서 헨델의 지휘로 이 위대한 오라토리오 〈메시아〉가 초연되던 날 44번 〈할렐루야〉 대합창이 울려 퍼질 때 그 자리에 초대되었던 아일랜드 국왕이 일어서자 모든 청중이 따라 일어섰습니다. 그 후로 44번 〈할렐루야〉가 연주되면 모든 청중이 일어서서 듣는 전통이 생겼습니다.

헨델이 절망 가운데 부르짖자 하나님은 무명의 삼류 시인을 통해 그에게 다시 한 번 하나님을 찬양할 수 있는 영감을 불러일으켜 주셨습니다. 하나님이 그에게 생수의 강을 다시 흐르게 했을 때 그는 황무지에서 오아시스를 만나게 되었고, 거기서 생명의 광천수를 마실 수 있었으며, 샤론의 향기를 온 세계에 풍기는 위대한 오라토리오를 작곡할 수 있었습니다.

말씀에 접목하기: 딤후 2:1, 2

하나님의 은혜는 흐르는 강과 같습니다. 강은 아무 데서나 마구 흐르지 않고 일정한 길을 따라 흐릅니다. 하나님의 은혜의 생수도 흐르는 길이 있습니다. 사도 바울은 그 길이 어떠함을 우리에게 가르쳐주었습니다. 사도 바울에게서 하나님의 은혜의 생수가 디모데에게 흘러 들어갔습니다. 바울은 디모데에게 그 은혜의 생수를 충성된 사람들에게 전달하라고 권면했습니다. 그러면 그들 또한 다른 사람들에게 전달하여 하나님의 은혜의 생수가 끊임없이 흘러가게 됩니다(딤후 2:2). 그래서 하나님은 전도의 미련한 것을 통해 하늘의 구원의 은혜를 전달하십니다. 하나님의 은혜의 복음을 전달하는 사람이 없다면 하나님의 구원의 생수는 끝나고 말 것입니다. 하나님은 지금도 우리를 불러 하나님의 은혜의 생수를 전달하는 통로가 되기를 원하십니다.

하나님은 삼류 시인을 통해 헨델에게 은혜의 생수를 전달하여 위대한 〈메시야〉를 작곡하게 하셨습니다. 오늘도 하나님은 우리와 같은 삼류를 통해서도 이 땅에 하늘의 신비와 은혜를 전달하십니다. 하나님이 우리에게 하늘의 은혜를 넘치게 채우시면 우리도 하나님의 은혜의 통로가 되어 하늘의 은혜와 신비를 이 땅에 힘차게 전달할 수 있습니다. 하나님은 우리가 하나님의 생수의 강의 흐름에 동참하도록 부르고 계십니다.

영화 〈우리 생애 최고의 해〉

예화 20

〈우리 생애 최고의 해〉라는 영화가 있습니다. 2차 세계대전 중 헤럴드 러셀이라는 공수부대원이 전투에 나갔다가 포탄에 맞아 두 팔을 모두 잃고 불구자가 되었습니다. 그는 "나는 이제 쓸모없는 고기 덩어리가 되었구나!"라고 하며 깊은 절망에 빠졌습니다.

절망의 세월을 보내는 가운데 그의 마음에 변화가 일어났는데, 잃은 것보다 가진 것이 더 많다고 생각하기 시작한 것입니다. 의사가 그에게 의수를 만들어주었습니다. 그는 피나는 노력을 통해 의수로 글을 쓰고 타이프도 칠 수 있게 되었습니다.

러셀의 이야기는 영화화되어 불구자의 모습으로 직접 출연까지 했습니다. 그는 정성을 다해 연기했고, 그해 이 영화로 아카데미 주연상을 탔습니다. 그 상금은 상이용사를 위해 기부했습니다. 어떤 기자가 찾아와서 "당신의 신체적 조건이 당신을 절망케 하지는 않았습니까?"라고 물었습니다. 이 질문에 그는 결연한 표정으로 대답했습니다. "아닙니다. 육체적 장애는 나에게 도리어 큰 축복이 되었습니다. 만약 잃어버린 것을 계산하지 않고 남아 있는 것을 생각하고 그것을 하나님께 감사하며 남은 것을 사용할 때 잃은 것의 열 배를 보상 받을 수 있습니다."

말씀에 접목하기: 창 39:1-6

잃어버린 것에만 눈을 돌릴 때 그곳에는 절망밖에 보이지 않습니다. 불가능밖에 없습니다. 그러나 그 잃은 것을 넘어 가진 것을 세어 보면 더 많은 가능성이 기다리고 있습니다. 성경은 이렇게 말씀합니다. "아무것도 염려하지 말고 다만 모든 일에 기도와 간구로, 너희 구할 것을 감사함으로 하나님께 아뢰라 그리하면 모든 지각에 뛰어난 하나님의 평강이 그리스도 예수 안에서 너희 마음과 생각을 지키시리라"(빌 4:6, 7). 이 글은 사도 바울이 감옥에 있을 때 쓴 것입니다. 감옥은 육체적 장애처럼 우리에게 치명적인 제한을 주는 곳입니다. 그러나 그는 하나님이 감옥 안에서도 자유로운 세상에서와 똑같이 역사하시는 것을 몸으로 체험했습니다. 그는 감옥 밖에서 할 수 없는 것을 감옥 안에서 했습니다. 그의 옥중서간은 영원한 하나님의 말씀이 되었습니다. 하나님은 모든 지체를 가지고 있을 때도 함께하시지만 장애를 가지고 있을 때도 똑같이 역사하여 장애가 없을 때 할 수 없는 일을 하도록 하십니다. 예수님은 이렇게 말씀하셨습니다. "사람으로는 할 수 없으나 하나님으로서는 다 하실 수 있느니라"(마 19:26).

코리 텐 붐의 원망과 감사

예화 21

코리 텐 붐은 2차 세계대전 당시 네덜란드에서 살았습니다. 그런데 독일의 게슈타포에게 쫓기는 유대인 두 명을 숨겨준 것이 계기가 되어 유대인을 숨겨주는 운동을 하다가 동료의 배신으로 죽음의 포로수용소에 들어가게 되었습니다. 그녀는 언니 베시와 함께 수용소에 수감되었는데 작은 감방에 많은 사람을 수용했기 때문에 바닥에 오물이 홍건하고 벼룩이 튀어 다니고 더러운 냄새가 코를 찔렀습니다. 코리 텐 붐 자매는 몰래 숨겨 온 성경을 읽으며 예배를 드렸습니다. 어느 날 다음과 같은 성경 구절을 읽었습니다. "항상 기뻐하라 쉬지 말고 기도하라 범사에 감사하라 이것이 그리스도 예수 안에서 너희를 향하신 하나님의 뜻이니라"(살전 5:16-18).

이 말씀을 읽은 코리 텐 붐은 기뻐할 수도 감사할 수도 없었습니다. 오물이 홍건하고 더러운 냄새가 진동하고 벼룩이 튀어 다니는 곳에서 지내는 것에 대해 감사하기란 말처럼 쉽지 않았습니다. 그래서 그녀는 언니에게 "나는 도저히 감사할 수가 없어. 이런 환경에서 지내면서 어떻게 감사의 말이 나오겠어?"라고 원망했습니다. 그러나 언니 베시는 이렇게 대답했습니다. "하나님은 말씀만 하시는 분이 아니라 그렇게 만들어주시는 분이야. 범사에 감사하라고 했으면 하나님이 감사할 일을 만들어주실 거야. 하나님을 믿고 기다려 보자." 코리는 언니의 말을 듣고 억지로 "벼룩과 오물과 더러운 냄새에도 감사합니다"라고 기도했습니다.

다음 날 두 사람은 아파서 신음하는 자매를 위해 기도하고 성경 말씀을 읽게 되었습니다. 감방 안에서는 기도하고 성경을 읽는 것이 금지되어 있었습니다. 코리 텐 붐은 그 환자를 위해 기도하고 말씀을 읽고 있었지만 언제 간수가 달려와 방해할지 두려웠습니다. 그런데 그 환자를 위해 예배를 마치기까지 간수는 밖에서 보고 있었지만 감방 안으로 들어와 방해하지 않았습니다. 이런 상황에 고개를 갸웃거리는 코리에게 먼저 들어온 사람들 가운데 한 사람이 이렇게 말했습니다. "간수들은 이곳에 들어오면 벼룩 옮을까 두렵고 오물이 자기들에게 튈까 두려워 들어오지 않고 눈감아주는 거예요." 그 말을 듣는 순간 코리 텐 붐은 하나님께 이렇게 감사기도를 드리지 않을 수 없었습니다. "하나님, 벼룩의 군사들로 방어하고 오물로 간수의 발길을 멈추게 하여 자유롭게 예배드릴 수 있게 하시는 하나님께 감사드립니다." 하나님은 말씀만 주시는 분이 아니라 그 말씀대로 만들어주시는 분입니다.

말씀에 접목하기: 왕하 6:14-17

아람과 이스라엘이 한창 전쟁 중일 때 선지자 엘리사 때문에 아람은 번번이 이스라엘에게 패했습니다. 그러자 아람 왕은 엘리사가 머물고 있는 성에 많은 병거와 말과 군대를 보내 그를 체포하려고 했습니다. 그날 아침 엘리사의 사환이 나가 보니 성이 엄청난 수의 군인에게 둘러싸여 있었습니다. 사환은 엘리사를 찾아가서 "아아, 내 주여, 어찌하리이까"라고 탄식했습니다. 그러자 엘리사는 "두려워하지 말라 우리와 함께한 자가 그들과 함께한 자보다 많으니라"(왕하 6:16)고 그의 눈을 열어 보게 했습니다. 성경은 이렇게 말씀하고 있습니다. "그가 보니 불 말과 불 병거가 산에 가득하여 엘리사를 둘렀더라"(왕하 6:17). 코리 텐 붐은 말씀의 능력을 알지 못했습니다. 그 말씀을 믿으면 기적을 보게 되리라는 것을 몰랐습니다. 그런데 하나님은 모든 것을 합력하여 선을 이루시는 능력의 주님입니다. 우리 하나님은 그분의 말씀을 믿고 순종하는 자에게 놀라운 기적을 보도록 하십니다.

반석이신 예수님

예화 22

사반은 약하고 조그맣고 털이 복슬복슬한 토끼와 흡사한 동물입니다. 사반은 족제비나 매, 여우, 독수리 등 무서운 적들의 공격으로부터 자기를 방어할 수 있는 아무런 수단도 갖고 있지 못합니다. 그래서 이 연약한 동물은 바위틈에 집을 짓고 살면서 절대 집을 떠나 멀리 가는 일이 없습니다. 또한 적의 접근을 감지하면 사반은 결코 맞서서 전투 태세를 취하지 않습니다. 그 대신 쏜살같이 도망쳐 아무도 닿지 못하도록 바위 사이에 숨어버립니다. 자신의 약함을 알기 때문에 바위 사이에서 그의 피난처를 찾는 것입니다. "땅에 작고도 가장 지혜로운 것 넷이 있나니 …… 약한 종류로되 집을 바위 사이에 짓는 사반과"(잠 30:24, 26).

우리는 사반처럼 약하여 사탄에게 시험 받을 때 그것을 이길 능력이 없습니다. 죄와 세상의 온갖 유혹은 언제든 우리를 파멸로 이끌 것입니다. 우리의 반석은 예수님이십니다. 언제나 시험을 받을 때와 유혹을 당할 때와 공격을 당할 때는 예수께로 피하여 그분의 반석 사이에 있어야 합니다. 사반이 반석 사이에 집을 지은 것처럼 우리는 예수님의 반석 사이에 집을 짓고 언제든 거기로 피하기만 한다면 반석이신 예수님이 이기게 하실 것입니다.

말씀에 접목하기: 벧전 5:8-10

하나님은 성경 말씀 가운데서 대적자 사탄의 술책을 폭로하십니다. 그 가운데 몇 가지를 보면 '마음을 혼미하게 하는 구절을 가지고 시험한다(마 4:6), 뿌린 말씀의 씨앗을 빼어간다(막 4:15), 몸의 고통을 준다(고후 2:7). 교만한 마음을 일으킨다(딤전 3:6), 진로를 방해한다(살전 2:18), 정욕으로 유혹한다(딤전 5:11, 15), 시련에 준다(눅 22:31), 위선과 거짓을 행한다(행

5:3), 형제를 참소한다(계 12:10), 처음부터 살인자요 거짓말쟁이다(요 8:44)' 등이 있습니다.

이들 구절은 우리가 항상 정신을 차리고 조심해야 하며, 하나님께 복종하고 마귀를 대적해야 승리할 수 있다는 사실을 보여줍니다. 사탄의 책략은 교묘한 방법으로 우리 마음을 혼미하게 해서 시험에 빠지게 한다는 것입니다. 우리는 시험을 당할 때 지체 없이 우리 주님, 예수 그리스도께로 돌아가지 않으면 결코 사탄을 이길 수 없습니다. 사탄을 물리치는 가장 손쉬운 방법은 예수님을 부르며 전적으로 의지하는 것입니다.

장대높이뛰기 선수 브라이언 스턴버그의 간증

예화 23

1963년 5.08미터로 장대높이뛰기 세계 신기록을 세운 미국의 장대높이뛰기 선수 브라이언 스턴버그는 신기록을 세운 지 한 달도 못 되어 큰 부상을 입고 더 이상 선수 생활을 할 수 없게 되었습니다. 어느 날 스프링이 달린 매트의 탄성을 이용하여 그 위에서 뛰는 트램펄린을 하다가 거꾸로 떨어져 목뼈가 부러지고 하체가 마비되는 중상을 입었던 것입니다. 그는 6년 동안 재활 치료를 했지만 나아지지 않았습니다.

그러나 스턴버그는 웃음을 띤 채로 "내게 일어난 것은 모두 하나님의 뜻입니다. 사고가 나기 전에는 하나님을 알지도 못했어요. 그런데 지금은 그리스도의 복음을 전하고 있습니다. 그전에는 모든 것을 나 자신에게만 의존했지만 지금은 나라는 존재가 참으로 미약함을 경험하고 있습니다"라고 말했습니다. 그는 회복되기를 소원하지만 지금 주의 일을 할 수 있으니 얼마나 감사한지 모른다고 했습니다. 그는 그리스도인 체육회 대표로 간증을 하는데, 자신이 갈 수 없으면 녹음테이프를 보내 간증을 대신합니다. 과거 그는 높이뛰기 선수로 세계 신기록을 보유했지만, 사고로 중상을 입고 나서는 그보다 더 높은 하나님을 바라보며 증거 하는 하나님의 천사가 되었습니다.

> 말씀에 접목하기: 약 1:2-3

어떤 사람이 암에 걸리기 전에는 멸망의 자식으로 살았지만 암에 걸리면서 예수님을 알게 되었고 천국 백성이 되었다고 간증하면서 "암은 하나님이 주신 선물이었습니다"라고 말했습니다. 이 말은 자기에게 죽음의 고통을 알게 한 그 질병을 하나님이 주셨다는 뜻이 아니라 그 질병으로 말미암아 예수님을 만났으니 질병의 고통도 감사하다는 신앙고백입니다.

그러나 우리는 질병의 고통에 감사해서는 안 됩니다. 질병은 타락의 결과로 온 것이고 사탄의 시험과 세상의 악함과 죄의 욕망이 합작하여 만들어낸 것입니다. 우리는 질병의 고통을 당하고 있는 사람을 찾아오시고 고쳐주시고 구원해주시는 하나님께만 감사해야 합니다. 우리 하나님은 어떤 고난과 저주의 상황에도 임하여 거기서 생명의 기적을 일으키시는 분입니다. 브라이언 스틴버그는 큰 부상을 당해 선수로서의 생명이 끊어지고 평범한 삶을 살 수 없게 되었지만 그 가운데 하나님이 임하여 생명의 기적을 일으키셨기 때문에 놀라운 믿음의 사람이 된 것입니다. 하나님은 고난당하는 사람들 가운데 오셔서 그 고난에서 건져내어 새 생명의 기쁨을 누리게 하시는 분입니다.

내 사업은 하나님의 사업

예화 24
평신도로 OMS 부회장을 역임한 미국의 스탠리 탐은 전 세계에 선교 사업을 펼치고 개인적으로는 플라스틱 공장을 경영했는데, 그 회사의 사훈은 '내 사업은 하나님의 사업'이었습니다. 그는 공장 곳곳에 사훈을 써 붙이고 수입의 51퍼센트는 선교에 49퍼센트는 운영에 투자하고 세계선교에 동참했습니다. 그는 1960년대 우리나라에도 개척교회 건축 시 건축비를 후원하는 일을 했습니다.

그가 이런 헌신을 하게 된 것은 하나님의 은혜로 생명을 구원받았기 때문입니다. 어느 날 몸에 이상이 생겨 병원에 가 검사를 해보니 직장암이라는 결과가 나왔습니다. 다른 병원을 찾아가 보았지만 결과는 마찬가지였습니다. 병이 너무 진행되어 고칠 가망성도 없었습니다. 그리하여 죽는 날만 기다리고 있었습니다. 그러던 중에 목사님이 그에게 "기도원에 들어가 40일 특별 기도를 하십시오. 당신의 신앙 가운데 부족한 점이 있다면 하나님께 기도드리는 것입니다"라고 권면했습니다. 그는 목사님의 권면을 받고 기도원에 들어가 진심을 다해 기도하여 병 고침을 받고 생명을 연장 받았습니다. 그래서 그는 복음 선교에 힘을 기울이게 되었습니다.

말씀에 접목하기: 마 8:14-17

예수님이 수많은 병자와 귀신 들린 사람을 고치셨을 때 마태복음은 이사야서에 나오는 예언의 말씀으로 그 사건을 해석했습니다. "이는 선지자 이사야를 통하여 하신 말씀에 우리의 연약한 것을 친히 담당하시고 병을 짊어지셨도다 함을 이루려 하심이더라"(마 8:17). 예수님은 우리의 연약한 것과 질병을 짊어지기 위해 세상에 오셨고, 그것을 위해 십자가를 지셨다는 말씀입니다. 연약한 것과 질병은 풍성한 생명을 빼앗아가는 생명의 대적자입니다. 예수님은 우리의 연약한 것과 질병을 치료하심으로써 우리에게 풍성한 생명을 선물로 주십니다. 예수님은 풍성한 생명을 빼앗아가는 모든 대적자에게서 우리를 해방시켜 더욱 생명이 넘치게 하는 우리의 구원자이십니다.

relationship with Jesus

3
신앙생활

1
개인생활 : 순종과 헌신, 인격의 변화

예수께서 가라사대 돌을 옮겨놓으라

예화 1

예수님은 나사로를 죽음에서 다시 살리는 놀라운 기적을 베푸셨습니다. 그러나 예수님은 무덤의 입구에 놓여 있는 돌을 손수 치우지 않고 제자들에게 돌을 옮겨놓으라고 말씀하셨습니다. 예수님은 제자들이 돌을 옮겨놓을 때까지 가만히 계시다가 그다음에 "나사로야 나오라"고 명하셨습니다. 나사로가 수족을 동인 채로 다시 살아나 무덤에서 나왔을 때도 예수님은 나사로의 수의를 직접 벗겨주지 않고 제자들에게 수의를 벗기라고 명하셨습니다.

예수님은 죽은 자를 다시 살리는 놀라운 기적을 행하시는 분입니다. 무덤을 막고 있는 돌을 옮기는 것은 그렇게 힘든 일이 아니었습니다. 더구나 다시 살아난 나사로의 수의를 벗기는 것은 더 쉬운 일이었습니다. 그런데 예수님은 그것을 제자들에게 하라고 명하셨습니다. 예수님이 다시 살아난 나사로의 수의를 벗겨준다면 더 극적인 효과가 있지 않았을까요? 그러나 예수님은 그 일을 손수 하지 않고 제자들에게 시키셨습니다. 그 이유가 무엇일까요?

예수님은 우리가 할 수 없는 것을 하기 위해 세상에 오신 분입니다. 예수님은 우리가 할 수 있는 것을 대신해주지 않으셨습니다. 예수님은 우리가 할 수 있는 것은 직접 하도록 하셨습니다. 예수님은 그분의 기적에 우리를 참여시키신 것입니다. 예수님 혼자서도 할 수 있는 일이지만 우리를 참여시켜 함께하도록 하십니다. 예수님은 제자들이 돌을 옮겨놓았을 때 나사로를 살리셨습니다. 그리고 제자들에게 수의를 벗기는 일을 시키셨습니다. 이것이 예수님의 방식입니다.

> 말씀에 접목하기: 요 11:38-44

지금도 예수님은 우리에게 오셔서 우리가 할 수 없는 그것을 하십니다. 그러나 우리가 돌을 옮겨놓기까지는 하나님의 기적을 일으키시지 않습니다. 하나님은 사람들이 씨를 심으면 싹이 나게 하시고, 농부가 가꾸면 자라고 열매를 맺게 하는 방식을 사용하십니다. 주님은 우리가 먼저 돌을 옮겨놓기를 기다리고 계십니다. 그러므로 우리가 할 수 있는 일을 먼저 해야 합니다. 자녀교육을 위해 우리가 할 수 있는 일이 있습니다. 가정의 행복을 위해 우리가 할 수 있는 일이 있습니다. 우리는 자신이 할 수 있는 그 일을 하면 됩니다. 그것은 우리가 할 수 있는 일입니다. 우리는 돌을 옮겨놓아야 합니다. 그러면 하나님의 기적을 볼 수 있습니다.

시련을 통해 생명을 주시는 하나님

예화 2

캐나다 동부의 토론토에 아쿠아리움을 만들 때의 이야기입니다. 그 아쿠아리움에는 서부 해안의 어류도 있어야 했기 때문에 서부에 위치한 밴쿠버에서 서해안의 어류들을 기차로 수송하기로 했습니다. 큰 어항에 산소 공급 장치며 바다의 해수 교환 시설을 꼼꼼하게 살폈음에도 일주일 후 목적지에 도착하면 많은 어류가 죽어 있었습니다.

어류학자들은 여러 자료를 검토한 뒤 몇 차례 더 시도했지만 별다른 성과가 나타나지 않았습니다. 생각하다 못해 수송하는 어항에 큼직한 문어를 한 마리 넣었습니다. 이 문어는 어항 속에 가만 있지 않고 어류들이 잠들려고 하면 슬금슬금 다가가 발로 건드려 귀찮게 했습니다. 그러면 어류들은 깜짝 놀라 이리저리 쫓겨다니곤 했습니다. 어류들은 문어 때문에 한시도 편안히 잠을 잘 수가 없었습니다. 이렇게 해서 일주일 뒤 목적지까지 한 마리의 고기도 죽지 않고 무사할 수 있었습니다. 사실 물고기들은 어항속이 너무 편안해서 별로 움직이지도 않고 그저 잠만 자다가 결국 힘이 빠져 죽고 말았던 것입니다. 그런데 문어가 괴롭히자 그들은 살아남기 위해쉬지 못하고 돌아다니면서 생명을 유지할 수 있었습니다.

말씀에 접목하기: 벧전 4:12, 13

그리스도인이 너무 편안해 잠들어버리면 신앙은 죽고 맙니다. 우리 생활에 가끔 고난이 닥쳐 잠을 못 자게 하는데, 이는 우리가 영원한 죽음의 잠을 자지 못하게 하는 하나님의 은혜의 선물입니다. 하나님은 우리를 사랑하시기 때문에 우리에게 꼭 필요한 시련도 주시고 우리에게 생명을 지탱하게 하십니다. 그래서 성경은 "사랑하는 자들아 너희를 연단하려고 오는 불시험을 이상한 일 당하는 것같이 이상히 여기지 말고 오히려 너희가 그리스도의 고난에 참여하는 것으로 즐거워하라 이는 그의 영광을 나타내실 때에 너희로 즐거워하고 기뻐하게 하려 함이라"(벧전 4:12, 13)고 말씀합니다. 시련은 아픈 것이지만 하나님은 모든 것을 합력하여 선을 이루실 것입니다.

선교사 시험

예화 3

어느 추운 날 새벽 3시에 선교사 지망생이 면접을 보기 위해 선교국에 찾아왔습니다. 새벽 3시에 나오라고 말한 시험관은 8시가 되어서야 시험장에 나왔습니다. 시험관은 나오자마자 "자, 시작해 볼까요?"라고 말하더니 "school이라는 단어의 철자를 이야기해 보세요"라고 하는 것이었습니다. 그 지망생은 초등학생도 쉽게 대답할 수 있는 질문을 했는데도 아무런 항의도 하지 않고 "ｓｃｈｏｏｌ입니다"라고 답변했습니다. 시험관은 "좋소. 그러면 숫자에 대해 물어보겠습니다. 2의 두 배는 얼마지요?" 이번에도 지망생은 정중하게 "4입니다"라고 대답했습니다. 그러자 시험관은 이렇게 말했습니다. "참 좋습니다. 잘하셨습니다. 합격입니다. 당신은 선교위원회의 시험에 합격했으므로 내일 선교사로 임명할 것을 건의하겠습니다."

다음 날 아침 시험관은 선교위원회에서 그에 대해 칭찬하며 선교사로서의 자격이 충분하다고 설명했습니다. "첫째, 극기 시험에 합격했습니다. 추운 날 새벽 3시에 시험장으로 오라고 했는데도 아무런 불평이 없었습니다. 둘째, 시간을 지켰습니다. 셋째, 다섯 시간을 기다리는 인내 시험을 통과했습니다. 넷째, 어린이 수준에 맞는 시험 문제로 시험을 보는데도 한 번도 기분 나쁜 표정을 짓지 않아서 겸손 시험도 통과했습니다. 우리가 요구하는 선교사로서의 자격 요건을 다 갖추었으므로 선교사로 보낼 것을 추천합니다."

기독교 신앙은 머리와 입으로 고백하는 신앙을 넘어서 몸과 마음과 삶으로 구현되어야 합니다. 그 선교사 지망생은 기독교의 진리를 몸으로 체득하고 그것을 몸으로 나타내 보여주었습니다. 우리의 신앙이 우리 몸과 삶 속에 배어들도록 훈련하고 가르치는 것이 매우 중요합니다.

말씀에 접목하기: 딤전 4:6-8

사도 바울은 자기의 무능력을 이렇게 표현했습니다. "그러므로 내가 한 법을 깨달았노니 곧 선을 행하기 원하는 나에게 악이 함께 있는 것이로다 내 속사람으로는 하나님의 법을 즐거워하되 내 지체 속에서 한 다른 법이 내 마음의 법과 싸워 내 지체 속에 있는 죄의 법으로 나를 사로잡는 것을 보는도다 오호라 나는 곤고한 사람이로다 이 사망의 몸에서 누가 나를 건져내랴"(롬 7:21-24). 사도 바울을 무능력과 저주에 빠지게 한 것은 마음의 법이 아니라 "지체 속에서 한 다른 법"이었습니다. 이는 몸에 배어 있는 습관을 말합니다. 극기, 시간 엄수, 인내, 겸손 등은 몸으로 실천되어야 하는 가치입니다. 그 가치가 몸에 체득되기 전까지는 자연스럽게 나타나지 않습니다. 수학 계산은 머리로 할 수 있을지 모르지만 선교사는 몸으로 복음을 전도하지 않으면 안 됩니다. 그리스도의 말씀이 몸에 배어 그 말씀이 성육신하지 않으면 복음 전파가 어렵습니다. 복음 전도를 하고자 하는 사람은 복음을 몸으로 사는 훈련을 해야 합니다.

주 안에서 죽는 방법

예화 4

어떤 사람이 영성 지도자를 찾아가 이렇게 물었습니다. "예수님을 믿고 그 안에서 사는 것이 무엇입니까?" 그러자 영성 지도자는 이런 질문을 던졌습니다. "지금까지 살아오면서 원수같이 미운 사람이 있었지요? 그들 가운데 죽은 사람도 있습니까?" 그 사람이 있다고 대답하자 영성 지도자는 이렇게 말했습니다. "왜 그렇게 해야 하는지 이유는 묻지 말고 내가 시키는 대로 해보세요. 내일 그 사람의 무덤에 찾아가서 실컷 욕하고 발길질을 하고 오세요."

그는 주 안에서 죽는 법을 알기 위해 영성 지도자가 시키는 대로 원수 같은 사람의 무덤을 찾아가서 "나쁜 놈, 고약한 놈" 하며 온갖 욕을 퍼붓고 무덤에 발길질까지 하고 돌아왔습니다. 그러고는 다음 날 영성 지도자를 찾아와 말했습니다. "시키는 대로 다 했습니다. 이제는 주 안에서 사는 방법을 가르쳐주세요."

영성 지도자는 그에게 한 가지 더 할 일이 있다고 하면서 이렇게 물었습니다. "존경하는 사람 가운데 죽은 사람이 있습니까? 그러면 내일 그 사람의 무덤에 찾아가서 온갖 칭찬과 사랑의 말을 하고 오세요." 이번에도 그는 영성 지도자의 말대로 사랑하고 존경했던 사람의 무덤에 찾아가서 입에 침이 마르도록 칭찬과 사랑의 말을 하고 돌아왔습니다. 그리고 다음 날 영성 지도자를 찾아가서 물었습니다. "선생님이 하라는 대로 했습니다. 이번에는 어떻게 주 안에서 살 수 있는지 그 방법을 말해주실 거죠?"

그러자 영성 지도자는 이렇게 대답했습니다. "이미 그 방법을 다 가르쳐 주었으니 돌아가세요." 그 순간 그는 어리둥절해하며 "아니, 다 가르쳤다니요? 저는 선생님이 시키는 대로 했을 뿐 아무것도 배운 것이 없습니다. 도대체 무슨 말씀을 하는 겁니까?"라고 말했습니다. 그러자 영성지도자는 이렇게 묻습니다. "당신이 원수 무덤에 가서 온갖 욕을 다하고 발길질을 하니 원수가 뭐라고 따지던가요?" "아무 대답도 없었습니다." "그러면 사랑하던 사람의 무덤에 가서 사랑과 칭찬의 말을 하니 그 사람이 좋아하던가요?" "무슨 말씀을 하시는 겁니까? 죽은 사람이 무슨 말을 하겠습니까? 아무런 반응도 없었습니다."

그러자 영성 지도자는 정색하고 이렇게 말했습니다. "원래 죽은 사람은 대답할 수 없습니다. 죽은 사람은 원수가 오른쪽 뺨을 치고 겉옷을 벗겨 가고 오리를 끌고 가도 불평할 수가 없습니다. 또 사람이 칭찬하고 높여주어도 그것에 기뻐하거나 보답할 수도 없습니다. 원수가 욕을 하든 사랑하는 사람이 칭찬을 하든 그런 것에 좌우되지 않고 주님만 따라가려면 먼저 자기가 죽어야 합니다. 그래서 사도 바울은 '내가 날마다 죽노라'고 말했습니다. 날마다 죽으면 예수님은 우리로 하여금 예수님을 따라 살게 만들어 주십니다."

> 말씀에 접목하기: 갈 2:20

갈라디아서 2장 20절은 신앙생활이 무엇인지를 우리에게 가르쳐줍니다. "내가 그리스도와 함께 십자가에 못 박혔나니 그런즉 이제는 내가 사는 것이 아니요 오직 내 안에 그리스도께서 사시는 것이라 이제 내가 육체 가운데 사는 것은 나를 사랑하사 나를 위하여 자기 자신을 버리신 하나님의 아들을 믿는 믿음 안에서 사는 것이라." 믿음의 사람은 자기를 십자가에 못 박고 그리스도를 자기중심에 영접한 사람입니다. 이제 우리 중심이신 그리스도는 하나님이 하시고 싶어 하는 것을 우리를 사용해 행하십니다.

예수님은 세상에 하나님의 나라를 세우기 위해 오셨습니다. 하나님의 나라는 하나님의 뜻이 하늘에서 이루어진 것같이 이 땅에서도 이루어지는 나라입니다. 자기가 살아 있는 사람은 자기의 뜻대로 살고자 합니다. 예수님을 영접한 사람은 자기를 십자가에 못 박은 사람입니다. 그래서 믿음의 사람 안에는 그리스도께서 살아계십니다. 이제 그리스도인은 예수님이 인도하시는 대로, 예수 그리스도의 능력으로 하나님의 뜻을 행하여 이 땅에 하나님의 나라를 만드시는 주님을 따라갑니다. 자기가 죽은 자만이 그리스도인의 삶을 살 수 있습니다.

"당신의 뜻만이 이루어지기를 원하나이다"

예화 5

1965년 미스 아메리카 최종 선발대회 기간 본다 케이 반다이크는 인터뷰에서 그녀의 신앙을 분명히 고백했습니다. 사회자 버트 파크스가 "당신은 성경을 행운의 부적으로 가지고 다닙니까?"라고 묻자 "성경은 부적이 아닙니다. 내가 가지고 있는 책 가운데서 가장 귀한 책이지요"라고 대답한 뒤 "예수 그리스도와 나와의 관계는 종교가 아니고 신앙입니다. 나는 예수 그리스도를 완전히 의지하고 그분의 뜻에 따라 살고자 하니까요"라고 했습니다.

스물한 살 때 애리조나 피닉스의 주일학교 교사였던 그녀는 미스 아메리카가 되기 전에 캘리포니아 샌디에이고에서 열렸던 빌리 그레이엄 전도 집회 때 간증을 했습니다. "나의 재능을 하나님께 바치고 교회에서 주일학교를 돕는다고 해도 그것으로 족하지 않음을 깨달아 내 삶을 전적으로 바쳤더니 풍요로운 삶을 나에게 허락해주셨습니다. 주님은 나의 친구요 내 삶의 인도자이십니다. 나는 9월에 열리는 미스 아메리카 선발대회에서 왕관을 쓰게 해달라고 기도한 적이 없습니다. 다만 '하나님이여, 당신의 뜻만이 이루어지기를 원하나이다' 라고 기도했을 뿐입니다." 그녀의 기도는 응답을 받았습니다. 하나님은 자기를 높이는 자를 또한 높이십니다.

말씀에 접목하기: 시 1:1-3

시편 1편은 다음 말씀으로 복 있는 자의 길을 시작합니다. "복 있는 사람은 악인들의 꾀를 따르지 아니하며 죄인들의 길에 서지 아니하며 오만한 자들의 자리에 앉지 아니하고." 망하는 자들의 길은 악인의 꾀를 따르고 죄인의 길에 서며 오만한 자리에 앉으려고 합니다. 무슨 일을 하거나 어떤 문제에 부딪힐 때 멸망하는 자들은 먼저 세상의 지혜를 구하고 전문가들의 조언을 받고 수단과 모략을 꾸미며 자기 영광을 구합니다. 그러나 복 있는 사람은 세상의 지혜나 전문가들의 조언, 성공한 사람을 따르려고 하지 않고 오직 여호와의 말씀을 즐거워하며 그 말씀을 묵상하고 그 말씀대로 순종하여 실천하려고 합니다. 복 있는 사람은 먹든지 마시든지 무엇을 하든지 간에 하나님의 영광을 위해 행하고자 합니다. 1965년 미스 아메리카 본다 케이 반다이크는 하나님의 말씀을 그대로 순종하고 하나님을 높이며 하나님의 영광만을 구하고자 했습니다. 그러자 하나님은 약속하신 대로 시냇가에 심은 나무의 복을 주어 그녀가 하는 모든 일을 형통하게 하셨습니다.

시련의 때도 하나님만 의지할 수 있습니까?

예화 6

구세군 창설자 윌리엄 부스가 시카고에서 부흥 집회를 인도하고 있을 때의 일입니다. 하나님의 선하심을 믿고 그분만 의지하라고 설교하는데 한 노동자가 앞으로 나오더니 "여보시오, 부스 목사. 그리스도가 당신에게 가장 소중한 존재고 당신을 도와준다고 말하지만, 당신의 아내가 죽고 어린것들은 엄마를 못 잊어 보고 싶다고 울어대도 지금 한 말을 그대로 할 수 있소?"라고 물었습니다.

그 일이 있고 나서 얼마 지나지 않아 부스의 아내가 열차 사고로 목숨을 잃었고, 그녀의 시신이 구세군 교회로 운구되어 장례를 치렀습니다. 다시 집회를 인도하는 자리에서 "얼마 전 여기서 집회를 열었을 때 어떤 사람이 아내를 잃고 애들이 울어대도 하나님의 선하심을 믿고 의지할 수 있느냐고 물었는데, 그가 여기 와 있다면 잘 들어주기 바랍니다. 내 마음은 지금 갈기갈기 찢긴 것처럼 아프지만 나는 하나님의 선하심을 믿고 의지합니다. 뿐만 아니라 내 마음에 새로운 노래를 담아주셨습니다. 이것은 그리스도께서 주신 겁니다"라고 했습니다. 얼마 전 집회에 참석했던 사람이 또다시 참석해 있었습니다. 그는 앞으로 걸어 나와서 "그리스도께서 참으로 그렇게 도와주시는데 어찌 의지하지 않겠습니까?"라고 했습니다. 역경 가운데 승리하는 모습은 많은 사람에게 믿음과 용기를 주어 그 사람도 승리하게 합니다.

말씀에 접목하기: 롬 8:35-37

《장 크리스토프》에 이런 말이 나옵니다. "그날그날을 사랑하고 소중히 여기며 살아가라. 오늘과 같이 음산한 하루라도 그날을 사랑해야 한다. 초조하게 생각해서는 안 된다. 보라! 지금은 겨울이다. 모든 것이 잠들어 있다. 그러나 좋은 토지에 뿌려진 씨앗은 싹을 틔울 것이다. 좋은 토지와 같이 잘 참고 견디기만 하면 될 것이니 믿고 기다리라." 그렇습니다. 아무리 음산한 오늘일지라도 오늘은 하나님이 지어 우리에게 선물로 주신 날입니다. 하나님은 오늘도 씨앗을 싹트게 하는 재창조의 역사를 쉬지 않으십니다. 하나님을 신뢰하고 우리가 할 수 있는 최선을 다하면 하나님은 싹이 나게 하고 그 싹을 자라게 하고 그 싹에서 풍성한 열매를 맺게 하실 것입니다. 오늘이 중요합니다. 이 순간이 귀중합니다. 지금 우리는 인생의 한 자락을 붙들고 있습니다. 그러므로 지금 하나님을 바라보면서 씨를 심어야 합니다. 오늘을 잃어버린 자는 미래를 잃어버리고 인생 자체를 잃고 말 것입니다.

하나님을 선택하는 기쁨

예화 7

1924년 올림픽 경기가 프랑스 파리에서 열렸습니다. 당시 올림픽에 참석한 선수들 가운데 스코틀랜드의 육상 선수 에릭 리델이 있었습니다. 육상 국가대표 선수였던 그는 올림픽에 참가하기 위해 여러 달 맹훈련을 했습니다. 스포츠 기자들은 리델을 100미터 달리기의 우승 후보로 손꼽았습니다. 그런데 경기 일정이 발표되었을 때 문제가 생겼습니다. 일요일에 경기가 있었던 것입니다. 조국과 자기의 명예를 위해서는 경기에 뛰어야 하지만 신앙인의 양심으로는 도저히 뛰는 것이 허락되지 않았습니다. 주일에 운동장을 달리는 것이 결코 하나님을 기쁘시게 하는 것이 되지 못한다고 믿었던 그는 경기를 포기하기로 했습니다.

이 소식을 들은 리델의 팬들은 크게 실망했고 격찬하던 사람들도 그를 바보라고 욕했지만 그의 마음은 자기의 명예보다 하나님을 선택했다는 기쁨으로 가득했습니다. 며칠 뒤 400미터에 출전하기로 영국 선수가 갑자기 뛸 수 없는 사정이 생겼습니다. 리델은 자신의 종목이 아니었지만 그 경기에 출전하겠다고 신청했습니다. 100미터가 주 종목이었던 그는 400미터를 47.6초의 기록으로 우승해 금메달을 땄습니다. 그는 오직 하나님을 선택하기로 작정했고, 하나님을 선택하는 자에게 주시는 하나님의 상급을 받았습니다.

그 후 리델은 선교사가 되어 중국에 파송되어 평생 주님의 일을 하다가 1945년 그곳에서 하나님의 부르심을 받았습니다. 그는 마지막 순간까지 하나님을 선택했고, 하나님의 일에 최선을 다하다가 하나님의 품으로 돌아갔습니다.

말씀에 접목하기: 롬 14:7, 8

사도 바울은 이렇게 선언했습니다. "우리 중에 누구든지 자기를 위하여 사는 자가 없고 자기를 위하여 죽는 자도 없도다 우리가 살아도 주를 위하여 살고 죽어도 주를 위하여 죽나니 그러므로 사나 죽으나 우리가 주의 것이로다"(롬 14:7, 8). 그리스도인의 정체성은 하나님을 기쁘시게 하는 사람입니다. 하나님이 기뻐하시면 살 수도 있고 죽을 수도 있습니다. 하나님이 기뻐하시면 이것도 할 수 있고 저것도 할 수 있습니다. 하나님이 기뻐하시면 버릴 수도 있고 얻을 수도 있고, 욕먹을 수도 있고 칭찬 받을 수도 있습니다. 이것이 그리스도인의 목적입니다. 언제나 하나님을 기쁘시게 하는 확실한 목적을 가지고 사는 사람은 하나님이 주시는 놀라운 생명의 기적을 체험할 것입니다. 주일을 주님의 날이라고 여겼던 에릭 리델은 그날 경기를 하는 것이 하나님을 기쁘시게 할 수 없다고 믿었기에 올림픽 경기 출전을 포기했습니다. 그러자 하나님은 다른 방법으로 놀라운 생명의 기적을 체험하게 하셨습니다.

당신은 무엇을 바라보고 있는가?

예화 8

비운의 유대인 소녀 안네 프랑크가 독일군을 피해 숨어 지낼 때 쓴 일기에 이런 구절이 있습니다. "그러나 하늘을 우러러보면 모든 것이 정상으로 돌아가고 이 잔악함도 끝나고 평화와 정적이 세계에 깃들 거라는 사실을 나는 믿을 수 있다." 아브라함은 하나님의 약속이 이뤄지지 않는 것을 초조해하며 거의 포기 상태에 들어갔다가 밤하늘을 우러러보며 약속의 성취를 재확인합니다. 하나님은 그 믿음을 의롭게 여기셨습니다. 톨스토이의 《전쟁과 평화》에서 주인공 안드레이는 전투 중에 부상을 입고 낙마했는데, 하늘을 올려다보며 이렇게 독백하는 장면이 나옵니다. "어째서 지금까지 저 높은 하늘이 눈에 보이지 않았단 말인가? 이제 비로소 정신을 차린 나는 실로 행복하구나!" 안드레이는 눈앞에 나타난 나폴레옹에게도 의연한 태도를 취합니다. 의로운 일을 해야 할 때, 의심이 들 때, 신앙이 흔들릴 때 하늘을 올려다보길 바랍니다. 거기에 창조주 하나님의 숨결이 있고, 변하지 않는 하나님의 사랑과 자비와 평안의 생수를 발견하게 될 것입니다.

말씀에 접목하기: 사 40:28-31

주로 땅을 봅니까, 아니면 하늘을 올려다봅니까? 땅만 쳐다보면 거기에 참을 수 없이 지루하고 고독하고 짜증나는 인생이 있을 것입니다. 그러나 하늘을 올려다보면 아름답게 빛나는 별이 반짝이는 세상, 순수하고 아름다운 사람과 정을 나누는 세상, 하나님의 신비와 보석이 곳곳에 숨겨져 있음을 발견할 수 있습니다. 지금 당신은 세상과 주위환경을 바라보면서 시선을 거기에 고정시켜 광야, 사막과 같은 인생을 살고 있습니까? 하나님을 바라보면 하나님의 신비와 보석으로 가득한 인생을 발견할 수 있습니다. 기도하면 광야가 신비의 세상으로 바뀝니다.

무거운 짐을 맡아주시는 예수님

예화 9

벽에 걸려 있는 달력에 이런 글이 들어 있습니다. "낙타는 하루를 시작할 때, 마칠 때마다 꼭 무릎을 꿇는다. 하루의 해가 저물면 낙타는 주인 앞에 무릎을 꿇어 짐을 내린다. 그리고 아침 해가 떠올라 낙타가 다시 무릎을 꿇으면 주인은 그날 여정에 따라 사막으로 갈 것인지, 초원으로 갈 것인지 그 형편에 맞춰 낙타에게 짐을 지운다."

우리 모두가 져야 될 짐은 우리로서 어떻게 할 수 없는 경우가 많습니다. 그 짐에는 매일매일 반복되는 소소한 일이 담겨져 있지만 그 무게를 합치면 너무 무거워 버티기 어렵게 느껴질 때도 있습니다. 그 짐에는 주를 알지 못하는 자와 주를 위해 살지 않는 자들의 영혼을 위한 것도 있습니다. 또한 그 짐 가운데는 질병과 약함, 허약함과 장애로 인한 짐도 들어 있습니다. 이 하나하나의 무게가 합쳐지면 소소한 집안일이 산더미처럼 무겁게 느껴지고 하루의 시작이 절벽에 부딪힌 것 같거나 캄캄한 길이 가로놓인 것처럼 느껴집니다.

말씀에 접목하기: 마 11:28

짐은 무거워지고 인생의 가는 길이 절벽에 이르게 될 때 안식을 주시는 주님의 말씀이 있습니다. "수고하고 무거운 짐 진 자들아 다 내게로 오라 내가 너희를 쉬게 하리라"(마 11:28). 우리 주님은 짐이 무거워 비틀거릴 때면 우리를 넘어지지 않게 하실 뿐 아니라 우리의 짐을 맡아준다고 약속하셨습니다. 하나님은 날이 밝을 때부터 어두워질 때까지 매 걸음마다 출입을 지금부터 영원히 지키시는 분입니다. 예수님은 우리의 무거운 짐을 대신 져주겠다고 약속하셨습니다. 우리 주님은 앞에서 인도하는 하나님이시며 뒤에서 받쳐주시는 분입니다. 그분이 우리와 항상 함께하시는데 무엇을 두려워하고 염려하겠습니까? 우리 하나님의 약속을 믿고 주님 앞에 모든 짐을 내려놓아야 합니다. 그러면 하나님이 주시는 진실한 평안과 새 힘을 얻게 됩니다.

최선을 다하고 있습니까?

예화 10

이탈리아의 높은 신분을 가진 공작이 길을 걷다가 열심히 일하고 있는 노동자를 보게 되었습니다. 그 노동자는 땀을 뻘뻘 흘려 가며 아주 열심히 상자를 만들고 있었습니다. 공작은 그 노동자에게 물었습니다. "지금 만들고 있는 이 상자를 어디에 쓰려고 하는가?" 그러자 그 노동자는 이렇게 대답했습니다. "저는 여기에 꽃씨를 뿌릴 생각입니다." 공작은 재미있다는 듯이 계속해서 물었습니다. "그렇다면 흙을 담아야겠군. 흙을 채울 상자라면 무엇 때문에 그처럼 정성을 다해 깎고 다듬고 있는가?" "저는 무슨 일이든 완벽하게 하기를 좋아합니다. 이것이 하나님이 저에게 주신 은사입니다."

그러자 공작은 이렇게 말했습니다. "쓸데없는 일에 힘과 재능을 낭비하고 있군. 꽃 가꿀 상자를 말끔하게 만들었다고 해서 누가 알아주겠는가?" "저는 그렇게 생각지 않습니다. 나사렛에서 목수 일을 하신 예수님이라면 무슨 일을 아무렇게나 하시지 않았을 것입니다" "나 원, 그런 하찮은 일을 가지고 어찌 예수님의 일과 비교하는 건가! 이건 하나님을 모독하는 일이라고. 도대체 당신 이름이 뭔가?" "저는 미켈란젤로라고 합니다." 이 대답에 공작은 당황스러운 표정으로 "아, 그렇습니까?"라고 머리를 숙이더니 경의를 표했습니다.

예수님이 무슨 일을 하시든 최선을 다하듯이 그리스도를 따르는 그리스도인이라면 무슨 일을 하든지 정성을 다하고 최선을 다해야 할 것입니다. 최선을 다해 일하는 그곳에 하나님이 임하여 하늘의 평화와 복으로 채우시기 때문입니다.

> 말씀에 접목하기: 롬 12:10, 11

　미켈란젤로에 대해 많이 들어보았을 겁니다. 전문가들은 그를 역사상 최고의 예술가 가운데 한 명이라고 말합니다. 그리고 그에 대해 엄청난 재능을 타고난 사람이라고 말합니다. 그는 30세 이전에 다윗 상과 피에타 상을 제작했습니다. 그는 30대에 교황 율리우스 2세로부터 성 베드로 대성당에 12사도를 그리라는 요청을 받았습니다. 그는 교황의 요청을 받고 가서는 12사도가 아니라 창세기에 나오는 아홉 장면을 뽑아 400여 명이 넘는 인물을 그렸습니다. 시스티나 예배당 천장에 이 그림을 그리는 데 4년 넘는 시간이 걸렸습니다. 그는 그림을 그리는 동안 내내 누워서 그림을 그려야 했는데, 당시의 열악한 조명 사정으로 말미암아 시력을 거의 상실하고 기력도 잃게 되었습니다. 그 그림을 그리는 데 전심전력을 다했기 때문입니다.
　어떤 사람이 그에게 물었습니다. "시스티나 예배당의 천장을 보는 사람이 몇 명 되지 않을 텐데, 그렇게 열심히 그릴 필요가 있습니까?" 그러자 미켈란젤로는 이렇게 대답했습니다. "하나님이 보십니다." 그는 무엇을 하든지 하나님께 하듯 전심을 다했기 때문에 불후의 명작을 남길 수 있었습니다. 미켈란젤로는 엄청난 재능을 타고났다고 합니다. 그는 그 재능을 땅에 파묻지 않고 전심을 다해 노력함으로써 영원에 속한 사람들 가운데 한 명이 된 것입니다.

윌리 브리닝거의 이야기

예화 11

　언어 장애를 가진 윌리 브리닝거는 심하게 말을 더듬었습니다. 그의 이야기를 듣고 있으면 무슨 말을 하는지 거의 알아들을 수가 없었습니다. 그러나 윌리는 예수님을 위해 일하고 싶었습니다. 그는 전도를 통해 영혼을 구원하는 일을 하고 싶었습니다. 그러던 중 교회에서 발행하는 신문에서 문서전도협회 대회 광고를 보게 되었습니다. 문서전도협회는 신앙서적과 성경을 판매하면서 예수님을 전도하는 일을 하는 단체입니다. 이 협회는 대회를 열고 그 대회에 참석한 사람들에게 문서전도협회의 목적과 취지를 설명한 뒤 이사회와 임원회에서 지원자 면접을 거쳐 무료로 그들을 훈련시키기로 했습니다. 또한 문서전도 지원자들에게 왕복 여비까지 지원하기로 약속했습니다. 그 대회에 참석하고 협회가 제시하는 강의 시간을 충실하게 수강한 사람에게는 문서전도인 자격을 부여하고 일정 지역을 배정하여 문서전도인의 일을 하게 한다고 했습니다.

디커슨 목사가 대회의 주강사였습니다. 모든 강의를 끝내고 마지막 면접을 볼 때 문서전도협회 임원들 가운데 몇 사람이 윌리 브리닝거를 거부했는데, 그들은 다음과 같은 이유를 들었습니다. "말을 더듬는 사람이 문서전도를 하면 오히려 하나님의 영광이 가려지고 사람들에게 문서전도협회가 욕을 먹게 될 것입니다." 그들은 언어 장애를 가진 사람을 보내 성경을 반포하고 신앙서적을 팔게 하면 사람들이 문서전도협회를 무시할 거라고 생각했던 것입니다.

그러나 디커슨 목사의 생각은 달랐습니다. "우리는 문서전도협회에서 전도 훈련을 받는 모든 사람에게 분명히 약속했습니다. 그 약속은 윌리에게도 해당됩니다. 우리는 그 약속을 이미 신문에 공개적으로 광고까지 했습니다. 우리는 그 약속을 지켜야 합니다. 그는 문서전도 규약을 완벽하게 암송했고, 우리는 면접을 통해 그를 통과시켰습니다. 더구나 하나님의 영광은 하나님이 역사하실 때만 가능하고, 하나님은 윌리를 통해서도 그분의 일을 하실 것입니다."

그런데 파송을 받고 얼마 되지 않았을 때 윌리는 본부에 엄청난 판매 보고서를 냈습니다. 본부에서는 윌리가 실수해서 보고서를 잘못 작성했을 거라고 생각했습니다. 본부 임원들은 윌리가 보고서를 작성하는 법을 잊어버렸다고 판단했습니다. 그래서 감독관을 현장에 파견해 윌리가 어떻게 하고 있는지 확인해야겠다고 결론을 내렸습니다. 그들은 윌리가 틀림없이 뭔가 잘못했을 것이고, 감독관을 보내 고치도록 하는 것이 타당하다고 여졌던 것입니다.

그래서 감독관 한 사람을 윌리에게 보냈습니다. 그는 윌리에게 이렇게 말했습니다. "당신은 오늘 처음 만나는 집에 들어가 전도하십시오. 그러면 나는 그다음 집에 들어가서 전도하겠습니다. 다만 집집마다 함께 방문해 당신이 짧은 기간에 어떻게 그처럼 많은 문서를 팔 수 있었는지 보고 싶군요." 윌리는 감독관의 말에 동의했습니다. 그들은 시골 길가에 있는 첫 번째 집을 발견했습니다. 윌리는 동행한 감독관에게 신호를 보내고 길가에 있는 나무 아래로 갔습니다. 감독관도 윌리를 따라갔습니다. 윌리는 나무 아래서 무릎을 꿇더니 중얼중얼 기도하기 시작했습니다.

감독관이 귀를 기울여 들어 보니 이런 기도를 드리고 있었습니다. "하나님, 제가 말을 더듬는다는 것을 아시지 않습니까? 또한 하나님은 내 입술의 말로 저 집에 있는 사람을 감동시킬 수 없다는 것도 아시나이다. 그러나 하나님, 저 집이 하나님의 복을 받기를 원합니다. 성령님이 먼저 저 집에 들어가 그 집을 축복하여 주시옵소서. 그리고 그 집에 사는 모든 사람에게 하나님의 복을 받게 하시옵소서." 기도하는 동안 윌리의 눈에서 눈물이 흘러 볼을 적시고 있었습니다.

두 사람은 일어서서 첫 번째 집으로 갔습니다. 윌리가 그 집의 문을 두드렸을 때 한 여성이 문 두드리는 소리를 듣고 나왔습니다. 윌리는 문서전도협회가 발행한 자격증을 먼저 보이고, 문서들을 소개하는 책자를 펴서 그녀에게 내밀었습니다. 윌리는 그 소개 책자를 펴고 여기저기 밑줄 그은 곳을 짚으면서 읽으라고 눈짓을 했습니다. 그러고 나서 그 역시 그것을 하나하나 읽어 나갔습니다. 그러나 아무도 윌리가 뭐라고 말하는지 이해하지 못했습니다. 윌리는 소개 책자를 한 장 한 장 넘기면서 밑줄 그은 곳을 읽게 하더니 그 책자들의 가격을 가리켰습니다. 그다음에는 견본으로 가지고 다니는 책들을 풀어 그 여성에게 하나하나 보여주었고, 이 책을 주문하면 언제 배달되는지도 알려주었습니다. 마지막으로 계약서를 꺼내어 그녀가 서명할 수 있게 도와주었습니다. 여성은 그 많은 책을 사겠다고 서명했습니다. 이를 지켜본 감독관은 어떻게 이런 일이 일어났는지 곰곰이 생각했습니다.

그다음 집에서 감독관이 문서를 소개했습니다. 그러나 별다른 소득이 없었습니다. 세 번째 집은 윌리가 맡았습니다. 그는 다시 그 집에 들어가기 전 나무 아래 가서 무릎을 꿇고 기도했습니다. 그는 하늘을 향하여 간구하며, 성령님께 그 집을 감동시켜 달라고 간절히 기도했습니다. 비록 자기의 말은 이해하지 못할지라도 하나님의 성령님이 그 사람에게 복 주시기를 빌었습니다. 그리고 일어나서 그 집의 문을 두드렸습니다. 그는 첫 번째 집과 같은 방법으로 문서들을 소개했고 많은 주문을 받았습니다. 이런 식으로 윌리는 단기간에 본부에 많은 보고서를 보낼 수 있었던 것입니다.

일 년쯤 뒤 특별 수양회가 있었습니다. 젊은 회심자가 세례를 받으려고 할 때 디커슨 목사의 14세 된 아들이 그 옆에 있었습니다. 디커슨 목사의 아들은 그 젊은 회심자에게 물었습니다. "교회에 관심을 가지고 세례까지 받게 된 이유를 이야기해주시겠어요?" "나는 윌리 브리닝거를 통해 신앙서적을 샀고, 그 책을 읽는 동안 은혜를 받았습니다"라고 대답했습니다. 목사의 아들은 또다시 질문을 했습니다. 그 질문은 그가 꼭 알고 싶은 것이었습니다. "어째서 윌리에게서 책을 샀습니까?" 그 청년은 솔직하게 대답했습니다. "그가 나에게 와서 책을 소개할 때 이상하게도 그 책을 사지 않으면 안 되겠다는 생각이 들었습니다." 윌리를 통해 이렇게 책을 구입한 청년은 예수 그리스도를 주님으로 믿고 세례를 받게 되었습니다.

윌리는 자신의 장애를 극복하고자 결단했습니다. 윌리가 나무 아래 앉아서 문서 소개 책자를 들고 한 글자 한 글자를 또박또박 읽으면서 제대로 발음하려고 수백 번 수천 번 노력하고 있는 것을 디커슨 목사의 아들이 보았습니다. 그의 인내심은 대단했습니다. 이것이 어린 디커슨에게 불을 붙였습니다. 윌리는 하나님의 복을 넘치게 받았습니다. 그는 자신이 가진 장애까지 거의 극복했습니다. 그리고 그는 북미 문서전도협회에서 최고 실적상까지 받았습니다.

하나님은 자기를 사랑하는 자들에게 모든 것이 합력하여 선을 이루게 하시는 분입니다. 하나님은 윌리처럼 장애를 가진 사람이라고 할지라도 그분을 향한 불붙는 열정을 주시고 그에게 성령님을 보내어 하나님의 큰일을 이루셨습니다.

> 말씀에 접목하기: 마 19:26

하나님은 우리를 놀라게 하시는 분입니다. 우리가 불가능하다고 여기는 곳에 하나님이 임하여 우리가 할 수 없는 일들을 하시고 있기 때문입니다. 우리는 하늘의 하나님을 믿는 사람입니다. 인간의 능력을 뛰어넘으시는 하나님을 경험한 사람입니다. 우리는 단순히 하나님이 살아계심을 마음으로 믿는 사람이 아닙니다. 하나님이 우리가 할 수 없는 그 일을 하시는 것을 보고 경험하여 믿는 사람입니다. 그 하나님은 오늘도 우리를 놀라게 할 그 일을 우리 가운데서 행하십니다. 윌리 브리닝거의 이야기는 이런 이야기들 가운데 하나입니다. 그는 언어 장애가 있어 자기의 의사를 제대로 전달할 수 없는 사람이었지만 하나님은 그를 택하여 사람을 놀라게 하는 기적의 주인공으로 삼으셨습니다.

감사하는 신앙

예화 12
1948년 10월 19일 공산당 반란군이 일방의 총성을 신호로 여수에서 일어난 뒤 20일에는 그중 일부가 순천 시내로 몰려들었는데, 여기에 합세한 전향 학생들이 손양원 목사님의 두 아들 동인과 동신을 총살했습니다. 국군의 출동으로 질서를 되찾고 10월 27일 동인과 동신의 영결식이 거행되었습니다. 그 영결식에서 손 목사님은 답사할 기회가 오자 다음과 같은 말했습니다.

"내 어찌 긴 말의 답사를 드릴 수 있겠소. 내 느낀 바 은혜, 받은 감사의 조건을 들어 답사를 대신하겠습니다. 첫째, 나 같은 죄인의 혈통에서 순교의 자식이 나게 하셨으니 하나님께 감사합니다. 둘째, 허다한 많은 성도 중에 어찌 이런 보배를 주께서 하필 내게 맡겨주셨는지 감사합니다. 셋째, 삼남삼녀 중에도 가장 아름다운 두 아들 장자, 차자를 바치게 된 나의 축복에 감사합니다. 넷째, 한 아들의 순교도 귀하다 하거늘 하물며 두 아들의 순교라니 감사합니다. 다섯째, 예수 믿다가 와석종신(臥席終身)하는 것도 큰 복이라 하거늘 하물며 전도하다 총살 순교했으니 감사합니다. 여섯째, 미국 가려고 준비하던 내 아들, 미국보다 더 좋은 천국 갔으니 내 마음 안심되어 감사합니다. 일곱째, 나의 사랑하는 두 아들을 총살한 원수를 회개시켜 내 아들 삼고자 하는 사랑하는 마음을 주신 하나님께 감사합니다. 여덟째, 내 두 아들의 순교에 따른 열매로 말미암아 무수한 천국의 아들이 생길 것으로 믿어지니 우리 아버지 하나님께 감사합니다. 아홉째, 이 같은 역경 중에서 이상 여덟 가지 진리와 신애를 찾는 기쁜 마음, 여유 있는 믿음을 주신 우리 주 예수 그리스도께 감사, 감사, 감사합니다. 끝으로 오! 주여, 나에게 분수에 넘치는 과분한 큰 복을 주신 하나님께 감사하오며 영광을 돌려 마지않나이다. 옛날 내 아버지와 어머니가 새벽마다 부르짖던 35, 6년간의 눈물로 된 기도의 결정이요, 나의 사랑하는 나환 형제자매가 23년간 나와 내 가족을 위해 기도해준 그 열매로 확신하오며 여러분에게도 감사하여 마지않습니다."

말씀에 접목하기: 마 4:13-16

성경은 예수님의 사역을 "흑암에 앉은 백성이 큰 빛"이요 "사망의 땅과 그늘에 앉은 자들에게 비추는 빛"이라고 말씀합니다(마 4:16). 아무리 칠흑 같은 암흑일지라도 예수님이 거기 오시면 밝고 빛난 빛으로 충만하게 되고, 죽음의 그림자가 드리운 사망의 땅이라고 할지라도 예수님이 거기 임하시면 생명의 기적이 일어난다는 말씀입니다. 그러므로 그리스도인은 칠흑 같은 어둠과 사망의 땅과 그늘에 앉아 있다고 해도 큰 빛이요 하나님의 생명이신 우리 주 예수님이 거기 임하여 빛의 기적, 생명의 기적을 일으키실 것을 믿습니다. 우리가 어떤 환난과 극심한 슬픔을 만난다고 할지라도 거기 임하실 우리 주님을 바라보면 감사하며 찬양할 수밖에 없습니다. 주님이 거기에 하나님의 나라를 임하게 하실 것이기 때문입니다. 주님만 바라보는 사람에게는 언제나 감사와 찬양, 영광만이 있을 것입니다. 이것이 진정한 믿음의 삶입니다.

우리에게 참된 길을 보여주소서

예화 13

이탈리아의 유명한 조각가이며 화가이고 건축가이며 시인이기도 한 미켈란젤로는 주님의 인도해주심을 다음과 같이 기도했습니다. "아버지여, 주께서 참된 길을 우리에게 보여주지 않으시면 그 길을 찾을 이가 없사오니 우리를 인도해주시옵소서. 주님의 거룩하신 생각을 제 머리에 넣어주사 당신의 뜻을 알아 주님의 발자취를 따르도록 해주시옵소서."

말씀에 접목하기: 갈 5:16

사도 바울은 그리스도인이 승리의 삶을 살고자 한다면 성령님의 인도를 받지 않으면 안 된다고 말했습니다. "내가 이르노니 너희는 성령을 따라 행하라 그리하면 육체의 욕심을 이루지 아니하리라"(갈 5:16). 성령님은 그리스도의 영이기 때문에 그리스도의 몸인 교회의 가르침과 인도를 받지 않으면 성령님의 인도를 받을 수 없습니다. 주께 참된 길을 보여주시길 기도할 때는 먼저 교회의 인도와 지도를 받아야 합니다.

하나님이 일하시는 것을 기다리세요

예화 14

살다 보면 너무 힘들고 괴롭고 허약해져 누군가 의지할 수밖에 없는 상황에 처할 때가 있습니다. 이런 일은 신앙의 거인들에게도 찾아왔습니다. 그들은 이런 상황이 되면 조용히 있으면서 하나님이 일하시는 것을 기다리는 지혜를 가졌습니다. 중국 선교사로서 열정적인 삶을 살았던 하나님의 사람 허드슨 테일러는 말년에 몸이 너무 약해졌습니다. 그는 친구에게 이런 편지를 보냈습니다. "몸이 너무 약해 일도 못 합니다. 몸이 너무 약해 성경도 읽을 수 없습니다. 몸이 너무 약해 기도도 할 수 없습니다. 저는 단지 어린아이처럼 하나님의 품에 조용히 안겨 하나님을 신뢰할 뿐입니다. 지금은 내가 일할 때가 아니라 하나님이 일하시는 것을 조용히 바라보며 기다릴 때라고 믿습니다."

말씀에 접목하기: 출 14:13, 14

일할 수도 없고 성경을 읽을 수도 없고 기도도 안 나오는 어려운 상황은 누구에게나 찾아옵니다. 어린아이처럼 하나님의 품안에 안겨 그분을 신뢰하며 그분이 하시는 것을 보아야 할 상황이 우리 모두에게도 옵니다. 하나님은 우리에게 강하고 담대하라고 말씀하시지만 이런 말씀도 하셨습니다. "너희는 두려워하지 말고 가만히 서서 여호와께서 오늘 너희를 위하여 행하시는 구원을 보라 …… 여호와께서 너희를 위하여 싸우시리니 너희는 가만히 있을지니라"(출 14:13, 14). 그렇습니다. 우리가 뭔가 일을 해야 할 때도 있지만 하나님이 하시는 것을 보며 감사하고 찬양해야 할 때도 있습니다.

하나님이 세상 다스리심을 믿습니까?

예화 15

어느 날 크롬웰의 비서가 일하러 나갔는데, 일이 잘 안 되면 어쩌나 하는 걱정으로 잠을 이루지 못했습니다. 그날 그는 일꾼과 함께 잠을 자게 되었습니다. 그 일꾼은 아무 걱정 없이 쿨쿨 잘 자고 있었습니다. 그래서 크롬웰의 비서가 일꾼을 깨웠습니다. 일꾼이 일어나 보니 비서는 잠을 못 이루고 있었습니다. "선생님, 왜 그러십니까?" "아무래도 일이 잘 되지 않을 것 같아서 걱정이야. 너무 걱정스러워 잠도 안 오고……." 비서의 말을 듣고 일꾼이 물었습니다. "그러면 제가 선생님께 두 가지 질문을 해도 되겠습니까?" 비서가 "무슨 질문인가"라고 말하자 그 일꾼이 물었습니다. "우리가 태어나기 전 하나님은 이 세상을 다스리셨습니까?" "물론 다스리셨지." "그러면 우리가 죽고 난 미래에도 하나님은 이 세상을 다스리실까요?" "물론 다스리시겠지." 그러자 일꾼은 크롬웰의 비서를 향해 이렇게 말했습니다. "선생님, 그렇다면 하나님은 과거도 다스리시고 미래도 다스리시는데 현재도 이 세상을 다스리시지 않겠습니까?"

그 말을 듣고 크롬웰의 비서는 정신을 차렸습니다. '아, 하나님은 내가 태어나기 전 과거에도 다스리시고, 내가 죽고 난 미래에도 이 세상을 다스리시는데, 현재의 다스리심을 믿지 못해 내가 잠을 이루지 못했구나!' 정신이 번쩍 든 비서는 자기가 할 수 없는 그것을 하나님이 하시리라 믿고 단잠을 잘 수 있었습니다.

말씀에 접목하기: 롬 8:35-37

상황이 다급하고 아무것도 할 수 없을 때 우리는 불안하고 두렵고 답답합니다. 그러나 하나님은 지금 우리 가운데 와서 역사하시는 분이며, 하나님을 사랑하는 자들을 위해 모든 것이 합력하여 선을 이루시는 분입니다.

하나님은 우리에게 이런 말씀을 주십니다. "누가 우리를 그리스도의 사랑에서 끊으리요 환난이나 곤고나 박해나 기근이나 적신이나 위험이나 칼이랴 …… 이 모든 일에 우리를 사랑하시는 이로 말미암아 우리가 넉넉히 이기느니라"(롬 8:35, 37). 아무것도 할 수 없을 때 우리는 가만히 있으면서 하나님이 하시는 것을 기다려야 합니다.

아무도 원하지 않는 것을 선택할 수 있습니까?

예화 16

몇 년 전 아프리카에서 미국으로 유학 온 신앙이 두터운 학생의 이야기입니다. 그는 주님의 제자가 되기 위해 어려운 길을 걸어왔습니다. 그는 하나님의 은혜로 미국 유학을 올 수 있었습니다. 그는 무슨 일을 당해도 좌절하지 않고 하나님께 구하며 하나님이 예비하신 길을 발견하여 지금까지 왔습니다. 그는 인디애나 주에 있는 테일러 대학에 도착했습니다. 학장은 면담한 뒤 그에게 기숙사 방 가운데 어떤 방을 원하느냐고 물었습니다. 그는 "다른 사람이 들어가기 싫다고 하는 방이 있으면 그 방을 제게 주십시오"라고 대답했습니다.

후일 그 학장은 이렇게 말했습니다. "나는 그 말을 듣는 순간 갑자기 눈물이 나와 고개를 돌렸습니다. 그리고 나 자신에게 '너는 과연 아무도 원하지 않는 것을 기꺼이 택할 수 있는가'라고 물었습니다."

오늘날 우리는 자기 PR시대에 살고 있습니다. 다른 사람에게 자신이 얼마나 대단한 사람인지 알려줌으로써 더 좋은 대접을 받고 싶어 하는 것이 우리의 모습입니다. 아무도 겸손의 옷을 입고 싶어 하지 않는 것이 오늘 이 시대의 모습입니다. 아프리카에서 온 유학생처럼 이런 세상의 풍조를 거스르는 사람이 있습니다. 사도 바울은 "이 세대를 본받지 말고"(롬 12:2)라고 권면하고 있습니다. 당신은 세상 사람 누구도 원하지 않는 것을 선택할 수 있습니까? 예수님은 아무도 선택하지 않는 십자가를 택하여 고난을 당하시고 우리를 구하셨습니다. 당신은 진정 예수님의 길을 따르고 있습니까?

말씀에 접목하기: 막 10:43, 44

　예수님은 하나님의 본체이시지만 하나님과 동등 됨을 취하지 않으실 뿐 아니라 종의 정체성을 선택하고 자신을 비워 사람이 되고 죽기까지 종으로서 순종의 삶을 사셨습니다. "크고자 하는 자는 너희를 섬기는 자가 되고 너희 중에 누구든지 으뜸이 되고자 하는 자는 모든 사람의 종이 되어야 하리라"(막 10:43, 44). 이는 바로 예수님 자신의 삶을 말씀하신 것입니다. 예수님은 섬기는 자가 되셨고 모든 사람의 종이 되셨습니다. 예수님은 누구를 만나든지 그에게 풍성한 생명을 주기 위해 그의 종이 되어 섬기셨습니다. 가장 낮은 자리, 가장 힘든 자리, 사람들이 가장 싫어하는 자리가 종의 자리입니다. 예수님은 그 자리를 일부러 선택하셨습니다. 예수님은 종의 종이 되셨습니다. 앞서 말한 아프리카에 온 신학생은 그리스도의 영으로 충만했기에 예수님과 함께 종의 자리, 섬기는 자리를 스스로 선택한 것입니다. 누구든지 주님을 따르고자 하는 자는 예수님의 영으로 충만해야 합니다. 그래야 예수님을 따라 모든 사람의 종이 되어 섬길 수 있습니다.

황금보다 더 귀중한 시간

예화 17

　러시아의 대문호 도스토옙스키는 28세 때 내란음모죄로 사형 선고를 받고 영하 50도의 추운 겨울날 형장에 끌려나와 기둥에 묶였습니다. 시계를 보니 사형 집행 시간까지 이 땅 위에서 살 수 있는 시간이 5분 정도밖에 남아 있지 않았습니다. 28년을 살아오는 동안 5분의 시간이 이렇게 소중하게 여겨지기는 처음이었습니다.

도스토옙스키는 이 5분을 어떻게 쓸까 고민했습니다. 형장에 함께 끌려온 동료들에게 인사를 하는데 2분, 오늘까지 살아온 인생을 생각하는데 2분을 쓰기로 했습니다. 그리고 남은 1분은 지금까지 숨 쉬며 살았던 땅과 자연을 바라보는 데 쓰기로 했습니다. 동료들과 작별인사를 하는 데 2분이 흘렀습니다. 삶을 정리해야 한다고 생각하니 3분 뒤에 어디로 갈 것인지 두려운 생각이 들어 눈앞이 캄캄했습니다. 다시 살 수 있다면 순간순간을 정말 값지게 쓸 수 있을 텐데 하는 아쉬움의 눈물이 흘렀습니다. 이윽고 탄환을 장전하는 소리가 들렸습니다. 바로 그 순간이었습니다. 형장이 떠들썩하더니 한 병사가 흰 수건을 흔들며 달려오는 모습이 보였습니다. 황제의 특사를 받은 병사였습니다.

도스토옙스키는 사형을 면했지만 시베리아로 유형을 떠나야 했습니다. 시베리아행은 참으로 험난한 길이었습니다. 그는 시간의 중요성을 되새기며 그 길을 가고 있었습니다. 그런데 어떤 사람이 도스토옙스키가 타고 있는 차에 성경책을 던졌습니다. 그는 무심코 성경책을 받아들고 그것을 읽기 시작했습니다. 성경 말씀을 읽으면서 그는 인생의 소중함과 하나님의 사랑을 깨달았습니다. 그는 시베리아에서 유형 생활을 하는 동안 하나님의 말씀 안에서 인생을 다시 한 번 생각하게 되었고, 《죄와 벌》《카라마조프가의 형제들》과 같은 명작을 남겼습니다.

말씀에 접목하기: 히 4:12

성경 말씀은 성령님의 검입니다. 말씀은 좌우에 어떤 날선 검보다 더 예리하여 우리의 혼과 영과 관절과 골수를 찔러 쪼갭니다. 말씀을 읽는 자와 듣는 자와 행하는 자에게는 복이 있습니다. 하나님의 말씀이 있는 곳에는 아버지의 독생자 예수 그리스도의 영광과 은혜와 진리가 충만하게 임합니다. 성경 말씀은 하나님이 우리에게 오시는 통로입니다. 성경을 읽을 때 우리는 그 말씀을 통해 하나님의 음성을 듣고 그분을 만납니다. 하나님을 만나고 그분의 음성을 들으면 우리의 인격이 변하고 삶이 변하고 미래가 변하고 인생이 변하는 복을 받습니다. 우리는 수많은 복을 원하지만 그 가운데서 말씀의 복을 받기를 바랍니다.

하나님은 수호천사를 보내어 우리를 지키신다

예화 18

크리스웰 목사의 이야기입니다. 그는 고등학교 때 세 친구와 함께 차를 타고 애리조나를 여행했습니다. 여행에서 돌아올 때 도착하기로 약속한 시간이 많이 지체되자 그들은 교대로 운전하며 계속해서 달렸습니다. 크리스웰은 이른 아침 시간에 운전을 한 뒤 운전석 옆자리에서 잠이 들었습니다. 그런데 갑자기 눈을 떴고, 차가 험한 만곡을 향하여 맹렬히 달리고 있는 것을 발견했습니다. 운전하던 친구는 페달을 밟은 채로 깊이 잠들어 있었던 것입니다. 크리스웰은 즉시 운전대를 잡고 친구의 발을 가속 페달에서 밀어내고 차를 돌려 가까스로 목숨을 구할 수 있었습니다. 긴박한 순간이 지나고 그는 '누가 그 순간에 나를 깨웠을까?'라는 생각을 했습니다.

그 후 크리스웰은 목사가 되었습니다. 어느 날 거대한 아마존 정글을 비행하고 있었는데, 거기에는 길도 없고 건널 다리도 없었습니다. 그 숲의 깊이는 무려 90미터나 되었습니다. 크리스웰 목사 일행은 아주 위험한 비행을 하고 있었지만 위험을 넘기고 안전하게 정글을 지나 목적지에 도착할 수 있었습니다.

말씀에 접목하기: 롬 8:31-34

지금까지 살아오는 동안 우리는 수없이 위험한 순간을 만났고, 그 순간을 안전하게 지나 지금까지 왔습니다. 어떻게 그 위험한 순간을 지나오면서도 무사할 수 있었을까요? 크리스웰 목사의 고백처럼 하나님이 수호천사를 보내어 우리를 안전하게 보호하셨다고 믿을 수밖에 없습니다. 그렇습니다. 하나님은 우리가 불완전하기 때문에 완전한 종인 수호천사들을 보내어 우리를 지키십니다. 영의 눈을 열고 하나님을 바라보면 지금도 우리를 사랑하사 수호천사를 보내어 위험한 순간순간을 지키시고 있음을 깨닫게 될 것입니다. 오늘도 우리가 안전한 것은 하나님의 보호와 인도하심이 있기 때문입니다.

폴 뉴먼에게 열정의 은사를 주신 하나님

예화 19

폴 뉴먼은 "나는 하나님으로부터 열정적으로 노력하며 찾는 은사를 받았다"라고 간증했습니다. 그는 나쁜 환경에서 성장하고 재주도 많지 않아 저저분한 직업을 전전했습니다. 그럼에도 그는 한 번도 좌절하지 않았습니다. 그는 작은 것이라도 목표를 정하면 열정적으로 그 목표를 달성하기 위해 노력했습니다. 어떤 일에도 굴하지 않고 하나님이 보여주시는 목표를 찾아 열정을 다했습니다. 하나님은 그에게 놀라운 재능을 주시지 않았지만 열정의 은사를 주어 좌절하지 않게 하셨습니다. 그래서 그는 자신의 이름을 남길 수 있었습니다.

말씀에 접목하기: 히 13:5, 6

사도 바울은 "나는 비천에 처할 줄도 알고 풍부에 처할 줄도 알아 모든 일 곧 배부름과 배고픔과 풍부와 궁핍에도 처할 줄 아는 일체의 비결을 배웠노라"(빌 4:12)고 말했습니다. 사도 바울은 그에게 오신 그리스도 예수님이 끊임없이 자신에게 필요한 능력을 공급해주셔서 무엇을 하든지 열정적으로 했습니다. 사도 바울은 사방으로 욱여쌈을 당하고 핍박을 받고 멸시와 조롱을 당하고 열악한 감옥에서 고생도 했습니다. 그는 말할 수 없는 고난을 받았지만 그의 안에 계신 예수님이 하늘의 평화와 사랑과 힘을 공급해주셨습니다. 예수님이 주시는 힘이 컸기에 그는 고난 가운데서도 열정을 다해 봉사할 수 있었습니다. 우리 하나님은 끊임없이 새 힘을 공급해주어 무엇을 하든지 열정을 다해 섬기게 하십니다.

믿음의 통로의 사명을 다하고 있습니까?

예화 20

테일러 목사가 들려준 흥미로운 이야기입니다. 어느 날 전화 교환수에게 자기의 이름을 대고 장거리 전화를 신청했습니다. 그리고 교환수가 말해준 액수의 동전을 공중전화에 넣었습니다. 전화 통화를 끝내고 수화기를 내려놓는 순간 자신이 전화통에 넣었던 동전이 고스란히 쏟아져 나왔습니다. 테일러 목사는 즉시 교환수에게 전화를 걸어 "당신이 조금 전에 내 전화를 연결해주었던 교환수인지 잘 모르겠지만, 내가 집어넣은 동전이 다시 나왔는데 어떻게 된 일인가요?"라고 물었습니다. 그러자 교환수는 "알고 있어요, 목사님. 며칠 전 목사님이 성실이라는 주제를 가지고 설교하신 날 저도 그 예배에 참석했어요. 그래서 목사님이 설교하신 대로 실천하시는지 확인하고 싶은 충동이 생겨 일부러 동전을 다시 쏟아지게 했어요. 제가 알고 있는 소위 그리스도인이라고 하는 사람들 모두가 목사님처럼 실천적으로 사는 것 같지 않았거든요"라고 대답했습니다.

테일러 목사는 그 교환수와 개인적으로 만나 얘기를 나누기로 약속하고 나서 그 동전을 전화통에 도로 집어넣었습니다. 며칠 뒤 교환수는 목사님과 만나 신앙생활 상담을 했고, 마침내 예수님을 자신의 구주로 믿게 되었습니다.

말씀에 접목하기: 고전 6:19, 20

우리의 믿음이 거짓이 아니라 진실이라는 것을 다른 사람에게 보여주려면 현재 자신의 생활을 참되고 충성되게 사는 것이 중요합니다. 거룩하신 하나님, 신실하신 하나님, 사랑과 의의 하나님을 이야기하지만 하나님은 영이시기 때문에 사람들은 그리스도인이 전하는 하나님을 볼 수 없습니다. 그들이 보는 것은 사랑과 의의 하나님을 전달하는 그리스도의 교회와 성도를 볼 뿐입니다. 교회와 성도는 그리스도의 몸이요 지체이므로 믿지 않는 사람들은 몸과 지체를 보면서 그의 인격을 인식합니다. 믿음의 사람이 집에서나 학교에서나 직장에서나 참되고 충성스럽게 사랑으로 섬기며 일하지 않는다면 그들이 전달하는 하나님도 그렇다고 생각할 것입니다. 그리스도의 이름을 존귀하게 하려면 그리스도인은 존귀한 인격의 사람으로 살아야 합니다. "오, 주님, 제가 무슨 말을 하든지, 무슨 일을 하든지 하나님의 사랑으로 섬기며 충성되게 도와주소서. 사랑을 실천하도록 성령님으로 충만하게 하시고, 온 세상에 주님의 빛을 발할 수 있도록 주님의 빛으로 비춰주시옵소서."

순간의 선택이 평생을 좌우합니다

예화 21

어느 주일 저녁에 두 명의 젊은이가 타락하기로 작정하고 도박장을 찾아갔습니다. 그런데 공교롭게도 도박장 바로 옆에 작은 교회가 있었습니다. 아무 생각 없이 도박장으로 들어가던 두 청년 중 한 명이 교회 입구에 적혀 있던 그 주일의 설교 제목을 보게 되었습니다. 거기에는 '죄의 삯은 사망이다'라고 쓰여 있었습니다. 그것을 본 청년의 마음에 갑자기 죄의식이 꿈틀거렸습니다. 그는 다른 친구에게 "우리 오늘 도박장에 가지 말고 교회에 가자"라고 말했습니다. 그러자 그 친구는 "한번 결심했으면 그대로 밀어붙여야지, 뜬금

없이 교회에 가자니 무슨 소리야?'라며 단번에 거절했습니다.

　결국 한 사람은 처음 결심대로 도박장으로 갔고, 다른 사람은 교회로 들어갔습니다. 그날 교회에 가서 예배를 드린 청년은 설교 말씀을 듣고 예수 그리스도를 구주로 영접하고 새 사람으로 거듭나는 체험을 했습니다. 그때 회심한 청년은 그로부터 30년이 지난 뒤 미국의 대통령으로 취임하게 되었습니다. 그가 바로 미국의 22, 24대 대통령인 그로버 클리블랜드입니다. 그가 대통령에 취임할 때 30년 전 도박장을 선택했던 젊은이는 감옥에서 자신의 친구가 대통령으로 취임한다는 기사를 읽었습니다. 그는 친구의 취임 소식을 듣고 가슴을 치며 후회했습니다. 왜냐하면 과거 한순간의 선택이 자신들의 삶을 얼마나 다르게 만들었는지 깨달았기 때문입니다.

　"순간의 선택이 10년을 좌우한다"는 광고 카피가 있는데, 우리 인생은 어떤 선택을 하느냐에 따라 영원이 좌우됩니다. 클리블랜드 대통령이 도박장과 교회 사이에서 한쪽을 선택해야만 하는 갈등 상황에 놓였던 것처럼 우리에게도 영원한 생명과 영원한 죽음 사이에서 선택해야 하는 갈등 상황이 끊임없이 생깁니다. 그때마다 우리는 하나님이 우리에게 기대하시는 대로 올바른 선택을 해야 하겠습니다.

말씀에 접목하기: 골 3:12-14

　그리스도인은 성령님의 인도를 받으며 사는 사람입니다. 그러므로 그리스도인은 무엇을 선택할 때 자신의 지식이나 지혜, 능력에 의지하지 않고 성령님께 기도하며 성령님이 인도하시는 것을 선택해야 합니다. 그러면 성령님은 우리를 어떻게 인도하실까요? 성령님은 그리스도의 영으로, 영은 몸의 움직임에 따라 움직입니다. 교회는 그리스도의 몸입니다. 그리스도의 몸인 교회가 가르치고 지도하고 권면할 때 그것을 따르면 그리스도의 영이신 성령님이 거기에 임하여 하나님의 신비와 기적을 일으키십니다. 그리스도인은 교회의 인도를 받아야 하며, 교회의 인도를 받을 때 성령님이 임하여 놀라운 생명의 기적을 일으키신다는 것을 믿어야 합니다. 크리블랜드 대통령은 자기가 교회를 선택했다고 생각하지만 교회가 그 설교 제목을 밖에 내걸지 않았다면 어떻게 그런 선택을 할 수 있었겠습니까? 선택은 우리가 하지만 인도는 교회를 통해 합니다.

큰 은혜를 받은 사람들

예화 22

어떤 사람이 추수감사절 전날 밤 꿈속에서 천당에 갔는데, 두 노인이 서로 은혜를 더 많이 받았다고 하면서 논쟁을 벌이고 있었습니다. 한 노인이 말했습니다. "어려서부터 나는 성격이 나빠 부모에게 순종하지 않고 학교에도 잘 가지 않다가 나중에 깡패가 되고 도둑놈이 되었소. 그 후로는 나쁜 짓만 골라 가며 했는데 그만 살인강도죄를 짓고 종신형을 선고 받았지. 감옥에서 지내던 중 어떤 사람이 전하는 예수님을 믿고 구원을 받아 천당에 오게 되었으니 나보다 더 큰 은혜를 받은 자가 어디 있단 말이오."

이번에는 다른 노인이 이렇게 말했습니다. "내 얘기를 좀 들어 보시오. 나는 어려서부터 믿는 집안에 태어나 유아 세례를 받고 교회학교의 영·유아, 유치부, 유·초등부, 중·고등부, 대학부에서 잘 배우고 성가대와 교사, 장로로서 충성 봉사하다가 천당에 왔으니 나보다 더 큰 은혜를 받은 사람이 어디 있단 말이오?"

말씀에 접목하기: 갈 3:26-29

누가 더 큰 은혜를 받은 사람일까요? 모두가 예수님으로 말미암아 놀라운 은혜를 받았으니 어떻게 그것을 비교하겠습니까? 구원받을 수 없는 짓을 하다가 예수님의 보혈로 구원받고 천당에 간 것도 큰 은혜입니다. 또한 믿음의 가정에서 태어나 어려서부터 교회학교의 교육을 잘 받고 교회에 죽도록 충성할 수 있게 해주신 하나님의 은혜를 어찌 작다고 하겠습니까! 하나님은 은혜롭고 자비하기 때문에 사람마다 필요에 따라 큰 은혜를 주시는 분입니다.

마음을 선물로 드립니다

예화 23

어떤 교수가 사숙을 경영할 때 많은 제자가 지혜를 배우러 찾아왔습니다. 제자들은 항상 그 스승에게 많은 선물을 드렸습니다. 한 사람이 그 교수에게 부름을 받아 영광스러운 제자의 반열에 끼게 되었습니다. 그래서 선물을 가져가야 하는데 선물을 살 돈이 없었습니다. 다른 사람은 다 선물을 하는데 그는 빈손으로 스승에게 와서 "저도 귀중한 선물을 드립니다"라고 말했습니다. 그 교수는 의아해서 "그래, 무슨 선물을 가져왔나? 돈도 없을 텐데……"라고 말했습니다. 그때 제자는 "제 자신을 드리겠습니다. 저는 몸밖에 드릴 것이 없습니다"라고 말했습니다. 그러자 그 교수는 감격하며 이렇게 말했습니다. "그동안 수많은 선물을 받았지만 지금 받은 선물은 한 번도 받아 본 일이 없다. 내가 원하는 선물은 바로 그것이다." 그는 공부하는 동안 어디든 따라다니면서 교수의 일을 대신하며 섬기는 일을 했습니다.

사도 바울은 이렇게 권면하고 있습니다. "그러므로 형제들아 내가 하나님의 모든 자비하심으로 너희를 권하노니 너희 몸을 하나님이 기뻐하시는 거룩한 산 제물로 드리라 이는 너희가 드릴 영적 예배니라"(롬 12:1). 하나님은 우리 몸을 받기를 원하십니다. 하나님은 그분을 대신하여 이 세상에서 그분의 일을 행할 사람을 찾고 계십니다. 하나님은 우리에게 아들을 선물로 주셨습니다. 우리는 이제 우리 몸을 산 제물로 하나님께 드려 그분의 일을 하며 몸으로 하나님께 영광을 돌리며 살아야 합니다.

말씀에 접목하기: 롬 12:1, 2

영적인 사람은 하나님의 영이신 성령님이 임하여 성령 충만한 사람입니다. 그러나 다른 각도에서 보면 영적인 사람은 자기 몸을 하나님께 산 제물로 드려 하나님의 선하고 기뻐하고 온전하신 뜻을 행하는 사람입니다. 사도 바울이 말한 대로 자기는 예수 그리스도와 함께 십자가에 못 박혀 죽고 자기 안에 그리스도가 (물론 영으로) 살고 있는 사람이 영적인 사람이지만 동시에 자기 몸으로 자기를 이처럼 사랑하시고 십자가에서 죽으신 하나님의 아들 예수 그리스도의 지체가 되어 예수 그리스도께서 하기를 원하는 삶, 하나님의 선하고 기뻐하고 온전하신 뜻에 따르는 삶을 사는 사람이 진정으로 영적인 사람입니다.

모든 염려를 하나님께 맡기라

예화 24

지금은 유명한 목사가 되어 다양한 활동을 펼치고 있는 사람의 이야기입니다. 그는 어렸을 때 결핵을 두 번이나 앓아서 어머니의 걱정거리였습니다. 살아나기는 했지만 몸이 허약하고 다리도 절었습니다. 그의 어머니는 친구들에게 이런 걱정을 털어놓았습니다. 이야기를 듣고 나서 한 사람이 그녀를 위로해주었습니다. "너무 상심하지 마시고 하나님께 모든 염려와 걱정을 맡기세요. 하나님이 친히 돌보아주신다고 약속하셨잖아요. 어머니가 아들을 걱정하고 사랑하는 것만큼 하나님도 그 아들을 걱정하고 사랑하시니 하나님을 믿으세요. 하나님이 책임지실 거예요."

그 사람의 말이 옳았습니다. 그는 몸이 건강해져 대학을 마칠 수 있었고, 목사가 되어 여러 방면에서 활동하며 하나님께 영광을 돌리고 있습니다. 많은 그리스도인이 쓸데없는 걱정을 하며 고난의 삶을 살고 있습니다. 사도 베드로는 우리에게 다음과 같이 말합니다. "너희 염려를 다 주께 맡기라 이는 그가 너희를 돌보심이라"(벧전 5:7). 하나님이 우리를 돌보십니다. 모든 염려는 주께 맡기고 지금 우리가 할 수 있는 그 일만 하면 됩니다. 그러면 하나님의 기적을 볼 것입니다.

말씀에 접목하기: 롬 8:31-34

사도 바울은 확신을 가지고 하나님의 돌보심을 선포했습니다. "그런즉 이 일에 대하여 우리가 무슨 말 하리요 만일 하나님이 우리를 위하시면 누가 우리를 대적하리요 자기 아들을 아끼지 아니하시고 우리 모든 사람을 위하여 내주신 이가 어찌 그 아들과 함께 모든 것을 우리에게 주시지 아니하겠느냐"(롬 8:31, 32). "주시지 아니하겠느냐"는 단순히 준다는 말씀이 아닙니다. 헬라어로 '카리세타이', 즉 선물로 거저 주신다는 말씀입니다. 하나님은 우리의 자격이나 열심을 보지 않고 필요를 보고 무조건 선물로 주는 아버지시라는 말씀입니다. 예수님은 지금 우리에게 말씀하십니다. "내 말이 네가 믿으면 하나님의 영광을 보리라 하지 아니하였느냐"(요 11:40).

아버지와 아들의 관계

예화 25

남미 오지에서 한 선교사가 열 살 아들과 공 던지기 놀이를 하고 있었습니다. 아들은 아버지에게 자신이 힘 있는 사람이라는 걸 과시하고 싶었습니다. 그래서 아버지가 공을 던지면 받아 가지고 한 발자국 뒤로 가서 던졌습니다. 그다음에 공을 받아서는 또 한 발자국 뒤로 갔습니다. 그러다 보니 점점 멀리 가게 되었는데 아버지가 보니 아들이 숲 가까이에 있는 나무 밑까지 가 있었습니다.

그 순간 아버지는 깜짝 놀라 "납작 엎드려! 그리고 살살 기어 와! 꼭 살살 기어 와야 해!"라고 소리쳤습니다. 아버지의 말에 아들은 무조건 납작 엎드려 살살 기어왔습니다. 가까이 왔을 때 아버지는 아들을 번쩍 들어 꼭 안았습니다. 아들은 무슨 영문인지 알지 못한 채 뒤를 돌아다보았습니다. 그런데 자기가 공놀이하던 곳 바로 위에 드리워진 나뭇가지에서 독사가 입을 벌리고 있었습니다. 아버지는 그것을 보고 아들에게 기어 오라고 했던 것입니다.

아버지가 공 던지기를 하다가 갑자기 엎드려 살살 기어 오라고 하면 호기심이 발동해 한 마디 하고 싶었을 것입니다. 그런데 아들은 아버지의 목소리에서 다급함이 느껴져 아버지 말대로 무조건 엎드려 기어 왔습니다. 아버지의 말에는 반드시 이유가 있을 거라고 생각했기 때문입니다. 그렇습니다. 사실 하나님의 말씀은 가끔 우리에게 이해되지 않을 때가 있습니다. 그러나 우리 아버지 하나님은 이 그 말씀을 하실 때는 반드시 이유가 있습니다. 그것은 우리가 구원받게 하는 것입니다.

말씀에 접목하기: 출 17:1-7

모세는 기적의 사람이었습니다. 그런데 그 기적은 언제나 그가 하나님의 말씀을 받고 그대로 행할 때에 일어났습니다. 강퍅한 바로 왕이 약속을 어길 때마다 모세는 하나님께 기도하면서 받은 말씀을 그대로 행하니 놀라운 기적이 일어났습니다. 맛사에서 물이 없어 백성들이 모세를 돌로 치려고 할 때도 모세는 하나님께 받은 말씀 그대로 행했습니다. 그런데 그 말씀은 이성적으로 이해되지 않는 말씀이었습니다. 그러나 모세는 무조건 하나님의 말씀대로 행했습니다. 그러자 반석이 터지고 생수가 흘러나오는 기적을 보았습니다. 믿음의 사람은 하나님이 말씀하실 때 '아멘'으로 화답하는 사람입니다. '아멘'은 무조건 그 말씀대로 살겠다는 뜻입니다. '아멘'으로 화답하며 순종하는 사람은 하나님의 기적을 보게 됩니다.

죄에 대하여 죽은 자

예화 26

우리나라 초대교회 당시 김익두라는 아주 유명한 목사가 있었습니다. 그 목사는 예수님을 믿고 회개한 다음 곧바로 사람들에게 '김익두는 죽었다'라는 자신의 부고장을 돌렸습니다. 사람들은 깡패 김익두가 죽었다는 부고장을 받고 모두 기뻐했습니다. 평소 그가 얼마나 잔인하고 못된 일을 많이 저질렀기에 사람들이 그토록 좋아했겠습니까!

그런데 어느 날 사람으로 북적거리는 시장 한복판에 죽었다던 김익두가 나타났습니다. 목사가 된 그의 손에는 성경책 하나가 들려 있었습니다. 그의 등장에 모두 깜짝 놀랐는데, 어떤 사람이 변화된 그를 시험해 보려고 지나가는 그에게 물 한 통을 끼얹었습니다. 그는 아무렇지도 않다는 듯이 물을 툭툭 털어내고는 물 끼얹은 사람을 바라보며 이렇게 말했습니다. "옛날 김익두가 죽었다는 사실을 기뻐하시오. 만약 살아 있었다면 요절이 났을 거요."

말씀에 접목하기: 롬 6:11

성경은 우리에게 이렇게 말씀합니다. "이와 같이 너희도 너희 자신을 죄에 대하여는 죽은 자요 그리스도 예수 안에서 하나님께 대하여는 살아 있는 자로 여길지어다"(롬 6:11). 그리스도인은 세례를 받으면서 그리스도와 함께 자기의 죽음을 선포한 사람입니다. 그리스도인은 자기를 십자가에 못 박고 자기 안에 생명의 주 예수 그리스도를 모신 사람입니다(갈 2:20). 우리는 죄와 세상에 대해 언제나 죽은 자이지만 자신을 이처럼 사랑하시는 하나님의 아들을 믿는 믿음 안에서는 살아 있는 사람입니다. 김익두 목사처럼 우리는 그리스도 안에서 이미 죽은 자로 부고장을 돌리고 하나님께 대해서는 산 자로 살아야 할 것입니다.

가진 것에 감사하며 찬양하며 살리라

예화 27

구세군을 창설하여 하나님의 놀라운 사랑과 복을 빈민에게 전달하던 윌리엄 부스 목사가 나이 많아서 실명할 처지에 놓였습니다. 부스 목사의 아들 브람웰은 아버지에게 이 사실을 알리기로 했습니다. 그는 몹시 긴장되었습니다. 아버지가 실망하실 생각을 하자 어떻게 말해야 할지 고민스러웠습니다. 그런데 아들의 말을 들은 아버지의 반응은 예상과 전혀 달랐습니다. "내가 실명한다고? 그렇다면 너의 얼굴을 다시 보지 못하게 된다는 말이구나! 이 세상에 살면서 나는 지금까지 내 눈으로 하나님과 하나님의 백성을 위해 일해 왔는데, 이제부터는 맹인으로 하나님을 위해 할 수 있는 일을 시작해야 하겠구나."

사도 바울은 "너희 몸을 하나님이 기뻐하시는 거룩한 산 제물로 드리라 이는 너희가 드릴 영적 예배니라"(롬 12:1)고 말했습니다. 그런데 이 말씀은 건강한 몸만 하나님께 드리라는 말씀이 아닙니다. 디모데는 "자주 나는 병"을 가졌지만 그 몸을 하나님께 드렸습니다. 사도 바울은 육체의 가시를 가지고 있었지만 사탄의 가시를 가진 그 몸을 하나님께 산 제물로 드림으로써 하나님의 기적을 이루는 사도가 되었습니다. 부스 목사는 실명한 자기 몸을 하나님께 드림으로써 끝까지 충성했습니다.

말씀에 접목하기: 롬 12:1, 2; 고전 10:31

예수님을 믿는 사람은 어떤 처지에 있더라도, 어떤 상황이 온다고 해도, 우리 몸이 어떤 모양으로 변한다고 해도 하나님께 자신을 산 제물로 드려 하나님을 섬기고 그분께 영광을 돌리는 사람입니다. 그래서 성경은 "먹든지 마시든지 무엇을 하든지 다 하나님의 영광을 하라"(고전 10:31)고 말씀합니다. 우리가 무엇을 먹든지 무엇을 마시든지 무슨 일을 하든지 하나님은 거기에도 임하십니다. 우리는 먹는 것도 마시는 것도 하는 일도 보아야 하지만, 먼저 거기 임재하신 하나님을 보는 영적 눈이 열려야 합니다. 장애를 가진 몸, 이제는 볼 수 없게 된 눈까지도 하나님께 산 제물로 드리면 우리 하나님은 그 모든 것이 합력하여 선을 이루게 하실 것입니다. 장애 있는 몸이 하나님의 영광을 위하는 몸으로 변화하는 비밀은 그 몸을 있는 그대로 하나님께 산 제물로 드리는 것입니다.

하나님의 영광으로 가득한 하루가 되게 하소서

예화 28

나는 아침에 그날의 모든 일과를 하나님께 드리면서 시작합니다. "하나님을 섬기는 정성과 마음으로 그 일을 하게 하소서. 그 일이 하나님께 드리는 예배가 되게 하소서." 그리고 그날 만나게 될 사람들을 위해 기도합니다. "하나님, 오늘 누구를 만나든지 축복하게 하소서. 내가 그들에게 도움을 줄 수 있도록 사랑의 마음을 주시고 마음을 열어놓고 그들이 말하는 것을 들을 수 있도록 도와주소서. 그래서 하나님이 그들에게 하고 싶은 것을 발견하게 하소서. 하나님을 섬기는 그 섬김으로 그들을 섬기며 하나님이 사랑하시고자 하는 그 사랑으로 그들을 사랑하게 하소서. 예약 없이 갑자기 만날 사람을 위해서도 기도합니다. 내 일과가 방해될 때 그것도 하나님이 계획하신 일들 가운데 하나라고 믿게 하시고, 하나님께 모든 것을 맡기고 하나님이 계획하신 것을 이루게 하소서."

나는 오늘 부딪히게 될 문제와 위기를 위해서도 기도합니다. "하나님, 오늘 문제와 위기에 부딪히게 될 때 그것이 내 마음을 지배하지 않도록 하소서. 오직 하나님만이 내 마음을 지배하소서. 위기와 문제가 내 마음에 영향을 주어 그것 때문에 하나님을 사랑하는 것과 사람들을 사랑하는 것을 잃지 않게 하소서. 하나님이 그 위기와 문제 가운데 오셔서 우리의 눈을 열어 피할 길을 보게 하시고, 주님의 신비한 은혜의 역사를 경험하게 하소서!"

말씀에 접목하기: 고전 10:31-33

우리 하나님은 예배드리는 가운데 임재하여 은혜를 베푸시지만 일상생활 가운데서도 우리와 함께하시는 임마누엘의 하나님입니다. 그래서 성경은 "먹든지 마시든지 무엇을 하든지 다 하나님의 영광을 위하여 하라"(고전 10:31)고 명하십니다. 하나님은 먹고 마시는 지극히 평범한 일상 가운데서 그분의 영광을 드러내신다는 말씀입니다. 사람들에게 거치는 자가 되지 않으려고 힘쓰는 가운데, 모든 일에 사람들을 기쁘게 하고 다른 사람들의 유익을 구하여 그들을 구원하려고 힘쓰는 가운데(고전 10:32, 33) 하나님이 임하여 그 영광의 광채를 비추십니다. 그리스도인은 매일 드리는 기도와 삶을 하나님의 영광의 자리로 만드는 사람입니다.

주 예수님의 용서에 참여하라

예화 29

어느 날 존 웨슬리는 용서에 대한 설교를 했습니다. 설교가 끝난 뒤 아주 거칠고 난폭하기로 소문난 장군이 웨슬리 앞으로 나오더니 이렇게 말했습니다. "목사님, 그래도 나에게 총부리를 겨누는 사람은 절대로 용서할 수 없습니다." 그러자 웨슬리는 그 장군에게 이렇게 말했습니다. "그렇다면 장군님은 앞으로 절대 죄를 짓지 말아야 합니다."

존 웨슬리가 길을 가다가 친구를 만났습니다. 웨슬리는 그가 오랫동안 어떤 사람과 원수로 지내고 있다는 사실을 알고 있었습니다. 그는 친구에게 "아직도 그 사람을 미워하고 있는가?"라고 물었습니다. 그러자 그는 "그럼!"이라고 당연하다는 듯이 대답했습니다. 웨슬리가 이제 그만 용서하고 화해하기를 권면했지만 친구는 죽어도 그렇게 할 수 없다고 말했습니다. "그렇다면 좋네. 그럼 계속 그 사람을 미워하게나. 하지만 자네가 알아두어야 할 것이 있네. 앞으로 자네는 절대 다른 사람에게 미움 받을 짓을 해서는 안 되네. 혹시 그 상대가 자네처럼 용서할 줄 모르는 사람일 줄 누가 알겠는가!"

말씀에 접목하기: 눅 23:34; 골 3:13

예수님은 불법으로 체포당하셨고, 거짓 증거로 고소를 당하셨습니다. 빌라도는 예수님을 고소한 사람들을 향해 세 번이나 예수님에게서 죄를 찾을 수 없다고 선포했습니다. 그럼에도 빌라도는 무서운 채찍 형과 함께 십자가 사형을 판결했습니다. 이것은 있을 수 없는 잘못이고, 불의한 판결이었습니다. 그러나 예수님은 한 마디 말씀도 하시지 않았고, 십자가상에서 "아버지여 저들을 사하여 주옵소서"(눅 23:34)라고 기도하셨습니다. 예수님은 그들의 불법, 폭력, 거짓, 불의 등 모든 죄를 사하셨습니다. 또한 사도 바울은 "누가 누구에게 불만이 있거든 서로 용납하여 피차 용서하되 주께서 너희를 용서하신 것같이 너희도 그리하고"(골 3:13)라고 말했습니다.

그러나 용서는 말처럼 쉬운 일이 아닙니다. 사람으로서는 할 수 없는 일입니다. 하나님으로서만 하실 수 있는 일입니다. 그리스도의 영이 우리 가운데 임하여 우리를 용서하게 하실 때 주께서 우리를 용서하신 것같이 우리도 용서할 수 있습니다. 그러므로 주께 간구해야 합니다. "그리스도의 영이시여, 나에게 충만하게 임하시옵소서. 예수님과 함께 그들의 모든 것을 용서할 수 있게 하시옵소서!"

오브라이언 장관이 보여준 삶의 신앙

예화 30

미국의 한 사업가가 호텔에서 하루 묵고자 했지만 그날따라 호텔이 만원이라 방을 구하지 못했습니다. 실망한 표정으로 걸어가는 그에게 어떤 신사가 지금 어디를 가든지 방을 구할 수 없다면서 자기 방에 함께 묵자고 했습니다. 그 사업가는 안도의 한숨을 내쉬며 그 신사와 동숙하기로 했습니다.

방을 제공한 그 신사는 자기 전에 열심히 기도했는데, 동숙하는 자기를 위해서도 간절히 기도하고 그의 사업을 위해서도 간절히 기도하는 것이었습니다. 다음 날 아침에 잠자리에서 일어나자마자 그 신사는 성경을 읽고 난 뒤 또 열심히 기도했습니다. 아침식사를 같이하고 헤어질 시간이 되었습니다. 어느 정도 친해진 두 사람은 헤어질 때 명함을 교환했습니다. 사업가가 받은 명함에는 윌리엄 제임스 오브라이언이라고 적혀 있었습니다. 그는 농담 삼아 "당신 이름이 국무장관과 동명이네요"라고 말했습니다. 그러자 그 신사도 웃으면서 말했습니다. "제가 바로 국무장관 오브라이언입니다."

그 사업가는 국무장관이라는 높은 직책을 가진 사람이 겸손하고 신앙심이 깊으며 사랑으로 자기를 배려해준 데 대해 큰 감동을 받았습니다. 그는 국무장관에게서 예수 그리스도의 모습을 발견하고 신앙을 가지게 되었습니다. 삶 속에서 표현되는 믿음 가운데서 예수님은 세상 속으로 전달되어 나갑니다.

말씀에 적용하기: 행 1:8; 롬 8:9-11

예수님은 승천하시기 직전 제자들에게 예언의 말씀을 주셨습니다. 성령님이 제자들에게 임하여 권능을 주면 제자들은 예루살렘과 온 유다와 사마리아와 땅 끝까지 이르러 예수님을 증거 하는 자가 될 것이라는 말씀이었습니다(행 1:8). 증거 한다는 말씀은 입으로 증거 하는 것만을 의미하지 않습니다. 몸과 삶으로 예수님을 증거 하는 것도 포함됩니다. 성령님은 하나님의 영인 동시에 예수 그리스도의 영입니다(롬 8:9). 성령님이 제자들에게 임할 때 그들은 그리스도의 지체가 되어 예수님과 같이 거룩한 삶을 살았습니다. 오브라이언 장관은 삶으로 예수님을 증거 했습니다. 성령님의 능력으로 우리가 말과 몸과 삶으로 예수님을 증거 할 때 성령님이 거기 역사하여 믿음의 기적을 일으키십니다.

오늘의 수고는 축복의 문을 여는 열쇠

예화 31 가난한 가정에서 태어나 어린 나이부터 농장 일꾼, 증기선 일꾼, 소학교 선생, 변호사를 거쳐 미국의 20대 대통령에까지 오른 제임스 가필드는 그리스도인으로서 자기 삶의 좌우명을 10가지로 정하고 이것을 평생 실천하면서 살았습니다.

1. 게으름을 경계하고 수입 범위에서 생활하자.
2. 약속은 신중하게 하고 진실을 말하자.
3. 좋은 친구를 사귀되 끝까지 사귀자.
4. 남을 나쁘게 말하지 말고 나쁜 쪽으로 생각하지 말자.
5. 요행을 바라는 일은 게임이라도 피하자.
6. 맑은 정신을 흐리게 하는 음료는 피하자.
7. 비밀은 나의 것이든 남의 것이든 철저히 지키자.
8. 돈은 가능하면 마지막 순간까지 빌리지 말자.
9. 내 행동은 내가 책임지고 남의 탓으로 돌리지 말자.
10. 매일 잠들기 전에 반성의 기도 시간을 갖자.

말씀에 접목하기: 롬 12:9-13

가필드의 좌우명은 매우 구체적이고 실제적이었습니다. 히람 대학의 학장으로 있을 때 하루는 재단 이사장이 찾아와서 "제 아들이 이 학교에 다니는데 공부가 너무 힘들어 고민하고 있습니다. 학장님이 교과과정을 바꾸어 학생들이 쉽게 공부할 수 있도록 배려할 생각은 없으십니까?"라고 물었습니다. 그러자 가필드 학장은 이렇게 대답했습니다. "하나님은 느티나무 한 그루를 쓸 만한 재목으로 사용하기 위해 100년을 기다리십니다."

언약을 지키는 자는 축복의 문을 연다

예화 32

프로미스 키퍼(promise keeper)는 약속을 지키며 살고자 하는 사람들이 모여 약속을 지키며 살기로 작정하는 운동입니다. '남성의 영적 갱신과 도덕성 회복'을 목표로 현재 미국에서 펼쳐지고 있는 신앙운동입니다. 현재 미국과 영국, 독일, 캐나다, 남아프리카공화국 등 세계 6개국에서 조직되어 활동하고 있습니다. 미국 워싱턴에서 열린 프로미스 키퍼들의 모임에 도덕적 성결과 가치관 회복을 위해 70만 명이나 모였는데, 미국 종교 집회 역사상 최대 규모로 전 세계의 이목을 집중시켰습니다.

프로미스 키퍼는 1990년 미식축구 코치 빌 매카트니가 시작한 운동으로 산업화사회를 거쳐 정보화시대로 넘어가는 20세기 말에 개인주의와 향락주의로 퇴폐해져 가는 사회를 청교도 정신으로 살려 미국의 영광을 되찾자는 취지로 시작되었습니다. 특히 사회 구성원의 대다수를 차지하고 있는 남성이 신앙으로 바로 서서 도덕적 성결, 가정 회복, 인종차별 철폐 등을 이뤄 나감으로써 하나님이 세운 가정 본래의 모습을 회복하자는 데 뜻을 두고 있습니다. 처음 72명으로 시작된 이 운동은 현재 지부가 설립된 국가 외에도 65개 국가에서 110만 명 이상이 동참하고 있습니다.

우리나라에서는 주한미군 등을 중심으로 이 운동이 전개되고 있는데, 랜디 필립스 총재가 한국 내에서 이 운동을 정착시키고 확산시키는 일을 위해 내한하여 "한국 교회가 역사상 유례를 찾아볼 수 없을 만큼 성장하여 세계 기독교에 기여했듯이 이 운동이 한국에서도 일어나 신앙회복에 기여할 수 있기를 바란다"라고 했습니다.

말씀에 접목하기: 신 28:1-6

하나님은 이스라엘 백성과 언약을 맺으셨습니다. 하나님의 언약은 하나님이 이스라엘 백성과 맺은 굳은 약속입니다. 하나님은 이스라엘 백성이 어디에 가든지 무엇을 하든지 복을 주겠다고 굳게 약속하셨습니다. 하나님은 언약한 그 복을 남김없이 부어주실 것입니다. 그러나 이 언약은 이스라엘 백성이 하나님의 말씀을 삼가 듣고 행해야 임합니다. 하나님의 말씀을 순종하여 지키는 것은 하나님의 약속을 받는 은혜의 통로입니다. 이 통로가 열려야 하나님의 복이 임합니다. 누구든지 이 통로를 여는 사람은 하나님의 복을 받을 것입니다. 그러기 위해선 성경 말씀에 귀를 기울여야 합니다. "네가 네 하나님 여호와의 말씀을 삼가 듣고 내가 오늘 네게 명령하는 그의 모든 명령을 지켜 행하면 네 하나님 여호와께서 너를 세계 모든 민족 위에 뛰어나게 하실 것이라 네가 네 하나님 여호와의 말씀을 청종하면 이 모든 복이 네게 임하며 네게 이르리니"(신 28:1, 2). '하나님이 약속하신 복을 누릴 수 있는가'의 여부는 우리가 그 말씀의 약속을 지키느냐에 달려 있습니다. 그런데 사람들은 그 약속을 지키지 못해 하나님이 약속하신 복을 받지 못하고 있습니다. 프로미스 키퍼 운동은 하나님의 언약하신 모든 복을 우리가 모두 누리자는 첫 단계 운동입니다.

톨스토이의 프라우다

예화 33

러시아의 문호 톨스토이가 기마 여행을 다닐 때의 일입니다. 어느 시골 개울가에서 짐승에게 물을 먹이며 잠시 쉬고 있는데 구경하던 예닐곱쯤 되어 보이는 얼굴이 핼쑥한 소녀가 자기 손을 붙잡고 있는 어머니에게 톨스토이의 허리에 차고 있는 핸드백을 가리키더니 자기도 저런 가방을 갖고 싶으니 하나 사달라고 조르는 것이었습니다. 예쁜 백합꽃 무늬가 장식된 핸드백이 소녀에게는 매우 신기하게 보였던지 계속 칭얼거렸습니다. 그 말을 들은 톨스토이는 그 가방 안에 세면도구와 책 등이 들어 있어서 당장 필요했기에 넉넉잡고 열흘 뒤에 돌아오면 그때 주겠다고 약속했습니다. 그리고 열흘 뒤에 돌아와 보니 이미 소녀는 백혈병으로 죽은 뒤였습니다.

톨스토이는 안내를 받아 그 소녀의 집 뒤뜰에 있는 무덤을 찾아가 나무 십자가 묘비에 그 백합꽃 무늬가 장식된 가방을 걸었습니다. 아이가 없으니 그 가방이 무슨 소용이 있겠느냐면서 고사하는 어머니에게 톨스토이는 다음과 같은 말을 남겼습니다. "아닙니다. 아이는 죽었지만 아이와 약속한 내 마음은 아직 살아 있습니다."

오랜 시간이 흘러 누군가가 돌 십자가에 돌 가방을 조각해 걸고 '프라우다'라는 비명을 새겼는데, 그때부터 '프라우다'는 오가는 사람들의 발걸음을 잠시 멈추게 하는 조그만 명소가 되었습니다. 프라우다는 러시아어로 약속, 진실이라는 뜻입니다. 하나님은 언약의 하나님입니다. 그 언약을 통해 우리에게 복을 주시는 하나님입니다. 하나님은 프라우다의 하나님입니다.

말씀에 접목하기: 빌 2:3, 4

대인관계 분석 상담사들은 모든 사람에게는 성인 자아가 있다고 합니다. 성인 자아는 자기의 생각을 가지고 자료를 수집하고 분석하고 결단하는 기능의 자아입니다. 성인 자아는 어른에게만 있는 것이 아니라 어린아이에게도 있고 심지어 말을 잘 못하는 영아에게도 있다고 합니다. 그 말은 어린아이도 생각과 감정과 의지를 가진 인격적 존재라는 뜻입니다. 톨스토이는 소녀와의 약속을 지켰습니다. 그것은 그 소녀의 인격을 인정하고 존중했음을 뜻합니다. 우리가 사랑한다고 말하는 것은 이처럼 인격을 인정하고 존중하는 것을 뜻합니다. 하나님은 어린아이를 사랑하십니다. 이는 어린아이의 생각과 감정과 의지를 인정하고 존중하신다는 뜻입니다. 하나님은 프라우다의 하나님, 즉 약속과 진실의 하나님입니다. 하나님은 어린아이를 사랑하시며 어린아이를 인정하고 존중하십니다. 누구든지 어린아이를 인격적인 존재로 인정하고 존중한다면 프라우다의 하나님이 주시는 사랑과 복을 받을 것입니다.

좋은 일을 할 수 있어 감사합니다

예화 34

마셜 셸리는 자신의 저서 《도와주고 싶지 않을 때에 돕는 사람들》에서 다음과 같은 이야기를 소개했습니다. 한 목사가 차고에서 차를 빼내다가 무엇인가 부러지는 소리를 들었습니다. 얼른 차에서 내려 살펴보았더니 그렇게 좋아하던 낚싯대가 두 동강이 난 채로 차고 바닥에 떨어져 있었습니다. 그걸 본 목사는 깜짝 놀라고 화가 나서 "누가 내 낚싯대에 손댔느냐?"라고 소리를 질렀습니다. 그러자 유치원에 다니는 아들이 "아빠, 제가 했어요"라고 대답했습니다. 기분이 좋지 않았던 그는 아들에게 소리를 지르고 싶은 생각이 목구멍까지 올라왔습니다. 화가 나서 견딜 수 없었던 것입니다. 그는 목구멍까지 올라온 화를 힘겹게 누른 채 아들에게 "아무튼 솔직하게 말해줘서 고맙다"라고 말한 뒤 바삐 길을 떠났습니다.

이틀 뒤 엄마와 함께 백화점에 간 아들은 "엄마, 아빠에게 새 낚싯대 하나를 사드려야 해요. 내가 아빠 낚싯대를 부러뜨렸거든요. 여기 돈이 있어요"라고 말했습니다. 아들은 자기 저금통을 깨고 지금까지 저축했던 돈을 전부 털어 2달러를 엄마에게 주었습니다. 엄마는 "그렇게까지 할 필요 없어"라고 말렸습니다. 그러자 아들은 "내가 원하는 일이에요. 나는 아빠가 낚싯대보다 나를 더 사랑하는 것을 알았어요"라고 말했습니다. 그 목사는 설교 중에 교인들에게 그 얘기를 했습니다. "아들의 이야기를 들었을 때 솔직히 기분이 좋았습니다. 그때 하나님이 나를 참게 하시고 억지로라도 좋은 일을 하게 하신 것에 감사드립니다."

예배가 끝난 뒤 교인 몇 명이 목사에게 말했습니다. "목사님도 참을 수 없을 때가 있었다는 것을 솔직히 이야기해주셔서 감사해요. 목사님은 언제나 좋은 일만 하는 줄 알았어요. 그래서 우리와 다른 사람이라고 생각하고 있었거든요." 교인들은 목사님도 좋은 일을 하기 위해 노력하고 있으며, 그렇게 하지 않으면 자신들과 똑같이 시험이 빠진다는 사실을 알고 격려를 받은 것입니다.

> 말씀에 접목하기: 고전 10:11-12

우리 가운데 매사에 완벽해야 한다고 생각하는 사람들이 있습니다. 그러나 우리는 타락한 세상에 살고 있을 뿐 아니라 탐욕과 이기주의, 세상의 유혹, 사탄의 시험을 당하며 살고 있습니다. 우리 가운데, 특별히 존경받는 목사라고 할지라도 완벽한 사람은 없습니다. 우리는 일부러 우리의 결점과 약점을 사람들에게 내보일 필요는 없지만 자기에게 어떤 결점과 약점도 없는 것처럼 가장할 필요도 없습니다. 하나님은 우리를 있는 그대로 받으시고, 있는 그대로 사랑하십니다.

꽃 파는 할머니에게서 흐르는 생명

예화 35

미국 아이오와 주의 어느 교회에서 있었던 일입니다. 평소 교회 일에 열심이던 패트 반스 장로가 교회 일을 하다가 상처를 받았습니다. 낙심되어 교회를 떠날까 고민했습니다. 그러던 어느 날 교회에 갔다가 회의를 마치고 나오는데 교회 앞길에서 꽃을 파는 할머니를 만났습니다. 남루한 복장으로 무척 가난한 할머니라는 것을 알 수 있었습니다. 그런데 그 할머니는 환하고 밝게 웃고 있었습니다. 게다가 은은히 콧노래로 찬송을 부르며 꽃을 팔고 있었습니다. 그는 마음속으로 '꽃 몇 송이 들고 파는 처지에 저렇게 즐거울까?' 라고 생각했습니다.

그래서 그 할머니에게 "할머니, 괴롭고 걱정되는 일이 없습니까?"라고 물었습니다. 이 질문에 할머니는 "내 나이만큼 살아 봐요. 왜 걱정이 없고 괴로움이 없겠소? 그럴 때 나는 예수님을 생각한다오. 양손과 양발에 못 박히시고 옆구리에 창이 찔려 돌아가셨어요. 그러나 사흘째 되는 날 그분은 부활해 우리의 소망이 되셨어요. 그래서 나는 고통스럽고 앞이 캄캄할 때마다 '사흘만 참자. 어둠은 사흘뿐이다. 사흘만 소망을 잃지 말자' 라고 다짐한다오"라고 대답했습니다.

반스 장로는 할머니의 그 고백으로 큰 은혜를 받았습니다. 그리고 다시 교회로 돌아와서 아무리 가슴 아프고 힘들어도 '사흘만 참자. 사흘만 참자' 라고 하면서 모든 어려움을 이겨냈습니다. 사흘만 참자고 자신을 다독이면서 수년, 수십 년의 세월을 보냈습니다. 그런 가운데 갈등 관계에 있던 모든 사람과의 관계가 화평하게 되었다고 합니다. 하나님은 반스 장로를 시련과 연단 속에서 정금과 같은 믿음으로 그를 귀하게 들어 사용해주셨습니다.

말씀에 접목하기: 벧전 3:9

오래 참는 사랑은 우리가 이웃에게 오래 참으라는 말씀 전에 하나님이 우리에 대해 오래 참으신다는 말씀입니다. 하나님은 우리에 대해 오래 참으시고 있습니다. 하나님은 우리를 잘 아십니다. 하나님은 우리의 욕심과 실수와 죄악과 거짓을 다 아십니다. 하나님은 우리가 꽁꽁 숨겨놓은 것까지 다 아십니다. 하나님이 심판하셨다면 우리는 지금 죽어서 지옥에 가 있을 것입니다. 그럼 어떻게 오늘 여기 살아서 숨을 쉴 수 있을까요? 하나님이 우리를 참아주시고 또 참아주시고, 용서해주시고 용서해주시고 또 용서해주셨기 때문에 지금 우리가 여기 있는 것입니다. 하나님은 사랑입니다. 그래서 하나님은 그 사랑을 선물로 주시고 오래 참음의 열매를 맺게 해주십니다.

링컨 대통령의 명령서

예화 36

미국의 에이브러햄 링컨을 가리켜 인류 역사를 뒤집어놓은 인물이라고 합니다. 링컨 대통령은 역사의 수레바퀴를 돌려놓은 지도자로서 존경 받고 있습니다. 그는 놀라운 지도력을 가졌습니다. 그 지도력의 비밀은 명예와 영광은 부하에게 돌리고 책임은 자기가 지는 예수님의 모범을 따른 것입니다.

노예해방전쟁인 미국의 남북전쟁 당시 게티즈버그 전투에서 있었던 일입니다. 전세가 불리했던 북군은 링컨 대통령의 총공격 명령으로 남군과 결전을 벌이게 되었습니다. 당시 작전을 지휘하던 조지 미드 장군에게 내린 작전 명령서에는 다음과 같은 내용이 적혀 있었습니다. "이 명령서는 기록으로 남길 자료가 아닙니다. 장군이 이 작전에 성공한다면 이 명령서를 공개할 필요가 없습니다. 만약 이 작전이 실패하여 전쟁에서 진다면 그 책임은 모두 내가 지겠습니다." 그 작전은 성공하여 북군의 승리로 돌아갔고 노예해방이 이루어졌습니다.

그 명령서는 당시 공개되지 않았는데 후일 유물을 정리하는 과정에서 세상에 알려지게 되었습니다. 이 명령서가 공개되었을 때 사람들은 다시 한 번 링컨 대통령의 겸손함과 책임감이 바탕이 된 지도력에 놀랐습니다. 고난과 저주의 짐은 자기가 지고 기쁨과 축복의 열매는 사람들에게 돌리는 것이 예수님의 삶이었습니다. 링컨 대통령은 예수님의 마음을 품었습니다. 이것이 링컨 대통령의 지도력이 가진 비밀이었습니다.

> 말씀에 접목하기: 요 8:10,11

　예수님은 다른 사람을 행복하게 만들고 풍성한 생명을 얻게 하기 위해 자신은 고난과 저주의 십자가를 지신 분입니다. 예수님은 한쪽 손 마른 자의 몸을 고치시고 그의 짐을 대신 지셨습니다. 그래서 죽을 모의를 당했습니다. 예수님의 십자가는 갑작스러운 것이 아닙니다. 예수님은 병든 자들의 질병과 약한 자들의 연약함을 친히 담당하고 짊어지려고 하셨기 때문에 병든 자들과 약한 자들을 만나 치료할 때마다 십자가로 가까이 나아갔던 것입니다. 예수님은 우리를 사랑하셔서 대신 짐을 지셨습니다. 링컨 대통령은 무거운 짐은 자신이 지고 영광은 우리에게 돌리신 예수 그리스도의 영으로 충만한 사람이었습니다. 그리스도의 영으로 충만한 사람은 오늘도 자신은 고난의 짐을 지면서 이웃을 축복하며 섬기고 있을 것입니다.

지금 누구의 마음을 품고 있습니까?

예화 37

　성경공부를 마치고 나서 한 여 집사가 상담할 일이 있다면서 면담을 요청해 왔습니다. 목사와 목양실에 마주 앉은 그 집사는 심각한 얼굴을 하고 이렇게 말했습니다. "목사님, 남편이 더 이상 저와 함께 살 수 없다고 하면서 별거하자고 합니다!"

　이 말을 들은 목사는 깜짝 놀랐습니다. 그 집사는 성실하다고 소문이 난 현모양처인데 남편이 함께 살 수 없다는 이야기를 했다니 도무지 믿을 수 없었던 것입니다. 목사가 보기에 그 집사는 미인일 뿐 아니라 교회 일이라면 다른 일을 제쳐두고라도 끝을 내야 할 만큼 열심이고, 새벽기도에 빠지지 않고 성경공부에도 잘 참석하는 교회의 일꾼이었습니다. 게다가 자녀도 잘 양육해서 동네에 소문이 날 정도였고, IMF 시절 남편이 직장을 잃었을 때는 전공을 살려 피아노학원을 하면서 가정 경제를 책임지기도 했습니다. 남편 친구들도 그녀의 남편에게 복덩이를 만났다고 하면서 부러워했습니다. 그런데 남편이 이런 훌륭한 아내를 떠나겠다고 하다니 믿을 수가 없었습니다.

목사는 그녀와 이야기를 나누는 도중 남편이 왜 훌륭한 아내를 떠나려는지 이유를 발견했습니다. 그녀는 신앙적으로 열심을 품고 사는 것처럼 보였지만 실생활에서는 예수님의 마음을 품지 않았기 때문입니다. 그녀의 마음에는 자기의 생각과 판단으로 가득했습니다. 그녀는 남편에게 예수님을 증거 하지 않고, 자신의 생각과 판단만 전달하고 있었습니다.

어느 날 밤 남편이 술을 마시고 집에 돌아왔습니다. 늦게 들어온 남편은 방에서 공부하는 두 아들을 다짜고짜 거실로 끌어내어 무릎을 꿇리고 야단을 치기 시작했습니다. 부모에게 효도하지 않는 자녀는 아무리 성공해도 행복하지 못할 거라는 이야기, 아버지를 무시하면 안 된다는 이야기, 공부도 잘해야 하지만 마음이 착해야 한다는 이야기 등등 30분 넘게 잔소리를 하다가 거실에 쓰러져 잠이 들었습니다. 이것을 지켜보는 아내의 마음은 한없이 아팠습니다. '술을 마시면 들어오지 말든지, 공부하는 아이들을 방해하지 말든지, 좀 생산적인 잔소리를 하든지 할 것이지 한참 떠들다가 그 자리에 엎어져 그냥 잠들어버리다니……'

다음 날 아침 아내는 남편에게 따지듯 잘못을 지적했습니다. 직장을 잃어 마음 아픈 것은 알겠지만 그렇다고 해서 돈을 벌어 오지 못한다고 바가지를 긁은 것도 아닌데, 적어도 공부하는 아이들 방해만이라도 하지 말아야 할 것 아니냐고 따지듯 말했다는 것입니다. 남편은 이런 아내의 말을 들을 때마다 할 말을 잃어버렸습니다. 그리고 자신을 무시하고 자신을 믿지 못하는 아내의 모습에 자기 신세가 처량하다는 생각이 들어 괴로웠습니다. 남편은 마음에 깊은 상처를 입고 아내와 함께 있으면 자신이 무너져버릴 것 같아서 별거를 선언한 것이었습니다.

그 집사는 완벽에 가까운 아내였지만 예수님을 잘 믿는다고 하면서도 예수님의 마음으로 남편을 소중히 여기고 존중하며 감싸주고 격려하며 소망을 전달하지 못했습니다. 예를 들면 밤늦게 술을 마시고 들어와서 아이들을 괴롭게 했던 다음 날 아침 아내가 진정으로 예수님의 마음을 품었다면 따듯한 해장국을 준비해 남편을 대접하면서 "여보, 힘들지요? 실직하고 일을 찾지 못하니 아이들에게도 면목이 없고…… 하지만 용기를 가져요. 제가 당신을 위해 열심히 기도하고 있으니 하나님이 합력하여 선을 이루시게 할 거예요. 여보, 사랑해요. 힘내서 함께 이 어려움을 이겨내요!"라고 했다면 어땠을까요? 이것이 예수님의 마음을 품고 섬기는 것입니다. 하나님은 예수님의 마음을 품고 사랑하고 섬기는 가정에 놀라운 축복의 문을 열어주실 것입니다.

예수님은 "오직 성령이 너희에게 임하시면 …… 내 증인이 되리라"(행 1:8)고 말씀하셨습니다. 하나님은 자기의 증인으로 우리를 불러 세웠다고 말씀하십니다. "나 여호와가 말하노라 너희는 나의 증인, 나의 종으로 택함을 입었나니 …… 너희는 나의 증인이요"(사 43:10, 12). 믿음은 예수님의 마음을 품는 것입니다. 믿는 사람은 마음에 모신 예수님의 구원을 전달하는 자입니다. 예수님은 과거의 잘못을 심판하는 자가 아니라 현재의 저주에 대한 줄을 끊어버리고 미래의 축복을 향하여 문을 여시는 분입니다.

말씀에 접목하기: 눅 6:36-38

심판하는 자는 언제든지 과거를 바라봅니다. 심판자는 그가 과거에 어떤 일을 행했는지에 관심을 갖습니다. 과거의 행위를 가지고 현재의 그를 바라보게 됩니다. 그러므로 심판자는 사람을 과거에 묶어놓고 미래의 문을 닫아버립니다. 예수님은 우리의 심판자로 오신 분이 아닙니다. 예수님은 우리의 과거에 관심을 가지는 분이 아니라 우리의 현재를 보면서 미래의 문을 여시는 분입니다. 예수님은 심판하러 오신 분이 아니라 구원하러 오신 분이기 때문입니다.

구원하는 것은 현재의 우리를 건져내어 미래의 축복으로 인도하는 것입니다. 과거에 우리가 어떤 행동을 했느냐 하는 것은 구원자에게 그리 중요하지 않습니다. 구원자에게 중요한 것은 현재와 미래입니다. 물론 현재의 저주는 과거의 고리에 묶여 있는 것이 사실입니다. 그러나 구원은 바로 그런 과거의 고리를 끊어버리고 미래의 축복을 향하여 달려갈 수 있게 하는 것입니다. 예수님은 우리에게 미래의 문을 열어주시는 구원자입니다. 예수님은 미래의 아름다운 축복의 장으로 우리를 인도하기 위해 오셨습니다. 성경은 이렇게 선포합니다. "하나님이 그 아들을 세상에 보내신 것은 세상을 심판하려 하심이 아니요 그로 말미암아 세상이 구원을 받게 하려 하심이라"(요 3:17).

다음은 링컨이 자신의 아들이 다니는 필립스 엑서터 아카데미 준비 학교의 하워드 클라인벨 선생님에게 보낸 편지입니다.

선생님께

우리 아이도 언젠가는 세상 사람 모두가 공평하지도 정직하지도 않다는 것을 깨닫게 될 겁니다. 그러나 세상에는 건달만이 아니라 영웅도 존재한다는 것을, 이기적인 정치인이 있으면 일신을 바치는 지도자가 있다는 것을, 원수가 있다면 아이와 늘 함께할 친구도 있다는 것을 가르쳐주십시오.

질투와 시기를 멀리하게 해주시고
조용한 미소의 만족을 가르쳐주십시오.

약한 자를 괴롭히는 자는 그들보다 더 약하다는 사실을 배우게 해주시고,
책 속에서 상상의 나래를 펴는 방법을 가르쳐주십시오.
우리 아이에게 하늘의 새들과 맑은 햇살 속의 벌들과
푸르른 언덕의 꽃들과 함께할 명상의 시간을 주시고
컨닝한 일등보다 정직한 낙제생이 명예롭다는 것을 가르쳐주십시오.

우리 아이에게
남들이 다 틀리다고 말해도 자신을 믿을 수 있는 소신을 심어주시고
약한 자들에게 부드러운 온화함으로
강한 자들에게는 담대하게 대응할 수 있는 법을 가르쳐주십시오.

세상이 시류에 편승할 때 군중을 따르는 대신
홀로 설 수 있는 뚝심을 길러주시고
모든 사람의 의견에 귀 기울이는 법과
진실이란 거름망에 사실을 여과해 받아들이는 법을 가르쳐주십시오.

슬플 때 웃는 법을,
눈물을 부끄러워할 필요가 없다는 것을 가르쳐주시고,
세상의 냉소를 웃어넘길 줄 아는 재치와
아첨과 아부를 경계하는 법을 가르쳐주십시오.

우리 아이에게,
힘과 지식은 최고가에 팔아야 하지만,
마음과 영혼에는 가격표를 붙일 수 없다는 것을 가르쳐주시고,
울부짖는 군중 앞에서 자기 믿음에 확신을 가지고
싸울 수 있는 능력을 길러주십시오.
늘 온화함으로 우리 아이를 대해 주십시오.
그러나 너무 아껴주기만 하지 마십시오.
대장간의 뜨거운 불 속에서
훌륭한 철이 만들어지는 것 아니겠습니까!

우리 아이에게 무엇인가 갈망할 수 있는 용기와
꺾이지 않고 맞서 도전할 수 있는 인내심을 길러주시고,
세상 사람을 숭고한 믿음으로 대하도록

자신을 사랑하고 믿는 법을 먼저 가르쳐주십시오.

많은 부탁이라는 것을 압니다.
하지만 최선을 다해
지금보다 더 훌륭한 인물로 자라도록 지도해주시길
이 편지를 빌어 부탁드립니다.

1859년 9월 에이브러햄 링컨

말씀에 접목하기: 막 4;26-29

하워드 클라인벨 목사는 성장하지 못하는 것이 병이라고 말했습니다. 사람들은 마땅히 성장해야 하는데 성장에 장애가 나타나거나 성장이 멈추거나 마이너스 성장을 하게 되면 불행해진다는 것입니다. 윌리엄 글래서(William Glasser)는 모든 사람은 태어나면서부터 성장하는 본성을 가지고 있다고 말했습니다. 그래서 성장하고 있다고 생각하는 동안은 행복하지만 성장이 중단되거나 쇠퇴하거나 원하는 만큼 성장하지 못하면 그것이 병이 되어 불행이 시작된다고 했습니다. 그러므로 행복은 다시 성장할 수 있는 사람이 되게 해야 다시 찾아온다는 것입니다.

성장은 저절로 되는 것이 아닙니다. 성장은 자기 혼자의 노력만으로 되는 것도 아닙니다. 성장은 세 가지가 있을 때 가능합니다. 첫째, 사랑과 용납을 받을 때 성장합니다. 둘째, 가치 있고 의미 있는 존재라고 인정받을 때 성장합니다. 셋째, 바른 진리에 대한 가르침을 받을 때 성장합니다. 사랑의 이웃과 좋은 스승을 만나야 진정한 성장이 일어난다는 의미입니다. 진정한 성장과 행복은 좋은 가족과 이웃, 친구, 공동체, 스승을 만나 사랑과 용납을 받으며 그들에게 인정과 존중을 받고 진리로 가르침을 받을 때 옵니다.

링컨 대통령은 자기 아들이 다니는 학교 선생님들이 이런 선생님이 되어

주기를 갈망하고 있습니다. 자기 아들이 다니는 학교가 그런 공동체가 되기를 바라고 있습니다. 당신은 자신의 자녀가 다니는 학교와 그들을 가르치는 선생님에게 어떤 편지를 쓰고자 하십니다. 마음으로 학교와 선생님에게 보내는 편지를 써보길 바랍니다.

다만 헌신된 삶을 남기려고 합니다

예화 38

암살당하기 바로 두 달 전에 마르틴 루터 킹 목사는 다음과 같은 설교를 했습니다. "저는 가끔 죽음에 대해 생각합니다. 그리고 제 장례식을 그려 봅니다. 만약 지금 여러분 가운데 누가 제 장례식에 참석한다면 부디 길게 하지 말아주십시오. 또한 장례식 조사도 짧게 해달라고 말해주십시오. 조사하는 사람이 제가 노벨평화상을 탄 사람이라는 것과 그 외에도 300개 정도의 표창과 상을 받았다는 사실을 말하지 않도록 해주십시오. 그것은 중요한 것이 아니기 때문입니다. 다만 다른 사람들을 섬기는 일에 삶을 바치려고 노력했다고 말해준다면 감사하겠습니다. 사람들을 사랑하려고 노력했으며, 굶주린 사람을 먹이려고 했으며, 헐벗은 사람에게 옷을 입혀 주려고 애썼으며, 감옥에 있는 사람들을 방문하려고 노력했으며, 사람을 사랑하고 인류에 봉사하려고 힘썼던 사람이라고 말해주시면 감사하겠습니다." 그리고 다음과 같이 덧붙였습니다. "저는 남기고 갈 재물도 없습니다. 다만 헌신된 생애를 남기기를 원합니다."

말씀에 접목하기: 막 10:43-45

모든 사람은 각자 자기의 영을 가지고 있습니다. 사람이 각자 다른 것처럼 그 사람이 가진 영도 다르고, 영이 다르기 때문에 믿음도 다르고 가치도 다르고 사는 방식도 다릅니다. 그러나 우리는 영을 세 가지로 크게 나눠 이야기할 수 있습니다. 개인의 완성을 추구하는 헬라적인 영, 하나님의 법도를 지키는 것을 지상과제로 삼는 바리새적인 영, 사람의 생명을 구하기 위해 십자가를 지는 예수님의 영입니다.

불신자들이 따르는 헬라적인 영은 자기훈련의 영으로 자기를 계발하고 훈련하고 완성하는 영입니다. 헬라적인 영은 언제나 자기중심적이고 개인주의적인 영으로 자기를 바라보며 자기의 행복, 자기의 완성, 자기의 영광을 구합니다. 바리새적인 영은 하나님의 법을 지키고 선을 행하고 바르게 사는 것에 관심을 집중합니다. 그들은 사람의 행함을 보는데, 법을 지키고 의와 선을 행하는 것을 최고의 가치로 여깁니다. 예수님의 영은 사람을 사랑하는 영입니다. 예수님은 사람을 기쁘게 하시고 사람의 유익을 구하고 사람을 구원하여 하늘의 축복을 받게 하시는 생명 사랑의 영입니다. 예수님은 자신을 위한 인생을 완전히 포기하신 분입니다. 예수님의 공생애는 사람을 사랑하고 사람을 위해 수고하고 희생하고 섬기는 삶이었습니다. 예수님이 십자가를 지신 이유는 바로 세상을 이처럼 사랑하시기 때문입니다. 예수님은 이웃을 행복하게 만들고 사람을 기쁘게 하고 세상에 영생을 주고 그분 자신은 십자가를 지는 삶을 사셨습니다.

당신은 어떤 영을 받았습니까? 자기훈련을 하여 자기를 완성하고 거룩하고 경건한 자기를 만들어가는 헬라적인 영입니까? 법을 지키고 옳고 그름을 판단하고 행함에 따라 사람을 평가하는 바리새적인 영입니까? 아니면 우리 주 그리스도처럼 하나님이 이처럼 사랑하시는 우리의 이웃, 가족, 교회 성도, 직장 동료, 친구 등 우리가 만나는 모든 사람을 기쁘게 하고 그들에게 유익을 주고 그들을 구원하여 하늘의 축복을 받게 하는 예수님의 영입니까? 우리는 이것을 위해 부름을 받았습니다. 이웃을 위한 존재가 되는 것이 믿음입니다. 이웃을 사랑하고 이웃을 섬기기 위해 자기를 희생하는 섬김이 믿음입니다.

절대적인 순종

예화 39

어느 날 한 청년이 성 프랜시스 형제회에 가입하고자 수도원에 찾아왔습니다. 그는 형제회의 회원들에게 수도원에 들어와 함께 수도하며 전도하고 싶다는 포부를 밝혔습니다. 회원들은 열의가 가득한 이 청년을 받아들일 것인지에 대해 고심했습니다. 그때 프랜시스는 그 청년에게 마지막 과제를 주었습니다. "젊은이, 저기 배추 한 포기가 있는데 저것을 거꾸로 한번 심어 보겠는가?"

> 말씀에 접목하기: 삼상 15:22, 23

성 프랜시스가 이런 엉뚱한 과제를 준 이유는 청년이 상식에 맞지도 않고 자신의 생각에 합하지 않는 요구라고 할지라도 영적 스승의 지시에 그대로 순종하는 자질이 있는지를 알아보기 위해서였습니다. 예수님의 삶을 지배했던 가장 중요한 가치관, 제자들을 영원히 빛나는 하나님의 사람으로 만든 가장 중요한 가치관, 기독교 역사에서 위대한 사람들을 만든 가치관은 하나님 아버지의 뜻에 절대적으로 순종하는 것이었습니다. 하나님은 오늘도 절대적으로 순종하는 사람을 찾으십니다.

열심은 하나님 안에 있을 때에…

예화 40

《행복론》의 저자 카를 힐티는 "인생의 가장 행복한 시간은 일에 몰두하고 있을 때다"라고 말했습니다. 열심히 일하는 자가 행복한 것입니다. 유럽컵 축구대회에서 우승한 헝가리 출신 축구선수 페렌츠 푸스카스는 기자회견에서 이렇게 말했습니다. "내가 공을 차지 않고 있을 때는 축구에 대한 이야기를 하고, 축구에 대한 이야기를 하지 않을 때는 축구에 대한 생각을 한다." 다시 말해 항상 자기 일에 몰입하고 있다는 것입니다.

열심은 성공과 행복의 뿌리입니다. 열심 없이 성공의 열매를 맺지 못하고 열심 없이 행복의 꽃을 피울 수 없습니다. 영어로 열심은 'enthusiasm'인데 헬라어 'en theos', 즉 '하나님 안에서' 라는 말에서 온 것입니다. 하나님 안에 있는 자는 열심을 갖게 됩니다. 이사야나 예레미야는 불붙는 사명자였습니다. 바울과 베드로는 전심으로 헌신한 사도였습니다. 하나님은 우리에게 열심을 주시고 최선을 다하게 하시는 분입니다. 왜냐하면 우리가 받은 달란트를 다 사용하기를 원하시기 때문입니다.

말씀에 접목하기: 고후 11:2

열심에는 두 가지 유형이 있습니다. 첫 번째 유형은 축구선수 페렌츠 푸스카스의 열심입니다. 그는 축구에 모든 것을 담았습니다. 축구를 자기중심에 담고 축구를 통해 세상을 보고 축구를 함으로서 자신의 인간됨을 느끼면서 축구를 위한 인생을 살았습니다. 그런데 바울과 베드로, 이사야, 예레미야의 열심은 다른 유형입니다. 성경의 인물들은 하나님을 자기중심에 모시고 하나님이 사랑하시는 사람들을 구원하고 축복하는 일에 모든 것을 걸었습니다. 그들의 열심은 어떤 일에 대한 것이 아니라 하나님이 이처럼 사랑하시는 사람들에 대한 열심입니다. 하나님은 어떤 일이나 신념, 사상에 열심 내기를 원하시지 않습니다. 하나님은 생명을 사랑하고 존중하고 섬기는 것에 열심 내기를 원하십니다. 당신은 어떤 일에 열심을 내는 사람입니까? 아니면 생명을 살리고 구원하고 축복하는 데 열심을 내는 사람입니까?

셰익스피어에게 큰 영향을 준 사람

예화 41

어느 날 영국의 대문호 셰익스피어가 오랫동안 알고 지내던 친구의 집을 찾아갔습니다. 그러나 친구는 집에 없었고 대신 집안일을 하는 하인이 맞아주었습니다. 하인은 조금만 기다리면 주인이 돌아올 거라고 하면서 거실로 안내했습니다. 그가 소파에 앉자 하인은 따뜻한 홍차 한 잔을 건넸습니다. 하인이 건넨 쟁반에는 기다리는 동안 읽을 책 한 권까지 놓여 있었습니다. 작은 배려에 감동한 그는 가벼운 눈웃음으로 인사를 대신했습니다. 그 후 하인은 하던 일을 끝마치기 위해 거실을 나갔습니다.

한참을 기다려도 친구는 돌아오지 않았습니다. 남의 집 거실에 혼자 앉아 있는 자신의 모습이 머쓱해진 셰익스피어는 차라도 한 잔 더 얻어 마시고 싶다는 생각에 부엌으로 갔습니다. 그런데 부엌문을 연 순간 그의 눈에 혼자 양탄자 밑을 청소하고 있는 하인의 모습이 보였습니다. 양탄자 밑은 누가 일부러 들춰보기 전에는 더러움을 알 수 없는 곳입니다. 그러나 하인은 주인이 시키지 않아도 혼자 콧노래까지 불러 가며 양탄자 밑을 청소하고 있었습니다.

그 모습을 본 순간 셰익스피어는 깊은 감동을 받았습니다. 그 후로 그는 젊은 사람들로부터 인생의 성공 비결과 누구로부터 가장 큰 영향을 받았느냐는 질문을 받을 때마다 이렇게 말하곤 했습니다. "그 하인과 같은 사람, 혼자 있을 때도 누가 지켜볼 때와 다름없이 행동에 아무런 변화가 없는 사람, 이런 사람이 바로 무슨 일에서나 성공할 수 있는 사람입니다. 또한 내가 가장 존경하는 사람이기도 합니다."

말씀에 접목하기: 엡 6:5-7

사도 바울은 주님을 믿는 그리스도인 종들에게 이렇게 권면했습니다.

"종들아 두려워하고 떨며 성실한 마음으로 육체의 상전에게 순종하기를 그리스도께 하듯 하라 눈가림만 하여 사람을 기쁘게 하는 자처럼 하지 말고 그리스도의 종들처럼 마음으로 하나님의 뜻을 행하고 기쁜 마음으로 섬기기를 주께 하듯 하고 사람들에게 하듯 하지 말라"(엡 6:5-7). 그리스도의 영을 품은 그리스도인은 섬기는 사람이요 종으로 살고자 작정한 사람입니다(막 10:43, 44). 예수님이 종의 형체를 입고 사람의 모습으로 나타나 죽으시기까지 순종의 삶을 살았기 때문에(빌 2;7, 8) 그리스도의 영을 품은 사람은 기쁜 마음으로 이웃을 주님 섬기듯이 섬겨야 합니다. 이것이 그리스도인의 정체성입니다. 지금 당신은 참 그리스도인으로 살고 있습니까?

긍정적인 마음의 자세

예화 42

한 흑인 청소부가 빗자루로 거리를 쓸고 있었습니다. 그런데 그 청소부는 청소하면서 험악한 표정으로 온갖 욕설을 퍼붓고 있었습니다. 그때 흑인 지도자 마르틴 루터 킹 목사가 이 광경을 목격하게 되었습니다. 킹 목사는 젊은 청소부를 향해 말했습니다. "여보시오, 젊은 형제! 무엇이 그리 못마땅해서 욕하면서 청소를 하고 있소?"

젊은 청소부는 킹 목사의 말이 끝나자마자 흥분된 목소리로 대답했습니다. "우리는 인간이 아닙니까? 왜 우리가 백인이 어질러놓은 거리를 쓸어야 합니까? 또 백인이 사용한 사무실과 화장실을 청소해야 합니까? 제기랄! 더러워서 못해먹겠소." 그러자 킹 목사는 "형제여! 지금 백인이 다니는 길거리를 쓴다고 생각하지 말고 하나님이 창조하신 우주의 한 모퉁이를 쓴다고 생각하는 것 어떻소"라고 말한 뒤 가던 길을 갔습니다.

젊은 청소부는 킹 목사의 말을 듣고 나서 백인이 아닌 하나님을 위해 청소한다고 생각하게 되었습니다. 그러자 자신도 모르게 기분이 좋아졌을 뿐 아니라 다시는 욕설을 하지 않게 되었습니다.

> 말씀에 접목하기: 고전 2:12,13

세상의 영을 받은 사람, 곧 불신자는 세상의 지혜가 가르친 대로 생각하고 느끼고 판단합니다(고전 2:13). 그러나 그리스도인은 성령님이 가르치시는 대로 은혜의 일을 합니다. 젊은 청소부는 불신자처럼 과학적으로 보고 이성적으로 판단을 내리고 불평을 늘어놓았습니다. 그러나 킹 목사님은 하나님의 말씀에 근거해 세상을 보고 판단을 내리고 있습니다. 성경은 하나님이 세상을 아름답게 창조하셨고 사람들에게 그 세상을 아름답게 지키는 청지기 사명을 주셨다고 말씀합니다. 길거리를 청소하든지 사무실을 청소하든지 간에 이 세상은 모두 하나님이 창조하신 우주의 한 귀퉁이입니다. 당신도 그 청소부처럼 청소하고 있습니까? 그곳이 누구에게 속한 곳이든 상관없이 바로 그곳은 하나님이 아름답게 창조하신 우주의 한 귀퉁이입니다. 당신은 지금 하나님의 동산을 아름답게 만들고 있습니다.

하나님이 법을 주시는 목적은?

예화 43

미시간 주에서 발간되는 한 신문이 다음과 같은 풍자적인 기사를 실었습니다. 오토바이를 타는 사람들이 만든 한 단체가 미시간 주의 법에 항의하기 위해 주청사가 있는 광장으로 몰려가고 있었습니다. 미시간 주에서 오토바이를 타는 사람은 누구든지 헬멧을 써야 한다는 법을 만들었기 때문입니다. 이 단체는 이 법에 항의하고 헬멧 화형식을 하기 위해 주청사로 몰려가고 있었던 것입니다. 그런데 오토바이를 타고 데모하기 위해 주청사로 가던 한 사람이 헬멧을 쓰지 않은 채 운전하다가 건축 현장의 미끄러운 길에서 넘어지면서 위험 표지판에 머리 부분을 부딪혔습니다. 헬멧을 썼더라면 아무렇지도 않을 사고에 그는 얼굴과 머리에 큰 상처를 입었습니다.

우리는 하나님이 필요 이상으로 우리를 구속하신다고 생각합니다. 주님의 보호하심과 복 주심을 위해 기도하는 동안에도 우리는 하나님이 너무 우리에게 많은 법을 주어서 우리를 구속하고 계신다고 생각합니다. 그래서 우리는 하나님을 향하여 저항하고 화를 내고 불신할 때가 있습니다. 그렇다면 주님의 법을 떠난 결과는 어떠할까요? 더 큰 행복이 찾아오고 평안과 만족이 있을까요? 그렇지 않다는 것을 우리는 알고 있습니다. 하나님의 법을 떠난 사람들 때문에 이 세상에는 질병, 이혼, 학대, 폭력, 중독, 고난, 저주가 떠나지 않고 있습니다.

하나님의 법은 지키지 않는 자를 벌하기 위해 제정된 것이 아닙니다. 그 법은 지키는 자를 보호하고 그 법을 통하여 공동체의 덕을 세우고 서로 간에 화평한 관계를 만들어주기 위해 제정된 것입니다. 법을 지키고 구속을 받아들이는 것은 하나님이 그처럼 사랑하시는 형제와 자매를 사랑하는 한 가지 길입니다. 하나님의 사랑을 전달하기 위해 우리는 법을 받아들이고 구속의 삶을 감사하며 살고 있는 것입니다.

말씀에 접목하기: 마 5:17-19

하나님이 법을 주신 목적은 생명을 더 풍성하게 하시기 위해서입니다. 씨를 뿌릴 때 법을 따르지 않으면 씨가 제대로 나지 않을뿐더러 열매를 충분히 거둘 수 없습니다. 곡식을 가꿀 때도 일정한 법에 따라 비료를 주고 잡초를 뽑아주고 약을 뿌리는 등 도움을 주어야 합니다. 법을 정확히 따르면 곡식이 더 잘 자라서 풍성한 결실을 맺게 됩니다. 법을 지킴으로써 생명은 더 풍성해지고 사람에게는 유익이 되고 공동체의 선을 이루게 됩니다. 예수님은 법을 존중하고 지켰지만 생명을 위태롭게 하는 법은 거절하셨습니다. 법은 생명을 풍성하게 하는 수단이 되어야지 목적이 되어선 안 됩니다. 생명이 법의 목적이 되어야지 법을 지키는 것이 법의 목적이 된다면 생명을 위태롭게 하는 법으로 변질되고 맙니다.

유일한 새 신자이지만…

예화 44

스코틀랜드 교회에서 한 집사가 주일예배가 시작되기 바로 전에 나이 많은 목사님에게 불평을 늘어놓았습니다. "목사님의 목회는 뭔가 잘못됐습니다. 어째서 일 년 동안 어린 소년 한 명밖에 새 신자가 없습니까?" 이 말을 듣고 가슴이 아팠지만 목사님은 "저는 최선의 노력을 다했습니다"라고 말할 뿐이었습니다. 목사님은 설교를 끝마친 뒤 마음이 너무 무거워 그만 사임하고 싶다는 생각까지 하게 되었습니다. 바로 그때였습니다. 지난 일 년 유일한 새 신자였던 어린 소년이 다가오더니 "목사님, 저도 목사님처럼 목회자나 선교사가 될 수 있을까요?"라고 물었습니다.

그 순간 목사님의 눈에서는 감격의 눈물이 솟구쳤습니다. 목사님은 그 소년에게 "그럼! 로버트, 될 수 있고말고!"라고 격려해주었습니다. 여러 해가 지난 뒤 아프리카에서 많은 야만인과 추장을 구원의 길로 인도한 유명한 선교사가 스코틀랜드로 돌아왔습니다. 많은 귀족이 앞다투어 이 선교사를 자기 집에 초청하려고 했습니다. 이 선교사는 바로 주일날 노 목사님을 찾아왔던 소년 로버트 모펫(Ross Moffett)이었습니다.

말씀에 접목하기: 마 16:26

하나님은 가난한 자에게 기름을 부으사 아름다운 소식을 전하게 하시는 분입니다(사 61:1). 또한 하나님은 약한 것을 택하사 강한 것을 부끄럽게 하시며(고전 1:27), 약한 손을 강하게 하며 떨리는 무릎을 굳게 하시는 분입니다(사 35:3). 하나님은 이렇게 말씀하십니다. "그들은 내가 심은 가지요 내가 손으로 만든 것으로서 나의 영광을 나타낼 것인즉 그 작은 자가 천 명을 이루겠고 그 약한 자가 강국을 이룰 것이라 때가 되면 나 여호와가 속히 이루리라"(사 60:21, 22). 예수님은 "심령이 가난한 자는 복이 있나니 천국이 그들의 것임이요"라는 말씀으로 산상보훈을 시작하셨습니다. 그래서 우리 주 예수님은 길가에 버려진 소금같이 쓸모없는 사람들을 향하여 "너희는 세상이 소금이니 …… 너희는 세상의 빛이라"(마 5:13, 14)고 선포하신 것입니다. 우리가 하는 일이 아무리 작고 보잘것없을지라도 우리는 언제나 그 작고 보잘것없는 것을 축복하사 아름답고 강하게 만들어주시는 하나님을 의지하고 우리가 할 수 있는 최선을 다해야 할 것입니다.

티 없고 흠 없이 지켜주시는 하나님

예화 45

어느 날 한 젊은 목사가 석탄을 캐는 탄광을 방문하여 안내를 받았습니다. 어두컴컴한 갱도 입구를 지나던 그는 시꺼먼 땅을 헤치고 피어오른 한 송이의 꽃에 시선이 쏠렸습니다. 목사는 "이 시꺼먼 탄광에 어쩌면 저토록 깨끗하고 눈부신 꽃이 피어날 수 있나요?"라고 물었습니다. 그러자 안내하는 사람이 "석탄 부스러기를 그 꽃에 뿌리면 어떻게 되나 보세요"라고 말했습니다. 그렇게 하자 먼지 같은 검은 석탄가루는 눈같이 흰 꽃잎에서 곧 미끄러져 내리고, 그 꽃은 본래 깨끗하고 사랑스러운 모습을 되찾았습니다. 그 꽃의 표면은 매끄러워 먼지가 도저히 달라붙지 못했던 것입니다.

우리 마음도 이와 같아야 합니다. 꽃이 그의 환경 조건을 어떻게 할 수 없는 것처럼 우리도 죄악이 가득 찬 이 세상에서 살아가야만 합니다. 그러나 하나님의 은혜가 우리를 청결하고 티 없이 지켜주시므로 설령 죄가 우리에게 접근할지라도 우리 마음에 달라붙지는 못할 것입니다.

말씀에 접목하기: 요일 1:7

부도덕과 더러움이 범람하는 이 시대에 순결이라는 덕목은 찾아보기 어렵습니다. 그러나 하나님은 우리가 이 사악한 환경에서도 거룩함을 지킬 수 있는 길을 마련해주셨습니다. 그것은 우리를 지켜주시는 성령님의 힘과 우리를 청결케 해주시는 주님의 말씀입니다. 우리는 매일 성경을 읽고 성령님의 거룩케 하시는 힘에 복종하여 정결케 해주시는 주께로 더 가까이 나아가야 합니다. 우리는 죄를 지을 때 즉각 자백하고 항상 지켜주시는 주께 의지해야 할 것입니다. 참된 그리스도인이야말로 더러운 곳에서도 청결한 꽃을 피우는 사람입니다.

"하나님, 더 깨끗하게 하시옵고 더욱 강건하게 하시옵소서.
죄악 세상으로부터 자유함을 주시되
영원한 집을 더 사모하게 하시옵소서.
하나님의 나라에 더 적합하고 익숙한 사람이 되어
더 축복받고 더 거룩해져 주님 닮기를 원합니다."

예수님의 부활을 잊어버린 신자

예화 46

어느 날 함께 일하던 선교사가 목사에게 이런 질문을 했습니다. "궁금한 게 있는데 말이야, 예수 믿는 사람의 표정이 왜 항상 저렇게 울상이지? 한국 교인들이 예배당 안으로 들어오면서 짜증스럽고 울상인 표정이 짓는 이유가 무엇 때문인지 모르겠어." 이 질문에 목사는 한참 고민했지만 고개를 끄덕일 만한 대답이 떠오르지 않아서 이렇게 말했습니다. "그것은 한국 교인들이 늘 주님의 십자가를 묵상하기 때문에 그렇습니다." 그러자 선교사는 웃으면서 다시 반문했습니다. "아니, 한국 교인들은 그 예수님이 다시 살아나신 것을 잊어버렸나?"

> 말씀에 접목하기: 빌 4:4

구원은 예수님의 십자가의 보혈로 용서 받고 모든 죄를 씻김 받는 것만을 의미하지 않습니다. 예수님의 십자가의 구속은 구원의 시작에 불과합니다. 진정한 구원은 부활의 주님을 영접함으로써 예수님 안에 있는 하나님의 생명을 끊임없이 공급받는 것입니다. 구원은 십자가의 보혈로 죄 씻는 사건에서 끝나는 것이 아니라 하나님의 생명이 예수님 안에서 강물같이 넘쳐흐르는 것을 말합니다. 구원을 십자가 사건이라고 생각하여 자기 죄의 악함을 바라보고 예수님의 십자가의 죽으심에 관심을 집중시키는 믿음은 진정한 부활의 신앙, 생명의 그리스도와 함께 즐거워하는 삶의 신앙을 잃어버린 것입니다.

하늘 집을 분양 받은 할머니

예화 47

잘 알고 지내는 한 할머니를 소개하려고 합니다. 할머니는 일찍이 홀로 되어 콩나물 장사를 하면서 자녀들을 모두 교육시키셨습니다. 그 자녀들이 장성하여 나름대로 세상에서 인정받고 잘살지만 할머니는 자녀들과 함께 살지 않고 작은 오두막집에 혼자 검소하게 사셨습니다.

자녀들은 혼자 사시는 어머니를 보며 "이제 우리도 모두 자리를 잡았으니 어머니를 호강시켜 드리며 살 수 있어요. 이런 보잘것없는 집에서 혼자 살지 마시고 저희와 함께 좋은 집에서 사세요"라고 애원했습니다. 그러자 어머니는 자녀들에게 이렇게 말했습니다. "너희가 애원하니 나도 어쩔 수가 없구나. 그렇다면 나를 위해 이런 집을 지어 다오. 집 바닥은 온통 유리로 하되 기둥은 12개로 하고 그 기둥 밑바닥에는 반드시 보석을 박아라. 보석은 각기 다른 색깔로 하고 문은 12개가 되어야 한다."

어머니의 말을 들은 자녀들은 하나같이 "어머니, 농담이죠. 세상에 그런 집이 어디 있어요. 또 그런 집을 어떻게 지어요?"라며 기막히다는 듯이 되물었습니다. 그런데 자녀들의 반응을 보고 어머니가 한 말이 걸작이었습니다. "그런 집이 어디 있느냐고? 왜 없다고 생각하느냐? 나는 그런 집을 하늘나라에 분양 받았는데…… 이제 곧 그곳에 살게 될 테니 나보고 더 좋은 집에 가서 살자고 하지 마라."

말씀에 접목하기: 딤후 4:6-8

 심리학자 에릭 에릭슨은 인간발달 8단계에 대해 이야기하면서 노인기는 자기를 초월하는 거룩한 분과 만나고 교제하면서 영원을 준비할 때 진정한 행복이 온다고 말했습니다. 나이 들어 모든 것에서 물러난 노인들은 세상에 속한 것에 연연해하지 않고 이 세상을 초월하여 역사하시는 하나님을 만나고 그분과 교제하면서 하나님의 나라에 소망을 두고 준비할 때 가장 편안하고 행복합니다. 이 어머니는 더 이상 이 세상의 아름다움에 빠지지 않고 하나님이 준비하신 영원한 나라를 바라보며 즐거워하고 있습니다. 노인들은 이 세상의 어떤 것으로는 만족할 수 없습니다. 노인들은 영원하신 하나님을 만나기 위해 영원한 나라를 준비해야 합니다.

천당 지점은 보여줄 수 있소

예화 48

 일제강점기에 목숨을 걸고 예수님을 전한 최권능 목사에 대한 이야기입니다. 그가 전하는 메시지는 오로지 "예수 천당!"이었습니다. 어느 날 일본 경찰이 길을 지나가는데 큰 소리로 "예수 천당"이라고 외쳤다가 경찰서로 잡혀가게 되었습니다.
 일본 경찰이 "당신은 도대체 뭐 하는 사람이기에 이상한 소리를 외치고 다니는 거요?"라고 묻자 최 목사는 아무 대답도 하지 않고 다시 "예수 천당"이라고 외쳤답니다. 그러자 일본 경찰이 호기심이 담긴 표정으로 이렇게 물었답니다. "당신은 예수 천당이라고만 외치는데, 천당이라는 것이 진짜 있기는 한 것이오? 만약 있다면 예수를 보여주던지 천당을 보여주던지 해보시오."

그때 최 목사는 자신에 찬 목소리로 말했답니다. "지금 당장 천당 본점은 보여줄 수 없어도 천당 지점은 언제든지 보여줄 수 있소. 내 마음이 바로 천당 지점이오."

말씀에 접목하기: 요일 5:11-13

단어 영생은 원래 영원한 생명을 우리말로 번역한 것입니다. 영원한 생명은 죽은 이후 천당에서의 삶만을 의미하는 단어가 아닙니다. 영원한 생명은 하나님께 속한 생명을 의미합니다. 하나님의 생명은 사랑과 의와 영광이 넘치는 생명입니다. 우리는 예수님을 영접할 때 예수님과 함께 하나님의 생명을 받았습니다. 믿는 자는 영생을 받은 사람이고 영생을 누리는 사람이며 영생을 바라보는 사람입니다. 최권능 목사가 자기 마음에 천당 지점이 있다고 한 것은 이미 하나님이 주시는 생명을 선물로 받았다는 뜻입니다.

전심으로 하는 봉사

예화 49

인류가 이루어놓은 수많은 공헌은 그 일을 이루기 위해 희생하고 노력을 바친 사람들이 있었기에 가능했습니다. 《로마제국의 쇠망사》를 쓴 에드워드 기번은 그 책을 쓰는 데만 26년의 세월을 보냈으며, 노아 웹스터는 사전을 편찬하기 위해 36년 동안 심혈을 기울였습니다. 로마의 웅변가 시세로는 대중연설을 잘하기 위해 30년 동안 친구들 앞에서 매일 연습을 했다고 합니다. 이 얼마나 열정적이고 끈질깁니까!

그러면 우리는 주님의 사업을 위해 얼마나 열정을 쏟았는지 생각해 봅시다. 사도 바울은 이렇게 말합니다. "무엇을 하든지 마음을 다하여 주께 하듯 하고"(골 3:23). 전도서를 보면 "게으른즉 서까래가 내려앉고 손을 놓은즉 집이 새느니라"(전 10:18)고 말씀합니다. 그러므로 우리는 매일 아침 무엇을 시작하기 전에 "주님, 오늘은 주님을 위해 무엇을 할까요?"라고 질문하면서 시작해야 합니다. 그리고 무엇을 하든지 주께 하듯이 해야 합니다. 이것이 우리가 하는 진심의 봉사입니다.

말씀에 접목하기: 롬 12:11

성경은 "부지런하여 게으르지 말고 열심을 품고 주를 섬기라"(롬 12:11)고 말씀합니다. 이 말씀은 우리 인간의 열심만을 강조하는 말씀이 아닙니다. 열심을 품으라는 말씀은 성령님의 능력으로 하라는 뜻이 함축되어 있습니다. 주님을 섬기는 것은 인간의 부지런함과 게으르지 않음과 최선을 다하는 것만으로는 안 됩니다. 주님의 일은 성령님의 인도와 능력이 없으면 불가능합니다. 그러나 성령님은 영이시기 때문에 반드시 인간의 노력과 행동을 통해 역사하십니다. 저수지의 물은 논밭까지 오려면 수로가 있어야 합니다. 수로를 통해 저수지의 물이 논밭까지 흘러옵니다. 이처럼 하나님의 은혜와 능력과 생명은 인간의 노력과 행동을 수로로 하여 우리에게까지 흘러옵니다. 믿음의 사람의 부지런함과 게으르지 않음과 최선을 다함은 성령님의 인도와 능력과 생명의 통로입니다. 우리는 마음을 열고 하나님께 기도하면서 성령님의 인도와 능력과 생명을 기대해야 합니다. 또한 우리는 게으르지 말고 최선을 다해야 합니다. 그러면 하나님의 놀라운 신비와 기적이 우리 가운데 생수의 강물같이 흘러넘치게 될 것입니다.

2
사회생활 : 아름다운 세상, 선교, 직장의 축복

가난한 자와 고아를 돌보시는 하나님

예화 1

영국의 자선사업가 조지 뮐러는 오직 믿음의 기도로 6,000여 명의 고아를 키워냈습니다. 어느 날 고아원에 양식이 떨어졌습니다. 요리사가 뮐러 목사에게 말했습니다. "저녁식사 시간인데 양식이 다 떨어졌습니다." "염려할 것 없네. 식사 종을 치고 아이들을 식당으로 불러 모으게." 종을 치자 아이들이 식당으로 우르르 모여들었습니다. 식탁 위에는 빈 그릇만 덩그러니 놓여 있었습니다. 뮐러는 아이들에게 말했습니다. "여러분, 이제 머리 숙여 일용할 양식을 주신 하나님께 식사기도를 합시다." 그러자 아이들은 "빈 그릇을 놓고 무슨 기도야?"라며 수군대기 시작했습니다. 이 말은 들은 뮐러는 "염려하지 마세요. 하나님이 곧 주실 것입니다"라고 말했습니다.

아이들이 고개를 숙이자 뮐러는 간절한 마음으로 기도를 드렸습니다. 기도를 막 끝냈을 때 문 두드리는 소리가 나더니 어떤 낯선 신사가 인부를 시켜 큰 통 몇 개를 가지고 들어왔습니다. "오래전부터 뭐든 돕고 싶었는데 오늘에야 가지고 왔습니다." 그 통 속에는 채소와 고기, 빵 등이 가득 들어 있었습니다.

  빈 접시를 놓고 하나님께 감사기도를 드린 뮐러의 신앙은 놀랍기만 합니다. 그러나 더 놀라운 것은 그의 기도를 정한 때 한 치의 오차도 없이 들어주시는 하나님의 사랑과 능력입니다. 뮐러가 기도하기 전 하나님은 그 신사의 마음을 감동시켰고, 그가 음식이 담긴 통을 가지고 고아원을 찾게 하셨습니다. 뮐러가 드린 믿음의 기도가 큰 것이 아니라 하나님이 미리 알고 준비하고 돌보시는 사랑이 큰 것입니다. 뮐러 목사는 오로지 그 하나님이 돌보실 것을 믿었습니다. 믿음의 기도가 기적을 일으킨 것이 아니라 하나님이 사랑으로 돌보시는 것이 기적입니다.

말씀에 접목하기: 시 147:7-9

  거룩한 처소에 계신 하나님은 "고아의 아버지시며 과부의 재판장" 이시며(시 68:5), "억눌린 사람들을 위해 정의로 심판하시며 주린 자들에게 먹을 것을 주시는 …… 갇힌 자들에게 자유를 주시도다 …… 나그네들을 보호하시며 고아와 과부를 붙드시는" 분입니다(시 146:7, 9). 뮐러 목사가 고아들을 돌본 것이 아니라 하나님이 고아들을 돌보셨습니다. 이 사실을 알기 때문에 뮐러 목사는 빈 접시를 놓고 식사기도를 드릴 수 있었던 것입니다. 하나님은 뮐러 목사가 기도하기 한참 전에 배고픈 고아들을 먹일 준비를 하셨습니다. 기도가 기적을 일으킨 것이 아니라 기도는 하나님께 드리는 감사였습니다. 하나님은 고아의 아버지시요 과부의 재판장이시기 때문에 기도하기 전 필요한 때에 준비하고 공급하셨습니다. 그래서 사도 베드로는 확신을 가지고 우리에게 권면합니다. "너희 염려를 다 주께 맡기라 이는 그가 너희를 돌보심이라"(벧전 5:7).

주 예수님을 바라보자

예화 2

덴마크의 허닝에서 목회하는 피터 목사의 간증입니다. 전 세계적인 불황으로 덴마크에도 불황이 닥쳤습니다. 그 여파로 피터 목사의 교회에 출석하던 건축업을 하는 한 성도가 파산에 이르게 되었다고 합니다. 그런데 그가 5만 크로네를 갖고 와서 "목사님, 지금까지 저는 주님 중심으로 사업을 하지 못했습니다. 그래서 이렇게 파산하고 말았습니다. 지금 제게 있는 재산은 이 5만 크로네가 전부입니다. 저는 이 물질을 하나님께 드리고, 하나님의 도움만을 바랍니다. 그동안 인간의 수단과 지혜와 방법을 다 써보았지만 소용이 없었습니다. 이제는 하나님만 의지합니다. 그러니 목사님도 저를 위해 기도해주십시오"라고 말했습니다.

그래서 피터 목사님은 5만 크로네를 놓고 "당신이 하나님께 물질을 심었으므로 하나님이 응답해주실 것입니다"라고 말한 다음 그 성도를 위해 간절한 마음을 담아 기도했습니다. 그런데 석 달 뒤에 기적이 일어났습니다. 정부에서 주도하는 500만 크로네 상당의 공사에 입찰했는데 많은 경쟁자를 물리치고 그의 회사가 낙찰을 받은 것입니다. 그다음부터 하늘의 문이 열리고 하나님의 축복이 계속 쏟아져 환난 속에서 안정을 얻어 파산했던 사업을 다시 일으키고 하나님의 사업을 크게 하는 귀한 성도가 되었다는 것입니다.

말씀에 접목하기: 마 6:33

예수님은 "너희는 먼저 그의 나라와 그의 의를 구하ㅏ 그리하면 이 모든 것을 너희에게 더하시리라"(마 6:33)고 말씀하셨습니다. 우선순위가 하나님의 나라와 하나님의 의를 구하는 데 있다는 것은 하나님의 진리와 방법과 법도에 따라 사는 것을 최우선 과제로 삼았다는 뜻입니다. 현재 상태는 사탄과 죄와 세상의 영향을 받아 혼란과 위기와 문제로 가득한데, 거기서 탈출하고자 하는 마음이 인간의 본성입니다. 그때는 하나님의 말씀으로 본성을 극복하고 문제에서 탈출하기보다 이 문제 가운데서도 하나님의 나라와 의를 구하겠다는 믿음으로 살면 하나님이 그 문제와 위기와 혼란을 극복하여 이기게 하실 것입니다. 그리고 하나님이 약속하시는 행복을 받게 될 것입니다.

하나님의 것을 하나님께 돌려드립니다

예화 3

사단법인 외항선교회 이사회 정기총회에서 한의원을 경영하는 박영권 장로가 감사패를 받았습니다. 그는 평창동에 있는 땅 63,890평을 외항선교회에 기증했습니다. 그 땅이 100억이 넘는다고 말하는 사람이 있는가 하면 300억이 넘는다고 말하는 사람도 있었습니다. 박 장로는 이 땅을 아낌없이 선교를 위해 바쳤습니다. 그런데 인상적인 것은 감사패를 받는 박 장로가 감사패를 받으면서 감격의 눈물을 흘린 것입니다. 63,890평을 내놓은 사람이 어찌해서 단돈 2만 원 정도의 감사패를 받으면서 눈물을 흘렸을까요? 그것은 자신이 가진 엄청난 재산을 아낌없이 하나님의 선교를 위해 바칠 수 있게 하신 하나님의 은혜에 감격해서입니다. 그 눈물은 "하나님의 것을 하나님께 돌려드립니다"라는 신앙고백이었습니다.

말씀에 접목하기: 고전 6:19, 20

제자들은 공회에 잡혀 채찍질을 당하고 위협과 협박을 당한 뒤 풀려났을 때 "그 이름을 위하여 능욕 받는 일에 합당한 자로 여기심을 기뻐하면서" 떠났습니다(행 5:40, 41). 제자들은 자신들도 예수님처럼 능욕 받는 사람이 되었다고 기뻐한 것입니다. 그들은 "내가 그리스도와 함께 십자가에 못 박혔나니 그런즉 이제는 내가 사는 것이 아니요 오직 내 안에 그리스도께서 사시는 것이라"(갈 2:20)는 고백을 할 수 있음에 감격했습니다. 이런 신앙이 순교의 신앙입니다. 이런 신앙은 성령님이 주신 선물입니다. 자기를 십자가에 못 박고 자기의 가장 중요한 것을 주께 드릴 수 있는 신앙은 금보다 귀한 신앙입니다. 박 장로는 이런 신앙을 선물로 받았음에 감격하여 눈물을 흘렸던 것입니다.

혼자서라도 해낼 수 있다

예화 4

자기 소신을 밝혀 주장하는 데 있어 어떤 대가라도 치를 각오가 되어 있는 사람의 수가 몇 명 되지 않을지라도 그 모임은 사회에 큰 영향을 미칠 수 있습니다. 깊은 확신과 진정에서 우러나온 걱정 때문에 모인 한두 명의 사람이 지역 전체를 움직여서 거짓과 부정과 부패를 추방하고 불법한 사람들의 음모를 깨뜨려 왔습니다. 단 한 명일지라도 이런 일을 성취하게 만들 수 있습니다.

일부 그리스도인이 그런 일에 모르는 체하고 사회 전체가 사악해서 마음이 안 내키더라도 우리는 꾸준히 기도하고 확신을 가져야 합니다. 윌리엄 윌버포스 목사는 1800년대 영국의 위대한 그리스도인이며 박애주의자로 노예매매를 강하게 반대했습니다. 그는 당시의 도덕적·영적 타락에 절망하지 않고 "내가 우리 영국이 망하지 않고 잘살 수 있으리라고 굳게 믿는 이유는 막강한 육군과 해군, 통치자의 지혜나 영국인의 정신력 때문이 아니라 그리스도의 복음을 사랑하며 지키고자 하는 확신 때문이다. 내가 믿건대 그들의 기도는 응답될 것이다"라고 말했습니다. 이런 말을 하고 몇 해 지나지 않아서 그가 사랑했던 영국은 근세에 가장 놀랄 만한 영적 신앙 부흥을 이루어 수만 명이 구원받게 되었고, 사회 전반에 걸쳐 개혁이 일어났습니다.

다니엘과 그의 세 친구는 이스라엘과 바벨론 전쟁에서 패해 국가 바벨론에 포로로 끌려갔습니다. 그런데 이들 네 명이 이교도 국가에 어떤 영향을 미쳤습니까? 협박과 좌절을 두려워하지 않고 진실하게 기도하는 믿음 속에 사는 사람이 한두 명뿐일지라도 하나님은 그들을 통해 위대한 결과를 이루실 것입니다.

말씀에 접목하기: 마 13:31-33

하나님을 신뢰하고 그분의 뜻이 하늘에서 이룬 것같이 이 땅에서도 이루기 위해 어떤 대가라도 치를 각오가 된 사람은 비록 그 수가 적을지라도 사회에 큰 영향을 미칠 수 있습니다.

영국이 낳은 믿음의 사람 존 웨슬리는 하나님을 사랑하고 그분의 뜻이 하늘에서 이룬 것같이 영국에서도 이루어지기를 기도하며 노력했습니다. 그는 협박과 좌절을 두려워하지 않는, 진실하게 기도하는 믿음의 사람이었습니다. 하나님은 웨슬리를 비롯해 그와 함께 영적 운동을 일으킨 믿음의 사람들을 통해 영국의 운명을 바꿔놓으셨습니다.

20세기의 가장 위대한 역사가들 가운데 한 사람인 아널드 토인비는 18세기에 프랑스는 유혈혁명으로 수많은 사람이 죽임을 당하고 인권이 유린되고 폭력과 고난이 난무했지만, 영국은 무혈의 조용한 명예혁명으로 인권이 신장되고 국가가 번영하고 사회가 안정되었을 뿐 아니라 18~19세기에 세계 최강국으로 우뚝 설 수 있었다고 하면서 그 차이를 웨슬리의 영적 운동이라고 했습니다. 하나님은 오늘도 진실하고 정직하며 그분을 두려워하고 국가를 위해 금식하며 기도하고 헌신하는 사람들을 통해 위대한 기적을 이루실 것입니다.

복음 전도의 길을 열어주소서

예화 5

하와이에 가면 '퉁가'라는 조그만 섬이 있습니다. 이 섬에는 일찍이 복음이 전파되어 많은 사람이 믿게 되었습니다. 1834년 어느 날, 이 섬의 한 마을에서 기도회가 열려 많은 사람이 금식하고 기도했습니다. 그들은 "하나님, 복음의 길을 열어주시옵소서!"라고 간절히 기도했습니다.

이렇게 기도하는 동안 사도행전 2장에서 일어났던 성령 충만의 역사가 일어났습니다.

그리하여 거기 모인 사람 모두 은혜를 받았습니다. 그들은 거기서 주저앉지 않고 일어났습니다. 카누를 타고 노를 저어 800킬로미터 서쪽에 있는 섬 피지로 갔습니다. 거기에는 아직도 식인종이 살고 있었습니다. 그들은 열심히 전도했고, 많은 사람이 예수님을 영접하고 식인종 생활을 끝냈습니다. 그들은 거기서 멈추지 않고 다시 노를 저어 400킬로미터 떨어진 사모아 섬까지 갔습니다. 그 섬에 들어가 많은 사람에게 예수님의 복음을 전하며 교회를 세웠습니다.

어느 무명 시인은 이렇게 시를 지었습니다.

> 그리스도는 손이 없지만
> 오늘 우리가 그의 손이 되어 일하고
> 그리스도는 발이 없지만
> 우리의 발이 사람들을 그에게로 이끌고
> 그리스도는 혀가 없지만
> 우리의 혀가 그분의 죽음을 사람들에게 알리고
> 그리스도에게 도움이 없지만
> 우리의 도움이 사람들을 그리스도에게로 인도한다.

말씀에 접목하기: 롬 10:13-17

성경은 "믿음은 들음에서 나며 들음은 그리스도의 말씀으로 말미암았느니라"(롬 10:17)고 말씀합니다. 믿음은 그리스도의 말씀, 곧 복음의 말씀을 듣는 것에 달려 있다는 말씀입니다. 어떻게 복음을 듣습니까? 성경은 다시 "듣지도 못한 이를 어찌 믿으리요 전파하는 자가 없이 어찌 들으리요 보내심을 받지 아니하였으면 어찌 전파하리요"(롬 10:14, 15)라고 말씀합니다. 믿음이 우리에게 오기 위해 반드시 필요한 과정은 첫째로 교회의 파송이요, 둘째로 교회의 파송을 받은 전도자요, 셋째로 전도자가 전하는 복음의 말씀입니다. 하나님은 언제나 기도하며 그분의 말씀에 순종하는 교회, 교회의 파송을 받은 신실한 믿음의 사람, 그리스도의 말씀이 복음을 통해 믿음을 선물로 주십니다. 당신의 교회는 기도하며 하나님의 말씀에 순종하는 교회입니까? 당신은 교회에 순종하며 믿지 않는 세상 사람들을 전도하기 위해 나가고 있습니까? 당신의 입과 몸과 삶은 그리스도의 말씀을 전하고 있습니까?

주여 나는 주께 속했사오니

예화 6

미국의 사회개혁자 필립스는 열네 살 때 '너는 하나님께 속한 자'라는 비처 목사의 설교를 들었습니다. 그는 집에 돌아와 문을 닫고 엎드려 간절히 기도드렸습니다. "주여, 나는 주께 속했사오니 주님의 것으로 삼으시옵소서. 기도하옵나니 무슨 시험이든지 쉽게 이기게 하시고, 어떤 옳은 일이든지 확신을 가지고 주님을 의지하여 행하게 하시옵소서."

이 기도는 나중에 응답을 받았습니다. 1865년 그는 미국 반노예협회 회장이 되고 헌법 수정 제15조의 실현을 보았습니다. 그 외에도 그는 부인참정권, 금주운동, 사형제도 폐지, 노동자의 권리 옹호 등 사회개혁에 공헌했습니다. 그는 무엇을 하든지 하나님께 속한 자라는 확신을 가지고 하나님이 원하시는 일이면 흔들리지 않고 수행했습니다.

말씀에 접목하기: 히 4:12

설교는 하나님의 말씀입니다. 설교 자체가 하나님의 말씀이라기보다는 설교하는 동안 임재하시는 성령님이 그 말씀을 하나님의 말씀으로 받게 하십니다. 가나의 혼인 잔치에 포도주가 떨어졌을 때 예수님은 하인들에게 항아리에 물을 채우라고 말씀하신 뒤 그 물을 연회장에 가져다주라고 하셨습니다. 하인들이 예수님의 말씀에 순종하여 항아리에 물을 채우고 떠서 연회장에게 가져다주는 동안 예수님은 그 물을 포도주로 변화시키셨습니다. 연회장에서 사람들이 물이 아니라 예수님이 변화시킨 포도주를 받았듯이, 설교자는 열심히 준비하여 설교하지만 그 설교를 준비하고 설교하는 동안 역사하시는 성령님이 그 설교를 하나님의 말씀으로 받도록 해야 그분의 말씀이 되는 것입니다. 설교의 말씀을 받을 때 필립스도 그 말씀이 하나님의 음성으로 들렸으며, 그 말씀이 그를 찔러 쪼개어 놀라운 사회개혁을 일으키는 사람이 될 수 있었던 것입니다.

하나님의 인이 된 사람

예화 7

하나님은 여호수아를 불러 놀라운 약속의 말씀을 주셨습니다. "만군의 여호와가 말하노라 스알디엘의 아들 내 종 스룹바벨아 …… 너를 인장으로 삼으리니"(학 2:23). 성경시대의 인은 반지나 금속으로 된 도장으로 대개 금으로 만들어졌습니다. 그것은 흔히 왕족이나 부를 축적해 하인을 거느린 주인의 사인 역할을 했으며, 인장이나 문서 등에 주로 쓰였습니다. 왕의 인을 받는 특권을 가진 사람은 언제나 신중하게 선택되었습니다. 그는 왕의 절대적 신임을 받는 사람이어야 하기 때문입니다.

스룹바벨은 여호와의 인이 되었습니다. 그는 하나님의 특별한 은총을 입어 하나님이 하시고자 하는 그 일을 대신하는 자로 임명 받은 것입니다. 그는 이제 하나님의 힘과 권위를 가지고 하나님의 일을 할 것입니다. 스룹바벨이 하는 일은 하나님이 인정하는 일이 될 것이고, 스룹바벨이 신뢰하는 것은 하나님이 신뢰하는 것이 될 것입니다. 그는 하나님의 인이 되어 그분의 일을 하는 자가 될 것입니다. 이것이 오늘날 그리스도인의 정체성입니다. 그리스도인은 하나님의 인이 되어야 합니다. 그리스도인은 다른 사람을 존중하고 용서하고 받아주고 복을 주는 자입니다. 하나님의 인이 되었기 때문에 우리가 그 인장을 찍으면 그것은 곧 하나님의 권위와 힘이 됩니다.

말씀에 접목하기: 학 2:23

예수님은 베드로에게 이런 말씀을 주셨습니다. "또 내가 네게 이르노니 너는 베드로라 내가 이 반석 위에 내 교회를 세우리니 음부의 권세가 이기지 못하리라 내가 천국 열쇠를 네게 주리니 네가 땅에서 무엇이든지 매면 하늘에서도 매일 것이요 네가 땅에서 무엇이든지 풀면 하늘에서도 풀리리라"(마 16:18, 19). 예수님이 교회에 천국 열쇠를 맡기셨다는 말씀입니다. 교회가 무엇이든지 매면 하늘에서도 매일 것이고, 교회가 무엇이든지 풀면 하늘에서 풀리는 권세를 교회에 주신 것입니다. 이 얼마나 놀라운 일입니까! 교회는 하나님의 인을 받은 공동체라는 말씀입니다. 교회는 그리스도의 몸으로서 존귀와 영광을 받았을 뿐 아니라 하나님의 인을 받은 공동체로서 하나님을 대신하여 세상을 구원하는 일에 앞장서는 특권을 받았습니다. 오늘 그리스도인은 하나님의 인을 받은 그리스도의 지체로서 권위와 책임을 가지고 음부의 권세 아래 신음하는 사람들에게 천국 문을 열어주는 하나님의 사명자로서 굳게 서야 할 것입니다.

일꾼을 부르시는 주님

예화 8

마르틴 루터가 종교개혁을 시작할 무렵이었습니다. 그의 절친한 친구였던 프리드리히 미코니우스는 루터를 격려하면서 "자네를 위하여 기도하겠네"라고 약속했습니다. 그리고 루터를 위해 매일 기도했는데, 무슨 이유 때문인지 마음의 만족이 없고 어딘지 모르게 허전한 느낌이 들었습니다. 이렇게 여러 날이 지난 어느 날 밤에 꿈을 꾸었습니다. 그 꿈에서 예수님이 상한 양손과 양발을 보여주시며 자기를 데리고 높은 산꼭대기로 올라가시는 것이었습니다. 올라가서 산 아래를 내려다보니 넓은 들판에 수천 마리의 양이 있는데, 한 목자가 혼자서 그 많은 짐승을 돌보느라 무진 애를 쓰고 있었습니다. 그 목자는 다름 아닌 마르틴 루터였습니다. 주님은 그에게 다른 곳을 보라고 하셨습니다. 거기에는 밀과 보리가 누렇게 익은 들판에서 어떤 농부가 쉬지도 않고 혼자 비지땀을 흘리며 일하고 있는데, 그 역시 마르틴 루터였습니다. 꿈에서 깨어난 미코니우스는 그때부터 기도뿐 아니라 목자와 추수꾼으로 친구 루터를 돕기로 결심했습니다.

하나님은 지금도 일꾼을 부르시고 계십니다. 추수할 곡식은 많지만 추수할 일꾼이 적습니다. 온 세계가 주님의 일터입니다. 주님은 지금 우리의 눈을 열어 온 세계를 바라보라고 초청하십니다. 예수님과 함께 세계를 바라보며 그분과 함께 양을 치며 추수하는 일에 참여하지 않겠습니까?

말씀에 접목하기: 마 9:36-38

예수님은 모든 도시와 마을을 두루 다니시면서 그들의 회당에서 가르치시고 천국 복음을 전파하고 모든 병과 모든 약한 것을 고치셨습니다. 그리고 무리를 보고 불쌍히 여기셨습니다. 그들이 마치 목자 없는 양과 같이 고생하며 기진해 있었기 때문입니다(마 9:36-38). 양은 스스로 생존할 능력이 없습니다. 양은 자기 집을 찾아가지 못하는 유일한 가축입니다. 양은 푸른 초장도 쉴 만한 물가도 자기 힘으로 찾아가지 못합니다. 양은 자기를 지킬 능력이 없기 때문에 맹수의 먹잇감이 되기 쉽습니다. 양의 생존은 오직 목자에 달려 있습니다. 목자가 없는 양은 고생하며 기진하게 될 뿐 아니라 생명 자체가 위태롭습니다. 예수님은 이 땅의 백성을 목자 없는 양에 비유하셨습니다. 하나님은 당신을 양들의 생명을 살리는 목자로 부르고 계십니다. 생명이 위태로운 양들을 지키고 보살피고 풍성한 생명을 얻게 하시는 목자 예수님을 따라 생명을 살리는 목자가 되기로 응답하지 않겠습니까?

몸으로 하나님께 영광을 돌린 사람

예화 9

랜 앤더슨은 미국의 유명한 상담가로 독실한 그리스도인이었습니다. 그는 다음과 같은 유언장을 남겨 사람들의 심금을 울렸습니다. "어느 날 주치의가 나에게 뇌사 판정을 내렸을 때 내 생명을 연장하기 위해 어떤 의술이나 기계를 수단으로 사용하지 마시오. 그때 나의 침상을 사망의 침대라 부르지 말고 생명의 침대라 부르시오. 그리고 내 몸을 다른 사람의 생명에 도움을 주도록 사용해주시오. 즉 내 눈은 이 세상에 태어나 한 번도 햇빛을 보지 못한 자에게 주어 세상의 아름다운 자연과 사람들의 사랑스러운 눈동자를 바라보게 하시오. 내 심장은 날마다 가슴을 움켜쥐고 신음하는 사람에게 주어 고통 없이 살게 하시오. 내 피는 교통사고로 생명의 위협을 받고 있는 젊은이에게 수혈하여 장차 그의 손자와 손녀가 뛰노는 모습을 보고 기뻐하게 하시오. 내 콩팥은 자기 몸 안의 독소를 혈액 정화기를 통해 배출하는 투석환자에게 전해주고 내 허파는 숨을 못 쉬는 자에게 산소 호흡기 대신 넣어주시오. 내 뼈와 신경, 근육까지도 다리를 절며 다니는 장애인에게 주어 똑바로 걷게 하시오. 할 수 있다면 나의 뇌세포를 도려내어 말을 하지 못하는 소년에게 주어 큰 소리로 함성을 지르게 하고, 듣지 못하는 소녀에게 주어 그녀가 창가에 부딪히는 빗방울에 맞춰 콧노래를 부르게 하시오. 그 외에 나머지는 다 태워 한 줌의 재로 만들어 길가의 꽃들이 향기롭게 잘 자라도록 바람결에 뿌려주시오. 그리고 나의 뭔가를 매장하고 싶다면 그동안의 실수와 고집과 편견을 파묻어주고, 나를 기억하고 싶다면 친절한 미소와 신실한 믿음을 잊지 말아 주시오. 내 모든 죄는 사탄에게 내어주고 내 영혼은 하나님께 돌려드리기를 원하오. 나의 이런 유언대로만 해준다면 나는 천국에서 영원히 살 것이오."

말씀에 접목하기: 고전 6:19, 20

성경은 "너희 몸이 그리스도의 지체인 줄을 알지 못하느냐"(고전 6:15)라고 말씀하면서 "몸은 음란을 위하여 있지 않고 오직 주를 위하여 있으며 주는 몸을 위하여 계시느니라 …… 너희 몸은 너희가 하나님께로부터 받은 바 너희 가운데 계신 성령의 전인 줄을 알지 못하느냐 너희는 너희 자신의 것이 아니라 값으로 산 것이 되었으니 그런즉 너희 몸으로 하나님께 영광을 돌리라"(고전 6:13, 19, 20)고 명하십니다. 우리가 예수님을 주님과 구세주로 영접했을 때 갈라디아서 2장 20절 말씀과 같이 우리는 주님을 위한 존재가 됩니다. "내가 그리스도와 함께 십자가에 못 박혔나니 그런즉 이제는 내가 사는 것이 아니요 오직 내 안에 그리스도께서 사시는 것이라." 우리는 지금도 육체 가운데 살고 있지만 우리 몸은 우리를 위한 것이 아니라 예수님과 함께 이웃을 위한 것이 되었습니다. 랜 앤더슨의 유언장처럼 우리 몸의 부분 부분이 이웃의 생명을 풍성하게 하기 위해 사용될 때 우리는 진정으로 주님의 몸으로 변화될 것입니다. 우리의 몸과 모든 것이 오직 주를 위해, 주님과 함께 이웃을 위해 사용될 때 하나님께 영광 돌리는 몸이 될 것입니다.

넬슨 만델라의 화목하게 하는 지도력

예화 10

남아프리카공화국의 국가는 〈디 스템〉과 〈앵코시 세케레레〉 두 곡입니다. 1994년 넬슨 만델라가 흑인 최초로 남아프리카공화국의 대통령에 취임하자 뿌리 깊은 인종차별정책에서 벗어난 흑인은 국가마저 바꾸고 싶어 했습니다. 백인이 만든 흑인차별법을 없앤 것처럼 백인이 만든 국가를 흑인이 따라 부를 이유가 없다고 생각했던 것입니다. 회의장에 모인 아프리카민족회의 사람들은 백인이 부르는 국가 〈디 스템〉을 없애고 대신 흑인들 사이에 불리던 〈앵코시 세케레레〉를 국가로 바꾸자고 의견을 모았습니다.

그리고 만델라 대통령이 오기를 기다렸습니다. 잠시 후 회의장에 도착한 만델라는 사회자로부터 국가를 바꾸려고 한다는 보고를 받았습니다. 모두 대통령이 기꺼이 찬성하리라 여기고 허락이 떨어지기만을 기다리고 있었습니다. 그런데 만델라는 뜻밖의 말을 했습니다. "죄송하지만 저는 여러분과 생각이 다릅니다. 〈디 스템〉은 오랫동안 백인들이 불러 온 국가입니다. 우리가 〈디 스템〉을 없애고 흑인만의 노래를 부른다면 우리도 백인과 똑같은 차별주의자가 되는 것입니다. 남아프리카공화국이 백인만의 나라가 아니듯, 흑인들만의 나라도 아닙니다. 여러분이 국가를 바꾼다면 미래의 남아프리카공화국이 걸어가야 할 길, 즉 백인과 흑인의 화합을 파괴하는 것입니다."

회의장에 모인 사람들은 만델라의 말에 동의했습니다. 이렇게 해서 만델라 대통령은 국가 공식 행사에 백인과 흑인이 좋아하는 두 곡의 국가를 함께 연주하도록 했습니다. 넬슨 만델라는 역시 평화의 사도답게 골이 깊은 양쪽 진영을 화해시켰습니다. 지금 우리나라도 이렇게 화합할 수 있는 지도자를 절실히 필요로 하고 있습니다. "하나님, 화해의 사자를 이 땅에도 보내주시옵소서!"

> 말씀에 접목하기: 마 5:9

예수님은 팔복을 말씀하면서 "화평하게 하는 자는 복이 있나니 그들이 하나님의 아들이라 일컬음을 받을 것임이요"(마 5:9)라고 선포하셨습니다. 화평하게 하는 자는 생명을 존중하는 사람입니다. 그가 흑인이든 백인이든, 그가 가난하든 부자이든, 그가 뛰어난 학자이든 정신지체 장애인이든지 차별하지 않고 그들 모두가 하나님의 형상을 받은 존엄한 존재로 존중과 사랑을 받아야 한다는 확신을 가진 사람만이 피스메이커(peace-maker)가 될 수 있습니다. 화평하게 하는 자는 자기를 낮추고 이웃을 자기보다 더 높이며 소중히 여겨야 합니다. 또한 자기는 십자가에 못 박고 이웃을 축복하고 구원하는 사람이어야 합니다. 이런 사람이 누구입니까? 바로 예수님입니다. 예수님의 영을 받은 사람만이 진정으로 화평하게 하는 자가 될 수 있습니다. 그리고 누구든지 예수님의 영을 받으면 화평하게 하는 자가 될 수 있습니다. 지금 화평의 왕이신 그리스도의 영으로 충만하기를 기도해야 합니다.

부시 대통령이 제시한 어린이 교육 프로젝트

예화 11

2001년 9·11 사태가 있은 지 한 달 뒤 전국으로 방송되는 기자회견을 마치고 부시 대통령은 미국의 1,600만 어린이를 위한 교육 프로젝트를 소개했습니다. 전국 어린이에게 자동차 세차를 하든지 남의 잔디를 깎든지 해서 1인당 1달러씩 백악관으로 보내면 그 돈을 아프가니스탄 전쟁고아들이 겨울을 따뜻하게 보내는 데 쓸 것이라고 발표했습니다. 그는 이렇게 말했습니다. "여러분은 1달러를 낼 뿐이지만 그보다 훨씬 크고 소중한 것을 얻을 수 있습니다. 섬기는 리더십의 근본은 컴패션, 즉 남의 아픔을 이해하고 그 고통을 함께하는 마음인데 어려서부터 그런 착한 마음을 배우면 장차 섬기는 지도자가 될 수 있기 때문입니다."

이 프로젝트는 언론의 적극적 지지로 900만 달러나 모금되었습니다. 미국 전체 어린이 가운데 절반을 훨씬 넘는 수가 참여한 것입니다. 이것은 아주 중요한 도전입니다. 어린이들이 가지고 있는 돈을 그냥 내라고 한 것이 아니라 노동하고 정당한 대가를 받아서 내라고 했습니다. 사랑은 수고와 노력을 통해 하는 것이라는 사실을 가르친 것입니다. 그리고 어느 한 사람이 많이 낼 것을 요구하지도 않았습니다. 모든 사람이 공평하게 내도록 했습니다. 모든 사람의 참여를 유도하고 모든 사람이 자기 몫을 할 수 있도록 했습니다. 그리고 그 일을 하는 동안 고아가 되어 고통 가운데 있는 어린이를 생각하게 했습니다. 이 프로젝트는 우리에게 컴패션 교육의 실제가 어떠해야 하는지를 보여줍니다.

말씀에 접목하기: 행 6:1-7

위대한 지도자는 먼저 하나님이 주시는 비전을 봅니다. 그리고 그 비전을 실현시키기 위해 사람들과 그 비전을 공유합니다. 이 비전을 공유한 사람들은 전체를 움직여 그 비전의 실천에 동참하도록 합니다. 그리고 그 비전을 실천하는 가운데 하나님의 그 비전이 무엇인지를 몸으로 체험하게 합니다. 부시 대통령은 전쟁고아를 따뜻하게 돌보고자 하시는 하나님을 보았습니다. 그는 사람들과 함께 비전을 나누면서 그들도 자기가 보는 비전을 함께 보도록 유도했습니다. 그리고 미국의 모든 청소년에게 비전의 실천에 동참할 수 있게 기회를 주었습니다. 그들이 그 비전을 실천하는 동안 하나님의 사랑을 깨달아 알게 하고, 그 사랑을 가슴에 새기게 하고, 하나님의 비전을 실천하는 사람이 되도록 했습니다. 이것이 성경이 말씀하는 왕직의 의미입니다.

대통령이 백악관에서 하는 일보다 더 중요한 일

예화 12

미국의 41대 대통령 조지 부시는 다음 사랑을 강조하고 또 강조했습니다. "백악관에서 대통령이 하는 일보다 더 중요한 일은 각 가정에서 부모가 자녀들에게 컴패션, 즉 남의 아픔을 이해하고 동참하는 마음을 가르치는 것입니다." 그는 어려서 독방 쓰는 것이 소원이었다고 합니다. 그의 집은 엄청난 부자여서 혼자 사용할 방이 많이 있었습니다. 그러나 그의 어머니는 독방을 허락하지 않고 형제들과 한 방을 쓰게 하면서 그 이유에 이렇게 말했습니다. "형제들과 한 방을 쓰면서 서로의 불편을 이해하고 고통을 나누는 마음을 배우지 못하면 장차 지도자가 되었을 때 어떻게 남의 고통을 이해하고 아픔에 공감할 수 있겠느냐?"

조지 부시 대통령은 특별히 장애인에게 많은 관심과 애정을 가지고 있었습니다. 그는 자기의 세 번째 아들이 세 살 때 백혈병에 걸려 하루하루 죽음에 다가가는 것을 지켜보면서 장애아를 가진 부모의 마음, 장애인의 절망과 고뇌를 이해하는 마음을 가지게 되었습니다. 그리고 네 번째 아들 닐이 학습장애로 읽기에 문제가 있어 바버라 여사가 개인지도를 하면서 남의 아픔에 동참하는 마음을 배우게 되었다고 합니다.

이런 개인적 아픔이 있었기에 부시 대통령은 임기 동안 미국의 5,400만 장애인의 평등권을 보장하는 '미국장애인민권법'에 서명했고, 그것을 대통령 임기 동안 미국 내 정책 가운데 가장 큰 소득이었다고 자랑스럽게 이야기했습니다.

말씀에 접목하기: 출 18:19-26

오늘날 사회는 실력을 중시하고 실력에 따라 사람들을 중용하고 있습니다. 흔히 실력이 있다고 말할 때 개인적 능력을 중시하는데, 그 가운데서도 지적 능력이나 개인의 외모를 주로 떠올립니다. 그래서 학업 성적이나 시험 성적, 개인의 특별한 기술, 외모가 남보다 뛰어나면 존경 받는 지도자가 될 수 있다고 생각합니다. 그러다 보니 지금 우리는 학업 성적이나 시험 성적이 떨어지는 것을 마치 불의하고 부정한 일처럼 여기는 사회에서 살고 있습니다.

모세는 지혜(wise)와 공감적 이해력(understanding), 존중(respect) 등 세 가지를 지도자의 자격으로 삼았습니다. 지혜는 개인적 능력으로, 상황을 잘 판단하고 하나님의 뜻에 따라 선택하고 결정할 수 있는 능력입니다. 지혜로운 사람은 지식과 훈련과 능력과 기술의 사람입니다. 그러나 개인적 능력이 뛰어나다고 해도 하나님의 충성된 종은 될 수 없습니다. 개인적 능력은 충성된 종의 능력 세 가지 가운데 가장 작은 것입니다. 공감적 이해력은 사람들을 이해하는 관계의 능력입니다. 여기서 이해는 다른 사람의 입장에 서서 그 사람을 이해하는 것을 말합니다. 상담에서는 이것을 공감적 이해력이라고 말합니다. 그 사람의 깊은 내면에 들어가 그의 생각을 함께 나누고 그의 감정을 함께 느끼는 능력인 것입니다. 존중은 영적 능력으로, 인간의 존재 자체에 대한 경외심을 가지는 것을 말합니다. 존중한다는 뜻은 그 사람의 존엄성과 소중함을 인정하는 것입니다. 존중은 사람이 평가하는 대로 사람을 보지 않고 하나님의 시각에서 사람을 보는 것입니다. 하나님은 그 사람을 이처럼 사랑하여 자기의 독생자를 아끼지 않고 보내시고 십자가에서 희생하게 하셨습니다. 하나님의 입장에 서서 사람을 보는 것이 진정한 존중입니다.

조지 부시 대통령은 성경적 가치관에 따라 정치를 하려고 노력했습니다. 진정한 지도자는 개인적 능력만 뛰어난 것이 아니라 다른 사람들을 공감적으로 이해하고, 하나님이 존중하고 사랑하듯이 다른 사람들을 존중하고 사랑하는 사람이어야 합니다.

실패를 뛰어 넘은 사람

예화 13

존 피어폰트(John Pierpont)는 겉보기에 실패한 인생을 산 사람이었습니다. 그러나 그의 인생을 깊이 들여다보면 이 세상을 아름답게 만든 위대한 인물들 가운데 한 사람이었음을 알 수 있습니다. 그의 출발은 순조로웠는데, 명문인 예일대학교를 졸업하고 교사가 되었습니다. 그러나 학생에게 너무 너그럽다는 이유로 교직을 떠나야만 했습니다. 그 후 변호사로 개업했지만 정의감이 투철해서 돈벌이가 되는 사건보다 돈벌이가 되지 않는 사건을 맡아 결국 실패하고 말았습니다.

피어폰트는 사업가로서도 실패했고, 노예제도 폐지당 후보로 출마했지만 낙선해 정치인으로서도 실패했습니다. 이렇게 실패를 거듭하면서도 그는 사회 정의를 위해 힘썼고, 사랑을 베푸는 인간이 되기를 소망했으며, 물질보다는 마음으로 사랑하는 것이 승리의 길임을 믿었습니다. 거듭된 실패에도 그는 평생 세상을 아름답게 만드는 일을 위해 노력했으며, 사랑으로 사람을 섬기는 일과 세상을 개혁하는 일을 위해 최선을 다했습니다.

그러나 시간이 흐른 뒤 피어폰트의 주장과 노력은 싹이 나고 자라서 열매를 맺었습니다. 그의 주장대로 교육과 소송 절차는 개선되었고, 신용거래법도 개정되었으며, 노예제도는 완전히 폐지되었습니다. 그가 만든 〈징글벨〉은 지금도 성탄절이 되면 온누리에 따뜻한 마음을 전하고 있는데, 세상을 아름답게 만들고자 했던 그의 노력이 결실을 맺어 세상을 아름답게 만들고 있습니다.

말씀에 접목하기: 사 1:16-20

존 피어폰트는 성경적 가치관으로 세상을 개혁하려고 최선을 다했습니다. 그의 인생은 실패한 것처럼 보였지만 그 노력은 하나도 헛되지 않았으며, 세상을 아름답게 만드는 데 일조했습니다. 그는 생명을 존중하는 세상을 만드는 데 일익을 담당했으며, 우리에게 기독교적 삶의 모델을 제시해 주었습니다. 그리고 국가를 위해 많은 기도를 해야 한다는 것을 알려주고 있습니다. 국가의 권력을 맡은 사람들을 위해서도 열심히 기도해야 하고, 하나님이 세운 목적대로 국가 질서를 유지하고 국민의 안전을 유지하고 생존권을 보장하기 위해 기도해야 합니다. 하나님의 형상대로 창조한 인간을 존중하고 인권을 신장하며 생명을 사랑하고 행복한 사회를 만드는 도우미로서 최선을 다하도록 기도해야 합니다. 또한 우리는 권세에 굴복하고 권세를 가진 자들을 존중하고 두려워하며 국가에 대한 의무를 충실히 수행하도록 기도해야 합니다. 그래서 하나님의 나라가 이 땅에 임하고 하나님의 뜻이 하늘에서 이룬 것같이 이 땅에서도 이루어지게 해야 합니다.

세상을 아름답게 만드는 일에 참여하기를 원합니까?

예화 14

지금 이 세상이 변하기를 바라고 있습니까? 이 세상이 지금보다 더 아름다워지기를 꿈꾸고 있습니까? 그러면서도 거대한 세상을 바라보며 '과연 내가 무엇을 할 수 있을까?' 라고 생각하고 있습니까? 사실 이런 생각을 하는 사람은 많습니다. 우리가 행하는 그 조그만 일이 세상을 바꿀 수 있을까요? 우리 한 사람의 노력이 세상을 더 아름답게 하는 데 기여할 수 있을까요?

케네디 대통령이 남아프리카공화국 청년들에게 한 연설을 들어 보면 그가 어떤 생각을 가졌는지 알 수 있습니다. 당시 남아공은 정치적 억압, 인종차별, 흑백 분규, 사회 혼란, 경제 침체 등으로 엄청난 고통 가운데 있었습니다. 또한 혼자 힘으로는 아무것도 할 수 없다고 절망하고 있었습니다.

"세상의 나쁜 것들에 대하여 우리가 아무 일도 할 수 없다고 말하는 사람들이 있습니다. 그러나 사고와 행동의 거대한 움직임은 한 사람, 한 사람이 이루어낸 물결입니다. 이들이 세계를 움직였습니다. 이제 우리도 그렇게 할 수 있습니다. 역사 자체를 바꿀 힘을 가진 사람은 별로 없지만 우리 각자가 작은 부분이 변화하도록 행동한다면 그 행동이 한 덩어리가 되어 이 세대의 역사를 다시 쓰게 될 것입니다. 인류 역사는 수많은 용기와 행동과 신념이 모여 만들어 나가는 물결입니다. 오늘 한 사람이 세상을 아름답게 만들고자 하는 이상을 세우고 다른 사람을 위해 행동하고 불의에 저항하고 미래의 꿈을 향해 최선의 노력을 다한다면 그는 이 세상에 희망의 잔물결을 내보내게 될 것입니다. 이런 용기 있는 행동은 수백만 명에게 파문을 일으켜 그들도 이 물결에 동참하도록 만들 겁니다. 그리고 이것이 서로 엇갈려 물결의 조류를 만들게 되면 강력한 압제의 장벽도 무너뜨릴 수 있습니다."

말씀에 접목하기: 사 6:8

지금 어떤 생각을 하고 있습니까? 지금 세상을 아름답게 만드는 일에 참여하기를 원합니까? 그러면 먼저 세상을 아름답게 만든다는 것이 무엇을 뜻하는지 물어보아야 합니다. 우리에게는 자신이 처한 환경과 상황에서 세상을 아름답게 만들 수 있는 일이 있을 것입니다. 그것을 위해 무슨 일을 할 수 있습니까? 이것은 우리의 소망을 의미합니다.

다음으로 우리는 자신이 할 수 있는 그 일 가운데 하나님께 영광을 돌리고자 하는 신앙적 열정과 사람들을 사랑으로 섬기고자 하는 사랑의 열정을 담아야 합니다. 그리고 우리가 할 수 있는 최선을 다해 그 일을 하는 겁니다. 그러면 세상에 희망의 잔물결을 일으키는 선구자가 되고, 드디어 세상을 아름답게 만드는 일을 하게 될 것입니다.

희망의 잔물결을 내보내 수백만 명에게 파문을 일으키고 드디어 물결의 조류를 만들어 어떤 장벽도 깨뜨리는 거대한 힘으로 나아가게 할 때 이 세상에는 새 시대의 문이 열렸습니다. 남아프리카공화국을 절망의 나라에서 희망의 나라로 바꾸었던 힘도 이런 잔물결에서 시작되었습니다. 케네디 대통령의 연설과 그에 감동한 소수의 사람이 만들기 시작한 잔물결은 남아프리카공화국을 완전히 새로운 나라로 만들었습니다. 혼자서는 안 됩니다. 지혜롭고 현명한 제3자의 도전과 섬김과 도움을 받아야 합니다. 그리고 수많은 사람이 같은 마음을 가지고 협력해야 합니다. 세상을 바꾸려면 지혜로운 이웃과 잔물결에 파문을 일으켜 거대한 조류를 만들어가는 공동체와 함께해야 합니다. 지금 우리 곁에 어떤 이웃이 있습니까? 지금 어떤 공동체에 속해 있습니까?

나는 하나님께 노래를 부르고 있습니다

예화 15

19세기를 대표하는 스웨덴의 소프라노 가수 예니 린드(Jenny Lind)는 믿음의 사람이었습니다. 그녀가 미국을 방문했을 때 프랑스의 정치가 라파예트, 전 세계적으로 유명한 비행사 린드백보다 더 큰 환영을 받았습니다.

린드는 레이스를 만드는 어머니 밑에서 홀로 시간을 보낼 때가 많았습니다. 그는 혼자 있는 시간에 노래를 부르곤 했습니다. 그러던 어느 날 여배우 한 사람이 린드의 아름다운 목소리를 들었습니다. 그 배우는 국립 오페라단 감독에게 린드를 소개했습니다. 그 후로 그녀의 아름다운 목소리와 인품은 전 세계적으로 명성을 얻게 되었고, 미국을 방문했을 때는 엄청난 환영을 받았습니다.

린드는 아름다운 노래를 부를 뿐 아니라 또 다른 매력을 가지고 있었습니다. 그것은 사람을 감동시키는 인품과 그 인품을 드러내는 노래였습니다. 그녀의 인품은 어려서부터 길러 온 신앙에서 비롯된 것이었습니다. 그녀는 언제나 하나님께 노래를 부르고 있다고 말했습니다. 자기의 아름다운 목소리는 하나님이 선물로 주신 것이므로 하나님을 찬양하고 그분께 영광을 돌리는 것이 자기의 사명이라고 믿었습니다. 그녀는 청중 앞에서 노래를 부르면서도 하나님을 향하여 노래했고 사람들의 환영을 받으면서도 영광을 받으실 분은 오직 하나님뿐이라고 말했습니다. 하나님은 그분을 향해 열려진 그녀의 심령을 놀라운 복으로 채우셨고, 그녀는 하나님을 찬양하며 사람들의 마음에 울림을 주는 노래를 할 수 있었습니다.

> 말씀에 접목하기: 롬 12:1, 2

자신에게 주어진 재능이 린드의 재능만 못할 수도 있습니다. 그러나 우리가 받은 그 재능과 은사로 하나님께 영광을 돌리고 사람들을 행복하게 만든다면 그 재능과 은사는 더욱 빛날 것입니다. 자신이 가진 재능과 은사가 무엇인지 생각해 보고, 하나님께 기도드려야 합니다. 은사와 재능을 주심에 먼저 감사드리고, 그 재능과 은사로 하나님께 영광을 돌리며 사람들을 행복하게 만들 지혜를 구해야 합니다. 그리고 하나님이 지혜를 주시는 대로 열정을 다해 그 은사와 재능으로 하나님께 영광을 돌리며 사람들을 행복하게 만드는 일을 해야 합니다. 그러면 놀라운 기적의 사람으로 서게 될 것입니다.

창조적인 삶

예화 16

미국 샌프란시스코 남부에 가면 꽃이 많아 유명해진 로스 알토힐이 있습니다. 거리를 걸으면서 아름다운 꽃들을 구경할 수 있는데, 그곳에 아름다운 꽃이 피게 된 데는 사연이 있습니다. 오래전 이 도시에 요한이라는 우편배달부가 있었습니다. 그는 매일 똑같은 자전거를 타고 항상 똑같은 길로 "편지 왔어요, 소포 왔어요"라고 외치며 우편물을 배달했습니다. 그는 15년 동안 열심히 쳇바퀴처럼 돌고 도는 삶을 살았습니다.

그러나 중년이 되면서 인생과 직업에 대한 회의와 위기감이 들기 시작했습니다. 그는 자신의 단순하고 단조로운 삶에 싫증이 났던 것입니다. 우편

배달부 일을 계속할 것인지, 아니면 다른 일을 할 것인지, 다른 일을 한다면 어떤 일을 할 것인지에 대해 매일 고민했습니다. 그리고 기도했습니다. 그랬더니 하나님은 그 일을 계속하라고 하셨습니다. 그 일이 너무 지겹고 지루한데 어떻게 하느냐고 묻자 하나님은 그 일을 계속하며 보람 차게 살 수 있는 방법을 생각해 보라고 말씀하셨습니다. 이 문제로 기도하던 그에게 문득 좋은 생각이 떠올랐습니다. '그래, 그것 참 좋은 방법이로구나. 자, 이제부터 다르게 살아 보는 거야.'

요한은 똑같은 직업을 가지고 똑같은 거리를 똑같은 자전거로 똑같은 말을 하면서 돌아다녔습니다. 그러나 달라진 것이 하나 있었는데, 그것은 우편배달부 가방 안에 꽃씨를 넣고 다니면서 집집마다 꽃씨를 뿌리는 것이었습니다. 어떤 꽃씨는 말라죽기도 했지만 어떤 꽃씨는 세월이 지나면서 그가 지나다니는 길에 아름다운 꽃을 피우기 시작했습니다. 그래서 그가 지나는 거리는 꽃의 거리가 되었고, 그가 다닌 마을은 아름다운 꽃마을이 되었습니다.

말씀에 접목하기: 롬 8:14

성령님은 사이에 오시는 분입니다. 이 말뜻은 성령님이 우리와 우리가 만나는 사람 사이에, 우리와 우리가 하는 일 사이에 오셔서 코이노니아를 하시는 분이라는 것입니다. 그 우편배달부는 편지를 배달하면서 하나님께 기도드렸습니다. 그리고 사이에 오시는 성령님과 코이노니아를 했습니다. 우체부는 성령님께 그 일을 계속할 것인지 물었습니다. 그러자 계속하라고 하셨습니다. 그 일이 지루하고 지겹다고 했습니다. 그러자 성령님은 그 일을 하면서 사람들을 행복하게 만들어주라고 하시면서 꽃씨를 뿌려 알토힐을 꽃동산으로 만드는 지혜를 주셨습니다. 그는 사이에 오시는 성령님과 코이노니아를 하면서 창조적이고 의미 있는 새 삶을 발견했습니다. 우리가 무슨 일을 하든지 사이에 오시는 성령님을 거기에 초청하여 코이노니

아를 하면 지루하고 힘든 일을 창조적이고 아름다운 일로 변화시키는 지혜를 얻고 기적을 볼 수 있습니다.

OM 선교회 창설과 관련된 이야기

예화 17

미국 동부에 도로시아 크랩이라는 신실한 그리스도인이 살고 있었습니다. 그녀는 기도하는 가운데 집 근처에 있는 한 고등학교를 위해 기도하라는 강한 영감을 받았습니다. 왜 기도해야 하는지, 무엇을 위해 기도해야 하는지도 몰랐지만 그녀는 성실하게 이 기도 명령에 순종했습니다. 처음에는 하나님이 그들을 구원해주시도록 기도했습니다. 그다음에는 그들을 땅 끝까지 보내시도록 기도했습니다. 그녀는 이런 기도를 12년간이나 했습니다.

어느 날 우연히 그 학교에 다니는 남학생을 만나 그를 전도했습니다. 그 학생을 놓고 3년 기도한 결과 그가 예수 그리스도를 영접했습니다. 그 학생의 이름은 조지 버워(George Verwer)였습니다. 얼마 뒤 버워는 200명의 학생을 예수 그리스도께 인도했는데, 이들은 대학교에 가서도 매일 모임을 갖고 열심히 기도했습니다. 그리고 이들은 멕시코로, 스페인으로, 유럽으로 전도여행을 떠났습니다.

이들은 1964년 OM 선교회(Overseas Missions)를 창설하여 현재 수천 명의 젊은이가 세계 여러 나라에서 다양한 방법으로 복음을 전하고 있습니다. 도로시아 크랩은 자기의 책임이 무엇인지 몰랐지만 무조건 순종하고 기도했습니다. 하나님은 그녀의 단순한 믿음에 엄청난 열매가 열리게 하셨습니다. 그녀의 믿음은 이 세상을 아름답게 만들고자 하시는 하나님의 계획을 위해 사용되었습니다. 하나님과 교제하며 순종하는 믿음은 엄청난 열매를 맺게 합니다.

> 말씀에 접목하기: 빌 1:3-6

　한 고등학교를 위한 도로시아 크랩의 기도는 하나님께 기도하는 가운데 받은 하나님의 음성이었습니다. 하나님은 우리가 기도하는 가운데 수많은 말씀을 주시지만 중보기도를 하라는 말씀도 주십니다. 하나님의 말씀을 받고 중보기도를 드리는 것은 기도이기는 하지만 동시에 하나님께 받은 말씀을 실천하는 것입니다. 하나님은 세상의 모든 사람을 이처럼 사랑하시고 그들이 구원받고 풍성한 생명을 얻기를 원하십니다. 그런데 대부분의 사람이 수많은 어려움에 부딪혀 하나님이 원하시는 풍성한 생명을 얻지 못하고 있습니다. 이런 사람 모두가 중보기도의 대상입니다. 하나님은 그들을 구원하시기 전 우리가 그들을 위해 중보기도를 하기 원하십니다. 중보기도에 대한 응답은 대부분 오랜 시간이 필요합니다. 하나님이 성령님으로 충만하게 하여 주께서 응답하실 때까지 쉬지 않고 기도하는 은사를 주시기 바랍니다.

주님만 바라는 자를 통해 역사하시는 하나님

예화 18

　인도에 선교사로 갔던 윌리엄 캐리는 구두 수선공이었습니다. 그는 자신의 구둣방에 세계 지도를 펼쳐놓고 외국어를 공부하며 쿡 선장의 여행기를 연구했는데, 사람들은 그를 바보요 비현실적 망상가라고 불렀습니다. 목사가 된 뒤에도 사람들은 그를 바보라고 했습니다. 그가 목사 회의에서 "오늘날 모든 백성에게 가서 복음을 전하는 것이 위대한 분부가 아닐까요?"라고 제안하자 연로한 목사는 "젊은이, 앉게나. 하나님이 이방인을 회개시키는 것을 기뻐하시기는 할 텐데, 자네나 내 도움 없이도 얼마든지 하실 수 있을 걸세"라고 그를 나무랐습니다.
　윌리엄 캐리는 신령한 진리를 가지고 인도로 가서 많은 어려움 속에서도 인도의 4대 주요 언어로 성경 전체를 번역했습니다. 그는 다른 사람들이 성경을 아시아 32개국 말로 번역하도록 이끌었고, 126개에 달하는 기독교 학교와 기독교 대학을 설립하도록 도왔습니다. 병상에 누워 임종을 앞두고 그는 "참으로 하나님은 엄청난 일을 하셨구나!"라고 말한 뒤 눈을 감았습니다.

한 사람의 구두 수선공이 선교사의 꿈을 가지고 노력했을 때 모두 바보 취급했지만, 인도에 가서 성경을 인도의 4대 언어로 번역하는 위대한 일을 했으니 그를 통해 하나님의 위대한 능력이 나타났던 것입니다.

말씀에 접목하기: 행 1:17

성령님으로 충만한 사람은 예언하며 환상을 보고 꿈을 꿉니다. 성령님은 하나님의 영이시기 때문에 성령님으로 충만하면 하나님이 보는 세상을 봅니다. 세상의 영을 받은 사람은 성령 충만한 사람이 보는 것을 볼 수 없습니다. 세상의 영을 받으면 자기중심적이 되고 자기 영광을 구하고 자기에게 유익되는 것만 보기 때문에 하나님이 보시는 넓은 세상, 수많은 사람의 유익, 하나님의 영광으로 가득한 미래를 볼 수 없습니다. 윌리엄 캐리는 공부를 많이 한 사람도 아니고 뛰어난 재능을 가진 사람도 아니고 경험이 풍부한 현인도 아니었지만, 성령님으로 충만해 하나님이 보는 것을 함께 볼 수 있었습니다. 그래서 그는 꿈을 꾸는 사람, 비전의 사람이 되었고 미래를 보는 영의 눈을 가진 사람이 되었습니다. 성령님은 영의 눈을 열어 비전의 사람이 되게 하시지만 동시에 그 꿈을 이룰 수 있는 능력과 지혜를 주어 놀라운 일을 하게 하십니다. 성령님으로 충만하기를 구해야 합니다. 그래서 하나님이 보시는 것을 함께 보며, 하나님의 나라를 이 땅에 이루는 지혜와 능력의 사람이 되어야 하겠습니다.

3
교회생활: 예배와 책임, 사명, 공동체

나는 이것밖에 하나님께 드릴 것이 없습니다

예화 1

신의주는 겨울에 추운 지역이면서 먼지가 많은 곳이기도 합니다. 그곳에 새로운 예배당이 세워졌습니다. 신의주 제2교회입니다. 이 교회는 벽돌로 예배당을 크게 짓고 담 벽을 두르고 사람들이 드나드는 큰 대문을 양쪽으로 두 군데나 냈습니다. 그리고 벽돌로 기둥을 세우고 그 벽돌에 흰 대리석을 입히고 '조선 예수교 신의주 제2교회'라는 간판을 달았습니다. 그 교회에 나이 많은 권찰 할머니가 있었는데, 그 할머니는 주일 예배를 드리러 올 때나 새벽기도에 올 때나 다른 일로 교회에 올 때나 항상 성경책 가방 속에 깨끗한 수건을 하나 넣고 다니면서 그것을 꺼내 교회 간판을 닦았습니다. 그 권찰은 그 일을 한 번도 거르지 않고 십여 년 가까이 했습니다. 그래서 먼지가 많은 신의주이지만 그 간판만은 언제나 깨끗하고 반들반들 윤이 났습니다. 이 일이 교회에 소문이 나서 교회 창립기념일에 그 권찰에게 표창을 주었습니다. 그 권찰은 무척이나 감격스러워하면서 이렇게 말했습니다. "내가 뭘 하겠소. 그것 외에 특별히 할 일이 있는 것도 아니고 말이오. 그런데 하나님은 내가 할 수 있는 이런 일도 기뻐하시나 봅니다." 사실 간판 닦는 일을 누구인들 못하겠습니까! 그러나 그것을 자기가 해야 할 달란트로 생각하고 십여 년을 쉬지 않고 계속한다는 것은 결코 쉬운 일이 아닙니다. 하나님은 이렇게 작은 일을 하는 사람들을 모두 기억하고 하늘에서 상을 내리실 것입니다.

말씀에 접목하기: 요 9:4

하나님은 믿음의 사람에게 다양한 은사를 주어 그 은사로 하나님께 영광을 돌리며 교회에 덕을 세우며 다른 사람들을 유익하게 하십니다. 어떤 사람은 다섯 달란트를 받을 수 있지만, 어떤 사람은 한 달란트밖에 받지 못할 수도 있습니다. 그러나 자기가 받은 달란트에 충성한다면 하나님은 30배, 60배, 100배의 결실을 얻게 하십니다. 아무리 작은 은사일지라도 그것은 성령님이 나누어주신 것입니다. 은사를 나누어주신 성령님은 그 은사로 충성하며 섬기게 하며 최소한 30배의 열매를 보장하십니다. 당신은 너무 보잘것없어서 어느 누구의 눈에 띄지 않는 은사를 받았습니까? 그러나 성령님은 그 은사를 나눠주신 분이므로 당신이 그 은사로 섬기는 것을 보고 계시며, 놀라운 열매를 맺게 하실 것입니다.

사랑의 눈물은 역사하는 힘이 있습니다

예화 2

미국의 빈민굴 전도자 하드리 목사가 어느 날 빈민굴에서 몸을 파는 여자를 전도하고 있었습니다. 그녀는 하드리의 말을 들으려 하지 않고 계속 조롱하는 말을 했습니다. 하드리는 전도하기를 중단하고 같이 기도하자고 하더니 기도를 하기 시작했습니다. 그의 눈에서 뜨거운 눈물이 흘러내려 그를 빤히 쳐다보며 조롱하던 그 여자의 얼굴에 떨어졌습니다. 그 순간 그녀의 얼굴에 조소의 빛이 사라지고 그녀의 눈에서도 눈물이 흘러 하드리의 눈물과 합해져 그녀의 뺨에 흘러내렸습니다.

기도를 마치고 목사는 돌아가면서 "하나님은 상한 갈대도 꺾지 않고 꺼져 가는 심지도 끄지 않고 새 불을 일으키시는 분임을 다시 확인했습니다"라고 말했습니다. 그렇습니다. 하나님은 오늘도 꺼져 가는 심지에 새 불을 일으키기를 원하고 계십니다. 그래서 하나님은 눈물을 흘리는 사랑으로 믿지않는 사람에게 예수님을 증거 하는 사람들을 통해 지금도 그 일을 하고 계십니다.

> 말씀에 접목하기: 마 12:17-21

하나님은 영이시기에 사람들에게 직접적으로 그 사랑과 관심을 전달할 수 없습니다. 구약시대에 하나님은 종들을 선택하여 그들을 통해 하나님의 사랑과 관심과 구원을 전달하셨습니다. 예수님의 공생애 기간에는 성육신하신 하나님의 아들 예수 그리스도를 통해 하나님의 사랑과 관심과 구원을 전달하셨습니다. 예수님이 승천하신 뒤, 사도행전 시대 이후에는 그리스도의 몸인 교회와 그리스도의 지체인 믿음의 사람들을 통해 전달하고 계십니다. 하드리 목사는 하나님의 사랑과 관심과 구원을 전달하는 믿음의 사람입니다. 믿음의 사람이 예수 그리스도를 닮아 더 큰 사랑과 눈물과 기도로 나아갈 때 성령님이 거기 임하여 더욱 놀라운 믿음의 기적을 일으키십니다.

종치기 장로 이야기

예화 3

몸으로 사랑한다는 것은 헌신을 뜻하고, 마음으로 사랑한다는 것은 관심을 뜻합니다. 어느 시골 교회에 종치기 장로라는 별명을 가진 장로가 있었습니다. 6남매를 두었고 학벌은 국졸이지만 경제적 염려가 없는 부농이었고 신앙과 행실이 모범적이어서 모든 사람에게 칭찬 듣는 장로였습니다. 그런 그가 30년 동안 교회 종을 쳤습니다.

교회 종을 치게 된 것은 교회의 장로가 되면서부터였습니다. 배운 것이 없어 교회학교의 아이들을 가르칠 수도 없고 노래를 못하니 성가대를 할 수도 없지만 종은 힘만 있으면 칠 수 있으니 종을 쳐야겠다고 시작한 것이 30년을 계속하게 된 것입니다. 그는 매일 새벽, 수요일 저녁, 주일 낮과 저녁을 가리지 않고 눈이 오나 비가 오나 여름이나 겨울이나 가리지 않고 종을 쳤습니다.

75세가 되던 어느 날 새벽, 그날도 종을 친 뒤 기도회에 참석하고 집으로 돌아왔는데 뒷목이 뻣뻣하다고 하면서 자리에 누운 지 한 시간 만에 세상을 떠났습니다. 그는 운명하기 전에 찬송〈저 뵈는 본향 집 날마다 가까워〉를 들으면서 조용히 눈을 감았습니다. 장로님이 세상을 떠나게 되었다는 급한 소식을 받고 달려온 사람들 가운데 그가 운명하는 순간 두 줄기 강한 빛이 하늘로 치솟고 있는 모습을 보았다는 사람도 있었습니다. 교회 사랑은 예수님 사랑입니다. 몸과 마음을 다해 교회를 사랑하는 사람들 가운데 하나님의 평화와 복이 넘칠 것을 믿습니다.

> **말씀에 접목하기: 고전 1:26-29**

하나님은 약한 자와 가난한 자, 작은 자, 없는 자에게 관심을 가지고 계신 분이며 약한 자를 불러서 강한 자를 부끄럽게 하시는 분입니다. 하나님은 상한 갈대를 꺾지 않으시고 상한 갈대를 일으켜 세우고 꺼져 가는 심지에 새 불을 일으켜 타오르게 하시는 분입니다. 하나님은 겨자씨같이 별 볼일이 없는 사람을 택하여 새들이 날아와 깃들이는 나무가 되게 하십니다. 우리 하나님은 바로 종치기 장로처럼 아무것도 할 수 없는 사람들을 불러 예배 때마다, 아침마다 복음의 종소리를 듣게 하시고 하나님을 향하여 돌아서게 하는 아름다운 일을 하게 하십니다. 하나님은 오늘도 우리를 불러 꼭 하고 싶은 일을 하게 하시고 하늘의 영광, 땅의 평화를 이루게 하실 것입니다.

그것은 그리스도의 사랑 때문입니다

예화 4

영국의 선교사 허드슨 테일러는 중국 대륙의 전도 책임자로 있을 때 가끔 외국 선교를 희망하는 후보자 면접을 보았습니다. 어느 날 봉사하기로 결심한 사람을 만나 물었습니다. "왜 해외 선교사로 가기를 원합니까?" 선교사 후보자는 "예수 그리스도께서 우리에게 전 세계에 나가 복음을 전하라고 명령하셨기 때문에 가기를 원합니다"라고 대답했습니다. 또 다른 사람은 수백만 명이 그리스도 밖에서 타락하고 있기 때문에 선교사로 나가기를 원한다고 대답했습니다.

그때 허드슨 테일러는 그들을 향하여 이런 말을 했습니다. "모두 좋은 동기를 갖고 있지만 시험과 시련, 고생, 심지어 죽음의 순간을 당할 때 그런 동기는 당신을 지탱해주지 못합니다. 단지 한 가지 동기가 어려운 시험과 시련 가운데서 견디게 해줄 것입니다. 그것은 바로 그리스도를 사랑하는 마음입니다." 선교사를 지원하는 사람들의 선교에 대한 동기는 보통 '하지 않으면 안 된다' 는 의무감에서 나옵니다. 그러나 의무감은 환난과 핍박을 이길 만큼 강하지 못합니다. 사랑은 몸과 마음과 영을 관통하는 생명입니다. 예수님의 사랑이 우리를 강권하고 예수님을 사랑하는 사모함이 우리 안에 가득하고 성령님이 우리 안에서 역사하시면 어떤 시련과 고난도 이길 수 있습니다.

　아프리카에 있는 한 선교사가 이런 질문을 받았다고 합니다. "당신은 자신이 하고 있는 일을 정말 좋아해서 하고 있습니까?" 그의 대답은 예상을 빗나가는 것이었습니다. "아닙니다. 나와 아내는 먼지가 풀풀 날리는 이 고생을 좋아하지 않습니다. 우리는 여러모로 불편하고 고약한 냄새나는 초라한 오두막집에서 사는 것을 좋아하지 않습니다. 그러나 우리가 좋아하지 않는다고 해서 그리스도를 위해 아무것도 하지 않아도 되는 건 아닙니다. 우리는 가라는 명령을 받았고 그리스도의 사랑이 우리를 강권하시기 때문에 여기서 전도하면서 하나님이 사랑하기를 원하는 사람들에게 사랑을 베풀고 있는 것입니다."

말씀에 접목하기: 고전 5:13, 14

　하나님이 사용하시는 성경에 나오는 인물들은 하나님을 만나고 그분의 말씀을 받은 사람들이었습니다. 그들은 단순히 사명감을 배우거나 하나님의 법을 배우거나 하나님에 대한 지식을 가진 사람들이 아니었습니다. 그들은 살아계신 하나님, 생명의 주님을 만나서 그 생명을 받은 사람들이었습니다. 하나님의 말씀을 받아 그 말씀으로 찔려 쪼갬을 받은 사람들이었습니다. 험지의 선교를 하든지 대중 목회를 하든지 간에 하나님의 일을 하는 사람들은 끊임없이 사탄의 시험과 세상의 핍박과 죄의 유혹을 받습니다. 이것은 우리 힘으로 싸워서 이길 수 있는 대적자가 아닙니다. 오직 성령님이 공급하시는 생명과 사랑으로만 극복할 수 있습니다. 성령님으로 충만하여 하나님을 사랑하고 사람들을 사랑하는 사람이 아니면 누가 그분의 일을 하며, 그분의 선교를 감당하겠습니까?

몸으로 예수님을 전달하기

예화 5

어떤 젊은 여성이 나이 지긋한 집사의 인도를 받아 교회에 나오기 시작했습니다. 그러나 이 여성은 예수를 믿고자 하는 마음에서 나온 것이 아닙니다. 그녀는 본래 예수를 믿을 마음이 없었습니다. 그런데 교회 집사가 너무 사랑해주고 친절히 대해주자 그 답례로 교회에 나왔던 것입니다. 몇 주일 나오다가 이제는 교회에서 발을 빼야겠다고 생각했습니다. 마침 젊은 여성은 장사도 하고 어린 아기도 있고 집안 살림을 해야 하기 때문에 항상 바쁘고 정신이 없었습니다. 그래서 아기를 돌봐야 하기 때문에 못 나가겠다고 자꾸 핑계를 댔습니다.

어느 날 나이 많은 집사가 아침 일찍 그 집에 가서 아기를 안고 교회로 가는 것이었습니다. 젊은 여성은 마지못해 교회에 따라오긴 했지만 아기 때문에 예배를 드릴 수 없다고 핑계를 댔습니다. 이번에도 그 집사는 자기가 밖에 나가 아기를 봐줄 테니 들어가서 예배를 드리라고 했습니다. 교회에 가는 것 외에도 이 젊은 여성이 볼일이 있어 나가야 한다고 하면 그 집사는 자진해서 아기를 돌봐주는 등 여러모로 도움이 주었습니다.

그 집사는 시간이 많아서 그랬던 게 아닙니다. 자기 집안일도 많고 분주하지만 이 여성을 꼭 열매 맺게 하려니 그런 희생을 하지 않을 수 없었던 것입니다. 그래서 일 년 열심히 데리고 다니자 서당 개 삼 년에 풍월 읊는다는 말처럼 차차 깨달음을 얻고 믿음이 생겨 세례까지 받게 되었던 것입니다.

어느 날 젊은 여성이 울면서 간증을 했습니다. "처음에는 아무개 집사님이 참 부담스럽고 귀찮았습니다. 싫다고 하는데도 교회에 가자고 권하고, 또 핑계를 대면 와서 도와주니 웃는 얼굴에 침 못 뱉는다는 말처럼 할 수 없이 답례로 교회에 나오게 되었습니다. 그런데 시간이 지나면서 그 집사님께 말려들어 빠져 나올 수가 없었습니다. 나중에 깨닫고 보니 그 집사님의 은혜가 얼마나 고마운지 평생 잊을 수 없을 것 같습니다. 이제는 그 집사님을 믿음의 어머니로 알고 섬기려고 합니다." 그 집사는 희생적인 봉사를 했기 때문에 하나의 씨앗을 잘 길러낼 수 있었던 것입니다.

말씀에 접목하기: 행 1:8

예수님은 "성령이 너희에게 임하시면 너희가 권능을 받고 …… 내 증인이 되리라"(행 1:8)고 약속의 말씀을 주셨습니다. 나이 지긋한 집사는 성령님으로 충만했고, 성령님은 그녀를 그리스도의 사랑으로 강권했습니다. 그래서 그 집사는 젊은 여성에게 뜨거운 사랑을 나눠줄 수 있었습니다. 성령님은 그녀의 사랑 가운데 임하여 젊은 여성을 믿음으로 인도하신 것입니다. 성령님으로 충만하면 뜨거운 사랑으로 전도할 수 있습니다. 그리스도의 사랑으로 섬길 때 성령님이 거기 임하여 놀라운 생명의 기적을 일으키십니다. 그러나 전도의 열매는 전도자의 뜨거운 사랑만으로 되는 것이 아닙니다. 그리스도의 몸인 교회는 성령님의 전입니다. 그녀가 불신자를 사랑으로 섬기며 그리스도의 몸인 교회로 인도했기 때문에 교회를 성전 삼아 거하는 성령님이 불신자에게 믿음의 기적을 일으키신 것입니다. 교회는 포도나무입니다. 가지가 포도나무에 붙어 있어야 열매를 맺는 것처럼 포도나무인 교회로 불신자를 인도하여 교회로부터 영의 양식을 공급받게 하는 것도 매우 중요합니다.

사랑의 빛을 비추라

예화 6

아르헨티나에 "한 사람도 예수께 인도하지 못했다"고 말하는 한 할머니가 있었습니다. 그 할머니는 오랫동안 교회에 출석했습니다. 그런데 어느 날 주님이 이 할머니에게 이웃을 사랑하는 것이 무엇인지 알게 하셨습니다. 할머니는 하나님이 하늘에서 경건 서적을 내려 보내신 것이 아니라 자기의 아들 예수님을 보내셨다는 것을 알게 되었습니다. 예수님은 세상에 오셔서 사람들과 함께 살면서 사람들에게 필요한 것을 채워주고 병을 고쳐주고 사람들을 돌보셨다고 배웠습니다. 할머니는 자기도 그런 일을 할 수 있겠다는 생각을 가지게 되었습니다.

할머니의 앞집은 세를 주려고 내놓은 집이었습니다. 낯선 사람들이 그 집에 이사 오자마자 할머니는 준비를 갖추었습니다. 그리소 커피와 도넛을 가지고 가서 이렇게 말했습니다. "먹을 것을 조금 가지고 왔수. 이사하느라 바빠서 음식 해 먹을 겨를도 없을 거야. 얼른 가서 그릇을 가져오리다. 바쁜데 설거지를 언제 하겠수. 그리고 식료품점을 알고 싶다면 내 가르쳐 드리리다. 식료품점은 저기 저 구석에 있수……" 할머니는 도넛을 주면서 다른 말을 덧붙이지 않았습니다. 할머니는 음식을 가져가서 그들을 대접했을 뿐입니다.

잠시 후 할머니는 그릇을 가지고 왔습니다. 그리고 이렇게 말했습니다. "뭐든지 또 필요하면 내게 말하시우. 무엇이든지 기쁘게 도와드리리다." 할머니는 결코 그리스도에 대한 설명을 하지 않았습니다. 그러나 몇 달 뒤 이사 온 그 가족들 모두가 세례를 받았습니다. 할머니는 예수님의 빛이 되었습니다. 할머니는 잔잔하게 예수님이 하신 것처럼 그들에게 빛을 비추었습니다. 그들은 그 할머니의 빛을 받고 밝음을 얻었습니다. 하나님이 예수님을 통해 하나님의 놀라운 사랑의 빛을 할머니에게 채우셨기 때문에 이런 일이 일어난 것입니다.

말씀에 접목하기: 고전 10:31-33

하나님의 일을 이야기하면 곧바로 성전을 중심으로 하는 일들을 생각하는 사람이 있습니다. 예배, 성가대, 구역, 교회학교, 식당 봉사 등등. 예배당을 중심으로 해서 일어나는 일들을 하나님의 일이라고 생각하는 사람이 많습니다. 이것도 하나님의 일입니다. 우리는 교회를 섬기는 일을 소홀히 해서는 안 됩니다. 그러나 이것은 하나님의 일 가운데 일부분에 지나지 않습니다. 하나님의 일에 우리의 일상생활을 포함시켜야 합니다. 하나님은 교회에만 계시지 않고, 우리 가정과 직장, 인간관계, 정치, 경제, 교육의 현장과 시장에도 계십니다. 하나님은 교회의 주님이실 뿐 아니라 온 세상을 다스리는 만유의 하나님이십니다. 그러므로 하나님은 교회에서만 섬김을 받지 않고 세상 속에서도 섬김 받기를 원하십니다.

청계천에 있는 사장에서 의류 도매상을 하던 한 권사가 다음과 같은 기도를 드렸습니다. "하나님, 이 상점은 하나님의 것입니다. 저는 이 상점의 점원입니다. 이제 상점의 문을 열겠습니다." 그 권사는 하나님을 주인으로 모시고 점원처럼 일했습니다. 주인이신 하나님을 기쁘게 해드리기 위해 열심히 일했습니다. 그리고 자기 가게에 찾아오는 사람들을 예수님을 대하듯 성실하고 소중하게 대했습니다. 그 권사는 교회에서도 하나님을 잘 섬겼지만 세상에서도 하나님을 잘 섬기는 하나님의 일꾼이었습니다. 자기 삶 속에 임하시는 하나님을 섬길 때 하나님의 영광이 거기에 임합니다.

교회학교 교사의 좌절과 희망

예화 7

2차 세계대전 때 독일에서 있었던 일입니다. 싸움터에서 중상을 입고 죽어가는 나이 어린 병사의 귀에 대고 군목이 죽기 전에 남길 말이 있느냐고 물었습니다. 어린 병사는 실눈을 뜨고 이렇게 말했습니다. "우리 어머니에게 이 아들이 기쁘게 죽었다고 전해주세요." 그러자 군목은 자기가 전해줄 다른 말이 있느냐고 했습니다. "목사님, 제가 다니던 교회학교 선생님께 꼭 전해주세요. 평소 선생님이 가르쳐주시던 예수님처럼 살다가 장하게 죽었다고요." 어린 병사는 이 말을 남기고 숨을 거두었습니다. 군목은 그 병사의 마지막 이야기를 그의 어머니와 그가 다니던 교회학교 선생님에게 서신으로 전달했습니다.

몇 주 뒤 교회학교 선생님이 쓴 편지가 군목실에 도착했습니다. "오, 하나님이시여, 이 죄인을 불쌍히 여겨주시옵소서! 목사님, 저는 지난달에 교회학교의 교사 직분을 사임했습니다. 교회학교의 교사로서 20여 년간 나름 최선을 다했지만 학생들에게 좋은 영향을 끼친 것 같지도 않고, 실제로 제 자신을 돌이켜 보니 말재간이 없어 성경을 가르치는 데 표현력이 많이 부족해서 낙심하던 가운데 사표를 내고 말았습니다. 그런데 목사님의 편지를 받고 나서 그동안 제 교사 직분이 결코 헛되지 않았으며, 소중한 영혼을 주께 인도했음을 알았습니다. 제가 가졌던 부정적인 생각이 송구스럽고, 한 생명의 복된 최후를 알려주어 감사합니다. 이제 교회에 반납했던 교사 직분을 다시 맡겨 달라고 요청할 것이며, 앞으로 이 귀한 직분에 충성할 것을 다짐합니다."

말씀에 접목하기: 갈 6:6-9

씨를 심는 자는 그 씨가 땅에 떨어져 흙에 묻히기 때문에 열매를 보기는커녕 뿌린 씨앗마저 볼 수 없습니다. 그러나 농부는 자기가 뿌린 씨앗이 흙에 파묻혀 보이지 않게 되었다고 낙심하지 않습니다. 농부는 그 씨앗이 땅속에서 발아하여 싹을 틔울 것을 알기 때문입니다. 농부는 땅 위로 보이는 씨앗을 흙으로 덮어 보이지 않게 만듭니다. 농부는 하나님이 흙에 덮여 보이지 않는 씨앗 가운데서 역사하여 그 씨앗에서 싹이 나게 하신다는 것을 믿습니다.

그리스도인은 보이지 않는 곳에서 역사하시는 하나님을 믿는 자입니다. 우리는 주님의 이름으로 여러 가지 일을 합니다. 그러나 그 일들은 숨겨져 있어 열매가 없는 것처럼 보일 때가 많아 수많은 하나님의 일꾼이 실망하고 좌절합니다. 성경은 이렇게 권면합니다. "가르침을 받는 자는 말씀을 가르치는 자와 모든 좋은 것을 함께 하라 스스로 속이지 말라 하나님은 업신여김을 받지 아니하시나니 사람이 무엇으로 심든지 그대로 거두리라 자기의 육체를 위하여 심는 자는 육체로부터 썩어질 것을 거두고 성령을 위하여 심는 자는 성령으로부터 영생을 거두리라 우리가 선을 행하되 낙심하지 말지니 포기하지 아니하면 때가 이르매 거두리라"(갈 6:6-9).

나는 아무것도 할 수 없습니다

예화 8

어느 날 신학대학원 졸업을 한 달 정도 남긴 전도사가 내 방을 찾아왔습니다. 그는 앉으라는 말도 하지 않았는데 의자에 털썩 주저앉더니 한숨을 내쉬고 고개를 떨군 채 양손으로 머리를 감쌌습니다. 찾아온 사람들이 내가 뭐라고 묻지 않아도 시간이 되면 스스로 이야기를 시작한다는 것을 알기에 그 전도사의 옆자리에 앉아 가만히 있었습니다.

그렇게 한참을 앉아 있던 전도사가 고개를 들더니 이야기를 하기 시작했습니다. "교수님, 저는 이제 끝난 것 같습니다. 더 이상 아무것도 할 수 없다는 사실을 뼈저리게 느끼고 있습니다!"

이렇게 시작한 그의 말을 요약하면 이렇습니다. 그는 신학대학교에서 대학부를 졸업했는데 '한국 교회는 썩었고 목회자들은 제정신을 못 차리고 있고 목회 현장은 비기독교적인 것으로 가득하다'고 생각하며 정의감을 불태우고 있었습니다. 그는 자기에게 교회만 주어진다면 다른 교회들이 부러워할 만한 아주 멋진 교회로 만들고 크게 성장시킬 수 있다고 자신했습니다. 신학대학교 대학부를 졸업하고 나서 얼마 되지 않아서 조그만 교회이지만 자기가 담임 목회를 할 수 있는 곳이 생겨서 그 교회의 담임 전도사로 부임했습니다. 거기서 2년 동안 목회하는 과정에서 그는 심한 좌절과 실패를 경험했습니다. 그렇게 열심히 준비해 설교하고 부지런히 뛰어다녔는데도 갈등으로 교인끼리 싸우고, 교회가 성장하기보다 점점 더 약해지고, 그 전도사에게 교회를 떠나라는 교인까지 생겼습니다. 그는 마음속으로 '내가 신학대학원에서 공부하지 않고 교회를 담임해 이런 일이 생겼구나'라고 자기 나름대로 결론을 내리고 그 교회를 사임하고 신학대학원에 입학했습니다.

신학대학원에 들어오면서 그는 '신학대학원에서 3년간 공부하면 목회하는 방법을 터득하고 자신감을 얻어 진짜 목회를 할 수 있을 거야'라고 생각했습니다. 그런데 신학대학원 3년 과정을 거의 끝마쳐 가는 지금 오히려 신학대학원에 입학하기 전보다 자신감을 더 잃어버렸고 이제는 아무것도 할 수 없다는 무력감에 빠지고 말았습니다. 그는 이렇게 자기의 말을 마무리했습니다. "지금 나 같은 사람을 오라는 교회도 없지만 오라고 해도 갈 수 있을지 모르겠습니다. 저는 아무것도 할 수가 없습니다. 자신감을 모두 잃었습니다."

그는 과거 3년간 신학대학원을 다니면서 파트타임으로 봉사할 교육전도사 자리를 구했지만 어느 교회에서도 자기를 불러주지 않았다는 것입니다. 처음에는 담임 목회까지 한 자기를 파트타임 전도사로도 불러주지 않는다는 것을 도무지 받아들일 수 없었다고 합니다. 그러면서 그는 점점 절망에 빠지게 되었다고 합니다. "나를 파트타임 전도사로도 불러주지 않는데, 졸업한다고 해서 어느 교회에서 나 같은 사람을 전임으로 불러주겠습니까? 이제 나는 갈 곳도 없고 불러주는 곳도 없으니 끝난 것 같습니다."

이 말을 듣고 그의 손을 꼭 잡으며 이렇게 말했습니다. "전도사님은 준비가 되어 있지 않다고 생각하는데, 제가 보기에는 하나님이 전도사님을 잘 준비하여 어느 교회에 가서도 일할 수 있게 해주셨네요." 그러자 그는 도전적인 말투로 "다 끝난 사람이 어떻게 다 준비된 사람이 될 수 있습니까? 저를 위로하려고 하지 마세요. 저도 그쯤은 압니다!"라고 말했습니다. 나는 그에게 두 가지를 말해주었습니다. 첫째, 그는 자기가 아무것도 할 수 없다는 것을 깨달았으니 이제부터는 무엇을 하려고 하지 않고 하나님께 구하여 그분을 의지한 채 그분의 능력으로만 무슨 일이든 하려고 할 것이기 때문에 하나님의 능력을 전달하는 통로가 될 수 있다는 것입니다. 둘째, 그는 자기 힘으로 아무것도 되는 게 없다는 사실을 뼈저리게 깨달았기 때문에 무슨 일이든 자기 혼자 하려고 하지 않고 다른 사람들의 의견을 묻고 그들의 도움을 받으며 함께 목회를 해나갈 수 있다는 것입니다. 그래서 앞으로 이 두 가지를 항상 마음에 새기고 목회하면 하나님의 기적을 볼 것이라고 말해주었습니다.

"첫째, 자신이 아무것도 할 수 없다는 것은 하나님의 목회를 하기 위한 시작을 의미하기 때문에 무슨 일을 하든지 먼저 하나님께 기도하면서 지혜를 구하고 하나님이 하시고자 하는 그 일만을 하려고 할 것입니다. 둘째, 혼자서 되는 일이 없으므로 공동체 중심의 목회를 시작하여 언제든 성도들과 함께 의논하면서 하나님의 일을 할 것입니다."

이야기를 나누는 동안 그의 얼굴에 생기가 돌기 시작했습니다. 나는 하나님께 자기의 목회시대를 끝낸 전도사가 이제부터는 하나님의 목회와 공동체 중심의 목회를 할 수 있게 목회의 문을 열어 달라고 기도했습니다. 그리고 그에게 다시 한 번 확신을 주었습니다. "이제 전도사님이 하나님의 목회와 공동체 중심 목회를 준비했으니 하나님이 곧 좋은 일터를 마련하여 부르실 것입니다." 그러나 사실은 이 말을 하면서도 마음속으로 걱정했습니다. '그가 전임 자리를 못 찾으면 어떻게 해야 하나'라는 생각이 마음 한편에 들었기 때문입니다.

그런데 두어 달 뒤 자기 교회에 와서 말씀을 전해 달라는 그 전도사의 전화를 받았습니다. 나는 놀라서 "오라는 교회가 없다고 하더니 어떻게 설교를 전하러 교회에 오라고 합니까?"라고 물었습니다. 그의 대답은 나를 다시 한 번 놀라게 했습니다. 나와 이야기를 나누고 얼마 지니지 않아서 지금 교회에서 전임 전도사로 초청해서 졸업도 하기 전부터 지금의 교회를 섬기고 있다는 것이었습니다. 초빙한 그 교회에 가서 찬양을 인도하는데 은혜가 충만하고 힘이 있었습니다. 나는 하나님의 목회를 하고자 하며, 하나님만 의지하고 다른 사람들과 함께 하나님께 영광 돌리고자 하는 사람에게 하나님은 크신 은총으로 채우시는 분이라는 사실을 다시 한 번 확인했습니다. 예배를 마친 뒤 담임목사는 나에게 "이렇게 잘 준비된 전도사를 우리 교회에 보내주신 하나님을 찬양합니다!"라고 말했습니다.

말씀에 접목하기: 롬 7:21-24; 8:2-4

　사람은 자기가 깨달은 것을 마음으로 결심하여 행동으로 옮길 수 있는 존재가 아닙니다. 사람은 아담과 하와의 타락 이후 사탄의 시험, 죄와 정욕, 세상의 유혹이라는 세 영적 대적자 앞에 노출되기 시작했습니다. 사탄, 죄와 정욕, 세상은 인간의 힘으로는 결코 이길 수 없는 대적자입니다.
　그런데 수많은 사람, 심지어 그리스도인조차도 깨달음만 있으면 행동으로 옮길 수 있다고 착각하고 있습니다. 교회의 가르침 가운데 상당 부분은 사람의 정신을 일깨우고 하나님께 헌신하고 충성하고자 하는 마음을 일으키고 예수님을 따라 살라고 결단을 촉구하는 것입니다. 아직도 교회는 타락한 인간이 맞서야 할 영적인 대적자들이 얼마나 강력한 힘을 가지고 있는지 모르는 듯합니다. 많은 그리스도인은 '예수님이 우리 죄를 속하기 위하여 십자가에 죽으시고 피 흘려 우리를 구원했으니 이제부터는 최선을 다해 예수님의 모범을 따라 살아가야 한다' 라고 생각합니다. 그러나 이런 생각은 영적 대적자들이 얼마나 무서운 힘을 가지고 있는지 모르기 때문입니다.
　사도 바울은 절망적으로 외칩니다. "그러므로 내가 한 법을 깨달았노니 곧 선을 행하기 원하는 나에게 악이 함께 있는 것이로다 내 속사람으로는 하나님의 법을 즐거워하되 내 지체 속에서 한 다른 법이 내 마음의 법과 싸워 내 지체 속에 있는 죄의 법으로 나를 사로잡는 것을 보는도다 오호라 나는 곤고한 사람이로다 이 사망의 몸에서 누가 나를 건져내랴"(롬 7:21-24). 사도 바울은 자기 힘으로는 영적 대적자들과 싸워 이길 수 없다는 사실을 뼈저리게 경험하고 고백적으로 선언하고 있습니다.
　그러나 사람이 할 수 없다고 하나님도 할 수 없다는 것은 아닙니다. 사도 바울은 자기 힘으로는 결코 할 수 없지만 그렇다고 절망하지 않았습니다. 하나님의 성령님의 능력은 얼마든지 죄와 사망의 세력을 이길 수 있기 때문입니다. "이는 그리스도 예수 안에 있는 생명의 성령의 법이 죄와 사망의 법에서 너를 해방하였음이라"(롬 8:2). 오직 성령님의 능력으로 우리는 죄와 사탄과 세상을 이길 수 있습니다. 성령님으로 충만할 때 우리는 진정으로 그리스도인의 삶을 살 수 있습니다. 성령 충만이 그리스도인의 살 길입니다.

하나님은 또 하나의 길을 준비하고 계십니다

예화 9

빌리 그레이엄 목사가 처음으로 공적 전도 사역을 시작할 때의 일입니다. 그는 오리건 주 북서부의 포틀랜드에 있었는데, 라디오 프로그램을 시작하려는 생각을 가졌습니다. 그러나 이것이 성령님이 그에게 주시는 음성인지 아닌지를 분별하지 못하고 있었습니다. 그는 친구 프레드 디너트와 이 일에 대해 의견을 나누었습니다. 라디오 방송을 통한 복음 사역은 많은 돈이 들지만 그들에게는 돈이 없었습니다. 빌리 그레이엄 목사는 자기의 복음 사역을 후원해줄 수 있으리라고 생각되는 사람들의 명단을 만들고 그들과 접촉했습니다. 그런데 그들은 빌리 그레이엄 목사를 실망시켰습니다. 낙담하고 의기소침해진 그는 프레드 디너트에게 자기의 심정을 털어놓았습니다. "라디오를 통한 복음 사역은 하나님의 뜻이 아닌 것 같습니다. 부요하게 사는 사람들이 헌금을 내지 않는 것을 보니 하나님이 그 일을 원하지 않는 것 같다는 생각이 듭니다."

그러나 프레드 디너트는 그레이엄 목사와 생각이 달랐습니다. 그는 이렇게 말했습니다. "하나님은 부자만 사용해 일하시는 분이 아닙니다. 하나님은 가난한 사람을 통해서도 자기 일을 하시는 분입니다. 다시 한 번 시도해 보는 것이 어떻겠습니까?" 그들은 포틀랜드 십자군운동이 끝나는 날 밤에 모인 사람들 앞에서 다음과 같은 몇 가지 사실을 발표했습니다. 첫째는 빌리 그레이엄 목사와 그 팀이 전국적으로 복음 사역을 하는 것이 하나님의 뜻인지 알기 위해 기도하고 있다는 것입니다. 둘째는 빌리 그레이엄 목사의 복음 사역에 동참하기를 원하는 사람은 1달러든 2달러든 마음에 감동이 오는 대로 보낼 수 있다는 것입니다. 셋째는 그 결과에 따라 빌리 그레이엄 목사의 전국 규모 복음 사역이 하나님의 뜻인지 분별할 수 있게 되리라는 것입니다.

그 결과 빌리 그레이엄 목사가 바라던 사역을 하기에 꼭 필요한 돈이 모였습니다. 그 돈은 부자들의 100달러나 500달러씩 보내는 뭉칫돈이 아니라 가난한 사람들이 보낸 1달러, 2달러, 5달러, 10달러 등 작은 액수가 모여된 것입니다. 하나님은 가난한 백성들의 마음을 움직여 빌리 그레이엄 목사의 복음 사역을 시작하게 하셨습니다.

말씀에 접목하기: 창 18:11-14

하나님은 끝을 새로운 시작으로 만드시는 분입니다. 하나님은 절망의 순간을 희망의 순간으로 만드시고, 실패의 순간을 새로운 성공의 시작점으로 만드십니다. 사람들이 끝났다고 하는 바로 그 순간을 새로운 미래를 여는 시작의 순간으로 바꾸시는 분이 바로 우리 하나님입니다. 하나님은 메소포타미아 끝 지점인 하란에서 절망하는 아브람에게 가나안의 꿈을 주시고 그를 이끌어내어 믿음의 조상으로 삼으셨습니다. 하나님은 애굽에서 절망하여 부르짖는 이스라엘 백성을 이끌어내어 하나님의 선민으로 삼고 가나안의 축복을 받게 하셨습니다. 하나님은 십자가의 저주와 죽음으로 끝나버린 바로 그 지점에서 예수님을 부활시켜 새로운 구원의 역사를 시작하셨습니다. 그러나 하나님은 우리가 예상하는 곳에서도 역사하시지만 우리가 예상하지 못한 여러 곳에서도 역사하십니다. 우리는 하나님이 어떤 방법으로 일하실지 모르지만, 생명의 복음을 전파하고자 하는 사람들과 함께하여 축복의 문을 열어주십니다.

나는 주께 받은 그 일을 했을 뿐입니다

예화 10

1840년 영국 런던 교회의 선교사로서 아프리카 선교를 떠났던 리빙스턴이 잠시 귀국했습니다. 영국은 그를 천사처럼 맞아주었습니다. 그의 전도는 큰 의미를 가졌을 뿐 아니라 난관의 연속이었기 때문에 옥스퍼드와 케임브리지 대학에서는 그에게 명예박사를 수여했습니다.

당시 리빙스턴의 얼굴은 아프리카의 풍토로 말미암아 몹시 수척해져 있었습니다. 쇠약해진 몸으로 단상에 올라 그가 처음으로 한 말은 이것이었습니다. "하나님이 나에게 아프리카 전도의 사명을 주신 것을 감사합니다. 아프리카에서 여러 해 있었다고 해서 희생 봉사의 사람이라는 칭호가 주어졌지만 나는 하나님께 받은 것을 조금이라도 갚으려고 노력한 것뿐입니다. 그래도 나는 하나님께 받은 은총의 만 분의 일도 갚지 못했다고 생각합니다. 나는 다만 마땅히 해야 할 일을 한 것입니다. 하나님은 이 부족한 사람에게 하나님의 일을 하는 특권을 주셨습니다. 하나님께 감사드리며 하나님을 찬송합니다."

> 말씀에 접목하기: 요 5:19

하나님과 가까이 교제하며 사는 사람은 언제나 하나님이 보여주시고 말씀하시는 것을 받아서 그대로 순종하려고 애쓰기 때문에 자기가 어떤 사람인지, 자기가 얼마나 훌륭한지 생각하지 않습니다. 오직 하나님이 하시고자 하는 그 일을 하는 것에 감사하고 만족하고 기쁨과 감격으로 충만할 뿐입니다.

필라델피아 한인 영락교회의 이야기

예화 11

미국 필라델피아에 가면 한인 영락교회가 있습니다. 그 교회는 미국 침례교회의 예배당을 빌려 오후 시간에 주일예배를 드리고 있었습니다. 그러던 1985년 어느 날 침례교회 측에서 그 교회를 매각하기로 했으니 교회를 매매하라고 제의해 왔습니다. 한인 영락교회는 여러 차례 회의를 거듭한 결과 돈이 없어서 그 교회 건물을 살 수 없다고 응답했습니다. 그런데 얼마 후 침례교회의 간판이 내려가고 그 자리에 필라델피아 한인 영락교회의 간판이 붙게 되었습니다. 그 교회가 얼마에 팔린 줄 압니까? 단돈 1달러입니다. 침례교회는 자기들이 사용하던 모든 비품도 공짜로 넘겨주었고, 고장 난 파이프 오르간은 2만 4,000달러나 들여 고쳐주었으며, 그 교회의 묘지도 그냥 주었고, 마지막 남은 교회 재정 3,000달러도 넘겨주었습니다.

미국의 그리스도인은 이처럼 엉뚱한 데가 있습니다. 그 침례교회는 왜 자신들이 사용하던 예배당을 한인 영락교회에 고스란히 넘겨준 걸까요? 침례교회의 담임목사는 이렇게 말했습니다. "지금까지 영락교회 여러분을 지켜봤습니다. 교회에 올 때 여러분의 얼굴은 주님의 은혜를 간절히 사모하고 갈망하는 모습이었고, 집으로 돌아갈 때 기쁨과 확신에 찬 발걸음이었습니다. 그리고 우리 교회 청소를 맡은 관리인이 무뚝뚝한 언행으로 여러분이 예배당이나 편의시설을 사용한 뒤 역한 냄새가 난다거나 뒷정리를 제대로 하지 못한다고 혹독하게 비판하는데도 누구 한 사람 대꾸하지 않고 순순히 받아들이고 포용하는 자세가 예수님의 모습을 보는 듯했습니다."

말씀에 접목하기: 눅 17:11-19

우리 하나님은 준비된 그릇에 넘치도록 채우시는 분입니다. 아무리 비가 억수같이 쏟아진다고 해도 그릇을 엎어놓으면 한 방울의 물도 그릇에 채워지지 않습니다. 그릇이 쏟아지는 빗물을 향해 열려 있어야 빗물을 채울 수 있습니다. 하나님은 은혜의 단비를 끊임없이 쏟아주십니다. 하나님께 열려 있는 교회와 성도는 예수 그리스도의 성품을 닮아가고, 하나님의 신비와 기적이 될 것입니다. 필라델피아 한인 영락교회는 하나님께 열려진 교회였습니다. 그래서 하나님이 주시는 은혜를 풍성히 채우는 하나님의 기적과 신비가 된 것입니다.

김상태 집사의 방어 잡이 기적

예화 12

이 이야기는 《국민일보》 2001년 1월 10일자에 보도된 것입니다. 경북 영덕군 남정면 구계리 바닷가에 포항제일교회에서 개척한 구계교회가 있습니다. 이 교회는 50여 명의 성도가 모이는 시골 교회입니다. 김상태 성도는 안수집사로 이 교회에서 봉사하고 있었습니다. 어부인 그는 겨울이면 방어잡이를 주로 했습니다. 어부들은 바다에서 언제 생명의 위기를 맞게 될지 모르기 때문에 미신적이 될 수밖에 없습니다. 그러나 김 집사는 그리스도인이어서 무속 행위를 할 수 없었습니다. 그는 하나님을 신실하게 믿고 섬기면서 목사님의 기도를 받고 바다로 나갔습니다.

이 교회는 예배당 건물이 낡아 수리해야 하는데도 재정 상태가 넉넉지 못해 방치할 수밖에 없었습니다. 군데군데 비가 새고 대들보와 서까래는 썩어 바람만 좀 세게 불면 걱정스러울 정도였지만 수리하지 못하고 계속 미루고 있었습니다. 당시 성도들은 예배당 증개축을 위해 간절히 기도를 드리고 있는 중이었습니다.

지난 12월에 김 집사는 출어하기 전 목사님의 기도를 받으면서 이번에 방어잡이가 잘되면 그것을 팔아 교회 개축을 할 수 있을 거라고 말했습니다. 목사 역시 이번 출어에 큰 기적이 일어나도록 기도했습니다. 그리고 12월 24일 성탄절 전날 김 집사의 어망에 큰 기적이 일어났습니다. 그날 투망했던 그물을 일부 건져 올렸는데 그렇게 잡기 어렵다고 하는 방어가 2,370마리나 잡혀 올라온 것입니다. 방어는 수협에서 전부 경매로 사들여 전량 일본에 수출되었는데 한 마리에 16만 9,000원씩 4억여 원을 받은 것입니다. 그는 그물을 가운데 설치했는데 방어는 왼쪽에서 오른쪽으로 이동하거나 오른쪽에서 왼쪽으로 이동해서 가운데 설치한 그물에는 언제나 양쪽에서 걸리다 남은 것만 걸립니다. 그런데 그날은 이상하게도 왼쪽 그물도 비어 있고 오른쪽 그물도 비어 있고 가운데 설치한 김 집사의 그물에만 상상을 뛰어넘는 방어 떼가 걸려들었던 것입니다.

하나님은 김 집사의 그물로 방어 떼를 몰아넣어 낡은 예배당을 중개축할 수 있게 만들어주셨습니다. 하나님은 우리가 할 수 없는 것을 도와서 그분의 영광을 이 땅 위에 넘치게 만드시는 분입니다.

말씀에 접목하기: 눅 5:4-7

하나님은 우리를 놀라게 하십니다. 하나님은 오늘도 하늘의 신비를 이 세상 가운데서 경험하게 하십니다. 누가복음에 나오는 베드로의 이야기를 읽으면서 우리는 베드로와 안드레, 요한, 야고보가 몹시 놀라는 장면을 눈으로 그릴 수 있습니다. 밤이 새도록 그물을 내렸지만 한 마리도 못 잡고 허탈에 빠진 그들이 예수님의 한 마디로 엄청난 물고기를 잡았으니 입이 벌어질 수밖에 없었을 것입니다. 그들이 그렇게 꿈꾸던 만선의 꿈이 예수님의 말씀 한 마디에 이루어졌습니다. 그들은 예수님을 만나면서 너무 놀라운 일을 경험했습니다. 이것은 하늘에서나 이룰 수 있는 꿈이었습니다. 그러나 예수님은 그 꿈을 이 땅에 가져오셨습니다. 하늘의 신비와 기적을 이 땅에서 경험하게 하신 하나님은 항상 변치 않으시며, 오늘도 하늘의 신비를 이 땅에 들어오게 하십니다. 김상태 집사의 방어잡이처럼 말입니다.

백화점 왕 워너메이커

예화 13

미국 최초로 백화점을 설립하고 우정장관을 지낸 존 워너메이커라는 사람이 있습니다. 그는 미국 교회의 아동부 주일학교에 크게 공헌한 사람이기도 합니다. 가난한 노동자의 가정에서 태어난 그는 초등학교도 나오지 못했으며, 13세부터 벽돌공장에서 노동자로 일해야 했습니다. 그는 교회에 갈 때 비 오는 날이면 마음이 아팠습니다. 교회 입구가 진창길이어서 비가 조금만 내려도 신발이 젖는 등 불편한 점이 많았기 때문입니다.

워너메이커는 일당 7센트의 임금으로 벽돌을 사다 교회의 길을 깔기로 결심했습니다. 계산해 보니 1일 임금 7센트를 가지고 그 길을 다 깔려면 꼬박 2년이 걸렸습니다. 그동안 워너메이커는 아무것도 없이 살아야 했지만 꾸준히 그 일을 했습니다. 한 달이 못 되어 기적이 일어났습니다. 어린 워너메이커가 봉사하는 모습을 보고 교회에 갱신운동이 일어났습니다. 전 교민이 감동을 받아 낡은 교회당을 새로 짓기로 결의했습니다. 13세 소년의 희생봉사 정신이 전 교인의 마음을 움직였던 것입니다. 비만 내리면 진흙탕 길이 되어 많은 성도가 불편을 느끼던 이 길을 다시 까는 데 희생정신으로 2년을 계획했던 일이 한 달도 못 되어 완성된 것입니다. 13세 소년의 꿈대로 길은 잘 포장되었고 교회는 아름답게 신축되었습니다.

워너메이커는 구름을 뚫고 무지개를 본 소년이었습니다. 그 꿈에 하늘의 복이 더해져 미국의 백화점 왕이 되었습니다. 미국 국무장관으로 추대되었을 때 그는 대통령에게 자신이 섬기는 교회의 교회학교 교사직을 할 수 있다면 국무장관을 맡겠지만, 교회학교 교사직에 지장이 있다면 장관직을 수락할 수 없다고 했습니다. 대통령은 주일날 교회 봉사하는 것을 전제조건으로 하고 우정장관에 취임하도록 허락했습니다. 이처럼 워너메이커는 예수님의 마음을 품고 산 사람입니다. 하나님은 그에게 은혜를 주셔서 감격과 기쁨이 항상 그의 마음속에 머물렀습니다. 그는 하나님의 은혜를 통해 움직인 사람이 되었습니다.

> 말씀에 접목하기: 마 16:17-19

교회는 그리스도의 몸입니다. 예수님은 세상에 교회를 세우시고 교회에게 천국 열쇠를 주셨습니다(마 16:19). 교회는 천국 문을 여는 공동체입니다. 교회는 그리스도의 몸이기 때문에 그리스도의 영인 성령님은 교회에 계시며 교회와 함께 움직이시고 교회의 일을 축복하여 하나님의 일로 만드십니다. 교회를 위해 헌신하는 것은 그리스도의 몸을 위해 헌신하는 것이고 교회를 위해 헌신할 때 성령님이 임하여 하늘의 복으로 넘치게 해주십니다. 워너메이커는 어려서부터 성령님으로 충만하여 그리스도의 몸인 교회를 섬기고 성도들을 위해 선한 일을 심었습니다. 그는 성령님으로 심어 성령님으로부터 하나님의 생명을 받은 사람이 되었습니다.

사람들의 필요를 살피고 돌보는 목회

예화 14

샐리 커넥트가 어떤 잡지에 글을 실었는데, 전체 숫자에 관심을 가지는 것보다 한 사람 한 사람의 필요에 관심을 기울이고 돌보아야 한다고 강조하는 내용이었습니다. 2차 세계대전 때 경제학자 슈메이커는 농장에서 일한 적이 있습니다. 그는 매일 소를 세어 32마리가 있는지 확인하고 난 뒤에야 다른 일을 했습니다. 나이 많은 한 농부가 그를 찾아와서 소의 숫자만 세는 것이 일이라면 농장을 키우기가 어려울 것이라고 말했습니다. 그러던 어느 날 소를 세어 보니 31마리밖에 없었습니다. 소 한 마리를 찾기 위해 샅샅이 뒤졌더니 숲속에서 죽어 있었습니다.

이 일이 있고 나서야 슈메이커는 그 농부의 말이 무슨 뜻인지 이해했습니다. 소 한 마리 한 마리의 사정을 잘 알고 그 사정에 따라 필요한 일을 해야 한다는 것이었습니다. 그 농부의 말은 '소들의 눈을 들여다보시오. 소의 겉가죽인 털의 윤기를 확인하시오. 그렇게 하면 몇 마리의 소가 있는지 모를 수는 있지만 아파서 죽어가는 소 한 마리의 생명을 구할 수 있을 거요' 라는 의미였습니다.

말씀에 접목하기: 요 15:9-14

목회자가 교회에 출석하는 교인의 숫자에만 관심을 가진다면 성도 각자가 가진 문제와 위기, 고민, 아픔, 기쁨을 알지 못할 것입니다. 교회가 영적으로 성장하려면 숫자가 얼마나 많으냐를 보는 것이 아니라 한 사람 한 사람의 필요를 살피고 그들의 필요에 따라 돌보고 기도하고 하나님의 복을 전달해야 합니다. 눈을 들여다보는 목회를 해야 합니다. 이것이 하나님의 사랑을 전달하는 목회입니다.

사도 바울은 고린도에서 목회할 때 사람의 숫자에 마음을 쓰기보다 한 사람 한 사람의 필요를 파악하고 그들 각자의 필요를 충족시키는 일에 힘썼습니다. 사람은 영적 깊이를 깨닫는 것조차도 서로 달랐습니다. 그래서 사도 바울은 어떤 사람에게는 고기보다 우유를 먹였습니다. 목회는 한 사람 한 사람을 살피고 그들의 필요를 파악하고 그들을 예수 그리스도의 장성한 분량에 이르도록 돌보는 것입니다.

떡과 포도주의 진정한 의미

예화 15

성찬식 때 보통 떡과 포도주를 사용합니다. 떡은 예수님의 몸을 상징하고 포도주는 예수님이 흘리신 피를 상징합니다. 우리는 이것에 대해 깊이 생각해 봐야 할 것입니다. 포도주(또는 포도즙)는 어디서 나오는 것입니까? 그것은 잘 익은 감미로운 포도로부터 나옵니다. 포도가 포도즙으로 만들어질 때 어떤 과정을 거칩니까? 포도가 으깨져야만 비로소 즙이 나오게 됩니다. 그리고 떡을 만들기 위해서는 알곡을 갈아 고운 가루로 만들어야 합니다. 알곡이 맷돌에 의해 부서져 분말로 갈아져야 하는데, 고운 가루가 되기 전에는 떡을 만들 수 없습니다.

여기서 우리는 예수님의 삶과 비슷한 점을 찾을 수 있습니다. 이 땅에 오신 예수님은 그 목적을 달성하기 위해 으깨지고 부서지고 분말로 갈아졌습니다. 그분은 우리의 죄를 사하시고 우리의 허물을 치료하시고 상처를 싸매기 위해 오셨습니다. 그리고 그것을 위해 십자가에 못 박히셔야 했습니다.

성찬식에서 으깨어지고 부서지고 가루로 빻아진 포도주와 떡을 먹고 있지만 그것은 우리를 위한 예수님의 엄청난 고난을 상징합니다. 그 예수님이 떡이 되고 잔이 되어 우리 속으로 들어오시고 있습니다. 예수님의 살은 우리를 살리는 하나님의 능력이고, 예수님의 피는 우리를 씻고 고치는 하나님의 생명입니다.

말씀에 접목하기: 눅 22:14-20

성찬식에 참여하는 것은 우리를 위해 십자가에서 으깨지고 부서지면서 우리를 구원하신 예수님을 받아들이는 것이고, 주께서 우리 안에 오셔서 우리도 주님과 같이 으깨지고 부서지면서 하나님의 사랑과 축복을 전달하겠다는 결단입니다. 우리가 성찬식에 참여할 때 거기에 임재하신 성령님은 떡과 잔을 예수님의 살과 피로 받으며 감사하게 하실 것이요 우리도 예수님과 같이 십자가의 삶을 살 수 있게 해주실 것입니다.

라우풀의 삶으로 드리는 성만찬

예화 16

라우풀 공은 예수님이 성만찬에 쓰신 은잔을 찾으려고 성을 떠나기로 했습니다. 말에 올라탄 그가 채찍을 가해 막 성문을 나가려고 할 때 아주 남루한 거지가 자선을 청했습니다. 라우풀 공은 자선을 청하며 내미는 거지의 손을 재수 없다고 생각해 멀찍이서 한 푼을 던져주고 갔습니다. 그는 예수님을 섬기는 것이 그 잔을 찾는 거라고 여긴 채 먼 곳까지 가서 그 은잔을 찾아다녔습니다. 세월이 흘러 가진 돈도 다 떨어지고 그의 건강도 쇠약해지고 오랜 여행으로 지쳐 기진맥진했습니다. 백발이 성성해지면서 그는 세상을 배우고 인생을 배우게 되었습니다. 그는 드디어 성화된 마음, 겸허하고 가난한 마음을 가지게 되었습니다. 라우풀 공은 처음에 계획했던 은잔을 찾는 데 실패하고 쓸쓸하게 자기 성으로 돌아왔습니다. 그는 무르익은 곡식처럼 절로 고개가 숙여졌는데, 그동안 그에게 깊은 죄의식과 사랑이 생겼던 것입니다.

라우풀 공이 자신이 살던 성의 문을 막 들어서려는데 출발할 때 손을 내밀어 구걸하던 그 거지가 아직도 성문을 떠나지 않고 있는 것을 보았습니다. 그 거지가 다시 구걸하자 그는 "아무것도 줄 것이 없으니 이 빵이라도 나눠 먹자"라며 빵을 두 조각으로 나누어 그 거지에게 주었습니다. 빵을 먹고 난 거지가 목말라 하자 자기 표주박을 가지고 손수 우물에 가서 물 한 잔을 떠다가 대접했습니다. 그 순간 그 거지가 홀연히 예수님으로 변했습니다. 예수님은 그에게 "네가 찾는 은잔은 바로 이 표주박이고 이 냉수는 나의 피며 네가 나눠준 이 빵 조각은 나의 살이다"라고 말씀하셨습니다.

> 말씀에 접목하기: 고전 11:23-26

예수님은 우리에게 자기 살을 주어 우리를 치유하고 성장시키십니다. 예수님은 자기 피를 우리에게 주어 우리의 죄를 씻고 우리를 성결케 하십니다. 이것이 성만찬입니다. 예수님은 성만찬을 계속하라고 명하셨습니다. 우리는 세상에서 끊임없이 상처 입고 병들고 죄를 지으며 분노와 억울함을 당하며 삽니다. 이것은 인간이 피할 수 없는 실존입니다. 그러므로 우리는 성만찬을 계속할 수밖에 없습니다. 예수님의 살은 우리를 치유하고 성장시키십니다. 예수님의 피는 우리의 더러움을 씻어내고 죄악을 사하십니다.

예수님이 성만찬을 계속하라고 하신 것은 예배를 통해 그분의 피와 살을 기념하는 성만찬을 계속하라는 것만이 아닙니다. 우리 삶이 예수님의 살과 피를 나누는 성만찬이 되어야 한다고 말씀하신 것입니다. 우리 몸은 그리스도의 지체입니다. 우리가 우리 몸으로 이웃을 섬기고 희생의 피로 사람들을 용서하고 사랑하면 거기에 주께서 임하여 하늘의 영광을 빛나게 하실 것입니다.

하나님의 영광을 위해 재물을 사용합니까?

예화 17

신학자 폴 틸리히는 물질을 자기 마음대로 쓰는 것이 죄악의 근본이라고 했습니다. 인간은 청지기일 뿐인데 그 본분을 망각하고 스스로 하나님인 것처럼, 주인인 것처럼 창조자의 의견을 바꿔 자기 마음대로 물질을 쓰는 것이 바로 죄라고 했습니다.

다니엘 피어슨은 의학 공부를 했지만 물려받은 대규모의 농장이 있어 농사를 지었으며, 목재상까지 크게 키워 큰 부자가 되었습니다. 그가 결혼할 때 신부에게 내건 조건이 있었는데, 열심히 돈을 벌되 자신을 위해서는 최소한의 살림만 하고 나머지는 공익사업에 쓰자는 것이었습니다. 신부는 그 결혼조건을 수락했고 죽을 때까지 이를 성실히 지켰습니다. 피어슨 내외는 24개 주에 47개 대학을 후원했지만, 그들 자신은 결혼할 때 산 침대를 평생 사용하는 검소한 생활을 했습니다. 그들의 이름과 업적은 지금까지 하나님의 영광과 함께 길이길이 빛나고 있습니다. 우리 그리스도인은 하나님의 재물을 맡아 그분이 사용하시고자 하는 곳에 사용하도록 부름을 받은 하나님의 청지기입니다.

> 말씀에 접목하기: 창 1:26

사람은 하나님의 청지기로 지음을 받았습니다. "하나님이 이르시되 우리의 형상을 따라 우리의 모양대로 우리가 사람을 만들고 그들로 바다의 물고기와 하늘의 새와 가축과 온 땅과 땅에 기는 모든 것을 다스리게 하자"(창 1:26). 하나님이 인간을 지으신 목적은 청지기입니다. 인간의 본래 사명은 하나님을 대신하여 그분이 아름답게 창조하신 세상과 자연을 아름답게 지키는 청지기 역할을 하는 것입니다. 온 세상의 물질은 하나님의 창조입니다. 하나님은 그 물질이 하나님의 나라와 의를 위해 사용되기를 원하십니다. 물질의 청지기인 우리 인간은 하나님이 창조하신 재물을 하나님의 영광과 사람들의 덕을 위해 사용해야 합니다. 그 물질의 일부분이라도 자신의 정욕과 세상의 영광을 위해 사용할 수 없습니다. 지금 지갑에 있는 카드와 현금을 사용할 때 기도하면서 하나님의 재물을 사용하는 것처럼 하나님과 의논하며 그분의 뜻에 따라 사용하고 있습니까? 재물의 청지기 직을 수행하고 있습니까?

십일조는 하나님께 저축하는 것

예화 18

찰리 페이지는 직장도 없는 무일푼의 청년이었습니다. 하루는 거리를 걷다가 구세군의 가두 전도를 보게 되었습니다. 찬송과 전도 설교가 끝난 뒤 한 젊은 여성이 탬버린을 바구니 삼아 들고 헌금을 걷으면서 한 바퀴를 돌았습니다. 그녀가 앞에 왔을 때 페이지는 헌금을 하고 싶지만 음식을 사 먹을 돈조차 없다고 말했습니다. 그러자 그녀는 자기의 호주머니에서 돈을 꺼내더니 페이지에게 1달러를 주면서 이렇게 말했습니다.

"이 돈을 받고 그중 10센트를 여기에 헌금하세요. 그리고 앞으로 수입이 생길 때마다 10분의 1을 하나님께 바치세요. 이렇게 평생 하나님께 십일조를 바치면 돈이 떨어져 고생하는 일은 없을 겁니다."

페이지는 감사하는 마음으로 그 돈을 받아 그중 10센트를 헌금했습니다. 그리고 얼마 후 그는 직장을 구하게 되었습니다. 그는 그 여성의 말을 믿고 하나님께 계속 십일조를 드리는 생활을 했습니다. 세월이 흘렀을 때 페이지의 이름은 백만장자의 명단에 올라 있었습니다.

말씀에 접목하기: 말 3:10

세상 사람은 무엇이든지 과학적으로 계산하면서 행합니다. 그러나 믿음의 사람은 하나님의 말씀이면 그것이 과학적이든지 아니든지 상관없이 그대로 행합니다. 과학적으로는 십 분의 십이 십 분의 구보다 큽니다. 수학적으로 계산하는 사람은 결코 십 분의 구가 십 분의 십보다 더 크다는 생각에 동의하지 않을 것입니다. 그러나 믿음의 사람은 십의 일 조를 하나님께 바치고 십 분의 구를 가지고 사는 것이 십일조를 드리지 않고 십 분의 십으로 사는 것보다 더 풍족하고 여유롭다는 것을 경험합니다. 그 이유는 하나님이 거기서 기적을 베풀어주시기 때문입니다. 그래서 믿음의 사람은 십일조를 드릴 때 주저하지 않습니다. 지금 세상 사람처럼 과학적으로 계산하며 살고 있습니까, 아니면 하나님의 말씀이면 무조건 '아멘'으로 순종하고 있습니까? '아멘'으로 순종하는 사람은 하나님의 기적과 영광을 보게 될 것입니다.

십일조를 드리는 마음으로 일하라

예화 19

시골에 살던 열여섯 살 된 어떤 소년이 큰 꿈을 안고 뉴욕으로 왔습니다. 그는 뉴욕의 바닷가를 거닐다가 그리스도인을 만나게 되었고, 그는 소년에게 예수 그리스도의 복음을 전했습니다. 그리고 의미 있는 삶을 사는 방법까지 가르쳐주었습니다.

"너는 무슨 재주가 있니?" "시골에서 아버지와 함께 비누, 양초를 만들었던 경험이 있어요." "그러면 비누 만드는 공장에 취직하면 좋겠구나. 그리고 일해서 돈을 벌게 되면 하나님이 너에게 복을 주시는 대로 십일조를 드려라. 그리고 십일조를 하나님께 드리는 정성으로 일해라. 만약 하나님이 너에게 계속 큰 복을 주시거든 십일조만 드리지 말고 십의 이 조, 십의 삼 조, 십의 사 조, 그 이상까지 드려 하나님을 위한 멋진 삶을 살기 바란다." "아저씨, 고맙습니다. 그렇게 해볼게요." 그 그리스도인은 소년에게 축복 기도를 해주고 떠났습니다.

그 후 소년은 비누 공장에서 일하면서 돈을 벌기 시작했는데, 그리스도인의 조언대로 꼬박꼬박 하나님께 십일조를 드렸습니다. 그리고 일할 때는 하나님께 십일조를 드리는 정성으로 일했습니다. 하나님은 그분께 열려 있는 사람에게는 하늘의 복을 주십니다. 그 후 일이 잘 풀리면서 조그만 비누공장을 인수하게 되었고, 하나님의 계속적인 축복으로 사업은 날로 번창했습니다. 나중에 그의 사업은 비누 공장뿐 아니라 양초와 치약까지 만드는 공장으로까지 확장되었습니다. 자수성가한 이 소년이 바로 '콜게이트 치약'을 만든 윌리엄 콜게이트(William Colgate)입니다.

말씀에 접목하기: 마 23:23

예수님은 십일조 신앙보다 정의와 긍휼과 믿음의 신앙을 더 중요하다고 말하면서도 "이것도 행하고 저것도 버리지 말아야 할지니라"(마 23:23)고 말씀하셨습니다. 예수님은 결코 십일조 신앙을 무시하지 않으셨습니다. 그런데 구약에서 가르치는 십일조 신앙과 신약의 십일조 신앙은 약간 다릅니다. 구약은 자신의 재물 가운데서 십 분의 일을 하나님께 바치고 나머지는 자기가 원하는 대로 사용할 수 있었습니다. 재물 가운데 십 분의 일만 하나님의 것으로 구별하여 드리면 나머지는 자신이 원하는 곳에 사용할 수 있었습니다. 그러나 신약성경은 우리가 먹든지 마시든지 무엇을 하든지 하나님의 영광을 위해 하라고 가르칩니다(고전 10:31). 우리가 가진 모든 재물도 하나님의 영광을 위해, 즉 하나님의 뜻에 따라 사용되어야 한다는 것입니다. 십일조는 자기의 모든 재물이 하나님께 속한 것임을 고백하는 것입니다. 십일조가 하나님께 드려지는 것처럼 나머지 십 분의 구도 하나님이 원하시는 대로 기도하면서 사용할 것을 다짐해야 합니다. 십일조 신앙은 하나님의 청지기로서 자기의 모든 재물을 하나님이 사용하시고자 하는 곳에 사용하는 신앙입니다. 콜게이트가 배운 십일조 신앙은 이런 신앙이었습니다. 그래서 하나님께 큰 복을 받은 것입니다.

하나님께 빚진 자

예화 20

그리스도인이었던 A.A. 하츠는 사업을 하다가 실패해 10만 달러의 빚을 지게 되었습니다. 완전히 파산한 것입니다. 어느 날 아침 그는 말씀을 읽고 기도하다가 하나님이 그의 마음속 깊은 곳에서 말씀하시는 음성을 들었습니다. 감동을 받은 하츠는 그날 저녁 자기의 재산을 모두 정리하면서 상당한 액수를 교회에 헌금했습니다. 친구와 친척은 물론 아내까지도 그의 행동에 무척 놀랐습니다. 주변 사람들은 빚을 많이 진 상태에서 내린 그의 결정을 못마땅하게 여겼습니다.

그때 하츠는 사람들에게 이렇게 말했습니다. "나는 사업하면서 늘 이런 생각을 했습니다. 이 사업이 조금만 더 번창하면 주께 모든 것을 바치겠다고요. 마음으로만 헌신하려고 했던 거지요. 그런데 오늘 새벽 우연히 말라기 말씀을 읽다가 십일조를 드리지 아니함이 하나님의 것을 도적질하는 것임을 깨닫게 되었습니다. 나는 많은 사람에게 빚을 지고 있지만 정작 내가 빚을 지고 있는 분은 바로 하나님이라는 사실을 알았습니다. 그래서 가장 중요한 분의 빚부터 갚기로 결심하고 헌금한 것입니다."

그 후 하츠는 재기에 성공해 어마어마한 백만장자가 되었습니다. 그는 자신의 재산을 복음 사역을 위해 쓰는 놀라운 하나님의 사람이 되었습니다.

말씀에 접목하기: 말 3:10

하츠는 십일조를 드리지 않는 것은 하나님의 재물을 도적질하는 것이라고 여겨 하나님께 빚진 것부터 갚고자 했습니다. 신앙의 선배들은 우리 그리스도인이 하나님의 청지기라는 확신을 가지고 있었습니다. 웨슬리는 우리가 가진 모든 재물은 가난한 자들을 섬기도록 우리에게 맡긴 하나님의 재물이라고 믿었습니다. 그래서 손에 남아 있는 모든 재물로 주님을 섬기듯 가난한 사람들을 섬기라고 했습니다. 그는 "만약 당신의 손에 재물이 남아 있는데, 그 재물로 섬김이 필요한 사람들을 섬기지 않는 것은 하나님의 재물을 도적질하는 사악한 짓이다"라고 말했습니다. 그리고 고대 교부 바질은 이렇게 말합니다. "구두쇠가 무엇입니까? 자기에게 꼭 필요한 것으로 만족하지 못하는 사람입니다. 도적이 무엇입니까? 다른 사람에게 속한 것을 취하는 자가 아닙니까? 위탁물로 받은 것을 자기 것이라고 주장할 때 당신은 이미 구두쇠가 되고 도적이 되어 있다는 것을 모르십니까?" 우리는 하나님의 청지기입니다. 청지기의 모든 재물은 주님의 재물입니다. 그러므로 주님을 위해 사용되어야 합니다. 그렇게 하지 않는다면 주인의 재물을 도적질하는 것입니다.

눈을 뜨면 세상을 보나 눈을 감으면 하늘을 본다

예화 21

오래전 파리에서 선교 집회가 열렸을 때입니다. 헌금 그릇이 돌자 초라한 행색의 어느 맹인이 27프랑을 그릇에 넣었습니다. 헌금 위원은 깜짝 놀라며 "왜 이리 많은 돈을 헌금하십니까?"라고 물었습니다. 그러자 맹인은 "왜요? 저라고 못할 게 뭐 있나요?"라고 반문했습니다. 그 맹인 성도는 머뭇거리는 헌금 위원에게 이렇게 말했습니다. "언젠가 제 친구에게 등화비로 들어가는 돈이 일 년에 얼마나 되느냐고 물었더니 그 친구가 등잔불에 들어가는 기름 값만도 일 년에 27프랑 들어간다고 말해주었습니다. 보시다시피 저는 맹인이어서 등잔불이 필요하지 않습니다. 그래서 불을 켜는 데 필요한 기름 값을 한 푼 두 푼 모은 것입니다. 이 돈이 육신의 어둠보다 훨씬 더 큰 고통을 당하는 영혼의 소경들에게 그리스도의 밝은 빛을 주는 데 사용되길 바랍니다."

말씀에 적용하기: 요 9:39-41

맹인의 육신의 눈은 어두웠을지라도 영혼의 눈은 밝았습니다. 그는 복음이 미치지 못하는 어둔 세계에 그리스도의 밝은 빛을 비추는 믿음의 꿈을 꾸었습니다. 그는 육신의 눈은 비록 어두웠지만 영적으로는 밝은 세상을 걸었습니다. 어떤 시인은 눈을 뜨면 세상을 보지만 눈을 감으면 하늘을 본다고 했습니다.

온 천하를 다니며 만민에게 복음을 전파하라

예화 22

한 성도가 매일 전도지 일곱 장씩을 어김없이 사용하고 있다고 말했습니다. '7' 이 완전을 나타내는 숫자이니 일곱 장을 전하기로 했다는 것입니다. 이것이 적은 양 같지만 일 년이면 2,555명에게 복음을 전한 셈이 됩니다. 어떤 성도는 앉아 있는 사람에게만 전도지를 전한다고 했습니다. 건네준 전도지를 읽을 가능성이 가장 높기 때문이라고 했습니다. 또 다른 성도는 전도의 대상이 되는 자들의 이름을 적은 카드를 성경책 갈피에 끼워두고 새벽마다 그들을 위해 기도한다고 했습니다. 그러면 평균적으로 3년 이내에 기도한 그 대상이 신앙생활을 하더라는 것입니다. 어떤 성도는 말주변이 없어 말로 전도하지 못해도 마음으로 교회에 나오기를 기도하면서 매주 한 번씩 찾아가기를 일 년 동안 했더니 교회에 나오더라는 것입니다. 다른 성도는 전도하려는 대상이 살고 있는 이웃집 대문을 지날 때마다 그 집을 향해 십자가를 마음속에 그리면서 기도했더니 얼마 후 자진해서 교회에 나오더라고 했습니다. 어느 권사는 한 가정을 60번을 찾아가 전도했더니 60번째 왔다는 말을 듣고 감격하여 한 번만 가서 예배를 드리겠다고 하더랍니다. 그것이 그 사람의 신앙생활의 출발이 되었다고 했습니다. 당신은 그리스도인입니까? 하나님은 당신을 예수님의 증인으로 부르셨습니다. 지금 당신은 예수님을 증거 하고 있습니까?

말씀에 접목하기: 막 16:15-18

하나님의 계획은 세계 모든 민족이 예수님을 믿고 하나님의 생명을 받는 것입니다. 이것을 위해 제자들에게 복음을 전파하라고 말씀하신 것입니다. 하나님의 계획은 제자들의 손에 달렸습니다. 제자들이 복음을 전파하면 세상은 하나님의 영생을 얻을 것입니다. 그렇지 않으면 세상은 저주와 죽음을 받을 것입니다. 제자들의 어깨에 하나님이 세우신 계획의 성패가 달려 있습니다. 하나님의 계획이 전적으로 사람들의 손에 달렸다면 우리는 하나님의 생명을 흐르게 하는 통로가 되고, 하나님의 생명을 전달하는 천사가 되어야 합니다.

생명을 건 선교사를 지키시는 하나님

예화 23

미국의 한 젊은 선교사가 식인종이 살고 있는 태평양에 위치한 섬에 선교하기 위해 들어가겠다고 했습니다. 그의 친구들은 백인이 그 섬에 들어가면 살아나오지 못하니 가지 말라고 극구 말렸습니다. 그러나 그 선교사는 그런 식인종일수록 그리스도 예수의 복음을 받아들여 사람 잡아먹는 악습을 버리게 해야 한다면서 배를 빌려 그 섬으로 들어갔습니다.

선교사가 그 섬에 배를 대자 식인종들은 그 선교사가 혼자 오면 받아주겠다고 했습니다. 그 선교사가 식인종 마을에 들어가 천막에서 하룻밤을 자게 되었는데, 밤에 그를 잡기 위해 살금살금 가보니 네 명의 군인이 보초를 서고 있었습니다. 다음 날 아침 식인종들이 몰려와서 혼자 온다는 조건으로 상륙을 승인했는데 왜 군인들을 데려왔느냐고 항의하자 그 선교사는 군인들이 어디 있느냐고 하면서 천막 안을 다 보여주었습니다.

다음 날 저녁에도 식인종 몇 명이 다시 그를 잡아먹기 위해 살금살금 가보니 여전히 네 명의 군인이 천막 네 모퉁이에서 보초를 서고 있었습니다. 그때서야 하나님의 천사들이 그를 지키고 있다는 것을 깨닫고 그를 해하려던 계획을 포기하고 그가 전하는 예수 그리스도를 구세주로 모셔 그 식인종 마을이 구원을 받게 되었습니다. 하나님은 그분의 종들이 복음을 전하기 위해 생명을 걸 때 그들을 철저히 지키고 보호하시는 분입니다.

말씀에 접목하기: 마 28:18-20

그리스도인에게는 반드시 해야 할 일이 있고 결코 해서는 안 될 일이 있습니다. 예수님이 "누구든지 제 목숨을 구원하고자 하면 잃을 것이요 누구든지 나를 위하여 제 목숨을 잃으면 찾으리라"(마 16:25)고 말씀하신 것은 해서는 안 될 일과 반드시 해야만 하는 일을 위해서는 목숨을 걸라는 뜻입니다. 다니엘의 친구 사드락, 메삭, 아벳느고는 느부갓네살 왕이 금으로 만든 신상에 절하는 우상숭배는 절대로 해서 안 될 일이고 생명을 걸어야 하는 일이라고 믿었습니다. 누구든지 엎드려 절하지 않는 자는 즉시 맹렬히 타는 불에 던져 넣으리라는 명령을 받았지만 그들은 대답은 단호했습니다. "왕이여 우리가 섬기는 하나님이 계시다면 우리를 맹렬히 타는 풀무불 가운데에서 능히 건져내시겠고 왕의 손에서도 건져내시리이다 그렇게 하지 아니하실지라도 왕이여 우리가 왕의 신들을 섬기지도 아니하고 왕이 세우신 금 신상에게 절하지도 아니할 줄을 아옵소서"(단 3:17, 18).

예수님을 알지 못하여 음부의 권세 아래 있는 사람들에게 복음을 전하고 그들에게 천국 문을 열어주는 것은 예수님이 원하시는 가장 중요한 사명이고, 이 사명은 반드시 해야만 하는 일이자 생명을 걸어야 하는 일입니다. 미국의 한 선교사는 식인종 전도를 위해 생명을 걸었습니다. 그러자 사드락과 메삭, 아벳느고를 풀무 불 가운데서 건져내신 하나님은 그를 식인종에게서 건져내시고 구원의 기적을 일으키셨습니다. 당신은 지금 무엇을 위해 생명을 걸고자 합니까?

복음을 알지 못하는 촌락들을 사랑하는 마음

예화 24

복음을 자유스럽게 들을 수 있는 나라에 살고 있는 우리는 복음을 전혀 들어 보지 못한 사람들이 살고 있는 곳에 영적 필요성이 너 많다는 것을 생각하기 어려울 것입니다. 그리스도를 모른 채 살고 있는 수억 명의 사람을 생각할 때 예수님을 사랑하는 사람은 예수님과 같이 동정과 연민의 마음을 품습니다. "무리를 보시고 불쌍히 여기시니 이는 그들이 목자 없는 양과 같이 고생하며 기진함이라"(마 9:36).

아프리카 선교를 하다가 휴가차 영국을 방문한 로버트 모펫 선교사가 선교 보고를 하고 있었습니다. 그곳에 모인 청중 가운데 젊은 의학도 한 명이 있었습니다. 그는 중국의 한 지역에서 선교 봉사를 하고자 했지만 그 지역이 봉쇄되고 말았습니다. 그러던 중 모펫 선교사의 선교 이야기를 듣게 되었던 것입니다. "저는 아침 해가 고개를 내밀 때 선교사가 전혀 발을 들여놓지 못한 곳들을 생각하곤 합니다. 수천의 촌락에서 연기가 솟아오르는 저 북쪽에 있는 광대한 평지를 바라보면서 하나님께 기도드립니다. 하나님, 저곳에도 선교사를 보내어 목자 없는 양과 같이 유리하는 사람들을 구원하게 하시옵소서!"

'선교사가 발을 들여놓지 못한 수천의 촌락이 있는 광대한 땅'에 대한 이야기는 이 젊은 의학도에게 감동을 주었습니다. 그는 이 말을 들을 때 그곳의 상황이 생생하게 그림처럼 나타나는 환상을 보았습니다. 그는 하나님이 그곳에서 자신을 오라고 손짓하시는 것 같다는 생각을 했습니다. 선교의 열정에 가득 차서 선교지의 꿈을 꾸고 있는 이 청년은 모펫 선교사를 찾아가서 이렇게 말했습니다. "저도 아프리카에 가서 봉사하고 싶습니다." 그가 바로 그 유명한 아프리카 선교사 데이비드 리빙스턴이었습니다. 하나님은 오늘도 복음을 들은 적 없는 수천의 촌락에서 솟아오르는 연기를 보여주실 것입니다. 하나님은 오늘도 세계 모든 사람을 예수 그리스도의 복음으로 구원하여 하늘의 평화를 선물하고 싶어 하십니다. "하나님, 저 바울에게 환상을 보여주신 하나님, 저 리빙스턴에게 손짓하시던 예수님, 오늘 우리에게도 그런 환상과 꿈을 가지게 하시옵소서!"

말씀에 접목하기: 마 9:36

예수님의 제자들은 평범한 사람들이었습니다. 베드로나 요한, 야고보, 마태, 빌립 등 어느 누구도 당시 사람들에게 '참 똑똑하다! 저들은 될성부른 나무가 될 것이다!' 라고 부러워하는 사람이 아니었습니다. 그런데 그들은 될성부른 나무만 된 것이 아니라 역사에 빛나는 인물이 되었습니다. 그 이유가 무엇일까요? 그들이 예수님의 꿈을 가졌기 때문입니다. "오직 성령이 너희에게 임하시면 너희가 권능을 받고 예루살렘과 온 유대와 사마리아와 땅 끝까지 이르러 내 증인이 되리라"(행 1:8). 이것이 예수님의 꿈이었습니다. 제자들은 예수님의 꿈을 받았습니다. 그들은 예수님의 꿈을 이 땅에 실현하는 그분의 제자가 되었고, 예수님의 꿈을 가슴에 품고 사는 사람이 되었습니다.

제자들은 사람들을 사랑하고 그들을 구원하고 그들에게 하늘의 평화와 행복을 전달하고 그들에게 하나님의 나라가 임하게 하는 예수님의 꿈을 위해 생명을 바쳤습니다. 베드로는 거꾸로 못 박혀 죽었습니다. 야고보는 헤롯 왕에게 죽임을 당했습니다. 마태는 돌에 맞아 죽었습니다. 제자들은 포도를 눌러 즙을 내어 포도주를 만들 듯이 자기를 희생하여 사람들에게 행복을 전달하는 예수님의 꿈을 따라갔습니다. 그래서 그들은 하늘의 별같이 빛나는 사람이 되었습니다. 모펫도 데이비드 리빙스턴도 예수님의 제자들을 따라 예수님의 꿈을 꾼 사람이 되었습니다. 지금 당신은 어떤 꿈을 꾸고 있습니까?

전도자보다 먼저 와 계신 예수님

예화 25

인도에서 사역한 선교사 스탠리 존스는 인도 선교 역사에 하늘의 별처럼 빛나는 선교사입니다. 많은 사람이 인도의 흑암 천지에 스탠리 존스가 그리스도의 복음을 들고 가서 전했다고 칭찬과 영광을 돌렸습니다. 그러나 스탠리 존스는 《인도 도상의 그리스도》에서 이렇게 썼습니다. "사람들이 날더러 예수님을 데리고 인도에 간 사람이라고 칭찬하지만 내가 인도에 가 보니 예수님이 나보다 먼저 와 계셨습니다." 스탠리 존스는 자기가 예수님을 데리고 인도에 간 것이 아니라 예수님이 선교사보다 앞서 인도에 가서 인도 선교를 준비하고 인도인을 돌보고 계셨음을 발견했다고 말했습니다.

120년 전 알렌 선교사와 언더우드 선교사, 아펜젤러 선교사가 우리나라에 복음을 들고 왔습니다. 사람들은 그들이 예수님을 데리고 와서 우리나라 사람들에게 복음을 전해주었다고 말하지만 사실은 그들 이전에 예수님이 우리나라에 먼저 와 계셨고, 그들이 예수님을 뒤따라왔다고 해야 할 것입니다.

말씀에 접목하기: 행 16:6-10

사도 바울은 2차 전도여행을 떠나면서 먼저 학문과 문명의 땅 아시아에 가서 복음을 증거 하려고 했으나 이 계획을 성령님이 가로막으셨습니다. 그러자 그는 부자들의 땅인 비두니아에 가서 복음을 증거 하려고 했습니다. 이번에도 예수님의 영이 허락지 않으셨습니다. 그는 어쩔 수 없이 드로아에 내려가서 밤중까지 기도했는데 바다 건너 마게도냐에서 손짓하는 부름을 받아서 유럽 전도가 시작되었습니다(행 16:6-10). 하나님은 유럽에 먼저 가서 준비하고 환상 가운데 손짓하며 선교사 바울의 걸음을 인도하셨습니다. 이처럼 하나님은 나중이 아니라 먼저 가서 준비하고 부르며 행하시는 분입니다.

그것은 다른 사람들이 할 것입니다

예화 26

몽골에 계신 한 선교사는 비닐하우스 만들어놓고 거기서 야채를 재배하는 일이 하루 일과였습니다. 옆에 있는 사람들이 걱정스럽다는 듯이 바라보자 그는 이런 이야기를 했습니다. "몽골에 사는 사람은 채소를 먹지 못해 비타민이 결핍되어 50세를 넘기지 못한다고 합니다. 저는 채소를 재배해 그들에게 채소 먹을 수 있는 기회를 주고 싶습니다." 그러자 한 사람이 "그러면 선교는 언제 합니까?"라고 물었습니다. 선교사는 이렇게 대답했습니다. "선교요? 여기서 그들에게 채소를 공급하고 배추를 재배하는 법을 가르쳐주고 김치 담그는 법을 가르쳐주고 있는데, 이것이 바로 선교입니다. 선교는 생명을 살리는 것이기 때문에 저는 제 은사대로 몽골인의 육체를 건강하게 하는 선교를 하고 있습니다. 그들은 복음을 전하는 사람을 통해 예수를 믿고 하나님과의 생명의 관계를 맺게 될 것입니다." 그는 풍성한 생명으로 넘치게 하는 전도의 일부분을 담당하고 있는데, 다른 사람이 거기에 아름다운 복음의 집을 지을 것입니다. 우리는 하나님께 받은 은사가 저마다 다릅니다. 우리는 받은 은사대로 사람들을 위해 사랑을 베풉니다. 하나님은 사랑을 베푸는 곳에 임하여 생명의 신비를 이루실 것입니다.

말씀에 접목하기: 요 10:10

하나님의 사랑은 인생을 행복하게 만드는 에너지입니다. 아가페의 사랑은 가솔린에 비유할 수 있습니다. 자동차는 가솔린이 있어야 움직입니다. 아무리 좋은 차라도, 아무리 낡은 차라도 가솔린이 있어야 움직입니다. 하나님의 사랑은 인간의 생명을 풍성하게 만드는 하나님의 능력입니다. 선교는 하나님의 사랑을 사람들에게 전달하여 풍성한 생명을 넘치게 하는 것입니다. 몽골 선교사의 비닐하우스 선교는 사람들의 생명을 풍성하게 하는 하나님 선교의 한 부분입니다. 그를 통해 육체를 건강하게 만드는 선교를 하게 하신 하나님은 복음의 말씀을 가르치는 또 다른 선교사를 보내어 하나님의 선교를 완성하실 것입니다.

전도의 기적

예화 27
수십만 명을 주께 인도한 19세기 미국의 대부흥전도사 무디는 하루에 한 사람을 꼭 전도한다는 원칙을 세웠습니다. 그런데 어느 날 아무도 전도하지 못했습니다. 그날 밤 잠자리에 들었지만 책임을 완수하지 못한 자책 때문에 잠이 오질 않았습니다. 그는 다시 옷을 입고 거리로 나갔습니다.

밤중에 거리로 나가 전도 대상을 찾는데 한 술주정뱅이를 만났습니다. 그는 다짜고짜 "예수님을 아시오?"라고 물었습니다. 그러자 술주정뱅이는 버럭 화를 냈습니다. 무디는 쫓기다시피 집으로 돌아왔습니다. 그로부터 석 달이 지난 어느 날 문을 노크하는 소리가 들렸습니다. 나가서 문을 열어 보니 그 술주정뱅이였습니다. 그는 그날 밤에 무디의 "예수님을 아시오?"라는 말을 듣고 버럭 화를 냈지만 그 말이 귓전을 떠나지 않고 계속해서 들려 예수님을 믿기로 했다는 것입니다. 씨앗은 무디가 뿌렸지만 성령님이 내내 그 심령을 붙들고 계셨던 것입니다. "눈물을 흘리며 씨를 뿌리는 자는 기쁨으로 거두리로다 울며 씨를 뿌리러 나가는 자는 반드시 기쁨으로 그 곡식 단을 가지고 돌아오리로다"(시 126:5, 6).

말씀에 접목하기: 시 126:5, 6

하나님은 복음의 말씀을 통해 믿음을 창조하십니다. 로마서 10장 13-15절은 믿음과 구원이 어떻게 우리한테 오는지를 간명하게 전달해주고 있습니다. "누구든지 주의 이름을 부르는 자는 구원을 받으리라 그런즉 그들이 믿지 아니하는 이를 어찌 부르리요 듣지도 못한 이를 어찌 믿으리요 전파하는 자가 없이 어찌 들으리요 보내심을 받지 아니하였으면 어찌 전파하리요." 교회가 전도자를 파송하고 파송 받은 전도자가 복음의 말씀을 전파하고 전도자의 복음 전파를 들은 사람에게 성령님이 역사하여 믿음을 가지게 하시고 성령님은 믿는 자의 입을 열어 주님을 고백하게 하십니다. 주님의 복음을 전하는 자는 성령님의 역사하심을 믿고 용기 있게 복음을 전해야 할 것입니다.

개인 전도의 기적

예화 28

아프리카에 사는 타키라는 성도가 있었는데, 그는 평생 한 번도 개인 전도를 하지 않은 날이 없었다고 합니다. 한번은 몸이 아파 도저히 움직일 수가 없었다고 합니다. 그날은 몸을 움직여 돌아다니면서 전도하기가 불가능했습니다. 그때 그는 "하나님, 오늘도 전도하게 해주시옵소서"라고 간절히 기도했습니다. 타키의 집은 길거리에 있었습니다. 해가 석양으로 기울어질 때 애타는 마음으로 부르짖었더니 갑자기 천둥소리가 울리며 소나기가 내리기 시작했습니다. 그러자 들에서 일하던 사람들, 길가는 나그네들이 타키의 집 앞에 비를 피하기 위해 모여들었습니다. 그때 타키는 누운 채로 그들을 열심히 전도했습니다. 후일 그는 그날 가장 많은 사람을 전도했다고 말했습니다.

말씀에 접목하기: 막 16:20

우리와 함께 계시는 임마누엘 하나님은 전능하신 사랑의 하나님입니다. 하나님과 함께한다는 것은 하나님의 신비가 언제나 우리에게 나타날 수 있다는 것을 의미합니다. 백합화의 향기가 몸에 배면 어디서나 백합화의 향기를 풍길 수밖에 없습니다. 전능하신 사랑의 하나님이 우리와 함께하시는데 하나님의 신비와 기적이 일어나지 않을 수 있겠습니까? 우리는 임마누엘 하나님의 신비와 기적을 기대하며 기도해야 합니다. 그러면 하나님의 신비와 기적을 볼 것입니다.

전도하는 마음은 사랑으로 가득해야 한다

예화 29

T.J. 바흐는 덴마크의 코펜하겐에서 공부하던 학생일 때 예수님을 영접했습니다. 그가 예수님을 영접한 동기는 이렇습니다. 어느 주일 오후 길을 걸어가고 있는데 한 젊은 친구가 길을 건너와서 작은 전도용 책자를 그의 손에 쥐어주었습니다. 바흐는 그것을 구기면서 "참 할 일도 없는 친구네. 자기 할 일이나 열심히 할 것이지!"라며 투덜거렸습니다. 이 모습을 본 청년은 바흐의 투덜거림을 못 들은 체하고 길 한쪽으로 가서 무릎을 꿇고 기도했습니다. 청년의 행동을 어이없다는 듯이 지켜보던 그는 가슴 뭉클한 장면을 목격했습니다. 두 손을 모으고 기도하던 청년의 뺨에 눈물이 주르르 흘러내렸던 것입니다. 바흐는 그의 눈물을 보면서 '이 사람은 자기 돈을 들여 책자를 샀고, 자기 시간을 들여 이것을 전달했을 뿐 아니라 이제는 나를 위해 기도하면서 눈물까지 흘리는구나. 이 사람은 진정으로 나를 생각하고 나를 위하는구나!' 라는 생각을 하게 되었습니다. 바흐의 무례한 태도에도 불구하고 청년이 보여준 따뜻한 행동은 바흐의 마음을 움직였습니다. 그는 집으로 돌아가 찢어진 소책자를 펴고 붙여서 읽기 시작했습니다. 그 책자를 다 읽기도 전에 바흐는 무릎을 꿇고 하나님께 용서를 빌고 예수님을 영접했습니다.

이웃을 전도하고자 하는 사람은 하나님께 그들을 불쌍히 여기고 진심으로 그들을 사랑하는 마음을 달라고 기도해야 할 것입니다. 하나님은 그들을 사랑하여 십자가에 죽기까지 하셨는데 예수님의 사랑을 품지 않고 어떻게 우리가 그들을 전도할 수 있겠습니까?

말씀에 접목하기: 마 9:35-39

바흐를 전도한 이름 없는 청년은 예수 그리스도의 영을 받은 사람이었습니다. 그와 함께하는 그리스도의 영이 예수님처럼 간절한 마음으로 이웃을 사랑하게 했습니다. 예수님은 간절한 마음으로 이웃을 사랑하고 돌보시는 분이었습니다. 예수님은 앞을 못 보는 사람, 듣지 못하는 사람, 병으로 시달리는 사람, 문둥병자, 세리와 죄인까지도 사랑으로 돌보셨습니다. 예수님은 귀신 들린 사람들을 불쌍히 여겨 귀신을 쫓아내어 그들을 대접받는 인간으로 변화시키셨고 죽은 사람도 살려주셨습니다. 예수님은 여러 도시와 마을을 다니시며 천국의 복음을 전파하고 가르치시고 병든 자와 약한 자들을 고치실 때도 비참한 생활과 고통스러운 삶을 안타까워하며 그들을 불쌍히 여기셨습니다. 전도자의 마음은 이러해야 합니다. 전도자는 전도하는 일보다 먼저 믿지 않고 죄악 가운데서 저주의 생활을 하며 지옥의 고통으로 떨어질 사람들을 향한 사랑의 마음을 가져야 합니다.

어떤 할머니의 독특한 전도법

예화 30

아프리카에서 선교하던 선교사가 어떤 원주민 할머니의 독특한 전도법에 감탄한 이야기입니다. 할머니는 문맹에다가 시각 장애를 가진 사람이었다고 하는데, 어떻게 전도를 기가 막힐 정도로 잘 할 수 있었을까요? 다음은 할머니의 독특한 전도법입니다. 할머니가 예수님을 영접한 지 얼마 되지 않았을 때 선교사를 찾아와 대뜸 이렇게 물었다고 합니다. "선교사님, 요한복음 3장 16절이 성경 어디에 있습니까?" 선교사는 영문도 모른 채 할머니의 요구대로 성경을 찾아 빨간 줄을 그어주었습니다. 그러다가 글을 읽을 수도 볼 수도 없는데 왜 그런 부탁을 할까 의아했다고 합니다.

그날부터 할머니는 전도를 하기 시작했습니다. 할머니는 학생들이 수업을 마칠 시간이 되면 동네 학교 정문 앞으로 나갔습니다. 그리고 수업을 마치고 나오는 학생들에게 "학생, 나 좀 도와줄 수 있겠어?"라며 말을 건넸습니다. 앞을 보지 못하는 할머니가 도와 달라고 하자 학생들은 거절하지 못하고 "뭘 도와드릴까요?"라며 다가왔습니다. "사실은 이 할미가 좋아하는 책이 있는데 눈이 잘 안 보여 볼 수가 있어야지. 그래서 말인데, 여기 빨간 줄을 쳐놓은 부분만 좀 읽어주겠어?" 그러면 학생들은 할머니가 요한복음 3장 16절을 잘 들을 수 있도록 또박또박 읽어주었다고 합니다. "정말 고마워. 그런데 학생은 방금 읽은 것이 무슨 뜻인지 알겠어?" "잘 모르겠어요." "내가 가르쳐줄게. 성경은 하나님이 우리를 사랑하신다고 말씀하고 있어. 하나님은 나와 학생을 사랑하셔서 하나밖에 없는 외아들인 예수님을 보내주셨는데, 우리가 그 예수님을 믿으면 죄 용서함을 받고 하나님의 자녀가 되고 영생을 얻게 된다는 말씀이야."

할머니의 독특한 전도법을 통해 많은 사람이 예수님을 알게 되었고, 그들 가운데 그 나라의 기독교 지도자로 성장한 사람도 많았다고 합니다.

말씀에 접목하기: 행 1:6-8

예수님의 제자들은 힘 있는 능력자가 아니었습니다. 그들은 갈릴리 출신 시골뜨기였습니다. 그들은 학력으로도 내세울 것이 없었습니다. 또한 의지가 약해 잘 넘어지는 자였습니다. 3년간 예수님의 제자 훈련을 받았지만 예수님이 잡히실 때 그들은 예수님을 버리고 도망갔습니다. 그들은 평범하거나 평범 이하의 사람이었습니다. 그런데 예수님은 이렇게 별 볼일이 없는 제자들에게 예루살렘과 온 유대와 사마리아와 땅 끝까지 가서 예수님을 증거 하는 증인의 꿈을 심어주셨습니다. 성령님이 임하여 권능을 주시는 것이 불가능을 가능하게 만드는 비밀입니다. 오순절 날에 성령님이 그 제자들에게 임할 때 그들은 마치 새 술에 취한 사람처럼 성령님의 권능으로 힘 있게 예수님을 증거 했습니다.

바위교회의 유래

예화 31

핀란드 헬싱키의 중심부에 바위교회가 있습니다. 이 교회는 세계적으로 유명한 관광 코스 가운데 하나입니다. 원래 헬싱키에서는 도시 중심부에 교회를 짓지 못하도록 되어 있습니다. 그런데 그곳에 멋진 바위교회가 세워지게 된 것입니다. 거기에는 하나님을 사랑하는 자들에게 놀라운 지혜를 주시는 하나님의 역사가 있습니다.

루터란 교회에서는 도시 한가운데 교회를 세울 계획을 갖고 있었지만 시에서 허가를 내주지 않았습니다. 교회 임원들은 이 문제를 어떻게 해결할 것인지 의논하면서 기도하고 있었습니다. 그들은 야고보서의 말씀대로 후히 주시고 꾸짖지 아니하시는 하나님께 열심으로 기도했습니다. 그러던 중 건축가 두 사람이 하나님이 주신 아이디어를 받았습니다. 그 아이디어는 헬싱키 도시 한가운데 있는 큰 바위를 이용하자는 것이었습니다. 그 바위는 너무 커서 없애지도 못하고 그 위에 건물도 세우지 못한 채 그대로 방치해 둔 상태였습니다. 그런데 두 건축가가 이 바위를 이용해 교회를 건축하자는 아이디어를 내놓은 것입니다. "교회라고 해서 반드시 기초를 닦고 기둥을 세우고 지붕을 덮어야 된다는 법은 없으니 바위를 그대로 파서 문만 달아 놓으면 훌륭한 바위교회가 되지 않겠는가? 이렇게 해놓으면 바위 속을 뚫고 지붕만 덮어 놓았으니 여전히 바위이고, 달라진 것이 없으니 시에서도 아무 말도 못 하지 않겠는가?"

루터란 교회는 그 아이디어를 구체화시켜 시에 요청했고, 시의 허가를 받은 뒤 그 거대한 바위를 뚫어 천장을 다듬고 문을 달아 훌륭한 바위교회를 만들 수 있었습니다. 그 바위교회 안에 들어가 보면 벽도 바위고, 바다도 바위여서 전체적으로 자연스러운 멋이 있습니다. 모든 사람이 도시 내에 교회를 지을 수 없다고 말했지만 하나님은 두 건축가에게 아이디어를 주셔서 쓸모없는 바위를 이용해 오늘날 관광 코스가 될 정도로 유명한 교회를 세우게 하셨습니다.

하나님은 지혜가 모자란 사람들이 기도할 때 놀라운 지혜의 문을 열어 응답하시는 분입니다. 하나님은 지혜의 바다입니다. 하나님께 구하는 자는 누구든지 빈손으로 돌아오지 않을 것입니다.

말씀에 접목하기: 약 1:2-4

사도 야고보는 믿음의 시련은 믿음의 사람에게 인내를 만들어내고 아름다운 인격을 만들어내는 줄 믿고 시험을 당할 때 온전히 기뻐하라고 하면서도 시험을 이기고 시련을 견디어내기 위해서는 하나님의 지혜가 필요하다고 말합니다(약 1:2-4). 하나님은 모든 사람에게 후히 주시고 꾸짖지 아니하시는 분입니다. 그분께 지혜를 구하면 모든 시험을 이기고 시련을 견딜 방법과 길을 알려주십니다. 우리의 시각으로는 그 문제와 시험과 시련이 너무 커서 해결할 방법이 없을 것 같지만 하나님은 모든 지각에 뛰어나신 분입니다. 그분께 구하는 사람은 하나님의 지혜를 얻고 아름다운 미래를 만들어낼 수 있습니다. 루터란 교회는 해결하기 어려운 문제를 만났지만 열심으로 기도할 때 하나님의 지혜를 받았습니다. 해결할 수 없는 문제를 만난 것이 문제가 아니라 그 문제를 만났을 때 모든 지각에 뛰어난 하나님께 기도하지 못하는 것이 문제입니다.

relationship with Jesus

4 지혜로운 생활

1
자기발견

옹이 먹은 춘양목 자아상

예화 1

옹이 먹은 춘양목의 자화상을 가지고 사는 30대 전도사가 있었습니다. 춘양 지방에서 나는 소나무는 결이 곱고 똑바로 자라서 아주 귀한 목재가 된다고 합니다. 그런데 갑자기 비가 많이 오거나 가뭄이 심하면 소나무가 똑바로 자라지 못하고 옹이를 먹습니다. 옹이 먹은 춘양목은 아무 쓸모가 없습니다. 춘양이라는 동네에서 자라난 전도사는 자기가 옹이 먹은 춘양목이라고 말했습니다. 자기는 어려서 똑똑하지 못하다는 소리를 많이 들었다고 합니다. 그는 사람들에게서 늘 "이 바보야!"라는 말을 들으며 살아왔습니다. 사춘기 때 좋아하던 여학생이 있었는데 가까이 다가갈 때마다 "저 멍청이가 또 온다!"라며 놀려댔습니다. 그는 이런 말을 들으면서 자기의 가슴이 옹이를 먹기 시작했다고 했습니다. "나는 옹이 먹은 춘양목이다!" 이것이 자신에게 내린 결론이었다고 합니다. 그는 옹이 먹은 춘양목처럼 쓸모없는 인간으로 살아왔다고 고백했습니다. 그렇다면 당신은 지금까지 어떤 말을 들으며 살아왔습니까?

사람들의 판단과 비교, 정죄, 무시는 독이 되어 우리를 저주의 인생으로 몰아갑니다. 반면 사람들의 존중과 신뢰, 용서, 돌봄은 하나님의 치료의 통로가 되어 저주의 인생을 살고 있는 우리를 구원합니다. 자신을 옹이 먹은 춘양목이라고 했던 전도사는 예수 그리스도를 영접하고, 믿음의 사람을 통해 주시는 예수님의 무조건적인 존중과 용서와 감싸주심과 덮어주심을 받으면서 차츰 과거의 속박에서 벗어나기 시작했습니다. 마음을 치료하기 위해서는 자신을 신뢰하고 존중하는 믿음의 사람을 통해 하나님의 신뢰와 존중을 받아야 합니다.

말씀에 접목하기: 엡 2:10

자아상은 자기에 대한 주관적 평가입니다. 어떤 사람은 자기를 바라보면서 '나는 존중 받을 만한 존재다'라고 생각하고 어떤 사람은 '나는 무시받을 만한 존재다'라고 생각합니다. 이것은 다른 사람들의 영향으로 생겨나기는 하지만 결국 스스로 판단을 내리는 자기 가치입니다.

자아상은 자기 중요성(significance)에 대한 자기평가와 자기 능력에 대한 자기평가로 나뉩니다. 자기 중요성은 자신이 다른 사람들에게 얼마나 중요한 존재로 사랑받고 인정받으며 살아왔느냐에 영향을 받습니다. 어려서부터 사람들에게 사랑과 존중을 받으며 살아온 사람은 자신을 중요한 사람이라고 여겨 높은 자존감을 가집니다. 그러나 다른 사람들에게 무시와 왕따를 당하며 살아온 사람은 자신을 별 볼일 없는 존재라고 생각할 것입니다. 자기의 중요성을 잃어버리는 것입니다.

자기 능력은 이제까지 살아오면서 '어떤 성취를 이루었는가?' '사람들에게 얼마나 큰 영향력을 미치며 살아왔는가?'라는 질문에 대한 대답입니다. 하는 일마다 성공하고 높은 성취를 이룬 사람은 자기 능력에 대한 자부심을 가지고 높은 자존감을 가집니다. 그러나 실패를 거듭해 온 사람은 자기 능력을 무시할 것입니다. 자기 능력에 대한 자부심을 가진 사람은 높은 자존감을 가질 것이고, 그렇지 못한 사람들은 낮은 자존감을 가지고 살 것입니다. 당신은 지금 어떤 자아상을 가지고 살고 있습니까?

마음에 어떤 영상을 가지고 사는가?

예화 2

심리학자가 한 가지 실험을 했습니다. 같은 사람의 사진을 두 장씩 준비해 한 사진 아래에는 '흉악' '잔인' '음흉' '악독' 등 부정적 단어를 쓰고, 다른 사진에는 '정직' '용감' '강인' '공평' 등 긍정적 단어를 썼습니다. 그리고 나서 사람들을 두 조로 나눠 각각 다른 사진을 보여주고 그들의 직업을 추측해 보도록 했습니다. 그 결과 부정적 단어가 쓰여 있는 사진을 본 사람들 대부분은 '도살업자' '망나니'라고 추측했습니다. 그러나 긍정적 단어가 쓰여 있는 사진을 본 사람들 대부분은 '군인' '경찰'이라고 추측했습니다.

성공을 추구해 나갈 때 자신의 마음속에 어떤 영상을 가지고 있는가 하는 것은 미래에 엄청난 영향을 미칩니다. 마음에 가지고 있는 언어나 영상은 잠재의식에서 당신의 삶을 지배할 것입니다.

한 초등학교 선생님이 심리학자가 실시한 실험과 비슷한 심리 실험을 했습니다. 선생은 학생들을 '푸른 눈동자 조'와 '갈색 눈동자 조'로 나눈 뒤 이렇게 말했습니다. "최근 푸른 눈동자를 한 아이들이 갈색 눈동자를 한 아이들보다 더 똑똑하고 학습 성적도 좋다는 과학적 연구가 나왔대." 그리고 나서 일주일 쯤 지나자 '갈색 눈동자 조' 학생들의 성적이 눈에 띄게 떨어진 반면 '푸른 눈동자 조' 학생들의 성적이 급격히 향상되는 현상이 나타났습니다.

결과를 확인한 선생님은 반 전체 학생들에게 자신이 잘못 알았다고 하면서 "눈동자가 푸르거나 옅은 아이들이 '약자'고 눈동자가 갈색이거나 짙은 아이들이야말로 '강자'라는 보고가 있대"라고 말했습니다. 그러자 이번에는 '갈색 눈동자 조' 학생들의 성적이 많이 올라가고 '푸른 눈동자

조'의 학생들의 성적이 내려갔습니다.

　잠재의식이라는 마음의 밭에 좋은 암시를 주는 씨앗을 뿌리면 좋은 열매를 얻고 나쁜 암시를 주는 씨앗을 뿌리면 나쁜 열매를 얻게 됩니다. 성공이라는 열매를 따고자 한다면 언제 어디서나 잠재의식이라는 밭에 건강하고 희망 찬 씨앗을 뿌려야 합니다.

말씀에 접목하기: 눅 24:13-35

　불행한 사람은 대체로 불행한 이야기를 마음 중심에 담고 있으면서 시시때때로 그 이야기를 생각하고, 그 이야기와 연관된 감정을 다시 느끼고, 그 이야기를 통해 자기를 보고 자기 미래를 결정합니다. 반대로 행복한 사람은 아름다운 이야기를 생각하면서 그 관점에서 자기를 보고 세상을 보기 때문에 긍정적인 인생을 살아갑니다. 세상은 끊임없이 우리에게 어떤 이야기를 들려줍니다. 그 이야기를 그대로 받고 마음에 품고 사는 사람은 세상의 영향에서 벗어나지 못한 채 이리저리 흔들리는 갈대와 같은 인생을 삽니다. 예수님을 믿는 사람은 그 배에서 영원토록 솟아나는 생수를 가진 사람입니다. 예수님은 우리 안에서 모든 불행한 이야기를 행복한 이야기로 바꾸실 뿐 아니라 하나님의 사랑과 기쁨과 평화의 생수가 흘러나오게 하시는 분입니다. 예수님의 이야기를 마음 가득 채울 때 불행은 떠나가고 축복의 인생을 살게 됩니다.

나는 어떤 사람인가?

예화 3

인생은 깜짝깜짝 놀라게 하는 일의 연속입니다. 사람은 인생을 살면서 끊임없이 자기를 놀라게 하는 일들에 대해 어떤 선택을 하며 살아갑니다. 우리는 평생 선택하면서 살 수밖에 없습니다. 잔잔한 바다에서 항해를 즐기던 세 사람이 있었습니다. 갑자기 심한 바람이 불어 세 사람은 더 이상 즐거운 항해를 할 수 없게 되었습니다. 그중 한 사람은 염세주의자로 계속해서 바람에 대해 불평을 늘어놓았습니다. 또 한 사람은 낙관주의자로 바람의 방향이 바뀔 것을 기대하면서 가만히 앉아 있었습니다. 마지막 한 사람은 리더십을 가진 지도자 스타일로 재빨리 닻을 조절하고 배의 방향을 조정했습니다. 그렇다면 당신은 어떤 사람입니까?

다음은 리더십 전문가이자 작가인 존 맥스웰이 그의 아버지와 나눈 대화입니다. 그는 아버지를 자기 인생의 영웅으로 존경했습니다. 최근 부모님이 자기 집을 방문했는데, 그의 아버지는 여행용 가방을 열고 책 여러 권을 꺼냈습니다. 존은 그것을 보고 아버지에게 이렇게 말했습니다. "아버지, 이제 칠순이세요. 그동안 아버지는 자식들에게 훌륭한 삶의 자세를 보여주셨는데, 아직도 그런 책들을 읽으시는 거예요?" 존의 아버지는 아들의 눈을 똑바로 쳐다보며 이렇게 대답했습니다. "존, 나는 올바른 사고를 하기 위해 지금도 노력하는 중이다. 나는 훌륭한 삶의 자세를 가져야 할 책임이 있고, 그것을 유지하기 위해 계속 노력하지 않으면 안 된단다. 지금의 나는 저절로 만들어진 것이 아니란다."

말씀에 접목하기: 행 1:6-8

헬라어로 시간을 뜻하는 단어가 두 개 있습니다. 하나는 크로노스이고 하나는 카이로스입니다. 크로노스는 인간의 선택과 상관없이 오고 가는 시간입니다. 월요일이 가고 화요일이 오는 것, 봄이 가고 여름이 오는 것 등 인간의 선택과 상관없이 오고 갑니다. 그러나 카이로스의 시간은 선택의 시간입니다. 오늘 우리에게 오시는 주 예수님을 선택하고 그분의 음성을 들으며 그분의 말씀에 순종하며 살기로 작정하는 것은 카이로스의 시간에 속합니다. 성경은 성령님이 오셔서 우리에게 하나님을 선택하도록 만든다고 말씀합니다. 그런데 성령님의 선택은 언제나 교회를 통해 옵니다. 교회의 가르침과 권면을 받을 때 성령님이 거기에 임하여 카이로스의 선택을 하게 만드신다는 것입니다. 그래서 성경은 믿음을 하나님의 선물이라고 말씀합니다. 믿음의 선택은 우리가 하는 것 같지만 교회의 가르침과 권면을 통해 성령님이 우리에게 주시는 것입니다.

당신은 자신의 인생을 선택하고 있다

예화 4

미국 적십자 창시자 클라라 바턴(Clara Barton)은 아주 열악한 환경에서도 올바른 태도를 선택하는 것이 얼마나 중요한지 아는 사람이었습니다. 그녀는 세상 어떤 사람에게도 악의가 없으며 불평하지 않는 사람으로 정평이 나 있었습니다. 어느 날 친구가 몇 년 전 그녀가 당했던 잔인한 일에 대해 물었습니다. 그러나 클라라는 그 일을 기억하지 못하는 것 같았습니다. "그렇게 억울한 일을 당했는데 생각이 전혀 안 난다고?" "기억이 나지 않아. 하지만 내가 그 일을 잊어버렸다는 사실은 분명히 기억해."

삶 가운데서 어려운 환경을 이겨낸 사람일지라도 비통과 분노에 빠질 때가 있습니다. 그런 어려움이 계속된다면 그들의 삶은 부정적이 되고 다른 사람에 대해 강퍅해질 것입니다. 대부분의 사람은 어려웠던 시절을 떠올리며 "그 사건이 내 인생을 이렇게 망쳐놓았어"라고 불평을 늘어놓곤 합니다. 그러나 그들이 미처 깨닫지 못한 사실이 있습니다. 그 사건이 그들에게 어떤 태도의 결정, 즉 그들의 반응을 요구했다는 사실입니다. 그들의 인생을 망친 것은 어려운 환경이 아니라 잘못된 태도를 선택한 그들의 결정이었습니다.

C.S. 루이스는 다음과 같이 말했습니다. "매번 한 가지씩 선택할 때마다 당신은 자신의 인생을 과거와 약간 다른 인생으로 만들어가고 있습니다. 수많은 선택을 했던 자신의 인생을 전체적으로 살펴보십시오. 당신은 그

런 선택을 통해 천국의 피조물로, 아니면 지옥의 피조물로 서서히 변화되어 가고 있습니다."

말씀에 접목하기: 엡 4:21-24

어떤 이야기를 가지고 있느냐에 따라 그 사람의 인생은 달라집니다. 엠마오로 가는 두 제자는 십자가에 못 박혀 죽으신 예수님의 이야기를 가지고 있을 때 낙심하여 고향으로 돌아가고 있었습니다. 그러나 예수님을 만나고 부활의 주님을 뵈었을 때 그들은 부활하신 주님의 이야기를 가지게 되었고, 그로 말미암아 그 밤에 예루살렘으로 올라가 간증했습니다. 어떻게 부활의 주님 이야기를 가질 수 있었을까요? 믿음의 사람에게 부활하신 예수님의 이야기를 들을 때 성령님이 거기 임하여 우리에게 부활의 주님 이야기를 마음에 새겨주십니다. 교회로부터 예수님의 이야기를 들을 때 성령님이 믿음의 사람으로 변화시키십니다(롬 10:17; 고전 12:3).

보기로 마음을 먹으면 보인다

예화 5
콘래드 어드너는 이런 말을 했습니다. "우리는 똑같은 하늘 아래 살고 있다. 그러나 그 지평선이 똑같지 않다." 자동차 왕이라고 불리는 헨리 포드에게 새로운 엔진을 개발할 획기적인 아이디어를 떠올랐습니다. 바로 V-8엔진이었습니다. 포드는 그 아이디어를 당장이라도 제품으로 생산해내고 싶어 즉시 설계도를 그리게 해서 기술자들에게 보여주었습니다. 포드가 그려준 그림을 본 엔지니어들 모두 똑같은 결론을 내놓았습니다. "사장은 비전은 있지만 엔지니어링에 대해 기본도 몰라." 엔지니어들은 포드에게 그의 아이디어가 왜 실현 불가능한지 친절하게 설명해주었습니다.

그러나 포드는 자신의 뜻을 굽히지 않고 "어쨌든 생산하시오"라고 말했고, 엔지니어의 대답도 한결같았습니다. "불가능합니다." 이 대답에 포드는 명령을 했습니다. "일을 시작하시오. 시간이 얼마 걸리든 간에 성공할 때까지 그 일에서 손을 떼지 마시오."

6개월 동안 그들은 숱한 설계도와 도안을 그렸지만 아무런 성과가 없었습니다. 또다시 6개월이 지났습니다. 역시 아무런 성과도 없었습니다. 일 년 후 포드는 엔지니어들과 다시 점검에 나섰습니다. 기술자들은 이번에도 불가능한 일이라고 대답했습니다. 이 말에 포드는 계속 추진하라고 했고, 그들은 포드의 명령에 따라 계속 그 일을 할 수밖에 없었습니다. 그리고 마침내 그들은 V-8 엔진 만드는 방법을 발견했습니다. 헨리 포드와 엔지니어들은 한 하늘 아래 살고 있었지만 그 지평선은 똑같지 않았던 것입니다.

말씀에 접목하기: 출 3:9-12

호렙산에서 여호와 하나님의 말씀을 받은 뒤 모세는 애굽에서 노예생활을 하면서 부르짖는 이스라엘 백성을 찾아갔습니다. 모세는 하나님이 이스라엘 백성을 바로의 손에서 건져내어 젖과 꿀이 흐르는 가나안 땅에 들어가게 하실 것이라고 말했습니다. 그러나 이스라엘 백성은 믿지 않았습니다. "모세가 이와 같이 이스라엘 자손에게 전하나 그들이 마음의 상함과 가혹한 노역으로 말미암아 모세의 말을 듣지 아니하였더라"(출 6:9). 모세와 이스라엘 백성은 한 하늘 아래 있었지만 지평선은 똑같지 않았습니다. 그 이유가 무엇입니까? 모세는 하나님의 말씀을 받았지만 이스라엘 백성은 가혹한 노역으로 말미암아 마음이 상해 있었기 때문입니다. 하나님의 말씀을 받은 자는 세상의 이야기를 가진 사람과 같은 하늘 아래 있지만 지평선이 다를 수밖에 없습니다.

인생의 의미

예화 6

오래전《리더스 다이제스트》에 실린 기사입니다. 그리스도인이자 작가였던 아서 고든(Arthur Gordon)이 갑자기 우울증에 걸렸는데, 무력증으로 더 이상 글을 쓰지 못할 지경에까지 이르렀습니다. 작가가 글을 쓸 수 없다는 것은 사망 선고나 다름없었기 때문에 그는 자살을 생각하기도 했습니다. 그러다가 의사이면서 상담자인 친구를 찾아가 자신의 어려운 상황을 솔직하게 털어놓았습니다. "나는 더 이상 살고 싶지가 않네." 우울증과 무력증으로 고민하는 고든의 이야기를 듣고 있던 친구가 물었습니다. "어렸을 때 가장 하고 싶어 했고, 좋아했던 일은 무엇이었나?" "어렸을 때 좋아했던 것은 해변에서 파도 소리를 듣는 일이었지." "그러면 내가 시키는 대로 한번 따라해 보겠나?"

의사인 친구는 시간마다 다른 처방전을 네 장의 종이에 써주었습니다. 별다른 대안도 없고 희망도 없던 고든은 친구가 시키는 대로 처방전을 가지고 어린 시절에 자주 놀러 갔던 해변으로 갔습니다. 친구의 말대로 아침 9시에 첫 번째 처방전을 펴보았습니다. "자네가 좋아하는 파도 소리, 갈매기 소리를 잘 들어 보게." 우스꽝스럽지만 처방대로 바닷가에 앉아 어린 시절에 듣던 파도 소리와 갈매기 소리에 귀를 기울였습니다. 그리고 12시가 되자 두 번째 처방전을 펴보았습니다. "이제는 어렸을 때부터 지금까지 살면서 참 행복했다고 기억되는 순간들을 생각해 보게." 바다를 바라보며 행복했던 추억을 하나씩 떠올리자 마음에 작은 기쁨이 생겨났습니다.

시간이 더 지나 3시에 세 번째 처방전을 펼쳐보았습니다. "자네 인생의 동기와 의미를 다시 한 번 검토해 보게." 친구가 써준 처방전에 따라 그는 자신이 왜 글을 쓰는지 생각해 보았습니다. 깊이 생각해 보니 글을 쓰는 이유가 자기의 명예와 이름을 드높이고 사람들에게 박수갈채를 받기 위한 것이었음을 알게 되었습니다. 생각이 여기에 미치자 '나는 그리스도인이면서도 하나님의 영광을 위해 살지 않고 의미 없고 헛된 내 이름을 위해 살았구나!' 라는 사실을 깨닫게 되었습니다. 자신의 추한 삶을 인정한 순간 그의 눈에서 눈물이 쏟아지기 시작했습니다.

저녁 6시가 되어 친구가 준 마지막 네 번째 처방전을 펴보았습니다. "이제 자네 죄를 하나님께 자백할 시간이네. 자네가 자백해야 할 죄들을 모래사장에 써보게." 고든은 눈물을 흘리면서 모래사장에 이렇게 써 내려가기 시작합니다. '하나님, 저는 하나님의 영광을 위해서가 아니라 제 이기심과 욕망과 출세를 위해 살았습니다. 하나님을 제대로 섬기지 못했고 이웃을 진정으로 사랑하지도 못했습니다.' 그런데 고든이 자신의 수많은 죄를 다 쓰기도 전에 갑자기 바닷물이 밀려와 모래 위에 써놓은 그의 죄들을 한꺼번에 지워버리는 것이었습니다. 이 광경을 지켜보던 고든은 그 자리에서 일어나 하나님을 찬양했습니다. 그의 인생에서 전환점이 된 시간이었습니다.

말씀에 접목하기: 시 145:15-21

하나님은 오른쪽 뇌와 왼쪽 뇌를 다르게 만드셨습니다. (오른손잡이의) 왼쪽 뇌는 사고하며, 자료를 수집·분석하고 목표를 세우고 성공을 위해 노력하는 것들을 관장합니다. 그러나 오른쪽 뇌는 감성적인 뇌로, 여가와 오락과 장난을 즐기며 노래하고 그림을 그리고 상상하며 꿈꾸는 일 등을 관장합니다. 사람들은 목표 달성과 성공을 위해 오른쪽 뇌를 과도하게 사용하면서 왼쪽 뇌의 기능을 외면합니다. 그러면 창조적 능력을 상실하고 정체에 빠지게 됩니다. 그러므로 우리는 왼쪽 뇌의 기능을 열심히 사용하되 양쪽 뇌의 기능을 조화롭게 사용해야 합니다. 하나님이 안식일 계명을 주셨는데, 이는 쉬고 즐기며 사랑하는 여가가 없는 인생은 쉼표 없는 노래처럼 아름다움을 잃어버리기 때문입니다.

당신은 능히 해낼 수 있습니다

예화 7

프로이드 베이커는 캘리포니아에 있는 한 대학교의 물리학 교수입니다. 그는 다음과 같은 고백을 했습니다. "가르치는 직업을 갖게 된 것은 오래전의 일입니다. 나는 가르치는 일, 학생과 교수 간 상호작용에 대해 어떤 일정한 태도를 가지고 있었습니다. 돌이켜 생각해 보면 학생들과 그들의 동기에 대해 나쁜 태도를 가지고 있었던 것입니다. 나는 학기 초마다 학생들에게 이렇게 말했습니다. '여러분은 이 과정을 통과해야 합니다. 그렇지 못할 경우 차라리 전공을 바꾸는 것이 낫습니다. 나는 이 반을 가르치는 유일한 사람으로 여러분은 할 수 있는 한 최선을 다하는 것이 좋습니다. 개인적으로 공부를 안 하려고 하는 학생들을 좋아하지 않습니다. 그러니 정신을 차리십시오. 나는 여러분에게 자료를 제공할 것이고, 여러분이 해야 할 일은 그것을 학습하는 것입니다. 미리 말해두지만 여러분 가운데 50퍼센트는 통과하지 못할 것입니다. 그들 가운데 당신이 속하지 않도록 노력하길 바랍니다!' 나는 학생들에게 잘하라는 뜻으로 한 말이었지만 놀랍게도 나의 예상은 항상 적중했습니다. 해마다 50퍼센트의 학생이 낙제했던 것입니다. 때때로 다른 교수들과 자리를 함께했는데, 거기서 우리는 커피를 마시면서 자기 반에서 나온 낙제생 숫자를 언급하며 이야기꽃을 피우기도 했습니다. 우리는 가장 많은 낙제생을 낸 교수가 가장 성공적인 교수라고 말하곤 했습니다. 이제야 나는 이것이 나쁜 태도였음을 알게 되었습니다."

베이커 교수는 하나님을 믿는 신앙을 가지게 되었습니다. 하나님은 사람들에게 놀라운 능력을 주셨고, 사람들을 통해 그 능력을 이끌어내어 하나님의 일을 하게 하신다는 것을 깨달았습니다. 그는 학생들을 격려하여 하나님이 그들에게 주신 능력을 다 발휘하게 하는 것이 교수의 진정한 사명이라는 것을 깨달았습니다. 이런 깨달음을 얻은 뒤 그는 자신의 태도가 어떻게 달라졌는지 밝히고 있습니다.

"나는 학생들에게 이렇게 말했습니다. '나는 여러분 모두가 통과하기를 원합니다. 통과하는 여러분의 모습을 보는 것이 내 일입니다. 과제물이 쉽지 않겠지만 함께 열심히 공부한다면 우리 반 학생 모두가 이 과목을 통과할 수 있으며, 많은 것을 배울 수 있습니다. 사실 하나님은 여러분에게 이 과목을 통과하고도 남을 만큼 충분한 능력을 넣어주셨습니다. 모두 이 과목을 향하여 도전해 봅시다. 그리고 승리합시다.'

그런데 평가 방법을 바꾸지 않았음에도 학기말에 가서 보니 모든 학생이 통과했습니다. C학점이 1명, B-가 1명이었고 그 외 학생은 놀랍게도 B학점과 A학점을 받았던 것입니다."

말씀에 접목하기: 히 11:1, 2

믿음은 예언적 능력이 있습니다. 믿음은 곧 미래 창조의 능력이 있다는 말입니다. 베이커 교수는 자기 과목인 물리학개론을 수강하려고 하는 학생들에게 50퍼센트만 과목을 패스할 수 있고 나머지 50퍼센트는 낙제할 것이라고 말했습니다. 그는 학생들에게 그런 말을 하면서 마음속으로 그 사실을 믿었습니다. 이는 자기의 경험에 근거한 믿음이었습니다. 이것은 불신앙의 예언입니다. 그런데 불신앙의 예언도 그대로 이루어져 50퍼센트의 학생이 낙제했습니다. 예수님을 영접한 뒤 베이커 교수는 두 가지 믿음을 가지게 되었습니다. 하나는 하나님이 학생들에게 그 과목을 통과할 수 있는 능력을 주셨다는 것입니다. 다른 하나는 하나님은 믿는 자들과 함께 하여 믿은 대로 성취하게 하시는 분임을 믿었다는 것입니다. 그의 믿음대로 모든 학생이 좋은 성적으로 그 과목을 통과했습니다.

히브리서 11장 1절은 이렇게 말씀합니다. "믿음은 바라는 것들의 실상이요 보지 못하는 것들의 증거니." 오늘 어떤 믿음을 가지고 살고 있느냐에 따라 미래가 달라진다는 말씀입니다. 마태복음 9장 27-31절 말씀은 두 맹인이 예수님을 만나 고침을 받았다는 이야기로, 믿으면 믿은 대로 미래가 열린다는 것을 가르치고 있습니다. 예수님을 만난 두 맹인은 "우리를 불쌍히 여기소서"라고 소리칩니다. 예수님은 자기를 따라오며 부르짖는 맹인들을 향하여 이렇게 말씀합니다. "내가 능히 이 일을 할 줄을 믿느냐?" 그러자 두 맹인은 힘차게 "그러하오이다"라고 대답합니다. 예수님은 그들을 향해 "너희 믿음대로 되라"고 말씀하셨습니다. 그러자 두 맹인의 눈이 밝아졌습니다. 예수님은 지금 여러분을 향하여 믿음대로 되리라고 말씀합니다. 우리의 믿음대로 될 것입니다. 우리가 믿은 대로 미래가 열릴 것입니다.

흠 있는 진주 이야기를 압니까?

예화 8

흠 있는 진주 이야기를 들어 본 적이 있습니까? 우리 모두는 멋진 진주입니다. 그러나 타락한 세상에 살고 있기 때문에 흠이 있습니다. 우리의 죄악과 하늘에 권세 잡은 마귀, 험악한 세상이 끊임없이 우리를 시험하고 유혹하고 우리에게 흠을 만듭니다. 그래서 우리는 흠 있는 진주입니다.

존 스타인벡의 소설 《흠 있는 진주》에 나오는 이야기입니다. 진주를 무척 사랑하는 사람이 있었는데, 그 사람의 소원 가운데 하나가 세상에서 가장 멋진 진주를 수집하는 것이었습니다. 그는 멋진 진주가 나타났다는 소식을 들으면 그곳에 찾아가 그 진주를 감정했습니다. 그러던 어느 날 크고 멋진 진주 하나를 발견한 그는 상당한 돈을 지불하고 그 진주를 구입했습니다. 그는 그 진주를 들고 요리조리 관찰하면서 즐거운 시간을 보내고 있었습니다. 그러다가 그 진주에 아주 조그만 흠이 있는 것을 발견했습니다. 그는 그것이 자꾸 마음에 걸려 그 흠을 깎아내기로 작정했습니다. 진주는 한 꺼풀씩 덮이면서 자라기 때문에 그 흠을 없애려면 아깝지만 진주를 한 꺼풀 벗겨내야 합니다. 그러나 그는 흠 없는 진주를 만들기 위해 진주를 벗겨내기로 했습니다.

심혈을 기울여 한 꺼풀을 벗겨내고 나서 그 진주를 자세히 살펴보니 아직 흠이 남아 있었습니다. 그래서 그는 다시 한 번 벗겨냈습니다. 두 번 꺼풀을 벗겨냈지만 여전히 흠이 남아 있었습니다. 그는 흠이 없어질 때까지 벗겨내고 또 벗겨냈습니다. 그러다 보니 그 흠도 진주도 다 깎여 없어지고 말았습니다.

말씀에 접목하기: 마 9:12, 13

우리는 흠 있는 진주입니다. 인간이 완벽하기를 바란다면 결국 세상을 떠나는 것밖에 남는 것이 없을 것입니다. 예수님은 흠을 없애기보다는 그 흠을 감싸주고 흠이 있음에도 사랑하고 존중하시는 분입니다. 예수님은 흠을 제거하시는 기술자가 아닙니다. 예수님은 흠을 아름답게 가리고 빛나는 곳을 더 빛나게 만드시는 분입니다. 비록 흠이 있을지라도 감싸고 덮어주며 빛나는 곳을 더 빛나게 만들어주고 존중해주는 사랑이 예수님의 사랑입니다. 우리가 그런 예수님을 모실 때 그분은 우리 지체들을 사용해 아름다운 보석의 삶을 살게 해주실 것입니다.

"자네는 그런 짓을 할 위인도 못 돼!"

예화 9

네 사람이 같은 범죄를 저지르고 체포되어 재판을 받게 되었습니다. 판사는 한 사람씩 그들의 죄를 심리하고 언도를 내렸습니다. 네 번째 죄수를 심리하던 판사는 그가 좀 모자란다는 것을 발견하고 반복해 "당신이 정말로 그 일을 저질렀소?"라고 질문했습니다. 그는 다른 사람이 한 것같이 자기도 똑같이 그 일을 했다고 대답했습니다. 그러나 판사는 네 번째 죄수의 말을 믿지 않고 이렇게 말했습니다. "당신은 자기가 이런 일을 했다고 말하지만 내가 심리해 본 결과 그런 짓을 할 위인이 못 됩니다!"라고 말한 뒤 무죄를 선고했습니다. 그런데 다음 날 그는 시체로 발견되었습니다. 그의 유서에는 자존심이 무참히 짓밟혀 더 이상 살고 싶지 않다고 쓰여 있었습니다. 자기가 그런 짓을 할 위인도 못 된다는 사실에 너무 자존심이 상해 목숨을 끊고 만 것입니다.

악마가 신문에 광고를 냈습니다. 이제까지 사람들을 곤경에 빠뜨리고 패망시키게 만든 무기들을 모두 판매한다는 것이었습니다. 많은 사람이 그곳을 방문했습니다. 그들은 이제까지 악마가 사용하던 무기들을 보면서 고개를 끄덕이기도 하고 서로 의견을 교환하기도 하고 실제로 구입하기도 했습니다. 그런데 한 곳에 보니 이 무기는 '절대로 팔지 않음'이라고 쓰여 있었습니다. 이유가 궁금해진 사람들은 악마에게 왜 팔지 않느냐고 물었습니다. 그는 이 무기는 옛날이나 지금이나 사람들을 파멸시키는 데 결정적 역할을 하기 때문에 이것을 팔아버리면 자기들이 사용할 무기가 없기 때문이라고 대답했습니다. 그 무기의 이름은 '자존심 짓밟기'였습니다. 자존심을 짓밟힌 사람은 다시 일어설 수 없을 정도의 치명적인 상처를 입고 좌절하고 맙니다.

말씀에 접목하기: 마 5:21, 22

에릭 번(Eric Berne)은 모든 인간이 가지고 있는 가장 원초적 욕구는 존중받고 싶은 갈망이라고 말했습니다. 앞서 말한 그 죄수는 자기가 그런 일도 하지 못한 사람으로 취급 받을 때 자존감이 상해 자살하고 말았습니다. 예수님을 모르는 사람은 그 중심에 자기가 왕좌를 차지하고 있습니다. 자기중심의 자기를 무시당하는 것은 불신자에게는 치명적인 상처가 됩니다. 그러나 예수님을 자기중심에 모신 그리스도인은 자신을 이미 그리스도와 함께 십자가에 못 박았기 때문에 무시를 당하든지 차별을 당하든지 흔들림이 없습니다. 중심에 계신 그리스도께서 그를 굳게 붙들어주시기 때문입니다.

얼마나 가치 있는 존재입니까?

예화 10

소중한 사람이 따로 있는 것이 아니라 관계에 따라 그 소중함이 달라질 수 있다고 생각하는 사람도 있습니다. 그 사람이 아무리 비천하고 모자란 사람일지라도 그의 어머니에게는 너무 소중하고 귀한 사람일 것입니다. 어떤 사람에게 소중한 사람이지만 다른 사람에게는 그렇지 않을 수도 있습니다. 이처럼 관계에 따라 사람의 소중함은 달라질 수 있습니다.

한 청년이 자기 스승에게 찾아와 이런 질문을 했습니다. "저는 얼마나 가치 있는 존재입니까?" 그 청년의 얼굴을 물끄러미 바라보던 스승은 그 제자에게 무슨 말로 설명해도 납득하지 못할 것 같다는 느낌을 받았습니다. 그때 스승은 상징적인 행동을 통해 제자를 가르치고 싶다는 생각이 들었습니다. 그래서 그는 호주머니에서 어린이들이 구슬치기를 할 때 사용하는 유리구슬처럼 생긴 구슬 하나를 꺼낸 뒤 이렇게 말했습니다. "이것은 아주 귀한 보석이다. 이것을 가지고 시장에 가서 하루 종일 돌아다니면서 만나는 사람들에게 이 보석의 가치를 물어보고 오너라."

청년은 그 보석을 가지고 시장으로 가는 동안 아무리 살펴봐도 아이들의 장난감 이상으로 보이지 않아서 '과연 이게 진귀한 보석일까?' 라는 의구심을 가졌습니다. 그는 먼저 채소 가게에 들러 그 주인에게 "이 보석을 감정해주세요. 이 보석의 가치가 얼마나 되겠습니까?"라고 물었습니다. 그것을 받아 이리저리 살펴보던 채소 가게 주인은 비웃으면서 "이게 무슨 보석이야. 애들 장난감이네. 그걸 주면 내가 배추 두 포기 줄게"라고 말했습니다. 청년은 그 보석을 들고 이번에는 과일 가게로 가서 물어보니 그 구슬이 사과 두 알 가치도 안 된다고 했습니다. 그다음 대장간 아저씨도 비슷한 말을 했습니다. 청년은 하루 종일 시장을 돌아다니며 만나는 사람들에게 그 보석의 가치를 물었지만 어느 누구도 그것이 가치 있는 보석이라고 말하지 않았습니다. 그들의 대답은 배추 두 포기에서 사과 두 알 사이를 맴돌았습니다.

청년은 하루 종일 시간만 낭비하게 만든 스승을 원망하며 돌아가고 있는데, 시장이 끝나는 곳에 보석 가게가 보였습니다. 그는 혹시나 하는 마음으로 그곳에 들렀습니다. 청년의 구슬을 받아 든 보석 가게 주인은 처음에 다른 사람들이 그랬던 것처럼 하찮다는 눈빛으로 그것을 바라보다가 눈이 점점 커지더니 자신이 가진 감정 도구들을 모두 꺼내어 그것을 살펴보기 시작했습니다. 한참 구슬을 들여다보던 보석 가게 주인이 그 청년에게 "이 보석 어디서 났소?"라고 물었습니다. 청년은 오히려 주인에게 반문했습니다. "대체 이것이 보석이기나 합니까?" 보석 가게의 주인은 청년에게 그 보석에 대해 차근차근 설명해주었습니다. 특별한 보석이라 사람들은 이것을 어린아이 장난감 정도로 여기지만 진짜 보석을 아는 사람은 이 보석의 가치가 얼마나 대단한지 알고 있다는 것입니다. 보석 가게의 주인은 이 보석의 가치를 알고 있는 사람들에게 이것은 돈으로 환산할 수 없는 진귀한 보석이라고 말했습니다.

청년은 스승에게 돌아와서 자신이 겪은 일을 얘기했습니다. 스승은 청년을 향하여 이렇게 말했습니다. "너의 가치도 이 보석과 같다. 너를 제대로 알지 못하는 사람은 배추 두 포기 값이나 사과 두 알 정도로 여겨 하찮게 생각하겠지만 너의 진정한 가치를 알고 있는 사람을 만나면 돈으로 환산할 수 없는 진귀한 보석이 될 것이다."

이는 누구를 만나느냐에 따라 사람들의 가치가 달라질 수 있다는 이야기입니다. 당신을 진정으로 사랑하는 사람은 당신에게 엄청난 가치가 있다고 말할 것입니다. 또한 당신이 사랑하는 사람은 당신에게 엄청난 가치가 있는 사람일 것입니다. 사랑은 사랑하는 사람을 소중하게 만드는 능력입니다. 지금은 비천하고 모자라 보일지라도 사랑하게 되면 존귀하고 소중한 사람으로 변할 것입니다. 사랑의 넓이만큼 세상은 아름다운 세상이 될 것입니다.

> 말씀에 접목하기: 요 3:16, 17

하나님은 그분의 형상을 따라 그분의 모양으로 우리를 지으셨습니다. 사람은 하나님의 형상을 그 속에 간직하고 있습니다. 타락으로 말미암아 그 형상이 깨어졌지만 그 아들을 세상에 보내 십자가의 죽음을 통해 구원하실 만큼 사람들은 아직도 하나님께 가치 있는 존재입니다. 그러나 하나님의 형상을 보지 못하는 사람들은 겉으로 드러난 모습만으로 판단을 내립니다. 그래서 사람들을 차별하고 무시하고 불신하고 정죄하고 때때로 폭력을 행사합니다. 그때마다 사람들은 자신이 아무것도 아니라고 생각하며 스스로를 무가치한 존재로 생각합니다. 미국에서 조사한 바에 따르면 열등감을 느끼며 산다는 사람이 95퍼센트에 달한다고 합니다. 그만큼 자신의 가치를 무시하며 살아가고 있다는 뜻일 것입니다.

예수님을 만난 사람은 자신이 얼마나 소중하고 존귀한 존재인지를 깨닫습니다. 예수님이 우리를 존귀하게 여기고 우리를 대신해 죽으셨다는 사실을 깨달아 알게 되었기 때문입니다. 예수님은 우리를 우리 되게 만드시는 분으로, 예수님 앞에서 우리는 진정한 존엄성과 소중함을 발견합니다.

가진 것을 생각하는 자, 없는 것을 생각하는 자

예화 11

미국의 교육가이며 저술가인 D. 카네기는 지구상의 비극은 가진 것에 대해 감사할 줄 모르는 데서 비롯된다고 하며 마땅히 가진 것을 감사해야 한다고 말했습니다. "우리는 얼마를 줘야 자신의 양쪽 눈을 팔까요? 자신의 두 다리를 주고 무엇을 받을까요? 우리의 손을, 우리의 귀를, 우리의 가족을…… 우리는 록펠러와 포드, 모건의 재산을 다 준다고 해도 우리가 가진 보배와 바꾸지 않을 것입니다. 그렇다면 우리는 실제로 자신이 가지고 있는 모든 보배에 대해 감사하고 있습니까? 우리는 절대로 그렇지 않습니다. 쇼펜하우어는 '우리는 자신이 가진 것을 좀처럼 생각지 않고 언제나 없는 것만 생각하고 있다' 라고 말했습니다. 그렇습니다! 우리는 자신이 가진 것을 좀처럼 가치 있게 여기지 않고 언제나 없는 것만 생각하는데, 이로 말미암아 이 지구상에서 무엇보다도 큰 비극을 만들어가고 있다."

말씀에 접목하기: 창 3:1-6

마귀는 우리에게 없는 것에 대한 탐욕을 불러일으킵니다. 그러나 성령님은 가진 것을 보게 하고 감사하게 하십니다. 누가 가난한 사람입니까? 없는 것을 보는 사람입니다. 누가 부자입니까? 가진 것에 대해 감사하는 사람입니다. 진정한 행복은 가진 것에 감사하며 그것을 가지고 하나님께 영광을 돌리며, 사람들에게 덕을 세우려고 하는 데서 옵니다.

문제는 다른 누군가가 아니라 자기에게 있다

예화 12

독일의 천문학자이자 물리학자로 이름난 요하네스 케플러는 첫 결혼생활이 불행했습니다. 그래서 두 번째로 부인을 선택할 때는 신중하게 여러 가지 면을 살폈습니다. 여러 방면의 젊은 여성을 보고, 그 장점과 단점을 수학적으로 계산한 뒤 가장 훌륭하다고 생각하는 여성을 택하여 재혼했습니다. 그러나 두 번째 결혼도 첫 번째 결혼과 마찬가지로 행복하지 못했습니다. 결국 두 번째 결혼도 파탄에 이르렀습니다. 그는 완벽하다고 생각하는 여성을 부인으로 맞이했으나 자기 속에 있는 단점을 보지 못했기 때문에 실패한 것입니다. 완벽한 사람과의 관계에서도 금이 가고 파탄이 나는 것은 상대가 부족해서가 아니라 자신에게 단점이 있고 문제가 있기 때문입니다. 자신이 준비되어 있지 않으면 완벽한 상대를 만나도 행복하지 못할 것입니다.

> 말씀에 접목하기: 엡 5:31-33

결혼생활의 행복은 재능이나 은사에서 비롯된 것이 아니라 사랑에서 비롯됩니다. 재능이나 은사는 개인의 능력입니다. 그러나 사랑은 관계입니다. 능력의 사람은 언제나 자기를 향상시키려고 합니다. 사랑의 사람은 언제나 상대방이 잘 되기를 바랍니다. 능력의 사람은 자기를 위해 올인하고, 사랑의 사람은 사랑하는 그 사람을 위해 올인 합니다. 결혼생활이 성령님으로 충만하면 성령님의 열매가 풍성히 열리면 행복감으로 충만할 것입니다.

20세기 최고의 인물 아인슈타인

예화 13

1999년 12월 27일《타임스》는 20세기 최고의 인물을 선정해 발표했습니다. 클린턴 대통령을 비롯해 미국 장애인협회 등 많은 사람과 단체에서 1930년대 미국의 대공황을 극복한 대통령 프랭클린 루스벨트를 밀었지만 결국 앨버트 아인슈타인이 20세기 최고의 인물로 선정되었습니다. 그 이유는 1990년대에 시작되어 새로운 세기에도 진행될 과학 첨단 기술혁명이 모두 아인슈타인이 발견한 과학 원리에서 비롯되었기 때문입니다. 그가 천재 과학자로 불리게 된 것은 '모든 것은 기적이다' 라는 긍정적 태도를 가지고 사물을 관찰했기 때문이라고 합니다.

아인슈타인은 사실 학습장애아였다고 합니다. 독일에 사는 유대인 가정에서 태어난 그는 학교를 다닐 때 언어 발달이 늦어 학습부진, 잦은 결석, 산만한 행동 등 여러 가지 학습 문제가 나타나 문제아로 낙인 찍혔습니다. 그의 장래를 염려한 부모는 여러 번 이사하면서 전학시켰지만 소용이 없었습니다. 이랬던 그가 학습장애를 극복하고 천재가 된 것은 장애에 집착하여 낙오되지 않고 자신에게 주어진 능력과 재능을 계발했기 때문입니다.

1 자기발견

그는 '모든 것은 기적이다' 라는 긍정적 태도로 세상을 보고 사물을 관찰했기 때문에 세기적 인물이 될 수 있었습니다.

말씀에 접목하기: 마 9:27-31

"모든 것은 기적이다"라는 믿음이 기적을 창조합니다. 예수님은 두 맹인이 따라오면서 "우리를 불쌍히 여기소서!"라고 부르짖을 때 "너희 믿음대로 되라"고 선포하셨습니다. 그러자 그들의 눈이 밝아졌습니다. 우리가 어떤 믿음을 가지느냐에 따라 그 열매가 달라집니다. 믿음은 우리가 무엇을 준비하는 것이 아니라 예수님 안에 있는 하나님의 생명을 받아들이는 통로를 만드는 것입니다. 하나님의 생명이 그 통로를 통해 우리에게 흘러 들어와서 우리를 고치고 새롭게 하고 변화시키는 것입니다. 우리가 그 통로를 만들면 하나님의 생명이 우리에게 풍성하게 흘러 들어와 생명의 기적을 일으킬 것입니다. 하나님의 생명을 믿는 자들에게는 생명의 기적이 일어납니다.

19세기 최고의 인물 토머스 에디슨

예화 14

에디슨은 19세기 최고의 인물로 선정되었습니다. 그는 학교에 입학한 지 3개월도 못 되어 '바보'로 낙인 찍혀 학교를 그만둔 학습장애아였습니다. 정규 교육을 3개월도 못 받은 에디슨은 전등, 전축 등 많은 것을 발명하여 특허만 1,093개를 받아 특허 기록까지 세웠습니다. 교육 전문가였던 교장은 공적으로 학교를 방문한 장학사에게 에디슨에 대해 '바보'라고 보고했습니다. 이 사실을 알게 된 에디슨의 어머니는 아들을 학교에 보내지 않았습니다. 그러나 에디슨은 학습장애아라는 사회적 낙인과 편견을 극복하고 한 세기를 대표하는 위대한 인물이 되었습니다.

 에디슨이 정규 교육을 제대로 받지 못했지만 이처럼 놀라운 업적을 남길 수 있었던 것은 자녀 교육에 남다른 관심과 열성을 가진 부모가 있었기 때문입니다. 교사였던 에디슨의 어머니는 교육이 불가능한 바보로 낙인 찍힌 아들을 집에서 직접 지도하면서 천재성을 계발시켜 주었습니다. 게다가 에디슨의 포기하지 않는 노력이 그를 위대한 인물로 만들었습니다. 그는 실험에 실패하더라도 결코 포기하지 않았습니다. 어느 때는 1만 번의 실험 과정을 거쳐 결과를 얻은 적도 있었습니다. 말이 1만 번이지 실제로 9,999번의 실패에도 불구하고 다시 도전하는 끈기는 실로 대단한 것입니다. 그는 다음과 같은 유명한 말을 남겼습니다. "천재는 1퍼센트의 영감과 99퍼센트의 땀으로 되는 것이다."

말씀에 접목하기: 요일 4:7, 8

 사람은 하나님이 창조한 존귀한 생명이므로 과학적 판단에 좌우되지 않습니다. 에디슨은 교육전문가들에게 '바보'라는 평가를 받았지만, 하나님은 그에게 전문가가 볼 수 없는 엄청난 생명의 가능성을 주셨습니다. 이 가능성은 인간의 존엄성과 가치를 인정하는 사람들의 섬김을 통해 밖으로 드러납니다. 사람들을 진정으로 사랑하는 사람은 그들 가운데 숨겨진 놀라운 가능성을 봅니다. 아들을 한없이 사랑하는 어머니의 섬김으로 에디슨 속에 숨어 있던 놀라운 가능성은 세상의 빛을 보게 되었습니다. 혹시 이웃 가운데 '바보'가 있습니까? 만약 당신이 그 '바보'를 진심으로 사랑한다면 그의 속에 있는 엄청난 보물을 발견하고 계발하고 세상을 위해 사용하도록 도울 수 있습니다.

장애인의 영웅 프랭클린 루스벨트

예화 15

20세기 미국의 영웅, 세계의 영웅, 장애인의 영웅이 된 미국 제32대 대통령 프랭클린 루스벨트는 사회생활에서 탄탄대로의 출셋길을 달리고 있었습니다. 그는 하버드 대학교를 졸업하고 숙부인 시어도어 루스벨트 대통령을 역할 모델로 삼아서 대통령의 꿈을 키웠습니다. 그는 대학을 졸업하고 변호사, 뉴욕 주 상원의원, 윌슨 행정부의 해군 차관보를 지내고 나서 1920년에는 민주당 대통령 후보가 되었습니다.

그런 루스벨트에게 예상치 못한 일이 일어났습니다. 어린이들이 주로 걸리는 소아마비라는 질병이 출세가도를 달리는 39세 나이에 찾아왔던 것입니다. 민주당 부통령 후보로 출마했다가 낙선하고 일 년이 지난 1921년 그는 하반신 마비로 혼자 일어설 수조차 없었습니다. 그를 지지하고 이끌어주던 주위 사람들은 공든 탑이 무너지고 그의 정치 생명도 끝났다고 생각했습니다.

그러나 루스벨트는 조지아 주 웜스프링스에 사재를 털어 재활센터를 짓고 거기서 홀로 서는 재활 치료를 시작했습니다. 그곳에서 그는 한 가지 꿈을 키웠습니다. 다른 사람의 부축을 받지 않고 일어설 수 있을 때 정계에 복귀하겠다는 것이었습니다. 그는 초인적 노력으로 소아마비의 저주에게 다시 일어서기 위해 노력했습니다. 7년간의 노력 끝에 혼자 힘으로 일어서서 연설할 수 있는 사람이 되었고 정계에 복귀했습니다. 그는 소아마비를 이겨낸 경험과 불굴의 의지를 바탕으로 끈질긴 도전 끝에 미국의 대통령이 되었습니다. 그것도 4선의 대통령이 되었습니다. 그는 미국의 대공황을 극복했고 2차 세계대전을 승리로 이끈 주역 가운데 한 사람이 되었습니다.

루스벨트는 이런 말을 했습니다. "우리 마음속에 있는 공포 외에는 두려워할 것이 아무것도 없습니다." 1934년 그는 '마치 오브 다임스(March Of Dimes)'를 창설하여 소아마비를 정복하기 위한 운동을 시작했습니다. 2차 세계대전을 앞두고 그는 언론과 표현의 자유, 신앙의 자유, 결핍으로부터의 자유, 공포로부터의 자유를 위해 전쟁에 참전한다고 출사표를 던졌습니다. 그리고 결국 지도력을 발휘하여 대전을 승리로 이끌어 국민적 영웅이 되었습니다. 부인 엘러너 루스벨트는 이런 말을 했습니다. "남편은 질병을 축복으로 바꾸었습니다. 그로 말미암아 강인해졌고 용감해졌습니다. 그리고 인내심과 지구력이 생겼으며, 좀처럼 포기하지 않는 불굴의 의지까지 갖췄습니다."

말씀에 접목하기: 롬 8:31-37

예수님은 "내가 세상 끝날까지 너희와 항상 함께 있으리라"(마 28:20)고 약속하셨습니다. 우리 주님은 평탄한 길을 갈 때만 우리와 함께하시는 분이 아닙니다. 오히려 우리가 어떻게 기도할 바를 알지 못할 만큼 엄청난 위기 상황을 만나 어떻게 해야 하는지 갈피를 잡지 못할 때도 우리 곁에서 말할 수 없는 탄식으로 우리를 위해 친히 기도하시는 분입니다. 사람은 누구나 예기치 않는 재난과 재앙을 만나게 됩니다. 그때 우리는 보이는 재난과 재앙에 가려 하나님을 보지 못하고, 세상 끝날까지 항상 우리와 함께 계시는 우리 주님을 보지 못합니다. 믿음은 재난과 재앙 가운데서 우리와 함께하며, 우리를 위해 친히 기도하시고 모든 것이 합력하여 선을 이루시는 하나님을 보며 의지하게 됩니다. 재난과 재앙 가운데 임하시는 하나님은 우리를 더 강인하게 만드시고, 지구력과 인내심을 키워 더 멋진 미래를 창조하도록 하실 것입니다. "다만 이뿐 아니라 우리가 환난 중에도 즐거워하나니 이는 환난은 인내를, 인내는 연단을, 연단은 소망을 이루는 줄 앎이로다"(롬 5:3, 4).

강영우 박사의 권면

예화 16

"낙오되었다고 낙심하지 마라. 나는 시력을 잃고 18세 때 중학교 1학년부터 다시 시작해야 했지만, 현재 세계 최강국인 미국 연방정부 최고 공직자 중 한 사람으로서 이 글을 쓰고 있다. 가난해서 할 수 없다고 말하지 마라. 나는 부모와 누나를 먼저 하늘나라로 떠나보낸 뒤 배고픔을 면할 수 있게 해달라고 기도한 사람이었다. 그러나 사랑하는 아내와 함께 열심히 일해 두 아들을 사립 명문 고교에서 대학원까지 교육시켜 세상이 필요로 하는 인물로 키울 수 있었다. 편견과 차별이 있다고 불평하지 마라. 나는 이민자에 대한 인종차별, 장애인에 대한 차별, 약자에 대한 차별을 극복하고 모두가 부러워하는 명문가를 이루었다. 당신도 그렇게 할 수 있다."

말씀에 접목하기: 행 9:10-18

하나님은 아름다운 이웃을 우리에게 보내 아름다운 인생을 만들어 가시는 분입니다. 강영우 박사가 가난과 앞을 보지 못하는 장애를 극복하고 아름다운 인생을 살 수 있었던 것은 하나님이 그에게 좋은 이웃, 좋은 아내를 보내주셨기 때문입니다. 좋은 이웃을 만나는 것은 하나님이 우리에게 주시는 놀라운 선물이자 은혜입니다.

강영우 박사의 아내 석은옥 씨의 고백

한국 최초 시각장애인 박사이자 미국 백악관 국가장애위원회 정책차관보 강영우 박사 뒤에는 한평생 그의 지팡이가 되어준 아내 석은옥 씨의 사랑 가득한 헌신적인 섬김이 있었다.

'최고 엘리트였던 내가 앞을 보지 못하는 남자와 결혼해 남편의 성공을 위해 헌신해 온 감동적 인생'

우리 부부는 이제 인생 육십을 넘겼다. 가만히 눈을 감으면 지난 세월이 주마등처럼 지나간다. 나의 인생을 뒤바꾼 한 맹인 소년과의 만남! 그 후 자원 봉사자로 1년, 누나로 6년, 약혼녀로 3년, 아내로 34년을 그의 그림자가 되어 살아 왔다.

처음에 고개를 젓던 사람들도 이젠 이구동성으로 찬사를 보낸다. 그러나 그 찬사 뒤에는 우리 부부의 눈물과 고통, 처절한 노력이 있었다. 강영우 박사와의 운명적 만남! 우리의 만남은 어쩌면 숙명이었다. 그가 평생 단 한 번 걸스카우트를 방문했을 때 나는 걸스카우트 신입 회원으로 그를 돕는 프로그램에 동참하게 되었다. 아마 하나님이 내게 불쌍하고 초라해 보이는 맹인 중학생이 10년 후 나의 신랑이 된다는 사실을 미리 알려주셨다면 그대로 도망쳤을 것이다.

그때 그는 맹학교 중등부 1학년생이었고, 나는 여대생이었다. 가난과 실명으로 고통에 찌든 모습을 상상했는데 문을 열고 들어서는 학생은 외모만 봐서는 전혀 맹인처럼 보이지 않았다. 프로그램이 진행되는 동안 나는 그 학생만 힐끔힐끔 쳐다보았다. 누군가 그를 버스 정류장까지 데려다주고 오라고 했을 때 어디서 그런 용기가 나왔는지 "내가 다녀올게요"라며 허락이 떨어지기도 전에 그 학생의 손을 덥석 잡고 광화문 사거리로 나섰다. 그 때 처음으로 "숙대 영문과 1학년 석은옥이에요"라며 나를 소개했다. 그 순간부터 나는 그의 지팡이가 되어 오늘에 이르렀다.

그는 열네 살 때 아버지를 여의고 중학교 1학년 때인 열다섯 살 때 축구를 하다가 공에 눈이 맞아 실명했다. 그의 어머니가 아들의 실명 때문에 충격을 받아 뇌일혈로 세상을 뜨자 고아가 된 형제들은 뿔뿔이 흩어졌다. 그는 장애인 재활원으로, 여동생은 고아원으로, 남동생은 철물점으로…… 재활원을 전전하며 남편은 수년간 방황했다. 자살 시도도 여러 차례 했다. 그러나 어느 목사님의 도움을 받게 되면서 '갖지 못한 한 가지를 불평하기보다 가진 열 가지에 감사하자'며 마음을 고쳐먹었다고 한다.

처음 만났을 때는 시력을 완전히 잃은 게 아니어서 남편은 어렴풋이나마 내 젊은 날의 모습을 기억하고 있다. 그러나 지금은 불빛조차 구별할 수 없는 완전 맹인이다. 그때부터 주말이면 맹학교 기숙사에 찾아가 책도 읽어 주고 안내도 해주는 일을 1년 정도 봉사하다 보니 정이 들어 그를 동생으로 삼고 싶다는 생각이 들었다. 무남독녀 외동딸이었던 나는 동생이 하나 있었으면 했는데 잘됐다 싶어 그 생각을 실천에 옮겼다. 당시 나는 그가 투병과 방황으로 여러 해 학교에 다니지 못했다는 것을 몰랐다. 그저 대학생과 중학생이라는 것만 생각해 부담 없이 그의 누나가 되겠다고 했는지도 모르겠다. 2년 정도 지나 그의 성적표에 있는 생년월일을 보고 한 살 반밖에 차이가 나지 않는다는 사실을 알게 되었지만, 그때는 그것이 문제 되지 않았다. 부모가 안 계신 동생이 생기니 누나로서 할 일이 정말 많아졌다. 학교에서 소풍 갈 때면 도시락을 싸들고 따라가야 했고 빨래와 장보기부터 대학 진학 준비에 이르기까지 온갖 뒷바라지를 해야 했지만, 동생을 도와준다는 것 자체가 내게 기쁨이었다.

누나 동생으로 6년, 우리는 너무나 아름다운 사랑을 했다. 물론 아가페 사랑이었다. 당시에는 맹인에 대한 편견이 심했다. 맹인이 버스를 타려고 하면 차장이 밀어내기 일쑤였고, 가게에서는 재수가 없다면서 오후에 오라고 했으며, 식당에서는 구석 자리에 앉으라고 했다.

그와 만난 지 5년째 되던 해, 그동안 혼자 생각해 온 유학 계획을 그에게 털어놓았다. 그는 나와 헤어지는 것이 싫었는지 생각해 보지도 않고 안 된다면서 반대했다. 나는 좀 당혹스러웠지만, 차분히 그를 설득했다. 결혼해서도 시각장애인 교육과 재활을 천직으로 알고 계속할 텐데 더 늦기 전에 유학을 다녀와야겠다는 말에 결국 그도 동의해주었다. 1967년 9월, 나는 미국으로 유학을 떠났다. 그동안 정이 든 그와의 이별은 큰 아픔이었다. 게다가 처음으로 가보는 세계에 대한 두려움과 걱정 때문에 심적으로 힘들었다. 그도 마찬가지였다. 그때까지 그림자처럼 따라다니던 누나를 보내고 혼자 힘으로 다가오는 대입을 준비해야 하는 부담감과 불안이 겹쳐 이별의 고통이 가중되었다.

내가 떠난 뒤 동생 영우는 마음을 독하게 고쳐먹고 대학 입시에 전념했다. 그리고 1968년 연세대 문과대 교육학과에 입학원서를 제출했다. 그런데 청천벽력 같은 소식이 들려왔다. 맹인이라는 이유로 입학원서 자체를 접수하지 않는다는 것이었다. 입학원서조차 낼 수 없다니! 그 소식을 들은 나는 미국 땅에서 그를 위해 아무것도 할 수 없어 발만 동동 굴렸다. 그런데 4주 정도 지나 또 한 장의 편지를 받았다. 영문과 교수 한 분이 대필해주어 입학 시험을 무사히 치르고 교육과에 10등으로 합격했다는 것이다. 그 순간 나도 모르게 감격과 감사의 눈물이 흘러내렸다. 그는 1968년 3월 서울맹학교 고등부에서 연세대에 입학해 그동안 박박 깎은 머리를 기르고, 교복 대신 신사복을 입고 찍은 사진을 보내주었다. 정상인과 같이 공부하며 잘 적응할 수 있을까 걱정했는데 첫 학기부터 장학생이 되었다는 편지가 날아왔다.

나는 15개월 만에 귀국했다. 그동안의 이별은 우리 두 사람의 관계에도 변화를 가져왔다. 더 이상 누나 동생이 아닌, 사랑하는 사람으로 서로를 바라보게 된 것이다. 1968년 12월 22일, 학기말 시험을 마치고 함께 연세대 백양로를 걷던 중 영우가 내게 사랑을 고백했다. 나도 그를 무척 좋아했는데, 그를 반려자로 맞으면 남편에게 맹인 동생을 이해해 달라고 할 필요도 없으니 잘 됐다고 생각했다. 나는 영우의 사랑을 받아주었다. 아무에게도 알리지 않은 채 장래를 약속한 우리 두 사람은 너무 행복했다. 우리 두 사람은 비밀리에 약혼식을 올렸다.

무남독녀 외동딸을 둔 홀어머니가 애지중지 기른 딸을 맹인에게 준다는 것은 청천벽력과 같은 소식이었을 것이다. 어머니는 "절대로 안 된다!"며 반대했지만 결국 딸의 고집을 꺾지 못하셨다. 친구들은 더 심했다. 어떤 친구는 다시 한 번 내 얼굴을 쳐다보며 "관상을 보면 팔자가 그렇게 센 것 같지 않은데 하나님이 해도 너무 하셨다. 아무리 공부 잘하고 학벌이 좋으면 뭐하니? 너는 좋아서 결혼한다고 해도 그 사이에서 태어나는 자식들을 생각해 봐. 아버지가 장님인데……"라고 말했다.

1972년 2월 26일, 주위의 반대에도 불구하고 대학생이던 약혼자가 졸업하기까지 만 3년을 기다린 끝에 드디어 나이 서른이 다 되어 결혼식을 올리게 되었다. 나는 다른 친구들에 비해 결혼이 늦은 편이었는데 모두 판사,

의사, 약사, 대기업 간부의 부인이 되어 있을 때 연하인 맹인 학사를 신랑으로 맞은 것이었다. 그래도 어찌나 행복하고 감격스러웠는지 얼굴에서 미소가 떠나지 않아 하객들의 놀람을 받을 정도였다.

1972년 8월 우리 부부는 가슴에 큰 뜻을 품고 LA로 가는 비행기에 올랐다. 당시에는 장애가 해외 유학의 결격사유에 속했다. 그 항목을 삭제하고 한국 장애인 최초 정규 유학생이 될 때까지 겪은 마음고생은 말로 표현할 수 없을 정도였다. 결국 피츠버그 대학교 9월 학기 개강을 일주일 정도 앞두고 한미재단총재와 연세대 총장이 공동으로 제안한 청원서에 문교부장관이 서명함으로써 미국 유학의 가장 큰 장벽을 무너뜨릴 수 있었다. LA에 도착해 여러 해 동안 그의 학비와 생활비를 지원해주신 양부모님을 만나 일주일을 보내고 피츠버그에는 개강 전날 도착했다.

당시 나는 정신적·육체적으로 많이 지쳐 있었다. 서울을 떠나기 직전까지 맹아재활센터에서 일했고 입덧도 심했다. 그러나 그를 그림자처럼 따라다니면서 돕지 않으면 강의실에도 갈 수 없어 편하게 쉴 수도 없었다. 하루는 남편을 강의실에 들여보낸 뒤 도서관에서 책을 녹음하다가 깜빡 잠이 들었다. 정신을 차리고 보니 이미 강의가 끝난 지 30분 이상 지나 있었다. 온 힘을 다해 강의실로 뛰어가 보니 그는 불안한 모습으로 나를 기다리고 있었다. "여보" 하고 부르자 안도의 한숨을 내쉬면서 어디 갔다가 이제 왔느냐면서 버럭 화를 냈다. 나는 미안하기도 했지만, 항상 잘하다가 한 번 실수했는데 그것도 이해하지 못하나 싶어 섭섭한 마음에 말다툼을 하게 되었다. 그것이 미국에 와서 처음 한 부부싸움이었다.

그 일을 계기로 남편은 보행 훈련을 받았다. 아기가 태어나면 혼자 강의를 받으러 다녀야 하는데 엄두를 못 내고 미루던 차에 결단의 기회가 온 것이다. 그러나 아무리 보행 훈련을 받아도 자주 다니지 않는 곳이나 생소한 지역을 갈 때는 여전히 도움이 필요했다. 보행 훈련으로 나에 대한 의존도가 다소 줄어들기는 했지만 여전히 나는 그를 안내해주어야 했던 것이다. 어린 두 아들을 남에게 맡긴 채 남편의 대학원 강의실을 향해 떠날 때 아이들이 안쓰럽기도 했지만 남편의 강의가 먼저였다. 맹인 아빠에게 젖먹이 아기를 맡기고 도서관에 자료 심부름을 갈 때면 혹시 불이라도 날까 불안했지만 그의 눈이 되고 지팡이가 되는 것이 먼저였다. 몸이 아플 겨를도 없이 매일 동분서주하는 고달프고 바쁜 나날을 보냈다.

그 후 새로운 위기가 찾아왔다. 수업료는 문제가 없었는데 생활비로 나오던 장학금이 만료가 된 것이다. 닥치는 대로 막일이라도 해서 생활비를 벌어야 했기에 일자리를 찾아 나섰다. 병원 청소원으로 겨우 취업이 되었는데 이민국에서 노동허가가 나지 않았다. 이 문제로 고민하던 어느 날 캠퍼스 근처 공원에서 그네를 타는 한 맹인 여성을 우연히 보게 되었다. 물어보니 그네를 밀어주던 남자가 자신의 남편이라고 했다. 과부가 과부 사정을 안다고 우리 사정을 이해할 것 같아서 초면에 우리 형편을 털어놓았다. 그 부부는 우리에게 자기 집 3층을 내줄 테니 와서 함께 지내자고 했다. 대신 식사 후 설거지를 해주고, 두 내외가 외출할 때 어린 두 자녀를 돌봐 달라고 했다. 남편이 박사학위를 받을 때까지 가족의 생계가 해결될 수 있을 것 같아서 생각해 볼 것도 없이 제안을 받아들였다. 그 집에 살면서 매일 설거지 하고 아이들을 돌봐주는 일을 해도 행복하기만 했다. 남의 집에서 식모살이를 한다고 생각하지 않고 머지않아 박사가 될 남편을 내조한다고 생각했으며, 그런 기회를 주신 하나님께 감사했기 때문이다. 행복은 주관적인 느낌이라고 생각한다. 객관적으로 볼 때 남의 집에서 식모살이나 하는 처지가 행복해 보이지는 않았을 것이다. 그러나 나는 그때가 오히려 아파트에 살 때보다 행복했다. 우리와 처지도 같고 동년배라 아주 좋은 친구가 되었을 뿐 아니라 미국 문화도 배울 수 있었다.

또 두 살 된 진석이도 네 살, 다섯 살이던 그 집 아이들과 친구가 되어 많은 것을 배울 수 있었다. 그때 둘째 진영이까지 생겨 더욱 감사한 마음이었을 것이다. 고통 속에서도 절대 좌절하거나 울지 않았다. 나는 남편이 맹인이기 때문에 불행하다고 생각해 본 적이 한 번도 없다. 우리 내외는 출세지향적이 아닌 성취지향적 가치관을 가지고 있어 맹인이기에 넘어야 할 물리적, 심리적, 법적, 제도적 장벽을 넘을 때마다 오히려 성취감을 느꼈다. 또 쾌락보다는 보람을 추구했기에 어려움을 극복할 때마다 승리감과 보람을 느끼며 감사할 수 있었다.

　1976년 4월 25일, 남편이 드디어 피츠버그 대학교에서 박사학위를 받았다. 대학 당국의 배려로 박사복을 입은 남편을 총장 앞으로 안내하면서 느낀 보람과 행복이란……! "마음껏 사랑하고 즐긴 것은 결코 잊히지 않으며, 자신의 일부분으로 남게 된다"는 헬런 켈러의 말이 생각났다. 물론 아무나 맹인의 아내가 되어 내조하면서 보람을 느낄 수 있는 건 아닐 것이다. 그러나 나는 그의 지팡이가 되어 희생을 요하는 힘겨운 내조를 할 때도 그 일을 사랑하고 즐길 수 있었다. 그래서 그의 성취를 나의 성취로, 그의 성공을 나의 성공으로 느낄 수 있었던 것이다. 나는 비록 학사복을 입었지만, 남편이 받은 박사학위가 나 자신의 성취인 것처럼 느껴져 더 행복했다.

　어려움이 닥치고 고난이 겹쳐서 올 때도 마찬가지였다. 그렇게도 고대하던 박사학위를 받고도 남편은 고국에 돌아가 대학 강단에 설 기회를 얻지 못해 무직자로 8개월을 보내야 했다. 맹인이 어떻게 눈뜬 대학생이나 대학원생을 가르치고 논문 지도를 할 수 있겠느냐면서 어디서도 남편을 채용하지 않았다. 무직자인 남편, 아직 어린 진석이, 갓 태어난 진영이 그리고 나. 이렇게 네 식구가 당장 길거리에 나앉을 형편이었다. 장학금으로 지급되던 생활비가 졸업과 동시에 끊긴 것이다. 하지만 나는 절망하지 않았다. 졸업과 동시에 만료된 유학생 비자를 다시 살리기 위해 남편이 포스트 닥터럴 프로그램에 들어갈 때의 일이었다. 오도 가도 못하고 막다른 골목에 배수진을 친 남편의 고통을 너무나 잘 알기에 나는 오히려 담대하게 말할 수 있었다. "여기까지 인도하신 하나님이 반드시 현재의 고난을 성공의 조건으로 바꿔주실 테니 인내하며 좀 더 기다려 봐요. 부디 아무 걱정하지 말고 연구에 몰두하면서 직장 찾는 노력을 계속하세요." 지금도 남편은 당시 자신의 고통을 함께 나누면서 위로와 격려를 해주었을 때가 가장 고마웠다고 말한다.

　하루는 나의 격려가 통했는지 남편이 면접에 다녀오더니 취직이 되었다고 했다. 그동안 여러 차례 면접을 보았지만 번번이 영주권이 없어 채용되지 못했는데, 이번에는 일단 학생 비자로 취직이 된 것이다. 남편은 인디애나 주정부 교육부에 근무하게 되었다. 1월 3일 첫 출근을 하게 되어 서둘러 인디애나로 이사를 가야 했다. 인디애나에 도착해서 남편의 첫 출근과 함께 나는 운전을 시작했다. 그리고 벌써 30년이 흘렀다. 무엇보다 감사한 것은 그동안 무사고 운전으로 남편을 도울 수 있었다는 사실이다. 남편은 인디애나 주정부 교육청에 근무하면서 저녁에는 노스이스턴 일리노이 대학원에 출강했다. 어쩌다 병이라도 나서 내가 누워버리면 일상생활의 리듬이 깨질 수도 있었을 텐데 다행히도 그런 기억은 없다. 아마도 내조하는 기쁨과 학생들을 가르치면서 느끼는 보람이 엔도르핀을 나오게 하지 않았나 싶다.

나는 그대의 지팡이, 그대는 나의 등대. 남편이 인디애나에서 직장생활을 한 지 2년 가까이 되던 1987년 9월, 유학을 떠난 지 6년 만에 처음으로 고국을 방문하게 되었다. 당시 한국 언론은 '우리나라 최초 장님 박사 탄생' '한국 최초 맹인 박사 금의환향' 등의 제목으로 남편의 귀국을 대서특필했다. 그때 그 기사를 본 연세대 윤형섭 교수가 《조선일보》에 '평균점수'라는 제하의 칼럼을 썼다. 그 내용인즉슨 앞을 못 보는 장님이 박사가 되었다기에 기사를 읽어 보니 그 뒤에는 남편의 유학 뒷바라지를 하며 석사학위 교사까지 된 부인의 희생적 사랑과 내조가 있었음을 알게 되었으며, 이는 한국 여성의 평균 점수를 올려주었다는 것이다.

1983년 6월 5일, 남편이 최초로 국제무대에 등장한 날이다. 캐나다 토론토에서 열린 국제 로터리 세계대회에서 그가 연설을 했던 것이다. 23년이 지난 오늘도 나는 그때의 감격을 잊을 수가 없다. 1만 6,000명의 세계 민간 지도자가 모인 단상으로 남편을 안내하는데, 연설자도 아닌 내가 극도로 긴장해 떨리기까지 했다. 그런데 남편은 수많은 군중의 시선을 볼 수 없어서인지 그다지 긴장하지 않고 연설했다. 그리고 남편은 열광적인 기립박수를 받았다.

미국 연방정부 공무원은 450만 명에 달한다. 그중 2,500명이 대통령의 임명을 받으며, 그중 500명은 상원 인준까지 받아 이름 앞에 'Honorable'이 붙는다. 먼 이국 땅에 유학 와서 이민자로 정착한 지 사반세기 만에 남편은 'Honorable'이라는 경칭이 붙는 연방정부 최고 공직자가 되었다. 대통령 직속 국가장애위원회 정책차관보 자리에 오른 것이다. 그의 지팡이가 되어 부시 대통령 앞으로 그를 안내할 때 느낀 감회는 지금도 잊히지 않는다. 불쌍한 맹인 중학생을 안내하기 시작한 지 40년, 이제 명예로운 자리에 서게 되는 자랑스러운 남편을 안내하면서 느낀 감회를 어떻게 말로 표현할 수 있겠는가!

이렇게 우리 부부는 서로의 강점으로 약점을 보완하는 하나의 팀이 되어 아메리칸 드림을 이루게 되었다. 1972년 신혼부부로 미국 땅에 도착할 때 태중에 있던 진석이는 링컨 대통령의 장남 로버트 토드와 필립스 엑서터 아카데미, 하버드 대학교 동문이 되었다. 그리고 안과의사의 꿈을 이루어 듀크 대학병원에 근무 중이며, 산부인과 의사인 아내를 맞았다. 작은 아들 진영이는 필립스 앤도버 아카데미 출신으로 부시 대통령 부자와 동문이다. 27세의 나이로 연방 상원 법사위원회에서 리처드 더빈 상원의원 입법활동을 보좌하는 고문 변호사이며, 아내 역시 하버드 법대를 졸업하고 변호사로 활동 중이다. 그리고 나는 이민자로 미국 땅에 와서 교육자의 꿈을 이루었을 뿐만 아니라 미국 교육인명사전, 미국 여성명인명사전에 올라 역사 속의 작은 흔적을 남기게 되었다.

지난 2003년 5월 29일, 내 생일에 아들 며느리 등 온 가족이 한 자리에 모였다. 케이크를 앞에 두고 축하 노래를 부르려는 순간 남편이 말했다. "아들과 며느리 네 명의 박사가 생일 축하 노래를 부르니 당신 정말 행복하겠소." 진영이가 웃으며 덧붙였다. "네 명이 아니라 다섯 명이잖아요." 그렇다. 한 집에 다섯 명의 박사가 있는 것이다. 그러고 보니 그의 지팡이가 되어 헌신적인 아내로, 두 아들을 잘 키워 훌륭한 며느리들까지 본 어머니로 살아온 내 자신이 자랑스럽다.

이처럼 선명한 비전으로 내 인생을 인도해 신앙 안에서 명문가를 만드는 동반자가 되어준 남편에게 경의를 표하고 싶다.

꿈의 사람이 된 에이브러햄 링컨

예화 17

링컨은 정규 교육을 받지 못했습니다. 당시에는 지금의 초등학교, 중학교 같은 학제가 없었습니다. 대학과 지금의 고등학교에 해당하는 대학 준비학교가 미국 동북부 지방에 있을 뿐이었습니다. 링컨의 아버지가 규모 큰 농장을 운영했다고 하지만 평범한 시골 마을에서 태어난 링컨은 상류층이 다니는 기숙사가 있는 고등학교에 다닐 형편은 아니었습니다. 그래서 소년 시절 링컨은 아버지와 함께 농사를 지었습니다.

링컨은 이처럼 정규 학교를 다니지 못했지만 가정에서 어머니에게 최고의 가치 교육을 받았습니다. 링컨의 어머니는 아버지의 반대에도 불구하고 성경에 나오는 이야기를 읽어주며 읽기와 쓰기를 가르쳤습니다. 이 가정교육으로 링컨은 아름다운 세상을 만드는 꿈을 가지게 되었고, 역경 속에서도 포기하지 않는 끈기를 배울 수 있었습니다. 후일 링컨은 대통령에 당선되고 나서 이런 말을 했습니다.

"오늘날의 나는 모두 어머니가 있기에 가능했습니다. 왜냐하면 나는 어머니에게 꿈꾸는 것을 배웠고, 시련과 역경 속에서도 끝까지 그 꿈을 포기하지 않는 것을 배웠기 때문입니다."

반면 링컨의 아버지는 미래에 대한 비전도 없이 그날그날 농사를 짓고 사는 데 만족하는 사람이었습니다. 그러나 링컨은 이미 책을 통해 새로운 세상과 미래를 꿈꿀 수 있고 새로운 발견에 대한 기쁨과 흥분을 느낄 수 있었기 때문에 기회만 있으면 책을 손에 잡았습니다. 아버지는 농사일을 마치고 링컨 모자가 책을 읽고 있으면 화를 내곤 했는데, 그는 아버지의 눈 밖에 난 아들이었습니다. 그래서 링컨 부자 사이에는 심각한 갈등이 있었습니다. 링컨은 어머니의 강력한 영향으로 누가 시키지 않아도 일손을 놓으면 책에 빠져들었고, 그것은 정규 학교를 다니지 못한 그를 대통령으로 만든 동력 가운데 하나였습니다. 링컨은 불행한 환경을 정직, 자유, 끈기, 친절, 배려 등 고귀한 가치를 배울 수 있는 기회로 삼았습니다.

말씀에 접목하기: 행 2:17

하나님이 선물로 주시는 성령님은 예언과 환상과 꿈을 주시는 분입니다(행 2:17). 예언과 환상과 꿈은 몇 가지 공통점이 있습니다. 첫째는 성령님이 주시는 선물이라는 것입니다. 둘째는 하나님이 이루어주실 미래를 보는 것입니다. 셋째는 하나님이 이루실 미래를 소망하면서 오늘 하나님이 원하시는 일들을 힘써서 실천한다는 것입니다. 링컨 대통령의 어머니는 성령님으로 충만한 믿음의 사람으로 하나님의 꿈을 가졌고, 그 꿈을 전달하여 아들도 그 꿈을 바라보며 헌신하게 했습니다. 성령님으로 충만한 사람은 하나님의 꿈을 받습니다. 성령님으로 충만한 사람은 하나님이 이루실 미래를 환상으로 봅니다. 성령님으로 충만한 사람은 하나님의 꿈을 위해 오늘 하나님이 원하시는 것을 힘써서 행합니다. 성령님으로 충만한 사람은 하나님의 꿈을 입으로 선포하며 몸으로 실천합니다. 그러나 성령 충만한 꿈의 사람을 만나야 꿈의 사람이 될 수 있습니다. 우리는 하나님께 "하나님의 꿈을 가진 성령 충만한 사람을 만나게 해주시옵소서!"라고 기도해야 합니다.

길버트의 지적 모형

예화 18

길버트는 지적 능력에 120가지 종류가 있다고 말합니다. 사람은 120가지 지적 능력 가운데 어느 분야에서는 천재적 능력을 가지고 있지만 다른 분야에서는 바보일 수도 있습니다. 하나님은 모든 사람에게 완벽한 재능을 주시지 않았으며, 아무런 능력도 갖지 못한 사람도 없다고 합니다. 아인슈타인과 에디슨은 학습장애자였지만 놀라운 성취를 이루었습니다.

> 말씀에 접목하기: 고전 12:4-7

인간으로 지음을 받았다는 것은 어떤 분야에서는 특별한 능력을, 다른 분야에서는 제한된 능력을 받았다는 것을 의미합니다. 하나님은 우리가 받은 특별한 능력을 계발해 이웃을 섬기며, 이웃의 특별한 능력의 도움을 받아 자신의 모자란 능력을 보완하게 창조하셨습니다. 그래서 예수님은 "서로 사랑하라 내가 너희를 사랑한 것같이 서로 사랑하라"(요 13:34)고 말씀하시고 우리가 서로 사랑하면 예수님의 제자가 된다고 선포하셨습니다. 서로 사랑하라는 말씀은 우리의 특별한 재능으로 이웃을 사랑하고 이웃의 특별한 능력으로 우리 자신의 모자람을 채우는 것을 의미합니다. 우리의 특별한 능력은 이웃을 사랑으로 섬기라는 사명입니다. 우리의 모자람은 이웃의 특별한 능력으로 섬김을 받으라는 명령입니다. 사람은 이웃과 함께할 때만 진정한 사람이 됩니다.

"결코 포기하지 마시오. 결코, 결코!"

예화 19

"전쟁에서 이기려면 우리가 가지고 있는 땀과 피와 눈물밖에 바칠 것이 없습니다." 이것은 독일 비행기가 하루 1천여 대씩 영국 상공으로 날아와 폭격을 퍼붓는 위기의 상황에서 영국의 수상 처칠이 방송에서 말한 것입니다. 이 방송을 들은 영국군은 사흘 치의 양식으로 보름 동안 견디면서 싸워 마침내 2차 세계대전을 승리로 이끌 수 있었습니다. 처칠은 원래 고등학교 시절 영문학 과목에서 낙제할 정도로 학습에 문제가 있었습니다. 그러나 좌절과 포기를 몰랐던 그는 2차 세계대전 회고록으로 노벨문학상을 수상했습니다.

어느 날 은퇴한 처칠 경이 모교에서 연설을 하게 되었습니다. 처칠 경은 지팡이를 짚고 단상 위로 올라갔습니다. 그때 교장선생님은 학생들에게 이렇게 말했습니다. "여러분, 대선배이며 우리 학교를 빛낸 처칠 경이 말쓰하실 때 한 마디도 빼놓지 말고 모조리 받아 쓰도록 해요. 이것은 여러분에게 영광이 될 것입니다." 처칠 경은 지팡이를 짚고 강단에 서서 두꺼운 안경 너머로 자신의 말을 받아 적기 위해 준비하고 있는 학생들을 한참 동안 응시했습니다. 그리고 겨우 한 마디 하고 나서 단상을 내려갔습니다. "하나님이 여러분 곁에 계시니 결코 포기하지 마시오. 결코, 결코!" 하나님은 천재를 통해 세상을 변화시키시지 않고 절대로 포기할 줄 모르는 사람들을 통해 세상을 아름답게 만들어 가십니다.

말씀에 접목하기: 빌 2:12-14

복음은 하나님이 우리를 위해 무엇을 하시는 것입니다. 율법은 우리가 하나님과 이웃을 위해 무엇을 하는 것입니다. 복음은 오른손에 비유할 수 있습니다. 율법은 왼손에 비유할 수 있습니다. 오른손과 왼손이 연합하여 아름다운 일을 하는 것처럼 복음은 율법과 함께 연합하여 하나님의 기적과 신비를 이 땅에 이루어 가십니다. 결코 포기하지 않고 열심히 노력하는 것은 왼손의 일입니다. 하나님은 결코 포기하지 않고 씨름하는 사람들에게 임하여 하늘의 신비와 기적을 이루십니다.

자유로운 선택의 공간을 만들어 가세요

예화 20

"감옥에서 살아남으려면 감옥생활에서 만족을 얻는 방법을 찾아야 합니다." 이 말은 1993년 노벨평화상을 수상한 남아프리카공화국 최초의 흑인 대통령 넬슨 만델라가 27년 동안 감옥생활을 하면서 몸으로 배운 좌우명입니다. 그는 힘든 수감생활에서도 자유를 실천할 수 있는 공간을 발견함으로써 진정한 행복을 누릴 수 있었습니다.

만델라는 형을 선고받은 뒤 감옥의 마당을 가꾸게 해달라고 청원했습니다. 처음에는 거부당했지만 몇 년 뒤 담장 부근의 작은 땅을 가꾸도록 허락을 받았습니다. 그 땅은 돌투성이라서 처음에는 돌을 골라내는 일을 했습니다. 그리고 나서 지속적인 돌봄이 필요 없는 고추나 양파를 심었습니다. 이 작물을 기르면서 그는 하나님의 사명을 깊이 깨달았습니다. 하나님은 돌투성이의 밭을 옥토로 만들고 거기에 씨를 심고 그것을 가꾸어 열매를 맺게 하는 일을 사람들에게 맡기셨습니다.

오랜 시간 감옥에서 지낸 만델라는 씨를 심어 정성스레 가꾸면서 추수하는 하나님의 정원사가 되었습니다. 그것은 그가 선택할 수 있는 자유로운 공간이었습니다. 하나님은 감옥에서도 그에게 자유로운 선택의 공간을 발견하도록 하셨습니다. 감옥은 세상을 아름답게 만드는 하나님의 훈련의 도장이 되었습니다. 그는 조그만 정원을 가꾸면서 진정한 지도자의 길을 훈련할 수 있었습니다.

말씀에 접목하기: 요 16:7, 8

영국 성공회 주교인 존 테일러(John V. Taylor)는 성령님을 '사이에 오시는 하나님(the Go-Between God)'이라고 설명했습니다. 테일러 주교에 따르면 코이노니아는 대체로 '교통' '교제'로 번역하지만 본래의 의미는 '사이에 끼어 들어오는' 아주 가까운 어떤 것입니다. 사실 코이노니아는 사귀면서 서로 간에 믿음이 생길 때 그 믿음의 눈으로 서로를 보고 믿음의 귀로 서로를 듣는 친밀한 관계를 뜻합니다. 누구든지 서로 코이노니아를 가지면 이것을 통해 새로운 깨달음의 선물을 받습니다. 코이노니아는 서로를 향하여 눈을 뜨게 만들고 이전에 볼 수 없던 것을 보게 만들어줍니다.

만델라는 27년 동안 수감생활을 했습니다. 그가 감옥생활만 했다면 감옥체질이 몸에 배어 위대한 정치가의 길을 갈 수 없었을 것입니다. 그런데 만델라와 감옥생활 사이에 성령님이 임하셨습니다. 성령님은 마당을 가꾸는 일과 만델라 사이에 와서 하늘의 신비를 전달하셨습니다. 돌투성이 땅을 가꾸는 동안 돌투성이 같은 인간의 문제를 보게 만드셨고, 그것을 가꾸는 동안 돌투성이 땅을 옥토로 변화시키는 하나님의 신비를 보게 만드셨습니다. 마당을 가꾸는 일과 만델라 사이에 오신 성령님은 거기서 진정한 지도자의 길이 무엇인지 보게 만드셨습니다. 당신은 지금 무슨 일을 하고 있습니까? 바로 그 일과 당신 사이에 성령님이 오시도록 초청해야 합니다. 그러면 성령님이 거기에 임하여 놀라운 하늘의 지혜와 신비를 발견하게 하실 것입니다.

양심을 속이지 않는 행동

예화 21

윈스턴 처칠이 사관생도 시절에 있었던 일입니다. 어느 날 훈련소를 벗어나 외출을 하게 되었습니다. 당시 생도들은 외출하게 되면 자신의 방 앞에 '외출'이라는 푯말을 붙여놓아야 했습니다. 그러나 처칠은 잠깐 다녀올 생각으로 그 푯말을 붙이지 않고 시내에 나왔다가 엄하기로 유명한 규율부장을 만났습니다. 순간 처칠은 몹시 당황했습니다. '외출' 푯말을 붙이지 않은 채 외출했을 경우 규율 위반에 따른 벌칙이 엄했기 때문입니다. 처칠은 규율부장보다 먼저 부대에 들어가 자신의 방 앞에 '외출' 푯말을 붙여야겠다고 생각했습니다. 급히 훈련소에 돌아온 처칠은 또 한 번 놀랐습니다. 그곳에는 '외출' 푯말이 얌전히 붙어 있었기 때문입니다. 규율부장이 처칠보다 먼저 부대로 돌아와 푯말이 없는 것을 보고 붙여놓았던 것입니다.

그 후 처칠은 규율부장에게 심한 꾸중을 듣겠다는 생각에 마음을 단단히 먹고 있었습니다. 그런데 규율부장으로부터 어떤 호출도, 책망도 없었습니다. 부대 내에서 규율부장과 마주쳤을 때도 가벼운 미소로 지나칠 뿐 외출 사건에 대해 언급하지 않았습니다. 그럼에도 처칠은 자기가 받을 처벌을 생각하며 한동안 불안에 떨어야 했습니다. 그 일은 규율부장의 배려로 무사히 넘어갔지만, 그는 한 가지 다짐을 했습니다. 잘못이나 떳떳하지 못한 행동을 할 때는 그것을 정직하게 이야기하고 그에 합당한 처벌을 받는 것이 언제 올지 모를 처벌을 걱정하면서 두려워하고 불안해하는 것보다 낫다는 사실입니다. 그래서 처칠은 그 일을 계기로 '정직'을 가슴에 단단히 새기게 되었고, 그것이 생애의 좌우명이 되었습니다. 훗날 그는 영국 수상으로 2차 세계대전을 승리로 이끈 위대한 지도자가 되었습니다.

우리는 종종 떳떳하지 못한 행동을 할 때가 있습니다. 그럴 때면 어떤 벌을 받을까 걱정하거나 남들에게 알려져 수치를 당할 거라는 생각에 사로잡혀 그 사건을 덮으려고 애씁니다. 그러나 벌 받을 걱정이나 수치의 두려움으로 우리 마음을 채우면 결국 더 큰 벌과 수치를 당할 수밖에 없습니다. 반면 그것을 계기로 자신을 올바르게 다잡고 마음을 새롭게 하여 새 인생을 산다면 그것은 전화위복이 될 수 있습니다.

말씀에 접목하기: 창 3:12, 13

타락한 인간의 성품 가운데 하나는 자기 잘못이나 떳떳하지 못한 행동을 숨기고 변명하는 것입니다. 아담과 하와가 선악을 알게 하는 나무의 열매를 따먹어 범죄했을 때 그들은 하나님이 두려워 숨었으며 하나님께 발견된 후에는 자기변명을 늘어놓았습니다. 하와는 하나님이 창조한 "뱀이 나를 꾀므로 내가 먹었나이다"(창 3:13)라고 변명했습니다. 숨기는 것이 더 쉽고 변명하는 것이 더 유리하다고 생각하는 것은 타락한 성품에 속합니다. 이것은 마귀의 방법입니다. 마귀는 숨기고 변명하라고 시험합니다. 그러나 하나님은 우리를 있는 그대로 받으십니다. 하나님은 우리를 우리 자신보다 더 잘 알고 계시므로 하나님께 우리 자신을 숨길 수도 없고 변명할 필요도 없습니다. 하나님은 우리가 있는 그대로 이웃에게 나아가기를 원하십니다. 이것이 하나님의 뜻이고 법도입니다.

"과속차를 적발했다고 특진시키는 법은 없소"

예화 22

어느 날 처칠 수상이 시간에 쫓겨 운전기사에게 속력을 내라고 말했습니다. 운전기사는 다른 자동차들보다 훨씬 빠르게 내달렸습니다. 그런데 교통 경찰관이 수상을 태운 자동차가 과속으로 달리는 것을 보고 재빨리 차를 세우라고 신호를 보냈습니다.

면허증 제시를 요구하는 경찰관에게 운전기사는 "수상께서 타셨소"라고 말했습니다. "알고 있소. 그러나 과속은 과속이오. 딱지를 떼겠으니 벌금을 물도록 하시오." 경찰관이 끄덕도 하지 않자 이번에는 처칠이 직접 나섰습니다. "이봐! 내가 누군 줄 아는가?" 처칠은 자신의 트레이드 마크인 여송연을 입에 문 채 언성을 높였습니다. "예, 얼굴은 우리 수상 각하와 비슷합니다. 그런데 법을 지키는 것은 비슷하지 않습니다." 그는 천연덕스럽게 이렇게 말하더니 딱지를 떼었습니다.

처칠은 의회에서 업무를 마치고 올라와 경시총감을 불렀습니다. 딱지를 뗀 경찰관을 격려하기 위해서였습니다. 그는 자초지종을 설명한 뒤 그 경찰을 찾아 특진시킬 것을 명했지만, 경시총감은 과속 차를 적발했다고 특진시키는 규정이 없다고 거절했습니다.

어떤 순간에도 흔들림 없이 자신의 일을 실천하는 사람, 아무리 어려운 일이 있어도 자신의 신념을 바꾸지 않는 사람, 직책이 높은 사람에게 굽실거리지 않고 자신보다 지위가 낮은 사람들을 무시하지 않는 사람, 자신에게 주어진 일에 최선을 다해 행하는 사람이 많은 세상은 의심할 여지 없이 아름답습니다.

말씀에 접목하기: 고전 1:26

아름다운 세상을 만들어가는 사람은 다름 아닌 보통사람입니다. 자신이 맡은 일을 충실히 수행하고 어떤 외압에도 흔들리지 않고 누구도 무시하지 않고 차별하지도 않고 자기 최선을 다하는 보통사람이 세상을 아름답게 만듭니다. 당신은 지금 어떤 일을 하고 있습니까? 그 일을 하는 데 특별한 기술이 없고 전문가가 아닐지라도 최선을 다해 그 일을 행하면 거기에 세상이 알지 못하는 하늘의 평강이 임할 것입니다. 하나님은 위대한 사람을 통해 세상을 아름답게 만드시지 않습니다. 우리와 같은 보통사람을 사용하여 이 땅을 하늘나라로 만들어 가십니다. 천국은 높은 자리에 있는 사람이나 돈 많은 사람이 아니라 보통사람이 만드는 세상입니다.

어떤 신념을 가지고 살고 있습니까?

예화 23

나폴레옹의 군대가 러시아를 침공했을 때 그들은 진군 도중 어느 마을을 지나게 되었습니다. 그 마을은 주민이 모두 떠나고 한 사람만 남아 있었습니다. 그는 나무꾼이었습니다. 그의 가죽 허리끈에는 손도끼가 채워져 있었습니다.

나무꾼은 프랑스 군인들이 총을 겨누며 위협해도 전혀 동요하거나 주눅 들지 않았습니다. 그 모습을 본 프랑스 장교는 그를 살려주기로 마음먹었습니다. 장교는 이렇게 말했습니다. "너에게 징표를 남기겠다. 네 평생 지워지지 않을 징표를 말이다." 프랑스 군인들은 쇠 인장을 달구어 그의 손바닥에 'N'이라는 글자를 새겼습니다. 'N'자를 보며 나무꾼이 물었습니다. "이게 무슨 뜻이오?" "그것은 나폴레옹을 의미하는 글자다. 자네는 이제 우리 제국의 백성이다."

러시아에 충성된 마음을 지니고 있던 나무꾼은 이번에야말로 자신의 충성심을 증명할 때라고 생각했습니다. 그 순간 그는 벽돌 위에 손을 올려놓더니 허리춤의 도끼로 손목을 내리쳤습니다. 그는 너무 놀라 뒤로 한 발 물러서는 장교에게 이렇게 말했습니다. "그 손은 이제 나폴레옹의 것이오. 하지만 나는 러시아인이오! 죽더라도 러시아인으로 죽겠소."

사람에게 있어 신념은 제2의 생명과도 같습니다. 신념이 없는 사람은 돌멩이가 훤히 보이는 얕은 시냇물과 같습니다. 그러나 신념이 있는 사람은 깊숙이 흐르는 강물처럼 변함이 없습니다. 우리는 어떤 일을 하기 전에 왜 그 일을 하려고 하는지 물어봐야 합니다. 어떤 일이 닥치더라도 쉽게 좌절하지 않을 신념을 갖는 것이 진정한 인생을 사는 길임을 잊지 말아야 합니다.

말씀에 접목하기: 요 1:10, 11

세상은 신념의 사람을 소중하고 귀하게 생각합니다. 그러나 성경은 신념보다 생명을 더 존귀하게 여깁니다. 그리스도인은 자기의 신념을 위해 자기 손목을 자르는 사람이 아닙니다. 손목을 자르는 것은 생명을 훼손하는 것입니다. 몸은 그리스도의 지체입니다. 그러므로 몸은 소중하고 귀합니다. 우리는 그리스도의 지체를 함부로 훼손해선 안 됩니다. 그 손에 N 자가 새겨져 있을지라도 그것 때문에 손이 달라지는 건 아닙니다. 그것을 볼 때마다 나폴레옹의 사람이라고 생각하기보다는 손에 비록 N 자가 있더라도 러시아 제국의 국민으로서 충성을 다하는 계기로 삼으면 됩니다. 성경은 우리 몸을 하나님께 산 제물로 드리라고 말씀합니다. 비록 손에 자기가 원하지 않는 글자가 새겨져 있을지라도 그것을 하나님께 산 제물로 드리면 하나님은 그 손을 사용하여 그분의 선하고 기뻐하고 온전한 뜻을 이루시는데 사용할 것입니다.

죽는 순간의 기분을 압니까?

예화 24

나폴레옹이 러시아를 침공했을 때의 일입니다. 혹한이 몰아치는 작은 마을 한복판에서 그의 군대는 러시아 군대와 전투를 벌이고 있었습니다. 격렬한 전투를 벌이다가 나폴레옹은 그만 자신의 군대와 멀리 떨어지게 되었는데, 러시아 병사들이 그를 알아보고 맹렬히 쫓아왔습니다. 나폴레옹은 사력을 다해 도망치다가 어느 모피 상점 안에 몸을 숨겼습니다. 가게 안으로 뛰어든 그는 모피 상인에게 애원했습니다. "날 좀 구해주십시오. 난 지금 쫓기고 있습니다." 모피 상인이 한 곳을 가리키며 말했습니다. "빨리 저 모피 더미 속으로 몸을 숨기시오."

곧바로 러시아 병사들이 들이닥쳤습니다. 그들은 문을 걷어차며 안으로 들어와서 소리쳤습니다. "어디로 숨었지? 이리로 들어오는 걸 분명히 봤는데." 그들은 긴 칼로 모피 더미를 찔러 봤지만 나폴레옹을 찾아내지 못했습니다. 결국 병사들은 포기하고 떠났습니다. 잠시 후 나폴레옹이 모피 더미 속에서 나오자 나폴레옹의 수비대가 가게 안으로 들어왔습니다.

모피 상인은 나폴레옹을 향해 돌아선 뒤 한동안 머뭇거리더니 물었습니다. "당신처럼 위대한 사람에게 이런 질문을 하는 걸 용서하십시오. 하지만 꼭 알고 싶은 게 있습니다. 언제 죽을지 모르는 상황에서 저 모피 더미 아래 숨어 있을 때 어떤 기분이 들던가요?"

나폴레옹은 몸을 벌떡 일으키더니 모피 상인에게 성난 목소리로 소리쳤습니다. "어떻게 황제에게 그 따위 질문을 할 수 있단 말인가! 병사들, 이 건방진 놈을 밖으로 끌어내어 눈을 가리고 당장 총살하라. 내가 직접 발사 명령을 내리겠다." "사격 준비! 조준." 그 몇 초 동안 모피 상인은 말로 표현할 수 없는 감정이 솟구쳐 눈물이 흘렀습니다. 한참 동안 아무 소리도 들리지 않다가 눈을 가렸던 안대가 풀렸습니다. 나폴레옹은 상인의 눈을 보며 부드럽게 말했습니다. "이제 당신은 알았을 것이오. 당시 내가 어떤 기분이었는지를……."

말씀에 접목하기: 벧전 4:12-14

위기는 우리에게 엄청난 충격을 줍니다. 마음이 흔들리고 감정이 복받쳐 오르고 강렬한 욕망이 솟구칩니다. 위기의 순간에는 모든 생각과 감정이 상황에 집중되고, 그 위기를 벗어날 방도를 찾기 위해 씨름합니다. 그때는 하나님도 이웃도 잊어버리고 오직 자기 자신에게 모든 관심이 집중됩니다. 그 가운데 가장 큰 위기는 죽음을 앞둔 순간입니다. 죽음에 직면한 사람은 그 상황을 혼자서 벗어나지 못합니다.

그래서 위기에 처한 사람은 그 순간에 만난 사람을 평생 잊을 수 없습니다. 그 사람은 위기 상황에 처한 사람에게 영의 눈을 열어주어 그 상황을 벗어날 수 있는 길을 찾게 만들어줍니다. 목회를 하고 이웃을 섬긴다는 것은 이런 위기에 처한 사람 곁에 같이 있어 주는 것이며, 그들의 내면에 공감하는 것이며, 그 사람을 이해하고 존중하는 것이며, 그들과 함께 그 위기를 극복하기 위해 힘쓰는 것입니다. 그래서 그 위기를 벗어났든 그러지 못했든 간에 위기에 처한 사람은 새로운 미래의 문을 열 수 있는 능력이 생겨납니다. 당신은 위기의 사람을 만나고, 그들의 상황에 공감하고 그들을 이해하고 존중하는 데서부터 그들의 미래의 문을 여는 동반자가 될 수 있습니다.

천하를 쥐었던 손도 떠날 때는 빈손으로 간다

예화 25

알렉산더 대왕의 병이 날이 갈수록 심각해지자 왕실은 깊은 시름에 잠겼습니다. 알렉산더 대왕의 병을 고치기 위해 이름난 명의가 하루에도 수없이 다녀갔지만 도무지 나아질 기미가 없었습니다.

그러나 슬픔에 빠진 주변 사람들과 달리 알렉산더 대왕은 침착했습니다. 그는 타고난 강한 정신력으로 조금씩 자기 주변을 정리하면서 죽음을 준비하는 듯했습니다. 신하들은 자리에 누워 휴식을 취하도록 권했지만 그는 이렇게 말했습니다. "내 걱정은 하지 말게. 사람은 죽으면 계속 잠을 자게 될 텐데, 살아 눈뜨고 있는 이 순간 어찌 잠을 잘 수 있겠는가! 얼마 남지 않는 귀중한 시간을 충실하게 보내고 싶네."

알렉산더 대왕은 병이 점점 깊어져 자리에 앉아 있기조차 힘들게 되었습니다. 왕실에서는 병색이 짙은 그를 포기했고, 그의 마지막 유언이 무엇일지 궁금해했습니다. 그러나 사경을 헤매면서도 알렉산더 대왕은 좀처럼 유언을 말하지 않았습니다.

어느 날 알렉산더 대왕은 모든 사람을 불러 모으더니 힘겹게 입을 열었습니다. "내가 죽거든 묻을 때 손을 관 밖으로 내놓아 남들이 볼 수 있도록 하시오." 초조하게 그의 유언을 기다리던 신하들은 예상하지 못한 말에 깜짝 놀랐습니다. 부와 권력을 한 손에 쥐었던 알렉산더 대왕의 유언으로는 적절하지 않다고 생각했기 때문입니다. 놀라 어리둥절해하는 신하들을 보면서 알렉산더 대왕은 이렇게 말했습니다. "나는 단지 세상 사람들에게 천하를 쥐었던 알렉산더도 떠날 때는 빈손으로 간다는 것을 보여주고자 하는 것뿐이오."

말씀에 접목하기: 전 1:2, 3; 3:12, 13

전도자는 "헛되고 헛되며 헛되고 헛되니 모든 것이 헛되도다 해 아래에서 수고하는 모든 수고가 사람에게 무엇이 유익한가"(전 1:2, 3)라고 질문을 던지면서도 "사람들이 사는 동안에 기뻐하며 선을 행하는 것보다 더 나은 것이 없는 줄을 내가 알았고 사람마다 먹고 마시는 것과 수고함으로 낙을 누리는 그것이 하나님의 선물인 줄도 또한 알았도다"(전 3:12, 13)고 말씀하고 있습니다. 전도자는 '사람은 죽음 이후를 준비하는 자가 아니라 삶 자체를 의미 있게 사는 자'라고 말씀한 것입니다. 전도자는 '살아 있는 것을 기뻐하며 이웃을 위해 선을 행하며 먹고 마시는 것, 수고하고 그 대가로 낙을 누리는 것' 이 가치 있는 삶이라고 말씀합니다. 이것은 위대한 사람의 삶이 아니라 보통사람의 삶을 뜻합니다. 진정으로 행복한 사람, 가치 있는 사람, 세상을 아름답게 만들어가는 사람은 특별한 사람이 아니라 보통사람입니다. 지금 당신은 행복을 찾기 위해 무엇을 하고 있습니까? 자신이 있는 자리에서 맡은 바 최선을 다해 살며 순간순간 즐거워하는 것이 하나님이 준비한 행복의 길입니다.

시련을 이겨낸 베토벤

예화 26

젊은 시절 베토벤은 절망에 빠졌습니다. 사랑하는 여인이 떠나버렸고 친구들과의 말다툼으로 상처 받는 날이 많았습니다. 게다가 난청이라는 불청객은 훌륭한 음악가의 꿈을 송두리째 뒤흔들어놓았습니다. 답답한 현실의 무게를 견딜 수 없던 베토벤은 인근 수도원을 찾아갔습니다. 그곳에는 사람들의 존경을 한 몸에 받고 있는 고명한 수도사가 있었습니다.

베토벤은 자신의 처지를 하소연하며 제발 나아갈 길을 보여 달라고 눈물로 애원했습니다. 그러자 수도사는 방 안으로 들어가더니 나무상자 하나를 들고 나왔습니다. "여기서 유리 구슬 하나를 꺼내 보게." 베토벤은 손을 넣어 검은색 구슬을 집었습니다. 수도사는 다시 한 번 구슬을 꺼내 보라고 말했습니다. 이번에도 역시 검은색 구슬이었습니다.

수도사는 인자한 미소를 머금은 채 그를 바라보며 말했습니다. "여보게, 젊은이! 이 나무상자 안에는 열 개의 구슬이 들어 있는데, 그중 다섯 개는 검색이고 다섯 개는 흰색이라네. 검은색 구슬은 불행과 고통을 뜻하고 흰색 구슬은 행운과 희망을 뜻하는데, 이것은 누구에게나 열려 있는 운명일세. 어떤 사람은 운이 조금 더 좋아 빨리 흰색을 뽑음으로써 행복과 성공을 붙잡기도 하지만 자네처럼 연속해서 검은 구슬을 뽑기도 한다네. 하지만 검은 구슬을 많이 뽑을수록 흰 구슬을 뽑을 확률이 높아지지 않겠나. 중요한 것은 아직도 여덟 개의 구슬이 자네 앞에 남겨져 있고, 그 속에는 분명히 다섯 개의 흰 구슬이 있다는 거야. 좌절하지 말고 다시 도전한다면 반드시 흰 구슬을 잡을 수 있을 걸세."

절망 속에서 방황하던 베토벤은 얼마 지나지 않아 수도사의 말처럼 인생에서 가장 빛나는 흰 구슬을 뽑았습니다.

말씀에 접목하기: 롬 8:35-37

인생은 검은 구슬과 흰 구슬을 뽑는 것에 비유할 수도 있지만 믿음의 사람들은 다른 각도에서 인생을 봅니다. 사도 바울은 "우리가 환난 중에도 즐거워하나니 이는 환난은 인내를, 인내는 연단을, 연단은 소망을 이루는 줄 앎이로다 소망이 우리를 부끄럽게 하지 아니함은 우리에게 주신 성령으로 말미암아 하나님의 사랑이 우리 마음에 부은 바 됨이니"(롬 5:3-5)라고 말합니다. 흰 구슬을 뽑았기 때문에 축복의 운명을, 검은 구슬을 뽑았기 때문에 환난을 당하는 것이 아니라 믿음의 사람은 어떤 환난을 만나도 주님이 그 환난을 인내로, 그 인내를 연단으로, 그 연단은 소망으로 바꾸어 축복의 문을 열어주신다는 것입니다.

그리스도인도 환난과 곤고와 박해와 기근과 적신과 칼을 만나고 도살할 양과 같이 여김을 받습니다. 그러나 이 모든 일을 우리를 사랑하시는 주님으로 말미암아 넉넉히 이겨낼 수 있습니다(롬 8:35-37). 지금 베토벤처럼 견딜 수 없는 환난을 당하고 있습니까? 혼자 힘으로 이겨내기 어려운 환난 가운데 있다면 주께 기도하며 그 모든 환난을 있는 그대로 주께 드려야 합니다. 그러면 그 모든 환난이 변하여 축복의 문을 열어주시는 하나님의 기적을 볼 것입니다.

약함을 견디지 못하는 사람

예화 27

동양 사람으로 노벨문학상을 받은 사람이 있습니다. 일본의 소설가 가와바타 야스나리입니다. 그는 문학으로 뛰어난 명성을 얻었고, 모든 사람이 부러워하는 상도 받았습니다. 그런 그가 가스관을 물고 자살했습니다. 사람들은 야스나리가 자살했다는 소식을 듣고 모두 의아해했습니다. 야스나리가 자살한 것은 자신의 몸이 늙고 병든 것을 견디지 못했기 때문입니다. 또한 자신이 원하는 대로 일이 잘 풀리지 않는 것도 그를 상심하게 만들었습니다. 그는 고민 속에서 살았고 갈수록 약해졌습니다. 그러다가 자기의 나약함을 견디지 못해 자살하고 말았습니다.

말씀에 접목하기: 마 27:3-5

자기의 나약함을 바라보며 그것을 슬퍼하는 자는 거기에 빠집니다. 자기의 불행을 바라보며 그것을 애통해하는 자는 불행의 잔을 마십니다. 자기의 약점을 한없이 바라보는 자는 그 약점에 치어 죽고 맙니다. 그러나 그런 상황에 처해 있을지라도 사랑의 이웃을 만나면 변합니다. 그를 진심으로 아끼는 사람은 생명을 주고 하나님의 구원을 전달해줄 것입니다. 오늘 약함으로 말미암아 죽음에 이르게 된 병든 사람들을 찾아 하나님의 사랑을 나누어주고 하나님의 생명을 전달하는 자가 되시기를 바랍니다. 이것이 오늘 당신을 향한 하나님의 뜻입니다.

왜 최선을 다하지 않았는가?

예화 28

지미 카터가 쓴 《살아있는 신앙》에는 그의 신앙생활에 대한 내용이 있는데, 그중 이런 대목이 있습니다. "우리, 특히 신앙을 가진 사람에게는 보다 높은 삶의 표준과 기대치가 있어야 한다. 그것은 말할 것도 없이 복음서를 통해 예수님이 보여주신 삶의 원칙이다. 나는 그리스도인에게 이 원칙은 일반적인 종교 규범 가운데 하나가 아니라 우리 개인의 행동과 일생에서 기준이 되는 유일한 규범이어야 한다고 믿는다. 그런 기준을 따르기 위해 우리는 자진해서 때로는 억지로라도 최선을 다해야 한다고 믿는다. 나는 탁월한 삶은 율법에 순종하는 것 그 이상이어야 한다고 믿는다. 성경에서 말하는 최고의 가치관, 그 가치관의 실현을 위해 드려지는 최선의 삶, 우리는 그 이하일 수 없다고 믿는다."

카터가 이런 삶의 좌우명을 갖게 된 데는 사연이 있었습니다. 그가 해군사관학교를 졸업하고 임관되기 전 유명한 해군 제독인 릭오버 제독과 면담을 갖게 되었습니다. 이 해군 제독은 젊은 해군 장교인 카터에게 전술과 전략에서부터 군인의 자세, 태도에 이르기까지 날카로운 질문을 던졌습니다. 카터는 땀까지 흘리면서 대답하기 위해 애를 써야 했습니다.

그런데 제독이 갑자기 화제를 돌려 해군사관학교 시절에 어떻게 살았고, 어떻게 공부했는지를 물었습니다. 또한 웃으면서 성적이 어느 정도였느냐고 물었습니다. 카터는 성적에는 자신이 있어 점수와 등수를 대답했더니 대뜸 이렇게 묻는 것이었습니다. "그 성적이 자네가 최선을 다한 결과인가?" 카터는 식은땀을 흘리며 이렇게 대답했습니다. "글쎄요. 최선을 다했다고 말씀드릴 수는 없겠지요." 이때 제독은 무섭게 쏘아보면서 또다시 질문을 던졌습니다. "왜 최선을 다하지 않았는가?" 카터는 더 이상 답변을 할 수가 없었습니다.

그날 밤 카터는 이런 생각을 했습니다. '인생을 다 살고 주님 앞에 서는 날, 주님은 이 해군 제독이 던진 것과 비슷한 질문을 나에게 던지실지도 모른다. 만약 그때 주님이 이렇게 물으신다면 나는 어떻게 대답해야 할까? 그날 카터는 인생의 좌우명을 얻었습니다. "왜 최선을 다하지 않았는가?"

> 말씀에 접목하기: 롬 12:11

사도 바울은 이렇게 말합니다. "부지런하여 게으르지 말고 열심을 품고 주를 섬기라"(롬 12:11). 그리고 그는 에베소 교회에 보내는 편지에서 "종들아 두려워하고 떨며 성실한 마음으로 육체의 상전에게 순종하기를 그리스도께 하듯 하라 ……기쁜 마음으로 섬기기를 주께 하듯 하고 사람들에게 하듯 하지 말라"(엡 6:5, 7)고 말합니다. 그리스도인은 무엇을 하든지 그리스도께 하듯 하고 기쁜 마음으로 주님을 섬기듯 최선을 다하라는 말씀입니다. 예수님이 우리를 위해 최선을 다하실 뿐 아니라 십자가에서 생명을 버리셨듯이 이제 우리도 무엇을 하든지 주님처럼 최선을 다해야 할 것입니다. 그리스도의 영인 성령님이 임하고 충만하면 우리도 주님처럼 최선을 다하게 해주실 것입니다.

선교사와 상인이 보는 세상

예화 29

한 선교사가 인도에서 20년간 선교하다가 일시 귀국하여 선교 보고를 하고 있었습니다. 그 선교사는 하나님이 엄청난 은혜를 베풀어주셨으며, 수많은 사람이 회심하여 예수님을 영접했다고 보고했습니다. 그런데 그 자리에 참석한 부유한 상인이 선교사의 보고를 들으면서 냉소를 지었습니다. 선교사의 보고가 끝나자 상인은 손을 들고 이렇게 말했습니다. "선교사님의 이야기를 들으니 인도에 사는 사람 모두가 예수님을 영접하고 그리스도인이 된 것처럼 들립니다. 저도 인도에서 3년 동안 살았는데, 회심하여 그리스도인이 된 인도 사람을 한 번도 만난 적이 없습니다. 도대체 어찌 된 일입니까?"

선교사는 상인의 말을 다 듣고 나서 이렇게 물었습니다. "선생님, 인도에서 호랑이를 본 일이 있습니까?" 그러자 상인은 3년 동안 자신이 얼마나 많은 호랑이를 사냥했고, 그 호랑이 가죽을 자신이 보관하고 있다고 자랑을 늘어놓았습니다. 그러자 그 선교사는 이렇게 대답했습니다. "거 참 이상하네요. 저는 인도에서 20년 동안 살았지만 호랑이를 한 마리도 보지 못했거든요."

말씀에 접목하기: 고전 2:12-15

그렇습니다. 호랑이를 찾는 자의 눈에는 호랑이만 보이고 예수님을 증거하는 사람에게는 회심하여 중생한 그리스도인만 보입니다. 우리는 마음으로 생각하는 그것을 보고 듣고 마음에 새기고 있습니다. 세상은 엄청 넓습니다. 우리가 보는 것이 세상의 전부는 아닙니다. 사람마다 자기 마음에 품은 것을 보기 때문에 사람 수만큼 세상은 다르게 보일 수 있습니다. 그러므로 우리는 마음을 넓게 가지고 자신이 보는 세상뿐 아니라 다른 사람들이 보는 세상까지 받아들일 수 있어야 합니다. 그래야 세상을 바로 볼 수 있습니다.

걱정 말게. 이 동네도 그런 동네라네!

예화 30

미국 펜실베이니아의 작은 마을에 한 청년이 이사를 왔습니다. 그는 이사 온 곳이 어떤 곳인지 알고 싶어 동네를 둘러보던 중 나무 그늘에서 쉬고 있는 한 노인을 발견했습니다. 그는 노인에게 가서 "이 동네는 어떤 동네입니까?"라고 물었습니다. 노인은 청년의 질문에 대답하지 않고 오히려 반문했습니다. "청년은 어떤 동네에서 살다가 이 동네로 이사를 왔는가?" 그 청년은 불쾌한 표정을 짓더니 이렇게 대답했습니다. "말도 마십시오. 그 동네는 사람 살 만한 곳이 아니었습니다. 사람들은 서로 미워하고 속이고 싸우고 폭력이 난무하는 곳이었습니다. 그런 곳에 사는 것이 얼마나 고통스러운지 아십니까?" 그러자 노인은 혀를 끌끌 차면서 안됐다는 표정을 지으며 "쯧쯧! 많은 것을 기대하지 말게나. 이 동네도 그런 동네라네!"

얼마 뒤 또 다른 청년이 그 동네에 이사 왔습니다. 그 청년도 노인을 만나 똑같은 질문을 했습니다. "이 동네는 어떤 동네입니까?" 이번에도 노인은 대답 대신 똑같이 반문했습니다. "청년은 어떤 동네에서 살다 이사를 왔는가?" 그 청년은 노인의 질문을 받고는 고향을 그리워하는 표정을 지으면서 이렇게 대답했습니다. "예전에 살던 동네는 너무 좋은 곳이었습니다. 사람들은 정이 많고 서로 도와주고 깨끗하고…… 직장이 아니었다면 그 아름다운 동네를 결코 떠나지 않았을 것입니다." 이 말을 들은 노인은 일어서서 그 청년의 손을 잡더니 이렇게 말했습니다. "걱정하지 말게나. 이 동네도 그런 동네일세!"

말씀에 접목하기: 마 11:16-19

노인은 한 청년에게 이 동네도 그 청년의 동네처럼 속이고 싸우고 폭력이 난무하는 동네라고 대답했습니다. 그러나 다른 청년에게는 정이 많고 서로 도와주고 깨끗한 동네라고 대답했습니다. 노인이 거짓말을 한 걸까요? 노인은 연륜이 쌓이면서 동네 환경보다 더 중요한 것이 있다는 사실을 깨달았습니다. 노인은 아무리 좋은 동네라도 자기만 생각하는 사람에게는 힘들고 어려운 동네가 되고, 아무리 힘들고 어려운 동네라도 이웃을 소중히 여기고 섬기는 사람에게는 아름다운 동네가 되는 것을 보았던 것입니다. 한 청년은 자기만을 생각하고 이웃을 악하게 보았기 때문에 이 동네에서 앞으로 험한 이웃들을 만나게 될 것입니다. 그러나 다른 청년은 이웃을 존중하고 소중히 여기기 때문에 이 동네에서도 아름다운 이웃들을 만나게 될 것입니다. 자신을 소중히 여기면서도 이웃을 무시하고 차별한다면 당신은 어느 동네에 살더라도 짜증스럽고 어려운 삶을 살게 될 것입니다. 그러나 예수님의 사랑으로 가득 채워 이웃을 소중히 여기고 존중하며 사랑으로 섬긴다면 당신은 어디서나 아름다운 이웃을 만나게 될 것입니다.

감정을 통제할 수 있는가?

예화 31

오마르는 영국에서 그 이름이 전해지는 유일한 검객입니다. 그는 자신과 실력이 비슷한 사람과 30년 동안 대결을 벌였지만 여전히 승부가 나지 않았습니다. 어느 날 두 사람이 결투를 하는데 상대방이 말에서 떨어졌습니다. 오마르는 검을 들고 상대를 덮쳤고 당장이라도 그를 죽일 수 있었습니다. 이때 상대가 오마르 얼굴에 침을 뱉었습니다. 그러자 오마르는 잠시 움찔하더니 이렇게 말했습니다. "내일 다시 싸우세." 이 말에 상대는 영문을 몰라 어리둥절했습니다.

오마르는 칼을 거두며 이렇게 말했습니다. "30년 동안 나는 줄곧 자신을 단련해 왔네. 싸우는 동안 분노하지 않으려고 노력해 왔다는 말일세. 그래서 늘 승리할 수 있었지. 방금 자네가 내게 침을 뱉는 순간 분노가 치솟았다네. 자네를 죽일 수도 있었지만 자네를 죽인다면 다시는 승리의 기쁨을 맛볼 수 없겠다고 생각했네. 그래서 내일 자네와 다시 결투를 벌이기로 한 거네."

두 사람의 결투는 그날로 막을 내렸습니다. 상대가 그날 이후로 그의 제자가 되었기 때문입니다. 그 역시 싸우는 동안 분노를 억제하는 법을 배웠을 것입니다. 감정을 통제할 수 있을 때라야 온전한 정신으로 검술을 펼칠 수 있습니다. 최고의 검술은 마음을 수련하는 일입니다. 마음의 수련이 없다면 검술은 최고에 도달할 수 없습니다.

> 말씀에 접목하기: 고전 3:1-3, 6-9

성령님의 사람은 하나님의 영을 받고 성령님이 가르쳐주시는 대로 은혜의 일을 하는 사람입니다. 성령님이 인도하시면 우리는 어떤 상황에서도 자기감정을 통제할 수 있으며, 하나님의 말씀을 받고 그 말씀대로 순종하며 살 수 있습니다. 그런데 사도 바울은 고린도전서 3장 3절에서 육신에 속한 사람에 대해 이렇게 말합니다. "너희는 아직도 육신에 속한 자로다 너희 가운데 시기와 분쟁이 있으니 어찌 육신에 속하여 사람을 따라 행함이 아니리요." 고린도 교회에 성령님의 사람만 있는 건 아니었습니다. 그 가운데는 육신에 속하여 시기와 분쟁에 빠진 사람도 있었습니다. 그들은 감정을 스스로 통제하지 못하고 감정의 지배를 받는 사람이었습니다. 그들은 예수님을 믿으면서도 성령님으로 충만하지 못하기 때문에 자기감정에 통제를 받고 있었던 것입니다. 성령 충만한 그리스도인이 될 때만 우리는 감정의 지배를 받지 않고 우리의 모든 가능성과 능력을 다 사용할 수 있습니다.

누가 구름다리에서 떨어졌을까요?

예화 32

지세가 험한 협곡이 있었습니다. 세찬 물살이 아래로 굽이쳐 흐르고 철로 만든 구름다리가 형체만 간신히 남아 절벽과 절벽 사이에 놓여 있었는데, 이것이 강을 건널 수 있는 유일한 다리였습니다. 일행 세 명이 다리 입구에 도착했습니다. 한 사람은 맹인, 다른 사람은 청각장애인, 나머지 한 사람은 귀와 눈이 온전한 사람이었습니다.

한 사람씩 높다란 허공에 걸려 있는 구름다리를 건넜습니다. 맹인과 청각장애인은 다리를 무사히 건넜지만 귀와 눈이 온전한 사람은 다리 아래로 떨어져 목숨을 잃고 말았습니다.

그때 맹인이 말했습니다. "나는 앞을 볼 수 없었기 때문에 산이 얼마나 높고 다리가 얼마나 위험한지 볼 수 없었죠. 그래서 마음 편하게 구름다리를 건널 수 있었습니다." 청각장애인이 말했습니다. "나는 귀가 멀어 발아래의 세찬 물소리를 들을 수가 없었죠. 그래서 상대적으로 두려움을 덜 느꼈습니다." 다리를 건널 때 험준한 산봉우리와 세찬 물소리가 무슨 상관이 있습니까! 발을 안전하게 내디디는 것에만 집중하면 충분히 중심을 잡을 수 있습니다. 눈과 귀는 아주 유용한 지체이지만 어떤 순간에는 사람을 위험에 빠뜨리기도 합니다.

말씀에 접목하기: 창 3:6; 딤전 4:7

우리는 하나님으로부터 수많은 능력을 부여받았습니다. 그 모든 능력은 우리를 행복하게 만드는 데 아주 유익한 역할을 합니다. 그러나 그 모든 능력은 유익을 주는 만큼 위험을 줄 수도 있습니다. 하나님의 말씀을 받았을 때 하와의 눈은 선악을 알게 하는 나무를 보면서 그분의 말씀을 기억하고 그분께 감사하고 찬양하도록 했습니다. 그러나 마귀의 시험을 받을 때 하와의 눈은 선악을 알게 하는 나무를 보면서 "먹음직도 하고 보암직도 하고 지혜롭게 할 만큼 탐스럽기도" 했습니다(창 3:6). 그래서 그 열매를 따먹고 타락했습니다. 같은 능력이 하나님의 말씀을 기억할 때는 그분께 감사하고 찬양하게 했지만, 마귀의 시험을 받을 때는 타락하게 만들었습니다. 디모데전서 4장 7절의 말씀대로 경건에 이르도록 자신을 연단하지 않으면 하나님께 받은 유익한 능력이 시험과 저주에 빠지게 하는 도구가 될 수도 있습니다.

위협을 주는 환경을 극복하는 일

예화 33

한 심리학자가 실험을 했습니다. 그는 열 사람에게 캄캄한 방을 지나가도록 했습니다. 심리학자의 안내로 사람들은 무사히 그곳을 통과했습니다. 그런 다음 심리학자는 방에 있는 열 개의 등불 가운데 하나를 켰습니다. 희미한 등불이 비치자 이들은 방 안에 무엇이 있는지 볼 수 있었습니다. 모두 깜짝 놀랐습니다. 원래 이 방은 커다란 저수지였는데, 저수지 아래에는 악어 10여 마리가 있었고 저수지 위에는 폭이 아주 좁은 나무로 만든 다리 하나가 놓여 있었습니다. 방금 그들은 이 나무다리 위를 걸어온 것이었습니다.

심리학자가 물었습니다. "지금 여러분 가운데 다시 이 방을 지나가 보겠다는 사람이 있습니까?" 아무도 대답하지 않았습니다. 한참이 지나 담력이 센 몇 사람이 일어섰습니다. 그중 한 사람은 조심스럽게 걸어 지나갔는데 처음보다 속도가 많이 느렸습니다. 또 다른 사람은 벌벌 떨면서 나무다리를 밟았습니다. 그러다가 다리 중간쯤부터 엉금엉금 기어 건너갔습니다. 세 번째 사람은 몇 걸음 걷지도 못하고 앞 사람처럼 다리 위에 엎드리더니는 앞으로 조금도 나아가지 못했습니다.

심리학자는 나머지 등불을 모두 켰습니다. 등불은 그곳을 대낮처럼 환하게 비추었습니다. 그러자 사람들 눈에 나무다리 아래에 설치된 안전망이 보였습니다. 안전망의 색깔이 너무 옅어 등불을 하나 켰을 때는 보이지 않았던 것입니다. "지금 다리를 건너가겠다는 사람이 있습니까?" 심리학자가 물었습니다. 이번에는 다섯 사람이 일어섰습니다.

심리학자는 남아 있는 두 사람에게 물었습니다. "당신들은 왜 일어나지 않습니까?" 그러자 두 사람은 약속이라도 한 것처럼 똑같이 반문했습니다. "저 안전망은 튼튼한가요?" 마음의 평정을 잃으면 얼마든지 건널 수 있는 다리도 건널 수 없습니다. 능력이 문제가 아니라 마음의 자세가 문제입니다.

말씀에 접목하기: 행 4:7

베드로는 예수님이 심문을 받는 가야바의 법정까지 따라갔습니다. 그는 거기서 예수님이 처참한 심문과 폭행을 당하는 것을 보았습니다. 그 모습을 보면서 그는 마음의 평정을 잃었습니다. 그래서 예수님을 모른다고 세 번이나 부인하고 저주까지 했습니다. 그는 예수께 결코 주님을 배신하지 않겠다고 선언했습니다. 그리고 예수님을 따라 가야바의 법정에 가면서도 절대로 예수님을 배신하지 않겠다고 다짐하고 또 다짐했을 것입니다. 그러나 법정은 살벌하고 고문은 극악하고 저주스러웠습니다. 그것을 보자 그는 예수님을 배신했습니다(마 26:65-74).

베드로는 다시 살벌한 가야바의 법정에 서게 되었는데, 그 순간 성령님이 그에게 충만하게 임하셨습니다(행 4:7). 그러자 그는 단호하게 예수님을 증거 했습니다. "다른 이로써는 구원을 받을 수 없나니 천하 사람 중에 구원을 받을 만한 다른 이름을 우리에게 주신 일이 없음이라"(행 4:12). 성령님으로 충만한 베드로는 살벌하고 무서운 법정에서 조금도 두려워하지 않고 힘 있게 예수님을 증거 할 수 있었습니다. 아무리 위험한 상황에 부딪히더라도 성령님으로 충만하면 조금도 흔들리지 않고 주님을 따라갈 수 있습니다.

내게 그런 아버지가 있었기 때문입니다

예화 34

술 마시는 일을 운명이라 여길 정도로 즐기는 사람이 있었습니다. 그는 마약에도 손을 대어 마약 중독자가 되었을 뿐 아니라 여러 번 술 때문에 목숨을 잃을 뻔했습니다. 나중에 그는 술집에서 눈에 거슬리는 술집 주인을 죽였다는 이유로 종신형을 살게 되었습니다.

그에게는 한 살 터울의 두 아들이 있었습니다. 그중 한 아들은 아버지처럼 술을 좋아했는데, 아버지보다 더 심한 마약 중독자가 되었습니다. 그는 물건을 훔치고 남을 협박하는 짓을 일삼다가 살인죄로 감옥에 들어갔습니다. 또 다른 아들은 그와 달랐습니다. 그는 대기업 지사장으로 일하면서 완벽한 결혼생활을 꾸리며 사랑스러운 세 아들과 행복한 삶을 살았습니다. 그는 술을 마시지도 않았고 마약을 하지도 않았습니다.

같은 아버지와 똑같은 환경에서 자랐음에도 이 두 사람은 왜 다른 삶을 살게 된 걸까요? 기자는 그들이 이렇게 다른 삶을 살게 된 원인이 무엇인지 물었습니다. 두 아들은 똑같은 대답을 했습니다. "내게 그런 아버지가 있었기 때문입니다. 내게 다른 방법이 있을 수 있겠습니까?"

말씀에 접목하기: 살전 5:16-18

환경이 사람의 인생을 바꾼다는 것은 사실이 아닙니다. 사람은 어떤 환경에서도 선택할 수 있는 힘을 가지고 있습니다. 같은 환경 아래에 있다고 해서 똑같은 선택을 하는 건 아닙니다. 행동주의 심리학자들은 인간을 당구공에 비유합니다. 당구공은 각도만 잘 맞으면 언제든지 목표한 대로 굴러갑니다. 행동주의 심리학자들은 인간도 당구공처럼 환경만 잘 만들어주면 목표대로 갈 수 있다고 주장한 뒤 환경만 잘 갖춰지면 세상이 달라질 거라고 말합니다. 그러나 그 말은 절반만 사실입니다. 그 말을 완전히 믿어선 안 됩니다. 하나님은 인간에게 선택할 수 있는 의지를 주셨기 때문에 앞선 언급한 두 아들 가운데 한 아들처럼 각도가 잘못 맞아도 목표한 대로 바로 갈 수 있습니다. 모든 것이 환경 탓이라고 생각합니까? 그것은 자기변명입니다. 그것은 스스로 삯꾼 목자의 행복을 선택했기 때문입니다. 그러나 양들을 사랑하는 선한 목자는 다릅니다. 양들을 사랑하기 때문에 다른 선택을 합니다.

내게 100만 달러가 있다면…

예화 35

한 대학생이 총장에게 대학교육제도의 폐단을 근절하자는 건의서를 냈습니다. 그러나 그의 의견은 받아들여지지 않았습니다. 이에 실망하지 않고 그는 자신이 직접 대학을 세우고 총장이 되어 이런 폐단을 뿌리 뽑겠다고 결심했습니다.

학교를 세우려면 적어도 100만 달러가 필요했습니다. '어디서 이렇게 큰돈을 모으지? 졸업한 뒤 돈을 벌어 학교를 세우기에는 너무 오랜 시간이 걸릴 텐데.' 그는 매일 100만 달러를 모을 방법을 궁리했습니다. 친구들은 모두 제정신이 아니라고 하며 하늘에서 빵이 떨어지기를 기다리고 있다고 여겼습니다. 그러나 그는 그렇게 생각하지 않았습니다. 자신이 이 돈을 모을 수 있다고 굳게 믿었습니다.

어느 날 그 대학생은 한 가지 방법을 생각해냈습니다. 신문사에 전화를 걸어 다음 날 어느 장소에서 '내게 100만 달러가 있다면…'이라는 주제로 강연할 예정이라고 말했습니다. 그 강연회에 예상을 깨고 많은 기업인이 참석했습니다. 그는 성공한 기업인들에게 정성을 다해 자신의 계획과 구상을 설명했습니다.

강연이 끝나자 필립 아머라는 기업가가 일어나서 "당신의 연설은 매우 훌륭했소. 나는 당신에게 100만 달러를 투자하기로 결정했소. 당신이 말한 대로 해보시오"라고 말했습니다. 이렇게 해서 그는 아머공과대학을 세웠습니다. 이 대학이 바로 전 세계적으로 명망이 높은 일리노이 공과대학교입니다. 그리고 이 대학을 세운 사람이 바로 나중에 사람들의 존경과 사랑을 한 몸에 받은 교육철학자 프랑크 갠솔러스입니다. 다른 사람이 여지껏 생각하지 않는 일을 시도해 보고, 다른 사람이 할 수 없다고 미리 포기하고만 일을 시도해 보는 건 어떨까요? 하나님이 당신의 진정한 인도자가 되어 주실 것입니다.

> 말씀에 접목하기: 행 2:16, 17

베드로는 오순절 성령강림 직후 예루살렘 사람들에게 요엘서를 인용해 하나님이 말씀하시기를 "내가 내 영을 만민에게 부어 주리니 너희 자녀들이 장래 일을 말할 것이며 너희 늙은이는 꿈을 꾸며 너희 젊은이는 이상을 볼 것이며"(욜 2:28)라고 선포했습니다. 성령님은 미래에 하나님이 하실 일을 환상으로 보면서 그 환상이 현실화되는 꿈을 꾸게 하시는 분이라는 말씀입니다. 믿음의 사람은 하나님이 미래에 행하실 일을 환상으로 보면서 그 환상이 실제로 이루어지는 꿈을 꾸며 사는 사람입니다. 당신에게 임하신 성령님은 어떤 환상을 보여주십니까? 하나님의 언약은 반드시 이루어집니다. 하나님의 언약이 이루어질 것을 꿈꾸는 사람은 오늘 자기가 할 일을 하나님께 구하고 받은 대로 최선을 다해 실천합니다. 이런 사람을 통해 하나님은 놀라운 축복의 생수를 이 땅에 흐르게 하실 것입니다.

얼마나 절박하게 성공을 추구하는가?

예화 36

한 학생이 철학자 소크라테스에게 성공 비결을 물었습니다. 그러자 소크라테스는 한 마디 말도 없이 그를 강가로 데려가더니 강 중심으로 걸어 들어가는 것이었습니다. 학생은 선생의 행동을 이해할 수가 없었습니다. 강물이 무릎 높이에 차오를 때까지 선생은 아무 말도 없었습니다. 강물이 엉덩이까지 차오라도 선생은 아무런 말도 하지 않았습니다. 강물이 점점 차올라 가슴까지 이르자 소크라테스는 돌아서서 두 손을 학생의 머리 위에 올리더니 있는 힘을 다해 물속으로 밀어넣었습니다.

학생은 한동안 허우적댔습니다. 그래도 소크라테스는 여전히 손을 놓지 않았습니다. 물속에서 더는 견딜 수 없다고 느낀 학생은 있는 힘을 다해 물 밖으로 머리를 내밀더니 화가 나서 큰 소리로 말했습니다. "도대체 지금 뭐하시는 겁니까?" 이때 소크라테스는 정색하며 말했습니다. "성공하고자 하는 네 욕망이 물속에서 살아남기 위해 네가 했던 행동처럼 절박하다면 못할 것이 없다."

그렇습니다. 성공하고 싶은 강렬한 욕망은 행동의 전조입니다. 많은 사람은 성공을 원하지만 그냥 '생각' 만 할 뿐입니다. 진정으로 '반드시 해내고야 말겠어' 라고 결심한 사람만 전심전력을 다할 수 있습니다. 초심을 잃지 않고 끝까지 한다면 세상에 못할 것이 별로 없습니다.

말씀에 접목하기: 행 4:19, 20

예수님이 공회에서 악독한 심문과 폭행을 당할 때 두려워 도망가고 예수님을 부인했던 제자들이 다시 공회에 끌려가 협박과 위협과 경고를 받았습니다. "그들을 불러 경고하고 도무지 예수의 이름으로 말하지 말고 가르치지 말라"(행 4:18). 그러자 그들은 흔들림 없이 단호하게 선언했습니다. "하나님 앞에서 너희의 말을 듣는 것이 하나님의 말씀을 듣는 것보다 옳은가 판단하라 우리는 보고 들은 것을 말하지 아니할 수 없다"(행 4:19, 20). 그들은 이제 경고나 위협, 죽음도 두려워하지 않는 진정한 예수님의 제자가 되었습니다. 나중에 그들은 다시 공회로 끌려가 능욕을 당하고 채찍을 맞았습니다. 그 당시 채찍형은 죽음의 고통이었습니다. 그러나 그들은 능욕을 당하고 채찍형을 당하고 나오면서 기뻐하고 즐거워했습니다. "사도들은 그 이름을 위하여 능욕 받는 일에 합당한 자로 여기심을 기뻐하면서 공회 앞을 떠나니라"(행 5:41). 복음의 불길이 예루살렘과 온 유대와 사마리아와 땅 끝까지 타오른 것은 이처럼 예수님을 위해 생명을 건 사도들을 통해서였습니다.

당신이 다니는 교회가 성장하지 않습니까? 당신의 전도에 열매가 없습니까? 당신은 예수님을 위해 생명을 걸었습니까? 무서워 떨며 도망가던 사도들이 이처럼 자신의 생명을 걸고 주님을 증거 할 수 있는 힘은 어디서 왔습니까? 주님의 말씀대로 성령님을 기다리며 기도하다가 드디어 오순절에 성령님으로 충만함을 입었기 때문입니다. 당신도 성령님으로 충만하면 예수님을 위해 생명을 걸 수 있습니다. 그러면 하나님은 당신을 통해 놀라운 생명의 기적과 열매를 얻게 하실 것입니다.

성냥불이 다 타버리기 전에

예화 37

"여보게, 젊은 친구. 그렇게 좋은 나이에 왜 전심전력을 다해 일하지 않는가?" 한 노인이 청년에게 물었습니다. 그러지 청년은 노인의 말에 조금도 개의치 않으며 말했습니다. "뭐 급할 게 있나요? 지금 막 성인이 되었으니 널린 게 시간이잖아요! 게다가 아직 멋지고 그럴듯한 계획도 세우지 못한 걸요." "시간은 사람을 기다려주지 않아!" 노인은 이렇게 말하면서 깜깜한 방으로 청년을 데려갔습니다. 팔을 뻗어도 자신의 손이 보이지 않을 만큼 방안은 어두웠습니다. "아무것도 안 보여요." 청년이 말했습니다. 노인은 성냥개비를 꺼내 불을 붙이더니 청년에게 말했습니다. "성냥이 다 타기 전에 이 지하실에 있는 물건 가운데 어떤 것이든 하나를 골라서 나오게." 거기에는 아름답고 멋진 물건이 잔뜩 쌓여 있었습니다.

청년은 희미한 성냥 불빛에 기대어 지하실에 널려 있는 물건이 구체적으로 뭔지 보기 위해 애썼습니다. 그러나 청년이 자기가 좋아하는 물건을 선택하기도 전에 성냥불이 꺼져버렸고, 지하실은 순간 칠흑 같은 어둠의 공간으로 변하고 말았습니다. 그러자 청년은 원망 섞인 목소리로 "아무것도 고르지 못했는데 그만 성냥이 다 타버렸어요"라고 말했습니다. 노인이 말했습니다. "순식간에 타들어가는 이 성냥처럼 젊은 시절도 한순간이라네. 이 순간은 지나고 나면 다시는 돌아오지 않네. 그러니 부디 자네의 젊음을 아끼면서 살게나."

그렇습니다. 인생은 길어야 몇 십 년으로 매우 짧습니다. 종점에 도착하고 나서 후회해 봐야 이미 때는 늦습니다. 오늘이라는 시간은 영원에 속한 시간입니다.

말씀에 접목하기: 엡 5:15, 16

사도 바울은 에베소에 보내는 편지에서 "그런즉 너희가 어떻게 행할지를 자세히 주의하여 지혜 없는 자같이 하지 말고 오직 지혜 있는 자같이 하여 세월을 아끼라 때가 악하니라"(엡 5:15, 16)고 권면했습니다. 그리고 곧이어 "그러므로 어리석은 자가 되지 말고 오직 주의 뜻이 무엇인가 이해하라 술 취하지 말라 이는 방탕한 것이니 오직 성령으로 충만함을 받으라"(엡 5:17, 18)고 말했습니다. 어리석은 일이 무엇입니까? 세월을 아끼지 않는 것입니다. 세월을 술 취함과 방탕함과 헛된 일로 허송세월하는 것입니다. 무엇이 세월을 아끼는 것입니까? 지혜 있는 자와 같이 주님의 뜻을 분별하고, 그 주님의 뜻을 어떻게 행할 것인지 발견하고 성령님으로 충만하여 그 일을 실천하는 것입니다. 세월은 순식간에 지나갑니다. 우리가 붙잡은 만큼만 그 세월은 우리에게 남아 있을 것입니다. 최선을 다하는 사람은 아름답습니다. 하나님은 이웃을 위해 최선을 다하는 사람을 축복하고 번성하게 하십니다.

당신은 정말 자신이 해야 할 일을 하고 있습니까?

예화 38

코가 불편해 이비인후과 병동에 입원한 두 사람이 있었습니다. 검사 결과를 기다리는 동안 갑이 말했습니다. "암이라면 난 당장 여행을 떠나겠어." 그러자 을이 말했습니다. "암이 아니라면 즉시 여행을 떠나겠어." 결과가 나왔습니다. 갑은 암이고 을은 코에 군살이 난 것이었습니다.

갑은 즉시 인생 계획을 짠 뒤 병원을 떠났고, 을은 수술을 받기 위해 병원에 입원했습니다. 갑의 계획은 단순했습니다. '라사와 둔황을 다녀온다. 판즈화에서 배를 타고 양쯔강으로 간다. 하이난의 산야에 가서 야자수를 배경으로 사진을 찍는다. 하얼빈에서 겨울을 난다. 다롄에서 배를 타고 광시성 베이하이로 간다. 천안문에 가 본다. 셰익스피어가 쓴 모든 작품을 읽는다. 어빙 벌린이 작곡한 〈두 개의 샘에 비친 달〉을 듣는다. 책을 한 권 쓴다……' 등 계획은 모두 27가지였습니다.

갑은 인생 계획을 써내려간 종이 뒷면에 이렇게 썼습니다. '나는 꿈이 많았다. 어떤 것은 이루었고 어떤 것은 여러 가지 이유로 이루지 못했다. 하나님이 내게 준 시간이 얼마 남지 않았다. 미련 없이 이 세상을 떠나기 위해 삶의 마지막 순간인 이 시간을 내가 이루지 못한 27가지 꿈을 이루는 데 쓸 생각이다.'

갑은 회사에 사직서를 내고 라사와 둔황으로 갔습니다. 그는 천안문에도 갔고 내몽골 대평원에도 갔습니다. 그리고 집으로 돌아와 책을 출판하기 위해 기획서를 작성했습니다.

어느 날 을은 잡지에 실린 갑의 글을 보았습니다. 그는 갑에게 전화를 걸어 병세를 물었습니다. 갑이 말했습니다. "암에 걸리지 않았다면 내가 형편없는 인생을 살고 있다는 사실을 깨닫지 못했을 것입니다. 암은 내가 하고 싶은 일을 하고, 내가 이루고 싶은 일을 이루도록 나를 일깨워주었습니다. 지금에서야 나는 무엇이 진정한 생명인지 느끼고 있습니다. 당신도 잘 지내고 있지요?"

을은 대답하지 못했습니다. 그는 암이 아니라는 판명을 받은 순간 여행 계획을 잊어버렸기 때문입니다. 세상 사람은 모두 죽음을 맞습니다. 그러나 사람은 암에 걸린 사람과 달리 쓸데없는 것을 던져버리고 자신이 하고 싶은 일을 하지 못합니다. 그 이유는 바로 살아갈 날이 아직도 많이 남아 있다고 생각하기 때문입니다. 어떤 사람은 꿈을 현실로 만들고 어떤 사람은 꿈꾸는 일만 계속하다가 꿈을 무덤까지 가져갑니다.

> 말씀에 접목하기: 롬 5:3-5

위기라는 단어의 뜻 가운데 둘로 쪼갠다는 뜻이 있습니다. 그 이전까지는 하나였는데 위기의 순간에 둘로 나누어진다는 말입니다. 한자어로 위기는 위험과 기회라는 뜻입니다. 위기를 만나기 전에는 하나였는데 위기를 만나는 순간 둘로 나눠져 위험이 될 수도 있고 기회가 될 수도 있다는 뜻입니다. 위기를 만나면 이제까지 단단하게 굳었던 마음과 습관이 부드럽게 변하여 힘을 약간만 가해도 새로운 마음과 습관을 얻을 수 있는 좋은 기회가 됩니다. 그리고 위기를 만나는 순간 영의 눈이 열려 새로운 가치와 의미를 찾게 되며, 하나님을 만나는 기회가 되기도 합니다. 위기의 순간에 좋은 이웃을 만나면 그 위기는 아름다운 기회로 이어져 전화위복의 인생을 살게 합니다. 당신은 지금 위기에 처해 있습니까? 당신은 아름다운 미래를 창조할 중대한 국면을 맞고 있습니다. 하나님을 만날 수 있는 아주 귀한 기회를 맞고 있습니다. 그러므로 기도해야 합니다. 좋은 이웃을 구해야 합니다. 아름다운 미래의 문을 여는 지혜를 얻어야 합니다.

잠재의식을 활용하라

예화 39

나폴레온 힐(Napoleon Hill)은 이런 말을 했습니다. "잠재의식에는 일종의 신비한 프로그램이 내장되어 있다. 우리는 그것으로 한순간에 일어난 마음의 충동을 수정하고 조절할 수 있으며 사물에 반응해 대응할 수 있다." 잠재의식의 긍정적 작용을 잘 이용하면 목표를 달성하는 데 큰 도움이 됩니다. 왜 성공한 사람이 매일 자신의 목표를 되뇌고 자신의 꿈을 써서 침대에 걸어놓고 올려다보는지 압니까? 그들은 잠재의식의 힘을 알고 있기 때문입니다. 잠재의식은 의식보다 3만 배나 강하고 하루 24시간 내내 조금도 쉬지 않으면서 당신을 돕기 위한 방법을 찾는다고 합니다.

말씀에 접목하기: 롬 12:1, 2

우리가 기억하고 알고 있는 정신세계를 의식이라고 합니다. 그러나 정신세계에는 우리가 기억하지도 못하고 깨달아 알지도 못하는 엄청난 무의식의 세계가 있습니다. 심리학자들이 연구한 바에 따르면 여기에는 우리가 과거에 경험한 모든 것, 억압하고 눌러둔 충동, 우리 조상들로부터 물려받은 정신적 능력과 지혜가 들어 있다고 합니다. 그런데 이 무의식은 우리에게 부정적 영향을 주어 정신장애나 정신분열을 일으키기도 하지만 우리에게 긍정적 영향을 주어 마음의 충동을 눌러 조절하게 할 수도 있으며, 이제까지 알지 못했던 놀라운 지혜의 세계로 우리를 인도할 수도 있습니다. 무의식의 긍정적 능력을 활용하고 싶다면 의지를 가지고 분명한 목표를 흔들림 없이 그 목표를 달성하기 위해 노력해야 합니다. 그러면 무의식의 긍정적 능력이 우리를 단련시킨 뒤 성공적이고 아름다운 인생으로 인도할 것입니다.

칼 월렌다의 확신과 의심

예화 40

줄타기로 유명한 칼 월렌다(Karl Wallenda)는 "줄 위에 서 있을 때야말로 진정한 나이며 줄타기는 바로 내 인생이다. 나머지는 모두 기다림뿐이다"라고 말한 적이 있습니다. 그는 이렇게 믿으며 줄을 탔고 매번 성공했습니다.

1978년 푸에르토리코에서 공연할 때 월렌다는 줄을 타는 도중 아래로 떨어져 죽고 말았습니다. 사람들은 이 일을 불가사의하게 생각했습니다. 나중에 월렌다의 아내가 그 이유를 설명했습니다. 공연 3개월 전 월렌다는 아내에게 자신 없는 표정으로 자주 "만약 내가 떨어지면 어떻게 하지?"라고 물었다고 합니다. 아내는 그가 줄 타는 데 온 신경을 쏟지 않고 떨어지지 않으려는 데 관심을 쏟았기 때문에 그런 일을 당한 것이라고 말했습니다.

> 말씀에 접목하기: 고전 15:31-34

무슨 일을 하려고 할 때 간혹 좋지 않은 예감이 들기도 하고, 옆에서 다른 사람이 그 일을 부정적으로 말하기도 합니다. 그러면 그 일에 대한 확신과 자신감을 잃어버리고 윌렌다처럼 그 일을 하는 데 마음을 쏟지 못하고 그 일에서 실패하지 않으려고 마음을 쓰게 됩니다. 우리는 무슨 일을 하든지 먼저 기도하면서 그 일이 하나님의 영광을 위하고 사람에게 덕을 세우고 많은 사람에게 유익을 주는 일인지 분별해야 합니다. 그런 일은 하나님이 우리를 통해 이루시고자 하는 일입니다. 그러면 어떤 불길한 예감이나 부정적 이야기도 이길 수 있습니다. 우리는 무슨 일을 하든지 그 일이 하나님의 영광을 위하고 이웃의 덕을 세우고 사람에게 유익을 주는지 먼저 생각하고, 하나님이 우리를 통해 하시고자 하는 일이란 확신을 가지고 해야 할 것입니다. 그러면 하나님은 그 일을 하는 우리와 함께하여 아름다운 열매를 맺게 하실 것입니다.

자기의 한계를 만드는 벼룩

예화 41

한 과학자가 유리컵 안에 벼룩 한 마리를 넣었습니다. 그는 벼룩이 곧 가볍게 뛰어오르는 것을 보았습니다. 다시 해보고 또 해봐도 벼룩은 계속 뛰어올랐고, 결과는 언제나 똑같았습니다. 사실 벼룩은 보통 자기 몸의 400배 정도 되는 높이를 뛰어넘습니다.

실험자는 이 벼룩을 다시 유리컵 안에 넣고 이번에는 컵에 유리 뚜껑을 덮었습니다. 벼룩은 뛰어오를 때마다 계속 유리 뚜껑에 부딪혔습니다. 벼룩은 잠깐 멈칫거리는 듯 보였지만 이 행동을 멈추지 않았습니다. 벼룩이 살아가는 방식은 바로 '뛰는 것'이기 때문입니다. 뛰어오를 때마다 뚜껑에 부딪히던 벼룩은 점점 꾀를 내기 시작했습니다. 뚜껑 높이로 뛰는 높이를 조정했던 것입니다. 좀 더 시간이 흐르자 벼룩은 뚜껑에 더는 부딪히지 않고 그 안에서 자유롭게 뛰어올랐습니다.

다음 날 실험자는 조심스럽게 뚜껑을 치웠습니다. 그러나 벼룩은 여전히 컵의 높이만큼만 뛰었습니다. 사흘이 지난 뒤 실험자는 벼룩이 여전히 그곳에서 뛰고 있는 모습을 보았습니다. 그렇다면 벼룩은 이 컵을 뛰어넘을 수 없게 된 것일까요? 절대 아닙니다. 단지 벼룩은 마음속으로 이 컵을 뛰어넘을 수 없다고 인정한 것뿐입니다. 벼룩은 스스로 한계를 만들고 그 이상을 뛰어오르지 못하게 된 것입니다.

말씀에 접목하기: 왕상 19:1-7

그리스도인은 임마누엘 하나님을 믿으면서도 억압적인 환경을 만나면 하나님을 잊어버리고 좌절에 빠질 때가 많습니다. 엘리야는 아합 왕과 그의 아내 이세벨이 합심하여 여호와 신앙을 억압하고 바알 신앙을 이스라엘에 심으려는 위기의 시대에 선지자로 부름을 받았습니다. 그는 끊임없이 하나님의 말씀을 선포하고 이스라엘 백성의 회개에 대해 말했지만 바알 왕과 왕후 이세벨에게 제동이 걸리고 말았습니다. 갈멜산에서 엄청난 하나님의 능력과 기적을 본 뒤에도 이세벨은 여전히 엘리야를 죽이려고 했습니다. 그러자 그는 낙심하여 광야로 나가 로뎀나무 아래 앉아 죽기를 청하여 "여호와여 넉넉하오니 지금 내 생명을 거두시옵소서 나는 내 조상들보다 낫지 못하니이다"(왕상 19:4)라고 기도했습니다. 엘리야 선지자도 벼룩과 같이 컵을 뛰어넘을 수 없다고 자기 한계를 정한 뒤 주저앉은 것입니다. 이것은 엘리야의 문제만이 아니라 수많은 그리스도의 종이 경험하는 우울증 현상입니다.

어떻게 자기 제한을 벗어던지고 하나님이 주시는 능력으로 세상을 이기는 놀라운 기적의 사람이 될 수 있을까요? 엘리야는 하나님이 보내신 사자를 만나서 그에게 섬김을 받고 말씀을 받았습니다. 그래서 그는 다시 힘을 얻고 일어나 호렙산까지 가서 거기서 하나님을 만나고 말씀을 받고 새로워졌습니다. 위기의 순간에 하나님은 그분의 사자를 보내주십니다. 영의 눈을 열고 기도하면서 기다리면 하나님이 보내신 사자를 만나 새 일을 행할 수 있습니다.

마음에서 들려오는 피아노 소리

예화 42

전쟁이 일어나 한 피아니스트가 적군의 포로가 되었습니다. 그는 한 번 갇히면 7년간 나올 수 없는 감방에 갇혔습니다. 감방은 한 사람이 겨우 몸을 가눌 수 있을 정도로 좁았습니다. 7년이 지났습니다. 그의 몸은 너무 시달려 사람의 모습이라고 하기에 어려울 정도였습니다. 주위 동료들도 하나둘씩 죽어갔습니다. 그러나 그의 마음은 반드시 살아야 한다는 욕망으로 가득 차 있었습니다.

전쟁이 끝나 그 피아니스트는 조국으로 돌아왔고 새로운 생활을 시작했습니다. 사람들은 그의 연주를 듣고 매우 놀랐습니다. 피아노 연주 실력이 조금도 줄지 않았을 뿐 아니라 오히려 포로로 잡히기 전보다 훨씬 훌륭했기 때문입니다. 알고 보니 그는 포로로 잡혀 있는 동안 극도의 공포를 극복하고 자신을 격려하기 위해 매일 머릿속으로 피아노를 친 것입니다. 상상 속에서 들은 피아노 연주 소리는 실제로 피아노를 연주하는 소리처럼 생생했습니다. 7년 동안 감방에 갇혀 지내면서 그는 상상 속에서 들은 피아노 연주 소리를 분명히 기억하고 있었습니다. 지금 머릿속에서 그리고 있는 바로 그것은 장래에 당신의 것으로 나타날 것입니다.

말씀에 접목하기: 히 11:1

성경은 "믿음은 바라는 것들의 실상이요"(히 11:1)라고 선포합니다. 단어 실상의 헬라어는 upostasis(휘포스타시스)입니다. 믿음의 사람은 하나님이 약속하신 말씀이 바로 지금 우리 앞에서 이루어지는 환상을 보며 살아가는 사람입니다. 앞서 언급한 피아니스트가 머릿속에서 연주하고 그 연주 소리를 들으며 생활한 것처럼 믿음의 사람은 하나님이 약속하신 말씀을 반드시 이룰 것을 믿고 그 약속의 말씀을 환상으로 보며 살아갑니다. 당신은 지금 하나님께 어떤 약속의 말씀을 받았습니까? 이제는 그 약속의 말씀이 당신 앞에 이루어지는 환상을 보며 살아야 합니다. 때가 되면 그 말씀의 기적을 보게 될 것입니다.

왕이 고수를 이기지 못한 까닭은?

예화 43

고대 조나라에 마차를 잘 모는 고수가 있었습니다. 그가 마차를 몰 때면 안정적일 뿐 아니라 그 속도가 대단히 빨랐습니다. 조나라 왕은 그를 스승으로 모시고 마차 모는 기술을 배웠습니다.

얼마 지나지 않아 조나라 왕은 기술을 거의 익혔다고 여겨 고수에게 실력을 겨루어 보자고 청했습니다. 신호가 울리자 두 사람이 모는 마차는 쏜살같이 앞을 향해 내달렸습니다. 결과는 고수의 승리였습니다. 조나라 왕은 기분이 몹시 나빴습니다. 고수가 자신에게 모든 기술을 다 가르쳐주지 않았다는 생각이 들었기 때문입니다. 이를 눈치 챈 고수가 말했습니다. "저는 모든 기술을 가르쳐드렸습니다. 다만 시합할 때 저는 한 마음 한 뜻으로 마차를 주시했지만 왕께서는 이기고 지는 것만 생각했습니다. 빨리 달릴 때는 제가 따라잡을까 겁내시고, 느리게 달릴 때는 저를 추격하는 데만 신경을 쓰셨습니다. 이처럼 몸과 마음을 집중하지 않는데 어떻게 이길 수 있겠습니까?"

> 말씀에 접목하기: 갈 2:20

7대째 서커스를 하고 있는 유명한 줄타기 명인에게 뛰어난 실력을 갖게 된 비결이 뭔지 물었습니다. "당신이 줄을 타면 왜 그렇게 쉬워 보이죠?" "비결은 간단해요. 오로지 목적지에만 시선을 고정하면 됩니다. 밑을 보면 절대 안 돼요. 머리가 가면 몸도 따라가거든요. 아래를 보면 당연히 떨어질 수 밖에 없습니다. 그러니 항상 가려는 곳만 봐야 합니다."

인생의 비밀도 같습니다. 뒤를 보면서 과거의 죄와 잘못을 떠올리는 사람, 아래를 내려다보면서 조상 탓을 하며 절망하는 사람, 옆을 보면서 항상 다른 사람에게 받은 상처와 비난과 저주를 의식하거나 경쟁하면서 이기려고 발버둥치는 사람은 높이 오를 수 없습니다. 높이 비상하려면 목적지만 바라봐야 합니다. 저 앞에서 우리를 부르시는 하나님만 바라보면서 하나님의 말씀을 받고 그분의 뜻에 따라 살아간다면 하늘나라를 이룰 수 있습니다. 하나님은 우리에게 엄청난 가능성과 잠재력을 주시고 하늘 높이 비상하는 인생을 살게 하셨습니다. 그러나 우리를 비상하지 못하게 하는 것이 우리의 뒤에, 아래에, 옆에 도사리고 있으면서 우리 발목을 잡고 있습니다.

마음의 여인을 옮겨놓은 거야!

예화 44

한 조각가가 대리석으로 조각을 하고 있었습니다. 그 옆에서 한 어린아이가 이상하다는 듯 지켜보고 있었습니다. 얼마 지나지 않아 조각이 점점 형태를 갖추기 시작했습니다. 머리, 어깨, 팔, 몸, 계속해서 머리카락, 눈, 코, 입…… 이윽고 아름다운 여인이 눈앞에 나타났습니다.

어린아이는 무척 신기하다는 듯이 한참을 바라보다가 조각가에게 물었습니다. "아저씨, 대리석 안에 저 여자가 있다는 걸 어떻게 아셨어요?" 조각가는 소리 내어 웃으며 아이에게 말했습니다. "돌 속에는 원래 아무것도 없었어. 내가 내 마음속에 있는 여인을 조각칼을 이용해 이곳으로 옮겨 온 것뿐이란다."

말씀에 접목하기: 히 11:1

성공은 나무에 매달려 있는 열매를 찾아 따는 것과는 다릅니다. 성공은 씨앗을 심고 가꾸어 열매를 맺게 하고 그 열매를 따는 것과 같습니다. 아름다운 여인의 조각은 돌 속에 들어 있는 아름다운 여인을 발견하고 꺼내는 것이 아닙니다. 조각가의 마음에 그리고 있는 여인을 돌 안으로 가져오는 것입니다. 성공은 자기 마음에 그리는 것을 몸의 실천을 통해 세상 속으로 들어오게 하는 것입니다. 성공하기를 원합니까? 그렇다면 먼저 마음속에 건강하고 유쾌하고 아름다운 미래를 그려 보아야 합니다. 그런 다음 끈기를 가지고 그 환상을 세상 속으로 들어오도록 최선을 다해 노력해야 합니다. 그러면 성공의 열매를 거둘 수 있습니다.

당신은 해낼 수 있다고 믿습니까?

예화 45

유명 대학에서 한 심리학자가 운동선수들을 대상으로 한 가지 실험을 했습니다. 그는 선수들에게 불가능해 보이는 훈련을 요구하면서 불가능해 보이는 일에 도전하도록 했습니다. 그는 운동선수들을 두 조로 나눴습니다. 첫 번째 조원들에게는 아무 말도 하지 않고 그 불가능해 보이는 것을 해내라고만 말했습니다. 첫 번째 조는 체육관에 도착해 온 힘을 다해 노력했지만 요구하는 것을 해내지 못했습니다. 체육관에 도착하자 연구원은 두 번째 조원들에게 첫 번째 조가 실패했다고 말해주었습니다. "그러나 여러분은 첫 번째 조와 다릅니다. 여러분에게는 이 약을 드리겠습니다. 이 약은 신약으로 여러분이 초인 같은 힘을 발휘하도록 도와줄 것입니다"라고 말했습니다. 그 결과 두 번째 조의 선수들은 어려운 훈련을 마칠 수 있었습니다.

"그게 무슨 약인가요?" 훈련에 참가했던 한 선수가 물었습니다. "사실 약이 아니라 그냥 가루일 뿐입니다." 그렇다면 두 번째 조는 불가능하다고 생각했던 훈련을 어떻게 해낼 수 있었을까요? 바로 그들 스스로 해낼 수 있다고 믿었기 때문에 그 훈련을 끝마칠 수 있었던 것입니다. 사람들이 실패하는 원인 가운데 하나는 자신의 능력을 잘못 판단하고 자신의 가치를 낮게 평가하기 때문입니다. 할 수 있다고 믿으면 불가능해 보이는 일도 해낼 수 있습니다.

말씀에 접목하기: 막 5:34

불가능해 보이는 일을 해낼 수 있는 동력은 세 가지 근원에서 옵니다. 하나는 자기가 그것을 해낼 수 있다고 자신을 믿는 믿음입니다. 불가능해 보이는 일을 해낼 수 있는 첫 번째 동력은 바로 자기 자신입니다. 자신의 타고난 능력과 그것을 믿는 믿음은 자기에게 속한 것입니다. 그런데 자기가 해낼 수 있다고 믿는 믿음은 자기에게 속한 것이기도 하지만 두 번째 동력과 결합될 때에 나타납니다. 그것은 바로 그를 격려하고 섬기는 이웃에게서 옵니다. 앞서 언급한 두 번째 조의 선수들은 연구원이 자신을 믿을 수 있도록 조치를 취했기 때문에 불가능해 보이는 그 일을 해낼 수 있었던 것입니다. 이처럼 이웃은 우리의 능력을 최대한 발휘할 수 있게 해주는 아주 중요한 동력입니다. 불가능해 보이는 일을 해낼 수 있게 하는 세 번째 동력은 영적인 것입니다. 성경이 말씀하는 임마누엘의 하나님은 우리와 함께 하여 우리가 할 수 없다고 생각하는 그것을 할 수 있게 하십니다. 하나님은 이 일을 할 때 첫째로 그 일의 진정한 가치와 의미를 제공하시고, 둘째로 믿음의 이웃을 보내주시고, 셋째로 성령님의 신비한 능력을 통해 그 일을 하게 하십니다.

그렇게 믿으면 그렇게 된다

예화 46

2차 세계대전 당시 독일 과학자들은 히틀러의 명령에 따라 매우 잔인한 실험을 했습니다. 그들은 한 포로에게 "우리는 당신 몸에 한 가지 실험을 할 거요. 바로 동맥을 자른 다음 피가 다 흘러나온 뒤의 생리 반응을 살펴보는 실험이지"라고 말했습니다.

사병은 포로를 실험대에 묶었습니다. 그 후에 검은 띠로 눈을 가리고 얇은 얼음으로 그의 팔목에 금을 그었습니다. 그리고 과학자들은 그의 손목에 병을 놓아두었습니다. 병 속에 담긴 물은 인체의 혈액과 온도가 같았습니다. 병에 연결된 튜브의 한쪽 끝은 포로의 손목 위에 두어 물방울이 그의 손목을 따라 천천히 흘러내리도록 했습니다. 물방울은 아래에 놔둔 철제 통까지 흘러 내려갔습니다. 포로는 "뚝뚝" "뚝뚝" 물방울 떨어지는 소리를 들으면서 자신의 피가 밖으로 흘러나가고 있다고 생각했습니다. 한 시간이 흐른 뒤 포로는 진짜로 죽어버렸습니다. 그의 사인은 피를 많이 흘려 죽은 사람과 똑같았습니다. 포로는 자신의 피가 빠져나갔다고 믿었는데, 그 공포가 그를 죽음으로 몰아넣은 것입니다.

말씀에 접목하기: 히 11:11, 12

사람의 잠재의식은 진짜 상황과 가짜 상황을 구별하지 못합니다. 가짜 상황이지만 진짜라고 믿으면 진짜와 같은 결과를 가져옵니다. 심리학자들은 사실에는 객관적 사실(objective fact)과 심리적 사실(psychological fact)이 있다고 말합니다. 깜깜한 밤중에 하얀 천이 펄럭이면서 바람에 날려 오는 것을 보면 귀신이 날아오는 것처럼 느낄 수 있습니다. 객관적 사실은 하얀 천이 바람에 날려 오는 것이지만 어떤 사람은 귀신이 춤을 추면서 자신을 향해 다가오는 것으로 착각할 수도 있습니다. 이것은 과학적으로 진실이 아닙니다. 그러나 그 사람이 그것을 귀신이라고 믿었다면 귀신을 만났을 때와 똑같은 반응을 보입니다. 이 경우 심리적 사실이 영향을 주는 것입니다. 우리 주변에는 자기가 그렇게 생각하며 믿는 것 때문에 상처 입고 자존감이 낮아지고 불행에 빠져 지내는 사람이 많습니다. 지금 심리적 사실 때문에 상처 입고 아파하는 사람이 있습니까?

마케팅 대가의 교훈

예화 47

전 세계적으로 유명세를 떨치던 마케팅의 대가가 은퇴를 준비하고 있었습니다. 5,000여 명의 보험회사 엘리트가 그의 은퇴식에 참석했습니다. 사람들이 성공 비결을 물었을 때 그는 미소를 지으며 별다른 것이 없다고 하면서 짤막하게 대답했습니다.

그때 식장에 불이 꺼지고 한쪽에서 체격이 좋은 남성 넷이 나타났습니다. 그들은 철로 만든 커다란 공을 아래로 늘어뜨린 철제 선반을 들고 단 위로 올라왔습니다. 참석한 사람들이 무슨 영문인지 몰라 어리둥절해하고 있을 때 마케팅의 대가가 앞으로 걸어 올라갔습니다. 그리고 쇠공을 힘껏 밀어 보았지만 공은 꿈쩍도 하지 않았습니다. 5초 뒤에 다시 한 번 공을 밀었지만 공은 여전히 꿈쩍도 하지 않았습니다. 그 뒤로 그는 5초마다 한 번씩 있는 힘을 다해 공을 밀었습니다. 그렇게 여러 차례 시도했지만 공은 여전히 그대로였습니다.

이때 단 아래에 있던 사람들 사이에서 동요가 일기 시작했습니다. 심지어 자리를 뜨는 사람도 있었습니다. 이런 상황에 동요하지 않고 마케팅의 대가는 철로 만든 커다란 공을 밀고 또 밀었습니다. 자리를 뜨는 사람이 갈수록 많아졌고, 이제 몇 사람밖에 남지 않았습니다.

그런데 꿈쩍도 하지 않던 커다란 공이 조금씩 흔들리기 시작했습니다. 40분이 지나 흔들리기 시작한 공은 이제 어느 누구도 멈출 수 없었습니다.

그러자 마케팅의 대가는 식장에 남아 있던 사람들에게 자신의 성공 비결에 대해 말하기 시작했습니다. "성공이란 바로 간단한 일을 반복하는 것입니다. 끈기를 가지고 매일매일 조금씩 앞으로 나아가십시오. 그러면 성공이 당신을 찾아올 것입니다. 그때가 되면 당신은 그것을 막으려고 해도 막을 수가 없습니다."

말씀에 접목하기: 막 4:27

천국 운동은 생명 운동입니다. 생명은 한순간에 나고 자라서 열매를 맺는 것이 아닙니다. 예수님은 이렇게 말씀하십니다. "하나님의 나라는 사람이 씨를 땅에 뿌림과 같으니 그가 밤낮 자고 깨고 하는 중에 씨가 나서 자라되 어떻게 그리 되는지를 알지 못하느니라"(막 4:26, 27). 생명의 씨가 나고 자라나는 것을 우리 눈으로 직접 확인할 수 없지만 시간이 지난 다음에 보면 싹이 서서히 자라고 있음을 알 수 있듯이 천국 운동은 눈으로 알아챌 수 없을 만큼 서서히 자라나지만 결국 아름다운 열매를 맺게 된다는 것입니다. 그러므로 천국 운동에 참여하는 사람은 누구든지 앞서 말한 마케팅의 대가처럼 굴리기 어려운 커다란 공에 도전하듯 끈기 있게 쉼 없이 최선을 다해 힘쓰는 동안 하나님이 그곳에 임하여 기적을 베푸신다는 것을 깨닫게 됩니다.

사소한 일이 평생을 결정한다

예화 48

40여 년 전 구소련 우주비행사 유리 가가린은 '보스토크1호' 우주선을 타고 108분 동안 우주를 비행했습니다. 이로써 가가린은 세계 최초로 우주에 진입한 우주비행사가 되었습니다. 가가린이 20여 명의 우주비행사 가운데서 두각을 나타낼 수 있었던 계기는 우연한 사건에서 비롯되었습니다.

우주비행사를 확정하기 일주일 전에 우주선 설계자 루미프는 우주선으로 들어가기에 앞서 가가린만 신발을 벗고 조종실로 들어가는 모습을 보았습니다. 이 사소한 일로 가가린은 한순간에 우주선 설계자의 호감을 샀습니다. 루미프는 27세의 이 청년이 자신이 심혈을 기울여 만든 우주선을 무척 소중히 여긴다고 느꼈습니다. 그래서 가가린에게 우주비행을 맡기기로 결정했던 것입니다.

신발 벗는 일은 매우 사소한 일입니다. 그러나 사소한 일에서 사람의 품성과 직업정신을 엿볼 수 있습니다. 이것이 바로 좋은 습관을 길러야 하는 이유이기도 합니다.

말씀에 접목하기: 마 25:21

하나님은 사람의 중심을 볼 뿐 외모를 보지 않으십니다. 그러므로 주님은 세상에 오셔서 깊은 병에 걸려 좌절하고 상처 입은 자들을 먼저 돌보고 섬기고 구원하셨습니다. 반면 우리 인간은 중심을 보지 못하고 외모를 보는 눈을 가졌지만 그래도 중심을 보고 싶어 하고 외모에 따라 판단 내리기를 주저할 때가 있습니다. 어떻게 하면 중심을 볼 수 있을까요? 겉으로 나타난 사소한 것을 통해 중심을 보는 것이 사람입니다. 마치 루미프가 우주선으로 들어가면서 신발을 벗는 가가린을 보고 자기가 만든 우주선을 소중히 여긴다고 판단을 내렸듯이 말입니다. 우리의 예의 바른 행동이나 이웃을 존중하는 태도, 사소한 것까지 배려하는 모습은 아주 작고 사소한 일일지도 모르지만 우리의 중심을 보여주는 증거가 될 수 있습니다. 사람은 우리의 큰일에도 감동하지만 아주 사소한 행동이나 말에도 감동을 받기도 합니다.

사소한 것을 세밀히 보는 눈

예화 49

의과대학 교수가 수업 첫날 학생들에게 말했습니다. "의사가 되려면 대담함과 세심함을 두루 갖춰야 한다!" 말을 마치고 나서 그는 오줌이 들어 있는 컵에 손가락 하나를 집어넣었다가 빼더니 손가락을 자신의 입속에 넣었습니다. 그런 다음 오줌이 든 컵을 학생들에게 건네주었습니다.

학생들은 구토가 치미는 것을 겨우겨우 참으면서 교수가 한 대로 오줌이 든 컵에 손가락을 넣었다가 다시 그것을 입속에 집어넣었습니다. 이 모습을 지켜본 교수는 껄껄 웃으며 말했습니다. "좋아, 좋아, 여러분 모두 정말 대담하군. 하지만 세심함이 부족해 아쉽군. 여러분은 내가 오줌에 집게손가락을 넣고 입에는 가운뎃손가락을 넣은 걸 보지 못한 모양이지?"

쥐 한 마리가 커다란 코끼리를 죽일 수도 있고, 작은 일을 소홀히 하면 경쟁에서 뒤처질 수도 있습니다. 큰일을 이루기를 바란다면 사소하고 하찮은 일일지라도 꼼꼼하게 신경을 써야 합니다. 작은 차이로 품질이 갈리고 사소한 일로 승패가 결정되기 때문입니다.

말씀에 접목하기: 고전 14:8

사도 바울은 "만일 나팔이 분명하지 못한 소리를 내면 누가 전투를 준비하리요"(고전 14:8)라고 경고했습니다. 전투를 준비하는 나팔은 정확해야 한다는 뜻입니다. 그 이유는 "사탄도 자기를 광명의 천사로 가장"하기 때문입니다(고후 11:14). 사탄은 속이는 자입니다. 속임수는 거짓을 말하는 것과는 다릅니다. 속임수는 거의 진실을 말하면서 그 속에 약간의 거짓을 집어넣음으로써 전혀 엉뚱한 결말을 이끌어냅니다. 이것이 사탄의 주특기입니다. 그러므로 우리는 진리를 정확하게 알고 있어야 합니다. 사소한 것을 잘못 보면 결과적으로 엄청난 편차를 만들어내고 맙니다.

신념은 무적의 힘이다

예화 50

괴테는 이런 말을 했습니다. "사람은 자신이 하는 일에 대한 신념이 있어야 한다. 누구나 자신이 옳다고 믿는 일을 실행할 만한 힘은 가지고 있다. 자신에게 그 같은 힘이 있을까 의심하거나 주저하지 말고 앞으로 나아가라."

습관이 운명을 좌우합니다. 좋은 습관은 일생을 두고 사람에게 이익을 가져다줍니다. 나쁜 습관은 자신도 모르는 사이에 몸에 배게 됩니다. 몸에 밴 나쁜 습관을 버리고 싶다면 진심으로 원해야 합니다. 그래야만 자신의 목표에 가까이 다가갈 수 있습니다. 욕망이 강렬하고 결심이 굳으면 그것은 빠르게 신념으로 변합니다. 신념은 겨룰 만한 맞수가 없을 정도의 힘이며, 모두가 불가능하다고 생각하는 일을 해내도록 만듭니다.

성공을 추구해 가는 과정에는 영원히 변치 않는 신념이 있습니다. 그 신념은 앞을 향해 최선을 다해 전진하도록 우리를 지탱해줍니다. 삶은 거대한 배와 같습니다. 신념이 가라앉지 않은 한 배는 영원히 가라앉지 않습니다.

말씀에 접목하기: 요 5:19, 30

진정한 신념은 어디서 옵니까? 예수님은 그분의 생각대로 행하거나 판단을 내리지 않으셨습니다. 예수님은 아버지 하나님이 보여주시는 것만 행하셨고(요 5:19), 아버지 하나님이 말씀하시는 대로 판단하셨습니다(요 5:30). 그러므로 예수님의 행함이나 판단은 권위가 있습니다. 우리가 어떤 신념을 가지고 행할 때 진정 권위가 있고 그 열매가 아름다울까요? 바로 하나님의 말씀대로 행할 때입니다. 그러므로 우리는 무슨 일을 하든지 하나님이 자신을 통해 세상에 시행하기를 원하시는 것이라는 확신 위에서 말하고 행하고 실천해야 합니다. "나는 하나님이 하기를 원하시는 그것을 하고 있다!"는 확신이 우리를 담대하게 만들고, 그 일을 힘 있게 만들 것입니다.

로저 배니스터의 1마일 기록

예화 51

수천 년 동안 사람들은 4분 안에 1마일(1,609미터)를 뛰는 게 불가능하다고 생각했습니다. 그러나 1954년에 유명한 단거리 선수 로저 배니스터(Roger Bannister)가 그 일을 해냈습니다. 그가 이런 놀라운 성적을 낼 수 있었던 것은 고된 체력 훈련을 이겨낸 덕분이기도 했지만, 또 한편으로는 그의 정신력 덕분이었습니다. 배니스터는 4분 안에 1마일을 완주하는 상황을 머릿속으로 몇 번이고 그렸습니다. 오랜 시간이 흐르자 그것은 강한 신념이 되었고, 잠재의식은 그의 신경 계통에 명령을 내렸습니다. "반드시 이 사명을 완수해야 한다"라고 말입니다.

그리고 그 누구도 예상하지 못한 일이 벌어졌습니다. 배니스터가 4분의 벽을 깬 그 이듬해에 무려 400명에 가까운 사람이 그 기록을 넘어섰습니다. 목표를 달성할 수 있다는 신념이 강해지자 사람들은 그동안 모르고 있던 엄청난 힘을 발휘해 다른 사람이 불가능하다고 여긴 일을 해냈습니다.

말씀에 접목하기: 히 11:1

윌리엄 제임스는 하나님이 인간에게 주신 천부의 가능성 가운데 10퍼센트만 사용하고 나머지 90퍼센트는 무덤으로 가지고 간다고 했습니다. 사람들에게는 아직도 사용하지 않은 엄청난 가능성이 남아 있다는 것입니다. 하나님이 주신 진정한 자기가 되는 길은 다음과 같습니다. 첫째, 자기의 최선을 다해 노력하는 것입니다. 둘째, 좋은 이웃을 만나는 것입니다. 이웃의 격려와 인도, 지도, 감독은 진정한 자기가 되는 데 결정적인 역할을 합니다. 셋째, 하나님과의 관계입니다. 하나님은 우리와 함께, 우리 안에서 놀라운 기적과 신비를 행하시는 분입니다. 하나님의 능력이 우리와 함께할 때 자기를 뛰어넘는 기적이 일어납니다.

그린 캐닝 박사의 승리

예화 52

자동차 사고로 어린아이가 중상을 입었습니다. 다행히 생명을 건지긴 했지만 하반신이 마비되어 허리 아래쪽으로 아무런 감각도 느낄 수 없었습니다. 의사는 아이 어머니에게 조용히 말했습니다. "이 아이는 휠체어에 앉아 남은 생을 보내게 될 것입니다."

화창한 어느 날 어머니는 맑은 공기를 쐬기 위해 아이를 휠체어에 태우고 정원으로 나갔습니다. 잠시 후 어머니가 일이 생겨 잠시 자리를 비웠는데, 아이의 마음에 '나는 반드시 일어설 거야!' 라는 강렬한 욕구가 솟구쳤습니다. 아이는 온 힘을 다해 휠체어를 밀어버렸습니다. 그러고 나서 힘 없는 두 다리를 끌며 팔꿈치로 잔디 위를 기어갔습니다. 한 번, 또 한 번…… 아이는 마침내 울타리까지 갔습니다. 아이는 계속 온 힘을 다해 울타리를 짚고 일어섰습니다. 그러고는 울타리를 잡아당기며 앞으로 걸어갔습니다. 몇 걸음도 못 가 이마에서 땀이 비 오듯 쏟아졌습니다. 아이는 잠시 멈춰 서서 숨을 헐떡거렸습니다. 그러고는 다시 어금니를 깨물고 두 다리를 끌면서 울타리 끝까지 걸어갔습니다.

이렇게 아이는 매일 울타리를 잡고 걷는 연습을 했습니다. 그렇게 하루하루 시간이 흘렀습니다. 두 다리는 여전히 아무런 감각도 느낄 수 없었지만 아이는 휠체어에 앉아 평생을 보내고 싶지 않았습니다. 그래서 매번 주먹을 움켜쥐면서 '언제가 됐든지 간에 나는 반드시 내 다리로 걸을 거야!' 라고 다짐했습니다.

어느 날 아침, 아이는 힘없는 다리를 끌고 울타리를 잡아당기며 걷고 있었습니다. 그때 뼈를 깎는 듯한 통증이 두 다리에 전해져 왔습니다. 아이는 너무 놀라 멈춰 섰습니다. 그리고 뼛속을 파고드는 고통을 즐기며 한 걸음 또 한 걸음 계속 걸어 나갔습니다.

그날 이후 아이의 몸은 빠르게 회복되었습니다. 처음엔 천천히 일어서서 울타리를 잡고 몇 발짝 떼어 놓더니 드디어 혼자 걸을 수 있게 되었습니다.

나중에는 뛰어다니기까지 했습니다. 대학에 입학해 그는 학교 육상팀에 뽑히기도 했습니다. 그가 바로 그린 캐닝 박사입니다. 그는 한때 단거리 종목에서 세계 최고 기록을 세우기도 했습니다. 이처럼 시종일관 믿음을 갖고 용감히 찾고 실천하기만 한다면 불가능해 보이는 꿈도 실현될 수 있습니다.

말씀에 접목하기: 롬 8:9-11

생명은 엄청난 역동성을 갖고 있습니다. 인간의 몸과 정신은 과학적으로 측정할 수 없을 만큼 역동적 능력을 가지고 있다는 뜻입니다. 생명은 자기로부터 나와 환경 속으로 들어가 그 속에서 자기에게 필요한 것들을 받아들여 자기를 보존하고 확장시켜 나갑니다. 한 알의 씨앗이 땅에 떨어졌을 때 거기서 습기와 열기를 받아들여 싹이 나도록 하고 자라나 30배, 60배, 100배의 열매를 맺습니다. 그 과정에서 생명은 환경과 다양한 상호작용을 하고 거기서 받아들인 습기와 양분을 다양하게 활용하여 자기 보존과 성장을 해나갑니다.

인간의 영적 능력은 그 역동성을 더욱 다양하게 만들어 줄 수 있습니다. 영적 능력 가운데 하나는 가치와 의미입니다. 분명한 가치와 목표에 초점을 맞춰 집중할 때 엄청난 결과를 가져오게 됩니다. 생명의 역동성과 가능성을 신뢰하고 분명한 가치와 목표에 초점을 맞추고 온 신경을 최선의 노력을 경주할 때 우리는 어떤 상황이나 환난에서도 기적을 창조하는 사람이 될 것입니다.

희망, 나는 이것만 가지고 가네

예화 53

알렉산드로스 대왕이 페르시아로 원정길을 떠나기 전 자신의 모든 재산을 신하들에게 나눠주었습니다. 대신들 가운데 안티파테르는 이 모습을 보고 대왕의 진의를 알 수 없어 이렇게 물었습니다. "그럼 폐하께서는 무엇을 가지고 길을 떠나실 겁니까?" 그러자 알렉산드로스 대왕은 결연한 표정으로 "희망, 나는 이것만 가지고 가네"라고 대답했습니다. 이 대답에 안티파테르는 "그렇다면 저도 그 기쁨을 누리게 해주십시오"라고 말한 뒤 그에게 분배된 재산을 거절했습니다.

알렉산드로스 대왕은 희망 하나만 가지고 길을 떠났습니다. 그러나 돌아올 때는 정복하려고 한 모든 것을 가지고 돌아왔습니다. 성공을 추구하고자 하는 과정에는 박수 소리와 꽃다발뿐 아니라 좌절과 눈물도 있습니다. 고통에 직면했을 때도 여전히 희망을 가질 수 있다면 그것은 당신이 성공할 수 있다는 것을 뜻합니다. 최대의 적인 자기 자신을 이미 정복했기 때문입니다.

말씀에 접목하기: 롬 8:24, 25

중심에 있는 사람들을 움직여 새 역사를 창조하는 것은 어렵습니다. 중심에 있는 사람은 가진 사람입니다. 그들은 자신이 가진 것을 지키고 보존하기 위해 온 신경을 집중합니다. 그들에게는 미래의 꿈이 없습니다. 미래의 꿈과 소망이 없는 사람에게는 미래를 창조할 힘이 없습니다.

그러나 변두리 인생에게는 꿈과 소망이 있습니다. 그들은 가진 것이 없기 때문에 풍족한 미래를 꿈꿀 수 있습니다. 소망은 미래를 창조하는 힘입니다. 당신은 아름다운 미래 세상을 꿈꾸고 있습니까? 그러면 변두리 인생을 훈련시켜야 합니다. 예수님도 변두리 인생을 선택하여 제자로 삼으셨습니다. 그들에게는 미래의 소망이 있었기 때문입니다. 알렉산드로스 대왕은 중심에 있는 사람이었지만 자신의 기득권을 과감히 포기했기에 미래를 창조할 수 있었습니다. 자신이 가진 것을 포기할 때 비로소 미래가 보이고 소망이 생겨납니다. 지금 당신의 미래 창조를 방해하는 것이 있다면 그건 무엇입니까?

거지 같은 생각을 하는 동안은 거지일 뿐이다

예화 54

거지가 불만이 가득 찬 표정으로 땅바닥에 비스듬히 누워 있었습니다. 그 앞에는 깨진 그릇 하나와 구걸할 때 쓰는 작대기가 놓여 있었습니다. 매일 많은 사람이 그의 앞을 지나갔습니다. 개중에는 그를 가엾게 여겨 깨진 그릇에 동전 몇 닢을 던져주는 사람도 있었습니다.

어느 날 거지 앞에 말쑥한 차림의 한 젊은 변호사가 나타났습니다. 그 변호사는 거지에게 "선생님, 안녕하십니까? 당신의 먼 친척뻘 되는 분이 얼마 전 3,000만 달러의 재산을 남기고 돌아가셨습니다. 저희가 조사한 바에 따르면 당신이 그의 유일한 상속인입니다. 따라서 이 서류에 서명하시기만 하면 이 재산은 모두 당신의 것이 됩니다"라고 말했습니다. 가진 것이 아무것도 없어 길거리에서 구걸하며 살아가던 거지는 한순간에 백만장자가 되었습니다.

한 기자가 그를 취재하며 "3,000만 달러를 받으면 가장 먼저 무슨 일을 하고 싶습니까?"라고 물었습니다. 그러자 거지가 말했습니다. "가장 먼저 그릇다운 그릇을 사고 싶어요. 그다음엔 멋진 작대기를 사려고 합니다. 그러면 제대로 구걸할 수 있을 것 같아서요." 그는 백만장자이지만 생각은 아직 거지를 벗어나지 못하고 있었습니다. 그가 거지 같은 생각을 하는 동안은 아무리 많은 돈을 가지고 있어도 거지일 뿐입니다.

> 말씀에 접목하기: 빌 2:5-8

그리스도인은 예수님만이 길이요 진리요 생명임을 믿는 사람입니다. 예수님의 길은 세상 사람의 길과 다릅니다. 사도 바울은 불신자는 세상의 영을 받고 세상의 지혜가 가르치는 대로 생각하고 결단하고 살지만 그리스도인은 하나님의 영을 받고 성령님이 가르치는 대로 은혜의 일을 한다고 말했습니다. 거지가 백만장자가 되어도 거지 같은 생각을 버리지 않는다면 거지처럼 살 것입니다. 예수님을 영접한 그리스도인도 예수님의 길을 분명하게 배우고 그분을 따라 살기로 작정하지 않으면 세상 지혜의 가르침을 따라 세상적으로 살 수밖에 없습니다. 그러므로 교회는 성도들에게 예수 그리스도를 따라 사는 구체적인 삶의 진리와 방법과 능력을 가르치고 훈련시켜야 합니다. 그렇게 하지 않는다면 무늬만 그리스도인이 되고 말 것입니다.

의미가 사라진 사람에게는 인생도 사라진다

예화 55

뉴욕에 야세르라는 이름을 가진 젊은 경찰관이 있었습니다. 도시에서 한 차례 추격전이 있었는데, 그때 악당이 쏜 총에 그의 왼쪽 눈과 오른쪽 무릎을 맞아 큰 부상을 당했습니다. 3개월 뒤 병원에서 퇴원한 야세르는 완전히 다른 사람으로 변해 있었습니다. 우람한 체구에 부리부리한 두 눈을 번뜩이던 미남이 한쪽 눈이 멀고 다리마저 저는 장애를 갖게 되었던 것입니다.

뉴욕 유선 라디오 방송국의 기자가 야세르에게 물었습니다. "지금 당신에게 닥친 악운을 어떻게 생각하십니까?" 그러자 야세르는 이렇게 말했습니다. "나는 그 악당이 아직 잡히지 않았다는 것만 생각할 뿐입니다. 내가 직접 그를 잡을 것입니다." 기자는 그의 다치지 않은 한쪽 눈에서 사람을 섬뜩하게 만드는 분노가 스치는 것을 보았습니다.

그날 이후 야세르는 사람들의 만류에도 아랑곳하지 않고 그 악당을 잡는 일에 발 벗고 나섰습니다. 그는 미국 전역을 돌고 또 돌았습니다. 심지어 별 가치도 없는 단서 하나 때문에 혼자서 비행기를 타고 유럽으로 날아가기도 했습니다. 9년 뒤 결국 그 악당이 잡혔는데, 당연히 야세르가 결정적 역할을 했습니다. 공로상 수상식에서 그는 다시 한 번 영웅이 되었습니다. 많은 매스컴이 그에게 미국에서 가장 의지가 강하고 용감한 사람이라고 찬사를 보냈습니다.

얼마 후 야세르는 자신의 침실에서 동맥을 끊고 자살했습니다. 사람들은 그가 남긴 유서를 보고 왜 자살했는지 알 수 있었습니다. "최근 몇 년 동안 나를 살아가도록 한 신념은 바로 악당을 잡아야 한다는 것이었다. …… 지금 나를 해친 악당이 잡혀 형을 받았다. 원수를 갚고 나니 내가 살아가야 할 의미도 사라졌다. 그동안 나는 바뀐 내 모습에 한 번도 절망해 본 적이 없었는데……." 그는 눈 한쪽을 잃고 다리 한쪽을 다쳤지만 가슴을 꽉 채운 원한의 불 때문에 그것을 마주할 여유가 없었습니다. 그의 가슴에 담고 있던 원한이 사라지자 그는 더 이상 살아야 할 이유를 발견하지 못했습니다. 이처럼 가슴에 담긴 의미가 사라지면 인생도 사라지는 것입니다.

말씀에 접목하기: 행 2:17

베드로는 오순절에 성령 충만을 받은 뒤 성령님이 하시는 일을 분명하게 선포했습니다. "말세에 내가 내 영을 모든 육체에 부어 주리니 너희의 자녀들은 예언할 것이요 너희의 젊은이들은 환상을 보고 너희의 늙은이들은 꿈을 꾸리라"(행 2:17). 성령님은 예언과 환상과 꿈을 주시는 분입니다. 이 세 가지는 몇 가지 공통점이 있습니다. 첫째, 미래에 일어날 일을 예언하고 환상으로 보고 꿈을 꾸는 것입니다. 둘째, 그 일은 하나님이 행하실 일입니다. 모든 예언과 환상과 꿈은 하나님이 미래에 행하실 것을 미리 보고 가슴에 품고 말하는 것입니다. 이것이 소망입니다.

그러나 희망은 다릅니다. 그것은 자기의 소원을 가슴에 품는 것입니다. 자기의 꿈, 자기가 만들어 나갈 미래를 꿈꾸는 것이 희망입니다. 희망을 가진 사람은 자신의 꿈이 이루어지고 나면 의미를 잃어버리고 방황합니다. 야세르는 자기의 꿈을 꾸었습니다. 그는 복수의 꿈을 꾸다가 복수가 끝났을 때 더 이상 살아야 할 의미를 찾지 못했습니다. 그러나 하나님이 행하실 미래를 꿈꾸는 소망은 그 꿈을 이루고 나면 더 큰 의미가 생기고, 더 큰 미래의 문이 열립니다. 예수 그리스도 안에만 끝나지 않은 영원한 꿈과 의미와 가치가 있습니다.

시시포스의 별견

예화 56

고대 그리스 신화 가운데 시시포스와 관련된 이야기가 있습니다. 시시포스는 법을 어겨 제우스로부터 벌을 받게 되었고, 하늘에서 인간 세상으로 내려와 고통을 받았습니다. 제우스가 그에게 내린 벌은 큰 바위를 산 위로 밀어 올리는 일이었습니다. 시시포스는 매일 힘껏 바위를 밀어 산꼭대기에 올려놓는 일을 해야 했습니다. 그가 힘이 들어 좀 쉬려고 하면 바위는 올라간 길을 따라 다시 굴러 내려왔습니다. 그래서 시시포스는 쉬지 않고 바위를 산 쪽으로 밀어야 했습니다. 이처럼 시시포스는 영원히 그치지 않는 실패와 싸워야 했습니다. 제우스는 그에게 '영원히 그치지 않는 실패'를 겪으며 고통받는 벌을 내린 것입니다.

그러나 시시포스는 패배를 인정하지 않았습니다. 그는 매번 바위를 산 위로 밀고 갈 때마다 '바위를 산으로 미는 일은 나의 책임이다. 내가 바위를 산꼭대기까지 밀고 간 이상 내 책임은 다한 것이다. 바위가 굴러 내려오든 말든 상관없다'라고 생각했습니다. 결국 제우스는 시시포스를 벌하려고 한 목적을 이루지 못한 채 그를 다시 하늘로 돌아오게 했습니다.

시시포스가 성공을 어떤 목표에 도달하는 것, 즉 바위를 산꼭대기에 올려놓는 것으로 생각했다면 절망적인 삶을 살았을 것입니다. 그러나 그는 자기 목표를 '좌절하지 않고 바위를 산위로 밀어 올리는 것'에 두었습니다. 날마다 자기의 책임, 바위를 산꼭대기로 밀어 올리는 일에서 자기의 사명을 찾았던 것입니다. 그래서 그는 성공자로 남을 수 있었습니다.

말씀에 접목하기: 빌 3:12-16

심리학자 칼 로저스(Carl Rogers)는 인간관계를 아름답게 만드는 세 가지 관계에 대해 이야기했습니다. 그 세 가지는 진실성과 무조건적인 긍정적 존중(배려), 정확한 공감적 이해입니다. 그러나 인간은 완벽한 진실성과 무조건적인 긍정적 존중과 배려, 정확한 공감적 이해에 도달할 수 없다고 보았습니다. 인간은 그 목표를 향해 끊임없이 노력할 뿐입니다. 그래서 그는 완벽한 목표에 도달하는 존재(being)보다는 끊임없이 노력하며 목표에 도달하기 위해 나아가는 과정(becoming)을 중시했습니다. 성공은 being이 아니라 becoming이라는 것입니다. 목표를 향해 달려가는 사람은 아름답습니다. 목표를 향해 달려가는 동안 행복이 있고 진정한 인간관계가 있습니다. 사도 바울은 자기의 정체성에 대해 "내가 이미 얻었다 함도 아니요 온전히 이루었다 함도 아니라 오직 내가 그리스도 예수께 잡힌 바 된 그것을 잡으려고 달려가노라"(빌 3:12)고 말했습니다.

선장의 신념이 가라앉지 않는 한 배는 가라앉지 않는다

예화 57

배 한 척이 있었습니다. 1886년 처음 바다로 나간 이 배는 대서양에서 빙하와 142번 부딪혔고, 산호에 127번 충돌했으며, 15번 불이 났고, 폭풍 때문에 돛대가 234번 부서졌습니다. 그러나 침몰한 적은 한 번도 없었습니다.

이 배를 운행한 선장들에게는 능숙한 기술과 풍부한 경험뿐 아니라 확고한 신념이 있었습니다. 그 신념은 바로 "사람의 신념이 가라앉지 않는 한 배는 가라앉지 않는다"라는 것이었습니다.

지금 이 배는 영국의 국보로 선박박물관에 보존되어 있습니다. 매년 많은 관광객이 그 배를 구경하러 옵니다. 영국 《타임스》에 따르면 2003년까지 4,850만 명이 이 배를 관람했으며, 관람자의 방명록만 해도 430여 권에 달한다고 합니다.

삶은 거대한 배와 같습니다. 선장들이 한 말 대로 우리의 신념이 가라앉지 않는 한 배는 영원히 가라앉지 않을 것입니다. 당신은 '자신'이라는 배를 운행하는 선장입니다. 지금 당신은 어떤 신념을 가지고 있습니까?

말씀에 접목하기: 막 4:35-41

예수님이 제자들과 함께 갈릴리에서 배를 타고 거라사로 가시는 중이었습니다. 한밤중이 되어 큰 풍랑이 일었습니다. 그 배에는 갈릴리에서 어부 생활을 했던 전문가들도 있었습니다. 그들은 있는 힘을 다해 배를 안정시키려고 했지만 결국 그 배는 가라앉을 긴박한 상황에 처했습니다. 당황한 제자들은 주무시는 예수님을 깨우며 "선생님이여 우리가 죽게 된 것을 돌보지 아니하시나이까"(막 4:38)라고 부르짖었습니다. 그때 잠에서 깨어난 예수님은 그들의 믿음 없음을 꾸짖으셨고 바다를 향해 잠잠하고 고요하라고 이르셨습니다.

제자들은 위험한 상황에 처하자 그 배에 천지를 창조하신 성자 예수님이 타고 계신다는 것을 잊어버렸습니다. 예수님이 그 배에 타고 계신 한 그 배는 결코 가라앉지 않습니다. 여기서 제자들의 불신앙이 무엇입니까? 예수님이 그 배에 함께 타고 계심에도 배가 가라앉을까 두려워하고 걱정한 것입니다. 우리 그리스도인은 예수님을 모시고 함께 다니는 배와 같습니다. 예수님은 "세상 끝날까지 너희와 항상 함께 있으리라"(마 28:20)고 분명히 약속하셨습니다. 예수님은 바람과 풍랑을 꾸짖어 잔잔하게 하시는 분입니다. 그런 예수님이 우리와 함께 계시는데 배가 가라앉을까 두려워하고 걱정하는 것은 불신앙입니다. 예수님이 우리와 함께하시는 동안 우리 배는 절대 가라앉지 않습니다.

진정한 남자의 기백

예화 58

열일곱 살 된 아들에게서 남자다운 기개를 찾아볼 수 없었던 아버지는 권투 사범을 찾아가 자신의 아들을 훈련시켜 남자다운 기백을 갖게 해달라고 부탁했습니다. 권투 사범은 "6개월만 지나면 반드시 진정한 남자로 다시 태어날 것입니다"라고 말했습니다.

6개월 뒤에 아버지가 아들을 데리러 왔습니다. 그러자 사범은 소년의 아버지에게 그동안 훈련한 성과를 보여주기 위해 권투 시합을 마련했습니다. 소년과 시합을 벌이는 상대는 권투 코치였습니다. 코치가 공격하자 소년은 소리를 내며 땅에 쓰러졌습니다. 그러나 그는 머뭇거리지 않고 일어나 다시 도전했습니다. 소년은 계속해서 쓰러졌지만 다시 일어섰습니다. 이런 상황이 20여 차례 반복되었습니다.

사범은 아버지에게 "아드님의 모습에서 남자다운 기백이 느껴집니까?"라고 물었습니다. 그러자 아버지는 상심한 채 "나는 지금 쥐구멍에라도 들어가고 싶은 심정입니다. 당신에게 맡겨 6개월 동안 훈련 받도록 했는데 이럴 줄은 생각도 못 했습니다. 여전히 맞아서 쓰러지는 모습밖에 볼 수가 없군요"라고 말했습니다.

그때 권투 사범이 말했습니다. "참 유감입니다. 아버님은 겉으로 드러난 결과만 보시는군요. 아드님이 쓰러지고 나서 다시 일어서는 용기와 끈기는 보이지 않으십니까? 이게 바로 진정한 남자의 기백입니다." 상대를 링에 때려눕히는 것도 물론 중요합니다. 그러나 더 중요한 것은 몇 번이고 쓰러져도 다시 일어나 승리할 때까지 싸우는 것입니다. 일어서는 횟수가 쓰러지는 횟수보다 한 번 더 많다면 그게 바로 성공입니다.

> 말씀에 접목하기: 요 16:33

예수님은 다락방 설교를 마치면서 "너희가 환난을 당하나 담대하라 내가 세상을 이기었노라"(요 16:33)고 말씀하셨습니다. 예수 그리스도를 따르는 사람 역시 이 세상에서 살기 때문에 환난을 당할 수밖에 없다는 것입니다. 세상은 사탄이 우는 사자와 같이 삼킬 자를 찾는 곳입니다. 우리가 살고 있는 세상은 타락한 곳입니다. 그리고 항상 공평하고 정의롭고 평화로운 곳이 아닙니다. 세상에 사는 사람은 세상으로부터 피해를 입지 않을 수 없습니다. 그리고 내면의 정욕과 탐욕과 이기심은 끊임없이 불안과 두려움과 문제를 만들어냅니다. 세상에 산다는 것은 실패와 상처와 환난과 함께 사는 것입니다. 이것은 예수님을 믿는 사람도 피해갈 수 없습니다. 그러나 보배이신 그리스도가 있기에 믿음의 사람은 "사방으로 욱여쌈을 당하여도 싸이지 아니하며 답답한 일을 당하여도 낙심하지 아니하며 박해를 받아도 버린 바 되지 아니하며 거꾸러뜨림을 당하여도 망하지 아니하는"(고후 4:8, 9) 기적의 사람이 될 것입니다.

고난을 싫어하면 영광도 없다

예화 59
키가 크고 덩치도 우람한 나무가 있었습니다. 이 나무는 자신의 덩치를 마음에 들어 했고 자랑으로 여겼습니다. 어느 날 딱따구리 한 마리가 이 나무에 와서 머물렀습니다. 나무는 많은 곤충이 나무줄기에 모여 자신을 갉아 먹는 소리를 들었습니다. 그리고 딱따구리가 긴 부리로 줄기에 구멍을 내어 곤충들을 잡아먹는 소리도 들었습니다. 나무는 기분이 나빴습니다. 아름다운 가지와 줄기에 하나둘 구멍이 생기면서 자신이 못나지는 것을 참을 수가 없었습니다. 그래서 나무는 딱따구리에게 욕을 하면서 빨리 자신에게서 떠나라고 소리쳤습니다.

딱따구리가 떠난 뒤 작은 곤충들은 나무줄기 속에서 성충이 되어 많은 알을 낳았습니다. 그것들은 끊임없이 나무줄기를 갉아먹었고, 나무 내부는 점점 비어 갔습니다. 강풍이 몰아치던 어느 날 이 우람한 나무는 허리가 끊어지고 말았습니다.

말씀에 접목하기: 창 3:16, 17; 눅 24:26

서양에 "악마를 쫓아내면 천사도 함께 나가버린다"는 속담이 있습니다. 영광은 고난과 수고와 함께 온다는 말입니다. 성경은 해산하는 고통 없이는 생명의 기적이 없으며, 땀 흘리는 수고 없이는 먹는 즐거움도 없다고 선포합니다(창 3:16, 17). 예수님은 세상의 구원을 위해 성육신하고 십자가의 고통을 당하셨습니다. 구원의 감격과 기적은 십자가의 고난과 저주와 함께 옵니다. 그러므로 고난을 싫어하면 영광도 없습니다. 영광을 원한다면 고난의 십자가도 함께 져야 합니다.

진정한 능력을 발휘하려면

예화 60

한 사람이 높은 산봉우리에 있는 매 둥지에서 새끼 매 한 마리를 잡았습니다. 그는 새끼 매를 집으로 데려와 닭장에서 길렀습니다. 새끼 매와 닭은 함께 모이를 먹고 산책하고 장난치고 놀았습니다. 오랜 시간이 흘렀습니다. 새끼 매는 함께 자란 닭들과 그리 달라 보이지 않았습니다.

그런데 새끼 매의 날개가 점점 부풀어 오르기 시작했습니다. 이를 본 주인은 새끼 매를 사냥매로 훈련시키고 싶어 했지만 닭과 함께 큰 새끼 매는 날고 싶다는 소망이 없었습니다. 주인은 이런저런 방법을 다 써보았지만 아무런 효과가 없었습니다. 마지막으로 주인은 매를 절벽으로 데리고 가서 던져버렸습니다.

마치 돌덩이처럼 수직으로 떨어지던 매는 깜짝 놀라며 필사적으로 날개를 푸드덕거렸습니다. 그리고 이내 힘차게 공중으로 날아오르기 시작했습니다. 매는 비로소 자신의 능력을 알게 되었고, 진정한 매로 다시 태어났습니다. 감당해야 하는 부담이 클수록 발산할 수 있는 힘 역시 커집니다. 부담이 없는 사람은 마치 채찍을 맞지 않은 말과 같아서 행동이 굼뜰 수밖에 없습니다.

말씀에 접목하기: 약 1:2-4

로버트 슐러의 시 〈절벽 가까이로 부르셔서〉는 무한한 가능성으로 우리를 부르시는 하나님의 섭리를 선포합니다.

절벽 가까이로 나를 부르셔서 다가갔습니다.
절벽 끝으로 더 가까이 오라고 하셔서 더 가까이 다가갔습니다.
그랬더니 절벽에 겨우 발을 붙이고 서 있는 나를
절벽 아래로 밀어버리시는 것이었습니다.
물론 나는 그 절벽 아래로 떨어졌습니다.
그런데 나는 그때야 비로소 알았습니다.
내가 날 수 있다는 사실을.

지혜로운 늑대의 비밀

예화 61

늑대 한 마리가 강변에서 새끼들을 데리고 강을 건너려고 했습니다. 지켜보던 사람들은 늑대가 새끼를 한 마리씩 물어 강을 건널 거라고 생각했습니다. 그러나 사람들의 예상은 완전히 빗나갔습니다. 늑대는 새끼들이 상처라도 입을까 봐 걱정스러웠는지 먼저 주위에 있던 토끼를 물어 죽인 뒤 토끼의 위장에 바람을 불어넣고는 이빨로 꼭지를 고정시킨 다음 울퉁불퉁한 가죽 뗏목을 만들었습니다. 늑대는 이 가죽 뗏목을 이용해 새끼들과 함께 안전하게 강을 건넜습니다.

늑대는 총명한 동물입니다. 개와 늑대가 일대일로 싸우면 개가 집니다. 개와 늑대는 같은 개과동물이고 체형도 구분하기 어려울 정도로 엇비슷합니다. 그런데 왜 항상 개가 패배할까요? 이 의문을 풀기 위해 한 사람이 개와 늑대를 자세히 연구했습니다. 그 결과 그는 다음과 같은 사실을 발견했습니다. 오랫동안 인류의 보호를 받아 온 개는 위기에 처해 보지 않았기 때문에 뇌 용량이 늑대보다 훨씬 작은 반면, 야외에서 생활하는 늑대는 생존을 위해 대뇌가 발달했을 뿐 아니라 창조적으로 행동하며 생존에 필요한 지혜를 습득했던 것입니다.

말씀에 접목하기: 눅 9:1, 2

예수님은 제자훈련을 하기 위해 학교를 세우지 않으셨습니다. 만약 제자훈련을 위해 교실이 필요했다면 예수님은 학교를 세우셨을 것입니다. 예수님이 삶의 현장에서 제자훈련을 시키신 것은 학교가 없었기 때문이 아니라 제자훈련은 반드시 삶의 현장에서 해야 했기 때문입니다. 야외생활에서 늑대의 대뇌가 발달하듯 제자들은 삶의 현장에서만 진정한 제자의 삶을 훈련할 수 있습니다. 머리를 채우는 지식 훈련이 아니라 몸으로 익히는 행동 훈련이 제자훈련에 꼭 필요합니다. 특히 한국 교회의 제자훈련이 가진 문제점은 삶의 현장보다 교실에서 머리를 채우는 지식 훈련을 중시한다는 것입니다. 한국 교회의 제자훈련은 하나님의 말씀을 머리에 담는 제자훈련이 아니라 하나님의 말씀을 몸에 담아 실천하는 제자훈련으로 나아가야 할 것입니다.

어떤 자세로 고통을 맞고 있는가?

예화 62

미국의 저명한 소설가 프라그먼이 어느 수상식에 참가했을 때 한 기자가 "지금까지 살아오면서 가장 중요한 전환점이 된 시기는 언제였습니까?"라고 물었습니다. 이 질문에 프라그먼은 기자에게 자신의 경험담을 들려주었습니다.

2차 세계대전 당시 프라그먼은 고등학교도 마치지 않고 해군으로 복역했습니다. 1944년 8월 그는 한 전투에서 중상을 입어 두 다리로 설 수 없었습니다. 선장은 그를 배에 옮기고 해군 하사에게 그를 병원으로 데려가도록 했습니다. 그러나 불행하게도 칠흑 같은 어둠 속에서 작은 배는 네 시간 동안 표류했습니다. 배의 키를 잡고 있던 하사는 절망한 나머지 총을 꺼내들고 자살하려고 했습니다. 여전히 다리에 피를 흘리고 있던 프라그먼은 차분한 목소리로 그를 달래며 말했습니다. "총을 쏘지 마세요. 제 예감은 잘 맞는 편인데…… 설사 예감이 빗나간다고 해도 인내심을 가져야 합니다. 어떤 경우에도 절대 절망해선 안 됩니다." 그 말이 채 끝나기도 전에 적기를 향해 발사된 고사포의 불빛이 하늘을 밝혔습니다. 덕분에 그들은 자신들이 탄 배가 부두에서 멀리 떨어져 있지 않다는 사실을 알게 되었습니다.

프라그먼은 이 극적인 경험을 마음 깊이 새겼습니다. 그는 절망적인 상황에서도 인내심을 갖고 절망하지 않으면 어느 순간 전환기를 맞을 수 있다고 굳게 믿었습니다. 잊기 어려운 고통스러운 경험이 오히려 그에게 글을 쓸 수 있는 영감을 주었던 것입니다.

> 말씀에 접목하기: 막 15:34; 눅 23:46

예수님은 십자가상에서 극도의 절망에 빠져 "나의 하나님, 나의 하나님 어찌하여 나를 버리셨나이까"(막 15:34)라고 부르짖었습니다. 이 부르짖음에는 세 가지 의미가 있습니다. 첫째, 예수님은 극도의 절망에 빠져 절대로 헤어 나올 수 없는 무기력을 경험하셨습니다. 둘째, 예수님은 그 절망의 순간에 성경 말씀을 기억하여 그 말씀으로 하나님께 기도하셨습니다. 예수님이 부르짖은 그 말씀은 시편 22편을 인용한 것이었습니다. 셋째, 예수님은 그 절망의 순간에 자기를 아버지 하나님의 손에 맡기고 계십니다. "아버지 내 영혼을 아버지 손에 부탁하나이다"(눅 23:46). 예수님은 절망의 순간 부르짖으면서도 하나님의 말씀을 기억하여 그 말씀으로 기도하셨으며, 자기는 끝나지만 아버지 하나님의 손이 다시 시작하실 것을 믿고 자기의 일을 모두 행하셨습니다. 그리하여 절망 가운데서 우리가 해야 하는지에 대한 진정한 모델이 되셨습니다.

비행기를 타고 산 정상을 정복한 사람은 없다

예화 63
한 젊은이가 강연자인 기업가에게 이런 질문을 했습니다. "당신 역시 지난날 길을 돌아서 가본 적이 있겠지요? 젊은이들에게 성공으로 가는 지름길을 가르쳐주실 수 없나요? 젊은이들이 길을 돌아가는 수고를 덜게 말입니다." 기업가는 머뭇거리지 않고 솔직하게 말했습니다. "나는 길을 돌아서 가본 적이 없습니다. 나는 줄곧 성공을 향해 걸어왔을 뿐입니다. 성공에는 지름길이 없습니다. 그것은 마치 산을 오르는 일과 같습니다. 산을 오를 때 직선으로 난 길이 있습니까?"

사람들은 힘을 덜 들이고 쉽게 산 정상에 오르기를 원합니다. 그러나 정상에서 내려오는 사람들은 이렇게 말합니다. "산에 무슨 지름길이 있습니까! 길은 모두 꼬불꼬불합니다. 산 정상에 오르고 싶다면 보이지 않는 낭떠러지와 절벽을 반드시 정복해야 합니다." 하나님은 공평하십니다. 비행기를 타고 산 정상을 정복한 사람은 한 명도 없습니다.

말씀에 접목하기: 롬 8:2-4

성공의 산 정상에 오르는 길이 꼬불꼬불한 이유는 사탄과 세상과 죄악 때문입니다. 아무리 능력 있고 운 좋은 사람도 사탄과 세상과 죄악은 피할 수 없습니다. 성공의 산 정상에 오르는 길은 꼬불꼬불할 수밖에 없습니다. 예수님은 꼬불꼬불한 산길을 곧은길로 만드시는 분이 아닙니다. 예수님은 그 길을 우리와 함께 가면서 시험하며 유혹하는 사탄과 세상과 죄악을 물리치시는 분입니다. 예수님과 동행하면 아무리 험한 길에서도 인도를 받을 수 있으며, 아무리 어려운 시험과 유혹도 물리칠 수 있습니다. 세상 끝날까지 우리와 함께하시는 주 예수님을 믿고 동행하는 사람은 성공의 산 정상에 오르는 축복을 받을 것입니다.

실패했을 때도 감사하라

예화 64

요한 그리스는 첫 책을 출간하기 전 564권의 초고를 썼고, 이들 초고는 1,000여 차례의 퇴고를 거쳤습니다. 그럼에도 그리스는 이런 이유로 절망하거나 풀이 죽는 법이 없었습니다. 그의 565번째 원고가 마침내 성공을 거뒀고, 그는 영국에서 다작하는 유명한 작가가 되었습니다.

처음 스케이트를 배우는 사람은 누구나 여러 번 넘어집니다. 이렇게 넘어져야 비로소 스케이트 타는 방법을 알게 되고 테크닉을 익힐 수 있습니다. 이런 과정을 거쳐야 나중에 마음껏 스케이트장에서 달릴 수 있습니다.

농구 초보자 역시 처음에는 공을 링에 제대로 집어넣지 못합니다. 그러나 실패하면서 경험을 쌓으면 공을 링에 잘 집어넣게 됩니다. 그러므로 우리는 실패를 경험했을 때 원망하지 말고 오히려 감사해야 합니다. 기가 죽거나 실망하지 말고 더 노력해야 합니다.

일본 기업으로서 전 세계적으로 성장한 혼다를 창업한 혼다 소이치로는 이런 말을 했습니다. "내가 평생 한 일들 가운데 99퍼센트는 실패였습니다. 성공은 단지 1퍼센트에 불과했습니다." 소이치로는 99퍼센트를 실패했지만 1퍼센트의 성공으로 실패한 99퍼센트를 뒤집어놓은 것입니다. 초등학교 졸업의 학력을 가진 그는 어떤 기술을 계발하는 데 있어 단번에 성공한 적이 없습니다. 그래서 그는 "실패 없이는 성공도 불가능하다"라고 말했습니다. 그는 실패를 중요하게 여겼습니다. 모든 성공은 실패의 터전 위에서 생겨난다고 생각했기 때문입니다. 그리하여 그는 '올해의 실패상'을 제정하고 우리 돈으로 1,000만 원의 상금을 주었습니다. 실패는 부끄러운 것이 아니라 미래를 여는 문입니다.

말씀에 접목하기: 살전 5:16-18

다음은 발명왕 토머스 에디슨이 한 말입니다. "천재는 1퍼센트의 영감과 99퍼센트의 노력으로 만들어진다." 우리는 이 말을 노력을 강조하는 말로 해석해 왔습니다. 아무리 바보라도 노력하면 천재가 될 수 있다는 말이라고 생각했습니다. 에디슨은 82세 생일을 맞아 이렇게 썼습니다. "최초의 영감이 좋지 않으면 아무리 노력해도 신통한 결과를 얻을 수 없다. 무조건적인 노력은 에너지만 낭비하는 것이다." 에디슨은 천재의 비밀을 99퍼센트의 노력에 둔 것이 아니라 1퍼센트의 영감에 두었습니다. 마치 99퍼센트의 총알을 장전했어도 1퍼센트의 조준에 실패하면 과녁을 맞힐 수 없는 것처럼 말입니다.

사람들은 자신의 결점을 부끄러워합니다. 결점투성이 사람일지라도 1퍼센트의 빛나는 하나님의 은사가 숨어 있습니다. 자기 속에 빛나는 1퍼센트의 은사가 있다고 믿으며 그것을 발견하기 위해 애쓴다면 그것을 발견한 뒤 그것을 심고 가꾸어 100배의 결실을 얻을 수 있습니다. 겨자씨는 아주 작지만 땅에 심기면 싹이 나고 자라서 새들이 깃들이는 나무가 됩니다. 하나님은 우리 속에 빛나는 은사를 숨겨놓으셨습니다.

천적이 있어야 하는 이유

예화 65

한 동물학자가 아프리카의 올란차 강 양쪽 연안에 사는 영양을 연구했습니다. 이 학자는 연구를 통해 동쪽 연안에 사는 영양이 서쪽 연안에 사는 영양보다 번식력이 강하며 뛰는 속도도 1분당 13미터 정도 더 빠르다는 사실을 알아냈습니다. 양쪽의 영양이 살아가는 환경과 먹이는 같았습니다. 그런데 왜 이런 결과가 나왔을까요?

동쪽 연안에 사는 영양이 튼튼한 것은 그들 주위에 늑대가 살고 있었기 때문입니다. 반면 서쪽 연안에 사는 영양은 늑대와 같은 천적이 부족했습니다. 천적이 없는 동물은 쉽게 멸종하지만 천적이 있는 동물은 점차 강해지고 더 많이 번식합니다. 적의 존재는 우리의 거대한 잠재력을 일깨워 자신도 몰랐던 놀라운 성과를 이루게 합니다.

> 말씀에 접목하기: 마 5:43, 44

적을 증오하고 원망할 필요가 없습니다. 우리를 성공으로 이끄는 것은 좋은 환경과 풍족한 자원, 친구, 친척이 아니라 우리를 궁지로 몰아넣은 고통과 좌절일 때가 많습니다. 그것이 있기에 우리는 더 강해질 수 있습니다.

깨어진 잔은 잊어버려라

예화 66

어느 날 노 교수가 매우 정교하고 아름다운 찻잔을 들고 강의실로 들어왔습니다. 학생들이 그 잔의 독특한 모양에 감탄하고 있을 때 교수는 일부러 손에서 잔을 떨어뜨렸고, 잔은 땅에 떨어져 산산조각이 났습니다. 학생들이 안타까운 마음에 탄식을 질렀습니다. 그러자 교수는 잔의 파편을 가리키며 이렇게 말했습니다. "여러분은 이 잔이 파편으로 변해버려 안타까울 겁니다. 하지만 여러분이 아무리 안타까워해도 이 잔은 원래대로 돌아올 수 없습니다. 앞으로 살아가면서 돌이킬 수 없는 상황에 닥칠 때면 오늘 깨진 이 잔을 기억하기 바랍니다."

말씀에 접목하기: 빌 3:12-14

사람이 사는 동안 겪는 아픈 상처나 충격, 고통스러운 실패는 깨진 잔과 같아서 그것을 다시 떠올리고 안타까워해도 아무런 의미가 없습니다. 깨어진 잔은 쓰레기통에 버려야 합니다. 그것을 손에 들고 마음 상해하는 것은 쓸데없는 짓입니다. 실패와 불행의 악운을 바꿀 수 없을 때는 그것을 받아들이고, 그것에 적응하고, 그다음에는 잊는 법을 배워야 합니다.

사라 도허티의 도전과 승리

예화 67

1985년 5월 19일, 스물다섯 살의 사라 도허티는 6,190미터 높이의 매킨리 산 정상에 올랐습니다. 그리하여 그녀는 한쪽 다리로 북미 최고봉에 오른 첫 번째 사람이 되었습니다. 의족을 사용하지 않고 도허티는 11킬로그램이 넘는 등산장

비를 지고 매킨리 산 정상에 올랐습니다. 그녀는 어떤 작가의 말을 인용해 이렇게 말했습니다. "우리 모두는 이 같은 놀라운 가능성을 가지고 있습니다. 그러나 이런 가능성은 종종 불가능해 보이는 상황 속에 묻혀 있습니다."

도허티는 열두 살 때 음주운전자의 차에 치여 오른쪽 다리를 잃었습니다. 교통사고로 불구가 되었지만 그녀는 자신감을 잃지 않았고 자신의 힘으로 아름다운 삶을 창조할 수 있다고 믿었습니다. 두 달 뒤 그녀는 수영을 배우기 시작했고, 그 후에는 스키도 배웠습니다. 어떤 종목이든 다리 하나를 잃은 사람에게는 모두 힘든 과정일 수밖에 없었지만 그녀는 계속해서 성공을 거두었습니다.

도허티는 기자에게 "살아가는 동안 비바람을 겪지 않는다면 어떻게 위대한 인물이 나오겠습니까?"라고 말했습니다. 자신의 일생을 헛되이 보내지 않으려면 성과와 발전이 있어야 하고, 어려움을 극복하면서 끊임없이 도전을 시도해야 합니다.

말씀에 접목하기: 눅 5:4-7

하나님은 우리에게 놀라운 힘과 가능성을 주셨을 뿐 아니라 믿는 사람에게 할 수 있는 능력을 베풀어주십니다. 아버지 하나님을 믿고 우리의 모든 힘을 동원하여 최선을 다한다면 놀라운 일이 일어날 것입니다. 복음송가 〈할 수 있다 하신 이는〉은 주 예수 그리스도를 믿는 믿음의 사람에게서 역사하시는 하나님을 찬양하는 노래입니다. "할 수 있다 하신 이는 나의 능력 주 하나님, 의심 말라 하시고 물결 위 걸으라 하시네. 할 수 있다 하신 주, 할 수 있다 하신 주, 믿음만이 믿음만이 능력이라 하시네, 믿음만이 믿음만이 능력이라 하시네."

도끼만 있으면 다시 지을 수 있다

예화 68

산속에 장작을 패며 살아가는 나무꾼이 있었습니다. 그는 일 년 동안 고생한 끝에 바람과 비를 막을 수 있는 나무집을 지었습니다. 어느 날 장작을 성 안으로 가져가 팔고 돌아오던 나무꾼은 자신의 집이 불타고 있는 것을 보았습니다. 이웃들이 나와 허겁지겁 불을 끄기 위해 애써 봤지만 바람이 너무 거세어 불을 끌 수 없었습니다. 사람들은 멀리 떨어져 나무집이 불타는 모습을 지켜볼 수밖에 없었습니다.

큰불이 꺼져 갈 때쯤 나무꾼은 막대기를 들고 잿더미 속으로 뛰어 들어가 무엇인가를 열심히 찾기 시작했습니다. 이웃들은 그가 귀중한 보물을 찾고 있을 거라고 생각하며 호기심에 찬 눈으로 바라보았습니다. 한참이 지나 나무꾼은 흥분한 목소리로 외쳤습니다. "찾았다! 찾았다!" 이 소리에 이웃들이 나무꾼 주위로 몰려들었습니다. 그런데 나무꾼은 값비싼 보물이 아니라 도끼날을 들고 있었습니다. 나무꾼은 도끼날을 자루에 넣으면서 자신감 넘치는 목소리로 말했습니다. "이것만 있으면 더 튼튼한 집을 지을 수 있어!"

말씀에 접목하기: 히 11:6

성공한 사람은 한 번도 쓰러진 경험이 없는 사람이 아닙니다. 그들 역시 타격을 받은 적도 있고 쓰러진 경험도 있을 것입니다. 그러나 그들은 절망 가운데 좌절하지 않고 다시 일어나 몸과 마음을 가다듬으며 계속 전진했습니다. 타격을 받고 쓰러지는 순간 우리는 성공에 한 발짝 더 가까이 다가갈 수도 있습니다.

질그릇 속에 보배를 가진 사람은 사방으로 욱여쌈을 당해도 싸이지 않습니다. 거꾸러뜨림을 당해도 망하지 않습니다. 그들은 욱여쌈을 당한 상황에서 보배이신 예수님을 발견합니다. 거꾸러뜨림을 당한 상황에서 하나님의 능력을 발견합니다. 그들은 욱여쌈을 당할 때 좌절하지 않고 거기에 임하신 하나님을 발견하고, 그분의 놀라운 생명의 기적을 경험합니다. 이것이 믿음입니다.

잔을 비워야 더 담을 수 있다

예화 69

한 젊은이가 유명한 선사에게 선을 배우고 있었습니다. 선사가 오랜 시간 가르쳤지만 젊은이는 여전히 길을 찾지 못하고 있었습니다. 어느 날 선사는 찻주전자를 받쳐 들고 젊은이 앞에 놓인 찻잔에 물을 부었습니다. 찻잔은 이미 찼지만 선사는 그치지 않고 계속 부었습니다. 젊은이는 결국 참지 못하고 선사에게 말했습니다. "사부님, 그만 따르시지요! 찻잔에 더 담을 수도 없습니다." 그때서야 선사는 동작을 멈추고 말했습니다. "그렇지. 담을 수 없지. 자네도 똑같네. 선의 오묘함을 더 많이 배우려면 먼저 마음속 찻잔부터 비워야 하네. 속을 비워야만 여러 강물을 담는 바다가 될 수 있다네."

성공하기 위해서는 자신의 잔을 비워두어야 합니다. 잔이 많이 비어 있을수록 우리는 더 많은 것을 배울 수 있습니다. 그리고 많이 배울수록 우리의 삶은 더욱 충만해질 것입니다.

말씀에 접목하기: 마 4:17

회개하라는 말은 과거에 행한 여러 가지 죄악과 잘못을 고백하라는 말로 잘못 받아들일 수 있습니다. 회개는 이제까지 마음에 담았던 신념이라든지, 자랑거리, 능력, 잘못 등을 깨끗이 버리고 주 예수님으로 채우라는 뜻입니다. 우리를 지배하는 것들을 버리지 않는다면 예수님은 거할 공간을 찾으실 수 없습니다. 갈라디아서 2장 20절 말씀대로 우리를 십자가에 못 박아버리고 우리 안을 주 예수 그리스도로 충만하게 하는 것이 진정한 회개입니다. 그러면 주 예수 그리스도는 우리에게 축복의 생수로 넘치게 하실 것입니다.

발상을 바꾸라

예화 70

프랑스의 유명한 소프라노 성악가는 아름다운 개인 정원을 가지고 있었습니다. 주말이 되면 사람들은 그녀의 정원에 와서 꽃을 꺾거나 버섯을 땄습니다. 심지어 천막을 치고 잔디 위에서 야영하는 사람까지 있었습니다. 그러다 보니 그녀의 정원은 갈수록 엉망이 되어가고 있었습니다. 어느 날 참다못한 집사가 정원 사방에 울타리를 치고 '외부인 출입금지' 라는 나무 표지판을 세웠습니다. 그러나 아무 소용이 없었습니다. 정원은 여전히 계속 짓밟히고 훼손되었습니다.

보다 못한 집사는 주인과 이 일을 어떻게 하면 좋을지 상의했습니다. 집사의 보고를 들은 성악가는 집사에게 길 입구마다 큰 표지판을 세우되, 그 표지판에 눈에 잘 띄는 글씨로 이렇게 써놓으라고 말했습니다. '정원에 있다가 혹시 독사에게 물리면 서둘러 병원으로 가시오. 가장 가까운 병원은 15킬로미터 떨어진 곳에 있습니다. 차로 가면 30분이면 도착할 수 있습니다.' 그때부터 그녀의 정원에 아무도 들어오지 않았다고 합니다.

말씀에 접목하기: 빌 2:5

생각을 바꾸면 상황이 달라질 수 있습니다. 때로는 사고 전환이 일의 성패를 가르기도 합니다. 처음에 집사는 '외부인 출입금지' 표지판을 정원

사방에 세운 뒤 거기 들어오는 사람들의 마음에 호소했습니다. 그러나 이 방법은 통하지 않았습니다. 그다음에 집사는 사람들이 정원을 두려워할 만한 표지판을 내걸었습니다. 들어오는 사람들이 정원에 대해 다시 한 번 생각해 보도록 만들었습니다. 사람들은 금지 명령이나 참여 명령보다 자신에게 어떤 유익이나 해가 있다는 이야기에 더 귀를 기울입니다. 그래서 예수님은 사람들에게 직접적으로 지적하거나 명령을 내리기보다 어떤 것을 제시하고 스스로 생각하고 선택하도록 하셨습니다. 당신은 명령을 내리고 순종하기를 바라고 있습니까? 아니면 무엇을 제시하고 스스로 생각해 선택하도록 만들고 있습니까?

청년 화가의 깨달음

예화 71
젊은 화가가 있었는데, 그의 그림은 사람들에게 그다지 인기가 없었습니다. 그는 대화가인 아돌프 멘첼의 그림이 인기가 있다는 소식을 듣고 그를 찾아가서 가르침을 청했습니다. 젊은 화가가 물었습니다. "저는 그림 한 장을 그리는 데 하루도 채 걸리지 않는데, 그 그림을 파는 데는 장장 일 년의 시간을 기다려야 합니다. 이 일을 어떻게 해야 할까요?"

멘첼은 잠시 생각하더니 이렇게 대답했습니다. "반대로 한번 해보게." 젊은 화가는 선뜻 이해되지 않아서 되물었습니다. "반대로 하라고요?" "반대로 하게나. 만약 자네가 일 년이라는 시간을 들여 그림을 그린다면 아마도 하루 만에 팔 수 있을 걸세." "일 년에 겨우 그림 한 장을 그린다고요. 그건 너무 하지 않나요!" 젊은 화가는 어이없다는 표정을 한 채 소리까지 질렀습니다. 그러자 멘첼은 낮은 목소리로 "그래 맞아! 창작은 힘든 노동이야. 지름길이 없어. 그러니 한번 해보게!"라고 말했습니다.

젊은 화가는 멘첼의 충고를 받아들이기로 했습니다. 그는 집으로 돌아와 실력을 쌓았으면서 치밀하게 소재를 찾고, 주도면밀하게 구상하는 등 일

년의 시간을 들여 한 폭의 그림을 완성했습니다. 그런데 멘첼의 말대로 그의 그림은 하루도 지나지 않아 좋은 가격에 팔렸습니다. "무대 위에서 1분, 무대 아래서 10년." 무대 위에서 1분 동안 박수갈채를 받으려면 적어도 10년 꾸준히 노력해야 합니다.

말씀에 접목하기: 롬 12:11

영화배우 톰 행크스는 1995년과 1996년에 연속으로 아카데미 남우주연상을 받았습니다. 1995년에는 영화 〈필라델피아〉에서 에이즈 환자로 출연했고, 1996년에는 〈포레스트 검프〉에서 IQ 75의 지적장애를 가진 주인공으로 출연하여 관객의 마음에 깊은 감동과 긴 여운을 남긴 연기를 펼쳤습니다. 그는 에이즈 환자의 역할을 완벽하게 소화하기 위해 6개월간 에이즈 환자들과 함께 생활했고, 지적장애인들의 행동을 관찰하기 위해 무려 1년간 그들과 함께 지냈다고 합니다. 하나님이 주시는 준비하는 열정, 그것은 어떤 일에도 성공할 수 있는 능력입니다. 무슨 일을 하든지 하나님이 주시는 열정을 가지고 최선을 다해 철저히 준비하는 사람은 아름다운 열매를 거둘 것입니다.

실패를 거울삼을 수 있는 지혜

예화 72

서기 1500년 이탈리아 플로렌스에서 품질이 좋고 아름다운 대형 대리석을 캐냈습니다. 그 대리석은 한 사람의 모습을 조각하기에 적당한 크기였습니다. 그러나 어느 조각가도 감히 손을 대지 못했습니다. 한 조각가가 오기는 했지만 정으로 대리석을 한 번 두드려 보더니 자신은 이 귀중한 보물을 다룰 능력이 없다고 하면서 그만두었습니다.

나중에 대조각가 미켈란젤로가 이 대리석으로 전대미문의 걸작 다비드 상을 조각했습니다. 그런데 다비드의 등에는 상처가 하나 있었습니다. 바로 미켈란젤로보다 먼저 대리석을 두드려 본 조각가가 남긴 흔적이었습니다. 그가 두드린 흔적이 조각상에 상처가 되리라고는 아무도 예상하지 못했던 것입니다.

어떤 사람이 미켈란젤로에게 물었습니다. "그 조각가가 너무 경솔했던 것 아닐까요?" "아닙니다. 그 사람은 상당히 신중했습니다. 그가 경솔했다면 이 대리석은 아마 존재하지 않았을 것입니다. 그랬다면 나의 다비드 상 역시 만들어지지 못했을 것이고요. 뿐만 아니라 이 상흔은 제게 큰 도움을 주었습니다. 시시각각으로 나를 일깨워주었거든요. '칼과 정으로 두드릴 때는 조금도 소홀하거나 방심해서는 안 된다' 라고 말입니다. 다비드를 조각하는 과정에서 그 조각가는 처음부터 끝까지 제게 경각심을 일깨워주었습니다."

말씀에 접목하기: 고전 1:26

세상은 어떤 일이든 간에 자격을 갖춘 사람들을 찾습니다. 그런데 예수님은 오히려 병든 자를 찾으셨습니다. "건강한 자에게는 의사가 쓸 데 없고 병든 자에게라야 쓸 데 있느니라"(마 9:12). 하나님은 미련한 자를 불러 지혜 있는 자를 부끄럽게 하시고 약한 자를 불러 강한 자를 부끄럽게 하시는 분입니다. 기독교는 세상의 지혜와 그 기준이 다릅니다. 아무리 흠 있는 대리석일지라도 우리 주님의 손에서는 감탄을 자아내는 훌륭한 조각으로 변화될 것입니다.

두 형제의 선택

예화 73

남의 양을 훔친 죄로 이마에 양 도둑(sheep thief)이라는 뜻의 'S.T.' 두 글자의 낙인을 받은 형제가 있었습니다. 형제 가운데 한 명은 이 모욕을 참을 수 없어 외국 땅에 가서 자신의 신분을 숨긴 채 살기로 했습니다. 그러나 만나는 사람마다 이마의 두 글자가 무슨 뜻이냐고 캐묻는 바람에 이곳저곳을 떠돌아다니다가 마침내는 더 이상 고통을 참을 길이 없어 먼 타향에서 자살로 생을 마감하고 말았습니다.

다른 형제는 스스로에게 이렇게 다짐했습니다. "양을 훔친 사실은 내가 딴 곳에 가서 산다고 해도 절대 없어지지 않을 것이다. 그러니 여기 남아서 이웃과 나 자신에게서 다시 존경을 되찾을 방법을 찾아야 하겠다!" 여러 해가 지나는 동안 그는 열심히 노력해 정직하다는 평판을 굳혀 가고 있었습니다.

수십 년의 시간이 흘러 그도 노인이 되었습니다. 어느 날 그 마을을 지나가던 낯선 사람이 노인의 이마에 있는 글자를 보았습니다. 그는 이 동네 사람에게 그 글자가 무슨 뜻이냐고 물었습니다. "그 글자는 아주 오래전부터 그의 이마에 새겨져 있었는데, 너무 오래 되어 그것이 무슨 뜻인지 정확히 모르겠습니다. 다만 그가 한 일을 생각해 볼 때 그 글자는 성자(saint)의 약자일 것입니다."

말씀에 접목하기: 히 11:6, 7

마지막 순간 예수님을 가슴 아프게 한 두 제자가 있습니다. 가룟 유다와 베드로입니다. 그런데 가룟 유다와 베드로의 운명은 극적으로 달라집니다. 가룟 유다는 자살로 생을 끝내 영원한 배신자가 되었고, 베드로는 다시 한 번 예수께 사명을 받고 초대교회의 반석이 되었습니다. 이 차이를 만든 것이 무엇이었을까요? 자기 죄를 깨닫는 순간 가룟 유다는 자기 자신을 돌아보며 뉘우치고 나서 자기 죄를 고백하고 받은 돈을 돌려주고 자살했습니다. 이처럼 그는 자기를 바라보았습니다. 반면 베드로는 마지막 순간 예수님과 눈이 마주쳤고, 예수님의 말씀을 기억하고 통곡하며 회개했습니다. 잘못을 깨닫는 순간 자신을 본 유다는 망했지만 주 예수님을 보고 주님의 말씀을 기억한 베드로는 새롭게 되어 초대교회의 기둥이 되었습니다. 문제의 순간에 당신은 누구를 보고 있습니까? 자기를 보고 있습니까? 주님을 보고 있습니까?

기름을 준 오직 한 가지 이유는?

예화 74

해안선을 따라 펼쳐진 바위 위로 등대가 우뚝 서 있었고, 그것을 관리하는 등대지기가 있었습니다. 그는 등대의 빛을 밝히기 위해 매달 한 번씩 기름을 공급 받았습니다. 그 등대는 해안에서 그리 멀리 떨어진 곳이 아니어서 사람들이 자주 드나들었습니다. 어느 날 밤 한 부인이 찾아와 자기 집 난로에 불을 지펴야 한다면서 기름을 좀 달라고 했습니다. 사정을 듣고 보니 너무 딱해 기름을 조금 나눠주었습니다. 그 외에 등불에 필요한 기름을 조금만 줄 수 없느냐고 사정하는 사람도 있고, 자동차 바퀴에 바를 기름을 좀 얻어 쓰자고 부탁하는 사람도 있었습니다. 그들의 사정이 충분히 이해되었기에 등대지기는 그때마다 그들의 부탁을 들어주었습니다. 그러다 보니 아직 기름 공급일이 되지 않았는데 저장고에 기름이 얼마 남지 않았습니다. 그로부터 며칠 지나지 않아 기름이 떨어졌고 등대의 불도 꺼졌습니다. 그런데 바로 그날 밤 몇 척의 선박이 좌초되어 사람들이 목숨을 잃고 말았습니다.

당국의 조사를 받는 동안 등대지기는 자신이 한 일을 크게 후회했습니다. 그는 자초지종을 설명하면서 변명하고 탄원도 해보았지만 당국자의 대답은 똑같았습니다. "당신에게 기름을 준 이유는 오직 한 가지 등대를 밝히기 위해서였소!"

말씀에 접목하기: 마 5:16

예수님은 "너희 빛이 사람 앞에 비치게 하여 그들로 너희 착한 행실을 보고 하늘에 계신 너희 아버지께 영광을 돌리게 하라"(마 5:16)고 말씀하십니다. 이것은 그리스도인의 정체성에 대해 말씀하신 것입니다. 그리스도인은 주님으로부터 받은 빛을 사람들 앞에 비치게 해야 합니다. 곧 이웃의 등대가 되어야 한다는 뜻입니다. 하나님이 성령의 기름을 주시는 이유는 이웃들을 사랑으로 섬기라는 것입니다. 이 한 가지 목적에서 떠나가는 교회는 결국 책망 받는 교회가 될 것입니다.

미래는 우리가 다듬어 가는 인생 그 이상이 될 수 없다

예화 75

친구여 그대가 과거로 돌아갈 수 없기에
처음부터 새로이 시작하지는 못한다고 하오
허나 지금 여기서부터 다시 시작할 수 있으니
우리 새로운 결말을 기대할 수 있다오

말씀에 접목하기: 마 8:21, 22

지금 이 순간은 카이로스의 시간입니다. 하나님이 오셔서 우리의 결단을 촉구하는 시간입니다. 지금 예수께 순종하여 살기로 결단하면 우리의 미래는 축복의 생수가 흘러나오는 기적의 미래가 될 것입니다.

어떤 통을 준비하고 있는가?

예화 76

사람은 각기 하나의 통을 가지고 삽니다. 어떤 사람은 휘발유로 가득한 통을 가지고 다니며, 어떤 사람은 물을 가득 담은 통을 가지고 다닙니다. 그들은 자신과 가까운 사람에게 작은 다툼의 불이 일어나면 그곳에 달려가 자기의 통을 열어 그것을 쏟아붓습니다. 휘발유 통을 가지고 다니는 사람은 작은 불이 일어난 곳에 갈 때마다 휘발유를 쏟아부어 그 불을 활활 타오르게 만듭니다. 물통을 가지고 다니는 사람은 그곳에 물을 쏟아부어 그 불을 끕니다. 우리 가운데는 작은 싸움을 크게 만드는 사람이 있습니다. 그러나 어떤 사람은 작은 싸움이 시작되었을 때 그 싸움을 화해로 바꿔버립니다. 당신은 어떤 통을 준비하고 있습니까?

그러나 이것에 대해 달리 생각할 수도 있습니다. 지도자는 다른 사람에게 영향을 미치는 사람입니다. 그들은 작은 불을 크게 일으킬 수도 있고 작은 불이 일어날 때 꺼버릴 수도 있습니다. 휘발유 통을 가지고 다니는 사람이 다른 사람에게 조그만 열정의 불이 일어났을 때 그곳에 휘발유를 쏟아부어 열정의 불을 타오르게 할 수 있다면 그는 위대한 지도자가 될 수 있을 것입니다. 결국 사람은 어떤 통을 가지고 다니느냐가 아니라 그 통에 들어 있는 것을 어떻게 사용하느냐에 따라 전혀 다른 영향을 사람들에게 끼칠 수 있습니다.

말씀에 접목하기: 마 16:21-24

사람에게는 심리적 차원과 영적 차원이 있습니다. 심리적 차원은 생각하고 느끼고 결단하며 상상하는 등의 심리적 능력을 가지고 있습니다. 심리적 차원에는 하나님께 받은 엄청난 자원이 있습니다. 사람은 휘발유 통이나 물통만 가지고 있는 것이 아니라 수많은 통을 가지고 있습니다. 그 통에는 수많은 것이 들어 있습니다. 그런데 인간의 심리적 차원은 그 모든 자원을 자기를 위해 사용하려는 본성을 가졌습니다. 심리적 차원만 있는 사람은 자기 욕망을 위해 심리적 자원을 사용하기 때문에 불행한 세상을 만들고 맙니다.

영적 차원은 가치와 의미의 차원입니다. 예수님을 믿는 사람은 예수님의 모델을 따라 살며, 예수님의 성품을 가진 사람이 되는 것을 진정한 가치로 여깁니다. 예수님은 하나님께 영광을 돌리고, 사람에게 덕과 유익을 세우고, 사람을 구원하기 위해 세상에 오시고 십자가를 지셨습니다. 예수 그리스도의 영을 받은 사람은 예수님과 같은 가치관을 가지고 심리적 자원을 사용합니다. 당신은 어떤 영을 받았습니까? 예수님의 영을 받은 사람은 어떤 자원을 받았든지 간에 하나님의 영광을 위해, 사람들의 유익과 구원을 위해 그 자원을 사용할 것입니다.

변화에 대한 주인의식을 가지게 하라

예화 77

1. 변화가 의미하는 바가 무엇인지, 변화가 사람에게 어떤 영향을 미치게 될지 생각할 수 있도록 미리 그들에게 알려주라.
2. 변화의 전체적 목적, 변화해야 하는 이유, 언제 어떤 변화가 일어나야 하는지 등을 설명하라.
3. 변화가 사람에게 어떤 유익을 주게 될지 그들에게 확실히 보여주라. 변화의 결과로 손해 보는 사람이 있다면 그들에게 그 사실을 솔직히 말해주라. 가능한 한 빨리 그 사실을 말해주어 그들이 대책을 세우는 데 도움이 되게 하라.
4. 변화로 말미암아 영향을 받게 될 사람이 변화의 모든 과정에 적극 참여할 수 있게 요청하라.
5. 대화의 장을 늘 열어놓아라. 그 변화와 관계된 사람이면 누구나 그것에

대해 의견을 말할 수 있고 토의할 수 있도록 기회를 제공하라. 질문과 의견 제시, 자신의 반응을 자유롭게 이야기할 수 있게 격려하라.
6. 변화의 모든 과정에서 융통성과 적응력을 가져라. 실수를 인정하고 필요한 경우 변화를 변경하라.
7. 항상 변화에 대한 당신의 신념과 헌신을 보여주라. 그 변화를 수행하는 그들의 능력에 대해 당신이 갖고 있는 확신을 표현하라.
8. 그 변화를 수행하는 사람에게 열정과 도움, 감사, 인정을 제공하라.

말씀에 접목하기: 요 14:10-12

영성의 목표는 현재의 상황에서 하나님이 원하시는 상황으로 변화시키는 것입니다. 모든 문제는 인간이 원하는 상황 또는 하나님이 원하시지 않는 상황에 빠졌기 때문입니다. 현재의 상황에 대한 문제점을 정확하게 분석해 보여주고 하나님이 원하시는 상황을 성경적·신학적으로, 세상의 지혜로, 자기와 공동체의 경험을 통해 구체적으로 보여주는 것을 비전 제시라고 말합니다. 현재의 상황을 하나님이 원하시는 상황으로 변화시키려고 할 때는 비전을 제시하여 관계된 모든 사람에게 변화하고자 하는 욕구를 불러일으켜야 합니다. 비전 제시가 성공적으로 수행되지 않으면 변화는 오지 않습니다. 비전 제시는 변화 과정의 1단계에 불과하지만 비전 제시 단계가 없다면 변화의 과정을 밟아 나아갈 수가 없습니다. 지금 당신은 변화하고자 하는 분명하고 확실한 목표를 가지고 있습니까? 그 목표가 하나님이 원하시는 상황이라고 확신합니까? 그 목표가 하나님이 원하시는 상황이라는 것을 성경적·신학적으로, 세상의 지혜로, 자기와 공동체의 경험을 통해 구체적으로 제시할 수 있습니까? 그렇다면 당신은 변화의 1단계를 성공적으로 수행하고 있는 것입니다.

앞으로 가는 것밖에는 대안이 없었습니다

예화 78

아멜리아 에어하트(Amelia Earhart)는 미국에서 아주 유명한 여성 비행사였습니다. 그녀는 여성 비행사로서 최초로 대서양 횡단에 성공했습니다. 그러나 그녀의 대서양 횡단은 쉽게 이루어진 것이 아니었습니다. 대서양 횡단 중 바다 한복판에서 엔진이 고장 나는 긴박한 상황이 발생해 더는 비행을 할 수 없는 위기의 순간도 있었습니다. 그러나 그런 위험한 상황이 발생했음에도 그녀는 당황하거나 절망하지 않고 그 위기를 무사히 넘겨 대서양 횡단 비행을 마쳤습니다.

대서양 횡단에 성공하고 돌아와 보스턴에서 기자회견이 열렸는데, 한 기자가 긴박한 상황에 대해 질문했습니다. "대서양 한가운데서 엔진이 고장 났을 때 위급하고 어려운 순간을 어떻게 극복했습니까?" 이 질문에 그녀는 이런 유명한 이야기를 했습니다. "그 순간을 극복한 방법은 간단합니다. 그 긴박한 상황을 넘길 수 있었던 것은 제가 바다 한복판에 있었기 때문입니다." 이 말을 이해하지 못한 기자는 무슨 의미인지 말해 달라고 요청했습니다. 그녀는 이어서 말했습니다. "엔진 이상을 알았을 때는 이미 대서양의 반을 넘어온 상황이었습니다. 그런데 어떻게 돌아갈 수가 있겠습니까? 포기하면 떨어져 죽는데 말입니다. 당시 제가 할 수 있었던 것은 계속 앞으로 가는 것밖에 없었습니다."

말씀에 접목하기: 빌 3:12

그리스도인의 삶은 대안이 없는 삶이라고 말할 수 있습니다. 대서양 한가운데서 엔진 고장이라는 긴박한 위기 상황을 만났을 때 아멜리아에게는 어떤 대안도 없었습니다. 계속 날아가는 것밖에는 다른 방법이 없었습니다. 그래서 그녀는 생명을 걸고 앞으로 날아가 드디어 엄청난 일을 이루었습니다. 사도 바울은 "내가 이미 얻었다 함도 아니요 온전히 이루었다 함도 아니라 오직 내가 그리스도 예수께 잡힌 바 된 그것을 잡으려고 달려가노라"(빌 3:12)고 말했습니다. 그의 삶은 대안이 없는 삶이었습니다. 예수께 잡힌 바 된 그것을 잡으려고 앞으로 달려가는 것만이 유일한 방법이었습니다. 예수 그리스도만이 우리의 유일한 길이요 진리요 생명입니다. 어떤 어려움을 만나든지, 심지어 엔진 고장을 일으켜 추락의 위험 가운데서도 주 예수님을 따라가는 것, 주 예수님을 향해 달려가는 것이 그리스도인의 삶입니다.

꿈이 있는 사람은 끝나지 않습니다

예화 79
프랑스의 레지스탕스 저항운동이 한창일 때 그 운동에 가담한 한 무리의 학생이 있었습니다. 어느 날 그들이 조국을 위해 모의했던 거사 계획이 탄로가 나고 말았습니다. 절망한 학생들은 "이제 우리는 모든 것이 끝났다"라고 소리치며 낙심했습니다. 그때 한 학생이 일어나 이렇게 외쳤습니다. "동지 여러분! 아직 끝나지 않았습니다. 우리가 꿈을 잃어버릴 때, 그때가 마지막입니다." 우리에게 진정한 마지막은 꿈을 잃어버렸을 때 찾아옵니다.

말씀에 접목하기: 행 1:17

성령님은 늙은 사람도 꿈을 꾸게 하십니다. 믿음은 하나님이 이 땅에 이루실 하나님 나라의 꿈을 가지고 보게 합니다. 우리는 그 꿈을 이루기 위해 어떤 고난도, 심지어 죽음도 두려워하지 말아야 합니다. 성령님은 오늘 우리를 이런 놀라운 꿈의 사람이 되게 만드실 것입니다.

꿈을 잃지 않는 자는 살아남는다

예화 80

빅터 프랭클(Viktor E. Frankl)은 유대인 심리학자입니다. 그는 2차 세계대전 당시 다른 동료들과 함께 수용소에 갇히게 되었지만 실망하지 않고 심리학자로서 자신의 일을 했습니다. 죽음의 기로에 선 사람들의 모습을 보면서 '같은 상황에 처해 있을 때 나이와 건강 등에 상관없이 왜 어떤 사람은 일찍 죽고, 어떤 사람은 그렇지 않은가?'에 대한 연구를 하기 시작했습니다. 그는 끊임없이 관심을 가지고 사람들을 유심히 관찰한 결과, 살 수 있다는 희망이 생명을 지탱하게 해준다는 사실을 알게 되었습니다. 죽을 수밖에 없는 상황에서도 희망의 끈을 놓지 않고 하루하루를 사는 사람들은 수용소 생활을 잘 견디고 버텨 나갔던 것입니다.

프랭클은 수용소에 갇힌 사람들의 심리를 분석하면서 스스로도 이런 마음을 먹게 되었다고 합니다. '내가 지금은 수용소에서 죽음을 기다리고 있는 처지지만, 끝까지 삶을 포기하지 않고 희망을 가지는 한 절대 죽지 않을 것이다. 그리고 이곳에 있다는 것이 내게 얼마나 큰 행운인가! 이곳에서 심리학계에 공헌할 만한 진정한 삶의 의미와 생존의 상관관계에 대해 연구할 수 있으니 말이다. 그리고 난 머지않아 이곳을 나가 많은 사람 앞에서 내 연구에 대해 강의하게 될 것이다.' 결국 그는 자신의 희망대로 포로수용소를 나오게 되었고, 그 후에 '의미 치료(Logo-therapy)'를 발전시키는 위대한 업적을 남겼습니다.

말씀에 접목하기: 히 11:1, 2

믿음은 바라는 것들의 실상입니다. 단어 실상의 헬라어는 upostasis(휘포스타시스)입니다. 이는 하나님의 약속이 바로 지금 우리 앞에서 이루어지는 환상을 보며 살아가는 것을 의미합니다. 사라는 자신이 자식을 낳을 수 없는 몸이었지만 하나님이 말씀하셨기에 그 말씀이 자기의 죽을 몸에 생명을 일으켜 아들을 낳게 되리라고 믿었습니다(히 11:11). 지금 죽음의 고난을 당하고 있을지라도 하나님이 말씀하신 약속은 반드시 이루어질 것입니다. 하나님은 그 말씀의 약속을 환상으로 보고 그 약속을 이루기 위해 열심을 내어 기도하고 씨름하는 사람들에게 축복의 미래를 열어주실 것입니다.

당신이 있음으로써 오케스트라가 산다오

예화 81

어느 날 유명한 지휘자 마이클 코스타는 오케스트라 연습중에 갑자기 악기 하나가 조용해진 것을 알아차렸습니다. 무슨 일인가 싶어 살펴보니 목관악기 피콜로를 연주하는 사람이 연주를 멈추고 가만히 있는 것이었습니다. 아마도 장엄한 오르간 소리와 천둥 같은 드럼 소리가 울려 퍼지고 있어서 자기 한 명쯤은 소리를 내지 않아도 지휘자가 눈치 채지 못할 거라고 생각했던 모양입니다.

피콜로 연주자의 마음을 예리하게 알아차린 지휘자는 갑자기 이렇게 소리쳤습니다. "피콜로, 도대체 어디 있는 거요! 당신이 있음으로써 오케스트라가 사니 자부심을 가지시오. 피콜로! 당신이 있음으로써 오케스트라가 산단 말이오."

말씀에 접목하기: 시 8:4

우리는 사랑의 하나님이 우리를 지으셨다고 믿습니다. 우리가 이 세상에 존재하는 이유는 하나님이 지금 이 자리에 우리가 꼭 있어야 한다고 생각하셨기 때문입니다. 혹시 자신이 능력도 없고 자격도 없어 이 세상에서 쓸모없는 사람이라고 생각하고 있습니까? 그러나 하나님은 우리가 이 자리에 있어야 하기 때문에 우리를 이 자리에 있게 하신 것입니다. 우리가 해야 할 일을 여기서 그만둔다면 하나님의 세상은 그만큼 흠 있는 세상이 될 것입니다. 우리가 있음으로써 하나님의 세상은 아름다워지고 비로소 완성될 수 있습니다.

다시 시작할 수 있습니다

예화 82

영국의 유명한 사상가 토머스 칼라일(Thomas Carlyle)의 평생소원은 《프랑스 혁명사》를 쓰는 것이었습니다. 그는 이 책을 통해 유럽 땅에서 더 이상 피비린내 나는 전쟁의 역사가 되풀이되지 않고 인간다운 민주주의와 건강한 국민 문화가 꽃피우기를 원했습니다. 그래서 그는 정성을 다해서 거의 10년에 걸쳐 원고를 썼습니다.

칼라일은 이 책의 원고를 완성하기 전 친구인 철학자 존 스튜어트 밀에게 이 원고를 검토해줄 것을 부탁했습니다. 서재에서 친구가 보낸 원고를 검토하던 스튜어트 밀은 너무 피곤해 침대로 가서 잠이 들었습니다. 그런데 다음날 아침 하녀가 서재를 청소하다가 방에 흐트러져 있는 원고지를 보고 쓰레기인 줄 알고 모두 불 속에 집어넣었습니다. 토머스 칼라일이 지난 10년간 쌓아 온 노력과 수고가 한순간에 수포로 돌아갔습니다. 낙담한 그는 서너 달 동안 자지도 먹지도 못하면서 삶의 의욕을 완전히 잃어버린 채 지냈습니다.

그러던 어느 날 창밖으로 하염없이 내리는 비를 바라보고 있었습니다. 비가 서서히 그치자 자기 집 앞에 새 집을 짓는 일꾼이 하나둘 나타났습니다. 그들은 터를 닦고 줄을 놓은 뒤 벽돌을 하나하나 쌓았는데, 벽돌이 조금이라도 맞지 않으면 허물고 다시 쌓았습니다. 허물고 다시 쌓는 일을 반복하며 차근차근 벽돌을 쌓는 일꾼들의 모습을 가만히 지켜보던 토머스 칼라일은 갑자기 자신의 무릎을 탁 치더니 이렇게 외쳤습니다. "집 한 채를 짓는 데도 저토록 오랜 시간의 노력과 정성이 필요한데 유럽의 역사를 다시 일으켜 세우기 위한 일에 다시 땀을 흘리지 못할 이유가 어디 있는가?"

그리고 나서 그는 다시 원고를 쓰기 시작했습니다. 가치 있는 일에는 가치 있는 도전이 필요합니다.

> 말씀에 접목하기: 빌 4:16

맥시 듀남은 '늪을 메우는 기도'에 대해 말했습니다. 100트럭의 흙과 모래로 메워야 하는 늪이 있습니다. 그 늪에 한 트럭의 흙과 돌을 부어 넣어야 그 흔적조차 찾을 수 없을 것입니다. 심지어 90트럭의 흙과 돌을 부어 넣을 때까지 겉에서 보면 여전히 늪일 것입니다. 그런데 100번째 트럭의 흙과 돌을 부어 넣자 늪이 사라졌습니다. 이 경우 마지막 100번째 트럭의 흙과 돌이 그 늪을 메웠다고 말할 수 있을까요? 마지막 트럭의 흙과 돌뿐 아니라 그전 모든 트럭의 흙과 돌이 합해져 그 늪을 메운 것입니다. 그 하나하나의 트럭에 실려 왔던 흙 모두가 중요합니다. 삶은 마지막 순간만 중요한 것이 아닙니다. 과정 하나하나가 모두 필요하고 중요합니다. 믿음의 삶은 과정입니다. 그 과정 속에 진정한 행복이 있습니다. 실패했다고 해도 다시 시작하면 됩니다. 도전하고 나아가는 과정 하나하나는 정말 아름답습니다.

원인을 찾아내는 데 드는 비용

예화 83

제지업(製紙業)을 크게 하는 재미교포 사업가가 있는데, 어느 날 그 집에 들렀을 때 이런 얘기를 했습니다. 얼마 전 공장의 종이를 접는 대형 기계가 고장 나서 그 원인을 찾지 못해 그 분야의 전문 기술자를 불렀다고 합니다. 그런데 기술자가 와서 그 기계를 수리하는 데 딱 5분 걸렸다고 합니다. 수리를 마친 기술자가 비용을 청구했는데 5,000달러나 되었다고 합니다. 비용이 과하다는 생각이 들어 수리하는 데 겨우 5분밖에 안 걸렸는데 왜 비용이 5,000달러나 나왔느냐고 따져 물었답니다. 그랬더니 수리하는 데 든 비용 100달러에 고장 난 곳을 정확히 알아내는 데 든 비용이 4,900달러라고 하더랍니다. 정말 대단하지 않습니까! 어떤 것에 대하여 정확하게 안다는 것은 그만큼 가치 있는 일입니다.

말씀에 접목하기: 고전 1:25

미국에서 자유주의 신학을 공부한 교포 목사님이 있었습니다. 그는 성경을 이성적으로, 과학적으로 해석하고 적용했습니다. 처음 임지에 갔을 때 그의 설교는 사람들에게 새로웠을 뿐 아니라 쉽게 이해할 수 있어 교인들로부터 환영을 받았습니다. 그런데 목회한 지 일 년쯤 지나자 교인이 몇 사람 남지 않았습니다. 그 목사님은 원인을 찾기 위해 많이 노력했지만 왜 새롭고 쉽게 이해할 수 있는 설교를 듣고 교인들이 떠나갔는지 알 수가 없었습니다. 그러던 어느 날 사모님이 기도하다가 "하나님의 어리석음이 사람보다 지혜롭고 하나님의 약하심이 사람보다 강하니라"(고전 1:25)는 말씀을 받았다고 합니다. 사모님은 그 말씀을 성경 말씀대로 설교하는 것이 하나님의 지혜라고 이해했습니다. 그 후 사모님과 목사님은 성경 말씀대로 믿고 설교하기로 작정했고, 하나님의 지혜와 기적을 봤다고 합니다. 교인들이 떠났던 것은 하나님의 말씀보다 과학과 이성을 우위에 놓았기 때문이었습니다. 목사님은 그 원인을 찾아내는 데 아주 비싼 수업료를 지불했다고 간증했습니다.

우리는 무엇을 보는가?

예화 84 시골에 사는 한 노인이 자신이 아끼던 귀한 톱을 잃어버렸습니다. 어디서도 그 톱을 찾지 못하자 노인은 이웃집 아들이 그 톱을 훔쳐갔다고 의심하게 되었습니다. 그 아이가 늘 나무를 자르고 그것으로 뭔가 만드는 데 열중했기 때문입니다. 며칠 동안 아이가 보여준 모든 행동, 즉 걸음걸이와 음색, 몸짓은 노인의 눈에 의심스러운 것투성이였습니다. 노인은 그 아이의 일거수일투족을 관찰하면서 그가 톱을 훔쳐갔다고 결론을 내렸습니다.

그러던 어느 날 노인은 실수로 자신의 작업대를 넘어뜨렸는데, 작업대 뒤에 잃어버린 톱이 있었습니다. 그 뒤로는 이웃집 아이의 의심스러웠던 그간의 행동이 전혀 의심스럽지 않았습니다.

넬 모니는 《신념은 태도에 영향을 끼칠 수 있다》에서 샌프란시스코의 한 지역에서 실시된 교사 학습 실험에 대해 말했습니다. 어느 학교의 교장 선생님이 세 명의 교사를 불러놓고 다음과 같이 말했습니다. "세 분 선생님은 이 지역에서 가장 훌륭한 교사이고, 가장 훌륭한 교육 전문가입니다. 그래서 세 분께 IQ가 높은 우수한 학생 90명을 맡기려고 합니다. 내년 한 해 동안 학생들의 성적 향상을 위해 재량껏 가르칠 수 있는 권한을 드리겠습니다. 아이들이 일 년 동안 얼마나 많은 것을 배울 수 있는지 한번 살펴봅시다."

교사와 학생 모두가 이 사실을 기쁘게 받아들였습니다. 이듬해 교사와 학생은 모두 철저히 자신들의 가르침과 학습을 즐길 수 있었습니다. 교사들은 가장 명석한 학생들을 가르쳤고 학생들은 뛰어난 실력을 가진 교사들의 친밀한 보살핌과 지도로 많은 가르침을 받았습니다. 그 실험이 끝날 무렵 시험 결과를 살펴보았더니 학생들은 같은 지역의 다른 학생들에 비해 20~30퍼센트 이상의 진보를 보였습니다.

교장 선생님은 교사들을 다시 불러놓고 다음과 같이 말했습니다. "한 가지 고백할 것이 있습니다. 선생님들은 두뇌가 명석한 학생 90명을 가르쳤던 것이 아닙니다. 그들은 평범한 학생이었습니다. 이 지역 학생들 가운데 임의로 90명을 선발해 맡긴 것이지요." 그러자 교사들이 말했습니다. "그렇다면 우리가 정말 우수한 교사라는 말이군요." 그러자 교장은 "또 한 가지 고백할 것이 있습니다. 당신들은 특별히 뛰어난 교사가 아닙니다. 모든 선생님 가운데서 제비뽑기를 해서 뽑은 것입니다"라고 말했습니다. 교장 선생님의 이야기를 듣고 난 교사들은 어찌 된 일인지 잘 모르겠다는 듯이 고개를 갸웃거리며 질문했습니다. "그렇다면 어떻게 이런 차이가 생긴 거죠? 어떻게 평범한 학생들이 한 해 동안 그렇게 뛰어난 학업 성과를 거둘 수 있었을까요?"

말씀에 접목하기: 마 9:29

학생에 대한 교사의 기대감과 학생의 교사에 대한 신뢰가 그 차이를 만들어낸 것입니다. 우리의 기대는 우리의 태도와 밀접한 관련이 있습니다. 이런 기대와 신뢰는 우리의 태도에 결정적 영향을 주고 다른 결과를 만들어냅니다. 예수님은 "너희 믿음대로 되라"(마 9:29)고 말씀하십니다. 그 말씀 가운데는 하나님이 주신 만큼(하나님의 능력으로) 될 것이라는 뜻도 있지만 자기가 믿는 만큼(심리학적으로) 될 것이라는 뜻도 있습니다. 신념이 새 일을 창조하는 것이 아니라 하나님의 능력으로 새 일이 창조되는 것이 사실이지만 인간의 신념도 새 일을 창조하는 데 영향을 미칠 수 있습니다. 인간의 영과 정신은 분리되어 있는 것이 아니라 하나 속에 있는 다른 차원이기에 하나가 변하면 다른 것도 변하게 됩니다.

사람은 자기가 보기로 준비한 것을 본다

예화 85

윌리엄 바커는 《모든 절기의 구세주》에서 미국 동부에 사는 감독이 중서부에 위치한 기독교 대학을 방문했던 일을 이야기하고 있습니다. 감독은 그 대학에서 물리와 화학을 가르치는 총장 집에 머물렀습니다. 저녁식사 후 감독은 자연과 관련해 거의 모든 것이 발견되었고, 고안해낼 수 있는 거의 모든 발명품이 만들어졌다는 사실을 미루어 볼 때 천년왕국이 그리 멀지 않았다고 말했습니다.

이 말에 젊은 총장은 정중히 반대 의견을 냈습니다. 아직도 발견해야 할 것이 많은 것 같다고 했습니다. 화가 난 감독은 도대체 그것이 무엇이냐고 하면서 한 가지 예를 들어 보라고 했습니다. 총장은 50년 내로 사람들이 하늘을 날 수 있는 기계를 만들어낼 것이라고 했습니다. 그러자 감독은 화가 나서 "말도 안 돼요. 오직 천사만이 하늘을 날 수 있소!"라고 외쳤습니다.

그 감독의 이름은 라이트고, 그의 집에는 아버지보다 더 큰 비전을 가지고 그것을 위해 씨름하는 두 아들이 있었습니다. 두 아들의 이름은 오빌 라이트와 윌버 라이트입니다. 형제는 인류 최초로 동력 비행기를 만들어 하늘을 난 유명한 라이트 형제입니다. 아버지와 두 아들은 같은 집에 살았지만 똑같은 지평선을 가지고 있지 않았습니다.

말씀에 접목하기: 히 11:1, 2

아버지 라이트와 아들 라이트 형제가 부자지간이고 같은 장소, 같은 시간 안에 있으면서도 다른 것을 본 것은 왜일까요? 그 이유는 간단합니다. 인간은 자신이 보기로 준비한 것만 보는 속성을 가지고 있기 때문입니다. 우리는 있는 그대로를 보지 않습니다. 성공한 모든 지도자는 보통사람이 보는 것과 다른 것을 보는 사람이었습니다. 믿음의 사람은 불신자와 다른 것을 보는 사람입니다. 사도 바울은 불신자는 세상의 영을 받고 세상의 지혜가 가르치는 대로 말하지만, 믿음의 사람은 하나님의 영을 받고 성령님이 가르치는 대로 은혜의 일을 말한다고 말했습니다. 자기를 중시하는 세상의 영을 받은 사람과 이웃을 사랑하는 하나님의 영을 받은 사람은 같은 하늘 아래 있지만 전혀 다른 것을 보고 생각합니다. 그리스도인은 성령님의 가르침을 받고 은혜의 일을 말하는 사람입니다.

분명한 비전은 장애를 극복하게 한다

예화 86

데오돌 헤스보는 지도력이 비전을 갖고 있느냐에 달려 있다고 말했습니다. "리더십의 본질은 비전을 갖는 데 있다. 당신이 어떤 상황에 처하든지 그 비전을 명백하고도 강력하게 설명할 수 있어야 한다. 분명한 소리가 나지 않는 트럼펫은 불 수 없다."

위대한 사람들 가운데 아주 가난한 집에서 교육을 거의 받지 못한 채 인생을 시작한 사람이 많습니다. 그러나 그들은 비전이 있었고, 꿈을 가지고 있었습니다. 그 비전은 그들에게 강한 추진력이 되어주었습니다. 그 비전은 그들이 가진 불우한 환경과 장애를 극복하게 해주는 능력이 되었습니다. 토머스 에디슨은 기차에서 신문을 파는 소년이었습니다. 앤드류 카네기는 한 달에 4달러씩 받고 일했으며, 존 록펠러는 주당 6달러씩 받고 일했습니다. 에이브러햄 링컨은 통나무집에서 태어났습니다. 그러나 중요한 것은 그가 그 통나무집에서 밖으로 나왔다는 사실입니다.

고대의 가장 위대한 연설가 데모스테네스는 말을 더듬었습니다. 처음으로 관중 앞에서 연설할 때 그는 연단에서 비웃음을 받으며 쫓겨났습니다. 줄리어스 시저는 간질병 환자였습니다. 평범한 부모에게서 태어난 나폴레옹은 사관학교에 다닐 때 65명 정원의 학급에서 46등을 했습니다. 베토벤은 토머스 에디슨처럼 듣지 못했고, 찰스 디킨스와 헨델은 다리를 절었습니다. 호머는 앞을 보지 못했으며, 플라톤은 꼽추였고, 월터 스콧은 소아마비에 걸려 오른쪽 다리에 장애가 있었습니다.

말씀에 접목하기: 히 10:38, 39

이들 모두는 어떻게 해서 자신들이 가진 불우한 환경과 장애를 극복하고 위대한 업적을 남길 수 있었을까요? 바로 비전의 사람들이었기 때문입니다. 이들은 현재를 살면서도 미래를 품고 있었습니다. 이들은 현재의 삶 속에 미래를 위한 씨를 심고 있었습니다. 비록 겨자씨 한 알이 다른 씨보다 작은 것이라고 할지라도 그 속에는 모든 채소보다 크고 새들이 찾아와 쉴 수 있는 겨자 나무가 숨어 있습니다. 비전의 사람은 그 씨 속에 숨겨진 미래의 나무를 보고, 씨 속에 숨겨진 나무가 밖으로 나오도록 현재의 삶에서 그 씨를 심고 정성을 다해 가꾸는 사람입니다. 그리고 결국 겨자 나무를 보는 것입니다.

베드로는 오순절에 성령님의 충만함을 받고 나서 이렇게 선포했습니다. "하나님이 말씀하시기를 말세에 내가 내 영을 모든 육체에 부어 주리니 너희의 자녀들은 예언할 것이요 너희의 젊은이들은 환상을 보고 너희의 늙은이들은 꿈을 꾸리라"(행 2:17). 예언과 환상과 꿈은 공통점을 갖고 있습니다. 첫째는 미래의 일을 말하는 것이고, 둘째는 하나님이 행하실 일을 말씀하는 것이고, 셋째는 오늘 그것을 마음에 새겨 그 일을 하는 데 있어 최선을 다하게 한다는 것입니다. 성령님으로 충만한 사람은 하나님이 미래에 하실 일을 비전으로 보고 그것을 향해 최선을 다하기 위해 노력하는 사람입니다.

하나님의 때

예화 87

한 소년이 처음으로 음악회에 갔습니다. 그는 훌륭한 연주회장과 멋지게 정장을 차려입은 사람들, 대규모 오케스트라의 열정적 연주에 흥분했습니다. 많은 악기 가운데 그의 관심을 끈 것은 심벌즈였습니다. 동으로 된 접시가 부딪치며 내는 웅장하고 감동적인 소리에 소년은 매료되고 말았습니다. 또한 소년은 심벌즈 연주자가 다른 사람이 연주할 동안에도 거의 움직이지 않고 서 있었다는 사실을 알게 되었습니다. 심벌즈는 어쩌다 한 번 연주되었고, 그 영광스러운 시간도 굉장히 짧았습니다.

연주가 끝난 뒤 소년의 부모는 그를 데리고 연주자들을 만나러 무대 뒤로 향했습니다. 소년은 가장 먼저 심벌즈 연주자를 찾아가 물었습니다. "아저씨, 심벌즈를 연주하기 위해 얼마 동안 배우셨어요?" 소년의 질문에 연주자는 웃으며 대답했습니다. "네가 심벌즈를 연주하기 위해 많은 것을 알 필요는 없단다. 단지 언제 쳐야 하는지만 알면 된단다."

말씀에 접목하기: 엡 5:15, 16

심벌즈 연주자는 심벌즈를 언제 쳐야 하는지를 아는 사람입니다. 자기의 때를 안다는 뜻입니다. 그는 심벌즈를 쳐야 할 때에 맞춰 심벌즈를 치는 것입니다. 하나님은 우리의 때를 아십니다. 심벌즈 연주자가 심벌즈를 쳐야 할 바로 그때 심벌즈를 치듯 하나님은 우리에게 은혜 베풀어야 할 때를 정확히 알고 계십니다. 하나님의 때에 하나님은 우리에게 필요한 것들을 공급하실 것입니다. 하나님의 때는 우리의 때가 아닙니다. 우리가 다급해하더라도 하나님은 기다리시며 쳐야 할 바로 그때 심벌즈를 힘 있게 치실 것입니다.

현실주의자와 비전의 사람의 차이

예화 88

조지 버나드 쇼는 이렇게 말했습니다. "현실주의자는 사물을 있는 그대로 보고 난 뒤 '왜?'라고 묻는다. 그러나 비전의 사람은 없는 것을 꿈꾸면서 '왜 존재할 수 없느냐?'라고 묻는다."

찰리 브라운이 친구 루시 앞에서 손을 들어 올리며 말했습니다. "이 손은 언젠가 위대한 일을 할 거야. 정말 놀랄 만한 일을 할 손이라고. 이 손은 강한 다리를 건설할 수도 있고 아픈 사람들을 고칠 수도 있고 홈런을 칠 수도 있고 심금을 울리는 소설을 쓸 수도 있어. 이 손은 언젠가 운명을 바꿀 손이라고." 그러자 현실주의자 루시는 이렇게 응수합니다. "헤이, 브라운, 그 손에 젤리가 묻었군."

말씀에 접목하기: 히 11:8

현실주의자는 지금 눈으로 보고 귀로 듣는 것을 머리로 판단하고 가치를 평가합니다. 그러나 하나님의 사람은 하나님이 보여주시는 소망을 봅니다. 하나님은 이 손으로 하나님이 계획하시는 놀라운 일을 하게 하실 것입니다. 이 손은 하나님의 계획과 꿈을 이 땅에 실현하는 하나님의 손이 될 수 있습니다. 하나님을 보는 자는 꿈의 사람이며 비전의 사람입니다. 이들은 손에 무엇이 묻었는지만을 보지 않습니다. 하나님의 사람은 하나님이 자기의 손을 사용하여 하늘의 꿈을 이루어 가시는 미래를 보면서 오늘 그분께 그 손을 드립니다. 현실만 보는 자는 현실의 노예가 되어 축복의 미래를 볼 수 없습니다. 미래의 축복을 소망하는 사람에게만 아름다운 미래가 찾아올 것입니다.

비전을 잃어버린 사람

예화 89

잡지 《리더십》의 한 칼럼에서 린 앤더슨은 사람이 비전을 잃어버리면 무슨 일이 일어나는지 설명하고 있습니다. 대략 370년 전 청교도들이 아메리카 대륙의 해안에 내렸습니다. 그들은 비전과 용기를 가슴에 품은 채 낯선 땅에서 살고자 왔던 것입니다. 첫 해에 그들은 마을을 만들었습니다. 다음 해에는 시의원을 뽑았습니다. 3년째 되던 해에 본부는 서쪽 8킬로미터 정도의 길을 낼 것을 제안했습니다. 그러나 4년째 되던 해 사람들은 오지의 산림으로 길을 내는 것이 세금 낭비라고 생각해 의원들을 탄핵했습니다. 앞을 내다보며 도전하는 것을 두려워하지 않았던 진취적인 사람들이 어떻게 해서 비전을 잃어버리게 된 것일까요? 한때 바다 저 너머를 볼 수 있던 비전의 사람이 8킬로미터밖에 안 떨어진 오지도 내다보지 못하게 된 것입니다. 그들은 비전의 사람이었지만 이제 편안한 생활에 안주하여 미래를 잃어버리고 말았습니다.

> 말씀에 접목하기: 빌 3:13, 14

사람은 편안하고 예측 가능하고 안전한 것을 추구합니다. 편안함의 발목에는 맹종, 예측 가능한 일, 지루함, 삶의 안정감 등은 있지만 비전이 없습니다. 종달새가 알 상태에 있을 때는 둥지가 좋습니다. 그러나 날개가 자라면 둥지는 더 이상 지내기에 좋은 곳이 못 됩니다. 둥지는 알을 깨고 나오기에는 좋은 장소이지만 날아서 들어오기에는 불편한 곳입니다. 사람이 자신의 둥지를 떠나지 못하는 것은 비전이 없기 때문입니다. 자기 둥지를 떠나지 못하는 것은 참으로 슬픈 일입니다.

가장 괴롭게 한 사람은 누구인가?

예화 90

한 기자가 위대한 전도자 무디에게 "어떤 사람이 당신을 가장 괴롭게 하느냐?"라고 물었습니다. 무디는 지체하지 않고 대답했습니다. "살아 있는 그 어떤 사람보다 무디라는 작자 때문에 골치를 썩고 있소!" 작고한 새뮤얼 호프스타인은 이렇게 말했습니다. "내가 어디를 가든 나는 늘 같이 간다. 그리고 모든 것을 망쳐버리고 만다." 잭 파(Jack Paar)도 유명한 말을 남겼습니다. "내 일생을 돌이켜 보니 많은 장애물을 만났다. 그런데 그중에서 가장 큰 장애물은 다름 아닌 나 자신이었다." 유망했던 지도자들이 실패하는 이유가 외적인 문제가 아니라 자기 내면에서 비롯된 문제였다는 것이 사실로 받아들여지고 있습니다.

내게는 적이 한 사람 있었다.
나는 그를 알기 위해 무던히도 애썼다.
그는 내가 어디를 가든지 나의 발길을 피해
얼굴을 보이지 않았고
나의 계획을 방해했고 나의 목표를 좌절시켰으며
나의 앞길을 가로막았다.
높은 목표를 세우고 노력할 때,
그는 을씨년스럽게 내게 말했다.
"안 된다."
어느 날 밤 나는 그를 잡았다. 그를 단단히 붙잡았다.
그리고 베일을 벗겼다. 나는 드디어 그의 얼굴을 보았다.
아…! 그 얼굴은 바로 나였다.

말씀에 접목하기: 롬 7:21-23; 갈 2:20

사도 바울은 자기의 속사람은 하나님의 법을 즐거워하고 그 법을 지키기를 원하지만 자기 지체 속에 있는 한 다른 법이 자기를 사로잡아서 죄악 가운데로 끌고 간다고 탄식하고 있습니다(롬 7:21-24). 원하는 선을 행하지 못하게 하고 '나'를 죄 아래로 사로잡는 건 외부로부터 온 어떤 것이 아니라 자기 지체 속에 있는 한 다른 법입니다. 문제는 '내 속에' 나와 함께 있다는 뜻입니다. 그러나 그는 믿음 안에서 단호히 선언합니다. "율법이 육신으로 말미암아 연약하여 할 수 없는 그것을 하나님은 하시나니 …… 육신을 따르지 않고 그 영을 따라 행하는 우리에게 율법의 요구가 이루어지게 하려 하심이니라"(롬 8:3, 4). 자기 힘으로는 하나님의 법을 따를 수도 없고 선을 행할 수도 없지만 성령님의 인도하심을 받으면 하나님의 법을 지킬 수 있을 뿐 아니라 그리스도의 길을 따라 살 수 있다는 말씀입니다. 성령님의 인도하심을 받으면 누구든지 '나'의 문제를 해결할 수 있습니다.

인생의 비밀은 온몸을 바칠 만한 가치 있는 일을 갖는 것이다

예화 91

어느 건설현장 소장이 인부들에게 한 지점을 가리키면서 땅을 파도록 지시했습니다. 그러나 소장은 왜 그 땅을 파야 하는지에 대해 말해주지 않았습니다. 인부들은 왜 땅을 파야 하는지 궁금했지만 일단 지시에 따라 땅을 팠습니다. 인부들이 어느 정도까지 땅을 파고 내려갔을 때 소장은 인부들에게 팠던 땅을 다시 메우라고 지시했습니다. 그러자 인부들은 화가 나서 현장 소장에게 따졌습니다. "땅을 파라고 하더니 왜 다시 메우라고 하는 거요?" 그들은 아무런 목적도 없이 땅을 팠다가 다시 메우는 쓸데없는 일을 했다는 생각에 화가 났던 것입니다. 인부들은 더 이상 무의미한 일을 할 수 없으니 돈이나 달라고 요구했습니다. 아무리 돈도 중요하지만 열심히 팠다가 그냥 메우는 식의 무의미한 일을 계속할 수 없다는 주장이었습니다. 이야기를 다 듣고 난 소장은 정중하게 사과한 뒤에 어떻게 된 사정인지를 자세히 설명했습니다.

소장이 땅을 파라고 지시한 그 지점에는 원래 상수도관이 묻혀 있었습니다. 그런데 근래 그 지역주민들로부터 수돗물에 악취가 나고 불순물이 나온다는 신고가 여러 건 접수되었습니다. 소장은 그 지역주민의 위생과 건강을 생각해 문제가 생긴 그 지점을 조사해야겠다고 생각했습니다. 그래서 먼저 땅을 팔 것을 지시했던 것이고, 나중에는 조사가 다 끝나서 다시 메우라고 했던 것입니다. 소장의 설명을 자세히 듣고 난 인부들은 그제야 고개를 끄덕이면서 항의를 그쳤습니다. 그러니까 인부들이 땅을 판 것은 그 지역 사람들의 위생과 건강을 위해 노동한 것이기 때문에 의미 있는 일이었고 자부심도 느낄 수 있었습니다. 비록 일당을 벌기 위해 일하는 사람이지만 인부들은 속으로는 자기들이 하는 일의 의미, 즉 뚜렷한 목적을 가지고 싶었던 것입니다. 인생은 아무리 보잘것없는 일을 할지라도 거기에 의미와 분명한 목적이 있으면 행복을 발견할 수 있습니다.

말씀에 접목하기: 히 11:6, 7

사람은 하나님의 형상에 따라 지음을 받은 영적 존재입니다. 그래서 모든 사람의 본성에는 영적 갈망이 있습니다. 다른 모든 욕구가 충족된다고 할지라도 영적 욕구가 충족되지 않으면 사람은 행복하지 못합니다. 영적 욕구 가운데 중요한 것은 가치와 의미의 욕구입니다. 사람들은 누구나 가치 있고 의미 있는 일을 할 때 행복합니다. 그러나 의미나 가치가 없는 일을 한다고 하면 사람은 두렵고 불안하고 불행하다고 여깁니다. 아무런 언질도 없이 땅을 파고 메우라고 할 때 인부들은 아무런 가치도 의미도 없는 일을 하고 있다고 느꼈습니다. 그래서 화를 낸 것입니다.

하나님이 당신을 믿듯 당신 자신을 믿습니까?

예화 92

캘리포니아 주 재무장관을 지낸 로마나 바누엘로스의 이야기입니다. 그녀는 수많은 캘리포니아 사람들로부터 존경과 사랑을 받았습니다. 스물두 살 때 그녀는 캘리포니아로 이사를 왔습니다. 이혼한 남편이 어린 아들 둘을 그녀에게 떠맡긴 채 떠나버렸기 때문입니다. 그녀는 주머니에 남아 있는 7달러로 버스표를 사서 로스앤젤레스로 왔습니다.

바누엘로스는 타코를 파는 멕시코 음식점에서 직업을 구했는데, 나중에는 저축해 모은 돈과 은행에서 융자 받은 돈을 합쳐 그 타코 가게를 샀습니다. 오늘날 그녀가 운영하는 사업체는 미국에서 멕시코 산 상품을 취급하는 가장 큰 멕시코 도매업체 가운데 하나가 되었습니다. 그녀가 재력가로 성공하게 된 데는 분명한 이유가 있었습니다. 바로 자신감과 자기신뢰였습니다.

바누엘로스는 멕시코계 미국인을 침체시키는 가장 큰 문제가 무엇이냐는 질문을 받고 이렇게 대답했습니다. "그들은 자신에 대해 지금까지 쭉 들어온 말, 즉 멕시코인은 열등하다는 거짓말을 믿고 있습니다. 어렸을 때 나는 멕시코에서 자랐기 때문에 아무도 그와 같은 거짓말을 믿게 할 수 없었습니다. 나는 멕시코인 조상에 대해 긍지를 가지고 있습니다. 멕시코인이 열등하다는 어떤 사람들의 말을 그대로 믿고 열등하게 사는 것이 멕시코인이 침체하게 된 가장 큰 이유라고 생각합니다. 어느 날 딸이 학교에서 돌아와서 내게 이렇게 물었습니다. '엄마, 우리는 스페인 사람인가요, 아니면 멕시코 사람인가요?' 나는 이렇게 대답했습니다. '물론 너는 멕시코 사람이지.' 그러자 그 애는 무척 낙심했습니다. 왜냐하면 학교에서 스페인 사람은 영리하고 아름답고 멕시코 사람은 우둔하고 못생겼다는 말을 너무 많이 들었기 때문입니다. 그래서 방학 때 딸아이를 멕시코에 데리고 갔습니다. 멕시코에 가서 나는 딸한테 장엄한 피라미드와 넓은 거리와 아름다운 건축물을 보여주었습니다. 그리고 이렇게 말했습니다. '너의 조상 아즈텍인이 이것을 만들었다.' 그다음에는 비좁고 꼬불꼬불하고 항상 사람들로 붐비는 몇몇 도시를 보여주고 나서 이렇게 말했습니다. '이것은 스페인 정복자들에 의해 만들어진 것이다. 그러나 아즈텍인이 너의 조상이다! 너는 멕시코인이고 귀중한 사람이다!' 그리고 미국으로 돌아왔을 때 딸은 자신이 스페인 사람이기를 원하지 않았습니다. 그녀는 멕시코 사람이기를 원했습니다."

말씀에 접목하기: 마 13:45, 46

로마나 바누엘로스는 자신이 멕시코인임을 자랑스럽게 생각했습니다. 그녀는 자부심을 가지고 있었습니다. 그래서 그녀는 무엇이든지 자신 있게 할 수 있었습니다. 하물며 하나님이 우리를 창조하셨고, 예수님이 십자가의 고난을 통해 우리를 구원하셨고, 성령님이 하나님의 은총을 선물로 끊임없이 채워주시는데도 자기 자신을 무시하겠습니까? 하나님은 우리를 값진 사람으로 만드셨고, 우리가 값진 사람으로 일어서게 하실 것입니다. 하나님을 바라보며 일어서야 합니다. 하나님이 우리를 아름다운 사람으로 만드실 것입니다.

우리는 하나님의 형상대로 지음을 받았습니다. 예수님은 타락하여 깨어져 버린 하나님의 형상을 회복시키기 위해 십자가에서 죽으셨습니다. 성령님은 오늘 우리에게 예수님을 믿게 하시고, 예수님 안에서 하나님의 형상으로 변화시키시고 있습니다. 하나님은 우리에게 이처럼 관심을 갖고 우리를 하나님의 영광이 가득하고 은혜와 진리가 넘치는 사람으로 만드시고 있습니다.

그런데 아직도 그 하나님을 보지 못하고 자신의 외모를 보면서 한탄하고 있습니까? "나는 어리석은 자다." "나는 못생겼다." "나는 뚱뚱보다." "아무도 나를 사람 취급하지 않는다." "나 같은 사람을 좋아할 사람은 세상에 없을 것이다." 우리에게 필요한 것은 쓸모없는 자신을 쓸모 있는 사람으로 만들고자 노력하기 전에 우리를 이처럼 사랑하시고 우리를 빛나는 하나님의 형상으로 만드시는 우리 주 예수님을 만나는 것입니다.

그는 너무 평범한 사람이었습니다

예화 93

독일 아우슈비츠의 참담한 수용소에 살아남은 유대인 예이엘 디무르라는 사람의 이야기입니다. 그는 1961년 예루살렘에서 히틀러 나치의 잔당에 대한 전범 재판이 열렸을 때 히틀러의 참모였던 아돌프 아이히만의 전범 증인으로 소환되었습니다.

재판관은 예이엘 디무르에게 옆에 앉아 있는 아이히만을 가리키며 "저 사람을 똑똑히 봐주시오. 저 사람이 아이히만이 맞습니까? 좀 더 다가가 똑바로 보세요"라고 말했습니다. 재판관의 요구에 그는 한참 동안 아이히만을 보다가 그만 그 자리에서 의식을 잃고 쓰러졌습니다. 사람들이 깨어난 그에게 쓰러진 이유를 물었습니다.

"과거의 악몽이 되살아나 졸도를 하셨습니까?" "아닙니다." "그러면 당신의 증오심과 미움, 원한 때문에 그 분노를 이기지 못하고 졸도하셨습니까?" "그것도 아닙니다." "그러면 왜 그랬습니까?"

그때 그 사람의 대답은 이러했습니다. "그 사람을 봤을 때 너무나 평범한 사람이었다는 사실 때문에 놀랐습니다. 너무 평범한 사람이었기 때문에…… 그런 그가 내 동료들을 그 비참한 가스실로 보내도록 명령한 사람이라는 사실에 놀랐습니다."

그는 이어서 이런 충격적인 말을 했습니다. "나도 아이히만이 될 수 있다는 사실 앞에 놀랐습니다. '나도 아이히만이 될 수 있다. 나 역시 마음에 광기가 있고 미움이 있고 증오가 있고 모순이 있고 갈등이 있는 아이히만을 품고 있는 사람이다'라는 사실에 놀라지 않을 수 없었습니다."

말씀에 접목하기: 눅 22:31-34

레오나르도 다빈치가 〈최후의 만찬〉을 그릴 때 예수님의 모델과 가룟 유다의 모델이 된 사람은 같은 사람입니다. 그의 이름은 피에트로 반디네리였습니다. 교회의 성가대원인 그는 아주 성결하고 고상해서 예수님의 모델이 되었습니다. 다빈치는 다른 제자들의 초상을 다 그린 뒤에 아주 탐욕스럽고 뻔뻔하고 간교한 가룟 유다의 모델을 찾는 일로 애를 먹었습니다. 그러다가 술에 취해 길 모퉁이에 기대어 있는 지저분한 사람을 발견하고 가룟 유다의 모델로 삼았습니다. 그런데 그림을 그리는 도중 그가 과거 예수님의 모델이었다는 사실을 알게 되었습니다. 이것이 인간입니다. 아무리 경건하고 고상한 인격자라도 언제든지 지저분하고 더러운 가룟 유다가 될 수 있습니다. 예수님 안에 있으면 새 사람이지만, 예수님을 떠나면 곧 어둠의 사람이 되고 마는 것입니다.

분명한 목표를 정하고 정진하라

예화 94

1950년대 한 여자 수영선수가 세계 최초로 영국해협을 횡단하는 사람이 되겠다고 맹세했습니다. 그녀는 자신의 목표를 달성하기 위해 부단히 연습하면서 역사적인 순간을 만들고자 준비했습니다. 드디어 결전의 날이 왔습니다. 그녀는 자신감 넘치는 모습으로 고개를 꼿꼿이 세우며 당당하게 걸음을 내디뎠습니다. 그리고 많은 기자가 보는 앞에서 당당하게 바다로 뛰어들었습니다. 그녀는 맞은편 영국 해안을 향해 힘껏 헤엄치기 시작했습니다.

수영을 막 시작했을 때는 날씨가 매우 화창했습니다. 그녀는 목표를 향해 힘차게 헤엄쳐 나갔습니다. 그러나 영국 해안에 가까워질수록 바다에 짙은 안개가 끼기 시작하더니 바로 코앞에 무엇이 있는지조차 분간할 수가 없었습니다. 그녀는 갈수록 자신감을 잃었고 힘도 빠졌습니다. 결국 그녀는 포기하고 말았습니다.
 구명정으로 구조되고 나서야 그녀는 자신이 목표 지점을 100여 미터 남겨두고 포기했다는 사실을 알게 되었습니다. 그녀를 지켜보던 많은 사람은 소리를 지르며 안타까워했습니다. 성공을 바로 눈앞에 두고 포기했기 때문입니다. 그녀는 기자들에게 큰 소리로 말했습니다. "저 자신을 변명하기 위해 드리는 말씀이 아닙니다. 하지만 목표가 100여 미터밖에 남아 있지 않았다는 사실을 미리 알았다면 저는 끝까지 헤엄쳐서 목표 지점까지 갔을 것입니다."
 만약 우리가 성공의 고지를 볼 수 있다면 결코 쉽게 포기하지 않을 것입니다. 인생이라는 배가 항해할 때 목표는 배를 인도하는 나침반이자 등불입니다. 목표가 우리를 이끌지 않는다면 성공의 고지에 도달할 수 없을 것입니다.

말씀에 접목하기: 고전 10:31-33

 목표에는 두 가지가 있습니다. 영국해협 횡단을 목표로 삼은 여자 수영 선수처럼 자기를 위한 목표입니다. 자기의 명예와 영광을 구하고 자기의 이름을 사람에게 드러내기 위한 목표는 그 목표에 도달할 때만 의미가 있습니다. 반면 예수님과 같이 이웃을 위한 목표가 있습니다. 이웃을 사랑하고 섬기며 구원하고 축복하는 목표는 목표 달성도 중요하지만 그 목표를 향해 최선을 다하는 과정 자체도 의미와 가치가 있습니다. 이웃을 섬기고 사랑하는 목표는 달성되지 않을지라도 이웃을 섬기고 사랑하는 모든 순간순간이 의미가 있고 가치가 있습니다. 우리는 지금 어떤 목표를 가지고 있습니까? 자기를 위한 목표입니까? 아니면 이웃을 사랑하는 목표를 가지고 있습니까?

타인의 장점을 보는 눈을 만들자

예화 95

사람들은 특별한 문제에 마음을 빼앗기고 있을 때를 제외하고 대체로 자신의 일만 생각합니다. 그러나 우리가 믿는 예수님은 언제나 남을 위한 삶을 사셨습니다. 우리가 예수님을 따르는 것은 자신의 일보다 남의 장점을 생각하고 남을 높이는 사랑의 섬김입니다. 사상가 에머슨은 이렇게 말했습니다. "어떤 인간이라도 나보다 뛰어난 점, 그러니까 내가 본받아야 할 점을 갖고 있다." 자신의 장점 또는 욕구를 잠시 잊어버리고 남의 장점을 보는 눈을 가져야 하겠습니다. 그리고 그것을 상대방에게 이야기해주는 겁니다. 이 이야기를 들은 사람은 그것을 깊이 간직하고 평생토록 잊지 않을 것입니다. 칭찬한 사람은 혹시 잊어버릴지 몰라도 칭찬 받은 사람은 언제까지나 잊지 않고 소중히 간직할 것입니다.

말씀에 접목하기: 빌 2:3

빌립보서 2장 3절을 보면 "오직 겸손한 마음으로 각각 자기보다 남을 낫게 여기고"라고 권면하고 있습니다. 그리스도인의 정체성은 자기보다 남을 낫게 여기며 사는 것입니다. 예수님은 하나님이 이처럼 사랑하시는 사람들에게 생명을 얻게 하고 더 풍성히 얻게 하시기 위해 세상에 오셨고, 그들을 위해 고난을 받으셨고, 그들을 위해 십자가를 지고 부활하셨으며, 성령님을 통해 우리를 다시 찾아와 우리를 축복하시는 분입니다. 예수님은 하나님의 본체시지만 종의 형체를 입고 사람으로 태어나서 죽기까지 사람들의 종이 되어 섬기신 분입니다. 예수님을 따르는 사람은 누구든지 남을 자기보다 낮게 여기고 그들의 종이 되어 섬기는 예수님을 따라가야 할 것입니다.

영적 정체성의 위기

예화 96

주일학교 선생님들을 대상으로 자기대화 프로그램을 진행한 사람이 있었습니다. 모든 선생님을 거실에 모아놓고 한 명씩 방에 들어가 5분 동안 대화를 나누도록 하면서 이런 말을 했습니다. "저 방에는 여러분 자신과 가장 가까우면서도 가장 멀리하며 살아왔던 사람, 가장 위해 주어야 함에도 가장 학대한 사람, 가장 사랑해야 함에도 미워했던 사람이 앉아 있을 것입니다. 바로 그 사람과 5분 동안 대화를 나누고 나오세요. 그러고 나서 나와 어떤 생각이 들고 느낌이 들었는지 나눕시다."

선생님들은 도대체 그 방에 누가 앉아 있기에 그런 말을 하는지 궁금해하며 그 방으로 들어갔습니다. 처음으로 그 방에 들어간 사람은 40세를 갓 넘긴 여자 선생님이었습니다. 그는 의아한 표정을 한 채 방으로 들어갔습니다. 사실 그 방에는 아무도 없었습니다. 그녀는 교회에서 존경받는 가정주부로 자녀들을 훌륭하게 키워내어 다들 부러워하는 사람이었습니다. 그야말로 좋은 아내, 좋은 엄마, 좋은 며느리였습니다. 그녀가 방으로 들어간 지 5분 정도 지났는데 갑자기 방안에서 황소 같은 울음소리가 들려왔습니다. 그동안 떠들고 잡담하며 앉아 있던 다른 사람들도 순간 조용해졌습니다. 그토록 서럽게 흐느껴 우는 그 선생님의 모습을 본 적이 없었기 때문입니다.

나중에 그 선생님은 이렇게 고백했습니다. 그녀는 '누가 나를 찾아온 거지?'라고 하면서 그 방으로 들어갔는데 사람은커녕 사진 한 장도 없었다고 합니다. 그래서 이리저리 찾아보다가 나가려고 하는 순간 문득 눈에 띄는 것이 있었습니다. 대형 거울 속에서 자기 자신을 보게 된 것입니다. 순간 자기에게 해준 지도자의 말이 떠올랐습니다. 그녀는 거울 속에 서 있는 자신의 모습을 들여다보며 생각했습니다.

'거울에 비친 저 여자는 다름 아닌 나 자신이 아닌가. 그렇다! 이 세상에서 나와 가장 가까우면서도 멀게 느껴졌던 사람이 바로 나 자신이었구나.

이 세상에서 내가 아니면 나를 위해 줄 사람이 아무도 없는데, 나 자신을 얼마나 학대하고 제멋대로 굴렸던 걸까! 가장 사랑해야 함에도 가장 미워하고 소외시켰던 나 자신!'

그 순간 갑자기 자기 자신이 불쌍해지기 시작했습니다. 처녀 때의 곱던 얼굴은 어느새 주름으로 잔뜩 일그러져 있었고 몸은 볼품없는 모습이 되어 있었습니다. 참으로 초라한 자기 자신이 거울 속에서 자신을 뚫어지게 바라보고 있었습니다. 지금까지 그녀는 자식이 잘 자라주고 남편이 속 안 썩이고 성실하게 사는 것만을 자기 인생의 전부라고 생각했는데 그것이 아니라는 생각이 들었습니다. 그때 불현듯 '나를 찾아야지!' 라는 생각이 들었고, 거울 앞에서 까마득히 잊고 살았던 자기 자신과 얘기를 나누기 시작했습니다.

이 일이 있고 나서 그 선생님은 한동안 몹시 힘들어 했습니다. 자기 자신의 진정한 모습을 어디서 어떻게 찾아야 하는지 몰라 방황하는 모습이 역력했습니다. 그녀는 목사님을 찾아가 이야기를 나누었고 기도와 말씀 앞에서 자신의 실존적 모습을 비춰보면서 어렵게 자신을 찾아나갔습니다. 그녀는 하나님의 말씀 앞에서 자기를 사랑하시는 하나님을 만났습니다. 가족들과 교회의 식구들과 대화하고 함께 기도하는 가운데 자기를 사랑하고 자기의 사랑을 필요로 하는 사람들을 만났습니다. 그녀는 홀로 서 있는 자신의 모습이 아니라 하나님과의 만남 속에서, 가족과 친구와 이웃과 교회와 만나는 가운데서 관계적 존재로서의 자기 자신을 발견했습니다. 사랑을 받고 있는 동안, 사랑하고 있는 동안 더 분명하게 자기의 모습이 드러나는 것을 보았습니다. 그녀는 이전에 볼 수 없던 활력과 기쁨을 되찾았고 적극적으로 자신의 삶에 임하는 자세를 보여주었습니다. 예전에는 자기에게 주어진 역할에 수동적으로 임하는 스타일이었지만 이제는 능동적이고 적극적으로 참여하면서 참여하는 기쁨을 맛보고 있습니다.

말씀에 접목하기: 엡 2:10

　에릭슨은 청년기에는 외적 성취에 집착하여 공부하고, 취직하고, 결혼하고, 자녀들을 낳아 키우고, 재산을 모으고, 신분과 지위를 구하는 일을 위해 노력하고 씨름하는 등 청년기가 끝나 중년기에 접어들 때 자기 명함에 자신이 어떤 사람이라는 것을 적어놓을 만큼 성취를 이루어야 한다고 합니다. 그러나 중년기가 되면 영적으로 변해 진정한 가치와 의미의 사람이 되어 있는지를 묻게 된다고 합니다. 그런데 지금까지 자기만을 위해, 자기의 외적 성취를 위해 살아온 과거의 생활 속에서는 영적 가치와 의미를 발견할 수 없습니다. 그래서 중년기의 위기는 영적 공허함에서 시작됩니다. 교회학교의 선생님도 청년기가 끝나고 중년기에 접어들면서 영적 도전을 받았던 것입니다. 이제까지 외적 성취, 자기를 위한 삶에 올인해 왔는데, 교회학교의 교사교육 프로그램을 통해 영적 가치와 의미에 도전을 받은 것입니다. 예수님은 영적 차원을 회복시키시는 분입니다. 예수님은 하나님과의 관계를 맺게 하고, 하나님의 생명을 받게 하고, 세상과 이웃을 섬기는 하나님의 사랑의 삶에 참여하게 하십니다. 예수님이 친히 약속하신 대로 주 예수님을 믿는 자는 그 배에서 축복과 생명의 생수가 강물같이 솟아나는 감격과 기쁨의 인생을 만날 것입니다.

생명의 공감

예화 97

　크리스타 맥콜리프는 우주선 챌린저호의 비극적 폭발로 순직한 일곱 우주인 가운데 한 사람이었습니다. 그녀는 많은 지원자들 가운데 선발되어 우주 여행을 하게 된 첫 번째 교사 우주인이었습니다. 교육과 우주개발계획을 위한 그녀의 열의와 비전과 헌신은 많은 교육 관계자와 학생의 관심 대상이 되었습니다. 이런 이유로 많은 사람이 그녀의 죽음을 자신의 일인 것처럼 슬퍼했습니다. 당시 여러 사람이 그녀를 바로 자기 자신이라고까지 표현하며 추도사를 읽었습니다. 어느 선생님은 이렇게 말했습니다. "크리스타가 죽는 순간 우리의 한 부분도 함께 죽었습니다."

우주선과 함께 산화한 크리스타를 추모하는 이 말은 그리스도와 하나라는 그리스도인의 정체성을 분명하게 보여주는 것 같습니다. "주님이 십자가에 들리셨을 때 우리도 주님과 함께 들리었습니다. 아! 주님이 돌아가시던 그 순간 우리도 주님과 함께 죽었습니다." 우리 그리스도인은 그리스도와 함께 십자가에 죽고 그리스도와 함께 다시 산 사람입니다. 그러므로 우리 그리스도인은 언제나 예수님의 삶을 사는 사람입니다.

말씀에 접목하기: 롬 6:3, 4

사도 바울은 그리스도인의 정체성을 이렇게 선언합니다. "무릇 그리스도 예수와 합하여 세례를 받은 우리는 그의 죽으심과 합하여 세례를 받은 줄을 알지 못하느냐 그러므로 우리가 그의 죽으심과 합하여 세례를 받음으로 그와 함께 장사되었나니 이는 아버지의 영광으로 말미암아 그리스도를 죽은 자 가운데서 살리심과 같이 우리로 또한 새 생명 가운데서 행하게 하려 함이라"(롬 6:3, 4). 그리스도인은 그리스도 예수님과 함께 십자가에 죽고 장사되었으며, 그리스도 예수님과 함께 죽은 자 가운데서 다시 살리심을 얻은 자입니다. 이것은 "내 안에 거하라 나도 너희 안에 거하리라"(요 15:4)는 예수님의 신비한 말씀처럼 예수님과 우리의 완벽한 동일시입니다. 우리는 예수님과 함께 세례를 받을 때 '나'가 그리스도와 함께 십자가에 못 박혀 죽고 '나' 안에 그리스도께서 살아계신 새로운 존재가 되었습니다. 우리는 그리스도와 함께 죽었고 그리스도와 함께 다시 살았습니다. 그러므로 우리 안에 계신 그리스도께서 하나님의 생명으로 강같이 흐르게 하실 것입니다.

무엇을 보며 사는가?

예화 98

C.S. 루이스는 성경을 읽다가 "비판하지 말라"는 말씀을 보고 다음과 같은 풍자적인 이야기를 했습니다. 어느 날 푸쉬라는 이름을 가진 고양이 한 마리가 영국 런던을 방문하고 돌아왔습니다. 루이스는 런던을 방문하고 의기양양하게 돌아온 고양이한테 이렇게 물었습니다. "푸쉬야, 너 지금 어디를 갔다 온 거니?" "영국 왕을 만나러 런던에 갔다 오는 길이에요." "푸쉬야, 너는 런던에 가서 무엇을 보았니?" "여왕의 의자 밑에 있는 생쥐를 보았어요."

그 고양이는 어렵게 런던에 가서 그 유명한 엘리자베스 여왕이나 크고 아름다운 궁전을 본 것이 아니라 어처구니없게도 여왕이 앉아 있는 의자 밑을 기어 다니는 생쥐를 보고 온 것입니다. 사람들은 다른 사람의 무한한 가능성과 아름다움은 보지 않고 그 안의 어둠이나 단점만 보기를 원합니다. 이런 사람은 모든 것을 비판적으로 보는 데 혈안이 되어 있습니다. 그렇다면 당신은 어떤 사람입니까?

말씀에 접목하기: 창 3:6

고양이는 고양이의 시각으로 세상을 봅니다. 사람은 영국의 여왕이나 화려한 궁전에 감격하고 감탄하지만 고양이에게는 생쥐가 더 가치가 있고 의미가 있습니다. 그런데 믿음의 사람은 하나님의 시각으로 세상을 보고 사람을 봐야 합니다. 세상이 가치 있고 아름다운 이유는 하나님이 이처럼 사랑하시기 때문이고, 사람에게 존엄한 가치가 있는 이유는 하나님의 형상으로 지음 받은 존재이기 때문입니다. 그런데 사람이 고양이의 시각으로 세상을 보고 사람을 보기 때문에 제대로 볼 수 없는 것입니다. 이것이 사람의 판단이 기울어지고 잘못될 수밖에 없는 이유입니다.

커피의 맛, 복음의 맛

예화 99

커피 전문점 '스타벅스'는 급성장하여 새로운 기업의 신화를 창조했습니다. 이 회사를 세운 데이비드 슐츠(David Schulz) 회장은 스타벅스의 성공 요인을 이렇게 설명했습니다. "우리 회사는 끊임없이 '우리는 무엇을 위해 존재하는가' 라는 근본적 질문을 되풀이합니다. 그리고 그 질문에 확실하게 대답하기 위해 경영자와 관리자, 종업원이 하나가 되어 손님에게 가장 좋은 품질의 커피를 제공하고자 노력합니다. 우리 스타벅스는 하루에 스무 시간씩 문을 열고 있으며, 한 번 들른 손님은 평균 한 달에 18~20번 다시 찾아오고 있습니다."

말씀에 접목하기: 행 1:8

슐츠 회장과 스타벅스의 직원들은 커피 한 잔을 통해 그 매력을 발산하여 손님이 한 번 들르면 계속 찾아오게 만드는데, 하나님의 복음을 맡은 교역자인 우리는 어떻습니까? 죽어가는 영혼을 살릴 수 있는 다이너마이트의 위력을 가진 예수 그리스도의 복음을 가지고 있음에도 우리의 마음과 우리가 행하는 활동은 어쩌면 이처럼 무기력하고 매력이 없습니까? 이는 그리스도의 생수의 맛을 보지 못했기 때문입니다. 주 예수님의 생수의 강이 흐르는 교회는 먼저 주 예수님의 생수를 맛보고 그 생수를 배에서 솟아나게 해야 합니다. 이것이 하나님이 우리 교회를 통해 이루시고자 하는 하늘의 계획입니다.

하나님의 사랑을 전달하려고 힘쓰는 자의 복

예화 100

프랑스의 한 중학교 교사가 자기 반 학생들의 생활기록부를 작성하고 있었습니다. 그는 루이라는 학생에 대해 이렇게 썼습니다. "루이는 우리 반에서 키가 가장 작고 병약한 아이다. 장차 이 아이는 어떻게 될까?" 그 생활기록부를 작성한 지 반세기가 더 지났습니다. 루이의 나이는 이제 73세가 되었고, 그는 국민투표에서 프랑스가 낳은 역사상 가장 위대한 프랑스인으로 선정되었습니다. 그리고 그의 생일은 국가공휴일로 지정되었습니다.

바로 루이 파스퇴르입니다. 그는 현대 의학의 아버지이자 세균학자이며 수많은 예방 접종을 개발하여 죽어가는 사람을 살려낸 생명의 사람이 되었습니다. 그의 생일이 공휴일로 선포되는 행사에서 그는 이렇게 연설했습니다. "미래 세계는 힘을 가진 자들이 지배해서는 안 됩니다. 하나님의 사랑으로 인류를 구원하려고 노력하는 사람들을 통해 움직여야 합니다. 하나님의 사랑 없이는 행복한 세계를 기대할 수 없습니다."

하나님의 사랑이 연약하고 보잘것없고 키가 가장 작은 루이에게 임하여 사로잡을 때 그는 다른 사람들이 이루지 못한 위대한 일을 해낼 수 있었습니다.

말씀을 접목하기: 요 7:37-39

예수님은 하나님의 사랑의 증거입니다. 예수님을 만난 사람은 우리를 향한 하나님의 사랑이 얼마나 크고 위대한지를 깨닫게 됩니다. 예수님을 믿는 사람은 예수님 안에 있는 하나님의 놀라운 사랑을 받습니다. 예수님이 하나님의 아들이심을 믿는 사람은 예수님 안에 있는 하나님의 사랑이 자기 안으로 끊임없이 흘러 들어옴을 경험합니다. 예수님을 믿는 사람은 자기 안에 쉼 없이 흘러 들어오는 하나님의 사랑으로 세상을 사랑하고자 합니다. 이런 믿음이 세상을 이기는 믿음입니다. 아무리 작은 자일지라도, 아무리 약한 자일지라도 예수님을 믿는 사람은 하나님의 사랑을 끊임없이 받고, 그 사랑으로 세상을 이기는 자가 될 것입니다. 하나님의 사랑을 자기 안에 채워 그 사랑으로 세상을 사랑하는 사람은 이 땅을 하나님의 영광으로 가득 채우는 자가 될 것입니다. 우리는 루이 파스퇴르에게서 그 증거를 봅니다.

숨기는 삶은 어둔 인생을 만듭니다

예화 101

사람이라면 누구나 숨기고 싶은 약점을 적어도 한 가지씩은 가지고 있습니다. 그것을 드러내면 사람들에게 손가락질을 당하고 무시당할 것이라고 생각하며 약점과 문제 없이 사는 사람이 있을까요? 사람들은 자기의 약점을 가리고 자기의 문제를 숨기려고 애를 씁니다. 그러나 그 약점을 숨기면 우리 인생은 그만큼 어둡고 불행한 인생이 되고 맙니다. 위대한 사람의 장점 가운데 하나는 자기의 약점을 드러내고 그 약함에 대해 사람들의 도움을 요청한다는 것입니다.

넬슨 제독은 영국의 유명한 해군 영웅입니다. 그는 평생을 뱃멀미로 고생했다고 합니다. 뱃멀미로 고생하는 해군 제독을 상상해 본 적이 있습니까? 그럼에도 그는 자기의 단점을 숨기지 않았을 뿐 아니라 그 단점을 가지고 지혜롭게 사는 법을 배웠습니다. 그가 나폴레옹의 함대를 격파하는 업적을 세울 때 자신의 단점을 드러내고 그 단점을 극복하기 위해 노력하는 삶 속에서 배운 지혜가 한몫했습니다.

사도 바울은 평생 사탄의 가시를 가지고 살았습니다. 그는 그것을 위해 하나님께 기도했지만 응답 받지 못했다고 솔직하게 말하고 있습니다. 그는 기도의 응답을 역설한 설교가들 가운데 한 사람입니다. 그런데 자기 문제로 하나님께 기도했는데 응답 받지 못했다고 솔직하게 고백하고 있습니다. 그는 자기의 약점을 숨기지 않았을 뿐 아니라 자기의 기도가 응답 받지 못했다는 사실을 자신 있게 드러냈습니다. 그는 자기의 약점을 분명히 알고 있었기 때문에 예수님 없이는 아무것도 할 수 없음을 깨달았습니다. 그래서 평생을 하나님을 바라보며 기도하고 하나님의 능력으로 산 사람이 되었습니다.

말씀에 접목하기: 히 4:14-16

당신은 어떤 약점을 가지고 있습니까? 지금 그것을 가리고 숨기려고 애쓰고 있습니까? 구약성경은 흠 있는 자를 차별했습니다. 그래서 흠 있는 짐승은 먹을 수도 없고 하나님께 제물로 드릴 수도 없었습니다. 제사장이 되고자 해도 흠이 있어선 안 되었습니다. 그런데 사람은 사람이기 때문에 흠이 있을 수밖에 없었습니다. 흠 있는 자를 차별하는데 어찌 그 흠을 드러낼 수 있겠습니까? 그런데 예수님이 오셔서 새로운 길을 여셨습니다. 히브리서 4장 15절은 이렇게 말씀합니다. "우리에게 있는 대제사장은 우리의 연약함을 동정하지 못하실 이가 아니요." 여기서 '연약함'은 흠이라는 뜻입니다. 예수님은 흠 있는 자를 받아주고 감싸주고 치료하기 위해 오신 분이라는 말씀입니다. 예수님은 흠이 있어도 차별하지 않을뿐더러 그 흠을 치료하여 하나님의 은혜의 보좌로 나아갈 수 있게 하기 위해 우리를 찾아오신 하나님의 아들입니다. 흠을 두려워하지 말고 우리 주 예수께 드리고 치료를 받아야 합니다. 그래서 흠이 축복의 문을 가로막는 장애물이 아니라 은혜의 보좌로 나아가게 하는 축복의 문, 하나님의 능력이 되도록 해야 합니다.

왕의 아름다운 정원 이야기

예화 102

아름다운 정원이 자랑거리인 왕이 있었습니다. 어느 날 아름다운 정원을 산책하다가 모든 식물이 시들어 죽어가고 있는 것을 발견했습니다. 왕은 깜짝 놀라 그 식물들에게 어째서 말라 죽어가고 있느냐고 물었습니다. 그들의 대답은 이랬습니다.

상수리나무는 백향목처럼 우람하지도 못하고 곧게 뻗지도 못하니 살 의미가 없다고 했습니다. 백향목은 포도나무처럼 맛있는 열매가 없으니 살 의미가 없다고 했습니다. 포도나무는 백향목처럼 곧게 뻗지도 못하고 복숭아처럼 아름다운 열매도 없으니 살 의미가 없다고 했습니다. 제라늄은 백합처럼 꽃도 크지 않고 수선화처럼 향기도 없는데 무엇 하러 살겠느냐고 했습니다.

그런데 아주 조그맣고 보잘 것 없어 보이는 채송화는 더욱 아름답게 피어나고 있었습니다. 왕은 호기심이 생겨 물었습니다. "너는 이렇게 조그맣고 보잘것없는데 어째서 그렇게 밝고 아름답게 피어나고 있는 것이냐?" 조그만 채송화는 이렇게 대답했습니다. "왕께서 이 자리에 상수리나무나 백향목, 백합화를 심기 원했다면 저를 뽑아버리고 그것들을 심었을 것입니다. 그런데 왕께서 저를 이 자리에 그냥 두신 것은 제가 아름다운 꽃을 피우기 원해서인 줄 압니다. 그래서 최선을 다해 아름다운 꽃을 피우기로 작정했습니다."

상수리나무의 슬픔은 백향목의 꿈을 꾸고 있기 때문이고, 백향목의 슬픔은 포도나무의 꿈을 꾸고 있기 때문이며, 포도나무의 슬픔은 복숭아의 꿈을 꾸고 있기 때문이며, 제라늄의 슬픔은 백합과 수선화의 꿈을 꾸고 있기 때문입니다.

> 말씀에 접목하기: 롬 12:4-8

성경은 "우리에게 주신 은혜대로 받은 은사가 각각 다르니"(롬 12:6)라고 말씀합니다. 또한 성경은 "눈이 손더러 내가 너를 쓸 데가 없다 하거나 또한 머리가 발더러 내가 너를 쓸 데가 없다 하지 못하리라 그뿐 아니라 더 약하게 보이는 몸의 지체가 도리어 요긴하고 우리가 몸의 덜 귀히 여기는 그것들을 더욱 귀한 것들로 입혀 주며 우리의 아름답지 못한 지체는 더욱 아름다운 것을 얻느니라"(고전 12:21-23)고 말씀합니다. 우리가 하나님께 받은 은사들은 성령님이 행하사 그분의 뜻대로 각 사람에게 나누어주신 것입니다(고전 12:11). 상수리나무도, 백향목도, 포도나무도, 제라늄도, 채송화까지도 모두 왕이 자기의 뜻대로 그곳에 심은 것입니다. 상수리나무를 심은 뜻이 무엇입니까? 아름다운 상수리나무를 보기 위해서입니다. 제라늄을 심은 뜻이 무엇입니까? 아름다운 제라늄을 보기 위해서입니다. 그러므로 우리가 어디에 있든지 "각 사람은 부르심을 받은 그 부르심 그대로"(고전 7:20) 최선을 다해야 할 것입니다.

그런데 왕의 정원에 심어진 나무들은 남의 꿈을 꾸면서 절망하고 좌절했습니다. 진정한 꿈은 남의 꿈을 꾸는 것이 아닙니다. 진정한 꿈은 자기 꿈을 꾸는 것입니다. 하나님이 심어 놓은 그 자리에서 하나님이 숨겨놓은 가능성을 발견하고 그것을 성취해 나아가는 것이 진정한 행복으로 나가는 길입니다.

어떤 목적을 가지고 참가했는가?

예화 103

세 사람이 전 세계적으로 널리 알려진 마라톤 대회에 참가했는데, 이번 대회에 기량이 뛰어난 마라톤 선수가 많이 참가했습니다. 그래서 세 사람은 자신의 최고 기록을 갈아치우긴 했지만 순위권 안에는 들지 못했습니다.

그렇다면 세 사람 모두 실패자일까요? 절대로 아닙니다. 세 사람은 각자 다른 목적을 가지고 대회에 참가했기 때문입니다. 첫 번째 사람은 이번 대회를 통해 자신의 인내력을 점검해 보고 싶었습니다. 그는 마침내 해냈습니다. 그의 기록은 자신의 예상 목표를 훨씬 초과했던 것입니다. 두 번째 사람은 이전보다 더 좋은 기록을 내겠다는 목표를 세웠고, 자신의 목적을 달성했습니다. 세 번째 사람은 마라톤 대회에 한 번도 참가해 본 적이 없어서 그의 목적은 끝까지 완주하는 것이었고, 그 역시 해냈습니다.

말씀에 접목하기: 고전 6:19, 20

세 사람은 비록 순위권 안에는 들지 못했지만 자신이 세운 목적을 성취했습니다. 그러므로 세 사람 모두 승리자라고 할 수 있습니다. 이처럼 어떤 목적을 가지고 마라톤에 참가하느냐에 따라 성공과 실패의 의미가 달라집니다. 당신은 지금 어떤 목적을 가지고 그 일을 하고 있습니까? 그 목적은 하나님께 영광을 돌리고 다른 사람들에게 덕을 세우고 자신에게 유익을 주는 것입니까? 그렇다면 당신은 어떤 기록을 내었든 간에 승리자가 될 것입니다.

작곡가의 경지에 이를 때까지

예화 104

공자는 사양자에게서 거문고를 배울 때 새로운 곡을 배우길 거부하고 같은 곡만 계속 연습했습니다. 이를 보다 못한 사양자가 "이젠 새로운 곡을 배워도 된다네"라고 일러주었습니다. 그러자 공자는 "비록 이 곡을 연습했다고는 하지만 아직 기교를 완전히 익히지 못했습니다"라고 대답했습니다.

며칠이 지난 뒤 사양자가 공자를 찾아와서 말했습니다. "이젠 곡의 기교를 모두 익혔으니 새로운 곡을 배워도 되겠네." 공자가 대답했습니다. "아직 곡의 취지를 깨닫지 못했습니다." 또 며칠이 지나 사양자가 다시 한 번 말했습니다. "악곡의 취지를 깨달았으니 새로운 곡을 배워도 되겠네." 그러나 공자의 대답은 한결같았습니다. "아직 작곡가의 경지에 이르지 못했습니다."

다시 시간이 흘렀고 공자는 거문고를 타면서 마침내 진한 감동과 함께 기쁨을 느꼈습니다. 깊은 경지에 올라서기도 하고 때로는 마음이 넓어지기도 하고 때로는 즐겁고 가슴이 탁 트이는 것 같기도 했습니다. 공자는 기쁨에 차서 말했습니다. "작곡가의 경지를 느꼈습니다. 그는 피부가 검고 체격이 우람하며 눈은 크고 밝으며 식견이 높은 사람입니다. 천하를 다스리는 제왕의 기백이 있는 사람 같습니다. 문왕 말고 어느 누가 이런 곡을 지을 수 있겠습니까?"

사양자는 공자의 말을 듣더니 즉시 자리에서 일어나 그에게 예를 갖추고 이렇게 말했습니다. "나의 스승님이 일찍이 이 곡은 문왕이 쓴 '문왕조'라고 말씀하신 적이 있습니다." 무엇을 하든지 전념하고 몰두할 때 비로소 그 깊이에 들어갈 수 있으며, 그때야 가슴속에서 우러나오는 기쁨과 감격을 누릴 수 있는 것입니다.

말씀에 접목하기: 요 13:34, 35

사람들과 친밀한 교제를 나누는 것도 공자의 거문고 연습과 같습니다. 친밀한 교제를 나누는 것은 사람들이 만나 사귀는 정태적인 것만을 뜻하지 않습니다. 사람들과 만나서 사귀는 동안 서로를 좀 더 깊이 알게 되고, 그러면서 서로 간의 믿음도 깊어집니다. 믿음이 깊어지면 상대방을 보는 눈도 달라집니다. 달라진 눈으로 상대방을 보면 이전에 보지 못하던 것이 보이고 더 깊이 알게 됩니다. 그러면 더 단단한 믿음이 생기고 그런 믿음으로 사귀면 서로를 더 깊이 이해할 수 있게 됩니다. 이렇게 교제는 서로간의 믿음을 더하게 만들고 더 깊이 아는 안목을 열어주고 더 친밀한 교제를 할 수 있게 만들어주는 역동적인 것입니다. 거문고를 연습한다는 것이 악보를 연습하고 기교를 익히고 취지를 깨닫고 드디어 작곡가의 마음을 깨달아 아는 단계까지 나아가는 것처럼 사람들과의 만남과 교제는 믿음을 더하고 그 믿음에 근거해 더 깊이 알고 더 단단한 믿음으로 나아가는 생명의 약동입니다.

요한아, 제발 화내지 마

예화 105

한 남자가 길에서 유모차를 끌고 있었는데 유모차에 탄 아기가 울음을 그치지 않았습니다. 남자는 고개를 숙이고 말했습니다. "요한아, 제발 화내지 마! 초조해하지도 마! 좋아질 거야. 좋아질 거야." 한 여인이 이 모습을 보고 감동하여 말했습니다. "선생님, 정말 대단하시네요. 어떻게 그처럼 아이와 상냥하게 대화를 나눌 수 있는지 신기하네요. 당신처럼 자상하고 사랑이 넘치는 남자는 세상에 없을 거예요." 그런 다음 그녀는 몸을 숙여 아기에게 말했습니다. "귀여운 요한아, 그만 울어. 네 아빠가 널 이렇게 사랑하시잖니!" 그때 남자가 말했습니다. "죄송합니다. 뭔가 오해하셨군요. 사실 제가 요한입니다."

> **말씀에 접목하기: 마 7:3-5**

유모차에 탄 아기가 울음을 그치지 않을 때 그 유모차를 끌고 있는 사람이 아기를 달래야 합니다. 그런데 아기가 울음을 그치지 않고 계속 운다면 아기를 달래야 할 사람이 그 울음 때문에 영향을 받아 감정이 생겨납니다. 감정이 생겨난 채로 아기를 달래려고 하면 아기를 잘 달랠 수 없을 뿐 아니

1 자기발견

라 아기에게도 좋지 않은 영향을 줍니다. 달래는 사람의 감정이 아기에게 전달되기 때문입니다. 그러므로 먼저 해야 할 일은 요한처럼 자기 자신을 달래는 것입니다. 당신에게 영향을 주어 감정이 상하게 하는 상황을 바꾸고 싶다면 먼저 그 상황이 당신에게 주는 영향으로부터 자기 자신을 구해야 합니다. 세상을 달래고 싶다면 먼저 자신을 달래야 합니다. 자기 눈 속에 있는 들보를 먼저 빼내야 상대방의 눈에 있는 티를 빼낼 수 있습니다.

2
생활의 지혜

고난과 축복은 동전의 양면이다

예화 1

생물의 영역에서 지능이 높은 동물일수록 고통에 대한 감각이 뛰어나다고 합니다. 그런 이유 때문인지 어느 철학자는 인간의 위대성은 인간의 고통에 있다고 말했습니다.

고대 그리스의 설화입니다. 한 여인이 현실 세계의 삶을 마치고 사후 세계로 가기 위해 그 경계를 나누는 스틱스 강 앞에 섰습니다. 그때 웨이론이라는 요정이 나타나 여인에게 말합니다. "스틱스 강을 건너기 전에 미틀스 계곡의 물을 한번 드셔 보세요. 이 세상의 모든 고통을 잊을 수 있을 거예요." "이 세상의 모든 고통을 잊게 하는 물이라면 마시겠어요." "그러면 이 세상의 모든 기쁨도 잊어버리게 됩니다." "저는 이 세상의 모든 실패의 기억도 지우고 싶어요." "그러면 당신이 이룬 성공의 기억도 함께 잊어버리게 됩니다." "저는 빨리 세상의 모든 상처를 잊고만 싶습니다." "그러면 당신은 사랑까지도 잊어버리고 말 것입니다." 여인은 요정의 마지막 말에 조용히 생각할 시간이 가졌습니다. 그리고 나서 "그렇다면 저는 그 물을 마시지 않겠어요"라고 대답했습니다.

> 말씀에 접목하기: 롬 5:3-5

인생 속에는 고통과 실패, 상처만 있는 것이 아니라 기쁨과 성공, 사랑도 있습니다. 이 양면은 분리되어 있는 것이 아닙니다. 이 것은 분리할 수 없는 동전의 양면과 같습니다. 하나를 잃으면 다른 것도 잃게 됩니다. 서양 속담 가운데 "악마를 쫓아내면 천사도 함께 나가버린다"는 말이 있습니다. 예수님은 치료와 용서와 구원의 축복은 고난과 저주와 죽음의 열매라는 것을 십자가상에서 우리에게 분명하게 보여주셨습니다. 하나를 싫어하면 다른 것도 다가오지 않습니다.

사냥꾼의 척도, 어미 새의 척도

예화 2

어느 날 포수가 새를 잡으려고 산에 올라갔다가 메추라기 어미 새를 만났습니다. 어미 새는 포수에게 새를 잡기는 잡되 예쁜 새는 잡지 말고 가장 볼품없는 새만 잡으라고 했습니다. 포수는 그렇게 하겠노라고 약속했습니다. 그리고 새를 잡기 위해 숲속으로 들어갔습니다.

한참 뒤 어미 새가 사냥꾼을 만났는데 그의 손에는 메추라기만 잔뜩 있었습니다. 그 순간 메추라기는 화가 나서 "예쁜 새는 잡지 않기로 나와 약속해놓고 어째서 미운 것들은 잡지 않고 예쁜 내 새끼들만 잡은 거요?"라고 하더니 땅을 치고 울었습니다. 사실 사냥꾼은 메추라기 어미 새와 약속한 대로 미운 새만 잡았습니다. 메추라기 새끼들은 꽁지가 없어 새들 가운데 가장 볼품이 없습니다. 그런데 어미 새의 눈에는 꽁지가 없어도 자기 새끼들이 가장 예쁘게 보였기 때문에 사냥꾼에게 예쁜 새를 잡지 말라고 부탁한 것입니다.

> 말씀에 접목하기: 마 6:22, 23

우리도 메추라기 어미 새와 비슷합니다. 자신에 대한 평가는 넉넉하고 부드럽지만 남에 대해서는 지나치게 가혹하고 비판적인 경우가 많습니다. 우리 눈에 미운 털이 박힌 사람이라도 자기 아들을 아끼지 않고 십자가에 죽게 하신 하나님의 눈에는 엄청나게 예쁘고 존귀한 존재입니다. 당신은 사냥꾼의 척도를 가지고 있습니까, 아니면 사랑의 하나님의 척도를 가지고 있습니까? 하나님의 자비하심처럼 모든 사람에게 자비의 척도를 가지고 사랑으로 섬기는 사람은 하나님의 자녀가 되는 큰 축복을 받을 것입니다.

자존심을 품고 삽니까, 사랑을 품고 삽니까?

예화 3

1986년 여름, 흑해에서 배 두 척이 충돌하여 많은 사람이 희생되었습니다. 그런데 수백 명의 승객을 얼음처럼 차가운 바닷물에 빠지게 한 참사가 어떻게 일어나게 되었는지 알게 되면 마음이 더욱 아픕니다. 이 참사의 원인은 전파탐지기의 고장이나 짙은 안개가 아니었습니다. 이 사고는 사람들끼리 자존심 싸움을 하다가 일어났습니다. 양쪽 배의 선장은 앞에서 배가 접근해 오고 있다는 것을 알았습니다. 그러나 서로 상대 배에게 진로를 바꾸라고 고집을 부렸습니다. 그들은 자존심 때문에 어느 누구도 먼저 자기 배의 진로를 바꾸려고 하지 않았습니다. 양쪽 배가 충돌 직전에 이르렀을 때야 자존심 싸움의 결과가 얼마나 엄청난 재앙을 불러올지 깨닫고 배의 방향을 돌리려고 했지만 이미 때가 늦어 충돌하고 말았습니다. 신문은 누구도 양보하려 하지 않았다고 보도했습니다.

> 말씀에 접목하기: 눅 22:24-27

이 세상에서는 끊임없이 충돌이 일어나 수많은 사람이 마음에 상처를 입고 좌절하고 고통을 당하고 있습니다. 아내와 남편은 충돌 직전까지도 자신의 생각과 주장을 바꾸려고 하지 않습니다. 부모와 자녀 간에도 자존심 싸움이 끊이지 않습니다. 여당과 야당의 자존심 싸움, 친구 간에 일어나는 자존심 싸움, 심지어 교회에서도 자존심 싸움은 쉬지를 않습니다. 그들은 충돌할 위험이 있다는 것을 알고 있지만 충돌하면서도 자존심을 버리지 못합니다. 그래서 이 땅에는 인간관계의 충돌로 말미암아 수많은 사람이 상처 입고 영적 죽임을 당하고 저주와 고난 가운데 살고 있습니다.

예수님은 자존심을 품지 않고 하나님의 사랑을 품으신 분이었습니다. 예수님은 자신을 내세우고자 하시지 않았으며, 십자가에 자신을 못 박기까지 하셨습니다. 예수님을 마음에 모시고 산 바울은 날마다 자기를 죽였습니다. 날마다 자기의 자존심과 자기중심의 욕망을 죽이며 살았습니다. 그는 자기가 죽고 자기 안에 예수님이 사시도록 날마다 훈련했습니다.

방울뱀 신드롬

예화 4

방울뱀은 궁지에 몰리면 분에 못 이겨 자기의 독 이빨로 자기 몸을 깨물곤 합니다. 사람도 증오와 원한을 마음속에 품고 있으면 그것이 독이 되어 자기에게 상처를 입힙니다. 보통 분노를 폭발시켜 사람들에게 원한을 풀고 복수한다고 생각하지만 폭발한 분노는 다른 사람뿐 아니라 자기 자신에게도 큰 상처를 입힙니다. 화가 났을 때 그것을 폭발시키기 전에 생각하고 또 생각하고, 참고 또 참아 자신과 다른 사람을 동시에 상처 입히는 일을 해선 안 됩니다.

어떤 사람이 해준 이야기입니다. "어느 날 친구가 자기 아버지에게 몹시 불경스러운 내용의 편지를 쓴 적이 있습니다. 그 친구와 한 사무실에서 일했던 나는 편지 내용을 알고 홧김에 쓴 편지이니 부치지 말라고 충고했습니다. 그러나 그는 편지를 봉하더니 우체통에 대신 넣어 달라고 했습니다. 친구의 부탁에도 나는 그 편지를 호주머니에 넣고 다니며 부치지 않았습니다. 다음 날 아침 이 친구는 몹시 걱정스러운 표정으로 '어제 아버지께 보낸 편지는 절대로 보내선 안 되는 거였어. 그 편지를 부치고 나서 마음이 얼마나 아픈지 모르겠어. 그 편지를 읽으시고 나면 아버지 마음도 몹시 아플 거야. 그 편지를 돌려받게 해준다면 그 사람에 100달러라도 주고 싶어'라고 했습니다. 나는 주머니에서 편지를 꺼내 돌려주었습니다. 그러자 그는 매우 기뻐하며 100달러를 주려고 했습니다."

> 말씀에 접목하기: 엡 4:25-27

예수님은 죄 용서를 위해 십자가를 지신 분입니다. 예수님을 영접하면 그분은 우리에게 용서할 수 있는 힘을 주십니다. 분노가 치솟으면 참으려고 해도 잘 되지 않습니다. 그러나 예수님을 영접하고 그분 앞에 우리의 사정과 분노를 털어놓고 아뢰면 예수님은 자기 피로 우리의 내면을 씻고 용서하지 못하는 마음을 용서하는 마음으로 바꿔주십니다. 예수님 안에서 우리는 독성을 발하는 사람에서 치료하는 사람으로 변화 받을 수 있습니다.

당신은 무엇을 심고 있습니까?

예화 5

대양을 항해하는 배에서 일하는 두 사람의 이야기입니다. 술을 거의 마시지 않던 항해사가 어쩌다 술에 취한 적이 있습니다. 평소 그 사람을 싫어했던 선장은 항해 일지에 '오늘도 항해사는 술에 취하다'라고 기록했습니다. 선장은 항해사가 술 취한 일이 처음은 아니지만 그런 일이 거의 없다는 사실을 잘 알고 있었습니다. 그러나 항해사가 해고되기를 원해 그런 식으로 기록한 것이 었습니다. 이 사실을 알게 된 항해사는 그 기록을 변경해 달라고 애원했지만 선장은 "당신이 술 취한 건 있었던 일이고, 나는 그 일을 항해 일지에 기록했을 뿐이오"라고 대답했습니다.

며칠 뒤 항해사가 항해 일지를 기록할 차례가 되었습니다. 항해사는 '오늘은 선장이 술 취하지 않았다' 라고 일지를 끝맺었습니다. 이 기록이 암시하는 바를 알게 된 선장은 그 내용을 빼라고 요구했지만 항해사는 "이것이 사실이기 때문에 사실대로 기록해야 됩니다"라고 대답했습니다.

어떤 사람에게 손해를 주려고 할 때 그 사람이 말한 것을 그대로 반복하면서 그 뜻을 왜곡할 수도 있습니다. 때로 잘못이 진실의 옷을 입고 나오기도 합니다. 남을 해롭게 하면 그것은 다시 자신을 해롭게 하는 화살이 되어 날아옵니다.

말씀에 접목하기: 갈 6:7, 8

성경은 "사람이 무엇으로 심든지 그대로 거두리라 자기의 육체를 위하여 심는 자는 육체로부터 썩어질 것을 거두고 성령을 위하여 심는 자는 성령으로부터 영생을 거두리라"(갈 6:7, 8)고 말씀합니다. 예수님은 "너희가 헤아리는 그 헤아림으로 너희가 헤아림을 받을 것이니라"(마 7:2)고 말씀하셨습니다. 우리 생각과 계획대로 세상이 돌아가는 것이 아닙니다. 세상은 하나님의 법대로 움직입니다. 선장은 항해사를 해고하기 위해 자신이 사용한 의도와 방법을 그대로 돌려받았습니다. 오늘 예수님이 말씀하신 대로 이웃의 유익을 구하고 행복하게 만들었다면 하나님은 당신에게 "후히 되어 누르고 흔들어 넘치도록"(눅 6:38) 받게 하실 것입니다.

법과 사랑을 조화시켜라

예화 6

어떤 목사님의 가정에 아들 형제가 있었는데, 큰아들은 중학교 3학년생이고 작은아들은 초등학교 3학년생이었습니다. 어느 날 저녁 형제간에 싸움이 벌어졌습니다. 그래서 중학교 3학년인 형이 초등학교 3학년인 동생을 앞에 세워놓고 사정없이 공박하고 닦아세웠습니다. 동생은 그저 형한테 당하고 있자니 분해서 눈물을 찔끔찔끔 흘리면서도 계속 반항하고 있었습니다. 보다 못한 사모님이 이 싸움에 개입했습니다.

"큰애야, 넌 형이 되어 어떻게 어린 동생을 그렇게 윽박지르니? 넌 큰아이인데 생각 좀 해주려무나"라고 야단을 쳤습니다. 그러자 큰아이가 어머니 쪽으로 돌아서더니 아주 정색을 하며 "엄마는 툭하면 동생, 동생, 작은아이 그러시는데 그게 틀렸단 말이에요. 모든 사물은 옳고 그른 것으로 판단해야 하는 거라고요. 내가 옳은가 동생이 옳은가, 내가 나쁜가 동생이 나쁜가, 올바르냐 올바르지 않느냐, 의로우냐 의롭지 못하냐 이렇게 판단해야 하는데 엄마는 항상 크고 작은 것으로 판단하니까 이놈이 배짱이 두둑해져 반항하단 말이에요"라고 하면서 엄마가 잘못이라고 대들었습니다.

그 말을 들어 보니 이론적으로는 엄마가 지게 생겼습니다. 그래서 이번에는 아빠인 목사님이 개입했습니다. 큰 기침을 한 번 하고 나서 "애들아, 이제는 그만해라"고 말해 일단 휴전을 시켰습니다. 그리고 아내와 작은아들이 잠들고 난 다음 중학교에 다니는 큰아이를 불러 말했습니다. "네게 질문이 하나 있다. 내가 쌀가게에 가서 쌀 10킬로그램쯤 샀는데, 그걸 너희 형제에게 집까지 가져오도록 부탁했다고 하자. 너하고 동생 둘이서 10킬로그램을 집으로 가져와야 한다면 쌀을 얼마씩 나눠 가지고 올 생각이냐?" 큰아이는 한참 생각하더니 "동생이 3킬로 정도 들고 내가 7킬로 정도 나눠 가지고 와야지요"라고 대답했습니다.

이 대답을 듣고 목사님은 정색하며 이렇게 말했습니다. "그건 잘못 생각한 거다. 너와 동생은 일대일인데 어째서 똑같이 10킬로를 둘로 나눠 5킬로씩 가지고 오지 않고 너는 7킬로, 네 동생은 3킬로를 가지고 오느냐? 이것은 공평하지 않은 것이다." 그러자 큰아들이 아버지의 잘못을 지적합니다. "그것은 아버지가 잘못 생각한 거예요. 나는 크고 힘이 세고 동생은 약하고 나이도 어리기 때문에 일대일로 나눠선 안 돼요. 그때는 힘에 비례해서 나눠 가져와야 해요."

그러자 목사님은 다시 묻습니다. "그렇다. 네 생각이 옳다. 그럼 내가 한 가지 더 물어보겠다. 아까 너는 어머니에게 크고 작은 것이 문제가 아니라 바르냐 바르지 못하냐 그것으로 판단하라고 하면서 동생의 잘못한 것을 윽박지르고, 자기 잘한 것을 주장하며 동생을 용서하지 않고 공박하는 것이 큰 형으로서 작은 동생을 배려하는 것이냐?" 그러자 큰아이들은 머리를 긁적거리며 "아버지, 잘 알았어요"라고 제 방으로 가서 그날의 싸움은 좋은 결말을 얻었습니다.

말씀에 접목하기: 눅 13:6-9

형의 말이 당연합니다. 크고 작고가 문제가 아니라 정의냐 부정이냐, 의냐 불의냐 하는 것이 문제일 때가 있습니다. 차가운 이성의 정의와 율법적 판단이 필요할 때가 있습니다. 그것은 서로가 같은 위치에 있는 사람들을 판단할 때에 그렇습니다. 그러나 동생과 형이 여러 가지 차이가 있음에도 쌀을 똑같이 나누어 가져올 수는 없습니다. 형과 동생의 차이를 인정하고, 형은 동생을 배려하고 동생은 형을 존중하면서 서로 이해하고 관용과 사랑으로 섬겨야 할 때도 있습니다. 형과 동생의 싸움에는 이런 율법과 사랑의 갈등이 내재되어 있을 때가 많습니다. 그러므로 우리는 이런 것을 조심스럽게 판단하고 다루어야 합니다. 율법의 정의를 버리지 않으면서도 크고 작고의 차이를 인정하고 서로 배려하며 존중하는 사랑의 법도 따라야 할 것입니다.

우리 하나님은 사랑이지만 동시에 의의 하나님이십니다. 하나님에게서는 사랑과 의가 따로 구분되지 않습니다. 사랑으로 의를 집행하고 의로 사랑을 베푸십니다. 사랑 가운데 의가 있고 의 가운데 사랑이 있습니다. 이런 사랑과 의의 결합을 한 마디로 창조적 정의라고 말합니다. 하나님은 언제나 잘못과 허물을 덮어주고 감싸주고 견디어주고 믿어주고 오래 참는 사랑을 하시지만 동시에 잘못을 씻어내고 사랑과 희락과 화평과 오래 참음 등 성령님의 열매가 가득한 사람으로 만들기 위해 수고하고 희생하십니다. 하나님은 열매 없는 나무를 그대로 버려두거나(무법주의) 잘라버리지(법적 정의) 않으십니다. 하나님은 그 나무를 사랑하기 때문에 두루 파서 거름을 주어 그 나무가 아름다운 열매를 열리게 하십니다. 열매 없는 나무에 열매를 열리게 함으로써 열매 없는 나무를 없애버리시는 것입니다. 이것이 법적 정의와 다른 창조적 정의입니다.

사랑과 긍휼은 건강상의 문제다

예화 7

예방의학 전문가 피터 한센 박사의 최신 논문을 《뉴욕 데일리》신문에서 요약해 게재했습니다. 한센 박사는 흔히 말하는 건강을 위한 조건인 건강식, 운동, 해로운 습관을 버리는 것을 합해 50점을 매겼습니다. 그리고 나머지 50점은 사랑 건강관리법이라는 새로운 의학적 견해를 발표했습니다. 사랑한다는 것은 믿는 것이므로 상호간의 신뢰관계에서 신체의 저항력이 강해지고 병균과 싸우는 자연의 힘이 배양된다는 것입니다. 한센 박사는 "사랑, 긍휼 등은 도덕적 문제를 넘어 건강상의 문제다"라고 결론지었습니다.

말씀에 접목하기: 살전 5:23

우리는 몸(소마)과 정신(프슈케), 영(프뉴마)으로 되어 있습니다. 몸과 정신과 영은 구별될 수는 있지만 구분하여 나눌 수 없는 차원입니다. 몸과 정신과 영은 차원이기 때문에 한 차원의 변화는 다른 차원에 직접적인 영향을 줍니다. 몸의 건강과 정신의 건강은 따로 존재하는 것이 아니라 영의 건강과 직접적으로 연결되어 있습니다. 몸의 건강은 사랑과 긍휼 등의 영적 가치 문제와 직접적으로 관계되어 있다는 뜻입니다.

행복과 축복의 차이

예화 8

기독교 철학자이며 전도자인 프랜시스 쉐퍼(Francis A. Schaeffer) 박사는 말년에 암으로 투병생활을 해야 했습니다. 투병생활 가운데도 그는 아픈 몸을 이끌고 사랑하는 조국과 젊은이들에게 하나님의 말씀을 전하기 위해 강단에 섰습니다. 그리고 얼마 남지 않은 생애의 마지막 설교를 자신의 온 힘을 쏟아내어 피를 토하듯 전했습니다. "사랑하는 젊은이들이여! 지금 여러분의 젊음을 어디에 쓰려고 합니까? 행복한 삶을 사는 데 인생의 목표를 두고 있습니까? 예수 믿지 않는 사람도 행복을 추구하며 그것을 목표로 삼고 살아갑니다. 그러나 예수님을 믿는 우리는 그들과 무엇인가 달라야 하지 않겠습니까? 지금 우리의 문제는 바로 행복만을 구하고 거룩함을 구하지 않는 데 있습니다. 행복은 영어로 happiness라고 하는데 이 단어는 본래 'happen(우연히 발생하다)'이라는 동사에서 왔습니다. 그렇다면 우리의 인생 목표가 우연하게 일이 잘 되고 우연하게 돈을 많이 벌고 우연하게 성공하는 것이 되어야 할까요?"

산상수훈에서 복은 happiness가 아니라 blessing이라는 단어를 사용하고 있습니다. 단어 blessing은 본래 'bleed(피를 흘리다)'라는 단어에서 나왔으며, 앵글로색슨족은 피의 제사를 통해 하나님과 올바른 관계를 맺는 것을 축복으로 여겼습니다. 축복은 바로 하나님과 바른 관계를 맺는 것입니다. 예수님을 믿는 우리는 세상의 행복이 아니라 하나님이 주시는 축복을 구해야 합니다. 하나님 앞에 부끄럽지 않은 거룩한 삶이 바로 축복된 삶입니다.

말씀에 접목하기: 벧전 4:12-14

　그리스도인은 좋은 사람을 만나는 것, 좋은 기회가 찾아오는 것, 아름다운 세상을 꿈꾸는 것에 머물러 있지 않습니다. 그리스도인은 좋은 사람을 만들고 좋은 기회를 창조하고 아름다운 세상으로 변화시키는 하나님의 역사에 동참해야 합니다. 하나님은 아무데서나 기적을 창조하시지 않습니다. 하나님은 꿈을 꾸면서 기다리는 사람에게 저절로 아름다운 미래를 만들어주시지 않습니다. 하나님은 피 흘림을 통해 하늘의 복을 주시는 분입니다. 피 흘림이 축복의 통로입니다. 그러므로 피를 흘리는 희생, 뼈를 깎는 노력, 땀 흘림, 눈물 흘림, 씨 뿌림 없이는 축복의 열매를 거두지 못합니다. 통로를 만들어야 축복의 생수가 흐릅니다. 고속도로를 만들어야 하나님이 여기에 오십니다.

　그리스도인은 어떤 사람입니까? 그리스도인은 하나님의 복, 축복의 통로를 만드는 사람입니다. 예수님이 십자가에서 피 흘리고 희생함으로써 하나님의 복의 통로가 되신 것처럼 우리 그리스도인은 예수님을 따라 십자가를 지고 희생하며 다른 사람을 섬겨야 합니다. 그래서 하나님의 기적, 생명의 축복이 우리에게 강물같이 흘러 들어오도록 해야 합니다. 행복을 추구하는 사람은 꿈을 꾸며 막연하게 기다립니다. 기다리던 미래가 오든지 오지 않든지 간에 그것을 자기의 운명이라고 생각합니다. 그래서 감격하기도 하고 원망하며 불평하며 분노하기도 합니다. 반면에 축복의 사람도 꿈을 꾸면서 기다립니다. 하나님이 해주실 것을 믿으며 기다리는 것입니다. 그러나 그들은 언제든 자신이 할 것을 찾아서 피 흘리며 땀 흘리며 눈물 흘리며 최선을 다해 봉사합니다.

50마리의 들쥐

예화 9

하버드 대학교의 교수 로버트 로젠탈(Robert Rosenthal)의 이야기입니다. 그는 들쥐의 생태를 연구하기 위해 자기 집에서 200마리의 들쥐를 키우고 있었습니다. 그런데 여름이 되어 3개월간 세계여행 겸 여름휴가를 떠나면서 아무 생각 없이 200마리 들쥐 가운데 50마리만 골라 그 머리에 흰 페인트를 조금씩 칠해주고 떠났습니다. 들쥐를 키우던 사육사들은 교수가 집을 떠나면서 왜 200마리 가운데 50마리만 골라 머리에 흰 페인트칠을 했는지 몹시 궁금했습니다. 그들은 '주인이 표시해놓은 50마리는 품종이 좋거나 머리가 영리하거나 …… 하여튼 좀 다르겠지'라고 생각하며 3개월 동안 그 들쥐들을 키웠습니다.

3개월 뒤에 주인이 돌아와서 보니 들쥐들이 달라져 있었습니다. 머리에 흰 페인트가 칠해진 50마리의 들쥐가 다른 들쥐보다 발육 상태가 좋고 훈련도 잘 되어 있었던 것입니다. 그 이유가 뭔지 살펴보니 사육사들의 태도 때문이었습니다. 사육사들은 머리에 흰 페인트칠이 된 50마리 들쥐가 다른 들쥐보다 좀 더 영리하거나 특별할 거라고 자기들 나름대로 판단하고, 이 50마리를 사육할 때 다른 들쥐보다 좀 더 관심과 정성을 기울여 사육했던 것입니다. 들쥐조차도 관심과 정성을 기울여 긍정적으로 대해줄 때 성장과 발육 상태가 좋아졌습니다.

말씀에 접목하기: 눅 15:20-24

들쥐조차도 특별한 관심과 정성을 기울이면 더 똑똑하고 건강하게 자랍니다. 예수님은 우리를 특별한 관심과 사랑과 정성으로 돌보시는 분입니다. 탕자를 영접하는 사랑의 아버지는 아들의 실수나 실패, 더러움, 이제까지 속상하게 만들었던 지난날의 과오, 죄악, 불의, 거짓 등을 보시지 않습니다. 아버지는 그 아들에게서 풍겨 나오는 더러운 냄새도 맡을 수 없을 만큼 큰사랑을 가지고 계셨습니다. 이것이 바로 예수님의 사랑입니다. 예수님은 우리를 소중하게 여기고, 가장 소중한 것을 우리에게 주셨습니다. 예수님은 지금 우리에게 그리스도의 영을 보내어 우리도 예수님처럼 소중한 것을 이웃을 위해 나누어주도록 하십니다. 성령으로 충만하여 자신의 소중하고 아름다운 것을 이웃에게 나눠주는 작은 예수님이 되시기를 기도합니다.

준비 없이 성공할 수 없다

예화 10

존 핸칵 필드는 이렇게 말했습니다. "능력 있는 사람들은 모두 좋은 생각과 아이디어, 의도를 가지고 있다. 그러나 그것을 행동으로 옮기는 사람은 극소수다."

인디애나 대학교 농구팀은 1976년 농구 시즌 동안 NCAA의 경기에서 한 경기도 패배하지 않고 우승컵을 안았습니다. 인디애나 대학교 농구팀 감독인 보비 나이트는 독특한 스타일로 팀을 지도했습니다. 그래서 사람들로부터 욕을 먹기도 했지만 결국 팀을 승리로 이끌었습니다. 시즌이 끝나고 얼마 뒤 보비 나이트는 텔레비전 쇼 프로그램 〈60minutes〉에 출연했습니다. 사회자가 그에게 물었습니다. "시즌 내내 대학교 농구팀이 한 번도 패배하지 않고 우승할 수 있었던 이유가 무엇입니까? 우승하겠다는 투지 때문입니까?" 보비 나이트는 이렇게 대답했습니다. "우승하기 위한 투지도 중요합니다. 그러나 그보다 더 중요한 것이 있습니다. 바로 준비하려는 투지입니다. 매일매일 훈련을 통해 근육을 단련시키고 실력을 쌓아가겠다는 투지 말입니다!"

에이브러햄 링컨은 이렇게 말했습니다. "내가 준비만 한다면 기회는 내게 주어질 것이다." 훈련을 통해 계발되어야 할 부분이 계발되지 않아서 기회를 놓치는 경우가 허다합니다. 만화 〈피넛츠〉에서 주인공 찰리 브라운은 자기 인생이 엉망이 된 것은 자기가 모든 예행연습을 빼먹었기 때문이라고 고백합니다. 스타가 되기 이전에 먼저 스타가 되기 위해 준비해야 합니다. 바로 지금이 그 준비를 할 수 있는 가장 적합한 때입니다.

말씀에 접목하기: 딤전 4:6-8

심리학에는 '21번의 법칙'이 있습니다. 이는 무엇을 자신의 것으로 삼고자 하면 최소한 21번 연습을 해야 한다는 것입니다. 이는 어떤 것을 우리 두뇌에 새기는 데 걸리는 시간입니다. 무엇이든지 간에 최소한 21번의 반복 훈련을 해야 머리에 새겨져 무의식적으로 그것을 하게 된다는 것입니다. 교회에 출석하는 것도 21번 이상 나와야 그 시간이 되면 교회에 가야겠다는 생각이 듭니다. 무엇을 하고자 하든지 그것이 마음에 새기려고 하면 코치의 지도를 받으면서 21번 이상 훈련해야 합니다.

'100번의 법칙'이 있습니다. 이것은 무엇이든지 100번을 반복하면 몸에 배게 된다는 것입니다. 반복적으로 100번 이상을 훈련해야 몸에 뱁니다. 그러므로 우리는 기도하는 습관이 몸에 배도록 해야 하고, 말씀을 받는 습관이 몸에 배도록 훈련해야 합니다.

어떤 일에 전문가가 되고자 한다면 10년 훈련을 해야 합니다. '10년 법칙'은 "어떤 분야에서 최고 수준의 성과와 성취에 도달하려면, 전문가가 되려고 한다면 최소 10년 정도는 집중적으로 사전준비를 해야 한다"는 것을 의미합니다.

하나님이 우리에게 주신 뛰어난 재능은 경건 훈련을 통해 우리 인생의 보배로 바뀌게 됩니다. 경건 훈련은 범사에 행복을 약속하는 하나님의 길입니다. 우리는 경건 훈련을 통해서 축복의 문이 열린다는 사실을 깨닫고 이를 실천에 옮겨야 합니다.

독수리를 원한다면 참새교육을 시킬 수 없습니다

예화 11

시어도어 루스벨트 대통령은 위로 세 아들이 군 복무를 하겠다고 했을 때 아주 자랑스럽게 생각했습니다. 그는 자녀들을 강인하게 양육해야 한다는 생각을 가지고 있었고, 군대가 아들들을 독수리처럼 강인하게 훈련시킬 수 있는 장이라고 여겼습니다. 그러나 네 번째 아들까지 군에 입대하기로 결심했을 때는 두려웠습니다. 그는 아내에게 불만을 토로했습니다. "아들놈들을 모두 군대에 보낼 수는 없어!" 그러자 루스벨트 대통령의 아내는 이렇게 대답했습니다. "그 아이들이 독수리처럼 되길 원한다고 하면서 참새교육을 시켜서야 되겠어요."

말씀에 접목하기: 시 1:1-6

하나님은 우리에게 시냇가에 심은 나무의 복을 주고자 하십니다. 그런데 수많은 사람이 그 복을 받기는커녕 바람에 나는 겨와 같이 날리다가 패망하는 길을 걷고 있습니다. 예수님을 잘 믿는다고 하면서도 말씀과 기도 훈련 등 영적 훈련을 하지 않습니다. 받기만 하는 신앙, 훈련 없는 신앙은 겨와 같이 바람에 날리다가 멸망하는 길을 걷게 될 것입니다.

세상에서 가장 아름다운 것

예화 12

어느 날 하나님이 세 천사에게 세상으로 내려가 가장 아름다운 것을 한 가지씩 가져오라고 명하셨습니다. 그래서 세 천사는 사람들이 사는 지상으로 내려와 여기저기 두루 다니면서 가장 아름다운 것이 무엇인지 골똘히 생각하며 찾아다녔습니다. 이윽고 세 천사는 자신의 업무를 마치고 하나님 보좌 앞으로 올라갔습니다. 첫 번째 천사는 향기로운 꽃송이를 가지고 왔는데 하늘로 올라오는 동안 꽃잎이 시들어 말라죽고 말았습니다. 두 번째 천사는 순진한 아기의 웃음을 가지고 왔는데 올라오는 여정이 너무 길어서 아이의 웃음이 찌들어버리고 말았습니다. 그래서 두 천사는 하나님의 시험을 통과하지 못했습니다.

세 번째 천사는 어머니의 사랑을 한 아름 안고 하늘로 돌아왔습니다. 하나님은 아직도 생생하게 살아 숨 쉬는 어머니의 사랑을 받고 참으로 기뻐하셨습니다. 《어린 왕자》를 쓴 프랑스의 소설가 생텍쥐페리는 이렇게 말했습니다. "이 세상에서 가장 아름다운 것은 사랑을 가득 담고 있는 어머니의 가슴이다."

말씀에 접목하기: 마 15:21-28

사랑을 가득 담고 있는 어머니의 가슴은 자신의 행복과 즐거움은 잊어버리고 자식의 행복만 생각합니다. 이처럼 어머니라는 존재는 십자가의 죽음을 선택하신 예수님의 사랑을 비춰주는 거울입니다. 가나안 여인은 이방인이지만 그녀의 가슴은 사람들을 행복하게 하기 위해 스스로 저주 가운데 들어가신 예수님의 사랑을 비춰주고 있었습니다. 그녀는 자기 딸의 아픔과 괴로움이 이미 자기의 괴로움이 되었고 자기 딸의 저주가 이미 자기의 저주가 되었습니다. 그 어머니에게는 자기 딸을 불쌍히 여기는 것과 자기를 불쌍히 여기는 것에 대한 구별을 찾아보기 어려울 정도였습니다. 그녀는 자기 딸을 구하기 위해 자기의 모든 것을 던져 희생했습니다. 마치 예수님이 우리의 행복을 위해 기쁘게 십자가의 길을 묵묵히 걸으신 것처럼 말입니다.

방 안을 가득 채울 수 있는 것

예화 13

세 아들을 둔 부자가 있었습니다. 그는 나이가 들어 노환으로 고생하는 가운데 어느 아들에게 자기의 사업을 물려주어야 할지 고민했습니다. 아버지는 지혜 있는 아들에게 이제까지 힘써 일궈놓은 자신의 사업을 물려줌으로써 그 사업이 계속 번창해 나가기를 원했습니다. 그래서 아버지는 세 아들의 지혜를 시험해 보기로 했습니다. 그는 세 아들에게 똑같이 동전 열 냥씩을 주면서 "오늘 해가 질 때까지 이 열 냥으로 이 방을 가득 채울 수 있는 것을 사오라"고 말했습니다.

세 아들은 각각 동전 열 냥씩을 받아들고 장터로 나갔습니다. 이 적은 돈으로 방안을 가득 채울 수 있는 것이 무엇일까 곰곰이 생각해 보았지만 좋은 방법이 떠오르지 않았습니다. 해 질 녘 큰아들은 볏짚을 한 달구지 싣고 와서 방을 채우려고 했지만 절반도 채우지 못했습니다. 둘째 아들은 열 냥으로 큰 솜 덩어리 몇 짐을 사가지고 와서 그 방을 채우려고 했지만 턱 없이 부족했습니다.

한참 뒤에 막내아들이 돌아왔는데 그의 손에는 아무것도 들려 있지 않았습니다. 이상하게 여긴 아버지는 왜 빈손으로 돌아왔느냐고 물었습니다. 그러자 막내아들은 주머니에 양초 하나를 꺼내들고 이렇게 말했습니다. "아버지, 동전 열 냥으로 빈 방을 채울 만한 물건은 시장 어디에서도 찾을 수 없었어요. 그래서 이곳저곳을 돌아다니다가 구걸하는 어떤 부부에게 예닐곱 냥을 적선하고 나머지로 이 양초를 사왔습니다." 막내아들은 말을 마치고 나서 양초에 불을 붙였습니다. 그러자 어둠침침하던 방 안이 순식간에 불빛으로 환해졌습니다. 조그만 양초이지만 그 불빛은 온 방을 가득 채우고 남을 정도였습니다. 아버지는 막내아들에게 사업을 물려주고 기쁜 마음으로 눈을 감을 수 있었습니다.

양초는 작은 것이지만 그 빛은 방 하나를 가득 채울 수 있습니다. 예수님은 양초와 같으십니다. 예수님은 지극히 작은 자로 세상에 사셨지만 양초처럼 자신을 태우며 사셨습니다. 그분은 십자가에서 자기의 생명과 명예와 살과 피 한 방울까지 남김없이 태우셨습니다. 그러므로 예수님은 온 세상을 밝게 비추는 빛이 되셨습니다. 그 예수님은 우리를 불러 성령으로 충만케 하고 우리 스스로를 태울 수 있게 하시는 분입니다. 우리가 죽은 자들과 같다고 할지라도 주님이 깨워 우리에게 그분의 빛을 비추고, 우리도 주님과 같이 빛으로 세상을 비추게 만드실 것입니다.

말씀에 접목하기: 마 5:14-16

예수님은 어둠의 세상에 어둠을 물리치고 빛으로 세상을 채우기 위해 오신 분입니다. 이 세상이 비록 사망의 땅이요 흑암으로 가득한 땅이라고 할지라도 예수님은 하나님의 빛이시기 때문에 그분이 오신 곳마다, 예수님이 만나는 사람마다 빛으로 변화를 받을 것입니다. 우리도 예수님을 알기 전에는 어둠 가운데 있었습니다. 그러나 주님이 우리에게 찾아오셔서 우리를 구속하시고 하나님의 자녀로 삼으신 후에 우리는 어둠을 밝히는 빛이 되었습니다.

성경은 어둠이던 사람들이 예수님의 빛을 받아 빛으로 변화되는 이야기입니다. 바디매오는 맹인이었지만 예수님을 만나 밝은 눈을 선물로 받았습니다. 막달라 마리아는 일곱 귀신이 들렸던 저주의 사람이었지만 예수님의 빛을 받을 때 성경의 주인공 가운데 한 명이 되었습니다. 베드로는 갈릴리의 흑암에 속한 사람이었지만 예수님을 만남으로써 하늘의 별같이 빛나는 대사도가 되었습니다. 당신도 어둠의 일을 벗어버리고 착함과 의로움과 진실함을 담은 빛의 열매를 맺으며 살고 싶습니까? 이런 소망을 가졌다면 빛이신 예수님을 모셔야 합니다. 예수님을 바라보고 그분을 갈망하고 그분을 모시고 그분을 따라야 합니다. 그러면 예수님은 당신에게 그분의 빛을 비추사 당신도 빛이 되게 하실 것입니다.

메기의 도전과 청어의 싱싱한 생명

예화 14

영국의 역사학자 아널드 토인비는 《역사 연구》의 서문에서 청어와 관련된 이야기를 하고 있습니다. 영국 사람은 북해에서 잡아 올린 싱싱한 청어를 좋아하는데, 어부들은 북해에서 잡은 싱싱한 청어를 커다란 탱크에 넣어 영국으로 가져옵니다. 그런데 청어는 여러 날 걸려 운반되는 동안 탱크 속에서 활력을 잃어버리고 싱싱함을 잃어버립니다. 어부들은 온갖 방법을 동원해 청어를 싱싱하게 운반하고자 했지만 결국 실패하고 말았습니다.

그런데 한 어부는 언제나 싱싱한 청어를 가지고 돌아왔습니다. 다른 어부들은 청어를 싱싱하게 영국까지 운반하는 비밀을 알고 싶어 그 어부를 염탐했습니다. 알아내고 보니 그 비밀은 너무 간단한 것이었습니다. 그 어부는 탱크에 북해에서 잡은 청어를 잔뜩 넣은 뒤 그 속에 메기 몇 마리를 집어넣는 것이었습니다. 메기는 청어를 잡아먹기 위해 돌아다니고 청어들은 메기의 밥이 되지 않기 위해 열심히 도망 다녔습니다. 청어 탱크 안에서 청어와 메기의 생명을 건 쫓고 쫓기는 싸움이 영국에 돌아올 때까지 계속되었고 그 청어들은 영국에 도착해서도 싱싱함을 유지할 수 있었습니다. 청어들은 자기 생명을 위태롭게 하는 도전을 받자 그 도전에 생명을 걸고 대응하려고 노력하는 동안 싱싱함을 유지할 수 있었던 것입니다.

말씀에 접목하기: 벧전 1:6, 7

믿음은 아름다운 에덴동산에서 즐거워하는 것만을 의미하지 않습니다. 하나님은 에덴동산에 계실 뿐 아니라 믿음의 사람과 동행하여 이 세상 어디든 가십니다. 하나님이 계신 곳에는 언제든지 하나님의 빛이 들어옵니다. 하나님이 임하신 곳은 초막이나 궁궐이나 높은 산이나 거친 들판이라도 하나님의 나라가 됩니다. 하나님은 성도들이 믿음의 시련을 당하는 곳에 함께하여 그들을 연단하십니다. 그러므로 믿음의 사람은 자기가 어디에 있는지, 자기가 무슨 일을 하는지에 연연해하지 않고 오직 거기에 임재하신 하나님이 무엇을 하고 계신지를 보고자 합니다.

하나님은 오늘 우리가 시험을 당하고 환경의 압박으로 괴로워한다고 할지라도 바로 거기서 놀라운 일을 행하십니다. 하나님은 도전과 시험을 물리치시는 분이지만 동시에 그 도전과 시험 가운데서 우리를 연단하여 칭찬과 영광이 가득한 존귀한 사람으로 만드십니다. 성경은 우리에게 이렇게 말씀합니다. "그러므로 너희가 이제 여러 가지 시험으로 말미암아 잠깐 근심하게 되지 않을 수 없으나 오히려 크게 기뻐하는도다 너희 믿음의 확실함은 불로 연단하여도 없어질 금보다 더 귀하여 예수 그리스도께서 나타나실 때에 칭찬과 영광과 존귀를 얻게 할 것이니라"(벧전 1:6, 7).

보물과 폐품과의 차이

예화 15

산속에 사는 한 남자의 집에는 거대한 석상 하나가 있었습니다. 석상은 집 앞 진흙구덩이 속에 누워 있었는데, 그에게 이 석상은 단지 돌에 불과했습니다.

어느 날 한 학자가 이곳을 지나다가 석상을 발견하고는 그 남자에게 석상을 팔 생각이 없는지 물었습니다. 그 말을 듣고 웃음을 터뜨린 남자는 의구심이 들어 되물었습니다. "당신이 정녕 이 더럽고 냄새나는 돌을 사겠다고요? 나는 그동안 이것을 치우기 위해 얼마나 고심했는지 모릅니다." "그럼 내가 은화 한 냥에 그것을 사서 여기서 깨끗하게 치워주겠소." 산에 사는 남자는 은화 한 냥도 생기고 석상도 치울 수 있어 매우 기뻤습니다. 석상을 치우고 난 뒤 깨끗해질 앞마당을 생각하니 절로 웃음이 나왔습니다.

학자는 석상을 성 안으로 운반해 갔습니다. 몇 달 뒤 산속에 사는 남자가 일이 있어 성으로 들어왔습니다. 그는 큰길의 상점을 구경하며 걷다가 화려하고 웅장한 집 앞에 사람들이 모여 있는 것을 보았습니다. 그중 한 사람이 큰 소리로 외쳤습니다. "어서 와서 세상에서 가장 섬세하고 아름다우며 기묘하기까지 한 조각상을 감상해 보세요. 단돈 은화 두 냥이면 됩니다. 이 조각상은 세계 최고의 걸작이라 불릴 만합니다."

산속에 사는 남자는 잠깐이나마 눈을 즐겁게 할 요량으로 은화 두 냥을 내고 그 집으로 들어갔습니다. 그런데 이게 웬일입니까! 자신이 은화 한 냥에 팔아버린 바로 그 석상 앞에 사람들이 모여 감탄사를 연발하고 있는 것이었습니다. 자기에게는 마당만 가리는 폐품에 불과했던 그 석상이 세계에서 가장 정교하고 아름답고 기묘한 보물이었다니! 보는 사람에 따라 그 석상은 폐품이 되기도 하고 세계적인 보물이 되기도 합니다. 진정으로 가치 있는 것을 보지 못하는 사람은 세상을 폐품 세상으로 만들고 있습니다.

말씀에 접목하기: 고전 1:26-29

보는 사람에 따라 그 석상은 폐품이 되기도 하고 세계적인 보물이 되기도 했습니다. 이것은 우리 인간의 비유입니다. 우리 눈에는 자신이 쓸모없는 천덕꾸러기 인생으로 보일지라도 하나님은 우리를 이처럼 사랑하여 자기의 독생자까지 아낌없이 보내주셨습니다. 영의 눈이 열리면 폐품 인생이 보물 인생으로 변하는 놀라운 일이 일어납니다.

성경은 하나님이 우리를 그분의 형상에 따라 지으셨다고 말씀합니다. 우리는 하나님이 보시기에 아름답게 지음 받은 하나님의 작품입니다. 우리는 하나님이 지으신 피조물로 존엄성을 가진 존재입니다. 그런데 많은 사람이 자신을 하나님의 작품으로 보지 않습니다. 하나님이 심혈을 기울여 만든 세상에 다시없는 특별한 존재인 자신에 대해 만족하지 못하고 있습니다. 마귀에게 속임을 당하고 있기 때문입니다. 마귀는 우리를 하나님의 작품이 아니라고 속삭입니다. 마귀는 우리가 우연의 존재라고 믿게 만듭니다. 또한 우리를 더럽고 추하고 무가치한 존재라고 믿게 만듭니다. 마귀의 속임에 빠지면 우리는 폐품 인생을 살 수밖에 없습니다. 그러나 하나님의 말씀을 받으면 보물 인생을 살게 될 것입니다.

잡초를 제거하는 방법

예화 16

선생님이 학생들을 데리고 풀밭으로 데리고 가서 물었습니다. "지금 우리가 앉아 있는 곳이 어디지?" 학생들이 합창하듯 대답했습니다. "풀밭이에요." 선생님이 다시 물었습니다. "넓은 풀밭에 잡초가 무성하네. 잡초를 제거하는 방법을 아는 사람 있니?" 학생들은 '불에 태우면 된다' '캐내면 된다' '제초제를 뿌려야 한다' 등등 여러 가지 방법을 내놓았습니다.

선생님은 자리에서 일어서며 이렇게 말했습니다. "각자 돌아가서 자신이 생각한 방법으로 잡초를 없애보도록 하자. 제거하지 못한 사람은 일 년 뒤에 다시 여기서 모이는 거야." 일 년 뒤 학생들 모두 그곳에 모였습니다. 어떤 방법으로도 잡초를 완전히 제거하지 못했기 때문입니다. 그런데 원래 만나기로 한 장소에 와보니 풀밭이 아니라 곡식이 자라는 농토로 변해 있었습니다.

선생님은 다시 모인 학생들에게 곡식 밭을 보여주면서 이렇게 말했습니다. "넓은 풀밭에 자란 잡초를 없애고 싶다면 방법은 단 하나, 그 위에 아름다운 식물을 심으면 된단다. 마찬가지로 사람에게 있는 죄악을 없애려고 한다면 마음에 아름다운 생명의 씨앗을 심어야 한단다." 그렇습니다. 잡초 제거가 목적이 된다면 그건 의미가 없습니다. 잡초를 제거하고 거기에 무엇을 자라게 할 것인가 하는 것이 더 중요합니다. 오로지 잡초 제거에만 온 신경을 집중시킨 사람은 결국 잡초 인생을 살아갈 것입니다.

> 말씀에 접목하기: 마 11:2-5

세례 요한은 헤롯 왕과 같은 잡초를 제거하는 것에 관심을 가졌습니다. 그는 메시야를 만난 뒤 메시야가 왔으니 헤롯 왕과 같은 잡초는 곧 제거될 것이라고 믿었습니다. 그런데 헤롯 왕과 같은 잡초는 여전히 그대로 있었습니다. 그는 예수께 제자들을 보내 "오실 그이가 당신이오니이까"라고 질문했습니다. 그러자 예수님은 세례 요한의 제자들에게 '자기가 온 것은 잡초 제거가 아니라 생명을 풍성하게 하는 것' 이라고 말씀했습니다. "예수께서 대답하여 이르시되 너희가 가서 듣고 보는 것을 요한에게 알리되 맹인이 보며 못 걷는 사람이 걸으며 나병환자가 깨끗함을 받으며 못 듣는 자가 들으며 죽은 자가 살아나며 가난한 자에게 복음이 전파된다 하라"(마 11:4, 5). 예수님은 풍성한 생명을 심으시는 분입니다. 맹인에게는 다시 보게 함을, 앉은뱅이에게는 다시 걷게 함을, 나병환자에게는 깨끗한 치유를, 청각장애인에게는 다시 듣게 함을, 죽은 자에게는 생명의 기적을, 가난한 자에게는 축복의 복음을 심으셨습니다.

약점을 찾고 있는가, 풍성한 생명을 더하고 있는가?

예화 17

한 권투선수가 경기에 참가하기 전 자신의 승리를 확신했습니다. 그러나 경기가 시작되자 뜻밖에도 자신은 상대의 허점을 찾을 수 없는 데 반해 상대는 자신의 약점을 정확히 알고 있다는 사실을 알게 되었습니다. 경기 결과는 말하지 않아도 알 것입니다. 승리는 상대에게 돌아갔습니다.

권투선수는 마음이 편치 않은 상태로 코치를 찾아가 상대방의 허점을 찾을 수 있도록 도와달라고 간청했습니다. 코치는 아무 말 없이 웃으면서 땅에 선을 하나 그었습니다. 그리고 선수에게 선을 지우지 않은 상태에서 이 선을 짧게 만드는 방법을 생각해 보라고 말했습니다. 선수는 아무리 생각해도 답이 떠오르지 않았습니다. 그래서 어쩔 수 없이 코치에게 다시 가르침을 청했습니다.

코치는 웃으면서 원래 있던 선 옆에 더 긴 선을 그었습니다. 두 선을 비교해 보니 먼저 그은 선이 짧아 보였습니다. 이때 코치가 말했습니다. "승부의 열쇠는 어떻게 상대방의 약점을 공격하느냐 하는 것이 아니다. 땅에 그린 선처럼 네가 강해지면 상대방은 자연히 약해지고 상대방의 약점도 보이기 시작하는 법이다. 그러니 '어떻게 자신을 더 강하게 할 것인지' 만 생각하면 돼. 그것이야말로 진정 네가 고민해야 할 문제야."

말씀에 접목하기: 요 10:10

사탄의 작전은 상대방의 약점을 파악하고 공격하는 것입니다. 그러나 예수님은 풍성한 생명을 잃어버린 사람에게 더 풍성한 생명을 주시기 위해 오셨습니다. 예수님은 약점을 가지고 사는 사람, 병든 사람, 죄를 지은 사람, 흠이 있는 사람을 높이고 그들의 친구가 되셨습니다. 하나님은 미련한 자를 택하여 지혜 있는 자를 부끄럽게 하시고 약한 자를 택하여 강한 자를 부끄럽게 하시고 이 세상의 천한 것과 멸시받는 것과 없는 것을 택하사 있는 사람을 부끄럽게 하시는 분입니다. 믿음은 약점을 찾아 비판하고 공격하는 것이 아니라 그들에게 더 풍성한 생명을 전달하는 것입니다.

땅을 쳐다보는가, 하늘을 바라보는가?

예화 18

캘리포니아에 많은 군사 기지가 있는데, 그중 한 기지는 사막의 황량하고도 외진 구역에 위치해 있습니다. 이 사막의 군사 기지로 아내를 데리고 온 한 젊은 병사가 있었는데, 그 아내의 이야기입니다. 부부는 해외로 떠나기 전에 가능한

한 함께 있기를 원했습니다. 그들이 찾아낸 유일한 거처는 인디언들이 버리고 간 오두막이었습니다. 처음 며칠 동안 아내는 참을 만하고 오히려 유쾌하기까지 하다고 생각했습니다. 남편과 함께 있었기 때문입니다. 그러나 하루하루 시간이 흐르면서 지루하고 외롭고 짜증이 나기 시작했습니다. 바람이 불고 모래 폭풍이 휘몰아치고 한낮 바깥 온도가 46도를 넘어섰습니다. 이런 상황에서 그녀의 인내는 한계점에 다다르고 있었습니다.

남편이 사막에서 2주일 더 머물러야 한다는 명령을 받았을 때 그녀의 인내심은 극에 달했습니다. 그녀는 어머니에게 편지를 보냈습니다. "어머니, 이제 집으로 돌아갈래요. 여기선 더 이상 참을 수가 없어요." 얼마 뒤 어머니로부터 받은 편지 내용은 간단했습니다. 그러나 깊은 뜻을 담고 있었습니다. "사랑하는 딸아, 두 사람이 감옥 안에 있는데 한 사람은 땅을 보고 또 한 사람은 별을 바라보고 있구나. 널 사랑하는 엄마."

그녀는 편지를 읽고 나서 자신이 부끄러워졌습니다. 그날 밤 그녀는 '이곳에서는 별이 어떻게 보일까?'라고 생각했습니다. 그녀는 오두막 밖으로 나가 밤 하늘을 올려다본 순간 많은 캘리포니아 사람이 익히 알고 있는 '이 세상에서 캘리포니아 사막 위처럼 별이 밝게 빛나는 곳은 그 어디에도 없다'는 말을 실감했습니다. 그녀는 별들의 아름다움에 전율했습니다.

그다음 날 그녀는 걸어서 사람 사는 곳을 찾아가겠다고 결심했습니다. 그녀는 걸어서 멀리 떨어져 있지 않는 곳에 위치한 인디언이 사는 오두막집에 갔습니다. 예전에 한 번도 이야기를 해본 적이 없다 보니 그들이 적대적이고 불친절하리라고 생각했습니다. 그녀는 무엇인가를 짜고 있는 두 여인에게 말을 걸었습니다. 말을 건넨 상대가 우호적임을 알게 된 인디언 여자들도 친절하게 대답했습니다. 그녀가 인디언 여자들이 적의를 가지고 있다는 생각을 버렸을 때 그 두 사람의 적의도 사라졌습니다. 이야기를 나누다 보니 그녀는 그녀들로부터 광주리 짜는 법을 배우고 있었습니다.

어느 날 인디안 아이 여럿이 바다 조개껍질을 그녀에게 가져다주고, 그 사막이 옛날에는 바다였다는 전설을 얘기해주었습니다. 그녀는 선인장과 각종 사막식물을 살펴보기도 하고, 타르바간(쥐목 다람쥐과의 포유류) 등

야생동물과 관련된 지식도 알게 되었습니다. 그녀는 사막의 일몰을 관찰하고, 수만 년 전에 이 사막이 아직 해양이었을 당시 남겨진 소라 껍데기도 찾았습니다. 이렇게 해서 병사의 아내 델마 톰슨이 참기 힘들었던 환경은 계속 머무르고 싶은 흥미로운 곳이 되었습니다. 그녀의 남편이 그 기지에서 임무를 끝마쳤을 때 그녀는 그 사막에 대한 권위자가 되었고, 《빛나는 성벽》을 저술하게 되었습니다. 델마는 사막과 사랑에 빠졌으며, 그녀가 지금까지 사귄 가장 아름다운 친구인 인디언들과 작별해야 했을 때는 자신도 모르게 울고 있었습니다.

말씀에 접목하기: 행 9:10-19

무엇이 델마의 마음에 변화를 가져다주었을까요? 사막은 변하지 않았습니다. 멕시코인과 인디언도 변하지 않았습니다. 그러나 델마가 변했습니다. 열악하다고 여겼던 환경이 생애 최고로 재미있는 모험의 장이 되었습니다. 그녀는 새로운 세계를 발견한 흥분을 감추지 못했습니다. 그녀는 자신이 만든 감옥에서 벗어나 찬란한 하늘을 보는 축복을 받았습니다.

그렇다면 그 축복의 비결은 무엇이었을까요? 열악한 환경 가운데 숨겨진 반짝거리는 보화를 발견한 비밀이 무엇이었을까요? 축복의 문을 열어준 비밀은 지혜로운 멘토, 곧 델마의 어머니였습니다. 델마는 여러모로 불편한 환경에 짓눌려 힘겨울 때 자기 어머니를 기억했고, 자기의 괴로운 상황과 그 상황에 치여 시들어가고 있는 자기를 있는 그대로 어머니에게 편지로 이야기했습니다. 사랑하는 딸의 열악한 상황과 그 속에 빠져 허우적거리며 부르짖는 신음 소리를 들은 지혜로운 어머니는 딸에게 현명한 응답을 보냈습니다. 어머니의 응답은 딸의 닫혀 있는 신비의 눈을 열어주었습니다. 그래서 딸은 불편함 속에 숨겨진 아름다운 축복의 보화를 발견하여 새로운 인생의 문을 열 수 있었습니다.

지혜로운 멘토, 뜨거운 사랑의 가슴을 가진 현명한 제3자, 힘든 상황에 빠졌을 때 기억나고 자기를 있는 그대로 보여줄 수 있는 이웃, 무엇을 하라고 충고하기보다 닫혀 있는 마음의 눈, 영의 눈을 열어 그 상황을 들여다보고 자기를 반성할 수 있게 만들어주는 관계가 축복의 문을 열어주는 열쇠입니다. 자기 혼자서는 고난의 상황에서 빠져나오기가 힘듭니다. 그래서 하나님은 우리에게 아름다운 이웃, 지혜로운 멘토, 현명한 제3자를 보내주십니다. 관계 속에서 미래의 문이 열립니다. 이웃의 도움이 있어야 지혜의 문이 열립니다. 당신에게 있어 가장 귀한 자산은 자신의 지식이나 지혜, 능력이 아니라 축복의 문을 열어주는 지혜로운 제3자, 곧 사랑하는 이웃과의 관계입니다. 델마와 어머니의 관계처럼 말입니다.

전심으로 힘쓰는 자는 하나님의 복을 받는다

예화 19

미국의 영화배우 톰 행크스는 1995년과 1996년에 연속으로 아카데미 남우주연상을 받았습니다. 1995년에는 영화 〈필라델피아〉에서 에이즈 환자로 출연했고, 1996년에는 〈포레스트 검프〉에서 IQ 75의 지적장애인으로 출연하여 관객의 심금을 울렸습니다. 그는 에이즈 환자의 역할을 해내기 위해 6개월간 에이즈 환자들과 함께 생활했고, 지적장애인의 행동을 배우기 위해서 1년간 그들과 함께 지냈다고 합니다.

무한한 열정만 있으면 어떤 일에도 성공할 수 있다고 말하는 사람이 있습니다. 이 말은 전적으로 진리는 아닐지라도 톰 행크스처럼 남다른 열정과 열심을 가지고 행하는 사람은 성공하고 하나님의 복을 받습니다.

《뉴스위크》는 영화배우 폴 뉴먼에 대해 이렇게 말했습니다. "그는 약속을 안 지키는 일이 없고, 어떤 배역을 맡으면 침식을 잊을 정도로 연구하고 연습한다. 그래서 그가 출연하는 영화는 틀림없이 성공한다. 그는 사업에도 성공하여 많은 돈을 벌고 있는데, 수익금을 사회복지와 교육기관 등에 기부하고 있다. 버는 것은 열정이요, 바치는 것은 품위다."

> 말씀에 접목하기: 롬 12:11

톰 행크스와 폴 뉴먼은 모두 공감적 이해 삶을 살고 있습니다. 그들은 이웃의 생각과 감정과 의지와 필요를 정확히 이해하고 공감하며 존중하며 섬기는 삶을 살았습니다. 예수님은 공감적 이해의 삶을 사셨습니다. 그분은 이웃이 먼저이고 이웃의 구원과 축복이 먼저였습니다. 그리고 이웃의 생각과 감정과 의지와 필요를 정확히 이해하고 존중하며, 그 이웃의 삶의 자리에서부터 시작하여 그들을 섬기며 사랑하셨습니다. 우리가 주님의 이름으로 공감적 이해의 삶을 살아간다면 이 험악한 세상은 하나님의 은혜가 넘치는 새로운 세상으로 변화되어 갈 것입니다.

헬렌 켈러의 명언

예화 20

"닫힌 문을 너무 오랫동안 쳐다보고 있으면 등 뒤에 열린 문을 보지 못한다." 치밀하게 계획하고 열심히 달려가던 인생 항로를 예상치 못했던 시련과 역경이 막아서면서 바꾸지 않으면 안 될 때가 있습니다. 최선을 다했는데도 닫힌 문이 열리지 않으면 그것은 하나님의 뜻이 아니라고 생각합니다. 그것은 닫혀 있는 문에 집착해 뒤에 열린 문이 있다는 것을 잊어버리는 것입니다. 잃은 것에 너무 집착하면 새로운 세계로 열려진 문을 볼 수 없습니다.

한 여인이 공중전화 박스에 들어가 전화하고 문을 여는 데 도무지 열리지를 않았습니다. 아무리 밀어도 문은 열리지 않았습니다. 흔들어도 전화박스가 흔들리고 문은 열리지 않았습니다. 땀을 뻘뻘 흘리면서 문을 밀었지만 아무리 해도 문은 열리지 않았습니다. 결국 그녀는 전화국에 신고했습니다. 그런데 전화국 직원이 오더니 금방 문을 열었습니다. 그 문은 밀면 닫히고 잡아당기면 열리는 문이었습니다. 그녀는 집에서 자기 집 문을 열듯 밀기만 했던 것입니다. 잡아당기면 금세 열린다는 것을 알지 못한 채로 말입니다.

> 말씀에 접목하기: 마 6:33

길은 앞에만 있는 것이 아닙니다. 뒤에도 있습니다. 위에도 있습니다. 잃은 것에 집착하면 미래의 문은 열리지 않습니다.

어떤 마음의 고향을 가지고 있습니까?

예화 21

로라 부시는 영원히 잊을 수 없을 것 같은 추억이 있느냐는 질문을 받았습니다. 그는 집이 가난해서 외동딸인데도 변변한 성탄 선물 하나 받지 못했다고 합니다. 그러다가 13세 때 처음으로 손목시계를 성탄 선물로 받았는데 너무 좋아서 손목에 차지 않고 가슴에 품고 잤다고 합니다. 그는 행복한 가정에서 부모님이 만들어주신 이런 아름다운 추억, 교회학교에서 배운 세상을 사는 지혜, 성탄절에 친구들과 어울려 캐럴을 합창하던 일 등이 영원히 잊을 수 없는 추억이라고 대답했습니다. 로라의 추억은 아름답고 사랑이 넘치고 하나님을 찬양하는 추억이었습니다. 그러므로 그녀는 과거의 추억을 생각할 때마다 아름다운 생각과 감정을 일어나고 미래를 아름답게 만들어갈 힘을 얻었습니다.

우리는 종종 과거로 돌아가 지난 경험을 떠올리면서 거기에 머물러 있기도 합니다. 그 일은 이미 지나간 것이지만 지금까지도 가슴에 남아 마음이 울적하거나 가슴 아픈 일이 있거나 외로울 때 돌아가서 쉴 수 있는 마음의 고향 같은 역할을 해줍니다. 우리는 그 일을 떠올리며 새로운 감정을 만들어내고 새로운 생각을 찾아내고 미래를 위한 결단을 내리기도 합니다. 그래서 잊을 수 없는 추억은 단순히 기억이 아니라 괴롭고 힘들 때 찾아가 쉴 수 있는 마음의 고향이며, 새로운 인격을 만들어가는 샘이 되기도 합니다.

> 말씀에 접목하기: 행 22:6-8

　아름다운 이야기를 기억하는 사람은 아름다운 인생을 살면서 아름다운 미래를 창조합니다. 반면 슬프고 억울하고 괴로운 이야기만 기억하는 사람은 불행한 인생을 살면서 불행한 미래를 맞이합니다. 당신은 어떤 이야기를 가지고 있습니까? 긍정적인 생각과 감정을 만들어내는 아름다운 이야기를 갖고 있습니까, 아니면 원한과 원망과 고통을 만들어내는 슬프고 억울하고 괴로운 이야기를 갖고 있습니까? 믿음은 슬프고 억울하고 괴로운 이야기를 아름답게 만들어가는 능력입니다. 당신이 불행한 이야기를 기억하며 불행한 인생을 살고 있다면 그 이야기를 하나하나 꺼내어 하나님께 드려야 합니다. 그리고 그 이야기 속에서 당신을 슬프게하고, 억울하고 괴롭게 만들었던 사람과 사건도 하나님께 드려야 합니다. 하나님께 그 이야기 속에 들어오셔서 그 모든 사람을 십자가의 보혈로 씻어 달라고 기도드려야 합니다. 그들 역시 하나님이 이처럼 사랑하는 사람이며, 하나님이 구원하고 치료하고 용서하기를 원하시는 사람입니다. 하나님이 당신과 그들을 품어 안으시는 환상을 떠올려보는 건 어떨까요? 성령님이 당신에게 그 환상을 보여주실 것입니다. 그러면 불행한 모든 이야기가 행복한 이야기로 바뀔 것입니다.

예술에는 최고가 없습니다

예화 22

　1977년 1월 26일, 세계적인 피아니스트 아르투르 루빈스타인은 90회 생일을 맞아 생일 기념 텔레비전 대담을 가졌습니다. 로버트 던컨 맥닐이 그에게 물었습니다. "선생을 20세기 최고의 피아니스트라고 말하는데 소감이 어떻습니까?" 그러자 루빈스타인은 "나는 그 말을 들을 때마다 화가 납니다. 적어도 예술 세계에서는 최고란 단어가 있을 수 없습니다. 예술은 언제나 최선을 다하는 것입니다"라고 대답했습니다. 이처럼 그는 음악을 아는 음악인이었으며, 음악을 이해하는 음악인이었습니다.

> 말씀에 접목하기: 막 10:43, 44

"최고의 그리스도인은 누구입니까?"라는 질문은 성경적이지 않습니다. 믿음의 사람은 주님의 말씀에 따라 크고자 하지 않고 섬기는 자가 되고자 하며, 으뜸이 되고자 하지 않고 모든 사람의 종이 되고자 합니다(막 10:43, 44). 그리스도인은 자기보다 남을 낫게 여기는 사람입니다(빌 2:3). 섬기는 자에게는 서열이 없습니다. 종에게는 등수가 없습니다. 자기보다 남을 낫게 여기는 사람은 자기의 뛰어남을 자랑하지 않습니다. 믿음은 하나님이 이처럼 사랑하시는 사람을 십자가의 사랑으로 존중하고 섬기며 높이는 사람입니다.

땅콩 속에 숨어 있는 엄청난 신비를 찾으라

예화 23

위대한 과학자 조지 워싱턴 카버는 종종 어린 시절부터 과학에 흥미를 느끼게 된 동기에 대한 질문을 받곤 했습니다. 한번은 많은 학생 앞에서 그 동기에 대한 질문에 대답을 하게 되었습니다.

"어린 시절 과학에 관심이 많았던 나는 하나님께 기도를 드리면서 질문했습니다. '하나님, 우주는 왜 만드셨습니까?' 그러자 하나님은 '너의 작은 머리로는 그것을 알기가 너무 어렵구나. 네가 감당할 수 있는 것에 대해 물어라'고 대답하셨습니다. 그러자 나는 다시 물었습니다. '그렇다면 하나님, 인간은 왜 만드셨습니까?' 이번에도 하나님은 친절하게 대답해주셨습니다. '작은 아이야, 너는 여전히 네 능력을 벗어난 질문을 하는구나. 네 질문의 수준을 낮추고 정말로 네가 알고 싶은 것이 무언지 분명히 말해 보거라.' 나는 우울한 기분으로 손바닥을 펴 보았는데, 손바닥에 먹다 남은 땅콩 한 알이 있어 투정하듯 물었습니다. '하나님, 땅콩에 대해 이야기해주세요.' 그 질문에 하나님은 이렇게 대답해주셨습니다. '그래, 그것은 아주 좋은 질문이구나. 한 가지 말해 줄 수 있는 것은 그것은 오묘하고 무한하다는 것이다.' 그러고 나서 하나님은 내게 땅콩을 분해하고 다시 결합하는 등 여러 가지 방법을 알려주셨습니다. 수년의 연구 끝에 나는 땅콩이 땅콩 쨈과 같은 요리에 쓰이는 것 외에도 플라스틱을 만들거나 페인트를 만들 때도 필요하다는 사실을 알아냈습니다. 그리고 지금까지 알아낸 땅콩의 사용법은 무려 350가지 이상입니다."

말씀에 접목하기: 마 16:24

예수님은 "자기 십자가를 지고 나를 따를 것이니라"고 말씀하셨습니다. 십자가는 사랑입니다. 그런데 사랑은 양면성을 가집니다. 한쪽 면은 이웃의 행복을 위한 것이고, 다른 쪽 면은 이웃의 행복을 만들기 위해 자기가 져야 하는 수고와 고난과 희생의 짐입니다. 우리 각자는 행복하게 해주어야 할 이웃이 있습니다. 배우자, 가족, 친구, 직장 동료 등 수많은 이웃이 축복의 문이 열리기를 기다리고 있습니다. 그 가운데는 우리가 반드시 져야 할 이웃도 있습니다. 그 이웃을 행복하게 만들기 위해 우리가 져야 할 고난과 수고와 희생도 있습니다. 이것은 아주 소소한 것일 수 있습니다. 앞서 언급한 카버의 손바닥에 있는 땅콩처럼 하찮은 것일 때가 많습니다. 그런데 하나님은 그 작은 일상의 짐 속에 놀라운 신비를 숨겨놓으셨습니다. 우리가 일상생활 속에서 만나는 아주 작은 십자가를 질 때 비로소 진정한 축복의 문이 열립니다.

자기를 깨끗이 하는 것이 선한 일이다

예화 24

유대인은 손을 씻는 것을 신과 접촉하는 신성한 행위로 여깁니다. 그래서 식탁에 앉기 전에 반드시 손을 씻어야 합니다. 어느 날 한 학생이 유대인 랍비 힐렐이 바빠 걸어가는 모습을 보고 물었습니다. "선생님, 무슨 일로 그렇게 서둘러 가십니까?" 그는 열심히 걸으며 이렇게 답했습니다. "선한 일을 하기 위해 서두르고 있는 것이다."

그 학생은 힐렐이 하려는 선한 일이 무엇인지 궁금해 그의 뒤를 따라갔습니다. 그런데 뜻밖에도 힐렐은 공중목욕탕에 들어가더니 자기 몸을 씻기 시작했습니다. 이를 본 학생이 힐렐에게 물었습니다. "선생님, 이것이 바로 선생님이 말씀하신 선한 일입니까?" 그러자 힐렐은 다음과 같이 대답했습니다. "사람이 자신을 청결하게 하는 것은 대단히 선한 일이다. 로마인은 많은 동상을 깨끗이 씻으면서 그것이 선한 일이라고 생각했다. 그러나 사람은 동상을 씻기에 앞서 자신부터 깨끗이 씻어야 한다. 이것이 선한 일의 시초이기 때문이다."

중세 유럽에 페스트가 유행하여 전 인구에서 3분의 1이 죽었습니다. 페스트의 발병 원인 중 하나가 몸 상태의 '불결' 이라는 설이 있습니다. 여하간 '청결' 을 신성한 것으로 여기고 자기 몸을 깨끗이 한 유대인에게는 그 페스트가 발병하지 않았습니다.

말씀에 접목하기: 고전 6:15

사도 바울은 우리 몸을 "그리스도의 지체"(고전 6:15)이고, 우리가 하나님께로부터 받은 "성령의 전"(고전 6:19)이라고 선포했습니다. 그리고 몸은 주를 위해 있고 "주는 몸을 위하여 계시느니라"(고전 6:13)고 말했습니다. 우리는 하나님의 전인 성전을 거룩하게 지키고 깨끗하게 청소하면서

'이것은 하나님을 위하는 것이요, 하나님의 일, 곧 신성한 일이다' 라고 생각합니다. 마찬가지로 그리스도의 지체이며 성령의 전인 우리 몸을 거룩하고 청결하고 건강하게 지키는 것은 신성한 일입니다.

위대한 조각가가 되기 위해 꼭 필요한 것은?

예화 25

위대한 조각가 미켈란젤로의 이름을 모르는 사람은 없을 것입니다. 그러나 보톨도 지오바니를 기억하는 사람은 그리 많지 않습니다. 그는 미켈란젤로의 스승이었습니다. 미켈란젤로는 열네 살 때 보톨도의 문하생이 되기 위해 그를 찾아왔습니다. 보톨도는 미켈란젤로의 놀라운 재능을 알아본 뒤 이렇게 물었습니다. "너는 위대한 조각가가 되기 위해 무엇이 필요하다고 생각하느냐?" 미켈란젤로가 대답했습니다. "제가 가지고 있는 재능과 기술을 더 닦아야 한다고 생각합니다." 이 대답을 듣고 보톨도가 다시 말했습니다. "네 기술만으로는 안 된다. 너는 먼저 네 기술을 무엇을 위해 쓸 것인지 결정을 내려야 한다." 보톨도는 미켈란젤로를 데리고 나가 두 곳을 구경시켜 주었습니다. 처음 구경시켜 준 곳은 술집이었습니다. 술집 입구에 세워진 조각상을 보며 미켈란젤로가 말했습니다. "스승님, 술집 입구에 아름다운 조각이 있습니다." 그러나 보톨도는 아니라는 듯 고개를 저으며 말했습니다. "이 조각은 아름답지만, 조각가는 술집을 위해 이 조각을 사용했단다."

스승은 다시 어린 미켈란젤로의 손을 잡고 아주 거대한 성당으로 가서 아름다운 조각상을 보여주었습니다. 보톨도는 제자 미켈란젤로에게 이렇게 물었습니다. "너는 이 아름다운 천사의 조각상이 마음에 드느냐, 아니면 저 술집 입구에 있는 조각상이 마음에 드느냐? 똑같은 조각이지만 하나는 하나님의 영광을 위해, 다른 하나는 술 마시는 쾌락을 위해 세워졌단다. 너는 네 기술과 재능을 무엇을 위해 쓰기 원하느냐?"

> 말씀에 접목하기: 마 6:33

독일의 신학자 폴 틸리히는 두 가지 관심에 대해 이야기했습니다. 예비적 관심과 궁극적 관심입니다. 예비적 관심은 건강을 원하고 일용할 양식을 원하고 조각가의 기술을 연마하기를 원하고 친밀한 인간관계를 원하는 등등 자기 생존과 자기 행복을 위한 관심입니다. 그러나 궁극적 관심은 영원한 사랑과 의의 하나님의 영광을 위하고 이웃의 축복을 위하는 관심입니다. 하나님의 영광과 이웃의 축복은 인간의 목적이며 사명에 속한 것입니다. 자기 생존과 자기 행복은 자기보존을 위한 것입니다. 이 둘은 손의 바닥과 등처럼 나눌 수 없는 것입니다. 인간의 비극은 어디서 옵니까? 예비적 관심만을 생각하고 씨름하기 때문이 아닙니까? 자기 생존이 없는 목적과 사명은 있을 수 없습니다. 그러나 목적과 사명이 없는 인생은 짐승과 같은 삶으로 떨어지게 만듭니다. 하나님은 우리 몸이 건강하고 거룩하고 깨끗하기를 원하십니다. 다만 하나님은 그 몸으로 하나님께 영광을 돌리며 이웃을 사랑하기를 원하십니다.

우선순위에 따라 일하고 있습니까?

예화 26

찰스 슈왑이 베들레헴 철강회사의 사장이었을 때의 일입니다. 어느 날 그는 경영 전문가 아이비 리에게 이런 부탁을 했습니다. "만약 같은 기간에 더 많은 일을 합리적으로 처리할 수 있는 방법을 가르쳐준다면 나는 당신에게 가능한 한도 내에서 최대 보상을 해줄 거요."

그때 아이비 리는 사장에게 종이 한 장을 건네주며 이렇게 말했습니다. "여기에 사장님이 내일 해야 할 일을 적으십시오." 슈왑 사장은 리가 시키는 대로 했고, 리는 다시 이런 지시를 내렸습니다. "내일 사장님이 하실 일은 이 종이 위에 적혀 있는 일을 실천하시는 것입니다. 첫 번째 일을 완전히 끝맺은 다음에 두 번째 일을 하면 됩니다. 다만 한가지 일이 완전히 끝날 때까지 다른 일에는 일체 신경을 쓰지 마십시오. 그런 식으로 일을 순서대로 처리하면 됩니다. 만약 계획표에 적어놓은 일을 모두 끝내지 못했다고 하더라도 염려할 필요가 없습니다. 사장님이 매일 그런 식으로 일을 처리해 나간다면 나중에는 사소한 일만 남게 될 것이기 때문입니다. 가장 중요한 것은 매일같이 내가 말한 대로 해야 한다는 것입니다. 사장님이 처리해야 할 일들의 중요성을 먼저 판단하고, 우선순위를 정한 뒤에 그대로 실천하기만 하면 됩니다."

슈왑 사장은 약속대로 아이비 리에게 충분한 보상을 지불했습니다. 먼저 자기가 해야 할 일을 알고, 그 가운데서 가장 긴급한 것과 중요한 것을 판단한 뒤 긴급하고 중요한 것, 중요하지는 않지만 긴급한 것, 중요한 것 등의 순서로 우선순위를 정하고 꼭 해야 할 것부터 하고 있으면 사소한 것을 끝내지 못했다고 해도 그리 문제가 되지 않을 것입니다. 당신은 우선순위를 정해 그에 따라 일하고 있습니까?

말씀에 접목하기: 마 6:33

예수님은 "너희는 먼저 그의 나라와 그의 의를 구하라 그리하면 이 모든 것을 너희에게 더하시리라"(마 6:33)고 말씀하셨습니다. 이 말씀은 하나님이 하시는 일과 우리가 해야 할 일을 구별하고 있습니다. 하나님의 나라와 의를 구하는 것은 우리가 해야 할 일입니다. 그러나 "무엇을 먹을까 무엇을 마실까 무엇을 입을까" 하는 문제는 하나님의 일이라고 말씀합니다. 우리는 하루, 일주일, 한 달, 일 년, 평생의 일을 할 때 하나님이 하실 일은 하나님께 맡기고 우리가 해야 할 일부터 해야 합니다. 예를 들면 내일 할 일을 다 적은 다음 그 일들 가운데 하나님의 나라와 의를 구하는 것에는 F(믿음의 일), 생존을 위한 것에는 S(생존)를 적습니다. 그리고 F에 속한 일들 가운데 시급한 일과 중요한 일을 선별하여 우선순위를 매기고, 그 일을 순위에 따라 행하면 어떤 일은 행하지 못할지라도 하나님이 합력하여 선을 이루는 기적을 만드실 것입니다.

빌 게이츠의 연설

예화 27

빌 게이츠는 마운틴 휘트니스 고등학교 학생들에게 이런 연설을 했습니다.

1. 인생이란 원래 공평하지 못하다. 그런 현실에 대하여 불평하지 말고 받아들여라.
2. 세상은 너 자신이 어떻게 생각하든 상관하지 않는다. 세상이 너희한테 기대하는 것은 네가 스스로 만족하다고 느끼기 전에 무엇인가를 성취해서 보여주는 것이다.
3. 대학 교육을 받지 않은 상태에서 연봉 4만 달러가 될 것이라고는 상상도 하지 마라.
4. 학교 선생님이 까다롭다고 생각되거든 사회에 나가 직장상사의 진짜 까다로운 맛을 한번 느껴 봐라.
5. 햄버거 가게에서 일하는 것을 수치스럽게 생각하지 마라.
6. 네 인생을 네가 망치고 있으면서 부모 탓을 하지 마라. 불평만 일삼을 것이 아니라 잘못한 것에서 교훈을 얻어라.
7. 학교는 승자나 패자를 뚜렷하게 가리지 않을지도 모른다. 어떤 학교에서는 낙제제도를 아예 없애고 쉽게 가르치고 있다는 것을 잘 안다. 그러나 사회 현실은 이와 다르다는 것을 명심하라.
8. 인생은 학기처럼 구분되어 있지도 않고 여름 방학이라는 것은 아예 있지도 않다. 네가 스스로 알아서 하지 않으면 직장에서는 절대 가르쳐주지 않는다.
9. TV는 현실이 아니다. 현실에서는 커피를 마시면서 일할 시간이 없다.

10. 공부밖에 할 줄 모르는 '바보' 한테 잘 보여라. 사회에 나온 다음에는 그 '바보' 밑에서 일하게 될지도 모른다.

> 말씀에 접목하기: 고전 1:18

학교는 1+1=2라고 가르칩니다. 그러나 하나에 하나를 더하면 더 큰 하나가 될 수도 있습니다. 또한 노란색과 파란색을 더하면 새로운 녹색이 나올 수도 있습니다. 세상은 학교에서 가르치는 수학공식대로 되지 않는 경우가 많습니다. 세상일은 우리가 예상하는 대로 되지 않을 때가 많으며, 엉뚱하고 충격적인 결과를 만날 때도 있습니다. 인간은 어느 쪽을 향하여 서 있느냐에 따라 한쪽 방향밖에 볼 수 없는 존재입니다. 그러나 세상은 그 방향만 있는 것이 아닙니다. 세상에는 우리가 향하지 않은 수많은 방향이 있습니다. 세상은 우리가 알고 있는 것보다 엄청나게 크고, 우리가 보고 알고 있는 것만 존재하는게 아니라는 사실을 알아야 합니다. 우리는 더 넓은 마음을 가지고 남이 보는 것도 인정하고, 우리가 보지 못하는 세상도 인정해야 할 것입니다.

올바르지 않는 지식의 찌꺼기를 씻어내는 일

예화 28

위대한 작곡가이자 음악가인 모차르트는 음악 수업을 받고자 찾아오는 사람에게 항상 이런 질문을 던지곤 했습니다. "전에 음악을 배운 적이 있습니까?" 만약 그 사람이 배운 적이 있다고 대답하면 모차르트는 "수업료를 두 배로 내야 합니다"라고 말했습니다. 그리고 음악을 전혀 배운 적이 없다고 말하는 사람에게는 "그럼, 좋습니다. 수업료를 절반만 내십시오"라고 말하는 것이었습니다.

모차르트의 수업료 산정 방식은 부당해 보였고, 사람들은 그의 말에 어리둥절했습니다. 한 사람이 모차르트에게 따지듯 물었습니다. "음악을 전혀 모르는 사람이 오면 수업료를 절반만 내라 말하고, 십 년씩이나 음악 공부를 한 사람이 오면 수업료를 두 배로 내라고 하시는데 도대체 무슨 까닭입니까?"

모차르트는 엷은 미소를 띤 채 대답했습니다. "거기에는 이유가 있습니다. 예전에 음악을 배운 사람의 경우에는 그들의 올바르지 않은 지식의 찌꺼기를 거둬내야 하는데, 이것은 아주 어려운 일입니다. 그 사람이 가지고 있는 잘못된 것을 씻어내는 것이 가르치기보다 훨씬 어려운 일이기 때문입니다."

말씀에 접목하기: 롬 7:21-23; 8:4

사도 바울은 "그러므로 내가 한 법을 깨달았노니 곧 선을 행하기 원하는 나에게 악이 함께 있는 것이로다 내 속사람으로는 하나님의 법을 즐거워하되 내 지체 속에서 한 다른 법이 내 마음의 법과 싸워 내 지체 속에 있는 죄의 법으로 나를 사로잡는 것을 보는도다"(롬 7:21-23)라고 탄식했습니다. 마음으로는 선을 행하기 원하지만 "내 지체 속에서 한 다른 법"이 내 마음의 법과 싸워 선을 행하지 못하게 한다는 것입니다. 마음의 법과 싸워 마음이 원하는 바를 행하지 못하게 가로막는 '한 다른 법'이 무엇인지 알겠습니까? 그것은 우리 몸에 이미 굳어진 습성입니다. 모차르트가 말한 그 '찌꺼기'입니다. 음악 지식의 찌꺼기는 전문가를 통해 씻어낼 수 있지만 우리 몸에 배인 악한 습성은 성령님의 인도를 받지 않으면 씻어낼 수가 없습니다. 우리는 세상에 살면서 수많은 악한 습성을 지체 속에 만들어놓았습니다. 그래서 신실한 믿음을 고백하면서도 예수님의 성품대로 살지 못하는 것입니다. 성령님의 인도를 받는 사람만이 '한 다른 법'을 이기고 선을 행할 수 있습니다.

얼어붙은 눈물

예화 29

오래된 서구 풍습 가운데 어머니가 시집가는 딸에게 진주를 건네는 관습이 있습니다. '얼어붙은 눈물' 이라고 불리는 이 진주에는 두 가지 중요한 의미가 있습니다. 하나는 딸이 시집가서 흘려야 할 눈물에 대한 교훈이고, 또 하나는 눈물을 흘려야 하지만 그 눈물이 가치 있는 것임을 가르쳐주려는 어머니의 뜻이라고 합니다. 사실 진주는 진주조개의 얼어붙은 눈물이라고 할 수도 있습니다.

진주는 본래 아비큘레대(Abiculedae)라고 불리는 진주조개 속에서 만들어집니다. 조개 속에 모래알이 굴러 들어오면 나카라는 물질이 생성되는데, 이것이 모래알을 둘러싸기 시작합니다. 이런 상태에서 시간이 흘러 나카가 많이 쌓일수록 진주의 크기가 더욱 커져 값진 진주가 만들어집니다. 작은 진주도 수개월이 걸려 만들어지고 수년씩 걸려 만들어지는 진주도 있습니다.

그런데 진주조개 속에 들어오는 모든 모래알이 진주를 만드는 게 아니라 진주조개 자체의 선택 의지에 따라 조개가 썩어버릴 수도 있고 진주를 만들 수도 있습니다. 모래알이 들어왔을 때 그대로 놓아두면 그 조개는 결국 그 모래알 때문에 병들어 죽고 맙니다. 그러나 나카를 생산해 모래알을 둘러싸기로 결정하면 처음에는 상당히 고통스럽지만 고귀한 진주를 만들 수 있습니다.

우리 삶 가운데서도 크고 작은 모래알이 계속 굴러 들어옵니다. 그때 우리가 이 고난에 대해 어떻게 반응하느냐에 따라 우리 삶을 보배로운 진주로 만들 수도 있고, 파멸의 길을 걸을 수도 있습니다. 하나님은 우리 모든 그리스도인이 자신들의 인생에서 하나의 값진 진주를 생산하기를 기대하십니다.

> 말씀에 접목하기: 막 14:14, 15

예수님은 겟세마네 동산에서 강력한 도전을 받았습니다. 십자가의 잔을 받을 것이냐 지나가게 할 것이냐 하는 것입니다. 십자가를 지는 것은 엄청난 고통과 저주를 가져오지만 예수님은 아버지의 뜻에 따라 십자가의 잔을 마시기로 작정했습니다. 그래서 그는 세상을 구원하는 놀라운 기적을 이루셨습니다. 인간은 누구나 수많은 모래알의 도전을 받으며 살아갑니다. 모래알의 도전을 받지 않는 인생은 없습니다. 모래알의 도전은 썩어버리느냐, 아니면 진주를 만들어내느냐의 결정적 선택을 요구합니다. 예수님을 따르는 믿음은 십자가의 잔을 받아들이는 선택입니다. 당신은 지금 믿음의 삶을 선택해 살고 있습니까? 성령님이 당신에게 충만히 임하여 십자가의 사랑을 선택하시도록 하기를 바랍니다.

한 점의 작품만 구할 수 있다면…

예화 30

파리에 있는 한 잡지사에서 독자들에게 다음과 같은 재미있는 문제를 냈습니다. "어느 날 루브르 박물관에 큰불이 나서 박물관에 있는 수많은 진귀한 예술품 가운데 딱 한 점만 구해 나올 수 있다면 당신은 그 많은 예술품에서 어떤 작품을 선택하겠습니까?"

수만 명의 독자가 편지를 보냈습니다. 그중 젊은 화가가 보낸 편지가 최선의 답으로 선정되었는데, 그 내용은 "문에서 가장 가까운 작품을 선택한다"였습니다. 사람들은 그가 쓴 답을 극찬했습니다. "루브르 박물관에 소장된 작품은 모두 세상에 둘도 없는 귀중한 것인데 무엇을 선택할까 고민하는 것은 어리석은 짓이다. 단 하나라도 가지고 나오는 것이 가장 현명한 처사다."

말씀에 접목하기: 롬 12:2, 3

성공하기 위해 여러 가지 목표를 정했는데, 그중 하나만 선택하라면 어떤 것을 선택하겠습니까? 가장 먼저 선택할 목표는 눈부시게 아름답고 가장 매혹적인 목표가 아니라 당신에게 가장 가까우며 시급한 목표입니다. 급변하는 상황에서 도끼만 갈고 있다면 장작은 언제 패겠습니까?

큰 목표를 달성하는 작은 목표 세우기

예화 31 1976년 겨울, 열아홉 살 청년 마이클은 휴스턴에 있는 한 실험실에서 일하고 있었습니다. 그는 장래에 음악 창작과 관련된 일을 하고 싶어 했습니다. 곡을 쓰는 일은 마이클의 특기가 아니었기 때문에 그는 곡을 잘 쓰는 발레리를 찾아가 그녀와 함께 작업하려고 했습니다. 발레리는 음악에 대한 마이클의 애착, 최근 그가 어디서부터 시작해야 할지 몰라 헤매고 있다는 것을 잘 이해하고 있었습니다. 발레리는 마이클이 꿈을 실현할 수 있도록 도와주기로 마음먹었습니다.

발레리가 마이클에게 물었습니다. "5년 후에 넌 어떻게 살고 있을 것 같니? 한번 상상해 봐." 마이클은 깊이 생각해 보더니 이렇게 말했습니다. "첫째, 5년 후에 나는 매우 인기 있는 음반을 한 장 낼 거야. 둘째, 나는 음악적 분위기가 물씬 풍기는 곳에 살고 있을 거야. 마지막으로 세계의 일류 아티스트들과 함께 일하고 있을 거야."

발레리가 말했습니다. "그럼 지금 이 목표를 다시 생각해 보자. 만약 네가 5년 뒤에 음반을 내려면 4년 뒤에 넌 반드시 음반회사와 계약을 맺어야 해. 3년 뒤에는 완전한 작품을 만들어 여러 음반회사에 네 노래를 들려줘야 해. 2년 뒤에는 정말 좋은 작품이 있어야 하고, 녹음을 시작해야 해. 1년 뒤에는 녹음할 작품의 편곡과 리허설 작업을 마쳐야 해. 6개월 뒤에는 완성되지 않은 작품을 수정하고 나서 곡을 일일이 선별해야 해. 1개월 뒤에는 최근 네가 만들고 있는 노래 몇 곡을 완성해야 해. 지금부터 일주일간은 목록을 만들어 어느 곡을 수정하고 어느 곡을 완성해야 하는지 순서를 정해야 해."

잠깐 말을 멈췄다가 발레리는 다시 말을 이어갔습니다. "5년 뒤에 음악적 분위기가 물씬 풍기는 곳에서 살고 싶다고 했지. 그리고 일류 아티스트들과 함께 일하고 싶다고 그랬지? 5년 뒤에 네가 이들과 함께 일하려면 4년 뒤에는 자신의 작업실과 녹음실이 있어야 해. 3년 뒤에는 이 분야 사람들과 함께 일을 하고 있어야 하고, 2년 뒤에는 뉴욕이나 로스앤젤레스로 이사해 살고 있어야 해."

발레리의 5년 계획은 마이클에게 여러모로 큰 도움이 되었습니다. 이듬해(1977년) 그는 남들이 부러워하는 우주와 관련된 일을 그만두고 휴스턴을 떠나 로스앤젤레스로 이사를 했습니다. 그리고 6년쯤 지난 1983년에 인기 가수 마이클이 탄생했습니다. 그의 독집 앨범은 북미 지역에서 7,000만 장이나 팔려 나갔고, 그는 24시간 내내 최고의 아티스트들과 함께 작업을 했습니다.

말씀에 접목하기: 눅 24:49

폴 마이어 박사의 통계에 따르면 인생 목표 없이 사는 사람이 60퍼센트이고 인생을 헛되이 낭비하는 사람이 27퍼센트이고 10퍼센트는 목표를 생각만 하고 겨우 3퍼센트만이 목표를 세우고 행동한다고 했습니다. 목표 없는 인생은 키 없는 배와 같아서 하루살이처럼 빙빙 도는 것이지 전진하는 것이 아닙니다. 5년 뒤 어떤 모습으로 살기를 바랍니까? 하나님은 당신에게 선택할 수 있는 권리를 주셨습니다. 5년 뒤의 결과는 5년 전 내린 선택에 달려 있습니다.

그러나 목표가 원대할 경우, 예를 들어 마이클처럼 5년 뒤에 인기 있는 음반을 내고 음악적 분위기가 물씬 풍기는 곳에 살고 세계의 일류 아티스트들과 함께 일하려고 하면 큰 목표(goal)를 단계적으로 나눠 작은 목표(plans)를 만들고 단계적으로 최종 목표를 향해 나아가야 합니다. 그것은 마치 집을 짓는 것과 같아서 집을 짓기 전에 설계도를 그리고 그 설계도에 따라 자재를 구입하고 일할 사람을 선정하고 기초부터 하나하나 해나가야 하는 것과 같습니다. 이런 과정을 거치지 않으면 진정 자신이 원하는 일을 이룰 수가 없습니다. 목표와 단계적 목표가 분명하게 세워지고 한 단계 한 단계 실천할 때 하나님은 우리를 위해 그 일이 이루어지도록 하십니다. 하나님은 스스로 돕는 자들을 돕고 길을 열어주십니다.

어떤 목표를 가지고 살고 있습니까?

예화 32

30대에 백만장자가 된 미국의 폴 마이어 박사는 모든 것을 실현시키고 달성시키는 열쇠는 바로 목표 설정이라고 말합니다. "어떻게 해서 성공했느냐고 묻는다면 내 성공의 75퍼센트는 목표 설정에 있었다고 자신 있게 말할 수 있습니다. 꿈과 목표는 완전히 다릅니다. 꿈은 정적인 생각이고 목표는 동적 행동입니다."

마이어는 강의 시간에 회사 사원들에게 종이를 나눠주고 거기에 자기가 가장 원하는 것을 쓰라고 했습니다. 그때 몇몇 사원이 빈정대며 쓰지 않았습니다. 그러면서 "소원을 쓰면 누가 이루어주는 거냐?"라고 비웃기까지 했습니다. 몇몇을 제외하고 다른 사원들은 종이에 자기 소원을 썼습니다. 그는 사원들에게 자신이 바라는 것에 강력한 소원을 가지고 매일 눈으로 보면서 이것이 꼭 이루어진다고 마음속으로 그림을 그리라고 했습니다. 또한 소원을 가지고 살아가라고 용기를 북돋아 주었습니다. 몇 년 뒤에 조사한 결과 소원을 쓴 사람들은 뜻대로 이루어졌습니다. 아름다운 집을 소원한 사람은 좋은 집을 갖게 되었고, 학위가 취득하고 싶어 한 사람은 학위를 갖게 되었고, 가정을 원한 사람은 배우자를 만나게 되었습니다. 그러나 소원을 쓰지 않은 사람은 아무것도 이룬 것이 없었다고 합니다.

앞서 말했지만 폴 마이어 박사의 통계에 따르면 인생 목표 없이 사는 사람이 60퍼센트이고 인생을 헛되이 낭비하는 사람이 27퍼센트이고 10퍼센트는 목표만 생각하고 겨우 3퍼센트만 목표를 세우고 행동한다고 했습니다. 목표 없이 사는 인생은 키 없는 배처럼 빙빙 돌 뿐이고 전진하지 못합니다. 이제 지금까지 살아온 자신을 돌아봐야 합니다. 당신은 목표를 분명하게 정하고, 그 목표를 이루기 위한 삶을 살고 있습니까?

말씀에 접목하기: 고전 10:31-33

인간은 끊임없이 선택하며 사는 존재입니다. 그 선택에 따라 방향이 달라지고 미래가 달라집니다. 그런데 선택할 때 우리는 어떤 가치에 근거를 두지 않을 수 없습니다. 뷔페식당에 가서 음식을 먹는다고 가정해 봅시다. 그 많은 메뉴 가운데서 당신은 왜 그 메뉴를 선택했습니까? 맛이라는 가치에 근거했습니까? 건강이라는 가치에 근거했습니까? 체면 때문에 그 메뉴를 선택했습니까? 당신이 어떤 메뉴를 선택하든지 간에 거기에는 당신 자신의 가치관이 반영되어 있습니다. 성경은 "먹든지 마시든지 무엇을 하든지 다 하나님의 영광을 위하여 하라"(고전 10:31)고 말씀합니다. 더 구체적으로는 이웃에게 해를 끼치거나 불편이나 불안감을 주지 말고, 이웃을 기쁘게 하며 이웃의 유익을 구하고 그들을 구원하는 일을 행하라고 말씀합니다(고전 10:32, 33). 무엇을 하든지 이런 분명한 목표를 가지고 행한다면 거기서 놀라운 하나님의 기적을 보게 될 것입니다.

인생의 목표를 정확히 쓸 수 있는가?

예화 33

1950년대에 미국의 예일 대학교 졸업생들은 그들의 생활수준과 행복 지수, 복지 상태 등에 대해 정기적으로 설문조사를 받고 있었습니다. 그들은 대부분 지적으로 인정 받는 사람이었고, 가정형편도 풍족했으며, 자신들이 행복하다고 믿고 있었습니다. 그런데 설문 조사 대상자 가운데 3퍼센트는 다른 사람들이 가지지 못한 중요한 장점을 가지고 있었습니다. 그것은 자신의 인생 목표가 무엇인지 정확히 글로 쓸 줄 알았다는 것입니다. 그리고 30년 뒤에 당시의 그 사람들을 조사한 결과 놀라운 사실이 밝혀졌습니다. 자기의 인생 목표를 정확하게 글로 쓸 수 있었던 3퍼센트가 가진 재산이 나머지 97퍼센트가 가지고 있는 재산을 능가했다는 것입니다.

말씀에 접목하기: 요 15:7

믿음은 하나님께 코드를 맞추는 것입니다. 전기 스위치를 올리면 방 전등에 전류가 접촉되면서 주위를 환하게 비추듯이, 사랑과 의의 하나님께 우리 코드를 맞추면 하나님의 사랑과 의가 우리에게 흘러 들어와서 우리로 하여금 사랑과 의의 빛을 발하게 만들어주십니다. 하나님의 사랑과 의의 빛을 받지 못하는 사람은 언제나 희망이 없는 인생, 캄캄한 인생을 살 것입니다. 그러나 하나님의 사랑과 의를 받는 사람은 자기만 사랑과 의의 사람이 되는 것이 아니라 어둠의 세상을 사랑과 의의 빛으로 환하게 비추게 될 것입니다.

어떻게 해석하고 있는가?

예화 34

한 수재가 시험을 보기 위해 서울에 왔습니다. 그에게는 세 번째 상경이었습니다. 시험 보기 전날 그는 세 가지 꿈을 꾸었습니다. 첫 번째 꿈은 담장에 배추를 심는 꿈이었고, 두 번째 꿈은 비 오는 날에 삿갓을 쓰고 우산까지 받쳐 들고 서 있는 꿈이었습니다. 세 번째 꿈은 사랑하는 애인과 알몸으로 함께 누워 있긴 한데 서로 등을 맞대고 있는 꿈이었습니다.

세 가지 꿈에 무슨 의미가 있는 것 같아서 다음 날 철학관을 찾아가 해몽을 부탁했습니다. 점술가는 그의 말을 듣자마자 자신의 허벅지를 연거푸 치며 말했습니다. "그냥 집으로 돌아가게. 잘 생각해 보게. 높은 담장에 배추를 심는 꿈은 헛수고한다는 것이 아니고 무슨 뜻이겠는가? 삿갓을 쓰고 우산을 받쳐 든 채 서 있는 것도 같은 이치지. 애인과 옷을 벗고 침대에 누워 있는데 등을 맞대고 있다면 볼 장 다 봤다는 뜻이 아닌가?"

점술가의 말을 들은 수재는 매우 낙심했습니다. 그는 자신이 묵고 있는 숙소로 돌아와 집으로 돌아가려고 짐을 챙겼습니다. 이를 이상하게 여긴 숙소 주인이 물었습니다. "내일 시험 치는 날인데, 왜 오늘 집으로 돌아가려고 하는 거요?" 수재는 자신에게 일어난 일을 모두 말했습니다. 이야기를 듣고 난 숙소 주인은 기뻐하며 말했습니다. "나도 해몽을 좀 할 줄 아는데, 내 생각에는 오늘 집으로 돌아가지 않아도 될 것 같네. 잘 생각해 보게. 담장에 배추를 심는 것은 높은 곳에 씨앗을 뿌린다는 것, 즉 좋은 성적으로 합격한다는 뜻이고, 삿갓을 쓰고 우산을 받쳐 든 채 서 있는 것은 이번 시험에 준비가 잘 되어 있어서 걱정 없다는 뜻이 아니겠는가? 애인과 알몸으로 등을 맞대고 침대에 누워 있는 것은 자세를 바꿀 때가 되었다는 것, 즉 새로운 변화를 맞이할 때가 되었다는 뜻이 아니겠는가?" 수재는 주인의 말에 일리가 있다고 생각해 마음을 가다듬고 시험을 치렀습니다. 그리고 그는 3등이라는 좋은 성적으로 합격했습니다.

말씀에 접목하기: 고전 1:18

적극적인 사람은 태양처럼 어느 곳이든 밝게 비춰줍니다. 소극적인 사람은 달과 같아서 초하룻날과 보름날이 다릅니다. 이렇게 태도가 우리 삶을 결정합니다. 더 좋은 삶을 살고 싶다면 먼저 좋은 생활 태도를 가져야 합니다. 우리가 어떤 꿈을 꾸느냐의 문제가 아니라 그 꿈을 어떻게 해석하느냐의 문제인 것입니다.

당신은 어디에 근거하여 해석하고 있습니까? 믿음의 사람은 무엇을 보든지, 누구를 만나든지 간에 거기에 임재하신 하나님과 함께 그것을 봅니다. 하나님은 세상을 이처럼 사랑하여 독생자를 보내신 분입니다. 하나님은 독생자 예수님을 통해 세상의 모든 악을 씻어내고 죄를 용서하며 모든 것을 합력하여 선을 이루게 하십니다. 하나님은 우리를 이처럼 사랑하기 때문에 언제든 우리 가운데서 사랑의 기적을 일으키실 것입니다. 그러므로 믿음의 사람은 모든 것을 긍정적으로 보고 해석해야 합니다. 아무리 험악한 일을 만날지라도 하나님이 거기 임재하여 사랑으로 역사하시기 때문에 아름답고 멋진 일로 변화될 것입니다. 우리가 무엇을 보고 경험했든지 간에 이런 믿음에 근거해 해석하면 흔들림 없는 반석 위에 굳게 서게 될 것입니다.

콜레트와 빌 게이츠

예화 35

1973년 영국 리버풀에 사는 콜레트라는 청년이 미국 하버드 대학교에 입학했습니다. 그의 옆자리에 앉아 함께 수업을 듣는 학생이 있었는데, 18세의 미국 청년이었습니다. 2학년 때 미국 청년이 콜레트에게 자퇴한 뒤 32비트 재무 소프트웨어를 개발하자고 제의했습니다. 대학교에서 이미 자릿수를 올리는 방법을 배웠다고 하면서 말입니다.

콜레트는 매우 놀랐습니다. 그는 자신이 대학교에 온 목적은 배우기 위한 것이지 놀러온 것이 아니라고 생각했기 때문입니다. 교수는 비트 시스템의 아주 기초적인 사항만 가르쳐줬을 뿐이고, 그런 소프트웨어를 개발하려면 반드시 대학에서 전 과정을 배워야만 한다고 생각했습니다. 그래서 콜레트는 미국 청년의 제안을 거절했습니다.

10년 후 콜레트는 하버드 대학교 컴퓨터 학과 비트 전문 분야의 박사과정을 밟고 있었습니다. 이때 자퇴한 청년은 미국《포브스》지가 선정한 억만장자 대열에 들어가 있었습니다. 1992년 콜레트는 계속 공부해서 박사 학위를 땄습니다. 그리고 그해 미국 청년의 재산은 65억 달러로 불어나 월가의 대부인 워런 버핏 다음가는 미국 제2의 갑부가 되었습니다. 1995년 콜레트는 이제 충분히 지식을 쌓았으니 32비트 재무 소프트웨어를 개발해도 되겠다고 생각했습니다. 그러나 미국 청년은 이미 비트 시스템을 제치고 비트보다 1,500배 빠른 새로운 재무 소프트웨어를 개발해 2주일 만에 세계 시장을 석권했습니다. 그해에 미국 청년은 세계 제일의 갑부가 되었고, 그의 이름 '빌 게이츠'는 성공과 부를 상징하는 이름이 되어 전 세계적으로 유명인사가 되었습니다.

빌 게이츠는 하버드 대학교를 졸업하지 않고 바로 창업을 했습니다. 만약 그가 모든 지식을 배운 뒤 마이크로소프트를 창업했다면 과연 세계적 부호가 될 수 있었을까요? 세상에는 하나의 진리가 존재합니다. 그것은 바로 일할 때 모든 조건이 갖추어지기를 기다렸다가 시작하려면 영원히 기다려야 한다는 것입니다.

말씀에 접목하기: 삼상 15:22

기독교를 진리라고 생각하는 사람이 있습니다. 그래서 진리를 깨닫기 위해 밤낮 없이 힘쓰는 사람이 많습니다. 그들은 배우고 연구하고 훈련하고 더 많은 진리를 쌓기 위해 씨름합니다. 그러나 예수님은 진리의 전당을 세우지도 않았고 진리를 가르치기 위해 학교나 연구실을 만들지도 않으셨습니다. 예수님은 사랑의 삶을 살다가 사랑을 위해 십자가에 죽으시고 부활하셨습니다. 이처럼 예수님은 하나님의 사랑을 이 땅에 실천하기 위해 오신 분입니다.

그리스도인 가운데 학자를 높이고 교수를 부러워하고 깊은 진리를 터득한 사람을 존경하는 사람이 많은데 이것은 잘못되어도 한참 잘못된 것입니다. 기독교는 예수님처럼 하나님의 사랑을 실천하며 생활하는 신앙입니다. 그리스도인의 이상은 콜레트처럼 배우고 연구하고 높은 학문을 쌓는 것이 아니라 빌 게이츠처럼 현장 속에서 하나님이 섬기고 사랑하고 구원하기를 원하시는 사람을 찾아가 섬기고 사랑하고 구원하는 신앙입니다. 당신은 지금 진리를 추구하고 있습니까, 사랑을 실천하고 있습니까?

최고의 빵을 만들기로 작정한 사람

예화 36

어렸을 때부터 유난히 빵을 좋아하는 사람이 있었습니다. 그는 빵 냄새를 맡기만 해도 너무 행복했습니다. 성년이 되고 그는 자신의 소원대로 제빵사가 되었습니다. 그는 빵을 만들 때 가장 좋은 밀가루와 식용유를 써야 하고, 먼지 한 점 없고 반짝반짝 빛나는 그릇을 써야 한다고 생각했습니다. 그리고 자기를 도와주는 사람은 다른 사람을 배려하면서 즐겁게 일해야 하고, 분위기에 맞는 음악을 들으며 빵을 만들어야 한다고 생각했습니다. 그는 이 네 가지 조건 가운데 하나라도 빠져서는 안 된다고 여겼습니다. 하나라도 빠지면 창작의 영감이 떠오르지 않는다고 생각했던 것입니다.

이 제빵사는 자신의 빵을 예술품이라고 여겼습니다. 그래서 한 스푼의 식용유라도 신선하지 않으면 노발대발하며 용납할 수 없는 모욕이라고 여겼습니다. 그는 빵을 만들지 못하는 날이면 양심의 가책을 받았습니다. 음식을 탐하는 아이들이나 입맛 까다로운 여성들이 다른 빵집에서 성의 없이 만든 빵을 먹도록 내버려두었다고 생각했기 때문입니다. 제빵사는 한 번도 그날의 장사가 시원찮다고 생각해 본 적이 없었습니다. 그의 사업은 예상 외로 번창했고, 그는 똑똑하고 열심히 노력하는 사람보다 더 많은 돈을 벌었습니다.

당신이 일하는 목적은 돈이나 명예가 아니라 업계의 일인자가 되는 것이어야 합니다. 최고가 되는 순간 돈과 명예는 자연히 따라오며, 그러면 성공하지 않으려고 해도 성공할 수밖에 없습니다. 세상의 많은 일이 그렇습니다. 일부러 좇아가면 성공은 나비처럼 날개를 펴고 멀리 날아가 버립니다. 그러나 온갖 잡념을 떨쳐버리고 한마음으로 일에 몰두하면 의외의 수확이 조용히 당신을 찾아올 것입니다.

말씀에 접목하기: 약 2:8

일본인 다케다는 '다마고 보로' 과자로 유명한 다케다 제과의 경영자이기도 합니다. 그는 다마고 보로를 만들 때 세 배나 비싼 유정란만 고집하며 써 왔습니다. 최고 품질을 고집하는 그의 신념은 고객의 입맛과 마음을 사로잡아 마침내 시장 점유율 60퍼센트를 넘겼습니다. 최고 품질의 다마고 보로를 만들기 위해 그는 공장에서 직원들이 과자를 향해 "감사합니다"라고 말하게 했습니다. 다케다는 이런 확신을 가졌습니다. "재료 다음에는 만드는 사람의 행복도를 따지는 시대가 올 것입니다. 만드는 사람의 심리적 파동이 물건으로 이동하기 때문입니다. 하루에 3,000번씩 '감사합니다'라고 말해 보세요. 그러면 인생이 바뀔 겁니다."

감사는 하나님을 송축하는 것으로 끝나는 것이 아니라 이웃을 행복하게 하고 그들을 축복하는 것입니다. 그래서 이웃에게 감사의 기적이 일어나게 해야 진정한 감사가 됩니다. 이웃을 행복하게 만들기 위해 최선을 다하는 사람은 아름답습니다. 하나님은 이웃을 위해 최선을 다하는 사람을 축복하고 번성하게 하십니다.

문제는 곧 바로잡아야 한다

예화 37

큰돈을 번 상인이 말을 몰고 집을 향해 가고 있었습니다. 집에서 얼마 떨어지지 않은 곳에 이르렀을 때 하인은 말의 뒷다리 편자에 박힌 못이 곧 빠질 것처럼 흔들리는 것을 발견했습니다. "일단 말에게 맡겨 보자. 어쨌든 여섯 시간만 가면 되니까." 이렇게 말한 뒤 상인은 다시 말을 몰기 시작했습니다.

중간에 잠시 쉬면서 하인은 상인에게 다시 보고했습니다. "말의 오른쪽 다리 편자가 이미 빠져버렸습니다. 새것으로 하나 끼워 줄까요?" "됐어." 상인이 대답했습니다. "난 지금 서둘러 집으로 가야 해. 어쨌든 세 시간만 가면 되잖아. 집에 도착할 때까지 잘 달릴 수 있을 거야."

얼마 가지 못해 말이 비틀거리기 시작했습니다. 말의 발은 금세 피로 흥건해졌고 결국 쓰러지면서 다리가 부러지고 말았습니다. 상인은 어쩔 수 없이 말에서 내려 하인과 함께 짐을 나누어 지고 집까지 걸어 돌아와야 했습니다. 그들이 숨을 헐떡거리며 집에 도착했을 때는 이미 한밤중이었습니다.

작은 실수를 가볍게 보아서는 안 됩니다. 작은 실수나 과오를 제때 바로잡지 않으면 만회할 수 없는 큰 실수를 저지를 수 있기 때문입니다.

말씀에 접목하기: 수 7:1

이스라엘이 가나안에 들어가서 여리고 성을 점령하고 곧이어 작은 성읍 아이를 공격했으나 실패하고 말았습니다. 그 이유는 아간이 하나님의 말씀을 어기고 하나님께 바쳐야 할 것을 착복했기 때문입니다(수 7장). 약속의 땅은 하나님의 말씀에 순종하지 않으면 받을 수 없습니다. 아간 한 사람이 하나님의 말씀을 거역했지만 하나님은 그것을 먼저 해결하라고 하셨습니다. 문제가 생기면 그 즉시 하나님께 드리고 하나님 앞에서 바로잡지 않으면 가나안 복지를 차지할 수 없습니다. 지금 하나님이 약속하신 축복을 받지 못하고 있는 것은 아닙니까? 시급하게 바로잡아야 할 문제가 있지는 않습니까? 모든 문제가 자기의 잘못 때문에 오는 것은 아니지만 어려움이 닥쳤을 때 시급하게 바로잡아야 할 문제가 없는지 점검하는 것은 아주 중요한 일입니다.

주위를 돌아볼 줄 아는 지혜

예화 38

워털루 전쟁의 영웅 웰링턴 장군이 승전 기념 파티를 열었습니다. 군인 장성들과 공을 세운 장교들이 모두 모였습니다. 웰링턴은 손님들에게 보석이 촘촘히 박힌 지갑을 자랑하고 싶었습니다. 그는 주머니 속에 지갑을 꺼내려다 몹시 당황했습니다. 방금 전까지 주머니 속에 있던 지갑이 없어진 것입니다.

화가 난 웰링턴은 손님들을 향해 소리쳤습니다. "보석 지갑을 훔쳐간 범인을 잡겠다. 문을 닫아라." 손님들은 호주머니 검사를 하자고 소리쳤습니다. 그때 나이 많은 한 장군이 호주머니 검사에 반대했습니다. 사람들은 그를 의심의 눈빛으로 바라보았습니다. 그러자 그 장군은 황급히 문을 박차고 밖으로 나가버렸습니다. 결국 그가 범인으로 몰리고 말았습니다.

일 년 후 다시 파티가 열렸습니다. 외투를 꺼내 입던 웰링턴은 깜짝 놀랐습니다. 도둑맞은 줄 알았던 보석 지갑이 외투 주머니에 들어 있었던 것입니다. 웰링턴은 황급히 그 나이 많은 장군을 찾아가서 용서를 구했습니다. 웰링턴 장군이 물었습니다. "그때 왜 검사를 거부했습니까?" 그러자 그 장군이 살짝 얼굴을 붉힌 채 말했습니다. "사실 그날 밤 아내와 아이들이 굶고 있어서 파티에 참석했다가 가족들에게 주기 위해 빵 몇 조각을 주머니 속에 감춰두었습니다."

그 말을 듣고 웰링턴은 통곡하며 다시 용서를 구했습니다. 호화스러운 파티를 열고 보석 지갑을 사람들에게 자랑하는 동안 자기 부하의 가족들은 굶주리고 있었던 것입니다. 그때부터 웰링턴은 다시는 자기 물건을 자랑하지 않았습니다.

> 말씀에 접목하기: 요 13:34, 35

 현명한 사람은 자기 곁에 있는 사람들과 함께 기쁨과 슬픔을 나눌 줄 아는 사람입니다. 예수님은 서로 사랑하면 사람들이 너희가 내 제자인 줄 알리라고 말씀하셨습니다. 예수님의 제자들은 예수님의 사랑을 나누는 자들입니다. 자신이 주께 받을 것을 나누고, 이웃이 하나님께 받은 것을 함께 나누는 자입니다. 자기 주위를 살피면서 함께 나눌 줄 아는 자만이 진정한 지도자입니다.

포기하는 것은 하나님의 뜻이 아닙니다

예화 39

 다음은 찰스 스윈돌 목사의 《천생연분의 완성》에 나오는 이야기입니다. 1940년 초와 말경에 영국이 국난을 당했을 때 땅딸막한 키에 항상 시가를 물고 있던 인상이 좋지 않은 처칠 경이 나라를 이끌고 있었습니다. 많은 사람이 항복하자고 외쳤지만 그는 굳건히 버텼습니다. 폭격으로 시가지는 폐허가 되고 건물이 무너지고 다리가 주저앉았지만 처칠 수상은 요지부동이었습니다. 그는 한 번도 협상을 염두에 두지 않았습니다. 전쟁이 끝날 때까지 그는 자기 뜻을 굽히지 않고 밀어붙였습니다. 처칠은 자신의 생각을 다음과 같이 간단히 피력했습니다. "전쟁은 피한다고 사라지는 것이 아닙니다."
 여기서 스윈돌 목사는 "전쟁과 같이 결혼생활에서도 승리하기 위해서는 절대 포기라는 생각을 하지 말아야 한다"고 강조했습니다. 싸움으로 부부 사이가 멀어지고 건물이 부서지고 다리가 끊기는 것 같은 일이 당신에게 일어난다고 해도 결코 포기해선 안 되는 것이 부부관계입니다. 그는 이렇게 권고합니다. "결코 포기하지 마십시오. 계속 문제 해결 방법을 찾기 위해 매진하십시오. 부부가 같이 기도하십시오. 구원을 요청하십시오. 하나님을 의지하십시오. 그러면 하나님이 도우실 것입니다. 진정한 승리를 원하는 자에게 절대 포기가 있어서는 안 됩니다."

> 말씀에 접목하기: 계 2:10

처칠 경이 은퇴한 뒤 모교에서 연설을 하게 되었습니다. 처칠 경은 지팡이를 짚고 단상 위로 올라갔습니다. 그때 교장선생님은 학생들에게 이렇게 말했습니다. "여러분, 대선배이며 우리 학교를 빛낸 처칠 경이 말씀하실 때 한 마디도 빼놓지 말고 모조리 받아 적도록 해요. 이것은 여러분에게 영광이 될 것입니다." 처칠 경은 지팡이를 짚고 강단에 서서 두꺼운 안경 너머로 자신의 말을 받아 적기 위해 준비하는 학생들을 한참 동안 응시했습니다. 그러고 나서 이 한 마디를 하고 단상을 내려갔습니다. "결코 포기해선 안 됩니다!" 하나님은 천재를 통해 세상을 변화시키지 않고 절대로 포기할 줄 모르는 사람을 통해 세상을 아름답게 만들어 가십니다.

정신의 영양소를 공급하라

예화 40

유명한 연극 〈빈의 재회〉에서 주연을 맡은 알프레드 런트는 이렇게 말했습니다. "나에게 필요한 영양소는 나를 높이 평가해주는 말이다." 주부들은 가족들이 필요한 영양소를 섭취하도록 하기 위해 최선을 다합니다. 가족 건강을 위해 쇠고기나 감자, 채소, 물고기 등 음식 재료를 갖고 열심히 음식을 만들어 가족들의 체력을 북돋아주려고 합니다. 그러나 주부들은 가족들이 신체적 영양이 필요한 것처럼 정신적 영양도 꼭 필요하며, 그것 없이는 온 가족이 행복해질 수 없다는 것을 인식하지 못할 때가 종종 있습니다. 우리 가족은 부드러운 칭찬의 말과 격려하는 말을 필요로 합니다. 칭찬과 격려가 없다면 가족은 정신적으로 건강할 수가 없습니다. 당신은 신체적 영양을 공급하기 위해 노력하면서 가족의 정신 건강을 해치는 비난이나 잔소리, 비판, 정죄를 하고 있지 않습니까?

> 말씀에 접목하기: 고전 13:1-7

가족을 건강하게 하는 정신적 영양소는 무엇일까요? 하나님의 사랑을 풍성히 받고 그 사랑으로 가족을 사랑하는 것입니다. 고린도전서 13장의 말씀처럼 하나님이 우리를 오래 참으시고 …… 덮어주시고 믿어주시고 바라시고 견디어주시는 그 사랑으로 가족에게 오래 참고 …… 덮어주고 믿어주고 바라고 견디어주는 하나님의 사랑을 공급하는 것입니다.

상황에 빠져 있는가, 상황을 지켜보고 있는가?

예화 41

미국 성공학의 대가 로빈 시거는 이렇게 말했습니다. "인생을 살다가 역경에 처하게 되었을 때 거기에 빠져 지내는 사람이 있는가 하면 신념을 가지고 그 곤경을 이겨내는 사람도 있다."

정 여사와 최 여사는 모두 시장에서 옷가게를 운영하고 있습니다. 불행히도 그녀들이 처음 장사를 시작한 시기는 의류업계가 가장 불황이던 때였습니다. 옷은 팔리지 않는데 매일 자릿세와 관리비 등을 내야 했기에 손해 보는 장사를 할 수밖에 없었습니다. 그러다가 정 여사가 좋은 품질의 옷을 다 팔아버린 뒤 다시는 옷 장사를 하지 않겠다고 맹세했습니다. 정 여사는 손해 보는 장사를 더 이상 견딜 수 없었던 것입니다. 손해 보는 장사가 그녀를 사로잡아 괴롭히고 스트레스를 받게 했습니다. 결국 그녀는 손해 보는 장사에 빠져버렸습니다.

그러나 최 여사는 다르게 보았습니다. 진지하게 당시의 상황을 분석한 그녀는 자신이 손해 보는 것이 정상이라는 결론을 내리게 되었습니다. 첫째, 자신은 막 장사를 시작해 경험이 없어 고객의 심리를 잘 알지 못했다는 것을 깨달았습니다. 그러므로 어느 정도의 '수업료'를 지불하는 것은 당연한 일이라고 생각했습니다. 둘째, 당시는 의류업계가 불황일 때라 매년 그 시기가 되면 대부분의 옷가게가 돈을 잘 벌지 못한다는 것을 알게 되었습니다. 단지 그들은 경험이 많아서 수지를 맞출 수 있었던 것이었습니다.

최 여사는 자신이 의류업계에 어울린다는 것을 믿고 있었기에 상황을 잘 분석하고 대처하면 얼마든지 새로운 미래를 만들어 나갈 수 있다고 생각했습니다. 과연 그 시기가 지나자 상황이 차츰 나아지더니 매상이 오르기 시작했습니다. 3년 뒤 그녀는 성공한 사장이 되었고 매년 엄청난 순이익을 챙겼습니다. 반면 정 여사는 3년 동안 여러 차례 업종을 변경해도 모두 성공하지 못한 채 속수무책이었습니다.

최 여사와 정 여사의 차이는 무엇입니까? 정 여사는 손해 보는 장사에 빠져 상황을 보지 못하고 자기의 가능성도 살리지 못했습니다. 그러나 최 여사는 손해 보는 장사를 하면서도 거기에 빠지지 않고 멀리 서서 그 상황과 자신을 바라보며 그것을 극복하고 이길 방법과 지혜를 구했습니다. 거기에 빠지면 망합니다. 그러나 하나님은 인간에게 거기서 밖으로 나와서 거기와 자기를 바라보면서 거기서 빠져나올 수 있는 지혜와 가능성을 주셨습니다.

말씀에 접목하기: 벧전 2:18-20

사람에게는 심리적 차원과 영적 차원이 있습니다. 심리적 차원은 생각하고 느끼고 결단하는 등의 정신 능력을 가지고 있습니다. 그래서 사람들은 무슨 일에 처하든지 자기 안에서 그 일을 보고 판단하고 결정을 내립니다. 정 여사처럼 처음 장사를 시작하면서 손해만 보자, 손해 보는 장사에 빠져 더 이상 손해 보는 장사를 하지 않겠다고 작정하고 장사를 접은 것과 같습니다. 정 여사는 자기의 정신 능력을 자기 안에서 사용했기 때문에 그 상황 밖에는 볼 수 없었습니다.

영적 능력은 자기 밖으로 나가 밖에서 자기를 보는 능력입니다. 최 여사는 장사가 안 될 때 영적 능력을 발휘했습니다. 그녀는 자기 밖으로 나가 자기가 손해 보는 장사를 하고 있는 것과 손해를 보는 상황에서 자기가 그 상황을 바르게 판단하고 대처했는지 하는 것, 장사의 흐름, 장사의 원리, 장사의 미래 등을 깊이 생각하면서 판단을 내리고 자기를 반성했습니다. 이런 것이 영의 능력입니다. 당신도 영적 능력을 활용하면 어떤 역경에서도 그것을 극복할 수 있는 힘이 자기에게 있다는 것을 발견하고 현명한 대처를 할 수 있습니다.

당신은 지금 어떤 상황에 있습니까? 혹시 그 상황에 빠져 허우적거리며 조금도 나아가지 못한 채 그 상황만 바라보며 고민하고 있습니까? 아니면 그 상황 밖에 나와 당신 자신과 그 상황의 흐름을 보면서 새로운 미래를 계획하고 있습니까?

상황에 빠져 있는가, 상황을 지배하고 있는가?

예화 42

한 평생 농사를 지으며 산 아버지가 장성한 두 아들을 앞에 두고 이렇게 말했습니다. "이곳은 사람은 많은데 땅이 협소해서 양식이 넉넉지 않다. 그래서 나중에 신붓감을 구하기도 쉽지 않을 것이니, 이제 너희는 바깥세상으로 나가 각자 부딪혀 보도록 해라."

두 형제는 아버지가 주신 100만 원을 가지고 집을 나섰습니다. 마을 입구에서 형제는 누가 먼저 200만 원을 벌어 오는지 보자면서 헤어졌습니다. 이렇게 헤어진 형제는 외지에서 일 년의 시간을 보낸 뒤 고향으로 돌아왔습니다. 동생은 기쁨이 가득한 얼굴로 통장 하나를 꺼내놓았습니다. 200만 원이 들어 있었습니다. 뒤이어 형도 통장을 꺼냈지만, 그 통장은 잔고가 마이너스였습니다. 알고 보니 동생은 동분서주하며 열심히 장사를 했고, 형은 아르바이트를 하며 양식업을 하기 위한 기술을 배웠습니다.

그로부터 얼마 후 형제는 또다시 집을 떠나게 되었습니다. 동생은 일 년 뒤 누가 먼저 500만 원을 벌어 오는지 보자면서 자신감에 넘치는 표정으로 헤어졌습니다. 그렇게 일 년의 시간은 빠르게 지났고, 이번에도 승리는 동생의 것이었습니다. 형의 통장에는 겨우 200만원이 들어 있었고 동생은 형의 5배에 이르는 1,000만 원이 들어 있었습니다. 이를 본 아버지는 "너희가 얼마를 벌었든지 간에 내가 보기에는 모두 큰 발전이 있었던 것 같아 안심이 되는구나"라고 말했습니다.

3년 뒤 형은 고향으로 돌아와 사업을 시작했습니다. 자신의 양식장을 세우게 된 것입니다. 그리하여 지역 경제를 이끌다시피 했습니다. 그리고 동생은 여전히 시장에서 바쁘게 뛰어다니며 장사 수완을 몸에 익히고 있었습니다. 또다시 3년의 세월이 흘렀습니다. 형의 사업은 안정적으로 뿌리를 내리고 그 지역에서 상당한 영향력을 갖게 되었습니다. 그는 상품을 판매해서 돈을 버는 것 외에도 사람들에게 양식 기술을 가르치며 이익을 창출해냈습니다. 반면 동생은 시장에서 여러 차례 좌절을 맛보았습니다. 돈을 벌었다가 잃기를 반복하고, 경영의 목표도 끊임없이 바뀌는 등 눈에 띄는 진전이 없었습니다.

시간이 흘러 형이 백만장자가 되어 도시에 큰 회사를 세울 때 동생은 결국 동분서주하는 자신의 생활에 싫증이 나서 장사를 그만두고 말았습니다. 형은 동생을 자신의 직원으로 채용해 판매 업무를 맡기기를 원했고, 동생도 흔쾌히 수락했습니다.

어느 날 형제는 아버지와 함께 저녁식사를 하며 몇 년간의 경험에 대해 이야기를 나누었습니다. 아버지는 "보아 하니 농사는 하늘에 달려 있고,

장사는 운에 달린 것 같구나!"라고 말했습니다. 아버지는 하늘과 운이 열매를 좌우한다는 자신의 생각을 이야기한 것이었습니다. 그러자 큰아들이 고개를 저으며 이렇게 말했습니다. "아버지, 사실 더 중요한 것은 마음이에요. 저는 차근차근 쌓아 나가기 위해 노력했지만 동생은 늘 벼락부자의 꿈을 꾸었어요."

말씀에 접목하기: 고전 3:18-21

　큰아들과 작은아들의 차이는 자기가 성공을 지배했느냐, 성공에 빠져 있었느냐 하는 것이었습니다. 큰아들이 성공할 수 있었던 것은 미래에 대한 꿈을 꾸고 목표를 분명하게 정하고 그 목표를 향해 한 걸음씩 한 걸음씩 나아갔기 때문입니다. 그러나 동생은 오로지 성공하겠다는 마음으로 눈앞의 이익에만 치중하여 동분서주하다가 결국 성공을 거두지 못했던 것입니다. 자신이 처한 상황을 지배하고 있느냐, 그 상황에 빠져 있느냐에 따라 그 열매는 엄청나게 달라집니다.
　인간의 영적 능력은 자기의 상황에서 빠져나오는 능력입니다. 그 상황에 머물러 있으면 그 상황으로부터 지배를 받게 됩니다. 잠깐 묵상하면서 그 상황에 부딪혔을 때 어떤 생각을 하게 되었는지, 그 상황을 만났을 때 어떤 감정을 느꼈는지, 그 상황을 극복하기 위해 어떻게 행동하고 있는지 차분히 들여다보는 것이 자기 밖으로 나오는 것입니다. 동생은 돈을 벌겠다는 생각, 성공하겠다는 생각에 빠져 있었습니다. 그러나 형은 자기 밖으로 나와 성공을 위해 어떤 목표를 세워야 할 것인지, 어떤 전략과 전략을 사용할 것인지 등을 미리 준비하고 계획대로 일을 진행해 나갔습니다. 하늘과 운도 중요하지만 그보다 더 중요한 것은 큰아들처럼 자기의 영적 능력을 활용하는 것입니다.

모든 사람이 똑같은 방법을 생각하고 있다면
그것은 기회가 아니다

예화 43

한 부동산 개발업자가 위험 부담이 큰 투자를 여러 차례 감행했습니다. 그리고 매번 큰 이익을 보았습니다. 그는 이렇게 말했습니다. "매번 일을 순조롭게 처리할 수 있었던 것은 모두 큰 위험을 감수했기 때문입니다."

그는 투자 항목을 선택할 때 다른 사람들이 모두 괜찮다고 말하면 그것은 기회가 아니라고 생각했습니다. 그래서 매번 다른 사람들이 투자해서는 안 된다고 말하는 항목에 투자했습니다. 다른 사람은 아직 발견하지 못했지만 자신은 발견한 기회를 절호의 기회라고 여겼던 것입니다. 비록 이 방법이 매우 위험하긴 하지만 모험을 하지 않으면 이익을 얻고, 50퍼센트의 희망만 있다면 모험을 해볼 가치가 있다고 생각했습니다.

투자의 대가 조지 소로스는 다음과 같은 명언을 남겼습니다. "모든 사람이 똑같은 방법을 생각하고 있다면 그것은 기회가 아니다." 모험의 위험을 감수하지 않으면 어떻게 모험의 기쁨을 맛볼 수 있겠습니까? 어떤 일을 하든지 필사적으로 임할 때 기회를 만날 수 있고 성공도 할 수 있습니다.

> **말씀에 접목하기: 요 5:30**

부동산 투자는 이익을 창출할 수 있느냐를 내다보고 거기에 투자해야 합니다. 그러나 그리스도인은 이익을 창출할 수 있느냐를 보지 않고 하나님의 말씀에 근거하고 있느냐를 묻습니다. 그리스도인은 아무리 큰 이익을 창출한다고 해도 하나님의 말씀에 근거한 것이 아니면 하나님께 영광이 되지 않는다고 믿습니다. 우리는 소로스의 말처럼 모든 사람이 기회라고 믿고 추천해도 하나님의 말씀과 다르면 하지 말아야 합니다. 오직 하나님의 말씀에 따를 때만 하나님의 영광이 나타날 것입니다.

큰 원이 접한 부분은 작은 원이 접한 부분보다 크다

예화 44

한 학생이 선생님께 물었습니다. "선생님은 저보다 훨씬 많은 지식을 가지고 있는데, 왜 자신의 지식에 대해 의문을 품으십니까?" 이 질문에 선생님은 모래 위에 지팡이로 큰 원 하나를 그리더니 그 안에 또다시 작은 원을 그렸습니다. 그러고 나서 말했습니다. "큰 원은 내가 알고 있는 지식이고, 작은 원은 네가 알고 있는 지식이다. 이 두 원 외의 곳이 바로 너와 내가 모르는 부분이다. 큰 원은 작은 원보다 크기 때문에 모르는 부분과 접한 부분 역시 작은 원이 접한 부분보다 클 수밖에 없다. 이것이 바로 내가 늘 자신을 의심하는 이유란다."

말씀에 접목하기: 고전 2:4, 5

"3일 배운 의술은 천하를 돌아다니고 3년 배운 의술은 한 발 내디디기도 힘들다"라는 말이 있습니다. 자신의 무지를 인정하는 사람이 진정한 지도자가 될 수 있습니다. 자신이 아는 게 많다고 생각하는 사람은 다른 사람에게 무지하다는 인상을 줍니다.

최선의 선택은 무엇인가?

예화 45

한 회사에서 직원을 채용하기 위한 면접에서 이런 문제를 냈습니다. "폭풍우가 쏟아지는 밤에 차를 몰고 어느 정류장을 지나가는데, 그때 차가 오기를 간절히 기다리는 세 사람을 발견했습니다. 한 사람은 병세가 심각한 아주머니이고, 또 한 사람은 예전에 자신의 생명을 구해준 의사이고, 나머지 한 사람은 당신이 꿈속에서 그리던 연인입니다. 만약 이때 당신의 차에 오직 한 사람만 태울 수 있다면 누구를 태우겠습니까?"

채용 면접에 응모한 사람들은 저마다 이유를 들어 대답했습니다. 아주머니를 태워야 한다고 대답한 사람은 그녀의 병세가 위중하기 때문에 서둘러 병원으로 데려가야 한다고 했습니다. 의사를 선택한 사람은 의사가 예전에 자신의 목숨을 구해주었기 때문에 은혜에 보답해야 한다고 했습니다. 꿈속의 연인이라고 대답한 사람은 이 기회를 놓치면 영원히 그(녀)를 만날 수 없기 때문이라고 말했습니다.

200명의 응시자 가운데서 최종 합격자의 답은 무엇일까요? "나는 자동차 키를 의사에게 건네주고 그에게 아주머니를 빨리 병원으로 데려가라고 할 것입니다. 그런 다음에 나는 그곳에 남아 사랑하는 사람 곁에서 차가 올 때까지 함께 기다릴 것입니다."

말씀에 접목하기: 빌 2:6-8

우리는 늘 '이것 아니면 저것'이라는 사고방식에 얽매여 살고 있습니다. 앞선 질문은 정답을 요구하는 것이 아닙니다. 그 상황에서 최선의 선택이 무엇인가 묻는 질문입니다. 우리가 살아가는 삶의 현장은 정답보다 '이것이냐 저것이냐'는 선택보다 더 중요한 것을 요구합니다. 그것은 모든 사람에게 큰 유익을 주는 최선의 대답이 무엇이냐 하는 것입니다. 앞선 질문에서 앓고 있는 여인, 의사, 젊은 아가씨, 작은 차의 운전자 등 네 사람을 모두 만족시킬 대답은 운전자가 차에서 내려 환자를 도울 수 있는 의사에게 키를 맡기고 자기는 젊은 연인과 함께 비를 맞으면서 함께 고생하는 것입니다. 운전자가 차에서 내리지 않는다면 모두를 만족시킬 수 있는 방법이 없습니다. 자기가 차에서 내려 연인과 함께 고생할 때라야 모두에게 만족스러운 대답이 나올 수 있습니다. 당신은 지금도 차에 그냥 앉아 최선의 대답을 구하고 있지는 않습니까?

마오무의 구혼광고

예화 46

마오무는 작가로 이름을 날리기 전 아주 가난하게 살았습니다. 마오무는 책 판매량을 높이기 위해 소설책을 출간한 뒤 신문에 구혼광고를 냈습니다. "저는 음악과 스포츠를 좋아하는 젊고 교양 있는 백만장자입니다. 저는 마오무 소설에 나오는 여자 주인공 같은 여성과 결혼하기를 원합니다." 며칠 뒤 마오무의 소설책은 날개 돋친 듯 팔려 나갔습니다.

말씀에 접목하기: 고전 13:11, 12

마오무의 구혼광고는 현대 베스트셀러 홍보의 효시라고 할 수 있습니다. 새로운 시각으로 세상을 바라보면 기적과 같은 일이 일어납니다.

세 아들의 월급이 다른 이유

예화 47

한 상업 지역에 유명한 모피 회사가 있었는데, 이 회사의 직원들 가운데 삼형제가 함께 근무하는 경우가 있었습니다. 어느 날 이들의 아버지가 사장을 만나려고 찾아왔습니다. 그는 세 형제의 월급이 왜 다른지 이해할 수가 없었습니다. 첫째 아들은 주급 350달러, 둘째 아들은 주급 250달러, 셋째 아들은 주급 200달러였습니다.

사장은 삼형제 아버지의 말을 묵묵히 듣고 나서 말했습니다. "지금 세 사람을 불러 똑같은 일을 시키겠습니다. 아들들이 일하는 모습을 보고 나면 월급이 다른 이유를 바로 아실 수 있을 것입니다."

사장은 먼저 셋째 아들을 불러 지시했습니다. "지금 항구에 정박해 있는

○○선박에 대해 조사 좀 해오게. 선상의 모피 수량, 가격, 품질을 상세히 기록해 빨리 보고하게." 그는 업무 내용을 적고 나서 그 자리를 떴습니다. 5분 뒤 그는 사장실에 나타났습니다. 사장이 빨리 하라고 명령했기 때문에 그는 전화로 지시한 사항을 문의했던 것입니다. 셋째 아들은 전화 한 통화로 임무를 끝마쳤습니다.

사장은 다시 둘째 아들을 불렀습니다. 그에게도 똑같은 일을 지시했습니다. 그는 한 시간 후에 사장실로 돌아왔습니다. 그는 땀을 닦으며 버스를 타고 다녀왔다고 설명한 뒤 ○○선박의 화물 수량, 품질 등에 대해 상세히 보고했습니다.

사장은 마지막으로 첫째 아들을 불러 둘째 아들이 보고한 내용을 말해주고 나서 그에게 상세히 조사하라고 지시했습니다. 첫째 아들은 시간이 좀 걸릴 것이라고 말한 뒤 나가더니 세 시간 뒤에 회사로 돌아왔습니다. 그는 먼저 둘째 아들이 보고한 내용을 다시 보고했습니다. 그런 다음 선박에 있는 화물 가운데 가장 값어치가 많이 나가는 화물에 대해 상세히 보고했으며, 사장이 계약을 체결하기 편하도록 이미 화물주와 내일 오전 10시 회사에서 보자는 약속을 하고 왔다고 말했습니다. 돌아오는 길에 그는 다른 두세 곳의 모피 회사에 들러 동종 화물의 품질과 가격을 물어보고 왔다는 말도 덧붙였습니다.

말씀에 접목하기: 벧전 3:8, 9

채플린이 무명 시절 철공소에서 일했을 때의 이야기입니다. 어느 날 일 때문에 바빴던 사장이 그에게 '빵'을 사오라고 부탁했습니다. 저녁시간이 지나서야 사장은 채플린이 가져다준 봉투를 펼쳐볼 수 있었습니다. 그런데 그 안에는 빵과 함께 와인 한 병이 들어 있었습니다. 사장이 채플린을 불러 이유를 물었더니 그는 이렇게 대답했습니다. "사장님은 일이 끝나면 언제나 와인을 드시곤 했습니다. 그런데 오늘 마침 와인이 떨어진 것 같아서 제가 둘 다 사왔습니다." 채플린의 말에 감동을 받은 사장은 그의 일당을 올려주었을 뿐 아니라 이후로 그를 대하는 태도가 완전히 달라졌다고 합니다. 채플린은 하나를 하더라도 마음을 다할 줄 알았던 것입니다. 채플린을 코미디의 달인으로 만들어준 2퍼센트는 '마음'을 다하는 정성이었던 것입니다.

두루미 무리를 이끄는 지도자

예화 48

브루스 라슨은《바람과 불꽃》에서 두루미에 대한 흥미로운 사실을 지적했습니다. "대륙을 건너 먼 거리를 날아온 이 커다란 새들에게는 다음과 같은 뚜렷한 특성이 있다. 첫째, 그들은 지도자를 교대로 세운다. 그 어떤 새도 항상 전면에 나설 수는 없다. 둘째, 그들은 거친 바람을 헤치고 나아갈 수 있는 지도자를 세운다. 그리고 마지막으로 한 마리의 새가 인도해 나가는 동안 나머지 새들은 격려의 울음소리를 내면서 따른다."

말씀에 접목하기: 행 1-7

교회는 영성과 사랑만 가지고는 안 됩니다. 지도력과 조직이 있어야 합니다. 조직은 모든 성도가 하나님께 받은 은사대로 자기의 은사와 능력을 합하여 교회를 섬기고 이웃과 하나님을 섬기게 하며, 지도력은 전 성도가 한 방향을 향하여 힘 있게 전진하도록 해줍니다. 영성과 사랑과 지도력과 조직은, 교회 성장을 위한 것입니다.

사자 조련사가 의자를 들고 우리에 들어가는 이유

예화 49

윌리엄 힌슨은 동물 조련사가 사자 우리에 들어갈 때 왜 의자를 들고 가는지 설명하고 있습니다. 그들은 물론 회초리를 가지고 있습니다. 옆구리에 권총도 찼습니다. 그러나 모든 조련사가 한결같이 의자를 들고 들어갑니다. 힌슨은 그 의자가 조련사에게는 가장 중요한 도구라고 말합니다. 조련사는 먼저 의자의 뒤를 붙잡고 의자 다리를 야수의 얼굴로 향하게 합니다. 동물을 다룰 줄 아는 사람이라면 동물들이 의자 다리 네 개에 동시에 초점을 맞추려 한다는 사실을 알고 있습니다. 그동안 일종의 무기력증이 사자를 압도하게 되는데, 결국 집중력이 분산되어 맹수로서의 사나움을 잃고 온순한 사자가 된다는 것입니다.

말씀에 접목하기: 약 4:7, 8

마귀는 우리의 집중력을 방해하고 영적 무력증에 빠지게 하려고 다초점의 무기를 사용합니다. 마귀는 하나님과 하나님의 말씀을 향하고 있는 우리의 초점을 흐트러뜨리기 위해 보암직도 하고 먹음직도 하고 먹으면 지혜롭게 할 만큼 탐스럽기도 한 수많은 선악과를 준비해놓고 있습니다. 지금 이 순간 주님을 바라보고 있습니까, 아니면 마귀의 선악과를 바라보고 있습니까?

오렌지 몇 개와 다이아몬드를 바꾼 사연

예화 50

1912년 4월 14일, 거대한 여객선 타이타닉 호가 대서양의 빙산에 부딪혀 침몰했습니다. 수많은 인명 피해를 낸 대형 참사였습니다. 이 사고와 관련된 일화는 지금까지도 회자되고 있을 정도로 많은 사람의 호기심을 자극합니다. 구명보트에 탔던 한 여인의 이야기는 호기심을 자아낼 만합니다.

사고 당시 이 여인은 뭔가 가져올 게 있다면서 특실에 갔다 오겠다고 했고, 3분 안에 돌아오라는 허락을 받았습니다. 복도를 통과할 때 그녀는 승객들이 급하게 움직이면서 버린 돈과 보석을 보았지만 그것에 관심을 가질 여유가 없었습니다. 복도를 지나 자신이 머물렀던 특실에 들어갔을 때도 그녀는 자신의 다이아몬드 보석에는 전혀 관심이 없었습니다. 그 대신 그녀는 방 안에 있던 오렌지 세 개를 거머쥐었습니다. 그러고는 황급히 구명보트로 되돌아왔습니다.

불과 몇 시간 전까지만 해도 오렌지 몇 개와 다이아몬드를 바꾼다는 것은 바보스러운 일이었을 것입니다. 그러나 긴급한 상황이 배 위에 있던 모든 물건의 가치를 순식간에 바꿔놓았습니다. 긴급한 상황이 그녀의 우선순위를 분명하게 만든 것입니다.

말씀에 접목하기: 전 5:13-16

죽음의 순간은 모든 우선순위를 한순간에 바꿔버립니다. 아무리 귀한 보석이나 보물이라고 할지라도 그 순간은 아무런 의미가 없습니다. 오직 예수님을 믿어 하나님의 자녀가 되었는가 하는 것이 유일한 가치가 되는 순간이 반드시 옵니다. 당신은 그 순간 아무런 가치와 의미도 없는 세상의 보화에 마음을 빼앗긴 채 살기를 원합니까? 성경은 "주 예수를 믿으라 그러면 너와 네 집이 구원을 얻으리라"(행 16:31)라고 말씀합니다.

그러나 사람은 복숭아가 아닙니다

예화 51

1925년 면도용 크림을 제조하고 판매하는 미국의 버마 쉐이브 회사에 걱정거리가 생겼습니다. 도로변 광고 효과에 대한 회의적인 결과가 나왔기 때문입니다. 고속으로 질주하는 자동차가 만들어지면서 사람들이 광고판을 읽을 시간이 없어졌습니다. 그래서 홍보팀은 자동차가 고속으로 달려도 읽을 수 있는 일련의 광고를 충분한 간격을 두고 세워놓는 방법을 생각해냈습니다. 이 독특한 광고가 버마 쉐이브 회사를 오늘까지 살아남게 만들었습니다. 다음은 그들이 고안한 광고 가운데 하나입니다.

복숭아는 보기가 참 좋다.
잔털이 많기 때문에……
그러나 사람은 복숭아가 아니다.
그리고 과거에도 결코 복숭아였던 적이 없다.

말씀에 접목하기: 벧전 3:8, 9

하나님은 사람을 세상의 다른 모든 피조물과 다르게 창조하셨습니다. 하나님이 사람을 지으신 목적은 다른 모든 피조물을 아름답게 지키고 다스리도록 하기 위해서입니다. 이는 하나님이 사람을 지으실 때 다른 모든 피조물과 질적으로 다르게 지으셨다는 뜻입니다. 그러므로 사람은 본성적으로 다른 모든 피조물과 다름을 알고 있습니다. 아무리 최악의 인간이라도 다른 피조물보다 절대적으로 우위에 있습니다. 사람의 가치를 다른 피조물과 비교해 말해서는 안 됩니다. 다른 어떤 피조물보다 뛰어난 가치를 지녔다는 사실을 인정하고 존중하는 것이 인간됨의 기초가 되어야 할 것입니다.

밥 세대와 라면 세대의 차이

예화 52

《신한국인》은 유명한 작가 이어령이 쓴 책입니다. 이 책에 보면 지난날의 한국인과 오늘날 한국인의 생활양식을 밥 세대와 라면 세대로 나눠놓았습니다. 이 두 세대의 차이를 한마디로 말하자면 속도감이라고 할 수 있습니다.

예전 우리의 어머니와 아내는 밥을 짓기 위해 뜸을 들이고, 또 늦게 들어오는 남편과 자녀를 위해 밥을 아랫목에 묻어두었습니다. 이런 모습에서 우리는 어머니와 아내의 따뜻한 기다림을 느낄 수 있습니다. 그러나 요즘 세대가 잘 먹는 라면은 끓여 먹는 데 오랜 시간이 걸리지도 않고 아주 간편합니다. 다만 금세 불어버리기 때문에 누구를 기다려줄 수 없습니다.

근래에는 패스트푸드 산업이 급속도로 발달하여 먹는 습관이 많이 변했습니다. 그러나 이런 것들이 가져온 현대 문화의 비극이 있습니다. 그것은 빠른 것을 추구하느라 기다리지 못하는 문화가 생겼다는 것입니다. 우리는 기다림과 휴식의 중요성을 많이 잊고 살아가는데, 요즘 사람들은 가만히 있거나 기다리는 것을 낭비라고 생각합니다. 그런 생각이 결국 안식의 축복을 잃어버리게 만들었습니다.

말씀에 접목하기: 출 20:11

안식일 계명의 의미를 알고 있습니까? 사람이 너무 바쁘고 쉴 틈 없이 살기 때문에 하나님이 쉬면서 기다리면서 차근차근 살아가라고 안식일 계명을 주신 것입니다. 안식일은 일주일의 쉼표입니다. 쉼표 없는 노래는 끝까지 부를 수도 없고 아름답지도 못합니다. 안식일 계명은 일주일에 하루를 꼭 쉬라는 의미보다 여유 있는 삶 속에 진정한 축복이 임한다는 것을 가르칩니다. 이것이 하나님의 뜻입니다. 하늘의 뜻이 당신에게도 이루어지기를 원합니까?

그때 무슨 일이 일어났는가?

예화 53

2차 세계대전이 끝난 뒤 한 장군과 그의 부관인 젊은 중위가 영국에서 기차를 타게 되었습니다. 마침 아름다운 여인과 그녀의 할머니가 앉아 있는 맞은편 두 자리가 비어 있었습니다. 그 자리에 앉은 장군과 부관은 여인들과 마주본 채로 가게 되었습니다. 기차가 움직이기 시작하더니 긴 터널을 지나게 되었습니다. 10초 동안 기차 안은 완전히 암흑이었습니다. 그 짧은 시간에 사람들은 키스하는 소리와 뺨 때리는 두 가지 소리를 들었습니다. 기차에 타고 있던 사람들은 나름대로의 상상력을 동원하여 어떤 일이 일어났는지 생각했습니다.

젊은 여인은 마음속으로 '그 중위가 내게 키스했을 때 기분이 참 좋았는데 할머니가 어이없이 그의 뺨을 때리다니!'라고 생각했습니다. 할머니는 이렇게 생각했습니다. '감히 내 손녀에게 키스를 하다니, 나쁜 놈 같으니라고! 하지만 내 손녀에게 그의 뺨을 때릴 수 있는 용기가 있었다는 건 자랑스러운 일이 아닐 수 없군.' 장군도 마음속으로 이렇게 생각했습니다. '아니, 중위가 저 여인에게 뻔뻔스럽게 키스를 하다니! 그런데 그 여인은 왜 나를 때린 걸까?'

기차에서 과연 무슨 일이 일어났을까요? 그것을 아는 사람은 중위밖에 없습니다. 그 짧은 어둠의 순간 그는 아름다운 여인에게 키스를 하고 장군의 뺨도 치는 기회를 얻었던 것이다.

말씀에 접목하기: 고전 3:1-3

사람은 직접 눈으로 보지 못하고 귀로 듣지 못하고 어떤 증거를 잡지 못한 사건에 대해 자기 나름대로 추측하기를 좋아합니다. 그런데 사람들은 추측이 사실이 아닌데도 불구하고 자기의 추측을 사실처럼 받아들입니다.

앞선 이야기처럼 사실은 하나인데 사람들은 전혀 다르게 해석하고 있습니다. 그들은 자기 나름대로 해석을 내리고 그 해석을 진실로 생각하면서 자신의 감정에 깊은 영향을 미칩니다. 사람은 자기 나름대로의 해석을 내리고 그 해석의 지배를 받으면서 살아가는 존재입니다.

사랑은 최고의 것

예화 54

《카라마조프가의 형제》에 이런 이야기가 나옵니다. 드미트리가 법정에서 재판을 받고 있습니다. 검사는 그를 다음 죄목으로 고발합니다. "그는 후레자식이다. 자기 아버지를 죽이려고 했던 놈이다. 자기 아버지를 죽이려고 한 패륜아를 러시아 모든 아버지의 이름으로, 민족의 이름으로 고발한다." 검사의 고발을 들은 방청객들은 주먹을 쥔 채 간음하다가 잡혀 온 여인을 향하여 돌을 던지려고 했던 군중처럼 분노에 찬 표정을 지었습니다.

나이 많은 변호사가 드미트리의 변호를 맡았는데, 그는 러시아의 아버지들에게 이렇게 호소했습니다. "그는 하나밖에 없는 애인을 아버지에게 빼앗겼습니다. 어떻게 아버지가 자기 아들의 애인을 빼앗을 수 있습니까? 드미트리는 한 마리의 양과 같습니다. 빼앗기다 보니 화가 났습니다. 러시아의 아버지들은 저 청년을 용서해야 합니다. 저 청년에게 누가 돌을 던질 수 있습니까?" 드미트리는 노 변호사의 변호를 들으면서 울어버렸습니다. 변호사의 변론을 들은 사람들은 동정심이 일어 드미트리를 용서했습니다. 방청객들은 같은 사람에 대해 검사가 고발할 때는 돌로 쳐 죽이고 싶어 했다가 변호사가 변호할 때는 눈물을 흘리면서 동정했습니다.

말씀에 접목하기: 롬 12:9, 10

사랑을 가지고 상대를 바라보면서 말하느냐, 율법을 가지고 상대를 평가하면서 말하느냐에 따라 사람에게 전혀 다른 영향을 줍니다. 영국의 국왕은 크롬웰을 나라에 해악을 끼쳤다고 여겨 그의 무덤까지 파버렸습니다. 그런데 200년 뒤 토머스 칼라일이 크롬웰의 일기와 편지, 수기 등을 모아 크롬웰의 전기를 내놓자 그는 성자이며 위인이라는 재평가를 받았습니다. 그 뒤 영국은 그의 영구를 웨스트민스터 사원에 안치했습니다. 사랑으로 사람을 보고 사랑으로 섬긴 것은 영원합니다.

아버지의 사랑이 가진 고통

예화 55

1968년 월터 제독은 월남에서 미 해군사령관에 임명되었습니다. 당시 미 해군은 강을 따라 항해하며 순찰했는데, 강 양쪽 숲속에 베트콩이 숨어 있다가 총격을 가해 많은 해군이 희생되었습니다. 월터 장군은 미 해군들이 희생당하는 것을 안타깝게 생각해 강 좌우의 숲에 제초제 '에이전트 오렌지'라는 화학물질을 살포하도록 했습니다. 이로 말미암아 베트콩들은 몸을 숨길 수 있는 숲을 잃어버린 반면 강을 따라 순찰하는 해군의 희생은 줄었습니다.

그런데 머지않아 그 부작용이 나타나기 시작했습니다. 고엽제 에이전트 오렌지가 원인이 되어 병사들이 임파선암에 걸렸던 것입니다. 그들 가운데 월터 제독의 아들인 월터 3세 중위도 포함되어 있었습니다. 그는 초계정들 가운데 하나를 담당하고 있었는데, 고엽제의 영향으로 임파선암에 걸리고 말았습니다. 월터 제독은 고엽제의 그런 부작용에 대해 전혀 모르고 있었습니다. 비극적 사실은 그가 에이전트 오렌지를 뿌리기로 한 것이 가장 타당한 결정이었고, 미 해군의 생명을 보장하는 것으로 생각했다는 점입니다. 월터 장군은 자신이 타당한 결정이라고 여기고 미 해군의 생명을 살리는 일이라고 생각했던 명령 때문에 자기 아들이 치명적인 임파선암에 걸렸을 때 엄청난 고통과 아픔을 당했습니다.

> 말씀에 접목하기: 고전 13:1-3

월터 제독은 자기의 결정이 타당하고 미 해군의 생명을 보장할 수 있는 일이라고 생각해 그런 명령을 내렸지만 그 결과로 자기 아들뿐 아니라 수많은 월남전 파병 용사를 고엽제 후유증으로 고통당하게 만들었습니다. 그가 그런 결정을 내린 것은 생명을 생각하지 않고 전쟁의 승리만 생각했기 때문입니다. 그러나 우리 아버지 하나님은 엄청난 고통과 죽음의 저주를 아시면서도 우리를 죄와 죽음의 저주에서 구원하기 위해 독생자를 세상에 보내는 결정을 내리셨습니다. 그 아들 예수께서 군중의 모독을 받으면서 매질을 당하고 손과 발에 못 박히고 십자가에 매달려 고통당하는 모습을 보면서 아버지 하나님은 얼마나 비통하셨을까요? 예수님이 너무 고통스러워 "엘리 엘리 라마 사박다니 하시니 이는 곧 나의 하나님, 나의 하나님, 어찌하여 나를 버리셨나이까"(마 27:46)라고 부르짖을 때 하나님의 심정은 어떠했을까요? 우리 하나님은 사랑 때문에 아들을 세상에 보내셨습니다. 사랑 때문에 내린 결정은 아픔은 있지만 세상을 구원하는 결정이었습니다. 그러나 전쟁에서 승리하기 위해 내린 결정은 사람을 파멸로 이끌었습니다.

기쁨으로 얻는 창조적인 삶

예화 56

유명한 피아니스트 디노에게 누가 이런 질문을 했습니다. "당신은 뛰어난 실력을 갖춘 피아니스트인데 하루에 피아노를 몇 시간씩 칩니까?" 그는 이렇게 대답했습니다. "나는 매일 8시간씩 피아노를 칩니다." 그 대답을 듣고 놀라는 사람을 향해 디노는 이런 말을 했습니다. "선생님, 나는 피아노를 하루만 안 쳐도 손이 굳는다는 것을 느낍니다. 그리고 며칠 동안 피아노를 안 치면 청중이 먼저 내 손이 굳은 것을 느낍니다. 매일 8시간씩 피아노를 쳐도 부담이 되지 않는 것은 기쁜 마음으로 피아노를 치기 때문입니다. 피아노를 치는 기쁨이 없다면 제 인생에 활력이 사라지고 말 것입니다."

사람의 마음속에 기쁨이 있으면 무엇을 하든지 피곤하지 않고 지치지도 않습니다. 그러나 기쁨 없이 억지로 하는 일은 우리를 지치게 하고 피곤하게 만들어 절망에 빠지게 합니다. 기쁨은 성령님의 열매 가운데 하나입니다. 성령님은 우리에게 기쁨의 열매를 맺게 하여 우리가 하나님을 위해 수고하고 일하는 것을 오히려 기쁘게 만들어주십니다. 성령님이 하나님의 일을 하는 모든 사역자에게 기쁨의 열매를 맺게 하여 그들의 삶이 창조적인 삶이 되기를 기도합니다.

말씀에 접목하기: 창 1:26

하나님은 사람을 창조하실 때 '일하는 존재'로 만드셨습니다. 성경을 보면 하나님이 사람을 지으실 때 "우리가 사람을 만들고 그들로 …… 모든 것을 다스리게 하자"라고 하셨습니다. 하나님이 사람을 지으신 목적은 아주 분명합니다. 하나님이 모든 것을 창조하고 보시기에 심히 좋았더라고 하신 세상을 지키고 다스리는 것입니다. 이 말씀은 하나님이 사람을 지으시면서 하나님을 대리해 '일하는 존재'로 만들었다는 뜻입니다.

일하는 존재는 세 가지 뜻을 담고 있습니다. 첫째, 하나님이 지으신 세상은 "야! 좋다!"의 아름다움으로 지으셨다는 것입니다. 그러므로 세상은 언제나 아름답게 유지되어야 합니다. 둘째, 이 아름다운 세상을 아름답게 지키고 다스리게 하기 위해 하나님이 사람을 창조하셨다는 것입니다. 사람은 처음부터 일하는 존재로, 하나님을 대리해 일하는 청지기로 지음을 받았다는 것입니다. 셋째, 사람이 세상에 태어나면서 가지고 나온 사명, 즉 이 세상을 아름답게 만드는 일을 할 때만 사람은 행복할 수 있다는 것입니다. 누가 행복한 사람입니까? 세상을 아름답게 만들고 다른 사람을 행복하게 만드는 사람은 행복합니다.

52세 중역의 새로운 출발

예화 57

52세가 된 한 사람이 대기업의 부사장에서 실직을 했습니다. 그는 원래 엔지니어 출신인데 관리 능력도 뛰어나 고속 승진을 해서 젊은 나이에 부사장까지 되었습니다. 그러나 불황이 계속되고 경쟁회사가 신기술을 개발해 경쟁에서 밀리게 되었습니다. 상황이 안 좋게 흘러가자 회사는 50세 이상 된 사람부터 정리 해고를 하기 시작했습니다. 실직하고 나서 그는 죽치고 앉아 있을 수 없어서 무엇이든 해야겠다고 마음먹었습니다. 그는 많은 회사를 방문하고 원서를 냈지만 대답은 한결같았습니다. "유감이지만 지금으로서는 아무래도 …… 어쨌든 이름은 기억해두겠습니다." 그래도 그는 좌절하지 않고 계속 노력했습니다.

이력서를 낸 어떤 회사의 인사부장이 그의 경력을 꼼꼼히 살펴보더니 이렇게 말했습니다. "아주 훌륭한 경력을 갖고 계시는군요. 지금 당장은 아니지만 얼마 안 있으면 빈자리가 날 것 같습니다. 우리 회사가 마음에 드는지 모르겠지만, 선생님만 좋으시다면 자리를 마련해 보겠습니다. 그런데 문제는 선생님의 경력이 너무 화려하다는 것입니다." 인사부장의 말에 그는 분명하게 대답했습니다. "화려한 경력 따위는 크게 중요하다고 생각하지 않습니다. 저는 엔지니어이지만 청소도 잘합니다. 여기 일하고 있는 그 누구보다 잘해낼 겁니다." 그래서 그는 수위의 조수인 청소부로 취직해 일하게 되었습니다.

그러나 이 일을 하는 데 있어서도 그는 조직적인 노하우를 응용해 기록적인 속도로 처리해 다음 일에 착수하곤 했습니다. 작은 일이라도 최선을 다할 뿐 아니라 빠르게 처리하고 시간과 노력을 절약하는 혁신적 방법을 찾아냈습니다. 그 후 그는 자기 분야의 장이 되고, 마침내 톱 자리에까지 올라갔습니다. 예수님은 "구하라, 찾으라, 두드리라"고 말씀하셨습니다. 세상은 구하고 찾고 두드리는 자에게 문을 열어줍니다. 당신은 지금 무엇을 하고 있습니까?

말씀에 접목하기: 막 10:45

대부분의 사람은 어떤 자리에서 일하는지를 묻습니다. 신분과 위치가 그 사람을 만든다고 생각하기 때문입니다. 그래서 사람은 좋은 자리를 구하고 자기에 걸맞는 신분을 찾습니다. 예수님은 만왕의 왕인 하나님의 아들이지만 마구간에서 태어나셨습니다. 그리고 선한 것이 나올 수 없다는 나사렛에서 성장하셨고, 애굽 난민으로 고난의 삶을 사셨으며, 예루살렘의 쓰레기장이라고 할 수 있는 골고다에서 십자가에 달려 돌아가셨습니다. 예수님은 하나님과 동등한 신분을 가지셨지만 그 신분을 버리고 종의 신분으로 성육신하시고 종의 인생인 순종의 삶을 살았습니다. 예수님이 보여 준 삶의 자세는 어떤 자리, 어떤 신분이든 상관없이 그 자리에서 아버지 하나님의 말씀을 받아 그대로 실천하는 삶이었습니다. 예수님은 어디에 있든지 그 자리에서 아버지 하나님의 뜻이 하늘에서 이루어진 것과 같이 땅에서도 이루어지기를 간절히 구하고 하나님의 뜻에 따라 살았습니다. 그래서 예수님은 가장 천한 자리, 가장 험한 상황과 환경을 하나님이 임재하여 축복하는 하나님의 나라로 만드셨습니다. 신분이나 자리가 아니라 하나님이 거기서 하시고 싶은 바로 그 일을 하는 것이 우리의 소명이며 사명입니다.

"가난한 자는 복이 있나니!"

예화 58

미국의 시인 로웰(A. Lowel)은 가난의 고귀함에 대해 다음과 같이 말했습니다. "가난한 자의 아들이여, 가난하다고 스스로 멸시하고 비웃지 말라! 가난함으로써 그대가 상속한 재산이 있다. 튼튼한 수족과 굳센 마음! 무슨 일이든 꺼리지 않고 할 수 있는 힘! 가난하기 때문에 그대에게는 참을성이 있고 작은 것도 고맙게 생각하는 마음이 있다. 가난하기 때문에 슬픔을 가슴에 품고 지그시 견디는 용기! 가난하기 때문에 친구에 대한 우정이 두텁고 곤란한 사람을 도울 줄 아는 상냥한 마음씨! 이것은 그대의 재산이다. 이런 재산은 왕도 상속하고 싶어 할 것이다. 이것을 그대는 가난하기 때문에 얻은 고귀한 재산임을 알라!"

남미의 신학자도 이와 비슷한 말을 했습니다. 가난한 사람은 중심에 서지 못하고 변두리에 밀려나 있지만 그것 때문에 오히려 복 받을 것이라고 말했습니다. 그에 따르면 부자들은 중심에 있지만 모든 것을 가지고 있기 때문에 더 이상 필요한 것이 없어서 현실을 지키기에 급급하여 기득권 유지만 생각하고 꿈도 없으며 이상도 없으며 미래를 향해 나아가려고도 하지 않습니다. 반면 가난한 사람은 변두리로 밀려났지만 가진 것이 없기 때문에 미래에 대해 열려 있으며 꿈을 가지고 살며 이상을 마음에 품고 그것을 이루기 위해 힘쓰며 미래의 세상을 만들어가는 힘을 가진다고 합니다.

이탈리아의 가극 작곡가 피에르토 마스카니는 돈 한 푼 없는 방랑 음악가였습니다. 그런데 어느 날 1막짜리 오페라를 현상 모집한다는 소식을 듣게 되었습니다. 그가 그 사실을 안 것은 마감 기간이 일주일을 남았을 때였습니다. 그는 7일 동안 주야로 맹렬히 곡을 썼습니다. 당시 그의 나이 26세로 돈에 쪼들리는 가난한 음악가였습니다. 가난에서 탈출하고자 하는 욕망이 그에게 놀라운 열정을 불어넣어 주었습니다. 그때 쓴 작품이 그 유명한 〈카발레리아 루스티카나〉입니다. 이 작품이 일등에 당선되었고, 초연의 밤에 40회나 재창되어 하룻밤에 부자가 되었습니다.

마스카니는 81세로 죽을 때까지 많은 작품을 남겼지만 가난을 극복하고자 하는 뜨거운 열정을 가지고 쓴 최초의 작품이 지닌 영감에는 도달하지 못했습니다. 그는 가난이 주는 복을 받았지만 부자가 되었을 때는 그 복을 잃어버렸습니다.

예수님은 가난한 자는 복이 있다고 말씀하셨습니다. 가난한 자가 천국을 차지할 것입니다. 가난하기 때문에 그들은 천국의 꿈을 꿀 수 있습니다. 가난하기 때문에 하나님을 갈망하며 사람을 사랑할 수 있습니다. 가난한 자는 복이 있습니다.

주후 116년 교황 식스투스 1세가 즉위했을 때 가난한 자와 고아와 과부를 돌보는 일을 담당하던 집사 로렌스가 있었습니다. 한번은 로마 집정관이 로렌스를 불러 "교회에 보화가 가득하다고 하는데 그 보화를 내게 가져다 바쳐라"고 명령했습니다. 그러자 그는 가난한 자와 고아와 과부를 데려왔습니다. 대노한 집정관이 "무슨 망령된 짓이냐"라고 호통을 치자 로렌스는 이렇게 대답했습니다. "각하, 교회의 보화는 바로 이들입니다."

말씀에 접목하기: 눅 6:20-26

가난 그 자체는 복이 아닙니다. 가난한 사람에게 복이 있는 것입니다. 하나님은 "고아와 과부를 위하여 정의를 행하시며"(신 10:18)라고 말씀하셨습니다. 하나님이 가난한 사람을 보화로 여기시기 때문에, 예수님이 "가난한 자는 복이 있나니"(눅 6:20)라고 말씀했기 때문에 가난한 사람에게 복이 있는 것입니다. 하나님의 말씀을 받고 예수님의 말씀을 순종하는 사람이 가난한 사람을 보화로 알고 섬기고 사랑하고 축복하기 때문에 가난한 사람이 복이 있는 것입니다. 집사 로렌스는 가난한 사람을 보화로 여겨 섬기고 사랑하고 축복했습니다. 하나님의 말씀을 받고 그 말씀에 순종하는 사람이 있는 곳에서 가난한 사람에게 축복의 문이 열리고 소망의 기적이 일어납니다.

3
믿음의 비유

하나님의 긍휼

예화 1

유대인에게 중요한 진리를 가르치기 위해 우화적인 이야기를 모아놓은 책이 있습니다. 이 책에는 하나님이 우주를 창조하시기 전에 먼저 천사들을 창조하시고 그 천사들과 대화를 나누는 내용이 있습니다. 하나님은 '의의 천사' 라는 이름을 가진 첫 번째 천사를 불러 이렇게 말씀하셨습니다. "내가 세상을 창조하고 그 세상에서 가장 으뜸이 되는 피조물로 인간을 창조하려고 하는데 어떻게 생각하느냐?" 하나님의 질문에 의의 천사는 이렇게 대답했습니다. "하나님, 인간을 창조하지 마십시오. 그 인간은 온갖 불의로 이 세상을 더럽힐 것입니다."

하나님은 '거룩의 천사' 인 두 번째 천사에게 똑같은 질문을 하셨습니다. 거룩의 천사는 이렇게 대답했습니다. "하나님, 인간을 창조하셔서는 안 됩니다. 그 인간은 이 세상을 더러움으로 가득 채우고 말 것입니다." 하나님은 '빛의 천사' 인 세 번째 천사를 불러 똑같은 질문을 하셨습니다. 빛의 천사는 "하나님, 절대로 인간을 창조하셔서는 안 됩니다. 인간은 이 세상을 어둠으로 물들이고야 말 것입니다."

하나님은 '긍휼의 천사'인 네 번째 천사를 불러 똑같은 질문을 하셨습니다. "내가 인간을 창조하려고 하는데 그대는 어떻게 생각하느냐?" 그런데 긍휼의 천사는 앞선 세명의 천사들과 다른 대답을 내놓았습니다. "하나님, 인간을 창조하셔야 합니다. 하나님이 인간을 창조하시면 이 세상은 불의하고 더러워지고 어둠에 잠길지도 모릅니다. 그러나 이 불의와 더러움과 어둠 속에 있는 인간에게 저는 어떤 일이 있더라도 그들을 사랑하시는 하나님의 사랑 이야기를 해줄 것입니다. 그리고 그들을 하나님 앞으로 인도할 것입니다."

하나님은 우리를 사랑과 긍휼로 돌보시며 아직까지 우리를 포기하지 않으셨습니다. 우리가 도무지 상대하고 싶지 않은 사람까지도 포기하지 않으시고 그를 향해 다가오고 기다리고 기회를 주십니다.

말씀에 접목하기: 마 9:13

"하나님이 그 아들을 세상에 보내신 것은 세상을 심판하려 하심이 아니요 그로 말미암아 세상이 구원을 받게 하려 하심이라"(요 3:17). 사람은 끊임없이 온갖 불의와 죄악으로 세상을 더럽게 만들고, 밝음의 세상을 어둡게 만들어놓지만 흑암에 앉은 백성에게 밝은 빛을 비추고 사망의 땅과 그늘에 앉은 백성에게 하늘의 빛을 비추기 위해 오신 우리 주 예수 그리스도로 말미암아 죄인들은 용서를 받고(마 4:16), 어둠의 세상은 밝게 빛날 것이며, 저주의 사람은 축복의 생수를 받게 될 것입니다. 하나님은 우리를 이처럼 사랑하는 긍휼의 하나님이시기 때문에 사망의 땅과 그늘에 앉은 사람을 결코 내버려두시지 않을 것입니다. 하나님은 긍휼의 천사를 보내어 죄악과 더러움과 어둠의 백성을 건져내어 하나님의 사랑의 아들의 나라에 들어가게 하실 것입니다(골 1:13).

중보자이신 예수님

예화 2

다음은 빌리 그레이엄 목사가 한 이야기입니다. 전쟁 중에 한 통신병이 중요한 연락 사항을 하달 받았습니다. 그런데 모든 통신 수단이 두절되어 명령을 전달할 수 없는 상황이었습니다. 끊어진 전선을 연결하는 것 외에는 다른 방법이 없었는데, 시간이 급박해 빠르게 연결시킬 방법도 없었습니다. 이 급박한 위기 상황에서 통신병은 양쪽의 전선을 자신의 양손으로 붙잡아 자기의 생명을 걸고 마지막 메시지를 아군 지원부대로 보냈습니다. 그리고 그는 그만 죽고 말았습니다.

이것은 우리와 하나님과의 관계에서 일어난 사건과 같습니다. 우리가 하나님과 원수 되었을 때 그리스도께서 한 손으로는 하나님을 잡고 또 다른 한 손으로는 우리를 붙잡아 우리와 하나님 사이를 소통 가능하게 하신 중보자의 모습을 보여줍니다.

말씀에 접목하기: 요 14:13

예수님은 "너희가 내 이름으로 무엇을 구하든지 내가 행하리니 이는 아버지로 하여금 아들로 말미암아 영광을 받으시게 하려 함이라"(요 14:13)고 말씀하셨습니다. 예수님은 아버지 하나님과 우리 사이를 연결하는 중보자로서 하나님의 용서와 사랑과 의를 우리에게 전달하고, 우리의 죄와 필요와 고난을 하나님께 중보하십니다. 예수님은 하나님의 생명과 은혜의 통로입니다. 가지가 포도나무에 붙어 있지 않으면 스스로 열매를 맺을 수 없는 것처럼 우리도 중보자이신 주 예수님을 떠나서는 아무것도 할 수 없을 것입니다.

우리의 중보자

예화 3

무디 선생이 한 소년의 집에 묵게 되었습니다. 열한 살 소년에게 무디 선생의 방문은 주님이 방문하신 것과 같았습니다. 무디 선생이 우산을 그 옆집에다 두고 왔다고 했을 때 이 소년은 신이 나서 자신이 가져오겠다고 했습니다. 그런데 돌아오는 길에 장난을 치다가 넘어져 우산을 부러뜨리고 말았습니다. 순간 소년의 마음은 죄책감과 두려움으로 가득 찼습니다. 가만히 생각해 보니 아버지에게 얘기하면 무디 선생한테 잘 말해줄 것 같았습니다. 집에 돌아오자마자 소년은 아버지에게 그 사실을 털어놓고 도움을 청했습니다.

아버지의 이야기를 들은 무디 선생은 소년을 불러 이렇게 물었습니다. "네가 우산을 부러뜨렸을 때 무서웠지? 그래서 네 아버지를 중재자로 보내 문제를 해결하려고 했지? 그리고 지금은 나한테 와서 얼굴을 들 수 있게 되었지?" 여기까지 얘기하자 소년의 눈이 빛나기 시작했습니다. 무디 선생은 계속해서 말했습니다. "그것이 바로 우리 모두가 처해 있는 상황이란다. 우리는 죄인이라 하나님을 무서워하고 있지. 사실 우리는 하나님의 벌을 받을 수밖에 없는 죄인이야. 그러나 하나님은 하나님과 사람 사이에 사랑의 사신을 보내셨단다. 그분이 바로 예수님이야. 예수님이 죄지은 우리와 하나님 사이를 중재해주셨기 때문에 우리는 하나님께 얼굴을 들고 살 수 있으며, 하나님의 복을 받을 수 있게 되었단다."

소년의 아버지는 무디 선생에게 단순히 자기 아들의 잘못을 이야기했을 뿐이지만 우리의 중보자 예수님은 우리의 죄를 위해 자기 몸을 속죄 제물로 드려 하나님과 화목케 하셨습니다. 하나님의 법을 어긴 우리는 하나님의 심판을 받고 죗값으로 죽어야 마땅합니다. 그러나 예수님은 하나님과 우리 사이에 있는 모든 불화를 영원히 제거해주셨습니다. 중보자 예수님이 믿는 사람에게 보증하시는 것은 주님의 죽으심과 부활이 과거에 지은 우리의 모든 죄를 속죄하고 매일 짓는 죄의 용서를 가져온다는 것입니다.

> 말씀에 접목하기: 롬 15:16

　제사장은 하나님과 사람 사이에서 중보자 역할을 하는 하나님의 종입니다. 하나님은 사람에게 하늘의 축복을 전달하고자 하십니다. 제사장은 하나님을 대신해 사람에게 하나님의 복을 전달하는 자입니다. 또한 하나님은 사람들의 아픔, 상처, 죄악, 절망, 고난의 이야기를 듣고 싶어 하십니다. 사람을 대신하여 사람의 아픔과 상처와 죄악과 절망과 고난의 이야기를 기도로 하나님께 드리는 사람이 곧 제사장입니다.
　이 세상의 모든 사람은 하늘의 복을 받고 싶어 합니다. 이 세상에 아픔도 없고 상처도 없고 죄와 절망, 고난이 하나도 없는 사람은 없습니다. 이 세상의 모든 사람에게는 제사장이 필요합니다. 하나님의 복과 용서와 사랑과 평화를 사람에게 전달하는 제사장, 사람의 아픔과 상처와 고민의 이야기를 하나님께 알려드리는 제사장이 있어야 합니다. 제사장이 있을 때 사람은 어떤 저주와 고난과 아픔과 상처가 있어도 치료를 받고, 하나님의 용서와 사랑과 평화가 넘치는 사람이 될 것입니다. 하나님은 당신을 고난당하는 사람을 위한 제사장으로 부르시고 있습니다.

하늘과 땅, 이웃과 이웃을 연결하는 나무

예화 4

　핀란드의 한 왕에게는 왕자가 없고 공주만 한 명 있었습니다. 공주가 결혼할 나이가 되자 훌륭한 사위를 골라 그에게 왕위를 물려주려고 방을 붙였습니다. 1차로 수천 명 가운데 무예가 뛰어난 20명의 젊은이가 뽑혔습니다. 왕은 두 번째로는 지혜를 시험했습니다. "높은 하늘과 땅을 잇고 이웃과 이웃을 연결하는 나무를 구해 오너라. 기간은 100일을 주겠다."
　20명의 청년은 '하늘과 땅을 연결하려면 그 나무는 얼마나 길어야 할까? 이웃과 이웃을 연결하려면 그 나무 역시 얼마나 길어야 할까?'라고 생각에 생각을 거듭하며 각자 제 갈 길을 갔습니다.

그 20명 가운데 수녀원에서 고아로 자란 조 페로라는 청년이 있었습니다. 페로 역시 그런 나무를 구하려다가 찾지 못하고 수녀원 성당으로 들어갔습니다. 현명한 왕이 되어 불쌍하고 버림받은 세상 사람들을 위해 일할 수 있게 해달라고 열심히 기도하고 밖으로 나오던 페로가 갑자기 뒤를 돌아보았습니다. 그 순간 나무 십자가가 눈에 들어왔습니다. 그는 탄성을 지르더니 "그렇다! 그것은 나무로 된 십자가다. 예수님이 지신 나무 십자가만이 높은 하늘과 낮은 땅을 이어주고 이웃과 이웃을 연결시켜 줄 수 있는 능력이다"라고 말했습니다. 그 후 존 페로는 핀란드를 잘 다스리기 위해 노력하는 왕이 되었습니다.

말씀에 접목하기: 고전 1:18

사울 왕은 자기만을 보았습니다. 그는 하나님께 선택을 받은 왕이었지만 하나님이 자기와 함께하심을 보지 못하고, 하나님의 말씀도 실천하지 않고, 하나님이 이기게 하셨다는 사실도 인지하지 못했습니다. 그는 자기를 압박하는 대적자들의 무서움을 보고, 자기의 이름과 명예를 구하고, 자기의 영광을 위해 모든 일을 했습니다. 그는 자기만을 보았기 때문에 하늘과 땅을 연결하는 나무도 볼 수 없었고, 이웃과 이웃을 연결하는 나무도 볼 수 없었던 것입니다. 그래서 슬픈 종말을 맞아야 했습니다.

다윗 왕은 엄청난 환난과 고통, 사망의 음침한 골짜기를 지났지만 언제나 하나님께 구하고 하나님께 의지하고 하나님의 영광을 구할 뿐 아니라 사람을 사랑하고 생명을 구하기 위해 할 수 있는 최선을 다했습니다. 그는 하늘과 땅을 연결하고 이웃과 이웃을 연결하는 나무이신 예수님의 모델이요 예언이 되었습니다(삼하 7:16). 그래서 신약성경은 다윗의 자손 예수 그리스도를 선포하면서 시작합니다(우리말 번역은 아브라함의 자손이 다윗의 자손보다 먼저 나오지만, 원어는 다윗의 자손이라는 말이 먼저 나옴).

믿음은 하늘과 땅을 연결하고 이웃과 이웃을 연결하는 나무가 되어주신 예수님과 함께 하늘과 땅을 연결하고 이웃과 이웃을 연결하는 삶을 사는 것입니다.

왜 하나님은 인간이 되어야 했는가?

예화 5

옛날에 왕의 신임을 받는 훌륭한 재상이 팔레스타인을 여행하다가 복음을 듣고 감동 받아 그리스도인이 되었습니다. 귀국한 재상은 "예수님이 죄인을 구원하기 위해 이 세상에 오셨습니다"라고 하면서 구원의 감격을 증거 했습니다.

어느 날 왕이 재상에게 "만왕의 왕 되신 하나님이라면 권세 있게 말 한마디로 사람을 구원할 수 있어야지 무엇 때문에 친히 사람의 몸을 입고 왔단 말인가?"라고 물었습니다. 재상은 "하루만 여유를 주옵소서"라고 청한 뒤 집에 돌아와 빼어난 재주를 가진 목수를 불러 왕자와 똑같은 목각 인형을 만들어 왕자의 옷을 입혀 놓으라고 했습니다.

이튿날 왕은 재상과 함께 배에 앉아 있었는데 어제의 질문에 대답을 하라고 했습니다. 바로 그때 상궁이 연못가에서 목각으로 만든 어린 왕자를 안고 있다가 왕이 기뻐하며 부르는 순간 일부러 왕자 인형을 물속에 떨어뜨렸습니다. 왕은 그것이 목각으로 만든 인형인지 모른 채 사랑하는 왕자가 물에 빠진 것으로 생각해 지체 없이 물속으로 뛰어들려고 했습니다. 그러자 재상이 급히 왕을 만류하면서 "왕이여, 친히 물속에 뛰어들 필요가 없습니다. 누구에게든지 한 마디 분부만 하면 물속에 뛰어 들어가서 왕자를 구할 것입니다"라고 말했습니다.

그러자 왕은 "안 된다. 안 되느니라. 내가 친히 구하러 가야 한다. 다른 사람은 마음이 안 놓인다. 이것이 아비의 사랑이다"라고 말했습니다. 그때 재상은 그것이 목각 인형임을 아뢰고 나서 "폐하의 말씀이 옳습니다. 전지전능하신 하나님도 말로 분부하거나 선지자를 통하지 않고 친히 사람의 모양으로 오셨으니, 이것이 사람을 향한 하나님의 지극한 사랑이옵니다"라고 했습니다.

> 말씀에 접목하기: 요일 4:8

철학자 라마누자에게 한 청년이 찾아와서 하나님을 보여 달라고 요청했습니다. 그러자 라마누자는 사람을 깊이 사랑한 경험이 있느냐고 물었습니다. 청년은 그런 경험이 없을 뿐 아니라 사람을 사랑하고 싶지 않다고 말했습니다. 그러자 라마누자는 이렇게 말했습니다 "그렇다면 그것은 불가능한 일이오. 먼저 그대가 누군가를 사랑한 일이 없다는 것은 진정한 사랑에 대해 알지 못한다는 것인데 사랑을 모르면서 어떻게 신을 사랑할 수 있겠습니까?"

사도 요한은 "사랑하지 아니하는 자는 하나님을 알지 못하나니 이는 하나님은 사랑이심이라"(요일 4:8)고 말했습니다. 왕은 아들을 진심으로 사랑했습니다. 자기 아들이 물에 빠져 죽어 가는데 사랑의 아버지가 어찌 가만히 있을 수 있겠습니까? 그 왕은 아들을 향한 자신의 사랑에서 하나님의 세상 사랑을 어렴풋이 이해할 수 있었습니다. 우리가 사람들에게 예수님을 전할 때 예수님의 사랑으로 친밀관계를 맺으면서 예수님을 증거 해야 성령님의 기적을 더 빨리 볼 수 있는 이유도 바로 여기에 있습니다.

바람이 어느 방향으로 불든지

예화 6

어느 날 찰스 스펄전 목사가 농촌을 방문했다가 어떤 농장 건물 꼭대기에 세워 놓은 바람개비를 보았습니다. 그 뱅뱅 돌아가는 바람개비 꼬리에는 '하나님은 사랑이시다' 라고 쓰여진 천을 붙여놓았습니다. 그것을 본 스펄전 목사는 못

마땅한 생각이 들어 거기 있는 한 농부에게 따지듯이 물었습니다. "형제여, 아니 하나님의 사랑이 이 바람개비처럼 변덕이 심하다는 거요? 어찌하여 바람 따라 이리저리 뱅뱅 돌아가는 바람개비 꼬리에다 '하나님은 사랑이시다' 라고 쓰여진 천을 붙여놓았소?" 그랬더니 그 농부는 이렇게 대답했습니다. "그게 아닙니다. 바람이 어느 방향에서 불든지 언제나 '하나님은 사랑이시다' 라는 뜻으로 붙여놓은 것입니다."

말씀에 접목하기: 요 3:16

바람이야 어느 방향에서 불든지 바람개비는 그쪽으로 돌아갑니다. 그러나 그 꼬리에 달린 '하나님은 사랑이시다' 라는 말은 바람개비가 이리로 돌든지 저리로 돌든지 절대로 달라지지 않습니다. 우리는 끊임없이 바람을 맞으면서 살아가고 있습니다. 그 바람은 한쪽에서만 불어오지 않습니다. 이곳저곳에서 쉬지 않고 불어오는 바람은 우리를 혼란에 빠뜨리기도 하고 우리를 괴롭히기도 할 것입니다. 그러나 우리를 사랑하시는 임마누엘 하나님은 바람이 어느 방향에서 불든지 우리를 붙들고 인도하시며, 하나님의 평화로 채우실 것입니다.

숨겨진 황금의 상

예화 7

14세기 프랑스와 싸워 영웅적인 승리를 거뒀지만 왕위에 오르기 전에 죽은 웨일스의 에드워드 왕자를 애도하기 위해 런던 캔터베리 수도원에 상을 세웠는데, 그가 검은 갑옷을 즐겨 입었다고 해서 '검은 왕자' 라고 불리고 있습니다. 그 상에는 에나멜이 칠해졌고 얼룩 때가 묻어 무엇으로 만들어졌는지 아무도 몰랐습니다. 그런데 최근에 와서야 그 상의 에나멜이 벗겨져 황금으로 만들어졌다는 사실을 알게 되었습니다. 황금 상에 씌워진 에나멜과 때가 벗겨지는 순간 많은 사람은 깜짝 놀랐습니다.

그리스도의 신앙은 황금의 신앙입니다. 하나님이 세우신 목사, 장로, 권사, 집사는 모두 황금의 사명을 받은 사람입니다. 그런데 죄와 욕심의 에나멜과 때가 묻어 검은 상으로 변하여 사람에게 외면 받고 있습니다. 이제는 예수님을 초청하여 그분의 보혈로 씻을 때입니다. 예수님은 우리에게 묻은 에나멜과 때를 벗겨내기 위해 십자가를 지시고 보혈로 우리에게 오셨습니다. 누구든지 예수님을 만나 씻김을 받으면 하나님이 세우신 황금의 사명이 빛나게 될 것입니다. 오직 예수님만이 우리의 진정한 황금 상을 찾아주실 것입니다.

말씀에 접목하기: 골 3:5-10

우리는 하나님의 형상으로 지으심을 받은 아름답고 빛나는 존재였습니다. 그러나 하나님을 떠나 타락함으로써 세상의 죄악과 탐욕에 빠지고 말았습니다. 예수님이 세상에 오신 목적은 죄와 허물로 더러워진 우리를 십자가의 보혈로 씻어 정결하게 만드시고 하늘의 생명으로 충만한 새 인생을 살도록 하기 위해서입니다. 누구든지 예수님을 영접하고 예수님의 보혈로 씻음을 받으면 아름답고 빛나는 하나님의 형상으로 변화를 받게 될 것입니다. 우리 모두는 하나님의 형상으로 지음을 받았습니다. 우리는 본래 아름답고 빛나는 하나님의 보석과 같은 존재입니다. 그러므로 우리는 예수님을 영접해야 합니다. 예수님이 우리를 새 사람으로 만들어주실 것입니다. 하나님이 우리를 하나님의 영광이 빛나는 존재로 변화시켜 주실 것입니다.

장거리 경주

예화 8

이사야 선지자는 우리가 여호와를 앙망할 때 달음박질해도 피곤하지 않을 것이라고 말합니다. 왜 그렇습니까? 이는 하나님이 우리를 살펴주시고 이 경기를 계속하는 데 필요한 힘을 주시기 때문입니다.

미국 미니애폴리스에서 발간되는 지역 신문에 실린 한 기사는 왜 장거리 경주자가 오래 뛸 수 있는지 기술하면서 먼 거리를 뛸 때 우리 몸에 어떤 변화가 일어나는지 자세히 설명해주고 있습니다. "우리 신체가 과열되기 시작하면 땀을 내어 몸을 식히고, 근육 운동의 연료인 혈당이 낮아지면서 췌장에서 나오는 호르몬이 간을 자극해 간에 저장된 당을 혈액 속으로 나오게 합니다. 다리와 심장에 더 많은 산소 공급이 필요한 상황이 되면 뇌는 심장을 빨리 움직이도록 심장 근육에 지시를 내리고, 더 많은 피를 다리와 심장에 보내기 위해 내부 조직과 신체 상부를 순환하는 피의 80퍼센트를 줄이게 됩니다. 이런 모든 신체의 조화가 사람으로 하여금 장거리를 뛸 수 있게 합니다."

> 말씀에 접목하기: 빌 3:12-14

하나님이 뛸 수 있는 능력을 우리 몸에 만들어놓으신 것처럼 예수님은 인생 경기에 임하고 있는 우리를 영적으로 보살펴주십니다. 영원한 집을 향한 장거리 경주에 필요한 힘과 인내심을 주시려고 예수님은 성령님을 통해 말씀과 교회, 친교, 기도 등을 사용하십니다. 그러므로 예수님을 믿어야 합니다. 그분은 당신이 뛰어도 피곤치 않게 하실 것입니다. "우리 앞에 피곤한 인생 길이 놓였을 때 구원자 예수님이 가까이 오셔서 목표에 도달할 수 있도록 힘을 더해 주실 것이므로 낙심하지 말아야 합니다. 그분이 힘을 더해주실 것입니다."

유대인 부모의 민족교육

예화 9

유대인 부모는 자녀가 말을 알아들을 때부터 다음 이야기를 들려준다고 합니다. 동물 가운데서 영리하기로 소문난 여우 한 마리가 물고기들에게 이렇게 속삭였습니다. "물고기 여러분! 바닷속은 위험하니 뭍으로 올라와 우리와 함께 삽시다. 어부들이 그물을 쳐서 여러분을 잡으려고 합니다. 큰 물고기가 여러분을 잡아먹으려고도 하고요. 그러나 육지에 올라오면 그런 걱정을 할 필요가 없답니다." 물고기 대표들이 모여 회의를 했습니다. 자신들의 안전까지 걱정해주는 여우의 제안이 고맙다는 의견과 바닷속에 사는 것이 위험하지만 지금까지 잘 살아오지 않았느냐는 반론이 나왔습니다. 물고기들은 장시간 논의한 끝에 여우의 제안을 거절하기로 했습니다. 물고기 대표가 물 위로 머리를 내밀고 이렇게 말했습니다. "여우님, 생각해주는 것은 고맙지만 우리는 그냥 물속에서 살기로 했습니다."

유대인 부모는 여기까지 말하고 자녀들에게 "물고기가 뭍에 나오면 어떻게 되지?"라고 질문합니다. 그러면 어린 아이들은 대부분 육지에 올라오면 말라 죽는다고 대답합니다. 이때 "바로 그거야, 유대인은 유대인으로 살아야 한단다. 어떤 유혹에도 유대인임을 저버릴 수는 없는 거다." 이런 식으로 유대인은 유대인으로서의 신분과 정신을 떠날 수 없다는 생각을 아이들의 마음속에 심어주고 있습니다. 어떤 이유에서라도 하나님을 떠나는 것은 죽음의 시작입니다. 물고기는 물속에서, 그리스도인은 예수님 안에서만 안전하고 평화로울 수 있습니다.

말씀에 접목하기: 고전 7:24

성경은 "형제들아 너희는 각각 부르심을 받은 그대로 하나님과 함께 거하라"(고전 7:24)고 말씀합니다. 이 말씀의 한 가지 뜻은 '우리가 부름을 받을 때 어떤 자리에 있든지 거기서 믿음을 지키라' 는 것입니다. 그 직장이 어떤 직장이든지, 그 관계가 어떤 관계이든지, 그곳이 어떤 곳이든지 상관없이 거기서 믿음을 지키라는 말씀입니다. 하나님은 어떤 직장이든지, 어떤 관계이든지, 어떤 곳이든지 임재하고 역사하십니다. 믿음의 사람은 바로 거기서 하나님의 나라와 의를 구하며 살아야 합니다. 그러면 하나님이 거기에 임하여 믿음의 기적을 일으켜 새로운 세상을 창조하실 것입니다. 그것은 십자가를 진 것 같은 고난의 길이 될 것입니다. 그러나 성령님이 그곳에서 믿음을 지키려고 하는 모든 사람에게 길을 열어주시고, 하나님의 나라가 그곳에 임하게 하실 것입니다. 그곳을 떠나라고 속삭이는 것은 마귀의 시험입니다. 하나님은 그곳에서부터 믿음의 길을 걷게 하실 것입니다.

보물을 찾는 자

예화 10

한 미국인이 보물을 찾기 위해 자신의 열정과 노력을 기울여 마침내 보물을 찾아냈습니다. 그는 먼저 배의 침몰 위치를 알아냈습니다. 그때부터 그는 배를 확인하기 위해 이곳저곳 헤맸는데, 이런 이유로 사람들은 그에게 '꿈의 사나이'라는 별명을 붙였습니다. 그는 16년이라는 긴 세월을 꾸준히 노력한 결과 마침내 미국 플로리다 주의 깊은 바닷속에 침몰되어 있는 배를 발견했습니다. 그 배는 그가 오랫동안 찾고 있던 스페인 배였습니다. 그 배에서 그는 가치가 수백만 달러에 이르는 금덩어리를 건져 올렸습니다. 사실 이 성공은 쉽게 얻어진 것이 아니었습니다. 금속 탐지기로 바다 밑에 깔려 있는 모든 철물을 조사하고 오랜 세월 심한 고초도 겪었습니다. 그의 꿈과 계속된 노력으로 그는 결국 백만장자가 되었습니다.

잠언 3장 15절은 진주보다 더 귀한 보물을 지혜라고 말씀합니다. 또한 잠언 2장 4, 5절은 "감추어진 보배를 찾는 것같이 그것을 찾으면 여호와 경외하기를 깨달으며 하나님을 알게 되리니"라고 말씀합니다. 지혜는 하나님을 아는 것이요 하나님을 경외하여 섬기는 것입니다. 하나님을 섬기는 지혜를 보물 찾듯이 찾는 사람은 하나님을 만나는 복을 받게 될 것입니다. 오직 하나님을 만나고 그분과 교제하는 지혜만이 진정으로 우리를 행복하게 하는 참된 보물입니다.

말씀에 접목하기: 약 1:5

사도 야고보는 "너희 중에 누구든지 지혜가 부족하거든 모든 사람에게 후히 주시고 꾸짖지 아니하시는 하나님께 구하라 그리하면 주시리라"(약 1:5)고 말했습니다. 이는 시험 가운데서 고난을 당하면 어떻게 대처해야 할지 알지 못한 채 당황과 미혹에 빠진 사람을 위해 주신 말씀입니다. 인간의 지혜로는 깜깜하게 보일지라도 하나님께 지혜를 구하면 하나님은 피할 길을 내고 모든 것을 합력하여 선을 이루게 하십니다. 그런데 하나님은 어떻게 지혜를 주실까요? 하나님은 두 가지 방법으로 우리에게 지혜를 주십니다. 하나는 교회의 가르침과 지도를 통해 지혜를 주십니다. 또 하나는 성경 말씀을 통해 주십니다. 교회의 가르침과 성경 말씀의 지혜는 미련하게 보일지 모르지만 그것이 바로 하나님의 지혜입니다. 하나님은 전도의 미련한 것으로 사람을 구원하기를 기뻐하십니다.

세상을 밝혀주는 사람

예화 11

강원도 탄광촌에 한 소년이 살고 있었습니다. 소년은 온종일 친구들과 뛰어놀다가 아름다운 빛을 내는 보석 같은 돌을 주웠습니다. 어느덧 날이 저물어 탄광에서 아버지가 돌아오자 소년은 자랑스럽게 빛나는 돌을 내밀었습니다. 그리고 자랑스럽다는 표정으로 말했습니다. "아버지, 이것 보세요. 예쁘죠? 친구들과 함께 놀다가 주웠어요. 저도 어른이 되면 이런 보석 같은 사람이 되고 싶어요. 항상 이렇게 반짝이는 보석 같은 사람이오."

그 말을 들은 아버지는 한참 동안 소년을 바라보더니 창가에 걸려 있는 호롱불 쪽으로 걸어가 성냥으로 불을 밝혔습니다. 그러자 어두웠던 방이 환해졌습니다. 아버지는 소년에게 호롱불을 보여주며 이렇게 말했습니다. "애야, 보석 같은 사람보다 이런 호롱불 같은 사람이 되려무나."

소년은 바람이 불면 혹 하고 꺼지는 보잘것없는 호롱불 같은 사람이 되라는 아버지의 말이 잘 이해되지 않아서 어리둥절한 표정을 지었습니다. 그러자 아버지가 자상하게 설명해주었습니다. "아들아, 보석은 밝은 빛 아래서만 아름다움을 뽐낼 수 있단다. 빛의 힘을 빌려 빛을 내는 건 참된 빛이 아니란다. 너는 호롱불처럼 세상이 어두울 때 제 몸을 태워서 세상과 사람의 가슴을 환하게 밝혀주는 사람이 되어야 한다. 수많은 사람이 어둠 속에서 외로워하고 힘들어하고 아파하며 살고 있단다. 그런 사람들에게 호롱불이 되어 따스한 사랑으로 감싸주고 친구가 되어주고 도움의 손길을 내밀고 아픔을 치료해주는 사람이 될 때 세상은 아름답고 행복한 세상이 될 수 있단다."

말씀에 접목하기: 마 5:14-16

세상의 영은 보석 같은 사람이 되어야 한다고 가르칩니다. 세상의 지혜는 자기의 인격을 연마하고 자기를 완성하여 세상에 모범을 보여야 진정한 인간이 되는 것이라고 말합니다. 그러나 예수님은 세상에 소금으로, 빛으로 오셨습니다. 자신은 녹아지면서 맛나는 세상을 만드셨습니다. 스스로를 촛불과 같이 태우면서 사망의 그늘과 어둠에 앉은 사람에게 참 빛을 비추셨습니다. 예수님은 우리를 구원하고 축복하기 위해 십자가를 지고 고난을 당하면서 세상을 밝히는 호롱불이 되셨습니다. 우리는 예수님을 따르기로 작정한 사람입니다. 우리에게 오신 그리스도의 영은 우리를 예수님을 따라 호롱불 인생을 살게 합니다. 지금 이 순간 세상의 영을 따르고 있습니까, 아니면 성령님의 인도를 받고 있습니까?

상한 마음을 고치시는 예수님

예화 12

수년 전 네덜란드 암스테르담에서 일어난 일입니다. 어떤 사람이 잔뜩 화가 나서 박물관에 들어가 거기에 보관되어 있는 렘브란트의 유명한 그림 〈야경〉을 칼로 마구 찢어버린 것입니다. 그 후 얼마 지나서 않아서 그와 같은 일이 또다시 일어났습니다. 성 베드로 대성당에서도 비슷한 일이 벌어졌습니다. 로마의 한 시민이 광적 살기에 차서 성 베드로 대성당에 들어가 미켈란젤로의 유명한 조각 〈피에타〉를 망치로 마구 부숴뜨린 것입니다. 이렇게 해서 많은 사람이 아끼던 예술품 두 점이 어처구니없게 산산조각이 나고 말았습니다.

이런 일을 당한 당국자들은 어떻게 대처했을까요? 이제는 소용없게 된 예술품의 조각을 쓰레기로 처리했을까요? 그렇지 않았습니다. 그들은 최고의 기술자들을 동원해 파손된 작품을 본래 상태로 복구했습니다. 복구한 흔적은 있긴 하지만 원래 작품의 모습 그대로 남아 있습니다.

말씀에 접목하기: 갈 6:1, 2

우리는 죄를 지어 조각이 났던 사람이 많습니다. 예수님을 믿으면서도 죄의 유혹을 이기지 못하여 그 인격과 신앙이 찢어지고 파손된 사람이 많습니다. 우리는 그들을 향하여 손가락질을 하고 조각난 인격을 더 작은 조각을 부수고 쓰레기 취급을 할 때가 많습니다. 그러나 예수님은 한없이 넓고 자비로운 마음을 가지고 세상에 오신 전문가입니다. 예수님은 조각난 인생과 죄악으로 부서진 사람을 찾아오셔서 조각을 맞추어 자기의 피로 접붙이고 원래의 모습보다 더 아름답고 멋진 모습으로 회복시켜 주실 것입니다.

사도 바울은 예수님의 손으로 회복되어 새 사람을 입은 우리에게 이렇게 권면합니다. "형제들아 사람이 만일 무슨 범죄 한 일이 드러나거든 신령한 너희는 온유한 심령으로 그러한 자를 바로잡고 너 자신을 살펴보아 너도 시험을 받을까 두려워하라"(갈 6:1). 여기에 '바로잡고' 라는 단어는 그물을 깁는 것과 같은 의미로 쓰였습니다. 이 말은 완전한 상태로 맞춰놓는다는 뜻입니다. 우리 그리스도인은 예수님을 따라 범죄하여 조각이 난 사람을 예수님과 함께 완전한 상태로 고치는 일을 하는 자라는 뜻입니다. 세상 가운데 배척을 당하고 소외당하고 미움 받는 사람이 있다면 우리는 그를 돌아보아서 그를 완전한 상태로 회복시키는 일에 예수님과 함께해야 하겠습니다.

다른 부분들을 빛나게 하는 일

예화 13

미첼 앵글로는 유명한 조각가입니다. 어느 날 앵글로는 작업실에서 구경꾼들에게 작품에 대해 설명하고 있었습니다. "나는 이 부분을 다듬었어요. 그래서 이곳이 더욱 빛나고, 얼굴 표정은 좀 더 부드럽게, 근육은 더욱 강하게 보이도록 했습니다. 이로 말미암아 입술은 더 풍부한 표정을 띠고 몸 전체는 더욱 힘차 보입니다."

설명을 듣고 있던 한 구경꾼은 설명이 끝나자마자 "그곳은 눈에 띄는 부분도 아니잖아요"라고 말했습니다. 그러자 조각가는 이렇게 말했습니다. "그렇게 말하면 그렇기도 합니다만, 이렇게 사소한 부분이 전체 작품을 더욱 완벽하게 만든다는 사실을 알아야 합니다. 그리고 한 작품을 완전하게 만드는 이 부분은 결코 작은 부분이라고 말할 수 없습니다."

말씀에 접목하기: 마 25:21

예수님은 "네가 적은 일에 충성하였으매 내가 많은 것을 네게 맡기리니 네 주인의 즐거움에 참여할지어다"(마 25:21)라고 말씀하셨습니다. 당신은 지금 무슨 일을 하고 있습니까? 그 일이 당신이 생각한 것만큼 큰일이 아닐 수도 있습니다. 그러나 당신이 그 작은 일에 충성하면 하나님은 당신을 더 크게 쓰실 것입니다. 작은 일에 마음을 쓰고 작은 일부터 시작하여 최선을 다하는 습관이 정착될 때 당신은 신의 경지에 도달하게 됩니다.

불가사리에게는 중대한 의미가 있다

예화 14

어떤 사람이 해변에서 산책하다가 불가사리가 바닷물에 떠밀려 모래사장에 올라와 있는 것을 보았습니다. 썰물이 빠져나갈 때 그대로 모래사장에 남겨진 모양이었습니다. 썰물이 빠져나간 지 얼마 되지 않아 불가사리는 대부분 살아 있었습니다. 그러나 오후가 되어 태양빛이 따가워지면 불가사리는 죽게 됩니다. 그 사람은 앞으로 몇 발자국 걸어가서 불가사리 하나를 집어 들었습니다. 그리고는 그것을 바다를 향해 던졌습니다. 그는 이렇게 줍고 또 주워 불가사리를 계속 바다를 향해 던졌습니다. 뒤에서 걷던 사람이 이 모습을 보고 물었습니다. "뭣 하고 있는 거요? 그깟 불가사리 몇 마리를 살린다고 무슨 의미가 있을까요?"

그는 곧바로 대답하지 않고 앞을 향해 몇 발자국 더 걷더니 다시 불가사리 하나를 집어 들어 바다로 던졌습니다. 그리고 나서 몸을 돌려 이렇게 말했습니다. "이 불가사리에게는 나의 이 행동이 죽느냐 사느냐를 결정하는 중대한 의미가 있겠지요."

> 말씀에 접목하기: 벧전 3:8, 9

어떤 일이든 위대한 일은 모두 '한 마리 불가사리를 집어 던지는 일' 처럼 작은 행동에서 시작됩니다. 작은 선행이라고 해서 우습게 여기지 말고, 작은 악행이라고 해서 쉽게 행하지 말아야 합니다. 당신에게는 그것이 작은 선행일 수 있으나 그에게는 죽느냐 사느냐 하는 중대한 의미를 가질 수 있습니다. 작은 선행이 모여 큰 덕이 되고 커다란 공적이 됩니다. 매일 하나씩 실행하고 매일 조금씩 발전해 나가면 언젠가는 풍성한 수확을 거두게 될 것입니다.

지혜로운 해석을 들려줄 이웃이 있습니까?

예화 15

미국 대통령이었던 프랭클린 루스벨트는 이렇게 말했습니다. "나는 내 운명의 지배자다. 나는 내 영혼의 지도자다." 이 말은 사람의 영이 그 사람을 지배하여 그 사람의 꿈을 성취한다는 뜻입니다. 우리 영은 우리 자신을 주관하는 것으로 우리 운명의 수레바퀴를 움직이는 힘을 가지고 있습니다. 그래서 우리 영이 어떤 의식을 가지고 있느냐에 따라 문제를 대하는 시각도 달라지고, 취하게 될 행동도 달라지며, 그로 말미암아 얻게 될 결과도 달라집니다.

옛날 어느 왕이 꿈을 꾸었습니다. 산이 무너지고 호수가 말라버리고 꽃이 시들어버리는 꿈이었습니다. 다음 날 왕은 왕후를 불러 해몽을 해보라고 했습니다. 다음은 왕후의 말입니다. "대략적인 상황이 좋지 못합니다. 산이 무너졌다 함은 장차 강산이 무너질 것임을 뜻하고, 호수가 말라버렸다는 것은 민심이 떠날 징조입니다. 국왕은 배요, 백성은 물이라 물이 메말랐으니 배는 움직이지 못하겠죠. 또한 꽃이 시들었다 함은 좋은 때가 오래 가지 못함을 뜻합니다." 이 말에 크게 상심한 왕은 결국 병을 얻게 되었고, 병세는 갈수록 위중해졌습니다.

어느 날 한 대신이 왕을 알현하고자 찾아왔습니다. 병상에 누워 있던 왕은 대신에게 자신의 심경을 털어놓았습니다. 그런데 왕의 말을 듣고 난 대신은 크게 웃으며 말했습니다. "왕이시여, 기뻐하십시오. 산이 무너졌으니 이제 천하가 태평할 것이고, 호수가 말랐으니 곧 용이 모습을 드러낼 것입니다. 바로 왕이 참된 용, 곧 천자가 아니겠사옵니까! 그리고 꽃이 시들었으니 곧 과실을 보게 될 것입니다." 대신의 말을 들은 왕은 온몸이 가벼워지더니 병이 완전히 나았습니다. 꿈이나 사실 자체보다 그것을 해석하고 자기에게 적용시켜 나가는 영이 더 중요합니다.

말씀에 접목하기: 고전 1:22-25

영적 능력은 자기 밖으로 나가서 자기를 보며 해석하고, 판단하고, 어느 방향으로 나아갈 것인지 결정하는 힘입니다. 모든 사람은 자기 밖으로 나가 자기를 해석하고 판단하고 방향을 결정하는 영적 능력을 가지고 있지만 자기를 해석하고 판단하고 결정하는 기준은 사람마다 다릅니다. 그 사람이 어떤 가치를 가지고 있느냐에 따라 해석도 달라지고 판단도 달라지고 방향도 달라집니다. 당신은 어떤 가치 기준 또는 우선순위를 가지고 해석하고, 판단하고, 결정을 내립니까? 하나님의 말씀대로 먼저 하나님의 나라와 의를 구하고 있습니까? 앞서 언급한 왕은 같은 꿈 때문에 앓아눕기도 했고 새 힘을 얻어 힘찬 미래를 향해 나아가기도 했습니다. 그 차이가 어디서 왔습니까? 왕비를 만나 왕비의 꿈 해석을 듣고 그는 절망했습니다. 그러나 신하를 만나 그의 꿈 해석을 들었을 때는 희망의 발걸음을 내디딜 수 있었습니다. 지혜로운 제3자를 만나는 것은 저주와 축복을 가늠하는 중요한 요소입니다. 당신은 지금 어떤 문제로 고민하고 있습니까? 당신에게는 왕의 신하와 같은 지혜로운 이웃이 있습니까? 당신의 미래는 현명한 이웃과의 관계 가운데서 아름답게 열릴 것입니다. 지금 당신은 아직도 혼자입니까? 지혜로운 해석을 들려줄 이웃이 있습니까?

무엇을 의심합니까?

예화 16

만유인력의 법칙을 발견한 뉴턴의 이야기입니다. 어느 날 뉴턴이 우주를 관찰하면서 태양계의 모형을 만들었습니다. 모든 행성이 적절한 주기에 맞춰 자전과 공전을 하도록 만들어진 모형이었습니다.

지나가던 한 무신론자가 이 모형을 보고 뉴턴에게 말했습니다. "와! 당신은 훌륭한 과학자임에 틀림없군요. 이처럼 정교하게 태양계를 표현하다니…… 자전과 공전 주기가 정확하게 일치하는군요." 그 무신론자의 말을 듣고 뉴턴은 이렇게 말했습니다. "이 모형을 내가 만들었다고요? 이 모형을 만든 사람은 없습니다. 저절로 만들어진 것입니다."

그러자 무신론자가 다시 말했습니다. "아니, 놀리는 것이 너무 심하지 않소. 이게 저절로 만들어졌다니 말이오." 뉴턴은 무신론자를 쳐다보며 강한 어조로 말했습니다. "당신은 이보다 훨씬 더 정교하고 질서정연한 우주가 저절로 만들어졌다고 생각하면서 겨우 이 모형 하나가 저절로 만들어졌다는 말을 왜 못 믿는 것입니까?"

말씀에 접목하기: 창 1:1

제임스 러브로크(James Lovelock)는 미 항공우주국에서 일하는 지구 화학자였습니다. 그는 무신론자로서 '가이아 가설'이라는 학설을 발표했습니다. 그는 지구를 연구한 뒤 다음과 같은 결론을 내렸습니다. 첫째, 학문적으로 볼 때 지구상에는 사람이 살 수 없다는 것입니다. 둘째, 우리의 지식이 미치지 못하는 어떤 굉장한 존재가 있어 그 존재가 사람이 살 수 있도록 지구의 조건과 환경을 조절하고 있는 것처럼 보인다는 것입니다.

예를 들면 공기 중에 산소의 농도가 조금만 높아도 사방이 불바다가 되고, 산소 농도가 공기의 18퍼센트 이하가 되면 사람이 질식해 사망하게 되며, 16퍼센트 이하가 되면 성냥불도 켤 수 없어 불이라는 단어가 사라지게 된다는 것입니다. 그런데 예나 지금이나 변함없이 지구의 산소 농도가 적절하게 유지되고 있는 게 참으로 놀랍다는 것입니다. 가연성을 지닌 메탄가스와 조연성을 지닌 산소가 함께 있는데도 화학적 연소 반응(불바다)이 일어나지 않는 것도 신기하다고밖에 말할 수 없다는 것입니다.

이처럼 인간이 살아가도록 지구를 조절하는 존재가 누구이겠습니까? 그는 그리스 신화에 나오는 대지의 여신 '가이아'를 끌어들여 '가이아 가설'을 발표했습니다. 그러나 성경은 이렇게 말씀합니다. "태초에 하나님이 천지를 창조하시니라"(창 1:1). "여호와여 주께서 하신 일이 어찌 그리 많은지요 주께서 지혜로 그들을 다 지으셨으니 주께서 지으신 것들이 땅에 가득하니이다"(시 104:24). 창조주 하나님이 섭리하시는 것이 이 세계입니다. 우리 인간이 지구상에 살 수 있는 것은 하나님의 은혜입니다.

신앙에는 지름길이 없습니다

예화 17

그리스도인이 아무런 힘도 들이지 않고 성숙하기를 바라는 것은 불가능한 일을 바라는 것과 같습니다. 농부는 씨를 심고 다음 날 열매를 따려고 하지 않습니다. 자녀가 지금 초등학교 2학년인데 세계적인 과학자가 되리라고 생각하지 않습니다. 이제 갓 태어난 송아지는 어미 소가 될 때까지 기다릴 수밖에 없습니다. 성숙하여 열매를 맺는 데는 나름의 시간이 필요합니다.

신학자 제임스 스트롱은 성숙해지려면 인내가 얼마나 중요한지를 설명하기 위해 어느 대학생의 이야기를 소개했습니다. 그 학생은 자신이 다니는 대학의 학장에게 정해진 교과 과정보다 빨리 졸업할 수 있는지 여부를 물었습니다. 그러자 학장은 이렇게 대답했습니다. "있고말고요. 그러나 그것은 당신이 무엇이 되고 싶으냐에 달려 있습니다. 하나님이 오크 나무를 키우시는 데는 백년의 세월을 필요로 하지만 호박을 키우시는 데는 6개월

밖에 걸리지 않으니까요."

　나무의 성장기를 다룬 글을 읽은 적이 있습니다. 나무의 섬유질이 틀을 이루는 데는 4~6주밖에 걸리지 않지만 계속 영양분을 공급하여 나무를 튼튼하고 단단하게 만드는 일은 수개월이 아니라 몇 년을 두고 이루어진다고 합니다. 앞서 말한 대학생처럼 우리는 신앙 성숙에 있어서도 지름길을 원합니다. 그런데 사도 베드로는 신앙 성숙은 한 단계로 이루어지는 것이 아니라 7단계를 거쳐야 한다고 가르쳤습니다. "그러므로 너희가 더욱 힘써 너희 믿음에 덕을, 덕에 지식을, 지식에 절제를, 절제에 인내를, 인내에 경건을, 경건에 형제 우애를, 형제 우애에 사랑을 더하라"(벧후 1:5-7).

말씀에 접목하기: 벧전 1:5-7

　하나님은 여러 번 아브람에게 자식을 준다고 약속하셨지만 사래는 기다리지 못했습니다. 하나님의 약속을 믿고 10년을 기다렸지만 아들을 낳을 가능성은 점점 희박해졌습니다. 기다리지 못한 사래는 아브람에게 하갈을 보내 이스마엘을 잉태하게 했습니다. 그로 말미암아 사래는 극심한 고난을 당했고, 아브람은 엄청난 아픔을 당했습니다. 그리고 하갈이 낳은 이스마엘은 수천 년간 이스라엘의 심복지환이 되었습니다. 하나님이 뛰지 않으시는데, 어찌 우리만 뛰어갈 수 있단 말입니까! 한 걸음, 한 걸음 주님과 함께 나아가야 합니다. 신앙 성장에는 지름길이 없습니다. 매일 주님을 바라보며 주님과 대화하며 주님이 원하시는 그 일을 행하면서 살아가야 합니다. 아무리 늦어 보여도 우리와 함께 거하시는 하나님은 가장 확실한 방법을 통해 우리를 성숙의 장으로 인도하실 것입니다.

영원한 집을 바라보자

예화 18

시골학교의 여선생님이 반 학생들을 데리고 바닷가로 소풍을 갔습니다. 점심을 먹은 뒤 학생들에게 자유시간을 주었습니다. 학생들은 곧 두 패로 나누더니 모래 위에서 땅따먹기 놀이를 시작했습니다. 이렇게 땅따먹기를 하다가 '네 땅 내 땅' 시비가 붙어 서로 치고받는 싸움으로 번졌습니다.

그때 선생님이 호루라기를 불면서 "얘들아, 이젠 집으로 돌아갈 시간이다"라고 말하자 '네 땅, 내 땅' 하고 싸우던 아이들이 언제 그랬냐는 듯이 툭툭 털고 일어났습니다. 아이들이 선생님의 구령에 맞춰 '하나, 둘' 구령을 외치며 집으로 가버리자 거기에는 모래만 남아 있었습니다.

이제 머지않아 주님은 우리를 향해 호루라기를 불면서 "얘들아, 이제 끝났다. 집으로 돌아가자"라고 말씀하실 것입니다. 그때 이 땅에서 '네 땅, 내 땅' 하면서 피투성이가 되도록 싸우던 사람들이 가지고 갈 것이 무엇일까요? 모래만 남겨두고 돌아서게 될 것입니다. 그러므로 주님을 믿는 우리는 이 땅 위에 살지만 결코 이 땅의 것에 묶여 있어서는 안 되며, 영원하신 하나님만을 바라보아야 할 것입니다.

말씀에 접목하기: 전 5:15, 16

믿음은 하나님의 시각에서 세상을 보고 자기를 보는 것입니다. 믿음은 우리가 주의 복음을 받을 때 우리 안에 창조하시는 하나님의 선물입니다. 우리는 믿음의 선물을 받을 때 자신이 그리스도와 함께 십자가에 죽고 그리스도께서 우리 안에 사시는 경험을 합니다. 그러므로 믿음의 사람은 자기의 시각이 죽은 사람이요 하나님의 시각에서 세상을 보는 사람입니다. 하나님의 시각에서 보면 너와 나 사이의 문제와 갈등은 이해와 화해로 바뀌고 하나님의 사랑으로 다른 사람을 포용하며 감싸주고 축복할 수 있습니다. 우리가 쉬지 않고 기도해야 할 제목 가운데 하나는 "하나님의 시각에서 세상을 보고 나를 보고 이웃을 보게 하시옵소서. 그래서 하나님의 사랑으로 우리 모두를 감싸 안고 축복하게 하시옵소서!" 입니다.

어떤 그릇을 준비했습니까?

예화 19

많은 재물을 가진 사람이 있었습니다. 그는 빈 그릇을 가지고 오는 사람이면 누구든지 재물을 채워주겠다고 말했습니다. 사람들은 그의 이야기를 믿지 않았습니다. 그 사람에게 빈 그릇을 들고 갔다가 어떤 일을 당할지 모른다고 그를 찾아가지 않았습니다. 그런데 한 사람이 혹시나 하는 마음으로 조그만 그릇을 들고 그 사람을 찾아갔습니다. 그는 큰 그릇을 가지고 갔다가 욕을 먹을 수도 있겠다고 생각해 욕을 먹어도 적게 먹겠다고 작은 그릇을 가지고 갔습니다. 그런데 그 부자는 아무 말도 하지 않고 그가 가지고 온 그릇에 재물을 가득 채워주었습니다. 그러자 두 번째 사람이 용기를 내어 그보다 조금 큰 그릇을 가지고 갔습니다. 부자는 또 아무 말도 하지 않고 그 그릇에 재물을 가득 채워 돌려보냈습니다. 세 번째 사람은 그보다 더 큰 그릇을 준비하여 찾아갔습니다. 그도 재물을 가득 받아 돌아왔습니다. 네 번째 사람은 세 번째 사람보다 더 큰 그릇을 준비해 갔습니다. 그 역시 한 그릇을 가득 채워 돌아왔습니다.

그러자 첫 번째 사람이 부자를 찾아가 항의했습니다. "왜 다른 사람들은 나보다 더 많은 재물을 채워주고 나에게는 조금밖에 주지 않은 겁니까?" 첫 번째 사람의 항의를 받은 부자가 대답했습니다. "내가 더 주고 싶어도 당신이 작은 그릇을 가져왔으니 더 줄 수가 없었소. 나는 준비한 그릇만큼 채워준 거요."

말씀에 접목하기: 시 81:10

하나님은 우리에게 그릇을 준비하라고 말씀하십니다. "입을 크게 열라. 내가 채워 주리라"고 말씀하십니다. 우리는 얼마나 큰 그릇을 준비했습니까? 우리는 지식의 그릇, 열심의 그릇, 믿음의 그릇, 사랑의 그릇 등 많은 그릇을 준비해야 합니다. 그러면 하나님은 우리가 준비한 만큼 채워주실 것입니다.

묻혀 있는 보물을 찾아라

예화 20

미국 개척시대에 어느 가난한 노인이 서부를 개척하려는 무리를 따라간 적이 있습니다. 그는 가진 모든 것을 다 써 버리고 빈털터리가 되자 먹을 구걸하게 되었습니다. 먹을 것을 구걸하기 위해 어느 노동자들의 천막에 들어갔을 때 한 사람이 이야기를 멈추고 노인의 목에 걸려 있는 조그마한 주머니 목걸이를 쳐다보았습니다. 그것이 무엇인지 묻자 노인은 오래전에 누군가 준 것이라고 했습니다. 노인은 그 주머니를 열고 구겨진 종이를 꺼내 그 사람에게 보여주었습니다. 그것을 자세히 들여다보던 사람은 그 종이가 미합중국 연방군의 제대증이며, 조지 워싱턴 장군이 친필로 서명한 평생연금증서라고 말했습니다. 이 노인은 그 말을 듣고 기가 막혔습니다. 진작 그 내용을 알았다면 별 어려움 없이 살 수 있었을 텐데 그토록 어렵게 지내온 자신을 생각하니 한심했던 것입니다. 이 노인은 연금 신청의 권리를 행사하지 않았기 때문에 떠돌이 생활을 하면서 구걸하는 비참한 생활을 했던 것입니다.

> 말씀에 접목하기: 시 81:10-16

우리 하나님은 모든 것을 풍성하게 선물을 주겠다고 약속하셨지만 우리는 이를 사용하지 못해 영적인 빈곤에 허덕이고 있습니다. 즉 우리는 하나님이 주신 무한하고 풍성한 모든 것을 우리 주 예수 그리스도를 통해 받을 수 있음을 깨닫지 못하고 있는 것입니다. 주님은 "구하라 그러면 너희에게 주실 것이요"(마 7:7), "내 이름으로 무엇이든지 내게 구하면 내가 행하리라"(요 14:14)고 약속하셨습니다. 하나님은 지금도 우리에게 엄청난 선물을 풍성하게 주고자 하십니다. 주님은 약속하실 뿐 아니라 구하는 자에게 풍성하게 채우시는 분입니다.

왕수만이 금을 녹일 수 있다

예화 21

어느 대학교 화학실에서 화학교수가 산이 물질에 미치는 영향에 대해 설명했습니다. 그러고 나서 교수는 학생들에게 금 조각을 조그맣게 잘라 나눠주면서 그것을 산으로 분해해 보라고 했습니다. 학생들은 산에다 금을 집어넣은 뒤 밤새 금이 녹기를 기다리고 분해되기를 기다렸지만 변화가 없었습니다. 그들은 여러 가지 산을 섞어 거기에 금을 집어넣어 보았지만 금은 여전히 녹지 않았습니다.

다음 날 학생들은 실망한 표정으로 교수에게 말했습니다. "도저히 금을 분해해 녹일 수가 없었습니다." 그러자 교수는 웃으면서 "실험대에 있는 그 산을 가지고 너희가 금을 녹이지 못하리라는 것을 알고 있었다. 이 산으로는 금을 녹일 수가 없다. 금을 분해할 수 있는 건 왕수라는 특별한 산이다." 설명을 끝낸 교수는 학생들에게 왕수를 나눠주어 금을 녹여 분해할 수 있도록 했습니다.

죄로 물든 우리의 마음을 금에 비유한다면 그 죄는 아무것에나 녹지 않습니다. 우리는 결심만 한다면 얼마든지 죄를 이길 수 있을 거라고 생각하여 죄를 회개하고 새 사람이 되어 살겠다고 결심합니다. 그러나 얼마 지나도 그 죄가 그냥 남아 있어 속이 상할 때가 많습니다. 우리 속에 있는 죄는 결심으로도, 깨달음으로도, 형벌로도, 감옥으로도 깨끗이 씻어낼 수가 없습니다. 교육을 받아도 죄는 그냥 남습니다. 문명이 발달해도 죄는 그대로 남습니다. 왕수만이 금을 녹일 수 있듯이 오직 예수님의 보혈만이 우리 죄를 녹일 수 있습니다.

내 주의 보혈은 정하고 정하다.
내 죄를 정케 하신 주 날 오라 하신다.
내가 주께로 지금 가오니
골고다의 보혈로 날 씻어주소서.

그 피가 맘속에 큰 증거 됩니다.
내 기도 소리 들으사 다 허락하소서.
내가 주께로 지금 가오니
골고다의 보혈로 날 씻어주소서

말씀에 접목하기: 요 8:1-11

간음하다가 현장에서 잡힌 여자(요 8:1-11)는 돌에 맞아 죽어야 하고 정죄를 받아야 합니다. 그것은 피할 수 없는 그 여인의 운명입니다. 이것은 하늘이 그녀에게 준 운명이 아니라 죄를 지음으로써 만들어진 운명입니다. 그런데 예수님은 이 여자에게 "나도 너를 정죄하지 아니하노니 가서 다시는 죄를 범하지 말라"(요 8:11)고 말씀하셨습니다. 죄의 삯은 사망입니다. 빚을 지면 반드시 갚아야 하듯 죄를 지으면 반드시 그 대가를 치러야 합니다. 그런데 예수님은 반드시 정죄를 받아야 하고 돌에 맞아 죽어야 할 그 여자를 용서하셨습니다. 이는 예수님이 그 여자를 대신하여 그 여자의 죄를 갚아주시겠다는 선언입니다. 레위기 법전에 어떤 사람이 죄를 지으면 양이나 다른 대속물로 제사를 드려 용서 받듯이, 예수님은 세상 죄를 지고 가는 어린 양이 되어 십자가에서 제사를 드림으로써 간음한 여자의 죄를 용서하신 것입니다.

예수님은 우리 죄를 대신 짊어지신 분입니다. 정죄 받고 돌에 맞아 죽을 수밖에 없는 중한 죄를 지은 여자가 예수님 앞에 나와서 용서 받고 생명을 얻고 새로운 삶을 살게 되었습니다. 예수님의 십자가 안에는 놀라운 하나님의 능력이 숨어 있어서 예수님을 만난 사람은 새로운 인생을 살게 됩니다. 예수님의 십자가 보혈은 저주의 운명을 녹이고 축복의 운명을 만들어 내는 하나님의 왕수입니다. 예수님의 십자가 보혈은 왕수와 같이 우리의 모든 죄를 용서하고 씻어내는 하나님의 능력입니다.

그 나뭇가지를 놓아라!

예화 22

어느 부흥집회에서 한 여인이 죄에 대한 강박관념 때문에 마음에 평안을 누릴 수 없다면서 부흥사에게 와서 어떻게 하면 좋을지 물었습니다. 전도자는 여러 가지 방법을 일러 주었지만 그 여인은 여전히 죄의식에서 빠져나오지 못했습니다. 이 집회를 통해 회개한 성도 한 사람이 그 여인에게 이렇게 설명했습니다. "나는 아무것도 하지 않았습니다. 그리스도께서 모든 것을 다 하신 것입니다. 예수님이 친히 자신의 보혈로 우리와 하나님 사이에 화평을 이루셨습니다." 그러나 그 여인은 이 말을 듣고도 자기 속에 있는 죄의식에서 벗어날 수가 없었습니다. 그녀는 죄를 용서 받기 위해 자기가 무엇을 해야 하는지 알고 싶었습니다. 그러나 아무도 그 여인에게 그 방법을 가르쳐 주지 않았습니다.

그 여인은 집에 가서 무릎을 꿇고 기도하면서 자기에게 확신을 달라고 간구했습니다. 그러다가 얼핏 잠이 들었는데 꿈을 꾸었습니다. 꿈속에서 그녀는 절벽에서 벼랑으로 미끄러져 떨어지다가 얼떨결에 손을 내밀어 중간에 뻗어 나온 나뭇가지를 잡았습니다. 그녀는 있는 힘을 다해 기어 올라가려고 했지만 그렇게 할 수가 없었습니다. 밑을 내려다보니 엄청나게 깊은 골짜기였습니다. 그녀는 '이제 죽었구나'라고 생각하며 소리를 질렀습니다. "그 위에 누가 없나요? 나를 구해주세요." 그러자 세미한 소리가 들려왔습니다. "나는 하나님이다. 내가 너를 구해주고자 왔다. 네가 살고자 하면 네가 붙잡고 있는 나뭇가지에서 손을 떼라!" 그녀는 아무리 생각해도 그 나뭇가지에서 손을 떼면 떨어져 죽을 것 같았습니다. 그래서 다시 소리를 질렀습니다. "나는 살고 싶습니다. 지금 이 나뭇가지에서 손을 떼면 죽습니다. 다른 방법은 없습니까?" 그러자 세미한 음성이 다시 들려왔습니다. "네가 그 나뭇가지에서 손을 떼지 않으면 나도 너를 도울 수가 없다." 그 말을 들은 여인은 한참을 생각하더니 다시 위를 향해 소리를 질렀습니다. "그 위에 다른 분은 없나요?"

그 여인은 잠에서 깨어난 다음 그 꿈이 뜻하는 바를 바로 이해하고 이렇게 말했습니다. "나는 하나님의 말씀을 신뢰하지 못하고 나의 뜻대로 살아왔구나! 하나님의 어리석음이 사람보다 지혜롭고 하나님이 약하심이 사람보다 강한 것을 내가 알지 못했구나! 하나님, 말씀하시니 순종하겠나이다. 이제 내 손을 놓겠나이다. 주님만이 내 삶이요 내 미래입니다." 그 여인은 하나님께 감사의 찬송을 드렸습니다. 하나님이 꿈을 통해 자기를 깨닫게 하셨다는 사실을 알았기 때문입니다. 하나님의 구원은 하나님의 손을 전적으로 의지해 우리가 붙들고 있는 세상의 나뭇가지를 놓아버리는 것이었습니다.

말씀에 접목하기: 사 1:18-20

수많은 사람이 과거의 상처 때문에 괴로워하고 있습니다. 폭력을 당했던 아픔, 무시당했던 경험, 사랑 받지 못하고 버려졌던 경험, 왕따를 당해 울었던 일 등 수많은 과거의 경험은 잊힌 것 같지만 그 상처는 무의식 속에 남아서 우리의 마음에 사망의 그늘을 만들고 저주의 삶을 살게 합니다. 심리학자 프로이트는 우리 정신 세계의 대부분을 차지하고 있는 무의식 가운데 상당수가 억압 받은 감정, 잊어버린 기억, 욕구불만으로 채워져 있으며 이것은 언제든 우리의 의식 속으로 들어와 정신장애를 일으키고 사망의 그늘을 만든다고 말합니다. 그뿐 아니라 과거에 범한 죄도 우리의 발목을 잡고 놓아주지를 않습니다. 그런데 우리는 자기 과거의 아픔과 죄악과 더러움을 보면 절망에 빠지고 죽음에 이르는 병에 걸리게 됩니다. 가룟 유다는 예수님이 정죄됨을 보고 뉘우쳐 자기가 받은 돈을 되돌려주고 자기가 무죄한 피를 팔고 죄를 지었다고 고백했지만 그에게는 마음의 평화가 없었습니다. 이처럼 죄를 고백하고 뉘우치고 가슴 통회하는 것으로는 생명에 이르지 못합니다.

한편 베드로는 가룟 유다보다 더 심하게 예수님을 부인하고 저주까지 했지만 초대교회의 기둥이 되었습니다. 그는 가룟 유다처럼 죄를 지었지만 예수님을 보았습니다. 성경은 베드로가 세 번째로 예수님을 부인하고 저주하는 순간 "주께서 돌이켜 베드로를 보시니"(눅 22:61)라고 말씀합니다. 그는 예수님을 보는 순간 예수님이 하신 말씀이 기억났습니다. 가룟유다는 자기를 보고 자기 죄악을 보고 그 죄의 결과를 보았습니다. 그래서 그는 자살해 죽었습니다. 반면 베드로는 예수님을 보고 예수님의 말씀을 기억함으로써 초대교회의 기둥이 되었습니다. 그가 아무리 험악한 과거를 가진 사람일지라도 우리 주 예수님을 바라보며 하나님의 말씀을 기억하면 성령님이 오셔서 과거의 모든 아픔과 상처, 죄악을 그리스도의 십자가 보혈로 씻어내고 새 생명을 주실 것입니다.

기초를 든든하게 놓고 있는가?

예화 23

도쿄에 있는 임페리얼 호텔을 설계하고 건축한 사람은 미국의 건축가 프랭크 로이드 라이트입니다. 이 호텔은 건축에 들어가자마자 엄청난 비난을 받았습니다. 호텔을 건축할 때 기초공사에만 무려 2년의 시간을 소모하면서 너무 많은 돈을 썼기 때문입니다. 사람들은 "저렇게 오랜 시간과 돈을 투자해서 기초공사를 할 필요가 있을까?"라며 비난을 퍼부었습니다. 그 호텔은 2년의 기초공사와 2년의 나머지 공사를 거쳐 4년 만에 완공되었습니다. 이 호텔이 완공된 다음에도 임페리얼 호텔은 기초공사에 쓸데없이 많은 돈을 쏟아부은 대표적 건물로 사람들 사이에서 회자되었습니다.

그러나 호텔이 세워지고 52년이 지난 뒤 '도쿄 대지진'이 일어났고 임페리얼 호텔은 놀라운 진가를 발휘했습니다. 모든 건물이 여지없이 무너져 내릴 때 임페리얼 호텔만은 건물 안팎으로 무엇 하나도 훼손되지 않고 견고하게 남아 있었던 것입니다. 그 후 라이트는 일본 건축사에서 신화적인 인물로 남게 되었습니다.

릭 워렌 목사는 건강한 교회는 튼튼한 기초 위에 세워져야 한다는 사실을 강조하면서 자기의 경험을 소개했습니다. 그는 요세미티 주립공원 뒷산에 땅을 사서 통나무집을 지었는데, 그 일에 전적으로 매달릴 수 없어 아버지와 몇몇 친구가 도와주었다고 합니다. 그럼에도 집이 완공되기까지 거의 2년이라는 기간이 걸렸습니다. 기초만 놓는 데 여름이 다 가고 말았던 것입니다. 먼저 서른일곱 그루의 잣나무를 베어내고 뿌리를 뽑는 일을 해야 했습니다. 그리고 나서 1.5미터 깊이의 하수구를 188미터 이상 파내야 했고, 근처에서 흘러나오는 지하수 때문에 땅이 젖어 있어서 결국 자갈로 메워야 했습니다. 10주 동안 중노동을 한 다음에 비로소 평평하고 반듯하게 콘크리트를 씌웠습니다. 그때 눈에 보이는 것이라고는 콘크리트를 씌운 부분밖에 없었습니다. 릭 워렌 목사는 매우 실망했습니다. 그때 평생 110개의 교회 건물을 지었던 그의 아버지가 이렇게 위로했습니다. "릭, 기운을 내라. 기초 놓는 일을 마쳤으니 이제 가장 중요하고 힘든 일은 지나간 거란다."

> 말씀에 접목하기: 마 7:24-27

우리나라 축구를 월드컵 4강까지 올려놓은 거스 히딩크 감독의 리더십에서 배워야 할 단 한 가지를 찾으라면 기초(근본)를 다지는 일의 중요성입니다. 월드컵을 일 년 앞둔 시점에서 체력 훈련에 온 힘을 기울이던 히딩크 감독에게 언론과 사람은 온갖 비난을 퍼부었습니다. 그러나 월드컵이 끝난 다음 히딩크를 비난하던 사람은 자기의 생각이 짧았음을 인정하지 않을 수 없었습니다. 우리는 축구뿐 아니라 정치, 경제, 교육, 문화, 환경 등 우리 사회를 떠받드는 모든 분야에서 기초를 너무 하찮게 생각했습니다. 특히 교회는 튼튼한 기초를 어떻게 놓아야 하는지 제대로 알지 못하고 있습니다. 이제 한국 교회는 근본으로 돌아가 튼튼한 기초를 놓아야 합니다. 그래야 그 기초 위에 아름다운 교회가 세워질 것입니다. 은혜의 기초, 믿음의 기초, 신앙생활의 기초, 성령님의 기초, 교회론의 기초, 일상생활의 기초, 체험의 기초 등이 취약한 한국 교회는 흔들리는 기초 위에 세워진 건축물처럼 작은 소란에도 쉽게 흔들립니다.

날개를 꺾어버린 월리스의 자비

예화 24

앨프레드 월리스(Alfred Wallace)는 영국이 낳은 위대한 과학자들 가운데 한 사람입니다. 어느 날 그는 나방이가 누에고치를 뚫고 나오는 것을 관찰하고 있었습니다. 그는 나방이가 누에고치를 뚫고 나오려고 몸부림치는 것을 보면서 나방이가 너무 불쌍하다는 생각이 들었습니다. 사실 나방이가 누에고치를 뚫고 나오는 것은 엄청난 고통을 동반합니다. 자비심이 동한 윌리스는 그처럼 고통스러워하는 나방이를 도와주기 위해 고치를 찢어 나방이가 힘들지 않고 나오도록 만들어주었습니다. 그런데 그렇게 해서 고치에서 나온 나방이는 날개만 퍼덕거릴 뿐 날지 못했습니다.

나방이는 좁은 구멍으로 빠져 나오려고 애쓸 때 날개의 어깨 부분에 있는 영양분이 날개 전체에 퍼져 힘이 분배됩니다. 그런 과정을 거치면서 날개 전체에 힘이 생겨 나는 것입니다. 그런데 윌리스가 도와준 나방이는 쉽게 누에고치에서 빠져 나왔기 때문에 그 힘이 어깨 부분에만 모여 있어 날개에는 힘이 공급되지 않았던 것입니다. 결국 그 나방이는 날지 못하는 나방이가 되고, 얼마 뒤 죽고 말았습니다.

윌리스의 자비는 결국 그 나방이의 날개를 꺾어버리고 죽이는 결과를 가져오고 말았습니다. 하나님은 우리를 날아오를 수 있게 하기 위해 고난을 주시지만 우리가 그것을 알지 못하여 쉽게 고난에서 빠져 나오려고 하기 때문에 우리를 날아오르게 하시려는 하나님의 꿈이 깨어지고 마는 것입니다. 하나님의 복은 이처럼 환난 속에서 여물어 갑니다.

말씀에 접목하기: 벧전 4:13, 14

하나님은 우리를 하나님의 은혜의 세계로 인도하기 위해 독생자를 보내셨습니다. 하나님은 우리가 하나님의 영광에 이르기를 원하십니다. 우리가 저주의 삶을 사는 것을 보고 하나님은 우리를 위해 자기 아들에게 저주의 십자가를 지게 하고, 우리에게는 하늘의 복으로 넘치게 하셨습니다. 하나님은 예수님의 고난을 통해 우리에게 하늘의 복과 영광을 선물하셨습니다. 그러나 은혜와 영광은 환난이라는 대가를 요구합니다. 그것이 타락한 세상의 기본법입니다. 지구에 살면서 중력의 법칙을 벗어날 수 없듯이 타락한 세상에 사는 사람은 누구든지 영광과 복은 환난의 길을 거쳐 얻을 수밖에 없다는 사실을 받아들여야 합니다. 하나님의 아들 예수님도 그 법을 피할 수 없었습니다. 예수님은 십자가의 고난을 거쳐 부활의 영광을 얻었습니다. 예수님은 사람들의 죄와 질병과 약함을 짊어지심으로써 사람들에게 죄 용서와 치료를 선물하셨습니다.

고난의 길을 피하고자 하는 자에게는 영광과 은혜도 피해 갑니다. 환난을 두려워하는 자에게는 하나님의 복이 머물러 있지 않습니다. 타락한 세상의 기본법은 고난과 영광, 저주와 축복, 환난과 은혜가 함께 간다는 것입니다. 예수님이 만드신 새로운 길은 십자가의 고난을 통한 부활의 영광과 기쁨입니다.

피아노를 사랑하는 자가 피아노에서 대성한다

예화 25

한국에서 러시아로 5명의 피아노 전공 학생이 유학을 갔습니다. 그 학교에는 전 세계적인 명성을 가진 유명한 교수가 있어 5명 모두 그 교수에게 사사 받기를 원했습니다. 그 교수는 시간적 여유가 없기 때문에 5명 가운데 한 명만 지도할 수 있다고 하면서 오디션을 하고 일주일 뒤에 그 결과를 알려주겠다고 했습니다. 5명의 학생은 자신의 실력을 발휘해 그 교수의 마음에 들기를 원했습니다.

일주일 뒤 그 교수는 5명 가운데 한 명을 자기 제자로 선택했는데, 누구도 예상하지 못한 선택이었습니다. 왜냐하면 그 학생은 5명 가운데 누가 봐도 실력이 가장 떨어졌기 때문입니다. 선택을 받지 못한 4명은 교수와 그 학생 사이에 모종의 거래가 있었던 것이 아닌가 하고 생각했습니다. 그런데 교수가 그 학생을 자기의 제자로 선택한 이유를 듣고는 입을 다물 수밖에 없었습니다. 교수는 오디션을 본 뒤에 매일 연습실에 와서 그 학생이 피아노 치는 모습을 지켜보았다는 것입니다. 다른 4명은 오디션을 치른 뒤에 연습실에 나오지 않았지만 그 학생은 매일 나와 피아노를 쳤다고 합니다. 그때 그 학생에게서 피아노로 대성하겠다는 것이 아니라 그저 피아노

치는 것을 사랑하는 마음이 눈에 보였다는 것입니다. 그러고 나서 교수는 이렇게 말했습니다. "나는 피아노에 재능이 있는 자보다 피아노를 사랑하는 자가 대성할 수 있다고 믿는다."

설교에 재능이 있고 목회 상담에 재능이 있고 행정에 재능이 있는 사람이 많습니다. 그러나 하나님은 재능이 있는 사람보다 진정으로 자기를 사랑하여 자기 앞에 무릎을 꿇고 하나님의 말씀을 사모하며, 하나님의 꿈을 받아 자기의 꿈으로 삼으며 하나님이 이 땅에 이루기를 원하는 그것을 행하고자 하는 자, 곧 하나님을 사랑하는 자를 찾으십니다.

말씀에 접목하기: 살전 5:16-18

우리가 부름 받은 것은 하나님의 선을 이루어 이 땅 위에 하나님의 나라가 임하게 하려는 것입니다. 하나님은 사랑과 희락과 화평이 넘치는 하나님의 나라를 이 땅 위에 세워 모든 사람이 하나님이 꿈꾸시는 풍성한 삶을 살고 자연환경이 하나님이 보시기에 심히 좋은 자연으로 회복되게 하려고 오늘도 성령님을 통해 역사하시고 있습니다.

우리는 이런 하나님의 계획이 능력과 재능, 지식과 지혜를 가진 사람을 통해 이루어질 것이라고 믿습니다. 그래서 능력의 사람, 은사의 사람, 지식과 지혜의 사람이 되기 위해 애쓰지만 합력하여 선을 이루는 하늘의 신비는 하나님을 사랑하는 사람들 가운데서 나타납니다. 성경은 우리에게 분명하게 말씀합니다. "우리가 알거니와 하나님을 사랑하는 자 곧 그의 뜻대로 부르심을 입은 자들에게는?모든 것이 합력하여 선을 이루느니라"(롬 8:28). 능력과 은사가 아니라 하나님을 사랑하는 것이 이 땅을 새롭게 하는 능력을 만들어냅니다. 지식과 지혜가 아니라 하나님을 사랑하여 그 뜻대로 살고자 하는 자들을 통해 이 땅에 하나님의 나라가 임할 것입니다. 하나님의 미래는 우리가 얼마나 하나님을 사랑하느냐에 달려 있습니다.

하나님이 싹을 나게 하십니다

예화 26

마오쩌둥은 중국 대륙에 공산주의 국가를 세우더니 교회의 문을 다 닫아 버리고 목사들을 다 감옥에 가두고 외국의 선교사를 다 추방한 뒤 예배를 드리지 못하게 하는 금령을 내렸습니다. 그때 기독교가 중국 대륙에서 영영 머리를 들지 못하고 영원히 사라지는 줄로만 알았습니다. 그런 암흑의 시절이 30여 년 흐른 뒤 마오쩌둥이 죽자 곳곳에서 교회가 일어났습니다. 지하에 숨어 예배를 드리는 가정교회가 생기더니 정부가 공식적으로 인정한 삼자교회도 생겨났습니다. 그리고 많은 교회가 우후죽순처럼 일어나 복음의 열매를 맺고 있습니다.

30여 년 전 뿌려놓은 복음의 씨가 오랜 시간 햇빛을 보지 못해 땅 아래 그대로 묻혀 있었던 것 같지만 햇볕이 비치는 날에 그 씨앗은 반드시 꽃을 피우고 열매를 맺는다는 것을 보여주는 예입니다.

2차 세계대전 때 독일의 비행기가 매일 영국 런던을 폭격했습니다. 그래서 런던의 아름다운 집들이 무너지고 아스팔트와 시멘트로 발라 놓은 땅들이 다 뒤집어지고 구멍이 뚫리고 흙더미가 쌓이게 됐습니다. 그런데 2차 세계대전이 끝날 무렵 그 뒤집어진 땅과 흙에서 그전에 영국에서 보지도 알지도 못하던 화초가 자라더니 아주 아름다운 꽃이 피어나기 시작했습니다. 이를 이상하게 여긴 식물학자들과 고고학자들이 연구를 시작했습니다. 어떻게 폭격 맞은 땅에서 그동안 영국에서 보지 못한 꽃들이 피어난 건지 연구한 결과 뉴질랜드 해변 가에 많이 피어나는 꽃이라는 사실을 발견했습니다.

수백 년 전 뉴질랜드의 해변 가에 있는 꽃씨들이 짠 바닷물에 떨어져 바닷물이 돌고 흐르는 동안 (영국의 도시들이 아직 개발되지 않았을 때) 영국 해안까지 밀려와 영국의 테임즈 강을 통해 런던 땅에 흩어졌던 것입니다. 그런데 런던이 개발되면서 땅을 전부 흙으로 묻고 시멘트로 묻고 아스팔트로 포장하고 해서 수백 년간 땅 속에 묻혀 있다가 폭격을 맞으면서 이 땅이 뒤집어지자 깊숙이 묻혀 있던 흙이 위로 올라와 그 꽃씨들이 다시 움이 나오고 꽃을 피웠다는 것입니다.

수백 년 전 뉴질랜드 해변 가에서 흘러온 그 꽃씨가 런던 땅에서 수백 년 뒤에 꽃을 피웠습니다. 오늘 우리가 믿음을 가지고 복음을 뿌려놓으면 그것이 어느 날에 반드시 열매를 맺는다는 하나님의 섭리를 말해줍니다. 우리는 하나님이 하실 것을 믿고 복음과 사랑의 씨를 뿌려야 합니다. 하나님은 언젠가 하나님의 때에 열매를 맺게 하실 것입니다.

말씀에 접목하기: 마13:31, 32

한 알의 밀알 속에는 30배, 60배, 100배의 열매가 숨겨져 있습니다. 한 알의 밀알이 땅에 떨어져 죽는 것은 자기 속에 숨겨진 30배, 60배, 100배의 열매를 맺기 위한 것입니다. 이것은 인생의 가능성을 비유하는 말씀입니다. 심리학자들은 "사람들은 자기의 가능성 가운데서 10~20퍼센트 정도만 사용하고 나머지 80~90퍼센트는 무덤 속에 가지고 간다"라고 말합니다. 우리 인간은 우리가 보는 그런 인간이 아니라는 것입니다. 구 소련의 과학자 이반 예프레모프는 이렇게 말했습니다. "만약 우리 뇌의 기능 가운데 절반만 활용한다면 별 어려움 없이 40개 국어를 할 수 있고, 백과사전을 겉장에서부터 마지막 장까지 모조리 암기할 수 있다."

토마스 아퀴나스는 믿음을 보이는 것 속에서 보이지 않는 미래를 보는 것이라고 말했습니다. 그는 보이는 것을 ACT(액트)라고 했고, 보이는 것 속에 숨겨진 가능성을 POTENT(포텐트)라고 했습니다. 현재의 모습을 가지고 있는 모든 것은 그 속에 미래의 모습이 숨겨져 있다는 것입니다. 한 알의 밀은 액트입니다. 그러나 그 속에는 30배, 60배, 100배의 열매가 가능성으로 숨겨져 있습니다. 한 알의 겨자씨는 지극히 작은 것이지만 그것이 땅에 심어지면 싹이 나고 자라서 새들이 깃들이는 나무가 됩니다. 한 알의 겨자씨는 액트이지만 그 속에는 새들이 와서 깃들이는 포텐트가 숨겨져 있는 것입니다.

그러므로 우리는 겉으로 드러난 것에 속아선 안 됩니다. 지금은 아주 작은 겨자씨같이 별 볼일이 없어 보이지만 그 속에는 엄청난 포텐트가 숨겨져 있습니다. 우리는 믿음을 가지고 심어야 합니다. 확신을 가지고 가꾸어야 합니다. 우리 자녀들을 보면서 낙심하거나 포기해선 안 됩니다. 지금 어떻게 보이든지 간에 하나님은 우리 자녀들을 하나님의 형상으로 지으셨습니다. 남편과 아내들을 향해 낙망하거나 포기해선 안 됩니다. 하나님은 그들 속에 엄청난 포텐트를 숨겨놓으셨습니다. 우리가 해야 할 일은 심고 가꾸는 것입니다. 건강에 있어서도 낙심해선 안 됩니다. 하나님은 우리에게 엄청난 건강의 씨앗을 숨겨놓으셨습니다. 그것을 심고 가꾸면 놀라운 건강의 복을 받을 것입니다.

아직도 남아 있는 한 가지 일

예화 27

깊은 산골에 사는 소년이 있었습니다. 하루는 비가 억수같이 퍼붓는 바람에 집 앞에 있는 나무가 쓰러져 길을 막아버렸습니다. 소년은 혼자서 그 나무를 치워 보려고 애를 썼지만 소년의 힘으로는 미동조차 하지 않았습니다. 소년이 나무 앞에서 쩔쩔매고 있는데 아버지가 나와 물었습니다.

"애야, 네가 할 수 있는 방법을 모두 시도해 보았니?"

"예. 제가 할 수 있는 방법을 모두 시도해 보았지만 이 나무는 전혀 움직이지 않아요."

"아니, 네가 아직 해보지 않은 방법이 한 가지 있단다. 그게 무엇인지 알겠니?"

"잘 모르겠는데요."

"너는 이 아빠에게 도와달라는 말을 하지 않았단다."

당신은 정말 할 수 있는 일을 다 했습니까? 이제 아직까지 남아 있는 그 한 가지 일을 할 때입니다. 하나님은 지금 우리의 기도를 기다리고 계십니다. 하나님은 지금 우리 가운데 오셔서 우리가 할 수 없는 바로 그 일을 하시고자 합니다. 그분께 부탁해 보지 않겠습니까?

말씀에 접목하기: 렘 33:3

의에는 두 가지 유형이 있습니다. 유대인의 믿음은 자신의 무엇을 성취하여 하나님께 드리고자 하는 사람의 의입니다. 다른 하나는 하나님의 의이신 예수님을 영접하여 성령님의 인도를 받으면서 성령님의 능력으로 성취하는 의입니다. 이것은 그리스도인의 의입니다. 그리스도인은 자신들이 의와 선을 행할 수 없는 존재이며, 의와 성을 성취한다고 해도 그것은 세상에 속한 것에 불과하다는 사실을 알고 있습니다. 그래서 그리스도인은 범사에 하나님을 의지하고 항상 기도에 힘쓰며 언제든지 성령님이 우리를 인도하고 그 능력으로 살고자 하는 사람입니다.

과거의 감옥에서 해방되라

예화 28

지금 살고 있는 아파트는 도심에 위치해 있으면서도 앞에 조그만 산이 있어 여름에 어느 정도 비만 내려도 자연스레 폭포수가 떨어지는 듯한 멋진 광경을 볼 수 있습니다. 가을에는 단풍이 곱게 물들어 별장에 있는 듯한 느낌이 듭니다. 그런데 볼썽사납게도 작은 동산에 누군가에 의해 잘려 나이테가 선명하게 보이는 통나무가 누워 있습니다.

그 나무에게 어떤 일이 일어났던 걸까요? 기록된 역사 자료는 없어도 나이테를 보면 알 수 있습니다. 나무는 자신이 놓였던 환경에 대한 정보를 나

이테에 고스란히 담아놓습니다. 적당히 비가 오고 좋은 날이 계속된 해에
는 나이테가 넓은 반면, 몹시 춥거나 가뭄이 심한 해에는 나무가 제대로 자
라지 못해 나이테 간격이 좁습니다. 또 나무가 한창 자랄 시기에 갑작스럽
게 환경이 나빠지면 나이테처럼 보이는 가짜 나이테가 생기기도 하고, 더
심한 경우에는 나이테를 만들지 않기도 합니다.

미국 캘리포니아 주에서 잦은 산불이 있었다는 사실을 밝혀낸 것도 나이
테 조사를 통해서였습니다. 큰 홍수가 나면 급류를 타고 내려온 커다란 돌
이 나무에 상처를 내게 됩니다. 그 상처가 아문 흔적으로 홍수 발생 연도를
알아내기도 하고 태풍에 의해 나무가 기울어지면 기울어진 나무를 스스로
세워 보려고 안간힘을 쓴 듯한 모양으로 기울어진 방향에 따라 나이테 폭
이 넓어지는 것을 볼 수 있습니다. 이처럼 나무는 성장하면서 자신이 겪은
자연환경의 조건을 수백 년 동안 나이테에 기록함으로써 그 숲의 역사를
담아냅니다.

나무의 나무테처럼 인생에도 나이테가 있습니다. 모든 사람의 내면에는
성장해 오는 동안의 역사가 감정과 정서의 나이테에 기록되어 있습니다.
이 나이테는 우리의 사고와 행동, 감정, 대인관계의 모든 영역에 직접적이
고 깊은 영향을 미칩니다. 이 내면의 나이테에는 어린 시절의 오래된 상처
와 아픔이 기록되어 있고 억눌려 지냈던 기억이 비극적 흔적으로 남아 살
아가면서 모든 관계 가운데 어려움을 경험하도록 만듭니다. 게다가 다른
사람을 보는 태도나 자신을 바라보는 자세에도 영향을 주어 부정적이고 무
가치한 감정을 갖게 합니다. 일정한 시간이 지나면 아물게 되는 육체적 상
처와 달리 이런 정서적이고 내면적 상처는 쉽사리 치유되지 않습니다.

말씀에 접목하기: 민 21:4-9

민수기 21장 4-9절을 보면 뱀에 물린 사람들의 이야기가 나옵니다. 광야
의 이스라엘 백성은 수백 년 동안 애굽에서 노예 생활을 했습니다. 그들은

거기서 착취당하고 부당한 대우를 받고 이용당하며 살았습니다. 그 쓰라림과 아픔은 이스라엘 백성의 나이테에 고스란히 남아 있습니다. 출애굽하여 어려움을 만날 때마다 애굽에서 이용당하고 부당한 대우를 받으며 착취당하면서 입었던 상처가 무의식적으로 튀어나와 모세와 하나님을 원망하거나 분노를 폭발시켰습니다. 그들이 원망할 때 하나님이 보낸 불 뱀이 나타나서 원망하는 사람을 물어 죽였습니다. 심리학적으로 말하면 그들은 과거의 독소에 물려 죽고 상처를 입은 것입니다. 과거의 상처가 나타날 때 그것은 불 뱀의 독이 되어 우리를 불행하게 만들고 결국 망하게 만듭니다.

예수님은 과거의 나이테, 곧 옛 뱀에게 물린 상처를 치료하려고 오신 하나님입니다. 예수님은 과거의 독소에 당한 사람들을 살리기 위해 장대에 달린 놋 뱀입니다(요 3:14, 15). 누구든지 예수님을 바라보는 자는 치료를 받고 과거의 감옥에서 해방을 얻을 것입니다. 예수님의 영, 곧 성령으로 충만함을 받아 사랑과 희락과 화평의 열매를 맺지 않는다면 어떻게 분노와 미움과 원한의 상처가 치유되겠습니까?

relationship with Jesus

5
이웃사랑

1
인격적 교제: 사랑과 존중, 섬김

아픈 친구에게 용기를 주는 일

예화 1

어느 날 초등학교 5학년 학생 17명이 머리를 빡빡 밀고 등교를 했습니다. 이를 본 담임선생님은 무척 놀랐습니다. 폭력단에 가입한 청소년들이 머리를 밀고 다니는 것을 보았는데, 어찌된 일인가 싶어 가슴이 철렁했습니다. 그러나 학생들이 머리를 밀게 된 사연은 같은 반에 친구 한 명이 암에 걸렸기 때문이었습니다. 항암 치료를 받던 아이는 머리카락이 다 빠지자 이를 매우 부끄러워했습니다. 이를 본 학생들이 친구를 격려하기 위해 모두 머리를 밀었다는 것입니다. 아픈 친구에게 용기를 주기 위해서였습니다. 아픈 학생에게 얼마나 큰 위로가 되었겠습니까!

말씀에 접목하기: 엡 5:1, 2

예수님은 흠도 점도 없는 아름다운 하늘 보좌를 버리시고 더럽고 험악한 세상 속으로 성육신해 들어오신 분입니다. 우리 주님은 자기를 비워 종의 형체를 입은 채 사람이 되어 세상에 오셨고, 가장 비천하고 냄새나는 마구간에 태어나고 구유에 누우셨습니다. 우리 주님은 음부의 권세 아래 있는 우리를 구하시기 위해 우리 가운데 오신 하나님이십니다. 가장 낮은 곳으로, 가장 아픈 곳으로, 가장 힘든 곳으로 찾아오신 예수님은 지금도 아파하고 괴로워하고 힘들어 하는 사람에게 찾아가십니다. 당신은 지금 우리 주님과 같은 방향으로 가고 있습니까?

찢어진 예복

예화 2

어느 음악회에서 있었던 일입니다. 그날 오케스트라를 지휘하기로 한 가난한 음악가는 새 예복을 장만할 돈이 없어 생각 끝에 옛날 입던 낡은 예복을 입고 나왔습니다. 유럽에서는 반드시 예복을 입고 지휘를 해야 했는데, 지휘하는 도중 팔을 힘껏 휘두르다가 그만 예복이 찢어져 셔츠가 보였습니다. 한 곡이 끝난 후 그는 실례를 무릅쓰고 셔츠 바람으로 지휘를 하기 시작했습니다. 사람들의 킬킬거리는 소리를 들으면서도 지휘자는 열심히 지휘를 했습니다.

이때 맨 앞에 앉아 있던 한 신사가 조용히 입고 있던 겉옷을 벗어 자신도 셔츠 바람으로 있었습니다. 그러자 그것을 보고 다른 사람들도 웃음을 멈추고 하나둘 겉옷을 벗었다는 것입니다. 그날 음악회는 분위기도 그렇고 연주도 매우 감동적이고 성공적이었다고 합니다. 이 얼마나 아름다운 이야기입니까. 우리는 남의 실수나 잘못을 보면서 웃기보다 그 사람의 민망함을 감싸줄 수 있는 마음을 가져야 하겠습니다. 이것이 바로 그리스도의 마음입니다.

말씀에 접목하기: 마 9:9-13

예수님은 축복의 문을 열어주기 위해 세상에 오신 분입니다. 예수님은 사람에게 무시와 천대를 받아 오던 민족의 반역자 세리 마태를 불러 제자로 삼으셨습니다. 마태는 자기 욕망을 위해 사람들의 돈을 착취하고 권력을 남용하고 사람들을 괴롭혔던 악질 인간이었습니다. 그런데 예수님은 그의 모든 허물과 죄를 덮어주시고 제자로 삼으셨습니다. 이를 본 바리새인들은 제자들에게 예수님을 비판하고 정죄했습니다. "어찌하여 너희 선생은 세리와 죄인들과 함께 잡수시느냐?" 이 말을 듣고 예수님은 "건강한 자에게는 의사가 쓸 데 없고 병든 자에게라야 쓸 데 있느니라 너희는 가서 내가 긍휼을 원하고 제사를 원하지 아니하노라 하신 뜻이 무엇인지 배우라 나는 의인을 부르러 온 것이 아니요 죄인을 부르러 왔노라"고 말씀하셨습니다(마 9:9-13). 예수님은 마태의 모든 허물과 죄를 덮어주시고 축복의 문을 열어주셨습니다. 예수님은 죄인들의 허다한 죄를 덮어주고 축복의 문을 열어주기 위해 오신 사랑의 하나님이십니다. 그러므로 예수님을 따르는 사람은 예수님과 함께 이웃의 허물과 죄를 덮어주고 감싸주고 축복의 문을 열어주는 사람이어야 합니다.

축복의 통로가 된 사람

예화 3

뉴욕의 한 병원에서 있었던 일입니다. 나이 많은 할머니 한 분이 말기암에 걸려 병원에 입원해 있었습니다. 그런데 놀랍게도 700여 명의 문병객이 할머니를 찾아왔습니다. 이들 가운데 대부분은 사회적으로 성공한 사람이었습니다. 기업체의 대표를 비롯해 상원의원과 주의회 의원 등 대단한 사람이 아주 많았습니다. 또한 이들 가운데 80퍼센트의 사람은 이전에 '학습지진아' '저능아' '무의미한 인간' '운명에 맡겨진 아이' 등 치명적인 별명을 갖고 있었다고 합니다.

  이들 모두가 병원에 누워 있는 할머니, 즉 하디 선생님을 만나기 전까지는 쓸모없는 인간으로 살았습니다. 그러나 하디 선생님을 만난 이후 이들의 운명이 바뀌기 시작했습니다. 하디 선생님은 다른 사람들과 같은 관점에서 아이들을 본 것이 아니라 그들 가운데 있는 하나님의 형상을 보았습니다. 그래서 이들을 용기와 격려, 이해와 사랑이 듬뿍 담긴 언어와 손길로 돌봐주었습니다. 하디 선생님은 사람을 진실로 사랑할 줄 알았고, 문제를 가진 아이들의 마음을 이해하고 그들에게 용기와 희망을 선물해주었고, 아이들이 중간에 포기하지 않도록 끝까지 도와주고 격려해주었습니다. 그래서 그 많은 사람이 좌절과 절망을 딛고 일어서서 세상을 아름답게 만드는 대열에 참여할 수 있었던 것입니다.

말씀에 접목하기: 요 13:34, 35

  사람은 사람을 변화시키지 못합니다. 하나님만이 사람을 변화시킬 수 있습니다. 많은 사람은 훈계나 가르침, 채찍, 설득, 충고 등을 통해 다른 사람을 변화시킬 수 있다고 생각합니다. 그런데 이런 사람을 통해 수많은 분쟁과 갈등, 상처, 저주가 세상에 들어옵니다. 하나님이 사람을 변화시키기 위해 사용하는 사람이 있습니다. 사람의 행위나 잘못, 문제 등 외모를 보지 않고 사람 자체를 존중하고 소중히 여김으로써 사람의 중심을 보면서 공감하고 이해하는 사람을 통해 하나님은 사람을 변화시키십니다. 하디 선생님은 문제아들을 보면서 그들에게 하나님의 형상이 있음을 깨닫고 존중하며 소중히 여기며 하나님의 사랑으로 섬겼습니다. 그때 하나님은 그 사람을 찾아오셔서 놀라운 변화의 기적을 일으키셨습니다. 당신은 갈등을 만드는 사람입니까, 아니면 변화의 통로로서 사랑을 베풀고 있는 사람입니까?

받고자 하는 자와 나누어주고자 하는 자

예화 4

비슷한 시기에 이 세상을 떠난 두 명의 유명인사가 있습니다. 한 사람은 영국의 왕세자 비 다이애나이고, 또 한 사람은 테레사 수녀입니다. 다이애나는 한때 영국의 왕세자비로서 전 세계인으로부터 부러움과 사랑을 받았습니다. 돈은 물론이고 명예 그리고 사람의 찬사, 환호가 항상 그녀를 따라다녔습니다. 무엇보다도 그녀는 장차 왕의 어머니가 될 사람이었습니다. 미모도 뛰어났을 뿐 아니라 건강해서 왕성하게 활동했습니다. 그야말로 부러울 것이 없는 사람이었습니다.

그러나 다이애나는 늘 불행했습니다. 남편의 사랑을 받지 못했기 때문에 다른 것을 다 갖췄지만 불행할 수밖에 없었던 것입니다. 그녀는 이 불행을 견디지 못해 자기의 말을 관리하는 마부, 경호원과 불륜관계를 맺었고 결국 이 남자 저 남자를 전전하다가 세상을 떠났습니다. 그녀에게 가장 중요한 것은 남편의 사랑이었습니다. 그것을 얻지 못한 그녀는 무엇을 가져도 만족할 수가 없었던 것입니다. 그녀는 받기 위해 애쓰다가 결국 빈 그릇이 되어 깨어지고 말았습니다.

이에 비해 테레사 수녀는 일평생 가난하고 고통 받는 사람과 자신의 삶을 나눠 가졌습니다. 그녀는 위독해 병원에 입원해 있을 때조차도 자기보다 더 고통스러운 병으로 고생하면서도 의료 혜택을 받지 못하는 사람들을 걱정하며 퇴원시켜 달라고 요구하기도 했습니다. 테레사 수녀에게는 돈도 없고 명예도 없었습니다. 그저 섬기고 희생하고 봉사하는 것이 그녀 삶의 전부였습니다. 그러나 단 한 번도 불행하거나 후회한다고 말한 적이 없습니다. 오히려 그녀는 일을 통해 기쁨과 즐거움을 느낀다고 말했습니다.

한 사람은 모든 것을 가지고도 한 가지가 부족해 끊임없이 인간의 사랑을 갈망하다가 불행하게 세상을 떠났습니다. 반면에 한 사람은 아무것도 가지지 못하고 고생만 하다가 세상을 떠났는데도 모든 사람의 추앙을 받고 있습니다. 그렇다면 이 두 사람의 차이는 무엇일까요? 바로 삶의 기준이 다르다는 것입니다. 다이애나는 인간의 사랑에 기준을 두고 있었고, 테레사 수녀는 하나님의 사랑을 가지고 하나님의 뜻을 따라 섬김과 봉사에 기준을 두고 있었습니다. 이 기준의 차이가 두 사람을 이처럼 다르게 만들어 놓았던 것입니다.

말씀에 접목하기: 눅 6:37, 38

　아내의 행복은 남편의 사랑을 받으며 사는 것입니다. 당연히 받아야 할 그 사랑을 받지 못할 때 오는 불만은 분노와 억울함과 정서적 결핍을 만들어내고 결국 죽음의 게임에 동참하게 합니다. 다이애나 비는 겉으로 보면 세상의 모든 것을 소유한 사람이었지만 그녀의 내면은 사랑의 결핍에 따른 공허와 상처와 아픔만 가득 차 있었습니다. 그녀는 주 예수님으로부터 오는 한량없는 크신 사랑을 알지 못했기 때문에 세상의 사랑을 갈망했고, 세상의 사랑으로 그 마음을 채우지 못하자 공허 속에서 빈 그릇으로 살다가 이 세상을 떠났습니다.

　그러나 테레사 수녀는 끊임없이 하나님의 사랑을 공급 받았습니다. 그녀는 언제나 주 예수님의 손을 꼭 잡고 있었기 때문입니다. 그녀가 수녀원으로 들어갈 때 그의 어머니는 어디를 가든지 무슨 일이 있든지 예수님의 손을 꼭 잡고 놓지 말라고 했습니다. 그녀는 어머니 말씀대로 평생 예수님의 손을 꼭 잡고 놓지 않았으며, 주님의 손으로부터 흘러나오는 하나님의 생명이 끊임없이 내면에 채워 흘러넘치게 했다고 고백했습니다. 포도나무 가지가 포도나무에 붙어 있으면 언제든지 포도나무로부터 영양을 공급받아 싱싱해지고 많은 열매를 맺습니다. 테레사 수녀는 포도나무 가지에 꼭 붙어 있는 아름다운 가지가 되었습니다.

용기를 북돋아 주는 사람들

예화 5

한 영국 해군 장교가 자신이 겪은 첫 전투에서 어떻게 두려움을 이겨낼 수 있었는지 그 경험을 얘기해준 적이 있습니다. 그는 아직 십대의 소년이었을 때 해군 소위 후보생을 전투에 참가했습니다. 적의 포화가 하도 맹렬하여 그는 기절할 것만 같았습니다. 바로 그때 어떤 장교가 그에게로 걸어와 그의 손을 잡고 침착하고 확신에 찬 어조로 이렇게 말했습니다. "이봐, 용기를 내라고. 별일 없을 거야. 나도 첫 전투 때 자네처럼 당황했다네." 그리고 다시 한 번 어깨를 두드려주었습니다. 그 순간 소년병은 자신의 모든 두려움이 사라지는 것을 느꼈습니다. 그리고 그다음부터는 노련한 장교처럼 용감하게 행동했습니다.

말씀에 접목하기: 행 27:25

살다 보면 이 소년병처럼 특별한 용기와 힘을 필요로 하는 상황을 만나게 됩니다. 그러나 두려움과 불안이 우리의 내면을 완전히 지배하면 이것을 이겨낼 방법을 찾지 못해 당황하고 우왕좌왕할 때가 있습니다. 이런 경우 다른 사람으로부터의 따뜻한 격려와 적절한 조언은 참으로 귀중합니다. 사도 바울이 탄 배가 광풍에 밀려 오랫동안 고통을 당했습니다. 바울은 천사가 전해준 다음과 같은 말로 그 배에 타고 있는 사람들에게 확신을 심어 주었습니다. "그러므로 여러분이여 안심하라 나는 내게 말씀하신 그대로 되리라고 하나님을 믿노라"(행 27:25). 진정한 마음에서 우러나온 위로와 칭찬, 격려와 감사 등은 사람에게 하나님의 용기와 힘을 전달해주는 통로가 됩니다. 우리의 격려는 당황해 우왕좌왕하는 사람에게 위대한 승리를 불러일으켜 줄 수도 있습니다.

품어주는 신앙

예화 6

어느 목사가 한적한 시골의 한 가정을 심방했을 때 있었던 이야기입니다. 목사가 그 집에 도착하자 부인이 반갑게 맞이하면서 "저 좀 도와주세요. 어떻게 해야 할지 모르겠어요"라고 말했습니다. 그러고는 부인은 자기 문제를 이야기하기 시작했습니다. 목사는 그 이야기에 끌려 눈물까지 흘리면서 들었지만 목사 자신이 해줄 수 있는 문제가 아니었습니다. 목사는 뭐라고 말해야 좋을지 몰라 계속해서 듣고만 있었습니다. 그러자 마침내 그 부인은 눈물을 닦은 뒤 미소를 지어 보이면서 "와 주셔서 정말 고맙습니다. 목사님께 꼭 말씀드리고 싶었거든요"라고 말했습니다. 그때 목사는 그녀에게 필요한 것은 문제를 해결하기 위한 지혜가 아니라 단순한 위로였음을 알았다고 말했습니다.

말씀에 접목하기: 욥 2:13

영국의 아데니 목사는 욥기 2장 13절의 장면을 다음과 같이 썼습니다. "위로는 침묵으로 표시할 수도 있습니다. 욥의 세 친구가 칠 일간을 밤낮으로 침묵 속에 보낸 것은 굉장한 일입니다. 욥의 위로자는 시작을 잘했습니다. 그래서 그들은 훌륭한 위로자의 표본이 될 수 있었던 것입니다. 우리는 때때로 자신이 꼭 무슨 말을 해야 하는 것처럼 잘못 생각하기도 합니다." 그리고 목사는 이렇게 결론을 내리고 있습니다. "어려움이 있을 때 필요한 것은 도움말이 아니라 따뜻한 위로입니다. 그리고 가장 좋은 위로는 진심에서 우러나오는 눈물과 사랑스러운 눈길, 말없이 손을 굳게 잡아주는 것입니다." 그렇습니다. 위로는 남의 아픔을 내 가슴으로 함께 느끼는 것입니다.

"결코 당신을 떠나지 않겠어요"

예화 7

미국에서 남북전쟁이 일어났을 때 아름다운 소녀와 약혼한 청년이 군인으로 부름을 받았습니다. 그들의 결혼은 당연히 뒤로 미뤄지게 되었습니다. 젊은 군인은 전투 중에 중상을 입었지만 청년을 사랑한 소녀는 그의 처지를 알지 못하고 귀가할 날만을 세고 있었습니다. 마침내 그녀는 낯선 글씨체의 봉투를 받았습니다. 봉투를 열어 보니 "내가 양팔을 다 잃었다는 사실을 말하는 게 아주 어렵소! 내 혼자 힘으로 쓸 수 없어 친구가 대신해 이 편지를 써주고 있소. 당신은 영원한 나의 사랑이오. 그러나 나는 여생을 다른 사람에게 의지하며 살 수밖에 없는 몸이 됐소. 이제 나는 당신과 맺은 약혼의 의무에서 당신을 자유롭게 해주고 싶소"라고 쓰여 있었습니다.

소녀는 다음 기차를 타고 약혼자가 있는 병원으로 달려갔습니다. 두 사람의 눈이 마주친 순간 그녀는 뛰어가 자기 팔로 그의 목을 껴안고 포옹하며 "나는 절대 당신을 떠나지 않겠어요! 나의 양손이 당신을 도울 거예요. 내가 당신을 보호하겠어요"라고 울먹였습니다. 그녀의 확고한 헌신은 젊은 군인의 가슴을 따뜻하게 품어주었으며, 그에게 한없는 평안과 기쁨을 가져다주었습니다.

말씀에 접목하기: 히 13:5, 6

마태복음의 시작은 예수님의 탄생 이야기입니다. 천사는 예수님의 탄생을 "임마누엘"이라고 선포했습니다. 예수님의 오심은 하나님이 항상 우리와 함께하심을 뜻합니다. 그리고 마태복음의 마지막 말씀은 예수님이 주신 변할 수 없는 약속입니다. "볼지어다 내가 세상 끝날까지 너희와 항상 함께 있으리라"(마 28:20). 히브리 기자는 우리에게 하나님의 언약의 말씀을 전해줍니다. "돈을 사랑하지 말고 있는 바를 족한 줄로 알라 그가 친히 말씀하시기를 내가 결코 너희를 버리지 아니하고 너희를 떠나지 아니하리라 하셨느니라"(히 13:5). 그러므로 우리는 담대히 선언해야 합니다. "주는 나를 돕는 이시니 내가 무서워하지 아니하겠노라 사람이 내게 어찌하리요"(히 13:6).

마음의 갈증을 함께 나누는 공동체

예화 8

이런 이야기가 있습니다. "천국은 인간이 하나님께 '당신의 뜻이 이루어지리이다' 라고 말하는 곳이요, 지옥은 인간이 하나님을 향해 '나의 뜻대로 이루어지게 하소서' 라고 말하는 곳이다." 하나님의 뜻과 우리의 뜻이 맞으면 그곳은 천국이 되고, 하나님의 뜻과 다른 인간의 뜻을 고집하는 바로 그곳은 지옥이라는 말입니다. 이런 천국과 지옥은 부부 사이에도 있습니다. 남편의 뜻과 아내의 뜻이 맞아서 무엇이든 함께 나눌 수 있으면 거기에 천국이 있고, 아내의 뜻과 남편의 뜻이 맞지 않고 아내의 갈망을 남편이 무시하거나 남편의 생각을 아내가 무시하면 거기에 지옥이 있습니다.

어떤 부인이 특이한 갈망을 가지고 있었습니다. 그녀는 남편을 사랑하고 남편도 아내를 사랑하지만 서로의 지적 취향이 맞지 않았습니다. 남편은 일간지의 경제면과 스포츠 면을 읽는 것으로 만족했지만 아내는 문학에 관심이 많아서 좋은 책이라면 닥치는 대로 읽었습니다. 남편은 음악회에 가는 것을 싫어했지만 아내는 그것을 무척 좋아했습니다. 아내는 그림을 잘 그렸지만 남편은 그림을 그리려는 아내의 노력을 비웃었습니다. 아내는 남편과 함께 자기의 지적 갈망을 나누고 싶었지만 남편은 아내의 갈급한 마음을 이해해주지 못했습니다.

아내는 남편의 성실함과 자상함을 사랑하지만 자기 속에 있는 갈망을 나누면서 뜻을 함께하지 못해 마음에 큰 공허함을 가지고 살았습니다. 아내는 자기의 이런 갈증을 목사와 상담했습니다. 목사는 그녀와 같은 갈망을 가지고 있는 사람을 만나도록 주선해주었습니다. 그녀는 교회 안에서 뜻을 같이하는 사람들을 만나는 행운도 얻었고, 이로 말미암아 부부간의 부족한 점도 채워나갈 수 있었습니다.

말씀에 접목하기: 벧전 4:8-11

하나님은 사람을 인격적 존재로 지으셨습니다. 인격은 생각하고 느끼고 자기만의 욕구와 필요를 가졌다는 말입니다. 인격을 가진 사람은 어느 누구와도 같을 수가 없습니다. 사랑하는 부부 사이일지라도, 부모와 자녀 사이일지라도, 우애가 깊은 친구 사이일지라도 같은 생각, 같은 느낌, 같은 욕구와 필요를 가질 수는 없습니다. 그래서 우리는 사람을 인격적 존재라고 말합니다. 그 말은 나와 당신은 같을 수도 있지만 서로 다를 수도 있다는 뜻입니다. 그래서 사람과의 관계에서는 자기 자신의 생각과 느낌과 욕구와 필요를 솔직히 털어놓는 진실성, 상대방이 나와 달라도 무조건적으로 존중하고 배려하는 마음, 상대방의 상황을 공감하고 이해하는 친밀감이 반드시 필요합니다. 이런 관계 속에서 사람은 서로 사랑하고 서로 섬기며 함께 성장하고 서로 축복하는 가슴 따뜻한 아름다운 세상을 만들어 나갈 수 있습니다.

아름다운 이웃의 격려

예화 9

《장 크리스토프》는 로맹 롤랑이 쓴 소설입니다. 이 소설의 내용은 독일 라인 강변의 작은 도시에서 출생한 크리스토프가 역경을 극복하고 음악가로서 성공해 나가는 용기 있는 삶을 보여주고 있습니다. 전해 내려오는 말에 따르면 《장 크리스토프》는 30세에 귀머거리가 되어 한동안 절망에 빠져 지냈던 베토벤의 생애를 묘사한 작품이라고 합니다. 그는 어떻게 그 역경의 심연에서 의연하게 일어나 〈월광〉과 〈운명〉등을 비롯해 전 세계 사람들로부터 큰 사랑을 받는 수많은 불후의 작품을 남길 수 있었을까요?

《장 크리스토프》에 보면 실의에 빠진 크리스토프가 어느 추운 날 새벽 그의 숙부인 고트프리트를 따라 마을 뒷산을 오르고 있었습니다. 크리스토프는 "내가 이 꼴로 살아 무엇을 하겠느냐?"라고 절망적인 넋두리를 늘어놓았습니다. 그때 숙부 고트프리트는 동녘 하늘에서 지평선 위로 서서히 떠오르는 붉은 태양을 가리키며 이렇게 말했습니다.

"그날그날을 사랑하고 소중히 여기며 살아가라. 오늘과 같이 음산한 하루라도 그날을 사랑해야 한다. 초조하게 생각해서는 안 된다. 보라! 지금은 겨울이다. 모든 것이 잠들어 있다. 그러나 좋은 토지에 뿌려진 씨앗이 머지않아 싹을 틔울 것이다. 좋은 토지처럼 잘 참고 견디기만 하면 될 것이니 믿고 기다려야 한다."

말씀에 접목하기: 딤후 4:2

성경은 "때를 얻든지 못 얻든지 항상 힘쓰라"(딤후 4:2)고 말씀합니다. 이 말씀은 본래 기회가 아니든지, 기회와 전혀 무관하든지 상관없이 항상 최선을 다해 살라는 뜻입니다. 어머니 마리아가 와서 "저들에게 포도주가 없구나"라고 말했을 때 예수님은 "내 때가 아직 이르지 아니하였나이다"(요 2:4)라고 말씀하시면서도 하인들에게 명하여 물을 포도주로 만들어 혼인잔치를 축복하셨습니다. 지금 우리가 어디에 있든지, 무슨 일을 하고 있든지 간에도 주님은 우리와 함께하십니다. 우리가 주께 기도하면서 최선을 다한다면 기회가 아니든지, 기화와 무관하든지 상관없이 하나님의 기적이 일어날 것입니다. 비록 오늘이 음산한 날이라고 해도, 오늘 이 날은 하나님이 지으신 날이요 하나님이 씨앗을 싹트게 하는 날입니다. 그러므로 하나님을 신뢰하고 당신 자신이 할 수 있는 일에 최선을 다해야 합니다. 그렇게 할 때 하나님은 싹이 나게 하고 자라나게 하고 풍성한 열매를 맺게 하실 것입니다.

생명을 건 사랑 실천

예화 10

1979년 봄에 있었던 일입니다. 충북 보은군 마로면 서산초등학교 6학년에 다니던 정재모라는 소년이 있었습니다. 어느 날 아버지와 함께 외갓집에 다녀오는데 갑자기 눈보라가 휘몰아쳤습니다. 그러자 아버지는 술에 취해 눈 위에서 드러누워 버렸습니다. 아버지가 눈 위에 눕자 어린 마음에 안타까워 자기 옷을 벗어 아버지를 덮어주고 자기는 그만 얼어 죽고 말았습니다. 이 효행을 기념하기 위해 비석을 세웠는데, 그 비석에 이렇게 쓰여 있습니다.

아, 아버지의 영혼을 덮어주던 그 맑은 효행은,
뭇 사람의 심금을 울려 길이 후세에 흐르다.

말씀에 접목하기: 엡 6:1-3

효도는 자기의 생명을 아끼지 않고 부모님을 위해 드리는 것입니다. 정재모 군은 세찬 눈보라 속에서 자기가 얼어 죽으면서도 아버지를 살리고 싶었습니다. 자기 생명보다 아버지의 생명이 더 소중했던 것입니다. 그래서 그는 죽었지만 그의 맑은 효행은 수많은 사람의 가슴속에 아로새겨졌습니다. 예수님은 아버지 하나님의 뜻이면 죽음의 잔, 수치의 잔, 저주의 잔도 서슴지 않고 마셨습니다. 이것이 효도요 신앙입니다. 이런 효도와 신앙은 하나님께는 영광이요, 부모에게는 즐거움과 기쁨이요, 우리에게는 영원한 축복입니다.

돕는 이웃의 축복

예화 11

오래전 영국의 한 소년이 스코틀랜드의 어느 한적한 시골 마을에 놀러왔습니다. 그는 작은 호수로 혼자 수영을 하러 갔습니다. 소년은 한참 수영을 하다가 발에 쥐가 나서 위급한 상황에 처하자 살려 달라고 소리를 질렀습니다. 때마침 근처에서 일하고 있던 한 농부의 아들이 이 소리를 듣고 달려와 소년을 물가로 끌어냈습니다.

그로부터 몇 년이 지났습니다. 도시 소년은 청년이 되었습니다. 그는 과거 자기의 생명을 구해준 시골 소년을 기억해 냈습니다. 그는 그 시골로 다시 찾아가 청년이 된 그에게 소원이 무엇이냐고 물었습니다. 이 시골 청년의 소원은 의학 공부를 하는 것이었습니다. 이 말을 들은 도시 청년은 시골 청년이 의학을 공부할 수 있게 도와주었습니다.

그 시골 청년은 의학 공부를 마치고 연구에 몰두하여 페니실린이라는 새로운 약을 발견했습니다. 그리하여 1945년에 노벨의학상을 받았습니다. 그 소년의 이름은 알렉산더 플레밍이었습니다. 2차 세계대전 당시 루스벨트 미국 대통령, 구 소련의 스탈린과 3자 회담을 하다가 폐렴으로 죽을 위기에 빠진 영국의 처칠 수상은 플레밍이 발견한 페니실린 주사를 맞고 생명을 구할 수 있었습니다. 그는 다시 한 번 시골 청년의 도움으로 생명을 구한 것입니다. 소년 플레밍이 물에서 건져준 도시 소년이 바로 처칠이었습니다. 하나님은 좋은 사람을 보내어 서로 돕게 하고 세상을 더욱 아름답게 만드는 일을 하십니다.

말씀에 접목하기: 요 15:12-14

처칠에게 있어 알렉산더 플레밍은 좋은 이웃이었습니다. 그리고 플레밍에게 있어 처칠 역시 좋은 이웃이었습니다. 그런데 스코틀랜드의 작은 호수에 빠져 목숨이 위험했던 처칠을 플래밍이 구해 준 것이 단순한 우연이었을까요? 그 청년 처칠이 시골 청년 플래밍에게 의학을 공부하게 하고, 그래서 나중에 페니실린을 발견하고 노벨의학상을 받은 것이 단순한 우연이었을까요? 영국 수상 처칠이 3자 거두회담을 하다가 폐렴으로 죽게 되었을 때 플레밍이 발견한 페니실린 주사를 맞고 죽음에서 살아난 것이 단순한 우연이었을까요? 한 마디로 이 두 사람이 좋은 이웃이 된 것은 단순한 우연에 불과할까요?

성경의 하나님은 우리에게 좋은 이웃을 보내주시는 분이라고 말씀하고 있습니다. 하나님은 어려운 일을 만난 사람이나 위기를 만난 사람에게 좋은 이웃을 보내어 아름다운 일이 일어나도록 만들어주시는 분이라고 말씀하고 있습니다. 하나님이 처칠에게 플레밍을 보내주시고 플레밍에게 처칠을 보내주셔서 서로 섬기게 하지 않았을까요? 하나님은 지금 우리에게도 가장 좋은 이웃인 예수님을 보내어 우리를 돌보고 치료하고 구원하도록 해서 아름다운 인생, 아름다운 세상을 만드시고 있습니다.

로체스터의 급류 속에서 일어난 기적

예화 12

테네시 강은 미국 뉴욕 주 로체스터를 통과하는 물살이 빠른 강입니다. 어느 날 남을 위해 봉사하기를 좋아하는 한 남자가 긴 여행을 마치고 이곳 기차역에 내려 강둑을 따라 자기 집을 향해 걸어가고 있었습니다. 장기간의 출장을 마치고 사랑하는 가족과 만날 생각에 한없이 마음이 부풀어 있던 그는 사람들이 모여 웅성거리는 것을 목격했습니다. 어떤 아이가 강에 빠져 급류에 휩쓸려서 허우적거리고 있는데 매우 위급한 상황이었습니다. 그러나 사람들은 강둑에서 강으로 뛰어들지 못하고 발만 동동 구르고 있었습니다. 물살이 워낙 세서 아이를 건지기 위해 뛰어든 사람도 위험해질 수 있었기 때문이었습니다.

남자는 "아니 사람이 빠져 죽어가고 있는데 무엇 하고 있는 것입니까!" 라고 소리치면서 급히 여행용 가방과 코트를 벗어 던지고 강으로 뛰어들었습니다. 그리고 필사의 노력으로 소년을 끌고 강가로 헤엄쳐 나왔습니다. 그는 강가에서 가쁜 숨을 돌리며 소년의 얼굴을 봤다가 깜짝 놀랐습니다. "오 하나님" 하고 떨리는 목소리로 외치지 않을 수 없었습니다. 그 소년은 바로 자신의 사랑하는 외아들이었기 때문입니다. 그는 기진맥진한 아들을 끌어안고 감격의 눈물을 흘렸습니다. 만약 그가 조금만이라도 늦었다면 아이는 어떻게 되었을까요?

자기의 생명을 아끼지 않고 다른 사람의 생명을 구하고자 한 남자에게 하나님은 놀라운 생명의 기적으로 보상해주셨습니다. "누구든지 제 목숨을 구원하고자 하면 잃을 것이요 누구든지 나를 위하여 제 목숨을 잃으면 찾으리라"(마 16:25).

말씀에 접목하기: 마 16:25

예수님은 사람의 몸을 입어 세상에 태어나셨고, 십자가를 지시고 저주의 고통을 받으셨습니다. 이렇게 하는 것이 이 세상에 생명과 평화를 가져오는 유일한 길이었기 때문입니다. 예수님은 자기를 부인하고 십자가를 지어야만 하나님의 생명과 평화가 우리 가운데 임하신다는 사실을 자기의 몸으로 입증해 보이셨습니다. 그러므로 누구든지 하나님의 생명을 이 땅에 임하게 하고자 하는 사람은 한 알의 밀알이 되어 자기를 죽이는 일에 참여해야 할 것입니다. 자기의 생명을 보존하기 위해 발버둥치는 사람이 있다면 그는 자기의 죽음을 준비하게 될 것이고, 예수님의 모델을 따라 자기의 생명을 버리고자 하는 사람이 있다면 그는 하나님의 생명으로 보상 받게 될 것입니다.

리스트의 사랑 이야기

예화 13

유명한 피아니스트이자 작곡가인 리스트가 여행 중에 조그만 시골 마을에 들렀습니다. 그는 마을에 도착하자마자 여기저기에 붙어 있는 음악회 포스터를 보았습니다. 그 포스터에는 리스트의 수제자가 연주회를 한다고 쓰여 있었습니다. 호텔에 도착했을 때 지배인이 나와 "제자의 연주회에 초청을 받아 오셨군요. 우리 호텔에 오신 것을 환영합니다. 우리 호텔로서는 큰 영광이 아닐 수 없습니다"라고 환영인사를 했습니다. 그러나 리스트는 도무지 그 연주자의 이름을 기억해낼 수가 없었습니다.

리스트가 마을에 왔다는 소식을 듣고 가장 놀란 사람은 그 연주자였습니다. 그 여자는 리스트의 제자가 아닐 뿐 아니라 리스트와 만난 적도 없었기 때문입니다. 그녀는 '이제 망했구나'라는 생각으로 리스트를 찾아가 무릎을 꿇고 용서를 구했습니다. "저는 피아노 치는 것 외에는 할 수 있는 일이 없고, 먹여 살려야 할 가족은 많고, 제 이름만 가지고는 사람들이 오지 않아서 선생님의 이름을 도용했습니다." 그녀의 사연을 들은 리스트는 빙그레 웃더니 그녀를 데리고 피아노 앞으로 데려가서 한번 쳐보라고 했습니다. 그녀는 떨리는 마음으로 피아노 앞에 앉았습니다. 리스트는 그녀가 피아노를 치는 동안 이것저것 고쳐주고 지적해주더니 이렇게 말했습니다. "이제 당신은 나에게 사사를 받은 내 제자가 되었으니, 오늘 저녁에 리스트의 제자로서 당당히 피아노를 치시오." 연주회에서 리스트는 가장 앞자리에 앉아 그녀의 연주를 들었습니다. 그날 피아노 연주회를 끝마치고 피아니스트는 관객들로부터 열광적인 박수를 받았습니다.

만약 리스트가 그 여자를 향해 거짓말쟁이, 사기꾼이라고 야단을 치고 그 여자가 자기 이름을 도용했다는 사실을 사람들한테 알렸다면 어떻게 되었을까요? 그 여자의 인생은 비참해지고, 리스트 역시 인정머리 없는 인간이라고 비난을 받았을 것입니다. 다행히 리스트는 용납하고 존중하며 소중히 여기는 하나님의 사랑을 받은 자요, 그 사랑을 전달하는 자가 되었습니다. 하나님의 사랑은 하늘의 행복을 이 땅에 들어오게 하는 하나님의 능력입니다. 리스트의 사랑은 그 여자와 그 연주회에 모인 사람들, 심지어 리스트 자신까지 행복하게 만든 신비였습니다.

말씀에 접목하기: 막 2:13-17

예수님은 당시 민족의 반역자요 사기꾼이요 상종해서 안 되는 인간이라고 낙인 찍힌 세리 마태의 집으로 들어가 함께 머물면서 친밀한 교제를 나누셨으며, 그에게 하나님의 구원을 전했습니다. 예수님은 죄인을 죄인이라 부르지 않고 친구라 부르시면서 함께 어울려 음식을 먹으며 함께 기쁨을 나누셨습니다. 예수님은 세리 마태를 감싸주고 덮어주고 하나님의 사랑으로 가득 부어주신 분입니다. 그분은 오늘도 우리를 존중하며 감싸주며 하늘의 신비로 가득 채우고 계시는 우리의 하나님입니다.

선한 사마리아 여인 마리 샌드빅

예화 14

마리 샌드빅은 미국 미니애폴리스에 살았는데, 여덟 살에 어머니가 병사하여 고아가 되었습니다. 그래서 소녀는 고아원과 남의 집을 떠돌며 춥고 배고픈 어린 시절을 보냈습니다. 어린 소녀가 감당하기 어려운 불행 가운데서도 소녀는 좌절하지 않고 열심히 노력하여 초급대학을 마칠 수 있었습니다. 학업을 마친 뒤 샌드빅은 미니애폴리스 시의 빈민 지역인 스키드 로(Skid Row)에 들어가 창고 하나를 얻어 집 없는 사람들을 재우고 무료급식 하는 일을 시작했습니다. 그녀는 자신의 전 재산인 45달러를 갖고 이 일을 시작했는데 많은 사람이 이 일에 협력하고 봉사했습니다. 지금은 매일 200여 명에게 급식을 제공하고, 20여 명의 노인에게 잠자리를 제공하고, 연간 2억 원 규모의 구호사업을 하고 있습니다.

샌드빅은 이제 80세의 할머니가 되었습니다. 그녀를 아는 미니애폴리스 시민들은 이 80세의 할머니를 성인으로 부르고 있으며, 그녀의 별칭은 '선한 사마리아 여인(Saint Lady Samaritan)' 입니다. 하나님이 불행 가운데 허우적거리던 소녀에게 은혜를 주고 사용하실 때 그 소녀는 모든 역경을 이겨냈을 뿐 아니라 많은 사람에게 하나님의 사랑을 전달하는 하나님의 은혜의 통로가 될 수 있었습니다. 하나님은 가난한 고아 소녀를 성녀로 만드시는 분입니다.

말씀에 접목하기: 눅 10:25-37

예수님은 진정한 사랑의 모델입니다. 예수님은 몸으로 진정한 사랑을 우리에게 보여주셨습니다. 예수님은 우리가 용서 받고 하나님의 사랑의 나라로 들어가게 하기 위해 하늘나라를 버리신 분이요, 마구간으로 내려오신 분이요, 십자가에서 자기의 생명을 버리신 분입니다. 예수님은 버리는 사랑, 내려가는 사랑, 생명을 바치는 사랑의 길을 보여주셨습니다. 그러나 예수님은 사랑의 모델만 보여주신 분이 아닙니다. 사랑할 수 없는 연약한 우리에게 하늘의 사랑을 부어주어 그 사랑을 전달하게 하시는 분입니다. 그리스도의 영이신 성령님은 우리에게 오셔서 사랑의 열매를 맺게 하십니다. 성령님은 우리를 강권해 사랑하지 않을 수 없게 만드십니다. 하나님이 우리에게 성령님을 보내어 하늘의 사랑을 받게 하시고 그 사랑을 전달하게 하실 때 우리는 진정한 하나님의 사랑을 전달하는 하나님의 천사가 될 수 있습니다. 마리 샌드빅은 성령님을 충만히 받아 예수님의 모델을 따라 사랑을 실천한 사람이었습니다.

몽골에 세워진 예수님의 십자가

예화 15

재한 몽골인 선교회에 한 부부가 딸을 데리고 찾아왔습니다. 그들은 자신들의 힘으로는 이루기 어려운 꿈을 가지고 있었습니다. 딸이 언청이 수술이라는 구순구개열 수술을 받아야 하는데 몽골에는 이 수술을 할 수 있는 병원이 없었습니다. 아버지는 대령 출신으로 몽골에서는 상당한 지위에 있는 사람이었지만 딸을 고쳐 보겠다는 일념으로 그 모든 것을 희생하고 한국에 왔습니다. 그러나 특별한 재능이나 기술이 없다 보니 마땅한 직업을 찾을 수 없어 쓰레기 치우는 일을 하고 있었고, 어머니는 파출부로 일하고 있었습니다. 병원을 수소문해 딸의 수술비를 알아보니 800만 원이 드는데, 그들이 아무리 노력해도 그 큰돈을 벌 수가 없었습니다. 그러나 그들은 딸의 장래를 위해 온 힘을 다하고 있었습니다.

 이 사연을 듣게 된 선교회 담당 목사는 그 딸을 무료로 수술할 수 있는 병원을 여러 곳 수소문한 끝에 수원의 한 병원에서 무료 시술을 할 수 있다는 언질을 받았습니다. 희망에 들뜬 아버지와 어머니는 목사님의 배려로 딸을 데리고 그곳에 찾아가 딸의 수술 준비를 마쳤습니다. 그런데 알레르기 반응을 조사하다가 딸이 특수 체질을 가지고 있어 마취하면 다시 깨어날 수 없다는 것을 발견했습니다. 결국 그 딸은 마취 수술을 할 수 없었습니다. 일이 이렇게 되자 부부는 자기 딸을 수술하겠다는 꿈을 접고 본국으로 돌아갈 수밖에 없었습니다. 목사님은 모든 노력에도 불구하고 자기들의 사랑이 열매 없이 끝나자 안타까워하며 그 가족을 배웅해주었습니다.

 그 일이 있은 지 몇 달 뒤에 그 목사는 몽골에 있는 성도들의 초청으로 몽골을 방문하게 되었습니다. 그는 거기서 하나님은 실패한 사랑도 사용하여 하나님 자신의 계획을 이루시는 분임을 발견했습니다. 목사는 투숙한 호텔에서 몽골 고위관리의 갑작스러운 방문을 받고 어리둥절했습니다. 그는 대통령의 경호 책임을 맡은 사람이었는데, 바로 한국에 와서 쓰레기를 치우면서 자기 딸을 고쳐 보려고 애썼던 언청이 소녀의 아버지였습니다. 그는 한국에서 자기들을 위해 애써 준 목사에게 고맙다는 인사를 전하기 위해 찾아왔던 것입니다.

몽골은 아직 공산주의 나라여서 공식적으로 기독교회의 간판을 걸 수 없고, 교회에 십자가도 달 수 없었습니다. 그런데 그가 힘이 되어 한국에 와서 전도 받고 귀국한 사람이 모여 설립한 교회에 공식적으로 기독교회의 간판을 걸 수 있게 되었고, 그 예배당에 십자가도 달 수 있게 되었습니다. 예수 그리스도의 십자가가 몽골에 공개적으로 걸리는 첫 번째 교회가 된 것입니다. 그리고 그 교회는 몽골 전체의 그리스도인 가운데 십분의 일이 출석하는 큰 교회로 성장했습니다.

목사는 예수 그리스도의 이름으로 그 부부를 도와 그들의 사랑하는 딸을 수술하도록 연결해주려고 했지만 결국 그 딸은 수술을 받을 수 없었고 그들 부부는 꿈을 이루지 못한 채 귀국해야 했습니다. 그러나 하나님은 모든 것을 합력하여 선을 이루시는 분입니다. 목사의 사랑은 실패했지만 그 사랑이 결실하여 몽골 전도에 크게 기여했습니다. 하나님은 자기의 기쁘신 뜻을 위해 우리 안에 자기의 소원을 두고 행하시는 분입니다. 주님을 사랑하고 주님의 이름으로 사람을 사랑하는 곳에는 하나님이 임하여 신비한 기적을 일으키십니다.

말씀에 접목하기: 약 1:26, 27

사람들은 보통 "그 일을 얼마나 성공적으로 행하고 있는가?"를 묻습니다. 그러나 하나님의 일꾼은 자신이 그 일을 얼마나 성공적으로 수행했는지 생각하기 전에 거기에 임재하여 역사하시는 하나님을 믿고 그분을 의지해야 합니다. 하나님은 성령을 위해 심을 때 성령으로부터 영생을 거두게 하십니다. 우리가 선을 행하면서 낙심하지 않는 것은 완벽하게 준비하고 실천하기 때문이 아니라 비록 부족하고 실수가 있을지라도 그 일을 하는 가운데 임재하시는 하나님이 그것을 합력하여 선을 이루어주실 것을 믿기 때문입니다.

하나님은 우리가 완벽하게 준비하고 성공적으로 끝맺은 일뿐 아니라 우리가 실수하고 실패한 일에까지 임재하여 역사하십니다. 하나님의 일을 하는 사람은 선한 일을 할 때 결코 낙심하지 말아야 합니다. 하나님은 우리의 실패한 사랑까지도 사용하고 우리의 실수까지도 사용하여 하나님의 선을 이루시는 분이기 때문입니다.

사랑의 메아리

예화 16

아름다운 산골에 어머니와 아들이 살고 있었습니다. 화창한 봄날 아들이 그 아름다움에 흠뻑 빠져 맞은편 계곡을 향해 외쳤습니다. "아! 참 아름답구나!" 그때 맞은편에서 "아! 참 아름답구나!"라는 소리가 들려왔습니다. 아들은 기분이 나빴습니다. 자기 말을 그대로 따라하며 장난을 친다고 생각했기 때문입니다. 그래서 그는 이렇게 외쳤습니다. "얘, 넌 누구니?" 그러자 저쪽에서도 "얘, 넌 누구니?"라고 똑같이 묻는 것이었습니다. 아들은 화가 나서 외쳤습니다. "얘, 난 네가 싫어." 이번에도 그가 말한 그대로 "얘, 난 네가 싫어"라고 응답했습니다. 아들은 마음의 상처를 받고 집으로 돌아왔습니다. 그리고 울면서 어머니에게 그날 있었던 일을 말씀드렸습니다. 어머니는 아들의 등을 두드려주면서 이번에는 가서 다르게 말해 보라고 일러주었습니다. 아들은 용기를 내어 어머니가 일러준 대로 말했습니다. "얘야, 나는 너를 사랑한다." "얘야, 나는 너를 사랑한다." "얘야, 너 나와 같이 살자." "얘야, 너 나와 같이 살자." 사랑의 메아리는 아들을 행복하게 만들어주었습니다. 어머니와 아들은 참 행복했습니다.

사랑의 메아리가 그립습니다. 예수님의 사랑의 메아리를 듣고 싶습니다. 예수님이 행하신 십자가의 사랑의 메아리가 온 세상에 메아리쳤으면 좋겠습니다. 하나님은 메아리를 만드시는 분입니다.

말씀에 접목하기: 요일 3:16

하나님은 사랑의 메아리를 만드신 분입니다. 우리가 아직 죄인이었을 때 하나님은 자기 아들을 아끼지 않고 우리를 위해 죽게 하심으로써 우리에게 그분의 사랑을 깨닫게 하셨습니다. 하나님의 사랑이 그 아들 예수님 속에서 메아리쳤고 예수님의 사랑은 지금 우리에게 메아리쳐서 하나님의 사랑이 온 세상에 울려 퍼지고 있습니다. 하나님은 예수님 안에서 수천 년 동안 메아리쳐 온 하나님의 사랑이 오늘 우리의 가슴을 통해 온 세상에 메아리쳐 울려 퍼지기를 원하십니다. 이것이 하나님의 꿈이요, 우리가 이 땅에서 이루어야 할 사명입니다. 하나님은 오늘도 성령님을 우리에게 보내어 우리 마음과 몸이 하나님의 사랑을 메아리치는 판이 되게 만드십니다.

이무라 가츠키요의 마지막 소원

예화 17

이무라는 30대 초반의 의사가 회생이 불가능한 암에 걸려 죽음을 기다리고 있었습니다. 엄청난 고통에 시달리면서도 그는 자기의 경험과 생각을 정리해 다른 사람들에게 남기고 싶어 했는데, 인생에 대해 고통에 시달리면서도 자기를 깎아내며 무언가 만들어가는 예술이라고 표현했습니다. "나는 지금 살아 있습니다. 그러나 나의 폐에서 퍼져 나가는 육종이 너무 커서 앞으로 얼마나 살 수 있을지 알지 못합니다. 통증이 온몸을 흔들고 있습니다. 앞으로 닥쳐올 고통이 더 무섭게 느껴집니다. 어쩌면 그 고통 때문에 자살로 내 삶을 끝장내고 싶다는 생각이 들지도 모릅니다. 그러나 지금의 나는 자살할 생각이 없습니다. 아직은 병으로 삶을 끝마칠 수 없기 때문입니다. 아직 해야 할 일이 남아 있습니다. 그것을 남겨두고 자살할 수 없습니다. 살 수 있는 한 살고, 걸을 수 있는 한 걷지 않으면 안 됩니다. 인생은 자기를 깎아내고 무언가를 만들어가는 예술입니다."

이무라는 아내의 몸속에 있는 아기를 위해 무엇인가 하고 싶었습니다. 그 아기가 태어나기 전 죽게 될 것이기 때문에 그는 아버지가 있었다는 사실을 편지로 알리고 싶었습니다. 그 편지에는 아버지의 간절한 소원이 담겨 있습니다. 그것은 태어나지 않는 아기에게 남기는 그의 마지막 기도였습니다. "훌륭한 사람은 주위 사람을 행복하게 해주는 사람이란다. 그는 어둔 집안에 등불을 켜는 사람과 같단다. 주위 사람을 행복하게 해주는 사람은 이 세상의 어둠과 답답함과 불행을 몰아내고 세상을 행복으로 가득하게 만들 수 있단다. 그러므로 너는 마음씨 착하고 남의 사정을 헤아려주는 인정 넘치는 아이로 성장해주기를 바란다. 이것이 네가 행복해지는 일이고, 이것이 바로 너를 위한 하나님의 소원이란다."

죽음을 눈앞에 둔 아버지의 마지막 소원은 모든 뜻을 모아 요약한 마음의 열망이고 간절한 소망입니다. 이무라의 마지막 기도는 자기 아이가 다른 사람을 행복하게 만들어주는 사람이 되는 것이었습니다. 사실 이무라는 자기 아이가 행복해지기를 바랐습니다. 그는 진정한 행복이 행복한 사람 가운데 있다는 사실을 알고 있었기 때문에 아직 태어나지 않은 자기 아이가 사람들에게 하나님의 행복을 전달해줌으로써 그 아이 역시 행복한 사람에게 둘러싸여 살기를 소원했습니다.

말씀에 접목하기: 눅 24:50-53

마지막 말씀은 우리에게 중요한 의미를 갖습니다. 그 사람이 누구든 유언을 들어 본 적이 있습니까? 그 유언을 쉽사리 잊을 수 있습니까? 그 사람이 살아 있는 동안 많은 이야기를 나누었다고 해도 그 말의 대부분을 잊어버립니다. 그러나 그가 남긴 마지막 말은 결코 잊지 못할 것입니다. 그만큼 마지막 말은 우리 가슴속에 새겨져 기억되고 또 기억되는 말씀이 됩니다.

예수님의 마지막 말씀은 무엇이었을까요? 예수님이 세상에 오셔서 33년간 사역을 마치고 승천하시는 바로 그 순간 우리에게 남기신 마지막 말씀은 무엇이었을까요? 예수님은 제자들을 베다니 앞까지 데리고 나가서 손을 들어 제자들을 축복하시는 중에 하늘로 올리우셨습니다. 예수님이 제자들에게 남기신 마지막 말씀은 축복이었습니다. 예수님의 가슴속에 있는 모든 소원을 한 마디로 요약한 예수님의 마지막 기도는 축복이었습니다. 예수님은 손을 들어 제자들을 축복하면서 승천하셨습니다. 예수님의 제자들을 위한 마지막 소원은 그들이 하나님의 복을 받아 그 복으로 넘치는 것이었습니다. 예수님이 승천하면서 마지막으로 남기신 말씀은 예수님의 삶을 총정리하는 말씀이었습니다. 이것이 하나님의 꿈입니다. 하나님의 꿈은 이 세상 모든 사람이 하나님의 복을 받아 그 복을 누리며 행복하게 사는 것입니다. 우리는 하나님의 꿈을 꾸는 사람입니다. 우리는 하나님의 복이 사람에게 임하여 그들이 하늘의 신비와 행복을 맛보며 살게 하는 하나님의 꿈을 꾸면서 사는 사람입니다. 오늘 우리는 예수님과 함께하는 곳마다 축복의 자국을 남기며 살아야 하겠습니다.

헬렌 켈러의 사랑 배우기

예화 18

어린 소녀 헬렌은 앞을 볼 수도 들을 수도 말을 할 수도 없는 아이였습니다. 그녀가 할 수 있는 것은 물어뜯고 부수고 할퀴는 일이었습니다. 그러던 어느 날 설리번 선생이 가정교사로 헬렌의 집에 왔습니다. 설리번은 느티나무 아래서 헬렌을 기다리고 있었는데, 마침내 헬렌이 거기에 나타났습니다. 설리번은 삼중고를 겪고 있는 아이를 본 순간 가슴이 아파서 달려가 헬렌을 껴안고 눈물을 흘렸습니다.

그 후 설리번은 헬렌에게 나무, 돌, 물 등 사물에 대해 가르쳤습니다. 그리고 하나님의 사랑을 가르치려고 했지만 만질 수도 없고 몸으로 느낄 수도 없는 것을 가르치는 것은 쉬운 일이 아니었습니다. 바로 그때 헬렌이 손짓으로 말했습니다. "선생님이 처음 오시던 날 저를 안고 뜨거운 눈물을 흘려주신 것, 그것이 바로 사랑인 거죠?" 설리반에게서 사랑을 배운 헬렌은 사랑과 평화의 큰 인물이 되었습니다.

말씀에 접목하기: 요일 3:16

하나님의 사랑은 말이나 혀로만 가르칠 수 있는 것이 아닙니다. 먼저 예수님이 그를 얼마나 사랑하셨고 지금도 사랑하고 있음을 말과 혀로 가르쳐야 하지만 그와 동시에 예수님의 사랑을 몸으로 눈물로 보여주어야 합니다. 우리는 예수님의 사랑을 전달하는 자로서 우리의 몸으로 완벽하게 예수님의 사랑을 보일 수 없지만 우리가 말과 몸으로 예수님의 사랑을 전달하려고 할 때 예수님이 거기에 임하여 하나님의 사랑을 보여주실 것입니다. 그러면 십자가의 사랑이 말과 몸으로 전달됩니다. 그 사랑이 생명을 창조합니다. 그 사랑이 천국을 건설합니다.

쉰들러 이야기

예화 19

2차 세계대전이 끝나갈 무렵 유대인 1,000명을 구출한 독일인 부부가 있었습니다. 영화 〈쉰들러 리스트〉로 세상에 널리 알려진 오스카 쉰들러 부부였습니다. 그들은 독실한 기독교 신자였습니다. 쉰들러는 '죽음의 수용소'라고 불리던 독일의 아우슈비츠 수용소에서 폴란드에 있는 독일군 무기 공장에서 일을 시킨다는 명목으로 1,000명의 유대인을 살려냈습니다. 그 후 독일군이 연합군에 밀리기 시작하자 나치는 유대인을 다시 아우슈비츠 수용소로 보내 집단학살을 하려고 했습니다. 쉰들러 부부는 체코슬로바키아에 있는 무기 공장에 많은 일손이 필요하다는 구실로 아우슈비츠 수용소에서 죽음을 기다리고 있던 200여 명의 유대인을 더 빼내 1,200여 명을 체코슬로바키아로 옮겨 보호했습니다. 1945년 연합군이 체코슬로바키아에 진주하면서 그들은 전원 구출되었습니다.

그때 구출된 유대인 가운데 한 사람인 부에노스아이레스에 살고 있는 위흐터는 이렇게 말했습니다. "쉰들러 부부는 위험을 무릅쓰고 우리를 도왔습니다. 두 사람은 우리와 함께 식사를 했고, 우리의 친구가 되어주었고, 희망의 빛이 되어주었습니다."

쉰들러가 죽은 뒤 쉰들러 부인은 이렇게 말했습니다. "하루하루 위험과 긴장 속에서 살았지만 우리는 행복했습니다. 나 혼자의 행복을 찾는 것보다 이웃의 행복을 위해 사는 것이 우리에게 더 큰 행복과 만족감을 가져다 주었습니다. 그 엄청난 일은 우리가 한 것이 아니라 하나님의 능력으로 가능했습니다." 하나님은 그처럼 처참하고 무서운 전쟁 가운데서도, 그렇게 잔악한 법과 제도 가운데서도 그분의 사람들을 세워 사랑의 구원을 성취하셨습니다.

말씀에 접목하기: 롬 15:1-3

하나님은 연약한 자들을 불러 강한 자를 부끄럽게 하시는 분일 뿐 아니라 강한 자들을 불러 연약한 자들의 약점을 담당하고 그들을 기쁘게 하시는 분입니다. 하나님은 예수님 안에서 구원받고 하나님의 은혜와 복을 누리는 성도들에게 이웃을 기쁘게 하고 그들에게 선을 행하고 덕을 세우도록 모범을 보이셨습니다. 하나님은 지금 우리에게 성령님을 보내어 이웃을 위해 선을 행하고 덕을 세워 그들을 기쁘게 하는 일에 기꺼이 참여하도록 하실 것입니다.

성경은 우리에게 이렇게 권면합니다. "우리는 마땅히 믿음이 약한 자의 약점을 담당하고 자기를 기쁘게 하지 아니할 것이라 우리 각 사람이 이웃을 기쁘게 하되 선을 이루고 덕을 세우도록 할지니라 그리스도께서도 자기를 기쁘게 하지 아니하셨나니 기록된 바 주를 비방하는 자들의 비방이 내게 미쳤나이다 함과 같으니라"(롬 15:1-3).

함마슐드의 명언

예화 20

제 2대 유엔 사무총장을 지낸 다그 함마르셸드(Dag Hammarskjold)는 생전에 의미심장한 말을 했습니다. "대중을 구원하려고 노력하는 것보다 문제가 있는 한 사람에게 전념하는 것이 더 고귀한 일이다."

이 말은 수천 명의 사람을 돕는 프로젝트를 수행하는 데 하루에 8시간, 10시간, 12시간, 어느 때는 일주일간 쉬지 않고 열정과 관심을 가지고 노력하면서 정작 자신의 배우자나 십대의 아들, 가까운 동료들과 깊고 의미 있는 인간관계를 맺지 못할 수도 있다는 사실을 지적하고 있습니다. 우리의 수많은 노력이 물거품으로 사라져버릴 때가 있는데, 그것을 깊이 들여다보면 한 사람에게 전념하지 않아서 벌어진 일이라는 사실을 발견할 때가 많습니다. 사랑과 인생의 기본법칙에 입각하여 살아가는 것이 가장 근본적인 인간관계와 생명 사랑의 필수조건입니다.

자녀가 문제를 가지고 부모를 찾아왔을 때, 사람들이 풀지 못할 어려운 문제를 안겨주었을 때 우리는 '또 골치 아픈 문제구나!'라고 생각할 수도 있습니다. 그러나 이런 경우 긍정적으로 생각하고 적극적으로 용기 있게 대처하면 아름다운 열매를 거둘 수 있습니다. '아! 우리 아이들을 돕고 관계를 개선시킬 수 있는 절호의 기회가 왔구나!' 또는 '이 기회를 통해 고통받는 사람을 돕고 그들에게 하나님의 사랑을 전달할 수 있게 되었구나! 문제를 푸는 것은 어려운 일이지만 그 문제를 가지고 있는 사람에게 좀 더 관심을 기울이고 그 사람과의 관계를 더 돈독하게 해야 하겠구나!'라고 생각하고 이를 행동으로 옮기면 됩니다. 이것이 하나님의 사랑으로 사람을 돌보는 자의 진정한 삶의 모습입니다.

> 말씀에 접목하기: 마 18:5, 6

예수님은 어린 아이들을 자기와 동등하게 대하고 존중하셨습니다. "또 누구든지 내 이름으로 이런 어린 아이 하나를 영접하면 곧 나를 영접함이니 누구든지 나를 믿는 이 작은 자 중 하나를 실족하게 하면 차라리 연자 맷돌이 그 목에 달려서 깊은 바다에 빠뜨려지는 것이 나으니라"(마 18:5, 6). 가족이나 지극히 작은 자들이 어려움에 처해 도움을 요청할 때 우리가 그들을 사랑으로 섬기는 것은 우리 주 예수님을 섬기는 것이고, 그들을 무시하거나 학대하는 것은 주 예수님을 무시하고 학대하는 것입니다. 믿음의 사람은 예수님을 존중합니다. 믿음의 사람은 예수님을 존중하고 섬기듯이 가족과 이웃의 지극히 작은 자들을 사랑으로 섬겨야 하는데, 그들을 섬기는 중에 영광의 주님을 만나게 될 것입니다.

컴패션 군대가 필요하다

예화 21

제43대 미국 대통령 부시는 새 천년의 첫 미국 대통령으로서 국내외적으로 두 가지 전쟁을 효율적으로 수행하기 위해 백악관을 신앙 공동체로 만들었습니다. 국내적으로는 각종 사회문제와의 전쟁이고, 국외적으로는 테러와의 전쟁이었습니다. 마약 중독, 흉악범죄, 십대 미혼모, 이혼, 동성애 결혼 등 사회문제를 정부가 모두 해결하기에는 한계가 있습니다. 또한 경제 성장에 따른 문제는 돈만으로 해결할 수도 없습니다. 그래서 부시는 복음서에서 가르치는 컴패션의 군대를 만들어 서로를 이해하고 사랑하게 하면 많은 사회문제와의 전쟁에서 승리할 수 있다고 믿었습니다. 이런 생각으로 그는 백악관은 물론 민생과 직접 연결되어 있는 연방정부 7개 부서에 신앙에 기초한 지역사회문제해결센터를 운영했습니다.

컴패션의 군대는 사람을 훈련하여 남의 아픔을 이해하고 동참하는 마음을 가진 사람이 되도록 하고, 그들을 통해 사회문제로 고민하고 있는 사람을 만나 이야기를 듣고 돕게 하는 팀을 말합니다. 그리스도의 사랑을 가슴에 담은 사람이 사랑으로 다른 사람을 돌보게 하기 위해서는 신앙 공동체가 필요합니다.

> 말씀에 접목하기: 고전 13:1-7

부시 대통령은 '하나님의 형상대로 지음을 받은 모든 국민이 똑같이 존귀하고 평등하며 자유를 누리는 국가, 사랑과 참여와 용기를 가지고 정의 실현을 위해 힘쓰는 나라, 정의와 평화가 어깨를 나란히 하는 세상'을 하나님이 원하시는 상태로 보고 그것을 자신의 정치 목표로 삼았습니다. 진정한 지도자는 하나님이 주신 꿈을 받아서 그것을 실현하기 위해 사람들을 훈련하고 조직하여 각자의 능력과 전문성에 따라 하나님이 원하시는 상태로 변화시키려고 힘씁니다. 그래서 부시 대통령은 컴패션 군대를 창설했습니다. 그리스도의 사랑을 가슴에 담은 사람이 사랑으로 다른 사람을 돌보는 신앙 공동체인 컴패션 군대는 남의 아픔을 이해하고 그들의 삶의 씨름에 동참하고, 사회문제로 고민하는 사람을 만나 상담하고 돕는 사람을 말합니다. 교회가 기독교 영성을 단순히 교회에서만 아니라 사회의 모든 분야에서 실천할 수 있도록 성도들을 무장시킬 수 있다면 한국 교회는 나라의 미래를 만들어가는 주역이 될 수 있을 것입니다.

세계 최고의 자선가

예화 22

지금부터 100여 년 전, 뉴욕의 한 호텔에 철강 왕 앤드류 카네기와 금융 왕 존 피어폰트 모건이 마주 앉았습니다. 모건이 카네기 철강회사를 사들이기 위해서였습니다. 모건은 오래전부터 카네기 철강회사의 주식을 사들였습니다. 거래는 단 15분 만에 끝났습니다. 그날 모건이 카네기에게 지불한 돈은 4억 9,200만 달러에 달했습니다. 거래가 끝난 뒤 모건은 카네기에게 이런 말로 축하했습니다. "세상에서 가장 많은 돈을 가진 부자가 된 것을 축하합니다." 그 당시 일본 예산이 1억 3,000만 달러였으니 이 말은 결코 틀린 말이 아니었습니다.

카네기로부터 철강회사를 사들인 모건은 몇몇 철강회사를 더 합병해 자본금이 10억 달러에 달하는 세계 최대의 철강회사 US 스틸을 설립했습니다. 세계 최대의 갑부는 이제 모건이 되었습니다. 그러나 그날은 모건이 갑부가 된 날로 기억되지 않고, 오히려 세계 최고의 자선가 카네기의 탄생을 기념하는 날이 되었습니다.

카네기는 바로 전해에 펴낸 책에서 이렇게 말했습니다. "부자의 인생은 두 시기로 나뉘어야 한다. 전반부는 부를 획득하는 시기이고 후반부는 부를 분배하는 시기여야 한다." 카네기는 자기가 말한 대로 사업에서 은퇴해 자신의 재산을 나눠주기 시작했습니다. 1902년 그는 워싱턴카네기협회를 설립했습니다. 그는 자신의 사재를 털어 미국 전역에 2,500개의 도서관을 지어 기부했으며 카네기회관, 카네기공과대학, 카네기교육진흥재단 등을 설립했습니다. 그는 인생의 후반부를 알차게 보내면서 이렇게 말했습니다. "부자인 채로 죽는 것은 정말 부끄러운 일이다."

말씀에 접목하기: 시 146:6-10

카네기의 사무실 한편 회장실 벽에는 그 장소와 어울리지 않게 볼품없는 그림 한 점이 걸려 있었습니다. 그것은 유명한 화가의 그림도 아니고 작품성이 뛰어난 작가의 작품도 아니었습니다. 그저 커다란 나룻배에 노 하나가 아무렇게나 놓여 있는 그림이었습니다. 그러나 카네기는 이 그림을 보물처럼 아꼈다고 합니다. 그 이유는 무엇일까요? 카네기는 춥고 배고팠던 스물여덟 살 청년 시절, 어느 거래처의 사무실에서 이 그림을 보고 큰 감동을 받아 나중에 자기에게 달라고 농담 삼아 요청했는데 그것이 진담이 되어 그 그림을 물려받게 되었다고 합니다. 카네기는 나룻배 밑에 화가가 적어놓은 글을 읽는 순간 엄청난 꿈을 꾸게 되었습니다. "반드시 밀물은 오리라. 그날 나는 바다로 나아가리라."

카네기는 이 글을 읽고 밀물이 올 그날을 기다렸습니다. 비록 춥고 배고픈 나날의 연속이었지만 그 글은 카네기가 시련을 극복하는 데 원동력이 되어주었습니다. 그리고 마침내 밀물 때가 왔고, 그는 세계적 부호가 되었습니다.

하나님은 썰물만 만드시는 분이 아니라 밀물도 만드시는 분입니다. 지금은 모래 위에 걸쳐 있어 움직이지 못하지만 밀물 때가 되면 그 배는 다시 움직이고 생명을 얻게 될 것입니다. 하나님은 썰물만 오게 하시는 분이 아닙니다. 하나님은 밀물도 반드시 오게 하십니다. 카네기는 그 그림에서 하나님의 꿈을 받았고, 드디어 그 꿈을 이루었습니다. 그러나 하나님이 그에게 주신 꿈은 단순히 밀물이 밀려와 배가 움직이는 것만 아니라 그 배를 타고 바다로 나가는 것이었습니다. 엄청난 재물을 이웃과 함께 나누고 세상을 아름답게 만드는 것이었습니다. 받기만 하는 삶이 아니라 나눠주는 삶을 사는 사람은 아름다운 세상을 창조하신 하나님의 자녀입니다.

금메달의 영광보다 더 영광스러운 것

예화 23

사랑과 평화의 제전인 올림픽에 출전해 금메달을 목에 거는 것은 모든 운동선수에게 최고의 영광이자 평생의 꿈입니다. 1924년 당시 조정에서 세계 최고의 기록을 보유하고 있던 미국의 빌 헤이븐스도 금메달을 목에 거는 꿈을 꾸고 있었습니다. 그는 금메달의 영광을 위해 밤낮을 가리지 않고 땀을 흘리며 훈련했습니다. 마침내 꿈에 그리던 파리 올림픽 출전을 눈앞에 두고 있었습니다. 그러나 그는 미국 대표팀이 파리를 향해 떠나는 날 공항에 나타나지 않았습니다. 그때 아내가 출산을 앞두고 있었기 때문입니다. 처음에 빌은 올림픽에 출전해야 할지, 아내 곁을 지켜야 할지 망설였습니다. 그는 올림픽에 출전하기만 하면 금메달을 따는 것은 어렵지 않을 거라고 생각했습니다. 게다가 코치나 동료 선수들, 아내와 담당 의사마저 올림픽에 출전해야 한다고 설득했습니다. 그러나 빌은 평생의 꿈인 올림픽 금메달을 포기하고 아내 곁에 남아 아이가 태어나기까지 산고를 함께했습니다. 비록 금메달은 목에 걸지 못했지만 빌은 자신의 선택을 후회하지 않았습니다.

28년 뒤 15회 헬싱키 올림픽 남자 조정 싱글 1만 미터 경기가 끝난 뒤 빌에게 전보 한 통이 날아왔습니다. "사랑하는 아버지, 제가 세상에 태어날 때 어머니 옆에서 저를 기다려주신 것에 진심으로 감사드립니다. 저는 아버지가 28년 전에 받으셨을 금메달을 목에 걸고 집으로 돌아갑니다. 아버지의 사랑하는 아들, 프랭크로부터." 그의 아들 프랭크가 28년 전 빌이 출전하려고 했던 그 종목, 조정 싱글 1만 미터 경기에서 당당히 금메달을 따낸 것입니다.

말씀에 접목하기: 빌 2:5-8

살다 보면 두 가지 중 하나를 선택해야 하는 결단의 순간이 찾아옵니다. 하나를 선택하면 다른 하나를 잃어야만 합니다. 인생은 바로 그때 어떻게 결단하느냐에 달려 있습니다. 자기에게 다가온 금메달의 영광을 기꺼이 포기하고 사랑하는 사람을 선택하는 것, 모든 사람에게 영광의 환호를 받기보다 사랑하는 사람의 고난에 동참하고자 하는 결단은 이 세상을 아름답고 행복하게 만들어줍니다.

예수님은 하늘나라의 영광의 보좌에 앉아 영광을 누리는 것보다 고난당하는 사람들 가운데 오셔서 그들을 위해 십자가의 고통을 당하기로 결단하셨습니다. 예수님은 금메달의 영광보다 고난당하는 사람들의 곁에서 그들을 돌보며 섬기기로 결단하신 분입니다. 하나님의 나라는 금메달을 목에 걸고 사람의 환호를 받는 영광 가운데 있는 것이 아니라 사랑하는 사람의 고난에 동참하면서 고난당하는 사람 곁에서 그들을 돌보는 십자가의 섬김 가운데 임합니다.

넓은 가슴을 가진 사랑의 아버지

예화 24

인도의 성자 마하트마 간디도 어린 시절에는 여느 소년처럼 평범한 아이로 자랐습니다. 하루는 친구들과 함께 놀다가 근처 가게에서 구워 파는 양고기가 어찌나 먹고 싶었던지 궁리 끝에 집에 돌아와 엉뚱한 일을 저질렀습니다. 아버지의 침실로 들어가 몰래 동전 몇 개를 꺼내들고 가게로 달려가 고기를 사먹었습니다. 고기가 너무 맛있어 한순간에 먹어버렸지만 저녁때가 되어 집에 돌아온 그는 불안해서 잠을 이룰 수가 없었습니다.

한동안 이불 속에서 억지로 잠을 청했지만 잠이 오지 않았습니다. 어떻게 하면 좋을까? 그는 고통스럽게 밤을 지새우기보다 벌을 받을지언정 고백하는 편이 낫겠다고 생각했습니다. 그러나 늦은 밤에 아버지한테 직접 말씀드리기가 어려워 작은 종이에 자기의 잘못을 적어 침실 문 열쇠 구멍에 끼워 넣고 돌아왔습니다. 마음은 한결 가벼워졌습니다.

다음 날 아침, 그는 잠에서 깨자마자 급히 아버지의 침실로 갔습니다. 열쇠 구멍에 꽂혔던 종이가 없어 그 구멍을 통해 방 안을 살펴보니 아버지가 종이에 적힌 글을 읽으며 눈물을 닦는 모습이 보였습니다. 그때 그는 방문을 열고 들어가 자신의 잘못을 고백했습니다. 그러자 아버지는 그런 아들을 꼭 안아주었습니다. 아버지는 아들이 가게에서 구워 파는 양고기를 먹고 싶어 한 마음을 이해했습니다. 아버지는 돈을 훔쳐 사먹고 싶을 만큼 양고기를 갈망하는 아들의 마음에 공감했습니다. 아버지는 아들이 돈을 훔쳐 양고기를 사먹고 나서 양심에 찔려 고민하던 순간의 아픔도 함께 느꼈습니다. 그리고 무섭고 두렵지만 자기 잘못을 고백하고 용서받고

자 하는 아들의 순수한 마음에 감동했습니다. 아버지는 아들을 참으로 사랑했습니다.

> 말씀에 접목하기: 신 6:4-9

　가족을 위해 궂은일을 마다하지 않는 아버지, 가족을 위해 힘든 노동에 시달리고 욕을 먹고 무시당해도 내색하지 않는 아버지, 힘들다는 내색을 해서 가족들에게 걱정을 끼치고 싶어 하지 않는 아버지, 자기가 무너지면 자기를 믿고 살아가는 가족들이 고통스러워할 것을 알고 홀로 참고 견디는 아버지, 누구에게도 속 시원하게 근심과 걱정을 털어놓지 못한 채 속앓이를 해야 하는 아버지…… 세상에서 가장 외롭고 고달픈 존재가 있다면 바로 우리의 아버지가 아닐까 합니다. 가족을 위해 힘들고 고된 십자가를 지신 아버지, 그러면서도 우리의 갈망과 욕망과 아픔과 고통을 공감하고 이해하시는 우리 아버지는 세상에서 가장 아름다운 사람이며, 가슴이 넓은 분이 아닐까요?

대신 벌을 받은 보석 같은 친구

예화 25

　런던의 웨스트민스터 초등학교에서 일어났던 일입니다. 한 학생이 쉬는 시간에 커튼을 가지고 장난치다가 실수로 그만 아랫단을 찢고 말았습니다. 그 학생은 니콜라스였습니다. 그는 겁이 난 나머지 선생님께 자신이 찢지 않았다고 거짓말을 했습니다. 그 순간 다른 학생들은 니콜라스가 거짓말을 하고 있다는 것을 알았습니다. 그런데 콜로웰 웨익스라는 아이가 자신이 한 짓이라고 말한 뒤 니콜라스 대신 벌을 받았습니다. 웨익스는 니콜라스가 거짓말을 했기 때문에 발각되면 퇴학당할 거라는 사실을 알고 있었습니다. 니콜라스는 친구의 행동에 대단히 고마워하며 평생 잊지 않겠다고 생각했습니다.

그 후로 30년의 세월이 흘렀습니다. 니콜라스는 대법원 판사가 되었고 웨익스는 군인이 되었습니다. 당시 영국은 국왕과 크롬웰이 대립하는 등 내란이 잦았는데, 그 와중에 많은 장교가 크롬웰 군대에게 생포되어 죽음을 당할 처지에 놓여 있었습니다. 그 포로들 가운데서 니콜라스는 옛 친구 웨익스를 발견했고, 그 길로 크롬웰을 찾아가 자신에게 한 언약을 지키도록 도와달라고 간청했습니다. 두 사람의 이야기를 들은 크롬웰은 크게 감동 받아 친필로 특별 사면장을 써주었습니다. 이렇게 해서 니콜라스의 도움으로 웨익스는 죽음의 위기에서 벗어날 수 있었습니다.

말씀에 접목하기: 롬 5:6-8

대신 벌을 받아줄 수 있는 친구는 보석과 같은 존재입니다. 그런데 모든 사람이 이런 친구를 가질 수 있는 것은 아닙니다. 우리의 친구이신 예수님, 우리를 용서하고 구원하기 위해 십자가의 죽음도 마다하지 않은 예수님! 예수님은 우리도 그분과 같은 친구가 되어 이웃을 섬기기를 원하십니다. 우리가 먼저 보석 같은 친구가 되어 섬긴다면 상대 역시 우리의 보석 같은 친구가 되어줄 것입니다. 만약 그렇게 하지 않는다고 해도 우리의 진정한 친구인 예수님이 우리를 돌보실 것입니다.

아들을 찾아간 사랑의 아버지

예화 26

루이 파스퇴르는 화학과 의학, 공업 발전에 크게 공헌한 과학자로 예방 백신의 길을 텄을 뿐 아니라 광견병 백신을 세상에 내놓는 위대한 일을 했습니다. 또한 처음으로 생명은 생명으로부터 오는 것이라고 주장하기도 했습니다. 프랑스가 낳은 역사상 가장 위대한 인물로 뽑히기도 한 그는 하나님을 사랑하고 다른 사람들을 사랑하는 뜨거운 가슴을 가지고 있었습니다. 그는 자기의 모든 발명과 발견이 사람을 사랑하시는 하나님의 사랑을 전달하기 위한 것이라고 믿었습니다.

프랑스와 러시아가 전쟁을 벌일 때 그의 아들이 군대에 입대하여 출정했는데, 전쟁터로부터 온통 나쁜 소식만 들려왔습니다. 더군다나 아들로부터 오랫동안 소식이 없었습니다. 파스퇴르는 아들에 대한 사랑과 염려로 도저히 연구를 할 수 없었습니다. 그는 드디어 전쟁터로 아들을 찾아 나섰습니다. 북으로 북으로 아들을 찾아가는 길에 죽은 말의 시체와 부상당해 죽어가는 군인의 모습을 보았습니다. 고생 끝에 그는 아들이 속한 부대의 위치를 알아냈는데, 그 부대는 1,200여 명의 부대원 가운데 300명 정도만 살아남아 처참한 고통을 당하고 있었습니다. 그는 시체들 틈을 헤치면서 아들을 찾아다녔습니다. 드디어 저 멀리 오버코트로 눈 위까지 싸매고 있는 아들이 보였습니다. 두 사람은 아무 말도 할 수 없었습니다. 아버지와 아들은 그냥 끌어안고 뜨거운 눈물을 담은 눈으로 서로를 바라볼 뿐이었습니다.

그렇습니다. 우리 주님은 오늘도 우리를 찾아주시는 사랑의 아버지입니다. 우리는 세상과의 싸움에 지쳐 상처 입고 머리 위에까지 갈라지고 찢어졌지만 아버지 하나님은 우리를 찾아와 사랑의 품에 안고 싸매고 치료하고 구원해주실 것입니다.

말씀에 접목하기: 요일 3:7-11

수많은 사람의 존경과 사랑을 받던 파스퇴르에게 진정한 행복의 순간은 언제였을까요? 바로 사랑하는 자기 아들을 찾아가서 만난 그 순간이 아니었을까요? 그곳은 시체가 나뒹굴고 부상당한 병사가 울부짖는 아비규환의 전쟁터였습니다. 그는 넝마 같은 옷을 입은채 전쟁으로 초췌해진 아들을 만났습니다. 그 아들을 만난 순간의 기쁨과 행복감을 어떻게 표현할 수 있겠습니까! 파스퇴르에게는 두 가지 행복이 있었습니다. 하나는 죽음의 전쟁터까지 사랑하는 아들을 찾아가 그를 만난 순간의 기쁨입니다. 또 하나는 그 아들이 달려와서 자기를 껴안는 순간의 감격과 기쁨입니다.

우리를 이처럼 사랑하시는 예수님에게 기쁨과 행복의 순간은 언제일까요? 세상을 이처럼 사랑하시는 하나님, 우리를 이처럼 사랑하시는 예수님, 그분이 육신을 입고 세상 속으로 들어오셔서 우리를 만나는 기쁨과 감격을 생각해 본 적이 있습니까? 마귀의 시험으로 찢기고, 죄악으로 상처 입고, 세상 풍파로 초췌해진 우리를 찾아오신 예수님! 성탄은 세상을 이처럼 사랑하시는 하나님의 아들 예수님이 사랑하는 세상과 만나는 순간이며, 사랑하는 사람을 만나 껴안는 순간입니다. 그래서 하늘의 천군과 천사들이 "하나님께 영광이요 땅에서는 하나님이 기뻐하신 사람들 중에 평화로다"(눅 2:14)라고 찬송한 것입니다. 사랑하는 하나님과 사랑하는 사람들과 만나는 순간의 감격과 기쁨을 천사들이 찬송하고 있는 것입니다. 예수님은 지금 우리를 보며 감격해하시고 행복해하십니다. 우리는 하나님의 기쁨입니다. 우리는 하나님의 감격입니다. 우리는 하나님의 영광입니다.

대적자인 공산당까지 포용한 인도네시아 기독교

예화 27

1965년 인도네시아는 국경 지역이 불안정하고 여러모로 어수선한 상태였습니다. 이 기회를 틈타 공산당이 세를 확장하기 시작했는데, 당시 공산당원 수가 300만 명 정도였다고 합니다. 그들은 치밀한 계획을 세워 전국 공산당원에게 지령을 내려 9월 30일에 300만 공산당원이 총궐기하여 인도네시아의 정치지도자, 군 장성, 종교지도자 등을 살해하고 인도네시아를 공산화하고자 했습니다. 그들은 탄로 날 것에 대비해 갑작스럽게 폭동을 계획했습니다.

그러자 인도네시아 그리스도인은 하나님께 부르짖기 시작했습니다. 한편에서는 공산당이 발호하여 인도네시아를 공산화하려는 계획을 세웠으며, 다른 한편에서는 부패한 정권이 신뢰를 잃어 국민이 폭동 직전까지 갔습니다. 이런 상황에서 많은 그리스도인이 아침 5시 30분에 일어나 하나님께 부르짖으며 기도했습니다.

공산당의 봉기 계획은 매우 치밀하고 비밀리에 진행되었지만 수많은 섬으로 이루어진 인도네시아의 열악한 교통과 통신 사정으로 결국 발각되고 말았습니다. 군대가 동원되고 인도네시아의 국교처럼 여겨지던 이슬람교를 믿는 사람들이 들고 일어났습니다. 그들은 "인도네시아 국토 안에 공산당원은 한 사람도 살려두어서는 안 된다"라고 외쳤습니다. 그들은 공산당이라면 그 가족까지 잡아 죽였습니다. 그래서 당시 50만 명의 공산당원이 죽임을 당했습니다.

이런 상황에서 그리스도인은 공산당원일지라도 살고자 하는 자, 목숨을 살려 달라고 하는 자는 신변 보호를 해주고 그 가족들을 살리자는 운동을 전개했습니다. 공산당은 기독교를 가장 미워하고 가장 먼저 제거하려고 했지만 그리스도인은 위기에 처한 공산당원이라도 구원하고자 했습니다. 그래서 살아남은 공산당원과 그 가족들은 교회로 숨어들었고, 교회는 이들에게 복음을 전해 예수님을 받아들이게 했습니다. 이로 말미암아 기독교만이 진정한 용서와 사랑이 있는 신앙임을 깨닫고 수많은 사람이 믿음 안으로 들어왔습니다. 당시 300만 명밖에 안 되던 그리스도인 수가 이 사건이 일어나고 몇 년 사이에 1,400만 명으로 늘었습니다. 기도하는 인도네시아 그리스도인은 공산화 직전까지 간 나라를 구했을 뿐 아니라 수많은 위기에 처한 사람을 구원하고 몇 년 동안 큰 부흥을 이룩했습니다.

말씀에 접목하기: 롬 12:17-21

대부분의 사람은 세상이 심어준 목적을 가지고 살아갑니다. 드 사저 목사는 일본이 진주만을 공격했을 때 사랑하는 아내를 잃었습니다. 이로 말미암아 그는 일본 사람에게 복수하고자 하는 마음을 품게 되었습니다. 그리하여 그는 비행대의 폭격대원으로 자원해 도쿄를 무자비하게 폭격하는 데 참여했습니다. 일본을 저주하며 일본 사람에게 원수를 갚고자 했던 것입니다. 그는 세상이 심어준 목적을 가지고 사는 사람이 되었는데, 그 목적은 원수를 갚는 것이었습니다. 일본에 대한 복수는 사저의 목적이요 한이요 살아가는 의미였습니다.

그러다가 사저 목사는 감옥에서 전도 받고 예수님을 만났습니다. 그에게 찾아오신 예수님은 그의 생각과 삶을 바꿔놓으셨습니다. 그는 예수께 새로운 목적을 받았습니다. 그것은 일본을 사랑하고 하나님의 사랑과 축복을 일본 사람에게 전달하는 것이었습니다. 그는 더 이상 일본 사람에게 원수를 갚고자 하는 사람이 아니었습니다. 그는 예수께 받은 대로 원수를 사랑하고 그들을 구원하는 일을 위해 생명을 바치기로 했습니다. 그는 신학을 공부하고 목사가 된 뒤 일본 선교사로 가기를 자청했습니다. 그리고 진주만을 공격한 폭격기 편대장 후지다 대위에게 처음으로 하나님의 말씀을 전했습니다. 그는 예수님이 주신 목적을 받음으로써 예수님의 사람이 된 것입니다.

사랑의 힘

예화 28

어떤 잡지에 이런 기사가 실렸습니다. 78세 된 네덜란드 출신인 엘리나 할머니의 평생소원은 담배를 끊는 것이었다고 합니다. 그래서 할머니는 50년간 담배를 끊기 위해 클리닉에도 가보고 약도 먹어 보았지만 번번이 실패했고, 이런저런 방법을 시도하다 보니 어느새 78세가 되었다는 것입니다.

어느 날 엘리나 할머니가 79세의 딘 제이슨이라는 할아버지를 만나게 되었습니다. 그리고 두 사람은 뒤늦게 사랑에 빠져 연애를 하게 되었습니다.

제이슨 할아버지가 할머니에게 "나는 당신과 결혼하고 싶은데 단 한 가지 마음에 걸리는 일이 있소. 함께 살게 되면 당신이 담배를 피우는 것 때문에 다툼이 생길까 걱정이오"라고 말했답니다. 그러자 할머니는 "그래요? 그러면 제가 담배를 끊지요"라고 말한 뒤 그 순간부터 담배를 끊었다고 합니다. 50년 동안 이루지 못한 할머니의 평생소원이 할아버지의 말 한 마디로 이루어진 것입니다. 이 기사의 마지막 줄에는 "나는 이 경험을 통해 사랑의 힘이 의지의 힘보다 위대하다는 것을 깨달았다"라는 할머니의 멋진 고백이 실려 있었습니다.

말씀에 접목하기: 출 3:7-11

하나님은 우리를 불러 하나님의 사랑에 참여하게 하십니다. 하나님이 모세를 불러 처음으로 하신 일이 무엇인지 압니까? 하나님과 함께 이스라엘을 사랑하는 심령을 열어주셨습니다. 모세는 이제까지 양들을 바라보며 살아왔습니다. 그는 양들을 생각하며 양들의 필요를 살피며 양들의 신음소리를 들으며 양들의 근심을 아는 사람이었습니다. 그의 마음을 지배하고 있는 것은 양이었습니다. 하나님은 그런 모세를 호렙산 떨기나무에서 불러내어 애굽에 있는 이스라엘 백성의 고통을 보고 그들의 부르짖음을 듣고 그들의 근심을 알게 하셨습니다(출 3:7). 하나님은 모세에게 영의 눈을 열어주었고 영적 귀를 가지게 했고 영적 마음을 품게 하셨습니다. 모세는 하나님으로부터 이스라엘 백성을 사랑하는 마음을 받았습니다. 40년간에 행한 모세의 사역은 하나님의 사랑으로 이스라엘 백성을 섬기고 축복하는 것이었습니다.

판사의 긍휼

예화 29

비행기를 타고 뉴욕을 가면 보통 케네디 공항에서 내립니다. 그런데 뉴욕에는 케네디 공항 외에 또 하나의 공항이 있습니다. 바로 라구아디아 공항입니다. 라구아디아는 뉴욕 시민이 아주 사랑했던 유명한 시장의 이름으로, 그는 시장이 되기 전 아주 유명한 판사였습니다.

추운 겨울 날 라구아디아 판사가 재판 석상에서 한 노인을 만나게 되었습니다. 그 노인은 추운 겨울에 가족도 없이 외롭게 사는 분이었습니다. 그는 돈도 없고 너무 배고픈 나머지 다른 사람의 지갑에서 20달러를 훔치다가 체포되어 법정에 서게 되었습니다. 판결하기 전 판사는 노인에게 마지막으로 "하실 말씀이 있습니까?"라고 물었습니다. 그러자 노인은 라구아디아 판사를 가만히 쳐다보다가 이런 말을 했습니다. "판사님, 저에게 한 번만 긍휼을 베풀어주십시오." "맞습니다. 당신에게는 정말 긍휼이 필요합니다. 그러나 당신이 훔친 그 20달러에 대해서는 책임을 져야 합니다. 마침 제게 10달러가 있으니 당신을 대신해 10달러를 변상하겠습니다. 당신이 춥고 배고픈 상황에 처해 있었던 데는 제 책임도 상당히 크기 때문입니다. 그렇다면 이제 10달러가 더 필요한데, 이 법정에 계신 분들 가운데 이 노인이 춥고 배고파 방황하고 도둑질하도록 내버려둔 데 대해 공동 책임이 있다고 생각하는 사람은 다른 사람들 눈치 보지 말고 자발적으로 기부를 해주셨으면 합니다."

그 자리에 모인 사람들은 이 재판관의 지혜로운 판결에 감동하여 자발적으로 기부하여 그 노인을 구했습니다. 이 재판이 있고 나서 뉴욕 시민들은 라구아디아 판사를 긍휼이 많은 판사라고 인정했으며, 후일 그는 존경받는 시장이 되었습니다.

> 말씀에 접목하기: 롬 6:23

　예수님은 범죄 한 사람을 용서하고 받아주시며 범죄의 대가를 갚아주실 뿐 아니라 새 사람으로 살아가도록 자기 살과 피를 영의 양식으로 먹이시는 분입니다. 예수님은 죄 때문에 잃어버린 행복을 다시 찾게 하고 하나님의 사랑을 받게 하며 존중받는 인간으로 다시 서도록 하기 위해 세상에 오셨습니다. 하나님은 우리가 존엄성을 회복하고 자존감을 가지고 당당하게 살아가기를 원하십니다. 라구아디아 판사는 '우리의 모든 죄와 허물을 씻겨주시고 풍성한 생명으로 넘치게 하여 자존감을 회복시키시는 예수님'을 본받아 재판하려고 했습니다. 의지할 데 없는 노인을 감싸주었던 라구아디아 판사의 사랑은 주님의 사랑의 아름다운 메아리였습니다.

그 사랑을 어떻게 회복시킬 수 있습니까?

예화 30　8년 동안 결혼생활을 유지해 온 한 남성이 상담자에게 아내를 사랑하는 감정이 남아 있지 않다고 호소했습니다. "지금은 처음 결혼했을 때와 다릅니다. 의심할 여지없이 8년 전 나는 그녀를 뜨겁게 사랑했습니다. 강렬한 사랑의 감정이 우리 두 사람을 묶고 있었습니다. 그러나 이제 그 감정은 모두 사라졌습니다. 물론 나는 아직도 아내를 자랑스럽게 생각합니다. 그녀는 여전히 아름다울 뿐 아니라 좋은 아내이며 어머니입니다. 그러나 나는 아내보다 다른 여자에게 더 매력을 느낍니다." 한편 그의 아내는 이런 남편 때문에 큰 좌절감에 빠져 있었습니다. 그녀는 아직도 남편과 자녀들을 사랑한다고 고백했습니다. 그녀는 이혼을 원치 않으며 가정을 지키고 싶어 했습니다. 남편은 상담자에게 이런 질문을 던졌습니다. "아내에게 가졌던 그 사랑을 어떻게 해야 회복할 수 있을까요?" 아내 역시 질문합니다. "남편의 사랑이 식어버린 것은 나 때문인가요? 그럼 어떻게 해야 그 사랑을 다시 얻을 수 있을까요?"

> 말씀에 접목하기: 요일 3:16

에로스의 사랑은 우리 마음속에서 솟아오르는 감정에 근거한 사랑입니다. 지금 이 남성의 마음에 에로스의 사랑이 사라진 것입니다. 마음속에서 불타오르던 감정이 식어버린 것입니다. 한편 아가페의 사랑은 상대방의 행복을 위해 자기가 무엇을 하겠다는 의지와 결단에 근거한 사랑입니다. 상대방을 보고 솟아오르는 감정이 전혀 없을지라도 상대방의 행복을 위해 무엇을 하겠다는 의지의 결단은 가능합니다. 그런데 성경을 보면 아가페의 사랑은 성령님이 우리에게 오셔서 맺게 하는 성령님의 열매라고 말씀합니다. 성령 충만한 사람은 상대방을 향해 불타오르는 감정이 없을 때라도 성령님의 능력으로 아가페의 사랑을 할 수 있고, 아가페의 사랑을 하는 동안 에로스의 사랑도 생겨날 것입니다.

친절한 말 한 마디로 주님의 사랑을 전달하세요

예화 31
"새로운 상사는 함께 지내기가 매우 어렵다고들 하더라고." 새로운 상사가 부임하게 되었을 때 어떤 사람이 자기의 친구에게 하소연했습니다. "아마도 나는 새 직장을 구해야 할까 봐. 너도 알다시피 나는 부담스러운 사람과 함께 일하는 것을 못 견디잖아." 이 말을 들은 그의 친구가 간곡하게 타일렀습니다. "기다려 봐. 새로운 상사에게 기회를 한 번 줘야 하지 않을까. 내가 가르치는 학생들도 처음 수업을 시작했을 때는 나를 어렵게 생각했어. 그런데 알고 보니 내가 더 두려워하고 있었어. 단지 그들은 내가 두려워하고 있다는 것을 몰랐을 뿐이야. 나는 제대로 가르치고 있는지 도무지 확신을 가질 수가 없었어. 그런데 한 학생의 아버지가 해준 친절한 말 한 마디가 나를 낙담 가운데서 구원해주었어."

"뭐라고 말했는데?" 새로운 상사 문제로 고민에 빠진 사람이 친구에게 물었습니다. "그분은 자기 아들에게 벽돌 쌓기 방법으로 열을 셀 수 있도록 설명해준 것에 무척 깊은 인상을 받았다는 거야. 그 애는 열을 셀 줄 모르는 아이였는데, 벽돌 쌓기 방법으로 숫자 세는 법을 배운 뒤에는 아주 잘하게 되었다는 거야. 그러면서 나에게 '당신은 정말로 훌륭한 선생님입니다. 정말로 감사를 드립니다' 라고 말했어. 그 말을 듣는 순간 나는 힘이 솟는 것 같았고 가르치는 것에 대한 자신감을 다시 찾은 기분이었어. 그리고 더 이상 나의 학습법을 두려워하지 않게 되었고, 학생들과도 좋은 관계를 유지하게 되었지."

그러면서 그 친구는 이렇게 덧붙였습니다. "새로운 상사가 까다롭다고 소문이 난 것은 사실 그 사람도 자신감을 잃고 두려워하고 있기 때문일지도 몰라. 네 상사는 지금 존중과 격려가 절실히 필요한 상황일 수도 있어. 그러니 따뜻한 말로 상사를 격려하고 그 사람이 하는 일을 칭찬해 봐. 그러고 나서 어떤 일이 벌어지는지 지켜보는 거야." 친구의 조언을 받아들여 그는 새로운 상사를 따뜻하게 맞아주고 함께 일하면서 격려의 말도 잊지 않고 전했습니다. 지금 그는 그 상사와 아주 친밀한 관계를 유지하며 열심히 일하고 있습니다.

말씀에 접목하기: 벧전 3:8, 9

의미 요법을 창시한 신경정신과 의사 빅터 프랭클은 "만약 사람들이 각자 꿈꾸고 있는 인물이 이미 된 것처럼 대우해주고 칭찬을 아끼지 않는다면 당신은 그들을 그런 인물로 만들게 될 것이다. 사람들을 있는 그대로 평가하고 비판하는 것은 결과적으로 그들을 더 나쁘게 만든다"라고 말했습니다. 아무리 외모가 험악하게 생기고 성격이 까다로운 사람을 만나더라도 그 사람을 두려워하거나 회피하지 말아야 합니다. 그 사람도 존중받고 싶다는 욕구와 인정받고 싶다는 욕구와 사랑받고 싶다는 욕구를 가지고 있는 사람일 테니 말입니다. 만약 그를 따뜻하게 맞이하고 격려와 칭찬의 말을 아끼지 않는다면 하나님은 그 사람을 통해서 축복의 미래를 창조하실 것입니다.

죽어가는 사람에게 가장 필요한 것은?

예화 32

1979년 노벨평화상을 수상한 테레사 수녀에게 한 기자가 "당신은 죽어가는 사람들 곁에서 한평생을 살았습니다. 그들에게 가장 필요한 것이 무엇이라고 생각하십니까?"라고 질문했습니다. 테레사 수녀는 이렇게 대답했습니다. "무엇보다도 자신이 버려지지 않았다는 사실을 자각하도록 해주는 것이지요." 단 몇 시간이라도 자신을 사랑하고 보살펴주는 사람(이웃)이 있다는 사실을 느끼게 해주는 것이 가장 필요한 일이라는 것입니다.

말씀에 접목하기: 마 18:20

'구속목회'라는 말이 있는데, 이는 회복하기 어려운 치명적인 상황에 빠진 사람들을 위한 목회입니다. 회복이 불가능한 병에 걸리거나 이혼하거나 사고로 지체를 잃거나 성폭행을 당하는 등 치명적인 일을 겪게 되면 사람들은 정신을 빼앗기고 모든 것을 잃었다는 생각을 하게 됩니다. 이런 사람들에게 해야 할 첫 번째 일은 곁에 있어주는 것입니다. 사람은 자기를 사랑하고 아끼는 사람이 곁에 있다는 확신이 생길 때 자신을 들여다보며 아직도 자기에게 남아 있는 것이 있다는 사실을 깨닫고 새로운 미래를 만들어갈 수 있습니다. 당신 주위에 치명적인 일을 겪은 사람이 있습니까? 그들을 찾아가 만나야 합니다. 그들 곁에 있어주어야 합니다. 그러면 그들에게 새로운 일이 생겨날 것입니다. 예수님은 이런 약속을 주셨습니다. "두세 사람이 내 이름으로 모인 곳에는 나도 그들 중에 있느니라"(마 18:20).

세상을 재미있게 사는 법

예화 33

미국 인디애나 주에 잭 하일 목사가 시무하는 교회가 있습니다. 주일날 그 교회에는 많은 성도가 출석하는데, 어느 날 상당한 재력가였던 여자 성도 한 명이 찾아와 상담을 요청했습니다. 그녀는 피곤하고 지친 표정으로 이렇게 말했습니다. "목사님, 저는 온몸이 쑤시고 조금만 일해도 몸이 피곤해집니다. 게다가 세상이 너무 재미없고 못마땅한 일투성이라서 살고 싶다는 생각이 들지 않습니다." 그녀의 말을 들은 목사는 이렇게 말했습니다. "당신이 행복하게 살 수 있는 비결이 있습니다. 듣고 싶습니까?" 그러자 그 여인이 눈을 크게 뜨고 기대감에 찬 표정으로 "그것이 무엇입니까?"라고 물었습니다.

목사님은 그녀에게 그 방법을 가르쳐주었습니다. "매일 누군가를 위해 좋은 일을 한 가지씩 하십시오. 오늘은 병원에 있는 외로운 환자에게 장미꽃을 선물하고, 내일은 맹인이 사는 동네를 찾아가 그들에게 맛있는 음식을 나누어주는 겁니다. 그리고 모레는 교인 가운데서 어려운 사람을 찾아가 그와 함께 케이크를 만들어 보는 겁니다. 다만 그 일을 할 때는 하나님께 기도하면서 하나님의 사랑으로 섬겨야 합니다. 그리고 예수님의 이름을 높여야 합니다. 이렇게 하루하루 선한 일을 한다면 당신의 삶 속에 임하시는 하나님을 만나게 될 것입니다. 하나님은 당신에게 진정한 기쁨과 보람을 가져다주실 것입니다."

그 성도는 돌아가서 목사님이 가르쳐준 대로 실천했습니다. 얼마 뒤 그녀는 목사님을 찾아와 이렇게 말했습니다. "목사님, 모든 병이 나았습니다. 제가 하는 조그만 일 속에 하나님이 찾아오시는 것을 느꼈습니다. 감사합니다." 주님의 이름으로 작은 사랑을 나눌 때 거기 임하시는 하나님을 만날 수 있습니다.

말씀에 접목하기: 겔 47:8, 9

에스겔은 메시야 시대의 비전을 보았습니다. "그가 내게 이르시되 이 물이 동쪽으로 향하여 흘러 아라바로 내려가서 바다에 이르리니 …… 이 물이 흘러 들어가므로 바닷물이 되살아나겠고 이 강이 이르는 각처에 모든 것이 살 것이며"(겔 47:8, 9). 성전의 동방은 거칠고 메마른 유대 광야와 죽음의 바다 사해입니다. 하나님의 생수가 성소에서 흘러나와 동방을 향해 흐르는데 이 물이 이르는 각처에 모든 것이 살 것이며, 이 물이 사해 바다로 흘러들어갈 때 그 바다가 되살아나는 환상입니다.

하나님의 생수는 죽음의 땅을 생명의 땅으로, 메마른 땅을 번성하는 모든 생물이 사는 땅으로, 죽음의 바다를 생명의 바다로 변화시킵니다. 하나님의 생수가 흘러 들어가면 그곳은 아름다운 곳이 되며, 생명이 약동하는 곳이 됩니다. 하나님의 생수는 하나님의 기적을 일으키는 하나님의 생명이며, 하나님의 사랑입니다. 그리스도인은 그리스도의 생명과 사랑을 메마른 땅, 죽음의 바다에 전달하는 사람입니다. 누구든지 우리 주 예수 그리스도의 생명과 사랑을 죽음의 땅과 바다에 전달하는 사람은 놀라운 생명의 기적을 경험하게 될 것입니다.

가장 소중한 것을 선물로

예화 34

성탄절이 되면 가난한 집에 장난감을 보내는 가정이 있었습니다. 어머니는 아들에게 장난감 가운데서 가장 큰 것을 선물하자고 했습니다. 아들은 어머니의 말에 동의했습니다. 그런데 대답을 하고 보니 아차 싶었습니다. 가장 커다란 장난감은 자신이 가장 좋아하는 날개가 120센티미터나 되는 값비싼 비행기였기 때문입니다. 잠깐 망설이다가 아들은 약속대로 그 비행기를 내놓았습니다. 어머니는 아들을 데리고 한 가정을 방문했습니다. 아들 둘에 딸이 넷이나 되고 아버지가 계시지 않은 아주 가난한 가정이었습니다.

그 후 18년이 흘렀습니다. 비행기를 선물한 아들은 가난한 사람들을 위해 일하는 훌륭한 목사가 되었습니다. 비행기를 선물로 받은 그 집의 어머니와 한 명의 딸은 그 목사님 교회의 충실한 교인이 되었습니다. 그리고 비행기를 선물로 받은 아들 가운데 한 명은 보잉 747기의 조종사가 되고, 다른 한 명은 공군 소령으로 전투기 조종사가 되었다고 합니다.

말씀에 접목하기: 행 20:35

자기에게 가장 소중한 무언가를 선물하는 것은 하나님의 뜻을 따르는 행동입니다. 하나님은 가장 소중한 독생자를 아낌없이 우리를 위해 선물로 주셨을 뿐 아니라 우리에게 필요한 것들을 은사로 주시는 분입니다. 자기에게 가장 소중한 것을 주님의 이름으로 선물할 때 하나님의 신비한 능력이 거기에 임합니다. 사도 바울은 에베소 교회 장로들에게 고별사를 하면서 "주 예수께서 친히 말씀하신 바 주는 것이 받는 것보다 복이 있다 하심을 기억하여야 할지니라"(행 20:35)고 말했습니다. 우리 그리스도인은 예수님이 말씀하신 바대로, 예수님이 친히 보여주신 대로 가장 소중한 것으로 이웃을 섬기는 사람입니다. 오늘 가장 소중한 것으로 이웃을 사랑하며 섬길 때 하나님은 30배, 60배, 100배의 결실로 우리를 축복하실 것입니다.

불을 나누는 순례자

예화 35

어느 순례자가 자기의 제단에 불을 붙이기 위해 성전에서 붙인 불을 든 채로 조심히 걸어가고 있었습니다. 그런데 길을 가는 도중에 어느 가난한 부인이 불을 좀 붙여 달라고 간청하는 것이었습니다. 그 순례자는 자기 집에 있는 하나님의 제단에 불을 붙이기 전에는 다른 사람에게 제단의 불을 붙여줄 수 없다고 생각해 그냥 지나치려고 했지만 그 부인은 포기하지 않고 계속 따라오며 부탁하는 것이었습니다. 결국 그는 간곡한 요청에 못 이겨 불을 붙여주었습니다.

그러고 나서 그 순례자는 가던 길을 계속 갔습니다. 그런데 거센 바람이 불어 그만 들고 가던 불이 꺼지고 말았습니다. 그 순례자는 궁리 끝에 자신이 불을 붙여주었던 부인을 찾아가게 되었고, 그녀의 도움으로 다시 불을 붙이게 되었습니다. 그때 그 순례자의 마음으로부터 이런 음성이 들려왔습니다. "네가 먼저 불을 붙여주지 않았다면 결코 돌려받을 수 없었을 것이다."

말씀에 접목하기: 요 13:34, 35

예수님은 제자들의 발을 씻기고 난 뒤에 제자들에게 새 계명을 주셨습니다. "새 계명을 너희에게 주노니 서로 사랑하라 내가 너희를 사랑한 것같이 너희도 서로 사랑하라 너희가 서로 사랑하면 이로써 모든 사람이 너희가 내 제자인 줄 알리라"(요 13:34, 35). 이 세상에는 주 예수님의 사랑을 받지 않아도 상관없을 만큼 준비된 사람은 없습니다. 그리고 이 세상에는 혼자서 충분히 살아갈 만큼 모든 것을 충족하게 받은 사람도 없습니다. 어찌 됐든 사람은 누구든지 주님으로부터 받아야 하며, 내게 부족한 것을 너의 것으로 채우고, 네게 부족한 것을 나의 것을 채우는 식으로 서로 사랑을 하지 않을 수 없습니다. 주님으로부터 끊임없이 받고 내가 받은 것과 네가 받은 것으로 서로 사랑하는 동안 우리는 삶의 진정한 행복과 기쁨을 찾게 될 것입니다.

사람의 발걸음을 정하시는 하나님

예화 36

어느 날 웨슬리 목사가 마차를 타고 설교하러 가고 있었습니다. 그런데 질척거리는 길을 가다가 그만 마차 바퀴가 진흙 구덩이에 빠지고 말았습니다. 웨슬리 목사는 설교 시간이 다가오자 예배 시간에 늦지 않을까 초조해하고 있었습니다. 몇 사람이 마차를 진흙 구덩이에서 빼내어 움직이게 하려고 애쓰는 동안 목사는 그곳을 지나는 신도 한 명을 만났습니다. 웨슬리 목사는 그 신도와 잠깐 이야기를 나누게 되었는데, 그는 심각한 위기 상황에 처해 어쩔 줄 몰라 하고 있었습니다. 흉작으로 재정 상태가 거의 절망에 이른 그는 말하는 중간중간 한숨을 내쉬었습니다. "집세를 낼 돈조차 마련하지 못했지 뭡니까. 집주인은 당장 쫓아낼 기세인데 아내와 아이들을 데리고 어디로 가야 할지 막막하기만 합니다."

필요한 액수가 얼마인지 물어본 웨슬리 목사는 자신이 그 돈을 마련할 수 있다는 사실을 알게 되었습니다. 그 순간 목사는 자기 마차가 왜 진흙 구덩이에 빠졌는지를 깨달았습니다. 그는 그 신도에게 이렇게 말했습니다. "하나님이 당신을 만나 도움을 주도록 나를 여기에 머물러 있게 하셨던 것입니다." 그리고 지갑에서 그 신도가 꼭 마련해야 하는 액수의 돈을 건네준 뒤 함께 가는 성도들에게 이렇게 말했습니다. "이제야 왜 우리 마차 바퀴가 진흙 구덩이에 빠졌는지 알았습니다. 하나님은 나에게 곤란한 가정을 돕게 하려고 걸음을 멈추게 하신 것입니다. 아마 이제는 우리 마차도 움직일 수 있게 될 것입니다."

말씀에 접목하기: 벧전 4:14, 15

하나님은 가끔 우리의 걸음을 멈추게 하십니다. 바쁜 걸음을 멈추지 않으면 안 되었을 때 우리는 초조하고 불안합니다. 마음속에서는 화가 치밀어 오르고, 왜 이런 일을 당해야 하는지 불평하며 다른 사람을 원망합니다. 그러나 이것은 하나님이 계획하신 멈춤입니다. 이런 멈춤은 결코 우연히 일어난 일이 아닙니다. 이것은 하나님의 은혜가 무엇인지 가르쳐주거나 하나님을 섬길 수 있는 특별한 기회가 됩니다. 열린 마음으로 하나님을 구하는 자에게는 모든 것이 합력하여 선을 이루는 기적을 볼 것입니다.

톨스토이의 부활

예화 37

청년 귀족 네프류도프는 순정적이고 아름다운 카추샤를 단 하룻밤 동안 소유했습니다. 그는 카추샤를 사랑했지만 군대에 불려 나가 더 이상 그녀를 만날 수 없었습니다. 그리고 네프류도프는 그녀를 잊어버렸습니다. 시간이 흘러 그는 모스크바에서 호화로운 귀족 생활을 하고 있었는데, 모스크바 재판소의 배심원이 되어 훌륭한 가문의 여자와 결혼을 준비하고 있었습니다.

그런데 어느 날 재판정에 배심원으로 나갔는데 남자 한 명과 여자 두 명이 살인 혐의를 받고 재판을 받고 있었습니다. 네프류도프는 그 가운데 한 여자를 보고 깜짝 놀랐습니다. 그녀는 자기가 하룻밤 사랑하고 버린 카추샤였기 때문입니다. 7년 전 잠깐 사랑에 빠졌다가 그동안 까맣게 잊어버렸던 여자는 7년 동안 낙심하고 비참한 생활을 해왔고, 지금은 윤락 여성이 되어 살인 혐의까지 받고 법정에 끌려나와 있었던 것입니다. 카추샤를 보면서 네프류도프의 양심이 점차 깨어나기 시작했습니다. 그는 자신이 카추샤를 버리지 않았다면 살인자까지 되지 않았을 거라고 생각했습니다. 그녀가 이렇게 된 것이 모두 자기 책임이라는 생각이 들자 그의 양심이 살아나기 시작했고, 그 양심은 그를 강하게 흔들어놓았습니다. 그는 카추샤를 변호해주고 구해주려고 온갖 애를 썼지만, 결국 그녀는 유죄 판결을 받고 시베리아로 유형을 떠나게 되었습니다.

네프류도프는 호화스러운 모스크바 생활을 뒤로 한 채 카추샤가 죄수의 몸으로 실려 가는 기차에 자기도 올라탔습니다. 그는 그녀가 허락한다면 죄수라고 할지라도 석방될 때까지 기다려 결혼하고 싶다고 애걸했습니다. 그러나 카추샤는 끝내 그의 제안을 거절하고 다른 죄수와 결혼해버렸습니다.

실망한 네프류도프는 시베리아에서 토막집을 짓고 살면서 열심히 성경을 읽었습니다. 그는 성경을 읽는 동안 자기에게 버림받은 카추샤뿐 아니라 수많은 사람이 길 잃은 양처럼 방황하며 고생하고 있다는 것을 깨달았습니다. 그는 남은 인생을 이런 사람들을 섬기며 살기로 작정합니다. 그는 회개가 자기의 죄를 돌이키는 것만으로 부족하고 예수님의 사랑의 삶을 살아야 진정한 회개가 된다는 사실을 깨달은 것입니다. 톨스토이는 네프류도프의 사랑의 삶 속에서 부활하신 예수님이 임재하여 역사한다고 믿었습니다.

말씀에 접목하기: 롬 6:3-5

네프류도프가 부활하신 예수님을 만나고 그분과 함께 사랑의 삶을 살게 된 것은 단순히 회개의 결과만은 아니었습니다. 그는 자기의 무책임한 죄로 말미암아 한 생명이 고통 받고 있음을 알게 되었습니다. 우리가 행한 수많은 일 가운데 이웃에게 상처를 주고 고난을 준 일이 있을 것입니다. 자기의 죄로 말미암아 고통 받은 이웃을 만나는 것이 네프류도프에게는 진정한 인간 회복의 첫 걸음이 되었습니다. 두 번째로 네프류도프는 고통당하는 카추샤에게 인간으로서 진한 연민을 느꼈기 때문에 자기 죄에서 돌이켜 부활의 주님을 만나 사랑의 삶으로 나아갈 수 있었습니다. 한 인간을 진심으로 아끼고 사랑하여 그의 고통에 연민을 느낄 때 진정한 생명의 삶으로 나아갈 수 있습니다. 세 번째로 그는 성경을 읽으면서 거기서 예수님을 통해 나타난 하나님의 깊은 사랑을 깨달았습니다. 성경을 통해 예수님이 전적으로 이웃을 사랑하기 위한 삶을 사신 것을 깨달았습니다. 그러나 자기로 말미암아 고통당하는 카추샤를 만나지 못했거나 카추샤에게 진한 인간적 연민을 느끼지 못했다면 그는 성경을 읽어도 이웃을 위해 십자가를 지신 사랑의 주님을 만나지 못했을 것입니다. 자기 잘못으로 상처 입은 이웃을 만나고 한 인간을 향한 진정한 연민을 가지고 성경을 읽을 때 그 성경은 진정한 의미를 드러내기 시작합니다.

어머니의 사랑

예화 38

자기의 외아들이 군대에서 전사했다는 통지를 받은 어머니는 정신을 잃다시피 한 상태에서 하나님께 부르짖었습니다. "하나님, 어찌하여 내 아들을 데려가십니까? 왜 다른 사람도 아닌 내 아들입니까? 내 아들을 돌려주십시오!" 부르짖고 또 부르짖어도 응답은 없었습니다. 부르짖다 지친 어머니는 잠깐 잠이 들었습니다. 어머니는 꿈속에서 천사를 만났습니다. 천사는 그녀에게 사랑하는 아들을 잃은 데 대해 위로하면서 이렇게 말했습니다. "하나님이 당신의 죽은 아들을 돌려주실 수는 없지만 5분 동안 그 아들을 만나도록 해주겠다고 특별히 허락하셨는데, 아들의 생전 모습 중 어떤 모습을 보고 싶으세요?" 그러면서 천사는 어머니에게 그 아들이 초등학교 시절 일등상을 받고 기뻐하던 모습, 고등학교 시절 운동선수가 되어 우승하던 모습, 군대에서 용감하게 싸우던 모습 가운데 어떤 모습이든 5분간 보여주겠다고 말했습니다.

그 어머니는 잠깐 눈을 감고 생각하더니 "그런 자랑스러운 모습의 아들보다 어렸을 때 크게 넘어져 피를 흘리며 '엄마!'라고 부르며 나에게 달려오던 아들의 모습을 보여주세요. 그때 그 아이는 충분한 위로와 격려를 받지 못해 마음의 상처를 입었습니다. 아들이 천국에 가기 전 그때의 상처 입은 마음을 감싸주고 싶어요!"

어머니는 자랑스럽고 용기 있는 아들의 모습보다 상처 입고 가슴 아파하는 아들의 모습을 더 안타까워하고 있습니다. 어머니는 아들이 상처 입은 마음을 가지고 천국에 가는 것을 걱정하고 있습니다. 어머니는 우리의 아픔과 상처와 고민을 안타까워하며 그것을 치유하고 싶어 하는 사랑의 마음을 가지고 있습니다.

말씀에 접목하기: 눅 15:20-24

어머니는 자식을 위하는 일이라면 어떤 수고도 마다하지 않고 어떤 모욕이나 장애에도 굴하지 않습니다. 오직 자기 자식이 잘 되기만을 바라는 어머니의 결심을 누가 막겠습니까? 어머니는 자식들을 위한 천사입니다. 우리를 위해 어떤 일도 마다하지 않고 어떤 수고도 힘겹게 여기지 않고 어떤 모욕과 장애에도 굴하지 않는 사랑의 천사가 우리 어머니입니다. 어머니의 사랑은 하나님의 사랑을 반영합니다. 오늘도 하나님은 우리의 행복과 치료에 관심을 가지고 우리를 찾으십니다. 하나님은 오늘도 우리의 상처를 감싸고 치료하기 위해 우리를 찾으십니다. 그러므로 그분을 향해 우리의 상처와 아픔을 열어놓아야 합니다. 그리하면 하나님의 사랑의 치유를 경험하게 될 것입니다.

넌 큰 문제 없이 끝낼 수 있어!

예화 39

1985년 2월, 60명의 젊은이가 미국 조지아 주의 세인트사이먼스 섬에서 자전거를 타고 남쪽으로 향했습니다. 그들은 미국 34주를 거치는 약 2만 킬로미터의 기나긴 자전거 일주 여행을 시작한 것입니다. 인디애나 주 그랜트 카운티의 업랜드에 있는 테일러 대학의 밥 데븐포트와 그가 이끄는 자전거 대원들이 미국을 열 달 안에 도는 첫 번째 자전거 일주 여행이었습니다. 온갖 어려움을 견디며 단체 생활을 해나갈 수 있을지 걱정이 앞섰습니다. 타는 듯한 사막에 막막하게 펼쳐진 고속도로, 가파른 산골짜기의 길, 복잡하기 짝이 없는 대도시의 교통 등을 잘 견디낼 수 있을지가 관건이었습니다. 그들은 조그마한 자전거 하나로 뼛속까지 스며드는 찬비와 타는 듯한 더위, 세찬 바람 등을 견뎌야 했습니다.

이 주일이 지난 뒤 플로리다에 도착한 스무 살의 제인은 집으로 전화를 걸었습니다. 그녀는 오빠 커크에게 "난 도저히 해낼 것 같지 않아, 오빠!"라고 말했습니다. 그러자 오빠는 제인에게 확신을 심어주었습니다. "제인, 포기하지 마! 너는 큰 문제 없이 끝낼 수 있어! 전체를 한꺼번에 생각하지 말고 하루하루씩 해치우면 될 거야!" 현재 그녀의 집에는 그녀가 2만 킬로미터를 달린 낡고 지친 자전거가 오늘도 그날의 승리를 입증해주듯 매달려 있습니다.

말씀에 접목하기: 롬 8:37

가끔 그리스도인으로서 일생을 잘 마칠 수 있을지 걱정한 적이 있습니까? 갈 길은 멀고, 유혹은 걷잡을 수 없는데, 당신의 의지는 바닥을 드러내고 있습니다. 불치의 병에 걸려 비참하게 살 수도 있고, 혼자 아이들을 키워야 하는 크나큰 어려움을 당할지도 모릅니다. 그러나 예수님은 우리에게 분명한 약속을 주셨습니다. "볼지어다 내가 세상 끝날까지 너희와 항상 함께 있으리라"(마 28:20). 성경은 이렇게 말씀합니다. "그러나 이 모든 일에 우리를 사랑하시는 이로 말미암아 우리가 넉넉히 이기느니라"(롬 8:37). 그렇습니다. 하나님이 우리에게 그날그날 견딜 만큼 힘을 주시고, 이 모든 일을 우리로 하여금 넉넉히 이기게 하실 것을 믿습니다. 주님과 함께 하루하루 성실하게 살아가는 것이 우리의 기나긴 인생 여정에서 승리하는 유일한 방법입니다.

잊을 수 없는 엄마의 키스

예화 40

유명한 화가 벤저민 웨스트는 자신이 어떻게 화가가 되었는지에 대해 말해주었습니다. 어느 날 어머니가 외출하면서 장난꾸러기 여동생 샐리를 잘 돌보라고 했습니다. 이제 네 살이 된 동생은 한참 개구쟁이 짓을 했습니다. 자신도 열 살밖에 되지 않았기 때문에 엄마도 없는 집에서 하루 종일 동생과 있어야 하는 건 힘든 일이었습니다. 그들은 심심했습니다. 그런데 높은 책상 위에 잉크병들이 나란히 놓여 있는 것이 보였습니다. 벤저민은 의자를 갖다놓고 거기에 올라서서 병을 모조리 끌어내려 종이를 펴놓고 자기 동생 샐리를 그리기로 했습니다. 그런데 샐리가 장난치며 잉크병들을 엎지르고 벤저민은 동생을 말리다가 또 엎지르고 그 잉크가 방 안 여기저기 튀고 샐리 얼굴에 묻고 난리가 났습니다.

벤저민은 대충 정리를 해놓긴 했지만 엄마가 오면 야단맞을 거라고 생각해 잔뜩 겁을 집어먹었습니다. 집으로 돌아온 어머니는 엉망이 되어 있는 잉크병과 방 안을 한번 훑어보더니 수건을 가져와 샐리와 벤저민의 얼굴에 묻은 물감을 닦아주었습니다. 그리고 걸레를 가져다가 방바닥을 닦으며 집안을 정리했습니다. 그러다가 벤저민이 그린 그림을 한참 들여다보더니 "아, 샐리를 그렸네. 네 동생을 잘 그렸구나!"라고 하면서 물감이 묻어 있는 벤저민의 이마에 키스를 해주었습니다. 바로 그 순간 엄마의 키스는 그에게 잊을 수 없는 기억이 되었습니다. "네 동생을 잘 그렸구나!"라고 하면서 키스해주던 엄마의 격려에 힘입어 그는 사람들에게 감동을 주는 유명한 화가가 되었습니다.

틀림없이 야단맞을 거라고 잔뜩 겁을 먹었던 벤저민에게 엄마의 키스와 격려는 평생 잊을 수 없는 가르침이 되었으며, 끊임없이 솟아오르는 화가의 열정을 심어주는 뿌리가 되었습니다.

> 말씀에 접목하기: 눅 15:20-24

　예수님의 모습을 가장 아름답게 그린 말씀 가운데 하나는 돌아온 탕자를 환대하는 아버지의 비유입니다. 이 말씀에서 큰아들은 바리새인들, 탕자는 세리와 죄인들, 아버지는 예수님을 비유하고 있습니다. 이 비유 가운데서 계시하시는 예수님은 어떤 분입니까? 벤저민은 물감으로 방 안에 얼룩을 만들고 방을 엉망진창으로 만들어놓았지만 그의 어머니는 얼룩지고 더러운 방이나 방을 엉망으로 만들어놓은 벤저민의 잘못을 보지 않고 벤저민의 그림을 보며 격려를 해주었습니다. 그리고 탕자의 아버지는 불효의 상징이 되어 버린 아들의 불효막심한 짓이나 그의 몸에서 풍겨나는 돼지 냄새나 아버지의 재산을 가지고 나가 허랑방탕하며 다 허비한 것 등 아들의 흠과 얼룩과 죄악을 보지 않고 아들에게 꼭 필요한 옷과 신발, 굶주린 배, 아버지의 인정과 존중과 사랑을 절실하게 간구하는 아들을 보고, 그의 모든 필요를 채우며 잔치를 베풀었습니다. 우리는 다른 사람의 흠과 티와 잘못과 죄를 보지만 우리 하나님은 생명을 보고 생명을 돌보시며 축복하십니다. 행복의 비결이 무엇인지 알겠습니까? 어떤 경우에도 예수님처럼 생명을 보고 생명을 돌보며 사랑으로 섬기는 것입니다.

하나님의 천사가 된 멜랜드 선교사

예화 41　브라질의 성자로 불렸던 미국 선교사 멜랜드 부부는 깊은 산골에 들어가 선교하며 평생 동안 네 번이나 호칭이 바뀌었다고 합니다. 그곳 주민인 폴리오 인디언들은 처음에 멜랜드 부부를 '백인'이라고 불렀는데, 그것은 과거에 그들을 괴롭혔던 허다한 백인을 부르던 증오에 찬 호칭이었습니다.
　호의적이지 않은 상황임에도 멜랜드 부부는 주민들의 병을 치료하고 목숨을 구하는 등 의료 봉사를 펼치면서 헌신적인 생활을 계속했는데, 인디언들은 이 모습을 보고 감사함을 담아 '존경하는 백인'이라고 불렀습니다. 10년 뒤에 멜랜드 부부는 '백인 인디언'이라고 불렸는데, 폴리오 인디언들의 언어를 열심히 배워 불편함 없이 그들과 대화를 나누고 그들의 생활방식대로 살았기 때문입니다.

어느 날 부상당한 인디언 소년의 발을 씻어주고 있는데 이를 지켜보던 인디언들이 "인디언의 발을 씻는 백인을 보았는가? 이들은 하늘이 보내준 천사다"라고 말했습니다. 그때부터 멜랜드 선교사 부부는 '하나님의 사람'이라고 불렸습니다. 하나님의 사람은 그분을 대신해 사람을 섬기는 사랑의 천사를 가리킵니다.

말씀에 접목하기: 행 10:24-33

하나님은 고난의 사람들을 구원하는 생명의 주님이시만 직접적으로 사람들을 찾아오지 않고 종들을 보내어 하나님 자신이 하기를 원하는 일을 대신하게 하십니다. 우리는 하나님의 일을 받아서 그분을 대신하여 그분의 일을 하는 사람을 하나님의 종, 하나님의 사자, 하나님의 사람이라고 부릅니다.

고넬료의 구제와 기도를 받으신 하나님은 그를 구원하기로 작정하셨습니다. 하나님은 고넬료에게 천사를 보내어 베드로를 청하여 말씀을 들으라고 하셨습니다. 고넬료는 베드로에게 "이제 우리는 주께서 당신에게 명하신 모든 것을 듣고자 하여 다 하나님 앞에 있나이다"(행 10:33)라고 했습니다. 베드로는 하나님의 말씀을 전하는 하나님의 천사가 되었습니다. 하나님의 천사는 하나님을 대신해서 그분의 말씀을 전하는 자로, 하나님을 대신하여 그분이 섬기기를 원하는 사람을 섬기는 자입니다. 당신은 지금 하나님의 천사가 되고자 합니까? 하나님이 축복하기를 원하시는 사람을 축복하고 섬기면 당신도 천사가 될 수 있습니다.

하나님의 사람을 소중히 여기는 사람

예화 42

감리교 운동의 창설자 존 웨슬리와 신학자 조지 휫필드는 당시 신앙의 무대에서 강력한 라이벌이었습니다. 두 사람은 신학적 입장에서 약간의 차이를 가지고 있었는데, 설교에 관한 한 사람들은 조지 휫필드를 더 좋아하고 따랐습니다. 그러다 보니 외부에서는 두 사람의 사이를 갈라놓으려고 시도가 있었습니다.

어느 날 어떤 사람이 존 웨슬리에게 이런 질문을 했습니다. "목사님은 천국에서 조지 휫필드 목사님을 만날 거라고 생각하십니까?" 이 질문에 존 웨슬리는 뜻밖에도 이렇게 대답했습니다. "아마 만나지 못할 걸요." 그러자 질문을 던진 사람이 "그렇지요. 목사님은 조지 휫필드 목사님의 신앙관으로는 천국에 갈 수 없다고 생각하시는 거죠?"라고 응수했습니다. 이 말에 웨슬리는 웃으며 이렇게 대답했습니다. "내 말을 오해하셨군요. 내 말뜻은 하나님이 보시기에 조지 휫필드가 너무 귀한 종이라서 천국에 가면 하나님의 보좌에서도 가장 가까운 곳에 있어 나는 감히 그분을 볼 수 없다는 뜻입니다." 웨슬리는 신학적 입장 차이에도 불구하고 하나님의 사람을 소중히 여기고 존중하는 가슴을 가진 사람이었습니다.

말씀에 접목하기: 학 2:23

여호와 하나님은 "스알디엘의 아들 내 종 스룹바벨아 …… 너로 인장으로 삼으리니"(학 2:23)라고 말씀하셨습니다. 스룹바벨은 여호와 하나님의 인이 되었습니다. 그는 하나님이 하시고자 하는 일을 대신하는 자로 임명받은 것입니다. 그는 이제 하나님의 힘과 권위를 가지고 하나님의 일을 할 것입니다. 스룹바벨이 하는 일은 하나님이 인정하시는 일이 될 것이고, 스룹바벨이 신뢰하는 것은 하나님이 신뢰하시는 것이 될 것입니다. 이것이 오늘 그리스도인의 정체성이다. 그리스도인은 하나님이 이처럼 사랑하시는 사람을 존중하고 사랑하는 하나님의 인입니다. 성령님으로 충만한 사람은 이웃을 자기보다 낮게 여기고 소중히 여기는 하나님의 인으로 살게 될 것입니다.

자기보다 남을 낮게 여기라

예화 43

아시시의 성자 프랜시스가 세운 공동체는 중세기에 가장 유명한 공동체였다고 해도 과언이 아닙니다. 이 공동체는 그리스도인의 사랑이 응집되어 있다는 소문이 날 정도였습니다. 그러다 보니 사람들은 그 모임을 흠모하며 들어가고 싶어 했습니다. 그러나 아름다운 그리스도인의 모임에도 인간관계의 위기가 있듯이 이 공동체 안에서도 인간관계의 위기가 있었습니다. 그 안에 모인 사람들의 사랑이 점점 식어가고 서로 냉담해져 갔던 것입니다.

어느 날 수도원 사람들이 이 문제를 해결하기 위해 모였습니다. 그곳에서 여러 가지 제안이 나왔습니다. 한 사람은 말했습니다. "우리가 예배를 게을리 했기 때문이다. 좀 더 예배를 드리자." 어떤 사람은 큰 소리로 이렇게 주장했습니다. "우리 수도원의 신앙훈련이 약화되었다. 좀 더 강력한 훈련을 시작하자." 또 다른 한편에서는 "수도원의 규칙을 강화해야만 문제를 해결할 수 있다"라고 했습니다. 이런 얘기가 오가는 동안 프랜시스는 침묵을 지키고 있었습니다. 이 모습을 보고 있던 한 사람이 "선생님, 선생님은 우리가 무엇을 해야 한다고 생각합니까?"라고 묻자 프랜시스는 그저 이렇게 대답했습니다. "다 쓸데없는 일이네. 문제는 내 안의 교만이야. 내 안에 아직도 교만이 있단 말이야."

다음 날 전도 여행을 떠나게 되었는데 한 필의 말밖에 없어 프랜시스가 말을 타고 다른 제자들은 걸어서 그 뒤를 따라갔습니다. 프랜시스는 자기 뒤를 따라오는 제자들 가운데 레오나르도라는 형제가 있는 것을 알게 되었습니다. 그 형제는 귀족 출신으로 버릇없이 자라서인지 수도원 안에서도 늘 대접받기를 원했습니다. 사실 수도원의 불화 원인도 그 형제 때문이었습니다. 프랜시스는 이 레오나르도 형제가 앞서가는 자신의 뒤통수를 곱지 않은 시선으로 째려보는 것을 느꼈습니다. 그 순간 그는 말 위에서 하나님께 기도했습니다. "하나님, 이 형제를 어떻게 하면 좋겠습니까?" 그러자 성령께서 그에게 어떤 메시지를 주셨습니다. 그는 말에서 내려 레오나르도 형제 앞에 무릎을 꿇고 이렇게 말했습니다. "형제여, 맞소! 나는 말을 탈 자격이 없소. 그러니 당신이 말을 타시오." 프랜시스의 말을 들은 레오나르도는 그 자리에 엎드려지고 깨어졌습니다. 그리고 이렇게 고백하며 통곡했습니다. "맞습니다. 선생님, 제가 그런 생각을 하고 있었습니다. 용서해주십시오." 그가 말에 탄 프랜시스의 뒤통수를 째려보며 했던 생각을 성령님이 프랜시스에게 알려주신 것입니다.

그 순간 이 일을 통해 놀랍게도 사랑이 회복되었을 뿐 아니라 복음을 위해 영광을 나타내는 놀라운 공동체로 더욱 쓰임을 받기 시작했습니다. 그리하여 그 수도원에 더 많은 사람이 몰려들었고, 그들의 복음 증거는 강력했으며, 그 가운데 영적 진보가 이루어졌습니다.

말씀에 접목하기: 마 25:40

예수님은 "여기 내 형제 중에 지극히 작은 자 하나에게 한 것이 곧 내게 한 것이니라"(마 25:40)고 말씀하셨습니다. 누가 지극히 작은 자입니까? 예수님은 주린 자와 목마른 자와 헐벗은 자와 나그네와 병든 자와 감옥에 갇힌 자들을 대접한 것이 곧 예수님 자신을 대접한 것이라고 말씀하셨습니다. 예수님은 이렇게 작은 자들과 자신을 동일시하고 있습니다. 예수님은 사랑의 섬김을 명하시는 분이지만 동시에 사랑의 섬김을 받으시는 분입니다. 당신에게 지극히 작은 자가 누구입니까? 그를 예수님처럼 존중하고 소중히 여기고 있습니까? 성 프랜시스처럼 그에게 무릎을 꿇을 수 있습니까? 그렇다면 갈등이 사라지고 아름다운 관계로 발전되어 나갈 것입니다.

자전거의 꿈을 포기한 소년

예화 44

미국의 한 도시에 자전거를 몹시 가지고 싶어 하는 소년이 있었습니다. 그는 친구들이 자전거를 타고 학교에 올 때마다 몹시 부러워하며 '나도 돈을 모아 자전거를 사야지' 라고 자전거의 꿈을 꾸기 시작했습니다. 그는 용돈이 생길 때마다 부지런히 자기 저금통에 넣었습니다.

그러던 어느 날 저녁 시간에 아버지와 어머니가 나누는 대화 가운데 아시아의 빈곤한 어느 나라가 가뭄이 들고 전염병이 돌아서 많은 사람, 특히 많은 어린 아이가 안타깝게 죽어간다는 이야기를 들었습니다. 그리고 하루가 지났습니다. 다음 날 학교에 다녀온 소년은 책상 위에 있는 저금통을 들고 제과점으로 갔습니다. "아저씨, 이 돈만큼 빵을 주세요." 제과점 주인이 소년과 함께 저금통을 깨어 헤아려 보니 지폐와 동전을 합하여 100달러쯤 되었습니다. 제과점 주인은 그 액수만큼의 빵을 큰 보자기에 싸주었습니다.

빵은 소년이 들고 갈 수 없을 만큼 많았습니다. 그래서 제과점 배달부와 함께 그 빵을 가득 실은 오토바이를 타고 곧장 YMCA로 향했습니다. "무슨 일로 왔느냐?"라고 의아해하는 총무 간사에게 "우리 아버지가 그러는데, 지금 아시아의 어느 나라에서 아이들이 배가 고파 많이 죽어가고 있대요. 그 아이들에게 이 빵을 전해주세요. 저는 너무 어려서 그곳에 갈 수가 없거든요." 소년은 자전거를 사려고 저축했던 돈을 저금통째 제과점으로 가지고 가서 빵을 사왔다는 이야기를 했습니다. YMCA에서는 감사한 마음으로 이 빵을 받았습니다.

소년이 돌아간 뒤 총무는 긴급 이사회를 소집했습니다. 이사회에서는 이 소년의 아름다운 행동을 널리 알리고자 바자회를 열기로 결정했습니다. 이 소문은 금방 YMCA 회원들에게 전해졌고, 바자회에서 팔린 빵 값은 3,000달러나 되었습니다. 이 돈은 즉시 구호금으로 그 나라에 보내졌습니다. 그로부터 일주일 후 YMCA 앞으로 한 통의 편지와 현금이 배달되었습니다. 그 편지에는 이렇게 적혀 있었습니다. "이 돈으로 그 소년에게 자전거 한 대를 사주세요."

우리 주님은 오늘도 우리 가운데 성령님을 보내어 자신을 포기하고 작은 자들을 섬기는 일에 참여하도록 인도하십니다. 예수님은 이런 일을 하는 데 있어 우리에게 본을 보이셨으며, 이를 위해 우리를 부르셨습니다. 예수님은 지금 우리 영의 눈을 열어 주님이 사랑하시는 작은 자들을 보게 하시고, 그들을 섬기게 하시며, 그 가운데서 우리에게 오시는 하나님을 만나게 하십니다.

말씀에 접목하기: 마 6:33

예수님은 지극히 작은 자들을 섬기라고 말씀하실 뿐 아니라 지극히 작은 자가 되어 우리의 섬김을 기다리시고 있습니다. 예수님은 작은 자들과 그분 자신을 동일시하셨습니다. 예수님은 작은 자들을 자기 몸과 같이 사랑하시기 때문에 작은 자들의 배고픔이 자기의 배고픔이 되고 작은 자들의 목마름이 자기의 목마름이 되고 나그네들의 피곤함이 자기의 피곤함이 되고 헐벗은 자의 헐벗음이 자기의 헐벗음이 되고 병든 자의 아픔이 자기의 아픔이 되고 옥에 갇힌 자의 고통이 자기의 고통이 되는 것입니다. 예수님은 작은 자들의 아픔을 자기의 아픔으로 느끼시기 때문에 우리가 작은 자들을 섬길 때에 자기를 섬기는 것으로 생각하여 참으로 기뻐하고 감격하십니다.

당신은 예수님을 감격하게 하고 싶습니까? 그러면 작은 자들을 대접하고 그들이 기뻐하고 즐거워하며 감격하게 해야 합니다. 그러면 당신은 그들의 기쁨 가운데서 예수님의 모습을 발견하고, 우리 주님의 사랑을 발견할 수 있을 것입니다.

하나님의 사랑을 전달하는 사람 테레사

예화 45

인도의 캘커타 시를 방문하는 사람이면 꼭 찾아가고 싶은 곳이 있습니다. 그곳은 테레사 수녀가 운영하는 '죽어가는 사람들의 집(Home for Dying)' 입니다. 이곳은 폐허가 된 사원을 고쳐 만든 곳으로, 길거리에서 죽어가는 사람들을 데려와서 죽는 순간만이라도 인간적인 대우를 받으며 갈 수 있도록 보살펴주는 집입니다.

처음 인도에 왔을 때 테레사 수녀는 무엇으로 하나님께 영광을 돌릴 수 있을까 기도했습니다. 그녀에게는 충분한 돈도 없었고 도와줄 사람도 별로 없었고 특별하게 내세울 만한 재능도 없었습니다. 그녀가 가진 것이라곤 낯선 인도 땅에서 하나님의 사랑을 전달하고 싶은 간절한 열망뿐이었습니다. 그녀는 하나님의 영광은 하나님의 사랑을 전달하여 그 사랑이 흐르는 곳에 자연스럽게 나타날 것이라고 믿었습니다.

테레사 수녀는 캘커타 시내를 걸어가는 도중 길가에서 아무도 돌봐주는 사람 없이 홀로 죽어가는 사람을 보았습니다. 그에게 관심을 갖는 사람이 없었습니다. 그를 불쌍하게 바라보는 사람도 없었습니다. 그녀는 그 사람을 보면서 참으로 불쌍하다는 생각이 들었습니다. 그 순간 그녀는 사람이 살아있는 동안 무슨 일을 했을지라도 죽어가는 순간만큼은 존중과 돌봄의 사랑을 받으며 죽어야 한다는 생각을 하게 되었습니다. 그녀는 '하나님은 바로 이런 사람에게 관심을 가지고 사랑을 베풀기를 원하신다' 라고 믿었습니다.

테레사 수녀는 길가에서 죽어가는 그 사람을 끌다시피 하여 근처에 있는 폐허가 된 사원 안으로 옮겨놓았습니다. 그녀는 그곳을 청소하며 죽어가는 순간만이라도 그 사람이 청결한 분위기에서 죽을 수 있도록 했습니다. 이 일이 있고 나서 그녀는 이렇게 생각했습니다. '인간은 누구든지 그가 어떻게 살았든지 적어도 죽어가는 순간만은 누군가에게 하나님의 사랑을 받을 수 있어야 한다.'

그곳은 회복의 가능성이 없는 환자만 받습니다. 죽어가는 사람의 집은 더 이상 소망이 없어 보이는 환자만 받아 그들에게 그리스도의 사랑을 전합니다. 그 환자들은 거기서 그리스도의 사랑을 경험하고 새로운 소망을 발견합니다. 그래서 가망 없던 환자들이 소생하는 기적이 일어납니다. 그래서 한 간호사는 이제 이 집의 이름을 '죽어가는 사람을 위한 집(Home for Dying)' 이 아니라 '생명을 주는 집(Home for Living)' 으로 바꿀 생각을 하고 있다고 전했습니다.

말씀에 접목하기: 골 3:12-14

그리스도인은 자기를 예수님과 함께 십자가에 못 박았기 때문에 자기와 함께 자기의 꿈과 계획과 뜻도 십자가에 못 박아 버렸습니다. 그리스도인은 예수님의 꿈과 계획과 뜻을 받은 사람이요, 그 꿈과 계획과 뜻을 이루기 위해 사는 사람입니다. 그리스도인은 자기 속에 하나님의 꿈과 계획과 뜻을 이룰 수 있는 능력이 없다는 사실을 깨달아 알기 때문에 성령님의 능력으로 하나님의 꿈과 계획과 뜻을 이 땅에서 이루고자 합니다. 그리스도인은 자기의 삶을 사는 자가 아니라 하나님의 삶을 이 땅에서 살고자 하는 사람입니다.

그리스도인을 통하여 이루고자 하시는 하나님의 꿈은 무엇입니까? 예수님처럼 죄와 허물의 사람들을 용납하고 용서하며, 사랑의 띠로 사람들을 감싸주고 덮어주며 존중하며 살아가는 것입니다(골 3:13, 14). 테레사 수녀는 오직 하나님의 사랑을 전달하고자 하는 하나님의 꿈을 가지고 평생을 살았던 사람입니다. 하나님의 영이 그녀에게 임하여 충만할 때 그녀는 하나님의 사랑을 전달하고자 하는 강렬한 열망을 가졌습니다. 테레서 수녀의 삶은 하나님의 영을 받은 삶이요 성령님의 능력으로 살아간 삶이었습니다.

머시 굿 페이스의 이야기

예화 46

한 사람이 고아원에 찾아와서 "이곳에서 아무도 좋아하지 않는 고아가 있으면 한 명만 소개해주세요"라고 요청했습니다. 고아원 원장은 머시 굿 페이스(Mercy Good Faith)를 그에게 소개했습니다. 얼굴도 못생기고 등에는 보기 흉한 혹을 가진 열 살 먹은 여자애였습니다. 그 사람은 머시를 데리고 자기 집으로 데려가서 그녀를 자기 딸로 삼아 길렀습니다. 35년이 지난 어느 날 아이오와 주의 고아원 담당 국장은 한 직원의 보고서를 받았습니다.

"이 고아원은 참으로 훌륭한 가정이다. 깨끗하고 음식도 훌륭하고, 고아원의 여자 감독은 사랑이 넘쳐 흐르고 있다. 모든 어린이는 한 사람 한 사람 특별한 보살핌을 받고 있는데, 어린이들의 얼굴에서 그 감독의 사랑을 읽을 수 있었다. 그들이 저녁을 마치고 피아노 주위에 몰려들어 찬송을 함께 부르는 것을 보면서 이제까지 경험해 보지 못한 따스함과 포근함을 느낄 수 있었다. 피아노를 치고 있는 감독의 목소리는 사랑의 천사가 내는 소리 그 자체였다. 그런데 그녀의 얼굴은 몹시 추했고 등에는 징그러운 혹까지 달려 있었다. 그녀의 이름은 머시 굿 페이스였다."

한 이름 없는 그리스도인이 얼굴이 추하고 혹이 달린 머시를 자기 딸로 삼아 하나님의 사랑을 베풀었습니다. 그는 보잘것없는 여자 아이 속에 숨겨져 있는 하나님의 선물을 밖으로 이끌어내었습니다. 하나님은 머시 속에 엄청난 보물을 숨겨두시고 있었는데, 그 보물은 빛을 보지 못하고 무덤에 묻힐 뻔했습니다. 그러나 한 이름 없는 믿음의 사람이 그녀에게 자기가 받은 하나님의 사랑을 전달할 때 그 사랑은 마치 불쏘시개처럼 머시의 심령 속에 잠자고 있던 하나님의 사랑의 선물에 불을 붙였습니다. 이름 없는 그리스도인은 머시 속에 숨겨진 하나님의 보화를 캐어내는 하나님의 천사였습니다. 그에게 사랑의 불을 전달 받은 머시도 이제 버림 받아 보잘것없는 고아들 속에서 숨겨진 사랑의 보화를 캐내는 하나님의 천사가 되었습니다.

말씀에 접목하기: 롬 15:1-3

　사도 바울은 엄청난 하나님의 사랑을 받고 그 사랑을 전달하기 위해 평생을 산 사람입니다. 그는 위협과 살기가 등등한 사람이었고, 다메섹까지 가서 예수님을 따르는 사람이면 남녀를 상관하지 않고 결박하여 예루살렘까지 잡아가려고 한 열성적인 사탄의 사자였습니다. 그런데 예수님은 그의 죄를 용서하기 위해 십자가의 죽음을 당하시고 그 피로 그를 씻어주시며 그의 속을 하나님의 사랑으로 가득 채워주셨습니다. 그는 자기 속에 이런 예수님의 사랑이 흐르는 동안에만 그 사랑을 전달할 수 있다는 것을 깨달았습니다. 그러므로 그는 살든지 죽든지 예수님의 사랑을 자기 속에 채우며 그 사랑을 사람들에게 전달하려고 힘썼습니다.

　하나님은 그 사람이 어떤 사람인가 하는 것을 묻지 않습니다. 그 사람이 비록 비천하고 연약하고 미련한 사람이라 할지라도, 그 사람이 사탄의 사자가 되어 악을 행하는 자라 할지라도 그리스도의 사랑을 받으면 하나님의 사랑의 신비가 그에게 나타납니다. 기독교의 역사는 예수님의 십자가의 사랑을 가득 채운 사람들이 그 사랑을 전달한 기록이며, 예수님의 사랑이 전달되는 곳에서 일어난 하나님의 사랑의 기적과 신비의 역사입니다. 머시 굿 페이스의 이야기는 그런 사랑 이야기 가운데 하나입니다.

상처의 사람을 천사로 사용하시는 하나님

예화 47

　고등학교를 졸업하고 대학 입시에 떨어진 여자 청년의 이야기입니다. 그녀는 대학 입시에 떨어진 것 때문에 마음이 상하고 사람들에게 창피하고 친구들에게 부끄럽고 가족들에게도 면목이 없어 죽고 싶다는 생각만 했습니다. 게다가 지난 밤에 아버지가 폭력을 휘둘러 어머니, 동생과 함께 아버지를 피해 집에서 도망을 나왔습니다. 갈 곳 없는 그들 세 모녀는 냄새 나는 여관방에서 밤을 새웠습니다. 오늘 엄마와 동생은 결혼한 큰언니 집으로 가고, 그녀는 결혼한 작은언니 집으로 가기로 했습니다.

그녀는 자기의 운명을 저주하며 한 인터넷 사이트에 상담 편지를 보냈습니다. 하나님은 왜 자기에게만 이런 가혹한 아픔을 주시는지 모르겠다는 내용이었습니다. 자기는 간절히 부르짖으며 기도했는데 하나님은 응답해 주시지 않는다고도 했습니다. 그리고 마지막으로 이제 어떻게 해야 하는지 질문했습니다. 그녀는 자기 인생을 이처럼 비참하게 끝내야 하는지 절망하고 있었습니다.

이 청년에게 무슨 말로 권면할 수 있을까요? 우리도 하나님께 기도하지만 응답이 없고, 가혹한 운명은 떠날 줄을 모르고, 사방으로 욱여쌈을 당한 것같이 피할 길을 찾지 못하고 괴로워해 본 경험이 있을 것입니다. 그러나 이 청년은 자기만 이처럼 괴로움을 당하고 있다고 생각하고 있습니다. 자기에게 닥친 일이 너무 힘들기 때문에 괴로움을 당하는 자기밖에 보이지 않았던 것입니다.

나는 그에게 여러 가지 이야기를 했지만 그 가운데 두 가지만 소개하고자 합니다. 먼저 이 청년의 아픔을 함께 느끼려고 노력했습니다. 감정이 예민한 때 대학 입시에 떨어져 자존감에 상처를 입고 아픈데 아버지의 폭력으로 가정에서 위로와 격려를 받지 못할 뿐 아니라 갈 곳이 없어 헤매는 그녀의 처지가 얼마나 처량합니까? 그러나 그녀보다 더 가슴 아프고 속이 상하고 답답한 사람이 또 있습니다. 바로 그녀의 어머니입니다. 수십 년간 참고 참으면서 살아온 그녀의 어머니, 자기 남편에게 수없이 폭력을 당하고 지금은 쫓겨나서 갈 곳마저 없는 그녀를 생각해 보세요. 얼마나 가슴이 찢어지고 고통스럽겠습니까? 나는 이 청년에게 어머니가 얼마나 괴로워할지 생각해 보라고 했습니다. 그리고 답답하고 쓰라린 어머니의 마음을 들여다보게 했습니다. 나는 이 청년에게 어머니를 찾아가서 그 손을 꼭 잡고 "엄마, 사랑합니다"라고 말하라고 했습니다. "엄마, 힘드시죠? 지금까지 살아오면서 얼마나 가슴 아프고 힘드셨어요. 그러면서도 우리를 키우느라 참고 견디며 그 아픔을 숨겨 왔던 것을 알아요. 어머니, 고맙습니다. 어머니가 이렇게 고생했기 때문에 우리가 이렇게 성장할 수 있었어요. 엄마, 힘내세요."

그다음에는 아버지를 찾아가라고 했습니다. 폭력은 그냥 나오는 게 아닙니다. 마음속에 쌓인 것이 있기 때문에 그것이 밖으로 튀어나온 것입니다. 아버지가 왜 그처럼 폭력적인 사람이 되었을까요? 지금까지 살아오면서 얼마나 아픈 삶을 살아왔을까요? 직장에서 존경받지 못하고, 가정에서도 폭력 아빠로서 미움을 받으니 친구라고 그를 존중하고 인정해주었겠습니까? 가는 곳마다 분노를 쌓고 또 쌓으면서 살아왔는데 아버지 속에 선한 것이 들어 있었을까요? 그래서 조금만 충격을 주어도 쌓여 있는 분노가 폭발하는 아버지가 되지 않겠습니까? 아버지는 지금도 사람들에게 존중과 사랑을 받고 싶지만 그렇게 해줄 사람이 아무도 없었던 것입니다.

그래서 나는 청년에게 아버지의 이런 아픔과 상처를 보게 하고, 아버지를 찾아가라고 했습니다. 아버지 앞에 가서 "아빠, 나 아빠 사랑해요"라고 말하라고 했습니다. 그리고 나에게 편지를 쓴 것처럼 아빠에게도 편지를 쓰라고 했습니다. 그 편지에 자기가 아빠를 사랑하고 있다는 것, 우리를 키우기 위해 직장생활을 하며 오랫동안 참으면서 살아온 것을 안다는 것, 그로 말미암아 억울함이 쌓였을 거라는 것, 이 모든 것이 우리를 키우기 위한 아버지의 사랑이라는 것, 아버지의 그 사랑 때문에 자기가 이만큼 자랄 수 있었다는 것, 남들이 뭐라고 해도 자기는 아버지를 사랑하며 존경하며 자랑스럽게 생각하고 있다는 것을 편지에 담아 아버지에게 보내라고 했습니다.

나는 청년에게 이렇게 이야기했습니다. 하나님은 그저 참기만 했던 답답한 어머니와 분노를 쌓고 살아온 아버지에게 사랑을 베풀고 싶어 그들에게 보낼 천사를 찾고 계셨는데, 이제 자매가 어머니와 아버지에게 하나님의 천사가 되어 하나님의 사랑을 전달하고 하나님의 복을 전하라고 했습니다. 하나님은 우리를 하나님의 천사로 부르시고 있습니다. 우리는 하나님의 천사가 되어 아버지와 어머니에게 찾아가서 "사랑합니다. 고맙습니다"라고 말해야 합니다. 오늘 우리는 우리의 부모를 위해 하나님의 천사가 되어야 합니다. 우리는 하나님의 사랑을 부모에게 전달하는 하나님의 천사입니다.

> 말씀에 접목하기: 벧전 3:8-9

하나님은 마음에 상처 입은 사람, 인생의 고통 가운데서 한숨을 쉬고 있는 사람, 자기도 자기를 어떻게 할 수 없어 분노에 사로잡혀 사는 사람, 사탄의 시험과 세상의 유혹과 죄의 정욕에 노예가 되어 저주의 삶을 살고 있는 사람을 구원하고자 하십니다. 하나님은 그들 모두에게 하늘의 풍성한 복으로 넘치게 채워주고 싶어 하십니다. 하나님은 이것을 위해 아들을 아끼지 않고 세상에 보내어 십자가의 저주를 받게 하셨습니다.

하나님은 지금 고난과 저주 가운데 있는 사람들에게 예수님의 사랑을 전달하고 싶어 하십니다. 하나님은 지금 고난과 저주의 사람들에게 보낼 천사를 찾고 계십니다. 하나님은 예수 그리스도 안에 감춘 하나님의 사랑을 그들에게 전달하여 그들이 풍성한 하늘의 복을 받게 하려고 하십니다. 누구든지 하나님의 부르심에 응답하여 하나님의 사랑을 전달하고자 하는 사람은 하나님의 천사가 될 것입니다.

나는 당신을 사랑합니다

예화 48

어느 날 아침 목사님이 예배 시간에 예수님의 이름으로 아내를 사랑하는 것은 하나님의 사랑을 아내에게 전달하는 것이라고 이야기한 뒤 성도들에게 이렇게 권면했습니다. "남편들이여, 오늘 집으로 돌아가서 아내에게 '나는 당신을 사랑합니다' 라고 이야기합시다. 우리는 아내에게 약간의 충격을 줄 필요가 있어요. 결혼하기 전에는 아내의 뒤를 졸졸 쫓아다니며 사랑한다고 귀찮을 정도로 이야기했을 거예요. 그때로 돌아가서 다시 한 번 아내를 향하여 '내가 당신을 사랑합니다' 라고 말해선 안 될 이유가 없지 않을까요?"

그날 아침 거기에 무뚝뚝하게 생긴 체구가 큰 중년 남자가 무슨 이유 때문인지 심각한 표정으로 앉아 있었습니다. 그러더니 그날 저녁 그가 목사님을 초대했습니다. 그는 생기 넘치는 모습으로 찾아와서 차에 목사님을 태우고 자기 집으로 가면서 이런 이야기를 했습니다. "목사님, 오늘 아침에 우리를 향하여 권면한 말씀을 기억하시지요? 집으로 돌아가서 아내에게 곧장 실천하기로 작정했어요. 그래서 집에 도착하자마자 아내를 향하여 큰 소리로 '여보, 당신을 사랑해요!' 라고 말했지요. 목사님, 아내가 어떻게 반응했는지 아세요? 그녀는 믿을 수 없는 표정으로 나를 향하여 '당신 뭐 잘못 먹었어요? 오늘 왜 안 하던 짓을 하세요' 라고 쏘아붙이는 거예요. 그런 아내를 향하여 나는 정색하고 다시 한 번 큰 소리로 '나는 정말로 당신을 사랑해요!' 라고 말했어요. 그러자 아내는 황당하고 어이없다는 듯이 '당신 미쳤어요? 마음에도 없는 소리 하지 마세요!' 라고 하더군요. 아내가 뭐라고 말하든지 간에 내가 진심으로 아내를 사랑하고 있다는 사실을 인정할 때까지 '나는 당신을 사랑합니다' 를 계속했지요. 드디어 아내는 의자에 주저앉으면서 내 손을 잡고 눈물을 글썽이더군요. 우리 부부의 사랑이 회복된 것을 기념할 겸해서 목사님을 초대해 축복 기도를 받으려고요."

이 남자는 "남편들아 아내 사랑하기를 그리스도께서 교회를 사랑하시고 그 교회를 위하여 자신을 주심 같이 하라"(엡 5:25)는 단순한 명령을 그대로 순종했던 것입니다. 그것이 그의 심각한 얼굴 표정을 생기 넘치는 모습으로 바꾸었고 부부 간에 아름다운 사랑을 다시 불러일으켜 주었습니다. 하나님은 지금도 말씀 안에 있는 부부 사이에 오셔서 하늘의 사랑을 충만하게 부어주시는 분입니다.

말씀에 접목하기: 엡 5:25-28

하나님은 사랑하라고 명하실 뿐 아니라 사랑할 마음을 일으키시고 사랑할 힘을 부어주십니다. 하나님은 명령만 내리시는 분이 아닙니다. 그 명령을 실천할 힘을 우리에게 주셔서 하나님의 사랑을 삶에서 나타나게 하십니다. 그리고 사랑을 실천하는 현장 가운데 임하셔서 사람이 실천하는 그 사랑을 하나님의 사랑으로 만들어 가시는 분입니다. 다른 말로 하면 하나님은 우리의 순종을 통하여 하늘의 기적을 맛보게 하시는 분이라고 말할 수 있습니다. 그러므로 누구든지 순종하여 하나님의 말씀을 실천하려고 하는 사람은 말씀 실천 현장에 임하여 하늘의 신비와 기적을 베푸시는 하나님을 믿어야 할 것입니다.

남편을 두려워하는 새 신자를 향한 권면

예화 49

아내들은 하나님이 당신의 남편을 사랑하듯 남편을 사랑해야 합니다. 그리고 남편에게 대할 때 부드러운 말과 행동으로 해야 합니다. 남편이 좋아하는 음식이 있으면 그것을 더 자주 상에 올려야 합니다. 남편이 좋아하는 반찬이 있으면 그것을 맛있게 만드는 법을 배워야 합니다. 남편이 아끼는 물건이 집에 있으면 언제든 그것을 바라보며 즐길 수 있게 만들어야 합니다. 남편이 기뻐하는 것이 무엇인지 자세히 살펴봐야 합니다. 그런데 이 모든 것을 진실한 마음으로 해야 합니다. 하나님보다 남편을 더 사랑하라는 말이 아닙니다. 하나님은 당신의 남편을 사랑하여 남편을 더 즐겁고 기쁘고 넘치게 하고 싶어 하십니다. 그러니 하나님께 이렇게 기도해야 합니다. '하나님, 하나님은 오늘 남편에게 어떤 사랑을 베풀고 싶으세요. 그것을 가르쳐주세요!' 그리고 하나님이 남편을 사랑하고 아끼고 소중히 여기듯 남편을 존중하고 아껴야 합니다. 그러면 하나님이 거기에 임하여 당신의 사랑을 축복해 하나님의 사랑으로 만들어 가시는 것을 경험할 수 있습니다. 그러면 딱딱하던 남편도 부드러워지기 시작할 것입니다.

> 말씀에 접목하기: 엡 5:22-24

하나님은 당신의 배우자에게 하나님의 사랑을 전달하고 싶어 하십니다. 하나님은 당신의 배우자를 위해 자기 아들을 아끼지 않고 내어주셨습니다. 하나님은 그 아들과 함께 당신의 배우자에게 필요한 모든 것을 은사로 주시고자 합니다. 하나님은 당신이 배우자로서, 배우자의 도리를 잊어버리고 책임을 다하지 않고 가정을 위태롭게 하고 용서받을 수 없는 짓을 행한다고 해도 바로 그 배우자를 사랑하사 그를 용납하시고 그를 하나님의 사랑받는 귀한 자녀로 세우고자 하십니다. 하나님은 당신을 불러 하나님의 그 사랑을 당신의 배우자에게 전달하고자 하십니다. 하나님은 지금 하나님의 사랑을 당신의 배우자에게 전달하는 하나님의 천사로 당신을 부르시고 있습니다.

아빠는 정말로 소중한 분입니다

예화 50

그는 직장에서 승승장구하던 소문난 실력가 가운데 한 사람이었습니다. 그는 자기 실력을 자랑스러워했고, 그것은 그를 지탱해주는 자존심이기도 했습니다. 그러던 그가 IMF 경제위기가 오면서 54세의 나이에 조기은퇴를 해야 했습니다. 퇴직하고 그동안의 삶을 되돌아보면서 너무 바쁘게 살아왔다고 생각했습니다. 그래서 이제 등산도 하고 여행도 하면서 조금 한가한 삶을 살아 보자고 생각했습니다. 이렇게 계획을 세우고 처음 2~3개월 동안은 등산도 가고 아이들과 대화도 나누고 여기저기 여행도 가고 한가한 삶을 즐기는 것 같았습니다.

그런데 은퇴한 지 3개월이 지나면서 그가 달라지기 시작했습니다. 사람이 변한 것처럼 표정을 잃어버리고 실어증에 걸린 사람처럼 대화도 끊어지고, 누가 뭐라고 하면 놀란 토끼마냥 눈을 크게 뜨고 머리를 흔드는 등 무엇에 홀린 사람처럼 행동했습니다. 그의 고백에 따르면 그는 자존감을 잃어버리고 살아갈 의미를 찾지 못한 채 석 달 내내 죽음을 생각했다는 것입니다. 그가 쉽게 죽지 못한 이유는 가족들에게 피해를 주지 않고 죽을 방법을 찾지 못했기 때문이라고 했습니다. 그는 자기 직업에 대한 자긍심이 강했고 남들보다 승진도 빨라서 실력 있는 사람이라는 말을 들으면서 그것 위에 자기의 의미와 가치를 쌓아왔다고 했습니다. 그러다가 직장을 잃으면서 스스로 아무것도 아닌 존재가 되어버렸던 것입니다. 삶의 터전을 잃어버린 자가 삶에 무슨 의미가 있겠느냐고 생각한 것입니다.

이런 변화를 감지한 가족들은 아버지의 54회 생일에 특별한 선물을 준비하기로 입을 모았습니다. 그의 아내는 남편의 생일에 남편과 대학생 딸과 고등학생 아들을 데리고 전통 찻집으로 갔습니다. 거기에서 특별한 생일 축하를 한다는 것이었습니다. 좌절과 절망에 빠져 있던 아버지는 거기서 가족들에게 생각지 못한 엄청난 선물을 받고 새 사람이 되어 새 출발할 수 있었습니다.

먼저 아내가 "이것이 내가 준비한 특별한 선물이에요"라고 말한 뒤 54회 생일을 맞는 남편에게 그동안 고마웠던 일, 자랑스러웠던 점, 가족들을 위해 이루어놓은 일 등 54가지를 적어 와서 읽어주었습니다. 그는 그것을 들으면서 빙그레 웃더니 "당신에게 이런 면이 있었소?"라고 말했습니다. 그 다음에는 딸이 선물 꾸러미를 풀어내었습니다. 딸도 아버지에게 고마운 일, 아버지 때문에 지금의 자신이 되었다는 것, 아버지가 너무 자랑스럽고 사랑스러운 분이라는 것 등 54가지를 읽어 내려갔습니다. 드디어 그의 눈에 눈물이 글썽이기 시작했습니다. 마지막으로 고등학교에 다니는 아들이 아버지가 자신들에게 얼마나 소중하고 자랑스러운 분인지 54가지를 말할 때 그는 통곡하면서 울었습니다. 그는 이제까지 자신이 성취한 일 때문에 스스로 자랑스럽게 생각해 왔을 뿐 가족들에게 있어 자신이 얼마나 소중하고 귀중한 사람이었는지 생각하지 못하고 살아왔던 것입니다. 자기가 자랑스럽게 생각하던 모든 것이 사라져버린 지금에 와서야 가족의 사랑과 존중을 받고 있으며, 그것이 자기의 성취 때문이 아니라 오직 자신이 남편과 아버지이기 때문이라는 사실이 마음에 크게 와닿았던 것입니다.

아들의 마지막 한 가지를 들은 뒤 그는 자기도 모르게 벌떡 일어나 가족들을 껴안으며 "아빠는 이제부터 무엇이든 할 수 있어. 이처럼 믿어주고 소중하게 여기는 사람들이 나를 둘러싸고 있는데 내가 어떻게 좌절하고 절망하겠어. 나는 이제 새 사람으로 새 삶을 시작할 거야"라고 확신에 찬 목소리로 말했습니다. 아내와 자녀들의 존중과 사랑은 그에게 있어 천국에 이르는 비밀 통로였습니다. 예수님의 존중과 사랑을 전달하는 곳에는 하나님의 신비와 행복의 문이 열립니다.

말씀에 접목하기: 요 13:34, 35

우리는 세상의 어떤 것으로 행복을 만들 수 있으리라고 착각하며 삽니다. 부와 명예와 건강 등은 행복에 필요한 조건인 것은 사실이지만 그것만으로는 행복할 수가 없습니다. 하나님이 주시는 평강, 즉 샬롬이 우리에게 넘쳐 부와 명예와 건강 등을 받쳐주어야 합니다. 이 세상의 없어질 것들은 행복을 만들어낼 수 없습니다. 오직 하나님이 주시는 평강만이 우리에게 행복을 가져다줄 수 있습니다.

예수님이 우리를 사랑하신 그 사랑으로 서로 사랑하는 것은 우리를 행복하게 만드는 비밀입니다. 예수님이 우리를 존중하듯 서로 간에 존중하고, 예수님이 우리를 소중히 여기듯 서로 간에 소중히 여기는 것이 하나님이 마련하신 진정한 행복의 비밀입니다. 게다가 이것은 가정 행복을 위해 필수조건입니다. 남편이 아내를 사랑하되 하나님이 아내를 사랑하듯 아내를 사랑해야 합니다. 예수님이 부모를 존중하고 소중히 여기듯 자녀들 역시 부모를 존중하고 소중히 여기는 것이 하나님이 계획하신 가정 행복의 비밀입니다. 예수님의 사랑으로 서로 사랑할 때 하나님이 거기에 임하여 하늘의 평강으로 넘치게 하실 것입니다.

보석같이 소중한 사람이 되고 싶어요

예화 51

한 아가씨가 자기 딴에 과분하게 생각되는 남자와 약혼을 했습니다. 그러던 그녀가 6개월의 약혼 기간이 끝나고 결혼식을 며칠 남겨둔 시점에서 갑자기 그 남자에게 파혼을 선언하고 자기 방에 틀어박혀 모든 사람과 관계를 차단시켜 버렸습니다. 약혼자가 찾아와서 사정해도 문을 열어주지 않고 어머니가 사정해도 왜 파혼하겠다는 건지 전혀 이야기를 하지 않았습니다. 친구들과 가족들은 이처럼 훌륭한 혼처를 놓치면 다시 그런 사람을 만날 수 없을 것이라고 설득했지만 그녀는 요지부동 입도 열지 않았습니다.

그녀의 어머니는 딸을 그냥 둘 수 없어 상담자를 불러 딸과 이야기를 나눠 보게 했습니다. 상담자는 그녀의 모습을 본 순간 약혼한 남자한테서 크게 실망했다는 것을 감지했습니다. 그래서 "그 남자와 결혼해서 행복할 수 없다는 생각이 들어 이런 결단을 내린 것 같은데요"라고 말을 꺼냈습니다. 침묵하던 그녀는 얼마 뒤 고개를 들더니 입을 열기 시작했습니다. "나는 그 남자에게 보석과 같이 소중한 존재로 대우 받기를 원했어요." 이 말을 들은 상담자는 그녀에게 이렇게 말했습니다. "그 약혼자는 모든 조건이 훌륭하지만 그것이 두 분의 결혼을 행복하게 해줄 수 없다고 생각했군요? 조건보다도 그 사람에게 보석같이 소중히 여김을 받고 싶었는데, 그 사람은 당신을 소중하게 대우해주지 않았다는 말이군요." 이 말을 들은 그녀는 울먹이면서 자기의 속내를 털어놓기 시작했습니다.

약혼하고 나서 처음에는 그 남자의 모든 조건이 너무 완벽해 이처럼 훌륭한 남자를 만날 수 있게 해주신 하나님께 감사드렸다는 것입니다. 그런데 그 남자와 사귀는 동안 조건이 좋다는 것과 행복한 것은 다르다는 사실을 깨닫기 시작했다는 것입니다. 진정한 행복은 '조건이 얼마나 좋으냐'가 아니라 '얼마나 존중을 받고 소중히 여김을 받으며 서로 사랑하느냐'에 달려 있다는 사실을 알고 나서 그 남자와의 관계를 다시 고민해 보니 이게 아니라는 생각이 들었다는 것입니다. 그 남자는 자기를 귀여워해주고 자기를 인형같이 소중히 다루지만 인격자로서 자기의 생각과 느낌을 존중해주고 보석같이 귀하게 대우해주지 않는다는 사실을 알게 되었습니다. 그래서 그녀는 '나를 존중하지 않는 사람과 평생 살 수 없다' 는 결론을 내렸다고 합니다. 결국 그 결혼은 이루어지지 않았습니다. 그녀의 말대로 자기를 한 인격체로 대우하고 보석같이 소중히 여겨주지 않는 사람과 평생을 사는 것은 지옥임을 알았기 때문입니다.

우리는 존중받기 위해, 존중해주기 위해 태어났습니다. 존중을 받으며 존중해주는 관계에서만 의미 있고 생명 넘치는 삶을 살아갈 수 있습니다. 존중 받지 못하고 인격자로 대우 받지 못하는 삶은 고통이며 저주일 것입니다. 예수님이 오신 것은 우리가 존중 받고 사랑 받으며 인간다운 삶을 살도록 하시기 위해서입니다. 예수님은 우리를 값진 진주로 만들기 위해 십자가에서 자기 생명을 버리신 분입니다. 예수님은 지금도 우리를 값진 진주로 만들기 위해 역사하시고 있습니다.

말씀에 접목하기: 마 13:45, 46

마태복음 13장 45, 46절의 천국 비유를 기억합니까? 이 말씀은 천국을 값진 진주를 구하는 장사에 비유하고 있습니다. 그러면 이 비유 가운데 값진 진주는 누구를 가리킬까요? 성경은 "천국은 마치 좋은 진주를 구하는 장사와 같으니"(마 13:45)라고 말씀합니다. 천국을 좋은 진주에 비유하는 것이 아니라 좋은 진주를 구하는 장사에 비유하고 있습니다. 천국은 값진 진주가 아니라 진주 장사입니다. 예수님은 값진 진주를 사기 위해서 자기의 모든 것을 팔아버린 진주 장사입니다. 예수님은 하늘나라를 버리고 성육신하여 세상에 오셨으며, 이 세상에 태어나서는 강보에 싸여 구유에 누이셨습니다. 예수님은 평생 동안 머리 둘 곳이 없는 삶을 사셨습니다. 예수님은 이 세상에서 집을 가지신 적이 없습니다. 예수님은 자기의 생명과 명예와 모든 것을 버리신 분입니다. 자기의 모든 것을 다 팔아 값진 진주를 사셨던 것입니다.

 그렇다면 예수님이 자기의 모든 것을 팔아 자기의 피로 사신 값진 진주는 누구입니까? 값진 진주는 예수님이 아니라 바로 우리입니다. 예수님은 우리를 사기 위해 자기의 모든 것을 파셨습니다. 예수님은 우리를 값진 진주로 여기셨습니다. 예수님은 우리를 위해 자기 생명을 파실 만큼 우리를 소중하게 여기셨습니다. 우리는 예수님 앞에 값진 진주입니다.

매일 진지하게 남편을 칭찬하세요

예화 52

 한 여인이 조지 크레인 박사를 찾아와서 도움을 요청했습니다. "크레인 박사님, 나는 내 남편을 미워합니다. 그래서 남편에게 복수하고 싶어요. 어떻게 하면 남편에게 복수할 수 있는지 그 방법을 가르쳐주세요." 크레인 박사는 그 여인에게 다음과 같이 물었습니다. "물론이지요. 그 방법을 기꺼이 알려드리겠습니다. 그런데 자매님은 어떤 방법으로 남편에게 복수하고 싶습니까? 지금 마음에 생각하고 있는 방법을 솔직하게 이야기해주세요."

 그 여인은 "나는 남편과 이혼을 고려하고 있습니다. 남편이 다른 여자를 사랑하고 있거든요. 나는 그런 사람과 계속 살고 싶지 않아요"라고 말했습니다. "오, 그래요. 만약 자매님의 남편이 다른 여자를 사랑하고 있다면 남편은 당신과 이혼하고 싶어 안달이 나 있겠군요. 당신이 이혼하자고 하면 남편은 얼씨구나 하고 좋아할 겁니다. 이혼으로는 남편에게 복수가 되지 않아요. 남편이 당신을 다시 사랑하도록 만들고 나서 당신과 헤어져 살 수 없다고 생각할 때 이혼해야 남편은 큰 상처를 입게 될 겁니다. 그러니 먼저 남편이 자매님을 사랑하게 만들어야 해요."

 그 여인은 "선생님 말씀이 맞네요. 그렇게 해야겠어요. 그런데 선생님 어떻게 하면 남편이 나를 다시 사랑하게 만들 수 있을까요?"라고 갈망하는 목소리로 물었습니다. 그때 크레인 박사는 눈을 반짝거리며 그 여인을 향하여 이렇게 말했습니다. "내가 하자는 대로 따라할 수 있겠어요? 그것은 남편에게 예수님의 존중을 전달하는 겁니다." "네? 아니, 이렇게 속 썩이는 남편을 어떻게 존중할 수 있겠어요. 그리고 어떤 식으로 존중을 전달할 수 있다는 거죠?" "그것은 아주 간단해요. 남편에게 매일 진지하게 세 가지를 칭찬하세요." "칭찬을 하라고요? 그런데……." 그 여인은 주저하더니 이렇게 이야기했습니다. "남편에게 칭찬할 만한 것이 있겠어요? 어려울 것 같은데요."

크레인 박사는 혼란스러워하는 그 여인의 마음을 정리해주었습니다. 박사가 "남편이 옷을 잘 입나요?"라고 묻자 그녀는 즉시 "물론이죠. 옷을 너무 잘 챙겨 입어서 의심하지 않을 수 없었다니까요"라고 대답했습니다. 그러자 크레인 박사는 이렇게 권면했습니다. "그러면 남편이 들을 수 있게 '그 넥타이가 참 어울리네요' '옷 색깔이 참 산뜻하네요' '당신이 그 옷을 입으니 아주 멋지게 보이네요'라고 진지하게 이야기해 보세요."

그리고 크레인 박사는 다시 그 여인에게 물었습니다. "남편이 아주 잘생겼다고 했지요?" 그녀는 "예, 잘생겼어요"라고 대답했습니다. "그러면 남편이 핸섬하게 보일 때마다 솔직하게 '당신, 참 멋있어요'라고 칭찬의 말을 해주세요." 크레인 박사는 계속해서 그녀에게 말했습니다. "남편은 가족을 부양하기 위해 애쓰고 있나요?" "그럼요. 그 점에서는 남편이 아주 자랑스러워요." 그러자 그는 그녀에게 다시 권면했습니다. "그러면 그것에 대해서도 솔직하게 자매님이 생각하는 대로 남편에게 말하세요. 매일같이 이 세 가지로 남편을 칭찬하는 거예요. 남편이 하는 것을 자세히 살피고 그 가운데서 무엇이든 잘하는 것이 보일 때마다 남편을 칭찬해 보세요. 그러면 남편은 자매님을 사랑하지 않을 수 없을 겁니다. 그때 자매님이 남편과 이혼하자고 하면 남편은 마음에 큰 상처를 입을 거예요."

그 여인이 "박사님, 정말 감사합니다. 그 방법이 아주 좋을 것 같아요. 남편에게 그대로 할게요"라고 대답하자 크레인 박사는 이렇게 덧붙였습니다. "6개월 동안 이렇게 한 뒤 다시 나를 찾아오세요. 그러면 남편에게 복수할 다음 단계를 알려드릴게요."

몇 개월 뒤 그 여인이 다시 크레인 박사를 찾아왔습니다. 그녀의 얼굴은 기쁨으로 가득 차 있었는데 들뜬 목소리로 이렇게 말했습니다. "박사님이 일러주신 방법대로 했더니 일이 아주 잘 되었어요. 남편이 드디어 나를 뜨겁게 사랑하게 되었어요." 크레인 박사는 단호하게 "아주 잘 되었네요. 이제는 남편과 이혼할 단계가 되었네요"라고 말했습니다. 이 말을 듣고 그 여인은 고개를 흔들면서 다소 흥분된 목소리로 말했습니다. "지금은 남편과 이혼하고 싶지 않아요. 나도 남편을 깊이 사랑하게 되었거든요."

말씀에 접목하기: 마 5:43-48

예수님은 우리에게 보상의 윤리가 아니라 사랑의 윤리를 가르치셨습니다. '이웃에게는 사랑을, 원수에게는 미움을' 이라는 것은 인간의 본성을 중시하는 타락한 인간의 윤리입니다. 예수님은 하늘의 윤리를 우리에게 전달하기 위해 오셨습니다. 그것은 사랑으로 감싸고 덮어주고 견디어주고 고쳐주는 하나님의 윤리입니다. 예수님은 원수를 사랑하며, 핍박하는 자를 위해 기도하시는 분입니다. 예수님은 악인과 선인에게 똑같이 해를 비춰주시고 의로운 자와 불의한 자를 차별하지 않으시고 비를 내리어 생명을 주는 하나님의 독생자이십니다. 예수님은 자기를 사랑하는 자만 사랑하시지 않고 미워하고 정죄하고 배신하는 자까지 품어 안은 채 하늘의 용서와 사랑을 베푸셨습니다.

그리스도인은 예수님의 마음을 품은 자입니다. 예수님의 마음을 품은 사람은 예수님의 사랑으로 사람을 사랑합니다. 그리스도인은 자기에게 사랑을 베푸는 자뿐 아니라 자기를 미워하고 배신하고 억울하게 핍박하는 자까지도 품어 안고 존중하며 사랑을 전달하는 사람입니다. 우리는 원수 같은 자를 미워하지 않고 오히려 그들에게 하나님의 사랑을 전달하며 예수님의 마음으로 그 사람을 축복해야 합니다. 그래서 우리는 끊임없이 "예수님의 마음을 품은 자 되게 하소서. 예수님의 사랑으로 우리 가슴을 가득 채워주소서. 나를 억울하게 하는 사람에게까지 예수님의 마음으로 축복하는 자가 되게 하소서!"라고 기도해야 합니다.

하나님은 놀라운 미래를 준비하셨습니다

예화 53

슐러 목사가 시무하고 있는 교회의 한 장로가 심장질환을 앓아 오다가 혼수 상태에 빠져 병원에 입원했습니다. 그 환자를 담당한 의사는 전혀 희망이 없으며, 또 살아난다고 해도 식물인간이 될 것이라고 얘기했습니다. 그러나 슐러 목사는 그 장로를 심방하는 자리에서 유명한 신경외과 의사인 스마일리 브랜튼 박사의 얘기를 기억해냈습니다. "두개골 부분에 심각한 질병을 앓고 있는 사람일지라도 뇌에는 정상적인 부분도 아주 많다." 슐러 목사는 그의 얘기를 믿으며 혼수 상태인 장로가 들을 수 있다는 가정 하에 이렇게 얘기했습니다. "스탠리 씨, 슐러 박사입니다. 하나님은 당신을 위해 놀라운 미래를 준비하셨습니다. 당신은 반드시 회복될 것입니다." 그러자 그의 눈에서 눈물이 흘러내렸습니다. 슐러 목사의 말이 그에게도 미래가 있다는 희망을 가지게 만들었던 것입니다. 그리고 혼수 상태에 빠져 있으면서도 스탠리 씨는 하나님이 자기를 위해 계획하신 미래의 꿈을 꿀 수 있었습니다.

아내가 운전하는 차를 타고 교회에 온 스탠리 씨는 목발도 없이 걸어 다녔습니다. 슐러 목사가 뛰어나와 맞이하자 그는 이렇게 말했습니다. "목사님, 당신은 정말 위대한 분입니다." 슐러 목사는 웃으며 대답했습니다. "스탠리 씨, 위대한 분은 제가 아니라 하나님입니다! 하나님이 당신을 고치셨습니다."

포기해선 안 됩니다. 포기는 당신을 위한 하나님의 꿈을 죽이는 것 외에도 다른 것을 할 수 없도록 만듭니다. 하나님은 당신의 꿈이 깨어지도록 내버려두시지는 않습니다. 하나님은 당신의 미래를 위해 놀라운 계획을 가지고 계실 뿐 아니라 당신 안에서 그 꿈을 이루시는 분입니다.

> 말씀에 접목하기: 히 12:1-3

예수님은 믿음의 주요, 우리를 온전케 하시는 분입니다. 믿음의 사람은 예수님이 온전케 하실 미래를 바라봅니다. 예수님은 우리를 위해 죽으셨을 뿐 아니라 우리를 위한 놀라운 사랑의 계획을 가지고 계십니다. 그분은 앞으로 그 계획을 이루시고 우리를 온전케 하여 하나님이 약속하신 풍성한 삶으로 인도하실 것입니다. 지금은 질병으로 고통당하고 있다고 할지라도 하나님은 우리에게 건강한 미래를 주실 것이요, 지금은 혼란과 불안에 시달리고 있더라도 예수님은 우리를 위해 하늘의 평안을 준비하고 우리를 기다리고 계십니다. 우리는 지금 상처와 저주의 삶을 살고 있지만 예수님은 우리를 위해 치료와 축복의 삶을 준비해 놓으셨습니다. 그러므로 우리가 주께서 행하실 그 미래를 주님과 함께 바라보며 주님을 믿고 살아갈 때 우리는 하나님이 우리를 위해 준비하신 아름답고 멋진 미래를 만나게 될 것입니다. 성경은 이렇게 말씀합니다. "믿음의 주요 또 온전하게 하시는 이인 예수를 바라보자 그는 그 앞에 있는 기쁨을 위하여 십자가를 참으사 부끄러움을 개의치 아니하시더니 하나님 보좌 우편에 앉으셨느니"(히 12:2).

당신은 구우지인

예화 54
치앙과 주앙은 어려서부터 함께 자란 친구입니다. 연애를 할 나이가 되자 그들은 마을에는 마음에 드는 아가씨가 없으니 함께 외지로 나가 이상형을 찾자고 했습니다. 두 사람은 집을 떠나 많은 곳을 돌아다녔습니다. 어느 날 그들은 한 어촌 마을에 도착했습니다. 어촌에서 한 아가씨를 만난 주앙이 치앙에게 말했습니다. "난 이곳에 남을래. 이 아가씨는 내가 찾던 사람이야." 치앙은 그 아가씨가 그다지 사랑스럽다고 느껴지지 않았습니다. 그래서 친구에게 말했습니다. "내가 볼 때 그리 특별한 데가 없어 보이지만 네가 좋아한다고 하니 이곳에 남으렴. 난 계속해서 내 이상형을 찾아볼 거야."

그렇게 주앙과 헤어진 치앙은 마음에 드는 아가씨를 찾아 다시 길을 떠났습니다. 치앙은 많은 마을과 도시를 돌아다녔습니다. 몇 년이 흘렀지만 치앙은 마음에 드는 아가씨를 찾지 못했습니다. 그래서 그는 고향으로 되돌아가기로 했습니다. 고향으로 돌아가던 도중 그는 예전에 친구 주앙과 헤어졌던 어촌 마을을 지나가게 되었습니다. 어촌은 많이 변해 있었습니다. 치앙은 몇 년 동안 보지 못한 친구를 만나보고 싶었습니다.

마을 입구에 도착했을 때 아이를 데리고 가는 젊고 예쁜 부인을 보았습니다. 치앙은 그녀에게 물었습니다. "말씀 좀 묻겠습니다. 주앙이라는 사람이 사는 집을 찾고 있습니다. 혹시 아시는지요?" 젊은 부인이 말했습니다. "저를 따라오세요!" 젊은 부인은 치앙을 주앙의 집에 데리고 갔습니다. 오랜만에 만난 두 사람은 매우 즐거웠습니다. 주앙이 젊고 아름다운 부인에게 말했습니다. "여보, 친구가 왔어. 우리 술 좀 마시게 안주 좀 준비해줘." 젊고 아름다운 그 부인은 바로 주앙의 아내였습니다. 치앙은 매우 놀라며 주앙에게 말했습니다. "예전에 이곳에서 그녀를 봤을 때는 지금처럼 예쁘지 않았는데, 그동안 어떻게 했기에 몰라볼 정도로 달라졌나?"

주앙은 그동안 자신이 어떻게 살아왔는지 이야기해주었습니다. 치앙이 다른 곳으로 떠난 뒤 주앙은 이곳의 독특한 풍습을 알게 되었습니다. 남자가 여자에게 청혼할 때 장인이 될 사람에게 소를 보내야 한다는 것이었습니다. 보통은 신부 측에 소 한두 마리를 보내면 충분했습니다. 그러나 신부가 현모양처에다 아름답기까지 하면 네다섯 마리를 보냈다고 합니다. 만약 아홉 마리를 보내면 그것은 신부가 더없이 뛰어나다는 것을 의미했습니다. 그런데 이 마을에서는 당시 아홉 마리를 보낸 사람이 한 명도 없었습니다.

주앙은 신부 집에 갈 때 소 아홉 마리를 몰고 갔습니다. 주앙이 신부 아버지한테 자신이 온 뜻을 설명하자 신부 아버지가 말했습니다. "우리 딸은 그저 보통 신부라네. 많아야 서너 마리면 충분하다네. 많은 소를 몰고 왔지만 그 소를 다 받는다면 아마 이웃 사람이 우리를 비웃을 걸세." 그러자 주앙이 정중하게 말했습니다. "아닙니다. 어르신, 저는 어르신의 따님이 세상에서 가장 뛰어나고 아름답다고 생각합니다. 그녀는 아홉 마리를 받을 자격이 충분합니다." 주앙은 이렇게 억지로 그들에게 소 아홉 마리를 보냈습니다. 결혼한 주앙은 늘 자신의 아내를 세상에서 가장 아름답고 사랑스러운 사람으로 여겼고, 그녀를 '구우지인'으로 생각하고 그렇게 행동했습니다. 그러자 주앙의 아내도 점점 자신을 '구우지인'으로 생각하기 시작했습니다. 몇 년 동안 그녀는 날이 갈수록 예쁘게, 아름답게, 현명하게 변해 갔습니다.

말씀에 접목하기: 고전 13:7

자신이 어떤 사람이 되기를 바란다면 먼저 자신을 그런 사람으로 대우해 주어야 합니다. 상대가 어떤 사람이 되기를 원하면 그를 대할 때마다 그런 사람으로 대우해주어야 합니다. 그러면 자기가 원하는 사람으로 변화되기 시작할 것입니다.

빅터 프랭클은 "만약 사람이 각자 꿈꾸고 있는 그런 인물로 그들을 대우해주고 칭찬을 아끼지 않는다면 당신은 그들을 그런 인물로 만들게 될 것이다. 사람을 있는 그대로 평가하고 비판하는 것은 결과적으로 그들을 더 나쁘게 만들고 만다. 만약 우리가 사람을 그들 각자가 꿈꾸고 있는 그 사람이 이미 된 것처럼 대해준다면 우리는 그들을 돕는 것이 된다"라고 말했습니다. 헨리 포드도 "최고의 친구는 그 사람 안에 있는 가장 아름다운 것을 보면서 그것을 이끌어내는 사람이다"라고 말습니다.

우리가 보는 대로 그리고 듣는 대로 판단하고 말한다면 그것은 진실일 수는 있지만 그 사람을 더 나쁘게 만든다는 것입니다. 그러나 하나님이 그 사람에게 주신 가능성을 생각하면서 그 사람의 미래 모습을 긍정적으로 이야기해준다면 그는 우리가 믿어주는 그런 인물이 된다는 것입니다. 하나님은 우리 안에 아름다운 것들을 많이 주셨습니다. 우리 눈으로 그것을 볼 수 없다고 해도 하나님은 사람에게 놀라운 가능성을 주셨습니다. 우리는 격려를 통해 그 사람 속에 있는 가장 아름다운 것을 이끌어낼 수 있습니다. 우리는 그 사람을 믿어줌으로써 그렇게 할 수 있습니다.

예수님은 현재의 모습을 보면서 실망하고 두려워하고 무서워하는 자에게 미래의 모습을 보여주시는 분입니다. 지금은 겨자씨처럼 지극히 작지만 농부가 그 씨를 심으면 싹이 나고 자라서 새들이 깃들이는 나무가 될 것입니다. 우리는 겨자씨의 작음을 보면서 실망하고 무시하지만 예수님은 그 씨가 싹이 나고 자라서 새들이 깃들이는 나무가 되는 미래를 바라보십니다. 예수님은 우리의 눈을 열어 그 미래를 함께 보면서 씨를 심는 일에 참여하기를 원하십니다. 오늘 저는 이런 기도를 드립니다. "예수님, 어서 오셔서 현재밖에 보지 못하는 우리 눈을 고쳐주소서. 예수님과 함께 미래의 아름다움을 보면서 믿어주고 바라며 견디는 사랑을 심게 하소서!"

슈와브의 성공 비결

예화 55

앤드류 카네기는 사장직에 물러나면서 그 회사에 사환으로 들어온 슈왑을 사장으로 지명했습니다. 그는 학력이나 배경이 전혀 없었고 제철에 대한 전문가도 아니고 천재도 아니었지만 사람을 다루고 움직이는 놀라운 능력을 가진 사람이었습니다. 당시 그는 100만 달러의 파격적 연봉을 받는 사장이 되었습니다. 그는 자신의 인간관계에 대한 비결을 다음과 같이 말했습니다.

"나에게는 사람의 열정을 불러일으키는 능력이 있다. 이것이 내게 있어서는 무엇과도 바꿀 수 없는 보물이라고 생각한다. 상대의 장점을 키워주기 위해서는 칭찬하는 것과 격려하는 것이 무엇보다 좋은 방법이다. 윗사람으로부터 꾸중을 듣는 것만큼 좀 더 나아지고자 하는 마음을 해치는 것도 없다. 나는 결코 사람을 비난하지 않는다. 나는 상대방으로 하여금 일을 하게 하려면 격려가 필요하다고 믿고 있다. 그래서 나는 남을 칭찬하는 일을 좋아하지만 비난하는 일은 매우 싫어한다. 마음에 드는 일이 있으면 진심으로 아낌없이 찬사를 보내는 것, 이것이 바로 내가 사람을 다루는 비결이다."

그는 또 이렇게 말했습니다. "나는 지금까지 세계 각국의 수많은 훌륭한 사람과 사귀어 왔지만 아무리 지위가 높은 사람도 잔소리를 들으면서 일하는 것보다 칭찬을 받으며 일할 때 열정이 커질 뿐 아니라 능률도 오르는 것 같다. 이에 대한 예외는 아직 한 번도 본 일이 없다."

말씀에 접목하기: 빌 2:3, 4

랄프 왈도 에머슨은 이렇게 말했습니다. "어떤 인간이라도 나보다 뛰어난 점, 즉 내가 본받아야 할 점을 하나라도 갖고 있다." 자신의 장점 또는 욕구를 잠시 잊어버리고 남의 장점을 보는 눈을 만들어 봅시다. 그리고 그것을 상대방에게 말해줍시다. 그러면 그는 그것을 깊이 간직하고 평생토록 잊어버리지 않을 것입니다. 칭찬한 사람은 잊어버릴지 몰라도 칭찬 받은 사람은 언제까지나 그 기억을 잊지 않고 마음속에 소중히 간직할 것입니다.

링컨의 이야기

예화 56

《세상에 알려지지 않은 링컨》을 쓴 데일 카네기는 링컨도 젊었을 때는 사람을 비난하기 좋아하는 평범한 사람이었다고 말합니다. 링컨은 젊은 시절 인디애나 주의 피존 크리크 밸리에 거주했을 때 남의 잘못을 헐뜯을 뿐 아니라 상대방을 비웃는 시나 편지를 써서 그것을 일부러 사람들의 눈에 띄도록 길가에 떨어뜨려 놓기도 했습니다. 그 편지가 원인이 되어 평생 그에게 반감을 갖고 지낸 사람이 있었을 정도였다고 합니다. 일리노이 주의 스프링필드에서 변호사 사무실을 개업한 뒤에도 그는 반대자를 비난하는 편지를 신문지상에 공개하는 등의 행동을 서슴지 않았습니다. 그런 행동이 지나쳐서 나중에는 큰 봉변을 당하게 되었습니다.

1842년 가을, 링컨은 《스프링필드 저널》에 겉만 번지르르한 멋쟁이요, 시비를 좋아하는 제임스 쉴즈라는 아일랜드 출신의 정치인을 비난하는 풍자 글을 익명으로 써 보냈습니다. 이것이 게재되자 마을 사람들은 폭소를 터뜨렸고, 쉴즈는 많은 사람으로부터 비웃음의 대상이 되었습니다. 평소 감정적이고 자존심이 강한 쉴즈는 불같이 화를 냈습니다. 투서의 주인공이 누구인지 알게 된 그는 즉각 말을 타고 링컨에게 달려가 결투를 신청했습니다. 링컨은 처음에는 결투에 반대했지만 결국 거절하지 못하고 그의 신청을 받아들였습니다. 무기 선택은 링컨에게 일임되었습니다. 팔이 긴 링컨은 기병이 쓰는 폭넓은 검을 선택했고, 육군사관학교 출신인 친구에게 검의 사용법을 지도받았습니다. 약속한 날이 되자 두 사람은 미시시피 강의 모래섬에서 만났습니다. 결투를 시작하려는 순간 쌍방의 입회인이 끼어들어 다행히 결투는 이루어지지 않았습니다.

이 사건은 링컨의 간담을 서늘하게 만들었습니다. 덕분에 그는 사람을 다루는 방법에 대해 귀중한 교훈을 얻었습니다. 그 후로는 두 번 다시 사람을 무시하는 편지를 쓰지 않았고, 사람을 조롱하는 일도 중지했으며, 무슨 일이 있어도 남을 비난하는 짓은 절대 하지 않았습니다. 그는 관용의 사람, 용서의 사람, 다른 사람을 존중해주고 인정해주는 사람으로 변화를 받아서 미국의 대통령이 되는 기초를 닦았습니다.

말씀에 접목하기: 골 3:1-3

신학자 폴 틸리히는 사람에게는 심리적(정신적) 차원과 영적 차원이 있다고 말합니다. 심리적(정신적) 차원은 생각하고 느끼고 결심하고 어떤 욕망을 가지기도 하고 상상하기도 하고 두려워하고 불안해하는 마음을 의미합니다. 심리적 차원의 특징은 자기중심적이라는 것입니다. 우리 인간에게는 자신이 원하는 것을 생각하고 자신이 원하는 것을 느끼고 자신에게 필요한 것을 얻고자 하는 욕심이 있습니다. 심리적인 차원은 언제나 자기중심이어서 '나'가 먼저입니다. 자기를 챙기고 자기에게 속한 것을 챙기고 자기를 만족시켜 주는 것을 먼저 생각합니다.

영적 능력은 '자기 밖으로 나가는 능력' 입니다. 심리적 차원이 자기만을 생각하고 자기중심이라고 한다면 영적 차원은 자기 밖으로 나가서 자기 밖에서 자기를 들여다보기 때문에 자기중심에서 벗어날 수 있습니다. 자기 밖으로 나가서 자기를 돌아보며 자기의 생각과 행동을 반성하고 회개하고, 새 사람이 되는 능력이 영적 능력입니다. 영적인 사람만이 자기중심적인 심리적인 차원의 인생을 극복할 수 있습니다.

링컨은 처음에 심리적인 차원의 사람이었습니다. 자기만을 생각하고 다른 사람을 비난하고 조롱하면서 그것을 즐거워했습니다. 죽을 뻔한 사건 이후 그는 자기를 되돌아보고 다시 되돌아보는 사람이 되었습니다. 그는 자기 밖에 나가서 자기의 잘못을 보았고, 자기 잘못을 진심으로 회개했습니다. 그리고 자기 생각과 행동을 고쳤습니다. 그는 영적 차원의 사람이 되었습니다.

링컨 대통령과 미드 장군

예화 57

링컨 대통령은 "남의 책망을 받는 것이 싫다면 남을 책망하지 말라"는 좌우명을 실천했습니다. 그는 측근들이 남부 사람을 욕할 때마다 이렇게 말했다고 합니다. "남을 욕하는 것을 삼가시오. 항상 입장이 바뀌었을 때를 생각해야 하오."

1863년 7월 1일부터 사흘에 걸쳐 게티즈버그에서는 남북 군대 사이에 격전이 벌어졌습니다. 4일 밤, 리 장군이 이끄는 남군이 폭우에 쫓겨 후퇴하기 시작했습니다. 패잔병을 이끌고 리 장군이 포토맥 강에 이르렀을 때는 밤새 내린 큰비로 강물이 범람하고 있었습니다. 도저히 강을 건너갈 수 없는 상황이었습니다. 뒤에서는 북군이 기세 좋게 추격해 오고 있었으므로 남군은 완전히 궁지에 몰려 있었습니다.

링컨은 남군을 괴멸시키고 전쟁을 즉각 종결시킬 수 있는 좋은 기회를 얻은 것을 기뻐하고 기대에 부풀어 있었습니다. 그는 미드 장군에게 작전회의를 취소하고 지체 없이 남군을 추격할 것을 명령했습니다. 이 명령은 우선 전보로 미드 장군에게 전해졌고 뒤이어 즉각적인 공격을 재촉하는 특사가 파견되었습니다. 그러나 미드 장군은 링컨의 명령을 따르지 않았습니다. 작전회의에서 그는 괜히 시간을 지연시키고 여러 가지 구실을 붙여 공격을 거부했습니다. 그러는 동안 강물은 줄어들었고, 리 장군은 남군을 이끌고 강을 건너 후퇴했습니다.

링컨은 울화통이 터졌습니다. 낙심한 링컨은 미드 장군에게 매우 조심스러운 한 통의 편지를 썼습니다. 1863년에 쓴 이 편지를 보면 링컨이 몹시 화가 났다는 것을 알 수 있습니다. 그러나 링컨은 그 편지를 쓰고도 보내지 못했습니다. 링컨은 과거의 쓰라린 경험으로부터 심한 비난이나 책망은 대개의 경우 아무런 효과도 없다는 사실을 잘 알고 있었던 것입니다. 링컨의 생각에는 미드 장군이 명백히 잘못했지만 미드의 입장에서 보면 잘못을 인정하지 못할 여러 가지 이유가 있을 수 있다는 사실을 알았습니다. 이 편지는 링컨의 죽은 뒤에 그의 서류함에서 발견되었습니다.

말씀에 접목하기: 마 7:1-12

예수님은 "비판을 받지 아니하려거든 비판하지 말라"(마 7:1)고 말씀하셨습니다. 우리는 다른 사람의 약점이나 흠, 실패, 잘못, 죄악 등을 지적해 주고 싶다는 생각이 들 때가 많이 있습니다. 우리는 그것들을 지적해주어야 고칠 수 있고 변화될 수 있다고 생각합니다. 그러나 예수님은 그런 지적이나 헤아림이나 비판을 "거룩한 것을 개에게 주는 것" "진주를 돼지 앞에 던지는 것"이라고 말씀하셨습니다(마 7:6). 거룩한 것이나 진주는 좋은 것이지만 개나 돼지에게는 아무 의미가 없다는 것입니다. 받을 준비가 되어 있는 사람에게 비판이나 지적은 가치가 있지만 준비되지 않는 사람에게는 오히려 해가 된다는 뜻입니다. 예수님은 지적을 받아야 마땅한 사람을 위해 구하고 찾고 두드리는 기도를 먼저 해야 하며, "대접을 받고자 하는 대로" 먼저 대접해야 하라고 말씀하셨습니다(마 7:7-11). 예수님 말씀대로 지적하거나 비판하거나 섬김을 받으려 하지 말고 섬기려 하고 자기 목숨을 대속물로 주려고 할 때만 진정한 변화가 시작됩니다(막 10:45).

아직도 당신은 당신이에요

예화 58

크리스토퍼 리브는 영화 〈슈퍼맨〉으로 유명한 사람입니다. 그는 슈퍼맨 역을 잘 소화해서 사람에게 위대한 슈퍼맨의 이미지를 심어주었습니다. 그런 그가 다른 사람에게 전적으로 의존해야 하는 전신마비 장애인이 되고 말았습니다. 말을 타다가 낙마하여 경추를 다치는 사고를 당했던 것입니다.

사고를 당하고 나서 크리스토퍼는 이렇게 부르짖었습니다. "차라리 죽는 것이 낫겠다. 이 꼴로 어떻게 처자식을 만나겠는가? 그들이 오기 전에 죽는 것이 좋겠다. 그러나 혼자 움직일 수도 없는 주제에 어떻게 죽는단 말인가?" 그는 영화에서는 슈퍼맨이 되어 초인간적인 힘을 발휘하여 위기에 처한 수많은 사람을 구해냈지만 아이러니컬하게도 자신을 위해 할 수 있는 행동은 아무것도 없었습니다. 음식을 씹어 삼킬 수도 없었고 대소변을 가릴 수도 없을 뿐 아니라 산소 호흡기에 의존하지 않고는 호흡조차 할 수 없었습니다. 심지어는 자살해서 죽을 수도 없는 몸이 되었습니다.

그런 모습으로 가족들 가운데 가장 먼저 만난 사람이 어머니였습니다. 그가 어머니에게 이렇게 생명을 유지하느니 차라리 산소 호흡기를 빼고 죽는 것이 낫겠다는 의사를 표시하자 어머니는 그의 생각에 동의했습니다.

이제 아내 데이나의 동의만 받으면 세상 사람에게 이 추한 꼴을 더 이상 보일 필요가 없겠다고 생각하고 있을 때 아내가 입원실에 도착했습니다. 크리스토퍼 리브는 어머니에게 했던 말을 아내에게 다시 했습니다. 그랬더니 아내 데이나는 "당신은 아직도 당신이에요!"라고 말했습니다. 아내는 전신이 마비되어 숨조차 혼자 쉬지 못하고 온몸에 각종 주사 바늘이 꽂혀 있는 남편의 모습을 보고서도 그가 아직도 자기의 소중한 사람이라고 고백한 것입니다.

"Still you!" 이 한 마디는 슈퍼맨을 다시 살게 했습니다. 그 후 그는 초인간의 영역에 다시 도전했습니다. 그는 전신마비 장애인이 되고 나서 불굴의 노력으로 더 유명해졌습니다. 그는 척추신경을 재생시키는 연구에 불을 붙였습니다. 그는 2억 달러의 기금을 조성하여 죽은 척추신경을 재생하기 위한 연구소를 만들고, 자기와 같은 사람에게 미래의 문을 열어주고자 혼신의 힘을 기울였습니다. 그는 많은 사람에게 희망과 용기를 주는 인생을 살게 된 것입니다.

보람찬 제2의 인생이 가능했던 것은 그를 사랑하는 아내 데이나가 그를 신뢰하고 존중하며 "당신은 아직도 나의 소중한 남편이고, 내 사랑은 변함이 없어요!"라는 믿음을 주었기 때문입니다. 모든 사람이 떠날 줄 알았지만 아직도 자기 곁에 남아 자기를 격려해주고 사랑해주는 사람이 있다는 것을 알았을 때 그것이 그에게 힘을 주고 다시 일어서도록 용기를 주었던 것입니다.

말씀에 접목하기: 마 5:13-16

예수님이 산 위에 올라가 앉았을 때 사람이 따라왔습니다. 예수님을 그들을 향해 "너희는 세상의 소금이니" "너희는 세상의 빛이라"(마 5:13, 14)고 선포했습니다. 예수님을 따라온 사람은 어떤 사람이었습니까? 예수님께 부름 받은 베드로와 야고보와 요한과 안드레, 마태복음을 기록한 마태도 거기에 있었을 것입니다. 이들은 갈릴리 빈민으로 별 볼일 없는 그렇고 그런 사람이었습니다. 특히 마태는 세리로 당시 매국노와 같이 무시와 차별을 당하던 사람이었습니다. 그리고 수많은 병자, 귀신 들린 사람, 장애인, 갈릴리와 인근 지역의 가난한 민중이었습니다. 그들은 자기가 아무것도 아님을 아는 존재였습니다. 그들은 소중한 사람이 되고 싶기는 했지만 비천한 인생을 벗어날 수 없는 보통사람이었습니다. 그들은 맛을 잃고 버려진 소금이요, 사망의 그늘에 앉아 있는 백성들과 같은 존재였습니다. 예수님은 그런 사람을 향해 그들이 바로 세상의 소금이요 빛이라고 선언한 것입니다.

이 말씀은 두 가지 뜻이 있습니다. 먼저 자기 스스로 비천한 존재라고 생각할 뿐 아니라 다른 사람까지도 별 볼 일 없는 하찮은 존재라고 여기는 사람을 향해 "너희는 본질적으로 존엄성을 가진 존귀하고 소중한 존재다"라고 선포하는 말씀입니다. 예수님은 지금 그렇고 그런 사람에게 하나님의 형상대로 지음을 받고 하나님의 숨결을 받은 존엄하고 소중한 존재임을 일깨워주시겠다고 언약의 말씀을 주셨습니다. 예수님은 그 언약대로 갈릴리의 빈민, 하찮은 어부, 세리, 민중을 기독교 역사에서 하늘의 빛과 같이 빛나는 소중한 존재로 만드셨습니다.

사고로 경추를 다쳐 아무것도 할 수 없는 사람이 된 크리스토퍼에게 그의 아내가 "Still you!"라고 선언한 것처럼 예수님은 지금 아무것도 아닌 우리에게 "아직도 너희는 소중한 존재다. 나는 너희를 세상의 소금과 빛과 같은 존재로 만들 것이다!"라고 선포하시고 있습니다.

당신의 체내에는 위대한 것이 잠자고 있다

예화 59

러시아의 작곡가이자 피아노 연주가인 라흐마니노프가 스물다섯 살 때 있었던 일입니다. 그는 이미 훌륭한 작곡가로서 명성을 얻고 있었는데, 자기의 재능에 자만심에 빠져 심포니를 썼지만 그 결과는 비참한 실패였습니다. 그래서 그는 완전히 용기를 잃어버리고 절망 상태에 빠졌습니다. 정신적으로 다시 일어설 수 없는 좌절을 경험했던 것입니다. 그의 친구들은 그를 정신과 의사인 니콜라스 델 박사에게 데리고 갔습니다. 니콜라스 박사는 만날 때마다 그에게 다음과 같은 이야기를 해주었습니다. "당신의 체내에는 위대한 것이 잠자고 있습니다. 그것은 지금 세상에 나가게 될 날을 기다리고 있습니다." 이 말은 차츰 라흐마니노프의 가슴속 깊은 곳에 새겨지기 시작했습니다. 그다음 해에 그는 피아노 협주곡 제2번을 작곡하여 다시 일어설 수 있게 되었습니다. 그는 그것을 니콜라스 박사에게 바쳤습니다.

말씀에 접목하기: 엡 5:13, 14

하나님은 사람에게 엄청난 재능을 주셨습니다. 윌리엄 제임스는 우리의 능력 가운데 10퍼센트만 사용하고 나머지는 우리가 살아 있는 동안 사용하지 못하고 죽을 때 무덤까지 가지고 간다고 했습니다. 하나님이 우리에게 주신 것을 다 개발하면 우리는 지금보다 열 배는 더 발전하고 성장할 수 있다는 것입니다. 예수님은 우리 속에 30배, 60배, 심지어 100배의 가능성이 있다고 말씀하십니다. 우리의 건강이나 행복, 영적 능력, 정신 능력은 앞으로 30배, 60배, 100배가 될 수 있습니다.

어떻게 이런 놀라운 가능성을 이끌어내어 꽃을 피울 수 있게 될까요? 하나님은 우리에게 재능을 주실 뿐 아니라 우리를 격려하고 인정하고 존중해 주는 이웃을 보내어 그 재능을 발견하게 하고 성장하게 하십니다. 라흐마니노프의 엄청난 가능성은 그를 신뢰하고 존중하는 친구들과 전문가를 만남으로써 꽃을 피웠습니다. 지금 당신의 가능성을 꽃 피우게 할 이웃은 누구입니까?

네가 여기 있는 것은 우연이 아니다

예화 60

어느 날 휘튼 대학교의 교목 레로이 팻 페터슨 목사는 프로야구팀을 위한 예배를 인도했습니다. 목사는 한 선수가 대단히 의기소침해 있는 것을 보고 그에게 "내 며느리가 아주 열성적인 야구팬인데 수년 동안 당신을 좋아했답니다. 내가 당신에게 말을 걸었다고 말하면 그녀는 깜짝 놀랄 거예요"라며 말을 걸었습니다. 놀란 그 선수는 "무슨 말씀을 하시는 겁니까? 나는 오늘 아침 야구를 그만두기로 결심했는데요"라고 대답했습니다. 목사는 그 선수의 실력을 칭찬하면서 프로야구에 계속 남아 있도록 권유했습니다. 의기소침해져 있던 그에게 필요했던 것은 바로 격려의 말이었습니다.

패터슨 목사는 여러 해 전에 비슷한 일을 경험했습니다. 그때 그는 재정적 압박과 공부에 대한 중압감으로 절망에 빠져 있었습니다. 어느 날 역사학 수업을 마치고 나오는데 한 교수가 그를 불러 세우더니 이렇게 말했습니다. "너를 쭉 지켜봐 왔는데, 요즘 유난히 풀이 죽어 보이는구나. 무슨 일이 있는 거냐? 그런데 한 가지 사실만은 잊지 마라. 너는 우연히 이곳에 온 것이 아니라는 것, 다시 말해 하나님이 너를 이곳으로 인도하셨고 너를 계속 보살펴주실 것이라는 사실을 말이다."

페터슨 목사는 "그 말은 내가 가장 필요로 할 때 내게 주어졌다"라고 말했습니다. 친절한 말 한 마디는 진흙 구덩이에 빠진 사람에게 아주 훌륭한 밧줄이 될 수 있습니다.

말씀에 접목하기: 골 3:12-14

자신감은 대체로 좋은 이웃을 만나면서 형성됩니다. 부모든지, 친척이든지, 형제자매든지, 선생님이든지, 믿음의 사람이든지, 목사든지 간에 그들이 신뢰해주고 인정해주고 존중해주고 가르침을 베풀어줄 때 사람은 자신감을 가지고 살게 됩니다. 자기를 믿어주고 존중해주고 가르침을 주며 격려해주는 좋은 이웃이 많은 사람은 참으로 행복할 것입니다. 우리 하나님은 좋은 이웃을 보내주어 우리의 자존감을 세워주고 행복하게 만드시는 분입니다.

또한 하나님은 우리를 힘든 가운데 아파하고 상처 입은 사람에게 좋은 이웃으로 파송하고 있습니다. 누구나 좋은 이웃을 만나면 행복합니다. 사람을 만날 때마다 그들을 신뢰해주고 그들을 존중하며 그들을 소중히 여기고 돌보아주며 그들 속에 있는 가능성과 자원을 개발할 수 있도록 격려를 아끼지 않는 사람은 행복을 만드는 사람입니다. 하나님은 우리를 행복을 만드는 사람으로 부르셨습니다. 우리는 가정에서, 직장에서 좋은 이웃이 되고자 노력해야 합니다. 그래서 우리를 만나는 사람 모두 우리가 있음으로써 행복하도록 해야 합니다.

Any Boy Can(너도 할 수 있다)!

예화 61

미국 세인트루이스의 빈민가 출신인 아치 무어(Archie Moore)는 복싱 라이트 헤비급 세계 챔피언에 오른 사람입니다. 그는 TV 프로그램〈Any Boy Can(너도 할 수 있다)!〉을 진행했습니다. 그는 인종에 상관없이 모든 젊은이에게는 존엄성과 명예가 있다고 믿었습니다. 그는 어떤 청소년이든 다 할 수 있다는 신념을 가지고 TV 프로그램을 개설하고, 청소년의 속에 잠자고 있는 가능성과 재능을 이끌어내어 그들에게 위대한 미래를 창조해주고자 노력했습니다. 그가 진행하는 프로그램을 통하여 수많은 청소년이 희망을 발견하고 새 미래를 창조했습니다.

세인트루이스의 빈민가에서 태어난 그는 거기서 영원히 살기를 거절했습니다. 그는 멸시 받는 흑인으로 살기를 거절했습니다. 그는 자랑스러운 미국의 시민으로 살기로 작정했습니다. 그래서 친구들과 함께 미래를 위한 계획을 세웠습니다. 그들은 자기들 속에 하나님이 주신 놀라운 보화가 들어 있다는 사실을 믿었기에 하나님의 형상을 회복하기 위해 함께 기도하며 새 미래를 꿈꾸었습니다. 그들은 각자 분명한 목표를 세우고 그 목표를 위해 최선을 다하기로 약속했으며, 그 과정에서 서로 격려하며 하나님을 구했습니다.

무어는 주니어 헤비급 세계 챔피언이 되었습니다. 클락 테리는 세계에서 가장 유명한 재즈 음악가 가운데 한 사람이 되었습니다. 의사, 변호사, 기관장이 되어 사회에 공헌하는 친구도 나왔습니다. 또한 그들 가운데서 세인트루이스 최고의 경찰관도 나왔습니다.

무어는 이렇게 말했습니다. "하나님은 우리에게 아름다운 정원을 만들라고 하셨습니다. 그리고 특별한 은혜도 주셨습니다. 우리는 함께 미움의 잡초들을 우리의 마음 밭에서 뽑아냈습니다. 열등감의 잡초도 뽑아냈습니다. 부정적인 자아상의 나무도 잘라냈습니다. 그리고 하나님이 주신 사랑과 소망과 믿음의 나무를 심었습니다. 희락과 화평과 오래 참음의 꽃을 심었습니다. 정직과 진실의 잔디도 가꾸었습니다. 하나님은 우리를 크게 축복하여 아름다운 정원이 되게 하셨습니다."

말씀에 접목하기: 행 2:17

우리는 환경과 조건의 지배를 받으며 살도록 지음을 받지 않았습니다. 우리는 하나님을 바라보면서 그 사랑을 받으며 살도록 지음을 받았습니다. 하나님은 우리가 알 수 없는 엄청난 보화와 재능을 우리 속에 숨겨놓으셨습니다. 믿음과 사랑과 소망을 가진 이웃과 힘을 모아서 서로를 격려하고 하나님께 기도하며 하나님이 말씀하시는 바로 그 일을 하고자 한다면 우리는 아름다운 미래를 창조하는 사람이 될 것입니다. 당신은 엄청난 미래의 주인공이 될 수 있습니다. 하나님은 오늘도 당신을 불러 그분이 계획하시는 미래를 함께 창조하기를 원하시고 있습니다. 아치 무어의 구호대로 "Any boy can(너도 할 수 있어)!"라고 외쳐야 합니다. 하나님을 바라보면서 그분이 꿈꾸고 계획하시는 놀라운 미래를 만들기 위해 함께 참여하지 않겠습니까?

온 가족을 전도한 비밀

예화 62

빌리 선데이와 함께 찬양 인도자로 활약했던 호머 로드히버가 이런 이야기를 들려주었습니다. 자신이 이끌던 성가대에 조이라는 청년이 있었습니다. 그는 별로 영리하지 못해 바보스러운 행동을 할 때가 종종 있었습니다. 그러나 로드히버는 성가대 리더로서 그를 감싸주고 따스하게 대하고 밝은 미소로 악수를 건넸습니다. 조이는 밤에 성가 연습이 끝나면 맨 마지막에 서 있다가 모든 사람이 성가대 리더와 악수하고 돌아갈 때까지 기다렸습니다. 그리고 마지막으로 그와 악수하며 그에게 따스한 사랑의 말을 듣고 만족스러워하며 돌아갔습니다. 로드히버는 가끔 그 청년을 보면서 언짢을 때도 있고 마음이 불편할 때도 있었지만 성가대 리더로서 예수님의 이름으로 모든 대원을 감싸주고 존중해야 한다는 목사님의 말씀에 순종했습니다.

그러던 어느 날 중년의 남자가 로드히버에게 다가와 손을 내밀면서 인사를 했습니다. "우리 조이에게 그렇게 친절하게 대해주셔서 감사합니다. 별로 똑똑하지 못한 아이라서 이웃들로부터 친절이나 제대로 된 대우를 받지 못했어요. 그러다 보니 어떤 일에도 열성적으로 참여하려고 하지 않아서 몹시 걱정했습니다. 그런 아이가 이 교회의 성가대에 와서 노래하는 것을 매우 좋아합니다. 열성을 다해 준비하면서 성가 연습하는 날을 기다렸습니다. 그동안 낮에 열심히 일해 밤에 성가 연습이 있으면 꼭 참석하려고 부지런히 움직입니다. 아이의 변화된 모습 때문에 오늘 밤 이 교회에 나왔습니다. 그리고 아내와 다섯 식구는 이미 이 교회에 출석하고 있습니다. 조이가 이 교회에 대해 좋게 이야기하고 열심히 전도했기 때문이지요. 평생 회의론자였던 75세의 조이 할아버지도 드디어 오늘 밤 교회에 나왔습니다. 오늘 교회에 와서 보니 조이가 교회에 그처럼 나오고 싶어 하는 이유를 발견한 것 같습니다. 당신이 조이를 친절하게 감싸주고 반갑게 인사는 것을 보면서 조이가 이곳에서 진정한 행복을 발견했다는 생각이 들어요."

말씀에 접목하기: 삼상 15:22, 23

하나님의 말씀을 받고 그대로 실천하는 곳에 말씀의 기적이 일어납니다. 로드히버는 목사님을 통해 하나님의 말씀을 받았습니다. 그는 그 말씀대로 실천하기 어려울 때도 종종 있었습니다. 그럼에도 불구하고 그는 하나님의 말씀을 실천하고자 억지로 친절을 베풀었습니다. 중세기 수도사는 하나님의 율법 속에도 복음이 들어 있다고 감사했습니다. 기도하라는 율법 때문에 억지로 기도하다가 하나님의 기적을 보았다는 것입니다. 기도하라는 율법이 없었다면 억지로 기도하지 않았을 것이고, 그랬다면 하나님의 기적도 보지 못했을 것입니다. 호머 로드히버의 억지 친절은 하나님의 말씀에 대한 순종이었습니다. 그가 말씀대로 행할 때 놀라운 기적이 일어난 것입니다. 하나님의 말씀을 실천하는 동안 조이의 가정에 기적이 일어났습니다. 하나님은 그 말씀을 통해 그 가정의 모든 구성원을 구원하셨습니다. 당신이 오늘 억지로라도 주님의 말씀을 실천하면 하나님의 기적, 말씀의 기적을 보게 될 것입니다.

사람을 신뢰하라

예화 63

랄프 왈도 에머슨은 이렇게 말했습니다. "사람을 신뢰하라. 그러면 그들이 당신을 신뢰할 것이다. 그들을 위대한 사람처럼 대하라. 그리하면 그들이 자신들의 위대함을 보여줄 것이다."

다음은 훌륭한 지도자, 곧 사람에게 신뢰를 주는 지도자가 어떤 사람인지를 말해주는 시입니다.

> 사람들에게 가라.
> 그들 가운데서 살라.
> 그들로부터 배우라.
> 그들을 사랑하라.
> 그들이 알고 있는 것에서 시작하여
> 그들이 갖고 있는 것들 위에 세우라.
> 그러나 가장 훌륭한 지도자는
> 그들의 일이 성취되었을 때,
> 그들의 일이 완수되었을 때,
> 사람들로 하여금
> "우리 힘으로 이 일을 해냈다"라고 말하게 한다.

말씀에 접목하기: 히 10:21-25

인디애나폴리스 풋볼 감독 토니 던지는 선수들의 가능성에 관심을 갖고, 그들이 가진 가능성을 최대한 발휘하도록 하는 데 최선을 다하고자 했습니다. 그는 언제든 선수들을 믿었습니다. 그들에게는 아직도 발휘되지 못한 가능성이 남아 있다고 믿었기 때문입니다. 그래서 선수들에게 그것을 보게 하고 최선을 다해 그것을 끄집어 내도록 격려했습니다. "지금 네게 맡겨준 그 일을 열심히 최선을 다해 하라. 결과는 생각지 마라. 미래를 두려워하지 마라. 지금 네가 맡은 그 일에 최선을 다하면 미래와 결과는 하나님이 책임져 주신다." 믿어주고 격려하고 존중하고 축복할 때 하나님이 주신 잠재력, 달란트를 완전히 끄집어내어 하나님이 계획하시는 사람이 되게 하고 행복한 사람이 되게 할 수 있습니다. 그러므로 믿어주고 격려해주는 사람은 축복의 생수를 흐르게 하는 통로가 됩니다. 당신은 축복의 생수가 흐르는 통로입니까?

예수님이 써 주시면 무엇이든지 할 수 있습니다

예화 64

15세기 말 독일 아이슬레벤 성당에서 있었던 일입니다. 어느 날 사람들이 성가 연습을 하고 있는데 문 밖에서 노랫소리가 들렸습니다. 작지만 아주 고운 음성이었습니다. 지휘자가 연습을 중단하고 문을 열어 보았더니 12세쯤 된 소년이 서 있었습니다. "거기서 뭐하고 있는 거니?" "성가대원이 되고 싶어 지휘자 선생님이 내 노래를 들어주셨으면 하고 노래를 부르고 있어요." "우리 성가대는 모두 어른뿐인데 네가 들어올 수 있다고 생각하느냐?" "예, 예수님이 써 주시면 누구나, 무엇이나 할 수 있다고 배웠습니다." "네 이름이 무엇이지?" "마르틴 루터입니다." 그렇게 해서 소년 루터는 아이슬레벤 성당의 성가대원이 되었고, 그 소년의 노래는 결국 16세기 초 전 세계를 뒤엎는 종교개혁의 노래가 되었습니다.

말씀에 접목하기: 마 5:13, 14

예수님이 "너희는 세상의 소금이다"라고 말씀하실 때 그 말씀을 들은 사람들은 자기 자신을 아무 가치도 없는 쓰레기 같은 존재로 느끼며 사는 사람들이었습니다. 예수님이 산 위에 올라가셨을 때 따라온 사람들은 건강을 잃고 병약한 사람, 가난한 사람, 배운 것이 별로 없는 무식한 사람, 직업이 없는 날품팔이, 죄인, 마태와 같은 세리, 창기 등 우리의 언어로 말한다면 소외된 자요 눌린 자요 약한 자요 고난당하는 자들이었습니다. 그들은 세상의 소금이라고 불릴 만한 자격이 없는 사람들이었습니다. 그들은 'I am nothing'의 존재였습니다. 그런데 예수님은 그런 사람에게 "너희는 세상의 소금이다"라고 말씀하셨습니다. 예수님도 그들이 아무것도 아닌 존재로 살고 있다는 것을 아셨습니다. 그러나 예수님은 그들을 소금 같은 존재로 만들기 원하셨습니다. 주님이 원하셨기 때문에 그들은 초대교회의 주역이 되었습니다. 하나님의 빛을 온 세상에 전달하는 예수님의 빛이 되었습니다. 하나님이 원하시면 우리 역시 놀라운 존재가 될 수 있습니다.

어느 부부의 변화

예화 65

어떤 여성과 남성이 처음 만나 서로에 대해 호감을 느끼며 저녁식사를 하고 있었습니다. 두 사람은 멋진 시간을 보내며 꿈에 부풀어 있었습니다. 그런데 식사하는 도중 여성이 김치를 떨어뜨려 옷에 보기 흉한 얼룩이 생겼습니다. 남성은 얼른 휴지를 가져다가 "제가 닦아 드리지요!"라고 말했습니다. 식사를 마치고 집에 데려다주는 길에 여성이 집 열쇠를 잃어버렸다고 하자 남성은 자기도 자주 잃어버린다고 하며 위로해주었습니다. 그리고 그들은 결혼했습니다.

3년 뒤 부부는 모처럼 외식을 하러 나갔습니다. 아내가 식사하다 무릎에 김치를 떨어뜨렸습니다. 남편은 그런 아내를 비웃듯이 "정말 못 말리겠군! 여자가 칠칠맞지 못하게!"라고 언짢게 말했습니다. 저녁식사를 하고 집으로 돌아오는 길에 아내가 집 열쇠를 잃어버렸다고 하자 남편은 한심하다는 표정으로 혀를 끌끌 차더니 이내 쏘아붙이기 시작했습니다. "이런 닭대가리 같으니라고. 혹시 치매 초기 증상이 아니야. 아휴! 내 팔자야. 내가 이런 환자하고 평생을 살아야 하다니!"

> 말씀에 접목하기: 엡 5:33

자기를 무시하는 사람은 불행한 삶을 불러들이게 됩니다. 자기가 자기를 존중하지 못하면서 남이 자기를 존중하기를 기대할 수 없는 것입니다. 남편에게 있어 아내는 자기의 뼈 중의 뼈요 살 중의 살입니다. 아내에게 있어서 남편은 자기의 몸이요 얼굴입니다. 남편이 아내를 무시하는 것은 자기 뼈를 꺾는 것이요 자기의 살을 찢는 것입니다. 아내가 남편을 무시하는 것은 자기 몸을 해치는 것이요 자기 얼굴에 상처를 내는 것입니다.

예수님의 사랑으로 가득 채운 부부는 자기 배우자를 자기 몸같이 사랑하는 힘을 얻을 것입니다. 예수님의 마음을 품은 부부는 자기 배우자를 자기보다 더 소중히 여기고 더 존중하는 예수님의 모습을 닮아 갈 것입니다. 누가 예수님의 사랑으로 가득 채울 수 있을까요? 누가 예수님의 마음을 품을 수 있을까요? 그리스도의 영인 성령님이 충만하게 임하시면 그리스도의 마음을 품게 되고 사랑의 열매가 풍성히 열리게 됩니다. 성령 충만을 위해 합심하여 기도를 드려야 합니다. 성령 충만을 위해 교회의 인도를 받아야 합니다. 그러면 험악한 관계에 있는 부부 사이에서도 놀라운 변화가 일어날 것입니다.

에로스의 사랑과 아가페의 사랑

예화 66

영화 〈닥터 지바고〉의 마지막 장면에 이런 이야기가 나옵니다. 장군과 그 조카인 타냐와의 대화입니다. 장군은 타냐에게 어떻게 아버지와 헤어지게 되었느냐고 묻습니다. 타냐는 혁명 중에 불길이 치솟고 사람이 우왕좌왕하는 바람에 아버지를 잃어버리게 되었다고 대답합니다. 장군이 타냐에게 다시 질문합니다. "아버지와 헤어진 진짜 이유가 무엇이냐?" 타냐는 순간 당황해하며 머뭇거리다가 다음과 같이 대답합니다. "사실은 아버지가 내 손을 놓아버렸어요." 그러자 장군은 잠시 생각한 뒤 이렇게 말합니다. "네가 아버지라고 알고 있던 코마노프는 네 친아버지가 아니다. 네 아버지는 닥터 지바고란다. 만약 코마노프가 네 친아버지였다면 아무리 불이 나고 혁명의 와중이라고 해도 네 손을 놓지 않았을 거다."

타냐는 아버지에게 버림받은 상처의 아픔을 간직하여 살고 있었습니다. '어떻게 아버지가 나를 놓아버릴 수 있는가?'라는 생각으로 믿음을 잃어버린 타냐는 장군의 이야기를 듣고 자신의 마음을 정리할 수 있었습니다. 그러나 지금 수많은 사람이 사랑하는 사람으로부터 버림받았다는 상처의 아픔을 안고 살고 있습니다.

말씀에 접목하기: 요 13:34, 35

에로스의 사랑은 감성적인 사랑으로, 매력이 있거나 사랑받을 만한 조건이 있을 때 저절로 마음속에 솟아나는 사랑입니다. 이런 사랑은 매력을 잃어버리거나 사랑받을 만한 조건이 사라지면 저절로 없어지고 맙니다. 게다가 상대방이 잘못을 저지르거나 나쁜 행동을 하는 경우에는 미움이 생겨나고 증오로 변하기도 합니다. 그러나 아가페의 사랑은 상대방의 유익과 행복을 위해 무엇인가 하겠다는 의지의 결단을 의미합니다. 예수님은 우리를 행복하게 만들어주기 위해 십자가의 고난을 당하셨습니다. 오늘 감성적으로는 사랑의 감정이 솟아나지 않을지라도 하나님이 이처럼 사랑하시는 바로 그 사람을 사랑하기로 결단해야 합니다. 그러면 성령님이 당신에게 임하여 사랑의 열매를 맺게 할 것입니다.

무조건적인 사랑은 관계를 회복시킨다

예화 67

이름 있는 대학의 학장을 지낸 사람이 있었습니다. 그는 자기 아들을 이 대학에 입학시키기 위해 오랫동안 계획하고 저축도 했습니다. 그런데 대학을 결정할 때 아들은 그 대학에 입학하기를 거부했습니다. 이로 말미암아 아버지는 심각한 고민에 빠졌습니다. 심각하게 고민한 이유는 이 대학을 졸업하는 것이 아들의 장래에 큰 도움이 될 것이고, 이 대학에 진학하는 것이 집안의 전통이었기 때문입니다. 아버지는 사정도 해보고 달래보기도 했습니다. 그리고 아들의 말을 경청하고 이해하기 위해 노력하면서 대화로 아이의 마음을 돌릴 수 있으리라고 기대했습니다.

이런 대화를 통해 아들에게 전달되는 미묘한 감정은 일종의 조건적 사랑입니다. 아들은 아버지가 자신을 하나의 인간 또는 아들로서 소중하게 여기기보다 진학에만 관심을 두고 있다고 느껴 이를 못마땅하게 생각했습니다. 즉 아들은 그 학교에 꼭 들어가야 한다고 그렇게 열심히 자기를 설득하는 아버지를 보면서 '아, 아버지는 나라는 존재보다 그 학교에 진학하는 것을 더 중요하게 생각하고 있구나! 아버지의 관심은 사랑하는 아들인 나에게 있는 것이 아니라 내가 그 대학에 진학할 수 있느냐 하는 것이구나!'라고 판단한 것입니다. 그래서 자기도 생각하고 느끼고 선택할 수 있는 인격이 있다는 것을 아버지에게 전달하고 싶었습니다. 그가 아버지가 원하는 대학에 가지 않겠다고 반항한 것은 그 학교에 진학하기 싫다기보다는 학교에 진학하든 진학하지 않든 간에 그것은 자신이 선택해야 한다는 마음의 표현이었습니다.

아버지는 이런 아들의 마음을 알아차렸습니다. 그래서 아버지는 자신이 희생하기로 결정했습니다. 그는 아들이 부모의 소원과 다르게 선택할 수 있다는 사실을 인정해주었습니다. 그리고 아버지는 먼저 아들을 무조건적으로 사랑하고 있으며, 그의 인격을 존중하고, 그가 어떤 선택을 하든지 따르겠다고 결심했습니다. 아버지는 아들의 미래를 위해 기도하면서 오래전부터 그 학교에 진학하여 공부하는 것을 생각해 왔고 그것을 위해 오랜 기간 준비해 왔지만, 자기 생각과 계획을 아들에게 고집하기보다는 아들의 선택을 존중하기로 마음먹은 것입니다. 아버지와 어머니는 조건 없는 사랑이란 아들의 인격을 존중하는 거라고 여겨 자신들의 생각을 바꾸는 어려운 선택을 한 것입니다. 이것은 아버지와 어머니에게는 참으로 힘들고 어려운 선택이었지만 이것이 아들을 있는 그대로 사랑하는 것이라고 믿었습니다. 아버지와 어머니는 자신들의 결정을 아들에게 말하고 자신들이 과거에 그렇게 행동한 것은 그렇게 하는 것이 아들을 사랑하는 것이라고 생각했기 때문이라고 고백했습니다. 또한 아들이 어떤 결정을 내리더라도 그 결정을 존중하고, 아들을 사랑하는 부모의 사랑에는 변함이 없을 것이라고 솔직하게 말했습니다.

부모님의 말씀을 듣고 아들은 처음에 별다른 반응을 보이지 않았습니다. 그러나 부모는 아들의 인격을 인정하고 존중하고 아들 스스로 결정하게 하는 것이 진정한 아들 사랑임을 깨달았기 때문에 아들이 어떤 결정을 하든지 기쁘게 받아들이기로 했습니다. 일주일이 지났을 때 아들은 부모에게 그 학교에 가지 않기로 결정했다고 말했습니다. 부모는 이미 그의 대답을 예상하고 있었기 때문에 조건 없이 그 결정을 축복하고 변함없이 아들에게 진실한 사랑을 보여주었습니다. 그 뒤로 모든 일이 일단락되고 평온한 가정의 모습을 되찾았습니다.

그런데 얼마 뒤 흥미로운 일이 발생했습니다. 아들은 더 이상 자신의 입장을 방어해야 할 필요가 없어지자 자기 마음을 찬찬히 들여다보기 시작한 것입니다. 그렇게 생각하다 보니 자신도 마음속 깊은 곳에서 아버지가 말한 대학에 진학하여 공부하기를 진정으로 원하고 있다는 사실을 알았습니다. 그는 입학허가를 신청하고 이 사실을 아버지에게 알렸습니다. 이제 조건 없는 사랑을 하기로 한 아버지는 아들의 결정을 전적으로 수용했습니다. 아버지는 행복했습니다. 그러나 그것은 아들의 진학에 따른 행복만은 아니었습니다. 그가 행복한 이유는 선택의 과정에서 아들의 행복을 위해 자기 생각을 고집하는 것이 아들에 대한 사랑이 아니라 아들의 인격을 존중하고 아들의 결정을 기쁘게 받아들이고 축복하는 것이 아들에 대한 진정한 사랑임을 배웠기 때문입니다.

> 말씀에 접목하기: 고전 13:4-7

하나님은 인간을 인격적 존재로 지으셨습니다. 그러므로 인간은 인격적인 존재로 존재로 인정받을 때 진정으로 행복합니다. 이것은 자기의 생각과 감정과 의지를 가지고 결정하고 선택하고 행동하고 싶은 본성이 인간에게 있다는 것입니다. 그러므로 우리는 먼저 자신이 아닌 타인이 다른 생각과 감정과 의지를 가질 수 있다는 것을 인정해야 합니다. 나의 생각과 감정과 의지를 존중하듯이 타인의 생각과 감정과 의지를 존중해야 합니다. 우리는 그 바탕 위에서 서로의 다름과 같음을 이해하고 존중하면서, 생각과 감정과 의지를 한데 모아서 새로운 미래를 창조해 나가야 합니다. 이것은 자기를 포기하는 과정으로, 오래 참아야 하고 믿어주며 바라며 견디어야 하는 시간의 연속입니다. 결코 쉽지 않은 과정인 것입니다. 그래서 성경은 오래 참음과 믿어주며 바라며 견디는 것을 사랑이라고 말씀하고, 이 사랑은 성령의 열매라고 말씀합니다. 아름다운 하나 됨의 기적은 사랑의 기적이요 성령님의 열매입니다.

태도가 바뀌면 새 세상의 문이 열립니다

예화 68

지성, 적성, 창의력을 통칭하여 기본 능력이라고 합니다. 이런 기본 능력은 주로 유전에 의해 결정되기 때문에 계발 범위가 상대적으로 좁습니다. 그러나 인생을 살아가는 과정에서 생각과 태도를 바꾸면 전혀 다른 새로운 세상과 미래를 볼 수 있는데, 이것은 교육을 통하여 성취될 수 있습니다.

어느 강사는 세미나에 참석한 사람들에게 "당신이 그 사람을 존경하게 된 이유 가운데서 가장 중요한 이유는 무엇입니까?"라고 질문한 뒤 어떤 대답이 나오는지 기다렸습니다. 그 대답 가운데 그 사람의 태도 때문이라고 한 대답 옆에는 A(attitude)라는 글자를 적게 했습니다. 그 사람의 기술이나 능력, 재능 때문에 존경한다는 대답 옆에는 S(skill)라는 글자를 적게 하고, 그 사람의 외모 때문에 존경하게 되었다는 대답 옆에는 L(look)을 적게 했습니다. 수많은 사람을 조사한 결과, 그 대답의 95퍼센트는 그 사람의 태도 때문에 그 사람을 존경하게 되었다는 'A' 였습니다.

말씀에 접목하기: 빌 2:1-8

척 스윈돌은 다음과 같이 말했습니다. "나이가 들면 들수록 삶에 대한 태도가 우리의 인생에 얼마나 많은 영향을 끼치는지 더욱 뼈저리게 깨닫는다. 나에게 태도는 사실보다 더욱 중요하다. 태도는 과거보다, 교육보다, 돈보다, 환경보다, 과거의 실수보다, 과거의 성공보다, 사람이 생각하고 말하고 행동하는 것보다 중요하다. 태도는 외모나 재능, 기술보다 중요하다. 태도는 회사나 교회, 가정을 훌륭하게 만들 수도 있고 그것들을 파괴할 수도 있다. 절대 우리는 과거를 변화시킬 수 없다. 우리는 다른 사람이 행동하는 방식도 바꿀 수 없다. 또한 우리는 필연적으로 발생하는 일들을 일어나지 못하게 막을 수도 없다. 우리가 할 수 있는 단 한 가지 일은 우리가 갖고 있는 유일한 현을 연주하는 것이다. 그것은 바로 우리의 태도이다." 우리 앞에는 우리 힘으로 어찌할 수 없는 수많은 일이 있습니다. 우리에게 일어나는 수많은 일을 하나도 바꿀 수 없다고 할지라도, 그 일을 대하는 우리의 태도는 우리가 선택할 수 있습니다. 태도가 바뀌면 새로운 세상의 문이 열립니다. 바로 지금 우리는 자신의 태도를 바꿈으로써 세상을 바꿀 수 있습니다.

미움이 있는 곳에 사랑을…

예화 69

아시시의 성 프랜시스는 수많은 사람의 존경을 한 몸에 받은 믿음의 사람입니다. 그는 이탈리아의 성 프랜시스 수도원을 창설했고 로마 가톨릭 교회로부터 성자 칭호를 받았습니다. 그는 일체의 소유와 가족을 떠나 예수 그리스도께 헌신한 인물입니다. 그는 겸손했고 청빈했으며 수도 생활에서 인생의 깊은 환희를 느꼈던 사람입니다. 그는 하나님의 창조 원리를 깊이 깨달아 하나님에 대한 사랑과 자연에 대한 사랑과 이웃에 대한 사랑이 그의 생활과 인격에 한결같이 드러났습니다. 성 프랜시스의 기도만큼 넓고 깊고 간절한 기도를 찾아보기 어려울 정도입니다. 그는 하나님의 평화를 땅 위에 실현하고자 하는 간절한 기도를 드렸습니다.

> 미움이 있는 곳에는 사랑의 씨를 뿌리고
> 서로 해치는 곳에는 용서를 심고
> 불화의 가시가 돋친 곳에는 화목을 가져오고
> 과오가 있는 곳에는 진실의 빛을 비추고
> 절망하는 자에게는 희망을 주고
> 암흑의 땅에는 광명을 비추고
> 슬픔이 있는 곳에는 기쁨을 가져올 수 있게 해주소서.

말씀에 접목하기: 고후 5:17-19

성 프랜시스의 기도는 예수님의 삶을 의미합니다. 예수님은 바로 이 일을 위해 세상에 오시고 사시고 죽으시고 부활하셨습니다. 오늘도 예수님의 영이 임하신 곳에는 이 기도가 그대로 성취될 것입니다. 하나님은 그리스도의 영을 받은 믿음의 사람을 통해 이 기도를 이 땅에 실현시켜 나가실 것입니다. 우리는 단순히 이 기도처럼 '예수님의 삶을 살게 해주소서'라고 기도하는 것만으로 끝나서는 안 됩니다. 우리는 그리스도의 영이 우리 가운데 충만히 임하기를 기도하고, 성령님으로 충만함을 받아야 합니다. 우리는 성령님으로 충만하여 이 기도를 이 땅에 실천하는 사람이 되어야 합니다. 오늘도 성령님이 우리 가운데 충만히 임하여 예수님의 기도를 드리게 하시고, 그 기도대로 예수님의 삶을 우리 삶 속에 옮겨놓을 수 있도록 기도해야 합니다.

가시고기 이야기

예화 70

조그만 민물고기 가운데 가시고기가 있습니다. 암컷 가시고기는 알을 낳은 뒤 어디론가 사라져버리고 수컷 혼자서 암컷 가시고기가 낳은 알들을 돌봅니다. 거기에는 알들을 통째로 먹으려고 달려드는 다른 물고기가 많습니다. 수컷 가시고기는 자기의 알들을 먹으려고 달려드는 대적을 물리치기 위해 사생결단으로 싸웁니다. 자기의 알들을 지키려고 수컷 가시고기는 제대로 먹지도 못하고 자지도 못합니다. 그 알들이 부화해서 작은 가시고기가 될 때까지 열심히 자기의 알들을 뒷바라지할 뿐입니다. 그런데 가시고기들이 부화하여 어느 정도 크면 아빠 가시고기를 남겨두고 뿔뿔이 흩어집니다. 새끼들이 떠나가고 난 뒤에 늙은 아빠 가시고기는 지치고 힘이 빠져 돌 틈에 머리를 처박고 일생을 마칩니다.

이런 가시고기의 삶을 소재로 쓴 《가시고기》라는 슬픈 소설이 있습니다. 주인공은 소년 시절에 탄광 사고로 한쪽 다리를 잃은 아버지와 어머니와 함께 살았지만 어머니는 가출하고 아버지마저 어린 주인공을 남겨두고 종적을 감춰버립니다. 부모 없이 천애고아로 온갖 고생을 하며 대학을 마친 주인공은 작품 활동을 하게 되고, 미술을 전공한 부잣집 딸과 결혼을 했습니다. 그리고 아들을 낳았는데 그 아들이 소아 백혈병으로 투병 생활을 하게 됩니다. 가난한 남편과 투병 생활을 하는 아들을 견디지 못한 아내는 이혼한 뒤 어느 교수를 따라 프랑스로 미술 공부를 하기 위해 유학을 떠나버립니다.

주인공은 엄청난 아들의 치료비를 마련하고자 간을 떼어 팔려고 하다가 간암 말기로 판정되어 간을 팔 수 없게 되었습니다. 그러자 마지막 수단으로 한쪽 각막을 팔아 아들의 병을 치료합니다. 아들을 살려낸 주인공은 그 아들을 프랑스에 있는 엄마에게 보내고, 자기는 강원도 어느 산골에 들어가 생을 마칩니다.

말씀에 접목하기: 요 10:10-15

이 세상의 삶은 그냥 주어지는 것이 하나도 없습니다. 누군가의 희생적인 사랑이 없으면 우리는 진정한 인간으로 성장할 수 없습니다. 수컷 가시고기 같은 누군가의 희생이 없었다면 지금 우리는 어떤 사람이 되어 있을까요?

예수님은 우리를 위한 가시고기셨습니다. 그분은 하늘의 모든 영광을 버리고 이 세상에 오셔서 우리를 살리기 위해 사셨습니다. 그분은 비천한 마구간에 태어나 강보에 싸인 채 구유에 누이셨습니다. 이 세상에서 가장 가난한 탄생을 하신 것입니다. 그리고 나사렛이라는 형편없는 동네에서 나사렛 예수님이 되셨고, 빈민과 병자와 죄인의 동네인 갈릴리에서 사역을 하시다가 십자가에서 모욕과 비방과 조롱을 당하고 처참한 죽음을 당하셨습니다. 그러나 그분의 마음은 오직 우리가 행복하게 되고 하나님이 계획하신 풍성한 은혜의 삶을 살기를 원하셨습니다. 그분은 그것을 위해 자기의 살과 피까지 아낌없이 우리를 위해 내어주셨습니다. 그분은 우리를 살리기 위해 모든 일을 하시고 자신은 저주의 죽음으로 가신 가시고기셨습니다.

2
친밀한 관계

하나님의 사랑은 생명이 되어 흐릅니다

예화 1 구 소련의 스탈린 시대에 젊은 유대인 의사 보리스 콘펠트(Boris Kornfeld)는 소련 정부에 의해 체포당해 시베리아 강제수용소로 끌려갔습니다. 콘펠트는 수용소에서 신실한 그리스도인을 만나 그 사람의 전도를 받았습니다. 처음에 냉담하게 거절했지만 열정적인 전도 끝에 그는 드디어 예수님을 영접하고 그리스도인이 되었습니다.

콘펠트는 예수님을 영접한 뒤 영혼의 자유와 평안을 얻고 두 가지 결심을 했습니다. 첫 번째는 이 놀라운 하나님의 사랑을 가르쳐준 그 그리스도인처럼 이웃에게 하나님의 복음을 열심히 전도하며 살겠다는 것입니다. 두 번째는 의사인 자신의 능력을 살려 어려운 사람을 도와줌으로써 이웃 사랑을 실천하겠다는 것입니다.

시베리아 수용소에서도 콘펠트는 의사 일을 계속했는데, 이제 신실한 그리스도인 의사로서 일할 수 있게 된 것입니다. 당시 한 젊은 사람이 암으로 고생하고 있었는데, 수용소 측에서는 그를 전혀 돌봐주지 않았습니다. 이를 안타깝게 여긴 콘펠트는 그를 돕기로 결심하고 수술을 해주었습니다. 그러나 수감된 환자를 수술하는 것은 수용소의 법을 어긴 것으로, 콘펠트는 처형을 당하게 되었습니다.

처형당하기 전날 밤 콘펠트는 자기가 수술해준 젊은이 곁에 앉아서 밤새도록 하나님의 사랑과 주 예수 그리스도의 구원에 대해 이야기해주었습니다. 콘펠트는 자기의 생명을 다해 그 젊은이에게 하나님의 사랑을 전달한 것입니다. 다음 날 콘펠트는 처형을 당했습니다. 콘펠트에게 수술을 받은 젊은이가 바로 노벨문학상을 받은 알렉산드르 솔제니친입니다. 하나님의 사랑은 이름을 알 수 없는 그리스도인으로부터 콘펠트에게 전달되었고, 그를 통해 다시 솔제니친에게 전달되었습니다. 이처럼 하나님의 사랑은 생명이 되어 흐릅니다.

말씀에 접목하기: 요 12:24-26

이 세상에는 두 가지 영광이 있습니다. 마귀의 영광과 하나님의 영광입니다. 우리 가운데 이 두 가지 영광을 혼동해 마귀의 영광을 사모하고 그것을 위해 힘쓰는 사람이 있습니다. 마귀의 영광은 더 많은 것을 소유한 자가 얻는 영광입니다. 마귀의 영광은 다른 사람을 지배하고 권력을 행사하는 영광입니다. 마귀의 영광은 신과 같은 권위를 가지고 능력을 행사하려고 합니다. 마귀의 영광을 사모하는 사람은 다른 사람보다 높아지기를 원하며 세상과 사람을 내려다보며 자기의 높음을 자랑하려고 합니다.

하나님의 영광은 생명을 살리는 영광입니다. 하나님의 영광은 저주 받은 사람을 축복해주고 생명의 기적을 일으킵니다. 하나님의 영광은 슬픔과 고민과 상처의 사람에게 감격과 환희를 가져다줍니다. 예수님은 하나님의 영광을 이 땅에 전달하기 위해 세상에 오셨고, 예수님이 계신 곳에는 이런 하나님의 영광이 임합니다. 그런데 하나님의 영광에는 또 다른 면이 있습니다. 예수님은 죄인의 죄를 용서하여 죄인을 성결하게 씻어주고 자신은 그 죄를 짊어지고 십자가에서 고난을 당하셨습니다. 예수님은 병든 자들을 고쳐 건강과 감격을 선물하고 자신은 그 병을 짊어지고 십자가에서 죽으셨습니다. 하나님의 영광은 사람에게 생명의 기적을 선물하고 그 자신은 고난의 짐을 지고 십자가의 길을 가는 것입니다. 하나님의 영광은 밀알의 영광입니다. "한 알의 밀이 땅에 떨어져 죽지 아니하면 한 알 그대로 있고 죽으면 많은 열매를 맺느니라"(요 12:24). 한 알의 밀알이 많은 열매를 맺기 위해서는 땅에 떨어져 죽어야 하는데, 이것이 밀알의 영광입니다. 예수님은 많은 사람을 구원하기 위해 한 알의 밀알처럼 십자가에서 죽으셨습니다. 보리스 콘펠트는 솔제니친의 생명을 살려주고 자신은 처형을 당해 죽었습니다.

하나님은 사랑이시라

예화 2

어느 시골 전도사가 좀 무식하지만 순박한 교인들을 모아놓고 하나님에 대해 열심히 설명했더니 어떤 교인이 "하나님을 한번 보여주면 틀림없이 믿겠습니다. 다음 주일에 하나님을 보여줄 수 있겠습니까?"라고 물었습니다. 그러자 전도사는 어떻게 해서든지 한번 보여주겠다고 약속했습니다. 그렇게 말해놓고 전도사는 일주일 내내 하나님을 어떻게 보여주어야 할지 고민에 빠졌습니다. 하나님의 사진이 있는 것도 아니고 필름이 있는 것도 아니다 보니 오로지 기도할 수밖에 없었습니다.

"하나님, 당신이 어떻게 생겼는지 영감으로라도 가르쳐주셔야 우리 교인들에게 보여주지 않겠습니까?" 그런데 바로 그때 "하나님은 사랑이시라"는 말씀이 생각났답니다. 그래서 전도사는 글씨는 잘 못 쓰지만 붓으로 흰 종이 위에다 사랑 애 자를 썼습니다. 이 종이를 돌돌 말아 가지고 이튿날 설교 시간에 "여러분, 지난 주일에 사진이든 무엇이든 간에 하나님을 꼭 한 번 보여 달라고 했는데, 내가 오늘 하나님을 보여드리겠습니다." 그리고 나서 돌돌 말은 종이를 펴서 교인들에게 보여주었습니다. 교인들은 모두 하나님이 어떻게 생겼나 하고 한껏 들뜬 마음으로 쳐다보았습니다. 그때 전도사가 보여준 하나님은 그 전날 흰 종이에 먹으로 쓴 사랑 애 자였습니다. 그런데 이 글자를 보고 모든 교인은 "아, 하나님은 사랑이시다"라고 깨닫게 되었습니다.

일본의 가가와 도요히코 목사는 예수님을 영접하고 예수님의 마음을 품고 산 사랑의 사람이었습니다. 그는 도쿄 뒷골목에서 목회를 했습니다. 거기에 출석하는 교인은 범죄자가 대부분이었는데, 그들은 목사가 설교하면 그대로 실천해 보라고 하면서 여러 가지 주문을 해왔습니다. 어느 날 한 깡패가 그 교회에 출석했다가 목사가 산상보훈을 가르치는 것을 들었습니다. "구하는 자에게 주며 꾸고자 하는 자에게 거절하지 마라!" 다음 날 그는 목사를 찾아와서 돈을 달라고 했습니다. 목사는 가진 것을 몽땅 주었습니다. 그런데 그다음 날에 또 찾아와서 돈을 달라고 했습니다. 목사가 없다고 하자 그는 목사가 입고 있는 옷이라도 달라고 했습니다. 목사가 단벌이었지만 그 깡패에게 자기의 양복을 벗어주었습니다. 양복을 가져간 다음 날 또다시 찾아온 그 깡패는 와이셔츠까지 빼앗아 갔습니다.

목사는 입을 옷이 없어 구호물자를 뒤졌습니다. 그런데 남자들이 입을 수 있는 것이 없었습니다. 그는 할 수 없이 여자 옷이라도 잠깐 걸치고 있다가 외출할 때는 다른 옷을 찾아 입기로 했습니다. 그런데 무슨 일을 하다가 급히 외출해야 할 일이 생겼습니다. 그는 자기가 여자 옷을 입은 줄도 모르고 급히 뛰어 나갔습니다. 그는 사람이 이상하게 보는 것도 눈치 채지 못하다가 돌아오는 길에 상점에 잠깐 들렀는데 주인이 깜짝 놀라면서 어떻게 여자 옷을 입고 다니느냐고 해서 자신이 여자 옷을 입고 돌아다닌 사실을 알았다고 합니다. 그는 이처럼 사랑을 실천하면서 살았습니다.

가가와 도요히코 목사에게 한 청년이 찾아왔습니다. 그는 목사에게 하나님을 보여주면 자기도 예수님을 영접하겠다고 했습니다. 한참을 생각하던 목사는 그 청년에게 가장 소중한 재산이 무엇이냐고 물었습니다. 그 청년이 대답하자 목사는 다시 그에게 그것을 팔아서 그 돈으로 여기 도쿄 뒷골목에서도 가장 가난한 사람이 살고 있는 집에 가서 일주일 동안 섬기고 오면 하나님을 보여주겠다고 약속했습니다. 그 청년은 하나님을 만나고 싶은 열망에 자기에게 가장 소중한 것을 팔고 목사의 말대로 가난한 사람과 살면서 그들을 섬겼습니다. 그리고 일주일 뒤 목사에게 돌아왔습니다. 목사는 그 청년에게 "하나님을 보여주랴?"라고 물었습니다. 그런데 그 청년은 그럴 필요가 없다고 하더니 이렇게 말했습니다. "제가 가난한 사람과 함께 살면서 사랑으로 섬기는 동안 하나님이 거기 찾아와서 나를 만나주셨습니다. 이제 나는 예수님을 믿기로 작정했습니다."

하나님은 말씀을 주시는 분일 뿐 아니라 그 말씀을 실천할 능력도 주시고 그 말씀을 실천하는 동안 말씀의 기적을 일으키시는 분입니다. 사랑은 성령님의 열매입니다. 성령님만이 예수 그리스도의 사랑으로 사랑할 수 있게 하십니다. 그러나 그 사랑은 하나님의 말씀을 받고 그 말씀을 실천하는 동안 임하여 열매를 맺습니다. 하나님은 시작이요 마침이실 뿐 아니라 우리와 동행하면서 사랑의 기적을 일으키시는 분이요 그 사랑 가운데서 자신을 계시하시는 분입니다.

말씀에 접목하기: 요일 4:7-12

성경은 이렇게 말씀합니다. "새 계명을 너희에게 주노니 서로 사랑하라 내가 너희를 사랑한 것같이 너희도 서로 사랑하라 너희가 서로 사랑하면 이로써 모든 사람이 너희가 내 제자인 줄 알리라"(요 13:34, 35). 사도 요한은 예수님이 우리를 사랑한 그 사랑으로 우리가 서로 사랑하면 다른 사람들이 우리가 예수님의 제자인 줄 알게 될 것이라고 말하고 있습니다. 사도 요한은 또다시 "어느 때나 하나님을 본 사람이 없으되 만일 우리가 서로 사랑하면 하나님이 우리 안에 거하시고"(요일 4:12)라고 말했습니다. 사랑은 하나님께 속한 것이기 때문에 우리는 하나님의 사랑으로 그저 사랑할 수 없습니다. 오직 그리스도의 영이신 성령님이 우리 안에 임하실 때 우리는 사랑의 열매를 맺을 수 있습니다. 믿음의 공동체인 교회 안에서 성도들과 서로 사랑을 나누며 하나님께 성령님으로 충만하기를 간구해야 합니다. 성령님이 충만히 임하면 서로 사랑할 수 있고, 서로 사랑하는 가운데 성령님은 우리 영의 눈을 열어 하나님을 볼 수 있게 하실 것입니다.

예수님을 진심으로 환영합시다

예화 3

성 베네딕트 수도원의 규칙에는 "모든 손님을 그리스도와 똑같이 대하라"는 가르침이 있습니다. 그리고 예수님은 "여기 내 형제 중에 지극히 작은 자 하나에게 한 것이 곧 내게 한 것이니라"(마 25:40)고 말씀하셨습니다. 그런데 나는 초라한 손님이나 약속도 하지 않고 느닷없이 다가오는 사람을 그다지 환영하지 않았습니다. 그들이 마치 나의 시간을 빼앗아 가는 것처럼 느끼고 귀찮아하고 내가 해야 할 일이 지체된다는 생각에 부담감을 가졌습니다.

그런데 어느 날 기도하는 가운데 이런 음성을 들었습니다. "너는 내가 찾아가도 귀찮아하고 부담스러워하겠구나! 나는 여기 서 있는 작은 자들과 약한 자들과 비천한 자들 가운데 하나로 너를 찾아갔는데 지금까지 너는 나를 환영하지도 않았고 즐거워하지도 않았고 부담스러워하고 귀찮아하기만 하는구나!" 그 순간 나는 철퇴로 머리를 맞은 것처럼 멍했습니다. '나는 열심히 작은 자를 섬길 것을 강조해 왔지만 실제로 나는 작은 자들을 멸시하고 소외시키고 있었구나! 나는 예수님을 영접하기는커녕 예수님을 귀찮아하는 자에 불과했구나!'

"하나님, 나를 용서하시옵소서! 예수님을 귀찮아하는 예수님의 종이 되고 말았습니다. 누구든지 반가워하며 예수님을 영접하듯 영접하고 섬기고 사랑하게 하시옵소서!"

> 말씀에 접목하기: 마 25:40; 갈 5:22-26

　예수님은 하나님의 영이신 성령님으로 충만했습니다. 하나님의 영은 세상을 이처럼 사랑하시는 영입니다. 성령님으로 충만한 예수님은 하나님을 바라볼 때마다 하나님이 세상을 이처럼 사랑하시는 것을 깨닫게 하고 세상을 이처럼 사랑하시는 하나님의 사랑을 가지고 세상을 사랑하고 사람을 사랑하셨습니다. 예수님은 언제든지 자기 안에 계신 하나님의 영의 가르침을 받으면서, 능력을 받으면서 하나님이 사람을 사랑하듯 사람을 사랑하셨습니다.

　우리 그리스도인은 예수님을 영접한 사람입니다. 예수님은 영으로 우리에게 오셨습니다. 우리 안에 오신 예수님의 영은 예수님처럼 하나님을 사랑하고 하나님을 바라보게 하십니다. 그러나 동시에 예수님의 영은 하나님의 사랑을 가지고 사람을 사랑하게 만드십니다. 우리는 우리 안에 살아 계신 예수님의 영의 인도를 받으면서 하나님을 사랑하고 동시에 사람을 사랑해야 합니다. 그리스도인은 하나님의 사랑의 마음을 다하고 힘을 다하고 뜻을 다하여 하나님을 사랑하듯이 자기 몸과 같이 다른 사람을 사랑하는 자입니다.

고아의 아버지가 된 사연

예화 4

　피엘스 목사는 신학교를 졸업하고 목사 안수를 받은 뒤 소도시 교회의 부목사로 섬기게 되었습니다. 어느 수요일 밤 예배 시간에 중국에서 선교하는 목사가 설교를 하게 되었습니다. 그 목사는 중국에서 선교하다가 안식년이 되어 잠시 귀국했습니다. 그는 중국 선교의 어려움과 문제를 하나하나 사실대로 이야기했습니다. 피엘스 목사는 자기도 어렵게 살고 있지만 그 선교사가 더 어렵게 살고 있다는 생각이 들었습니다. 그래서 그날 받은 한 달 치의 생활비를 그대로 헌금함에 넣었습니다. 예배가 끝나자 앞으로 한 달을 살 일이 걱정되었습니다.

피엘스 목사가 예배 후 뒤처리를 하고 맨 나중에 예배당에서 나오는데 해군 소위가 약혼녀를 데리고 와서 결혼식 주례를 부탁했습니다. 피엘스 목사는 담임목사님께 허락을 받고 주례를 서주었습니다. 결혼식이 끝나고 해군 소위가 봉투를 하나 주고 갔는데 열어 보니 3개월 치의 월급과 맞먹는 액수가 들어 있었습니다. 그는 한 달 치를 드렸는데 하나님은 석 달 치를 주셨던 것입니다. 피엘스 목사는 하나님은 우리를 결코 버리지 않고 떠나지도 않고 필요를 채우시는 분임을 체험으로 알게 되었습니다. 그래서 그는 아무것도 가진 것이 없지만 고아들을 위해 일하기로 결심했고, 후일 고아의 아버지로 큰 존경을 받게 되었습니다.

말씀에 접목하기: 마 6:33; 빌 4:19

예수님은 "너희는 먼저 그의 나라와 그의 의를 구하라 그리하면 이 모든 것을 너희에게 더하시리라"(마 6:33)고 말씀하셨습니다. 무엇을 먹을까 무엇을 입을까 어떻게 살까 하는 걱정과 염려는 이방인들이나 하는 것입니다. 하나님을 믿는 사람은 먼저 주님의 나라와 의를 구하는 사람입니다. 이 모든 것은 하나님이 다 채워주실 것이라고 믿는 사람입니다. 그래서 사도 바울은 "나의 하나님이 그리스도 예수 안에서 영광 가운데 그 풍성한 대로 너희 모든 쓸 것을 채우시리라"(빌 4:19)고 말했습니다. 먼저 그의 나라와 의를 구하는 사람에게 우리 하나님은 예수 그리스도 안에서 영광 가운데 그 풍성한 대로 믿는 사람을 넉넉하게 채워주실 것입니다.

케이트 스미스

예화 5

1924년 한 시골 소녀가 방송국 노래자랑에 나가 1등을 해서 5달러의 상금을 받았습니다. 2년 뒤에 그녀는 뉴욕 브로드웨이 뮤지컬 오디션에서 발탁되어 매주 3,000달러를 받았습니다. 10년 뒤에는 주당 1만 3,000달러를 받는 가수가 되었습니다. 이 소녀의 이름은 케이트 스미스입니다. 그 후 스미스는 〈God Bless America(하나님이여, 미국을 축복하소서)〉를 불러 수백만 장의 음반 판매고를 올렸습니다.

스미스는 음악학교를 다닌 적도, 성악 레슨을 받은 적도 없었습니다. 그녀는 독실한 기독교 가정에서 자라며 예수님을 배웠을 뿐입니다. 그녀는 자기의 목소리가 좋은 것을 하나님의 선물이요 복이라고 믿었습니다. 하나님이 자기에게 이렇게 귀한 복을 주신 것은 사람에게 좋은 노래를 많이 들려주라는 것으로 이해했습니다. 자기가 하나님께 귀한 은사를 받았다는 믿음, 자기가 하나님의 강복 속에 살고 있다는 신앙은 하나님이 그 소녀에게 넣어주신 하늘의 선물이었습니다. 이 시골 소녀는 '하나님이 이 귀한 선물을 나에게 주신 목적은 사람에게 하나님의 복을 전달하며 살라고 하는 것이다' 라는 단순한 신앙을 가지고 살았습니다. 이 시골 소녀의 단순한 하나님 신앙은 그녀를 모든 사람에게 사랑받는 하나님의 천사가 되게 했습니다. 하나님은 재능을 주시는 분일 뿐 아니라 신앙의 선물을 주어서 그 재능으로 사람에게 하나님의 복을 전달하고 하나님을 찬양하게 하시는 분입니다.

말씀에 접목하기: 롬 12:1, 2

한 사람의 헌신된 삶은 자기뿐 아니라 수많은 사람을 행복하게 만듭니다. 케이트 스미스는 자기의 재능을 하나님의 은사로 받고 그 은사로 사람을 행복하게 하는 것이 하나님이 자기에게 주신 사명이라고 믿었습니다. 이런 스미스의 헌신에는 다음 세 가지가 있었습니다. 첫째 하나님이 그에게 놀라운 성악의 재능을 주셨고, 둘째 그의 가정과 교회에서 받은 신앙 때문에 하나님을 알게 되었고, 셋째 귀한 이웃을 만나 그 재능을 수많은 사람을 위해 사용할 수 있게 되었습니다. 한 사람의 헌신된 삶은 하나님이 선물로 주신 귀한 재능과 믿음의 가정과 교회와 사랑의 이웃을 통해 역사하시는 성령님의 은사입니다.

사랑이 없으면 예수님을 그릴 수 없다

예화 6

레오나르도 다빈치가 〈최후의 만찬〉을 그리고 있을 때 한 친구와 크게 싸운 일이 있습니다. 마침 예수님의 얼굴을 그리고 있을 때였는데, 예수님의 얼굴이 영 그려지지 않는 것이었습니다. 그는 며칠 동안 그리기를 중단하고 명상하던 중에 그 원인을 발견했습니다. "사람이 재주 있는 손을 가졌다고 동물과 구별되는 건 아니다. 사람이 고도로 발달된 두뇌를 가졌다고 해서 가치 있는 건 아니다. 마음속에 하나님이 이처럼 사랑하시는 사람을 존중하고 사랑하지 않을 때 나는 사람다운 사람도, 예술가도 될 수 없다." 즉시 그는 싸운 친구와 만나 화해하고 다시 그림을 그리기 시작해 예수님의 얼굴을 완성했습니다.

말씀에 접목하기: 요일 4:7, 8

하나님은 사람을 이처럼 사랑하시는 분입니다. 하나님이 자신의 독생자를 세상에 보내신 것은 의롭고 선한 사람만을 위한 것이 아닙니다. 하나님은 그 해를 악인과 선인에게 비치게 하시며, 비를 의로운 자와 불의한 자에게 내리시는 분입니다. 그래서 예수님은 "너희 원수를 사랑하며 너희를 박해하는 자를 위하여 기도하라"(마 5:44)고 말씀하셨습니다. 사랑의 예수님을 그리는 사람 마음 가운데 미움과 분노가 있다면 어떻게 사랑의 하나님을 그릴 수 있겠습니까? 지금 당신도 마음에 미움이나 분노, 우울, 거짓을 담고 있습니까? 그렇다면 당신은 사랑과 용서와 평화의 주님을 전달할 수 없습니다. 먼저 주님의 사랑으로 당신을 채워야 합니다. 그래야 사랑과 축복의 하나님을 제대로 전달할 수 있습니다.

생명 사랑의 열정은 기적을 일으킨다

예화 7

유명한 의사 맥칼리스터는 사랑하는 애인이 죽자 그 충격으로 그만 반신불수가 되었습니다. 처음에 그는 사랑하는 여인이 죽었기 때문에 죽고 싶었지만 이제는 반신불수가 되어 휠체어를 타고 다녀야 하는 고통 때문에 죽고 싶었습니다. 그는 사람만 보이지 않으면 죽으려고 했습니다. 그래서 전속 간호사가 그를 지키는 일을 맡았습니다.

어느 날 그는 간호사에게 바다가 보고 싶다면서 바닷가에 가자고 했습니다. 거기서 죽으려고 단단히 마음을 먹었던 것입니다. 그는 간호사에게 "수영하러 가기 전에 나를 저 언덕 위에 데려다주시오. 그러면 바다를 보면서 그냥 쉬고 있겠소." 사실 그는 간호사가 수영하러 간 동안 그 언덕에서 굴러 떨어져 자살하려고 했습니다. 이 사실을 알지 못한 간호사는 그의 말을 그대로 믿고 수영복으로 갈아입은 뒤 해수욕을 하러 나갔습니다. 맥칼리스터가 휠체어를 굴려 떨어져 죽으려고 바다를 바라보는데 자기를 도와주는 간호사가 바다에 뛰어들었다가 쥐가 나서 허우적거리면서 소리 지르는 것이었습니다. 지금 그 간호사는 위험한 상태였습니다. 그는 간절히 그 간호사를 살리고 싶었습니다. 살리고 싶다는 생각이 얼마나 강했는지 그는 자신이 반신불수라는 사실을 깜빡 잊었습니다. 그는 그 간호사를 살리기 위해 한 치의 망설임도 없이 물에 풍덩 뛰어들었습니다. 그 일로 그는 더 이상 휠체어 신세를 지지 않아도 되었습니다. 맥칼리스터는 삶의 의미를 잃고 죽으려고 할 때는 반신불수가 되어 저주의 인생을 살았지만, 다른 사람을 살리고자 하는 간절한 마음을 품었을 때는 반신불수가 떠나가고 다시 삶의 의미를 찾게 되었습니다.

말씀에 접목하기: 마 15:21-28

예수님은 끈질기게 따라오면서 흉악한 귀신에 붙들려 괴로워하는 자기 딸을 고쳐 달라고 부르짖는 가나안 여인에게 "나는 이스라엘 집의 잃어버린 양 외에는 다른 데로 보내심을 받지 아니하였노라"(마 15:24)고 거절하셨습니다. 그러나 가나안 여인의 마음에는 괴로워하는 자기 딸을 살리고자 하는 간절한 열망으로 가득했기 때문에 계속 예수님을 따라왔습니다. 예수님이 "자녀의 떡을 취하여 개들에게 던짐이 마땅하지 아니하니라"고 모욕을 주었는데도 "주여 옳소이다마는 개들도 제 주인의 상에서 떨어지는 부스러기를 먹나이다"라고 대답하며 포기하지 않았습니다(마 15:26, 27). 가나안 여인의 마음은 오직 흉악한 귀신에 붙들린 자기 딸을 살리고자 하는 열망만 가득했습니다. 그 열망이 예수님을 움직였습니다. 결국 예수님은 가나안 여인의 소원을 이루어주셨습니다. 이웃을 살리고자 하는 강한 열망은 엄청난 결과를 가져옵니다. 이웃을 살리고자 하는 열망이 반신불수를 이기게 하는 힘이 되고 귀신 들린 딸을 고치는 통로가 되었습니다. 이웃을 살리고자 하는 강열한 열망은 기적을 창조하는 하나님의 능력입니다.

당신은 무엇을 먼저 생각하고 있습니까?

예화 8

허드슨 테일러가 중국에 선교사로 가기 전 한 가난한 집을 방문하게 되었습니다. 그때 허드슨 테일러의 주머니에는 한 달 생활비인 반 크라운이 들어 있었는데, 이 돈은 그의 전 재산이었습니다. 그 집에 들어가 봤더니 바짝 마른 볼과 쑥 들어간 눈을 가진 다섯 명의 어린 아이가 있고, 어머니는 지금 너무 지쳐 아기를 안은 채 오늘 밤을 넘기기 힘들어 보였습니다. 그는 그 집에 들어가 권면하기 시작했습니다. "낙심하지 마십시오. 하늘에는 자비롭고 사랑 많으신 아버지가 계십니다." 그는 말씀을 전하는 가운데 마음속으로 고민했습니다. '아휴, 반 크라운이 잔돈으로 있다면 그 가운데 1실링을 기쁜 마음으로 이 가정에 줄 수 있는데, 반 크라운이 한 장으로 있으니 이걸 주면 한 달 생활비가 없고…… 그냥 간다면 그건 목사로서 위선적인 행동이니 어떻게 하면 좋단 말인가?'

그때 테일러 선교사의 마음속에 하나님의 음성이 들리는 것 같았습니다. "이 위선자야! 이들에게 사랑 많으신 하나님을 운운하면서 네 주머니에 있는 반 크라운을 그렇게 움켜쥐고 있느냐!" 그는 이 음성을 거절할 수가 없었습니다. 그래서 자신의 한 달 생활비 전부를 그 가정에 주고 나왔습니다. 그리고 시골길을 걸어 집으로 돌아오는데 그 걸음이 그렇게 가벼울 수가 없었습니다. 저녁에 돌아와서 귀리죽을 끓여 먹으면서 마음속으로 이렇게 말했습니다. '이것은 왕자의 진수성찬과도 바꿀 수 없는 하나님의 선물이다.' 그날 잠자리에 들기 전 침대 머리맡에서 하나님께 기도를 드렸습니다. "사랑하는 하나님! 하나님은 가난한 사람에게 주는 자는 하나님께 꾸어 드리는 것이라고 말씀하셨지요? 이번에 꾸어 드린 것이 오래 가지 않게 해주십시오. 그렇지 않으면 저는 내일 점심부터 굶어야 합니다."

그런데 다음 날 우체부를 통해 10실링이 왔습니다. 그것은 가난한 가정에 준 반 크라운의 4배가 되는 돈이었습니다. 그는 그것을 들고 하나님께 감사기도를 드렸습니다. "주님, 주님을 찬양합니다. 주께 꾸어 드린 지 하루도 되기 전에 400퍼센트로 갚아주시니 하나님의 크신 사랑을 찬양할 뿐입니다." 그렇습니다. 테일러 목사는 한 달 생활을 어떻게 해야 할지를 생각했지만 하나님은 가난한 가정을 사랑해서 그 가족들을 섬기고자 하셨습니다. 기도는 하나님의 임재입니다. 기도할 때 하나님이 성령님을 통해 기도하는 사람에게 임재하여 하나님의 사랑을 실천하게 하십니다. 테일러는 가난한 가정을 위해 기도하는 동안 성령님의 음성을 받았습니다. 그래서 자기의 전 재산으로 섬길 수 있었습니다. 하나님은 말씀을 순종하는 사람에게 말씀의 기적을 보게 하십니다. 하나님은 그에게 섬기게 하셨고, 그에게 400퍼센트에 달하는 응답을 하셨습니다.

말씀에 접목하기: 요일 3:16-18

성경은 우리에게 이런 말씀을 주십니다. "우리 주 예수 그리스도의 은혜를 너희가 알거니와 부요하신 이로서 너희를 위하여 가난하게 되심은 그의 가난함으로 말미암아 너희를 부요하게 하려 하심이라"(고후 8:9). 또 예수님은 가난한 자에게 복이 있다고 선포하셨습니다. 예수님은 가난한 사람을 부요하게 하는 데 관심을 집중하셨습니다. 그래서 예수님은 자기의 부요함을 포기하셨습니다. 예수님은 가난한 사람이 풍성한 생명을 얻게 하기 위해 자기 생명까지도 십자가에서 희생하셨습니다. 이런 그리스도의 영이신 성령님은 항상 우리에게 예수님처럼 가난한 자를 부요하게 하는 삶을 살도록 감동을 주십니다. 그런데 우리 안에 있는 죄의 욕심이 성령님을 소멸시키고 자기를 보존하며 자기를 세우는 일에 관심을 가지게 만들고 있습니다. 우리는 항상 마귀를 대적하지 않고 하나님을 가까이 하지 않는다면 그리스도인의 삶을 살 수 없습니다(약 4:7, 8). 우리는 언제나 믿음의 주님이시며 우리를 온전하게 하시는 예수님을 바라보며 살아야 합니다(히 12:2).

성당을 태워 어부를 구조하다

예화 9

중국 마카오에는 35년 걸려 건축한 성 바울 성당이 있습니다. 우리나라 최초의 신부 김대건은 여기서 신학 공부를 했습니다. 태풍이 세차게 부는 어느 날 밤 물고기를 잡으러 나갔던 어부들이 성당에서 얼마 떨어지지 않은 바닷가의 등대 불을 보고 항구로 들어오는데, 세찬 파도에 등대 불이 꺼져버려 목숨이 위협 받는 위급한 상황에 처하게 되었습니다. 그때 성 바울 성당의 당직 수녀가 성당에 불을 질렀고, 그 불길로 성당은 전소되고 말았습니다. 그 불을 보고 어부들은 다행히 육지로 올라왔습니다. 지금 그 성당은 한쪽 벽만 남아 있습니다. 구출된 어부들은 그 남은 한쪽 벽을 바라보면서 믿음을 일깨웠고 캠페인을 벌려 모금된 돈으로 그 곁에 아름다운 성당을 다시 지었습니다. 한 사람의 생명은 천하보다 귀합니다. 어부들의 생명을 구하기 위해 성당이 전소되는 것도 불사한 성경적 신앙이 다시 새로운 신앙의 불을 붙였습니다.

말씀에 접목하기: 요 10:15

예수님이 세상에 오신 목적은 생명 사랑, 생명 축복입니다. 예수님은 분명하게 선포하셨습니다. "내가 온 것은 양으로 생명을 얻게 하고 더 풍성히 얻게 하려는 것이라"(요 10:10). "사람이 만일 온 천하를 얻고도 제 목숨을 잃으면 무엇이 유익하리요 사람이 무엇을 주고 제 목숨과 바꾸겠느냐"(마 16:26). 예수님은 천하보다 귀한 생명을 이처럼 사랑하여 그들에게 하나님의 생명을 주기 위해 오셨습니다. 그리고 그것을 위해 자기 목숨을 버리는 것을 당연하다고 여기셨습니다. "나는 선한 목자라 선한 목자는 양들을 위하여 목숨을 버리거니와"(요 10:11). 예수님이 자기 생명을 버리시면서 사랑하는 사람의 생명은 성당보다도, 이 세상 무엇보다도 더 소중하고 귀합니다. 예수님처럼 우리도 생명을 위해 무엇이든 버리고 십자가를 질 때 진정한 생명 운동의 불길이 타오를 것입니다.

전도의 열매는 성령님이 보장하신다

예화 10

미국의 상원의원 한 사람이 벨기에 대사를 집으로 초대했습니다. 그런데 상원의원의 아버지는 그리스도인으로서 사람을 만나면 항상 전도를 했습니다. 상원의원은 저녁식사에 초대된 대사가 오기 전 아버지에게 전도하는 일을 하지 말 것을 부탁했습니다. 벨기에 대사는 상원의원 집에 들어섰을 때 격식 있는 영접을 받았습니다. 그때 이층에 있던 상원의원의 아버지가 내려왔습니다. 아들은 아버지에게 대사를 소개했습니다. 나이 많은 아버지는 아들의 경고를 잊어버리고 대사에게 이런 질문을 했습니다. "대사님은 그리스도를 영접했습니까?" 상원의원은 크게 당황했습니다. 그러나 아버지는 예수님을 믿어야 구원받는다는 이야기를 계속했습니다. 당황한 아들은 아버지를 말리려고 했지만 대사는 그 말에 귀를 기울이고 있었습니다.

몇 달이 지난 뒤 상원의원의 아버지는 세상을 떠났습니다. 장례식에 조의를 표하는 수많은 꽃다발이 들어왔습니다. 그중 가장 크고 눈에 띄는 화환에 다음과 같은 글이 쓰인 카드가 붙어 있었습니다. "나의 영혼을 하나님께 인도해준 미국의 단 한 사람을 기리며!" 그리고 그 카드에는 벨기에 대사의 사인이 있었습니다.

말씀에 접목하기: 고전 1:21

세상을 이처럼 사랑하는 하나님이 독생자를 세상에 보내신 이유는 사람에게 하나님의 생명을 주시기 위함이었습니다(요 3:16). 예수님이 세상에 오신 목적은 "양으로 생명을 얻게 하고 더 풍성히 얻게 하려는"(요 10:10) 것이었습니다. 하나님의 생명 사랑은 독생자 예수님을 믿음으로써 하나님의 생명을 얻게 하는 것입니다. 사랑한다는 것은 여러 가지 의미를 가지고 있지만 성경은 예수님을 믿음으로써 하나님의 생명을 받게 하는 것만큼 큰 사랑은 없다고 말씀합니다. 전도는 생명 사랑의 최고 수단입니다. 하나님은 전도의 미련한 것을 통하여 믿는 자들을 구원하시기 때문입니다(고전 1:21). 생명 사랑의 최고 길은 예수님을 믿음으로써 하나님의 생명을 받았는지 확인하고 아직도 하나님의 생명을 받지 못한 사람에게 예수님을 믿고 하나님의 생명을 받게 하는 전도입니다.

기독교와 위선

예화 11

500여 명의 직원이 일하는 어느 군수품 공장에서 있었던 일입니다. 이 공장에는 아주 훌륭한 휴게실과 매점이 딸려 있어서 점심식사를 마치고 난 젊은이들은 이곳에 모여 일상적인 주제로 이야기를 나누기도 하고 열띤 토론을 벌이기도 했습니다. 어느 날 한 무리의 젊은이가 기독교와 위선이라는 주제로 열띤 토론을 벌이고 있었는데, 몇몇 젊은이가 그리스도인을 위선자라고 신랄하게 공격했습니다.

그 무리에 윌리엄 제임스라는 그리스도인이 있었는데, 그는 그리스도인에 대한 이런 공격을 더 이상 참을 수가 없었습니다. 그는 일어나서 이렇게 말했습니다. "지금까지 신자들을 비난하는 온갖 심한 말을 들었습니다. 물론 교회에 다니는 사람들 가운데 위선자가 많다는 것을 인정합니다. 그러나 진실한 신자도 많이 있습니다. 나도 보잘것없는 사람이지만 예수 그리스도를 나의 개인적 구주와 주님으로 영접하여 진실하게 믿고 있습니다."

이 말을 들은 사람들 가운데 한 사람이 일어나서 제임스에게 이렇게 도전했습니다. "잠깐만! 제임스, 자네의 말이 틀렸다는 것은 아니지만 자네에게 묻고 싶은 것이 있네. 지금 성경이 하나님의 말씀이라고 했는데, 자네는 정말로 성경이 하나님의 말씀이라고 믿는가?" 제임스가 성경은 하나님이 말씀인 것을 확신한다고 하자 그 청년은 다시 물었습니다. "그렇다면 그리스도 밖에 있는 자는 모조리 잃어버린 자식이고 철저히 어둠에 속했다는 성경의 말씀을 있는 그대로 믿는다는 말이지? 그러니까 예수를 믿지 않는 우리는 그리스도 밖에 있는 자요 멸망의 자식이요 저주를 받는다고 믿고 있다는 말이지?" 제임스는 그렇다고 대답했습니다.

그러자 그 청년은 제임스에게 "한 가지 더 묻겠는데, 자네는 기도의 능력을 믿는가? 그리고 기도 응답을 받은 적이 있는가?"라고 물었습니다. 제임스는 "나는 과거에도 기도 응답을 받은 일이 여러 번 있고, 지금도 열심히 기도하고 있네"라고 대답했습니다. 그 청년은 다시 제임스에게 물었습니다. "자네는 여기서 얼마 동안 일했는가?" 제임스가 4년 되었다고 말하자 그는 다시 물었습니다. "여기에 예수를 믿지 않는 우리가 어둠 가운데 있는 저주의 자식이 될 것이라는 사실을 확신하고, 하나님께 기도하면 하나님이 응답해주신다는 확신을 가지고 있다고 하지 않았나. 그런데 자네는 여기서 4년 일하는 동안 믿지 않는 수많은 사람의 구원을 위해 얼마나 기도했는가? 얼마나 멸망의 자식들을 위해 기도했는가? 하룻밤이라도 우리의 구원을 위해 기도한 적이 있는가? 미안한 말이지만 나는 자네가 한 번도 우리를 위해 기도하는 것을 보지 못했네."

이 말에 윌리엄 제임스는 아무 말도 할 수 없었습니다. 그는 자기 자신이 위선자임을 깨달았습니다. 그는 자기가 기도하지 않는 죄를 짓고 있음을 알게 되었습니다. 그는 자기의 경건을 위해 열심히 기도하고 자기와 가까운 사람의 행복을 위해 기도한 적은 있지만 자기와 함께 일하는 수많은 믿지 않는 사람, 불신앙으로 죄악에서 죽음의 저주를 향해 가는 사람들을 위해서는 한 번도 심각하게 기도하지 않는 자기의 위선을 깨달았습니다. 그는 그 청년에게 정중히 잘못을 시인하고 이제 그들을 위해 열심히 기도하며 그들의 구원을 위해 힘쓸 것을 다짐했습니다.

> 말씀에 접목하기: 요 15:9-14

믿음은 나와 하나님과의 관계이지만 진정으로 하나님을 사랑하고 하나님과 교제하는 사람은 자기를 뛰어넘어 이웃을 향해 나아가고 생명 사랑을 위해 생명을 바칩니다. 믿음은 우리가 하나님께 무엇을 해드리는 것이 아닙니다. 믿음은 살아계신 하나님을 믿고 의지하는 것 이상입니다. 믿음의 사람은 하나님을 사랑합니다. 하나님을 진심으로 사랑하면 하나님과 뜻을 함께 나누고 관심을 함께 나누고 하나님이 하시고자 하는 그 일에 적극적으로 참여하게 됩니다. 이것이 사랑의 진정한 의미가 아닐까요?

하나님을 사랑하고, 하나님의 뜻과 관심과 계획을 함께 나누었다고 하면 어떤 사람이 될까요? 하나님은 세상을 이처럼 사랑하시고 사람의 생명을 소중히 여기시고 그들을 어둠에서 건져내어 사랑의 하나님의 나라로 옮기려고(골 1:13) 자기의 독생자를 아끼지 않고 세상에 보내고 십자가에 죽게 하신 분입니다. 하나님은 어둠에 빠진 사람, 죄를 짓는 사람, 불행한 사람을 이처럼 사랑하시고 그들을 구원하시고자 합니다. 하나님을 진정으로 사랑하는 믿음의 사람은 자기 인격의 거룩함에 머물지 않고 하나님이 구원하시고자 하는 사람을 하나님과 함께 사랑하며 그들을 구원하는 일에 모든 것을 바치지 않겠습니까? 아직도 자기의 인격적 경건에만 관심을 가진 사람은 하나님과 진정한 사랑 관계를 가지지 못한 어린 아이의 신앙에 머물러 있는 것이 아닐까요?

나병환자의 저주에 참여한 사람

예화 12

몰로카이 섬의 성자 데이미언은 문둥병 환자를 위해 일생을 헌신한 사람입니다. 데이미언은 최선을 다해 헌신적으로 노력하고 문둥병 환자들을 먹이고 입히고 그들을 돌보는 그런 일을 했습니다. 그러나 이 섬에 사는 문둥병 환자들의 속마음, 영혼을 구하는 일은 쉽지 않았습니다. 문둥병 환자들은 데이미언에게 고마워하고 순종하고 같이 예배를 드리지만 무엇인가 그와 환자들 사이에는 넘을 수 없는 장벽이 가로놓여 있는 것 같았습니다. 환자들의 마음에 '너는 그리스도의 말씀대로 좋은 일을 하는 사람이고 우리에게 고마운 사람이지만 그것뿐이다. 그 이상은 아니다'라는 생각이 있었던 것입니다. 데이미언이 아무리 환자들을 사랑하고 그 영혼까지 구원하려고 해도 그들은 깊이 받아들이지 않고 그저 고마운 그리스도의 종일 뿐이라고 생각했습니다. "우리를 위해 먹을 것을 주고 우리를 사랑해주고 우리를 위해 힘써준 데 대해 감사드립니다. 예배를 드리자고 하면 예배를 드릴 수 있습니다. 기도하자고 하면 기도해 드리지요. 찬송을 부르자고 하면 찬송을 부르겠습니다. 그러나 당신이 믿는 하나님은 믿을 수 없습니다."

그들은 예수님을 영접하지 않았습니다. 데이미언이 아무리 그들을 사랑해도 그는 건강한 사람이고 환자들은 병자이고, 건강한 사람과 환자 사이에는 뭔가 건너지 못하는 다리가 있었던 것입니다. 그래서 성 데이미언은 마지막에는 생각다 못해 기도하다가 자기도 문둥병에 걸리고자 결심한 뒤 그들과 같이 먹고 같이 자고 그들의 환부에다가 자기 피부를 갖다 대고 쓸어주고 만져주고 닦아주었습니다. 몇 해가 지나갔습니다. 드디어 데이미언에게도 문둥병이 옮았습니다. 그래서 눈썹이 빠지고 이마가 희어지고 눈이 찌그러지고 손가락이 꼬부라졌습니다. 그때 데이미언은 문둥병 환자들을 향하여 기뻐 소리쳤습니다. "여러분, 보십시오. 나도 여러분과 똑같은 환자가 되었습니다. 이제 나도 당신들과 같은 사람이 되었습니다!" 몰로카이 섬에 있는 모든 문둥병 환자가 드디어 예수님을 받아들였습니다. 구원 받은 백성이 된 것입니다.

말씀에 접목하기: 빌 2:5-8

구약의 하나님은 이스라엘을 사랑하고 돌보고 구원하셨지만, 종들을 보내어 그 일을 하셨습니다. 하나님은 종들을 통해 말씀하고 죄를 용서하고 병을 고치며 풍성한 생활의 복을 주셨습니다. 그러나 이스라엘 백성은 하나님을 배반하고 고난과 저주의 길을 갔습니다. 이스라엘의 역사는 끊임없는 배반의 역사라고 해도 좋을 것입니다. 그들은 결국 하나님이 약속하시는 가나안 복지의 꿈을 이루지 못했습니다.

신약의 하나님은 자기 아들을 성육신하여 세상에 보내시고 우리와 똑같이 고난을 당하면서 하나님의 사랑을 베풀고 우리를 구원하셨습니다. 예수님은 사람이 되신 하나님이요, 우리와 똑같이 사탄과 죄와 세상의 시험과 고난을 당하신 하나님입니다. 그런데 예수님은 우리와 똑같이 시험을 받으셨지만 죄가 없으시고, 우리를 은혜의 보좌로 인도하셨습니다. 예수님은 몰로카이 섬의 데이미언처럼 저주의 사람이 됨으로써 저주의 사람, 곧 우리를 구원하셨습니다.

생명 사랑에 올인 한 사람

예화 13

1984년 1월, 폴 송가스 상원의원은 미국 상원의원직을 사퇴할 것이며 재선에 출마하지 않겠다고 발표했습니다. 송가스는 당시 정치권에서 떠오르는 별이었습니다. 그는 선거에서 재당선이 확실시되었으며, 미국 대통령이나 부통령 후보감으로까지 거론되던 인물이었습니다.

이 발표를 하기 몇 주 전 그는 자신이 일종의 임파선암에 걸렸다는 사실을 알게 되었습니다. 완쾌될 수는 없지만 치료할 수 있는 병이었습니다. 그러나 그의 육체적 능력이나 수명에는 큰 영향을 미치지 못했습니다. 그 질병은 송가스가 상원의원을 그만두도록 하지도 못했습니다. 다만 그로 하여금 자신의 유한성에 직면하도록 했습니다. '나는 나 자신이 하고자 했던 모든 것을 하지 못할 것이다. 그렇다면 내가 가지고 있는 그 남은 시간에 진정으로 하기를 원하는 것은 무엇일까?

그는 자신의 생애 가운데 가장 간절하게 원했던 일을 하기로 결정했습니다. 비록 자신이 원하는 모든 것을 가질 수 없다고 해도 결코 포기해서는 안 될 것, 바로 그것은 가족과 함께 있으면서 자기 자녀들이 자라나는 것을 보는 일이라고 생각했습니다. 그는 국가의 법률을 바꾼다거나 역사책 속에 자신의 이름을 올리는 일보다 그 일이 자기에게 더 가치 있고 소중하다고 생각한 것입니다.

그 결정이 발표된 직후 한 친구가 우선순위를 분명히 한 그를 축하하기 위해 짤막한 글을 남겼습니다. "죽음의 침상에서 '내 사업을 위해 더 많은 시간을 보냈더라면 좋았을 텐데' 라고 말하는 사람은 아무도 없다." 사람은 죽음의 순간에 무슨 생각을 할까요? 예수님은 십자가에 달려서 처참한 고통의 죽음의 순간에도 사람의 구원을 생각하시고 있었습니다. 예수님은 "다 이루었다"고 말씀하고 운명하셨습니다. 이 말씀은 사람의 죗값을 모두 갚았다는 뜻입니다. 예수님은 마지막 순간까지 죄로 말미암아 멸망할 사람을 대속할 생각을 가득 채우시고 있었습니다.

말씀에 접목하기: 요 10:10, 11

우리는 일중독의 문화에서 살고 있습니다. 학생들은 공부하는 일에 목숨을 걸고, 목사들은 교회 성장에 목을 매고, 사업가들은 돈을 버는 일에 올인 하고, 보통사람은 무엇을 먹을까 무엇을 입을까 어떻게 살까 하는 일을 걱정하며 고민하고……. 당신은 지금 무엇에 생명을 걸고 있습니까? 예수님은 "양으로 생명을 얻게 하고 더 풍성히 얻게 하려는"(요 10:10) 생명을 거셨습니다. 일이 아니라 생명입니다. 생명 사랑, 생명 존중, 생명 구원, 생명 축복을 위해 예수님은 세상에 오시고 사역을 하시고 십자가를 지셨습니다. 예수님은 오직 우리의 생명을 소중히 여기고 축복하고 구원하는 일만을 생각하셨습니다. 생명만이 영원합니다. 당신은 지금 어떤 일을 성취하기 위해 올인 하고 있지는 않습니까? 우리 하나님은 생명을 사랑하고 섬기고 축복하고 구원하기 위해 올인 하는 사람들 가운데 축복의 생수를 흐르게 하십시오.

이웃의 아픔에 참여하고자 하는 사람

예화 14

그녀는 2년 전 암 진단을 받고 유방절제 수술을 받았습니다. 지난 2년 동안 그녀는 자신이 암에 걸렸으며 유방절제 수술을 받았다는 것을 생각하기보다 자기처럼 암에 걸린 사람에게 어떤 도움을 줄 수 있을까 하는 것을 생각하며 살아왔습니다. 그녀는 만나는 사람에게, 암에 걸려 고민하는 사람에게 자기 문제 속에 빠지지 않고 그 문제를 극복하고 이길 수 있는 믿음과 방법에 대해 이야기했습니다. 그녀는 언제든지 유익한 아이디어와 방법을 찾아 그것을 정리하고 문제 속에 빠져 고통스러워하는 사람과 이야기를 나누었습니다. 그녀가 다른 사람에게 얼마나 큰 도움을 주었는지는 잘 모르지만, 그녀는 자기의 문제에 빠지지 않을 수 있었습니다.

> **말씀에 접목하기: 마 6:31-34**

사람은 문제가 자신을 불행하게 만든다고 생각합니다. 그러나 문제는 문제일 뿐입니다. 진정으로 우리를 불행하게 만드는 것은 그 문제를 마음에 품고 사는 것입니다. 그래서 언제나 그 문제와 함께 다니면서 집에 있을 때나 사람과 만날 때나 무엇을 하든지 간에 그 문제를 생각합니다. 그들은 그 문제에 마음을 빼앗기고 그 문제가 시키는 대로 행하고 그 문제를 말하면서 살아갑니다. 그러다 보니 결국 그 문제의 지배를 받으면서 살 수밖에 없습니다. 그들은 그 문제가 명하는 대로 인생을 만들어, 드디어 문제의 사람이 되고 맙니다. 당신은 무엇을 가슴에 품고 살고 있습니까? 예수님의 마음을 품고 사는 사람은 예수님의 사랑으로 모든 것을 보며 모든 것을 사랑하며 섬기며 하나님의 구원의 대사역에 참여할 것입니다.

치명적인 암에서 치유 받은 젊은 교수의 이야기

예화 15

장로회신학대학교 목사 계속교육원에서 공부하는 목사들을 인솔하여 미국을 순회하면서 현장 탐방을 하는 가운데 캘리포니아 주 오렌지 카운티에 소재한 로버트 슐러 목사가 사역하는 수정교회 예배에 참석한 일이 있습니다. 그날 슐러 목사는 젊은 심리학 교수를 초빙하여 신앙 간증을 하도록 했습니다. 그 심리학자는 확신에 찬 표정으로 강단 위로 올라왔습니다. 그의 얼굴에는 따사로운 미소가 감돌았습니다.

다음은 그 교수의 간증입니다. 30세가 조금 넘었을 때 정기검진을 하기 위해 병원에 갔었는데 의사가 여러 가지 특별 검사를 받으라고 하면서 연신 고개를 갸웃거렸습니다. 그는 지금까지 건강에는 자신이 있었기 때문에 아무런 걱정도 하지 않았습니다. 그런데 모든 검사를 마친 후에 의사는 심각한 어조로 그의 수명이 한 달 정도밖에 남지 않았다고 통고했다는 것입니다. 이 교수가 걸린 암은 특수한 악성 종양이어서 의학적으로 손댈 수도 없고 이미 때가 늦어 남은 한 달 죽음을 준비하라고 말했습니다.

갑작스러운 최후통첩에 어리둥절해 있던 그 교수는 분노와 절망에 사로잡힐 시간도 주어지지 않았다는 것을 깨달았습니다. 그리고 한 달밖에 남지 않은 시간을 무의미하게 보낼 수 없다고 생각했습니다. 그는 지금까지 살아온 날을 되돌아보면서 수많은 사람에게 상처를 주고, 좌절과 실망을 안겨준 일을 상기했습니다. 그래서 그들을 찾아가 용서를 빌고 자신의 분별 없었음을 사과하고, 자기의 생명이 한 달밖에 남지 않았음을 알리며 용서받고 싶어 찾아왔다고 말했습니다. 그들은 아무리 그 일로 상처입고 좌절을 경험했다고 할지라도 생명이 경각에 달린 사람이 찾아와 사과하고 용서를 비는 데 감격하지 않을 수 없었습니다. 찾아간 사람에게 일일이 눈물로 사죄하고 용서를 구하고 하나님께 기도하는 일이 계속되었습니다. 그는 몸이 죽어간다는 사실도 잊어버리고 사죄와 용서가 가져온 기쁨과 감격 속에서 한 집 한 집 찾아다니고 있었습니다. 그러다가 그는 의사가 죽을 것이라고 예고했던 한 달이 훨씬 지나 3개월이 되었다는 사실을 알았습니다. 지금 그는 5년째 건강하게 살아있다고 간증했습니다.

그 교수는 자기의 심리학적 지식과 신앙 경험을 통해 사죄와 용서, 화해와 사랑, 감격스러운 만남이 치료 효과가 있다는 것을 발견했습니다. 그는 예수님이 그처럼 용서와 화해, 생수의 강이 흐르는 감격적인 삶을 중시하고 가르친 이유를 깨닫게 되었습니다. 하나님은 용서하는 곳에, 화해의 사랑이 가득한 곳에 임하여 감격스러운 마음을 가지게 하시고 그 마음으로 질병을 치료할 수 있게 만드시는 분입니다. 그 교수는 지금 사형선고를 받은 것이나 다름없는 중증 암환자들 그룹을 만들어 용서와 화해의 사랑을 경험하게 하고 있는데, 환자들의 회복에 상당한 영향을 주고 있으며 생명을 연장하는 데 크게 기여하고 있다고 간증했습니다.

말씀에 접목하기: 고전 2:12, 13

성경은 육신을 좇는 자는 하나님을 바라보지 않는다고 말씀합니다. 육신을 좇는 자는 눈으로 보는 것을 보고 귀로 듣는 것만 듣습니다. 그들은 결혼생활이 권태로워질 때 권태의 이유가 무엇인지를 찾기 위해 조건과 환경을 살피고 누구누구 때문이라고 생각하면서 원망하고 불평합니다. 그들은 직업의 위기를 당할 때 불평하고 불만을 토로하고 분노합니다. 그들은 자녀들 때문에 받는 스트레스와 좌절을 견디지 못하고 양심의 가책을 느끼며 수치심과 죄책감을 가지고 열등감에 빠집니다. 그들은 남편이 이해해주지 못한다고 원망하고 아내가 바가지를 긁는다고 분노하며 자녀들이 말을 듣지 않는다고 화를 냅니다. 그들은 교회에 다녀도 새로운 것이 없다고 불평하며 답답해하고 지겨워합니다. 그들은 날마다 행복을 좀먹는 어려운 문제가 발생하고 병에 걸리고 늙어가고 피곤하고 외롭다고 하면서 불행한 삶을 살아갑니다.

그런데 성경은 놀라운 약속을 주십니다. "우리가 세상의 영을 받지 아니하고 오직 하나님으로부터 온 영을 받았으니 이는 우리로 하여금 하나님께서 우리에게 은혜로 주신 것들을 알게 하려 하심이라"(고전 2:12). 우리는 하나님께로부터 온 영인 성령님을 받은 자요, 하나님의 은혜의 일들을 보는 자입니다. 성령님이 보게 하시는 하나님의 은혜의 일이 무엇입니까? 우리 가족이 하나님의 은혜의 선물임을 깨닫는 것이 은혜의 일입니다. 우리 자녀들이 하나님이 우리에게 특별히 주신 하나님의 선물이요, 아내 또는 남편이 하나님이 우리에게 주신 하나님의 은혜의 선물임을 아는 것이 은혜의 일입니다. 성령님은 우리의 직장이 하나님의 일터인 것을 알게 하실 뿐 아니라 직장을 위해 최선을 다하는 것을 하나님께 영광을 돌리는 것이라는 사실을 깨닫게 하시며, 직장을 이처럼 사랑하는 하나님의 사랑을 전달하게 하십니다. 성령님은 우리의 이웃이 하나님의 사랑인 것과 그들을 위한 하나님의 놀라운 계획을 알게 하십니다. 특히 성령님은 우리 자신이 하나님의 소중한 보물이요, 하나님이 우리를 이처럼 사랑하셔서 우리를 위해 독생자를 아끼지 않는 것을 깨달아 알게 하십니다.

육에 속한 사람이 하나님의 영을 받아 은혜의 일을 알게 될 때 놀라운 하늘의 기적과 신비가 우리 가운데 강물처럼 흘러넘치게 될 것입니다.

톰슨 선생님과 테디, 사랑의 기적

예화 16

톰슨은 초등학생을 가르치는 선생님이었습니다. 그녀는 학생들을 편애하지 않고 한결같이 사랑한다고 하면서도 테디만은 좋아하지 않았습니다. 테디에게 그럴 만한 이유가 있었기 때문입니다. 그의 얼굴은 무표정하게 멍해 있고 그의 눈은 초점을 잃은 채 허공을 헤매고 있었습니다. 그에게 말을 걸면 그는 그저 어깨를 으쓱해 보일 뿐 받아주지도 않았습니다. 그의 옷은 엉망으로 구겨져 있었으며 머리는 빗질을 하지 않아서 얽혀 있었습니다. 이처럼 그는 어느 누구에게도 사랑받을 수 없는 학생이었습니다. 톰슨은 테디의 생활기록부에 이렇게 적었습니다. "1학년: 테디는 가정환경이 어렵다. 2학년: 좀 더 잘할 수 있는 학생임에도 노력하지 않고 그의 어머니는 환자다. 3학년: 테디의 성적은 계속 떨어지고 있으며 어머니가 돌아가셨다. 4학년: 그의 성적이 매우 부진하다. 그의 아버지는 그에게 관심이 없다."

그러나 톰슨의 이런 부정적인 태도는 5학년 크리스마스 선물 사건으로 바뀌게 되었습니다. 테디는 가난해서 좋은 선물을 선생님께 드릴 수가 없었습니다. 테디에게서 알이 몇 개 빠진 모조 수정 팔찌와 싸구려 향수를 받으면서 톰슨 선생님은 그 아이의 정성과 간절함을 읽었습니다. 그래서 선생님은 학생들 앞에서 테디를 칭찬하고 그가 준 팔찌를 손목에 끼고 싸구려 향수까지 뿌렸습니다. 방과 후에 톰슨 선생님을 찾아온 테디는 이렇게 말했습니다. "선생님에게서 제 엄마 냄새가 나요. 선생님이 제 선물을 좋아해주셔서 너무 기뻐요"라고 말하더니 눈물을 흘렸습니다. 테디가 나간 뒤 톰슨 선생님은 무릎을 꿇고 하나님께 자기를 용서해 달라고 회개의 기도를 드렸습니다. 그리고 다음 날부터 테디도 다른 학생들과 똑같이 사랑하고 도와주었습니다. 5학년 말에 테디의 성적은 톰슨 선생님의 사랑과 관심만큼 올라갔습니다.

학교를 졸업한 뒤 오랫동안 전혀 소식을 듣지 못한 테디로부터 톰슨 선생님에게 이런 편지가 왔습니다. "사랑하는 선생님, 저는 고등학교를 2등으로 졸업했습니다. 이 소식을 가장 먼저 선생님께 알립니다." 4년 뒤에 또다시 편지가 왔습니다. "저는 대학을 1등으로 졸업합니다. 이 소식을 선생님께 가장 먼저 전합니다." 그리고 4년 뒤 톰슨 선생님은 테디의 편지를 다시 받았습니다. "오늘부로 저는 의학 박사가 되었습니다. 그리고 다음 달 27일에 결혼합니다. 선생님이 오셔서 제 어머니 자리에 앉아주셨으면 합니다. 아버지는 작년에 돌아가셨고, 선생님만이 제가 알고 있는 유일한 가족입니다. 사랑하는 테디 스텔라드."

톰슨 선생님을 기쁘게 그 결혼식에 참석했습니다. 그리고 테디의 어머니가 살아계셨으면 앉았을 그 자리에 앉아 테디의 결혼을 축하해주었습니다. 이처럼 서로 사랑하면 이것으로 모든 사람이 우리가 예수님의 제자인 줄 알게 됩니다.

말씀에 접목하기: 요일 3:14-16

성경은 이렇게 말씀합니다. "우리는 형제를 사랑함으로 사망에서 옮겨 생명으로 들어간 줄을 알거니와 사랑하지 아니하는 자는 사망에 머물러 있느니라 그 형제를 미워하는 자마다 살인하는 자니 살인하는 자마다 영생이 그 속에 거하지 아니하는 것을 너희가 아는 바라"(요일 3:14, 15). 사랑과 미움은 놀라운 힘을 가지고 있습니다. 사랑은 사람을 사망에서 생명으로 옮기고, 미움은 사람을 생명에서 죽음에 이르게 하는 능력입니다. 사랑은 성령님의 열매이지만 미움은 사탄의 시험입니다. 예수님을 믿는 자에게는 성령님이 그 안에 오셔서 생명의 기적을 일으키십니다. 사람으로서는 할 수 없으되 하나님으로서는 다 하실 수 있습니다. 톰슨 선생님은 기도하며 성령님의 은총을 받았습니다. 그녀는 성령님의 사랑으로 테디를 죽음에서 건져내어 생명으로 옮기는 기적을 일으켰습니다.

하나님의 천사가 된 소녀와 의사

예화 17

노먼 빈센트 필 박사는 외과의에게 이런 질문을 했습니다. "당신의 외과 전문의 경력 가운데서 가장 기억에 남는 수술에 대해 이야기해 주실 수 있습니까?" 그 의사는 잠깐 생각하고 나서 이렇게 대답했습니다. "당신도 알다시피 나는 오랫동안 외과의로서 수술을 담당해 왔습니다. 그 가운데 그 한 번의 수술은 내게 잊을 수 없는 것이었습니다. 그 일을 계기로 나의 인생을 완전히 새롭게 출발하게 되었습니다."

다음은 필 박사가 해준 이야기입니다. "살아날 가능성이 10퍼센트밖에 되지 않는 조그만 소녀를 수술하게 되었습니다. 수술실에 들어가 보니 자그마한 소녀가 조금만 눌러도 깨져버릴 것같이 연약하고 힘없는 모습으로 침대 위에 누워 있었습니다. 간호사가 마취 준비를 하고 있는 동안 가까이 다가가자 그 소녀는 나를 올려다보면서 '의사 선생님, 이야기할 게 있는데 이야기해도 돼요?' 라고 물었습니다. '그래, 이야기해 봐' 라고 말하자 그 소녀는 이렇게 말했습니다. '매일 밤 잠자기 전에 기도를 드렸는데, 지금 기도해도 괜찮아요?' '물론이지.' 그런데 당시 아들과의 사이에서 좀 언짢은 일이 있어서 고민하고 있던 중이었습니다. 그로 말미암아 불쾌해하며 지내는 중이라 그 소녀에게 기도하면서 나를 위해서도 기도해 달라고 부탁했습니다. 그 소녀는 이렇게 기도했습니다. '선한 목자 예수님이시여, 나의 기도를 들으소서. 오늘 밤 당신의 작은 양을 돌보아주소서. …… 그리고 의사 선생님에게도 복을 내려주세요. 그분도 지금 고민하고 있습니다.' 바로 그 순간 나는 깨어졌습니다. 나는 수술대에서 얼굴을 돌려 간호사가 내 얼굴을 보지 못하게 했습니다. 내 얼굴에 눈물이 흐르고 있었거든요. 그리고 나는 예전에 한 번도 기도해 본 적이 없는 사람처럼 기도했습니다. '오, 하나님, 당신께서 생명을 살리기 위해 내 손을 사용하고자 원하신다면 바로 이 순간 이 소녀를 살리는 데 내 손을 사용해주소서.' 그 수술은 성공적으로 끝나 그 소녀는 생명을 구했고, 나는 그 일을 계기로 예수님을 영접하여 새 삶을 살기 시작했습니다."

그 의사와 소녀는 서로가 서로에게 천사가 되었습니다. 소녀는 의사에게 하나님의 사랑을 전달했고, 의사는 소녀에게 육체의 생명을 다시 찾게 하시는 하나님의 역사를 대신했습니다. 하나님은 오늘도 그분의 천사가 계속 삶을 살아갈 수 있게 복을 주실 것입니다.

말씀에 접목하기: 창 12:2, 3

하나님이 아브라함을 부르신 목적은 축복의 조상이 되도록 하기 위해서입니다. 하나님은 그에게 세 가지 복을 주셨습니다. "내가 너로 큰 민족을 이루고 네게 복을 주어 네 이름을 창대하게 하리니 너는 복이 될지라"(창 12:2). 첫째 복은 '큰 민족을 이루는' 복, 즉 자손의 복입니다. 둘째 복은 그의 '이름을 창대하게 하게' 하는 복, 즉 아브라함 자신이 받게 될 복입니다. 셋째 복은 '복이 될지라'의 복, 즉 축복의 통로가 되는 복입니다. 사실 아브라함에게 자손의 복과 자신의 복을 받게 하신 목적은 축복의 통로가 되는 세 번째 복을 위해서입니다. 아브라함의 믿음은 하나님께 복을 받아서 그 복을 이웃과 모든 민족에게 전달하는 것이었습니다. 하나님은 단순히 아브라함과 그의 자손에게만 복을 주고자 하시지 않았습니다. 하나님의 크신 계획은 모든 민족이 아브라함을 통하여 하나님의 복을 받는 것이었습니다(창 12:3). 우리도 아브라함처럼 하나님의 복을 전달하는 믿음의 사람으로 부름을 받았습니다. 오늘 아픔과 괴로움이 있는 사람을 위해 축복하며 기도할 때 하나님은 거기에 임하여 기적을 베푸실 것입니다.

생명의 기적을 일으키는 사랑

예화 18

미국의 닉슨 대통령 시절 찰스 콜슨(Charles Colson)은 대통령 보좌관으로 있으면서 정치적 권력을 누렸던 사람입니다. 그는 머리가 비상할 뿐 아니라 지독할 정도로 냉철한 사람으로 유명했습니다. 그런 그가 워터게이트 사건에 연루되어 감옥에 갇히게 되었습니다. 그때 상원의원 세 사람이 그의 삶을 완전히 변화시켰습니다. 콜슨에게 복음을 전하고자 애썼던 헤트필더와 휴스, 퀴에 상원의원은 그가 투옥되었다는 소식을 듣고 그를 위해 날마다 기도 시간을 정하여 함께 기도했습니다. 그리고 그를 찾아가 위로하며 책을 건네주었습니다.

　찰스 콜슨의 형 집행 기간이 7개월가량 남았을 때의 일입니다. 어느 날 평소처럼 기도하는 가운데 퀴에의 마음에 그를 위해 대신 옥살이를 해야겠다는 감동이 생겼습니다. 변호사였던 퀴에는 특수 법조문 안에 다른 사람을 대신하여 형기를 치를 수 있다는 내용을 발견하고 법원에 제안해 보았지만 거절당했습니다. 그러나 퀴에의 노력은 헛되지 않았습니다. 콜슨이 마침내 감옥에서 마음을 열고 복음을 받아들인 것입니다. 믿는 자들이 값없이 베푼 사랑 앞에 교만하기 그지없던 그의 자아가 무너져 내렸고, 드디어 그는 예수님을 영접하게 되었습니다.

　예수님을 영접한 콜슨에게 성령님은 사랑을 베풀어야겠다는 마음을 심어주었습니다. 남아 있는 형기 동안 그가 사랑을 베풀 수 있는 대상은 동료 죄수밖에 없었습니다. 그때부터 그는 어떻게 하면 그들을 사랑할 수 있을까 기도하기 시작했습니다. 그리고 죄수들이 가장 싫어하는 빨래를 자청해서 하기 시작했는데, 처음에 죄수들은 그의 호의를 믿지 못하고 다른 속셈이 있을 것이라고만 생각했습니다. 그러나 얼마 지나지 않아 죄수들은 자신들의 반응에도 아랑곳하지 않고 한결같이 봉사하는 그의 모습을 보고 하나둘씩 감동을 받기 시작했습니다. 그리하여 콜슨은 그들과 기도 모임을 시작하고 사랑의 교제를 나누었습니다.

　콜슨은 그의 자서전에서 "평생 동안 집안에서 손가락 하나 까딱하지 않던 나는 그들을 사랑하면서 인생의 진정한 행복을 발견했다"라고 고백할 만큼 비참할 수밖에 없는 감옥에서 사랑을 베풀며 지냈습니다. 그리고 그때 일평생 죄수들을 위해 살겠다고 다짐하게 됩니다. 그는 형기를 마치고 나와서 《거듭난 사람'(Born Again)》라는 책을 썼는데, 이 책은 한때 미국 사회의 커다란 화젯거리가 되었습니다. 그리고 그는 감옥에서 결심한 대로 '교도소 선교회(Prison Fellowship)'라는 단체를 조직해 죄수들에게 복음을 전하는 일에 힘썼습니다. 그 후에 그는 종교계의 노벨상이라고 불리는 템플턴 상을 받게 됩니다.

　어느 외국 잡지에서 템플턴 상을 수상한 찰스 콜슨에 대해 다음과 같은 기사를 내보냈습니다. "현재 미국의 가장 건강한 사상적 영향을 끼치고 있는 저술가이자 예수 그리스도의 복음을 통해 가장 강력한 영향을 끼치고 있는 전도자, 가난하고 억눌린 사람의 가장 따뜻한 이웃인 그가 새로운 이웃이 되어 우리 곁에 돌아왔다." 어느 누구도 그가 그런 존재가 되리라고 상상하지 못했을 것입니다. 그러나 하나님은 콜슨을 사랑하고 하나님을 사랑하는 그의 친구 세 사람을 통해 그에게 오셨습니다. 하나님은 직접적으로 하늘에서 어떤 사람에게 사랑을 베푸시지 않습니다. 세상에 있는 사람이 하나님께 받은 사랑을 전달할 때 그 사랑을 받는 사람에게 성령님이 임하여 예수님을 만나게 하고 하나님의 말씀을 듣게 하십니다. 당신 주위에 오늘 주님의 은혜가 필요한 사람이 있습니까? 그에게 하나님께 받은 사랑을 전달해야 합니다. 그러면 하나님의 성령님이 거기 임하여 역사하신다는 사실을 경험하게 될 것입니다.

말씀에 접목하기: 요일 4:10-12

성경은 이렇게 말씀합니다. "어느 때나 하나님을 본 사람이 없으되 만일 우리가 서로 사랑하면 하나님이 우리 안에 거하시고 그의 사랑이 우리 안에 온전히 이루어지느니라"(요일 4:12). 콜슨은 지극히 이성적인 사람이었습니다. 그의 주위에는 수많은 전도자가 있었지만 그는 보이지 않는 하나님, 이성적으로 증명할 수 없는 하나님을 받아들이지 못했습니다. 그러나 그의 친구들이 베푼 사랑, 특히 퀴에가 보여준 십자가의 사랑은 콜슨의 마음을 녹아내리게 했습니다. 예수님의 사랑을 받은 퀴에는 그 사랑으로 콜슨을 사랑했습니다. 그러자 성령님이 거기에 임하셨습니다. 그리고 콜슨의 가슴을 열어 예수님을 영접하게 하셨습니다.

믿음의 기적은 어디에서 일어납니까? 십자가의 사랑으로 서로 사랑하는 곳에 성령님이 임하여 믿음의 기적을 일으키십니다. 하나님은 예수님의 사랑으로 서로 사랑하는 곳에서 기적을 일으키십니다. 하나님은 예수님의 사랑으로 서로 사랑하는 사람을 통로로 삼아 이 땅에 믿음의 생수를 흐르게 하십시오.

격려는 최선을 이끌어내는 힘이다

예화 19

격려의 힘을 연구하기 위해 다음과 같은 실험이 행해졌습니다. 성인들에게 열 가지 문제를 주었습니다. 그들 모두에게 동일한 내용의 문제를 주고 그 문제를 풀게 했습니다. 그들은 문제를 푼 다음에 답을 제출했습니다. 얼마 뒤 그들은 기관에서 임의로 만든 거짓 결과를 받았습니다. 실험에 참여한 가운데 절반은 일곱 개를 맞췄다면서 칭찬을 받았습니다. 나머지 절반은 일곱 개를 틀렸다는 결과를 받았는데, 일곱 개 틀린 사람은 성적이 좋지 않다는 핀잔까지 들었습니다.

며칠 뒤 그 두 그룹의 속한 사람들은 새로운 열 개의 문제를 받았습니다. 그런데 칭찬 받았던 그룹의 사람들은 두 번째 받은 문제에서 아주 좋은 결과를 냈습니다. 그러나 핀잔을 들은 그룹에서는 똑같은 문제를 받았는데도 나쁜 결과를 냈습니다. 그들이 받은 칭찬과 핀잔은 사실과 다름에도 불구하고 그로 말미암아 그들은 문제를 푸는 데 상당한 차이를 보였습니다.

빅터 프랭클은 다음과 같이 말했습니다. "만약 사람이 각자 꿈꾸고 있는 그런 인물로 그들을 대우해주고 칭찬을 아끼지 않는다면 당신은 그들을 그런 인물로 만들게 될 것이다. 사람을 있는 그대로 평가하고 비판하는 것은 결과적으로 그들을 더 나쁘게 만들게 된다. 만약 우리가 사람을 그들 각자가 꿈꾸고 있는 그 사람이 이미 된 것처럼 대해준다면 우리는 그들을 돕는 것이 된다. 만약 당신이 '이것이 이상주의요 과대평가다'라고 말한다면 나는 이렇게 대답하고 싶다. '이상주의는 참된 현실주의다.' 당신은 다른 사람이 자신의 꿈을 실현할 수 있도록 도울 수 있기 때문이다."

레지 잭슨은 무엇이 위대한 야구 감독을 만드는지에 대해 이렇게 설명했습니다. "위대한 감독은 야구 선수들 각자가 자신들이 생각하는 것보다 더 훌륭한 선수임을 믿게 만드는 뛰어난 기술을 가졌다."

말씀에 접목하기: 마 12:13, 14

우리는 어떻게 다른 사람에게 영향력을 행사할 수 있을까요? 우리는 어떻게 다른 사람의 동기를 유발하게 할 수 있을까요? 우리는 사람을 격려하고 그들을 믿어줌으로써 그렇게 할 수 있습니다. 사람은 자기 삶에서 가장 중요하다고 여겨지는 사람이 자신에게 기대하고 있는 그런 인물이 되고 싶어 합니다. 훌륭한 지도자는 사람들에게 그 자신에 대한 좋은 견해를 갖도록 합니다. 훌륭한 지도자는 자신이 그를 신뢰한다는 사실을 알게 만듭니다. 또한 사람이 자신에게서 더 많은 것을 얻을 수 있도록 도와줍니다. 사람은 일단 자기가 얼마나 훌륭한 사람인지 알고 나면 최선을 다하게 됩니다. 헨리 포드는 이렇게 말했습니다. "최고의 친구는 내 안에서 최상의 것을 이끌어내도록 도와주는 친구다." 이런 일은 격려를 통하여 할 수 있습니다. 존 맥스웰은 이렇게 권면합니다. "당신은 다른 사람과 이야기를 시작하고 60초 이내에 격려하는 말을 해야 한다."

섬기는 기쁨

예화 20

미국을 여행하던 테레사 수녀가 한 자매를 만났습니다. 그 자매는 자살하고 싶은 괴로운 심정을 수녀에게 고백했습니다. 수녀는 앞으로 어떻게 해야 할지 묻는 그 자매에게 이렇게 제안했습니다. "자살하기 전에 내 부탁을 하나 들어주세요. 딱 한 달만 내가 일하고 있는 인도의 캘커타에 와서 나의 일을 도와준다면 그다음에 당신이 어떻게 해야 될지 말해줄게요."

그 자매는 테레사 수녀의 말대로 캘커타 빈민가를 찾아와 가난하고 병들어 고통당하는 사람을 돕고 섬겼습니다. 그들을 위해 몸 바쳐 일하다 보니 그녀의 마음에 살고자 하는 의욕이 생기기 시작했습니다. '여기에 나를 필요로 하는 사람이 있구나!' 그 자매는 그들을 돕고 섬기면서 순수한 환희를 느꼈고, 한 달 뒤에는 테레사 수녀의 조언이 필요 없게 되었습니다. 그 자매는 계속 그곳에서 일하며 테레사 수녀의 성실한 조력자가 되었습니다.

테레사 수녀와 가까이 하는 사람은 그녀의 순결한 인격에 큰 감동을 받습니다. 특별히 그녀의 질투 없는 삶은 주변의 많은 사람에게 큰 도전이 되었습니다. 어느 날 테레사 수녀가 한 어린아이의 고름을 만지며 치료하고 있을 때 함께 살고 있던 사람이 이런 질문을 던졌습니다. "수녀님, 당신은 잘사는 사람이나 편안하게 살아가는 사람, 높은 자리에 사는 사람을 볼 때 시기심이 생기지 않나요? 당신은 이런 삶에 만족하나요?" 이 질문에 테레사 수녀는 유명한 대답을 했습니다. "허리를 굽히고 섬기는 사람에게는 위를 쳐다볼 시간이 없습니다."

말씀에 접목하기: 막10:43-45

사람에게는 크고자 하며 으뜸이 되고자 하는 본능이 있습니다. 그런데 예수님은 그 본능 자체를 부정한 것이 아니라 큰 사람이 되는 방법, 으뜸이 되는 방법을 뒤집어놓으셨습니다. 불신자는 사람들 위에 서서 임의로 주관하고 권세를 부리려고 하지만 성경은 "너희 중에는 그렇지 않을지니 너희 중에 누구든지 크고자 하는 자는 너희를 섬기는 자가 되고 너희 중에 누구든지 으뜸이 되고자 하는 자는 모든 사람의 종이 되어야 하리라"(막 10:43, 44)고 말씀합니다. 섬기는 자가 큰 자요, 종이 되어야 으뜸이 된다는 것입니다. 예수님은 하나님의 본체를 버리고 종의 형체를 입고 성육신하여 세상에 오신 분입니다. 누구든지 예수님의 영이신 성령으로 충만한 사람은 테레사 수녀처럼 종이 되어 섬기는 자로 사는 것을 자랑스러워할 것입니다.

뒤러를 위해 희생한 사랑의 친구

예화 21

독일의 화가이며 조각가인 알브레히트 뒤러는 소묘 900점과 목판화 350점을 비롯해 많은 작품을 남겼지만, 그 가운데 대표작은 현재 뉘른베르크 박물관에 보관되어 있는 〈기도하는 손〉입니다. 이 그림에는 위대한 사랑과 믿음이라는 자신의 이야기가 담겨져 있습니다. 뒤러는 어린 시절은 무척 가난해서 학비조차 낼 수 없을 정도였습니다. 그는 같은 처지에 있던 친구를 만나 학교에 갈 수 있는 방법을 의논하던 중 친구가 이런 제의를 했습니다. "뒤러야, 우리 두 사람이 함께 공부를 계속할 수 없으니 네가 먼저 학교에 가서 열심히 공부하는 거야. 그러면 나는 식당일을 하면서 돈을 벌어 널 도울게. 나중에 네가 공부를 마치고 나서 나를 지원해주면 우리 두 사람 모두 공부를 할 수 있지 않을까?"

두 친구는 아주 좋은 생각이라고 여겨 행동에 옮기기로 결정했습니다. 뒤러의 친구는 식당에 가서 그를 위해 열심히 일해 매월 학비를 보냈고 뒤러는 친구의 도움으로 미술학교에 다닐 수 있었습니다. 학교를 졸업한 후 뒤러는 자기의 학비를 벌기 위해 많은 희생을 치른 친구의 도움에 고마워하며 친구를 찾아갔습니다. 마침 그 친구는 식당 한구석에서 뒤러를 위해 열심히 기도하고 있었습니다. "하나님 아버지, 저의 친구 뒤러가 열심히 공부해서 훌륭한 화가가 되게 해주세요. 그리고 하나님의 영광을 위해 많은 그림을 그릴 수 있게 해주세요. 지금 저의 손은 식당일로 상해 그림을 그릴 수 없게 되었으니 제가 할 몫까지 뒤러가 모두 할 수 있게 도와주세요."

기도하는 친구의 모습을 보고 있던 뒤러는 자기를 위해 희생한 친구의 손을 바라보는 순간 커다란 감동을 받았습니다. 그는 즉시 붓을 들어 사랑하는 친구의 기도하는 손을 스케치했습니다. 그 그림이 바로 그 유명한 뒤러의 〈기도하는 손〉입니다.

말씀에 접목하기: 요 15:9-14

예수님은 "너희가 서로 사랑하면 이로써 모든 사람이 너희가 내 제자인 줄 알리라"(요 13:35), "사람이 친구를 위하여 자기 목숨을 버리면 이보다 더 큰 사랑이 없나니 너희는 내가 명하는 대로 행하면 곧 나의 친구라"(요 15:13, 14)고 말씀하셨습니다. 예수님의 제자가 되고자 하는 사람은 누구든지 서로 사랑해야 합니다. 특별히 친구를 위해 자신을 희생하거나 자기 목숨을 버리는 것은 예수님의 친구가 되는 길입니다. 뒤러와 그의 친구는 서로 사랑함으로써 예수님의 제자가 되었을 뿐 아니라 친구를 위해 자기의 꿈을 포기하고 친구의 성공을 위해 기도함으로써 예수님의 친구가 되었습니다. 뒤러와 그의 친구는 서로 사랑함으로써 축복과 영광을 얻었습니다. 당신에게도 목숨을 버릴 만큼 소중한 친구가 있습니까? 예수님은 우리를 참 친구로 여겨 십자가에서 목숨을 버리셨습니다.

서로 사랑의 감격

예화 22

월남전이 한창이던 시절, 월남에서 부상당해 돌아온 군인들을 위한 대대적인 위문공연을 준비할 때의 일입니다. 프로그램의 총 책임자인 감독은 미국의 유명한 코미디언인 밥 호프를 이 공연에 초대하기로 했습니다. 그러나 밥 호프는 너무 바쁜데다가 선약이 있어 갈 수 없다고 거절했습니다. 밥 호프가 없는 위문공연은 아무런 의미가 없다고 생각한 감독은 "전쟁터에서 돌아온 군인들을 위로해주는 아주 중요한 자리에 당신이 꼭 필요합니다"라고 하면서 여러 번 부탁했습니다. 감독의 끈질긴 부탁에 마음이 흔들린 밥 호프는 "그러면 제가 5분 정도만 얼굴을 보이고 내려와도 괜찮겠습니까?"라고 물었습니다. 주최 측에서 그렇게만 해줘도 고맙겠다고 해서 밥 호프는 그 위문공연에 출연하기로 약속했습니다.

드디어 공연 당일 5분을 약속하고 무대에 오른 밥 호프가 얘기를 시작하자마자 사람들은 웃기 시작했습니다. 그런데 밥 호프는 5분이 지나도 끝낼 생각을 안 하고 10분, 15분, 25분이 넘었는데도 공연을 계속했습니다. 밥 호프는 거의 40분 동안 공연을 하고 내려왔는데, 그의 얼굴에는 눈물이 흐르고 있었습니다. 감독은 5분을 공연하기로 하고 40분을 하게 된 이유와 눈물을 흘리는 이유에 대해 물었습니다. 감독의 물음에 밥 호프는 눈물을 닦으면서 이렇게 말했습니다. "저 앞줄에 있는 두 친구 때문에 그렇습니다." 그래서 감독이 나가 보니 앞줄에 상이군인 두 사람이 열심히 박수를 치며 기뻐하는 모습이 보였습니다. 한 사람은 오른팔을 잃어버렸고 다른 한 사람은 왼팔을 잃어버린 상태였습니다. 오른팔을 잃어버린 사람은 왼팔을, 왼팔을 잃어버린 사람은 오른팔을 사용해 두 사람이 함께 박수를 치고 있었습니다. 무대 위에서 그 광경을 본 밥 호프는 이런 유명한 이야기를 남겼습니다.

"저 두 사람은 나에게 진정한 기쁨이 무엇인지를 가르쳐주었습니다. 한쪽 팔을 잃은 두 사람이 힘을 합하여 함께 기뻐해주고 있는 모습을 보면서 나는 참된 기쁨을 배웠습니다."

말씀에 접목하기: 요 15:9-14

예수님은 "내가 아버지의 계명을 지켜 그의 사랑 안에 거하는 것 같이 너희도 내 계명을 지키면 내 사랑 안에 거하리라 내가 이것을 너희에게 이름은 내 기쁨이 너희 안에 있어 너희 기쁨을 충만하게 하려 함이라"(요 15:10, 11)고 말씀하셨습니다. 진정한 기쁨과 행복의 비밀은 무엇입니까? 예수님의 사랑 안에 거하는 것입니다. 예수님의 계명은 "내가 너희를 사랑한 것같이 너희도 사랑하라 하는"(요 15:12) 것입니다. 자신에게 있는 것으로 다른 사람을 사랑하고 다른 사람에게 있는 것으로 자신을 사랑하는 예수님의 사랑 안에 진정한 행복과 기쁨이 숨겨져 있습니다. 월남전에서 오른팔을 잃은 사람과 왼팔을 잃은 사람이 곁에 붙어 앉아서 자기들에게 남아 있는 손을 서로 부딪히면서 박수를 치는 서로 사랑은 자기들만 행복하게 만든 것이 아니라 밥 호프의 눈에서 눈물을 흘리게 만들었고 기쁨을 안겨주었습니다. 우리는 모두 흠과 모자람을 가지고 있지만 이웃에게 없는 은사와 재능도 가지고 있습니다. 자신에게 있는 것으로 다른 사람에게 없는 것을 보완하고 다른 사람에게 있는 것으로 자신의 흠을 보완하는 서로 사랑이 있는 곳에 진정한 행복과 기쁨이 넘칠 것입니다.

축복을 만드는 용서

예화 23

존경받는 그리스도인이었던 에이브러햄 링컨 대통령에게는 언제나 그를 붙들고 늘어지면서 그에게 말할 수 없는 수모와 욕을 안겨주는 정적 스탠턴이 있었습니다. 스탠턴은 사람들에게 "여러분, 우리는 고릴라를 보기 위해 아프리카까지 갈 필요가 없습니다. 일리노이의 스프링필드에 가면 오리지널 고릴라를 볼 수가 있습니다"라며 링컨을 욕되게 했습니다. 그가 그렇게 말한 이유는 스프링필드가 링컨의 고향이었고, 링컨의 생김새가 고릴라 같다고 생각했기 때문입니다.

그런데 링컨은 대통령으로 당선된 뒤 내각을 조직하면서 가장 중요한 국방부장관에 바로 이 사람 스탠턴을 임명했습니다. 모든 참모는 링컨의 이런 조각에 충격을 받고 놀라지 않을 수 없었습니다. 참모들이 어떻게 적을 그런 중요한 자리에 앉힐 수 있느냐고 물었더니 링컨은 이렇게 대답했습니다. "이제 그는 더 이상 적이 아닙니다. 나는 적이 사라져 좋고, 그가 나를 도와주니 그에게 도움을 받을 수 있어 좋고요. 그를 용서하고 중요한 자리에 임명한 것으로 도대체 내가 무엇을 잃게 된단 말이오?"

> 말씀에 접목하기: 마 5:43-48

복수는 복수하는 사람과 복수당하는 사람 모두를 파멸시킵니다. 그러나 용서는 용서하는 사람과 받는 사람 모두를 축복합니다. 복수해서 승리를 얻는 것이 아니라 용서함으로써 에이브러햄 링컨은 진정한 승리자가 되었습니다. 링컨이 워싱턴의 포드 극장에서 배우인 J. 부스의 흉탄에 맞아서 쓰러진 날 저녁에 그의 시체를 눕혀 놓은 좁은 방에서 스탠턴 국방장관은 가만히 서서 말없이 링컨 대통령의 얼굴을 유심히 바라보다가 눈물을 주르륵 흘리면서 "여기 세계 역사상 가장 위대한 통치자가 누워 있다"라고 말했습니다. 결국 에이브러햄 링컨의 사랑과 오래 참음이 승리했습니다. 링컨을 고릴라 원종이라고 비난하던 스탠턴으로 하여금 링컨을 '세계 역사상 가장 위대한 통치자'라고 말하게 했습니다. 그리스도의 영으로 충만했던 링컨은 어떤 모욕이나 배신이나 무시도 사랑으로 다시 갚을 수 있었습니다. 그는 예수님의 영의 인도를 받은 사람이었습니다.

친절한 사랑과 희생적 섬김

예화 24

미국의 어느 도시 흑인가에 재키라는 소녀가 살았습니다. 그녀는 자기 아버지가 누구인지도 모르고 엄마의 사랑도 받지 못한 채 자랐습니다. 삼촌들이 자주 오는데 그들은 친척이 아니라 엄마와 잠깐 살다가 가버렸습니다. 이런 환경에서 재키는 많은 사람에게 조롱과 따돌림을 받았습니다. 남자들이 와서 재키를 노리개처럼 잠깐 데리고 놀다가 차버리기도 했습니다. 재키는 이웃한테서도 자주 찬밥 신세가 되곤 했습니다. 그래서 감수성이 예민한 사춘기에 접어들면서 그녀는 세상과 벽을 쌓고 살기로 다짐했습니다.

시간이 흘러 그 동네에 자원봉사를 하기 위해 찾아온 피터라는 한 청년을 만났습니다. 이 청년은 재키와는 정반대의 환경에서 자라난 사람이었습니다. 피터가 재키를 보고 친절한 미소로 인사하자 재키는 뻣뻣한 무표정으로 응답했습니다. 그래도 피터는 만날 때마다 "안녕" 하면서 항상 친절하게 인사를 건넸습니다. 재키는 처음에는 코웃음을 쳤지만 시간이 갈수록 피터의 따뜻한 인사로 마음의 벽이 조금씩 무너졌습니다. 어느 날인가 재키는 목례로 답하기도 했습니다. 그다음에는 더듬거리면서 "안녕"이라고 대답했습니다. 재키는 피터의 따뜻한 사랑에 감동했고, 피터가 자기 주변에서 만났던 사람과 정반대의 사람임을 알게 되었습니다. 그녀는 그동안 가졌던 모든 불신의 담을 무너뜨리고 피터를 깊이 신뢰하게 되었습니다. 그리고 피터가 무언중에 전하는 그리스도 예수님의 사랑을 받아들여 새 삶의 길을 가기로 다짐했습니다.

말씀에 접목하기: 고후 5:16-19

사람은 과거의 경험 때문에 벽을 쌓고 마음을 닫아버립니다. 닫아버린 마음에 예수님의 사랑을 증거 해도 그 사람은 예수님의 사랑을 받아들이지 않습니다. 그것은 이미 사람과의 관계에 담을 쌓고 어떤 것도 듣지 않기로 작정했기 때문입니다. 어떻게 해야 그 쌓아올린 견고한 담을 무너뜨릴 수 있을까요? 그것은 친절한 사랑과 희생적인 섬김입니다. 재키의 마음을 연 청년처럼 말입니다. 그러나 진정으로 마음의 벽을 허무신 분은 예수님입니다. 그분은 자기의 몸으로 사랑하셨습니다. 십자가의 희생을 조금도 아끼시지 않았습니다. 그래서 우리와 하나님 사이의 막힌 담을 무너뜨리셨습니다. 예수님의 마음을 품은 사람들은 누구나 예수님처럼 평화의 사도가 될 것입니다.

빅토리아 여왕의 위로

예화 25

영국 빅토리아 여왕 시절의 이야기입니다. 하루는 어느 노동자의 아내가 어린 아이를 잃어버렸다는 소식을 여왕이 들었습니다. 여왕은 자신도 그와 같은 큰 슬픔을 경험했기 때문에 그녀를 위로하고 싶은 마음이 들었습니다. 여왕은 아이 잃어버린 그 여인의 집을 방문하여 함께 시간을 보냈습니다. 여왕이 떠나자 동네 사람들이 몰려와 여왕이 뭐라고 했는지 물었습니다. 그러자 그녀는 이렇게 대답했습니다. "아무 말도 안 하셨어요. 여왕님은 내 손을 잡고 함께 우셨습니다."

슬픔을 당하거나 마음에 큰 상처를 입은 사람은 자기를 위해 기도하고 사랑과 친절로 격려해주는 사람 때문에 새로운 용기를 얻습니다. 위로나 격려의 말을 하지 않아도 손을 꼭 잡아주고 깊은 사랑과 관심을 표현하는 것만으로도 슬픔을 당한 사람은 힘과 위로를 얻습니다. 만약 당신이 어려움에 처한 사람을 위로하고 싶다면 그의 손을 따뜻하게 잡아주거나 포옹해 주는 것으로도 그리스도인의 사랑과 당신의 깊은 사랑을 전달할 수 있을 것입니다.

말씀에 접목하기: 롬 12:15

성경은 우리에게 "즐거워하는 자들과 함께 즐거워하고 우는 자들과 함께 울라"(롬 12:15)고 권고합니다. 예수님은 세상에 계실 때에 '불쌍히 여기시는' 분이었습니다. 이 말은 본래 깊은 감정에 공감한다는 뜻입니다. 특히 사람은 슬픈 감정을 마음 깊이 간직하고 있으면, 그로 말미암아 마음에 상처입고 괴로워하고 슬퍼합니다. 예수님을 따라 산다는 의미 가운데 하나는 슬픈 감정을 가지고 사는 사람의 마음을 공감하고 이해하고 존중하는 것입니다. 이런 공감적 이해는 우선적으로 함께 있어 주는 것입니다. 우리 주위에 깊은 슬픔을 안고 사는 사람이 있다면 찾아가 만나주기만 해도 크게 위로가 될 것입니다.

진정한 친구는 축복의 통로다

예화 26

청교도 문학의 대표작인 《주홍글씨》로 널리 알려진 나다니엘 호손은 일찍이 아버지를 여의고 편모슬하에서 고독하게 자랐습니다. 지극히 주변머리가 없다고 소문난 호손은 궁핍한 생활로 말미암아 성격까지 침울했습니다. 이처럼 그에게는 성공할 수 있는 조건이 별로 없었습니다.

그런 호손이 미국 최고의 소설가로서 명성을 떨칠 수 있었던 것은 전적으로 친구들 덕분이었습니다. 호손은 보든 대학을 다녔는데, 그때 세 친구를 만났습니다. 첫 번째 친구는 호레이쇼 브리지였습니다. 그는 부호의 아들로서 무명 작가인 호손을 위해 조건 없이 출판비를 대주어 문단에 데뷔하는 데 결정적 역할을 했습니다. 두 번째 친구는 유명한 시인 헨리 롱펠로였습니다. 호손보다 먼저 문단에 데뷔한 그는 자기보다 재주가 결코 뒤떨어지지 않은 호손을 위해 책의 서문을 써주는 등 헌신적인 노력을 아끼지 않았습니다. 세 번째 친구는 프랭클린 피어스였습니다. 사교적 수완이 좋았던 그는 후에 미국 14대 대통령이 되어 호손이 말년에 편안히 살 수 있도록 배려해주었습니다. 호손이 죽자 친구들은 그의 마지막을 아름답게 전송해주었습니다.

> 말씀에 접목하기: 요 15:12-14

어떤 친구들과 사귀고 있느냐를 보면 그 사람의 됨됨이를 알 수 있습니다. 훌륭한 친구를 만난다는 것은 인생에서 절반의 성공이나 다름없습니다. 자기를 희생해서라도 친구를 위해 좋은 것을 배려하고 섬기는 사람이 있다는 것은 하나님의 선물입니다. 하나님은 그 친구들을 통하여 엄청난 축복을 당신에게 선물하실 것입니다. 당신에게는 어떤 친구가 있습니까? 하나님은 당신을 통해 그 친구들에게 무엇을 주고자 하십니까? 오늘 당신은 친구들을 위해 무엇을 희생하며 섬기고 있습니까?

교회의 진정한 보화는 가난한 자와 고아, 과부

예화 27

주후 116년 교황 식스투스 1세가 즉위했을 때 가난한 자와 고아, 과부를 돌보는 일을 담당하던 집사 로렌스가 있었습니다. 한번은 로마 집정관이 로렌스를 불러 "교회에는 보화가 가득하다고 하니 그 보화를 내게 가져다 바쳐라"고 명령했습니다. 그러자 그는 가난한 자와 고아, 과부들을 데려왔습니다. 대노한 집정관이 무슨 망령된 짓이냐고 호통을 치자 로렌스는 이렇게 대답했습니다. "교회의 보화는 바로 이들입니다." 이처럼 하나님은 "고아와 압제당하는 자를 위하여 심판"(시 10:18)하시는 분입니다.

말씀에 접목하기: 시 10:17, 18

예수님은 "내가 진실로 너희에게 이르노니 너희가 여기 내 형제 중에 지극히 작은 자 하나에게 한 것이 곧 내게 한 것이니라"(마 25:40)고 말씀하셨습니다. 주린 자와 목마른 자, 나그네, 헐벗은 자, 병든 자, 감옥에 갇힌 자를 사랑으로 섬기는 것이 곧 예수님을 사랑하고 섬기는 거라는 말씀입니다. 예수님은 지극히 작은 자와 자신을 동일시하고 계십니다. 지극히 작은 자는 예수님과 동등한 가치가 있는 보물 같은 존재입니다. 믿는 사람들의 보물은 바로 작은 자입니다. 하나님은 그들을 보화로 여기시는데,

우리 교회는 오늘 그들을 보화로 여겨 대접하고 존중하고 소중히 섬기고 있습니까?

남을 자기보다 낫게 여기는 믿음

예화 28

어느 구름 낀 오후, 영국의 메리 여왕이 발모럴 왕실 별장에서 조금 떨어진 곳을 걷고 있는데 갑자기 비가 쏟아지기 시작했습니다. 여왕은 가까운 오두막에 가서 우산을 좀 빌려 달라고 했습니다. 그 오두막의 여주인은 살이 부러진 낡은 우산을 빌려주었습니다. 누구인지도 모른 여자가 우산을 빌려 달라고 하니 안 빌려줄 수도 없고 그렇다고 좋은 것을 빌려줄 수도 없어서 버리기는 아깝고 비를 피하는 데 그리 도움이 되지 않는 우산을 빌려주었던 것입니다.

다음 날 아침 금테 모자를 쓴 남자가 찾아와서 "우산을 빌려주셔서 감사했다고 여왕께서 전하라고 하셨습니다"라고 말한 뒤 살이 부러진 헌 우산을 돌려주고 갔습니다. 그녀는 메리 여왕을 만나는 것이 평생소원이었는데 그녀가 찾아왔을 때 살이 부러진 우산을 준 것이 후회스러웠습니다. 예수님은 지금 우리에게 오셔서 우리를 통해 하나님의 사랑을 이웃에게 전달하고 싶어 하시는데 우리는 그 예수님을 영접하고 있습니까? 가장 귀한 것으로 주님을 대접하면 하나님의 귀한 은혜가 우리에게 넘쳐 흐르게 될 것입니다.

말씀에 접목하기: 마 5:42

아브라함은 부지중 천사들을 영접하는 복을 받았습니다. 롯은 나그네를 영접했는데, 그들은 소돔과 고모라 성을 심판하기 위해 하나님이 보내신 천사였습니다. 그래서 그와 그의 가족들은 구원을 받았습니다. 사도 바울은 "오직 겸손한 마음으로 각각 자기보다 남을 낫게 여기고"(빌 2:3)라고 권면합니다. 우리는 날마다 수많은 사람을 만납니다. 그들을 자기보다 낫게 여기고 그들이 구할 때에 주고 꾸고자 할 때 거절하지 않는 것이 성경에서 가르치고 있는 믿음입니다(마 5:42). 그렇게 할 때 우리는 진정한 그리스도인이 될 것입니다.

사랑은 하나님이 오시는 통로

예화 29

이 세상 사람은 모두 주고받는 관계를 맺으며 살아가고 있습니다. 인간과 자연 사이에도 사람과 사람 사이에도 반드시 주고받는 것이 있어서 그것이 얼마나 아름답게 이루어지고 있느냐, 얼마나 정당하게 이루어지고 있느냐가 행복을 좌우한다고 하겠습니다.

어떤 사람이 고대 인도의 성자로 추앙 받던 철학자 라마누자를 찾아와서 "저는 신을 사랑하고 싶습니다. 그 길을 가르쳐주십시오"라고 애원했습니다. 그때 라마누자는 "그보다 먼저 이것 하나를 말해 보시오. 그대는 누구와 사랑을 주고받은 적이 있나요?"라고 물었습니다. 그러자 그는 "나는 이 세상이나 이 세상에서 일어나는 일 따위에 관심이 없습니다. 오직 신만 사랑하기를 원합니다"라고 대답했습니다. 라마누자는 다시 한 번 "지금까지 어떤 사람을 사랑한 적이 없다는 말인가요?"라고 물었습니다. 그는 이렇게 대답했습니다. "예, 저는 종교적인 사람이라고 말씀드리지 않았나요? 저는 세속적인 사람이 아니니 신만 사랑하는 길을 가르쳐주십시오."

라마누자는 그에게 이렇게 선언했습니다. "그렇다면 그것은 불가능합니다. 먼저 그대가 누군가를 사랑한 일이 없다는 것은 진정한 사랑에 대하여 알지 못한다는 것인데, 사랑에 대해 모르면서 어떻게 신을 사랑할 수 있단 말입니까?"

> 말씀에 접목하기: 요일 4:8

사도 요한은 "사랑하지 아니하는 자는 하나님을 알지 못하나니 이는 하나님은 사랑이심이라"(요일 4:8)고 말했습니다. 사랑은 이웃과의 관계에서만 생겨날 수 있다는 말입니다. 자기는 수고하고 희생하면서 이웃을 행복하게 만들고자 힘쓰는 것이 사랑입니다. 이웃이 없다면 사랑도 없습니다. 사랑은 혼자만의 독백이 아니기 때문입니다. 그러면 누가 사랑할 수 있습니까? 사도 요한은 이렇게 대답합니다. "우리가 사랑함은 그가 먼저 우리를 사랑하셨음이라"(요일 4:19). 어떻게 해야 주 예수님의 사랑을 먼저 받습니까? 그리스도의 사랑을 받은 사람이 우리를 사랑할 때 성령님이 거기에 임하여 하나님의 사랑을 받게 하십니다. 그러므로 하나님의 사랑을 받고자 하는 사람은 믿음의 사람과 서로 사랑하는 관계에 있어야 합니다. 그 관계가 없으면 성령님은 사랑의 열매를 주실 수 없습니다. 사람과 사랑의 관계가 없는 자는 하나님의 사랑이 흐르는 통로가 막혔다고 생각하면 됩니다. 믿음의 사람과 사랑의 관계가 없는 사람은 결코 하나님의 사랑을 알 수 없기 때문입니다.

외모로 사람을 취하지 말라

예화 30

어느 날 큰 농장을 경영하는 테일러에게 제임스라는 청년이 찾아와서 일자리를 달라고 사정을 했습니다. 그는 청년의 모습이 건장하고 착실해 보였기에 허락했습니다. 청년은 건초더미 위에서 자고 먹으며 열심히 일했습니다. 그가 성실하게 일하자 테일러는 마음이 흡족했고, 그의 딸도 이 청년을 사랑하게 되었습니다. 그러나 이것을 알게 된 테일러는 "돈도 없고 족보도 알 수 없는 자가 감히 내 딸을 넘보다니 말도 안 되는 일이야"라고 생각해 그를 쫓아내 버렸습니다.

그리고 30년의 시간이 지났습니다. 테일러는 건초 창고를 수리하려고 대청소를 하다가 창고 기둥에 칼로 새겨놓은 이름을 발견했습니다. '제임스 아브라함 가필드.' 그 이름을 읽고 혹시나 하고 서재로 뛰어가 대통령의 사진을 자세히 보니 놀랍게도 미국 대통령이 바로 자기가 쫓아낸 그 청년이었습니다. 그는 20대 미국 대통령으로, 진실한 그리스도인이라고 소문이 났지만 어린 시절 매우 가난했기 때문에 무엇이든지 닥치는 대로 일하면서 자기를 쌓아 올라갔던 것입니다.

테일러는 가슴을 치며 후회했습니다. 그러나 때늦은 후회였습니다. 만약 그가 사람을 외모로 보지 않았다면 어찌 되었을까요? 대통령을 사위로 두는 영광을 얻었을 것입니다.

말씀에 접목하기: 사 53:1-3; 삼상 16:7

우리의 주 예수님은 이 세상에 외모로 오신 분이 아니었습니다. 그분은 자라는 연한 순 같고 마른 땅에서 나온 줄기 같아서 고운 모양도 없고 풍채도 없는 분이었습니다. 그분은 사람이 흠모할 만한 어떤 외모도 준비하지 않으셨습니다. 우리 주 예수님은 멸시를 받아 사람에게 버림을 받았으며 간고를 많이 겪었으며 질고를 아시는 분이었습니다. 그분에게는 내세울 만한 학력도 없었고, 지위도 권세도 없었습니다. 그분은 가장 낮은 자리에 오셔서 흑암의 권세에 눌려 있는 사람들과 친구가 되셨고, 그들과 함께 사셨습니다.

그래서 예수님을 따르는 자는 누구든지 외모를 가지고 사람에게 나아가지 않습니다. 그분을 따르는 자는 사람에게 귀히 여김을 받으려고 노력하지 않습니다. 그분을 따르는 자는 사람에게 멸시 받는 것을 두려워하지 않습니다. 그분을 따르는 자는 가장 낮은 자리에 앉는 것을 부끄러워하지 않습니다. 그것은 우리 주님이 그런 삶의 모범을 보이셨기 때문입니다.

용서를 심고 충성을 거둔다

예화 31

나폴레옹은 장군 시절 부하들에게 매우 엄격해 명령을 어긴 사람에 대해서는 모두가 지켜보는 가운데 단호하게 처벌했습니다. 그가 알프스 산맥을 넘을 때의 일입니다. 야영을 하던 밤에 "오늘 밤 적의 습격이 있을지도 모른다. 자기 위치에서 책임을 다하라. 만약 명령을 어긴 자가 있다면 내일 총살형에 처할 것이다"라고 엄중한 명령을 내렸습니다.

이윽고 밤이 깊어 나폴레옹이 순찰을 하는데 한 병사가 앉은 채로 졸고 있었습니다. 그는 아무 말 없이 보초병 대신 그 자리에 서서 보초를 섰습니다. 날이 밝아 올 때쯤 잠에서 깬 보초병은 장군을 보고 소스라치게 놀라 무릎을 꿇고 죽여 달라고 했습니다. 한참 보초병을 바라보던 나폴레옹은 총을 건네주면서 이렇게 말했습니다. "너와 나 외에는 본 사람이 아무도 없다. 그래서 난 너를 용서할 수 있다." 나폴레옹은 병사가 대답도 하기 전에 총총히 사라졌습니다.

그리고 오랜 세월이 지났습니다. 러시아 원정을 떠났던 나폴레옹은 러시아의 초토화 작전으로 후퇴하지 않을 수 없었습니다. 그 와중에 러시아 군대의 기습으로 나폴레옹 군대가 포위되었습니다. 나폴레옹은 죽을 수밖에 없는 긴박한 상황에 놓였습니다. 이때 나폴레옹의 장군 복을 벗겨 자신이 입고 적군의 시선을 끌어 나폴레옹을 대신해 적에게 사살된 병사가 있었습니다. 그는 오래전 나폴레옹으로부터 용서의 사랑을 받은 그 병사였습니다. 그 병사에게 베푼 용서의 사랑으로 나폴레옹은 생명의 보답을 받았습니다.

예화 32

옛날 중국의 춘추전국시대에 초나라의 장왕이 커다란 잔치를 준비해 장수들을 초대했습니다. 각 장수에게 아름다운 궁녀가 한 사람씩 배정되었습니다. 잔치의 흥이 고조될 무렵 갑자기 큰 바람이 불어 연회장의 불이 모두 꺼졌습니다. 술이 거나하게 취하고 불도 꺼진 참이라 장왕의 장수들 가운데 한 사람이 어둠 속에서 옆의 궁녀를 희롱했습니다. 화가 치민 궁녀는 범인을 잡기 위해 그 장수의 투구에 달린 금술을 떼어 왕에게 고해 바쳤습니다. 왕의 궁녀를 희롱했으니 그 장수는 큰 벌을 받아야 했습니다.

그러나 왕은 불 켜는 일을 중지시키고 참석한 모든 장수에게 투구에 달린 금술을 떼어 왕에게 바치라고 명령을 내렸습니다. 불이 켜진 뒤 장수들을 보니 금술이 없어 궁녀를 희롱한 범인을 찾을 수 없게 되었습니다. 그 뒤로 몇 년이 지나 장왕이 진나라의 공격을 받아 위험한 상황에 빠졌습니다. 그때 죽음에서 그를 구한 장수는 지난날 궁녀를 희롱하여 큰 벌을 받아야 했던 장수였습니다. 그는 용서해준 왕의 은덕을 갚을 기회를 찾고 있었던 것입니다.

말씀에 접목하기: 갈 6:7-10

하나님이 세우신 자연법 가운데 하나는 "사람이 무엇으로 심든지 그대로 거두리라"(갈 6:7)는 것입니다. 그래서 성경은 우리에게 "기회 있는 대로 모든 이에게 착한 일을 하되"(갈 6:10)라고 권면합니다. 이는 우리가 착한 일을 하면 하나님은 심은 대로 거두게 하신다는 말씀입니다. 그리스도인의 정체성은 모든 이에게 착한 일을 행하는 사람입니다. 그 사람이 나에게 유익을 주는 사람이든지, 내가 존경하는 사람이든지, 나에게 해를 끼치는 사람이든지, 내가 가장 싫어하는 스타일의 사람이든지, 불의를 행한 사람이든지, 정의의 사람인지에 지금 그가 어떤 사람이든지 상관없이 모든 사람에게 착한 일을 행하면 하나님은 반드시 심은 대로 거두게 하시고 생명의 축복을 주실 것입니다. 주위 사람들이 당신을 착한 일을 하는 사람이라고 생각하고 있습니까? 그렇다면 당신은 그리스도인으로 살고 있는 것입니다.

오래 참음으로써 생명을 구하다

예화 33

한 여자 집사님이 추운 겨울날 저녁에 연탄을 잘 피워놓고 잠자리에 들었는데 밤중에 너무 추워 나가 보니 연탄이 없어진 것입니다. 다음 날 저녁에도 연탄이 잘 피어오른 것을 보고 잠들었는데 밤에 견딜 수 없이 추워 나가 보니 또다시 연탄이 없어진 것입니다. 옆방 사람의 소행이 분명하다고 생각했지만 교회 집사인 사람이 한밤중에 싸울 수도 없고 해서 다음 날 저녁에 자는 척하고 지켜보기로 했습니다. 아니다 다를까 밤이 깊어지자 옆방 아주머니가 나오더니 연탄을 빼가는 것이었습니다. 뛰어나가 현장에서 잡을까 생각했지만 그렇게 되면 큰 싸움이 벌어질 것 같아서 참았습니다. 그런데 이런 일이 무려 이 주일이나 계속되었습니다.

어느 날 그 옆방 아주머니가 찾아와서 "제가 연탄을 가져간 줄 알고 계셨죠?"라고 물었습니다. 그러면서 "사실은 남편이 사업에 실패해 어려웠는데 점쟁이를 찾아가 물었더니 누구와 실컷 싸우면 남편의 액운이 물러가고 행운이 온다"라고 했다는 것입니다. 이 말을 듣고 싸움을 하려고 일부러 연탄을 가져갔는데도 도저히 싸움이 되지 않았다고 실토했습니다. 그래서 집사님은 점쟁이의 잘못됨을 깨우쳐 주고 전도하여 그 가정이 모두 구원을 받았습니다.

말씀에 접목하기: 욘 4:10, 11

하나님은 은혜로우시며 자비로우시며 노하기를 더디하시며 인애가 커서 뜻을 돌이켜 재앙을 내리지 않으시는 분입니다(욘 4:2). 에스겔은 이렇게 선포합니다. "주 여호와의 말씀이니라 나의 삶을 두고 맹세하노니 나는 악인이 죽는 것을 기뻐하지 아니하고 악인이 그의 길에서 돌이켜 떠나 사는 것을 기뻐하노라 이스라엘 족속아 돌이키고 돌이키라 너희 악한 길에서 떠나라 어찌 죽고자 하느냐"(겔 33:11). 베드로후서 3장 9절은 이렇게 말씀합니다. "주의 약속은 어떤 이들이 더디다고 생각하는 것같이 더딘 것이 아니라 오직 주께서는 너희를 대하여 오래 참으사 아무도 멸망하지 아니하고 다 회개하기에 이르기를 원하시느니라."

하나님은 악독한 니느웨를 지켜보면서 오래 참으셨습니다. 하나님은 악독한 도시 니느웨에 요나를 보내어 사랑의 씨를 심으셨습니다. 하나님은 미움과 원한, 죄악, 더러움, 나약함, 자기고집, 혈기와 자존심으로 똘똘 뭉친 요나도 오래 참으시고 그의 가슴에 사랑의 씨를 심어주셨습니다. 오래 참으시는 하나님의 영이 충만할 때 그 여자 집사는 싸움을 걸기 위해 갖은 수단을 부리는 이웃도 용서하고, 생명의 씨를 이웃의 가슴에 심을 수 있었습니다. 당신에게 용서하시는 하나님의 영이 충만하기를 바랍니다.

친절은 축복의 열매를 맺는다

예화 34

미국 텍사스 주에 사는 어느 한국인 의사가 풍족한 생활을 누리면서 봉사활동에도 열심을 내고 있습니다. 그 의사가 미국에 와서 살게 된 사연은 이렇습니다. 그가 세브란스 병원의 인턴으로 있을 때의 일입니다. 어느 날 아침 출근길에 백발이 성성한 미국 노인과 우리나라 택시 운전사가 심하게 말다툼하는 광경을 목격했습니다. 그는 두 사람 사이에 끼어들어 왜 싸우는지 그 경위를 알아보았습니다. 그 미국 노인은 세브란스 병원에 있는 부인을 면회하려고 택시를 타고 왔다가 한국 돈을 잘못 계산해 수십 원 때문에 운전기사와 시비가 벌어졌다고 말했습니다. 서로 말이 통하지 않아서 큰 소리만 내는 이 두 사람 사이에서 의사는 그 돈을 대신 지불하고, 이 미국 노인에게는 같은 한국 사람으로서 정중하게 사과를 하겠다고 말했습니다.

곤란한 처지에서 친절한 도움을 받은 미국 노인은 명함 한 장을 달라고 했습니다. 그 후 얼마간의 세월이 흐른 뒤 믿기 어려운 유산 양도 소식이 전해졌습니다. 그 미국 노인은 자녀 없이 커다란 농장을 경영하고 있었는데, 임종 시 변호사에게 모든 유산을 이 한국인 의사에게 양도한다는 유언을 남겼던 것입니다.

말씀에 접목하기: 마 7:12

의무를 초월해 남에게 친절을 베풀고 나누어줄 때 우주의 법칙에 의해 축복의 열매는 더욱 큰 열매를 맺습니다. 받으려는 삶보다 내 가족과 사회, 국가, 나아가 세계를 위해 어떤 착한 일을 할까 생각하고 이를 실행할 때 하나님은 그것을 보시고 심은 대로 거두게 하실 뿐 아니라 30배, 60배, 100배의 열매를 맺게 하십니다.

물속으로 뛰어들게 하는 것

예화 35

2차 세계대전 때에 있었던 일입니다. 미국 항공모함이 필리핀 해협을 통과하고 있을 때 갑판에서 일하던 수병의 상의가 바람에 날려 물속으로 떨어졌습니다. 이것을 본 수병은 쏜살같이 물속으로 다이빙해서 그 상의를 건져냈는데 그 사건으로 말미암아 수십 대의 비행기와 많은 병기를 실은 항공모함이 급히 멈추어 섰고 긴급히 구조선을 내려 그 수병을 구출했습니다. 전시에 항공모함을 멈추게 한 죄로 그 수병은 군법회의에 회부되었고 크게 이적 행위를 한 것으로 결론이 나서 사형에 해당한 벌을 받게 되었습니다.

군법무관은 그 죄상을 논고했고 재판장은 그에게 최후 진술을 하라고 했습니다. "재판장님, 제 잘못으로 군 적전에 큰 지장을 드려 죄송합니다. 제가 상의 때문에 물속으로 뛰어든 것은 그 상의 주머니에 저를 전쟁터에 보낸 뒤 주야로 기도하는 어머니의 사진과 전쟁터에서 하나님께 의지하며 읽으로라고 챙겨준 어머니의 성경이 들어 있었기 때문입니다. 제가 지금까지 용감하게 싸운 것은 다 어머니의 기도 덕분이었습니다. 그리하여 부득이하게 물에 뛰어든 것입니다." 이 말을 들은 재판장은 "미합중국 헌법에 어머니의 사진과 성경을 건지기 위해 물에 뛰어든 수병을 처벌하라는 조항은 없다. 무죄!"라고 판결했습니다.

말씀에 접목하기: 엡 6:1-3

하나님은 우리를 향한 놀라운 계획을 가지고 계십니다. 그리스도의 지체인 우리 그리스도인이 가는 곳마다, 만나는 사람마다 하나님의 영광으로 가득하고 하나님의 은혜와 진리가 충만하게 될 것입니다. 이것이 하나님의 계획입니다. 그렇다면 어떻게 해야 그 축복의 계획이 우리의 것이 될 수 있을까요?

축복의 문을 여는 한 가지 방법을 알려주겠습니다. 성경은 부모님을 공경하고 효도하면 하나님이 세상에서 잘 되게, 건강하게, 장수하게 하신다고 약속합니다. 부모 순종, 부모 공경의 계명을 몸으로 실천하면 거기에 하나님의 영광과 은혜와 진리가 충만하게 임한다는 것입니다. 앞서 언급한 병사는 자기를 위해 쉬지 않고 기도하는 어머니의 사진이 들어 있는 옷을 건지기 위해 죽음을 무릅 쓰고 물속으로 뛰어들었습니다. 그는 군법회의에 나가야 했지만 그것보다 어머니가 더 중요했습니다. 그는 모든 것 위에 어머니 공경을 두었던 것입니다. 부모를 공경하고 효도를 행할 때 그 영광이 자기에게로 돌아옵니다. 부모에게 효도하면 하나님이 갚으시고 30배, 60배, 100배의 열매를 주실 것입니다.

가장 반항적이고 파괴적이었을 때는 언제인가?

예화 36

어떤 여성단체의 강연회에서 "여러분의 인생에서 가장 반항적이고 파괴적이었을 때는 언제입니까?"라고 질문하자 그곳에 모인 대부분의 여성이 "무시당할 때요"라고 대답했습니다. 무슨 말이냐고 다시 물었더니 그들은 "우리는 위험을 무릅쓰고 자식을 낳고 가정을 위해 헌신하는데 우리의 수고를 남편이 몰라주고 무시할 때, 시부모님이 몰라주고 무시할 때, 동기간에 무시할 때, 사회에 나가 남자들과 어깨를 나란히 하고 일하는데 여자라고 해서 임금에 차별을 두고 무시할 때 가장 반항적이고 파괴적인 행동을 하게 돼요"라고 말했습니다.

말씀에 접목하기: 빌 2:3, 4

누구든지 자기를 알아주고 인정해주는 사람을 위해서는 최선을 다해 헌신하지만 무시와 멸시를 당하게 되면 자신도 모르는 사이에 반항적이고 파괴적인 태도를 드러내게 된다는 것입니다. 그리스도인은 "아무 일에든지 다툼이나 허영으로 하지 말고 오직 겸손한 마음으로 각각 자기보다 남을 낫게 여기"(빌 2:3)는 사람입니다. 세상의 영은 타의 모범이 되기 위해 최선을 다해 노력하고 자랑스러운 사람이 되라고 가르칩니다. 그러나 우리 주님은 "자기보다 남을 낫게 여기는" 사람이 되라고 말씀하셨습니다. 우리는 배우자를 높여야 합니다. 가족들을 존중해야 합니다. 만나는 모든 사람을 축복해야 합니다. 이처럼 우리는 섬기는 자가 되고 종이 되어야 합니다. 그러면 하나님이 우리를 으뜸이 되게 하고 큰 자가 되게 하실 것입니다.

지으신 모든 것에 긍휼을 베푸시는 하나님

예화 37

우리는 마음속 깊이 긍휼의 하나님을 믿습니다. 그러나 하나님의 긍휼하심을 부인하는 듯한 많은 일을 보면서 하나님이 정말로 긍휼하신지 의문이 들때가 많습니다. 코리 텐 붐은 이런 이야기를 했습니다.

"저는 이따금 사람들한테서 '하나님은 참 좋은 분이야. 교회 야외 예배에 비가 오지 않게 해달라고 기도드렸더니 이 화창한 날씨를 보라고!' 라는 얘기를 듣습니다. 그렇습니다. 좋은 날씨를 주실 때 하나님은 좋으신 하나님입니다. 그런데 저는 포로수용소에서 정말로 가슴 아픈 일을 당했습니다. 저는 그때도 하나님이 좋으신 하나님인지 확신할 수가 없었습니다. 제 언니 베시가 독일의 집단 포로수용소에서 제가 보는 가운데 간수에게 채찍에 맞아 죽어가고 있었습니다. 나는 언니에게 하나님은 우리를 잊으신 것 같다고 분노하여 외쳤습니다. 그러자 언니 베시는 마지막 힘을 다해 나에게 '아니야, 코리야! 하나님은 우리를 잊으신 것이 아니야. 하늘이 땅에서 높은 것같이 하나님을 사랑하는 사람에게 대한 하나님의 사랑도 높고 크셔. 예수님이 골고다에서 채찍에 맞아 온몸이 피투성이가 된 채 십자가에 달려 저주의 고통을 당하실 때 하나님이여, 하나님이여, 어찌 나를 버리십니까 부르짖을 때 하나님은 어디 계셨지? 우리 하나님은 그때도 자비의 하나님이고, 하나님은 예수님의 십자가의 고통으로 우리를 대속하신 거야. 지금 우리의 고통과 저주를 이해할 수는 없을 거야. 그러나 하나님은 언제나 자비의 하나님이고 모든 것을 합력하여 선을 이루시는 분이야. 너는 그런 하나님을 믿고 무슨 일을 당하든지 감사하며 예수님을 전해야 해' 라고 말해주었습니다."

> 말씀에 접목하기: 마 9:12, 13

　바다같이 넓고 하늘같이 높은 하나님의 사랑은 늘 마르지 않습니다. 그 사랑은 모든 사람을 위해 넉넉히 마련되어 있습니다. 환경의 좋고 나쁨을 막론하고 승리를 주시는 그 사랑을 감히 의심하지 않도록 주님이 우리를 도와주실 것입니다. 마음의 상처 때문에 생기는 눈물, 가슴을 가득 채운 삶의 고통, 절망의 역경은 하나님의 자비를 의심하게 만들 수 있습니다. 그러나 그 모든 눈물과 고통과 역경 속에서도 하나님은 자비의 보화를 숨겨놓으셨습니다. "하나님, 우리의 영의 눈을 열어주시옵소서. 그래서 하나님의 자비가 숨겨져 있을 때라도 그것을 보며 감사하고 찬양하게 하시옵소서!"

번호를 만나고 있습니까, 사람을 만나고 있습니까?

예화 38

　만남에서 가장 중요한 것은 인격적인 관계입니다. 사람이 귀할 때는 한 인격으로서 서로가 서로를 대우했지만 인구가 증가하고 사회가 복잡해지면서 인간은 이제 하나의 숫자로 기억되고 있습니다. 그것이 관리하기에 편하기 때문입니다. 그래서 스위스의 정신의학자 폴 투르니에는 심각하게 "현대 사회는 무엇보다 귀한 개인이 대중 속에 묻히고 있다"라고 우려했습니다.

　오늘의 세상은 인격으로서 인정을 받고 인격적 대우를 받으며 살아야 할 사람이 번호 하나로 기억되고 처리되는 세상입니다. 죄수는 모두 번호로 불립니다. 중·고등학교를 다닐 때 선생님이 출석 체크를 하면서 이름 대신 번호만 불렀던 것을 기억합니다. 현대인은 모두 자기의 고유번호를 가지고 있습니다. 군인은 말할 것도 없고 민간인도 자신만의 주민등록번호를 가지고 있습니다. 이것은 현대인 모두가 군인처럼 다루어지거나 죄수와 마찬가지 대접을 받는다는 것인데, 말도 안 되는 일입니다.

　한 사람을 인간으로 대하는 자세가 사라져 가고 있습니다. 이제는 의사들도 환자를 한 인격체로 대하는 자세가 약화되어 가고 있습니다. 폴 투르니에 박사는 의사에게 있어 가장 위험한 생각은 환자를 한 인격으로 생각하지 않고 위장병, 폐질환, 고혈압, 당뇨병을 앓는 환자를 어떤 질병의 사례로 생각하는 것이라고 말했습니다. 사회가 이처럼 메말라 가는 것은 인간이 단순한 번호로 통하는 시대를 살고 있기 때문입니다.

말씀에 접목하기: 사 43:1

세상 사람은 같은 사람을 다룰 때 하나의 숫자 개념으로 편리하게 다루려고 하지만 하나님은 우리를 그렇게 간단히 다루시는 일이 없습니다. 하나님은 우리 한 사람 한 사람의 머리털까지 세신다고 했습니다. 그만큼 하나님은 우리를 인격적으로 사랑하신다는 말입니다. 하나님은 우리를 하나님의 형상을 가진 한 사람의 인격으로 받으시고 사랑하시고 대우하시는 분입니다. 하나님은 지금 당신을 인격적으로 부르시고 있습니다. "야곱아 너를 창조하신 여호와께서 지금 말씀하시느니라 이스라엘아 너를 지으신 이가 말씀하시느니라 너는 두려워하지 말라 내가 너를 구속하였고 내가 너를 지명하여 불렀나니 너는 내 것이라"(사 43:1).

즐거운 수고

예화 39

어느 날 아침 독실한 신자 채프먼은 기분이 어떠냐는 질문을 받았습니다. 그는 이렇게 대답했습니다. "오늘 아침은 할 일이 너무 많아서 짐이 무거워요!" 그러나 이 말을 하는 채프먼의 얼굴에는 괴로운 표정이 전혀 없었습니다. 그는 즐거울 표정과 기쁨이 가득한 목소리로 말했습니다. 그래서 질문한 사람이 이상해 확인하는 질문을 했습니다. "정말 짐이 무거우세요?"라고 했더니 채프먼은 이렇게 대답했습니다. "그렇습니다. 그런데 그 짐은 괴로운 짐이 아니라 아주 즐겁고 행복한 짐입니다. 하나님은 오늘 제게 축복의 짐을 많이 지워주셨습니다. 하나님은 부족한 나에게 그분의 복을 전달하는 귀한 일을 맡기셨습니다. 오늘 나는 만나는 사람에게 하나님의 복을 전달하여 그들에게 하나님의 복이 차고 넘치는 일을 받았습니다. 그래서 지금 이렇게 기도하고 있습니다. '하나님, 오늘 만나는 모든 사람에게 주님의 복을 아낌없이 전달하게 하소서! 그 사람이 오늘 나와 만남으로써 하늘의 복을 풍성히 받게 하소서!'"

말씀에 접목하기: 창 12:3

성경은 "그가 저주하기를 좋아하더니 그것이 자기에게 임하고 축복하기를 기뻐하지 아니하더니 복이 그를 멀리 떠났으며"(시 109:17)라고 말씀합니다. 저주하는 사람에게 그 저주가 임하고 축복하는 사람에게 그 축복이 임할 뿐 아니라 축복을 통해 하나님의 복이 사람에게 전달된다는 것입니다. 예수님은 교회에 천국 열쇠를 맡기셨습니다. 교회와 믿음의 사람은 천국 문을 열어주는 사명을 받은 사람입니다. 오늘 우리가 주님의 이름으로 축복할 때 하나님은 우리를 통해 축복의 문을 열어 하늘의 영광과 평화로 넘치게 하실 것입니다.

화해 편지와 방문

예화 40

다음은 신학자 에밀 브루너 박사의 간증입니다. 그는 한 친구와 사이가 몹시 나빠졌습니다. 일 년 동안 상종도 하지 않았는데, 성경을 읽던 중 자기 행동이 옳지 못했음을 깨닫고 화해 편지를 썼습니다. 그러나 네 통이나 보냈는데도 답장이 없었습니다. 다섯 통째 편지는 자기가 직접 전달하기로 결심했습니다. 마침 춥고 눈이 내리는 날 저녁이었습니다. 그는 친구 집의 문을 두드렸습니다. 그날 밤 차가웠던 친구의 마음이 녹아내린 것은 5분도 채 걸리지 않았다고 합니다.

말씀에 접목하기: 딤후 3:15-17

성경은 성령님의 감동으로 된 것입니다. 그 말씀을 읽거나 듣거나 묵상하거나 가르치는 동안에 성령님이 임하여 우리를 교훈하고 책망하고 바르게 하고 의로써 교육하십니다. 그리하여 우리를 온전하게 하고 선한 일을 할 수 있도록 능력을 갖춰주십니다. 에밀 브루너는 존경받는 신학자였지만 성경을 읽는 동안 성령님의 감동을 받아 그가 선한 일을 할 수 있도록 능력을 주셨습니다.

사랑의 사귐

예화 41

1772년 영국 런던에 영향력을 갖춘 설교자인 존 길 목사가 사역하는 유명한 교회가 있었습니다. 존 길 목사는 평생 동안의 사역을 마치고 그 교회의 후임자로 시골 작은 교회에서 목회하던 존 포세트 목사를 초빙했습니다. 작은 마을 교회의 목회자였던 존 포세트 목사에게는 다시 올 수 없는 좋은 기회였습니다. 마침 그는 시골 교회에서 나오는 봉급으로는 늘어난 가족들이 생활을 할 수가 없었습니다. 게다가 그는 복음을 통해 영국 전역에 영향력을 끼칠 수 있는 좋은 기회로 여기고 기꺼이 받아들였습니다. 오랜 세월 함께 사랑을 나누었던 교인과 교회를 떠나는 일이 마음 아프기는 했지만, 그는 하나님의 새로운 부르심에 순종하여 짐을 싸기 시작했습니다. 모든 짐을 마차에 싣고 뜰을 나서는데 교인들이 찾아왔습니다. 떠나는 목사를 붙잡을 수 없었던 교인들이 눈물을 애써 참으며 배웅하기 위해 나온 것이었습니다.

이 모습을 지켜본 사모님이 갑자기 "여보, 작은 교회지만 복음 안에서 참 아름다운 사랑의 교제를 나누었던 교인들을 두고 어떻게 떠날 수 있겠어요?"라며 울먹였습니다. 사모님의 말을 들은 목사님은 걷잡을 수 없는 마음을 누르지 못하고 말머리를 돌려 목사관으로 돌아와 짐마차에 실었던 물건을 모두 내려놓았습니다. 그리고 집안으로 뛰어 들어가 눈물을 흘리며 엎드렸습니다. 잠시 후 그는 자기 주머니에서 펜을 꺼내어 찬송시 한 편을 쓰기 시작했습니다. 그것이 바로 찬송가 221장이 되었습니다.

1. 주 믿는 형제들 사귐은
   천국의 교제 같으니 참 좋은 친교라
2. 하나님 보좌 앞 다 기도드리니
   우리의 믿음 소망이 주 안에 하나라
3. 피차에 슬픔과 수고를 나누고
   늘 동고동락하면서 참 사랑을 나누네
4. 또 이별할 때에 맘 비록 슬퍼도
   주 안에 교제하면서 또다시 만나리

말씀에 접목하기: 고전 12:12-27

교회는 제도나 조직이기 이전에 친밀한 교제입니다. 주 예수님의 사랑을 받은 사람이 주 예수님의 사랑을 서로 나누는 관계가 교회입니다. 그리스도의 영을 받은 사람이 그리스도 안에서 서로 한 믿음으로, 한 소망을 가지고 친밀한 교제를 나누는 관계가 교회입니다. 그리고 교회는 제도이고 조직이기도 합니다. 서로가 자기의 은사와 능력으로 주 예수를 섬기고 이웃을 사랑하는 공동체가 교회입니다. 친밀한 교제가 없으면 하나님의 생명이 교회에 머물지 않습니다. 그러나 조직과 제도 없이는 관계 자체를 유지할 수 없습니다. 조직과 제도는 몸이요 친밀한 교제는 혼이요 성령님이 공급하시는 생명은 교회의 영입니다. 진정한 교회는 하나님의 생명을 공급받으며 친밀한 교제를 나누는 조직이고 제도입니다.

내가 먼저 손을 내밀지 못하고

예화 42

복음송 작사가와 작곡가들 가운데 최용덕 집사가 있습니다. 그는 고향 교회에서 신앙생활을 할 때 어떤 동료 집사와 아주 사소한 일로 말다툼을 했습니다. 그 일이 있고 나서 처음에는 서먹서먹하다가 차츰 사이가 벌어졌습니다. '자기보다 내가 이 교회에 먼저 나왔고 내가 그를 전도했는데…… 자기보다 내가 더 많이 배웠고 내가 더 잘생겼는데 감히 나한테 대들다니, 그럴 수가 있나?'라는 생각이 그를 사로잡았습니다. 그런데 상대 교인 역시 마음을 닫아버렸는지 자기를 외면하기는 마찬가지였습니다. 그런 상태로 몇 달이 지나자 이제는 '철이 들었다면 내가 더 들었는데 먼저 다가가야지' '내가 먼저 맘을 열어 사과해야지' '내가 먼저 손을 내밀어 미소를 보내고 말을 해야지' 라고 생각하면서도 정작 그 친구를 만나면 그만 표정이 굳어지고 외면한 채 스쳐 지나가고 말았습니다.

그러던 어느 날 그 집사가 먼저 손을 내밀었습니다. 그쪽에서 먼저 용서를 청했던 것입니다. 두 사람은 서로를 꼭 끌어안은 채 상대편 심장 소리를 느끼며 오랫동안 포옹을 풀지 않았습니다. 그리고 울었습니다. 그렇게 해서 두 사람의 관계는 다시 화목하게 되었습니다. 그런데 화해하고 한 달 만에 그 친구가 갑작스러운 교통사고로 먼저 세상을 떠났습니다. 장례식을 치르고 얼마 후에 그 집사의 부인이 고인의 유품을 정리하다가 발견했다고 하면서 어느 날의 일기장 한 대목을 최 집사에게 보여주었습니다.

"내가 예수님 다음으로 존경하는 사람은 최용덕 집사다. 왜냐하면 그는 나를 이 교회로 전도하여 예수를 믿게 했고, 나에게 용서와 사랑을 가르쳐 믿음을 강하게 해준 사람이기 때문이다." 이 글을 접한 최 집사는 큰 충격을 받았습니다. 머리를 방망이로 얻어맞은 것 같은 영적 충격을 받았던 것입니다. 그는 몸부림치며 흐느껴 울었습니다. 통회 자복하며 기도했습니다. 그 친구가 손을 내밀기 전에 자기가 먼저 손 내밀고 화해했어야 하는데 그렇게 하지 못했음이 가슴을 쳤습니다. 이제 일기장에 적힌 그의 진심을 읽고 사과하려고 해도 이 사과를 받아 줄 친구는 이미 고인이 됐으니 어쩔 도리가 없었습니다. 그는 자기의 친구를 생각하면서 〈내가 먼저〉라는 복음송을 작사하고 곡을 붙였습니다.

내가 먼저 손 내밀지 못하고, 내가 먼저 용서하지 못하고
내가 먼저 웃음 주지 못하고, 이렇게 머뭇거리고 있네
그가 먼저 손 내밀기 원했고, 그가 먼저 용서하길 원했고
그가 먼저 웃음 주길 원했네
나는 어찌된 사람인가
오 간교한 나의 입술이여, 오 교만한 나의 마음이여
왜 나의 입은 사랑을 말하면서, 왜 나의 맘은 화해를 말하면서
왜 내가 먼저 져줄 수 없는가, 왜 내가 먼저 손해 볼 수 없는가

후렴
오늘 나는 오늘 나는, 주님 앞에서 몸 둘 바 모르고
이렇게 흐느끼며 서 있네, 어찌할 수 없는 이 맘을 주님께 맡긴 채로

내가 먼저 섬겨주지 못하고, 내가 먼저 이해하지 못하고
내가 먼저 높여주지 못하고, 이렇게 고집 부리고 있네
그가 먼저 섬겨주길 원했고, 그가 먼저 이해하길 원했고
그가 먼저 높여주길 원했네
나는 어찌된 사람인가

오 추악한 나의 욕심이여, 오 서글픈 나의 자존심이여
왜 나의 입은 사랑을 말하면서, 왜 나의 맘은 화해를 말하면서
왜 내가 먼저 져줄 수 없는가, 왜 내가 먼저 손해 볼 수 없는가

말씀에 접목하기: 빌 2:3-5

예수님은 우리를 구원하기 위해 하늘 영광을 버리셨습니다. 우리를 영화롭게 하기 위해 자기의 영광을 버리시고, 우리를 부요하게 하기 위해 스스로 가난하게 되시고, 우리를 존귀하게 세우기 위해 자기는 십자가의 모욕과 비방을 선택하신 분이 우리 주 예수님입니다. 예수님의 길은 무슨 일을 하든지 다툼이나 허영으로 하시지 아니하고 겸손한 마음으로 자기 자신보다 남을 낫게 여기도록 하는 어려운 길입니다. 예수님은 오늘 연약한 우리를 강하게 하고 미련한 우리를 지혜롭게 하고 비천한 우리를 존귀하게 만드실 것입니다.

사도 바울은 우리에게 이런 예수님을 본받으라고 권면하고 있습니다. 하나님은 우리 모두가 예수님을 본받아 남을 나보다 낮게 여기고, 다른 사람을 나보다 소중히 여기며, 우리의 이웃이 우리보다 더 존중받게 하고자 하십니다. 예수님은 오늘도 우리에게 성령님을 보내어 우리로 그분을 따라 살게 하십니다. 우리가 가는 곳마다 다른 사람이 우리보다 더 사랑받고 존귀하게 되는 기적이 일어나기를 바랍니다.

가필드 대통령의 어머니 사랑

예화 43

미국의 20대 대통령인 가필드 대통령의 취임식 날이었습니다. 취임식 준비가 끝난 뒤 모두 귀빈석 정면에 마련된 특별석에 대통령이 나타나기를 기다리고 있었습니다. 그러나 시

간이 한참 지났는데도 대통령이 취임식장에 나타나지 않았습니다.

시간이 한참 흐르고 난 뒤 대통령이 한 노인을 부축하며 식장 안으로 들어왔습니다. 그 노인은 다름 아닌 대통령의 어머니였습니다. 가필드는 어머니가 몸이 불편하여 제대로 걸을 수 없어 취임식장에 가지 않겠다고 고집하자 이렇게 말했습니다. "오늘 이 자리에는 어머니께서 꼭 계셔야 해요. 만약 어머니가 가지 않겠다면 저도 가지 않겠습니다." 그는 포기하지 않은 채 끝까지 어머니를 설득했고, 결국 어머니를 부축해 모시고 나오게 된 것입니다.

가필드는 취임 연설에서 이렇게 말했습니다. "제가 오늘 이렇게 영광의 자리에 오르게 된 것은 다 어머니의 은혜 때문입니다. 저는 어머니의 말씀에 순종해서 오늘날 대통령의 자리에 앉게 되었습니다." 가필드 대통령의 취임 연설은 많은 사람을 감동시켰습니다.

말씀에 접목하기: 마 15:21-28

이 세상에 가장 큰 사랑은 어떤 사랑일까요? 아마 어머니의 자식 사랑이 아닐까 합니다. 자기는 힘든 일도 마다하지 않고 사치 한번 하지 않으면서 자식의 행복을 위해 모든 것을 희생하시는 어머니, 그런 사랑을 받으면서도 귀찮아하고 잔소리한다면서 무시하고 화를 내어도 가슴에 담은 자식 사랑을 버릴 줄 모르시는 어머니, 자식에게 무슨 좋지 않는 일이 생기면 자기 일보다 더 괴로워하면서 아파하시는 어머니, 가장 헌신적이면서도 생명을 아끼지 않고 사랑을 쉬지 않으시는 어머니! 고맙습니다.

네가 잡은 멱살을 놓아라

예화 44

어느 교수의 이야기입니다. 그는 가까운 친구와 대화를 나누던 중에 깊은 상처를 받았습니다. 친구가 도저히 받아들일 수 없는 모욕에 가까운 말을 했기 때문입니다. 깊은 상처를 받고 난 뒤 그 교수는 친구를 미워해서는 안 된다고 입으로 말하면서도 속에서는 그를 미워하는 마음이 떠나지를 않았습니다. 그를 용서했다고 생각하면서도 어느덧 그의 입은 그 친구를 비난하는 말을 쏟아내었습니다. 그렇게 며칠을 보내고 나서 그 교수가 잠을 자려고 했는데 잠이 오지 않았답니다.

그래서 그 교수는 눈을 감고 묵상을 했습니다. 그때 갑자기 "네가 잡은 멱살을 놓아라!"는 소리가 들렸습니다. 처음에는 누가 이런 말을 하는가 싶어 주위를 둘러보았지만 그럴 만한 사람이 없었습니다. 순간 그는 하나님이 자기를 깨우치는 음성이 아닌가 하는 생각이 들긴 했지만 자기가 누구의 멱살을 잡고 있는지 도무지 알 수 없었습니다. 그래서 중얼거리듯 낮은 소리로 "제가 누구의 멱살을 잡았단 말입니까?"라고 물었습니다. 그랬더니 마음속에 이 며칠 동안 비난했던 바로 그 친구의 멱살을 잡았다는 생각이 떠올랐습니다.

"멱살을 놓아라." 이 말은 계속 그 교수의 뇌리에 박혀 떠나지를 않았습니다. 그 소리를 들으면서 가만히 생각해 보니 친구를 용서하지 못하고 분개한 마음으로 그를 비난하고 마음속으로 욕하고 있었습니다. 그는 마음으로 그의 멱살을 잡고 놓아주지 않았던 것입니다. 이제 그는 이것이 분명히 하나님의 경고임을 깨닫고 하나님 앞에서 흐느끼면서 한 시간 동안을 울었다고 합니다. "하나님, 잘못했습니다. 나를 먼저 용서해주세요." 그렇게 한 시간 동안 울면서 회개하고 났더니 가슴이 시원해질 뿐 아니라 그 친구가 불쌍하다는 생각이 들고 그를 위해 기도하고 축복하고 싶은 마음이 일어났다고 합니다. 그 교수는 다음 날 바로 친구를 찾아가 무조건 잘못했다고 사과하고 하나님이 형제를 사랑한다고 진심으로 축복했습니다.

> 말씀에 접목하기: 골 3:12-14

하나님은 양방향에서 역사하십니다. 하나님은 그리스도의 몸인 교회를 통하여 배우게 하고 듣게 하고 권면을 받게 합니다. 그리고 그 말씀을 우리에게 들려주시는 하나님의 말씀으로 받게 하십니다. 앞서 말한 교수는 교회에 다니면서 이웃을 사랑하라는 말씀과 그리스도께서 형제를 용서하듯 형제를 용서하라는 말씀을 받았습니다. 그럼에도 그는 친구를 미워하는 마음을 억누를 수가 없었습니다. 그러자 그와 함께 하는 성령님은 교회에서 받은 말씀으로 다시 한 번 그를 깨우쳐 형제를 사랑하게 만드셨습니다. 하나님은 말씀을 주시는 분이요(교회를 통해), 말씀을 기억나게 하시는 분이요, 그 말씀을 우리에게 주시는 말씀으로 깨닫게 하시는 분이요, 그 말씀을 실천하게 하시는 분입니다.

코페르니쿠스의 용서 받는 기쁨

예화 45

위대한 수학자요 천문학자이며 과학자인 코페르니쿠스가 죽음을 앞에 두고 유언을 남겼습니다. 그 유언에 따라 그가 묻혀 있는 묘비명에는 다음과 같은 글귀가 새겨져 있습니다. "나는 바울이 가진 특권을 구하지 않는다. 나는 베드로에게 주신 능력도 구하지 않는다. 나는 다만 십자가에서 강도에게 주신 용서를 원한다." 우리가 인간으로서 누릴 수 있는 가장 큰 기쁨은 용서하고 용서받는 기쁨입니다.

> 말씀에 접목하기: 엡 4:32

다음은 흑인 목사 마틴 루터 킹이 암살당하기 바로 두 달 전에 한 설교의 일부분입니다. "……다만 다른 사람을 섬기는 일에 삶을 바치려고 노력했다고 말해준다면 감사하겠습니다. 사람을 사랑하기 위해 노력했고 굶주린 사람을 먹이려고 했으며 헐벗은 사람에게 옷을 입혀주려고 애썼으며 감옥에 있는 사람을 방문하려고 노력했으며 사람을 사랑하고 인류에 봉사하려고 힘썼던 사람이라고 말해주시면 감사하겠습니다." 그리고 다음과 같은 말을 덧붙였습니다. "저는 남기고 갈 재물도 없습니다. 다만 헌신된 생애를 남기기를 원합니다."

우리 어린이들을 위해 평화로운 세계를!

예화 46

캘리포니아 오렌지 카운티에 사는 토미는 초등학교 1학년 어린이였습니다. 어느 날 학교에서 어린이들의 미래를 위해 전쟁을 해서는 안 된다는 말을 들었습니다. 이 말에 토미는 평화 스티커를 만들어 차마다 붙이면 전쟁이 사라질 거라는 생각이 들었습니다. 어린 소년의 티 없이 순진하고 맑은 희망이었습니다. 스티커 제작비가 500달러 정도였는데, 토미의 부모는 소년의 이 계획에 즉각 반대했습니다.

그러자 토미는 동네에서 가장 큰 가게를 찾아갔습니다. 주인이 "돈을 빌려주면 갚을 수 있느냐?"고 물었습니다. 토미는 1,000장을 만들어 1장에 1달러 50센트씩 받으면 1,500달러가 되어 빌린 돈 500달러를 갚고 1,000달러를 평화를 위해 일하는 기관에 보낼 생각이라고 말했습니다. 어린 아이의 생각이 하도 기특해서 가게 주인은 돈을 잃은 셈치고 500달러를 빌려주었습니다. 드디어 스티커가 제작되었습니다. '우리 어린이를 위해 평화로운 세계를!' 이라는 내용이었습니다.

토미는 아버지에게 레이건 대통령의 집 앞까지만 데려다 달라고 했습니다. 대통령이 그 도시에 살고 있었던 것입니다. 첫 번째 스티커를 레이건 대통령에게 팔겠다는 것이었습니다. 아버지는 이제 그냥 보고만 있을 수 없어 아들을 차에 태워 레이건 대통령의 집 앞까지 데려다주었습니다. 비서가 나왔습니다. 비서는 스티커 한 장을 즉석에서 사고 레이건 대통령에게도 소개했습니다. 레이건 대통령이 이 스티커를 한 장 샀다는 기사가 지방 신문에 실렸습니다. 그러자 신문사에서 토미와 인터뷰를 하고 이를 기사화했습니다. 그 후 토미의 평화 호소 스티커는 1만 장이 팔렸습니다. 이 스티커는 많은 사람에게 평화에 대한 관심을 갖게 했습니다. 돈은 평화운동을 하는 기관에 기부되었습니다. 하나님은 우리를 평화의 사도로 삼으시고 하나님의 평화를 친히 이루시는 분입니다.

말씀에 접목하기: 고후 5:19

예수 그리스도는 평화의 사도입니다. 예수님은 하나님과 우리와의 평화를 이루신 분일 뿐 아니라 사람과 사람 사이에 평화를 심으신 분입니다. 예수님은 먼저 모든 사람이 하나님께 얼마나 사랑스러운 존재인지를 깨닫게 하시고 영의 눈을 열어 그것을 보게 하심으로써 사람을 존중하고 사랑하지 않을 수 없게 하신 분입니다. 예수님은 자기의 피로 평화의 대가를 지불하시고 싸움과 분쟁과 갈등이 있는 곳에 평화를 심으셨습니다. 예수님이 계신 곳에는 평화의 문이 열립니다.

예수님은 우리도 평화의 신을 신고 걷기를 요구하십니다. 예수님은 그분을 대신하여 평화의 사도가 되어 이 세상에 하나님의 평화를 전달하라고 우리를 부르셨습니다. 누구든지 예수님의 부르심에 응답한 사람은 주님의 평화를 전달하는 평화의 사도가 될 것입니다.

값진 희생

예화 47

윈스턴 처칠은 2차 세계대전 당시 영국이 어려움을 당하고 있을 때 탄광을 찾아갔습니다. 탄광 속에서 탄을 캐며 땀 흘리는 광부를 찾아가서 격려했습니다. "전쟁에서 승리한 후에 후손들이 여러분에게 '전쟁 중에 무슨 일을 하셨습니까' 라고 물으면 무엇이라고 대답하겠습니까? 어떤 사람은 잠수함을 타고 바닷속에서 싸웠다고 할 것이며, 또 어떤 사람은 보병이 되어 적진에 진격해 들어갔다고 말할 것이며, 또 어떤 사람은 병원에서 부상당한 사람을 치료해줬다고 말할 것입니다. 그때 여러분은 깊은 갱도 속에 들어가 석탄을 캐내어 군함과 기차를 움직이는 연료를 공급해줬다고 자랑스럽게 말할 수 있을 것입니다. 여러분의 값진 희생이 승리를 가져다줄 것입니다."

말씀에 접목하기: 눅 24:26, 27

하나님은 사람을 축복과 저주 사이에 세우셨기 때문에 축복만을 원하고 저주를 싫어할 수 없으며, 저주를 싫어하면 축복도 떠나버립니다. 서양에 "악마를 쫓아내면 천사도 함께 나가버린다"라는 속담이 있습니다. 지금 행복하다고 하면 그것은 다른 누군가 당신을 위해 수고했거나 당신이 과거에 수고와 땀으로 행복의 씨앗을 심었기 때문에 지금 행복의 열매를 맺은 것입니다. 만약 행복하지 않고 고생만 하고 있다면 그로 말미암아 누군가 행복하게 살고 있거나 당신의 장래에 행복의 열매를 거두게 될 것입니다. 행복은 원하지만 수고하기는 싫고, 자신의 행복을 위해 다른 사람이 수고하는 것을 원한다면 그것은 악한 일이요 죄를 짓는 것입니다. 반면 당신이 수고함으로써 다른 사람을 행복하게 만드는 것은 예수님을 따르는 것이요 믿음의 삶입니다.

도로시 펄코비치

예화 48

도로시는 15세의 나이로 위스콘신 주 파크폴 고등학교에서 밴드를 지휘하는 아름다운 소녀였습니다. 그러던 어느 날 갑자기 류머티스 관절염이 그 소녀를 찾아왔습니다. 그녀는 운동 능력을 상실했습니다. 두 팔을 옆에 붙이고 엉덩이와 무릎을 움직이지 못하도록 고정시켰습니다. 병원에서는 그녀에게 해줄 것이 별로 없어 들것에 실려 퇴원했습니다.

도로시는 갑작스러운 병으로 걸을 수도 없고 팔이나 허리를 구부릴 수도 없는 몸이 되어 들것에 들려 퇴원할 때 이렇게 기도했습니다. "의사 선생님은 영영 회복되지 못할 것이라고 말했습니다. 나는 너무너무 무섭고 불안합니다. 이 상태로 영영 움직이지 못한다니 견딜 수가 없습니다. 하나님, 나는 어떻게 해야 합니까?" 도로시는 이 기도를 드리는 동안 하나님이 들려주시는 세미한 음성을 들었습니다. "도로시, 너는 단지 신체장애를 가진 것뿐이다. 너의 신체장애가 네 영혼이나 정신까지 지배하게 해서는 안 된다!" 도로시는 이렇게 하나님께 대답했습니다. "저에겐 두뇌가 있어요. 영혼의 능력도 남아 있어요. 하나님께 사랑받는 사람이 되고 싶어요. 하나님이 사용하시는 사람이 되고 싶어요. 사람에게 꼭 필요한 사람이 되고 싶어요. 하나님이 저를 이처럼 사랑하시는 것을 알아요. 하나님이 계획하시는 그런 사람이 되게 해주세요."

도로시는 8년 동안 굳은 몸으로 생명을 위한 투쟁을 했습니다. 하나님께 기도하면서 손으로 글을 쓸 수 있게 해달라고 간절히 구했습니다. 8년 만에 그녀의 왼손 끝이 움직이기 시작했습니다. 그리고 오른손도 움직일 수 있게 되고 그녀가 기도한 대로 드디어 글을 쓸 수 있게 되었습니다. 그녀는 이렇게 고백했습니다. "십자가의 예수님이 내 안에 들어오셔서 나의 몸을 움직이게 해주셨습니다." 도로시는 25세에 다시 고등학교 과정을 시작했고, 5년 만에 고등학교를 졸업했습니다. 그리고 위스콘신 대학교에서 수업을 들었습니다. 지금은 '글래스 마운틴 인'이라는 단체를 결성해 활동하고 있습니다. 그 단체의 목적은 '장애인에게도 존엄성이 있음을 알게 하고 장애인에게도 하나님이 주신 사명이 있음을 발견하고 그 일을 찾아 하나님의 일을 하게 돕는 것' 입니다.

"나는 비틀린 다리와 팔을 주님께 드렸습니다. 이제 나는 비틀린 다리와 팔을 부끄러워하지 않습니다. 나의 다리와 팔과 몸은 예수 그리스도의 지체로 변했기 때문입니다. 떤 사람은 내게 나을 것이니 힘내라고 말하지만 나는 이미 건강한 사람이 되었습니다. 이제 나에게 중요한 것은 예수 그리스도의 지체로서 당당하고 존귀하게 살아야 함에도 불구하고 자존감과 존엄성을 잃어버린 장애인을 위해 사는 것입니다. 나는 그들에게 도움을 주고 그들을 섬기며 하나님의 보석이 되어 보람 있게 살게 하는 일을 위해 일생을 바칠 것입니다."

말씀에 접목하기: 롬 12:1, 2

도로시의 이야기는 그리스도인이 어떠해야 하는지 말해줍니다. 그리스도인은 자기가 어떤 일을 당했는지에 집착하기보다는 자기가 모시고 있는 예수 그리스도의 음성을 듣는 자입니다. 그리스도인은 자기의 모습을 보면서 좌절하는 자가 아니라 자기 몸을 있는 그대로 하나님께 산 제물로 드리고 그 몸으로 하나님의 선하시고 기뻐하시고 온전하신 뜻을 행하고자 하는 사람입니다. 도로시는 뒤틀린 손과 다리와 굳은 몸, 그에게 아직도 남아 있는 건강한 두뇌를 하나님께 드리고 하나님이 원하시는 일을 행하고자 했습니다. 그는 하나님의 음성을 들으면서 자신이 얼마나 큰 사랑을 받는 사람인지 깨달았습니다. 믿음 안에서 자기가 하나님의 보석임을 깨달았습니다.

그러나 우리는 흠 있는 진주입니다. 이 세상의 어느 누구도 완벽한 사람은 없습니다. 누구든지 완벽하기를 바란다면 결국 세상을 떠나야 할 것입니다. 예수님은 흠을 없애기보다는 그 흠을 감싸주고 그 흠이 있음에도 불구하고 사랑하고 존중하시는 분입니다. 예수님은 흠을 제거하는 기술자가 아닙니다. 예수님은 흠을 아름답게 가리고 빛나는 곳을 더 빛나게 만드시는 분입니다. 비록 흠이 있을지라도 감싸고 덮어주며 빛나는 곳을 더 빛나게 만들어주며 존중하는 사랑이 예수님의 사랑입니다. 도로시의 몸은 완벽하게 회복되지 않았지만 흠 있는 그대로 하나님의 사랑을 전달하는 몸으로 만들어주셨습니다. 예수님은 우리의 지체들을 사용하여 아름다운 보석의 삶을 살게 하여 주실 것입니다.

근심 상자

예화 49

신실한 여자 성도가 "너희 염려를 다 주께 맡기라 이는 그가 너희를 돌보심이라"(벧전 5:7)는 성경 말씀을 묵상하다가 영감을 받고 '근심 상자'를 만들어 부엌에 두었습니다. 그 성도는 근심거리가 생길 때마다, 마음 아픈 일이 있을 때마다 그것을 구체적으로 그리고 자세히 적어서 그 상자 속에 집어넣었습니다. 자기를 근심하게 만드는 문제와 염려를 마치 하나님께 맡겨버린 것처럼 근심 상자에 집어넣은 뒤에는 다시 그것을 생각하지 않고 그저 거기에 보관해두었습니다.

그러다가 가끔 그 상자를 열어 종이에 쓰여 있는 내용을 살펴봅니다. 그녀는 이런 과정을 거쳐 그때그때 마음에 차오르는 걱정을 떨쳐버리고 이를 나중에 여유를 가지고 해결할 수 있었습니다. 그리고 근심과 걱정을 하느라 소비되는 에너지를 절약할 수 있었고, 안정된 마음으로 문제를 신중히 해결할 수 있었습니다. 그러나 많은 경우 그녀가 염려했던 근심거리는 그 쪽지들을 다시 살펴보기 전에 이미 소멸되어 버린 것을 발견했습니다. 이 근심 상자는 심리적 효과가 있습니다. 근심거리가 발생하는 동안은 마음이 혼란에 빠져 아무리 그 근심거리를 생각하고 또 생각해 봐도 해결의 실마리를 찾아내지 못합니다. 일단 근심 상자에 보관해두었다가 마음이 가라앉았을 때 그것을 다시 생각하는 것은 문제를 해결하는 데 매우 유익한 방법입니다. 그러나 이것은 심리적 효과를 이용해 얻을 수 있는 인간적인 방법에 불과합니다. 하나님은 더 좋은 길을 우리에게 보여주십니다.

"너희 염려를 다 주께 맡기라 이는 그가 너희를 돌보심이라." 이처럼 하나님은 우리의 근심과 염려를 다 맡으시는 근심 상자가 되기로 하셨습니다. 사도 베드로는 우리의 기쁨과 힘을 빼앗아가고 영적 성장을 방해하며 마음에 상처를 입히는 염려를 모두 하나님께 맡겨버리라고 권면합니다. 하나님은 우리를 괴롭히는 문제와 잠을 못 자게 만드는 근심거리를 있는 그대로 받는 근심 상자 역할을 하십니다. 그러나 단순히 근심과 염려를 보관하는 근심 상자가 아닙니다. 하나님은 우리를 돌보시는(care for) 분입니다. 돌보신다는 말씀은 그 근심과 염려를 맡아서 해결하신다는 뜻을 갖고 있습니다. 여인의 근심 상자는 단순히 근심거리를 보관하는 역할만 하지만 우리 하나님은 우리의 염려를 맡으시고 그것을 돌보시고 해결하시고 모든 것을 합력하여 선을 이루십니다.

당신에게는 어떤 근심거리와 염려가 있습니까? 이제 그것들을 아주 구체적으로 적어서 하나님께 자세히 아뢰어야 합니다. 그러면 하나님은 그것을 맡고 돌보고 해결하게 하실 것입니다. 하나님은 우리의 염려를 권고하시는 하나님입니다.

말씀에 접목하기: 벧전 5:7; 전 3:12; 마 6:33

전도서는 "헛되고 헛되며 헛되고 헛되니 모든 것이 헛되도다"(전 1:2)라고 선포하면서도 "사람들이 사는 동안에 기뻐하며 선을 행하는 것보다 더 나은 것이 없는 줄을 내가 알았고"(전 3:12)라고 말씀합니다. 자기 행복을 위해 엄청난 것을 성취하고 모았다고 할지라도 헛되고 헛될 뿐이지만 이웃을 사랑하고 선을 행하는 것은 진정한 가치가 있는 것이라는 말씀입니다. 예수님은 이것을 좀 다르게 말씀하고 있습니다. "너희는 먼저 그의 나라와 그의 의를 구하라 그리하면 이 모든 것을 너희에게 더하시리라"(마 6:33).

자기를 위해 염려하며 근심하고 엄청난 것을 성취하고 받을지라도 거기에는 진정한 축복이 없고 하나님의 나라와 의를 위해 수고하고 애쓰는 것만 영원하다고 말씀하고 있는 것입니다. 전도자가 "헛되고 헛되며 헛되고 헛되니 모든 것이 헛되도다"라고 말씀했습니까? 그 모든 것이 자기를 위한 근심이고 염려이고 노력이고 씨름이기 때문입니다. 그러나 이웃을 사랑하고 섬기는 일은 영원하다고 말씀하십니다. 예수님은 하나님의 나라와 의를 위해 수고하고 힘쓰는 것은 축복의 문을 여는 비밀이라고 말씀하십니다.

오늘 당신이 모든 염려와 근심을 근심 상자에 담아버리고 하나님이 돌보시기를 원하는 사람을 하나님의 사랑으로 사랑하는 일에 힘쓴다면 영원한 축복의 문을 열게 될 것입니다.

없는 자를 택하여 있는 자를 부끄럽게 하시는 하나님

예화 50

미국의 인권운동가 마틴 루터 킹 목사의 인권 운동 주제가인 〈우리 승리하리라〉를 비롯해 억눌린 자들의 해방을 주제로 하여 수많은 노래를 쓴 사람은 찰스 앨버트 틴들리 목사입니다. 감리교회의 목사인 그는 흑인 노예로 태어났습니다. 그의 어머니는 진실한 그리스도인이었는데, 그는 어머니의 영향을 받아서 어려서부터 열심히 교회에 나가 신앙생활을 했습니다. 그러나 그의 주인은 교회에 나간다고 매질을 하고 핍박했습니다.

남북전쟁 이후 틴들리는 자유의 몸이 되어 여러 곳을 떠돌다가 필라델피아에서 벽돌을 나르는 인부로 일했습니다. 그러다가 한 작은 교회의 청소부로 일하게 되었습니다. 그는 시간을 내어 야간학교에 다녔고 보스턴 신학교 통신 과정을 마치고 감리교 목사로 안수를 받았습니다. 목사 안수를 받고 나서 교인 수가 12명인 교회의 목사가 되어 부임했습니다. 그에게는 예수님을 사랑하는 열정이 있었습니다. 예수님이 자기를 구원하셨을 뿐 아니라 사람을 구원하기 위해 십자가에 죽으셨고 지금도 성령님을 통하여 역사하신다는 사실을 굳게 믿었습니다. 그는 열정을 다해 예수님을 증거 했고, 그가 시무하는 교회는 1천 명이 넘게 모이는 대교회로 성장했습니다.

그러나 틴들리 목사는 그것으로 만족하지 않고 가난한 자들을 위한 섬김을 그 교회를 향한 하나님의 명령으로 받았습니다. 그는 매주 500~600명에게 급식을 제공했고 버림받은 사람을 먹이고 입히고 섬기는 일을 계속했습니다. 그리고 지하 목욕탕을 만들어 사람을 씻기는 일도 했습니다. 하나님은 그의 손을 통하여 수많은 영혼을 구원하셨습니다. 그의 믿음의 나무에는 아름다운 생명 사랑의 열매가 많이 열렸습니다.

그는 아무 힘이 없는 노예 출신이었지만 예수님을 사랑하는 열정으로 가득했고 그것이 그를 좌절하지 않도록 만들었고, 하나님은 그를 사용하여 수많은 사람에게 하나님의 사랑과 구원을 전하게 하셨으며, 하나님의 꿈을 이 땅에 실현하는 천사가 되게 하셨습니다.

말씀에 접목하기: 막 10:45

하나님은 우리에게 오른쪽 눈과 왼쪽 눈 두 개의 눈을 주신 것처럼 육의 눈과 영의 눈을 주셨습니다. 육의 눈은 시간과 공간에 매어 있는 눈입니다. 눈으로 보는 것을 보고 귀로 듣는 것을 들으며 과학적으로 생각하고 이성적으로 판단을 내리는 눈이 곧 육의 눈입니다. 육의 눈은 환경을 보고 조건을 보고 외모를 보고 겉으로 드러난 것을 봅니다. 그러나 영의 눈은 시간과 공간을 초월합니다. 영의 눈을 가진 사람은 하나님이 창조하신 세상을 봅니다. 하나님이 이처럼 사랑하시는 사람을 봅니다. 하나님의 형상대로 지음 받은 인간의 존엄성을 봅니다. 영의 눈을 가진 사람은 험악한 세상에 오셔서 죄악을 용서하시며, 어둠을 밝게 비추시며, 죽어가는 것들에게 새 생명을 주시는 하나님을 봅니다. 영의 눈을 가진 사람은 하나님이 바로 여기에 임하여 하늘의 생수로 채우시는 것을 봅니다.

그러나 아무나 영의 눈이 열리는 것은 아닙니다. 오직 주 예수님을 믿는 사람에게만 영의 눈이 열립니다. 하나님은 찰스 앨버트 틴들리 목사의 영의 눈을 열어주셨습니다. 그래서 틴들리 목사는 하나님의 형상대로 지음 받은 인간의 존엄성을 보며 사람을 존중하고 사랑하고 희생으로 섬기는 주님의 종이 되었습니다. 하나님이 당신에게도 영의 눈을 열어주실 것입니다. 하나님은 당신도 아름다운 생명 사랑의 열매가 열리는 사람으로 만들어주실 것입니다.

어떤 일도 결코 초라하지 않습니다

예화 51

몇 년 전에 큰 오르간 연주회가 열렸습니다. 그런데 오르간에 펌프질을 할 사람이 그만 병들고 말았습니다. 일이 이렇게 되자 한 유명한 작곡가가 자신이 그 펌프질을 하겠노라고 자원했습니다. 왜 그런 보잘것없고 천한 일을 하려고 하느냐는 질문에 그 작곡가는 이렇게 대답했습니다. "나는 음악을 지극히 사랑하기 때문에 음악을 위해 할 수 있는 일이라면 어떤 일도 결코 초라하다고 생각하지 않습니다."

그렇습니다. 우리가 예수님을 사랑한다면 우리가 그분을 섬기는 가운데 할 수 있는 일은 어떤 일도 결코 보잘것없거나 초라하지 않습니다. 예수님의 이름 안에서 행하는 봉사라면 가장 작고 미미한 일일지라도 모두 보람차고 아름답습니다.

말씀에 접목하기: 막 10:43-45

예수님은 우리를 이처럼 사랑하셔서 하나님의 본체를 버리고 종의 본체(빌립보서 2장 7절의 헬라어 원문은 본체임)를 입어 성육신하여 죽기까지 종으로 섬기셨습니다. 예수님은 "너희 중에 누구든지 크고자 하는 자는 너희를 섬기는 자가 되고 너희 중에 누구든지 으뜸이 되고자 하는 자는 모든 사람의 종이 되어야 하리라 인자가 온 것은 섬김을 받으려 함이 아니라 도리어 섬기려 하고 자기 목숨을 많은 사람의 대속물로 주려 함이니라"(막 10:43-45)고 말씀하셨습니다. 예수님은 우리를 사랑하고 섬기기 위해 가장 천한 일, 가장 낮은 일, 가장 험한 일을 하신 분입니다. 믿음은 예수님을 위해, 하나님이 이처럼 사랑하시는 사람을 위해 가장 낮고 천한 일을 하는 것입니다.

저 하늘에 자네의 재산이 얼마나 있는가?

예화 52

미국의 모 석유 재벌이 자기를 가르쳤던 은사를 초대해 음식을 대접하면서 자기의 성공을 스승에게 자랑하려고 했습니다. 그는 식사가 끝난 뒤 스승을 자기의 집 옥상으로 안내하여 여기저기 서 있는 거대한 석유 탑을 가리키면서 말했습니다. "선생님, 저기 서 있는 높은 탑 모두가 제 소유입니다. 저는 20년 전 빈손으로 시작해 오늘날 저렇게 많은 유전 탑을 갖게 되었습니다. 대단하지 않습니까?" 그는 스승이 놀라면서 자기를 칭찬해주기를 기대했지만 스승은 목에 잔뜩 힘을 주고 어깨를 으쓱거리면서 자랑스럽게 이야기하는 제자를 흔들림 없는 시선으로 바라다보면서 묵묵히 듣기만 했습니다. 그러자 제자는 다른 데로 눈길을 돌렸습니다. 그곳에는 엄청난 건축 자재가 쌓여 있었습니다. "저기 있는 원자재도 다 제 것입니다. 저는 그동안 열심히 일해 돈을 많이 모아 이렇게 큰 부자가 되었습니다." 이번에도 스승은 별다른 반응을 보이지 않고 그저 묵묵히 듣기만 했습니다. 그러자 석유 재벌은 선생님이 자기가 이룬 업적에 감탄하지 않는 것을 섭섭하게 생각하면서 계속해서 어떻게 자기가 재산을 축적할 수 있었는지 입지전적 성공담을 늘어놓았습니다. 그러나 스승은 여전히 잔잔한 미소를 띠고 듣고 있을 뿐 제자를 칭찬하지 않았습니다. 결국 제자는 자신의 행동이 머쓱해져 입을 다물고 말았습니다.

　잠시 후 밤하늘이 어두워지면서 하늘에 수많은 별이 하나둘 나타나기 시작했습니다. 스승은 하늘의 반짝이는 별들을 가리키면서 제자에게 물었습니다. "저 하늘에는 자네의 재산이 얼마나 있는가?" 제자는 스승이 가리키는 하늘을 바라보았습니다. 그는 스승 앞에 고개를 숙이더니 나직이 대답했습니다. "저 하늘에는 제 소유가 아무것도 없습니다." 이때 스승은 허허 웃으면서 제자에게 이렇게 말했습니다. "그렇다면 자네의 재산도 별것 아니군 그래!"

말씀에 접목하기: 빌 2:5-11

　예수님은 보물을 하늘에 쌓는 일이 무엇인지를 우리에게 보여주셨습니다. 예수님은 이 세상에 태어나신 뒤 자기의 소유를 만들기 위해 애쓰지 않으셨습니다. 예수님은 사람을 사랑하고 그들에게 하늘의 복을 넘치게 하고 그들을 풍성한 삶으로 인도하기 위해 모든 것을 바치셨습니다. 하늘과 땅과 그 사이에 있는 모든 것이 그분의 소유이지만 예수님은 오히려 가난한 자가 되어 이 세상에서 사셨습니다. 그분은 우리를 부요하게 하기 위해 자기의 모든 소유를 포기하셨습니다. 예수님은 하늘 영광을 가지신 분이지만 강보에 싸서 구유에 누이는 가난을 선택하셨습니다. 예수님은 십자가에서 자기의 속옷마저도 빼앗겼습니다. 그분은 자기의 소유라고 부를 수 있는 것을 모두 버리셨습니다.

　그러므로 하나님은 "그를 지극히 높여 모든 이름 위에 뛰어난 이름을 주사 하늘에 있는 자들과 땅에 있는 자들과 땅 아래 있는 자들로 모든 무릎을 예수의 이름에 꿇게 하시고 모든 입으로 예수 그리스도를 주라 시인하여 하나님께 영광을 돌리게"(빌 2:9-11) 하셨습니다. 예수님은 보물을 하늘에 쌓는 것이 무엇인지를 우리에게 몸으로 보여주셨습니다.

어떤 영을 가지고 사는가

예화 53

(원작: 빅토르 위고, 극본: 알랭 부블리 · 클로드 미셸 쉰베르그, 작곡: 클로드 미셸 쉰베르그, 감독: 무어. 장소: 세종문화회관, 공연 날짜: 2002년 7월 12일 - 8월 4일)

뮤지컬 〈레미제라블〉은 '가난과 폭력, 거짓과 술수, 반항과 도전, 꿈과 희망, 사랑과 실연 등으로 가득한 세상에서 인류의 진정한 꿈과 희망을 어디서 찾아야 하는가?' 라는 근본적 질문에 대해 성경적인 신앙에 근거해 대답을 시도한 훌륭한 작품이라고 생각합니다. 이 작품은 성공한 뮤지컬로서 볼거리와 재미를 선사하면서도 사람들에게 진한 감동을 선물해주었습니다. 이 작품이 큰 감동을 준 것은 인간과 세상의 근본적 문제를 신학적으로 해석하고 있기 때문이라고 생각합니다.

이 작품의 주인공은 각기 타락한 인간 세상의 고난과 저주를 경험하면서도 자기 나름대로의 꿈과 희망을 가지고 아름다운 미래를 만들기 위해 노력하고 있습니다. 주인공 장발장은 극심한 가난과 배고픔을 참지 못하여 조카를 위해 빵 한 조각을 훔친 죄로 기소되어 19년 동안 감옥의 어둠 속에서 썩어야 했으며, 죽을 때까지 전과자와 범법자의 숙명에서 벗어나지 못했습니다. 형사 자베르는 "죄를 지은 자는 반드시 죗값을 치러야 한다"는 정의론에 사로잡혀 평생을 냉랭한 인간으로 살았습니다. 그의 마음은 범죄한 자에게 어떻게 그 대가를 치르게 할 것인가에 대한 관심으로 가득하여 사람을 보지 못하고 사랑을 알지 못하고 친밀한 인간관계를 맺지 못하고 어둡게 살아갑니다. 이것도 타락한 인간의 조건 가운데 하나입니다.

판틴은 경제력을 잃고 차가운 세상의 외면 속에서 사랑하는 딸 코제트를 위해 살다가 그 뜻을 이루지 못하고 죽어가는 하층민의 아픔을 대변하고 있습니다. 그녀는 악한 구조의 희생자로 무자비하고 무정한 인간들에게 속절없이 짓밟힙니다. 그녀는 딸을 위해 자기가 할 수 있는 일을 다했는데, 심지어 몸을 파는 일도 서슴지 않았습니다. 그녀의 마음에는 오직 사랑하는 딸 코제트가 있을 뿐이었으나 아무런 능력도 없는 그 딸을 세상에 혼자 두고 떠나야 했습니다. 이것도 타락한 세상의 악한 열매들 가운데 하나입니다.

판틴의 딸 코제트를 맡아 기르는 테나르디에는 폭력과 음모로 가득한 탐욕스러운 사람이었습니다. 그는 자기에게 유익이 되는 것이라면 무엇이든지 서슴지 않고 행했습니다. 거짓과 폭력과 음모가 그들에게서 떠나지 않았습니다. 그들의 눈에는 사람의 고난과 아픔이 보이지 않습니다. 그들은 평생 탐욕을 위해 애쓰지만 그 탐욕의 바다는 채울 수 없었습니다. 이것도 타락한 인간 세상의 한 단면입니다. 쉬지 않고 자기 속에 있는 욕망의 바다를 채우기 위해 욕망의 강물을 흐르게 하지만 결국 자기 속에 있는 욕망의 바다를 채우지 못하는 허무함도 인간의 조건 가운데 하나입니다.

바리게이트로 대변되는 파리의 청년과 대학생은 또 다른 허망한 인생을 보여줍니다. 그들은 폭력과 억압과 빈익빈 부익부의 악한 사회구조에 대항합니다. 그들의 꿈은 진정한 자유와 해방입니다. 빈곤으로부터의 해방, 폭력으로부터의 자유, 무지로부터의 해방, 행복한 삶에 대한 열망을 위해 무력 투쟁을 하지만 결과는 실패와 죽음입니다. 그들의 꿈은 이루어지지 않습니다. 그들은 오히려 사회의 불안만을 조성하고 세상에서 사라집니다. "과연 그들은 무엇을 위해 그렇게 투쟁했으며, 피를 흘렸는가? 그들은 쓸모없는 삶을 살았는가? 그들의 희생으로 과연 세상이 달라졌는가?" 이것 역시 헛된 것들 중의 하나가 아닐까요?

여관주인 테나르디에의 딸 에포닌도 타락한 세상의 비극을 벗어나지 못합니다. 그녀는 탐욕이 가득한 부모에 의해 영향을 받습니다. 그리고 젊은 대학생 마리우스를 그렇게 사랑하지만 짝사랑으로 끝납니다. 그렇게 마음으로 사랑하고 열망하는 사람에게서 사랑을 받지 못하고 죽어가는 사람의 고통은 어떠할까요? 이것 역시 허망한 인생사 가운데 하나가 아닐까요?

이 모든 사람은 타락한 세상을 대변하고 있습니다. 이 세상에는 타락의 결과로 저주와 고난과 죽음과 허망함이 가득합니다. 이 세상을 살아가는 사람은 이것들을 피할 수가 없습니다. 세상은 끊임없이 저주와 고난을 생산하며 거기에 살고 있는 사람에게 눈물과 한숨과 고통과 죽음을 피할 수 없게 만듭니다. 인간은 태어나면서부터 허망한 삶을 살 수밖에 없는 존재가 되었습니다. 역설적으로 허망한 인생을 산다는 것이 바로 인간이 되었다는 의미가 아닐까요? 인간은 고해 속에 태어난 존재입니다.

이런 고난과 저주와 허망함의 세상을 사는 사람은 자기 나름대로의 미래를 꿈꾸며 삽니다. 테나르디에 부부는 모든 방법을 동원해 부자의 꿈을 이루려고 하지만 실패합니다. 자베르는 정의의 심판만이 행복한 미래 세계를 만들 수 있다고 믿고 평생 헌신하지만 장발장에게 도전을 받아 그 신념을 잃어버리고 자살로 삶을 끝마칩니다. 판틴은 자녀 사랑에 희망과 꿈을 걸고 욕을 먹으며 몸을 팔며 희생하지만 그 딸을 제대로 키우지 못하고 질병으로 세상을 떠나고 맙니다. 에포닌은 마리우스의 사랑을 얻으려고 갖은 노력을 다합니다. 그녀는 사랑받는 것이 진정한 행복이라고 생각하지만 그것은 얻으려고 해서 얻어지는 것이 아닙니다. 그녀는 짝사랑만 하다가 허망하게 세상을 떠납니다.

바리게이트의 사람은 어떠합니까? 그들이 꿈꾸는 빨강색의 미래는 언제 옵니까? 그들은 암흑의 세상에 아름다운 빛을 비추는 아름다운 꿈을 꾸지만 그것도 허망하게 끝나고 맙니다. 그들이 선택한 폭력 혁명은 사람에게 한과 허망함만 심어주고 실패로 돌아갑니다. 그들의 꿈은 실패로 끝났지만 그들이 부르짖는 인간다운 인간으로 살고자 하는 꿈은 끝나지 않았습니다. 그들의 혁명은 실패했지만 그들의 꿈은 사람들의 마음 가운데 남아 있습니다. 그들은 세상에 꿈을 심는 자들이었습니다. 그들의 심어놓은 꿈은 아직 싹이 나고 자라서 열매를 맺은 건 아니지만 사람의 마음 밭에 자리하여 언젠가 싹이 나고 자라게 될 것입니다. 어떻게 그 꿈이 이루어질까요? 빅토르 위고는 어떤 대답을 준비했습니까?

빅토르 위고는 예수님의 사랑을 전달하는 신부와 하나님의 사랑을 전달받아 그 사랑으로 변화를 받은 장발장의 희생과 마리우스와 코제트의 열렬한 사랑 가운데서 미래의 꿈과 희망의 실현 가능성을 보았습니다. 바리게이트의 사람들은 희망과 꿈을 심기는 했지만 그것을 어떻게 가꾸고 자라게 하는지 알지 못했습니다. 위고는 하나님의 사랑을 전달하는 희생과 섬김의 사람들 가운데서 피어나는 아름다운 소망의 열매를 보았습니다. 위고는 이 세상은 타락하여 저주와 고난과 허망함의 땅이 되었지만 이 고난의 땅을 찾아오신 예수님과 그분의 사랑 가운데서 저주가 축복으로, 고난이 기쁨으로, 허망함이 보람으로 탈바꿈하는 것을 보았습니다. 예수님 안에 희망이 있습니다. 예수님의 사랑 안에서 새로운 미래가 열립니다. 하나님은 예수님을 통하여 타락한 세상을 구원하시고 이 땅을 생명과 축복의 땅으로 변화시키시고 있습니다.

말씀에 접목하기: 고전 2:12-16

"하나님은 왜 나를 돌아보지 아니하시나요"라고 부르짖는 이유가 무엇인지 압니까? 그들은 하나님을 만나지 못했기 때문입니다. 허망한 인생을 사는 사람은 세상의 영을 받은 사람입니다. 세상의 영에는 여러 가지가 있습니다. 자베르가 받은 영은 법적 정의를 실현할 때 진정한 행복이 온다고 믿게 합니다. 사탄은 자식을 행복하게 만들어야 행복이 온다고 판틴에게 속삭입니다. 테나르디에 부부는 재물을 쌓을 때만 행복이 온다는 믿음을 가지게 만듭니다. 사탄은 바리게이트 청년들에게 아름다운 미래의 꿈을 심어주고는 폭력을 통해서 그 꿈을 이루어야 한다고 속삭입니다. 사탄은 장발장에게 자기를 이처럼 괴롭게 만든 세상에 복수하는 것만이 진정한 인생의 길이라고 가르칩니다. 그리고 에포닌은 사랑받는 것만이 행복이라는 영을 받습니다. 당신은 지금 이들 가운데 어떤 영을 받았습니까?

그리스도인은 하나님으로부터 온 영을 받고 성령님의 가르침을 받아서 은혜의 일을 하는 사람입니다(고전 2:12, 13). 미리엘 신부는 하나님의 영을 받아 은혜의 일을 했습니다. 그는 자기 집에서 은 식기를 도둑질해서 벌을 받게 된 장발장에게 은 촛대까지 내어주면서 장발장을 변호하고 건져주기 위해 노력했습니다. 이것은 생명 사랑이요 예수님의 사랑으로 장발장을 용서하고 포용했습니다. 장발장의 영은 미리엘 신부가 전한 하나님의 사랑으로 변화를 받아서 이웃을 위해 섬기는 존재가 됩니다. 그리고 장발장은 판틴의 어린 딸 코제트를 만나면서 하나님으로부터 생명 사랑의 불을 받았습니다. 그는 마리우스와 코제트의 사랑과 축복을 위해 자기 생명을 버림으로써 세상에 하늘의 빛을 비치게 했습니다. 그는 하나님의 영을 받아 예수님과 닮은 사람이 되었습니다.

하나님은 세상의 모든 사람을 구원하여 아름다운 행복의 인생을 살게 하시고자 합니다. 그러나 하나님은 그분으로부터 사랑받은 사람을 통해 이 일을 하십니다. 장발장의 변화, 코제트의 축복, 마리우스의 미래는 아름다운 이웃(미리엘 신부와 장발장)을 통해 전달된 하나님의 사랑에서 비롯된 것입니다. 하나님은 당신에게 좋은 이웃을 보내어 저주의 인생을 축복의 인생으로 바꾸실 것입니다.

분노는 잠깐이지만 그 상처는 오래간다

예화 54

어느 날 한 부인이 빌리 선데이 목사를 찾아와서 "화를 잘 내는 것이 저의 가장 큰 흠인데, 그렇다고 해도 그 화가 오래 가지는 않아요"라고 말했습니다. 그러자 목사는 "자매님, 당신의 화는 오래가지 않지만 당신이 화냄으로써 누군가의 마음에 남겨진 상처는 아주 오랫동안 지속된다는 사실을 기억하십시오"라고 말했습니다.

말씀에 접목하기: 엡 4:25-27

공동체가 하나 되는 데 가장 중요한 요건은 바로 온유한 태도입니다. 온유하지 못한 사람의 말과 행동과 인격으로 말미암아 우리 개인과 가정, 직장, 교회가 큰 상처를 입고 관계의 화합이 깨어지는 것을 종종 봅니다. 다른 사람의 마음에 큰 상처를 주고 나서 "뒤끝이 없는 스타일이야"라고 말하는 사람이 있습니다. 그는 뒤끝이 없다고 한 마디 말로 끝나지만 상처 받은 사람은 그 상처로 말미암아 오래오래 고통을 당한다는 사실을 알아야 할 것입니다.

개인적인 영성, 관계의 영성

예화 55

헨리 나우웬이 하버드 대학교의 교수로 있다가 캐나다 토론토에 있는 장애인 공동체로 들어갔을 때 그의 선택에 많은 사람이 놀랐습니다. 대학 교수직을 버리고 장애인 공동체로 들어가는 세기의 석학에 대한 안타까움이 섞인 놀람이었습니다. 그러나 헨리 나우웬은 장애인 공동체에서 장애인과 함께 살면서 진정한 영성이 무엇인지 깨달았을 뿐 아니라 하나님의 진정한 평화가 무엇인지 알게 되었다고 고백합니다. 하나님은 아담이라고 하는 장애인을 통해 그에게 하늘의 놀라운 평화를 전달해주셨습니다. 아담은 심한 뇌성마비 중증 환자로 제대로 된 자기의 의사표현을 하지 못했습니다. 그러나 헨리 나우웬은 아담에 대해 이렇게 글을 썼습니다. "아담이 있어서 집안에는 늘 따뜻한 기운이 감돌았다. 아담이 있어서 사랑과 친절, 부드러운 미소가 항상 집안을 꽉 채우고 있었다. 아담 있어서 웃음과 눈물이 있었고, 아담이 있어서 용서와 치료를 위한 훌륭한 공간이 마련되었다. 진실로 아담이 있어서 우리 가운데 평화가 임할 수 있었다."

말씀에 접목하기: 요 13:34, 35

　토론토 장애인 공동체에서 아담과 함께 생활하기 이전에 헨리 나우웬은 개인주의적 영성만을 경험했습니다. 그런데 장애인 공동체에서 아담과 한 방을 사용하고 아담과 함께 생활하는 가운데 관계적 영성, 공동체의 영성을 경험하고 깊이 깨닫게 되었습니다. 장애인 공동체에 들어가 그는 정신박약인 아담의 도우미가 되었습니다. 아담 역시 나우웬의 교사가 되어 끊임없이 그를 지도하고 훈계하고 깨우쳤습니다. 그는 지식의 사람이요 지혜의 사람이었지만 정신박약 장애인 아담의 지도와 가르침을 받았습니다. 사람은 아무리 학식이 뛰어나고 고상한 인격을 갖췄다고 해도 이웃의 도움과 깨우침과 사랑과 섬김이 필요한 존재입니다. 함께 생활하며 서로 사랑하는 관계 속에서만 예수님과 같이 사랑의 영성을 가질 수 있습니다. 나우웬은 자신이 나이 지긋한 노인이지만 아직도 스승이 필요한 사람임을 깨달았습니다. 그는 장애인 공동체에서 아담과 함께 지내면서 그에게 배우며 참으로 행복해했습니다.

가장 아름다운 것이 무엇입니까?

예화 56

　어떤 화가가 세상에서 가장 아름다운 것을 화폭에 담아보겠다고 마음먹은 뒤 아름다운 것을 찾아 나섰습니다. 그 화가는 이곳저곳 여행을 다니기도 하고, 이 사람 저 사람에게 물어보기도 했습니다. 그는 교회 앞에서 어떤 목사에게 물었습니다. "세상에서 가장 아름다운 것이 무엇입니까?" 목사가 말했습니다. "가장 아름다운 것은 믿음입니다." 화가는 또 지나가는 군인을 붙들고 물었습니다. "세상에서 가장 아름다운 것이 무엇입니까?" 군인은 잠시 생각해 보더니 이렇게 대답했습니다. "그것은 평화입니다." 화가는 다시 신혼여행을 떠나는 두 젊은이에게 물었습니다. "세상에서 가장 아름다운 것이 무엇입니까?" "그것은 사랑입니다."

목사님과 군인, 신혼부부의 세 가지 대답이 화가의 마음에 들었습니다. 화가는 이제 그 아름다운 것을 그리고 싶었습니다. '이 세 가지를 합친 것이 어디 없을까?' 그런데 아무리 찾아다녀도 이 세 가지를 한데 모아놓은 것을 찾을 수 없었습니다. 아무 성과 없이 화가는 지친 몸을 이끌고 집으로 돌아왔습니다.

집에 도착해 현관 문을 열고 들어서는 화가를 보고 아이들이 "아빠" 하면서 달려오는 것이었습니다. 그 순간 화가는 아이들의 반짝이는 눈망울에서 믿음을 보았습니다. '아, 여기에 믿음이 있구나!' 라고 생각했습니다. 남편이 오랫동안 집을 비웠는데도 아내는 여전히 사랑 가득한 마음으로 영접해주었습니다. 그때 화가는 '아, 이것이 사랑이구나!' 라고 생각하면서 집 안으로 들어섰습니다. 화가는 아이들, 아내와 포옹하면서 편안함을 느꼈습니다. 화가는 그 편안함이 마음속 평화에서 비롯되었다는 사실을 깨달았습니다. 화가는 자기가 그처럼 오랫동안 찾아헤매던 가장 아름다운 것이 바로 자기 집에 있었다는 것을 깨닫고 화목한 가정을 소재로 〈세상에서 가장 아름다운 것〉이라는 제목의 그림을 그렸습니다.

말씀에 접목하기: 고전 10:31-33

모세는 늘 하던 대로 양을 치는 도중에 하나님의 놀라운 영광을 보았습니다. 하나님의 불꽃은 그가 양을 돌보는 일상생활 가운데서 그에게 나타났습니다. 모세는 들판에 널려 있는 떨기나무에서 하나님의 임재와 영광을 보았습니다. 하나님의 영광은 바로 우리가 사는 날마다의 생활 속에서 시작되며, 하나님의 은혜는 바로 시장 한복판에서 발견되기 시작합니다. 예수님이 태어나신 마구간은 천사와 천군의 영광 찬송의 중심이 되었습니다. 가버나움의 어느 집에서 예수님이 사람들과 담화를 나누는 도중 그들이 다 놀라 하나님께 영광을 돌리는 사건이 일어났습니다.

다음은 영국의 존 스토트 목사가 한 말입니다. "주부가 마치 예수께서 그 음식을 드실 것처럼 정성스럽게 요리하며, 교사들이 어린 아이들을 교육할 때, 의사가 환자를 치료할 때, 점원이 손님을 대할 때, 간호사가 환자를 돌볼 때 예수 그리스도를 섬기는 것처럼 정성과 마음을 다하면 거기에 하나님의 영광이 임합니다." 하나님의 영광은 어디에 머뭅니까? 우리 가정과 우리 삶의 자리, 즉 일상생활 가운데 하나님의 영광이 머뭅니다. 우리가 먹든지 마시든지 무엇을 하든지 주께 하듯이 마음을 다하고 정성을 다하고 힘을 다하여 일하면서 하나님이 기뻐하시는 그 일을 최선을 다한다면 바로 거기에 하나님의 영광이 빛나게 될 것입니다.

사랑의 빵: 어머니의 사랑

예화 57

빅토르 위고가 쓴 유명한 소설 《나인티 스리(Ninety-three)》에 아주 인상 깊은 이야기가 나옵니다. 프랑스혁명 직후 숲을 지나가던 병사들이 우연히 배고픔에 지친 어머니와 세 아이를 발견하게 되었습니다. 병사들 가운데 한 상사가 빵 한 덩이를 그들에게 던져주자 어머니는 지체하지 않고 빵을 세 조각으로 똑같이 잘라 아이들에게 나눠주었습니다. 이 광경을 옆에서 바라보던 한 젊은 병사가 빵을 주었던 상사에게 물었습니다.

"저 여자는 배가 고프지 않은 모양이죠?" 그러자 상사는 이렇게 말했습니다. "그게 아냐! 배가 고프지 않은 것이 아니라 어머니이기 때문이지." 어머니의 사랑이 이기심을 극복하게 하여 희생으로 나타난 것입니다.

> 말씀에 접목하기: 사 49:15

안데르센 동화에 나오는 '어머니' 이야기를 압니까? 어머니는 아들을 찾기 위해 눈을 잃어 맹인이 되고, 온몸에 가시나무 상처가 가득하고, 얼굴은 폭삭 늙어버렸지만 아들을 만나는 순간 이 모든 아픔을 잊어버립니다. 어머니는 자식을 위해 눈을 잃고, 가시에 찔려 상처투성이가 되고, 노파의 얼굴이 되는 것을 마다하지 않습니다. 자식을 위한 어머니의 소원과 기도는 "오직 너만 행복해라"입니다. 우리 어머니는 십자가의 사랑으로 우리를 사랑하시는 예수님을 비추어주는 거울입니다.

그것은 마치 하나님의 사랑과 같았습니다

예화 58

어느 사람이 전 세계인으로부터 존경받던 윌프레드 그렌펠 선교사에게 무엇이 그로 하여금 그리스도를 위해 그처럼 헌신적인 생애를 살도록 영향을 주었느냐고 물었습니다. 그러자 그는 자신이 경험한 이야기를 들려주었습니다. 어느 날 그가 레지던트로 일하고 있는 병원에 큰 화상을 입은 여인이 응급환자로 들어왔다고 합니다. 그 여인은 온몸에 큰 화상을 입어서 병원에서 치료한다고 해도 살 수가 어렵다는 판정을 받았습니다. 술을 많이 먹고 집에 들어온 남편이 그녀에게 파라핀 등불을 던져 죽음에 이를 정도의 치명상을 입혔던 것입니다.

술이 반쯤 깬 남편을 경찰이 연행하여 병실로 끌고 들어왔습니다. 경찰은 그녀의 생명이 얼마 남지 않았다는 사실을 알았고 그녀의 말을 통해 남편이 저지른 죄의 증거를 확보하기 위해 그곳으로 끌고 온 것입니다. 경찰은 그녀에게 자기 남편의 악행을 털어놓으라고 재촉했습니다. 그 불쌍한 여인은 자기 침대 곁으로 끌려온 남편의 얼굴을 올려다보기 위해 애를 썼습니다. 그러더니 그녀의 손이 억센 남편의 손을 잡았습니다. 그 순간 고통으로 일그러졌던 그녀의 얼굴 표정이 고결하게 변하는 것 같았습니다. 그리고 입을 열어 경찰관에게 이렇게 말했습니다. "그것은 불의의 사고였습니다." 이 말을 하고 나서 그 여인은 베개에 머리를 떨어뜨리고 사망했습니다.

그 순간 그렌펠은 하나님의 사랑을 느꼈다고 말했습니다. "그녀의 남편 사랑은 마치 하나님의 사랑과 똑같았습니다." 그 남편 때문에 견디기 힘든 육체적 고통 속에서 죽어가면서도 그녀는 남편이 벌을 받아 고통당하는 것을 원치 않았습니다. 그녀는 죽으면서 자기 남편의 죄악도 함께 가지고 세상을 떠났습니다.

말씀에 접목하기: 요일 4:9-11

하나님은 사랑이십니다. 하나님의 영이 우리에게 오면 하나님의 사랑으로 살게 하시며 사랑의 열매를 열리게 하십니다. 그 사랑은 인간의 조건을 뛰어넘는 사랑이요 예수님과 같이 원수를 사랑하고 핍박하는 사람을 위해 축복의 기도를 드리는 사랑입니다. 예수님은 그분이 우리를 사랑한 것과 같이 우리도 주님의 사랑으로 서로 사랑하라고 새 계명을 주셨습니다(요 13:34). 누구든지 주님을 사랑하면 앞서 말한 여인과 같이 새 계명을 지켜 예수님의 사랑으로 서로 사랑할 것입니다.

하나님의 천사가 된 아내

예화 59

어떤 여인이 있었습니다. 그녀의 남편은 아내를 너무 고통스럽게 했습니다. 더 이상 견딜 수 없어진 여인은 죽음을 생각하게 되었습니다. 그때 그녀는 전도자를 만나 예수님을 영접하고 하나님의 은혜를 깨달았습니다. 그 뒤로 그 여인은 주위 사람과 함께 남편의 변화를 위해 기도하기 시작했습니다. 그런데 남편은 조금도 변화되지 않았습니다. 이것을 보다 못한 주위 사람이 이제는 혼자 살라고 권면할 정도가 되었습니다. 그들은 그녀가 남편에게 할 만큼 했으니 이제는 자신의 행복을 위해 새로운 삶을 살아가라고 권면했던 것입니다.

그 권면을 듣고 나서 그 여인은 이렇게 대답했습니다. "제 인생의 행복 기준은 더 이상 남편이 아닙니다. 남편이 변화되어 저에게 잘해주고 다른 가정처럼 오순도순 살아가는 것이 더 이상 제 행복의 기준이 될 수 없습니다. 제 인생의 행복을 판단하는 기준은 하나님입니다. 하나님이 제 인생을 만족시켜주십니다. 하나님은 변화된 남편과 행복을 누리는 것을 바라보게 하지 않고 하나님의 사랑을 알지 못하는 남편에게 하나님의 사랑을 나누어 주라고 말씀하십니다. 그래서 이제는 더 이상 남편을 변화시켜 달라는 기도를 드리지 않겠습니다. 오늘 이 순간부터 저는 이렇게 기도하려고 합니다. '내가 아직 죄인 되었을 때 나를 위해 십자가에 죽으심으로 나를 용서하고 사랑하신 것처럼 남편을 있는 그대로 사랑하게 하시고, 남편에게 하나님의 그 사랑을 전달하게 하옵소서.' 하나님의 뜻에 따라 하나님의 사랑으로 남편을 참아주고 견디어주고 믿어주고 섬기는 동안 하나님은 저에게 하늘의 은혜와 복으로 채워주셨습니다. 저는 오늘 하나님이 제 남편을 변화시켜 주시기를 기도하는 것이 아니라 예전과 똑같이 힘들게 해도 그런 남편에게 하나님의 사랑을 전달할 수 있게 해주시기를 기도하겠습니다."

말씀에 접목하기: 갈 5:22-26

예수님을 인격적으로 만났을 때 영적 삶이 시작됩니다. 예수님을 만나고 성령님이 우리에게 임하기 전에는 세상의 영이 우리를 지배하여 과학적으로 그리고 이성적으로 생각하고 결단합니다. 자기가 보고, 듣고, 배우고, 경험한 것들에 근거하여 논리적으로 판단을 내리고 선택하며 살아갑니다. 그러나 예수님을 영접하고 믿은 후에는 성령님의 가르침을 받고 인도를 받으며 삽니다. 성령님은 세상이 알지 못하는 샬롬을 주어 기뻐하며 감사하는 삶을 살게 하시며, 모든 사람을 존중하며 사랑하게 하시고, 축복하며 섬기는 예수님의 삶에 참여하게 합니다. 그리스도의 영인 성령님이 우리에게 충만히 임하실 때 우리는 예수님의 삶을 따라 살게 됩니다. 그리고 예수님처럼 사랑의 십자가를 지는 삶이 행복이 됩니다. 앞서 말한 여인은 예수님을 만나서 성령 충만의 삶을 살고 있는 것입니다. 당신은 주님을 만나고 성령 충만의 축복을 받았습니까?

가족 사랑의 축복

예화 60

《뉴욕타임스》에 베스트셀러로 소개되었고, 우리나라에서도 번역된 《마음을 열어주는 101가지 이야기》를 보면 존 웨인 쉴레터라는 사람이 자신의 어머니에 대해 회고하는 글이 있습니다. 그의 어머니는 세상을 떠나기 전 임종을 지키기 위해 모인 자녀들에게 아주 흥미로운 유언을 남겼습니다. 죽음을 앞둔 고통 가운데서도 어머니는 의식을 다잡고 자녀들에게 이렇게 말했습니다.

"내 사랑하는 자녀들아, 내가 죽은 다음에 내 무덤에는 어떤 꽃도 가져오지 마라. 왜냐하면 나는 무덤에 없을 것이다. 나는 육체를 떠나면 곧장 유럽으로 갈 예정이란다. 네 아빠가 밤낮 유럽에 데려간다고 약속만 하고 지키지 못했으니 말이다." 그때 어머니의 임종 앞에 침통한 마음으로 있던 자녀들은 웃지 않을 수 없었습니다. 어머니는 다시 자녀들을 바라보며 "내일 아침에 다시 만나자"라고 말한 뒤 눈을 감았다고 합니다.

이런 어머니의 모습은 '지식을 갖춘 어머니'라는 표현보다 '지혜로운 어머니'라는 표현이 적절할 것입니다. 떠나가면서도 자녀들에게 이런 아름다운 모습을 남길 수 있었던 어머니의 지혜가 아름답습니다. 그 어머니는 돌아가시면서 또 하나의 작은 메모를 남겼습니다. 그 메모에는 유언 같은 감동적인 시가 기록되어 있었습니다.

내가 죽은 후에 나 때문에 울고 싶다면
사랑하는 아이들아 너희 곁에 있는 형제들을 위해 울어 다오.
너희의 두 팔을 들어 나를 껴안고 싶거든
내게 주고 싶은 바를 네 형제들에게 베풀어 다오.
아이들아 나를 만나고 싶거든
내가 알았던 그리고 내가 사랑했던 사람들 속에서 나를 찾아 다오.
너희가 어미 없이 살 수 없다고 느끼거든
나로 하여금 너희의 눈, 너희의 마음, 너희의 친절한 행동 속에 살게 해 다오.
사랑은 죽지 않는 것
그러므로 나를 대신해 내 사랑을 너희 이웃들에게 베풀어 다오.

말씀에 접목하기: 시 133편

시편 133편은 형제 사랑과 섬김의 아름다움과 축복을 노래하고 있습니다. "보라 형제가 연합하여 동거함이 어찌 그리 선하고 아름다운고 머리에 있는 보배로운 기름이 수염 곧 아론의 수염에 흘러서 그의 옷깃까지 내림 같고 헐몬의 이슬이 시온의 산들에 내림 같도다 거기서 여호와께서 복을 명령하셨나니 곧 영생이로다." 어머니의 마음은 언제나 자식들이 행복하기를 바랄 뿐입니다. 자기가 어떤 대접을 받는 것보다도 자식들이 연합하여 동거하며 서로 사랑함으로써 시편 133편이 노래하는 아름다움과 복을 받게 하고 싶은 열망이 쉴레터의 어머니 마음을 가득 메우고 있습니다. 우리는 어머니의 사랑에서 하나님의 무조건적인 사랑, 예수님의 십자가의 사랑에 대한 그림자를 봅니다.

사랑의 어머니, 지혜로운 어머니를 가진 자여, 당신은 진정 하나님께 엄청난 축복을 선물로 받은 사람이로다!

하나님, 그를 불쌍히 여겨주옵소서

예화 61

다음은 어느 목사의 간증입니다. 그는 자기 아내가 자신보다 마음이 넉넉하고 관용을 많이 베푼다고 생각해 왔습니다. 때때로 인간관계를 통해 상처 받을 수도 있을 텐데 그 목사는 한 번도 자기 아내가 남을 비판하거나 욕하는 소리를 들어 본 적이 없었습니다. 그래서 하루는 아내에게 물었습니다. "여보, 당신은 어떻게 남에게 대해 흉을 보거나 하지 않소? 싫은 사람이 한 명도 없나 보군." "왜 저라고 없겠어요. 저도 사람인데요. 하지만 싫은 사람이 있거나 저에게 상처를 준 사람이 생기면 먼저 하나님께 그를 불쌍히 여겨 달라고 기도해요."

어느 날 외출하고 돌아왔는데 목사의 아내가 울면서 기도하고 있었습니다. "하나님, 그를 불쌍히 여겨주옵소서." 그 목사는 지난번 아내와 나눈 대화가 생각이 나서 누구를 위해 기도하는지 살며시 다가가서 기도 소리를 들었답니다. "하나님, 제 남편을 불쌍히 여겨주옵소서!"

말씀에 접목하기: 빌 4:5-7

사도 바울은 "너희 관용을 모든 사람에게 알게 하라 주께서 가까우시니라"(빌 4:5)고 말했습니다. 이것은 하나님의 말씀입니다. 그러나 이 말씀을 받은 사람이 모든 사람에게 관용을 베풀 수 있을까요? 불가능합니다. 그래서 사도 바울은 곧이어 관용을 베풀 수 있는 방법을 말합니다. "아무것도 염려하지 말고 다만 모든 일에 기도와 간구로, 너희 구할 것을 감사함으로 하나님께 아뢰라 그리하면 모든 지각에 뛰어난 하나님의 평강이 그리스도 예수 안에서 너희 마음과 생각을 지키시리라"(빌 4:6, 7). 그 목사의 아내는 남편에 대해 원망하는 마음과 실망스러운 마음을 가졌지만, 그를 쉽게 용서할 수 없었기 때문에 하나님께 기도를 드렸습니다. 기도 가운데 임한 성령님이 하나님의 평강을 선물하셨기 때문에 그녀는 관용의 사람이 될 수 있었습니다.

하나님 없는 부부, 배려 없는 부부

예화 62

석사 출신의 은행원 ㄱ은 결혼정보업체의 소개로 좋은 대학을 졸업하고 미국에서 경영 컨설팅 회사에 근무하는 ㅂ를 소개 받아 5개월 연애 끝에 결혼했습니다. 그 신혼부부는 결혼식을 마치고 신혼여행을 가기 위해 공항으로 나갔습니다. 그런데 신혼여행지로 가는 항공편이 두어 차례 변경되는 일이 생겼습니다. 그 일로 화가 난 신랑은 신부에게 싸구려 여행사와 계약해서 이 꼴이 되었다고 짜증을 냈고 신부는 신랑의 기내 예절이 수준 이하라고 짜증을 부렸습니다. 그들은 신혼여행 기간 내내 서로에게 화를 참지 못하고 다퉜습니다. 그리고 신부는 시부모가 마련해준 아파트가 지은 지 오래된 구닥다리라고 하면서 낡은 아파트에서는 도무지 살 수 없다고 불만을 토로했습니다. 결국 신혼부부는 아내가 이전에 살던 아파트로 들어가 신혼생활을 시작했습니다. 아내는 임신해서 몸이 무겁고 입덧이 심하여 고생을 했습니다. 그러나 남편은 밖으로만 나돌면서 아내에게 전혀 신경을 쓰지 않았습니다. 오히려 가끔씩 불평하며 화를 내는 아내에게 폭력을 휘두르기까지 했습니다.

이를 견디다 못한 아내는 아이를 유산시키고 성격이 맞지 않는다는 이유를 걸어 이혼소송을 내고 위자료 1억을 요구했습니다. 그러자 남편 역시 위자료 5,000만 원을 요구하며 맞고소를 했습니다. 법원은 "남편에게 모멸감을 주고 의견 충돌을 확대시킨 아내에게도 책임이 있으나 임신으로 힘들어 하는 아내의 입장을 전혀 배려하지 않고 사소한 감정 악화로 집을 나가고 폭력을 휘두르는 등 남편에게 근본적 책임이 있다"라고 하면서 "부부는 이혼하고 ㄱ씨는 위자료 1,500만 원을 ㅂ에게 지급하라"고 판결했습니다.

말씀에 접목하기: 엡 5:31-33

ㄱ과 ㄴ는 부부이면서도 서로를 배려하지 않고 자기 감정에만 충실하여 상대방을 자기 감정에 따라 비판하고 정죄하고 무시하고 불신했습니다. 이들 부부는 결혼식을 올리고 부부라는 이름을 얻었지만 실제로는 한 몸이 되지 못했습니다. 성경은 부부는 한 몸이라고 말씀합니다. 몸이 하나이면 영도 하나가 되어야 하는 것입니다. 부부는 같은 영이 되어 아픔도 같이 나누고 어려움도 함께 나누고 영광과 승리도 함께하는 관계입니다.

앞서 말한 부부와 같이 결혼을 했지만 결혼이 무엇인지도 모른 채 결혼 생활을 하는 수많은 부부가 지금도 한 몸이 되지 못하여 불행을 당하고 있습니다. 하나님이 주신 최초의 결혼 주례사를 기억합니까? "남자가 부모를 떠나 그의 아내와 합하여 둘이 한 몸을 이룰지로다"(창 2:24). 하나님은 남편과 아내가 합하여 한 몸이 되라고 말씀하시는데 '합하여' 라는 말은 본드로 접착시키는 것을 의미합니다. 남편과 아내를 접착시키는 본드가 무엇입니까? 사랑이 아니라 하나님이십니다. 그래서 예수님은 "하나님이 짝지어 주신 것을 사람이 나누지 못할지니라"(마 19:6)고 말씀하셨습니다. 남편과 아내 사이에 하나님이 계신다면 언제나 한 몸으로 접착되고 영이 하나 되어 서로를 배려하는 진정한 부부가 될 것입니다.

자녀 사랑의 축복과 고난

예화 63

자식을 기르는 데는 예행 연습이 없습니다. 훌륭한 부모가 되는 길은 단 한 번의 기회밖에 없는데, 지금이 바로 그때입니다. 《크리스천헤럴드》에 이런 만화가 실렸습니다. 머리는 엉망으로 헝클어지고 얼굴에는 피로한 기색이 역력한 어머니가 녹초가 되어 의자에 축 늘어져 있습니다. 어린 아이의 장난감과 크레용이 방바닥에 널려 있고 벽에는 애들의 낙서가 난잡하게 그려져 있고 엄마의 손에는 방을 닦는 걸레가 쥐어져 있습니다. 서류가방을 들고 퇴근한 남편이 눈을 크게 뜨고 아내의 널브러진 모습을 보고 있습니다. 이때 아내가 남편에게 한 마디 합니다. "훌륭한 엄마의 꿈은 접어야 하나 봐요!"

아이들이 이렇게 엄마를 괴롭히고 애먹이는 시간은 한때입니다. 그리고 그 시간은 빨리 지나갑니다. 그때 아이들은 엄마를 가장 필요로 합니다. 그리고 바로 그때가 하나님의 법도를 배워야 할 때고 하나님의 사랑을 더욱 필요로 하는 때입니다. 모세는 부모들에게 할 수 있는 모든 기회를 사용하여 하나님의 법도를 가르치라고 합니다. 자리에 앉았을 때나 함께 걸을 때나 잠자리에 들기 전이나 아침에 일어날 때나 언제든지 아이들에게 하나님의 법도를 가르치고, 하나님의 사랑을 전달하라고 명합니다.

아이들 때문에 가지런히 정돈된 집이 어지럽혀지고 있습니까? 그래서 속이 상합니까? 아이들 때문에 살림이 어려워진다고 생각합니까? 아이들 때문에 일도 못 하고 더 나은 생활의 꿈이 사라지고 있다고 생각해 불안합니까? 아이들 때문에 성공의 기회가 사라지고 있다고 생각해 두렵습니까? 아이들을 돌보는 일 때문에 배운 바를 써먹지 못한다고 한숨을 쉬고 있습니까? 아이들 때문에 하루하루가 피곤하고 힘들어 맥이 빠진 상태로 지쳐 나가떨어져 있습니까?

말씀에 접목하기: 마 18:1-6

아이들은 잘 정돈된 집보다 더 중요한 존재입니다. 아이들은 높은 생활 수준보다 더 가치 있는 존재입니다. 아이들은 부모의 성공보다 더 소중하고 귀한 존재입니다. 아이들은 성공의 기회보다, 배운 바를 써먹는 것보다, 힘들고 피곤한 몸보다도 더 중요하고 더 소중한 존재입니다. 아이들은 천하보다 귀한 생명인 것입니다. 하나님은 당신에게 이 아이들을 돌볼 것을 부탁하셨습니다. 아이들을 돌보는 것은 무엇보다도 가치 있고 귀하고 소중한 일입니다. 당신이 자녀 양육을 위해서 애쓰는 것은 하나님의 일을 하고 있는 것이요, 가장 가치로운 일을 하고 있는 것입니다. 그나마 그 시간은 속히 지나갈 것입니다. 하나님께 기도하면서 이 일에 더욱 열심을 내고 힘써야 합니다. 하나님이 오래 참게 하시고 견디게 하시고 그 일을 이루게 하실 것입니다.

남편을 배려하는 아내 매리 앤

예화 64

영국의 수상을 지낸 벤저민 디즈레일리의 아내 메리앤은 부부간에 어떻게 서로 도와야 하는지를 보여준 모델이라고 말합니다. 어느 날 의회 연설을 마치고 집에 돌아오는 차 속에서 디즈레일리는 아내의 손에 아침에 보지 못한 붕대가 감겨 있는 것을 보았습니다. 디즈레일리는 어떻게 다쳤는지 물었습니다. 그의 아내는 조용히 "당신이 아침에 의사당에 도착하여 급히 차문을 닫는 바람에 다쳤어요"라고 말했습니다. 깜짝 놀란 남편은 왜 그때 말을 하지 않았느냐고 책망했습니다. 그러자 그의 아내는 이렇게 대답했습니다. "나랏일을 처리하러 출근하는 남편에게 걱정을 끼치는 것은 아내의 도리가 아니라고 생각해요. 만약 그때 당신에게 이 사실을 알렸다면 마음이 쓰여 오늘 해야 할 중요한 일을 놓치지 않았을까요?"

디즈레일리의 아내 메리앤은 그토록 정성스럽게 남편을 도왔습니다. 그녀는 단순히 율법에 얽매여서, 의무감에서 그렇게 한 것이 아니라 하나님의 사랑을 전달하는 한 가지 방법으로 그렇게 헌신적인 도움을 주었던 것입니다. 이것이 바로 아름다운 부부상을 만들어내는 하나님의 방법입니다.

> 말씀에 접목하기: 엡 5:22-24

하나님은 아담을 깊이 잠들게 하신 뒤 갈빗대 하나를 취하여 그것으로 여자를 만드셨습니다. 성경은 하나님이 여자를 만드신 이유에 대해 도와주는 배필이 되기 위해서라고 말씀합니다. 돕는다는 말은 하나님이 이스라엘 백성을 돕는다고 할 때도 사용되는 단어입니다. 이 말은 낮은 자가 높은 자를 돕는다는 의미가 아니라 하나님이 그분의 사랑을 전달하는 한 가지 방법으로 이스라엘을 돕듯이 여자도 하나님의 사랑을 전달하는 한 가지 방법으로 남편을 돕게 하셨다는 말씀입니다. 즉 여자와 남자를 하나님의 사랑을 전달하기 위해 서로 돕는 존재로 만드셨다는 의미입니다. 부부의 진정한 기쁨은 하나님의 사랑을 전달하는 통로가 되어서 자기를 희생하며 돕는 데서 나옵니다.

사랑의 가정 속에 행복이 찾아온다

예화 65

역사학자 윌 듀런트(Will Durant)는 인생의 행복을 연구와 학문에서 찾으려고 했지만 지식이 결코 행복을 가져다주지 못한다는 것을 알게 되었습니다. 그는 여행을 하면 행복해질 수 있다고 생각해 여행을 떠났지만 겹친 피로로 고달프기만 했습니다. 그는 재산을 모으면 행복해질 수 있다고 생각해 재산을 모았지만 근심과 걱정이 늘고 불화만 생겨 오히려 불행해졌습니다. 그는 글 쓰는 일에 몰두하여 세상 일을 잊고 지내면 행복해질 수 있다고 생각해 글 쓰는 일에 몰두했지만 역시 피로감만 더해질 뿐 도무지 행복을 찾을 수가 없었습니다.

그러던 어느 날 한 부인이 잠든 아기를 안고 차에서 누군가를 기다리고 있는 것을 보았습니다. 잠시 후 기차가 정거장에 도착하자 한 젊은 남자가 기차에서 내리는 것이 보였습니다. 그 젊은 남자는 그 부인을 보자 달려가 부인에게 키스를 하고 잠든 아기의 볼에도 살짝 키스를 하는 것이었습니다. 둘은 다정하게 걸어서 차에 오르고 남편이 그 차를 몰고 어디론가 사라졌습니다. 사랑이 넘치는 부부, 아직도 깨어나지 않은 행복한 아이, 그 가정에 행복이 있었습니다. 윌 듀런트는 사랑이 깃든 가정이 행복한 곳이라는 결론을 내렸습니다.

말씀에 접목하기: 엡 5:1, 2

우리는 일중독의 세상에 살고 있습니다. 일을 우선으로 생각하고 그 일을 성취하고 그 일에서 만족감을 얻고 그 일을 하면서 자기의 자존심을 쌓는 세상에 우리가 살고 있다는 말입니다. 우리는 가정보다도 친구보다도 사람을 사랑하고 섬기는 것보다도 일을 우선으로 생각합니다. 생명은 언제나 뒷전으로 밀려납니다. 그러나 일 가운데는 행복이 없습니다. 하나님은 생명 관계 속에 활기와 기쁨과 행복을 숨겨놓으셨습니다. 가족들이 서로 사랑하며 희생하며 섬기는 것이 아름답습니다. 친구들과 이웃들, 심지어 전혀 모르는 사람이 서로 존중하고 축복하며 희생하는 동안 하나님이 거기에 임재하여 놀라운 행복을 선물로 주십니다. 당신은 생명을 존중하고 생명을 사랑하고 섬기는 일을 최우선으로 여깁니까? 일에 중독되어 일에 빠져 지내고 있지는 않습니까?

남편이 듣고 싶어 하는 말, 아내가 듣고 싶어 하는 말

예화 66

한 어머니가 결혼을 앞둔 딸에게 이렇게 말했습니다. "사랑하는 딸아, 네가 남편을 왕처럼 섬긴다면 너는 여왕이 될 것이다. 만약 네가 남편을 돈이나 벌어 오는 하인으로 여긴다면 너도 하녀가 될 뿐이다. 네가 지나친 자존심과 고집으로 남편을 무시하면 그는 폭력적으로 너를 다스릴 것이다. 만약 남편의 친구나 가족이 방문하거든 밝은 표정으로 정성껏 대접하라. 그러면 남편이 너를 소중한 보석으로 여길 것이다. 항상 가정에 마음을 두고 남편을 공경하

라. 그러면 그가 네 머리에 영광의 관을 씌워줄 것이다."
   스스로 행복한 아내가 되려면 남편을 이렇게 칭찬하면 됩니다.

1. 당신 능력이야 천하가 알아주잖아요.
2. 당신만 생각하면 든든해요!
3. 옷걸이가 좋으니 안 어울리는 옷이 있겠어요!
4. 오늘 참 애쓰셨어요!
5. 아이들이 뭐라고 한 줄 아세요? 이 세상에서 당신을 가장 존경한대요.
6. 당신은 한결같은 사람이에요.
7. 내가 당신 안 만났으면 어쩔 뻔했어요. 지금 생각해도 아찔해요!
8. 이 세상에서 당신 같은 사람은 없을 거예요!
9. 누가 당신을 따라잡겠어요!
10. 어쩜 그렇게 못하는 게 없어요!

   칭찬만큼 아름다운 것은 세상에 없습니다. 연애도, 사업도, 예술도, 일도, 모든 미덕도 결국 이 아름다운 말을 들을 때 의미가 있다고 합니다. 칭찬은 우리가 어떤 존재인지를 깨우쳐주는 하늘의 음성입니다. 칭찬 속에 삶에 필요한 모든 영양소가 들어 있습니다. 칭찬은 자존감을 높여주며 삶에 의욕을 심어줍니다. 칭찬을 받으며 자란 사람은 자아상이 건강합니다. 칭찬은 그 사람이 스스로의 가치를 발견하도록 도와주는 촉진제입니다.
   아내가 듣고 싶어 하는 칭찬은 다음과 같습니다.

1. 내 일생에 최고의 선택은 바로 당신이야!
2. 다시 태어나도 당신과 함께할 거야!
3. 오늘 힘들지 않았어? 당신 덕분에 내가 살지!
4. 직장에서 큰소리 치고 사는 사람은 나밖에 없을 거야!
5. 당신 음식 솜씨는 영락없이 장모님의 손맛을 닮았어!
6. 당신 정말 멋있어!

7. 산소 같은 여자가 따로 없다니까!
8. 당신 모델 해도 되겠어!
9. 아직도 아가씨 같아, 누가 보면 오해하겠어!

말씀에 접목하기: 고전 2:12, 13

　우리는 흔히 과학과 믿음을 같은 차원에 놓고 서로 비교할 수 있는 것처럼 생각할 때가 많이 있습니다. 과학과 믿음은 다른 차원에 있습니다. 과학은 언제나 보는 것을 중시합니다. 그것은 눈으로 보는 것만을 의미하지 않습니다. 귀로 들어 보고, 입으로 먹어 보고, 몸으로 느껴 보고, 삶을 통해 경험해 보고, 냄새를 맡아 보는 것 등에 근거해 결론을 내립니다. 과학은 "그가 어떤 사람이냐? 그가 얼마나 큰 능력을 가졌느냐?"라고 묻습니다. 사람을 평가하면서도 "그 사람이 어떤 학위, 능력, 영성, 성격, 외모, 자랑거리를 가지고 있느냐?"라는 것을 묻습니다.
　그러나 신앙은 "하나님이 그와 함께 계시느냐?"라고 묻습니다. 믿음으로 산다는 것은 그와 함께하시는 하나님을 바라보는 것을 뜻합니다. 믿음의 사람은 우리를 사랑하시는 하나님, 우리와 함께하시는 하나님을 바라보고, 하나님의 약속의 말씀에 근거하여 살아갑니다. 아직은 보이지 않지만 하나님이 약속한 말씀대로 이루실 것을 믿고, 이미 하나님의 약속이 이루어진 것처럼 그것을 바라보면서 기뻐하고 즐거워하며 사는 것이 바로 믿음입니다.
　부부관계는 과학적인 관계가 아니라 믿음의 관계입니다. 믿음의 부부는 자기 눈으로 보고, 귀로 듣고, 살면서 경험한 것에 근거하여 말하고 행동하지 않습니다. 믿음의 부부는 하나님이 자기 배우자를 아름답고 소중한 보배로 만들어주실 것을 소망하며 말하고 행동합니다. 과학적으로 보면 칭찬할 것이 없어 보이지만 하나님이 배우자를 축복하시면 그는 아름답고 멋진 보배가 될 것입니다. 믿음의 부부는 하나님이 배우자와 함께 계시며 하나님이 배우자를 축복할 것을 믿습니다. 믿음 안에서 우리 배우자는 하나님의 보석으로 변화됩니다.

로버트슨 맥퀼킨의 아내 사랑

예화 67

미국 콜롬비아 바이블 칼리지의 학장 로버트슨 맥퀼킨은 몇 해 전 아내 뮤리엘이 치매에 걸리자 학장직을 미련 없이 포기하고 아내 곁으로 돌아갔습니다. 그러면서 다음과 같은 고백을 했습니다.

"사랑하는 아내 뮤리엘은 지난 8년 동안 건강이 점점 악화되었다. 최근 뮤리엘이 내가 그녀와 함께 있어 주는 것을 아주 만족스러워하고 내가 그녀를 잠시라도 떠나 있으면 몹시 불안해한다는 사실을 알게 되었다. 심할 때는 불안해하는 정도가 아니라 나를 잃었다는 공포감에 사로잡힐 때도 있고 나를 찾아 집 밖으로 나올 때도 있다는 것을 알게 되었다. 그래서 이제 나는 학장직을 사임하고 아내 곁으로 돌아간다. 이것은 내가 42년 전 결혼 서약을 하면서 '병들 때나 건강할 때나…… 죽음이 우리를 갈라놓을 때까지' 뮤리엘을 돌볼 것을 서약했을 때 이미 약속한 것이기에 별로 이상할 것도, 나를 희생하는 일도 아니다. 아내가 나를 40년이 넘도록 돌보아 왔으니 이제는 내가 그 사랑의 빚을 갚기 위해 뮤리엘을 보살필 차례가 된 것이다. 이는 의무감에서 한 선택이 아니라 아내에 대한 사랑과 기쁨으로 돌아가는 것이다."

말씀에 접목하기: 엡 5:25-28

예수님은 목자 없는 양같이 유리하며 방황하는 우리에게 더 풍성한 생명을 얻게 하기 위해 하나님과 동등 됨을 포기하셨고 종의 형체를 가져 사람으로 태어나셨습니다. 예수님의 관심은 생명입니다. 예수님은 생명을 풍성하게 하기 위해 욕을 먹고 핍박을 받고 죽일 모의를 당하고 결국 십자가를 지셔야 했습니다. 예수님은 불행한 생명에게 축복의 생명을 주기 위해 무엇이든지 하셨습니다. 이런 예수님의 영이신 성령님을 충만하게 받으면 예수님처럼 생명에만 관심을 가지고 생명을 사랑하며 소중히 여기며 축복하는 일을 기뻐하며 즐거워합니다. 맥퀼킨 학장은 성령님으로 충만했기 때문에 명예스러운 학장 직을 수행하는 것보다 자기 도움을 절실히 필요로 하는 자기 아내의 생명을 돌보는 일을 할 수 있었습니다. 당신은 지금 생명을 돌보는 일을 우선적으로 하고 있습니까? 그렇다면 당신은 그리스도의 영으로 충만한 그리스도인입니다.

사랑은 문제 해결의 열쇠

예화 68

외아들을 둔 한 아버지가 있었습니다. 하루는 자전거를 타고 놀던 아들이 무엇인가에 부딪혀 크게 다쳤습니다. 아들이 타는 삼륜자전거의 바퀴가 나무와 무쇠로 만들어져 작은 충격에도 심하게 흔들렸습니다. 아버지는 아들의 상처를 치료하면서 좀 더 안전한 바퀴가 없을까 생각했습니다. 어느 날 친구들과 놀던 아들이 축구공을 들고 와서 공기를 좀 넣어 달라고 부탁했습니다. 축구공에 공기를 넣던 아버지는 마음속으로 '자동차와 자전거 바퀴에 공기 타이어를 사용하면 훨씬 더 안전하게 탈 수 있고 편리하지 않을까……' 라고 생각했습니다.

결국 그는 아들에 대한 사랑으로 공기 타이어를 만들었습니다. 그 타이어는 전 세계로 급속히 퍼져 나갔습니다. 미국 포드사와 독일 벤츠사도 이 타이어를 사용했습니다. 이 사람이 바로 세계 최초로 공기 타이어를 발명한 존 던롭(John B. Dunlop)입니다. 자식에 대한 깊은 애정과 작은 배려에서 위대한 발명품이 나온 것입니다. 공익사업의 효시가 된 시내의 정기노선 합승마차제도도 믿음의 사람 블레어 파스칼이 병상에서 아이디어를 얻은 것입니다. 그는 사람들에게 편리한 교통수단을 생각하다가 이런 멋진 아이디어를 생각해낸 것입니다. 모든 문제의 해결의 첫 열쇠는 사랑과 관심입니다.

> 말씀에 접목하기: 요 14:21

이 세상에는 두 종류의 사람이 있습니다. 자기 유익을 구하는 사람과 다른 사람의 유익을 구하는 사람입니다. 세상의 영은 자기중심의 영입니다. 세상의 영은 자기 영광, 자기 유익, 자기 일등, 자기 행복을 구합니다. 하나님의 영은 세상 사람을 이처럼 사랑하시고 그들에게 하늘의 생명을 주시기 위해 자기 독생자까지도 아낌없이 세상에 보내시고 십자가에 못 박혀 죽게 하는 사랑의 영입니다. 당신은 지금 세상의 영이 지배를 받고 있습니까, 아니면 하나님의 영의 인도를 받고 있습니까? 당신은 자기 유익을 구하는 일에 초점을 맞추고 있습니까, 아니면 이웃의 행복을 구하는 일에 관심을 기울이고 있습니까?

아내를 위해 희생을 감수하는 남편

예화 69

2001년 미국 월드 시리즈 우승팀 애리조나 다이아몬드백스는 26회 우승에 빛나는 세기의 팀 뉴욕 양키스를 극적으로 누르고 메이저리그 사상 최단기간인 창단 4년 만에 우승컵을 안았습니다.

애리조나의 우승은 메이저리그 20승, 월드 시리즈 MVP에 오른 투수 커트 실링을 빼놓고 이야기할 수가 없습니다. 그는 등판하기에 앞서 언제나 상대팀 타자들에 대한 자료를 되풀이해서 읽고 한 번 봤던 테이프를 되감아 보면서 분석했습니다. 월드 시리즈 우승이 확정되는 순간 동료들과 얼싸안고 기쁨을 누리던 그는 갑자기 관중석으로 달려갔고 이내 아내 숀다가 달려와 그에게 안겼습니다. 그는 아내를 야구만큼이나 사랑했습니다. 재작년 겨울 숀다가 갑자기 살이 찌고 머리카락이 빠지기 시작하더니 암 진단을 받았고 커트는 아내가 수술을 받고 누워 있는 병원과 경기장을 오가며 헌신적으로 간병해 아내의 병을 낫게 했습니다.

한 기자가 커트 실링에게 물었습니다. "당신의 실력에 비해 연봉이 너무 적다고 생각하지 않습니까? 좋은 대우를 해주는 팀으로 이적할 생각은 없습니까?" 그러자 그는 이렇게 대답했습니다. "내가 애리조나 팀을 선택한 이유 가운데 하나는 돔 구장이 있기 때문입니다. 돔 구장은 햇빛을 차단할 수 있습니다. 그래서 피부암에 걸린 아내도 제 경기를 보러 올 수 있었던 것입니다."

말씀에 접목하기: 엡 5:25-28

하나님은 삶의 우선순위를 중시하십니다. 믿음의 사람은 언제나 먼저 해야 할 것이 무엇인지를 알고, 먼저 할 것을 먼저 하는 사람입니다. 이방인은 무엇을 먹을 것인가, 무엇을 입을 것인가, 어떻게 살 것인가를 먼저 생각합니다. 그러나 그리스도인은 하나님의 나라와 의를 먼저 구하는 사람입니다. 하나님의 나라와 의를 먼저 구하면 나머지 문제는 하나님이 채워주겠다고 약속하셨습니다. 우리는 그 약속을 믿습니다. 그러면 하나님의 나라와 의를 먼저 구하는 것은 무엇입니까? 그 대답 가운데 하나는 '이웃을 소중히 여기고, 가족을 소중히 여기고, 친구를 소중히 여기고, 그들을 위해 다른 것을 희생하는 것'입니다. 커트 실링은 많은 것을 포기하고 희생하면서도 자기 아내를 행복하게 만들 수 있다는 것에 감사하고 기뻐했습니다. 생명을 소중히 여기고 사랑하며 섬기는 것을 삶의 우선순위로 삼는 사람은 하나님의 기적을 볼 것입니다.

자식을 배려하고 희생하는 아버지 사랑

예화 70

어떤 청년이 밤에 라면이 먹고 싶었습니다. 그런데 라면을 사러 나가기가 귀찮아서 퇴근하는 아버지에게 전화를 걸어 라면 한 개만 사다 달라고 부탁했습니다. 아버지는 알았다고 하며 전화를 끊었습니다. 30여 분이 지났을 무렵 집으로 돌아온 아버지의 손에는 비닐봉지가 들려 있었습니다. 분명히 라면 한 개라고 말했는데 아버지는 각각 다른 종류의 라면 여러 개를 사온 것입니다. 청년이 아버지께 물었습니다. "아버지, 저는 분명 라면 한 개라고 말씀드렸는데요?" "응 그랬지. 그런데 네가 어떤 라면을 좋아하는지 몰라서 종류별로 하나씩 사왔단다."

순간 청년의 마음은 전기가 통한 것처럼 깊은 곳에서부터 저려 왔습니다. 물론 아버지가 자신을 사랑한다는 것을 알고 있었지만 언제나 이렇게 자신을 사랑하고 계셨다는 것을 몰랐던 것입니다. 쑥스러워서 아버지 면전에서 말씀은 못 드렸지만 방으로 들어가시는 아버지 뒷모습을 보며 이렇게 말했습니다. "아버지 사랑합니다."

> 말씀에 접목하기: 눅 15:20-24

와일러는 이렇게 말했습니다. "아버지가 되기는 쉽다. 그러나 아버지답기는 굉장히 어려운 일이다." 나는 이렇게 말하고 싶습니다. "사랑의 아버지는 언제나 자식을 배려하고 자식을 위해서는 자기를 희생할 준비가 되어 있다." 작은 것에서부터 감동을 주는 아버지, 이것이 우리가 되고 싶은 아버지상입니다.

지금이 그때입니다

예화 71 한 청년이 결혼한 뒤 홀로 계신 어머니만 시골에 남겨두고 서울로 올라왔습니다. 상경하기 전에 어머니에게 약속을 했습니다. 올라가서 살 집만 구하면 곧 어머니를 모셔가겠다고 말입니다. 어머니는 얼마만 기다리면 아들이 자신을 데리러 올 줄로 알았습니다.

그런데 얼마 뒤 월세를 얻어 살림살이를 넣은 다음 아들이 어머니에게 전화를 했습니다. "어머니, 방을 얻기는 얻었는데 돈이 적어 단칸 월세 방을 얻었어요. 신혼인데 어머니와 한 방에서 살 수는 없으니 열심히 돈을 벌어 두 칸짜리 얻으면 곧 모실게요." 아들은 열심히 일해 두 칸짜리 방을 얻어 이사를 했습니다. 그리고 아들은 또다시 어머니에게 전화를 했습니다. "어머니, 월세 사는 것이 너무 빠듯하네요. 우리 두 사람이 부지런히 일해서 전세로 옮겨야겠어요. 지금까지도 잘 참으셨으니 그때까지만 좀 더 기다려주세요."

아들 내외는 열심히 일해 두 칸짜리 방이 있는 집을 샀습니다. 그러나 어머니는 아직도 시골에 살고 있습니다. 아들은 어머니에게 또다시 전화를 했습니다. "아이들이 크면서 방을 따로 쓰려고 하니 어쩔 수가 없네요. 방 세 칸짜리 집을 장만할 때까지 조금만 더 기다려 주세요." 그리고 세월이 어느 정도 흐른 뒤 화장실이 두 개 있는 큰 아파트로 이사를 갔습니다. 이삿짐을 푸는데 시골 친척에게서 전화가 왔습니다. "네 어머니가 돌아가셨다."

말씀에 접목하기: 엡 6:1-3

우리 가운데 먹고 살 만하면, 숨통이 좀 트이면, 여유가 좀 생기면 효도를 하겠다고 자꾸 뒤로 미루는 사람이 많습니다. 그러나 우리의 부모님은 그렇게 오래 기다리지를 못합니다. 효도는 여유가 생긴 뒤에 하는 것이 아니라 모든 것보다 우선적으로 해야 하는 것입니다. 이것이 얼마나 중요하면 하나님이 5계명으로 명하고 이 계명을 지키는 자들에게 땅에서 잘 되고 장수하는 복을 주시겠다고 약속했을까요? 하나님은 바로 지금 효도를 하라고 명하십니다. 이것이 그의 나라와 그의 의를 구하는 것 가운데 하나입니다. 어렵고 힘들지라도 효도하기로 작정하고 실천하면 이 모든 것을 더하는 하나님의 기적을 볼 것입니다.

자녀들의 오해

예화 72

하루 종일 밭에서 죽어라 힘들게 일해도
어머니는 그래도 되는 줄 알았습니다.

찬밥 한 덩이로 대충 부뚜막에 앉아 점심을 때워도
어머니는 그래도 되는 줄 알았습니다.

한겨울 냇물에서 맨손으로 빨래를 방망이질해도
어머니는 그래도 되는 줄 알았습니다.

배부르다, 생각 없다 식구들 다 먹이고 굶어도
어머니는 그래도 되는 줄 알았습니다.

발 뒤꿈치 다 해져 이불이 소리를 내도
어머니는 그래도 되는 줄 알았습니다.

손톱을 깎을 수조차 없이 닳고 문질러져도
어머니는 그래도 되는 줄 알았습니다.

아버지가 화내고 자식들이 속 썩여도
끄떡없는 어머니……

돌아가신 외할머니 보고 싶다
외할머니 보고 싶다
그것이 넋두리인 줄만 알았습니다.

한밤중에 자다 깨어 방구석에서
한없이 소리 죽여 울던 어머니를 본 후론
아! 어머니는 그러면 안 되는 것이었습니다.

말씀에 접목하기: 사 49:15, 16

　우리는 부모에게 백 가지, 천 가지 소원을 이야기하고 들어주지 않는다고 투정을 부리기까지 합니다. 그러나 우리의 부모님에게는 오직 한 가지 소원밖에 없습니다. 그것은 우리가 잘되고 행복하게 사는 것입니다. 〈어머니 은혜〉의 노랫말 3절 가사를 마음으로 새겨 봅니다. "사람의 마음속엔 온 가지 소원 어머님의 마음속엔 오직 한 가지, 아낌없이 일생을 자식 위하여 살과 뼈를 깎아서 바치는 마음, 하늘 아래 그 무엇이 넓다 하리오. 어머님의 사랑은 가이없어라."
　하나님은 부모를 공경하는 것에 깊은 관심을 가지고 있습니다. 하나님은 믿음의 백성들이 부모를 공경하고 섬김으로 성별된 백성이 되기를 바라시고 있습니다. 하나님은 부모를 공경하지 않는 자에게 엄한 벌을 내리십니다. 그리고 하나님은 부모를 공경하고 섬기는 자에게 땅에서 잘 되고 장수하는 복을 주십니다. 부모 공경은 하나님이 복이 흐르는 통로입니다. 부모 경외, 부모 효도를 통해 성별된 사람이 되고 목에 금 사슬과 머리에 면류관을 쓰는 복을 받아야 하겠습니다.

정말로 나를 사랑하십니까?

예화 73

어느 시골에 물질적으로 다복한 가정이 있었습니다. 남편은 어찌하든지 돈을 벌어 성공하겠다는 생각밖에 없어서 아침 일찍 들에 나가면 밤늦게 들어와 잠자리에 드는 단조로운 생활만 했습니다. 그는 아내에게 다정다감하게 사랑을 베풀 줄을 몰랐습니다. 아내가 둘이서 여행을 가자고 해도 듣지를 않았습니다. 아내는 남편에게 돌봄을 요구했지만 남편은 무뚝뚝하게 자기 일만 하고 아내에게 관심을 기울이지 않는 것 같았습니다. 아내는 남편이 자기를 사랑하지 않을 뿐 아니라 자기를 필요로 하지 않는다고 생각했습니다. 그래서 사랑을 잃어버렸다고 생각하고 자포자기했습니다.

아내는 시름시름 앓다가 맹장이 터져 복막염이 되고 말았습니다. 수술을 받는 중에 피가 모자랐습니다. 남편은 자기의 팔을 걷어붙이고 자기의 피를 아내에게 수혈해야 한다고 고집을 피웠습니다. 의사는 남편의 피를 검사했지만 혈액형이 달라서 수혈을 할 수 없었습니다. 그 순간 의사는 '저 아내가 회복되지 않고 시름시름 앓게 된 것은 남편이 자기를 사랑하지도 않고 필요로 하지도 않기 때문에 살 희망을 잃어버렸기 때문이다. 이 기회에 남편이 무뚝뚝해서 그렇지 아내를 얼마나 사랑하는지 아내에게 알게 해야 하겠다'라고 생각했습니다.

그래서 남편과 아내를 나란히 눕게 하고 남편의 피를 뽑아 줄을 침대 밑으로 내려서 다른 병에 그 피를 받게 하고 그 밑에서 아내와 혈액형이 같은 피를 수혈했습니다. 남편도 자기의 피가 아내에게 수혈되는 줄 알았습니다. 아내도 남편이 자기를 사랑하여 소중한 피를 주고 있다고 믿었습니다. 아내는 남편이 자기를 사랑하고 있다는 사실을 알고 힘을 내기 시작했습니다. 얼마 뒤 그녀는 완전히 회복해서 퇴원했습니다.

> 말씀에 접목하기: 요일 4:8-11

사랑은 생명을 흐르게 하는 하나님의 능력입니다. 사랑 안에 생명이 있고 사랑하는 사람들 가운데 하나님이 임하여 생명의 기적을 일으킵니다. 하나님은 당신을 사랑의 통로로 부르셨습니다. 하나님이 당신에게 하늘의 사랑으로 가득하게 채우시고, 그 사랑을 나누어주는 사명을 주셨습니다. 당신의 가슴은 지금 무엇으로 가득합니까? 세상의 욕망입니까? 자기를 세우려는 생각입니까? 지금 묵상하면서 하나님의 사랑으로 당신을 가득 채울 방법들을 생각하고 실천해야 합니다. 그러나 제대로 전달된 사랑만이 희망을 만듭니다. 제대로 전달되지 못한 사랑은 희망을 빼앗아가기도 합니다. 당신은 어떻게 자신이 받은 하나님의 사랑을 가족들과 이웃들에게 전달하고자 합니까?

영적인 부부의 지침

예화 74

결혼생활을 유지하기 위해서는 부부 사이에 사랑과 양보가 필요합니다. 낭만의 장밋빛 열기가 현실의 진한 자주색으로 시들 때 두 사람 간의 달콤함도 인생에서 종종 일어나는 쓴 경험에서 그 빛을 잃어버립니다. 이때가 되면 상대방의 약점이 분명하게 눈에 보이기 시작합니다. 그러므로 부부는 예수님 안에서 관계를 새롭게 만들어 가야 합니다. 다음에 나온 지침을 따라 영적인 부부가 되기를 바랍니다.

1. 동일한 영적 기반 위에 기초를 두고 동일한 영적 목표를 정하고 그 목표를 향하여 나아가야 합니다. 가장 중요한 기반은 예수님입니다. 합심하여 주께 기도하고 예수님의 도움을 구해야 합니다. 그리고 예수님의 은혜를 부부 사이에 채우려고 힘써야 합니다. 예수님의 마음

을 품은 부부는 예수님이 하신 것처럼 서로를 용납하면서 용서하고 사랑하며 섬길 수 있습니다.
2. 잠들기 전 서로에게 화난 일을 고백하고 풀어야 합니다. 화해하지 않고 잠자리에 들면 그것이 두 사람 사이에 틈을 만들고 사탄이 들어오도록 합니다. 이것은 결코 쉬운 일이 아닙니다. 이것을 위해서는 제사장이 필요합니다. 그러므로 부부 사이에 위기가 닥쳤을 때 언제든지 연락하여 기도 받을 수 있는 제사장을 만들어야 합니다. 화가 나서 서로를 용납할 수 없을 때 부부의 제사장에게 기도를 부탁해야 합니다.
3. 의견의 불일치한 것과 상대방을 무시하는 것이 다름을 구별해야 합니다. 아내와 남편은 생각과 감정이 같을 수 없습니다. 영적인 부부는 이것을 인정합니다. 배우자의 생각과 감정과 하는 일이 자기와 다를 때 그것은 의견의 불일치일 뿐입니다. 그러므로 그것 때문에 서로 공격하고 상처 입지 말아야 합니다. 그때는 이렇게 이야기해 보는 건 어떨까요? "당신의 생각은 ---군요. 나의 생각은 ---입니다. 좀 더 깊이 의견을 나누며 하나의 생각을 만들어 갑시다."
4. 부부 간의 이야기에 다른 가족들을 끌어들이선 안 됩니다. 예를 들면 "당신이 잔소리 많은 것은 당신 어머니를 닮았어!"라고 하거나 "당신이 성질 급한 것은 당신 아버지 같아!"라고 말하는 것은 상대방에게 지우지 못할 상처를 남깁니다.
5. 감정을 서로 나누고 상대를 배려할 수 있도록 하나님께 기도해야 합니다. 우리 주님은 합심하여 기도하는 곳에 임하여 화해와 사랑을 선물하십니다.

말씀에 접목하기: 롬 8:2-4

영적이라고 할 때 우리는 두 가지를 염두에 두어야 합니다. 첫째 영적인 사람은 자기 밖으로 나가 밖에서 자기를 보는 사람입니다. 둘째 영적인 사람은 하나님의 영의 인도를 받는 사람입니다. 영적인 부부는 자기들의 생각이나 감정, 행동의 틀에서 벗어나 자기 밖으로 나와서 자기의 생각과 느낌과 행동을 객관화시켜 바라보며 검토하고 하나님이 원하시는 방향으로 나아갑니다. 부부가 자기들의 생각과 감정, 행동에서 벗어나지 못하고 갇혀 있으면 아무리 양보하고 타협을 해도 근본적 문제는 해결되지 않습니다. 부부가 함께 하나님 앞으로 나와서 하나님의 말씀을 받으며 그 말씀으로 자기들의 생각과 감정, 행동을 바르게 하고 하나님의 영으로 인도함을 받는다면 언제나 행복하고 빛이 될 것입니다.

당신의 사랑으로 부엌을 채우소서

예화 75

(이 시는 손님을 대접할 때만 되면 신나 하시던 목사님의 어머니께서 설합 밑바닥에 고이 간직해두었던 것이다.)

스푼과 컵들과 그릇들의 주인이신 나의 주님
나는 아름다운 일을 행하여 성자가 될 시간이 없나이다.
당신을 밤늦게 묵상할 시간도,
새벽에 무릎을 꿇을 시간도,
하늘 문을 찾아 경배할 시간도 없나이다.
그릇을 씻는 것만으로도 성자가 되게 하소서.

내가 마르다의 손을 가져야 하지만,
마리아의 마음도 가져야 하겠나이다.

내가 구두와 부츠를 닦을 때,
주여! 주님의 샌달도 거기서 보는 듯하나이다.
마루를 닦는 그 시간에
잠시 당신을 명상하는 것으로,
주님, 만족하소서!
나는 시간이 없나이다.

당신의 사랑으로 부엌을 채우소서!
당신의 평화로 부엌을 감싸소서!
매사에 걱정만 하는 나를 용서하소서!
바가지를 긁는 내 입을 고쳐주소서!

다락방에서,
바닷가에서,
음식을 나누어주시기를 좋아하던 주님이시여!
내가 당신께 드리는
이 음식을
받아주소서!

말씀에 접목하기: 마 25:14-25

주인에게 다섯 달란트와 두 달란트, 한 달란트를 받은 종들은 주인을 섬기듯이 그 달란트를 가지고 장사했습니다. 주인은 멀리 떠나 있지만 그 종들이 받은 달란트는 주인을 기억나게 하는 달란트였으며, 주인의 마음을 보여주는 달란트였습니다. 종들은 자신들이 받은 달란트를 단순히 물질로만 보지 않았습니다. 종들은 그 달란트에서 주인의 마음을 보았고 종을 향한 그 주인의 뜻을 읽었습니다. 그들은 자신들이 받은 달란트를 가지고 장사하면서 어떻게 하면 주인을 기쁘게 할 것인지를 생각했습니다. 그들은 단순히 장사를 한 것이 아니라 주인을 섬기고 있었습니다. 그래서 그들은 주인에게 "잘하였도다 착하고 충성된 종아"(마 25:21)라고 칭찬을 들었습니다.

그리스도인은 무슨 일을 하든지 단순히 그 일을 하는 것이 아니라 주님을 위해 하듯이 그 일을 하는 사람입니다. 심지어 설거지를 하는 주부도 그것을 하면서 주님을 섬기듯 합니다. 우리가 하는 모든 일은 주님이 주신 달란트로 장사하는 종들에 비유할 수 있습니다. 우리는 자신이 하는 모든 일 속에 주님의 마음을 담고 주님을 섬기듯 그 일을 하면 거기서 하나님은 영광을 얻으실 것입니다.